2026

제29회 시험대비 전면개정

박문각
주택관리사

기본서 1차
민 법

설신재 외 박문각 주택관리연구소 편저

합격까지 박문각
합격 노하우가 다르다!

Preface

이 책의 머리말

안녕하세요. 제29회 주택관리사(보)를 준비하는 수험생 여러분!

유난히 무더운 여름, 뜨거웠던 제28회 주택관리사(보) 1차 시험이 끝난 지도 얼마 되지 않았는데, 벌써 제29회 주택관리사(보) 시험을 준비하는 출발점에 와 있습니다.

제28회 주택관리사(보) 1차 민법 시험은 지난 제27회 주택관리사(보) 1차 민법 시험에 비하여 평이하고 수월하게 출제된 시험으로 기억됩니다. 기본서를 충실히 정독하고 수업에 집중하였던 수험생이라면 충분히 80점 이상 획득할 만큼 수월한 시험이었습니다.

그 결과 제28회 주택관리사(보) 1차 합격자 또는 합격률이 상회하여 2차 시험에 영향을 주고, 결국 내년 제29회 주택관리사(보) 1차에 지대한 영향을 줄 것으로 생각됩니다. 즉 2025년 제28회 주택관리사(보) 2차에서 불합격하여 이월되는 제28회 주택관리사(보) 1차 합격자가 많을 것으로 예상되어서 내년 제29회 주택관리사(보) 1차 시험을 어려울 것으로 예상됩니다.

2026년 제29회 주택관리사(보) 시험을 대비한 민법 기본서는 최근 시험 경향 또는 난이도에 맞추어서 다음과 같이 구성하였습니다.

1. 민법총칙

첫째, 총 40문항 중 24문항이 출제되는 부분(60%)이다 보니 기본에 충실하게 기본서를 구성하였습니다. 법조문, 판례, 법률용어 등을 혼자서도 학습할 수 있도록 세밀하게 구성하였습니다.

둘째, 출제비중에서 가장 많이 차지하는 부분으로 심화판례, 사례형 판례를 다른 출판사 교재보다 많이 수록하였습니다.

셋째, 책 날개부분에 최근 기출문제 등을 수록하여 어떻게 출제되고 있는지를 수험생 입장에서 이해할 수 있도록 구성하였습니다.

2. 물권법, 채권법

첫째, 물권법과 채권법은 시간이 갈수록 횟차를 거듭할수록 어렵고 지엽적인 지문이 출제되기 시작하였습니다. 시험의 출제경향에 맞게 다른 시험에 자주 출제되고 중요한 판례 위주로 구성하였습니다.

둘째, 특히 시험의 당락을 좌우하는 채권법은 다른 교재에는 없는 최신 판례 및 최신 경향의 문제를 다수 수록하여 학습에 최적화하도록 구성하였습니다.

수험생 여러분이 지금 접하고 있는 민법 기본서가 내년 제29회 주택관리사(보) 1차 시험의 합격의 초석이 되기를 바랍니다.

마지막으로 이 책을 출간할 수 있도록 도와주신 박문각 관계자 분들에게 감사드립니다.

2025년 9월

편저자 설신재

자격안내

자격개요

주택관리사보는 공동주택의 운영·관리·유지·보수 등을 실시하고 이에 필요한 경비를 관리하며, 공동주택의 공용부분과 공동소유인 부대시설 및 복리시설의 유지·관리 및 안전관리 업무를 수행하기 위해 주택관리사보 자격시험에 합격한 자를 말한다.

변천과정

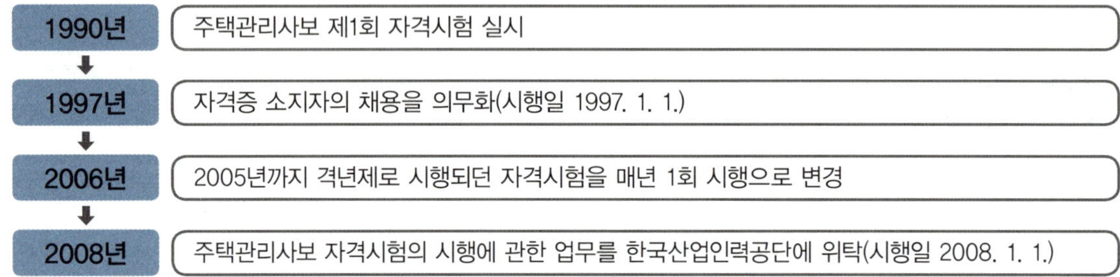

1990년	주택관리사보 제1회 자격시험 실시
1997년	자격증 소지자의 채용을 의무화(시행일 1997. 1. 1.)
2006년	2005년까지 격년제로 시행되던 자격시험을 매년 1회 시행으로 변경
2008년	주택관리사보 자격시험의 시행에 관한 업무를 한국산업인력공단에 위탁(시행일 2008. 1. 1.)

주택관리사제도

❶ 주택관리사 등의 자격

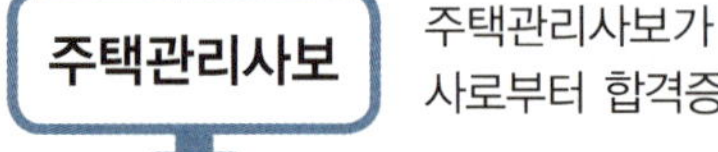

주택관리사보가 되려는 자는 국토교통부장관이 시행하는 자격시험에 합격한 후 시·도지사로부터 합격증서를 발급받아야 한다.

주택관리사

주택관리사는 주택관리사보 합격증서를 발급받고 대통령령으로 정하는 주택관련 실무경력이 있는 자로서 시·도지사로부터 주택관리사 자격증을 발급받은 자로 한다.

❷ 주택관리사 인정경력

시·도지사는 주택관리사보 자격시험에 합격하기 전이나 합격한 후 다음의 어느 하나에 해당하는 경력을 갖춘 자에 대하여 주택관리사 자격증을 발급한다.

- 사업계획승인을 받아 건설한 50세대 이상 500세대 미만의 공동주택의 관리사무소장으로 근무한 경력 3년 이상
- 사업계획승인을 받아 건설한 50세대 이상의 공동주택의 관리사무소의 직원(경비원, 청소원, 소독원 제외) 또는 주택관리업자의 직원으로 주택관리업무에 종사한 경력 5년 이상
- 한국토지주택공사 또는 지방공사의 직원으로 주택관리업무에 종사한 경력 5년 이상
- 공무원으로 주택관련 지도·감독 및 인·허가 업무 등에 종사한 경력 5년 이상
- 주택관리사단체와 국토교통부장관이 정하여 고시하는 공동주택관리와 관련된 단체의 임직원으로 주택관련 업무에 종사한 경력 5년 이상
- 위의 경력들을 합산한 기간 5년 이상

법적 배치근거

공동주택을 관리하는 주택관리업자·입주자대표회의(자치관리의 경우에 한함) 또는 임대사업자(「민간임대주택에 관한 특별법」에 의한 임대사업자를 말함) 등은 공동주택의 관리사무소장으로 주택관리사 또는 주택관리사보를 다음의 기준에 따라 배치하여야 한다.

- **500세대 미만의 공동주택**: 주택관리사 또는 주택관리사보
- **500세대 이상의 공동주택**: 주택관리사

주요업무

공동주택을 안전하고 효율적으로 관리하여 공동주택의 입주자 및 사용자의 권익을 보호하기 위하여 입주자대표회의에서 의결하는 공동주택의 운영·관리·유지·보수·교체·개량과 리모델링에 관한 업무 및 이와 같은 업무를 집행하기 위한 관리비·장기수선충당금이나 그 밖의 경비의 청구·수령·지출 업무, 장기수선계획의 조정, 시설물 안전관리계획의 수립 및 건축물의 안전점검에 관한 업무(단, 비용지출을 수반하는 사항에 대하여는 입주자대표회의의 의결을 거쳐야 함) 등 주택관리서비스를 수행한다.

진로 및 전망

주택관리사는 주택관리의 시장이 계속 확대되고 주택관리사의 지위가 제도적으로 발전하면서 공동주택의 효율적인 관리와 입주자의 편안한 주거생활을 위한 전문지식과 기술을 겸비한 전문가집단으로 자리매김하고 있다.

주택관리사의 업무는 주택관리서비스업으로서, 자격증 취득 후 아파트 단지나 빌딩의 관리소장, 공사 및 건설업체·전문용역업체, 공동주택의 운영·관리·유지·보수 책임자 등으로 취업이 가능하다.
과거 주택건설 및 공급 위주의 주택정책이 국가경제적인 측면에서 문제가 되었다는 점에서 지금은 공동주택의 수명연장 및 쾌적한 주거환경 조성을 우선으로 하는 주택관리의 시대가 되었다. 이러한 시대적 변화에 맞추어 전문자격자로서 주택관리사의 역할이 어느 때보다 중요해지고 있으며, 공동주택의 리모델링의 활성화로 주택관리사들이 전문기법을 연구·발전시켜 국가경제발전에도 크게 기여하게 될 것이다.

자격시험안내

시험기관

소관부처 국토교통부 주택건설공급과

실시기관 한국산업인력공단(http://www.Q-net.or.kr)

응시자격 및 결격사유

❶ **응시자격**: 없음

※ 단, 시험시행일 현재 주택관리사 등의 결격사유에 해당하는 자와 부정행위를 한 자로서 당해 시험시행일로부터 5년이 경과되지 아니한 자는 응시 불가능

❷ **주택관리사보 결격사유**(공동주택관리법 제67조 제4항)

다음 각 호 어느 하나에 해당하는 사람은 주택관리사 등이 될 수 없으며 그 자격을 상실한다.

1. 피성년후견인 또는 피한정후견인
2. 파산선고를 받은 사람으로서 복권되지 아니한 사람
3. 금고 이상의 실형의 선고를 받고 그 집행이 끝나거나(집행이 끝난 것으로 보는 경우를 포함) 집행이 면제된 날부터 2년이 지나지 아니한 사람
4. 금고 이상의 형의 집행유예를 선고받고 그 집행유예기간 중에 있는 사람
5. 주택관리사 등의 자격이 취소된 후 3년이 지나지 아니한 사람(제1호 및 제2호에 해당하여 주택관리사 등의 자격이 취소된 경우는 제외)

시험방법

❶ 주택관리사보 자격시험은 제1차 시험 및 제2차 시험으로 구분하여 시행

❷ **제1차 시험문제**: 객관식 5지 택일형, 과목당 40문항을 출제

❸ **제2차 시험문제**: 객관식 5지 택일형 및 주관식 단답형, 과목당 40문항을 출제(객관식 24문항, 주관식 16문항)

시험의 일부면제

❶ 2025년도 제28회 제1차 시험 합격자(2026년도 제1차 시험에 한함, 별도 서류제출 없음)

❷ 2025년도 제1차 시험 합격자가 2026년도 제1차 시험 재응시를 원할 경우, 응시 가능하며 불합격하여도 전년도 제1차 시험 합격에 근거하여 2026년도 제2차 시험에 응시 가능

※ 다만, 2026년도 제1차 시험의 시행일 기준으로 결격사유에 해당하는 사람에 대해서는 면제하지 아니함

합격기준

❶ 제1차 시험 절대평가, 제2차 시험 상대평가(공동주택관리법 제67조 제5항)

국토교통부장관은 선발예정인원의 범위에서 대통령령으로 정하는 합격자 결정 점수 이상을 얻은 사람으로서 전과목 총득점의 고득점자 순으로 주택관리사보 자격시험 합격자를 결정

❷ 시험합격자의 결정(공동주택관리법 시행령 제75조)

1. **제1차 시험**
   과목당 100점을 만점으로 하여 모든 과목 40점 이상이고 전 과목 평균 60점 이상의 득점을 한 사람
2. **제2차 시험**
   ① 과목당 100점을 만점으로 하여 모든 과목 40점 이상이고 전 과목 평균 60점 이상의 득점을 한 사람. 다만, 모든 과목 40점 이상이고 전 과목 평균 60점 이상의 득점을 한 사람의 수가 법 제67조 제5항 전단에 따른 선발예정인원에 미달하는 경우에는 모든 과목 40점 이상을 득점한 사람
   ② 법 제67조 제5항 후단에 따라 제2차 시험 합격자를 결정하는 경우 동점자로 인하여 선발예정인원을 초과하는 경우에는 그 동점자 모두를 합격자로 결정. 이 경우 동점자의 점수는 소수점 둘째자리까지만 계산하며, 반올림은 하지 아니함

시험과목

(2025. 03. 28. 제28회 시험 시행계획 공고 기준)

시험구분		시험과목	시험범위	시험시간
제1차 (3과목)	1교시	회계원리	세부 과목 구분 없이 출제	100분
		공동주택 시설개론	• 목구조·특수구조를 제외한 일반건축구조와 철골구조 • 장기수선계획 수립 등을 위한 건축적산 • 홈네트워크를 포함한 건축설비개론	
	2교시	민 법	• 총칙 • 물권 • 채권 중 총칙·계약총칙·매매·임대차·도급·위임·부당이득·불법행위	50분
제2차 (2과목)		주택관리 관계법규	「주택법」·「공동주택관리법」·「민간임대주택에 관한 특별법」·「공공주택 특별법」·「건축법」·「소방기본법」·「화재예방, 소방시설설치·유지 및 안전관리에 관한 법률」·「승강기 안전관리법」·「전기사업법」·「시설물의 안전 및 유지관리에 관한 특별법」·「도시 및 주거환경정비법」·「도시재정비 촉진을 위한 특별법」·「집합건물의 소유 및 관리에 관한 법률」 중 주택관리에 관련되는 규정	100분
		공동주택 관리실무	시설관리, 환경관리, 공동주택회계관리, 입주자관리, 공동주거관리이론, 대외업무, 사무·인사관리, 안전·방재관리 및 리모델링, 공동주택 하자관리(보수공사 포함) 등	

※ 1. 시험과 관련하여 법률·회계처리기준 등을 적용하여 답을 구하여야 하는 문제는 시험시행일 현재 시행 중인 법령 등을 적용하여 정답을 구하여야 함
2. 회계처리 등과 관련된 시험문제는 「한국채택국제회계기준(K-IFRS)」을 적용하여 출제
3. 기활용된 문제, 기출문제 등도 변형·활용되어 출제될 수 있음

2025년 제28회 주택관리사(보) 1차 시험 과목별 총평

회계원리

제28회 시험은 재무회계 32문제(80%), 원가·관리회계 8문제(20%), 이론형 11문제(27.5%), 계산형 29문제(72.5%)가 출제되었습니다.

신유형으로 출제된 외부감사의견을 묻는 문제를 제외하면 이론형 문제의 난이도가 낮았으며, 계산형 문제는 대부분 각 단원별 주요 거래의 핵심이론과 계산구조만 알면 단순계산이 가능한 문제들이어서 전반적으로 지난해보다는 약간 쉽게 출제되었다고 볼 수 있습니다.

재무회계에서는 회계상 거래, 감사의견, 원장마감 방법, 유동부채 및 금융부채 분류, 감가상각 방법 등 단순 암기형 문제가 10문제, 선입 선출법, 재고자산 총매입액, 은행계정조정표, 기본주당이익 계산 등 단순계산형 문제가 7문제 출제되어 이번 제28회 시험이 지난해에 비해 약간 쉽게 느껴질 수 있는 부분이었습니다.

반면 유효이자율을 추정하여 사채이자비용을 계산하는 응용형 심화 문제, 제18회 이후 처음 출제된 소매재고법은 실전에서 어렵게 느껴졌을 것이며, 원가이익률, 유형자산교환, 재평가모형, 투자부동산, 사채 발행 및 상각후원가금융자산, 기타포괄손익-공정가치 측정 금융자산, 어음할인, 제품보증충당부채, 위탁판매수수료, 결산정리사항 T계정 구조, 건설계약손익, 추정변경 후 감가상각비, 매출채권회전율, 유동비율 계산문제 등은 기본이론강의, 문제풀이강의 및 각종 특강에서 많은 연습을 했던 문제들로 큰 어려움은 없었으나 계산과정의 숙달이 안 되어 있는 수험생들에게는 어렵다고 느껴졌을 수 있겠습니다.

원가·관리회계는 이론형 1문제, 계산형 7문제가 출제되었고 대부분 각 단원별 핵심이론만 정리되어 있으면 쉽게 해결할 수 있는 문제들이 출제되었습니다. 당기제품제조원가, 부문별원가계산, 기말재공품 평가, 목표이익달성 판매수량, 전부 및 변동원가계산 이익 차이, 특별주문, 재료구입 예산 등 최근의 출제경향과 다르지 않고 평이한 문제들로 출제되었습니다.

공동주택 시설개론

문제 출제 유형을 분류하자면 난이도 상급의 문제 10문제, 중급 24문제, 하급 6문제, 옳은 것을 선택하는 문제 5문제, 괄호넣기식 선택 4문제, 숫자가 지문에 포함된 문제 18문제, 계산문제 총 3문제로 적산 1문제와 설비 2문제 정도 출제되었습니다. 제28회 시험 문제는 제27회보다 그동안 치른 시험경향과는 많이 다른 설비관련법, 표준시방서에서 상당히 많이 출제되어 수험생분들은 많이 당황했을 것입니다. 만약 이번 제28회처럼 다시 나온다면 보다 기초를 튼튼히 하지 않으면 어려워지는 시험이 될 것입니다. 숫자가 지문에 포함된 문제는 제27회 11문제에서 제28회 18문제로 비중이 훨씬 높아졌다는 것은 그만큼 시험이 보다 관련 법 규정 등의 출제와 함께 많이 어려워졌다는 뜻입니다. 강의 중에 강조하는 중요 숫자를 암기하는 것이 필요하리라 생각됩니다. 난이도 중상 정도의 문제와 난이도 상의 문제를 합한 다면 16문제 이상으로 중요 내용에 대한 이해와 숙지가 되어 있지 않으면 수험생 분들은 상당히 어려운 시험으로 느꼈을 것이라 생각합니다.

설비편에서는 기본적인 개념을 구체적으로 잘 이해하는 지를 확인하는 문제 외에 강의 시간에 다루기 어려운 관련 법 규정이 다수 출제되어 정답 선택이 어려울 수 밖에 없어 제27회보다 월등히 난이도가 높은 시험이었습니다. 구조편은 중요 개념과 내용의 문제들 뿐 아니라 표준시방서에서 5문항의 출제문제와 그동안 출제되지 않았던 철근 표면 표시규격, 용접기호 문제가 출제되어 어려움을 더 했습니다.

결론적으로 제28회 시험문제는 기본 개념과 내용에 대해서 깊이가 깊어져 난이도가 대폭 상승되어 출제되었습니다. 수치를 묻는 문제도 늘었고, 계산문제도 역시 적산 1문제, 설비에서 2문제가 출제되었는데 한 문제 역시 그동안 출제되지 않았던 형식의 문제가 출제되어 난이도를 높이는 데 기여했습니다.

민법

제28회 주택관리사(보) 민법 시험은 최근 5년 이내에 치러진 민법 시험 중에서 가장 쉽게 출제된 시험으로 기억됩니다. 특히 물권법과 채권법이 쉽게 출제되어서 수험생 입장에서 실수를 했더라도 70점 이상 획득할 수 있었던 시험으로 생각됩니다.

제28회 주택관리사(보) '민법'의 출제경향은 다음과 같습니다.

첫째, 민법총칙은 총 24문항이 출제되었습니다. 24문항 중에서 대부 분은 난이도 하, 중으로 분석되며, 비법인사단 1문제 정도 난이도 상으로 분류됩니다. 항상 강조하듯이 민법총칙에서 고득점의 획득이 전체 고득점으로 이어질 것으로 보입니다.

둘째, 물권법은 총 8문항이 출제되었습니다. 물권법 8문항 중에서 7문항은 수업시간에 매번 다루었던 부분에서 출제되었고, 소유권 중에서 상린관계 1문제가 출제된 점이 특이한 점입니다. 공부를 충분히 한 수험생이라면 8문항 중에서 6문항은 쉽게 맞혔으리라고 생각됩니다.

셋째, 채권법은 총 8문항이 출제되었습니다. 채권법이 8문항으로 출제되고 시험이 상대평가로 전환된 이후에 치러진 시험 중에서 가장 쉽게 출제된 채권법입니다. 부당이득, 불법행위 2문제를 제외하고는 과거의 기출문제 등을 반복하여 출제하였습니다. 채권법이 쉽게 출제되어서 전체적으로 이번 제28회 주택관리사(보) 민법은 쉽게 느껴집니다.

이러한 특징으로 인하여 제28회 주택관리사(보) 민법은 고득점이 많은 관계로 다른 1차 과목의 점수를 보충하는 효자 과목이 된 듯합니다.

주택관리사(보) 자격시험 5개년 합격률

▷ 제1차 시험

(단위: 명)

구 분	접수자(A)	응시자(B)	합격자(C)	합격률(C/B)
제24회(2021)	17,011	13,827	1,760	12.73%
제25회(2022)	18,084	14,410	3,137	21.76%
제26회(2023)	18,982	15,225	1,877	12.33%
제27회(2024)	20,809	17,023	2,017	11.84%
제28회(2025)	22,406	18,683	2,952	15.8%

▷ 제2차 시험

(단위: 명)

구 분	접수자(A)	응시자(B)	합격자(C)	합격률(C/B)
제23회(2020)	2,305	2,238	1,710	76.4%
제24회(2021)	2,087	2,050	1,610	78.5%
제25회(2022)	3,494	3,408	1,632	47.88%
제26회(2023)	3,502	3,439	1,610	46.81%
제27회(2024)	2,992	2,913	1,612	55.33%

출제경향 분석 및 수험대책

출제경향 분석

분 야	구 분	제24회	제25회	제26회	제27회	제28회	총 계	비율(%)
민법총칙	민법통칙	3	3	2	3	3	14	7.0
	자연인	3	3	4	3	3	16	8.0
	법 인	4	4	3	4	4	19	9.5
	물 건	2	2	2	2	1	9	4.5
	법률행위	4	3	3	2	3	15	7.5
	의사표시	2	3	4	3	3	15	7.5
	대 리	2	2	3	2	2	11	5.5
	무효와 취소	1	1	1	1	2	6	3.0
	부관, 기간	1	1	1	1	1	5	2.5
	소멸시효	2	2	1	3	2	10	5.0
물권법	물권법 총론	2	2	2	2	2	10	5.0
	점유권	0	1	1	1	1	4	2.0
	소유권	1	2	2	1	2	8	4.0
	지상권	1	0	1	1	0	3	1.5
	지역권	0	0	0	0	0	0	0.0
	전세권	1	1	0	1	1	4	2.0
	유치권	1	1	1	1	1	5	2.5
	질 권	1	0	0	0	0	1	0.5
	저당권	1	1	2	1	1	6	3.0
채권법	채권법 총론	3	2	2	2	2	11	5.5
	계약총론	2	1	1	1	1	6	3.0
	매 매	1	1	1	1	1	5	2.5
	임대차	0	1	0	1	1	3	1.5
	도 급	1	1	1	1	0	4	2.0
	위 임	0	0	0	0	1	1	0.5
	부당이득	0	1	1	1	1	4	2.0
	불법행위	1	1	1	1	1	5	2.5
총 계		**40**	**40**	**40**	**40**	**40**	**200**	**100**

작년 제27회 민법 시험은 1차 세과목 중 가장 높은 과락률을 기록할 정도로 어렵게 출제 되었다면 올해 제28회 시험은 물권법과 채권법이 쉽게 출제되어서 최근 5년 이내에 치러진 민법 시험 중에서 가장 쉽게 출제된 시험으로 기억된다.

민법은 민법총칙에서 60%, 물권법과 채권법에서 40% 비율로 출제되고 있으며 회차를 거듭할수록 어렵게 출제되고 있는 경향이 있다. 이런 점에 비추어 볼 때 단순한 암기보다는 이해 위주, 응용 위주의 학습 전략이 필요하다.

수험대책

민법이라는 과목은 그 양이 방대하고 내용 또한 추상적이어서 수험생 입장에서는 단시간에 정복할 수 있는 과목이 아니다. 또한 주택관리사(보) 시험이 시작될 때와 다르게 최근에는 그 출제범위가 민법총칙에 한정되지 않고 물권법과 채권법까지 확대되어 정착되고 있는 모습이다. 다만 현재까지 출제비율은 민법총칙이 60%인 24문제, 물권법이 20%인 8문제, 채권법이 20%인 8문제가 출제되고 있다.

민법이라는 과목을 단시간에 가장 효과적이고 효율적으로 학습하는 방법은,

첫째, 부지런히 용어(用語)를 이해하는 것이다. 법(法)의 특징은 법률의 용어가 함축적이고 추상적이다 보니 용어를 정리하고 이해하는 데 시간을 할애하여야 한다. 무작정 암기하는 것은 비효율적이므로 용어를 정리하고 이해하는 것이 민법 공부의 시작점이다.

둘째, 처음에는 어렵더라도 기본서를 정독하는 것이 중요하다. 그 의미가 대단히 함축적이다보니 여느 책처럼 한 번 읽고 그 의미를 파악하는 것은 대단히 어렵다. 따라서 여러번 정독하여 그 의미를 이해하여야 한다.

마지막으로 자주 출제되는 부분을 자신만의 노트에 작성하여 철저하게 암기하여야 한다. 시험은 매년 새로운 문제가 출제되는 것이 아니라 기존에 출제되었던 기출문제가 상당수 출제되므로, 최소한 자주 출제되고 중요한 부분을 자신만의 노트에 정리하여 학습하는 것이 민법의 고득점을 위한 전략이다.

단계별 학습전략 Process 4

STEP 1

시험준비 단계

시험출제 수준 및 경향 파악

사전준비 없이 막연한 판단으로 공부를 시작하면 비효율적이고 시험에 실패할 위험도 크다. 따라서 기출문제의 꼼꼼한 분석을 통해 출제범위를 명확히 하고, 출제 빈도 및 경향을 정확히 가늠하여 효율적인 학습방법을 찾는 것이 합격을 위한 첫 걸음이다.

최적의 수험대책 수립 및 교재 선택

시험출제 수준 및 경향을 정확하게 파악하였다면, 수험생 본인에게 적합한 수험방법을 선택해야 한다. 본인에게 맞지 않는 수험방법은 동일한 결과를 얻기 위해 몇 배의 시간과 노력을 들여야 한다. 따라서 본인의 학습태도를 파악하여 자신에게 맞는 학습량과 시간 배분 및 학습 장소, 학원강의 등을 적절하게 선택해야 한다. 그리고 내용이 충실하고 본인에게 맞는 교재를 선택하는 것도 합격을 앞당기는 지름길이 된다.

STEP 2

실력쌓기 단계

과목별 학습시간의 적절한 배분

주택관리사보 자격시험을 단기간에 준비하기에는 내용도 방대하고 난도도 쉽지 않다. 따라서 과목별 학습목표량과 학습시간을 적절히 배분하는 것이 중요한데, 취약과목에는 시간을 좀 더 배분하도록 한다. 전체 일정은 기본서, 객관식 문제집, 모의고사 순으로 학습하여 빠른 시일 내에 시험 감각을 키우는 것을 우선으로 해야 한다.

전문 학원 강사의 강의 수강

학습량도 많고 난도도 높아 독학으로 주택관리사보 자격시험을 공략하기란 쉽지 않다. 더욱이 법률 과목은 기본개념을 파악하는 것 자체가 쉽지 않고, 해당 과목의 전체적인 흐름을 이해하고 핵심을 파악하기보다는 평면적·단순 암기식 학습에 치우칠 우려가 있어 학습의 효율성을 떨어뜨리고 시험기간을 장기화하는 원인이 될 수 있다. 이러한 독학의 결점이나 미비점을 보완하기 위한 방안으로 전문학원 강사의 강의를 적절히 활용하도록 한다.

수험생 스스로 사전 평가를 통하여 고득점을 목표로 집중학습할 전략과목을 정하도록 한다.
그러나 그보다 더 중요한 것은 취약과목을 어느 수준까지 끌어올리느냐 하는 것이다.

STEP 3

실력점검 단계

취약과목을 집중 공략

개인차가 있겠지만 어느 정도 공부를 하고 나면 전략과목과 취약과목의 구분이 생기기 마련이다. 고득점을 보장하는 전략과목 다지기와 함께 취약과목을 일정 수준까지 끌어올리려는 노력이 무엇보다 필요하다. 어느 한 과목의 점수라도 과락이 되면 전체 평균점수가 아무리 높다고 해도 합격할 수 없기 때문에 취약과목을 어느 수준까지 끌어올리느냐가 중요하다고 하겠다.

문제 해결력 기르기

각 과목별 특성을 파악하고 전체적인 흐름을 이해했다면 습득한 지식의 정확도를 높이고, 심화단계의 문제풀이를 통해 실력을 높일 필요가 있다. 지금까지 학습해 온 내용의 점검과 함께 자신의 실력으로 굳히는 과정을 어떻게 거치느냐에 따라 시험의 성패가 결정될 것이다.

STEP 4

최종 마무리 단계

합격을 좌우하는 마지막 1개월

시험 1개월 전은 수험생들이 스트레스를 가장 많이 받는 시점이자 수험생활에 있어 마지막 승부가 가늠되는 지점이다. 이 시기의 학습효과는 몇 개월 동안의 학습효과와 비견된다 할 수 있으므로 최대한 집중력을 발휘하고 혼신의 힘을 기울여야 한다. 이때부터는 그 동안 공부해 온 것을 시험장에서 충분히 발휘할 수 있도록 암기가 필요한 사항은 외우고 틀린 문제들은 점검하면서 마무리 교재를 이용하여 실전감각을 배양하도록 한다.

시험 당일 최고의 컨디션 유지

시험 당일 최고의 컨디션으로 실전에 임할 수 있어야 공부한 모든 것들을 제대로 쏟아 낼 수 있다. 특히 시험 전날의 충분한 수면은 시험 당일에 명석한 분석 및 판단력을 발휘하는 데 큰 도움이 됨을 잊지 말아야 한다.

교재 구성 및 활용

01 단원별 출제경향을 체계적으로 분석

최근 5개년의 기출문제를 분석한 출제분포를 표로 정리하여 출제경향의 변화된 주요 흐름을 한눈에 파악할 수 있도록 구성하였습니다. 나아가 수험대책을 제시함으로써 제29회 시험을 정확히 예측하고 학습방향을 바로잡을 수 있도록 하였습니다.

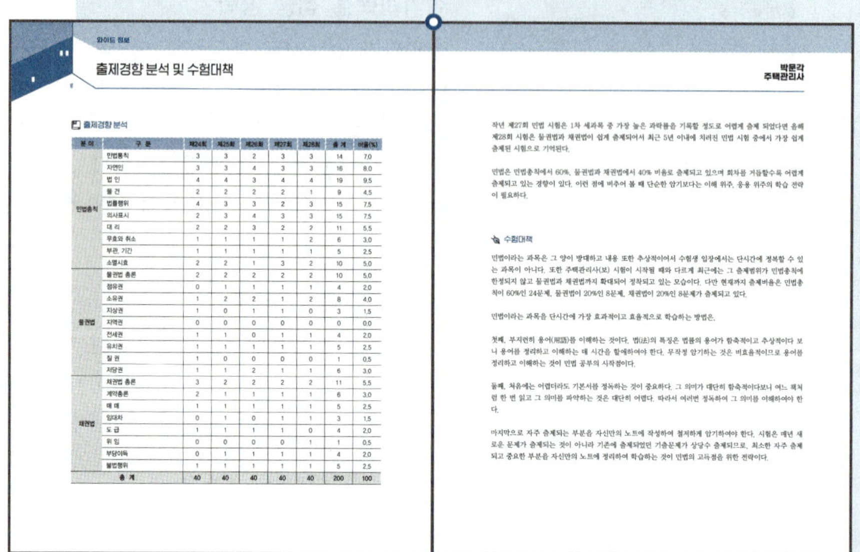

와이드 정보

출제경향 분석 및 수험대책

박문각 주택관리사

출제경향 분석

분 야	구 분	제24회	제25회	제26회	제27회	제28회	총 계	비율(%)
민법총칙	민법통칙	3	3	2	3	3	14	7.0
	자연인	3	3	4	3	3	16	8.0
	법 인	4	4	3	4	4	19	9.5
	물 건	2	2	2	2	1	9	4.5
	법률행위	4	3	3	2	3	15	7.5
	의사표시	2	3	4	3	3	15	7.5
	대 리	2	2	3	2	2	11	5.5
	무효와 취소	1	1	1	1	2	6	3.0
	부관, 기간	1	1	1	1	1	5	2.5
	소멸시효	2	2	1	3	2	10	5.0
물권법	물권법 총론	2	2	2	2	2	10	5.0
	점유권	0	1	1	1	1	4	2.0
	소유권	1	2	2	1	2	8	4.0
	지상권	1	0	1	1	0	3	1.5
	지역권	0	0	0	0	0	0	0.0
	전세권	1	1	0	1	1	4	2.0
	유치권	1	1	1	1	1	5	2.5
	질 권	1	0	0	0	0	1	0.5
	저당권	1	1	2	1	1	6	3.0
채권법	채권법 총론	3	2	2	2	2	11	5.5
	계약총론	2	1	1	1	1	6	3.0
	매 매	1	1	1	1	1	5	2.5
	임대차	0	1	0	1	1	3	1.5
	도 급	1	1	1	1	0	4	2.0
	위 임	0	0	0	0	1	1	0.5
	부당이득	0	1	1	1	1	4	2.0
	불법행위	1	1	1	1	1	5	2.5
총 계		40	40	40	40	40	200	100

작년 제27회 민법 시험은 1차 세과목 중 가장 높은 과락률을 기록할 정도로 어렵게 출제 되었다면 올해 제28회 시험은 물권법과 채권법이 쉽게 출제되어서 최근 5년 이내에 치러진 민법 시험 중에서 가장 쉽게 출제된 시험으로 기억된다.

민법은 민법총칙에서 60%, 물권법과 채권법에서 40% 비율로 출제되고 있으며 회차를 거듭할수록 어렵게 출제되고 있는 경향이 있다. 이런 점에 비추어 볼 때 단순한 암기보다는 이해 위주, 응용 위주의 학습 전략이 필요하다.

수험대책

민법이라는 과목은 그 양이 방대하고 내용 또한 추상적이어서 수험생 입장에서는 단시간에 정복할 수 있는 과목이 아니다. 또한 주택관리사(보) 시험이 시작될 때와 다르게 최근에는 그 출제범위가 민법총칙에 한정되지 않고 물권법과 채권법까지 확대되어 정착되고 있는 모습이다. 다만 현재까지 출제비율은 민법총칙이 60%인 24문제, 물권법이 20%인 8문제, 채권법이 20%인 8문제가 출제되고 있다.

민법이라는 과목을 단시간에 가장 효과적이고 효율적으로 학습하는 방법은,

첫째, 부지런히 용어(用語)를 이해하는 것이다. 법(法)의 특징은 법률의 용어가 함축적이고 추상적이다 보니 용어를 정리하고 이해하는 데 시간을 할애하여야 한다. 무작정 암기하는 것은 비효율적이므로 용어를 정리하고 이해하는 것이 민법 공부의 시작점이다.

둘째, 처음에는 어렵더라도 기본서를 정독하는 것이 중요하다. 그 의미가 대단히 함축적이다보니 어느 책처럼 한 번 읽고 그 의미를 파악하는 것은 대단히 어렵다. 따라서 여러번 정독하여 그 의미를 이해하여야 한다.

마지막으로 자주 출제되는 부분을 자신만의 노트에 작성하여 철저하게 암기하여야 한다. 시험은 매년 새로운 문제가 출제되는 것이 아니라 기존에 출제되었던 기출문제가 상당수 출제되므로, 최소한 자주 출제되고 중요한 부분을 자신만의 노트에 정리하여 학습하는 것이 민법의 고득점을 위한 전략이다.

02 방대한 학습분량을 효율적으로 서술

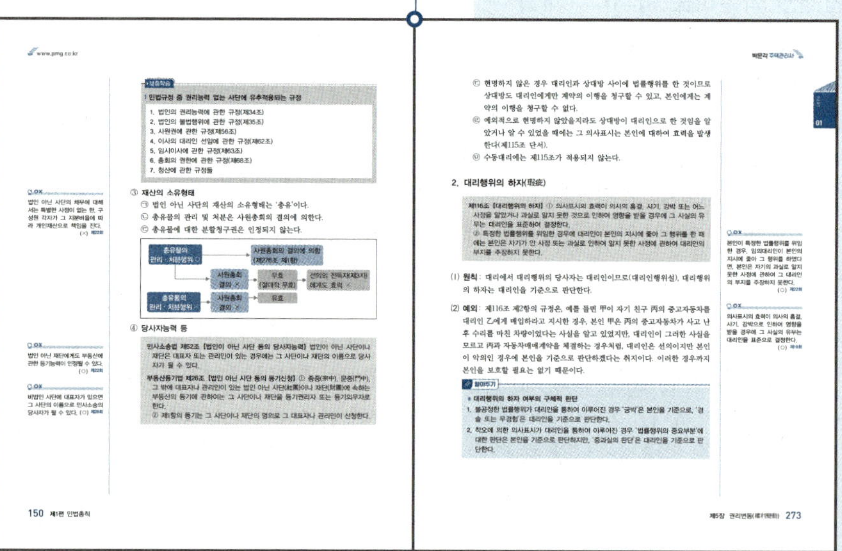

www.pmg.co.kr

보충학습

민법규정 중 권리능력 없는 사단에 유추적용되는 규정

1. 법인의 권리능력에 관한 규정(제34조)
2. 법인의 불법행위에 관한 규정(제35조)
3. 사원권에 관한 규정(제56조)
4. 이사의 대리인 선임에 관한 규정(제62조)
5. 임시이사에 관한 규정(제63조)
6. 총회의 권한에 관한 규정(제68조)
7. 청산에 관한 규정들

③ 재산의 소유형태

㉠ 법인 아닌 사단의 재산의 소유형태는 '총유'이다.
㉡ 총유물의 관리 및 처분은 사원총회의 결의에 의한다.
㉢ 총유물에 대한 분할청구권은 인정되지 않는다.

④ 당사자능력 등

민사소송법 제52조 【법인이 아닌 사단 등의 당사자능력】 법인이 아닌 사단이나 재단은 대표자 또는 관리인이 있는 경우에는 그 사단이나 재단의 이름으로 당사자가 될 수 있다.

부동산등기법 제26조 【법인 아닌 사단 등의 등기신청】 ① 종중(宗中), 문중(門中), 그 밖에 대표자나 관리인이 있는 법인 아닌 사단(社團)이나 재단(財團)에 속하는 부동산의 등기에 관하여는 그 사단이나 재단을 등기권리자 또는 등기의무자로 한다.
② 제1항의 등기는 그 사단이나 재단의 명의로 그 대표자나 관리인이 신청한다.

OX
법인 아닌 사단의 채무에 대해서는 특별한 사정이 없는 한, 구성원 각자가 그 지분비율에 따라 개인재산으로 책임을 진다. (×) 제22회

OX
법인 아닌 재단에게도 부동산에 관한 등기능력이 인정될 수 있다. (○) 제22회

OX
비법인 사단에 대표자가 있으면 그 사단의 이름으로 민사소송의 당사자가 될 수 있다. (○) 제26회

150 제1편 민법총칙

박문각 주택관리사

㉢ 현명하지 않은 경우 대리인과 상대방 사이에 법률행위를 한 것이므로 상대방도 대리인에게만 계약의 이행을 청구할 수 있고, 본인에게는 계약의 이행을 청구할 수 없다.
㉣ 예외적으로 현명하지 않았을지라도 상대방이 대리인으로 한 것임을 알았거나 알 수 있었을 때에는 그 의사표시는 본인에 대하여 효력을 발생한다(제115조 단서).
㉤ 수동대리에는 제115조가 적용되지 않는다.

2. 대리행위의 하자(瑕疵)

제116조 【대리행위의 하자】 ① 의사표시의 효력이 의사의 흠결, 사기, 강박 또는 어느 사정을 알았거나 과실로 알지 못한 것으로 인하여 영향을 받을 경우에 그 사실의 유무는 대리인을 표준하여 결정한다.
② 특정한 법률행위를 위임한 경우에 대리인이 본인의 지시에 좇아 그 행위를 한 때에는 본인은 자기가 안 사정 또는 과실로 인하여 알지 못한 사정에 관하여 대리인의 부지를 주장하지 못한다.

(1) **원칙**: 대리에서 대리행위의 당사자는 대리인이므로(대리인행위설), 대리행위의 하자는 대리인을 기준으로 판단한다.

(2) **예외**: 제116조 제2항의 규정은, 예를 들면 甲이 자기 친구 丙의 중고자동차를 대리인 乙에게 매입하라고 지시한 경우, 본인 甲은 丙의 중고자동차가 사고 난 후 수리를 마친 차량이었다는 사실을 알고 있었지만, 대리인이 그러한 사실을 모르고 丙과 자동차매매계약을 체결하는 경우처럼, 대리인은 선의이지만 본인이 악의인 경우에 본인을 기준으로 판단하겠다는 취지이다. 이러한 경우까지 본인을 보호할 필요는 없기 때문이다.

알아두기

* 대리행위의 하자 여부의 구체적 판단

1. 불공정한 법률행위가 대리인을 통하여 이루어진 경우 '궁박'은 본인을 기준으로, '경솔 또는 무경험'은 대리인을 기준으로 판단한다.
2. 착오에 의한 의사표시가 대리인을 통하여 이루어진 경우 '법률행위의 중요부분'에 대한 판단은 본인을 기준으로 판단하지만, '중과실의 판단'은 대리인을 기준으로 판단한다.

OX
본인이 특정한 법률행위를 위임한 경우, 임의대리인이 본인의 지시에 좇아 그 행위를 하였다면, 본인은 자기의 과실로 알지 못한 사정에 관하여 그 대리인의 부지를 주장하지 못한다. (○) 제22회

OX
의사표시의 효력이 의사의 흠결, 사기, 강박으로 인하여 영향을 받을 경우에 그 사실의 유무는 대리인을 표준으로 결정한다. (○) 제19회

제5장 권리변동(權利變動) 273

2단 본문구성으로 보다 효율적인 학습이 가능하도록 하였으며, 다양한 본문 요소들을 통해 방대한 학습분량을 체계적으로 분류하고 논리적으로 서술하여 내용 파악이 용이하도록 구성하였습니다.

① **보충학습 · 알아두기**: 추가로 학습해야 하는 사항을 놓치지 않도록 체계적으로 정리

② **일러스트**: 복잡한 내용들의 이해를 도울 수 있는 일러스트 수록

03 예제를 통한 실전감각 기르기

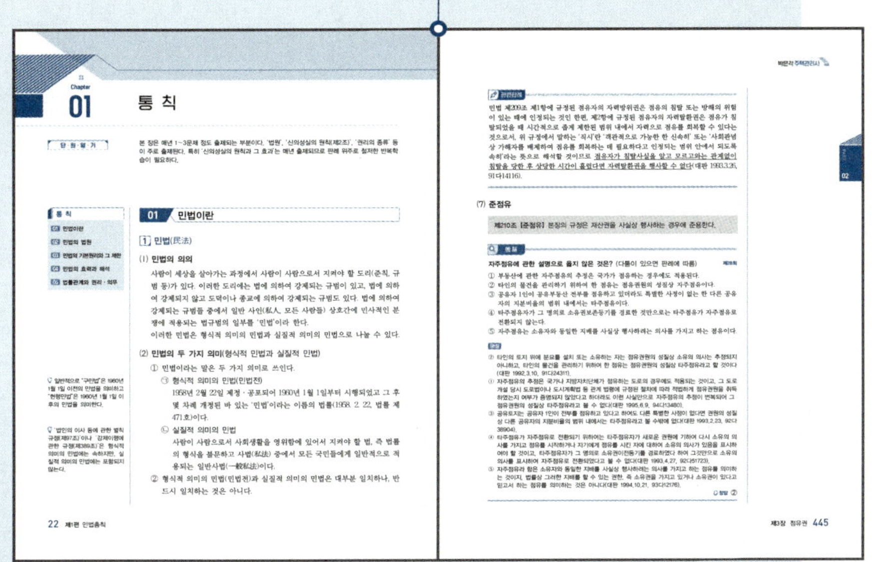

최근에 출제되었던 문제들 중, 철저한 기출 경향 분석을 바탕으로 출제 빈도와 난도 면에서 중요도가 높은 대표적인 유형의 문제들을 엄선하여 수록함으로써, 기출유형을 쉽게 파악할 수 있도록 하였습니다. 또한, 정확하고 명쾌한 해설로 문제풀이에 도움이 될 수 있도록 하였습니다.

04 유형별 조문과 민법이론을 바탕으로 한 판례

이론, 조문, 판례를 모두 별개로 생각하는 것은 잘못된 생각입니다. 일단 조문을 유형별로 분류해서 그 공통적인 내용이 무엇인지를 파악해 보고, 그 조문에서 파생되는 이론적 쟁점은 무엇인가를 살펴보아야 합니다. 또한 민법은 이론이 판례이며, 판례가 이론이라고 감히 말할 수 있을 정도로 판례가 매우 중요하므로 최근 판례가 어떻게 전개되고 있는지 살펴보아야 합니다. 이러한 경향에 맞춰 최신 중요 판례를 완벽정리해 놓았습니다.

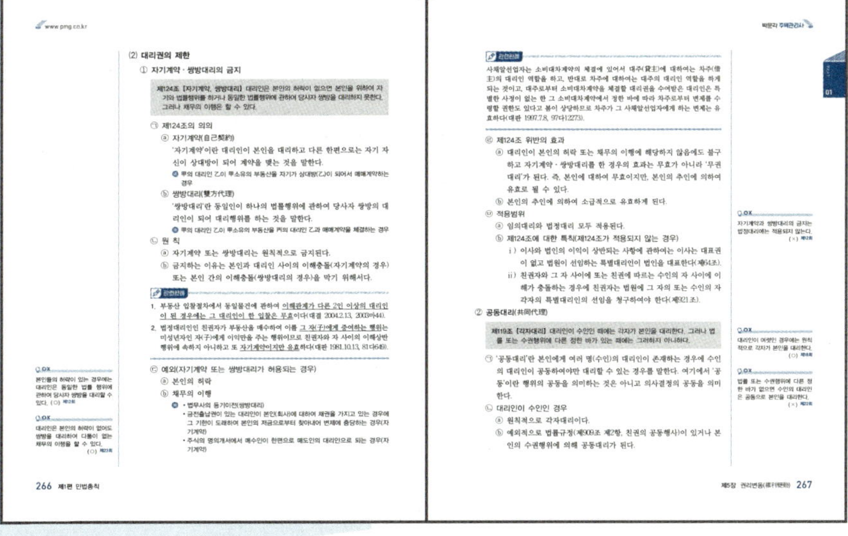

Contents

이 책의 차례

PART 1

민법총칙

Contents

이 책의 차례

PART 2

물권법

Chapter 06 담보물권

채권법

Chapter 01 채권법의 종류

Chapter 02 채권법 각론

▷ 민법 법령집

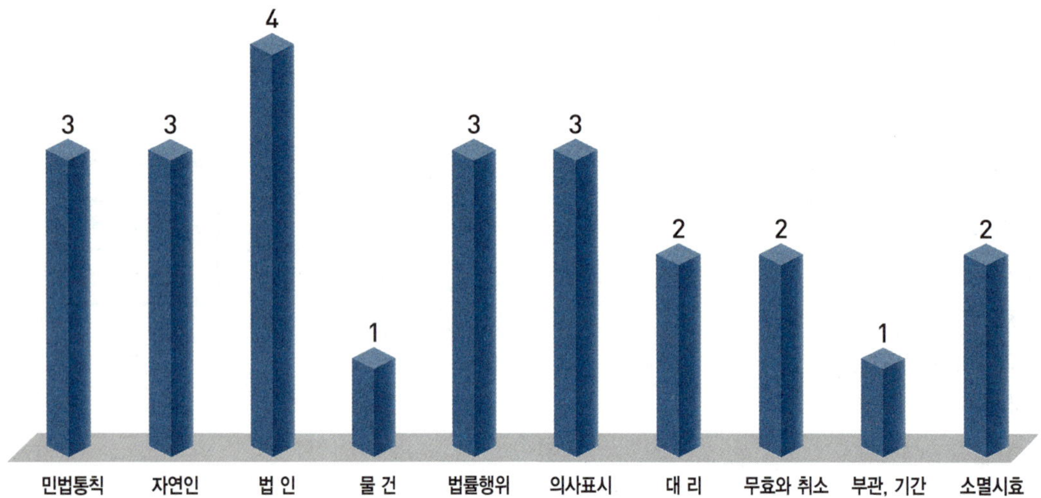

제28회 기출문제 분석

제28회 주택관리사(보) 민법총칙은 평이하게 출제되었다. 민법총칙 부분은 가장 많이 출제되는 부분이므로 지엽적이고 세부적인 사항까지 정리하는 학습전략이 필요하다.

PART

01

민법총칙

Chapter 01

통 칙

단·원·열·기

본 장은 매년 1~3문제 정도 출제되는 부분이다. '법원', '신의성실의 원칙(제2조)', '권리의 종류' 등이 주로 출제된다. 특히 '신의성실의 원칙과 그 효과'는 매년 출제되므로 판례 위주로 철저한 반복학습이 필요하다.

통 칙

01 민법이란

1 민법(民法)

(1) 민법의 의의

사람이 세상을 살아가는 과정에서 사람이 사람으로서 지켜야 할 도리(준칙, 규범 등)가 있다. 이러한 도리에는 법에 의하여 강제되는 규범이 있고, 법에 의하여 강제되지 않고 도덕이나 종교에 의하여 강제되는 규범도 있다. 법에 의하여 강제되는 규범들 중에서 일반 사인(私人, 모든 사람들) 상호간에 민사적인 분쟁에 적용되는 법규범의 일부를 '민법'이라 한다.

이러한 민법은 형식적 의미의 민법과 실질적 의미의 민법으로 나눌 수 있다.

(2) 민법의 두 가지 의미(형식적 민법과 실질적 민법)

① 민법이라는 말은 두 가지 의미로 쓰인다.

㉠ 형식적 의미의 민법(민법전)

1958년 2월 22일 제정 · 공포되어 1960년 1월 1일부터 시행되었고 그 후 몇 차례 개정된 바 있는 '민법'이라는 이름의 법률(1958. 2. 22, 법률 제471호)이다.

㉡ 실질적 의미의 민법

사람이 사람으로서 사회생활을 영위함에 있어서 지켜야 할 법, 즉 법률의 형식을 불문하고 사법(私法) 중에서 모든 국민들에게 일반적으로 적용되는 일반사법(一般私法)이다.

② 형식적 의미의 민법(민법전)과 실질적 의미의 민법은 대부분 일치하나, 반드시 일치하는 것은 아니다.

일반적으로 "구민법"은 1960년 1월 1일 이전의 민법을 의미하고 "현행민법"은 1960년 1월 1일 이후의 민법을 의미한다.

'법인의 이사 등에 관한 벌칙규정(제97조)'이나 '강제이행에 관한 규정(제389조)'은 형식적 의미의 민법에는 속하지만, 실질적 의미의 민법에는 포함되지 않는다.

2 민법의 법체계적 지위

(1) 민법은 사법(私法)이다.

법체계를 공법과 사법으로 구별할 때 민법은 사법에 속한다.

① **공법 · 사법을 구별하는 이유**

㉠ 공법과 사법의 지도원리(指導原理)가 다르다. 즉, 사법의 영역에서는 사적자치가 허용되므로 각 개인이 자기의 의사에 따라 법률관계를 자유롭게 형성할 수 있으며, 법의 흠결이 있으면 당사자의 의사에 의한 보충이 허용되지만, 공법의 영역에서는 법이 허용하는 범위에서만 우월적 · 특수적 지위가 인정되어 공권력의 행사가 허용되고, 법이 흠결된 경우에 원칙적으로 공권력의 행사가 허용되지 않는다.

㉡ 공법과 사법의 권리구제절차가 다르다. 즉, 사법은 민사소송으로, 공법은 행정소송 등으로 구제된다.

② **공법 · 사법의 적용기준**

관련판례

지방자치단체가 일방 당사자가 되는 이른바 '공공계약'이 사경제의 주체로서 상대방과 대등한 위치에서 체결하는 사법상 계약에 해당하는 경우 그에 관한 법령에 특별한 정함이 있는 경우를 제외하고는 사적 자치와 계약자유의 원칙 등 사법의 원리가 그대로 적용된다(대판 2017.1.25, 2015다205796).

③ **제3의 법영역**: 오늘날 공 · 사법의 구별은 노동관련 법규, 경제법, 사회보장법(제3의 영역) 등의 출현으로 구별이 모호해지고 있다.

(2) 민법은 일반사법(一般私法)이다.

① **일반사법과 특별사법**

㉠ '일반사법(一般私法)'이란 사람이라면 누구에게나 적용될 것으로 예정된 법을 의미하고, '특별사법(特別私法)'은 특정한 사람, 사항 기타의 관계에 한하여 적용되는 법을 의미한다. 이 중에서 민법은 일반사법에 해당한다.

㉡ 주의할 것은 집합건물의 소유 및 관리에 관한 법률, 부동산 실권리자명의 등기에 관한 법률, 주택임대차보호법, 상가건물 임대차보호법, 가등기담보 등에 관한 법률 등은 특별사법이 아닌 특별민사법으로서 민법에 속한다.

② **특별법 우선의 원칙**: 일반법과 특별법이 서로 저촉되면 특별법이 먼저 적용되고, 특별법이 규율하지 않는 사항에 대하여 일반법이 적용된다(特別法은 一般法에 우선한다).

(3) 민법은 실체법(實體法)이다.

① **실체법과 절차법**

㉠ '실체법'은 법률관계의 실체에 관한 법을 의미하고, 주법(主法)이라고도 한다. 실체법은 권리·의무의 존부를 규율하는 법이다. 법률관계의 실체란 권리·의무의 내용, 귀속자, 범위 등을 말한다.

㉡ '절차법'이란 권리의 실질적 내용을 실현하기 위하여 취해야 할 방법을 규율하는 법을 의미한다.

㉢ 민법·상법·형법 등이 '실체법'에 속하며, 민사소송법·형사소송법은 그에 대한 '절차법'이다.

② **행위규범·재판규범**

실체법인 민법은 개인이 일상생활의 준칙으로서 지켜야 할 '행위규범'인 동시에 개인 간의 분쟁이 발생한 경우에 분쟁해결을 위한 재판기준으로서의 '재판규범'의 역할을 한다.

3 민법의 구성

(1) 민법의 구분

우리 민법은 재산법과 신분법으로 구분하며, 제2편 물권과 제3편 채권에 관한 규정을 '재산법'이라 하고, 제4편 친족과 제5편 상속에 관한 규정을 '신분법'이라 한다.

① **물권법**

물권법은 먼저, 물권의 변동, 즉 물권의 일반적인 발생·변경·소멸의 문제를 규정하고, 이어서 물권의 종류와 내용에 대해서 규정하고 있다. 완전한 물권인 소유권과 특이한 점유권 그리고 소유권에 포함되어 있는 권능(사용, 수익, 처분의 권능)의 일부가 분리되어 독자적인 권리로 인정된 제한물권(용익물권, 담보물권)을 규정한다.

② **채권법**

채권법은 먼저 채권관계의 공통된 사항(채권총칙)과 채권발생원인 및 채권의 내용 등에 대하여 규정한다.

③ **친족법**

친족법은 부부와 미성년의 자를 중심으로 하여 혼인 및 친자관계를 규정한다. 이 외에도 친족관계와 관련하여 제한능력자에 대한 후견, 친족 간의 부양도 규정하고 있다.

④ **상속법**

상속법은 사람의 사망으로 인하여 그의 재산이 일정한 사람에게 승계되는 법률관계를 규정한다. 누가 상속인으로 되느냐, 상속인이 어떤 권리와 의무를 취득하느냐와 유언의 문제를 규정하고 있다.

(2) 민법총칙의 성질

① 민법 제1편 총칙은 이론상・체계상 재산법과 가족법 모두에 통용되어야 하지만, 실제로는 '재산법의 총칙'으로서 기능을 한다.

② '통칙, 주소, 부재와 실종, 물건, 기간'에 관한 규정은 민법 전반에 걸치는 통칙으로 적용된다. 그러나 그 밖의 규정은 그렇지 못하다. 예를 들면, 제한능력에 관한 민법총칙의 규정, 의사표시에 관한 규정, 대리에 관한 규정, 소멸시효에 관한 규정 등은 재산법에만 적용되고 신분법에는 적용되지 않는다.

02 민법의 법원

1 법원(法源)의 의의

'법원(法源)'이란 법의 연원이라고도 하며, 법관이 사인 간의 민사적인 분쟁에 대하여 재판을 함에 있어서 적용하여야 할 기준, 법의 '존재형식'을 말한다.

2 법원에 관한 입법주의

(1) 성문법주의(成文法主義)

① **의 의**

'성문법주의'란 법원에 관하여 국가의 입법기관에 의해 일정한 형식과 절차를 거쳐서 제정・공포된 법규형식으로 존재하는 것을 의미한다. 독일・프랑스 등 대륙법계 국가에서 채택하고 있는 방식이다.

② **성문법의 종류**

㉠ 법률(민법전)

㉡ 행정기관에 의하여 제정되는 법규인 명령, 민사에 관한 대통령의 긴급명령, 대법원규칙, 국제조약, 국제법규, 자치법규 등

(2) 불문법주의(不文法主義)

① **의 의**

'불문법주의'란 법원에 관하여 성문법(문장의 형식)이 아닌 관습법, 판례법, 조리 등으로 존재하는 형식을 말하며, 영국이나 미국 등 영·미법계 국가에서 채택하고 있는 방식이다.

② **불문법의 종류**

㉠ 관습법

㉡ 조리 등

법의 경화(硬化)
시대의 흐름에 따라 법이 시대 상황에 대처하지 못하고 뒤처지는 현상을 의미한다.

성문법주의와 불문법주의의 장단점

차이점	성문법주의	불문법주의
법의 통일정비	용이하다.	곤란하다.
법적 질서의 안정	안정적이다.	유동적이다.
법의 명확화	명확하다.	명확하지는 않다.
법의 경화(硬化)	경화하기 쉽다.	경화하기 어렵다.
사회사정의 변천에 대한 적응성	적응하기 어렵다.	적응하기 쉽다.

현행 민법은 성문법을 원칙으로 하고 불문법을 보충적으로 가미하고 있다.

(3) 오늘날의 경향

대륙법계 국가는 성문법을 제1차적 법원으로 하고 불문법을 보충적으로 적용하는 형식을 채택하고 있고, 영·미법계 국가에서는 불문법을 제1차적 법원으로 하고 계속 반복되는 부분을 성문법으로 제정하여 법적 안정성을 기하는 형식으로 보완하고 있다.

3 우리 민법의 태도

> **제1조 【법 원】** 민사에 관하여 법률에 규정이 없으면 관습법에 의하고 관습법이 없으면 조리에 의한다.

1. 민법 제1조의 의미

(1) 우리 민법은 사인(私人) 간의 민사적인 분쟁에 관하여 '법률(성문법)'을 적용하고, 법률이 없으면 '관습법(불문법)', '조리(불문법)' 등의 순서로 법을 적용한다.

(2) 결국 민법 제1조는 구체적인 민사사건에 있어서 법원의 적용순서를 규정하고 있다.

2. 민법 제1조의 해석

(1) 민사에 관하여

'민사에 관하여'란 일반사법관계를 말하는 것으로서, 국가나 지방자치단체가 사인과 같은 자격에서 한 사경제적 행위도 민사에 포함된다.

(2) 법 률

① **법률의 의미**

㉠ 형식적 의미의 법률

고유한 의미의 법률로서 입법기관인 '국회'에서 제정된 법률을 의미한다.

㉡ 실질적 의미의 법률

입법기관인 '국회'에서 제정한 것이든 아니면 입법기관 이외의 대통령이나 지방자치단체의회 등에서 제정한 것이든 불문하고 실질적으로 국민의 권리와 의무를 규정하고 있는 것을 의미한다.

㉢ 민법 제1조의 '법률'은 형식적 의미의 법률뿐만 아니라 실질적 의미의 법률까지 포함하는 개념이다.

② **법률의 범위**

㉠ 민사에 관한 '대통령의 긴급명령'도 민법의 법원이 될 수 있다.

㉡ 행정기관에서 제정되는 법규인 '명령'도 그것이 민사에 관한 것인 한, 민법의 법원이 될 수 있다.

㉢ '대법원규칙'도 민사에 관련된 것이면 민법의 법원이 될 수 있다.

㉣ 지방자치단체가 자치입법권에 기하여 법령의 범위 안에서 제정한 법규인 '자치법규(조례와 규칙)'도 민사에 관련되면 민법의 법원이 될 수 있다.

㉤ '국제조약'이나 일반적으로 승인된 '국제법규'에서 민사에 관한 것이면 민법의 법원이 될 수 있다. 그리고 국제물품매매계약에 관한 '국제연합협약(CISG)'도 법원이 될 수 있다.

㉥ '헌법재판소의 결정내용'이 민사에 관한 것이라면 민법의 법원이 된다.

㉦ '공법규정'도 민사에 관한 것이면 법원이 될 수 있다.

법률 = 성문법 = 제정법

OX

민법의 법원으로서 법률은 형식적 의미의 민법만을 의미한다. (×) 제16회

우리나라가 가입한 국제조약은 일반적으로 민법이나 상법 또는 국제사법보다 우선적으로 적용된다(대판 2016.3.24, 2013다81514).

OX

헌법에 의하여 체결·공포된 조약이 민사에 관한 것이면 민법의 법원이 될 수 있다. (○) 제28회

(3) 관습법(慣習法)

① 의 의

㉠ '관습법'이란 어떤 사항에 관하여 반복적으로 행하여진 관습이 사회구성원의 법적 확신에 의하여 법규범으로서의 지위를 가지게 된 것을 의미한다.

㉡ 관습법은 가장 근원적인 법에 해당한다.

㉢ 이에 반하여 '사실인 관습'은 오랜 관행만 존재하고, 사회의 법적 확신이나 인식에 의하여 법적 규범으로서 승인될 정도에 이르지 않은 것을 말한다.

㉣ 판례는 관습법과 사실인 관습을 엄격하게 구별하고 있다(역할과 증명책임의 차이).

관련판례

1. [1] 관습법과 사실인 관습의 역할의 차이
관습법이란 사회의 거듭된 관행으로 생성한 사회생활규범이 사회의 법적 확신과 인식에 의하여 법적 규범으로 승인·강행되기에 이르른 것을 말하고, 사실인 관습은 사회의 관행에 의하여 발생한 사회생활규범인 점에서 관습법과 같으나 사회의 법적 확신이나 인식에 의하여 법적 규범으로서 승인된 정도에 이르지 않은 것을 말하는바, 관습법은 바로 법원으로서 법령과 같은 효력을 갖는 관습으로서 법령에 저촉되지 않는 한 법칙으로서의 효력이 있는 것이며, 이에 반하여 사실인 관습은 법령으로서의 효력이 없는 단순한 관행으로서 법률행위의 당사자의 의사를 보충함에 그치는 것이다.
[2] 관습법과 사실인 관습의 증명책임의 차이
법령과 같은 효력을 갖는 관습법은 당사자의 주장 입증을 기다림이 없이 법원이 직권으로 이를 확정하여야 하고 사실인 관습은 그 존재를 당사자가 주장 입증하여야 하나, 관습은 그 존부 자체도 명확하지 않을 뿐만 아니라 그 관습이 사회의 법적 확신이나 법적 인식에 의하여 법적 규범으로까지 승인되었는지의 여부를 가리기는 더욱 어려운 일이므로 법원이 이를 알 수 없는 경우 결국은 당사자가 이를 주장 입증할 필요가 있다.
[3] 사실인 관습의 기능
사실인 관습은 사적자치가 인정되는 분야, 즉 그 분야의 제정법이 주로 임의규정일 경우에는 법률행위의 해석기준으로서 또는 의사를 보충하는 기능으로서 이를 재판의 자료로 할 수 있을 것이나 이 이외의, 즉 그 분야의 제정법이 주로 강행규정일 경우에는 그 강행규정 자체에 결함이 있거나 강행규정 스스로가 관습에 따르도록 위임한 경우 등 이외에는 법적 효력을 부여할 수 없다(대판 1983.6.14, 80다3231).
2. 사실인 관습은 일종의 경험칙에 속하고 경험칙은 일종의 법칙이므로 이러한 경험칙의 유무를 판단함에 있어서는 당사자의 주장이나 입증에 구애됨이 없이 법관이 스스로 직권에 의하여 판단할 수 있다(대판 1976.7.13, 76다983).

OX
사실인 관습은 사회생활규범이 사회의 법적 확신에 의하여 법적 규범으로 승인된 것을 말한다. (×) 제26회

OX
관습법은 당사자의 주장·증명이 없으면 법원(法院)이 직권으로 이를 확정할 수 없다. (×) 제28회

OX
사실인 관습은 사적 자치가 인정되는 분야에서 법률행위 당사자의 의사를 보충하는 기능을 한다. (○) 제25회

OX
사실인 관습이 강행규정에 관한 것이더라도, 강행규정에서 관습에 따르도록 위임한 경우라면 그 관습에 대하여 법적 효력을 부여할 수 있다. (○) 제20회

관습법과 사실인 관습의 구체적 차이

구 분	관습법	사실인 관습
의 의	오랜 관행 + 법적 확신(有)	오랜 관행 + 법적 확신(無)
효력(역할의 차이)	법원으로서 법령과 같은 효력	• 법령과 같은 효력은 없음 • 당사자의 의사를 보충하는 역할 • 법률행위의 해석기준
입증책임	• 원칙: 법원에서 직권으로 고려 • 예외: 다만, 관습법의 존재가 불분명한 경우 당사자가 주장·입증	• 원칙: 당사자가 주장·입증 • 예외: 사실인 관습이 일종의 경험칙에 속한 경우 법원에서 직권으로 고려

② 관습법의 성립요건과 성립시기

㉠ 성립요건

ⓐ 관습법은 '오랜 관행'과 '법적 확신'을 취득하면 성립한다.

ⓑ 여기서 법적 확신을 취득한다는 것은 사회구성원이 그 관행을 법이라고 생각할 정도에 이른 상태를 의미한다.

㉡ 관습법의 성립시기

ⓐ 관습법으로 인정되기 위해서는 법원의 (확인)판결을 요하지만, 그렇다고 하여 법원의 (확인)판결이 관습법의 성립요건인 것은 아니다.

ⓑ 법원의 재판에 의하여 관습법의 존재 및 그 구체적 내용이 인정되면, 관행이 법적 확신을 취득한 때로 소급하여 관습법이 성립한다.

관련판례

[1] 관습법이 사회의 거듭된 관행으로 생성한 어떤 사회생활규범이 법적 규범으로 승인되기에 이르렀다고 하기 위하여는 헌법을 최상위 규범으로 하는 전체 법질서에 반하지 아니하는 것으로서 정당성과 합리성이 있다고 인정될 수 있는 것이어야 하고, 그렇지 아니한 사회생활규범은 비록 그것이 사회의 거듭된 관행으로 생성된 것이라고 할지라도 이를 법적 규범으로 삼아 관습법으로서의 효력을 인정할 수 없다.

[2] 사회의 거듭된 관행으로 생성된 사회생활규범이 관습법으로 승인되었다고 하더라도 사회 구성원들이 그러한 관행의 법적 구속력에 대하여 확신을 갖지 않게 되었다거나, 사회를 지배하는 기본적 이념이나 사회질서의 변화로 인하여 그러한 관습법을 적용하여야 할 시점에 있어서의 전체 법질서에 부합하지 않게 되었다면 그러한 관습법은 법적 규범으로서의 효력이 부정될 수밖에 없다.

[3] 종원의 자격을 성년 남자로만 제한하고 여성에게는 종원의 자격을 부여하지 않는 종래 관습에 대하여 (중략) 변화된 우리의 전체 법질서에 부합하지 아니하여 정당성과 합리성이 있다고 할 수 없으므로, 종중 구성원의 자격을 성년 남자만으로 제한하는 종래의 관습법은 이제 더 이상 법적 효력을 가질 수 없게 되었다(대판 전합 2005.7.21, 2002다13850).

관습법으로 인정되기 위해서는 법원의 (확인)판결을 요하지만, 그렇다고 하여 법원의 (확인)판결이 관습법의 성립요건인 것은 아니다.

OX

관습법이 사회질서의 변화로 인하여 적용 시점의 전체 법질서에 반하게 되면 법적 규범으로서의 효력이 부정된다. (○) 제26회

OX

종중 구성원의 자격을 성년 남자만으로 제한하는 종래의 관습법은 법적 효력을 상실하였다. (○) 제28회

③ **관습법의 효력**(성문법과 관습법의 우열)

㉠ '관습법의 효력'이란 하나의 민사적인 분쟁에 대하여 적용하여야 할 것이 법률도 존재하고 관습법도 동시에 존재하는 경우에 법률을 적용할 것인가, 아니면 관습법을 적용할 것인가의 문제이다.

㉡ 관습법의 효력에 관한 학설

ⓐ 보충적·열후적 효력설(다수설·판례): 관습법은 성문법이 존재하는 경우에는 적용할 수 없고, 성문법이 존재하지 않는 경우에만 관습법을 적용할 수 있다는 입장이다.

ⓑ 대등적 효력설: 성문법을 적용하느냐 아니면 관습법을 적용하느냐는 선택이라는 입장이다.

ⓒ 개폐적 효력설: 일반적으로 성문법과 관습법이 동시에 존재하는 경우 성문법이 구법이고, 관습법이 신법이므로 '신법은 구법에 우선한다.'는 원칙에서 관습법을 적용하여야 한다는 입장이다.

㉢ 판례의 태도

ⓐ 원칙적으로 보충적 효력설의 입장이다. 즉, 관습법은 성문법(제정법, 법률)이 존재하면 적용할 수 없고, 성문법(제정법, 법률)이 없는 경우에만 보충적으로 적용된다.

ⓑ 다만, 예외적으로 상관습법은 민법(제정법, 법률)에 대해서는 우선적으로 적용된다.

ⓒ 즉, 언제나 관습법의 보충적 효력이 인정되는 것은 아니다.

OX

상행위와 관련된 법률관계에서는 민법이 상관습법에 우선한다. (×) 제20회

관련판례

가정의례준칙 제13조의 규정과 배치되는 관습법의 효력을 인정하는 것은 관습법의 제정법에 대한 열후적·보충적 성격에 비추어 민법 제1조의 취지에 어긋나는 것이다(대판 1983.6.14, 80다3231).

④ **관습법에 의한 새로운 물권의 창설**

제185조【물권의 종류】 물권은 법률 또는 관습법에 의하는 외에는 임의로 창설하지 못한다.

OX

물권은 관습법에 의하여 창설할 수 없다. (×) 제26회

알아두기

판례가 인정하는 관습법

1. 관습법상의 법정지상권
2. 분묘기지권

3. 동산의 양도담보(물권)
4. 수목의 집단이나 미분리과실에 관한 공시방법인 명인방법 등

관련판례

1. ① … 장사법 부칙 제2조에 의하면, 분묘의 설치기간을 제한하고 토지 소유자의 승낙 없이 설치된 분묘에 대하여 토지 소유자가 이를 개장하는 경우에 분묘의 연고자는 토지 소유자에 대항할 수 없다는 내용의 규정들은 장사법(법률 제6158호)시행 후 설치된 분묘에 관하여만 적용한다고 명시하고 있어서, 장사법(법률 제6158호)의 시행 전에 설치된 분묘에 대한 분묘기지권의 존립 근거가 위 법률의 시행으로 상실되었다고 볼 수 없다. (중략) 그렇다면 타인 소유의 토지에 분묘를 설치한 경우에 20년간 평온, 공연하게 분묘의 기지를 점유하면 지상권과 유사한 관습상의 물권인 분묘기지권을 시효로 취득한다는 점은 오랜 세월 동안 지속되어 온 관습 또는 관행으로서 법적 규범으로 승인되어 왔고, 이러한 법적 규범이 장사법(법률 제6158호) 시행일인 2001. 1. 13. 이전에 설치된 분묘에 관하여 현재까지 유지되고 있다고 보아야 한다(대판 전합 2017.1.19, 2013다17292).
   ② 2000. 1. 12. 법률 제6158호로 전부 개정된 구 장사 등에 관한 법률(이하 '장사법'이라 한다)의 시행일인 2001. 1. 13. 이전에 타인의 토지에 분묘를 설치한 다음 20년간 평온·공연하게 분묘의 기지(기지)를 점유함으로써 분묘기지권을 시효로 취득하였더라도, 분묘기지권자는 토지소유자가 분묘기지에 관한 지료를 청구하면 그 청구한 날부터의 지료를 지급할 의무가 있다고 보아야 한다(대판 전합 2021.4.28, 2017다228007).
2. 온천에 관한 권리를 관습법상의 물권이라고 볼 수 없고 또한 온천수는 민법 제235조, 제236조 소정의 공용수 또는 생활상 필요한 용수에 해당하지 아니한다(대판 1970.5.26, 69다1239).
3. 관습상의 사도통행권 인정이 물권법정주의에 위배된다(대판 2002.2.26, 2001다64165).
4. (구)도시공원법상 근린공원으로 지정된 공원은 일반 주민들이 다른 사람의 공동사용을 방해하지 않는 한 자유로이 이용할 수 있지만, 그러한 사정만으로 인근 주민들이 누구에게나 주장할 수 있는 공원이용권이라는 배타적인 권리를 취득하였다고는 할 수 없다(대결 1995.5.23, 94마2218).
5. 미등기 무허가건물의 양수인이라 할지라도 그 소유권이전등기를 경료받지 않는 한 그 건물에 대한 소유권을 취득할 수 없고, 그러한 상태의 건물 양수인에게 소유권에 준하는 관습상의 물권이 있다고 볼 수도 없다(대판 2007.6.15, 2007다11347).

OX
온천에 관한 권리는 관습법상의 물권이다. (×) 제22회

OX
지역주민이 관련 법령에 따른 공원이용권을 자유롭게 이용할 수 있는 경우, 그들에게 배타적인 관습법상의 공원이용권이 인정된다. (×) 제22회

OX
미등기 무허가건물의 양수인에게는 소유권에 준하는 관습법상의 물권이 인정된다. (×) 제23회

(4) 조리(條理)

① '조리'란 사물의 본성, 자연의 이치 또는 법의 일반원리를 의미한다. 경험칙·사회통념·신의성실 등으로 표현되기도 한다.
② '조리(신의성실의 원칙)'는 법률행위 해석의 기준, 법 흠결시 재판의 준거 등으로 기능한다.

③ 조리도 법원이다(다수설 · 판례).

관련판례

종중이란 공동선조의 분묘수호와 제사 및 종원 상호간의 친목 등을 목적으로 하여 구성되는 자연발생적인 종족집단이므로 종중의 이러한 목적과 본질에 비추어 볼 때 공동선조와 성과 본을 같이 하는 후손은 성별의 구별 없이 성년이 되면 당연히 그 구성원이 된다고 보는 것이 조리에 합당하다(대판 전합 2005.7.21, 2002다1178).

OX

가치관 등의 변천으로 기존 관습법의 효력이 부정되면 그 관습법에 의해 규율되던 영역은 조리에 의하여 보충된다. (○) 제15회

(5) 판 례

'판례(대법원 판례)'는 민법의 법원이 아니다. 즉, 상급법원(대법원 판례)은 이와 유사한 장래의 다른 사건을 재판함에 있어서 하급심을 기속하지 않는다. 그러나 법원조직법 제8조는 상급법원 재판에서의 판단은 해당 사건에 관하여 하급심을 기속한다고 규정하고 있다.

상급법원 재판에서의 판단은 해당 사건에 관하여 하급심(下級審)을 기속(羈束)한다(법원조직법 제8조).

OX

상급법원의 재판에서의 판단은 이와 유사한 장래의 다른 사건을 재판함에 있어서 하급심을 기속한다. (×) 제15회

예 제

민법의 법원(法源)에 관한 설명으로 옳지 않은 것은? (다툼이 있으면 판례에 따름)

제28회

① 헌법에 의하여 체결 · 공포된 조약이 민사에 관한 것이면 민법의 법원이 될 수 있다.
② 대법원이 제정한 부동산등기규칙은 민법의 법원이 될 수 있다.
③ 관습법은 당사자의 주장 · 증명이 없으면 법원(法院)이 직권으로 이를 확정할 수 없다.
④ 종중 구성원의 자격을 성년 남자만으로 제한하는 종래의 관습법은 법적 효력을 상실하였다.
⑤ 민사에 관하여 법률에 규정이 없으면 관습법에 의하고 관습법이 없으면 조리에 의한다.

해설

③ 법령과 같은 효력을 갖는 관습법은 당사자의 주장 입증을 기다림이 없이 법원이 직권으로 이를 확정하여야 하고 사실인 관습은 그 존재를 당사자가 주장 입증하여야 한다(대판 1983.6.14, 80다3231).
① 헌법에 의하여 체결, 공포된 조약도 민사에 관한 것이면 민법의 법원이 될 수 있다.
② 대법원이 제정한 부동산등기규칙도 민법의 법원이 될 수 있다.
④ 종중 구성원의 자격을 성년 남자만으로 제한하는 종래의 관습법은 이제 더 이상 법적 효력을 가질 수 없게 되었다(대판 전합 2005.7.21, 2002다1178).
⑤ 민사에 관하여 법률의 규정이 없으면 관습법에 의하고 관습법이 없으면 조리에 의한다(제1조).

정답 ③

03 민법의 기본원리와 그 제한

1 민법의 기본원리

(1) **계약자유의 원칙**(법률행위자유의 원칙, 사적자치의 원칙)

① **체결의 자유**

'체결의 자유'란 상대방과 계약을 체결하느냐, 않느냐를 당사자가 자유롭게 결정할 수 있는 자유를 의미한다.

② **상대방 선택의 자유**

'상대방 선택의 자유'란 누구를 상대방으로 할 것인가를 자유롭게 선택할 수 있는 자유를 의미한다.

③ **내용결정의 자유**

㉠ '내용결정의 자유'란 어떠한 내용으로 계약을 체결할 것인가의 자유를 의미한다.

㉡ 계약자유의 원칙에서 가장 중요한 것이다.

㉢ 이러한 내용결정의 자유를 심각하게 제한하는 계약을 부합계약(약관계약)이라고 한다.

④ **방식의 자유**

'방식의 자유'란 상대방과 계약을 하는 과정에서 그 절차와 방법을 자유롭게 정할 수 있는 것을 의미하고, 민법은 일정한 방식을 요구하지 않는 불요식이 원칙이다.

(2) **소유권 존중의 원칙**

소유자는 '법률의 범위 안'에서 그 소유물을 사용 · 수익 · 처분할 수 있는 권리를 가지며, 자기의 소유물을 권원 없이 점유하고 있는 자에 대하여 반환을 청구할 수 있고, 소유권을 방해하거나 방해할 염려가 있는 행위를 한 자에 대하여 방해의 제거나 예방을 청구할 수 있다. 공공복리의 실현이라는 제한 때문에 법률의 범위 내에서만 보장된다.

(3) **과실책임의 원칙**(자기책임의 원칙)

'과실책임의 원칙'이란 개인이 타인에게 준 손해에 대하여서는 그 행위가 위법할 뿐만 아니라 동시에 고의나 과실이 있는 경우에만 책임을 진다는 원칙을 말한다.

알아두기

과실의 의미

1. 민법상 과실은 일정한 사실을 알지 못했지만(선의) 거래상 요구되는 주의, 즉 '선량한 관리자의 주의(흔히 줄여서 '선관주의')'를 게을리 함을 말한다. 이러한 과실을 추상적 과실이라고 한다. 과실의 원칙적인 모습이다. 민법에서는 일반적으로 악의와 과실을 같이 취급한다.
2. 선관주의의무의 위반이 있는지 여부는 객관적 · 정형적 기준에 의하여 판단하여야 한다.
3. 예외적으로 일정한 경우에 중대한 과실에 대해서만 책임을 지우기도 한다. 중대한 과실은 거래상 요구되는 주의의무를 현저하게 위반한 경우, 즉 누구에게나 명명백백하였을 사실을 주의하지 않았던 경우에만 책임을 지는 경우를 말한다. 즉, 경과실에 대해서는 책임을 지지 않는다. 책임을 경감해 주는 것이다.
4. '자기자신의 사무에 대하여 베푸는 주의'를 위반한 경우에만 책임을 지는 경우가 있다. 예를 들면, 무상수치인의 주의의무, 친권자의 주의의무, 상속인의 주의의무 등이 이러한 경우이다.

2 민법의 기본원리의 수정

(1) 계약자유원칙의 수정

① '계약자유의 원칙'은 양 당사자의 교섭력의 대등과 자유로운 경쟁을 전제로 하기 때문에, 뜻하지 않는 불합리한 결과를 초래할 수 있다. 예를 들면, 고용계약에서는 본래적으로 사용자와 피사용자는 대등관계에 있지 않기 때문에 형식적인 계약자유의 원칙이 무의미하다.

② 이러한 경제적 약자를 보호하기 위하여 경제적 강자의 계약자유를 어느 정도 제한할 필요성이 대두됨에 따라 경제적 약자의 보호를 위한 법(근로기준법, 주택임대차보호법 등)이 등장하였고, 또한 공익을 위하여, 약한 당사자를 보호하기 위하여 또는 계약자유의 필수적 전제인 경쟁을 확보하기 위하여 계약자유를 제한하거나 일정한 계약체결을 강제하는 강행법규들도 신설되고 있다.

(2) 사유재산권 존중의 원칙의 수정

근대 민법의 소유권 절대의 원칙은 현대적 민법의 최고원리인 공공복리의 원칙하에 소유권 상대의 원칙으로 수정되고 있다. 즉, 공공의 복리를 증진하기 위하여 권리가 일정한 경우에 제한되는 경우도 있고, 또한 소유자는 법률의 범위 안에서만 그 소유권을 행사할 수 있다.

(3) **자기책임의 원칙의 수정**(무과실책임의 가미)

피해자의 보호와 손해의 공평한 분담을 실현하기 위하여 과실책임의 원칙이 상당부분 수정을 받고 있다. 특히 기업책임과 관련하여 타인의 가해행위로 인하여 피해를 입었음에도 불구하고, 가해자에게 고의·과실이 없거나 그것을 증명하지 못한 경우에 손해배상을 받지 못하는 경우, 피해자의 보호와 손해의 공평한 분담을 실현하기 위하여 무과실책임을 인정하고 있다.

보충학습

| 민법상 무과실책임의 종류

1. 법인의 불법행위에서 법인의 책임
2. 법정대리인이 복대리인을 선임한 경우 본인에 대한 책임
3. 협의의 무권대리인이 상대방에 지는 무권대리행위에 대한 책임
4. 표현대리에서 본인의 책임

(4) **권리자 보호**(정적 안정의 보호)

① 제한능력자 제도
② 부동산물권변동에 있어서 등기의 공신력 불인정

(5) **거래안전의 보호**(상대방 보호, 동적 안정의 보호)

① 무효·취소·해제 효과를 가지고 선의의 제3자에게 대항할 수 없는 경우
② 표현대리
③ 취득시효
④ 동산물권변동에 있어서 선의취득
⑤ 채권의 준점유자에 대한 변제자 보호

04 민법의 효력과 해석

1 민법의 효력

(1) 시(時)에 관한 효력

> **부칙 제2조【효력의 불소급】** 이 법은 종전의 규정에 따라 생긴 효력에 영향을 미치지 아니한다.

(2) 사람 · 장소에 관한 효력

① **속인주의**(屬人主義)

'속인주의'란 대한민국 국민에 대하여 그가 국내에 있든 국외에 있든 상관없이 민법이 적용된다는 의미이다.

② **속지주의**(屬地主義)

'속지주의'란 대한민국 영토 내에 있는 모든 사람에게는 내국인이든 외국인이든 상관없이 적용된다는 의미이다.

③ **기국주의**(旗國主義)

'기국주의'란 공해상이나 외국의 영토 내에 있는 경우에도 대한민국의 선박이나 항공기 내에서는 우리 민법을 적용한다는 의미이다.

2 민법의 해석

1. 의 의

'법의 해석'이란 재판의 대전제를 준비하는 작업으로 법규 및 그 구성요소인 낱말이나 개념 등의 의미내용을 명확히 하는 것을 의미한다.

2. 해석의 종류

(1) 해석의 주체에 따른 분류

① **유권해석**

국가기관에 의해서 이루어지는 구속력 있는 해석을 의미하고, 공권적 해석(公權的 解釋) 또는 강제적 해석이라고도 한다. 유권해석은 해석하는 기관에 따라 입법해석 · 행정해석 · 사법해석으로 구분되나, 협의로는 입법해석에 국한된다.

② **무권해석**

학자의 학설로서 학리적인 관점에서 하는 지적(知的)인 법의 해석을 의미한다(학리해석).

(2) 해석의 결과에 따른 분류

축소해석과 확장해석이 있는데, '축소해석'은 법규나 그에 포함된 개념의 효력범위를 법문이 가지는 사전적 의미보다 좁게 새기는 것을 의미하고, '확장해석'은 법규보다 넓게 해석하는 것을 의미한다.

(3) 해석의 방법에 따른 분류

① **문리해석**

법규의 문자 및 문장의 의미를 하나하나 밝힌 후에 다시 조문 전체의 문장의 구성을 검토하여 구체적인 의미내용을 파악하는 해석방법을 의미한다.

② **논리해석**

법문의 문자에 구속되지 않고 논리적 조작에 의하여 법문의 의미를 밝히는 것을 의미한다(의미해석). 여기에는 확장해석과 축소해석, 반대해석과 물론해석, 보정해석과 유추해석 등이 있다.

(4) 헌법합치적 해석

민법도 헌법의 이념과 부합되게 해석하여야 한다는 의미이다. 헌법규정에 부합하지 않거나 이에 반하는 민법의 해석은 헌법에 부합하지 않으므로 합헌성이 인정될 수 없다.

3. 해석에 필요한 중요 용어해설

(1) 준용(準用)

준용이란 입법기술상의 한 방법으로 법규를 제정할 때에 법률의 간결을 위하여 비슷한 사항에 관하여서는 유사한 다른 법규를 유추·적용할 것을 규정하는 것을 말한다. 예 한정후견개시의 경우에 제9조 제2항을 준용한다(제12조 제2항).

(2) 추정(推定)과 간주(看做)(증명책임의 구제)

① '추정'이란 명확하지 않은 사실을 일단 존재하는 것으로 정하여 법률효과를 발생시키는 것을 말한다. 법률관계 또는 사실이 명확하지 아니한 경우에 일반적으로 존재한다고 생각되는 상태를 표준으로 하여 일단 법률관계 또는 사실에 대한 판단을 내려서 법률효과를 발생시키고 당사자 간의 분쟁을 회피시키는 경우가 있는데 이렇게 이루어진 판단을 '추정'이라고 한다.

㉠ 당사자는 반증을 들어서 그 추정을 번복시킬 수 있다. 이 점에 있어서 법규상의 '본다.'와 다른 것이다. 즉, '본다.'의 경우에는 반증을 들어도 일단 발생한 법률효과는 번복되지 아니하나, 추정의 경우에는 반증에 의하여 법률효과도 번복된다. 추정된 사항이 진실에 반한다고 다투는 자는 반대증거를 제출하여야 한다.

㉡ 민법의 추정 규정

ⓐ 2인 이상 동일한 위난으로 사망한 경우에는 동시에 사망한 것으로 추정한다(제30조).

ⓑ 기한은 채무자의 이익을 위한 것으로 추정한다(제153조 제1항).

ⓒ 점유자는 소유의 의사로 선의・평온 및 공연하게 점유한 것으로 추정한다(제197조 제1항).

ⓓ 채권의 매도인이 채무자의 자력을 담보한 때에는 매매계약 당시의 자력을 담보한 것으로 추정한다(제579조 제1항).

② 공익 기타의 이유로 사실의 존재 또는 부존재를 법정책상 간주하는 경우가 있다. '간주'라는 것은 일종의 법의 의제로서 그 사실이 진실이냐 아니냐를 불문하고 권위적으로 그렇다고 단정해 버리고, 거기에 일정한 법적 효과를 부여하는 것을 의미한다. '간주한다.'는 '본다.'라고도 표현한다.

㉠ 간주는 추정과는 달라서 반증을 들어 그 효과를 전복할 수는 없다. 따라서 앞의 예에서 거소나 주소로 간주해 버린 이상 반증으로써 이를 변경할 수 없다.

㉡ 민법의 간주 규정

ⓐ 어느 행위에 있어서 가주소를 정한 때에는 그 행위에 관하여는 이를 주소로 본다(제21조).

ⓑ 실종선고를 받은 자는 전조의 기간이 만료한 때에 사망한 것으로 본다(제28조).

ⓒ 태아는 손해배상의 청구권에 관하여는 이미 출생한 것으로 본다(제762조).

(3) 선의(善意)와 악의(惡意)

① **선의**: 앞에서 일어난 어떤 사실을 알지 못하는 것을 의미한다.

② **악의**: 앞에서 일어난 어떤 사실을 알고 있는 것을 의미한다.

(4) 대항하지 못한다.

① '대항하지 못한다.'의 의미는 다른 사람에게 그 효과를 주장하지 못한다는 의미이다.

예 통정허위표시는 무효인데, 이 경우 통정허위표시의 당사자는 허위표시의 무효를 가지고 선의의 제3자에게는 대항하지 못한다. 즉, 허위표시의 당사자는 선의의 제3자에게 허위표시의 무효를 주장하지 못하지만, 선의의 제3자는 허위표시의 당사자에게 허위표시의 무효를 주장할 수 있다.

② 의사표시의 상대방이 의사표시를 받은 때에 제한능력자인 경우에는 의사표시자는 그 의사표시로써 대항할 수 없다.

㉠ 표의자는 제한능력자에게 자신의 의사표시의 도달을 주장하지 못한다.

㉡ 제한능력자는 표의자에게 의사표시의 도달을 주장할 수 있다.

"대항하지 못한다."의 의미는 "~무효이나"라는 의미가 아니라 "~유효이지만 주장할 수 없다."는 의미이다.

05 법률관계와 권리 · 의무

1 법률관계

(1) 법률관계의 의의

① '법률관계'란 인간의 사회생활관계 가운데 법에 의하여 규율되는 생활관계이다.

② '법률관계'란 법에 의하여 구속되는 자와 법에 의하여 보호받는 자의 관계로 나타나는 것이 일반적이다. 법에 의하여 구속되는 자의 지위를 '의무'라 하고, 법에 의하여 보호받는 자의 지위를 '권리'라고 한다. 요컨대, 법률관계는 권리 · 의무관계를 의미한다.

③ '법률관계'는 당사자가 의욕하는 법률효과가 법에 의하여 보장 · 실현된다는 점에서 도덕관계, 종교관계 등의 인간관계와 구별된다.

(2) 법률관계와 구별되는 개념

① **인간관계**

㉠ '인간관계'란 사람이 살아가는 생활관계 가운데 법에 의하여 규율받지 않는 가족관계, 종교관계, 도덕관계 등을 말한다.

㉡ 인간관계와 법률관계의 구별은 법에 의하여 보장 · 실현되는 이익 유무로 결정한다.

② **호의관계**(好意關係)

㉠ 의 의

호의관계란 인간관계 중에서 법적으로 구속받으려는 의사 없이 행하여진 생활관계(인간관계)를 말한다.

예 甲이 乙에게 집에 가는 길에 호의로 차를 같이 타고 가자고 하는 경우처럼 사람이 좋아서 호의를 베푸는 관계

㉡ 효 과

ⓐ '호의관계'는 원칙적으로 법률관계가 아니다. 따라서 이행청구권도, 채무불이행에 의한 손해배상청구권도 발생하지 않는다.

ⓑ 예외적으로 동승자에게 손해가 발생한 경우 호의관계가 법률관계화된다.

ⓒ 즉, 동승자에게 손해가 발생하면 동승자는 운전자에게 손해배상을 청구할 수 있다.

ⓓ 우리 판례는 무상이라고 하더라도 무상동승을 이유로 운전자의 책임을 경감할 수는 없고, 동승자(상대방)에게 과실이 있는 경우에만 '자초한 손해' 등의 표현을 통해 과실상계의 법리를 적용하여 운전자의 책임을 경감하고 있다.

관련판례

1. 피해자가 사고차량에 무상으로 동승하다가 사고를 당한 경우 운행의 목적, 호의동승자와 운행자와의 인적 관계, 피해자의 동승경위 등 제반 사정에 비추어 사고차량의 운전자에게 일반의 교통사고와 같은 책임을 지우는 것이 매우 불합리한 것으로 인정되는 경우에는 그 배상액을 감경할 사유로 삼을 수 있으나 사고차량에 단순히 호의로 동승하였다는 사실만으로 그 감경사유로 삼을 수는 없다(대판 1991.3.27, 90다13284).
2. 차량에 무상으로 동승하였다고 하더라도 그와 같은 사실만으로 운전자에게 안전운행을 촉구하여야 할 주의의무가 있다고는 할 수 없다(대판 1999.2.9, 98다53141).

2 권리와 의무

(1) 권리(權利)

① **의 의**

'권리'란 일정한 구체적 이익(법익)을 누릴 수 있도록 법에 의하여 권리주체에게 주어진 힘을 말한다.

② **구별개념**

㉠ 권한(權限): 권한이란 다른 사람을 위해 그에게 일정한 법률효과를 발생하게 하는 행위를 할 수 있는 법률상의 지위 또는 자격을 말한다.

예 대리인의 대리권, 법인 이사의 대표권 등은 권리가 아니라 권한이다.

㉡ 권능(權能): 권능이란 권리의 내용을 이루는 개개의 법률상의 힘을 가리킨다.

예 소유권이라는 권리의 내용인 사용·수익·처분권능 등

㉢ 권원(權原): 권원이란 일정한 법률상 또는 사실상 행위를 정당화시켜 주는 원인을 말한다.

예 지상권이나 임차권과 같이 다른 사람의 부동산에 자기소유의 건물을 축조할 수 있는 것

㉣ 반사적 이익(권리반사): 반사적 이익이란 법이 일정한 사람에게 일정한 행위를 명하거나 금지함에 따라 다른 사람이 반사적으로 누리는 이익을 의미한다.

예 첩계약에서 첩에게 증여된 토지는 그 증여자가 첩에게 반환청구를 못함으로써(불법원인급여, 제746조 적용) 결과적으로 첩이 그 토지의 소유권을 취득하는 경우 등

(2) 의 무

'의무'란 일정한 행위를 하여야 할(작위의무, 作爲義務) 또는 하지 않아야(부작위의무, 不作爲義務) 할 법률상의 구속을 말한다.

(3) 권리와 의무의 관계

통상적인 경우 권리와 의무는 대응되는 것이 원칙이나, 의무만 있고 권리는 없는 경우(공고의무, 등기의무, 감독의무)도 있으며, 권리만 있고 의무는 없는 경우(취소권·해제권 등 형성권)도 있다.

3 권리의 종류

1. 내용에 따른 분류

(1) 인격권(人格權)

① '인격권'이란 사람의 생명·자유·신체·건강·명예·사생활의 비밀과 자유·초상·성명·음성·대화·저작물 및 사적 문서 그 밖의 인격적 가치 등에 관한 권리를 의미한다. 이러한 인격권은 사후(死後)에도 미친다(언론중재 및 피해구제 등에 관한 법률 제5조, 제5조의2).

② 인격권 침해에 대해서도 사후구제수단인 불법행위에 의한 손해배상청구가 가능하지만, 이러한 사후구제만으로는 피해의 완전한 회복이 어려운 점에서 판례는 사전(예방적)구제수단으로 침해행위방지청구권을 인정한다.

관련판례

인격권은 그 성질상 일단 침해된 후의 구제수단(금전배상이나 명예회복 처분 등)만으로는 그 피해의 완전한 회복이 어렵고 손해전보의 실효성을 기대하기 어려우므로 인격권 침해에 대하여는 사전(예방적)구제수단으로 침해행위정지 · 방지 등의 금지청구권도 인정된다(대판 1997.10.24, 93다40614).

OX
인격권 침해에 대하여는 예방적 구제수단으로서 금지청구권이 인정된다. (○) 제21회

(2) 재산권(財産權)

① '재산권'은 그 내용인 이익이 경제적 가치를 가지며 일반적으로 거래의 목적이 될 수 있다.

예 소유권 · 전세권 · 저당권 등과 같은 물권, 매도인의 대금청구권과 같은 채권, 특허권 · 실용신안권 · 저작권 · 상표권과 같은 지적재산권 등

② 인격권, 신분권 등의 비재산권에 대응되는 개념이다.

(3) 신분권(가족권)

① 가족 간의 신분에 따른 생활이익을 내용으로 하는 권리이다.

② 일정한 신분을 전제로 법률관계가 전개되는 점에서 신분권이라고 하며, 권리보다 의무의 색채가 짙고 원칙적으로 일신전속권이다.

(4) 사원권

① 사단의 구성원(사원)이 그 지위에 기하여 사단에 대하여 가지는 여러 권리 · 의무를 총칭하여 사원권이라고 한다.

② 사원권에는 자익권(이익배당청구권, 잔여재산분배청구권 등)과 공익권(결의권, 소수사원권 등)이 있다.

2. 효력(작용)에 따른 분류

(1) 지배권(支配權)

OX
저당권은 지배권이다. (○) 제28회

① '지배권'이란 권리의 객체를 직접 지배할 수 있는 권리를 말한다.

② '직접 지배한다는 것'은 권리의 내용인 이익을 실현하기 위하여 타인의 행위를 개입시키지 않는다는 점이다. 이 점에서 청구권과 다르다.

③ 물권, 준물권, 지적재산권, 친권, 인격권 등이 이에 속한다.

(2) 청구권(請求權)

① '청구권'이란 특정인이 다른 특정인에 대하여 일정한 행위(작위 또는 부작위)를 할 것을 청구할 수 있는 권리를 말한다.

② 전형적인 청구권은 채권에서 발생하는 채권적 청구권이지만, 물권에서도 발생하는 경우(소유권에 기한 물권적 청구권)도 있고, 신분권에서 발생하는 경우(상속회복청구권 등)도 있고, 무체재산권으로부터 발생하는 경우도 있다.

③ 즉, 청구권은 채권에서만 발생하는 것은 아니다.

(3) 형성권(形成權, 가능권)

① '형성권'이란 권리자의 일방적 의사표시에 의하여 법률관계의 변동(권리의 발생, 변경, 소멸 등)이 일어나게 하는 권리를 말한다.

② **특 징**

㉠ 형성권 행사에는 원칙적으로 조건이나 기한을 붙일 수 없다.

㉡ 형성권은 소멸시효에 걸리지 않고, 제척기간의 대상이다.

③ **종 류**

㉠ 권리자의 일방적 의사표시만으로 효력이 생기는 형성권: 동의권, 취소권, 추인권, 계약의 해제권, 해지권, 상계권, 예약완결권 등

㉡ 법원의 판결에 의해 효력이 생기는 형성권(반드시 권리를 재판상 행사하여야 하는 것, 소를 제기하여야 하는 권리): 채권자취소권, 입양취소권, 친생부인권, 재판상 이혼권 등

알아두기

명칭은 청구권이지만 실질은 형성권인 경우

1. 공유물분할청구권(제268조)
2. 지상권자의 지상물매수청구권(제283조 제2항)
3. 지료증감청구권(제286조)
4. 지상권소멸청구권(제287조)
5. 전세권소멸청구권(제311조)
6. 전세권자의 부속물매수청구권(제316조 제2항)
7. 매매대금감액청구권(제572조)
8. 임차인·전차인의 매수청구권(제642조~제647조)

OX

청구권은 채권뿐만 아니라 물권으로부터도 생긴다. (○) 제20회

OX

채권자취소권은 권리자의 의사표시만으로 그 효과가 발생한다. (×) 제26회

OX

민법전에 청구권으로 표기된 권리 중에는 그 본질이 형성권인 것도 있다. (○) 제14회

OX

임차인의 지상물매수청구권의 법적 성질은 형성권이다. (○) 제21회

OX

토지 임차인의 지상물매수청구권은 형성권이다. (○) 제20회

OX

매매에서의 매매예약완결권은 형성권이다. (○) 제28회

OX
연기적 항변권은 상대방의 청구권을 소멸시킨다. (×) 제26회

(4) 항변권(抗辯權, 반대권)

① '항변권'이란 청구권의 행사에 대하여 급부하기를 거절할 수 있는 권리를 말한다. 이는 타인의 청구권 자체를 소멸시킬 수 있는 권리가 아니라 그 작용을 일시적 또는 영구적으로 저지할 수 있는 권리를 말한다. 즉, 항변권은 상대방의 권리를 부인하는 것은 아니다.

② **특 징**

㉠ 항변권의 행사 여부는 전적으로 권리자에게 맡겨져 있으며, 따라서 원칙적으로 권리자에 의하여 행사되어야 한다.

㉡ 그리고 소송에서 권리자의 원용이 없으면 법관이 직권으로 고려할 수 없다.

③ **종 류**

㉠ 연기적(延期的) 항변권: 동시이행의 항변권(제536조), 보증인의 최고·검색의 항변권(제437조) 등

㉡ 영구적(永久的) 항변권: 상속인의 한정승인의 항변권(제1028조), 소멸시효완성에 기한 항변권 등

예 제

권리에 관한 설명으로 옳지 않은 것은? (다툼이 있으면 판례에 따름) 제28회

① 점유권은 절대권이다.
② 저당권은 지배권이다.
③ 지상권자의 지상물매수청구권은 형성권이다.
④ 매매에서의 일방예약완결권은 형성권이다.
⑤ 상속회복청구권은 형성권이다.

해설

⑤ 상속회복청구권은 청구권에 해당한다.

정답 ⑤

3. 기타 분류

OX
점유권은 절대권이다. (○) 제28회

(1) 절대권과 상대권

① '절대권'이란 특정의 상대방이 없고 누구에 대해서도 주장할 수 있는 권리(對世權)를 의미한다(예 물권, 인격권 등).

② '상대권'이란 특정인에 대해서만 주장할 수 있는 권리(對人權)를 의미한다(예 채권 등).

(2) 일신전속권(一身專屬權)과 비전속권(非專屬權)

① **일신전속권**

㉠ 귀속상의 일신전속권(향유전속권)

ⓐ '귀속상의 일신전속권'이란 권리가 고도로 인격적이기 때문에 타인에게 이전되어서는 의미가 없는 것을 의미한다.

ⓑ 양도·상속에 제한을 받는데, 친권(親權) 및 부부 상호의 권리 등과 같이 양도·상속이 모두 불능한 것과, 양도금지의 특약이 있는 채권(제449조 제2항)처럼 양도만이 불가능하고 상속은 가능한 것이 있다.

㉡ 행사상의 일신전속권

ⓐ '행사상의 일신전속권'이란 권리자 자신이 직접 행사하지 아니하면 의미가 없기 때문에 타인이 권리자를 대리하여 또는 대위하여 행사할 수 없는 것을 의미한다.

ⓑ 행사상의 일신전속권에 대해서는 채권자대위권의 목적이 되지 못한다(제404조).

㉢ 이 두 종류의 일신전속권은 대개 일치하지만(친권은 귀속상의 일신전속권이자 행사상의 일신전속권) 반드시 일치하는 것은 아니다. 예를 들면, 위자료청구권은 행사상의 일신전속권에 속하지만 권리자가 행사할 뜻을 표시한 이후에는 상속될 수 있다는 것이 판례와 통설의 입장이다. 즉, 행사상의 일신전속권이지만 상속에 관하여는 귀속상의 일신전속권이 아니다.

② **비전속권**: 타인에게 양도나 상속을 할 수 있는 권리를 말하며, 타인이 대리나 대위할 수 있는 권리를 말한다. 대부분의 권리가 여기에 속한다.

OX

임대인의 임대차계약 해지권은 행사상의 일신전속권이다. (×) 제26회

(3) 주된 권리와 종된 권리

① 다른 권리에 의존하는 권리를 '종된 권리'라 하고, 그 다른 권리를 '주된 권리'라고 한다.

예 원본채권은 주된 권리이고, 이자채권은 원본채권의 종된 권리이다.

② 종된 권리는 주된 권리에 의존하고 그와 법률적 운명을 같이 하기 때문에 주된 권리가 시효로 소멸하면 종된 권리도 시효로 소멸한다.

(4) 기대권

① '기대권'이란 조건부 권리, 기한부 권리처럼 장래 남은 요건이 갖추어지면 권리를 취득할 수 있는 상태에 대하여 법이 보호를 해주는 권리를 말한다.

② 기대권도 기성의 권리처럼 처분, 상속, 보존, 담보로 제공할 수 있다(제149조).

4 권리의 행사

(1) 의 의

'권리의 행사'란 권리의 내용을 구체적으로 실현하는 것을 말한다. 권리의 행사는 권리자의 의사에 맡겨진다.

(2) 권리행사의 방법

① **지배권**: 권리자가 직접 그 객체를 사용・수익・처분하면 된다.
② **청구권**: 권리자가 의무자에게 일정한 행위를 청구하거나 급부를 수령하면 된다.
③ **형성권**: 권리자가 현실적으로 일방적 행위를 하면 된다.
④ **항변권**: 청구권자의 이행청구에 대하여 이를 거절하는 형식으로 행사하면 된다.

(3) 권리행사의 한계

① 현대 민법이 추구하는 이상적 지도이념은 '공공복리(公共福利)'에 있다.
② 권리의 행사가 권리자의 자유의사에 맡겨졌다고 하더라도 권리자의 권리행사가 공공복리에 부합하지 않을 수 있다. 공공복리를 실현하기 위한 사회적 요청에 의하여 권리자의 권리행사를 제한할 필요성이 있다.
③ 이처럼 권리자의 권리행사를 제한하고자 '강행규정'을 둔다. 그런데 일반적으로 국민의 모든 생활관계를 규율할 강행규정을 마련한다고 하는 것은 입법적으로 불가능하다. 그래서 민법은 제2조에서 '신의성실의 원칙'을 규정함으로써 입법적 불비로 인하여 권리의 행사를 제한할 방법이 없을 경우를 대비하고 있다.

5 신의성실의 원칙

1. 서 론

제2조 【신의성실】 ① 권리의 행사와 의무의 이행은 신의에 좇아 성실히 하여야 한다.
② 권리는 남용하지 못한다.

(1) 의 의

① '신의성실의 원칙'이란 민법상의 신의성실의 원칙은 법률관계의 당사자는 상대방의 이익을 배려하여 형평에 어긋나거나 신뢰를 저버리는 내용 또는 방법으로 권리를 행사하거나 의무를 이행하여서는 아니 된다는 추상적 규범을 말한다(대판 2011.2.10, 2009다68941).

② 신의성실의 원칙은 권리행사의 제한 또는 한계의 역할을 한다.

③ 신의성실의 원칙은 일반조항으로서 법적 특별결합관계에 있는 자들에 대한 행위준칙이자 동시에 법원에 대한 재판기준이다.

> **OX** 신의칙은 권리내용을 구체적으로 형성하는 원칙일 뿐만 아니라 권리행사를 제한하는 원칙이기도 하다. (○) 제17회

(2) 성 격

① 신의성실의 원칙에 반하는 것 또는 권리남용은 강행규정에 위배되는 것이므로 당사자의 주장이 없더라도 법원은 직권으로 판단할 수 있다(대판 1995.12.22, 94다42129).

② 신의성실의 원칙은 구체적인 내용이 없는 일반적 추상적인 규범이므로 최후의 수단으로 원용되는 '보충적인 원칙'이다. 즉, 강행규정이 없는 경우에만 신의성실의 원칙을 적용해야 한다는 것이지, 강행규정이 있음에도 불구하고 신의성실의 원칙을 적용해서는 안 된다.

관련판례

1. 강행규정을 위반한 법률행위를 한 사람이 스스로 그 무효를 주장하는 것이 신의칙에 위배되는 권리의 행사라는 이유로 이를 배척한다면 강행규정의 입법 취지를 몰각시키는 결과가 되므로 그러한 주장은 신의칙에 위배된다고 볼 수 없음이 원칙이다. 다만 신의칙을 적용하기 위한 일반적인 요건을 갖추고 강행규정성에도 불구하고 신의칙을 우선하여 적용할 만한 특별한 사정이 있는 예외적인 경우에는 강행규정을 위반한 법률행위의 무효를 주장하는 것이 신의칙에 위배될 수 있다(대판 2021.11.25, 2019다277157).
2. 단체협약 등 노사합의의 내용이 근로기준법의 강행규정을 위반하여 무효인 경우에 그 무효를 주장하는 것이 신의칙에 위배되는 권리의 행사라는 이유로 이를 배척한다면, 강행규정으로 정한 입법 취지를 몰각시키는 결과가 되므로, 그러한 주장은 신의칙에 위배된다고 볼 수 없음이 원칙이다. 그러나 노사합의의 내용이 근로기준법의 강행규정을 위반한다는 이유로 노사합의의 무효 주장에 대하여 예외 없이 신의칙의 적용이 배제되는 것은 아니다. 신의칙을 적용하기 위한 일반적인 요건을 갖춤은 물론 근로기준법의 강행규정성에도 불구하고 신의칙을 우선하여 적용할 만한 특별한 사정이 있는 예외적인 경우에 한하여 그 노사합의의 무효를 주장하는 것이 신의칙에 위배되어 허용될 수 없다(대판 2022.4.28, 2019다238053).

> **OX** 법령에 위반되어 무효임을 알면서 법률행위를 한 자가 강행법규 위반을 이유로 그 무효를 주장하는 것은 특별한 사정이 없는 한 신의칙에 반한다. (×) 제28회

> **OX** 법정대리인의 동의 없이 신용구매계약을 체결한 미성년자가 나중에 법정대리인의 동의 없음을 이유로 이를 취소하는 것은 신의칙에 반한다. (×) 제18회

3. 미성년자의 법률행위에 법정대리인의 동의를 요하도록 하는 것은 강행규정인데, (중략) 법정대리인의 동의 없이 신용구매계약을 체결한 미성년자가 사후에 법정대리인의 동의 없음을 사유로 들어 이를 취소하는 것이 신의성실의 원칙에 위배된 것이라고 할 수 없다(대판 2007.11.16, 2005다71659).
4. 사적 자치의 영역을 넘어 공공질서를 위하여 공익적 요구를 선행시켜야 할 경우 합법성의 원칙은 신의성실의 원칙보다 우월한 것이므로, 신의성실의 원칙은 합법성의 원칙을 희생하여서라도 구체적 신뢰보호의 필요성이 인정되는 경우에 한하여 예외적으로 적용된다(대판 2014.5.29, 2012다44518).

(3) 기 능

① 권리의 발생 · 변경 · 소멸적 기능을 한다.

② 법률행위 해석의 기준이 된다.

③ 법적 특별결합관계에 있는 당사자들의 권리와 의무의 내용을 보다 구체적으로 정할 수 있게 한다(보충기능).

관련판례

1. 숙박계약은 숙박업자가 고객에게 숙박을 할 수 있는 객실을 제공하여 고객으로 하여금 이를 사용할 수 있도록 하고 고객으로부터 그 대가를 받는 일종의 일시사용을 위한 임대차계약으로서 (중략) 더 나아가 고객에게 위험이 없는 안전하고 편안한 객실 및 관련 시설을 제공함으로써 고객의 안전을 배려하여야 할 보호의무를 부담하며 이러한 의무는 숙박계약의 특수성을 고려하여 신의성실의 원칙상 인정되는 부수적인 의무로서 숙박업자가 이를 위반하여 고객의 생명 · 신체를 침해하여 투숙객에게 손해를 입힌 경우 불완전이행으로 인한 채무불이행책임을 부담한다(대판 2000.11.24, 2000다38718).
2. 환자가 병원에 입원하여 치료를 받는 경우에 있어서, 병원은 진료뿐만 아니라 환자에 대한 숙식의 제공을 비롯하여 간호, 보호 등 입원에 따른 포괄적 채무를 지는 것인 만큼, 병원은 병실에의 출입자를 통제 · 감독하든가 그것이 불가능하다면 최소한 입원환자에게 휴대품을 안전하게 보관할 수 있는 시정장치가 있는 사물함을 제공하는 등으로 입원환자의 휴대품 등의 도난을 방지함에 필요한 적절한 조치를 강구하여 줄 신의칙상의 보호의무가 있다(대판 2003.4.11, 2002다63275).
3. 부동산 거래에 있어 거래 상대방이 일정한 사정에 관한 고지를 받았더라면 그 거래를 하지 않았을 것임이 경험칙상 명백한 경우에는 신의성실의 원칙상 사전에 상대방에게 그와 같은 사정을 고지할 의무가 있으며, 그와 같은 고지의무의 대상이 되는 것은 직접적인 법령의 규정뿐 아니라 널리 계약상, 관습상 또는 조리상의 일반원칙에 의하여도 인정될 수 있다(대판 2006.10.12, 2004다48515).
4. 아파트 분양자는 아파트 단지 인근에 공동묘지가 조성되어 있는 사실을 수분양자에게 고지할 신의칙상의 의무가 있다(대판 2007.6.1, 2005다5843).

OX

신의칙상 보호의무는 불법행위에서만 문제될 뿐, 계약관계에서는 문제되지 않는다. (×) 제19회

OX

병원은 입원계약에 따라 입원환자들의 휴대품이 도난되지 않도록 할 신의칙상의 보호의무를 진다. (○) 제24회

OX

아파트 분양자는 아파트단지 인근에 대규모 공동묘지가 조성되어 있는 사실을 수분양자에게 고지할 신의칙상의 의무를 부담한다. (○) 제23회

(4) 신의성실의 원칙의 적용범위

① **고려의 명제**

신의성실의 원칙을 적용할 때에는 구체적인 적용에 있어서 상대방의 이익의 내용, 행사하거나 이행하려는 권리 또는 의무와 상대방의 이익과의 상관관계 및 상대방의 신뢰의 타당성 등 모든 구체적인 사정을 고려하여 그 적용 여부를 결정하여야 한다.

② **적용범위**: 신의성실의 원칙은 모든 법영역에 적용되어야 하는 원칙이다.

㉠ 민법의 모든 영역, 즉 채권관계뿐만 아니라 물권관계나 가족관계에도 적용된다.

㉡ 신의성실의 원칙은 민법뿐만 아니라 상법 기타 절차법인 민사소송법에도 적용된다. 또한, 사법인 민법뿐만 아니라 공법에도 적용된다.

OX

신의성실의 원칙은 사법관계에만 적용되고, 공법관계에는 적용되지 않는다. (×) 제27회

(5) 신의성실의 원칙 위반의 효과

① 권리행사가 신의성실의 원칙에 위반하는 경우 권리의 남용이 되는 것이 보통이므로 일반적으로 권리행사로서의 효과가 발생하지 않는다.

② 의무이행이 신의성실의 원칙에 위반하는 경우 의무불이행이 된다.

2. 신의성실의 원칙의 파생원칙

(1) 모순행위금지의 원칙[금반언(禁反言)의 원칙]

① **의 의**

'모순행위금지의 원칙'이란 권리자의 권리행사가 그가 행한 전(前)의 행위와 모순된다면 권리자의 권리행사는 인정되지 않는다는 원칙을 말한다. 권리자가 어떻게 행위할 것인지를 당사자 상대방이 이를 인식하고 이를 신뢰하게 되므로 상대방을 보호하고 권리자의 부당한 권리행사를 방지하기 위함이다.

② **적용요건**

㉠ 선행행위와 후행행위의 불일치와 그에 대한 행위자의 귀책사유의 존재

㉡ 상대방의 보호가치 있는 신뢰

관련판례

1. 취득시효완성 후에 그 사실을 모르고 당해 토지에 관하여 어떠한 권리도 주장하지 않기로 하였다 하더라도 이에 반하여 시효주장을 하는 것은 특별한 사정이 없는 한 신의성실의 원칙상 허용되지 않는다(대판 1998.5.22, 96다24101).

2. 대리권한 없이 타인의 부동산을 매도한 자가 그 부동산을 상속한 후 소유자의 지위에서 자신의 대리행위가 무권대리이므로 무효임을 주장하여 등기말소 등을 구하는 것은 금반언의 원칙이나 신의성실의 원칙에 반하여 허용될 수 없다(대판 1994.9.27, 94다20617).

3. 근로자가 사직원의 작성·제출이 자신이 아닌 그의 형에 의하여 이루어졌음을 이유로 의원면직의 무효확인을 구하는 사안에서, 근로자의 형이 사직원을 제출하게 된 경위 및 근로자가 아무런 이의 없이 퇴직금을 수령한 점 등 제반 사정에 비추어 볼 때, 의원면직일로부터 5년여가 경과한 후에 위와 같은 소를 제기하는 것은 신의성실의 원칙 내지 금반언의 원칙에 반하는 것으로서 부적법하다(대판 2005.10.28, 2005다45827).

4. 상속인 중의 1인이 피상속인의 생존시에 피상속인에 대하여 상속을 포기하기로 약정하였다고 하더라도, 상속개시 후 민법이 정하는 절차와 방식에 따라 상속포기를 하지 아니한 이상, 상속개시 후에 자신의 상속권을 주장하는 것은 정당한 권리행사로서 권리남용에 해당하거나 또는 신의성실의 원칙에 반하는 권리의 행사라고 할 수 없다(대판 1998.7.24, 98다9021).

OX

본인의 지위를 단독상속한 무권대리인이 상속 전에 행한 무권대리행위에 대하여 본인의 지위에서 추인을 거절하는 것은 신의칙에 반한다. (○) 제21회

(2) 실효(失效)의 원칙

① 의 의

㉠ '실효의 원칙'이란 권리자가 권리행사의 기회가 있었음에도 불구하고 장기간 권리행사를 하지 않은 결과로 의무자가 더 이상 권리자가 권리행사를 하지 않을 것이라고 믿을 만한 정당한 기대를 가지고 이에 따라 신뢰를 하였는데, 후에 권리자가 권리주장을 한다면 이 권리주장은 신의성실의 원칙에 위배되어 권리행사의 효력이 발생하지 않는다는 원칙을 말한다.

㉡ 이는 모순행위금지의 원칙과 마찬가지로 상대방의 정당한 신뢰를 보호하는 기능을 수행하고, 권리자의 부당한 권리행사를 제재하는 역할을 수행한다.

② 적용요건

㉠ 일정 기간 동안 권리의 불행사

㉡ 상대방의 정당한 신뢰

③ 실효의 대상

㉠ 따라서, 권리자가 장기간에 걸쳐 권리를 행사하지 않았다는 사실만으로는 곧바로 실효의 원칙이 적용될 수 없다.

㉡ 형성권, 소유권 등은 소멸시효에는 걸리지 않으나, 실효의 대상은 될 수 있다.

관련판례

1. 일반적으로 권리의 행사는 신의에 좇아 성실히 하여야 하고 권리는 남용하지 못하는 것이므로 권리자가 실제로 권리를 행사할 수 있는 기회가 있었음에도 불구하고 상당한 기간이 경과하도록 권리를 행사하지 아니하여 의무자인 상대방으로서도 이제는 권리자가 권리를 행사하지 아니할 것으로 신뢰할 만한 정당한 기대를 가지게 된 다음에 새삼스럽게 그 권리를 행사하는 것이 법질서 전체를 지배하는 신의성실의 원칙에 위반하는 것으로 인정되는 결과가 될 때에는 이른바 실효의 원칙에 따라 그 권리의 행사가 허용되지 않는다(대판 2005.10.28, 2005다45827).
2. 회사의 자신에 대한 징계면직처분에 대하여 재심청구를 하였으나 기각되자 회사가 자신의 급여구좌에 입금한 해고예고수당을 반환하기 위하여 이를 공탁까지 하였다가 그 후 아무런 이의 없이 회사로부터 퇴직금을 수령하고 그 후로는 부당노동행위구제신청을 하는 등으로 징계면직처분을 다툼이 없이 다른 생업에 종사하여 오다가 징계면직일로부터 2년 10개월 가량이 경과한 후 제기한 해고무효확인의 소는 노동분쟁의 신속한 해결이라는 요청과 신의성실의 원칙 및 실효의 원칙에 비추어 허용될 수 없다(대판 1996.11.26, 95다49004).
3. 종전 토지소유자가 자신의 권리를 행사하지 않았다는 사정은 그 토지의 소유권을 적법하게 취득한 새로운 권리자에게 실효의 원칙을 적용함에 있어서 고려하여야 할 것은 아니다(대판 1995.8.25, 94다27069).
4. 토지소유자가 그 점유자에 대하여 부당이득반환청구권을 장기간 적극적으로 행사하지 아니하였다는 사정만으로는 부당이득반환청구권이 이른바 실효의 원칙에 따라 소멸하였다고 볼 수 없다(대판 2002.1.8, 2001다60019).
5. 항소권과 같은 소송법상의 권리에도 실효의 법리가 적용될 수 있다(대판 1996.7.30, 94다51840).
6. 인지청구권은 본인의 일신전속적인 신분관계상의 권리로서 포기할 수도 없으며 포기하였더라도 그 효력이 발생할 수 없는 것이고, 이와 같이 인지청구권의 포기가 허용되지 않는 이상 거기에 실효의 법리가 적용될 여지도 없다(대판 2001.11.27, 2001므1353).

OX

고용관계의 존부를 둘러싼 분쟁은 근로자의 생존과 밀접한 관계를 갖는 것이므로 이에는 신의칙에 기한 실효의 원칙이 적용되지 않는다. (×) 제17회

OX

인지청구권은 포기가 허용되지 않으므로 실효의 법리가 적용될 여지가 없다. (○) 제28회

(3) 사정변경(事情變更)의 원칙(행위기초론)

① 의 의

'사정변경의 원칙'이란 법률관계의 양 당사자가 행위할 당시에 예견할 수 없었던 사정의 변경이 발생하였을 경우, 행위 당시의 행위를 요구한다면 오히려 당사자에게 부당한 결과가 발생할 수 있으므로, 신의성실의 원칙에 입각하여 당사자 상대방에게 행위의 내용을 변경할 수 있도록 하거나 계약을 해지 또는 해제할 수 있도록 하여야 한다는 원칙을 말한다.

② 민법은 사정변경의 원칙을 규정하고 있다. 다만, 일반적인 규정은 없고 필요한 경우에 개별적으로 규정하고 있다(제286조, 제312조의2, 제627조, 제628조 등).

③ **판례의 태도**

㉠ 현재 판례는 (일시적) 계약에 사정변경의 원칙을 적용함에 있어서 부정적인 입장을 취한다.

㉡ 매매계약과 같은 일시적 계약의 경우에 사정변경의 원칙을 적용하여 계약을 해제한 판례는 없다.

㉢ 다만, 보증계약 같은 계속적 계약의 경우에 일정한 경우 사정변경의 원칙을 적용하여 해지할 수 있다고 한다.

㉣ 확정채무에 대한 보증계약은 사정변경을 이유로 해지할 수 없고, 불확정채무에 대한 보증계약은 사정변경을 이유로 해지할 수 있다.

OX

사정변경의 원칙에서 사정은 계약의 기초가 된 일방당사자의 주관적 사정을 의미한다. (×) 제27회

OX

사정변경의 원칙은 신의성실의 원칙이 적용례로서 계약준수 원칙의 예외이다. (○) 제16회

관련판례

1. 이른바 사정변경으로 인한 계약해제는, 계약성립 당시 당사자가 예견할 수 없었던 현저한 사정의 변경이 발생하였고 그러한 사정의 변경이 해제권을 취득하는 당사자에게 책임 없는 사유로 생긴 것으로서, 계약내용대로의 구속력을 인정한다면 신의칙에 현저히 반하는 결과가 생기는 경우에 계약준수 원칙의 예외로서 인정되는 것이고, 여기에서 말하는 사정이라 함은 계약의 기초가 되었던 객관적인 사정으로서, 일방당사자의 주관적 또는 개인적인 사정을 의미하는 것은 아니다. 또한, 계약의 성립에 기초가 되지 아니한 사정이 그 후 변경되어 일방당사자가 계약 당시 의도한 계약목적을 달성할 수 없게 됨으로써 손해를 입게 되었다 하더라도 특별한 사정이 없는 한 그 계약내용의 효력을 그대로 유지하는 것이 신의칙에 반한다고 볼 수도 없다(대판 2007.3.29, 2004다31302).
2. 매매계약체결 후 9년이 지났고 시가가 올랐다는 사정만으로 계약을 해제할 만한 사정변경이 있다고 볼 수 없고, 매수인의 소유권 이전등기 절차이행 청구가 신의칙에 위배된다고도 할 수 없다(대판 1991.2.26, 90다19664).
3. 계속적 거래관계로 인하여 발생하는 불확정한 채무를 보증하기 위한 이른바 계속적 보증에 있어서는 (중략) 그 보증계약을 일방적으로 해지할 수 있다(대판 2000.3.10, 99다61750).
4. 회사의 이사가 채무액과 변제기가 특정되어 있는 회사 채무에 대하여 보증계약을 체결한 경우에는 계속적 보증이나 포괄근보증의 경우와는 달리 이사직 사임이라는 사정변경을 이유로 보증인인 이사가 일방적으로 보증계약을 해지할 수 없다(대판 2006.7.4, 2004다30675).
5. 임대차계약에 있어서 차임불증액의 특약이 있더라도 그 약정 후 그 특약을 그대로 유지시키는 것이 신의칙에 반한다고 인정될 정도의 사정변경이 있다고 보여지는 경우에는 형평의 원칙상 임대인에게 차임증액청구를 인정하여야 한다(대판 1996.11.12, 96다34061).

6. 채권자와 채무자 사이에 계속적인 거래관계에서 발생하는 불확정한 채무를 보증하는 이른바 계속적 보증의 경우뿐만 아니라 특정채무를 보증하는 일반보증의 경우에 있어서도, 채권자의 권리행사가 신의칙에 비추어 용납할 수 없는 것인 때에는 보증인의 책임을 제한하는 것이 예외적으로 허용될 수 있을 것이나, 일단 유효하게 성립한 보증계약에 따른 책임을 신의칙과 같은 일반원칙에 의하여 제한하는 것은 자칫하면 사적 자치의 원칙이나 법적 안정성에 대한 중대한 위협이 될 수 있으므로 신중을 기하여 극히 예외적으로 인정하여야 한다(대판 2013.7.12, 2011다66252).
7. 계속적 보증계약의 보증인이 장차 그 보증계약에 기한 보증채무를 이행할 경우 피보증인이 계속적 보증계약의 보증인에게 부담하게 될 불확정한 구상금채무를 보증한 자에게도 사정변경이라는 해지권의 인정 근거에 비추어 마찬가지로 해지권을 인정하여야 할 것이나, 이와 같은 경우에도 보증계약이 해지되기 전에 계속적 거래가 종료되거나 그 밖의 사유로 주채무 내지 구상금채무가 확정된 경우라면 보증인으로서는 더 이상 사정변경을 이유로 보증계약을 해지할 수 없다(대판 2002.5.31, 2002다1673).
8. 경제상황 등의 변동으로 당사자에게 손해가 생기더라도 합리적인 사람의 입장에서 사정변경을 예견할 수 있었다면 사정변경을 이유로 계약을 해제할 수 없다(대판 2017.6.8, 2016다249557).

OX

일반보증의 경우에도 채권자의 권리행사가 신의칙에 반하여 허용될 수 없는 때에는 예외적으로 보증인의 책임을 제한할 수 있다. (○) 제23회

OX

계속적 보증계약의 보증인은 주채무가 확정된 이후에는 사정변경을 이유로 보증계약을 해지할 수 없다. (○) 제24회

(4) 권리남용금지(權利濫用禁止)의 원칙

① 의 의

'권리남용금지의 원칙'이란 형식적, 외형상으로는 정상적인 권리행사처럼 보이긴 하지만 내용상, 실질적으로 정상적인 권리행사라고 볼 수 없는 경우 이러한 권리의 행사를 금지한다는 원칙을 의미한다.

② 권리남용과 신의성실과의 관계

㉠ 역사적으로 권리남용은 물권법에 규정됨으로써 일정한 법률관계가 없는 경우에만 적용되었고, 신의성실의 원칙은 계약법에 규정됨으로써 일정한 법률관계가 있는 경우에만 적용되었다.

㉡ 오늘날은 권리행사가 신의성실의 원칙에 반하는 경우 권리남용이 된다는 것이 통설이다. 즉, 권리남용을 신의성실의 원칙의 파생원칙으로 이해하는 것이 통설이다. 따라서 법률관계의 존재 유무와 관계없이 양자가 '중복 적용'된다는 것이 통설과 판례의 태도이다.

③ 권리남용에 해당하기 위한 요건

㉠ 객관적 요건

ⓐ 권리의 행사 또는 불행사가 있을 것

ⓑ 권리의 행사가 사회질서에 반할 것

ⓛ 주관적 요건[타인을 해할 목적(他害目的)]

ⓐ 다수설

우리 민법은 스위스 민법을 계수하였기에 주관적 요건은 권리남용의 요건이 아니라고 한다. 즉, 다수설은 객관적 요건만 갖추면 권리남용에 해당한다고 한다.

ⓑ 판 례

대체로 권리남용이 성립하기 위하여는 객관적 요건과 주관적 요건 모두를 갖출 것을 요한다. 그러나 판례 중에서 주관적 요건을 요구하지 않는 판례(상계권의 행사)도 있다.

OX

토지이용권이 없는 건물에 대한 토지소유자의 철거청구가 권리남용에 해당하여 허용되지 않더라도, 임료 상당의 부당이득반환청구권까지 배제되는 것은 아니다. (○) 제19회

④ **권리남용의 효과**

㉠ 권리의 행사가 권리남용으로 되면 권리 본래의 효과가 발생하지 않는다. 가령 건물철거청구가 권리남용에 해당하면, 건물철거청구가 법원에서 인용되지는 않을지라도(이 점이 본래의 효과가 발생하지 않는다는 의미이다), 소유자의 소유권 자체가 부정되는 것도 아니고, 침해자의 불법점유가 적법한 점유로 바뀌는 것도 아니므로 소유자는 침해자에 대하여 불법점유임을 이유로 부당이득의 반환을 청구할 수 있다.

㉡ 권리남용이 성립하면 불법행위가 성립하는 수가 있다.

OX

권리를 남용한 경우 그 권리는 언제나 소멸한다. (×) 제28회

㉢ 권리가 남용되더라도 권리가 소멸하는 것은 아니다. 다만, 예외적으로 일정한 경우에 권리가 남용되면 권리 자체가 소멸하는 경우도 있다 (예 친권 상실).

관련판례

1. 권리의 행사가 주관적으로 오직 상대방에게 고통을 주고 손해를 입히려는 데 있을 뿐 이를 행사하는 사람에게는 아무런 이익이 없고, 객관적으로 사회질서에 위반된다고 볼 수 있으면, 그 권리의 행사는 권리남용으로서 허용되지 아니하고, 그 권리의 행사가 상대방에게 고통이나 손해를 주기 위한 것이라는 주관적 요건은 권리자의 정당한 이익을 결여한 권리행사로 보여지는 객관적인 사정에 의하여 추인할 수 있다(대판 2003.11.27, 2003다40422).
2. 비록 그 권리의 행사에 의하여 권리행사자가 얻는 이익보다 상대방이 입을 손해가 크다고 하여도 그러한 사정만으로는 이를 권리남용이라고 할 수 없다(대판 2006.11.23, 2004다44285).
3. 동시이행의 항변권의 행사가 주로 자기 채무의 이행만을 회피하기 위한 수단이라고 보여지는 경우에는 그 항변권의 행사는 권리남용으로서 배척되어야 할 것이다(대판 2001.9.18, 2001다9304).

4. 상계제도의 목적이나 기능을 일탈하고, 법적으로 보호받을 만한 가치가 없는 경우에는, 그 상계권의 행사는 신의성실의 원칙에 반하거나 상계에 관한 권리를 남용하는 것으로서 허용되지 않는다고 함이 상당하고, 상계권 행사를 제한하는 위와 같은 근거에 비추어 볼 때 일반적인 권리남용의 경우에 요구되는 주관적 요건을 필요로 하는 것은 아니다(대판 2003.4.11, 2002다59481).
5. 채무자의 소멸시효를 이유로 한 항변권의 행사도 민법의 대원칙인 신의성실의 원칙과 권리남용금지의 원칙의 지배를 받는 것이어서 채권자가 권리를 행사할 수 없는 객관적 장애사유가 있었다면 채무자가 소멸시효완성을 주장하는 것은 신의성실 원칙에 반하는 권리남용으로 허용될 수 없다(대판 2013.12.26, 2013다212646).
6. **소유권에 기한 물권적 청구권**(건물철거청구)
소송을 통하여 이루려는 목적 및 침범된 부분의 면적과 침범건축물의 형태 등에 비추어 토지소유자가 침범부분의 토지에 대한 부당이득을 구함은 별론으로 하고 그 소유권에 기하여 침범된 건축물의 철거와 그 부분 토지의 인도를 구하는 것은 권리남용에 해당한다(대판 1992.7.28, 92다16911).
7. 유효하게 성립한 계약상의 책임을 공평의 이념 또는 신의칙과 같은 일반원칙에 의하여 제한하는 것은 사적 자치의 원칙이나 법적 안정성에 대한 중대한 위협이 될 수 있으므로, 채권자가 유효하게 성립한 계약에 따른 급부의 이행을 청구하는 때에 법원이 급부의 일부를 감축하는 것은 원칙적으로 허용되지 않는다(대판 2016.12.1, 2016다240543).
8. 국가에게 국민을 보호할 의무가 있다는 사유만으로 국가가 소멸시효의 완성을 주장하는 것 자체가 신의성실의 원칙에 반하여 권리남용에 해당한다고 할 수 없다(대판 2005.5.13, 2004다71881).

OX

상계권의 남용을 판단함에 있어서는 권리남용의 경우에 요구되는 주관적 요건이 반드시 필요하다. (×) 제17회

OX

소멸시효에 기한 항변권 행사에도 신의칙이 적용될 수 있다. (○) 제21회

OX

채무자의 소멸시효에 기한 항변권의 행사에 대해서도 신의칙이 적용될 수 있다. (○) 제20회

OX

소멸시효는 시간의 경과라는 객관적 사실만을 요건으로 하므로, 그 완성의 효과를 주장하는 것은 신의칙에 반할 여지가 없다. (×) 제19회

예제

신의성실의 원칙(신의칙) **및 그 파생원칙에 관한 설명으로 옳지 않은 것은?** (다툼이 있으면 판례에 따름) 제28회

① 신의칙 위반은 당사자의 주장이 없더라도 법원이 직권으로 판단할 수 있다.
② 법령에 위반되어 무효임을 알면서 법률행위를 한 자가 강행법규 위반을 이유로 그 무효를 주장하는 것은 특별한 사정이 없는 한 신의칙에 반한다.
③ 인지청구권은 포기가 허용되지 않으므로 실효의 법리가 적용될 여지가 없다.
④ 아파트 분양자는 아파트단지 인근에 공동묘지가 조성되어 있는 사실을 수분양자에게 고지할 신의칙상 의무를 부담한다.
⑤ 사용자는 근로계약에 수반되는 신의칙상의 부수적 의무로서 근로자의 안전에 대한 보호의무를 부담한다.

해설

② 강행법규에 위반한 자가 스스로 그 약정의 무효를 주장하는 것이 신의칙에 위반되는 권리의 행사라는 이유로 그 주장을 배척한다면, 이는 오히려 강행법규에 의하여 배제하려는 결과를 실현시키는 셈이 되어 입법 취지를 완전히 몰각하게 되므로 달리 특별한 사정이 없는 한 위와 같은 주장은 신의칙에 반하는 것이라고 할 수 없다(대판 2004.10.28, 2004다5563).

① 신의성실의 원칙에 반하는 것 또는 권리남용은 강행규정에 위배되는 것이므로 당사자의 주장이 없더라도 법원은 직권으로 판단할 수 있다(대판 1989.9.29, 88다카17181).

③ 인지청구권은 본인의 일신전속적인 신분관계상의 권리로서 포기할 수도 없으며 포기하였더라도 그 효력이 발생할 수 없는 것이고, 이와 같이 인지청구권의 포기가 허용되지 않는 이상 거기에 실효의 법리가 적용될 여지도 없다(대판 2001.11.27, 2001므1353).

④ 우리 사회의 통념상으로는 공동묘지가 주거환경과 친한 시설이 아니어서 분양계약의 체결 여부 및 가격에 상당한 영향을 미치는 요인일 뿐만 아니라 대규모 공동묘지를 가까이에서 조망할 수 있는 곳에 아파트단지가 들어선다는 것은 통상 예상하기 어렵다는 점 등을 감안할 때 아파트 분양자는 아파트단지 인근에 공동묘지가 조성되어 있는 사실을 수분양자에게 고지할 신의칙상의 의무를 부담한다(대판 2007.6.1, 2005다5812).

⑤ 사용자는 근로계약에 수반되는 신의칙상의 부수적 의무로서 근로자가 노무를 제공하는 과정에서 생명, 신체, 건강을 해치는 일이 없도록 인적・물적 환경을 정비하는 등 필요한 조치를 강구하여야 하는 보호의무를 부담하고, 이러한 보호의무를 위반하여 근로자가 손해를 입었다면 이를 배상할 책임을 진다(대판 2021.8.19, 2018다270876).

정답 ②

6 권리의 충돌(衝突)과 경합(競合)

1. 권리의 충돌과 순위

'권리의 충돌'이란 동일한 객체에 대하여 수개의 권리가 존재하여 모든 권리를 만족시킬 수 없는 경우를 의미한다. 이런 경우에 어느 권리가 우선할 것인지를 정하는 것이 권리의 순위이다.

(1) 소유권과 제한물권이 충돌하는 경우에는 성질상 제한물권이 소유권에 우선한다.

(2) 물권과 물권이 충돌하는 경우에는 먼저 성립(등기)한 물권이 우선한다.

(3) 채권과 채권 상호간에 충돌하는 경우에는 성립의 선후를 불문하고 원칙은 채권자평등주의이다. 하지만 이 채권자평등의 원칙이 적용되는 것은 파산과 경매의 경우이고, 주로 실무에서는 선행주의이다.

(4) 물권과 채권의 충돌

① **원 칙**

어떤 물건에 물권과 채권이 성립한 경우, 그 성립의 시간적 선후에 관계없이 물권이 채권에 우선한다(매매는 임대차를 깨뜨린다).

② **예외**(채권이 물권보다 우선하는 경우)

㉠ 성립순위에 의하여 우선하는 경우

예를 들면, 부동산임차권이 등기된 경우나, 주택임대차보호법상의 임차인이 주택인도와 전입신고를 마친 경우처럼 대항력을 취득한 경우라면 먼저 성립한 채권이 물권보다 우선한다.

㉡ 채권이 물권보다 항상 우선하는 경우(우선특권)

근로자의 임금 등 우선채권, 임대차에서의 소액보증금에 대한 우선특권, 조세우선특권 등은 성립순위와 관계없이 물권보다 우선한다.

2. 권리의 경합과 법규의 경합

(1) **권리의 경합**(權利의 競合)

① '권리의 경합'이란 동일한 당사자 사이에서 하나의 사실이 둘 이상의 법규가 정하는 법률요건을 충족시켜 두 개 이상의 권리가 발생하는 경우를 의미한다. 즉, 하나의 사실에서 여러 개의 권리가 발생하는 경우를 권리의 경합이라고 한다.

② 보통 권리의 경합관계에 있으면 각 권리는 별개로 독립하여 존재하므로 따로 행사할 수 있으나, 목적이 동일하기 때문에 어느 하나를 행사하여 권리가 실현되면 다른 권리는 소멸한다.

보충학습

| 권리의 경합의 구체적 사례

1. 자신소유의 물건을 타인에게 임대하였다가 임대차계약이 종료되면 임대인은 임대차계약상의 반환청구권을 갖는 외에 소유권에 기한 물권적 반환청구권도 발생하게 된다.
2. 전세목적물이 전세권자의 고의로 멸실된 경우에 소유자인 전세권설정자는 전세권자에게 채무불이행에 기한 손해배상청구권과 불법행위에 기한 손해배상청구권을 가지며, 전세권설정자는 선택적으로 행사할 수 있다. 즉, 양자는 청구권 경합관계에 있다.

OX

공무권이 공권력의 행사로 그 직무를 행함에 있어 고의 또는 과실로 위법하게 타인에게 손해를 가한 경우, 국가가 부담하는 민법상 불법행위책임과 국가배상법상 배상책임은 경합하여 병존한다. (×) 제25회

⑵ **법규의 경합**(法規의 競合)

① '법규의 경합'이란 동일한 사실이 둘 이상의 법규의 요건을 충족시키지만, 그 가운데 하나의 법규가 다른 법규를 배제하는 것인 때에는 그 하나의 법규만을 적용하는 것을 의미한다.

② 법규의 경합관계에서는 그 하나의 법규만이 적용되므로 그 법규에 따른 하나의 권리만 발생할 뿐 권리가 경합하지 않는다.

③ 법규의 경합은 주로 둘 이상의 법규가 일반법과 특별법의 관계에 있는 경우에 발생한다.

Chapter

02 자연인

단·원·열·기

본 장은 민법총칙 부분에서 3~4문제가 출제되는 부분이다. '태아의 권리능력', '의사능력', '미성년자의 행위능력', '제한능력자', '부재자', '실종선고' 등이 주로 출제된다. 비교적 쉬운 문제들로 출제되기 때문에 고득점을 위해서는 반드시 숙지해야 할 영역이다.

01 권리의 주체

1 권리주체(權利主體)

(1) 의 의

'권리'는 일정한 이익을 누릴 수 있도록 법에 의하여 주어진 힘이므로 이러한 이익의 귀속주체가 필요한데, 법에 의하여 권리를 누릴 수 있는 힘을 부여받은 자를 '권리주체(또는 법적 인격)'라고 한다.

(2) 민법상의 권리주체

민법상의 권리주체로는 '자연인'과 '법인'이 있다.

2 민법상의 능력의 종류

(1) 권리능력(權利能力)

① **의의**: '권리능력'이란 일반적으로 권리를 가질 수 있고 의무를 부담할 수 있는 추상적인 법적 지위 내지 자격을 의미한다.

② **민법상의 권리능력자**

㉠ 민법상의 권리능력자는 원칙적으로 '생존하는 사람'과 '법인'이 있다.

㉡ '법인 아닌 사단'과 민법상의 '조합'에는 권리능력이 인정되지 않는다.

③ 권리능력에 관한 민법의 규정은 '강행규정'이다.

(2) 의사능력(意思能力)

① **의의**: '의사능력'은 자신이 한 행위의 의미나 결과를 정상적인 인식력과 예기력을 바탕으로 합리적으로 판단할 수 있는 정신적 능력 내지는 지능을 의미한다.

② 의사무능력자(예 유아, 술에 만취자)의 법률행위는 무효이다.

③ 의사능력은 사람마다 개인적인 차이가 있다 보니, 민법에는 의사능력에 관한 규정이 없다. 따라서 판례는 제한능력자의 규정(제141조 단서)을 의사무능력자의 법률행위에 유추적용한다.

OX

민법에는 의사능력에 관한 명문 규정이 없다. (○) 제14회

OX

의사능력의 유무는 구체적인 법률행위와 관련하여 개별적으로 판단되어야 한다. (○) 제27회

OX

의사무능력을 이유로 법률행위의 무효를 주장하는 자는 의사무능력에 대하여 증명책임을 부담한다. (○) 제27회

OX

의사무능력을 이유로 법률행위가 무효로 된 경우, 의사무능력자는 그 행위로 인해 받은 이익이 현존하는 한도에서 상환할 책임이 있다. (○) 제27회

관련판례

1. 의사능력이란 자신의 행위의 의미나 결과를 정상적인 인식력과 예기력을 바탕으로 합리적으로 판단할 수 있는 정신적 능력 내지는 지능을 말하는 것으로서, 의사능력의 유무는 구체적인 법률행위와 관련하여 개별적으로 판단되어야 하므로, 특히 어떤 법률행위가 그 일상적인 의미만을 이해하여서는 알기 어려운 특별한 법률적인 의미나 효과가 부여되어 있는 경우 의사능력이 인정되기 위하여는 그 행위의 일상적인 의미뿐만 아니라 법률적인 의미나 효과에 대하여도 이해할 수 있을 것을 요한다(대판 2009.1.15, 2008다58367).
2. 제한능력자의 책임을 제한하는 민법 제141조 단서는 부당이득에 있어 수익자의 반환범위를 정한 민법 제748조의 특칙으로서 제한능력자의 보호를 위해 그 선의·악의를 묻지 아니하고 반환범위를 현존 이익에 한정시키려는 데 그 취지가 있으므로 의사능력의 흠결을 이유로 법률행위가 무효가 되는 경우에도 유추적용되어야 할 것이나, 법률상 원인 없이 타인의 재산 또는 노무로 인하여 이익을 얻고 그로 인하여 타인에게 손해를 가한 경우에 그 취득한 것이 금전상의 이득인 때에는 그 금전은 이를 취득한 자가 소비하였는가의 여부를 불문하고 현존하는 것으로 추정되므로, 위 이익이 현존하지 아니함은 이를 주장하는 자, 즉 의사무능력자 측에 입증책임이 있다(대판 2009.1.15, 2008다58367).
3. 의사무능력자가 자신이 소유하는 부동산에 근저당권을 설정해 주고 금융기관으로부터 금원을 대출받아 이를 제3자에게 대여한 사안에서, 대출로써 받은 이익이 위 제3자에 대한 대여금채권 또는 부당이득반환채권의 형태로 현존하므로, 금융기관은 대출거래약정 등의 무효에 따른 원상회복으로서 위 대출금 자체의 반환을 구할 수는 없더라도 현존 이익인 위 채권의 양도를 구할 수 있다(대판 2009.1.15, 2008다58367).

(3) **행위능력**(行爲能力)

① **의 의**

㉠ '행위능력'이란 독자적으로 유효하게 법률행위를 할 수 있는 지위를 말한다.

㉡ 행위능력의 유무는 객관적으로 획일적 기준(연령, 법원의 심판)에 의하여 판단된다.

㉢ 행위능력은 의사능력을 전제로 하는 개념이다.

② 민법상 행위능력이 제한된 제한능력자에는 미성년자, 피성년후견인, 피한정후견인이 있다. 이러한 제한능력자의 법률행위는 일단은 유효하고, 후에 취소할 수 있다.

③ 행위능력에 관한 민법의 규정 역시 '강행규정'이다.

(4) **책임능력**(責任能力)

제753조【미성년자의 책임능력】 미성년자가 타인에게 손해를 가한 경우에 그 행위의 책임을 변식할 지능이 없는 때에는 배상의 책임이 없다.

제754조【심신상실자의 책임능력】 심신상실 중에 타인에게 손해를 가한 자는 배상의 책임이 없다. 그러나 고의 또는 과실로 인하여 심신상실을 초래한 때에는 그러하지 아니하다.

① **의 의**

㉠ '책임능력'이란 위법행위로 인한 자기행위에 대해 책임을 질 수 있는 능력을 말한다. '불법행위능력'이라고 표현한다.

㉡ 자기의 행위가 불법행위로서 법률상의 책임을 발생하게 한다는 것을 지각(知覺)할 수 있는 정신능력이며, 반드시 배상책임이라는 법률적인 의미까지 이해하고 있을 필요는 없다.

② **판단기준**: 책임능력의 유무는 의사능력에서와 마찬가지로 구체적 법률행위에서 개별적으로 판단한다.

02 권리능력(權利能力)

제3조 【권리능력의 존속기간】 사람은 생존한 동안 권리와 의무의 주체가 된다.

1 서 론

(1) 의 의

'권리능력'이란 권리와 의무의 주체가 될 수 있는 지위 또는 자격을 의미한다.

(2) 권리능력평등의 원칙

OX
사람만이 권리능력을 갖는다. (×) 제15회

민법은 사람은 생존하고 있는 동안에는 남녀노소, 성별의 구별 없이 누구나 권리능력을 갖는다고 규정하고 있다.

(3) 권리능력의 포기 · 제한

권리능력에 관한 규정(제3조, 제34조 등)은 '강행규정'으로서 권리능력의 포기나 제한은 허용되지 않는다. 즉, 권리능력을 포기하거나 제한하는 약정은 무효이다.

2 권리능력의 시기(始期)

1. 출 생

(1) 출생의 의미

① 민법 제3조는 생존하는 동안 권리능력을 갖는다고 규정하고 있으므로 그 권리능력은 사람으로서의 생존을 개시한 때, 즉 출생한 때로부터 시작한다.

② 일단 살아서 출생하게 되면 후에 바로 사망하더라도 권리능력을 취득하는 데는 영향이 없다. 출생한 이상 성별, 기형 여부 등을 가리지 않고 권리능력을 취득한다.

③ 출생의 시기에 대해서는 민법의 통설적인 견해는 모체로부터 전부 노출한 때 출생으로 본다. 이런 의미에서 태아는 원칙적으로 사람이 아니다.

(2) 출생의 신고

① 사람이 출생하면 가족관계의 등록 등에 관한 법률 소정의 절차에 따라 출생신고를 하여야 한다. 이러한 출생신고는 보고적 신고이므로 권리능력은 출생과 동시에 취득하는 것이지 출생신고하여야 취득하는 것은 아니다.

② 즉, 가족관계의 등록 등에 관한 법률에 기재된 사실은 진실에 부합하는 것으로 추정된다.

2. 태아(胎兒)의 권리능력

(1) 태아보호의 필요성

① 태아는 '생존'에 해당하지 않으므로 원칙적으로 권리능력을 취득하지 못한다.

② 그러나 일률적으로 태아에게 권리능력을 인정하지 않으면 불합리한 결과가 발생할 수 있다. 예를 들면, 태아 상태에서 태아의 아버지가 재산을 남기고 사망한 경우에 태아는 아버지의 재산을 한 푼도 상속받지 못하는 결과를 가져온다.

③ 따라서 민법은 일정한 경우에 태아를 보호하기 위하여 몇 가지 특별규정을 두고 있다.

(2) 태아보호에 관한 입법주의

① **일반적 보호주의**(일반주의)

㉠ 태아도 자연인과 마찬가지로 '모든' 법률관계에서 일반적으로 이미 출생한 것으로 보아 권리능력을 '일반적으로' 인정하는 것을 의미한다.

㉡ 상대방보다는 태아를 더 보호한다.

② **개별적 보호주의**(개별주의)

㉠ 원칙적으로는 태아에게 권리능력을 부여하지 않지만, '중요한' 법률관계에 관하여만 '개별적'으로 출생한 것으로 보아 그 범위에서 권리능력을 인정하는 것을 의미한다.

㉡ 태아보다는 상대방을 보호한다.

③ **현행 민법의 태도**

㉠ 현행 민법은 '개별적 보호주의'를 취하여 태아에게 일정한 법률관계에서만 권리능력을 부여하고 있다.

㉡ 다만, 주의할 것은 현행 민법이 태아에게도 일정한 경우에 권리능력을 인정하는 것은 태아가 살아서 출생한 것을 전제로 인정되는 것이지, 태아가 사산(死産)한 경우까지 태아에게 권리능력을 인정하는 것은 아니다.

OX

자연인의 권리능력은 출생이라는 사실에 의하여 취득하는 것이고, 출생신고에 의하여 취득하는 것은 아니다. (○) 제21회

OX

사산한 태아에게는 포태시 그에게 가해진 불법행위에 대한 손해배상청구권이 인정되지 않는다. (○) 제24회

(3) 민법상 태아에게 인정되는 권리능력

① 불법행위에 의한 손해배상청구권

> **제762조【손해배상청구권에 있어서의 태아의 지위】** 태아는 손해배상의 청구권에 관하여는 이미 출생한 것으로 본다.

㉠ 제762조에 의하여 태아에게 인정되는 불법행위에 의한 손해배상청구권에는 '태아 자신의 불법행위에 대한 손해배상청구권'뿐만 아니라 '직계존속의 생명침해에 의한 위자료청구권'까지 태아에게 인정된다.

예 • 의사의 불법행위로 인하여 태아가 기형아로 태어났다면, 비록 가해행위 당시 권리능력이 없었더라도 살아서 태어난 경우에는 제762조에 의하여 손해배상을 청구할 수 있다.
• 부(父)가 교통사고로 상해를 입은 경우에도 태아 자신의 정신적 고통에 대한 위자료를 청구할 수 있다.

㉡ 주의할 것은 직계존속의 사망으로 인한 직계존속(부・모)의 재산상 손해에 대한 손해배상청구권 역시 직계존속이 사망한 경우, 태아가 살아서 출생하면 태아에게 인정되는데, 이는 제762조에 의한 불법행위에 의한 손해배상청구권에 의해서가 아니라 직계존속의 사망에 따른 상속에 의해서 인정된다.

관련판례

1. 부의 사망 당시 아직 태아인 상태이어서 정신적 고통에 대한 감수성이 없었다 하더라도 장래 이를 감수할 것임이 합리적으로 기대할 수 있는 경우에는 태아 자신이 가해자에 대해 위자료청구권을 가진다(대판 1962.3.15, 4252민상903).
2. 임신 중의 모가 교통사고를 당하여 그 충격으로 태아가 조산되고 그것 때문에 제대로 성장하지 못하고 사망한 경우 위 불법행위는 산모에 대한 불법행위인 동시에 한편으로는 태아 자신에 대한 불법행위이며, 따라서 그 아이는 그 생명침해로 인한 재산상 손해를 청구할 수 있다(대판 1968.3.5, 67다2869).
   따라서 태아도 살아서 출생한 이상 모의 사망으로 인한 위자료청구권을 가지며, 태아가 출생 후 사망하였으므로 이러한 권리가 그의 직계존속(父)에게 상속된다.

② 재산상속(제1000조 제3항), 대습상속, 유증, 유류분

> **제1000조【상속의 순위】** ① 상속에 있어서는 다음 순위로 상속인이 된다.
> 1. 피상속인의 직계비속
> 2. 피상속인의 직계존속
> 3. 피상속인의 형제자매
> 4. 피상속인의 4촌 이내의 방계혈족

OX
운전자 甲의 과실에 의한 교통사고로 母가 충격되어 태아가 사산(死産)된 경우, 母는 태아의 甲에 대한 손해배상청구권을 상속받아 甲에게 행사할 수 있다. (×) 제21회

OX
제3자의 불법행위로 태아가 사산된 경우에는 모(母)가 태아의 손해배상을 상속한다. (×) 제20회

OX
태아 乙의 출생 전에 甲의 불법행위로 乙의 父가 사망한 경우, 출생한 乙은 甲에 대하여 父의 사망에 따른 자신의 정신적 손해에 대한 배상을 청구할 수 있다. (○) 제21회

OX
태아는 채무불이행으로 인한 손해배상청구권에 관하여 이미 출생한 것으로 본다. (×) 제28회

> ② 전항의 경우에 동순위의 상속인이 수인인 때에는 최근친을 선순위로 하고 동친 등의 상속인이 수인인 때에는 공동상속인이 된다.
> ③ 태아는 상속순위에 관하여는 이미 출생한 것으로 본다.
>
> **제1118조 【준용규정】** 제1001조, 제1008조, 제1010조의 규정은 유류분에 이를 준용한다.
>
> **제1064조 【유언과 태아, 상속결격자】** 제1000조 제3항, 제1004조의 규정은 수증자에 준용한다.

㉠ 태아 상태에서 직계존속이 사망한 경우, 후에 살아서 출생하면 상속을 받을 수 있다.

㉡ 태아 상태에서 유증을 받을 수 있다. 다만, 유언의 효력이 발생한 때까지 포태되어 있어야 한다.

㉢ 태아에게도 대습상속이 인정되고, 유류분도 인정된다.

㉣ 판례는 사인증여는 계약에 속하므로 태아에게는 인정할 수 없다고 한다.

③ **인지**(認知)

> **제858조 【포태 중인 자의 인지】** 부는 포태 중에 있는 자에 대하여도 이를 인지할 수 있다.

㉠ '인지'란 관념의 통지로서 사실혼 관계에서 출생한 자녀에 대하여 친아버지나 친어머니가 자기 자식임을 확인하는 것을 의미한다.

㉡ 태아도 부(父)로부터 인지를 받을 수 있다.

㉢ 그러나 태아에게는 인지청구권이 인정되지 않는다[인지를 소구(訴求)할 수 없다].

보충학습

태아에게 인정되지 않는 권리능력

1. 사인증여(판례)
2. 인지청구권

(4) 태아의 법률상 지위

제762조에서 "태아는 손해배상의 청구권에 관하여는 이미 출생한 것으로 본다."라고 규정하고 있는데, 여기서 '태아가 출생한 것으로 본다.'의 의미에 관해서 학설이 대립한다.

OX

태아는 유류분에 관하여 이미 출생한 것으로 본다. (○) 제22회

OX

태아는 대습상속에 관하여 이미 출생한 것으로 본다. (○) 제28회

① **정지조건설**(인격소급설, 판례)

㉠ '정지조건설'은 태아인 동안에는 권리능력이 인정되지 않지만, 태아가 살아서 출생하면 권리능력 취득의 효과가 문제의 사건이 발생한 시기에 소급한다는 입장이다.

㉡ 상대방 또는 제3자를 보호하고자 하는 입장이다.

② **해제조건설**(제한인격설, 다수설)

㉠ '해제조건설'은 태아인 동안에도 권리능력이 인정되는 개별적 법률관계에서 제한적으로 권리능력을 가지지만, 사산한 경우에는 권리능력 취득의 효과가 소급하여 소멸한다는 입장이다.

㉡ 태아를 더 보호하는 입장이다.

③ **양 학설의 차이**

㉠ 양 학설의 결론의 차이점은 없다. 즉, 태아가 살아서 출생하면 어느 학설을 취하든가 관계없이 태아가 권리능력을 취득하는 시기는 동일하게 문제의 사건이 발생한 때이다.

㉡ 양 학설의 차이점은 법정대리인의 유무(有無)이다.

관련판례

현행 민법이 태아의 권리능력에 관하여 개별주의를 취하고 있으므로 증여는 증여자와 수증자 간의 계약으로서 수증자의 승낙을 요건으로 하는 것이므로 태아에 대한 증여에 있어서도 태아의 수증행위가 필요한 것인바, 태아인 동안에는 법정대리인이 있을 수 없고, 따라서 법정대리인에 의한 수증행위도 불가능한 것이어서 증여와 같은 쌍방행위가 아닌 손해배상청구권의 취득이나 상속 또는 유증의 경우를 유추하여 태아의 수증능력을 인정할 수 없는 것이다(대판 1982.2.9, 81다534).

OX

태아는 법정대리인에 의한 수증행위를 할 수 있다. (×) 제26회

OX

태아인 동안에는 법정대리인이 있을 수 없으므로, 법정대리인에 의한 수증(受贈)행위를 할 수 없다. (○) 제19회

예 제

민법상 자연인의 능력에 관한 설명으로 옳지 않은 것은? (다툼이 있으면 판례에 따름) 제27회

① 법원은 인정사망이나 실종선고에 의하지 않고 경험칙에 의거하여 사람의 사망사실을 인정할 수 없다.

② 의사능력의 유무는 구체적인 법률행위와 관련하여 개별적으로 판단되어야 한다.

③ 의사무능력을 이유로 법률행위의 무효를 주장하는 자는 의사무능력에 대하여 증명책임을 부담한다.

④ 의사무능력을 이유로 법률행위가 무효로 된 경우, 의사무능력자는 그 행위로 인해 받은 이익이 현존하는 한도에서 상환할 책임이 있다.

⑤ 태아가 불법행위로 인해 사산된 경우, 태아는 가해자에 대하여 자신의 생명침해로 인한 손해배상을 청구할 수 없다.

해설

① 수난, 전란, 화재 기타 사변에 편승하여 타인의 불법행위로 사망한 경우에 있어서는 확정적인 증거의 포착이 손쉽지 않음을 예상하여 법은 인정사망, 위난실종선고 등의 제도와 그밖에도 보통실종선고제도도 마련해 놓고 있으나 그렇다고 하여 위와 같은 자료나 제도에 의함이 없는 사망사실의 인정을 수소법원이 절대로 할 수 없다는 법리는 없다(대판 1989.1.31, 87다카2954).
② 의사능력 유무는 구체적인 법률행위와 관련하여 개별적으로 판단해야 한다(대판 2022.5.26, 2019다213344).
③ 의사능력이란 자기 행위의 의미나 결과를 정상적인 인식력과 예기력을 바탕으로 합리적으로 판단할 수 있는 정신적 능력이나 지능을 말하고, 의사무능력을 이유로 법률행위의 무효를 주장하는 측은 그에 대하여 증명책임을 부담한다(대판 2022.12.1, 2022다261237).
④ 무능력자의 책임을 제한하는 민법 제141조 단서는 부당이득에 있어 수익자의 반환범위를 정한 민법 제748조의 특칙으로서 무능력자의 보호를 위해 그 선의·악의를 묻지 아니하고 반환범위를 현존 이익에 한정시키려는 데 그 취지가 있으므로, 의사능력의 흠결을 이유로 법률행위가 무효가 되는 경우에도 유추적용되어야 한다(대판 2009.1.15, 2008다58367).
⑤ 태아가 사산된 경우에는 어떠한 경우에도 권리능력이 인정되지 않는다.

정답 ①

3 권리능력의 종기(終期)

(1) 사 망

① 사망의 개념

㉠ 민법상 '사망'이란 호흡과 심장의 박동이 영구적으로 멈추는 것을 의미한다.

㉡ 이러한 (자연적) 사망에 의해서만 자연인은 권리능력을 상실한다.

㉢ 시신은 발견되지 않았지만, 사망의 개연성이 높은 경우에 법적으로 사망으로 처리하는 실종선고나 인정사망의 경우에는 권리능력을 상실하지 않는다.

㉣ 뇌사는 민법상의 사망에 포함되지 않는다. 뇌사자가 민법상 사망으로 간주되는 시기는 뇌사자의 몸에서 장기를 적출한 때이다.

② 사망신고

사람이 사망하면 가족관계의 등록 등에 관한 법률 소정의 절차에 따라 사망신고를 하여야 한다. 출생신고와 마찬가지로 보고적 신고이므로 가족관계등록부에 기재된 사실은 진실에 부합하는 것으로 추정될 뿐이다.

OX

인정사망이란 사망의 확증은 없으나 재산으로 인하여 사망이 확실시되는 경우에 관공서의 보고에 의하여 가족관계등록부에 기재하여 사망한 것으로 의제하는 제도이다. (×) 제19회

OX

법원은 인정사망이나 실종선고에 의하지 않고 경험칙에 의거하여 사람의 사망사실을 인정할 수 없다. (×) 제27회

③ **사망의 입증**

관련판례

1. 수난, 전란, 화재 기타 사변에 편승하여 타인의 불법행위로 사망한 경우에 있어서는 확정적인 증거의 포착이 손쉽지 않음을 예상하여 법은 인정사망, 위난실종선고 등의 제도와 그밖에도 보통실종선고제도도 마련해 놓고 있으나 그렇다고 하여 위와 같은 자료나 제도에 의함이 없는 사망사실의 인정을 수소법원이 절대로 할 수 없다는 법리는 없다(대판 1989.1.31, 87다카2954).
2. 사망의 사실 및 그 시기는 그것을 전제로 한 법률효과를 주장하는 자에게 증명책임이 있다(대판 1995.7.28, 94다42679).

OX

인정사망 후 그에 대한 반증만으로 사망의 추정력이 상실되는 것은 아니다. (○) 제26회

(2) **민법상 그 밖의 사망과 관련된 것들**

동시사망의 추정, 실종선고, 인정사망 등이 있다.

가족관계의 등록 등에 관한 법률 제87조【재난 등으로 인한 사망】 수해, 화재나 그 밖의 재난으로 인하여 사망한 사람이 있는 경우에는 이를 조사한 관공서는 지체 없이 사망지의 시·읍·면의 장에게 통보하여야 한다.

4 외국인의 권리능력

(1) **원칙**(내외국인 평등의 원칙)

① **의 의**

'외국인'이란 대한민국의 국적을 갖지 않은 자를 의미하는데, 외국 국적을 가진 자와 무국적자를 포함한다.

② **규 정**

㉠ 민법은 외국인의 권리능력에 관하여 규정하고 있지 않다.

㉡ 다만, 헌법 제6조 제2항은 '외국인'에 대하여는 "국제법과 조약에 정한 바에 의하여 그 지위가 보장된다."라고 규정하고 있어서, 원칙적으로 외국인도 내국인과 동일한 권리능력을 가진다.

(2) **외국인의 권리능력의 제한**

① **권리능력을 부정하는 경우**(절대적 제한)

처음부터 권리능력을 박탈하는 경우이다.

예 선박·항공기소유권, 도선사가 되는 권리

② **상호주의(相互主義)에 의해 제한하는 경우**

상호주의에 의하여 외국인의 권리능력을 그의 본국법이 대한민국 국민에게 인정하는 것과 같은 정도로 인정하는 경우이다.

예 토지소유권, 특허권, 상표권, 디자인권 등의 무체재산권의 취득, 변호사가 되는 권리 등

③ **국회의 동의나 인허를 받아야 권리능력이 인정되는 경우**

예 어업권 등

03 행위능력과 제한능력

1 행위능력(行爲能力)

(1) 행위능력의 의의

'행위능력(行爲能力)'이란, 단독으로 유효한 법률행위를 할 수 있는 지위 또는 자격을 말하는데, 실질적인 정신능력 유무를 불문하고 객관적 기준(연령, 법원의 심판)에 따라 획일적으로 정해지는 법정능력(法定能力)이다.

(2) 민법상 제한능력제도

① **의 의**

㉠ '제한능력'이란 단독으로는 유효한 법률행위를 할 수 없는 능력을 말한다.

㉡ 우리 민법은 미성년자, 피성년후견인, 피한정후견인을 제한능력자로 규정하고 있다.

㉢ 제한능력에 관한 규정은 강행규정이며, 따라서 제한능력에 대한 특약은 효력이 없다.

관련판례

제한능력자제도는 사적자치의 원칙이라는 민법의 기본이념, 특히 자기책임원칙의 구현을 가능하게 하는 도구로서 인정되는 것이고, 거래의 안전을 희생시키더라도 제한능력자를 보호하고자 함에 근본적인 입법취지가 있다(대판 2007.11.16, 2005다71659).

② **제한능력자의 법률행위의 효과**(절대적 취소)

제한능력자가 법정대리인의 동의 없이 한 법률행위는 취소할 수 있고, 그 취소는 선의의 제3자에게 대항할 수 있다.

OX

미성년자와 상대방이 제한능력자에 관한 규정의 적용을 배제하기로 약정하였더라도 법정대리인은 매매계약을 취소할 수 있다. (○) 제20회

③ **적용범위**

민법상의 제한능력자제도는 재산상의 법률행위에 적용되고, 가족법상의 행위에 대해서는 그에 대한 특별규정이 따로 마련되어 있기에 원칙적으로 적용되지 않는다.

(3) **의사무능력과 제한능력의 경합**(이중효의 문제)

① 미성년자가 만취한 상태에서 계약을 체결한 경우, 의사무능력을 이유로 한 무효와 제한능력을 이유로 한 취소가 경합될 수 있는가의 문제이다.

② 만취상태의 법률행위는 무효이더라도 제한능력자를 보호하기 위하여 미성년자는 제한능력을 이유로 그 법률행위를 취소할 수 있다.

③ 이것은 무효와 취소의 경합 내지 무효행위의 취소의 문제로 이른바 '이중효(二重效)'라고 한다. 통설적인 견해는 양자의 경합을 인정한다.

2 제한능력자

1. 미성년자(未成年者)

(1) **성년기**(제4조)

> **제4조 【성 년】** 사람은 19세로 성년에 이르게 된다.

(2) **미성년자 행위능력**

> **제5조 【미성년자의 능력】** ① 미성년자가 법률행위를 함에는 법정대리인의 동의를 얻어야 한다. 그러나 권리만을 얻거나 의무만을 면하는 행위는 그러하지 아니하다.
> ② 전항의 규정에 위반한 행위는 취소할 수 있다.

① **원 칙**

㉠ 미성년자는 제한능력자이므로 원칙적으로 단독으로 유효한 법률행위를 할 수 없다.

㉡ 따라서 미성년자가 단독으로 법률행위를 하려면 법정대리인의 동의를 얻어야 한다.

㉢ 법정대리인의 동의 없이 단독으로 법률행위를 한 경우에는 미성년자 자신 또는 법정대리인이 취소할 수 있다.

㉣ 법정대리인의 동의를 얻어서 법률행위를 한 경우에는 행위능력이 인정되므로 더 이상 제한능력을 이유로 취소할 수 없다.

관련판례

1. 미성년자가 법률행위를 함에 있어서 요구되는 법정대리인의 동의는 언제나 명시적이어야 하는 것은 아니고 묵시적으로도 가능하다(대판 2007.11.16, 2005다71659).
2. 법정대리인의 동의에 대한 입증책임은 동의가 있었음을 이유로 법률행위의 유효를 주장하는 자(상대방)에게 있다(대판 1970.2.24, 69다1568).

② **예외**(미성년자에게 행위능력이 인정되는 경우)

㉠ 단순히 권리만을 얻거나 의무만을 면하는 행위(제5조 제1항 단서)

보충학습

미성년자가 단독으로 할 수 있는 것

1. 부담 없는 증여를 받는 것
2. 채무를 면제받을 청약 또는 채무면제의 청약에 대한 승낙(미성년자가 채무면제를 받는 것)
3. 부양하지 않는 친권자를 상대로 한 부양료 청구
4. 무상임치물의 반환(무상임치계약의 해지)
5. 제3자를 위한 계약에서 부담 없는 수익의 의사표시
6. 서면에 의하지 않는 증여계약의 해제

미성년자가 단독으로 할 수 없는 것(법정대리인의 동의를 얻어야 하는 것)

1. 부담부 증여를 받는 것
2. 경제적으로 유리한 매매계약체결
3. 상속의 승인 · 포기
4. 채무면제를 하는 청약(미성년자가 채무면제를 하는 것)
5. 채무의 변제를 수령하는 행위
6. 소멸시효 중단사유인 채무승인
7. 상계
8. 쌍무계약의 체결

㉡ 범위를 정하여 처분을 허락한 재산의 처분행위

제6조 【처분을 허락한 재산】 법정대리인이 범위를 정하여 처분을 허락한 재산은 미성년자가 임의로 처분할 수 있다.

제7조 【동의와 허락의 취소】 법정대리인은 미성년자가 아직 법률행위를 하기 전에는 전2조의 동의와 허락을 취소할 수 있다.

OX
미성년자의 법률행위에 대한 법정대리인의 동의는 묵시적으로도 할 수 있다. (○) 제25회

OX
미성년자가 타인의 대리인으로서 대리행위를 하기 위해서는 법정대리인의 승낙을 얻어야 한다. (×) 제28회

OX
미성년자가 법정대리인의 동의 없이 시가보다 저렴한 가격으로 컴퓨터를 매수한 경우, 법정대리인은 이를 취소할 수 없다. (×) 제20회

OX
경제적으로 미성년자에게 유리한 매매계약은 미성년자가 단독으로 체결했더라도 법정대리인이 취소할 수 없다. (×) 제19회

ⓐ '처분'은 사용 · 수익도 포함하는 넓은 의미로서, 법정대리인은 반드시 범위를 정하여 처분을 허락하여야 한다. 예 여비, 학비, 심부름 값 등

ⓑ 미성년자의 전 재산의 처분을 허락하는 것과 같은 포괄적 허락은 허용되지 않는다.

ⓒ '범위'는 다수설에 의하면 목적의 범위가 아니라 재산(금액)의 범위로 본다.

ⓓ 처분의 허락으로 법정대리인의 대리권이 상실되는 것은 아니므로 처분을 허락한 행위에 대해 법정대리인이 대리할 수도 있다.

ⓔ 허락했어도 행위 전에는 취소(철회)할 수 있다(제7조). 이 경우 선의의 제3자에 대항할 수 없다(다수설).

관련판례

미성년자가 월 소득범위 내에서 신용구매계약을 체결한 사안에서, 스스로 얻고 있던 소득에 대하여는 법정대리인의 묵시적 처분허락이 있었다고 보아 위 신용구매계약은 처분허락을 받은 재산범위 내의 처분행위에 해당한다(대판 2007.11.16, 2005다71659).

ㄷ 허락된 영업에 관한 행위

OX

영업허락의 취소나 제한은 선의의 제3자에게 대항할 수 있다. (×) 제16회

제8조【영업의 허락】 ① 미성년자가 법정대리인으로부터 허락을 얻은 특정한 영업에 관하여는 성년자와 동일한 행위능력이 있다.
② 법정대리인이 전항의 허락을 취소 또는 제한할 수 있다. 그러나 선의의 제3자에게 대항하지 못한다.

ⓐ '영업'이란 널리 영업을 목적으로 하는 독립적 · 계속적 사업을 말하며, 상업은 물론 농업이나 자유업도 포함한다.

ⓑ 법정대리인은 영업을 허락함에는 반드시 영업의 종류를 특정하여야 한다.

i) 영업의 종류만 특정하였다면 수개의 영업도 허락할 수 있다.

ii) 그러나 모든 종류의 영업에 대한 포괄적 허락이나 하나의 영업종류의 일부에 대한 허락, 제한은 허용되지 않는다.

ⓒ 영업의 허락을 받은 미성년자는 그 영업에 관하여 성년자와 동일한 행위능력이 있다. 영업에 직 · 간접으로 필요한 행위, 즉 영업을 위한 차금행위, 점포의 구입행위가 포함되며, 이와 관련된 소송능력도 가진다(민사소송법 제51조 단서).

OX

미성년자가 친권자로부터 허락받아 행하는 특정 영업과 관련하여서는 그 친권자에게 법정대리권이 인정되지 않는다. (○) 제19회

ⓓ 허락된 영업에 관하여는 법정대리인의 대리권은 소멸한다.

ⓔ 영업의 허락이 있더라도 그 허락을 취소 또는 제한할 수 있다. 그러나 허락의 취소나 제한은 소급효가 없으며, 선의의 제3자에 대항할 수 없다.

㉣ 대리행위(제117조): 미성년자는 타인의 대리인으로 법정대리인의 동의 없이 단독으로 대리행위를 할 수 있다.

㉤ 유언(제1061조): 17세에 달하는 미성년자는 단독으로 유언할 수 있다.

㉥ 무한책임사원 자격에서 한 행위

ⓐ 허락을 받아서 회사의 무한책임사원이 된 경우, 회사의 무한책임사원 자격으로 인한 행위에 대하여는 능력자로 본다(상법 제7조).

ⓑ 다만, 무한책임회사의 사원이 되기 위하여는 법정대리인의 동의를 얻어야 한다.

㉦ 근로계약·임금청구

ⓐ 친권자나 후견인은 미성년자의 근로계약을 대리할 수 없다(근로기준법 제67조 제1항).

ⓑ 사용자는 18세 미만인 자에 대하여는 그 연령을 증명하는 가족관계기록사항에 관한 증명서와 친권자 또는 후견인의 동의서를 사업장에 갖추어 두어야 한다(근로기준법 제66조).

OX

자신의 노무제공에 따른 임금의 청구와 관련된 소송행위는 미성년자가 독자적으로 할 수 있다. (○) 제18회

㉧ 취소권의 행사(제140조): 미성년자도 법정대리인의 동의 없이 한 법률행위를 스스로 단독으로 취소할 수 있다.

㉨ 혼인에 의한 성년의제

> **제826조의2 【성년의제】** 미성년자가 혼인을 한 때에는 성년자로 본다.

ⓐ 성년의제가 되기 위한 '혼인'은 법률혼에 한하고, 사실혼의 경우에는 적용하지 않는다.

ⓑ 이 제도는 민법의 영역에서만 적용되고, 그 밖의 법률(공직선거법 등 공법분야)에는 적용되지 않는다.

ⓒ 성년으로 의제되면, 친권은 상실하고 후견도 종료한다.

ⓓ 혼인이 취소되거나 이혼을 하는 경우에도 소멸하는 것은 아니어서 법정대리인의 동의가 없더라도 단독으로 이혼할 수 있다.

OX

성년의제는 공직선거법에는 적용되지 않는다. (○) 제18회

예제

자연인의 행위능력에 관한 설명으로 옳지 않은 것은? (다툼이 있으면 판례에 따름)

제28회

① 미성년자가 혼인을 한 때에는 성년자로 본다.
② 미성년자가 타인의 대리인으로서 대리행위를 하기 위해서는 법정대리인의 승낙을 얻어야 한다.
③ 가정법원은 취소할 수 없는 피성년후견인의 법률행위의 범위를 정할 수 있다.
④ 가정법원은 피한정후견인이 한정후견인의 동의를 받아야 하는 행위의 범위를 정할 수 있다.
⑤ 성년후견 개시의 청구가 있더라도, 가정법원은 필요하다면 한정후견을 개시할 수 있다.

해설

② 대리인은 행위능력자임을 요하지 않으므로(제117조), 미성년자라도 타인의 대리인이 될 수 있고, 타인의 대리인으로서 행한 행위는 법정대리인의 동의를 요하지 아니한다.
① 미성년자가 혼인을 한 때에는 성년자로 본다(제826조의2).
③ 가정법원은 취소할 수 없는 피성년후견인의 법률행위의 범위를 정할 수 있다(제10조 제2항).
④ 가정법원은 피한정후견인이 한정후견인의 동의를 받아야 하는 행위의 범위를 정할 수 있다(제13조 제1항).
⑤ 성년후견이나 한정후견 개시의 청구가 있는 경우 가정법원은 청구 취지와 원인, 본인의 의사, 성년후견 제도와 한정후견 제도의 목적 등을 고려하여 어느 쪽의 보호를 주는 것이 적절한지를 결정하고, 그에 따라 필요하다고 판단하는 절차를 결정해야 한다. 따라서 한정후견의 개시를 청구한 사건에서 의사의 감정 결과 등에 비추어 성년후견 개시의 요건을 충족하고 본인도 성년후견의 개시를 희망한다면 법원이 성년후견을 개시할 수 있고, 성년후견 개시를 청구하고 있더라도 필요하다면 한정후견을 개시할 수 있다고 보아야 한다(대결 2021.6.10, 2020스596).

정답 ②

(3) 법정대리인(法定代理人)

① 법정대리인의 순위

㉠ 미성년자의 법정대리인은 제1차적으로 친권자이고, 친권자가 없거나 친권을 행사할 수 없을 때에는 미성년후견인을 두어야 한다.

㉡ 후견인의 순서는 지정후견인, 선임후견인의 순으로 된다.

㉢ 친권자는 통상 부·모 2인이지만, 미성년후견인의 수는 1인으로 하고, 자연인에 한하며 법인은 될 수 없다.

㉣ 친권자는 미성년자의 재산에 대하여 자기 재산과 동일한 주의의무를 부담하지만, 미성년후견인은 선량한 관리자의 주의의무를 부담한다.

㉤ 친권자는 단독으로 취소하거나 추인할 수 있지만, 미성년후견인은 일정한 경우(제950조)에는 후견감독인의 동의(특별한 절차)를 얻어서 동의하거나 추인할 수 있다.

② **법정대리인의 권한**

㉠ 동의권

ⓐ 친권자는 동의권의 행사에 아무런 구속을 받지 않고 행사할 수 있다.

ⓑ 미성년후견인은 법률이 정한 중요한 행위에 관하여 동의를 하고자 하는 때에는 후견감독인의 동의를 얻어야 한다(제950조).

제950조【후견감독인의 동의를 필요로 하는 행위】 ① 후견인이 피후견인을 대리하여 다음 각 호의 어느 하나에 해당하는 행위를 하거나 미성년자의 다음 각 호의 어느 하나에 해당하는 행위에 동의를 할 때는 후견감독인이 있으면 그의 동의를 받아야 한다.
1. 영업에 관한 행위
2. 금전을 빌리는 행위
3. 의무만을 부담하는 행위
4. 부동산 또는 중요한 재산에 관한 권리의 득실변경을 목적으로 하는 행위
5. 소송행위
6. 상속의 승인, 한정승인 또는 포기 및 상속재산의 분할에 관한 협의

② 후견감독인의 동의가 필요한 행위에 대하여 후견감독인이 피후견인의 이익이 침해될 우려가 있음에도 동의를 하지 아니하는 경우에는 가정법원은 후견인의 청구에 의하여 후견감독인의 동의를 갈음하는 허가를 할 수 있다.
③ 후견감독인의 동의가 필요한 법률행위를 후견인이 후견감독인의 동의 없이 하였을 때에는 피후견인 또는 후견감독인이 그 행위를 취소할 수 있다.

㉡ 대리권

ⓐ 법정대리인은 미성년자를 대리하여 재산상의 법률행위를 할 권한이 있다.

ⓑ 미성년자를 위하여 임금청구나 근로계약을 대리할 수 없다.

ⓒ 미성년자와 후견인 사이에 이해상반행위에 관하여 미성년후견인의 대리권이 제한되고, 가정법원에 특별대리인을 선임하여야 한다. 그러나 후견감독인이 있는 경우에는 그러하지 아니하다.

㉢ 취소권

법정대리인은 자기의 권한으로서 동의를 얻지 않고 한 미성년자의 법률행위를 취소할 수 있다.

㉣ 추인권

법정대리인의 동의 없는 미성년자의 법률행위를 추인하여 유효하게 할 수 있다.

법정대인의 종류와 그 권한의 범위

<table>
<tr><th>구 분</th><th colspan="2">법정대리인의 명칭</th><th>후견인 수</th><th>법정대리인의 권한</th></tr>
<tr><td rowspan="2">미성년자</td><td colspan="2">1. 친권자(부, 모) – 자기재산과 동일한 주의의무</td><td></td><td rowspan="2">1. 대리권
2. 동의권
3. 추인권
4. 취소권</td></tr>
<tr><td>2. 미성년후견인
① 지정후견인
② (법원)선임후견인</td><td rowspan="3">선량한 관리자의 주의의무</td><td>오로지 1인</td></tr>
<tr><td>피성년 후견인</td><td>성년후견인(선임후견인)</td><td rowspan="2">2인 이상 (자연인은 물론 법인도 될 수 있음)</td><td>1. 대리권
2. 동의권 ×
3. 추인권
4. 취소권</td></tr>
<tr><td>피한정 후견인</td><td>한정후견인(선임후견인)</td><td>1. 대리권
2. 동의권
3. 추인권
4. 취소권</td></tr>
</table>

2. 피성년후견인(被成年後見人)

제9조 【성년후견개시의 심판】 ① 가정법원은 질병, 장애, 노령, 그 밖의 사유로 인한 정신적 제약으로 사무를 처리할 능력이 지속적으로 결여된 사람에 대하여 본인, 배우자, 4촌 이내의 친족, 미성년후견인, 미성년후견감독인, 한정후견인, 한정후견감독인, 특정후견인, 특정후견감독인, 검사 또는 지방자치단체의 장의 청구에 의하여 성년후견개시의 심판을 한다.

② 가정법원은 성년후견개시의 심판을 할 때 본인의 의사를 고려하여야 한다.

제10조 【피성년후견인의 행위와 취소】 ① 피성년후견인의 법률행위는 취소할 수 있다.

② 제1항에도 불구하고 가정법원은 취소할 수 없는 피성년후견인의 법률행위의 범위를 정할 수 있다.

③ 가정법원은 본인, 배우자, 4촌 이내의 친족, 성년후견인, 성년후견감독인, 검사 또는 지방자치단체의 장의 청구에 의하여 제2항의 범위를 변경할 수 있다.

④ 제1항에도 불구하고 일용품의 구입 등 일상생활에 필요하고 그 대가가 과도하지 아니한 법률행위는 성년후견인이 취소할 수 없다.

제11조 【성년후견종료의 심판】 성년후견개시의 원인이 소멸된 경우에는 가정법원은 본인, 배우자, 4촌 이내의 친족, 성년후견인, 성년후견감독인, 검사 또는 지방자치단체의 장의 청구에 의하여 성년후견종료의 심판을 한다.

OX

가정법원은 성년후견의 개시의 심판을 할 때 본인의 의사를 고려하여야 한다. (○) 제27회

OX

가정법원은 본인 등 일정한 자의 청구 또는 직권으로 성년후견개시의 심판을 한다. (×) 제21회

OX

의사능력이 없는 자는 성년후견개시의 심판 없이도 피성년후견인이 된다. (×) 제26회

(1) 의 의

'피성년후견인'이란 질병, 장애, 노령, 그 밖의 사유로 인한 정신적 제약으로 사무를 처리할 능력이 지속적으로 결여된 사람으로서 가정법원으로부터 성년후견개시의 심판을 받은 자를 의미한다.

(2) 성년후견개시의 요건

① **실질적 요건**

㉠ 치매말기증상이 있거나 식물인간상태 등 질병, 장애, 노령, 그 밖의 사유로 인한 정신적 제약으로 사무를 처리할 능력이 지속적으로 결여되어야 한다.

㉡ 가정법원은 성년후견개시의 심판을 할 때 본인의 정신상태에 관하여 의사에게 감정을 시켜야 하지만, 본인의 정신상태를 판단할 만한 다른 충분한 자료가 있는 때에는 그러하지 아니한다.

② **절차적 요건**

㉠ 본인, 배우자, 4촌 이내의 친족, 미성년후견인, 미성년후견감독인, 한정후견인, 한정후견감독인, 특정후견인, 특정후견감독인, 검사 또는 지방자치단체의 장의 청구가 있어야 한다. 즉 법원은 직권으로 심판을 개시하지 못한다.

㉡ 가정법원은 성년후견개시의 심판을 할 때 본인의 의사를 고려하여야 한다.

③ 실질적 요건과 절차적 요건이 갖추어지면 가정법원은 성년후견개시의 심판을 하여야 하고, 지체 없이 가족관계등록사무 및 후견등기사무를 처리하는 사람에게 가족관계등록부에 기록할 것과 후견등기부에 등기할 것을 촉탁하여야 한다.

④ 후견등기부에 등기할 사항은 성년후견 자체에 관한 사항, 피성년후견인 · 성년후견인 · 성년후견감독인에 관한 사항, 취소할 수 없는 행위의 범위 등에 관한 사항이다.

OX
지방자치단체의 장은 성년후견개시의 심판을 청구할 수 있다. (○) 제17회

(3) 피성년후견인의 행위능력

① **원칙**: 피성년후견인은 제한능력자이므로 피성년후견인의 법률행위는 취소할 수 있다.

② **예외**(행위능력이 인정되는 경우)

㉠ 가정법원이 취소할 수 없는 피성년후견인의 법률행위 범위를 정한 경우에 그 한도에서 예외적으로 행위능력을 가진다.

ⓛ 행위능력이 인정되는 범위는 본인, 배우자, 4촌 이내의 친족, 성년후견인, 성년후견감독인, 검사 또는 지방자치단체의 장의 청구에 의하여 가정법원을 변경할 수 있다.

ⓒ 일용품의 구입 등 일상생활에 필요하고 그 대가가 과도하지 아니한 법률행위는 성년후견인이 취소할 수 없다. 이때에는 피성년후견인도 그 법률행위를 취소할 수 없다.

ⓔ '피성년후견인'도 의사능력이 갖추어진 경우라면 타인의 대리인이 되어서 유효한 대리행위를 할 수 있다.

ⓜ '피성년후견인'도 의사능력이 회복된 때에 한하여 독자적으로 유언할 수 있다.

OX

피성년후견인이 단독으로 행한 일용품의 구입은 대가가 과도하더라도 성년후견인이 취소할 수 없다. (×) 제17회

(4) **법정대리인**(성년후견인)

① 피성년후견인의 법정대리인이 되는 자는 성년후견인이다. 가정법원은 성년후견개시의 심판을 할 때에 직권으로 성년후견인을 선임하여야 한다. 성년후견인이 사망, 결격, 그 밖의 사유로 없게 된 경우에도 가정법원은 직권으로 또는 피성년후견인, 친족, 이해관계인, 검사, 지방자치단체의 장의 청구에 의하여 성년후견인을 선임하여야 한다(제929조, 제936조).

② 성년후견인은 피성년후견인의 법률행위에 대한 동의권을 가지지 않고, 대리권과 취소권, 추인권을 가질 뿐이다.

③ 성년후견인은 여러 명의 성년후견인을 둘 수 있고, 법인도 성년후견인이 될 수 있다.

OX

성년후견인은 원칙적으로 피성년후견인의 재산상의 법률행위에 대한 동의권, 대리권 및 취소권이 있다. (×) 제22회

OX

피성년후견인이 성년후견인의 동의를 얻어서 한 부동산 매도행위는 특별한 사정이 없는 한 취소할 수 없다. (×) 제21회

(5) **성년후견의 종료**

① 성년후견개시의 원인이 소멸한 경우에 가정법원은 본인, 배우자, 4촌 이내의 친족, 성년후견인, 성년후견감독인, 검사 또는 지방자치단체의 장의 청구에 의하여 성년후견종료의 심판을 하여야 한다. 이때에는 정신감정을 요하지 않는다.

② 가정법원이 피성년후견인에 대하여 한정후견개시의 심판을 할 때에도 종전의 성년후견의 종료 심판을 하여야 한다.

③ 성년후견종료의 심판은 소급효가 없어 장래에 향하여 효력을 가진다. 따라서 심판 전에 행하여진 피성년후견인의 법률행위는 원칙적으로 취소할 수 있다.

OX

성년후견개시의 원인이 소멸된 경우에 지방자치단체의 장은 가정법원에 성년후견종료의 심판을 청구할 수 있다. (○) 제18회

OX

성년후견종료의 심판이 있으면 피성년후견인은 장래에 향하여 행위능력을 회복한다. (○) 제21회

3. 피한정후견인(被限定後見人)

제12조 【한정후견개시의 심판】 ① 가정법원은 질병, 장애, 노령, 그 밖의 사유로 인한 정신적 제약으로 사무를 처리할 능력이 부족한 사람에 대하여 본인, 배우자, 4촌 이내의 친족, 미성년후견인, 미성년후견감독인, 성년후견인, 성년후견감독인, 특정후견인, 특정후견감독인, 검사 또는 지방자치단체의 장의 청구에 의하여 한정후견개시의 심판을 한다.
② 한정후견개시의 경우에 제9조 제2항을 준용한다.

제13조 【피한정후견인의 행위와 동의】 ① 가정법원은 피한정후견인이 한정후견인의 동의를 받아야 하는 행위의 범위를 정할 수 있다.
② 가정법원은 본인, 배우자, 4촌 이내의 친족, 한정후견인, 한정후견감독인, 검사 또는 지방자치단체의 장의 청구에 의하여 제1항에 따른 한정후견인의 동의를 받아야만 할 수 있는 행위의 범위를 변경할 수 있다.
③ 한정후견인의 동의를 필요로 하는 행위에 대하여 한정후견인이 피한정후견인의 이익이 침해될 염려가 있음에도 그 동의를 하지 아니하는 때에는 가정법원은 피한정후견인의 청구에 의하여 한정후견인의 동의를 갈음하는 허가를 할 수 있다.
④ 한정후견인의 동의가 필요한 법률행위를 피한정후견인이 한정후견인의 동의 없이 하였을 때에는 그 법률행위를 취소할 수 있다. 다만, 일용품의 구입 등 일상생활에 필요하고 그 대가가 과도하지 아니한 법률행위에 대하여는 그러하지 아니하다.

제14조 【한정후견종료의 심판】 한정후견개시의 원인이 소멸된 경우에는 가정법원은 본인, 배우자, 4촌 이내의 친족, 한정후견인, 한정후견감독인, 검사 또는 지방자치단체의 장의 청구에 의하여 한정후견종료의 심판을 한다.

> **OX**
> 가정법원은 피한정후견인이 한정후견인의 동의를 받아야 하는 행위의 범위를 정할 수 있다. (○) 제28회

(1) 의 의

'피한정후견인'이란 질병, 장애, 노령, 그 밖의 사유로 인한 정신적 제약으로 사무를 처리할 능력이 부족한 사람으로서 가정법원으로부터 한정후견개시의 심판을 받은 자를 의미한다.

(2) 한정후견개시의 요건

① 실질적 요건

㉠ 질병, 장애, 노령, 그 밖의 사유로 인한 정신적 제약으로 사무를 처리할 능력이 부족하여야 한다.

㉡ 사무를 처리할 능력의 부족이란 성년후견개시의 원인보다는 정신적 제약이 경미한 상태를 의미하고, 의사의 감정을 거쳐야 한다.

> **OX**
> 가정법원은 질병이나 노령 등의 사유로 인한 정신적 제약으로 사무를 처리할 능력이 부족한 사람에 대하여 일정한 자의 청구로 성년후견개시의 심판을 한다. (×) 제18회

② **절차적 요건**

㉠ 본인, 배우자, 4촌 이내의 친족, 미성년후견인, 미성년후견감독인, 성년후견인, 성년후견감독인, 특정후견인, 특정후견감독인, 검사 또는 지방자치단체의 장의 청구가 있어야 한다.

㉡ 가정법원은 성년후견개시의 심판을 할 때 본인의 의사를 고려하여야 한다.

③ 실질적 요건과 절차적 요건이 갖추어지면 가정법원은 한정후견개시의 심판을 하여야 한다. 성년후견에서와 마찬가지로 가족관계등록부의 기록 및 후견등기부의 등기를 요한다.

(3) 피한정후견인의 행위능력

① **원 칙**

㉠ 한정후견이 개시되면 피한정후견인의 행위능력이 제한된다. 즉, 가정법원은 '한정후견인의 동의'를 받아야 하는 법률행위의 범위를 정할 수 있고, 그 범위에 속하는 행위를 피한정후견인이 '동의 없이' 하였을 때에는 그 법률행위를 취소할 수 있다.

㉡ 한정후견인의 동의를 받아야 하는 행위의 범위는 본인, 배우자, 4촌 이내의 친족, 한정후견인, 한정후견감독인, 검사 또는 지방자치단체의 장의 청구에 의하여 가정법원이 변경할 수 있다.

② **예 외**

㉠ 한정후견인의 동의를 요하는 행위에 대하여 피한정후견인의 이익을 해칠 염려가 있음에도 한정후견인이 동의를 하지 않는 경우, 피한정후견인은 한정후견인의 동의에 갈음하는 가정법원의 허가를 받아서 단독으로 할 수 있다.

㉡ 한정후견인의 동의를 요하는 행위를 동의 없이 한 경우, 한정후견인이 추인하면 유효로 될 수 있다.

㉢ 타인의 대리행위, 근로계약과 임금의 청구 등도 피한정후견인이 독자적으로 할 수 있다.

㉣ 일용품의 구입 등 일상생활에 필요하고 그 대가가 과도하지 아니한 법률행위는 취소할 수 없다.

③ 피한정후견인의 행위능력의 제한은 가족법상의 행위에는 영향을 미치지 않는다.

OX

가정법원이 한정후견개시심판시 피한정후견인이 한정후견인의 동의를 요하는 행위의 범위를 결정하였다면 그 범위 내에서 피한정후견인의 행위능력은 제한된다. (○) 제17회

(4) 법정대리인(한정후견인)

① 피한정후견인의 제한된 행위능력을 보충하기 위하여 가정법원은 한정후견개시의 심판을 할 때 직권으로 한정후견인을 선임하여야 한다(제959조의3).

② 한정후견인은 동의권과 대리권, 취소권을 가진다.

③ 여러 명의 한정후견인을 둘 수 있고, 법인도 한정후견인이 될 수 있다.

(5) 한정후견의 종료

① 한정후견개시의 원인이 소멸된 경우, 가정법원은 본인, 배우자, 4촌 이내의 친족, 한정후견인, 한정후견감독인, 검사 또는 지방자치단체의 장의 청구에 의하여 한정후견종료의 심판을 하여야 한다.

② 가정법원이 피한정후견인에 대하여 성년후견개시의 심판을 할 때에도 종전의 한정후견의 종료 심판을 하여야 한다.

③ 한정후견종료의 심판은 장래에 향하여 효력을 가진다.

관련판례

성년후견이나 한정후견에 관한 심판 절차는 가사비송사건으로서, 가정법원이 당사자의 주장에 구애받지 않고 후견적 입장에서 합목적적으로 결정할 수 있다. 이때 성년후견이든 한정후견이든 본인의 의사를 고려하여 개시 여부를 결정한다는 점은 마찬가지이다. (중략) 따라서 한정후견의 개시를 청구한 사건에서 의사의 감정 결과 등에 비추어 성년후견 개시의 요건을 충족하고 본인도 성년후견의 개시를 희망한다면 법원이 성년후견을 개시할 수 있고, 성년후견 개시를 청구하고 있더라도 필요하다면 한정후견을 개시할 수 있다고 보아야 한다(대결 2021.6.10, 2020스596).

4. 피특정후견인(被特定後見人)

제14조의2 【특정후견의 심판】 ① 가정법원은 질병, 장애, 노령, 그 밖의 사유로 인한 정신적 제약으로 일시적 후원 또는 특정한 사무에 관한 후원이 필요한 사람에 대하여 본인, 배우자, 4촌 이내의 친족, 미성년후견인, 미성년후견감독인, 검사 또는 지방자치단체의 장의 청구에 의하여 특정후견의 심판을 한다.
② 특정후견은 본인의 의사에 반하여 할 수 없다.
③ 특정후견의 심판을 하는 경우에는 특정후견의 기간 또는 사무의 범위를 정하여야 한다.

제14조의3 【심판 사이의 관계】 ① 가정법원이 피한정후견인 또는 피특정후견인에 대하여 성년후견개시의 심판을 할 때에는 종전의 한정후견 또는 특정후견의 종료 심판을 한다.
② 가정법원이 피성년후견인 또는 피특정후견인에 대하여 한정후견개시의 심판을 할 때에는 종전의 성년후견 또는 특정후견의 종료 심판을 한다.

OX
피한정후견인이 동의를 요하는 법률행위를 동의 없이 하였더라도 그 후 한정후견심판이 종료되었다면 그 법률행위를 취소할 수 없다. (×) 제26회

OX
성년후견 개시의 청구가 있더라도, 가정법원은 필요하다면 한정후견을 개시할 수 있다. (○) 제28회

OX
특정후견의 심판을 하는 경우에 특정후견의 기간이나 사무범위를 정할 필요는 없다. (×) 제22회

OX
특정후견의 심판이 있으면 피특정후견인의 행위능력이 제한된다. (×) 제26회

OX
가정법원은 피한정후견인에 대하여 한정후견의 종료 심판 없이 성년후견개시의 심판을 할 수 있다. (×) 제26회

(1) 의 의

'피특정후견인'이란 질병, 장애, 노령, 그 밖의 사유로 인한 정신적 제약으로 일시적 후원 또는 특정한 사무에 관한 후견이 필요한 사람으로서 가정법원으로부터 특정후견개시의 심판을 받은 자를 의미한다.

(2) 특정후견의 요건

① **실질적 요건**

㉠ 질병, 장애, 노령, 그 밖의 사유로 인한 정신적 제약으로 '일시적 후원' 또는 '특정한 사무에 관한 후원'이 필요하여야 한다.

㉡ 성년후견이나 한정후견에서의 제약이 지속적 · 포괄적인 것임에 비하여, 특정후견에서의 제약은 일시적 · 한정적인 것이어야 한다.

② **절차적 요건**

㉠ 본인, 배우자, 4촌 이내의 친족, 미성년후견인, 미성년후견감독인, 검사 또는 지방자치단체의 장의 청구가 있어야 한다.

㉡ 특정후견은 본인의 의사에 반하여 할 수 없다.

③ 실질적 요건과 절차적 요건이 충족되면 가정법원은 특정후견의 심판을 하여야 한다.

(3) 피특정후견인의 행위능력

① 특정후견의 심판을 하는 경우에 가정법원은 특정후견의 기간 또는 사무의 범위를 정하여야 한다.

② 특정후견의 심판이 있다고 하여 피특정후견인의 행위능력이 제한되는 것은 아니다.

OX

특정후견이 개시된 경우, 특정후견인은 피특정후견인이 단독으로 체결한 계약을 취소할 수 없다. (○) 제19회

(4) 특정후견인

① 가정법원은 피특정후견인의 후원을 위하여 필요한 처분을 명할 때 그 처분의 하나로 피특정후견인을 후원하거나 대리하기 위한 특정후견인을 선임할 수 있다.

② 피특정후견인의 후원을 위하여 필요하다고 인정되면 가정법원은 그 기간이나 범위를 정하여 특정후견인에게 대리권을 수여하는 심판을 할 수 있고, 그 범위에서 특정후견인은 대리권을 가질 뿐이다. 특정후견의 심판에 의하여 피특정후견인의 행위능력이 제한되지 않으므로 특정후견인은 취소권과 동의권을 가지지 않는다.

(5) 특정후견의 종료

① 가정법원이 피특정후견인에 대하여 성년후견개시 또는 한정후견개시의 심판을 할 때에도 종전의 특정후견의 종료 심판을 하여야 한다.

② 특정후견의 기간 또는 사무의 범위를 정한 경우 기간이 종료되면 특정후견인의 권한은 소멸한다.

③ 특정후견종료의 심판은 장래에 향하여 효력을 가진다.

3 제한능력자의 상대방 보호

1. 의 의

(1) 제한능력자의 법률행위는 제한능력자 측(제한능력자 또는 그의 법정대리인)만이 취소할 수 있다. 제한능력자가 자신의 법률행위를 취소 또는 추인하게 되면 그 법률행위는 후에 소급하여 무효 또는 유효로 확정되게 된다. 즉, 제한능력자의 법률행위는 '유동적 유효' 상태에서 상대방은 그만큼 불안정한 상태에 놓이게 된다.

(2) 또한, 제한능력자의 취소는 절대적 소급효가 있기 때문에 상대방은 제한능력자와 체결한 법률행위에서 취득한 권리를 언제든지 상실하게 될 위험에 놓이게 된다.

(3) 이러한 이유 때문에 민법은 제한능력자와 거래한 상대방을 보호하기 위하여 일반적인 보호규정과 특별한 보호규정을 따로 마련해 놓고 있다.

2. 일반적 보호

민법은 취소할 수 있는 법률행위에 대하여 상대방을 보호하기 위한 제도로서 법정추인에 관한 규정(제145조)과 취소권의 단기소멸에 관한 규정(제146조)을 두고 있다.

3. 제한능력자의 상대방을 보호하기 위한 특칙(제15조, 제16조, 제17조)

(1) 확답을 촉구할 권리

> **제15조 【제한능력자의 상대방의 확답을 촉구할 권리】** ① 제한능력자의 상대방은 제한능력자가 능력자가 된 후에 그에게 1개월 이상의 기간을 정하여 그 취소할 수 있는 행위를 추인할 것인지 여부의 확답을 촉구할 수 있다. 능력자로 된 사람이 그 기간 내에 확답을 발송하지 아니하면 그 행위를 추인한 것으로 본다.
> ② 제한능력자가 아직 능력자가 되지 못한 경우에는 그의 법정대리인에게 제1항의 촉구를 할 수 있고, 법정대리인이 그 정하여진 기간 내에 확답을 발송하지 아니한 경우에는 그 행위를 추인한 것으로 본다.
> ③ 특별한 절차가 필요한 행위는 그 정하여진 기간 내에 그 절차를 밟은 확답을 발송하지 아니하면 취소한 것으로 본다.

OX
상대방의 최고에 대해서 유예기간 내에 법정대리인이 확답을 발하지 않으면 추인을 거절한 것으로 본다. (×) 제14회

① '확답을 촉구할 권리(최고권)'란 상대방이 제한능력자 측에 대하여 취소할 수 있는 행위를 추인할 것인지 취소할 것인지 여부의 확답을 촉구하고, 이에 대하여 확답이 없으면 취소 또는 추인의 효과를 발생하게 하는 권리이다.

② **법적 성질**

㉠ 준법률행위의 일종인 의사의 통지이다.

㉡ 형성권의 일종이다.

③ **요건**: 1개월 이상의 기간을 정하여 추인할 것인지의 확답을 요구하여야 한다. 다수설에 의하면 1개월 미만으로 정하여 행한 최고는 효력이 없으므로 다시 최고하여야 한다고 한다.

④ **효 과**

㉠ 기간 내에 제한능력자 측에서 추인 또는 취소의 의사표시를 하면 그 의사표시에 의한다. 이 경우는 취소 또는 추인이라는 의사표시의 효과일 뿐, 최고 그 자체의 효과는 아니다.

㉡ 기간 내에 제한능력자 측에서 확답을 발하지 않으면 그 행위를 추인한 것으로 간주한다. 추인한 것으로 간주되므로 더 이상 취소할 수 없다(제15조 제1항・제2항).

㉢ 후견감독인의 동의를 요하는 경우와 같이 추인을 위하여 특별한 절차를 요하는 경우에는 기간 내 확답이 없을 때 취소한 것으로 간주된다(제15조 제3항).

⑤ **확답촉구의 상대방**

OX
미성년자는 행위능력자로 된 후에만 최고의 상대방이 될 수 있다. (○) 제16회

㉠ 확답의 촉구는 행위능력자에게 하여야 한다. 즉, 확답촉구의 의사표시를 수령할 능력이 있고, 또한 추인할 수 있는 자에게 확답을 촉구하여야 한다. 따라서 미성년자에게 행한 확답의 촉구(최고)는 효력이 없다.

㉡ 제한능력자에게는 능력자로 된 후에만 확답을 촉구할 수 있고, 여전히 제한능력자인 경우에는 그의 법정대리인에게 확답을 촉구하여야 한다.

⑥ **상대방의 선의·악의 불문**

상대방은 법률행위 당시에 제한능력자임에 대한 선의·악의를 불문하고 확답을 촉구할 수 있다. 즉, 악의의 상대방도 확답을 촉구할 권리(최고권)를 행사할 수 있다.

(2) 계약의 철회권(撤回權)과 거절권(拒絶權)

> **제16조 【제한능력자의 상대방의 철회권과 거절권】** ① 제한능력자가 맺은 계약은 추인이 있을 때까지 상대방이 그 의사표시를 철회할 수 있다. 다만, 상대방이 계약 당시에 제한능력자임을 알았을 경우에는 그러하지 아니하다.
> ② 제한능력자의 단독행위는 추인이 있을 때까지 상대방이 거절할 수 있다.
> ③ 제1항의 철회나 제2항의 거절의 의사표시는 제한능력자에게도 할 수 있다.

① **철회권**

㉠ '철회권'이란 상대방이 제한능력자와 체결한 계약을 추인이 있기 전까지 무효화시키는 권리이다.

㉡ '철회'는 상대방 있는 의사표시이다.

㉢ 제한능력자와 체결한 법률행위 중에서 '계약에 한하여' 인정되는 권리이다.

㉣ 선의의 상대방에게만 인정되고, 악의의 상대방에게는 인정되지 않는다.

② **거절권**

㉠ '거절권'이란 상대방이 제한능력자의 단독행위에 대하여 추인 전까지 거절권을 행사함으로써 무효화시키는 권리이다.

㉡ '거절'은 의사의 통지이다.

㉢ '단독행위에 한하여' 인정되는 상대방의 권리이다.

㉣ 선의·악의를 불문하고 인정되므로 악의의 상대방도 거절권을 행사할 수 있다.

③ 상대방이 철회나 거절권을 행사하면 무효로 확정되기 때문에 제한능력자 측에서 더 이상 추인할 수 없다.

④ 철회나 거절의 상대방은 법정대리인뿐만 아니라 제한능력자에게도 할 수 있다. 즉, 제한능력자에게도 철회권 또는 거절권을 행사할 수 있다.

⑤ 상대방은 확답을 촉구하지 않고도 철회나 거절권을 행사할 수 있다.

OX

계약체결 당시 미성년자임을 상대방이 알았더라도 추인이 있을 때까지 그 의사표시를 철회할 수 있다. (×) 제16회

OX

제한능력자의 단독행위에 대한 거절의 의사표시는 제한능력자에게도 할 수 있다. (○) 제25회

제한능력자와 제한능력자의 상대방에게 인정되는 권리의 비교

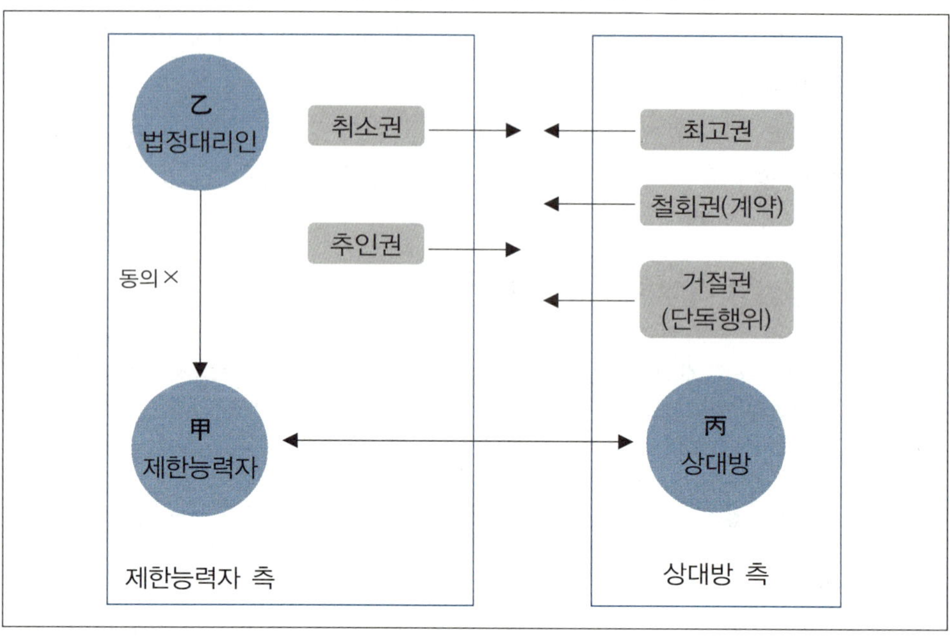

(3) 제한능력자의 속임수에 의한 취소권 배제(排除)

> **제17조 【제한능력자의 속임수】** ① 제한능력자가 속임수로써 자기를 능력자로 믿게 한 경우에는 그 행위를 취소할 수 없다.
> ② 미성년자나 피한정후견인이 속임수로써 법정대리인의 동의가 있는 것으로 믿게 한 경우에도 제1항과 같다.

① **제17조의 입법취지**

제한능력자가 법률행위를 하는 과정에서 속임수를 써서 능력자로 믿게 하였거나, 법정대리인의 동의가 있는 것으로 믿게 하였다면, 제한능력자를 보호할 필요가 없다. 이러한 경우 민법은 제한능력자의 취소권을 배제하여 법률행위를 확정적으로 유효로 하고 상대방이 처음에 기대한 대로의 효과를 발생하도록 한다.

② **적용요건**

㉠ 속임수의 정도

ⓐ 다수설은 적극적인 기망뿐만 아니라 침묵과 같은 소극적인 기망수단도 속임수에 해당한다고 한다. 상대방을 보호하는 입장이다.

ⓑ 판례는 적극적인 기망(법정대리인의 동의서 위조 등)만을 속임수로 보고, 소극적인 속임수는 속임수로 보지 않는다. 제한능력자를 보호하는 입장이다.

OX
피성년후견인이 적극적으로 속임수를 써서 자기를 능력자로 믿게 한 경우에도 그 행위를 취소할 수 있다. (×) 제25회

OX
피성년후견인이 법정대리인의 동의서를 위조하여 주택 매매계약을 체결한 경우, 성년후견인은 이를 취소할 수 있다. (○) 제26회

OX
미성년자가 단순히 자기가 성년자라고 말하여 계약상대방을 믿게 한 경우에는 그 계약을 취소할 수 있다. (○) 제20회

OX
미성년자가 성년자로 위조한 주민등록증을 믿은 상대방이 그 미성년자와 법률행위를 한 경우, 미성년자는 그 법률행위를 취소할 수 없다. (○) 제16회

ⓒ 판례에 의하면 '성년이다.', '군대 갔다 왔다.', '회사의 사장이다.'라고 말하는 것은 소극적인 속임수이기 때문에 속임수에 해당하지 않으므로 취소할 수 있다.

㉡ 상대방의 오신(誤信): 제한능력자의 속임수에 의하여 상대방이 제한능력자를 능력자로 믿거나 법정대리인의 동의가 있다고 믿었어야 한다.

③ **효 과**

㉠ 속임수가 인정되면 제한능력자뿐만 아니라 법정대리인도 제한능력을 이유로 취소할 수 없다.

㉡ 취소할 수 없으면 그 법률관계는 유효로 확정된다. 따라서 제한능력자 측뿐만 아니라 거래의 상대방도 더 이상 철회권, 거절권 등을 행사할 수 없다.

관련판례

1. 민법 제17조에 이른바 '제한능력자가 사술로써 능력자로 믿게 한 때'에 있어서의 사술을 쓴 것이라 함은 적극적으로 사기수단을 쓴 것을 말하는 것이고, <u>단순히 자기가 능력자라 사언</u>함은 사술을 쓴 것이라고 할 수 없다.
2. 미성년자와 계약을 체결한 상대방이 미성년자의 취소권을 배제하기 위하여 민법 제17조 소정의 미성년자가 <u>사술을 썼다고 주장</u>하는 때에는 그 주장자인 <u>상대방 측에 그에 대한 입증책임</u>이 있다(대판 1971.12.14, 71다2045).

예 제

1. 행위능력에 관한 설명으로 옳지 않은 것은? (다툼이 있으면 판례에 따름) 제27회

① 가정법원은 성년후견 개시의 심판을 할 때 본인의 의사를 고려하여야 한다.
② 가정법원은 성년후견 개시의 청구가 있더라도 필요하다면 한정후견을 개시할 수 있다.
③ 가정법원은 피한정후견인이 한정후견인의 동의를 받아야 하는 행위의 범위를 정할 수 있다.
④ 가정법원은 특정후견의 심판을 하는 경우에는 특정후견의 기간 또는 사무의 범위를 정하여야 한다.
⑤ 가정법원은 본인의 의사에 반하더라도 특정사무에 관한 후원의 필요가 있으면 특정후견심판을 할 수 있다.

해설

⑤ 특정후견은 본인의 의사에 반하여 할 수 없다(제14조의2 제2항).
① 가정법원은 성년후견개시의 심판을 할 때 본인의 의사를 고려하여야 한다(제9조 제2항).
② 성년후견이나 한정후견 개시의 청구가 있는 경우 가정법원은 청구 취지와 원인, 본인의 의사, 성년후견 제도와 한정후견 제도의 목적 등을 고려하여 어느 쪽의 보호를 주는 것이 적절한지를 결정하고, 그에 따라 필요하다고 판단하는 절차를 결정해야 한다. 따라서 한정후견의 개시를 청구한 사건에서 의사의 감정 결과 등에 비추어 성년후견 개시의 요건을 충족하고 본인도 성년후견의 개시를 희망한다면 법원이 성년후견을 개시할 수 있고, 성년후견 개시를 청구하고 있더라도 필요하다면 한정후견을 개시할 수 있다고 보아야 한다(대결 2021.6.10, 2020스596).

③ 가정법원은 피한정후견인이 한정후견인의 동의를 받아야 하는 행위의 범위를 정할 수 있다(제13조 제1항).
④ 특정후견의 심판을 하는 경우에는 특정후견의 기간 또는 사무의 범위를 정하여야 한다(제14조의2 제3항).

정답 ⑤

2. 17세인 甲은 법정대리인 乙의 동의 없이 丙으로부터 고가의 자전거를 구입하는 계약을 체결하였다. 이에 관한 설명으로 옳은 것은? 제26회

① 甲이 성년자가 되더라도 丙은 甲에게 계약의 추인 여부에 대한 확답을 촉구할 수 없다.
② 甲은 乙의 동의 없이는 자신이 미성년자임을 이유로 계약을 취소할 수 없다.
③ 乙은 甲이 미성년자인 동안에는 계약을 추인할 수 없다.
④ 丙이 계약체결 당시 甲이 미성년자임을 알았다면, 丙은 乙에게 추인 여부의 확답을 촉구할 수 없다.
⑤ 丙이 계약체결 당시 甲이 미성년자임을 몰랐다면, 丙은 추인이 있기 전에 甲에게 철회의 의사표시를 할 수 있다.

해설

⑤ 계약 체결 당시 제한능력자임을 몰랐다면, 선의의 상대방은 제한능력자에게도 철회할 수 있다(제16조 제1항 참조).
① 제한능력자의 상대방은 제한능력자가 능력자가 된 후에 그에게 1개월 이상의 기간을 정하여 그 취소할 수 있는 행위를 추인할 것인지 여부의 확답을 촉구할 수 있다(제15조 제1항 참조).
② 미성년자도 법정대리인의 동의 없이 자신이 체결한 계약을 취소할 수 있다(제140조 참조).
③ 법정대리인은 취소의 원인이 종료하기 전에도 추인할 수 있다(제144조 제2항 참조).
④ 계약 당시 제한능력자임을 알았던 상대방도 최고할 수 있다(제15조 제1항 참조).

정답 ⑤

04 주소(住所)

1 주 소

OX
주소는 동시에 두 곳 이상 있을 수 없다. (×) 제23회

제18조【주 소】 ① 생활의 근거되는 곳을 주소로 한다.
② 주소는 동시에 두 곳 이상 있을 수 있다.

(1) 주소의 의의

사람은 일생을 살아가면서 보통 일정한 장소에 계속적으로 거주하는 것이 일반적이다. '주소'는 그 사람의 생활의 근거가 되는 생활관계의 중심지를 말한다.

(2) 주소를 정하는 기준

① 형식주의와 실질주의

㉠ '형식주의(形式主義)'란 형식적 표준[예 가묘(家廟)의 소재지 등]에 의하여 주소를 정하는 주의를 말한다.

㉡ '실질주의(實質主義)'란 생활의 실질적 관계에 따라 구체적으로 주소를 정하는 주의를 말한다.

㉢ 민법은 '생활의 근거되는 곳'을 주소라고 하여 실질주의를 취하고 있다(제18조 제1항).

② 단일주의와 복수주의

㉠ '단일주의'는 주소의 개수에 관하여 1개만을 인정하는 것을 말한다.

㉡ '복수주의'는 주소의 개수를 두 개 이상 인정하는 것을 말한다.

㉢ 민법은 복수주의를 취하고 있다(제18조 제2항).

③ 객관주의와 주관주의

㉠ '객관주의(客觀主義)'는 주소의 설정 또는 변경에 관하여, 정주(定住)의 사실만 있으면 된다는 주의이다. 즉, 정주의 의사를 요하지 아니한다.

㉡ '주관주의(主觀主義)'는 정주의 사실뿐만 아니라 정주의 의사(意思)도 필요하다는 주의이다.

㉢ 민법에서는 객관주의를 규정하고 있지 않지만, 학설은 객관주의를 취하고 있다.

㉣ 주소를 정하는 기준에서 객관주의를 취하므로 제한능력자도 주소는 가질 수 있다.

④ 민법의 태도

민법은 실질주의와 복수주의, 객관주의를 취한다. 이 중에서 실질주의와 복수주의는 민법에서 명문으로 규정하고 있지만, 객관주의는 명문으로 규정하고 있지 않다.

OX

주소를 정할 때 정주의 의사를 요하지 아니한다. (○) 제13회

주소의 법률적 효과

민법상의 효과	• 부재자 및 실종의 표준(제22조, 제27조) • 변제의 장소(제467조) • 상속의 개시지(제998조) • 유언의 장소는 주소의 효과가 아니다.

OX

주소는 부재와 실종이나 변제장소를 정하는 표준이 된다. (○) 제16회

2 거소 · 가주소

(1) 거소(居所)

> 제19조 【거 소】 주소를 알 수 없으면 거소를 주소로 본다.
>
> 제20조 【거 소】 국내에 주소 없는 자에 대하여는 국내에 있는 거소를 주소로 본다.

① '거소'란 다소 계속하여 거주하지만 주소의 정도에 이르지 못하는 장소를 의미한다.

② 제19조의 '주소를 알 수 없으면'의 의미는 주소가 있긴 하지만 주소를 알 수 없는 경우이므로 주소가 있음에도 거소를 가질 수 있다.

③ 제20조의 '국내에 주소 없는'의 의미는 주소가 없는 경우이므로, 주소가 없는 경우에는 거소만 가질 수 있는 경우도 있다.

(2) 가주소(假住所)

> 제21조 【가주소】 어느 행위에 있어서 가주소를 정한 때에는 그 행위에 관하여는 이를 주소로 본다.

OX

어느 법률행위에 있어서 가주소를 정한 때에는 그 행위에 관하여서는 이를 주소로 추정한다. (×) 제16회

① '가주소'는 당사자가 특정의 거래에 관하여 주소 이외의 장소에 주소와 같은 법적 효과를 갖도록 하고자 당사자가 임의로 선정한 장소를 의미한다. 거래의 편의상 설정되는 것으로서, 생활의 실질과는 관계가 없으므로 엄격한 의미에 있어서는 주소의 일종이 아니다.

② '가주소'는 모든 법률관계에서 주소로서의 역할을 하는 것이 아니고, 특정(당해) 법률관계에서만 주소의 역할을 한다.

③ '가주소'는 당사자의 의사로 정해지기에, 제한능력자는 가주소를 가질 수 없다.

주소와 비슷한 유사개념

가족관계등록 기준지	기존의 본적에 갈음하는 개념으로, 가족관계의 등록에 관한 기준지를 의미
주민등록지	• 30일 이상 거주할 목적으로 일정한 장소에 주소 또는 거소를 가진 자가 주민등록법에 의하여 등록한 장소 • 주민등록지는 반증이 없는 한 주소로 추정한다(주소로 본다 : ×).

05 부재(不在)와 실종(失踪)

1 부재자제도

1. 부재자(不在者)

(1) 의 의

부재자는 종래의 주소나 거소를 떠나 당분간 돌아올 가능성이 없는 자로서 반드시 생사불명이어야 할 필요는 없다.

> OX
> 생사가 불분명한 자만이 부재자로 된다. (×) 제18회

관련판례

민법상 부재자는 성질상 자연인에 한하며, 법인에게는 부재자에 관한 규정이 적용될 수 없다(대결 1965.2.9, 64스9).

> OX
> 부재자는 성질상 자연인에 한하고 법인은 해당하지 않는다. (○) 제27회

(2) 민법상의 부재자

당분간 돌아올 가능성이 없는 자만을 의미하는 것은 아니고, 잔류재산을 관리할 필요성까지 있는 자를 의미한다. 즉, '민법상의 부재자제도'는 부재자의 잔류재산을 관리하기 위한 제도이다.

관련판례

당사자가 외국에 가 있다 하여도 그것이 정주(定住)의 의사로써 한 것이 아니고 유학의 목적으로 간 것에 불과하고, 현재 그 나라의 일정한 주거지에 거주하여 그 소재가 분명할 뿐만 아니라, 부동산이나 그 소유재산을 국내에 있는 사람을 통하여 그 당사자가 직접 관리하고 있는 사실이 인정되는 때에는 부재자라고 할 수 없다(대판 1960.4.21, 4292민상252).

> OX
> 외국에 장기체류하더라도 그 소재가 분명하고 타인을 통하여 직접 관리하는 자는 민법상 부재자라고 할 수 없다. (○) 제22회

2. 부재자재산의 관리

(1) 부재자 자신이 관리인을 둔 경우(임의대리)

① **원 칙**

㉠ 부재자가 스스로 재산관리인을 둔 경우에, 그 재산관리인은 부재자의 수임인이며, 또한 임의대리인이다.

㉡ 따라서 부재자와 재산관리인 사이의 위임계약 등에 의하여 재산관리의 권한과 관리의 방법이 정하여지기 때문에 국가(법원)에서 간섭할 수 없다.

㉢ 부재자로부터 재산처분권까지 부여받았다면, 재산의 처분에 법원의 허가를 요하지 않는다.

② **예외적 개입 · 간섭**(임의대리인 ⇨ 법정대리인)

㉠ 본인의 부재 중 재산관리인의 권한이 소멸한 때(제22조 제1항 후단): 관리인을 선임하지 않은 경우와 마찬가지의 조치를 취한다.

㉡ 부재자의 생사가 불명한 경우(제23조): 가정법원은 재산관리인, 이해관계인 또는 검사의 청구에 의하여 재산관리인을 개임할 수 있고, 개임하지 않고 감독만 할 수도 있다.

관련판례

부재자로부터 재산처분권까지 위임받은 재산관리인은 그 재산을 처분함에 있어 법원의 허가를 요하는 것은 아니다(대판 1973.7.24, 72다2136).

(2) **부재자 자신이 관리인을 두지 않은 경우**(법정대리인)

제22조 【부재자의 재산의 관리】 ① 종래의 주소나 거소를 떠난 자가 재산관리인을 정하지 아니한 때에는 법원은 이해관계인이나 검사의 청구에 의하여 재산관리에 관하여 필요한 처분을 명하여야 한다. 본인의 부재 중 재산관리인의 권한이 소멸한 때에도 같다.
② 본인이 그 후에 재산관리인을 정한 때에는 법원은 본인, 재산관리인, 이해관계인 또는 검사의 청구에 의하여 전항의 명령을 취소하여야 한다.

제23조 【관리인의 개임】 부재자가 재산관리인을 정한 경우에 부재자의 생사가 분명하지 아니한 때에는 법원은 재산관리인, 이해관계인 또는 검사의 청구에 의하여 재산관리인을 개임할 수 있다.

제24조 【관리인의 직무】 ① 법원이 선임한 재산관리인은 관리할 재산목록을 작성하여야 한다.
② 법원은 그 선임한 재산관리인에 대하여 부재자의 재산을 보존하기 위하여 필요한 처분을 명할 수 있다.
③ 부재자의 생사가 분명하지 아니한 경우에 이해관계인이나 검사의 청구가 있는 때에는 법원은 부재자가 정한 재산관리인에게 전2항의 처분을 명할 수 있다.
④ 전3항의 경우에 그 비용은 부재자의 재산으로써 지급한다.

제25조 【관리인의 권한】 법원이 선임한 재산관리인이 제118조에 규정한 권한을 넘는 행위를 함에는 법원의 허가를 얻어야 한다. 부재자의 생사가 분명하지 아니한 경우에 부재자가 정한 재산관리인이 권한을 넘는 행위를 할 때에도 같다.

제26조 【관리인의 담보제공, 보수】 ① 법원은 그 선임한 재산관리인으로 하여금 재산의 관리 및 반환에 관하여 상당한 담보를 제공하게 할 수 있다.
② 법원은 그 선임한 재산관리인에 대하여 부재자의 재산으로 상당한 보수를 지급할 수 있다.

OX

법원에 의하여 재산관리인이 선임된 후에도 부재자는 스스로 재산관리인을 정할 수 있다. (○) 제23회

OX

재산관리인을 정한 부재자의 생사가 분명하지 아니한 경우, 그 재산관리인이 권한을 넘는 행위를 할 때에는 법원의 허가를 얻어야 한다. (○) 제27회

> ③ 전2항의 규정은 부재자의 생사가 분명하지 아니한 경우에 부재자가 정한 재산관리인에 준용한다.

① **이해관계인의 의미**

㉠ 가정법원에 청구할 수 있는 이해관계인은 재산의 보전에 법률상 이해관계를 가지는 자로서 배우자, 추정상속인, 채권자, 보증인 등을 말한다.

㉡ 단순한 친구나 이웃사람 등과 같은 사실상 이해관계인은 청구권자에 해당하지 않는다.

㉢ 친권자나 후견인도 자신이 관리를 할 수 있는 경우에는 이해관계인이 될 수 없다.

② **재산관리에 필요한 처분**

가정법원이 명할 수 있는 재산관리에 필요한 처분으로 재산관리인의 선임과 잔류재산의 매각 등이 있으나, 일반적인 방법은 재산관리인의 선임이다.

③ **법원에 의하여 선임된 재산관리인**

㉠ 가정법원에 의하여 선임된 재산관리인은 '일종의 법정대리인'이다. 다만, 법정대리인이라 하더라도 선임된 재산관리인은 언제든지 사임할 수 있고, 법원도 언제든지 개임할 수 있다.

㉡ 재산관리인은 보수청구권을 가진다(제26조 제2항).

㉢ 재산관리인이 재산관리를 위하여 지출한 필요비와 그 이자 및 과실 없이 입은 손해의 배상을 청구할 수 있다(제688조).

㉣ 의 무

ⓐ 재산관리인은 선량한 관리자의 주의의무로 직무를 처리하여야 하며, 부재자가 사망한 경우에도 일정 기간까지 직무를 수행하여야 한다.

ⓑ 재산관리인은 재산목록작성의무(제24조 제1항) · 가정법원이 명하는 처분의 수행의무(제24조 제2항) · 담보제공의무(제26조 제1항)를 진다.

㉤ 권 한

ⓐ 재산관리인도 부재자 재산에 대하여 보존행위, 이용 · 개량행위(관리행위)는 법원의 허가 없이 할 수 있다.

ⓑ 그러나 권한을 넘는 행위(처분행위, 저당권설정 등)는 법원의 허가를 얻어서 할 수 있다. 허가 없이 또는 허가범위를 넘는 처분행위는 무권대리행위로서 무효이다.

ⓒ 재산관리인의 처분행위에 대한 법원의 허가는 장래의 처분행위에 대한 허가(사전허가)뿐만 아니라 기왕의 처분행위를 추인(사후허가)하는 방법으로도 할 수 있다.

OX

법원이 선임한 재산관리인은 언제든지 사임할 수 있다. (○) 제26회

OX

부재자의 채무를 담보하기 위하여 부재자 소유의 부동산에 저당권을 설정해주는 행위는 법원이 선임한 부재자의 재산관리인이 법원의 허가 없이도 유효하게 할 수 있다. (×) 제19회

OX

법원이 선임한 재산관리인의 권한초과행위에 대한 법원의 허가는 사후적으로 그 행위를 추인하는 방법으로는 할 수 없다. (×) 제27회

OX

법원이 선임한 재산관리인이 법원의 허가 없이 부재자 소유의 부동산을 매각한 후에 법원의 허가를 얻었다면, 그 처분행위는 추인한 것으로 된다. (○) 제20회

ⓓ 법원의 허가를 받은 처분행위이더라도 그 처분행위는 부재자를 위한 범위에 한정된다. 따라서 허가를 받은 처분행위라고 하더라도 부재자의 이익과 관련 없는 재산관리인 자신의 이익이나 제3자를 위한 처분행위는 무효이다.

④ **재산관리인의 권한의 종료**

㉠ 부재자가 그 후에 재산관리인을 둔 때(제22조 제2항), 본인 스스로 재산관리를 할 수 있게 된 때, 본인의 사망이 명백하거나 실종선고가 있는 때(가사소송규칙 제50조)에는 가정법원은 본인 또는 이해관계인의 청구에 의하여 그 명한 처분을 취소하여야 한다.

㉡ 재산관리인의 권한이 소멸하는 시기

ⓐ 재산관리인이 부재자의 사망을 확인하였더라도 법원에 의하여 재산관리인 선임결정이 취소되지 않는 한, 재산관리인은 계속하여 권한을 행사할 수 있다.

ⓑ 즉, 부재자의 사망을 확인하였다 하더라도 곧바로 재산관리인의 권한이 소멸하는 것은 아니다.

ⓒ 법원에서 선임한 재산관리인의 권한이 소멸하는 시기는 법원에서 선임결정을 취소한 때이다.

㉢ 재산관리인 선임결정의 취소는 소급효가 없으므로, 후에 선임결정이 취소되더라도 그 이전에 법원의 허가를 얻어서 행한 재산관리인의 처분행위는 유효하다.

OX

법원이 선임한 재산관리인이 부재자의 사망을 확인하였다면, 그 선임결정이 취소되지 않아도 재산관리인은 권한을 행사할 수 없다. (×) 제26회

OX

재산관리인이 법원의 허가를 얻어 부재자의 재산을 매도한 후 법원이 관리인 선임결정을 취소하면, 관리인의 그 처분행위는 무효로 된다. (×) 제16회

OX

법원의 부재자 재산관리인 선임결정이 취소된 경우, 그 취소의 효력은 장래에 향하여서만 생긴다. (○) 제27회

OX

법원이 선임한 재산관리인은 부재자를 위하여 법원의 허가 없이 소유권이전등기의 말소등기절차 이행청구를 할 수 있다. (○) 제16회

관련판례

1. 부재자의 재산에 대한 임대료청구 또는 불법행위로 인한 손해배상청구는 허가를 요하지 않는다(대판 1957.10.14, 4290민재항104).
2. 부재자의 재산관리인에 의한 부재자소유 부동산매각행위의 추인행위가 법원의 허가를 얻기 전이어서 권한 없이 행하여진 것이라고 하더라도 법원의 재산관리인의 초과행위결정의 효력은 그 허가받은 재산에 대한 장래의 처분행위뿐만 아니라 기왕의 처분행위를 추인하는 행위로도 할 수 있는 것이므로 그 후 법원의 허가를 얻어 소유권이전등기절차를 경료하게 한 행위에 의하여 종전에 권한 없이 한 처분행위를 추인한 것이라 할 것이다(대판 1982.12.14, 80다1872).
3. 법원의 허가를 얻어서 하는 처분행위의 경우에도 그것은 부재자의 이익을 위하여 처분되어야 하는 것을 전제로 한다(대결 1976.12.21, 75마551).
4. 부재자 재산관리인이 법원의 매각처분허가를 얻었다 하더라도 부재자와 아무런 관계가 없는 남의 채무의 담보만을 위하여 부재자 재산에 근저당권을 설정하는 행위는 통상의 경우 객관적으로 부재자를 위한 처분행위로서 당연하다고는 경험칙상 볼 수 없다(대결 1976.12.21, 75마551).

5. 법원이 선임한 부재자의 재산관리인은 그 부재자의 사망이 확인된 후라 할지라도 위 선임결정이 취소되지 않는 한 그 관리인으로서의 권한이 소멸되는 것은 아니다(대판 1971.3.23, 71다189).
6. 부재자 재산관리인으로서 권한초과행위의 허가를 받고 그 선임결정이 취소되기 전에 위 권한에 기해 이루어진 행위는 부재자에 대한 실종기간이 만료된 뒤에 이루어졌다고 하더라도 유효하다(대판 1981.7.28, 80다2668).
7. 부재자 재산관리인이 권한초과행위의 허가를 받고 그 선임결정이 취소되기 전에 위 권한에 의하여 이뤄진 행위는 부재자에 대한 실종선고기간의 만료된 후에 이뤄졌다고 하더라도 유효한 것이고 그 재산관리인의 적법한 권한행사의 효과는 이미 사망한 부재자의 재산상속인에게 미친다(대판 1975.6.10, 73다2023).
8. 부재자의 재산관리인에 의하여 소송절차가 진행되던중 부재자 본인에 대한 실종선고가 확정되면 그 재산관리인으로서의 지위는 종료되는 것이므로 상속인등에 의한 적법한 소송수계가 있을 때까지는 소송절차가 중단된다(대판 1987.3.24, 85다카1151).
9. 사망한 것으로 간주된 자가 그 이전에 생사불명의 부재자로서 그 재산관리에 관하여 법원으로부터 재산관리인이 선임되어 있었다면 재산관리인은 그 부재자의 사망을 확인했다고 하더라도 선임결정이 취소되지 아니하는 한 계속하여 권한을 행사할 수 있다 할 것이므로 재산관리인에 대한 선임결정이 취소되기 전에 재산관리인의 처분행위에 기하여 경료된 등기는 법원의 처분허가 등 모든 절차를 거쳐 적법하게 경료된 것으로 추정된다(대판 1991.11.26, 91다11810).

예제

부재자의 재산관리에 관한 설명으로 옳지 않은 것은? (다툼이 있으면 판례에 따름) 제27회

① 법원이 선임한 재산관리인은 법정대리인이다.
② 부재자는 성질상 자연인에 한하고 법인은 해당하지 않는다.
③ 법원이 선임한 재산관리인의 권한초과행위에 대한 법원의 허가는 사후적으로 그 행위를 추인하는 방법으로는 할 수 없다.
④ 재산관리인을 정한 부재자의 생사가 분명하지 아니한 경우, 그 재산관리인이 권한을 넘는 행위를 할 때에는 법원의 허가를 얻어야 한다.
⑤ 법원의 부재자 재산관리인 선임 결정이 취소된 경우, 그 취소의 효력은 장래에 향하여서만 생긴다.

해설

③ 부재자 재산관리인에 의한 부재자 소유의 부동산 매매행위에 대한 법원의 허가결정은 그 허가를 받은 재산에 대한 장래의 처분행위뿐만 아니라 기왕의 매매를 추인하는 방법으로도 할 수 있다(대판 2000.12.26, 99다19278).
① 법원이 선임한 부재자 재산관리인은 법률에 규정된 사람의 청구에 따라 선임된 부재자의 법정대리인에 해당한다(대판 2022.5.26, 2021도2488).
② 민법상 부재자는 자연인에 한하며 법인은 부재자에 해당하지 않는다(대판 1965.2.9, 64민상9 참조).
④ 부재자의 생사가 분명하지 아니한 경우에 부재자가 정한 재산관리인이 권한을 넘는 행위를 할 때에도 법원의 허가를 얻어야 한다(제25조 단서 참조).

⑤ 법원에 의하여 일단 부재자의 재산관리인 선임결정이 있었던 이상, 가령 부재자가 그 이전에 사망하였음이 위 결정 후에 확실하여졌다 하더라도 법에 정하여진 절차에 의하여 결정이 취소되지 않는 한 선임된 부재자재산관리인의 권한이 당연히는 소멸되지 아니한다 함이 당원의 판례로 하는 견해이며 위 결정 이후에 이르러 취소된 경우에도 그 취소의 효력은 장래에 향하여서만 생기는 것이며 그간의 그 부재자재산관리인의 적법한 권한행사의 효과는 이미 사망한 그 부재자의 재산상속인에게 미친다 할 것이다(대판 1970.1.27, 69다719).

정답 ③

2 실종선고(失踪宣告)

1. 의 의

(1) 종래의 주소나 거소를 떠나 장기간 그 생사조차 알 수 없는 사람을(사망의 개연성이 높음에도 불구하고) 사망의 증명이 없다고 하여 언제까지나 살아있는 사람으로 다룬다면 남아 있는 배우자는 재혼도 하지 못하고, 상속도 이루어질 수 없다.

(2) 이러한 불이익을 제거하기 위하여 부재자의 생사불명의 상태가 일정 기간 계속된 경우, 부재자를 사망한 것으로 하여 잔존배우자에게 재혼의 가능성을 열어주고 상속인에게는 상속을 하도록 하는 등 종래의 주소나 거소를 중심으로 한 법률관계를 확정시키는 제도가 '실종선고'이다.

(3) 실종선고에는 보통실종과 특별실종이 있다.

2. 실종선고의 요건

제27조 【실종의 선고】 ① 부재자의 생사가 5년간 분명하지 아니한 때에는 법원은 이해관계인이나 검사의 청구에 의하여 실종선고를 하여야 한다.
② 전지에 임한 자, 침몰한 선박 중에 있던 자, 추락한 항공기 중에 있던 자 기타 사망의 원인이 될 위난을 당한 자의 생사가 전쟁종지 후 또는 선박의 침몰, 항공기의 추락 기타 위난이 종료한 후 1년간 분명하지 아니한 때에도 제1항과 같다.

(1) **부재자의 생사가 분명하지 아니할 것**(生死不明일 것)

① '생사가 분명하지 아니하다는 것'은 생존에 대한 증명은 물론 사망에 대한 증명도 할 수 없는 상태를 말한다.

② 여기서의 생사불명은 청구권자와 가정법원에 대해서만 생사불명이면 된다. 즉, 상대적 생사불명이면 족하다.

OX
부재자에 대한 실종선고의 청구를 받은 법원은 그 요건의 충족이 인정되더라도 반드시 실종선고를 해야 하는 것은 아니다. (×) 제17회

OX
실종선고의 청구를 받은 가정법원은 6개월 이상 공시최고를 하여야 하며, 그 기간 내에 실종자의 생사 여부에 관한 신고가 없는 때에는 실종을 선고하여야 한다. (○) 제28회

③ 그러나 생존이나 사망이 확실한 경우에는 실종선고를 청구할 수 없다.

관련판례

1. 호적상 이미 사망한 것으로 기재되어 있는 자에 대해서는 호적부의 추정력 때문에 실종선고를 할 수 없다(대판 1997.11.27, 97스4).
2. 실종자에 대하여 1950. 7. 30. 이후 5년간 생사불명을 원인으로 이미 1988. 11. 26. 실종선고가 되어 확정되었는데도, 그 이후 타인의 청구에 의하여 1992. 12. 28. 새로이 확정된 실종신고를 기초로 상속관계를 판단한 것은 잘못이다(대판 1995.12.22, 95다12736).
   즉, 첫 번째 실종선고가 취소되지 않는 한 이중실종선고는 무효이다.

(2) 실종기간의 경과

① 부재자의 생사불명이 일정 기간 계속되어야 한다.

② **실종기간**: 보통실종은 5년이고, 특별실종은 1년이다.

③ **기산점**

㉠ 보통실종의 기산점: 부재자의 생존이 확인된 최후의 시기(최후의 소식이 있는 때)이다.

㉡ 특별실종의 기산점

ⓐ 전쟁이 종지한 때(사실상 전쟁이 끝난 때, 즉 항복선언 또는 정전·휴전의 선언이 있는 때이지 국제법상의 강화조약 체결시가 아니다)

ⓑ 침몰한 선박 중에 있던 자는 선박이 침몰한 때

ⓒ 추락한 항공기 중에 있던 자는 항공기가 추락한 때

ⓓ 기타 생명의 위험을 수반하는 위난을 당한 자는 그 위난이 지나간 때

관련판례

甲이 잠수장비를 착용한 채 바다에 입수하였다가 부상하지 아니한 채 행방불명되었다 하더라도 이는 '사망의 원인이 될 위난'이라고 할 수 없다(대결 2011.1.31, 2010스165).
따라서 사안의 경우 특별실종이 아니라 보통실종에 의하여야 한다.

(3) 이해관계인이나 검사의 청구가 있을 것(절차적 요건)

① '이해관계인'이란 실종선고로 인하여 권리를 얻거나 의무를 면하는 등 신분상 또는 재산상의 이해관계를 가지는 자, 즉 실종선고에 대하여 법률상 이해관계를 가지는 자(예 부재자의 법률상의 배우자, 상속인, 재산관리인, 친권자 등)를 말한다. 따라서 사실상 이해관계인(예 사실상의 배우자, 친구 등)은 실종선고를 청구할 수 없다.

OX
보통실종의 실종기간은 3년이다. (×) 제18회

OX
전쟁으로 인한 특별실종기간은 3년이다. (×) 제20회

OX
잠수장비를 착용하고 바다에 입수한 후 행방불명되었다고 하여 이를 특별실종의 원인되는 사유에 해당한다고 할 수 없다. (○) 제24회

② 법률상 이해관계인 중 1순위 상속권자가 있는 경우 2순위 상속인은 이해관계인이 될 수 없으므로 실종선고를 청구하지 못한다.

OX
부재자의 후순위 재산상속인은 선순위 재산상속인이 있는 경우에도 실종선고를 청구할 수 있다. (×) 제21회

관련판례

부재자의 자매로서 제2순위 상속인에 불과한 자는 부재자에 대한 실종선고를 청구할 이해관계인이 될 수 없다(대결 1986.10.10, 86스20).

OX
부재자에게 1순위 상속인이 있는 경우에 제2순위 상속인은 특별한 사정이 없는 한, 실종선고를 청구할 수 있는 이해관계인이 아니다. (○) 제22회

(4) **공시최고**(公示催告)

생사불명의 의미가 절대적 생사불명이 아니라 상대적 생사불명이기에 법원에서 부재자 본인이나 생사를 아는 자에 대하여 신고하도록 6월 이상의 기간을 정하여 공시최고를 한 후 실종자의 생사에 관하여 정보를 얻지 못한 경우 실종선고를 하여야 한다.

3. 실종선고의 효과

OX
실종선고가 확정되면 실종선고를 받은 자는 실종선고시에 사망한 것으로 본다. (×) 제25회

> **제28조【실종선고의 효과】** 실종선고를 받은 자는 전조의 기간이 만료한 때에 사망한 것으로 본다.

(1) **사망 간주**(의제규정)

① 실종선고가 확정되면 실종선고를 받은 자는 사망한 것으로 본다.

㉠ 사망으로 간주되므로 상속이 일어나고, 혼인이 종료되어 실종자의 배우자는 재혼을 할 수 있다.

㉡ 실종선고에 의한 사망간주 효과는 청구인에 대하여 뿐만 아니라 모든 사람에 대하여 발생한다(대세적 효력).

② '간주규정'이므로 본인의 생존 기타의 반증을 들어서 선고의 효과를 다투지 못하고 사망의 효과를 뒤집으려면 실종선고를 취소하여야 한다.

관련판례

1. 민법 제28조는 "실종선고를 받은 자는 민법 제27조 제1항 소정의 생사불명기간이 만료된 때에 사망한 것으로 본다."라고 규정하고 있으므로 실종선고가 취소되지 않는 한 반증을 들어 실종선고의 효과를 다툴 수는 없다(대판 1995.2.17, 94다52751).

2. 실종선고를 받은 자는 실종기간이 만료한 때에 사망한 것으로 간주되므로 실종선고로 인하여 실종기간 만료시를 기준으로 상속이 개시된 이상 만약 나중에 실종선고가 취소되어야 할 사유가 생겼다고 하더라도 실제로 실종선고가 취소되지 아니하는 한, 임의로 실종기간이 만료하여 사망한 때로 간주되는 시점과 다른 시점을 정하여 이미 개시된 상속을 부정하고 다른 상속관계를 인정할 수 없다(대판 1994.9.27, 94다21542).

(2) 사망으로 보는 시기

실종선고에 의하여 실종자가 사망한 것으로 간주되는 시기는 '실종기간 만료시(최후의 소식이 있는 날로부터 1년, 5년이 경과한 시점)'이다. 즉, 최후의 소식이 있던 때도 아니고, 실종선고시도 아니다.

관련판례

1. 실종선고의 효력이 발생하기 전에는 실종기간이 만료된 실종자라 하여도 소송상 당사자능력을 상실하는 것은 아니므로 실종선고가 확정된 때에 소송절차가 중단되어 부재자의 상속인 등이 이를 수계할 수 있을 뿐이고, 위 소 제기 자체가 소급하여 당사자능력이 없는 사망한 자가 제기한 것으로 되는 것은 아니다(대판 2008.6.26, 2007다11057).
2. 소외망인이 1951. 7. 2 사망하였으며, 그의 장남인 소외 (甲)은 1970. 1. 30 서울가정법원의 실종선고에 의하여 소외망인 사망 전인 1950. 8. 1생사 불명기간 만료로 사망 간주된 사실이 인정되는 사안에 있어서 소외 (甲)은 소외망인의 사망 이전에 사망한 것으로 간주되었으므로 소외망인의 재산상속인이 될 수 없다(대판 1982.9.14, 82다144). 따라서 피상속인의 사망 후 그 상속인에 대한 실종선고가 이루어졌으나 실종기간 만료시점이 피상속인의 사망 이전인 경우, 실종선고된 자는 상속인이 될 수 없다.

(3) 사망의 효과가 생기는 범위

① 실종선고가 내려지면 실종자는 종래의 주소, 거소를 중심으로 한 사법적 법률관계에서 법률상 사망한 것으로 본다.

② 재산이나 신분상의 사법적 법률관계만 사망한 것으로 되고, 공법적 법률관계에는 적용되지 않는다. 따라서 실종선고를 받더라도 공법상의 권리(선거권, 피선거권의 유무, 범죄성립 여부)에는 영향이 미치지 않는다.

③ 실종선고로 인하여 사망으로 간주되더라도 법적 사망개념이기 때문에 실종선고를 받았다 하여 권리능력을 상실하지는 않는다.

㉠ 실종선고를 받은 자가 종전의 주소로 돌아와 새로운 법률관계를 맺기 위하여 실종선고를 취소하여야 하는 것은 아니다.

OX

실종선고를 받은 자는 그 재판이 확정된 때에 사망한 것으로 본다. (×) 제14회

OX

부재자가 실종선고를 받은 경우에 실종자는 그 선고일까지 생존한 것으로 본다. (×) 제22회

OX

甲에 대한 실종선고의 효력은 甲의 종래의 주소 또는 거소를 중심으로 하는 사법적(司法的) 법률관계에만 미친다. (○) 제12회

OX

실종선고를 받은 자가 종전의 주소에서 새로운 법률행위를 하기 위해서는 실종선고를 취소하여야 한다. (×) 제24회

㉡ 실종선고를 받은 자가 실종선고 취소 전에 타 지역에서 행한 법률행위나 신주소지에서 한 법률행위는 실종선고를 취소하지 않고 행한 경우라도 유효하다.

4. 실종선고의 취소

> 제29조【실종선고의 취소】① 실종자의 생존한 사실 또는 전조의 규정과 상이한 때에 사망한 사실의 증명이 있으면 법원은 본인, 이해관계인 또는 검사의 청구에 의하여 실종선고를 취소하여야 한다. 그러나 실종선고 후 그 취소 전에 선의로 한 행위의 효력에 영향을 미치지 아니한다.
> ② 실종선고의 취소가 있을 때에 실종의 선고를 직접원인으로 하여 재산을 취득한 자가 선의인 경우에는 그 받은 이익이 현존하는 한도에서 반환할 의무가 있고, 악의인 경우에는 그 받은 이익에 이자를 붙여서 반환하고 손해가 있으면 이를 배상하여야 한다.

OX

실종기간이 만료한 때와 다른 시점에 사망한 사실이 증명되면, 법원은 이해관계인 또는 검사의 청구에 의하여 실종선고를 취소하여야 한다. (○) 제21회

(1) 실종선고의 취소의 의미

실종선고를 받은 자는 사망으로 간주된다. 따라서 실종자가 살아서 돌아오거나 실종선고 만료시와 다른 시기에 사망하였다는 반증이 있더라도 반증을 들어서 실종선고의 효과를 다투지 못하므로, 사망이라는 법률효과 자체 또는 사망의 시기를 바로 잡기 위해서는 반드시 실종선고를 취소하여야 한다.

(2) 실종선고의 취소의 요건

① **실질적 요건**(취소사유)
  ㉠ 실종자가 생존하고 있는 사실
  ㉡ 실종기간 만료시와 다른 시기에 실종자가 사망한 사실
  ㉢ 실종기간의 기산점 이후에 어느 다른 시기에 실종자가 생존하고 있었던 사실(민법의 규정은 없음)

② **절차적 요건**(형식적 요건): 본인, 이해관계인, 검사의 청구가 있어야 한다.

③ 공시최고는 요하지 않는다.

OX

실종선고의 취소사유가 있는 경우, 검사와 지방자치단체의 장은 실종선고의 취소를 청구할 수 있다. (×) 제18회

실종선고와 실종선고 취소의 비교

구 분	청구권자	공시최고 여부
실종선고	이해관계인, 검사	공시최고를 요함
실종선고 취소	본인, 이해관계인, 검사	공시최고를 요하지 않음

(3) 실종선고의 취소의 효과

① **원칙**: 소급효가 있으므로 반환하여야 한다.

㉠ 실종선고가 취소되면 실종선고가 소급적으로 무효가 되어 종래의 주소나 거소를 중심으로 한 실종자의 사법적 법률관계는 선고 전의 상태로 돌아간다.

㉡ 실종자의 생존을 이유로 실종선고가 취소되면 그의 재산관계와 가족관계가 선고 전의 상태로 돌아간다.

㉢ 실종자가 실종기간 만료시와 다른 시기에 사망하였음을 이유로 실종선고가 취소된 경우에는 실제 사망시기를 기준으로 하여 사망으로 인한 법률관계가 확정된다.

㉣ 실종기간의 기산점 이후에 생존한 사실의 증명으로 실종선고가 취소되면 역시 선고 전의 법률관계로 돌아간다.

② **예외**: 소급효가 없으므로 반환하지 않아도 된다.

㉠ 실종선고가 취소되더라도 '실종선고 후 취소 전 선의로 한 행위'에는 영향이 미치지 아니한다. 즉, 유효하다(제29조 제1항 단서).

㉡ 실종선고 후 취소 전 선의로 한 행위에서 '선의'의 판단

ⓐ 단독행위의 경우: 단독행위자가 선의이면 족하고 상대방의 선의는 문제가 되지 않는다. 즉, 상대방이 악의이더라도 행위자가 선의이면 그 행위는 유효하다.

ⓑ 계약의 경우: 다수설(쌍방선의설)은 실종자의 보호를 위하여 관계당사자 모두가 선의인 경우에만 보호를 받고 쌍방이 악의이거나 일방이 악의인 경우에는 보호되지 않는다고 한다.

ⓒ 가족법상의 경우(혼인 등)

i) 당사자 쌍방이 선의라면 전혼은 부활하지 않고, 후혼만 유효하다.

ii) 그러나 재혼당사자의 일방 또는 쌍방이 악의라면 전혼이 부활되어 전혼에 관하여는 이혼사유가, 후혼에 관하여는 중혼이 되어서 취소사유가 발생한다(통설).

㉢ 재산취득자에게 취득시효, 선의취득 등의 별도의 권리취득의 요건이 구비된 때에는 그에 따라 권리를 취득하고 실종선고 취소에 의한 영향을 받지 않는다.

OX

원칙적으로 실종선고의 취소에는 소급효가 있다. (○) 제14회

OX

甲에 대한 실종선고 후 甲소유의 X부동산을 상속받아 이를 선의인 丁에게 매도한 丙은, 후에 실종선고가 취소되면 자신이 선의이더라도 그 받은 이익이 현존하는 한도에서 반환의무를 진다. (○) 제17회

③ 실종선고를 직접원인으로 하여 재산을 취득한 자의 반환의무

㉠ 선의인 경우: 현존이익을 반환하여야 한다.

㉡ 악의인 경우: 그 받은 이익에 이자를 붙여 반환하고, 손해가 있으면 손해를 배상하여야 한다.

실종선고와 실종선고 취소의 차이점

구 분	공통점	차이점	
		청구권자	공시최고
실종선고	소급효	이해관계인, 검사의 청구	6월의 공시최고를 요함
실종선고의 취소		본인, 이해관계인, 검사의 청구	공시최고를 요하지 않음

예 제

배우자 乙과 누나 丙이 있는 X부동산의 소유자 甲은 2020. 1. 1. 해외 출장을 위해 탑승한 항공기의 추락으로 생사불명이 되었다. 이에 관한 설명으로 옳은 것은? (다툼이 있으면 판례에 따름) 제28회

① 乙은 2025. 1. 1.이 경과하지 않으면 법원에 실종선고를 청구할 수 없다.
② 乙이 실종선고를 청구하지 않을 경우, 丙은 상속에 관한 이해관계인으로서 법원에 실종선고를 청구할 수 있다.
③ 이해관계인인 乙과 丙이 있으므로 검사는 법원에 실종선고를 청구할 수 없다.
④ 실종선고의 청구를 받은 가정법원은 6개월 이상 공시최고를 하여야 하며, 그 기간 내에 甲의 생사 여부에 관한 신고가 없는 때에는 실종을 선고하여야 한다.
⑤ 법원이 실종을 선고하면 甲은 2020. 1. 1.에 사망한 것으로 본다.

해설

④ 실종선고의 청구를 법원은 6월 이상의 공시최고를 거치고, 이 기간에 신고가 없으면 실종선고를 하여야 한다(제27조 참조).
① 특별실종(항공기 실종)에 해당하므로, 항공기 추락 후 1년이 경과하면(2021.1.1.이후) 실종선고를 청구할 수 있다.
② 1순위 상속인(乙)이 있으면 후순위 상속인(丙)은 실종선고를 청구할 수 없다(대결 2008.8.28, 2008스20).
③ 검사도 실종선고를 청구할 수 있다(제27조 참조).
⑤ 실종선고를 받은 자는 실종기간이 만료한 때(2021.1.1.)에 사망한 것으로 본다(제28조 참조).

정답 ④

06 그 밖의 사망제도

1 인정사망(認定死亡)

(1) 의 의

'인정사망'은 항공기 추락, 선박 침몰, 전쟁 등으로 인하여 사망이 확실한 것으로 인정되는 경우, 사체를 찾지 못하여 사망의 사실을 확인할 수 없을 때 관공서의 사망보고에 의하여 가족관계등록부에 사망으로 기재하는 제도이다(가족관계의 등록 등에 관한 법률 제87조).

(2) 효 과

'인정사망'은 추정규정이므로 실종선고의 간주규정과는 달리 반증에 의하여 번복될 수 있다. 그리고 법적 사망이므로 권리능력의 상실사유가 아니다.

2 동시사망의 추정

> **제30조 【동시사망】** 2인 이상이 동일한 위난으로 사망한 경우에는 동시에 사망한 것으로 추정한다.

(1) 입법취지

① 예를 들면, 아버지와 아들이 같은 비행기를 타고 가다가 비행기가 추락하여 아버지와 아들이 사망한 경우에 누가 먼저 사망하였느냐는 상속과 관련되어 대단히 중요한 문제를 이룬다. 여기서 후순위 상속권자의 분쟁을 해결하기 위하여, 즉 입증책임을 덜어 주기 위하여 민법에서는 동일한 위난의 경우 동시에 사망한 것으로 추정한다고 규정하고 있다.

② 자연과학적으로 엄밀한 의미의 동시사망은 상상하기 어렵다. 그렇지만 사망의 선후를 증명할 수 없는 경우에 동시에 사망한 것으로 다루는 것이 가장 공평하고 합리적이라는 데 제30조의 입법취지가 있다.

OX

2인 이상이 동일한 위난으로 사망한 경우에는 동시에 사망한 것으로 간주한다. (×) 제14회

(2) 제30조가 적용되기 위한 요건

동일한 위난으로 사망할 것을 요한다. 그러나 법조문상에는 동일한 위난으로 규정하고 있으나 학설은 대체로 상이한 위난의 경우에도 사망의 선후가 불분명한 경우에까지 유추적용하자는 입장이다.

(3) 동시사망 추정의 효과

① 동시사망의 추정은 사망은 확실하다는 점에서 실종선고나 인정사망의 경우와는 다르다. 사망이 확실하다는 점에서 '동시사망의 추정'은 권리능력을 상실한다.

② 원칙적으로 동시사망자 사이에서는 상속이 일어나지 않는다. 단, 판례는 동시사망자 사이에서 상속이 일어나지 않는다고 하더라도 대습상속을 인정한다.

③ 법률상 추정이므로 수인이 다른 시각에 사망하였다는 점(본증)에 의하여 번복된다.

관련판례

1. 원래 대습상속제도는 대습자의 상속에 대한 기대를 보호함으로써 공평을 꾀하고 생존 배우자의 생계를 보장하여 주려는 것이고, 또한 동시사망 추정규정도 자연과학적으로 엄밀한 의미의 동시사망은 상상하기 어려운 것이나 사망의 선후를 입증할 수 없는 경우 동시에 사망한 것으로 다루는 것이 결과에 있어 가장 공평하고 합리적이라는 데에 그 입법 취지가 있는 것인바, 상속인이 될 직계비속이나 형제자매(피대습자)의 직계비속 또는 배우자(대습자)는 피대습자가 상속개시 전에 사망한 경우에는 대습상속을 하고, 피대습자가 상속개시 후에 사망한 경우에는 피대습자를 거쳐 피상속인의 재산을 본위상속을 하므로 두 경우 모두 상속을 하는데, 만일 피대습자가 피상속인의 사망, 즉 상속개시와 동시에 사망한 것으로 추정되는 경우에만 그 직계비속 또는 배우자가 본위상속과 대습상속의 어느 쪽도 하지 못하게 된다면 동시사망 추정 이외의 경우에 비하여 현저히 불공평하고 불합리한 것이라 할 것이고, 이는 앞서 본 대습상속제도 및 동시사망 추정규정의 입법 취지에도 반하는 것이므로, 민법 제1001조의 '상속인이 될 직계비속이 상속개시 전에 사망한 경우'에는 '상속인이 될 직계비속이 상속개시와 동시에 사망한 것으로 추정되는 경우'도 포함하는 것으로 합목적적으로 해석함이 상당하다.
2. 피상속인의 자녀가 상속개시 전에 전부 사망한 경우 피상속인의 손자녀는 본위상속이 아니라 대습상속을 한다(대판 2001.3.9, 99다13157).

OX

동시사망자 사이에서는 상속이 일어나지 않는다. (○) 제15회

OX

동시사망의 추정은 사실상의 추정이 아니라 법률상의 추정이다. (○) 제20회

추정의 두 종류

1. 사실상 추정: 법관이 자유심증(自由心證)의 과정에서 이른바 징빙(徵憑)에 의하여 주요 사실을 추측하는 것을 말한다. 예를 들면 수술 후에 환자의 증상이 악화된 사실로 미루어 보아 의사의 과실을 추정하는 것 등이다.
2. 법률상 추정: 각 공유자의 지분(持分)을 균등한 것으로 추정하는 경우(제262조 제2항)처럼 법에서 규정하는 경우이다.

Chapter

03 법 인

단·원·열·기

본 장은 매년 3~4문제 정도 출제되는 부분이며, '법인의 불법행위능력', '법인의 기관', '정관의 변경', '법인의 소멸', '권리능력 없는 사단' 등을 위주로 학습하여야 한다.

01 서 론

1 의 의

'법인(法人)'이란 사람 또는 재산으로 구성된 단체로서 '재산관계에 관하여' 법률에 의하여 자연인처럼 권리능력이 부여되는(권리와 의무의 주체가 될 수 있는) 단체를 의미한다. 즉, '법인'이란 일정한 사단 또는 재단에 법인격(권리능력)을 부여하여 독립적으로 법률상 권리·의무의 주체로서 법적 거래에 참여할 수 있게 된 단체를 말한다.

2 법인의 종류와 법인의 존재이유

(1) 법인의 종류

① **사단법인**(社團法人)

일정한 목적을 위하여 결합한 사람의 집단으로서 법률상 권리·의무의 주체임을 인정받은 것을 말한다.

② **재단법인**(財團法人)

일정한 목적에 바쳐진 재산에 관하여도 독립된 법인격을 부여하는 것을 말한다. 재단법인은 재산이 주이므로, 재단법인에서 피용자는 있을 수 있지만, 구성원(사원)은 존재하지 않는다.

(2) 법인제도의 존재이유

① 사단에 있어서 법인격을 인정하는 이유는 단체의 재산적 법률관계를 단순·간편하게 처리하기 위해서이다.

② 재단에 법인격을 인정하는 이유는 일정한 목적에 바쳐진 재산이 출연자의 재산과 섞이지 않은 채 독자성 및 영속성을 가질 수 있게 하기 위해서이다.

③ 더욱이 법인에 법인격이 부인되지 않는 한, 사단법인에서 법인 자체가 독립한 권리주체로서 법적 거래에 참여하고, 그 거래에 따른 권리·의무는 법인에게 귀속되며, 특히 채무에 대하여는 법인의 재산만으로 책임을 진다.

㉠ 따라서 법인에게 법인격이 인정되면, 원칙적으로 상대방은 법인에게만 책임을 물을 수 있고, 그 법인의 구성원에게는 책임을 물을 수 없다.

㉡ 즉, 법인의 구성원인 사원은 법인의 채무에 대하여 책임을 지지 않는다(구성원의 유한책임).

(3) **법인격 남용**(法人格 濫用)

① '법인격 남용'이란 법인에게 인정되는 법인격을 본래의 목적(구성원의 책임과 법인의 책임을 분리시켜, 법인이 독자적으로 권리·의무의 주체가 되는 것)과 달리 악용하는 것을 의미한다.

② 즉, 법인이라는 형식은 있지만, 실질적으로는 어느 개인에 의해 운영된다든지, 탈세 등의 목적으로 법인을 설립하여 그에 출자하는 방식을 취하는 것처럼 처음부터 법인의 법인격을 악용하는 경우에는 법인격을 부인함으로써 법인과 단체의 구성원 또는 설립자를 동일시하는 것을 의미한다.

③ 이처럼 법인에게 인정되는 법인격이 부인되는 경우(법인격 남용의 경우)에는 상대방은 법인뿐만 아니라 그 구성원에게도 책임을 물을 수 있다는 이론을 '법인격 남용이론'이라 한다.

④ **법인격 남용이론을 적용하는 범위**

㉠ 법인의 형식을 이용하는 자와 실질적으로 동일하여 법인격이 형해화(形骸化)된 경우

㉡ 법률의 적용을 회피하기 위하여 법인격을 남용하는 경우

관련판례

1. 회사가 외형상으로는 법인의 형식을 갖추고 있으나 이는 법인의 형태를 빌리고 있는 것에 지나지 아니하고 그 실질에 있어서는 완전히 그 법인격의 배후에 있는 타인의 개인기업에 불과하거나 그것이 배후자에 대한 법률적용을 회피하기 위한 수단으로 함부로 쓰여지는 경우에는 비록 외견상으로는 회사의 행위라 할지라도 회사와 그 배후자가 별개의 인격체임을 내세워 회사에게만 그로 인한 법적 효과가 귀속됨을 주장하면서 배후자의 책임을 부정하는 것은 신의성실의 원칙에 위반되는 법인격의 남용으로서 심히 정의와 형평에 반하여 허용될 수 없고, 따라서 회사는 물론 그 배후자인 타인에 대하여도 회사의 행위에 관한 책임을 물을 수 있다고 보아야 한다(대판 2001.1.19, 97다21604).

2. 기존회사가 채무를 면탈하기 위하여 기업의 형태・내용이 실질적으로 동일한 신설회사를 설립하였다면, 신설회사의 설립은 기존회사의 채무면탈이라는 위법한 목적 달성을 위하여 회사제도를 남용한 것에 해당한다. 이러한 경우에 기존회사의 채권자에 대하여 위 두 회사가 별개의 법인격을 갖고 있음을 주장하는 것은 신의성실의 원칙상 허용될 수 없으므로 기존회사의 채권자는 위 두 회사 어느 쪽에 대하여도 채무의 이행을 청구할 수 있다(대판 2008.8.21, 2006다24438).
3. 사단법인은 일정한 목적을 위해 결합한 사람의 단체에 법인격이 인정된 것을 말하고, 사단법인에 있어 사원 자격의 득실변경에 관한 사항은 정관의 기재사항이므로(민법 제40조 제6호), 어느 사단법인과 다른 사단법인이 동일한 것인지 여부는 그 구성원인 사원이 동일한지 여부에 따라 결정됨이 원칙이다(대판 2008.9.25, 2006다37021).

3 법인의 종류

(1) 외국법인과 내국법인

'외국법인'이란 외국법에 준거하여 설립된 법인이며, '내국법인'이란 국내법에 의하여 설립된 법인이다.

(2) 공법인과 사법인

법인의 설립근거가 되는 법률이 공법인가 아니면 사법인가에 따라 '공법인'과 '사법인'으로 나눈다.

(3) 사법인의 분류(비영리법인과 영리법인)

① '사법인'은 영리를 목적으로 하는 '영리법인'과 그렇지 않은 '비영리법인'으로 나뉜다.

② '영리를 목적으로 한다는 것'은 영리적인 사업을 한다는 것이 아니라 구성원의 이익을 목적으로 함을 의미한다. 즉, 이익을 구성원들에게 분배하는 것을 영리라고 한다. 따라서 재단법인에는 이익을 분배할 구성원이 존재하지 않기 때문에 이론상 영리재단법인은 존재할 수 없다.

③ '영리법인'은 전부 사단법인이고 그중 전형적인 주식회사는 민법의 규정이 아니라 상법의 적용을 받는다. '비영리법인'만 민법의 규정이 적용된다.

OX

재단법인은 영리법인이 아니다. (○) 제19회

OX

재단법인은 항상 비영리법인이다. (○) 제24회

(4) 사단법인과 재단법인

'사단법인'이란 사람의 집단에 법인격을 부여한 것으로 영리사단법인과 비영리사단법인이 있고, '재단법인'은 일정한 목적을 위하여 제공된 재산에 법인격을 부여한 것으로 비영리재단법인에 한한다.

사단법인과 재단법인의 비교

<table>
<tr><th colspan="2">구 분</th><th>비영리사단법인</th><th>비영리재단법인</th></tr>
<tr><td colspan="2">설립요건</td><td>• 목적의 비영리성
• 설립행위=정관작성(2인 이상)
• 주무관청의 허가(허가주의)
• 설립등기</td><td>• 목적의 비영리성
• 설립행위(정관작성 외 재산출연)
• 주무관청의 허가(허가주의)
• 설립등기</td></tr>
<tr><td colspan="2">설립행위의 성질</td><td>합동행위</td><td>• 설립자가 1인: 상대방 없는 단독행위
• 설립자가 다수: 단독행위의 경합</td></tr>
<tr><td colspan="2">정관의 변경</td><td>총사원의 2/3 동의만 있으면 언제든지 정관변경 가능</td><td>• 원칙: 정관변경 불가(不可)
• 예외: 일정한 경우에 한하여 (제45조, 제46조) 정관변경 가능</td></tr>
<tr><td rowspan="2">해산사유</td><td>공 통</td><td colspan="2">• 존립기간의 만료 기타 정관에서 정한 해산사유의 발생
• 파산
• 법인의 목적달성 또는 달성 불능
• 설립허가의 취소</td></tr>
<tr><td>사단법인 특유</td><td>• 사원이 없게 된 때
• 총사원 3/4 이상의 결의(임의해산)</td><td></td></tr>
</table>

02 법인의 설립

1 법인 설립의 원칙

(1) 입법주의(立法主義)

① **자유설립주의**(自由設立主義): 단일주체로서 활동하는 단체나 재단이 법인의 실체만 갖추기만 하면 당연히 법인격을 인정하는 주의이다. 우리나라에서는 채택하고 있지 않다.

② **준칙주의**(準則主義): 법률이 정하는 일정한 조직을 갖춘 경우 당연히 법인격을 부여하는 주의이다(상법 제172조). 예 민사회사, 상사회사 등

③ **인가주의**(認可主義): 법률이 정하는 요건을 갖추어 주무관청의 인가를 얻으면 법인격을 취득하는 주의이다. 예 변호사회, 상공회의소 등

④ **허가주의**(許可主義): 주무관청의 자유재량에 의한 허가를 받아야 하는 주의이다. 예 민법상의 비영리법인, 학교법인 등

⑤ **특허주의**(特許主義): 법인 설립을 위하여 특별법의 제정을 필요로 하는 주의이다. 예 한국은행, 산업은행 등

⑥ **강제주의**(强制主義): 국가 정책적인 입장에서 법인의 설립을 강제하는 주의이다. 예 변호사회, 약사회 등

(2) 우리 민법의 태도

> **제31조 【법인 성립의 준칙】** 법인은 법률의 규정에 의함이 아니면 성립하지 못한다.

2 비영리법인의 설립

> **제32조 【비영리법인의 설립과 허가】** 학술, 종교, 자선, 기예, 사교 기타 영리 아닌 사업을 목적으로 하는 사단 또는 재단은 주무관청 허가를 얻어 이를 법인으로 할 수 있다.

OX

종교사업을 목적으로 하는 사단은 주무관청의 인가를 얻어 이를 법인으로 할 수 있다. (×) 제28회

1. 비영리사단법인(非營利社團法人)의 설립요건

(1) 목적의 비영리성(非營利性)

① '학술, 종교, 자선, 기예, 사교 기타 영리 아닌 사업'을 목적으로 하여야 한다.

② '비영리(非營利)'란 구성원의 경제적 이익을 추구하고 종국적으로 수익이 구성원들에게 분배되는 것이 아닌 것을 말한다. 반드시 공익일 필요는 없다.

③ 그리고 목적을 달성하기 위하여 부수적으로 영리활동을 하더라도 그것이 비영리사단의 본질에 반하지 않는 한 상관없다.

OX

법인 설립에는 목적의 비영리성, 설립행위, 주무관청의 허가, 설립등기의 요건을 갖추어야 한다. (○) 제14회

OX

비법리 재단법인도 그 목적을 달성하기 위하여 본질에 반하지 않은 정도의 영리활동은 할 수 있다. (○) 제19회

OX
이사의 임면에 관한 사항은 정관의 필요적 기재사항이다. (○) 제16회

OX
사단법인의 설립행위는 2인 이상의 설립자가 정관을 작성하여 기명날인하여야 하는 요식행위이다. (○) 제26회

OX
사단법인 정관의 법적 성질은 자치법규이다. (○) 제28회

OX
사단법인의 정관은 자치법규이므로 해석 당시의 사원이 다수결에 의한 방법으로 자의적으로 해석될 수 있다. (×) 제23회

OX
사단법인의 정관은 이를 작성한 사원 이외에 그 후에 가입한 사원은 구속하지 않는다. (×) 제20회

OX
사단법인의 사원들이 정관의 규범적인 의미 내용과 다른 해석을 사원총회의 결의라는 방법으로 표명하였다 하더라도 그 결의에 의한 해석은 그 사단법인의 사원을 구속하는 효력이 없다. (○) 제26회

(2) 설립행위(= 정관작성)

> **제40조 【사단법인의 정관】** 사단법인의 설립자는 다음 각 호의 사항을 기재한 정관을 작성하여 기명날인하여야 한다.
> 1. 목적
> 2. 명칭
> 3. 사무소의 소재지
> 4. 자산에 관한 규정
> 5. 이사의 임면에 관한 규정
> 6. 사원자격의 득실에 관한 규정
> 7. 존립시기나 해산사유를 정하는 때에는 그 시기 또는 사유

① '설립행위'란 2인 이상의 설립자가 서면에 법인의 근본규칙(법인의 구성원 사이의 내부규칙)인 정관을 작성함으로써 법인의 규율을 세우는 것을 의미한다.

② **정관의 성질**

㉠ 요식행위이다.

㉡ 합동행위이다.

㉢ 정관의 법적 성질은 계약이 아니라 자치법규이다.

관련판례

사단법인의 정관은 이를 작성한 사원뿐만 아니라 그 후에 가입한 사원이나 사단법인의 기관 등도 구속하는 점에 비추어 보면 그 법적 성질은 계약이 아니라 자치법규로 보는 것이 타당하므로 이는 어디까지나 객관적인 기준에 따라 그 규범적인 의미 내용을 확정하는 법규해석의 방법으로 해석되어야 하는 것이지, 작성자의 주관이나 해석 당시의 사원의 다수결에 의한 방법으로 자의적으로 해석될 수는 없다할 것이어서, 어느 시점의 사단법인의 사원들이 정관의 규범적인 의미 내용과 다른 해석을 사원총회의 결의라는 방법으로 표명하였다 하더라도 그 결의에 의한 해석은 그 사단법인의 구성원인 사원들이나 법원을 구속하는 효력이 없다(대판 2000.11.24, 99다12437).

③ **정관의 기재사항**

㉠ 필요적 기재사항

ⓐ 목적

ⓑ 명칭

ⓒ 사무소의 소재지

ⓓ 자산에 관한 규정

ⓔ 이사의 임면에 관한 규정

ⓕ 사원자격의 득실에 관한 규정

ⓖ 존립시기나 해산사유를 정한 때에는 그 시기 또는 사유

ⓗ ⓐ~ⓖ까지 하나라도 기재하지 않으면 그 정관은 무효이다.

ⓛ 임의적 기재사항

감사의 임면에 관한 규정은 정관의 필요적 기재사항이 아니라 임의적 기재사항이다. 다만, 일단 정관에 기재하면 필요적 기재사항과 동일한 효력을 가지며 그 변경에는 정관변경절차가 요구된다.

(3) 주무관청의 허가

비영리법인의 설립허가를 할 것인지의 여부는 주무관청의 정책적 판단에 따른 재량에 속한다.

(4) 설립등기

제33조【법인 설립의 등기】 법인은 그 주된 사무소의 소재지에서 설립등기를 함으로써 성립한다.

제49조【법인의 등기사항】 ① 법인 설립의 허가가 있는 때에는 3주간 내에 주된 사무소 소재지에서 설립등기를 하여야 한다.

② 전항의 등기사항은 다음과 같다.

1. 목적
2. 명칭
3. 사무소
4. 설립허가의 연월일
5. 존립시기나 해산사유를 정한 때에는 그 시기 또는 사유
6. 자산의 총액
7. 출자의 방법을 정한 때에는 그 방법
8. 이사의 성명, 주소
9. 이사의 대표권을 제한한 때에는 그 제한

① 비영리사단법인은 법인등기부에 설립등기를 함으로써 성립한다.

② 설립등기는 법인이 권리능력을 취득하기 위한 성립요건이며, 성립등기이다.

③ 설립등기는 주무관청의 설립허가가 있는 때부터 3주 내에 그 주된 사무소의 소재지에서 하여야 한다.

알아두기

▪ 설립 중인 법인

1. 설립 중인 법인이란 정관이 작성되고 구성원이 확정되는 등 법인의 실체를 갖추었지만 아직 설립등기를 하지 않은 단체를 말하는 것으로 법인이 성립하는 과정에서 발생하는 채권·채무관계를 설명하기 위하여 나온 강학상의 용어이다.
2. 설립 중인 법인의 법적 성격은 <u>권리능력 없는 사단</u>으로 본다.

OX

법인의 설립등기는 법인의 성립요건이다. (○) 제14회

OX

법인의 설립등기는 특별한 사정이 없는 한 주된 사무소 소재지에서 하여야 한다. (○) 제26회

OX

감사의 임면에 관한 규정은 정관의 필요적 기재사항이므로 감사의 성명과 주소는 법인의 등기사항이다. (×) 제27회

> 3. 설립 중인 법인 단계에서 취득한 권리 · 의무는 성립한 법인에 승계된다. 다만, 승계되는 권리 · 의무는 법인의 설립과 관련되는 것에 한해 성립한 법인이 그 책임을 승계한다.

2. 비영리재단법인(非營利財團法人)의 설립요건

(1) 목적의 비영리성(非營利性)

본질적으로 재단법인은 구성원이 존재하지 않으므로 비영리일 수밖에 없고 영리재단법인은 이론상 있을 수 없다.

(2) 설립행위(재산의 출연 및 정관작성)

> **제43조【재단법인의 정관】** 재단법인의 설립자는 일정한 재산을 출연하고 제40조 제1호 내지 제5호의 사항을 기재한 정관을 작성하여 기명날인하여야 한다.

① 재단법인의 설립행위 역시 '요식행위'이다.

② 재단법인의 설립행위의 법적 성질은 '상대방 없는 단독행위'이다. 다만, 설립자가 수인인 경우에 단독행위의 경합(競合)으로 보는 것이 다수설이다.

③ 생전행위로도 재단법인을 설립할 수 있고, 유언으로도 재단법인을 설립할 수 있다(제47조).

④ **정관의 기재사항**

㉠ 정관의 필요적 기재사항

ⓐ 목적

ⓑ 명칭

ⓒ 사무소의 소재지

ⓓ 자산에 관한 규정

ⓔ 이사의 임면에 관한 규정

ⓕ 재단법인은 그 성격상 사원이 없으므로 사원에 관한 규정이 있을 수 없다.

ⓖ 그리고 법인의 존립시기나 해산사유는 비영리재단법인에서는 임의적 기재사항에 불과하다.

㉡ 재단법인의 정관의 보충

> **제44조【재단법인의 정관의 보충】** 재단법인의 설립자가 그 명칭, 사무소 소재지 또는 이사임면의 방법을 정하지 아니하고 사망한 때에는 이해관계인 또는 검사의 청구에 의하여 법원이 이를 정한다.

OX

법인 설립을 위한 출연행위는 상대방이 있는 단독행위이다. (×) 제14회

OX

1인의 설립자에 의한 재단법인 설립행위는 상대방 없는 단독행위이다. (○) 제22회

OX

재단법인의 설립자가 재단법인의 목적을 정하지 아니하고 사망한 경우, 이해관계인 또는 검사의 청구에 의하여 법원이 이를 정한다. (×) 제19회

'정관의 보충'이란 재단법인의 설립자가 필요적 기재사항 중 가장 중요한 목적과 자산만을 정하고, 명칭, 사무소 소재지, 이사임면의 방법과 같은 비교적 경미한 사항을 정하지 않고 사망한 경우에 설립자의 설립취지를 참작하여 이해관계인이나 검사의 청구에 의하여 법원이 정관을 보충하는 것을 말한다.

(3) 재산출연(出捐)행위

제47조 【증여, 유증에 관한 규정의 준용】 ① 생전처분으로 재단법인을 설립하는 때에는 증여에 관한 규정을 준용한다.
② 유언으로 재단법인을 설립하는 때에는 유증에 관한 규정을 준용한다.

제48조 【출연재산의 귀속시기】 ① 생전처분으로 재단법인을 설립하는 때에는 출연재산은 법인이 성립된 때로부터 법인의 재산이 된다.
② 유언으로 재단법인을 설립하는 때에는 출연재산은 유언의 효력이 발생한 때로부터 법인에 귀속한 것으로 본다.

① '생전행위'로 재단법인을 설립하는 경우에는 증여에 관한 규정이, '유언'으로 재단법인을 설립하는 때에는 유증에 관한 규정이 준용된다.

② **출연재산의 귀속시기**(歸屬時期)

㉠ 출연재산이 물권인 경우

> 甲은 생전에 그 소유 토지를 '재단법인 乙'의 설립을 위하여 출연하였으며(4. 1.), 乙법인은 설립허가를 얻어 설립등기(7. 1.)를 하였는데, 위 토지에 대해 乙법인 앞으로 소유권이전등기는 경료되지 않았다. 이 과정에서 출연자 甲이 사망(8. 1.)하여 그의 상속인이 자신 앞으로 소유권이전등기를 경료하였다(9. 1.). 후에 상속인은 丙과 매매계약을 체결하고 丙에게 매매를 원인으로 하여 丙명의로 소유권이전등기(10. 1.)를 해주었다. 이 사례에서 甲소유의 토지는 누구에게 속하는가?

ⓐ 설립등기시설(다수설)

출연재산이 부동산 등의 물권인 경우에는 제48조를 제187조의 '기타의 법률의 규정'에 해당하는 경우로 보아 이전등기나 인도의 형식을 요하지 않고 당연히 법인 설립 등기시 또는 유언효력 발생시에 법인에 귀속된다고 한다.

사례의 경우 이 학설에 따르면 乙법인의 설립등기시(7. 1.)에 소유권이전등기 없이도 법인의 재산이 되므로 丙은 소유권이전등기를 마쳤더라도 소유권을 취득하지 못하게 된다.

ⓑ 이전등기시설(소수설)

출연행위는 법률행위이고, 법률행위에 의한 물권변동은 등기하여야 발생하므로 법인이 출연재산에 대한 소유권을 취득하기 위해서는 법인 명의의 이전등기가 필요하다고 한다. 즉, 학설은 먼저 소유권이전등기를 마친 자가 소유권을 취득한다는 견해이다.

사례의 경우 이 학설에 따르면 丙이 이전등기를 먼저 마쳤으므로 丙이 소유권을 취득한다.

ⓒ 판례(상대적 귀속이론)

출연자와 법인 사이에서는 법인 앞으로 이전등기를 요하지 않고, 법인의 재산이 된다고 하는 반면, 출연자와 제3자 사이에서는 법인 앞으로 이전등기를 해야 법인이 출연재산의 소유권을 취득한다고 한다.

판례에 의하면 법인이 출연된 부동산에 대한 소유권을 취득하려면 이전등기를 해야 하는데 사례의 경우 법인 명의로 소유권이전등기를 하지 못하였으므로 소유권을 취득하지 못한다. 이 경우 이전등기를 먼저 갖춘 丙이 출연부동산의 소유권을 취득하게 된다.

ⓛ 출연재산이 채권인 경우

ⓐ 지명채권(指名債權)인 경우

제48조에서 정하는 시기(법인이 성립된 때, 유언자의 사망시)에 법인에게 귀속된다.

ⓑ 지시채권이나 무기명채권인 경우

다수설은 지시채권의 배서나 교부, 무기명채권의 교부가 없더라도 제48조에서 정하는 시기에, 소수설은 별도의 요건(교부, 배서 등)을 갖추어야 한다고 한다.

관련판례

1. 민법 제48조는 재단법인 성립에 있어서 재산출연자와 법인과의 관계에 있어서의 출연재산의 귀속에 관한 규정이고, 이 규정은 그 기능에 있어서 출연재산의 귀속에 관하여 출연자와 법인과의 관계를 상대적으로 결정함에 있어서의 기준이 되는 것에 불과하여, 출연재산은 출연자와 법인과의 관계에 있어서 그 출연행위에 터 잡아 법인이 성립되면 그로써 출연재산은 민법의 위 조항에 의하여 법인 성립시에 법인에게 귀속되어 법인의 재산이 되는 것이고, 출연재산이 부동산인 경우에 있어서도 위 양 당사자 간의 관계에 있어서는 위 요건(법인의 성립) 외에 등기를 필요로 하는 것이 아니나, 제3자에 대한 관계에 있어서는 출연행위가 법률행위이므로 출연재산의 법인에의 귀속에는 부동산의 권리에 관해서는 법인 성립 외에 등기를 필요로 한다. 그리고 유언으로 재단법인을 설립하는 경우에도 제3자에 대한 관계에서는 출연재산이 부동산인 경우는 그 법인에의 귀속에는 법인의 설립 외에 등기를

필요로 하는 것이므로 재단법인이 그와 같은 등기를 마치지 아니하였다면 유언자의 상속인의 한 사람으로부터 부동산의 지분을 취득하여 이전등기를 마친 선의의 제3자에 대하여 대항할 수 없다(대판 1993.9.14, 93다8054).

2. 재단법인의 기본재산은 재단법인의 실체를 이루는 것이므로, 재단법인 설립을 위한 기본재산의 출연행위에 관하여 그 재산출연자가 소유명의만을 재단법인에 귀속시키고 실질적 소유권은 출연자에게 유보하는 등의 부관을 붙여서 출연하는 것은 재단법인 설립의 취지에 어긋나는 것이어서 관할 관청은 이러한 부관이 붙은 출연재산을 기본재산으로 하는 재단법인의 설립을 허가할 수 없다(대판 2011.2.10, 2006다65774).

(4) 주무관청의 허가

비영리사단법인과 동일하다.

(5) 설립등기

비영리사단법인과 동일

법인의 성립하는 과정

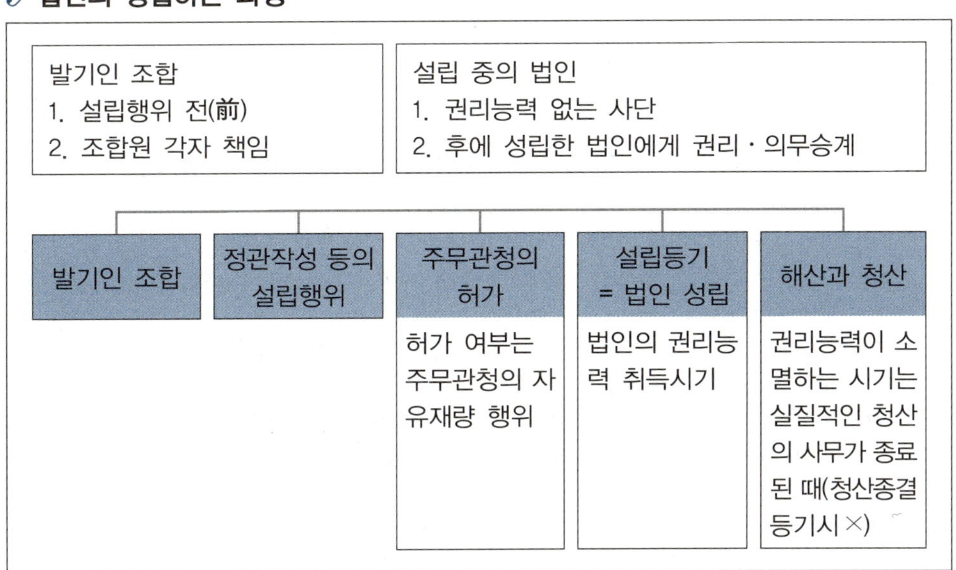

OX

유언으로 특정 부동산을 출연하여 재단법인을 설립하는 경우 제3자에 대한 관계에서 그 부동산이 재단법인에 귀속되기 위해서는 소유권이전등기가 필요하다. (○) 제19회

OX

부동산의 생전처분으로 재단법인을 설립하는 경우, 법인의 성립 외에 부동산에 대한 등기가 있어야 법인은 제3자에 대한 관계에서 소유권을 취득한다. (○) 제20회

OX

출연재산이 부동산인 경우 법인의 설립등기만으로도 그 재산은 제3자에 대한 관계에서 법인에게 귀속된다. (×) 제22회

OX

유언으로 재단법인을 설립하기 위해 지명채권을 출연하는 경우, 그 채권이 법인에 구속하는 시기는 유언의 효력이 발생한 때, 즉 출연자가 사망한 때이다. (○) 제14회

OX

재단법인 설립시 출연자가 출연재산의 소유명의만을 재단법인에 귀속시키고 실질적 소유권은 자신에게 유보하는 부관을 붙여서 이를 기본재산으로 출연하는 것도 가능하다. (×) 제20회

3. 법인의 주소

제36조【법인의 주소】 법인의 주소는 그 주된 사무소의 소재지에 있는 것으로 한다.

예 제

1. 민법상 법인의 설립에 관한 설명으로 옳은 것은? 제28회

① 법인설립등기는 법인의 대항요건이다.
② 종교사업을 목적으로 하는 사단은 주무관청의 인가를 얻어 이를 법인으로 할 수 있다.
③ 이사의 대표권의 제한은 정관에 기재하지 않더라도 그 효력이 있다.
④ 영리를 목적으로 하는 재단은 상사회사설립의 조건에 좇아 이를 법인으로 할 수 있으며, 그러한 법인에는 상사회사에 관한 규정을 준용한다.
⑤ 사단법인의 설립을 위한 정관에는 자산에 관한 규정이 반드시 기재되어 있어야 한다.

해설

⑤ 자산에 관한 규정은 사단법인의 정관에 반드시 기재하여야 할 필요적 정관기재사항이다(제40조 참조).
① 법인의 설립등기는 대항등기가 아니라 성립등기에 해당한다(제33조, 제54조 참조).
② 학술, 종교, 자선, 기예, 사교 기타 영리 아닌 사업을 목적으로 하는 사단 또는 재단은 주무관청의 허가를 얻어 이를 법인으로 할 수 있다(제32조).
③ 이사의 대표권에 관한 제한은 이를 정관에 기재하지 아니하면 그 효력이 없다(제41조).
④ 영리를 목적으로 하는 재단법인은 설립될 수 없다.

정답 ⑤

2. 민법상 비영리법인에 관한 설명으로 옳지 않은 것은? (다툼이 있으면 판례에 따름) 제27회

① 법인은 법률의 규정에 의함이 아니면 성립하지 못한다.
② 감사의 임면에 관한 규정은 정관의 필요적 기재사항이므로 감사의 성명과 주소는 법인의 등기사항이다.
③ 법인과 이사의 이익이 상반하는 사항에 관하여는 그 이사는 대표권이 없다.
④ 사단법인의 사원의 지위는 정관에 별도의 정함이 있으면 상속될 수 있다.
⑤ 재단법인의 목적을 달성할 수 없는 경우, 설립자는 주무관청의 허가를 얻어 설립의 취지를 참작하여 그 목적에 관한 정관규정을 변경할 수 있다.

해설

② 감사의 임면에 관한 규정은 정관의 필요적 기재사항에 해당하지 아니하고, 감사의 성명과 주소 역시 등기사항에 해당하지 않는다(제40조 또는 제49조 참조).
① 법인은 법률의 규정에 의함이 아니면 성립하지 못한다(제31조).
③ 법인과 이사의 이익이 상반하는 사항에 관하여는 이사는 대표권이 없다(제64조 본문).
④ 사단법인의 사원의 지위는 양도 또는 상속할 수 없다고 규정한 민법 제56조의 규정은 강행규정이라고 할 수 없으므로, 비법인사단에서도 사원의 지위는 규약이나 관행에 의하여 양도 또는 상속될 수 있다(대판 1997.9.26, 95다6205).
⑤ 재단법인의 목적을 달성할 수 없는 때에는 설립자나 이사는 주무관청의 허가를 얻어 설립의 취지를 참작하여 그 목적 기타 정관의 규정을 변경할 수 있다(제46조).

정답 ②

03 법인의 능력

1 법인의 권리능력

1. 의 의

(1) 법인도 권리와 의무의 주체이므로 자연인과 마찬가지로 권리능력·행위능력·불법행위능력을 가진다. 그런데 자연인에게 인정되는 능력을 법인에게는 어디까지 인정할 것인지가 문제된다. 그리고 법인에게 권리능력·행위능력·불법행위능력을 인정한다면 과연 그 범위는 어디까지 인정할지가 문제된다.

(2) 법인의 능력에 관한 규정은 비영리법인 이외의 법인(영리법인 등)에도 적용된다.

(3) 법인의 능력에 관한 규정은 '강행규정'이다.

2. 권리능력의 제한

> **제34조 【법인의 권리능력】** 법인은 법률의 규정에 좇아 정관으로 정한 목적의 범위 내에서 권리와 의무의 주체가 된다.

OX

법인의 권리능력은 법인의 성질, 법률의 규정, 정관으로 정한 목적의 범위에 의해 제한된다. (○) 제12회

(1) 성질에 의한 제한

① 법인은 성(性)이나 친족관계와 같은 자연인을 전제로 하는 권리·의무의 주체가 될 수 없다.

㉠ 친권, 생명권, 정조권, 육체상의 자유권 등은 법인에게 권리능력이 인정되지 않는다.

㉡ 상속권은 자연인에게만 인정되므로 법인에게는 상속권이 인정되지 않는다.

② 그러나 법인도 '재산권', '성명권', '명예권', '특정유증', '포괄적 유증' 등의 권리는 가질 수 있다.

관련판례

법인의 명예가 훼손된 경우의 손해배상청구권

법인의 명예가 훼손된 경우에 그 법인은 상대방에 대하여 불법행위로 인한 손해배상과 함께 명예회복에 적당한 처분을 청구할 수 있고, 종중과 같이 소송상 당사자능력이 있는 비법인사단 역시 마찬가지이다(대판 1997.10.24, 96다17851).

(2) 법률에 의한 제한

① 법인은 법률의 규정에 의하여 권리능력이 인정되는 단체이므로 법률에 의하여 법인의 권리능력을 제한할 수 있다.

② 다만, 법인의 권리능력을 제한하는 규정은 개별적인 규정이 있을 뿐(제81조, 해산한 법인은 청산의 목적범위 내에서만 권리가 있고 의무를 부담한다) 법인의 권리능력을 일반적으로 제한하는 법률은 없다.

③ 여기서 '법률'이라 함은 형식적 의미의 법률만 의미하고, 실질적 의미의 법률은 포함되지 않는다. 따라서 명령, 규칙 등 '실질적 의미의 법률'로는 법인의 권리능력을 제한할 수 없다.

(3) 목적에 의한 제한

제34조를 근거로 '정관으로 정한 목적의 범위 내'에서만 권리능력을 가진다.

관련판례

1. 법인의 권리능력은 법인의 설립근거가 된 법률과 정관상의 목적에 의하여 제한되나 그 목적의 범위 내의 의미는 법률이나 정관에 명시된 목적 자체에 국한되는 것이 아니라 그 목적을 수행하는 데 있어 직접·간접으로 필요한 행위를 모두 포함한다(대판 1991.11.22, 91다8821).
2. 벽지제조, 국내외 수출업 등과 이에 부대하는 사업을 목적으로 하는 영리회사가 부정수표 단속법 위반으로 구속되어 있는 그 대표이사의 아들을 석방시키기 위하여 다른 회사의 손해배상채무를 인수한 행위는 목적범위에 해당한다(대판 1968.5.21, 68다461).
3. 건설공제조합 출장소장이 비조합원의 차금행위에 대하여 한 보증행위는 목적범위 내에 들어가지 않는다(대판 1972.7.11, 72다80).

OX

법인의 권리능력은 정관에 명시된 목적 자체에 국한된다. (×) 제20회

2 법인의 행위능력

(1) 의 의

법인에게도 행위능력이 인정된다. 관념적인 법인에게 행위능력이 인정되더라도 자연인의 행위에 의해서 인정될 수밖에 없을 것이다. 따라서 법인의 기관 중 누구의 행위를 어느 범위까지 법인의 행위로 이해할 것인가의 문제가 법인의 행위능력에 관한 문제이다.

(2) 법인의 대표기관

① **대표기관**: 법인을 대표할 수 있는 지위에서 법인을 위하여 권리를 취득하고 의무를 부담할 수 있는 자연인을 '대표기관'이라고 한다.

② **대표기관의 종류**: 이사, 이사의 직무대행자, 임시이사, 특별대리인, 청산인이 대표기관이다.

(3) 행위능력의 범위

① 법인은 그 권리능력의 범위 내에서 행위능력을 갖는다. 따라서 법인의 행위능력의 범위는 권리능력의 범위와 일치한다.

② 대표행위에서도 대리행위와 마찬가지로 법인을 위하여 하는 것임을 표시하여야 한다(제59조).

관련판례

법인이 대표기관을 통하여 법률행위를 한 때에는 대리에 관한 규정이 준용된다(민법 제59조 제2항). 따라서 적법한 대표권을 가진 자와 맺은 법률행위의 효과는 대표자 개인이 아니라 본인인 법인에 귀속하고, 마찬가지로 그러한 법률행위상의 의무를 위반하여 발생한 채무불이행으로 인한 손해배상책임도 대표기관 개인이 아닌 법인만이 책임의 귀속주체가 되는 것이 원칙이다(대판 2019.5.30, 2017다53265).

(4) 대표권 남용이론(代表權 濫用)

① **의 의**

'대표권 남용'이란 대표자가 대표자 개인의 사리를 도모하기 위하여 대표권을 행사하는 것을 의미한다. 예를 들면, 법인의 이사가 법인 명의로 대출을 받으면서 대출금을 법인의 이익을 위해서 사용하지 않고, 이사의 개인적인 용도로 대출금을 사용하는 경우처럼 법인의 대표기관이 외형적・형식적으로 대표권의 범위 내에서 대표행위를 하였으나, 실질적으로는 자기 또는 제3자의 이익을 위하여 대표행위를 하는 것을 '대표권 남용'이라 한다.

② **대표권 남용에 대한 판례의 태도**

㉠ 원칙(유효): 설령 법인 대표자의 대표권이 남용되더라도 법인의 이름을 현명하고 법인의 대표자에게는 외관상 그러한 권한이 있기에 이러한 대표기관의 행위는 유효하다. 즉, 법인이 책임을 진다.

㉡ 예외(무효)

ⓐ 판례는 일정한 경우에 대표권이 남용된 때에는 무효라고 한다.

ⓑ 다만, 무효인 근거에 대하여 판례의 '주류적 태도'는 '제107조 제1항 단서를 유추적용'하여(비진의표시 유추적용설) 상대방이 대표권 남

용을 알았거나 알 수 있었을 경우에는 대표권 남용이 무효라고 한다. 즉, 법인이 책임을 지지 않는다고 한다.

ⓒ 신의성실의 원칙에 위반되기에 대표권 남용이 무효라는 판례도 있다.

관련판례

대표이사가 대표권의 범위 내에서 한 행위는 설사 대표이사가 회사의 영리목적과 관계없이 자기 또는 제3자의 이익을 도모할 목적으로 그 권한을 남용한 것이라 할지라도 일단 회사의 행위로서 유효하고, 다만 그 행위의 상대방이 대표이사의 진의를 알았거나 알 수 있었을 때에는 회사에 대하여 무효가 되는 것이며, 이는 민법상 법인의 대표자가 대표 권한을 남용한 경우에도 마찬가지이다(대판 2004.3.26, 2003다34045).

3 법인의 불법행위능력(不法行爲能力)

OX

법인의 목적범위 외의 행위로 인하여 타인에게 손해를 가한 때에는 그 사항의 의결에 찬성하거나 그 의결을 집행한 사원, 이사 기타 대표자가 연대하여 배상해야 한다. (○) 제21회

제35조【법인의 불법행위능력】 ① 법인은 이사 기타 대표자가 그 직무에 관하여 타인에게 가한 손해를 배상할 책임이 있다. 이사 기타 대표자는 이로 인하여 자기의 손해배상책임을 면하지 못한다.

② 법인의 목적범위 외의 행위로 인하여 타인에게 손해를 가한 때에는 그 사항의 의결에 찬성하거나 그 의결을 집행한 사원, 이사 및 기타 대표자가 연대하여 배상하여야 한다.

(1) 의 의

A은행은 乙학교법인의 대표이사 甲이 운동장 확장을 위해 금전을 차용한다기에 돈을 빌려주었다. 甲은 그 차용금을 운동장 확장공사에는 사용하지 않고 개인적인 용도로 차용금 전부를 사용하였다. 그 후 대표이사 甲이 차용금을 변제하지 않자, A은행은 乙법인에게 甲대표이사의 차용행위에 대한 금전소비대차계약상의 이행을 청구하였다. 그런데 乙학교법인은 사립학교법 제28조의 규정(학교법인이 타인으로부터 금전을 차용하는 등의 의무를 부담하고자 할 때에는 감독청의 허가를 얻어야 한다)을 들어 이러한 A은행의 청구를 거절하였다.

'법인의 불법행위능력'이란 법인의 대표기관의 행위가 불법행위를 구성하여 대표기관과 거래한 상대방이 손해를 입은 경우에 법인도 상대방이 입은 손해에 대하여 책임을 부담한다는 것을 말한다.

사례의 경우 乙학교법인과 A은행 간의 금전소비대차계약은 사립학교법 제28조의 강행규정을 위반하였으므로 무효이다. 금전소비대차계약이 무효이므로 A은행은 乙학교법인에게 금전소비대차계약상의 이행을 청구하지 못한다. 따라서 A은행은 乙학교법인의 대표이사 甲의 행위로 인하여 차용금 상당의 손해를 입었다. 이 경우 A은행이 乙학교법인에 대하여 차용금 상당의 불법행위에 의한 손해배상을 청구할 수 있는지의 여부가 문제된다.

(2) 법인의 불법행위가 성립하기 위한 요건

① '이사 기타 대표기관'의 행위일 것

㉠ 대표기관의 행위에 의해서만 법인의 불법행위가 성립한다. 따라서 이사 · 직무대행자 · 임시이사 · 특별대리인 · 청산인 등의 행위에 의해서만 법인의 불법행위가 성립한다.

㉡ 대표기관이 아닌 자의 행위에 대해서는 법인의 불법행위가 성립하지 않는다. 대표권이 없는 이사, 사원총회와 지배인(상법 제11조), 감사 · 이사의 특정한 법률행위를 대리하는 대리인(임의대리인)은 대표기관이 아니므로 민법 제35조에 의한 법인의 불법행위는 성립하지 않는다. 다만, 이들의 행위에 대해서 법인은 사용자로서의 책임을 질 수 있다(제756조).

> **OX**
> 청산인은 법인의 대표기관이 아니므로 그 직무에 관하여는 법인의 불법행위가 성립하지 않는다. (×) 제21회

관련판례

1. 민법 제35조에서 말하는 '이사 기타 대표자'는 법인의 대표기관을 의미하는 것이고 대표권이 없는 이사는 법인의 기관이기는 하지만 대표기관은 아니기 때문에 그들의 행위로 인하여 법인의 불법행위가 성립하지 않는다(대판 2005.12.23, 2003다30159).
2. '법인의 대표자'에는 그 명칭이나 직위 여하, 또는 대표자로 등기되었는지 여부를 불문하고 당해 법인을 실질적으로 운영하면서 법인을 사실상 대표하여 법인의 사무를 집행하는 사람을 포함한다고 해석함이 상당하다(대판 2011.4.28, 2008다15438).

> **OX**
> 대표권이 없는 이사도 법인의 대표기관이므로 이들의 행위에 대하여도 법인의 불법행위책임이 성립한다. (×) 제18회

② 대표자가 그 직무에 관하여 불법행위를 할 것(직무관련성)

관련판례

1. 행위 자체로는 대표기관의 직무집행행위에 속하지 않지만 통상적 업무행위와 밀접한 관련을 가지고 있고 외관상으로도 그 업무행위와 유사하여 직무집행행위의 범위에 속하는 것으로 보이는 행위도 직무에 해당한다(대판 1974.5.28, 73다2014).
2. 법인이 그 대표자의 불법행위로 인하여 손해배상의무를 지는 것은 그 대표자의 직무에 관한 행위로 인하여 손해가 발생한 것임을 요한다 할 것이나, 그 직무에 관한 것이라는 의미는 행위의 외형상 법인의 대표자의 직무행위라고 인정할 수 있는 것이라면 설사 그것이 대표자 개인의 사리를 도모하기 위한 것이었거나 혹은 법령의 규정에 위배된 것이었다 하더라도 위의 직무에 관한 행위에 해당한다고 보아야 한다(대판 2004.2.27, 2003다15280).
3. 법인의 대표자의 행위가 직무에 관한 행위에 해당하지 아니함을 피해자 자신이 알았거나 또는 중대한 과실로 인하여 알지 못한 경우에는 법인에게 손해배상책임을 물을 수 없다(대판 2009.11.26, 2009다57033).

ⓞ OX
대표기관의 불법행위가 외형상 으로만 직무관련성을 보이는 경우, 실제 직무관련성에 대한 피해자의 악의·과실 유무와 상관없이 법인은 불법행위책임을 진다. (×) 제19회

③ **제750조의 일반불법행위의 요건을 갖출 것**(제35조 법인의 불법행위도 제750조 이하의 불법행위의 유형 중 하나)

㉠ 제35조 제1항은 제750조(일반적인 불법행위)에 대한 특별규정이므로 제35조 법인의 불법행위가 성립하려면 민법 제750조에서 정한 불법행위의 일반적 성립요건을 갖추어야 한다.

㉡ 즉, 대표기관의 고의 또는 과실로 인한 가해행위, 가해행위의 위법성, 손해의 발생, 가해행위와 손해 사이의 인과관계 등을 갖추어야 한다.

㉢ 따라서 대표자에게 고의 또는 과실이 없는 경우에는 설령 상대방에게 손해가 발생하였더라도 제750조의 요건을 갖추지 못하였으므로 법인의 불법행위가 성립하지 않는다.

관련판례

손해의 개념

재개발조합의 대표기관의 직무상 불법행위로 조합에게 과다한 채무를 부담하게 함으로써 재개발조합이 손해를 입고 결과적으로 조합원의 경제적 이익이 침해되는 손해와 같은 간접적인 손해는 민법 제35조에서 말하는 손해의 개념에 포함되지 아니하므로 이에 대하여는 민법 제35조에 의하여 손해배상을 청구할 수 없다(대판 1999.7.27, 99다19384).

(3) 불법행위의 효과

① **법인의 불법행위가 성립하는 경우**

㉠ 법인의 불법행위가 성립되어 법인과 가해행위를 한 대표기관은 연대하여 상대방에게 손해배상책임을 진다. 주의할 점은 법인의 불법행위가 성립한 경우 법인뿐만 아니라 가해행위를 한 대표기관도 책임을 진다는 점이다. 즉, 가해행위를 한 대표기관도 책임을 면하지 못한다.

㉡ 이 경우 법인과 가해행위를 한 대표기관은 '부진정연대채무책임'을 진다.

㉢ 그리고 법인이 상대방에게 손해를 배상하면 법인은 대표기관에게 선량한 관리자의 주의의무 위반을 이유로 구상권을 행사할 수 있다(제65조).

㉣ 법인이 상대방에게 부담하는 책임의 유형은 법인의 무과실책임이다. 따라서 선임·감독상의 주의의무를 다하였다고 입증하더라도 책임을 면하지 못한다.

㉤ '과실상계의 법리'가 적용되어 상대방에게 과실이 있다면 법인의 책임이 경감된다.

ⓞ OX
법인의 불법행위책임이 성립하면 대표기관은 손해배상책임을 면한다. (×) 제17회

ⓞ OX
법인의 불법행위가 성립하여 상대방은 법인 또는 대표자를 상대로 손해배상청구를 할 수 있으며, 이에 대한 법인과 대표자의 채무는 불가분채무이다. (×) 제15회

ⓞ OX
법인은 사용자로서 불법행위책임을 지는 것이므로 대표기관을 선임·감독함에 있어 주의의무를 다하였음을 증명하면 그 책임을 면한다. (×) 제18회

관련판례

1. 법인에 대한 손해배상책임원인이 대표기관의 고의적인 불법행위라고 하더라도 피해자에게 그 불법행위 내지 손해발생에 과실이 있다면 법원은 과실상계의 법리에 좇아 손해배상의 책임 및 그 금액을 정함에 있어 이를 참작하여야 한다(대판 1987.12.8, 86다카1170).
2. 법인의 대표자가 그 직무에 관하여 타인에게 손해를 가함으로써 법인에 손해배상책임이 인정되는 경우에, 대표자의 행위가 제3자에 대한 불법행위를 구성한다면 그 대표자도 제3자에 대하여 손해배상책임을 면하지 못하며(민법 제35조 제1항), 또한 사원도 위 대표자와 공동으로 불법행위를 저질렀거나 이에 가담하였다고 볼 만한 사정이 있으면 제3자에 대하여 위 대표자와 연대하여 손해배상책임을 진다. 그러나 사원총회, 대의원 총회, 이사회의 의결은 원칙적으로 법인의 내부행위에 불과하므로 특별한 사정이 없는 한 그 사항의 의결에 찬성하였다는 이유만으로 제3자의 채권을 침해한다거나 대표자의 행위에 가공 또는 방조한 자로서 제3자에 대하여 불법행위책임을 부담한다고 할 수는 없다(대판 2009.1.30, 2006다37465).

> **OX** 피해자에게 손해발생에 대한 과실이 인정되더라도 법인의 불법행위책임으로 인한 손해배상을 산정할 때에 법원은 과실상계를 할 수 없다. (×) 제18회

> **OX** 법인의 사원이 법인 대표자의 직무집행과 관련하여 대표자와 공동으로 불법행위를 한 경우, 피해자에 대한 법인, 법인 대표자 및 그 사원의 손해배상책임은 모두 부진정연대관계에 있다. (○) 제19회

② **법인의 불법행위가 성립하지 않는 경우**(제35조 제2항)

법인의 목적범위 외의 행위 또는 직무관련성이 없는 행위로 타인에게 손해를 가한 때에는 법인의 불법행위가 되지 않기 때문에 행위자가 개인적으로 책임을 진다. 이때 그 사항의 의결에 찬성하거나 그 의결을 집행한 사원, 이사 및 대표자가 연대하여 책임을 진다.

(4) 제35조의 적용범위

① 법인의 불법행위능력에 관한 제35조 제1항은 모든 사법인에 적용 내지 유추적용된다.

② 권리능력 없는 사단에도 제35조가 유추적용된다.

관련판례

1. 노동조합의 간부들이 불법쟁의행위를 기획・지시・지도하는 등으로 주도한 경우에 이와 같은 간부들의 행위는 조합의 집행기관으로서의 행위라 할 것이므로 이러한 경우 민법 제35조 제1항의 유추적용에 의하여 노동조합은 그 불법쟁의행위로 인하여 사용자가 입은 손해를 배상할 책임이 있다(대판 1994.3.25, 93다32828).
2. 비법인사단의 경우 대표자의 행위가 직무에 관한 행위에 해당하지 아니함을 피해자 자신이 알았거나 또는 중대한 과실로 인하여 알지 못한 경우에는 비법인사단에게 손해배상책임을 물을 수 없다(대판 2003.7.25, 2002다27088).

> **OX** 법인의 불법행위능력에 관한 규정은 권리능력 없는 사단에 유추적용되지 않는다. (×) 제17회

> **OX** 비법인사단 대표자의 행위가 직무에 관한 행위에 해당하지 않음을 피해자가 중대한 과실로 알지 못한 경우에는 비법인사단에게 손해배상책임을 물을 수 없다. (○) 제21회

(5) 법인의 불법행위책임(제35조)과 사용자책임(제756조)의 비교

> **제756조 【사용자의 배상책임】** ① 타인을 사용하여 어느 사무에 종사하게 한 자는 피용자가 그 사무집행에 관하여 제3자에게 가한 손해를 배상할 책임이 있다. 그러나 사용자가 피용자의 선임 및 그 사무감독에 상당한 주의를 한 때 또는 상당한 주의를 하여도 손해가 있을 경우에는 그러하지 아니하다.
> ② 사용자에 갈음하여 그 사무를 감독하는 자도 전항의 책임이 있다.
> ③ 전2항의 경우에 사용자 또는 감독자는 피용자에 대하여 구상권을 행사할 수 있다.

① **공통점**

법인의 불법행위책임과 사용자책임의 공통점은 손해를 입은 상대방은 법인에게 불법행위에 의한 손해배상을 청구할 수 있다는 점이다. 즉, 법인의 불법행위(제35조)나 사용자배상책임(제756조) 모두 불법행위의 유형이다.

② **차이점**

'법인의 불법행위책임'은 법인이 대표기관에 대하여 선임 · 감독상의 주의의무를 다하였다고 입증하여도 책임이 면책되지 않는 무과실책임이다. 반면 '사용자책임'은 선임 · 감독상의 주의의무를 다하였다고 입증하면 책임을 면하는 과실책임이다.

③ 법인의 불법행위가 성립하는 범위 내에서 사용자배상책임은 적용될 수 없다.

관련판례

법인에 있어서 그 대표자가 직무에 관하여 불법행위를 한 경우에는 민법 제35조 제1항에 의하여, 법인의 피용자가 사무집행에 관하여 불법행위를 한 경우에는 민법 제756조 제1항에 의하여 각기 손해배상책임을 부담한다(대판 2009.11.26, 2009다57033).

OX

법인의 대표자가 직무에 관하여 타인에게 불법행위를 한 경우, 사용자책임에 관한 민법규정이 적용되지 않는다. (○) 제21회

OX

법인의 불법행위가 성립한 경우 상대방은 법인에 대하여 사용자배상책임(제756조) 또는 법인의 불법행위책임(제35조)을 선택적으로 물을 수 있다. (×) 제15회

OX

법인의 대표자가 직무에 관하여 불법행위를 한 경우, 사용자책임에 관한 민법규정이 적용되지 않는다. (○) 제19회

04 법인의 기관

1 서 론

(1) 법인기관의 의의

법인은 독립된 권리주체이다. 그러나 자연인처럼 법인 그 자체가 활동할 수는 없으므로 법인을 대신해서 법인의 의사를 결정하여 외부에 이를 대표하며 또 내부에서 그 사무를 처리하는 자연인의 행위가 필요하다. '법인기관'이란 이처럼 자연인에 의하여 구성되는 기관을 의미한다.

(2) **법인기관의 종류**

① **사단법인의 기관**: 사단법인의 기관으로는 필요기관인 이사와 사원총회, 그리고 임의기관인 감사가 있다.

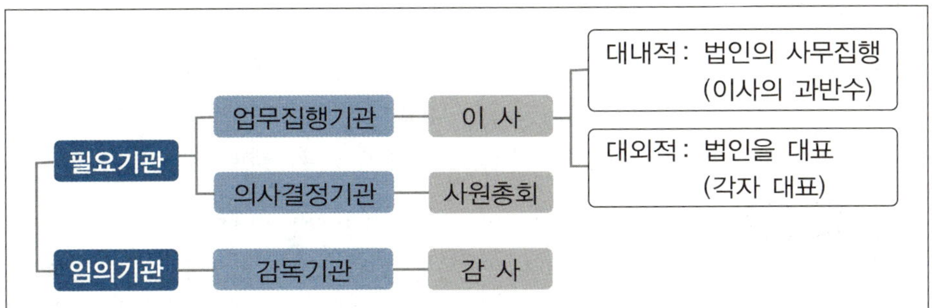

② **재단법인의 기관**: 재단법인의 기관에는 필요기관인 이사와 임의기관인 감사가 있으며, 사원총회는 재단법인의 성질상 있을 수 없다.

2 이 사

제57조 【이 사】 법인은 이사를 두어야 한다.

1. 의 의

(1) '이사'는 대외적으로 법인을 대표하고 대내적으로는 법인의 사무를 집행하는 기관으로서, 사단법인이나 재단법인 모두 상설필요기관(常設必要機關)이다. 이사의 수와 임기에 대한 민법상의 제한이 없으므로 정관에서 임의로 정할 수 있다.

(2) '이사'는 성질상 자연인만이 될 수 있고, 법인은 이사가 될 수 없다.

(3) '이사회'란 법인의 사무집행을 결정하기 위하여 이사 전원으로 구성된 의결기관을 말한다. 민법상 이사회는 법인의 대표기관이 아니다.

OX

이사의 수와 임기에는 제한이 없으므로 정관에서 임의로 정할 수 있다. (○) 제28회

OX

이사회는 법인의 필수기관이므로 이사가 여러 명인 경우에는 이사회를 구성하여야 한다. (×) 제15회

2. 이사의 임면(任免)

(1) '이사의 임면에 관한 사항'은 정관의 필요적 기재사항이다.

OX
이사의 임면에 관한 사항은 정관의 필요적 기재사항이다. (○) 제22회

(2) 선 임

이사를 선임하는 행위는 법인과 이사 사이의 일종의 위임과 유사한 계약이다. 그러므로 이사는 선량한 관리자의 주의의무로써 법인의 사무를 처리해야 하며, 위임계약과 유사하므로 자유로운 해지가 가능하다.

관련판례

법인 대표자의 유임 내지 중임을 금지하는 규약이 없는 경우에 임기만료된 대표자 개임이 없었다면 그 대표자를 묵시적으로 다시 대표자로 선임하였다고 볼 수 있다(대판 1970.9.17, 70다1256).

OX
법인 대표자의 유임 내지 중임을 금지하는 규약이 없는 이상, 임기만료 후에 대표자 개임이 없었다면 그 대표자를 묵시적으로 다시 대표자로 선임하였다고 해석된다. (○) 제14회

(3) 해임 · 퇴임

① 이사의 해임 · 퇴임은 정관에 따라야 하지만, 정관에 규정이 없거나 있더라도 불충분하다면 대리와 위임의 규정을 준용하여야 한다.

② 따라서 임기만료 또는 사임으로 물러난 후에도 후임이사의 선임시까지 이사가 존재하지 않으면, 법인으로서는 당장 정상적인 활동을 중단하여야 할 상황에 놓이게 되므로 제691조의 규정된 위임종료의 경우에 급박한 사정이 있는 때와 같으므로 후임이사가 선임될 때까지 이사에게 종전의 업무를 수행할 의무와 권한이 있다.

> **제691조【위임종료시의 긴급처리】** 위임종료의 경우에 급박한 사정이 있는 때에는 수임인, 그 상속인이나 법정대리인은 위임인, 그 상속인이나 법정대리인이 위임사무를 처리할 수 있을 때까지 그 사무의 처리를 계속하여야 한다. 이 경우에는 위임의 존속과 동일한 효력이 있다.

(4) 등 기

① '이사의 성명과 주소'는 등기사항이다.

② 따라서 이사의 선임 · 해임 · 퇴임은 등기하지 않으면 제3자에게 대항할 수 없다.

관련판례

1. 학교법인의 이사는 법인에 대한 일방적인 사임의 의사표시에 의하여 법률관계를 종료시킬 수 있고, 그 의사표시는 수령권한 있는 기관에 도달됨으로써 바로 효력을 발생하는 것이며, 그 효력발생을 위하여 이사회의 결의나 관할관청의 승인이 있어야 하는 것은 아니다(대판 2003.1.10, 2001다1171).

OX
정관에 다른 규정이 없는 한, 이사의 사임의 의사표시는 법인에 대한 일방적인 의사표시와 법인의 승낙이 있어야만 효력이 발생한다. (×) 제14회

2. 법인의 이사를 사임하는 행위는 상대방 있는 단독행위라 할 것이어서 그 의사표시가 상대방에게 도달함과 동시에 그 효력을 발생하고 그 의사표시가 효력을 발생한 후에는 마음대로 이를 철회할 수 없음이 원칙이나, 사임서 제시 당시 즉각적인 철회권유로 사임서 제출을 미루거나, 대표자에게 사표의 처리를 일임하거나, 사임서의 작성일자를 제출일 이후로 기재한 경우 등 사임의사가 즉각적이라고 볼 수 없는 특별한 사정이 있을 경우에는 별도의 사임서 제출이나 대표자의 수리행위 등이 있어야 사임의 효력이 발생하고, 그 이전에 사임의사를 철회할 수 있다(대판 2011.9.8, 2009다31260).

3. 법인이 정관에서 이사의 사임절차나 사임의 의사표시의 효력발생시기 등에 관하여 특별한 규정을 둔 경우에는 그에 따라야 하는바, 위와 같은 경우에는 이사의 사임의 의사표시가 법인의 대표자에게 도달하였다고 하더라도 그와 같은 사정만으로 곧바로 사임의 효력이 발생하는 것은 아니고 정관에서 정한 바에 따라 사임의 효력이 발생하는 것이므로 이사가 사임의 의사표시를 하였더라도 정관에 따라 사임의 효력이 발생하기 전에는 그 사임의사를 자유롭게 철회할 수 있다(대판 2008.9.25, 2007다17109).

OX

이사의 사임 의사표시가 법인의 대표자에게 도달한 때에는 정관에 따라 사임의 효력이 발생하지 않았더라도 그 사임의사를 철회할 수 없다. (×) 제23회

4. 사임한 이사에게 직무수행권을 인정하는 것은 그 사임한 이사가 아니고서는 법인이 정상적인 활동을 중단할 수밖에 없는 급박한 사정이 있는 경우에 한정되는 것이고, 아직 임기가 만료되지 않거나 사임하지 아니한 다른 이사들로서 정상적인 법인의 활동을 할 수 있는 경우에는 사임한 이사에게 직무를 계속 행사하게 할 필요는 없다(대판 2010.9.30, 2010다4358).

OX

사임하지 않은 다른 이사들로써 정상적인 법인활동이 가능하면 사임한 이사에게 직무를 계속 행사하게 할 필요는 없다. (○) 제14회

5. 후임이사가 유효히 선임되었는데도 그 선임의 효력을 둘러싼 다툼이 있다고 하여 그 다툼이 해결되기 전까지는 후임이사에게 직무수행권한이 없고 임기가 만료된 구 이사만이 직무수행권한을 가진다고 할 수는 없다(대판 2006.4.27, 2005다8875).

6. 법인과 이사의 법률관계는 신뢰를 기초로 한 위임 유사의 관계로 볼 수 있는데, 민법 제689조 제1항에서는 위임계약은 각 당사자가 언제든지 해지할 수 있다고 규정하고 있으므로, 법인은 원칙적으로 이사의 임기 만료 전에도 이사를 해임할 수 있지만, 이러한 민법의 규정은 임의규정에 불과하므로 법인이 자치법규인 정관으로 이사의 해임사유 및 절차 등에 관하여 별도의 규정을 두는 것도 가능하다. 그리고 이와 같이 법인이 정관에 이사의 해임사유 및 절차 등을 따로 정한 경우 그 규정은 법인과 이사와의 관계를 명확히 함은 물론 이사의 신분을 보장하는 의미도 아울러 가지고 있어 이를 단순히 주의적 규정으로 볼 수는 없다. 따라서 법인의 정관에 이사의 해임사유에 관한 규정이 있는 경우 법인으로서는 이사의 중대한 의무위반 또는 정상적인 사무집행 불능 등의 특별한 사정이 없는 이상, 정관에서 정하지 아니한 사유로 이사를 해임할 수 없다(대판 2013.11.28., 2011다41741).

OX

정관에 이사의 해임사유에 관한 규정이 있는 경우, 특별한 사정이 없는 한 정관에서 정하지 아니한 사유로 이사를 해임할 수 없다. (○) 제23회

7. 법원의 직무집행정지 가처분결정에 의해 회사를 대표할 권한이 정지된 대표이사가 그 정지기간 중에 체결한 계약은 절대적으로 무효이고, 그 후 가처분신청의 취하에 의하여 보전집행이 취소되었다 하더라도 집행의 효력은 장래를 향하여 소멸할 뿐 소급적으로 소멸하는 것은 아니라 할 것이므로, 가처분신청이 취하되었다 하여 무효인 계약이 유효하게 되지는 않는다(대판 2008.5.29, 2008다4537).

OX

법원의 직무집행정지 가처분결정으로 대표권이 정지된 대표이사가 그 정지기간 중에 체결한 계약은 후에 그 가처분신청이 취하되면 유효하게 된다. (×) 제23회

3. 이사의 업무집행

> **제58조【이사의 사무집행】** ① 이사는 법인의 사무를 집행한다.
> ② 이사가 수인인 경우에는 정관에 다른 규정이 없으면 법인의 사무집행은 이사의 과반수로써 결정한다.
>
> **제61조【이사의 주의의무】** 이사는 선량한 관리자의 주의로 그 직무를 행하여야 한다.
>
> **제65조【이사의 임무해태】** 이사가 그 임무를 해태한 때에는 그 이사는 법인에 대하여 연대하여 손해배상의 책임이 있다.

OX
이사는 대외적으로 법인을 대표하고 대내적으로 법인의 사무를 집행하는 임의기관이다. (×) 제17회

(1) 법인의 업무집행

① 이사는 재산목록의 작성(제55조 제1항), 사원명부의 작성(제55조 제2항), 사원총회의 소집(제69조, 제70조), 총회의사록의 작성(제76조), 파산의 신청(제79조), 해산시 청산인이 되는 것(제82조), 법인등기의 신청 등과 같은 업무를 집행한다.

② 이사가 수인인 때에는 정관에 다른 규정이 없으면 업무집행은 과반수로써 결정한다.

(2) 이사와 법인과의 관계

① 이사는 선량한 관리자의 주의로 그 직무를 행하여야 한다.

② 이사가 그 임무를 해태한 때에는 관련이사 전원에게 손해배상책임을 지우고 있다.

4. 이사의 대표권

(1) 대표권

OX
이사가 수인 있는 경우에는 공동대표가 원칙이다. (×) 제17회

> **제59조【이사의 대표권】** ① 이사는 법인의 사무에 관하여 각자 법인을 대표한다. 그러나 정관에 규정한 취지에 위반할 수 없고 특히 사단법인은 총회의 의결에 의하여야 한다.
> ② 법인의 대표에 관하여는 대리에 관한 규정을 준용한다.

① **각자 대표의 원칙**: 이사가 수인이더라도 각자 대표가 원칙이다.

② **대표의 방식**: 대리의 규정이 준용된다.

(2) 대표권 제한(정관이나 사원총회의 결의에 의한 제한)

제41조【이사의 대표권에 대한 제한】 이사의 대표권에 대한 제한은 이를 정관에 기재하지 아니하면 그 효력이 없다.

제60조【이사의 대표권에 대한 제한의 대항요건】 이사의 대표권에 대한 제한은 등기하지 아니하면 제3자에게 대항하지 못한다.

① **정관에 의한 제한**(제59조 단서)

예를 들면, '이사 전원의 공동대표를 요한다.' 등의 경우와 같은 것을 말한다. 공동대표를 정관에서 정하고 있는 경우 정관에 기재해야만 효력이 있고, 등기를 해야만 제3자에게 대항할 수 있다.

② **총회에 의한 제한**(제59조 단서)

총회의 의결로써 이사의 대표권으로 제한할 수 있으며, 이 경우도 이사의 대표권 제한을 정관에 기재하지 아니하면 그 효력이 없으며, 등기하지 아니하면 제3자에게 대항할 수 없다.

관련판례

1. 법인의 정관에 법인 대표권의 제한에 관한 규정이 있으나 그와 같은 취지가 등기되어 있지 않다면 법인은 그와 같은 정관의 규정에 대하여 선의냐 악의냐에 관계없이 제3자에 대하여 대항할 수 없다(대판 1992.2.14, 91다24564).
2. 이사 전원의 의결에 의하여 잔여재산을 처분하도록 한 정관규정은 성질상 등기하여야만 제3자에게 대항할 수 있는 청산인의 대표권에 관한 제한이라고 볼 수 없다(대판 1995.2.10, 94다13473).

③ **복임권 제한**

제62조【이사의 대리인 선임】 이사는 정관 또는 총회의 결의로 금지하지 아니한 사항에 한하여 타인으로 하여금 특정한 행위를 대리하게 할 수 있다.

㉠ 이사에게는 포괄적인 복임권은 인정되지 않으며, 특정한 행위를 대리하게 할 수 있다.

㉡ 이러한 대리인을 '임의대리인'이라고 하는데, 임의대리인은 법인의 대표기관이 아니고, 법인의 대리인일 뿐이다.

④ **특별대리인**(이익상반행위 제한)

제64조【특별대리인의 선임】 법인과 이사의 이익이 상반하는 사항에 관하여는 이사는 대표권이 없다. 이 경우에는 법원은 전조의 규정(이해관계인이나 검사의 청구)에 의하여 특별대리인을 선임하여야 한다.

OX 이사의 대표권의 제한은 정광에 기재하지 않더라도 그 효력이 있다. (×) 제28회

OX 이사의 대표권 제한이 정관에 기재되었더라도 그에 대한 등기를 마치지 않으면 법인은 그 정관규정을 알고 있는 제3자에게 대항할 수 없다. (○) 제22회

OX 정관에 기재된 이사의 대표권 제한을 등기하지 않았더라도, 법인은 대표권 제한에 대해 알았던 제3자에게 대항할 수 있다. (×) 제20회

OX 이사의 대표권 제한을 등기하지 않으면 악의의 제3자에게도 대항할 수 없다. (○) 제17회

OX 법인의 이사는 법인의 제반 사무처리를 타인에게 포괄적으로 위임할 수 있다. (×) 제21회

OX 법인과 이사의 이익이 상반하는 경우, 법원은 이해관계인의 청구에 의하여 임시이사를 선임하여야 한다. (×) 제28회

㉠ '특별대리인'은 당해 사항에 한하여 임시적으로 법인을 대표한다.

㉡ 이사의 이익과 법인의 이익이 충돌하더라도 다른 이사가 있으면 그 다른 이사가 법인을 대표하면 되므로 다른 이사도 없는 경우에만 특별대리인을 선임하여야 한다.

㉢ 이사가 제64조를 위반하여 법인을 대표한 경우에 그 행위는 무권대표행위로서 법인에 대하여 효력이 없다.

5. 임시이사(臨時理事)

OX

이사가 없거나 결원이 있는 경우에 이로 인하여 손해가 생길 염려 있는 때에는 법원은 특별대리인을 선임해야 한다. (×) 제23회

> **제63조【임시이사의 선임】** 이사가 없거나 결원이 있는 경우에 이로 인하여 손해가 생길 염려 있는 때에는 법원은 이해관계인이나 검사의 청구에 의하여 임시이사를 선임하여야 한다.

(1) 의 의

'임시이사'란 이사가 없거나 결원이 있고 그로 인하여 손해가 생길 염려가 있는 경우에 법원에서 선임하는 법인의 대표기관이다.

(2) 선임 및 권한

① 임시이사는 법원에서 직권으로 선임할 수 없고, 이해관계인이나 검사의 청구에 의해서 법원에서 선임한다.

② 임시이사가 선임되면 이사가 선임될 때까지 한시적으로 이사와 동일한 권한을 가지며, 이사가 선임되면 그 권한은 당연히 소멸한다. 즉, 임시이사는 임시적 기관이다.

6. 직무대행자(職務代行者)

OX

법원이 선임한 직무대행자는 특별한 사정이 없는 한, 법인의 통상사무만을 집행한다. (○) 제22회

OX

직무대행자가 가처분명령에 다른 정함이 있는 경우와 법원의 허가를 얻은 경우를 제외하고, 법인은 통상사무에 속하지 아니한 행위를 하면 법인은 선의의 제3자에 대하여 책임을 진다. (○) 제18회

> **제60조의2【직무대행자의 권한】** ① 제52조의2의 직무대행자는 가처분명령에 다른 정함이 있는 경우 외에는 법인의 통상사무에 속하지 아니한 행위를 하지 못한다. 다만, 법원의 허가를 얻은 경우에는 그러하지 아니하다.
> ② 직무대행자가 제1항의 규정에 위반한 행위를 한 경우에도 법인은 선의의 제3자에 대하여 책임을 진다.

(1) **의 의**

'이사의 직무대행자'란 당사자의 청구에 의하여 이사의 선임결정의 무효 또는 이사의 직무집행이 부적당하다고 인정되는 때에 법원에서 선임하는 법인의 대표기관을 말한다.

(2) **직무대행자의 권한의 범위**

① **원칙**: 법인의 통상적인 사무에 속하는 행위만을 할 수 있다.
② **예외**: 법원의 허가를 얻으면 법인의 통상적인 사무에 속하지 아니한 행위도 할 수 있다.

3 사원총회(社員總會)

1. 의 의

(1) 사원총회는 전 사원으로 구성되는 사단법인의 최고의사결정기관이며, 정관의 규정에 의하더라도 두지 않거나 폐지할 수 없는, 반드시 두어야 하는 필수기관이다.

(2) 재단법인에는 사원이 없으므로 사원총회가 있을 수 없고, 재단법인의 최고의사는 설립행위, 즉 정관에서 정하여진다.

2. 사원총회의 종류

(1) **통상총회**(정기총회)

> **제69조 【통상총회】** 사단법인의 이사는 매년 1회 이상 통상총회를 소집하여야 한다.

① 통상총회는 매년 1회 이상 소정의 시기에 소집되는 총회로서 소집되는 시기는
　㉠ 먼저 정관의 규정에 의하고, 규정이 없으면
　㉡ 사원총회의 의결로 정할 수 있고, 총회의 의결도 없는 경우에는
　㉢ 이사가 결정할 수 있다.
② 통상총회 소집권자는 이사이다.

(2) 임시총회

> **제70조 【임시총회】** ① 사단법인의 이사는 필요하다고 인정한 때에는 임시총회를 소집할 수 있다.
> ② 총사원의 5분의 1 이상으로부터 회의의 목적사항을 제시하여 청구한 때에는 이사는 임시총회를 소집하여야 한다. 이 정수는 정관으로 증감할 수 있다.
> ③ 전항의 청구 있는 후 2주간 내에 이사가 총회소집의 절차를 밟지 아니한 때에는 청구한 사원은 법원의 허가를 얻어 이를 소집할 수 있다.

① **임시총회의 소집시기**

㉠ 이사가 필요하다고 인정하는 때

㉡ 총사원 5분의 1 이상이 회의의 목적사항을 제시하여 청구하는 때

㉢ 감사가 보고를 하기 위하여 필요하다고 인정되는 때

② **소수사원권**(少數社員權)

㉠ 사원권의 일종으로 총사원 5분의 1 이상의 사원들이 임시총회를 소집할 수 있는 권한을 의미한다.

㉡ 민법에 규정된 '5분의 1'은 정관으로 증감할 수 있으나, 완전히 박탈하지는 못한다.

③ 임시총회도 사원총회이므로 일반의 통상총회와 같은 절차에 의하여 소집되어야 하며, 결의에 필요한 정족수, 결의사항 등도 일반의 통상총회와 같다.

3. 소집절차

> **제71조 【총회의 소집】** 총회의 소집은 1주간 전에 그 회의의 목적사항을 기재한 통지를 발하고 기타 정관에 정한 방법에 의하여야 한다.
>
> **제72조 【총회의 결의사항】** 총회는 전조의 규정에 의하여 통지한 사항에 관하여서만 결의할 수 있다. 그러나 정관에 다른 규정이 있는 때에는 그 규정에 의한다.

(1) 소집통지

① 사원총회의 소집통지는 관념의 통지이다.

② **소집통지의 방법**

㉠ '1주일 전에 발하고'라고 규정하고 있으므로 의사표시의 예외적인 발신주의가 적용된다.

㉡ 정관에 다른 규정이 없으면, 사원 전원에게 알릴 수 있는 적절한 방법(전화, 공지 등)에 의하면 된다.

OX

사원총회의 소집통지에서 목적사항으로 기재하지 않은 사항에 관한 사원총회의 결의는 특별한 사정이 없는 한 무효이다. (○) 제24회

(2) 결 의

① 통지한 사항에 대해서만 결의할 수 있으므로 통지한 목적사항 이외의 사항을 결의한 때에는 그 사원총회는 무효이다.

② 소집절차가 법률 또는 정관에 위반하여 하자가 있는 경우에는 사원총회의 결의는 무효이다.

관련판례

1. 소집권한 없는 자에 의한 총회소집이라고 하더라도 소집권자가 소집에 동의하여 그로 하여금 소집하게 한 것이라면 그와 같은 총회소집을 권한 없는 자의 소집이라고 볼 수 없으나 단지 소집권한 없는 자에 의한 총회에 소집권자가 참석하여 총회소집이나 대표자 선임에 관하여 이의를 하지 아니하였다고 하여 이것만 가지고 총회가 소집권자의 동의에 의하여 소집된 것이라거나 그 총회의 소집절차상의 하자가 치유되어 적법하게 된다고는 할 수 없다(대판 1994.1.11, 92다40402).
2. 법인이나 법인 아닌 사단의 총회에 있어서 총회의 소집권자가 총회의 소집을 철회·취소하는 경우에는 반드시 총회의 소집과 동일한 방식으로 그 철회·취소를 총회 구성원들에게 통지하여야 할 필요는 없고, 총회 구성원들에게 소집의 철회·취소결정이 있었음이 알려질 수 있는 적절한 조치가 취하여지는 것으로써 충분히 그 소집 철회·취소의 효력이 발생한다(대판 2007.4.12, 2006다77593).

OX

사원총회의 소집절차가 법률 또는 정관에 위반된 경우에도 특별한 사정이 없는 한 총회의 결의는 유효하다. (×) 제16회

4. 권한과 결의

제68조 【총회의 권한】 사단법인의 사무는 정관으로 이사 또는 기타 임원에게 위임한 사항 외에는 총회의 결의에 의하여야 한다.

제73조 【사원의 결의권】 ① 각 사원의 결의권은 평등으로 한다.
② 사원은 서면이나 대리인으로 결의권을 행사할 수 있다.
③ 전2항의 규정은 정관에 다른 규정이 있는 때에는 적용하지 아니한다.

제74조 【사원이 결의권 없는 경우】 사단법인과 어느 사원과의 관계사항을 의결하는 경우에는 그 사원은 결의권이 없다.

제75조 【총회의 결의방법】 ① 총회의 결의는 본법 또는 정관에 다른 규정이 없으면 사원 과반수의 출석과 출석사원의 결의권의 과반수로써 한다.
② 제73조 제2항의 경우에는 당해 사원은 출석한 것으로 한다.

제42조 【사단법인의 정관의 변경】 ① 사단법인의 정관은 총사원 3분의 2 이상의 동의가 있는 때에 한하여 이를 변경할 수 있다. 그러나 정수에 관하여 정관에 다른 규정이 있는 때에는 그 규정에 의한다.
② 정관의 변경은 주무관청의 허가를 얻지 아니하면 그 효력이 없다.

제78조 【사단법인의 해산결의】 사단법인은 총사원 4분의 3 이상의 동의가 없으면 해산을 결의하지 못한다. 그러나 정관에 다른 규정이 있는 때에는 그 규정에 의한다.

OX

사단법인의 사무는 정관으로 이사 또는 기타 임원에게 위임한 사항 외에는 사원총회의 결의에 의하여야 한다. (○) 제15회

OX

정관에 다른 규정이 없는 한 사원은 서면으로 결의권을 행사할 수 없다. (×) 제21회

OX

정관의 변경과 임의해산은 사원총회의 권한에 속한다. (○) 제16회

OX

결의권 평등의 원칙을 변경하는 정관의 규정은 효력이 없다. (×) 제14회

(1) 사원총회의 권한

① 정관으로 이사 기타 임원들에게 위임한 사항을 제외하고는 나머지 사항은 사원총회의 결의에 의하여 결정한다.

② **사원총회의 전권사항**(고유한 권한)

㉠ 정관의 변경(총사원의 3분의 2 이상의 동의)

㉡ 해산결의(총사원의 4분의 3 이상의 동의)

㉢ ㉠, ㉡은 사원총회의 고유한 권한이므로 법인의 다른 기관(이사회의 결의 등)에서는 할 수 없다. 따라서 '이사회에서 정관을 변경할 수 있다는 규정은 무효'이다.

(2) 사원총회의 결의

① 각 사원의 결의권은 평등하며, 사원은 서면 또는 대리인에 의하여 결의권을 행사할 수 있다. 그러나 정관으로 불평등하게 정할 수 있다.

② 총회성립정족수에 관하여 민법의 규정은 없으나, 2인 이상이 참석하면 성립한다고 한다.

③ 통상의결정족수는 사원 과반수의 출석과 출석사원의 결의권의 과반수이다.

④ **특별의결정족수** -

㉠ 정관변경은 총사원의 3분의 2 이상의 동의

㉡ 해산결의는 총사원의 4분의 3 이상의 동의

5. 사원권(社員權)

> **제56조 【사원권의 양도, 상속금지】** 사단법인의 사원의 지위는 양도 또는 상속할 수 없다.

(1) 의 의

권리를 내용에 따라 분류하는 한 방법으로서 사단법인의 구성원으로서 사원이 사단법인에 대하여 가지는 권리와 의무를 포괄하여 '사원권'이라고 한다.

(2) 종 류

① **공익권**(共益權): 사단법인의 권리 · 운영에 참여하는 것을 내용으로 하는 권리로서 비영리법인에서는 공익권이 자익권보다 강하다.

예 결의권, 소수사원권, 업무집행권 등

② **자익권**(自益權): 사원 자신이 이익을 향수하는 것을 내용으로 하는 권리로서 영리법인은 자익권이 공익권보다 강하다.

예 이익배당청구권, 잔여재산분배청구권, 법인의 시설이용권 등

(3) 사원의 지위는 사원의 사망, 탈퇴, 총회결의, 정관에 정한 사유에 의하여 소멸한다.

관련판례

"사단법인의 사원의 지위는 양도 또는 상속할 수 없다."라고 한 민법 제56조의 규정은 강행규정은 아니라고 할 것이므로 정관에 의하여 이를 인정하고 있을 때에는 양도·상속이 허용된다(대판 1992.4.14, 91다26850).

OX

사단법인의 사원의 지위는 정관에 별도의 정함이 있으면 상속될 수 있다. (○) 제27회

4 감사(監事)

제66조【감 사】 법인은 정관 또는 총회의 결의로 감사를 둘 수 있다.

제67조【감사의 직무】 감사의 직무는 다음과 같다.
1. 법인의 재산상황을 감사하는 일
2. 이사의 업무집행의 상황을 감사하는 일
3. 재산상황 또는 업무집행에 관하여 부정, 불비한 것이 있음을 발견한 때에는 이를 총회 또는 주무관청에 보고하는 일
4. 전 호의 보고를 하기 위하여 필요 있는 때에는 총회를 소집하는 일

OX

사단법인은 감사를 두지 않을 수 있다. (○) 제24회

OX

사단법인의 재산상황에 관하여 부정한 것이 있음을 발견한 경우, 이를 총회 또는 주무관청에 보고하는 일은 감사의 직무에 해당한다. (○) 제28회

(1) 의 의

감사는 이사의 사무집행을 감독하는 기관으로 정관 또는 사원총회의 결의로 두거나 두지 않을 수 있는 임의기관이다.

(2) 감사의 직무

① **감독권한**

㉠ 감사는 내부적으로 이사의 사무집행을 감독할 권한을 가지지만, 외부에 대하여 법인을 대표할 권한은 없다.

㉡ 감사는 이사와 마찬가지로 선량한 관리자의 주의의무로 직무를 수행해야 하며, 이를 위반하면 채무불이행책임을 진다.

② **주요 업무**

㉠ 법인의 재산상황 감사

㉡ 이사의 업무집행상황의 감사

㉢ 재산상황 또는 업무집행에 관한 부정·불법에 대하여 총회 또는 주무관청에 보고

㉣ ㉢의 보고를 위한 총회의 소집 등

05 법인의 정관변경(定款變更)

1 정관변경의 의의

'정관의 변경'이란 법인이 그 동일성(同一性)을 유지하면서 그 목적이나 조직을 변경하는 것을 뜻하는데, 종래의 규정을 개폐(開閉)하는 경우는 물론 자구(字句)의 수정이나 신규정의 설치를 모두 포함한다.

알아두기

정관변경의 자유

1. **사단법인**: 최고의사결정기관인 사원총회에서 자율적으로 운영되기 때문에 자유로운 정관변경이 허용된다.
2. **재단법인**: 정관에 나타난 설립자의 의사에 의하여 타율적으로 운영되는 법인이므로 원칙적으로 정관의 변경이 허용되지 않는다. 다만, 일정한 경우에 한하여 예외적으로 정관의 변경이 허용된다.

OX

사단법인의 정관은 특별한 사정이 없는 한, 총사원 4분의 3 이상의 동의가 있는 때에 한하여 이를 변경할 수 있다. (×) 제22회

OX

사단법인의 정관변경은 총사원 3분의 2 이상의 동의가 있으면 주무관청의 허가가 없더라도 그 효력이 생긴다. (×) 제26회

OX

사단법인은 총 사원 4분의 3 이상의 동의가 없으면 해산을 결의하지 못하고, 이는 정관에 다른 규정이 있더라도 마찬가지이다. (×) 제28회

2 사단법인의 정관변경

제42조 【사단법인의 정관의 변경】 ① 사단법인의 정관은 총사원 3분의 2 이상의 동의가 있는 때에 한하여 이를 변경할 수 있다. 그러나 정수에 관하여 정관에 다른 규정이 있는 때에는 그 규정에 의한다.
② 정관의 변경은 주무관청의 허가를 얻지 아니하면 그 효력이 없다.

(1) 사원총회의 결의

① 통상의 정관의 변경은 총사원의 3분의 2 이상의 찬성에 의한다. 그러나 정수에 관하여 정관에서 다르게 정할 수 있다.

② 정관변경은 사원총회의 전권사항(專權事項)이므로 법인의 다른 기관에서는 할 수 없다. 이를 배제하는 정관규정은 있더라도 무효이다. 즉, 정관에 그 정관을 변경할 수 없다는 규정이 있더라도 전 사원의 동의가 있으면 변경할 수 있다.

③ 목적도 통상의 정관변경절차(총사원의 3분의 2 이상)에 의하여 변경할 수 있다.

(2) 주무관청의 허가

① 정관을 변경하면 주무관청의 허가를 받아야 한다.

② 주무관청의 허가는 효력발생요건이고, 대항요건이다. 즉, 허가를 얻어야 정관변경의 효력이 발생하고, 정관의 변경사항이 등기사항이라면 등기를 해야 제3자에게 대항할 수 있다.

(3) 정관변경의 한계

동일성을 해하거나 사단법인의 본질에 반하는 정관변경은 허용되지 않는다. 또한 비영리는 유지되어야 한다.

관련판례

종원 일부만이 참석한 종중회합에서 종중원의 일부를 종원으로 취급하지도 않고 또 일부 종원에 대하여는 영원히 종원으로서의 자격을 박탈하는 것으로 규약을 개정한 것은 종중의 원래의 설립목적과 종중으로서의 본질에 반하는 것으로서 그 규약개정의 한계를 넘어 무효이다(대판 1978.9.26, 78다1435).

법인의 본질에 반하는 것으로 무효이다.

3 재단법인의 정관변경

제45조【재단법인의 정관변경】 ① 재단법인의 정관은 그 변경방법을 정관에 정한 때에 한하여 변경할 수 있다.
② 재단법인의 목적달성 또는 그 재산의 보전을 위하여 적당한 때에는 전항의 규정에 불구하고 명칭 또는 사무소의 소재지를 변경할 수 있다.
③ 제42조 제2항의 규정은 전2항의 경우에 준용한다.

> **제46조 【재단법인의 목적 기타의 변경】** 재단법인의 목적을 달성할 수 없는 때에는 설립자나 이사는 주무관청의 허가를 얻어 설립의 취지를 참작하여 그 목적 기타 정관의 규정을 변경할 수 있다.

(1) 원칙(정관변경 不可)

재단법인은 그 목적과 조직이 출연자의 의사에 의하여 확립되어 있는 타율적 법인이므로 정관변경이 원칙적으로 허용되지 않는다.

(2) 예외(정관변경 可能)

① 재단법인의 정관은 그 변경방법을 정관에 정한 때에 한하여 변경할 수 있다.

② **설립자가 변경방법을 정하지 않은 경우**

㉠ 목적달성 또는 재산보전을 위하여 필요한 때에는 명칭 · 사무소의 소재지를 변경할 수 있다.

㉡ 재단법인의 목적을 달성할 수 없는 때에는(반드시 해산해야 하는 것이 아니라) 설립자나 이사는 주무관청의 허가를 얻어 설립의 취지를 참작하여 그 목적 기타 정관의 규정을 변경할 수 있다.

③ 재단법인의 정관변경도 주무관청의 허가를 얻어야 효력이 발생하며, 그 정관이 등기사항이면 등기하여야 제3자에게 대항할 수 있다.

관련판례

기본재산 처분(감소뿐만 아니라 증가도 포함)에 대한 주무관청의 허가

1. 민법 제45조와 제46조에서 말하는 재단법인의 정관변경 '허가'는 법률상의 표현이 허가로 되어 있기는 하나, 그 성질에 있어 법률행위의 효력을 보충해 주는 것이지 일반적 금지를 해제하는 것이 아니므로 그 법적 성격은 인가라고 보아야 한다(대판 전합 1996.5.16, 95누4810).
2. 재단법인의 기본재산의 처분은 정관변경을 요하는 것이므로 주무관청의 허가가 없으면 그 처분행위는 물권계약으로 무효일 뿐만 아니라 채권계약으로서도 무효이다(대판 1974.6.11, 73다1975).
3. 재단법인의 기본재산을 증가시키는 것은 기부행위의 변경이 되므로 주무관청의 인가를 받아야만 효력이 발생한다(대판 1978.7.25, 78다783).
4. 재단법인의 기본재산에 관한 사항은 정관의 기재사항으로서 기본재산의 변경은 정관의 변경을 초래하기 때문에 주무장관의 허가를 받아야 하고, 따라서 기존의 기본재산을 처분하는 행위는 물론 새로이 기본재산으로 편입하는 행위도 주무장관의 허가가 있어야 유효하다(대판 1991.5.28, 90다8558).

OX
재단법인의 목적을 달성할 수 없는 경우, 설립자는 주무관청의 허가를 얻어 설립의 취지를 참작하여 그 목적에 관한 정관 규정을 변경할 수 있다. (○) 제27회

OX
재단법인이 부동산을 기본재산으로 새로이 편입시키는 행위는 주무관청의 허가를 얻어야 유효하다. (○) 제28회

OX
재단법인의 기본재산이 경매절차에 의하여 매각된 경우, 주무관청의 허가가 없는 한 매수인은 소유권을 취득할 수 없다. (○) 제20회

5. 재단법인의 기본재산 처분은 정관변경행위이므로 주무관청의 허가를 받지 아니하면 그 효력이 없고 재단의 채권자가 그 기본재산에 대하여 강제집행을 실시하여 경락이 된 경우도 동일하다고 하여야 할 것이다(대판 1965.5.18, 65다114).
6. 재단법인의 기본재산에 속하는 채권에 대하여 법인에 대한 채권자가 자신의 채권을 가지고 상계하는 것은 기본재산의 처분에 해당한다(대판 1998.12.11, 97다9970).
7. 민법상 재단법인의 기본재산에 관한 저당권 설정행위는 특별한 사정이 없는 한 정관의 기재사항을 변경하여야 하는 경우에 해당하지 않으므로, 그에 관하여는 주무관청의 허가를 얻을 필요가 없다(대결 2018.7.20, 2017마15650).

OX

재단법인의 기본재산에 관한 저당권 설정행위는 특별한 사정이 없는 한 정관의 변경을 필요로 하지 않으므로 주무관청의 허가를 얻을 필요가 없다. (○) 제24회

OX

재단법인의 기본재산이 경매절차에 의하여 매각된 경우, 주무관청의 허가가 없는 한 매수인은 소유권을 취득할 수 없다. (○) 제20회

예 제

민법상 법인의 설립에 관한 설명으로 옳지 않은 것은? (다툼이 있으면 판례에 따름)

제26회

① 법인은 법률의 규정에 의하지 않으면 성립하지 못한다.
② 사단법인 설립행위는 2인 이상의 설립자가 정관을 작성하여 기명날인하여야 하는 요식행위이다.
③ 사단법인의 정관변경은 총사원 3분의 2 이상의 동의가 있으면 주무관청의 허가가 없더라도 그 효력이 생긴다.
④ 법인의 설립등기는 특별한 사정이 없는 한 주된 사무소 소재지에서 하여야 한다.
⑤ 사단법인의 사원들이 정관의 규범적인 의미 내용과 다른 해석을 사원총회의 결의라는 방법으로 표명하였다 하더라도 그 결의에 의한 해석은 그 사단법인의 사원을 구속하는 효력이 없다.

해설

③ 사단법인의 정관의 변경은 주무관청의 허가를 얻지 아니하면 그 효력이 없다(제42조 제2항).
① 법인은 법률의 규정에 의함이 아니면 성립하지 못한다(제31조).
② 사단법인의 설립행위는 요식행위이다(제40조 참조).
④ 법인은 그 주된 사무소의 소재지에서 설립등기를 함으로써 성립한다(제33조).
⑤ 사단법인의 정관은 이를 작성한 사원뿐만 아니라 그 후에 가입한 사원이나 사단법인의 기관 등도 구속하는 점에 비추어 보면 그 법적 성질은 계약이 아니라 자치법규로 보는 것이 타당하므로, 이는 어디까지나 객관적인 기준에 따라 그 규범적인 의미 내용을 확정하는 법규해석의 방법으로 해석되어야 하는 것이지, 작성자의 주관이나 해석 당시의 사원의 다수결에 의한 방법으로 자의적으로 해석될 수는 없다 할 것이어서, 어느 시점의 사단법인의 사원들이 정관의 규범적인 의미 내용과 다른 해석을 사원총회의 결의라는 방법으로 표명하였다 하더라도 그 결의에 의한 해석은 그 사단법인의 구성원인 사원들이나 법원을 구속하는 효력이 없다(대판 2000.11.24, 99다12437).

정답 ③

06 법인의 소멸(消滅)

1 서 론

(1) 의 의

'법인의 소멸'이란 법인이 권리능력을 상실하는 것을 의미한다.

(2) 소멸의 과정

우선 '해산'에 의하여 법인이 본래의 활동을 정지하고, 이어서 재산을 정리하는 '청산'의 단계로 들어간다.

(3) 법인이 소멸하는 시점(법인의 권리능력이 소멸하는 시기)

법인이 소멸하는 시점은 청산등기시가 아니라 청산사무가 종료되는 때이다.

관련판례

법인에 대한 청산종결등기가 경료되었다고 하더라도 청산사무가 종결되지 않는 한 그 범위 내에서는 청산법인으로서 존속한다(대판 2003.2.11, 99다66427).

OX

법인의 청산사무가 종결되지 않았더라도 법인에 대한 청산종결등기가 마쳐지면 법인은 소멸한다. (×) 제26회

OX

법인에 대한 청산종결등기가 마쳐졌더라도 청산사무가 종결되지 않은 범위 내에서는 청산법인으로서 존속한다. (○) 제23회

2 법인의 해산(解散)

제77조 【해산사유】 ① 법인은 존립기간의 만료, 법인의 목적의 달성 또는 달성의 불능 기타 정관에 정한 해산사유의 발생, 파산 또는 설립허가의 취소로 해산한다.
② 사단법인은 사원이 없게 되거나 총회의 결의로도 해산한다.

제38조 【법인의 설립허가의 취소】 법인이 목적 이외의 사업을 하거나 설립허가의 조건에 위반하거나 기타 공익을 해하는 행위를 한 때에는 주무관청은 그 허가를 취소할 수 있다.

OX

사단법인의 사원이 없게 되면 이는 법인의 해산사유가 될 뿐 이로써 곧 법인의 권리능력이 소멸하는 것은 아니다. (○) 제24회

OX

법인이 목적 외의 사업을 하더라도 주무관청은 설립허가 자체를 취소할 수 없다. (×) 제24회

OX

법인이 공익을 해하는 행위를 한 때에는 주무관청은 그 허가를 취소할 수 있다. (○) 제23회

1. 의 의

'법인의 해산'이란 법인이 본래의 목적달성을 위한 적극적 활동을 정지하고 청산절차에 들어가는 것을 말한다.

2. 해산사유

(1) 사단법인과 재단법인의 공통된 해산사유

① 존립기간의 만료 기타 정관으로 정한 해산사유의 발생

② **법인의 목적달성 또는 달성불능**

다만, 재단법인의 경우 목적달성이 불가능하더라도 반드시 해산하여야 하는 것은 아니며, 정관의 목적의 변경을 통하여 법인으로서 존재할 수 있다(제46조).

③ **파산**(破産)

㉠ 법인의 채무초과상태를 말하는 것으로, 법인이 채무를 완제하지 못하는 채무초과상태에 빠지면, 이사는 지체 없이 법원에 파산신청을 하여야 한다(제79조).

㉡ 법인은 자연인과는 달리 채무초과로 충분하며 지급불능을 요하지 않는다.

㉢ 법원의 파산선고가 있으면 법인은 해산하며, 파산의 목적범위 내에서 권리능력을 가진다.

④ **설립허가의 취소**

㉠ 법인의 설립허가가 취소되면 법인은 해산한다.

㉡ 주무관청의 설립허가의 취소는 소급효가 없다.

OX
재단법인의 목적 달성은 해산사유가 될 수 없다. (×) 제26회

OX
파산은 사단법인과 재단법인의 공통되는 해산사유이다. (○) 제19회

(2) 사단법인에만 특유한 해산사유

① 사원이 없게 된 경우

② 총사원 4분의 3 이상의 해산결의

OX
사단법인의 사원이 없게 되면 이는 법인의 해산사유가 될 뿐 이로써 곧 법인의 권리능력이 소멸하는 것은 아니다. (○) 제25회

(3) 당연해산

법인의 해산사유가 발생하면 주무관청의 허가나 법원의 허가 없이도 법인은 당연히 해산한다.

3 법인의 청산(淸算)

(1) 의 의

① '법인의 청산'이란 해산한 법인이 잔무를 처리하고 재산관계를 정리하여 권리능력을 완전히 소멸시키는 절차를 말한다.

② '청산에 관한 규정'은 제3자의 이해관계에 중대한 영향을 미치는 것으로 강행규정이다. 따라서 정관으로 다르게 정할 수 없다.

OX

해산한 법인은 청산의 목적범위 내에서만 권리능력이 인정된다. (○) 제19회

OX

청산절차에 관한 규정은 강행규정이다. (○) 제23회

OX

청산 중의 법인이 청산의 목적범위 외의 매매계약을 새로이 맺어 법인재산을 처분하였다면 그러한 법률행위는 무효이다. (○) 제17회

OX

해산한 법인이 정관에 반하여 잔여재산을 처분한 경우, 그 처분행위는 특단의 사정이 없는 한 무효이다. (○) 제25회

OX

법원은 중요한 사유가 있는 때에 직권으로 청산인을 해임할 수 있다. (○) 제21회

(2) 청산법인의 권리능력

> **제81조【청산법인】** 해산한 법인은 청산의 목적범위 내에서만 권리가 있고 의무를 부담한다.

관련판례

1. 민법 제80조 제1항, 제81조 및 제87조 등 청산절차에 관한 규정은 모두 제3자의 이해관계에 중대한 영향을 미치는 것으로서 강행규정이므로 해산한 법인이 잔여재산의 귀속자에 관한 정관규정에 반하여 잔여재산을 달리 처분할 경우 그 처분행위는 청산법인의 목적범위 외의 행위로서 특단의 사정이 없는 한 무효이다(대판 2000.12.8, 98두5279).
2. 청산법인이나 그 청산인이 청산법인의 목적범위 외의 행위를 한 때는 무효라 아니할 수 없다(대판 1980.4.8, 79다2036).

(3) 청산법인의 기관

① 청산인(淸算人)

> **제82조【청산인】** 법인이 해산한 때에는 파산의 경우를 제하고는 이사가 청산인이 된다. 그러나 정관 또는 총회의 결의로 달리 정한 바가 있으면 그에 의한다.
>
> **제83조【법원에 의한 청산인의 선임】** 전조의 규정에 의하여 청산인이 될 자가 없거나 청산인의 결원으로 인하여 손해가 생길 염려가 있는 때에는 법원은 직권 또는 이해관계인이나 검사의 청구에 의하여 청산인을 선임할 수 있다.
>
> **제84조【법원에 의한 청산인의 해임】** 중요한 사유가 있는 때에는 법원은 직권 또는 이해관계인이나 검사의 청구에 의하여 청산인을 해임할 수 있다.

㉠ 법인이 해산하면 해산 전의 이사가 청산인이 된다. 이사에 관한 규정은 청산인에 준용된다(제96조).

㉡ 청산인이 될 자가 없거나 결원으로 인하여 손해가 생길 염려가 있는 경우에는 법원은 '직권' 또는 이해관계인이나 검사의 청구에 의하여 청산인을 선임할 수 있고, 해임할 수 있다(임시이사와 비교).

② **감사, 사원총회**: 해산 전의 감사, 사원총회 등의 기관은 그대로 존속한다.

(4) 청산인의 직무

> **제87조【청산인의 직무】** ① 청산인의 직무는 다음과 같다.
> 1. 현존사무의 종결
> 2. 채권의 추심 및 채무의 변제

> 3. 잔여재산의 인도
> ② 청산인은 전항의 직무를 행하기 위하여 필요한 모든 행위를 할 수 있다.

① **법인해산의 등기 및 신고**
청산인은 법인이 파산으로 해산한 경우가 아니면 그 취임 후 3주일 내에 해산의 사유 및 연월일, 청산인의 성명과 주소 그리고 청산인의 대표권을 제한한 경우에는 그 제한을 주사무소 소재지에서 등기하여야 하고 같은 사항을 주무관청에 신고하여야 한다(제85조, 제86조).

② **현존사무의 종결**: 새로운 사무를 시작할 수 없으며, 해산 전부터 착수된 사무는 신속히 종결하여야 한다.

③ 채권의 추심

④ **채무의 변제**

> **제88조 【채권신고의 공고】** ① 청산인은 취임한 날로부터 2월 내에 3회 이상의 공고로 채권자에 대하여 일정한 기간 내에 그 채권을 신고할 것을 최고하여야 한다. 그 기간은 2월 이상이어야 한다.
> ② 전항의 공고에는 채권자가 기간 내에 신고하지 아니하면 청산으로부터 제외될 것을 표시하여야 한다.
> ③ 제1항의 공고는 법원의 등기사항의 공고와 동일한 방법으로 하여야 한다.
>
> **제89조 【채권신고의 최고】** 청산인은 알고 있는 채권자에게 대하여는 각각 그 채권신고를 최고하여야 한다. 알고 있는 채권자는 청산으로부터 제외하지 못한다.
>
> **제90조 【채권신고기간 내의 변제금지】** 청산인은 제88조 제1항의 채권신고기간 내에는 채권자에 대하여 변제하지 못한다. 그러나 법인은 채권자에 대한 지연손해배상의 의무를 면하지 못한다.
>
> **제91조 【채권변제의 특례】** ① 청산 중의 법인은 변제기에 이르지 아니한 채권에 대하여도 변제할 수 있다.
> ② 전항의 경우에는 조건 있는 채권, 존속기간의 불확정한 채권 기타 가액의 불확정한 채권에 관하여는 법원이 선임한 감정인의 평가에 의하여 변제하여야 한다.
>
> **제92조 【청산으로부터 제외된 채권】** 청산으로부터 제외된 채권자는 법인의 채무를 완제한 후 귀속권리자에게 인도하지 아니한 재산에 대하여서만 변제를 청구할 수 있다.

㉠ 공고, 최고절차

ⓐ 청산인은 취임한 날로부터 2월 내에, 3회 이상, 2월 이상의 기간(채권신고기간)을 정하여 이 기간 내에 채권신고를 하여야 하며, 신고를 하지 않으면 청산으로부터 제외된다는 뜻을 공고하여야 한다.

OX
청산인은 알고 있는 채권자에게 채권신고를 최고하여야 하고, 최고를 받은 그 채권자가 채권신고를 하지 않으면 청산으로부터 제외하여야 한다. (×) 제27회

OX
청산인은 채권신고기간 내에는 이미 알고 있는 채권자에게 변제할 수 있다. (×) 제17회

OX
청산 중의 법인은 변제기에 이르지 않은 채권에 대하여 변제할 수 없다. (×) 제26회

ⓑ 또한 법인이 알고 있는 채권자에 대하여는 개별적으로 채권신고의 최고를 하여야 한다. 다만, 이 경우에는 채권신고를 하지 않더라도 청산에서 제외하지 못한다.

㉡ 변제절차

ⓐ '채권신고기간' 내에서는 변제기가 도래한 채권이라도 변제하지 못한다.

ⓑ 그러나 '채권신고기간 후'에는 변제기가 도래하지 않은 채권도 미리 변제할 수 있다.

⑤ 잔여재산의 인도

OX

해산한 법인의 재산은 정관으로 지정한 자에게 귀속하고, 정관에 정함이 없으면 출연자에게 귀속한다. (×) 제27회

제80조 【잔여재산의 귀속】 ① 해산한 법인의 재산은 정관으로 지정한 자에게 귀속한다.
② 정관으로 귀속권리자를 지정하지 아니하거나 이를 지정하는 방법을 정하지 아니한 때에는 이사 또는 청산인은 주무관청의 허가를 얻어 그 법인의 목적에 유사한 목적을 위하여 그 재산을 처분할 수 있다. 그러나 사단법인에 있어서는 총회의 결의가 있어야 한다.
③ 전2항의 규정에 의하여 처분되지 아니한 재산은 국고에 귀속한다.

관련판례

민법 제80조 제1항과 제2항의 각 규정 내용을 대비하여 보면, 법인 해산시 잔여재산의 귀속권리자를 직접 지정하지 아니하고 사원총회나 이사회의 결의에 따라 이를 정하도록 하는 등 간접적으로 그 귀속권리자의 지정방법을 정해 놓은 정관규정도 유효하다(대판 1995.2.10, 94다13473).

⑥ 파산신청

제93조 【청산 중의 파산】 ① 청산 중 법인의 재산이 그 채무를 완제하기에 부족한 것이 분명하게 된 때에는 청산인은 지체 없이 파산선고를 신청하고 이를 공고하여야 한다.
② 청산인은 파산관재인에게 그 사무를 인계함으로써 그 임무가 종료한다.
③ 제88조 제3항의 규정은 제1항의 공고에 준용한다.

⑦ 청산종결의 등기와 신고

제94조 【청산종결의 등기와 신고】 청산이 종결한 때에는 청산인은 3주간 내에 이를 등기하고 주무관청에 신고하여야 한다.

07 법인의 등기 및 감독

1 법인의 등기

(1) 의 의

법인과 거래하는 제3자를 보호하기 위하여 법인의 조직 등을 공부에 기재하고 공시하도록 하는 것이 법인의 등기제도이다. 법인의 '설립등기'는 성립요건이고, 그 밖의 모든 등기는 대항요건이다.

> **제54조【설립등기 이외의 등기의 효력과 등기사항의 공고】** ① 설립등기 이외의 본점의 등기사항은 그 등기 후가 아니면 제3자에게 대항하지 못한다.
> ② 등기한 사항은 법원이 지체 없이 공고하여야 한다.

OX
이사의 퇴임은 등기 후가 아니면 제3자에게 대항할 수 없다. (○) 제14회

OX
법인설립등기는 법인의 대항요건이다. (×) 제28회

(2) 법인등기의 종류

① 설립등기(제49조)
② 분사무소 설치 및 사무소 이전의 등기(제50조, 제51조)
③ 변경등기(제52조)
④ 직무집행정지 등 가처분의 등기(제52조의2)
⑤ 이사의 대표권 제한의 등기(제60조)
⑥ 해산등기 및 청산종결의 등기(제85조, 제94조)

(3) 등기의 효력

법인등기 중에서 설립등기는 법인의 성립등기이지만, 나머지 등기는 모두 대항등기이다. 법인등기를 하지 않으면 등기신청의무를 지는 이사나 청산인 등은 과태료의 제재를 받는다(제97조).

💡 OX

법인의 해산과 청산은 주무관청이 검사, 감독한다. (×) 제22회

💡 OX

법원은 법인의 청산을 감독한다. (○) 제21회

💡 OX

법인의 업무에 대한 감독은 법원이, 해산과 청산에 대한 감독은 주무관청이 각각 담당한다. (×) 제15회

2 법인의 감독

(1) 감 독

① 업무감독

> **제37조 【법인의 사무의 검사, 감독】** 법인의 사무는 주무관청이 검사, 감독한다.

② 해산 및 청산의 감독

> **제95조 【해산, 청산의 검사, 감독】** 법인의 해산 및 청산은 법원이 검사, 감독한다.

(2) 벌 칙

법인에 대한 법적 규제와 업무감독에 실효를 거두기 위해서 일정한 위반행위가 있는 때에는 이사·감사 또는 청산인에 대하여 일정액의 과태료를 부과한다(제97조).

예 제

민법상 법인에 관한 설명으로 옳지 않은 것은? (다툼이 있으면 판례에 따름) 제28회

① 사단법인 정관의 법적 성질은 자치법규이다.
② 법인의 해산 및 청산은 법원이 검사, 감독한다.
③ 재단법인이 부동산을 기본재산으로 새로이 편입시키는 행위는 주무관청의 허가를 얻어야 유효하다.
④ 사단법인은 총 사원 4분의 3 이상의 동의가 없으면 해산을 결의하지 못하고, 이는 정관에 다른 규정이 있더라도 마찬가지이다.
⑤ 재단법인의 존립시기나 해산사유는 정관의 필요적 기재사항이 아니다.

해설

④ 사단법인은 총 사원 4분의 3 이상의 동의가 없으면 해산을 결의하지 못한다. 그러나 정관에 다른 규정이 있는 때에는 그 규정에 의한다(제78조).
① 사단법인의 정관은 이를 작성한 사원뿐만 아니라 그 후에 가입한 사원이나 사단법인의 기관 등도 구속하는 점에 비추어 보면 그 법적 성질은 계약이 아니라 자치법규로 보는 것이 타당하다(대판 2000.11.24, 99다12437).
② 법인의 해산과 청산은 법원이 검사, 감독한다(제95조).
③ 재단법인의 기본재산에 관한 사항은 정관의 기재사항으로서 기본재산의 변경은 정관의 변경을 초래하기 때문에 주무장관의 허가를 받아야 하고, 따라서 기존의 기본재산을 처분하는 행위는 물론 새로이 기본재산으로 편입하는 행위도 주무장관의 허가가 있어야 유효하다(대판 1991.5.28, 90다8558).
⑤ 존립시기나 해산사유는 재단법인의 정관의 필요적 기재사항이 아니다(제43조 참조).

정답 ④

08 법인과의 구별개념

1 서 론

(1) 법인(法人)과 법인 아닌 사단의 구별

법인과 법인 아닌 사단의 구별은 설립등기(법인격)라는 형식에 의해서 구별한다. 설립등기가 되어 있으면 법인이고, 설립등기가 되어 있지 않으면 법인 아닌 사단이다.

(2) 법인 아닌 사단과 조합의 구별

판례에 의하면 법인 아닌 사단과 조합의 구별은 '단체성의 강약(强弱)'에 의하여 구별된다.

관련판례

민법상의 조합과 법인격은 없으나 사단성이 인정되는 비법인사단을 구별함에 있어서는 일반적으로 그 단체성의 강약을 기준으로 판단하여야 하는바, 조합은 2인 이상이 상호간에 금전 기타 재산 또는 노무를 출자하여 공동사업을 경영할 것을 약정하는 계약관계에 의하여 성립하므로 어느 정도 단체성에서 오는 제약을 받게 되는 것이지만 구성원의 개인성이 강하게 드러나는 인적 결합체인 데 비하여 비법인사단은 구성원의 개인성과는 별개로 권리・의무의 주체가 될 수 있는 독자적 존재로서의 단체적 조직을 가지는 특성이 있다 하겠는데, 어떤 단체가 고유의 목적을 가지고 사단적 성격을 가지는 규약을 만들어 이에 근거하여 의사결정기관 및 집행기관인 대표자를 두는 등의 조직을 갖추고 있고, 기관의 의결이나 업무집행방법이 다수결의 원칙에 의하여 행하여지며, 구성원의 가입, 탈퇴 등으로 인한 변경에 관계없이 단체 그 자체가 존속되고, 그 조직에 의하여 대표의 방법, 총회나 이사회 등의 운영, 자본의 구성, 재산의 관리 기타 단체로서의 주요사항이 확정되어 있는 경우에는 비법인사단으로서의 실체를 가진다고 할 것이다(대판 1999.4.23, 99다4504).

OX

법인 아닌 사단과 민법상의 조합은 일반적으로 그 단체성의 강약을 기준으로 하여 구별된다. (○) 제17회

법인과 법인 아닌 사단과 조합의 비교(比較)

구 분	구별방법	권리능력 有無	등기능력 有無	당사자능력 有無	재산의 소유형태
사단법인	법인격 유무	권리능력 ○	등기능력 ○	당사자능력 ○	법인의 단독소유
법인 아닌 사단		권리능력 ×	등기능력 ○	당사자능력 ○	구성원의 총유
조 합	단체성의 강약	권리능력 ×	등기능력 ×	당사자능력 ×	구성원의 합유

2 법인 아닌 사단(권리능력 없는 사단, 비법인사단)

(1) 의 의

① '법인 아닌 사단'이란 사단의 실질을 가지고 있으나 법인격(설립등기)을 취득하지 않은 단체를 말한다.

② **사단의 실질**

일정한 구성원들에 의하여 단체가 설립되어 고유의 목적을 가지고 사단적 성격을 가지는 규약을 만들어 이에 근거하여 의사결정기관 및 집행기관인 대표자를 두는 등의 조직을 갖추고 있고, 기관의 의결이나 업무집행방법이 다수결의 원칙에 의하여 행하여지며, 구성원의 가입·탈퇴 등으로 인한 변경에 관계없이 단체 자체가 존속하는 것을 의미한다.

관련판례

사단법인의 하부조직의 하나라 하더라도 스스로 단체로서의 실체를 갖추고 독자적인 활동을 하고 있다면 사단법인과는 별개의 독립된 비법인사단으로 볼 수 있다(대판 2009.1.30, 2006다60908).

③ 법인 아닌 사단은 재산을 구성원 전원이 총유형태로 공동소유하고, 채무도 구성원 전원에게 준총유적으로 귀속된다는 점이 특징이며, 사단법인의 규정을 유추적용한다.

알아두기

판례가 인정한 법인 아닌 사단의 예

종중, 교회, 어촌계, 아파트입주자대표회의, 연합주택조합, 아파트부녀회, (구)주택건설촉진법에 의하여 설립된 재건축조합, 동·리, 자연부락, 성균관(재단법인)의 설립 이전부터 존재하던 성균관, 친목계, 등록되어 있지 않은 사찰, 채권자들로 구성된 청산위원회 등

관련판례

1. 공동주택의 입주자가 같은 법 제38조 제7항과 같은 영 제10조 제1항에 따라서 구성한 입주자대표회의는 단체로서의 조직을 갖추고 의사결정기관과 대표자가 있을 뿐만 아니라, 또 현실적으로도 자치관리기구를 지휘, 감독하는 등 공동주택의 관리업무를 수행하고 있으므로 특별한 다른 사정이 없는 한 법인 아닌 사단으로서 당사자능력을 가지고 있는 것으로 보아야 한다(대판 1991.4.23, 91다4478).
2. (구)주택건설촉진법에 의하여 설립된 재건축조합은 민법상의 비법인사단에 해당하고, 재건축조합의 실체가 비법인사단이라면 재건축조합이 주체가 되어 신축 완공한 상가건물은 조합원 전원의 총유에 속한다(대판 2001.5.29, 2000다10246).

OX

사단법인의 하부조직이라도 스스로 단체로서의 실체를 갖추고 독자적인 활동을 하고 있다면 사단법인과 별개의 독립된 법인 아닌 사단이 될 수 있다. (○) 제23회

OX

법인 아닌 사단의 채무에 대해서는 특별한 사정이 없는 한, 구성원 각자가 그 지분 비율에 따라 개인재산으로 책임을 진다. (×) 제22회

OX

공동주택의 입주자대표회의는 특별한 사정이 없는 한, 법인 아닌 사단으로서의 실체를 가진다. (○) 제17회

(2) 성립요건

설립등기는 갖추지 못하였더라도 사단의 실체는 가져야 하므로 대표자와 총회 등 사단으로서의 조직을 갖추어야 하고, 구성원의 변경과 관계없이 존속하여야 한다. 그리고 반드시 성문(成文)의 규약은 아니더라도 사단법인의 정관에 상응하는 것은 있어야 할 것이다.

(3) 법률관계

① 민법의 규정

민법은 권리능력 없는 사단에 대하여 제275조 이하에서 규정하고 있다.

제275조【물건의 총유】 ① 법인이 아닌 사단의 사원이 집합체로서 물건을 소유할 때에는 총유로 한다.
② 총유에 관하여는 사단의 정관 기타 계약에 의하는 외에 다음 2조의 규정에 의한다.

제276조【총유물의 관리, 처분과 사용, 수익】 ① 총유물의 관리 및 처분은 사원총회의 결의에 의한다.
② 각 사원은 정관 기타의 규약에 좇아 총유물을 사용, 수익할 수 있다.

제277조【총유물에 관한 권리·의무의 득상】 총유물에 관한 사원의 권리·의무는 사원의 지위를 취득상실함으로써 취득상실된다.

> **OX**
> 법인 아닌 사단의 재산귀속관계는 그 구성원의 총유이므로, 구성원은 사단 내부의 규약 등에 정하여진 바에 따라 총유물을 사용·수익할 수 있다. (○) 제18회

② 사단법인에 관한 규정의 유추적용

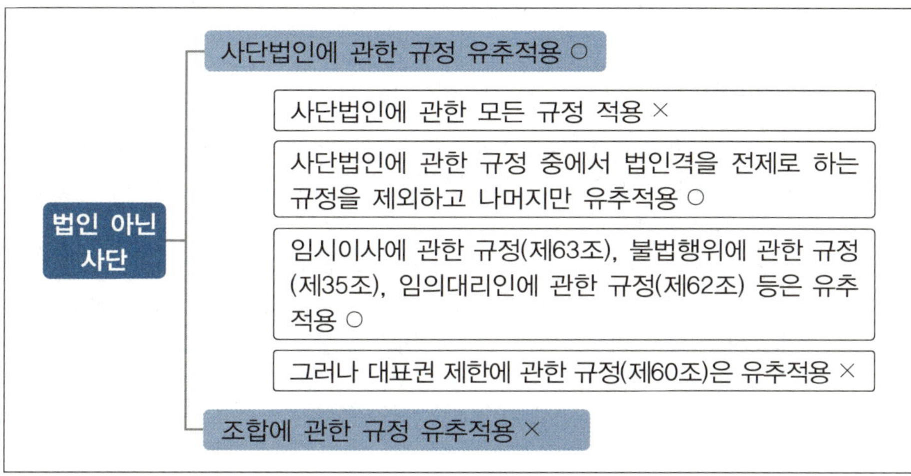

OX

법인 아닌 사단의 채무에 대해서는 특별한 사정이 없는 한, 구성원 각자가 그 지분비율에 따라 개인재산으로 책임을 진다. (×) 제22회

보충학습

| 민법규정 중 권리능력 없는 사단에 유추적용되는 규정

1. 법인의 권리능력에 관한 규정(제34조)
2. 법인의 불법행위에 관한 규정(제35조)
3. 사원권에 관한 규정(제56조)
4. 이사의 대리인 선임에 관한 규정(제62조)
5. 임시이사에 관한 규정(제63조)
6. 총회의 권한에 관한 규정(제68조)
7. 청산에 관한 규정들

③ 재산의 소유형태

㉠ 법인 아닌 사단의 재산의 소유형태는 '총유'이다.

㉡ 총유물의 관리 및 처분은 사원총회의 결의에 의한다.

㉢ 총유물에 대한 분할청구권은 인정되지 않는다.

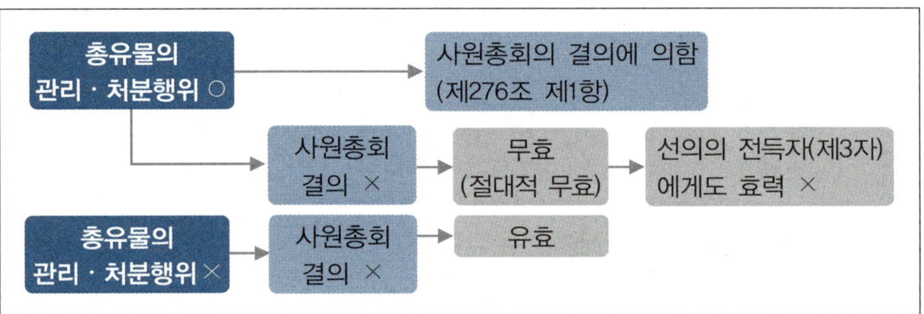

④ 당사자능력 등

OX

법인 아닌 재단에게도 부동산에 관한 등기능력이 인정될 수 있다. (○) 제22회

OX

비법인 사단에 대표자가 있으면 그 사단의 이름으로 민사소송의 당사자가 될 수 있다. (○) 제28회

민사소송법 제52조【법인이 아닌 사단 등의 당사자능력】 법인이 아닌 사단이나 재단은 대표자 또는 관리인이 있는 경우에는 그 사단이나 재단의 이름으로 당사자가 될 수 있다.

부동산등기법 제26조【법인 아닌 사단 등의 등기신청】 ① 종중(宗中), 문중(門中), 그 밖에 대표자나 관리인이 있는 법인 아닌 사단(社團)이나 재단(財團)에 속하는 부동산의 등기에 관하여는 그 사단이나 재단을 등기권리자 또는 등기의무자로 한다.

② 제1항의 등기는 그 사단이나 재단의 명의로 그 대표자나 관리인이 신청한다.

관련판례

1. 비법인사단에 대하여는 사단법인에 관한 민법규정 가운데서 법인격을 전제로 하는 것을 제외하고는 이를 유추적용하여야 한다(대판 1996.9.6, 94다18522).
2. 민법 제63조는 법인의 조직과 활동에 관한 것으로서 법인격을 전제로 하는 조항이 아니고, 법인 아닌 사단이나 재단의 경우에도 이사가 없거나 결원이 생길 수 있으며, 통상의 절차에 따른 새로운 이사의 선임이 극히 곤란하고 종전 이사의 긴급처리권도 인정되지 아니하는 경우에는 사단이나 재단 또는 타인에게 손해가 생길 염려가 있을 수 있으므로 민법 제63조는 법인 아닌 사단이나 재단에도 유추적용할 수 있다(대결 전합 2009.11.19, 2008마699).
3. 민법 제62조에 비추어 보면 비법인사단의 대표자는 정관 또는 총회의 결의로 금지하지 아니한 사항에 한하여 타인으로 하여금 특정한 행위를 대리하게 할 수 있을 뿐 비법인사단의 제반 업무처리를 포괄적으로 위임할 수는 없으므로 비법인사단 대표자가 행한 타인에 대한 업무의 포괄적 위임과 그에 따른 포괄적 수임인의 대행행위는 민법 제62조를 위반한 것이어서 비법인사단에 대하여 그 효력이 미치지 않는다(대판 2011.4.28, 2008다15438).
4. 비법인사단의 경우에는 대표자의 대표권 제한에 관하여 등기할 방법이 없어 민법 제60조의 규정을 준용할 수 없고, 비법인사단의 대표자가 정관에서 사원총회의 결의를 거쳐야 하도록 규정한 대외적 거래행위에 관하여 이를 거치지 아니한 경우라도, 이와 같은 사원총회 결의사항은 비법인사단의 내부적 의사결정에 불과하다 할 것이므로 그 거래상대방이 그와 같은 대표권 제한 사실을 알았거나 알 수 있었을 경우가 아니라면 그 거래행위는 유효하다고 봄이 상당하고, 이 경우 거래의 상대방이 대표권 제한 사실을 알았거나 알 수 있었음은 이를 주장하는 비법인사단 측이 주장・입증하여야 한다(대판 2003.7.22, 2002다64780).
5. 총유물의 보존에 있어서는 공유물의 보존에 관한 민법 제265조의 규정이 적용될 수 없고, 민법 제276조 제1항의 규정에 따른 사원총회의 결의를 거치거나 정관이 정하는 바에 따른 절차를 거쳐야 하므로, 법인 아닌 사단인 교회가 총유재산에 대한 보존행위로서 소송을 하는 경우에도 교인 총회의 결의를 거치거나 정관이 정하는 바에 따른 절차를 거쳐야 한다(대판 2014.2.13, 2012다112299).
6. 총유재산에 관한 소송은 법인 아닌 사단이 그 명의로 사원총회의 결의를 거쳐 하거나 또는 그 구성원 전원이 당사자가 되어 필수적 공동소송의 형태로 할 수 있을 뿐 그 사단의 구성원은 설령 그가 사단의 대표자라거나 사원총회의 결의를 거쳤다 하더라도 그 소송의 당사자가 될 수 없고, 이러한 법리는 총유재산의 보존행위로서 소를 제기하는 경우에도 마찬가지라 할 것이다(대판 전합 2005.9.15, 2004다44971).
7. 비법인사단이 총유물에 관한 매매계약을 체결하는 행위는 총유물 그 자체의 처분이 따르는 채무부담행위로서 총유물의 처분행위에 해당하나, 그 매매계약에 의하여 부담하고 있는 채무의 존재를 인식하고 있다는 뜻을 표시하는 데 불과한 소멸시효 중단사유로서의 승인은 총유물 그 자체의 관리・처분이 따르는 행위가 아니어서 총유물의 관리・처분행위라고 볼 수 없다(대판 2009.11.26., 2009다64383). 따라서 비법인사단의 대표자가 총유물의 매수인에게 소유권이전등기를 해주기 위하여 매수인과 함께 법무사 사무실을 방문한 행위가 소유권이전등기청구권의 소멸시효 중단의 효력이 있는 승인에 해당한다.

OX

법인의 대표권 제한의 등기에 관한 규정은 거래의 안전을 위해 법인 아닌 사단에도 유추적용된다. (×) 제17회

OX

비법인사단의 정관에 대표자의 대표권이 제한되어 있어도 그 거래 상대방이 대표권제한에 대해 선의・무과실이면 그 거래행위는 유효하다. (○) 제25회

OX

총유물에 관한 보존행위는 특별한 사정이 없는 한 법인 아닌 사단의 사원 각자가 할 수 있다. (×) 제27회

OX

구성원 개인은 특별한 사정이 없는 한 총유재산의 보존을 위한 소를 단독으로 제기할 수 없다. (○) 제26회

OX

법인 아닌 사단이 그 소유토지의 매매를 중개한 중개업자에게 중개수수료를 지급하기로 한 약정은 총유물의 관리・처분행위에 해당하지 않는다. (○) 제22회

OX

사원총회의 결의에 의하여 총유물에 대한 매매계약이 체결된 후, 그 채무의 존재를 승인하여 소멸시효를 중단시키는 행위는 총유물의 관리・처분행위에 해당하지 않는다. (○) 제22회

OX

법인 아닌 사단이 타인 간의 금전채무를 보증하는 행위는 총유물의 관리 · 처분행위에 해당한다.
(×) 제26회

OX

비법인 사단의 대표자가 그 사단이 타인 간의 금전채무를 보증한다는 내용의 계약을 체결하면서 사원총회의 결의를 거치지 않았더라도 특별한 사정이 없는 한 그 계약은 유효하다.
(×) 제28회

OX

교회가 그 실체를 갖추어 법인 아닌 사단으로 성립한 후 교회의 대표자가 교회를 위하여 취득한 권리의무는 교회에 귀속된다.
(○) 제23회

OX

비법인 사단의 채권자가 채권자대위권에 기하여 비법인 사단의 총유재산에 대한 권리를 대위행사하는 경우에는 사원총회의 결의 등 비법인 사단의 내부적 의사결정 과정을 거쳐야 한다.
(×) 제28회

8. 비법인사단이 타인 간의 금전채무를 보증하는 행위는 총유물 그 자체의 관리 · 처분이 따르지 아니하는 단순한 채무부담행위에 불과하여 이를 총유물의 관리 · 처분행위라고 볼 수는 없다. 따라서 비법인사단인 재건축조합의 조합장이 채무보증계약을 체결하면서 조합규약에서 정한 조합 임원회의 결의를 거치지 아니하였다거나 조합원총회 결의를 거치지 않았다고 하더라도 그것만으로 바로 그 보증계약이 무효라고 할 수는 없다(대판 전합 2007.4.19, 2004다60072).
9. 종중이 그 소유의 이 사건 토지의 매매를 중개한 중개업자에게 중개수수료를 지급하기로 하는 약정을 체결하는 것은 총유물 그 자체의 관리 · 처분이 따르지 아니하는 단순한 채무부담행위에 불과하여 이를 총유물의 관리 · 처분행위라고 할 수 없다(대판 2012.4.12, 2011다107900).
10. 교회가 그 실체를 갖추어 법인 아닌 사단으로 성립한 경우에 교회의 대표자가 교회를 위하여 취득한 권리의무는 교회에 귀속되나, 교회가 아직 실체를 갖추지 못하여 법인 아닌 사단으로 성립하기 전에 설립의 주체인 개인이 취득한 권리의무는 그것이 앞으로 성립할 교회를 위한 것이라 하더라도 바로 법인 아닌 사단인 교회에 귀속될 수는 없고, 또한 설립중의 회사의 개념과 법적 성격에 비추어, 법인 아닌 사단인 교회가 성립하기 전의 단계에서 설립중의 회사의 법리를 유추적용할 수는 없다(대판 2008.2.28, 2007다37394).
11. 비법인사단이 총유재산에 관한 소를 제기할 때에는 정관에 다른 정함이 있는 등의 특별한 사정이 없는 한 사원총회의 결의를 거쳐야 하지만, 이는 비법인사단의 대표자가 비법인사단 명의로 총유재산에 관한 소를 제기하는 경우에 비법인사단의 의사결정과 특별수권을 위하여 필요한 내부적인 절차이다. 채권자대위권은 채무자가 스스로 자기의 권리를 행사하지 아니하는 때에 채권자가 채무자에 대한 채권을 보전하기 위하여 채무자의 의사와는 상관없이 채무자의 권리를 대위하여 행사할 수 있는 권리로서 그 권리행사에 채무자의 동의를 필요로 하는 것은 아니므로, 비법인사단이 총유재산에 관한 권리를 행사하지 아니하고 있어 비법인사단의 채권자가 채권자대위권에 기하여 비법인사단의 총유재산에 관한 권리를 대위행사하는 경우에는 사원총회의 결의 등 비법인사단의 내부적인 의사결정절차를 거칠 필요가 없다(대판 2014.9.25, 2014다211336).

(4) 법인 아닌 사단의 유형

① 종중(宗中)

㉠ '종중'이란 공동선조의 분묘수호와 제사 및 종원 상호간의 친목 등을 목적으로 하여 구성되는 자연발생적인 종족집단으로, 종중의 이러한 목적과 본질에 비추어 볼 때 공동선조와 성과 본을 같이 하는 후손은 성별의 구별 없이 성년이 되면 당연히 그 구성원이 되며, 조직행위를 요하지 않고 당연히 성립된다.

㉡ '종중'의 재산소유형태는 총유이다.

㉢ 민사소송상의 당사자능력이 있고, 또한 등기능력이 있다.

㉣ 판례는 종중의 시효취득능력도 인정하고 있다.

② 교 회

㉠ 교회도 비법인사단이다.

㉡ 교회의 분열은 허용하지 않는다. 따라서 교회재산은 분열 당시 교인들의 총유가 아니라 잔존교인들의 총유이다.

관련판례

1. 종중은 공동선조의 후손 중 성년 이상의 남자를 종원으로 하여 구성되는 종족의 자연발생적 집단이므로, 그 성립을 위하여 특별한 조직행위를 필요로 하는 것이 아니고, 다만 그 목적인 공동선조의 분묘 수호, 제사 봉행, 종원 상호간의 친목을 규율하기 위하여 규약을 정하는 경우가 있고, 또 대외적인 행위를 할 때에는 대표자를 정할 필요가 있는 것에 지나지 아니하며, 반드시 특별한 명칭의 사용 및 서면화된 종중규약이 있어야 하거나 종중의 대표자가 선임되어 있는 등 조직을 갖추어야 성립하는 것은 아니다(대판 1997.11.14, 96다25715).
2. 종중이 비법인사단으로서 당사자능력이 있느냐의 문제는 소송요건에 관한 것으로서 사실심의 변론종결시를 기준으로 판단하여야 하는 것이다(대판 2010.3.25, 2009다95387).
3. 종중의 규약이나 관행에 의하여 매년 일정한 날에 일정한 장소에서 정기적으로 종중원들이 집합하여 종중의 대소사를 처리하기로 되어 있는 경우에는 별도로 종중총회의 소집절차를 필요로 하지 않는다(대판 1994.9.30, 93다27703).
4. 종중이 당사자인 사건에 있어서 그 종중의 대표자에게 적법한 대표권이 있는지의 여부는 소송요건에 관한 것으로서 법원의 직권조사사항이다(대판 2002.5.14, 2000다42908).
5. 대표자를 선임하기 위하여 개최되는 종중총회의 소집권을 가지는 연고항존자를 확정함에 있어서 여성을 제외할 아무런 이유가 없으므로, 여성을 포함한 전체 종원 중 항렬이 가장 높고 나이가 가장 많은 사람이 연고항존자가 된다(대판 2010.12.9, 2009다26596).
6. 종중의 토지에 대한 수용보상금은 종원의 총유에 속하고, 수용보상금의 분배는 총유물의 처분에 해당하므로 정관 기타 규약에 달리 정함이 없는 한 종중총회의 분배결의가 없으면 종원이 종중에 대하여 직접 분배청구를 할 수 없지만, 수용보상금을 종원에게 분배하기로 결의하였다면 종원은 종중에 대하여 직접 분배금의 지급을 청구할 수 있다(대판 1994.4.26, 93다32446).
7. 소집절차에 하자가 있어 그 효력을 인정할 수 없는 종중총회의 결의라도 후에 적법하게 소집된 종중총회에서 이를 추인하면 처음부터 유효로 된다(대판 1996.6.14, 96다2729).
8. 우리 민법이 사단법인에 있어서 구성원의 탈퇴나 해산은 인정하지만 사단법인의 구성원들이 2개의 법인으로 나뉘어 각각 독립한 법인으로 존속하면서 종전 사단법인에게 귀속되었던 재산을 소유하는 방식의 사단법인의 분열은 인정하지 아니한다. 그 법리는 법인 아닌 사단에 대하여도 동일하게 적용되며, 법인 아닌 사단의 구성원들의 집단적 탈퇴로써 사단이 2개로 분열되고 분열되기 전 사단의 재산이 분열

OX

고유한 의미의 종중의 경우에는 종중원이 종중을 임의로 탈퇴할 수 없다. (○) 제26회

OX

종중이 법인 아닌 사단이 되기 위해서는 특별한 조직행위와 이를 규율하는 성문의 규약이 있어야 한다. (×) 제23회

OX

종중의 토지에 대한 수용보상금의 분배는 총유물의 처분에 해당한다. (○) 제20회

OX

소집절차에 하자가 있어 그 효력을 인정할 수 없는 종중총회의 결의라도 후에 적법하게 소집된 종중총회에서 이를 추인하면 처음부터 유효로 된다. (○) 제18회

된 각 사단들의 구성원들에게 각각 총유적으로 귀속되는 결과를 초래하는 형태의 법인 아닌 사단의 분열은 허용되지 않는다. 따라서 교인들은 교회 재산을 총유의 형태로 소유하면서 사용·수익할 것인데, 일부 교인들이 교회를 탈퇴하여 그 교회 교인으로서의 지위를 상실하게 되면 탈퇴가 개별적인 것이든 집단적인 것이든 이와 더불어 종전 교회의 총유 재산의 관리처분에 관한 의결에 참가할 수 있는 지위나 그 재산에 대한 사용·수익권을 상실하고, 종전 교회는 잔존 교인들을 구성원으로 하여 실체의 동일성을 유지하면서 존속하며 종전 교회의 재산은 그 교회에 소속된 잔존 교인들의 총유로 귀속됨이 원칙이다(대판 전합 2006.4.20, 2004다37775).

9. 비법인사단의 구성원 중 일부가 탈퇴하여 새로운 비법인사단을 설립하는 경우에 종전의 비법인사단에 남아 있는 구성원들이 자신들이 총유의 형태로 소유하고 있는 재산을 새로이 설립된 비법인사단의 구성원들에게 양도하거나, 비법인사단이 해산한 후 그 구성원들이 나뉘어 여러 개의 비법인사단들을 설립하는 경우에 해산되기 전의 비법인사단의 구성원들이 자신들이 총유의 형태로 소유하고 있던 재산을 새로 설립된 비법인사단들의 구성원들에게 양도하는 것은 허용된다(대판 2008.1.31, 2005다60871).

10. 소속 교단에서의 탈퇴 내지 소속 교단의 변경은 사단법인 정관변경에 준하여 의결권을 가진 교인 2/3 이상의 찬성에 의한 결의를 필요로 하고, 그 결의요건을 갖추어 소속 교단을 탈퇴하거나 다른 교단으로 변경한 경우에 종전 교회의 실체는 이와 같이 교단을 탈퇴한 교회로서 존속하고 종전 교회 재산은 위 탈퇴한 교회 소속 교인들의 총유로 귀속된다(대판 전합 2006.4.20., 2004다37775).

11. 화해조서의 효력은 화해의 당사자 사이에만 효력을 갖는 것으로 민법상 비법인사단에 해당하는 재건축조합을 당사자로 하는 화해조서의 효력은 그 구성원인 조합원들에게 미치지 않는다(대판 2005.6.23, 2004다3864).

> **OX**
> 법인 아닌 사단인 교회가 2개로 분열되고, 분열되기 전 교회의 재산이 분열된 각 교회의 구성원들에게 각각 총유적으로 귀속되는 형태의 교회의 분열은 허용된다. (×) 제18회

3 법인 아닌 재단(권리능력 없는 재단)

(1) 개 념

① 재단법인의 실질을 갖추고 있으나 법인등기를 하지 아니하여 법인격을 가지지 않는 재단을 가리킨다.

② 한정승인을 한 상속재산, 상속인이 없는 상속재산, 각종 재단저당의 목적이 되는 재산, 파산재단 등이 있다.

(2) 법인 아닌 재단의 법률관계

① 법인격을 전제로 하는 것을 제외하고는 재단법인에 관한 규정이 유추적용된다.

> **OX**
> 민법은 법인 아닌 재단의 재산소유를 단독소유로 규정하고 있으므로, 법인 아닌 재단 자체의 명의로 부동산등기를 할 수 있다. (×) 제27회

② 당사자능력을 가지며, 등기능력을 가지고, 명예권과 성명권을 누릴 수 있다.
③ 재산소유는 권리능력 없는 재단의 '단독소유'가 된다.

예제

비법인 사단에 관한 설명으로 옳은 것을 모두 고른 것은? (다툼이 있으면 판례에 따름)

제28회

> ㉠ 비법인 사단에 대표자가 있으면 그 사단의 이름으로 민사소송의 당사자가 될 수 있다.
> ㉡ 비법인 사단의 대표자가 그 사단이 타인 간의 금전채무를 보증한다는 내용의 계약을 체결하면서 사원총회의 결의를 거치지 않았더라도 특별한 사정이 없는 한 그 계약은 유효하다.
> ㉢ 비법인 사단의 채권자가 채권자대위권에 기하여 비법인 사단의 총유재산에 대한 권리를 대위행사하는 경우에는 사원총회의 결의 등 비법인 사단의 내부적 의사결정 과정을 거쳐야 한다.

① ㉠
② ㉢
③ ㉠, ㉡
④ ㉡, ㉢
⑤ ㉠, ㉡, ㉢

해설

㉠ (○) 법인이 아닌 사단이나 재단은 대표자 또는 관리인이 있는 경우에는 그 사단이나 재단의 이름으로 당사자가 될 수 있다(민사소송법 제52조).
㉡ (○) 비법인사단이 타인 간의 금전채무를 보증하는 행위는 총유물 그 자체의 관리·처분이 따르지 아니하는 단순한 채무부담행위에 불과하여 이를 총유물의 관리·처분행위라고 볼 수는 없다. 따라서 비법인사단인 재건축조합의 조합장이 채무보증계약을 체결하면서 조합규약에서 정한 조합 임원회의 결의를 거치지 아니하였다거나 조합원총회 결의를 거치지 않았다고 하더라도 그것만으로 바로 그 보증계약이 무효라고 할 수는 없다(대판 전합 2007.4.19, 2004다60072).
㉢ (×) 비법인사단이 총유재산에 관한 소를 제기할 때에는 정관에 다른 정함이 있는 등의 특별한 사정이 없는 한 사원총회의 결의를 거쳐야 하지만, 이는 비법인사단의 대표자가 비법인사단 명의로 총유재산에 관한 소를 제기하는 경우에 비법인사단의 의사결정과 특별수권을 위하여 필요한 내부적인 절차이다. 채권자대위권은 채무자가 스스로 자기의 권리를 행사하지 아니하는 때에 채권자가 채무자에 대한 채권을 보전하기 위하여 채무자의 의사와는 상관없이 채무자의 권리를 대위하여 행사할 수 있는 권리로서 그 권리행사에 채무자의 동의를 필요로 하는 것은 아니므로, 비법인사단이 총유재산에 관한 권리를 행사하지 아니하고 있어 비법인사단의 채권자가 채권자대위권에 기하여 비법인사단의 총유재산에 관한 권리를 대위행사하는 경우에는 사원총회의 결의 등 비법인사단의 내부적인 의사결정절차를 거칠 필요가 없다(대판 2014.9.25, 2014다211336).

정답 ③

Chapter

04 권리의 객체 - 물건

단 · 원 · 열 · 기

본 장은 매년 1~2문제 정도 출제되는 부분이다. '물건의 의의', '종물의 의의와 효과', '과실' 등을 위주로 학습하여야 한다.

OX

권리의 객체는 물건에 한정된다. (×) 제27회

OX

사람은 재산권의 객체가 될 수 없으나, 사람의 일정한 행위는 재산권의 객체가 될 수 있다. (○) 제27회

1 권리의 객체(客體)

(1) 의 의

'권리'를 일정한 이익을 누릴 수 있도록 법에 의하여 권리주체(자연인 또는 법인)에게 주어진 힘이라고 이해하면, 그러한 권리의 대상을 '권리의 객체'라 한다.

(2) 권리의 객체는 권리의 종류에 따라 다르다.

예를 들면, 물권의 객체는 '물건'이고, 채권의 객체는 '채무자의 일정한 행위(급부라고도 한다)'이며, 형성권에는 '법률관계 그 자체'가 객체이다. 항변권은 '항변의 대상이 되는 상대방의 청구권'을 그 객체로 한다.

(3) 민법총칙 편에서는 물권의 객체인 물건에 대하여만 규정하고 있다.

물권의 객체는 원칙적으로 물건이지만, 예외적으로 재산권을 객체로 하는 경우도 있다. 예를 들면, 권리질권, 재산권의 준점유, 지상권 또는 전세권을 목적으로 하는 저당권 등이 있다. 즉, 물권의 객체는 물건에 한하지 않고, 권리도 객체가 된다.

2 물건(物件)(물권의 객체)

1. 의 의

> **제98조 【물건의 정의】** 본법에서 물건이라 함은 유체물 및 전기 기타 관리할 수 있는 자연력을 말한다.

2. 물건의 요건(물권의 객체인 물건이 갖추어야 할 요건)

(1) 유체물(有體物) 또는 무체물(無體物) 중 관리 가능(管理可能)한 자연력일 것

① 민법상의 '물건(物件)'이란 일정한 형체를 가지고 사람의 오감에 의하여 지각될 수 있는 유체물(고체, 액체, 기체 등)과 형체가 없는 무체물(전기, 열, 광, 음향 등)을 말한다.

② 민법 제98조의 '관리할 수 있다는 것'은 '배타적(排他的) 지배'가 가능하다는 것을 의미한다.

㉠ '배타적 지배'란 관리 가능한 독점적 지배를 의미한다. 물권은 물건을 직접 지배함으로써 실현된다는 점에서 배타성이 요구된다.

㉡ 따라서 해, 달 등은 유체물이긴 하지만 관리할 수 없기에 물건이 아니며, 전파도 무체물이긴 하지만 관리할 수 없기에 물건이 아니다.

㉢ 다만, 바다는 원칙적으로 관리할 수 없기에 물건이 아니나 바다의 일부는 어업권, 공유수면매립권의 객체가 될 수 있다는 점에서 물건이 된다.

(2) 사람의 신체의 일부가 아닐 것[외계(外界)의 일부일 것, 비인격성]

① 물권의 객체로서 물건이기 위해서는 살아있는 사람의 신체나 그 일부가 아니어야 한다.

② 모발, 치아, 혈액 등과 같이 인체의 일부라도 인체로부터 분리된 것은 물건이며, 분리당한 사람의 소유에 속한다.

③ 의치나 의족과 같은 것은 물건이나, 사람의 신체에 부착된 것은 물건이 아니다.

④ 시체나 유골이 물건인가에 대하여 다수설은 물건성을 인정한다. 다만, 사용·수익·처분의 권능이 없고 매장, 제사, 공양 등의 대상이 되는 특수한 물건이라고 한다.

관련판례

[1] 사람의 유체·유골은 매장·관리·제사·공양의 대상이 될 수 있는 유체물로서, 분묘에 안치되어 있는 선조의 유체·유골은 민법 제1008조의3 소정의 제사용 재산인 분묘와 함께 그 제사주재자에게 승계되고, 피상속인 자신의 유체·유골 역시 위 제사용 재산에 준하여 그 제사주재자에게 승계된다.

[2] 피상속인이 생전행위 또는 유언으로 자신의 유체·유골을 처분하거나 매장장소를 지정한 경우에 선량한 풍속 기타 사회질서에 반하지 않는 이상 그 의사는 존중되어야 하고 이는 제사주재자로서도 마찬가지이지만, 피상속인의 의사를 존중해야 하는 의무는 도의적인 것에 그치고, 제사주재자가 무조건 이에 구속되어야 하는 법률적 의무까지 부담한다고 볼 수는 없다(대판 전합 2008.11.20, 2007다27670).

OX 유체물은 관리가능성이 없는 경우에도 물건에 해당한다. (×) 제17회

OX 사람의 유체·유골은 매장·관리·제사·공양의 대상이 될 수 있는 유체물로서, 분묘에 안치되어 있는 선조의 유체·유골은 그 제사주재자에게 승계된다. (○) 제27회

OX 분묘에 매장된 조상의 유골은 민법이 정하는 제사용 재산인 분묘와 함께 그 제사주재자에게 승계된다. (○) 제20회

OX 사람은 유언으로 본인의 시신을 병원에 연구용으로 기증할 수 있으나, 제사를 주재하는 자가 이에 법적 구속을 받는 것은 아니다. (○) 제14회

OX 제사주재자에게는 자기 유골의 매장장소를 지정한 피상속인의 의사에 구속되어야 할 법률적 의무가 없다. (○) 제22회

(3) 독립(獨立)한 물건(物件)일 것

① **의 의**

물권의 객체인 물건은 배타적(排他的) 지배(독점적 지배)의 대상이 되기 위하여, '독립한 존재'를 가지고 있어야 한다.

② **일물일권주의**(一物一權主義)

㉠ 하나의 독립된 물건이 있으면 하나의 독립한 권리를 인정한다는 원칙을 말한다. 즉, 하나의 물권이 인정되기 위해서는 1개의 독립한 물건이어야 한다는 원칙을 말한다.

㉡ 원칙적으로 독립되지 않은 물건의 일부나 수개의 물건 전부에 대하여 하나의 물권을 설정할 수 없다.

ⓐ 토지의 일부에 소유권을 인정할 수 없다.

ⓑ 토지의 일부에 저당권을 설정할 수 없다.

ⓒ 공유토지의 지분에 용익물권은 설정할 수 없다(반면, 공유토지의 지분에 저당권은 설정할 수 있다).

㉢ 다만, 예외적으로 물건의 일부나 수개의 물건 전부(집합물)에 대하여 하나의 물권이 설정되는 경우도 있다.

ⓐ 토지의 일부에 지상권, 지역권, 전세권 등의 용익물권을 설정할 수 있다.

ⓑ 지상공간의 일부나 지하의 일부만을 대상으로 하는 구분지상권도 설정할 수 있다.

ⓒ 건물에 대한 예외로서 1동의 건물의 일부가 구조상・이용상의 독립성을 갖추었다면 구분소유권이 인정된다.

ⓓ 미분리과실이나 수목의 집단은 명인방법에 의하여 독립한 물건이 될 수 있다.

ⓔ 집합물의 경우에도 예외적으로 물권을 설정할 수 있다.

OX

저당권은 1필지의 토지의 일부에도 분필하지 않은 상태로 설정할 수 있다. (×) 제21회

OX

1필의 토지의 일부에 대하여 분필절차 없이도 독립하여 시효로 그 소유권을 취득할 수 있다. (×) 제26회

OX

등기부상 1동의 건물로 등기되어 있는 것의 일부에 대하여는 구분등기를 하지 않으면 전세권을 설정할 수 없다. (×) 제28회

OX

1필의 토지의 일부에 대해서는 지역권을 설정할 수 없다. (×) 제28회

(4) 현존성(現存性)

① 존재하는 물건에 대해 물권을 설정할 수 있고, 장래의 물건에 대해서는 물권을 설정할 수 없다.

② 또한 물건이 멸실(건물의 멸실, 토지의 포락 등)되면 물권도 소멸하는 것이 원칙이다.

OX

분할이 가능한 토지의 일부에도 유치권이 성립할 수 있다. (○) 제22회

관련판례

토지가 포락되어 하천부지화하여 항시 그 위로 물이 흐르고 있어 그 복구가 어려워 토지로서의 효용을 상실하였을 때에는 그 토지에 관한 사권은 포락으로 인하여 영구히 소멸된 것이고 그 후 포락된 토지가 다시 성토화되었다고 할지라도 종전의 사권은 다시 되살아나 종전의 소유권자가 다시 소유권을 취득할 수는 없는 것이다(대판 1983. 12.27, 83다카1561).

(5) 특정성

특정물에만 물권을 설정할 수 있고, 불특정물은 물권을 설정할 수 없다.

3. 물건의 분류

(1) 단일물 · 합성물 · 집합물

① **단일물**(單一物)

㉠ '단일물'이란 한 권의 책처럼 형체상 단일한 일체를 이루고 각 구성부분이 개성을 잃고 있는 물건을 의미한다.

㉡ '단일물'은 하나의 물건이다.

② **합성물**(合性物)

㉠ '합성물'이란 여러 개의 물건이 각각 개성을 잃지 않고 결합하여 단일한 형태를 이루는 물건(예 자동차)을 의미한다.

㉡ '합성물'도 법률상 하나의 물건이다.

③ **집합물**(集合物)

㉠ '집합물'이란 다수의 물건이 집합하여 경제적으로 단일한 가치를 가지며 거래상 일체로 다루어지는 물건을 말한다.

㉡ 원칙: '집합물'은 여러 개 물건의 합(合)이므로 하나의 물건이 아니다. 따라서 일물일권주의 원칙상 집합물에는 하나의 물권을 설정할 수 없다.

㉢ 예외: 다음의 경우에는 하나의 물권을 설정할 수 있다.

ⓐ 특별법(공장 및 광업재단 저당법 등)이 있는 경우

ⓑ 특별법이 없더라도 장소적 · 수량적으로 다른 물건과 특정할 수 있고 다른 물건과 구별되도록 공시방법이 마련되어 있는 경우

OX

다른 물건과 구별되고 특정되어 있는 집합동산에 대하여 양도담보권을 설정할 수 있다. (○) 제26회

OX

특정성이 인정되는 집합물은 하나의 물건으로 취급되어 양도담보의 대상이 된다. (○) 제15회

관련판례

일반적으로 일단의 증감·변동하는 동산을 하나의 물건으로 보아 이를 채권담보의 목적으로 삼으려는 이른바 집합물에 대한 양도담보설정계약체결도 가능하며 이 경우 그 목적동산이 담보설정자의 다른 물건과 구별될 수 있도록 그 종류, 장소 또는 수량지정 등의 방법에 의하여 특정되어 있으면 그 전부를 하나의 재산권으로 보아 이에 유효한 담보권의 설정이 된 것으로 볼 수 있다(대판 1990.12.26, 88다카20224).

(2) 융통물 · 불융통물

① '융통물(融通物)'이란 사법상 거래의 대상이 될 수 있는 물건을 의미하고, '불융통물(不融通物)'이란 거래할 수 없는 물건을 의미한다.

② **불융통물의 종류**

㉠ 공용물: 국가나 공공단체가 직접 자신의 사용에 제공하는 물건을 의미한다. 관공서의 청사, 등대, 병기, 경찰견, 관용차, 부대 연병장 등이 공용물에 속한다.

㉡ 공공용물(公共用物): 일반공중의 공동사용에 제공되는 물건을 의미한다. 도로, 하천, 공원 등이 공공용물에 속한다.

㉢ 금제물(禁制物): 법령에 의해 거래가 금지되는 물건을 의미한다. 아편, 위조된 통화 등과 같이 거래뿐만 아니라 소지까지 금지되는 것이 있고, 지정문화재 등과 같이 소유는 허용하지만 거래가 금지 또는 제한되는 것이 있다.

③ '공용물'과 '공공용물'은 공용폐지가 있은 후에는 융통물이 될 수 있다.

④ 국유재산(행정재산, 일반재산) 중에서 행정재산은 취득시효의 대상이 되지 아니한다(국유재산법 제7조 제2항).

(3) 가분물 · 불가분물

① '가분물(可分物)'이란 금전, 곡물 등 물건의 성질 또는 가치를 현저하게 손상시키지 않고도 분할할 수 있는 물건을 의미하고, '불가분물(不可分物)'이란 소, 말, 건물처럼 그렇지 못한 물건을 의미한다.

② 물건의 객관적 성질에 의하여 결정되는 것이 보통이지만, 당사자의 주관적 의사표시에 의하여도 가분물을 불가분물로 할 수 있다.

③ 공유물의 분할과 다수당사자의 채권관계에 관하여 구별의 실익이 있다.

(4) 대체물 · 부대체물

① '대체물(代替物)'이란 금전, 곡물처럼 거래상 개성이 중요하지 않아서 대체성이 있는 물건, 즉 동종 · 동질 · 동량의 물건으로 대체하더라도 영향이 없는 물건을 의미하고, '부대체물(不代替物)'은 골동품, 그림 등 대체성이 없는 물건을 의미한다.

② 물건의 개성이라는 객관적 기준에 의하여 구별된다.

③ 소비대차, 소비임치에서 구별의 실익이 있다.

(5) 소비물 · 비소비물

① '소비물(消費物)'이란 한 번 사용하면 동일한 용도로 더 이상 사용할 수 없는 물건을 말하고, '비소비물(非消費物)'이란 반복하여 사용 · 수익할 수 있는 물건을 말한다.

② 물건의 객관적 성질에 의한 구별이다.

③ 소비대차와 사용대차, 임대차에서 구별의 실익이 있다.

(6) 특정물 · 불특정물

① '특정물(特定物)'은 급부의 목적물이 개별적으로 지정된 것을 의미하고, '불특정물(不特定物)'은 급부의 목적물이 종류로만 지정된 것을 말한다. 물권의 목적은 배타적 지배와의 관계상 특정물에 한한다.

② 물건의 객관적 성질에 따른 구별이 아니라 당사자의 주관적 의사에 따른 구별이다.

③ 채권의 목적물의 보존(제374조) 및 현상인도의무(제462조), 변제의 장소(제467조), 매도인의 담보책임(제580조, 제581조) 등에서 구별의 실익이 있다.

OX

대체물(代替物)과 부대체물(不代替物)은 당사자의 의사에 따른 구별이다. (×) 제17회

3 민법상 물건의 분류

1. 부동산과 동산

제99조 【부동산, 동산】 ① 토지 및 그 정착물은 부동산이다.
② 부동산 이외의 물건은 동산이다.

OX

지하수의 일종인 온천수는 토지와 별개의 부동산이다. (×) 제27회

OX

지하에 매장되어 있는 미채굴 광물인 금(金)에는 토지의 소유권이 미치지 않는다. (○) 제27회

OX

토지의 개수는 지적공부상 토지의 필수에 의한다. (○) 제14회

OX

건물은 토지와 별개의 독립한 동산이며, 이는 민법이 명문으로 규정하고 있다. (×) 제27회

(1) 부동산(不動産)

① **의의**: '부동산'이란 '토지 및 그 정착물'이다.

② **토지**: 토지는 인위적으로 구획된 일정 범위의 지면에 정당한 이익 있는 범위 내에서의 상하(공중, 지하)를 포함한다(제212조).

㉠ 토지소유권의 범위(토지소유권이 미치는 범위)

ⓐ 자연석도 토지의 일부이다. 다만, 석불이 조각된 경우에는 독립한 소유권의 객체로 인정된다.

ⓑ 토지의 구성물(암석, 토사, 지하수 등)은 독립한 물건이 아니고, 토지의 소유권이 미친다.

ⓒ 온천수도 그것이 용출된 토지의 구성부분으로서 독립한 물권의 객체는 아니며 토지소유권의 범위에 속한다.

ⓓ 지하에 매장된 미채굴의 광물은 광업권 또는 조광권의 객체로서 토지소유권이 미치지 않는다.

㉡ 토지의 개수를 판단하는 기준: 토지의 개수는 '등기부상의 표시'가 아니라 공간정보의 구축 및 관리 등에 관한 법률에 의한 '지적공부상의 토지의 필지(筆地)'를 기준으로 결정된다.

③ **토지의 정착물**(定着物)

㉠ '토지의 정착물'이란 토지에 고정적으로 부착되어 용이하게 이동이 불가능한 물건으로서 그러한 상태로 사용되는 것이 거래상의 성질로 인정되는 것을 말한다. 그러나 가식(假植)의 수목, 가건물 등은 토지의 정착물이 아니다.

㉡ 정착물의 종류

ⓐ 종속정착물: 도로의 포장, 교량, 담 등을 말하며 항상 토지와 일체로써 거래된다.

ⓑ 반독립정착물: 원칙은 종속정착물이나, 일정한 경우에 독립정착물로 취급되는 경우가 있다. 예 수목 내지 수목의 집단, 미분리의 과실 등

ⓒ 독립정착물: 토지와는 별개의 독립물이며 항상 토지와 독립하여 거래된다. 예 건물, 농작물 등

㉢ 건 물

ⓐ 건물은 토지로부터 독립한 별개의 부동산으로 건물등기부에 의하여 공시된다.

ⓑ 토지로부터 '건물이 독립되는 시기'는 최소한의 기둥과 지붕 그리고 주벽이 갖추어져 있으면 그때부터 독립한 부동산이다.

ⓒ 따라서 사회통념상 독립한 건물이라고 볼 수 있는 미완성 건물을 인도받아 완공한 경우 그 소유권의 원시취득자는 완공 건축주가 아닌 원래의 건축주이다.

ⓓ 건물의 개수는 건물의 물리적 구조뿐만 아니라 거래관념을 고려하여 결정하여야 한다.

관련판례

1. 독립된 부동산으로서의 건물이라고 하기 위하여는 최소한의 기둥과 지붕 그리고 주벽이 이루어지면 된다(대판 2001.1.16, 2000다51872).
2. 건물의 개수를 판단함에 있어서는 물리적 구조뿐만 아니라 거래 또는 이용의 목적물로서 관찰한 건물의 상태도 그 개수 판단요건의 중요한 자료가 될 것이며 이러한 상태를 판별하기 위하여는 주위건물과 인근의 정도, 주위의 상황 등 객관적 사정은 물론 건축한 자의 의사와 같은 주관적 사정도 고려하여야 할 것으로서 단순히 건물의 물리적 구조로서만 그 개수를 판단할 수 없는 것이다(대판 1961.11.28., 4293민상623・624).
3. 구분건물이 물리적으로 완성되기 전에도 건축허가신청이나 분양계약 등을 통하여 장래 신축되는 건물을 구분건물로 하겠다는 구분의사가 객관적으로 표시되면 구분행위의 존재를 인정할 수 있고, 이후 1동의 건물 및 그 구분행위에 상응하는 구분건물이 객관적・물리적으로 완성되면 아직 그 건물이 집합건축물대장에 등록되거나 구분건물로서 등기부에 등기되지 않았더라도 그 시점에서 구분소유가 성립한다(대판 전합 2013.1.17, 2010다71578).

㉣ 농작물

ⓐ '농작물'은 토지에 부합하지 않는다. 항상 토지로부터 독립된 정착물이다.

ⓑ 아무런 권원 없이 타인의 토지에서 경작・재배한 경우에는 '명인방법을 갖추지 않았다 하더라도' 그 농작물의 소유권은 경작자에게 있다.

㉤ 수목 또는 수목의 집단

ⓐ 수목은 토지와 분리되면 동산이지만, 토지로부터 분리되지 않은 상태에서는 원칙적으로 토지의 일부일 뿐, 독립한 물건이 아니다.

ⓑ 다만, 입목에 관한 법률에 의해 입목은 독립한 부동산으로 취급된다. 입목에 관한 법률에 의해 수목도 소유권과 저당권의 객체가 될 수 있다.

ⓒ 입목에 관한 법률에 의해 입목등기를 하지 않은 수목이더라도 '명인방법을 갖춘 수목'은 토지와 독립된 부동산으로서 거래의 객체가 된다. 다만, 이 경우에 인정되는 물권은 소유권과 양도담보권뿐이다. 저당권은 설정할 수 없다.

OX 최소한의 기둥과 지붕 그리고 주벽이 이루어지면 사회통념상 독립된 부동산으로서 건물로 인정될 수 있다. (○) 제26회

OX 건물의 개수는 공부상의 등록에 의해서만 결정된다. (×) 제25회

OX 구분건물이 물리적으로 완성되기 전이라도 건축허가 신청 등을 통하여 장래 신축되는 건물을 구분건물로 하겠다는 구분의사가 객관적으로 표시되면 구분행위의 존재를 인정할 수 있다. (○) 제28회

OX 농작물을 권원 없이 타인의 토지에서 경작하고 그 농작물이 성숙하여 독립한 물건이 되었으면 그에 대한 소유권은 경작자에게 있다. (○) 제20회

OX 타인의 토지에서 권원 없이 경작한 수확기의 보리는 부합에 의하여 그 토지의 소유자에게 귀속한다. (×) 제17회

OX 「입목에 관한 법률」에 의해 소유권보존등기를 한 수목의 집단이더라도 토지와 분리하여 저당권의 목적이 될 수 없다. (×) 제28회

OX 토지에 식재된 「입목에 관한 법률」상의 입목은 토지와 별개의 동산이다. (×) 제27회

OX 입목등기가 되지 않은 수목이라도 명인방법을 갖춘 때에는 독립한 물건으로 거래의 객체가 될 수 있다. (○) 제16회

OX 명인방법을 갖춘 미분리 과실은 독립된 별개의 소유권 객체가 될 수 있다. (○) 제15회

ⓑ 명인방법을 갖춘 미분리과실

원칙적으로 상엽, 엽연초, 과수의 열매 등 미분리과실은 수목의 일부에 지나지 않는다. 다만, 판례는 명인방법을 갖추면 독립한 물건으로서 거래의 목적이 된다고 한다.

관련판례

1. 경매의 대상이 된 토지 위에 생립하고 있는 채무자 소유의 미등기 수목은 토지의 구성부분으로서 토지의 일부로 간주되어 특별한 사정이 없는 한 토지와 함께 경매되는 것이므로 그 수목의 가액을 포함하여 경매 대상 토지를 평가하여 이를 최저경매가격으로 공고하여야 하고, 다만 입목에 관한 법률에 따라 등기된 입목이나 명인방법을 갖춘 수목의 경우에는 독립하여 거래의 객체가 되므로 토지 평가에 포함되지 아니한다(대결 1998.10.28, 98마1817).
2. 쪽파와 같은 수확되지 아니한 농작물에 있어서는 명인방법을 실시함으로써 그 소유권을 취득한다(대판 1996.2.23, 95도2754).
3. 적법한 경작권 없이 타인의 토지를 경작하였더라도 그 경작한 입도(농작물)가 성숙하여 독립한 물건으로서의 존재를 갖추었으면 입도(농작물)의 소유권은 경작자에게 귀속한다(대판 1979.8.28, 79다784).
4. 명인방법을 갖춘 미분리과실도 독립한 물건으로서 거래의 객체가 된다(대판 1972.2.29, 71다2573).

(2) **동산**(動産)

① 부동산 이외의 물건은 모두 '동산'이다.

② 전기, 가스 기타 관리 가능한 자연력도 동산이다.

③ 등기·등록하는 선박·자동차·항공기·건설기계 등의 동산은 모두 법률상 부동산과 같이 다루지만 '동산'이다.

④ '무기명채권(상품권, 승차권 등)'은 (구)민법상 동산으로 간주하였으나, 현행 민법은 채권으로 취급하고 있다.

⑤ 동산은 부동산과 달리 선의취득이 인정된다.

⑥ **금전의 특수성**

㉠ 소유와 점유가 일치하여 금전의 점유자가 소유자가 된다. 그리고 금전채권, 채무관계에서는 이행불능의 문제가 발생하지 않는다.

㉡ 선의취득 규정이 적용되지 않는다.

㉢ 물권적 청구권이 인정될 수 없다. 예를 들면, 도난당하여 타인의 점유에 들어간 금전에 대하여 반환을 구하는 것은 부당이득반환청구권 등의 채권적 청구권에 기한 것으로 해석된다.

알아두기

■ 부동산과 동산의 구별실익

구 분	부동산	동 산
의 미	토지와 그 정착물	부동산 이외의 것
공시방법	등기	인도
공신의 원칙	공신력 부정(선의취득 ×)	공신력 인정(선의취득 ○)
취득시효기간	20년, 10년	10년, 5년
부 합	부동산의 소유자가 소유권 취득	• 주 · 종 구별 가능: 주된 동산의 소유자가 취득 • 주 · 종 구별 불가능: 공유
무주물선점	선점 ×, 국유	선점 ○
용익물권	○	×
담보물권	유치권, 저당권설정 가능	유치권, 질권설정 가능
환매기간	5년	3년
상린관계 적용 여부	상린관계 적용 ○	상린관계 적용 ×

예 제

1. 동산과 부동산에 관한 설명으로 옳은 것은? (다툼이 있으면 판례에 따름) 제27회

① 건물은 토지와 별개의 독립한 동산이며, 이는 민법이 명문으로 규정하고 있다.
② 지하에 매장되어 있는 미채굴 광물인 금(金)에는 토지의 소유권이 미치지 않는다.
③ 토지에 식재된 「입목에 관한 법률」상의 입목은 토지와 별개의 동산이다.
④ 지하수의 일종인 온천수는 토지와 별개의 부동산이다.
⑤ 토지는 질권의 객체가 될 수 있다.

해설

② 지하에 매장된 미채굴의 광물에는 토지 소유권이 미치지 아니한다.
① 건물은 토지와 별개의 독립한 부동산이다.
③ 토지에 식재된 입목은 토지와 별개의 부동산이다.
④ 지하수의 일종인 온천수는 토지의 구성부분에 해당하지, 토지와 별개의 부동산은 아니다.
⑤ 질권의 객체는 부동산이 될 수 없으므로, 토지는 질권의 객체가 될 수 없다.

정답 ②

2. 물건과 권리에 관한 설명으로 옳은 것은? (다툼이 있으면 판례에 따름) 제28회

① 1필의 토지의 일부에 대해서는 지역권을 설정할 수 없다.
② 「입목에 관한 법률」에 의해 소유권보존등기를 한 수목의 집단이더라도 토지와 분리하여 저당권의 목적이 될 수 없다.
③ 온천에 관한 권리는 관습상의 물권에 해당한다.
④ 등기부상 1동의 건물로 등기되어 있는 것의 일부에 대하여는 구분등기를 하지 않으면 전세권을 설정할 수 없다.
⑤ 구분건물이 물리적으로 완성되기 전이라도 건축허가 신청 등을 통하여 장래 신축되는 건물을 구분건물로 하겠다는 구분의사가 객관적으로 표시되면 구분행위의 존재를 인정할 수 있다.

해설

⑤ 구분건물이 물리적으로 완성되기 전에도 건축허가 신청이나 분양계약 등을 통하여 장래 신축되는 건물을 구분건물로 하겠다는 구분의사가 객관적으로 표시되면 구분행위의 존재를 인정할 수 있고, 이후 1동의 건물 및 그 구분행위에 상응하는 구분건물이 객관적·물리적으로 완성되면 아직 그 건물이 집합건축물대장에 등록되거나 구분건물로서 등기부에 등기되지 않았더라도 그 시점에서 구분소유가 성립한다(대판 전합 2013.1.17, 2010다71578).
① 토지의 일부(승역지)에 대해서도 지역권을 설정할 수 있다.
② 입목에 관한 법률에 의해서 소유권보존등기를 한 수목의 집단에 대하여 토지와 분리하여 저당권의 목적이 될 수 있다(입목에 관한 법률 제3조 제2항).
③ 온천에 관한 권리를 관습법상의 물권이라고 볼 수 없다(대판 1970.5.26, 68다1239).
④ 건물의 일부에 대해서도 전세권을 설정할 수 있다(부동산등기법 제72조 제1항 참조).

정답 ⑤

2. 주물(主物)과 종물(從物)

> **제100조【주물, 종물】** ① 물건의 소유자가 그 물건의 상용에 공하기 위하여 자기 소유인 다른 물건을 이에 부속하게 한 때에는 그 부속물은 종물이다.
> ② 종물은 주물의 처분에 따른다.

OX

물건의 소유자가 그 물건의 상용에 공(供)하기 위하여 자기소유인 다른 물건을 이에 부합하게 한 때에는 그 부합물은 종물이다. (×) 제19회

(1) 주물과 종물의 의의

물건의 소유자가 그 물건의 상용(常用)에 이바지(供)하기 위하여 자기 소유인 다른 물건을 이에 부속하게 한 때, 그 물건을 '주물(主物)'이라 하고, 그 부속된 다른 물건을 '종물(從物)'이라 한다.

예 주유소 건물과 주유기, 백화점 건물과 지하에 설치된 전화교환설비, 횟집과 수족관 등

(2) 종물의 요건

OX

종물은 주물의 구성부분이 아닌 독립한 물건이어야 한다. (○) 제21회

① 독립한 물건일 것

㉠ 종물은 반드시 독립한 물건이어야 한다. 따라서 주물의 구성부분은 종물이 될 수 없다.

㉡ 독립된 물건이면 되므로 동산이건 부동산이건 묻지 않는다. 즉, 부동산도 종물이 될 수 있다. 따라서 부동산과 부동산 사이에도 주물·종물관계가 인정된다.

② **주물의 상용(常用)에 이바지할 것**

㉠ '상용(常用)에 이바지한다.'는 것은 사회관념상 계속하여 주물 자체의 경제적 효용을 높이는 관계에 있다는 것을 의미한다.

㉡ 물건을 수선하거나 임시의 용도로 사용하는 등 일시적으로 물건의 효용을 돕는 것은 종물이 아니다.

㉢ 주물의 소유자나 이용자의 상용에 공여되고 있더라도 주물 자체의 효용과 직접적으로 관계되지 않은 물건은 종물이 아니다.

㉣ 주물의 효용과 관계없는 주물의 소유자(사람)의 편익에 필요한 선풍기, 냉장고, 전화, 침구 등은 종물이 아니다.

③ **주물의 소유자와 종물의 소유자가 동일할 것**

㉠ 주물과 종물은 원칙적으로 모두 동일한 소유자에 속하여야 한다.

㉡ 다만, 제3자의 권리를 침해하지 않는 범위 내에서 다른 소유자에게 속하는 물건 간에도 주물·종물관계가 성립한다.

④ 주물과 종물은 장소적으로 밀접할 것

관련판례

1. <u>주유소의 주유기</u>는 계속해서 주유소 건물 자체의 경제적 효용을 다하게 하는 작용을 하고 있으므로 주유소 건물의 상용에 공하기 위하여 부속시킨 종물이다(대판 1995.6.29, 94다6345).
   주유소의 '유류저장탱크'는 종물이 아니라 토지의 부합물이다.
2. 백화점 건물의 지하 2층 기계실에 설치된 <u>전화교환설비</u>는 백화점 건물의 종물이다(대판 1993.8.13, 92다43142).
3. 횟집으로 사용할 점포 건물에 거의 붙여서 횟감용 생선을 보관하기 위하여, 즉 위 점포 건물의 상용에 공하기 위하여 신축한 <u>수족관</u> 건물은 위 점포 건물의 종물이다(대판 1993.2.12, 92도3234).
4. 낡은 가재도구 등의 보관장소로 사용되고 있는 <u>방과 연탄창고 및 공동변소</u>가 본채에서 떨어져 축조되어 있기는 하나 <u>본채의 종물</u>이다(대판 1991.5.14, 91다2779).
5. <u>정화조</u>는 건물의 구성부분이므로 <u>종물이 아니다</u>(대판 1993.12.10, 93다42399).
6. 종물은 주물의 상용에 이바지하는 관계에 있어야 하고, 주물의 상용에 이바지한다 함은 주물 그 자체의 경제적 효용을 다하게 하는 것을 말하는 것으로서 <u>주물의 소유자나 이용자의 상용에 공여되고 있더라도 주물 그 자체의 효용과 직접 관계가 없는 물건은 종물이 아니다</u>(대판 1997.10.10, 97다3750).

OX
부동산은 종물이 될 수 있다. (○) 제26회

OX
주물의 소유자나 이용자의 상용에 공여되고 있더라도 주물 그 자체의 효용과 직접 관계가 없는 물건은 종물이 아니다. (○) 제21회

OX
책상과 의자는 주택의 종물이 아니다. (○) 제18회

OX
주물의 소유자와 다른 사람의 소유에 속하는 물건은 종물이 될 수 없는 것이 원칙이다. (○) 제14회

OX
저당부동산의 상용에 이바지하는 물건이 다른 사람의 소유에 속하는 경우, 그 물건에는 원칙적으로 부동산에 대한 저당권의 효력이 미치지 않는다. (○) 제23회

OX
주유소건물의 소유자가 설치한 주유기는 주유소 건물의 종물이다. (○) 제26회

OX
주유소 토지의 지하에 매설된 유류저장탱크는 토지의 부합물이 아니라 종물이다. (×) 제16회

OX
본채의 소유자가 본채 바로 옆에 축조하여 낡은 가재도구를 보관하는 장소로 쓰는 창고는 본채의 종물이 될 수 없다. (×) 제19회

7. 종물은 물건의 소유자가 그 물건의 상용에 공하기 위하여 자기 소유인 다른 물건을 이에 부속하게 한 것을 말하므로(제100조 제1항) 주물과 다른 사람의 소유에 속하는 물건은 종물이 될 수 없다(대판 2008.5.8, 2007다36933 · 36940).
8. 민법 제100조는 종물에 관하여 '자기 소유의 다른 물건'이라고 규정하고 있어 종물이 주물 소유자의 소유물인 것을 전제로 하고 있지만, 종물이 타인의 소유라고 하더라도 그 타인의 권리를 해하지 아니하는 범위에서 민법 제100조가 적용된다(대판 2002.2.5, 2000다38527).

(3) 종물의 효과

① **종물은 주물과 법률적 운명을 같이 한다.**

㉠ 즉, 주물이 처분되면 종물도 처분된다(제100조 제2항).

㉡ 주물과 종물이 법률적 운명공동체라 하더라도 종물이 독립물이므로 1개의 물건이 아니라 2개의 물건이다.

② **여기서의 '처분'은 법률행위에 의한 권리변동뿐만 아니라 주물의 권리관계가 압류와 같은 공법상의 처분 등에 생긴 경우도 포함한다.**

㉠ 다만, 점유 기타 사실관계에 기한 권리의 득실변경에 대하여는 제100조 제2항이 포함되지 않는다.

㉡ 예를 들면 주물에 대한 취득시효, 선의취득, 주물에 대한 유치권의 효력 등에는 적용되지 않는다. 즉, 주물에 대한 취득시효를 완성한 경우 종물도 점유하여야 종물에 대한 취득시효가 완성하는 것이지, 주물만 점유하고 종물을 점유하지 않는 경우 주물에 대한 취득시효만 완성한다.

③ 제100조 제2항은 임의규정이다. 따라서 주물을 처분할 때 당사자 약정으로 종물을 제외시킬 수 있고, 또는 종물만 따로 처분할 수 있다.

④ 저당권의 효력은 저당부동산에 부합된 물건과 종물에 미친다(제358조). 즉, 주물 위에 저당권이 설정된 경우에 그 저당권의 효력은 저당권설정 당시의 종물은 물론, 설정 후의 종물에도 미친다.

⑤ **종물이론**('종물은 주물의 처분에 따른다.'는 이론)**의 확장**

㉠ 종물이론에 관한 민법의 규정은 물건 상호간에 대해서만 규정하고 있지만, 판례는 권리 상호간의 관계에서도 이를 유추적용한다.

㉡ 즉, 주된 권리가 처분되면 종된 권리도 함께 양도된다.

㉢ 예를 들면, 원본채권이 양도되면 이자채권도 양도된다. 그리고 경락에서 주된 권리의 건물소유권이 경락인에게 이전되면 종된 권리인 토지임차권, 지상권, 대지사용권 등의 종된 권리도 함께 이전된다.

OX
종물은 주물의 처분에 따르도록 한 민법규정은 강행규정이다. (×) 제17회

OX
점유에 의하여 주물을 시효취득하면 종물을 점유하지 않아도 그 효력이 종물에 미친다. (×) 제26회

OX
주물에 저당권이 설정된 경우, 특별한 사정이 없는 한 저당권의 효력은 그 설정 후의 종물에도 미친다. (○) 제26회

OX
종물을 주물의 처분에 따르도록 한 법리는 권리 상호간에는 적용되지 않는다. (×) 제22회

OX
토지임차인 소유의 건물에 대한 저당권이 실행되어 매수인이 그 소유권을 취득한 경우, 특별한 사정이 없는 한 건물의 소유를 목적으로 한 토지임차권도 건물의 소유권과 함께 매수인에게 이전된다. (○) 제23회

관련판례

1. 종물은 주물의 처분에 수반된다는 민법 제100조 제2항은 임의규정이므로 당사자는 주물을 처분할 때에 특약으로 종물을 제외할 수 있고 종물만을 별도로 처분할 수도 있다(대판 2012.1.26, 2009다76546).
2. 민법 제100조 제2항의 종물과 주물의 관계에 관한 법리는 물건 상호간의 관계뿐 아니라 권리 상호간에도 적용되고, 위 규정에서의 처분은 처분행위에 의한 권리변동뿐 아니라 주물의 권리관계가 압류와 같은 공법상의 처분 등에 의하여 생긴 경우에도 적용되어야 하는 점, 저당권의 효력이 종물에 대하여도 미친다는 민법 제358조 본문 규정은 같은 법 제100조 제2항과 이론적 기초를 같이 하는 점, 집합건물의 소유 및 관리에 관한 법률 제20조 제1항·제2항에 의하면 구분건물의 대지사용권은 전유부분과 종속적 일체불가분성이 인정되는 점 등에 비추어 볼 때, 구분건물의 전유부분에 대한 소유권보존등기만 경료되고 대지지분에 대한 등기가 경료되기 전에 전유부분만에 대해 내려진 가압류결정의 효력은, 대지사용권의 분리처분이 가능하도록 규약으로 정하였다는 등의 특별한 사정이 없는 한, 종물 내지 종된 권리인 그 대지권에까지 미친다(대판 2006.10.26, 2006다29020).
3. 저당권의 효력이 저당부동산에 부합된 물건과 종물에 미친다는 민법 제358조 본문을 유추하여 보면 건물에 대한 저당권의 효력은 그 건물에 종된 권리인 건물의 소유를 목적으로 하는 지상권에도 미치게 되므로 건물에 대한 저당권이 실행되어 경락인이 그 건물의 소유권을 취득하였다면 경락 후 건물을 철거한다는 등의 매각조건에서 경매되었다는 등 특별한 사정이 없는 한, 경락인은 건물 소유를 위한 지상권도 민법 제187조의 규정에 따라 등기 없이 당연히 취득하게 되고, 한편 이 경우에 경락인이 건물을 제3자에게 양도한 때에는 특별한 사정이 없는 한 민법 제100조 제2항의 유추적용에 의하여 건물과 함께 종된 권리인 지상권도 양도하기로 한 것으로 봄이 상당하다(대판 1996.4.26, 95다52864).
4. 건물의 소유를 목적으로 하여 토지를 임차한 사람이 그 토지 위에 소유하는 건물에 저당권을 설정한 때에는 민법 제358조 본문에 따라서 저당권의 효력이 건물뿐만 아니라 건물의 소유를 목적으로 한 토지의 임차권에도 미친다고 보아야 할 것이므로, 건물에 대한 저당권이 실행되어 경락인이 건물의 소유권을 취득한 때에는 특별한 다른 사정이 없는 한 건물의 소유를 목적으로 한 토지의 임차권도 건물의 소유권과 함께 경락인에게 이전된다(대판 1993.4.13, 92다24950).
5. 건물이 증축된 경우에 증축부분의 기존건물에 부합 여부는 증축부분이 기존건물에 부착된 물리적 구조뿐만 아니라, 그 용도와 기능의 면에서 기존건물과 독립한 경제적 효용을 가지고 거래상 별개의 소유권의 객체가 될 수 있는지의 여부 및 증축하여 이를 소유하는 자의 의사 등을 종합하여 판단하여야 한다(대판 1994.6.10, 94다11606).
6. 경매법원이 기존건물의 종물이라거나 부합된 부속건물이라고 볼 수 없는 건물에 대하여 경매신청된 기존건물의 부합물이나 종물로 보고서 경매를 같이 진행하여 경락허가를 하였다 하더라도 그 독립된 건물에 대한 경락은 당연무효이고, 따라서 그 경락인은 위 독립된 건물에 대한 소유권을 취득할 수 없다(대판 1988.2.23, 87다카600).

OX

주물과 별도로 종물만을 처분할 수 있다. (○) 제21회

OX

'종물은 주물의 처분에 따른다.'는 규정은 사법관계에서만 적용될 뿐 공법상의 처분에는 적용되지 않는다. (×) 제14회

OX

건물저당권의 효력은 특별한 사정이 없는 한 그 건물의 소유를 목적으로 하는 지상권에도 미친다. (○) 제16회

OX

건물에 대한 저당권이 실행되어 경매의 매수인이 건물소유권을 취득한 때에는 특별한 사정이 없는 한 그 건물소유를 목적으로 하는 토지의 임차권도 매수인에게 이전된다. (○) 제21회

OX

저당권이 설정된 건물이 증축된 경우, 그 증축부분이 독립성을 갖지 못하는 이상 저당권은 그 증축부분에도 효력이 미친다. (○) 제21회

예제

주물과 종물에 관한 설명으로 옳지 않은 것은? (다툼이 있으면 판례에 따름) 제26회

① 부동산은 종물이 될 수 있다.
② 주물을 처분하면서 특약으로 종물을 제외할 수 있다.
③ 주물에 저당권이 설정된 경우, 특별한 사정이 없는 한 저당권의 효력은 그 설정 후의 종물에도 미친다.
④ 점유에 의하여 주물을 시효취득하면 종물을 점유하지 않아도 그 효력이 종물에 미친다.
⑤ 주유소건물의 소유자가 설치한 주유기는 주유소 건물의 종물이다.

해설

④ 취득시효는 점유를 요건으로 하므로, 주물을 점유하여 취득시효 하더라도 점유하지 않는 종물을 취득시효할 수는 없다.
① 독립성이 인정되면 부동산도 종물이 될 수 있다.
② 종물은 주물의 처분에 수반된다는 민법 제100조 제2항은 임의규정이므로, 당사자는 주물을 처분할 때에 특약으로 종물을 제외할 수 있고 종물만을 별도로 처분할 수도 있다(대판 2012.1.26, 2009다76546).
③ 저당권의 효력은 저당권 설정 전의 종물뿐만 아니라 저당권 설정 후의 종물에도 미친다(제358조 참조).
⑤ 주유소 건물의 주유기는 주유소 건물의 종물이다(대판 1995.6.29, 94다6345).

정답 ④

3. 원물(元物)과 과실(果實)

제101조【천연과실, 법정과실】 ① 물건의 용법에 의하여 수취하는 산출물은 천연과실이다.
② 물건의 사용대가로 받는 금전 기타의 물건은 법정과실로 한다.

제102조【과실의 취득】 ① 천연과실은 그 원물로부터 분리하는 때에 이를 수취할 권리자에게 속한다.
② 법정과실은 수취할 권리의 존속기간 일수의 비율로 취득한다.

> **OX**
> 법정과실은 원물로부터 분리하는 때에 이를 수취할 권리자에게 속한다. (×) 제16회

> **OX**
> 천연과실은 수취할 권리의 존속기간일수의 비율로 취득한다. (×) 제18회

(1) 의 의

① 물건으로부터 생기는 수익을 '과실(果實)'이라 하고, 과실을 생기게 하는 물건을 '원물(元物)'이라고 한다.
② 과실에는 '천연과실'과 '법정과실'이 있다. 천연과실이든 법정과실이든 물건이어야 하고 또 원물로부터 생긴 것이어야 한다.
③ 민법은 물건의 과실만을 인정하고, 권리의 과실(특허권의 사용료 등)은 인정하지 않는다.

(2) 천연과실(天然果實)

① '천연과실'이란 물건의 용법에 의하여 수취되는 산출물을 의미한다.

예 과실의 열매, 가축의 새끼, 우유, 광물, 석재, 토사 등

② '물건의 용법에 의하여'란 원물의 경제적 용도에 따른 사용을 의미한다.

③ 천연과실은 그 원물로부터 분리한 때 수취할 권리자에 속한다. 제101조는 임의규정이다.

(3) 법정과실(法定果實)

① '법정과실'이란 물건의 사용대가로 받은 금전 기타의 물건이다.

예 임료, 지료, 이자 등

② 원물과 과실은 모두 물건이어야 하므로 노동의 대가(임금), 주식배당금, 지연이자, 특허권 사용료 등은 과실이 아니다.

③ 법정과실은 수취할 권리의 존속기간 일수의 비율로 취득한다. 역시 제102조는 임의규정이다.

(4) 사용이익(使用利益)

① 예를 들면, 타인의 토지를 무단으로 점유하여 이를 사용하거나, 임차기간이 만료한 후에도 계속 건물을 사용하는 경우처럼 물건을 현실적으로 사용하여 얻은 이익을 '사용이익'이라고 한다.

② 과실에 준하여 취급한다.

(5) 과실수취권자(果實收取權者)

제201조【점유자와 과실】 ① 선의의 점유자는 점유물의 과실을 취득한다.
② 악의의 점유자는 수취한 과실을 반환하여야 하며 소비하였거나 과실로 인하여 훼손 또는 수취하지 못한 경우에는 그 과실의 대가를 보상하여야 한다.
③ 전항의 규정은 폭력 또는 은비에 의한 점유자에 준용한다.

제323조【과실수취권】 ① 유치권자는 유치물의 과실을 수취하여 다른 채권보다 먼저 그 채권의 변제에 충당할 수 있다. 그러나 과실이 금전이 아닌 때에는 경매하여야 한다.

제359조【과실에 대한 효력】 저당권의 효력은 저당부동산에 대한 압류가 있은 후에 저당권설정자가 그 부동산으로부터 수취한 과실 또는 수취할 수 있는 과실에 미친다.

제587조【과실의 귀속, 대금의 이자】 매매계약 있은 후에도 인도하지 아니한 목적물로부터 생긴 과실은 매도인에게 속한다. 매수인은 목적물의 인도를 받은 날로부터 대금의 이자를 지급하여야 한다. 그러나 대금의 지급에 대하여 기한이 있는 때에는 그러하지 아니하다.

① 과실수취권자는 원칙적으로 소유자이지만, 예외적으로 선의의 점유자(제201조), 지상권자(제279조), 전세권자(제303조), 유치권자(제323조), 질권자(제343조), 목적물을 인도하지 않는 매도인(제587조), 사용차주(제609조), 임차인(제618조), 친권자(제923조), 수유자(제1079조), 양도담보제공자, 소유권유보부 매매에서의 매수인도 수취권을 가진다.

② **점유자의 과실수취권**

㉠ 선의의 점유자는 과실을 수취한다. 따라서 선의의 점유자는 수취한 과실을 부당이득으로 반환할 필요가 없다.

㉡ 그러나 악의의 점유자 또는 폭력·은비의 점유자는 과실을 수취할 수 없다.

③ **저당권자의 과실수취권**

㉠ 저당목적물에 대한 압류 전이면 저당권설정자에게 과실수취권이 있다.

㉡ 그러나 저당목적물에 대한 압류 후에는 저당권자에게 과실수취권이 있다.

㉢ 저당권의 효력은 원칙적으로 과실에 미치지 않는다.

④ **매매목적물로부터 과실이 발생하는 경우**

㉠ 목적물을 인도하기 전에는 매도인에게 과실수취권이 있다.

㉡ 목적물을 인도한 후에는 매수인에게 과실수취권이 있다(이행기를 기준으로 과실을 수취하는 것이 아님을 주의).

㉢ 다만, 목적물을 인도하기 전이라도 매수인이 대금을 완납한 경우라면 매수인에게 과실수취권이 있다.

⑤ **과실수취권자가 수인인 경우**

㉠ 그 성질상 선의의 점유자가 우선한다.

㉡ 소유자와 용익권자가 경합하면 용익권자가 우선한다.

㉢ 수인의 용익권자 사이에서는 물권적 용익권자가 채권적 용익권자보다 우선한다.

OX

매매목적물이 매도인의 이행지체로 인도되지 않고 있고 그에 따라 매수인이 대금을 완제하지 않고 있다면, 특별한 사정이 없는 한 과실은 매도인에게 귀속한다. (○) 제17회

OX

매수인이 매매대금을 모두 지급하였다면 특별한 사정이 없는 한, 그 이후의 과실수취권은 매수인에게 귀속된다. (○) 제22회

과실수취권자 정리

과실수취권자	과실수취권이 없는 자
원물의 소유자(원칙)	
선의의 점유자	악의의 점유자, 폭력, 은비의 점유자
지상권자	지상권설정자
전세권자	전세권설정자
질권자	질권설정자
유치권자	유치물의 소유자(채무자)
목적물 인도 전의 매도인	매수인
사용차주	사용대주
임차인	임대인
친권자	
수증자	상속인
임치인	수치인
위임인	수임인
양도담보설정자(판례)	양도담보권자

OX

유치권자는 유치물의 과실을 수취할 수 있다. (○) 제15회

OX

타인의 토지 위에 지상권을 가진 자는 그 토지로부터 발생하는 과실을 수취할 수 있다. (○) 제15회

관련판례

1. 집합물에 대한 양도담보권설정계약이 이루어지면 그 집합물을 구성하는 개개의 물건이 변동되거나 변형되더라도 한 개의 물건으로서 동일성을 잃지 아니하므로 양도담보권의 효력은 항상 현재의 집합물 위에 미치는 것이고, 따라서 양도담보권자가 담보권설정계약 당시 존재하는 집합물을 점유개정의 방법으로 그 점유를 취득하면 그 후 양도담보설정자가 그 집합물을 이루는 개개의 물건을 반입하였다 하더라도 그때마다 별도의 양도담보권설정계약을 맺거나 점유개정의 표시를 하여야 하는 것은 아니다(대판 1990.12.26, 88다카20224).
2. 돼지를 양도담보의 목적물로 하여 소유권을 양도하되 점유개정의 방법으로 양도담보설정자가 계속하여 점유·관리하면서 무상으로 사용·수익하기로 약정한 경우 양도담보목적물로서 원물인 돼지가 출산한 새끼 돼지는 천연과실에 해당하고 그 천연과실의 수취권은 원물인 돼지의 사용·수익권을 가지는 양도담보설정자에게 귀속되므로 다른 특별한 약정이 없는 한 천연과실인 새끼돼지에 대하여는 양도담보의 효력이 미치지 않는다(대판 1996.9.10, 96다25463).
3. 돈사에서 대량으로 사육되는 돼지를 집합물에 대한 양도담보의 목적물로 삼은 경우 위 양도담보권의 효력은 양도담보설정자로부터 이를 양수한 양수인이 당초 양수한 돈사 내에 있던 돼지들 및 통상적인 양돈방식에 따라 그 돼지들을 사육·관리하면서 돼지를 출하하여 얻은 수익으로 새로 구입하거나 그 돼지와 교환한 돼지 또는 그 돼지로부터 출산시켜 얻은 새끼돼지에 한하여 미치는 것이지 양수인이 별도의 자금을 투입하여 반입한 돼지에까지는 미치지 않는다(대판 2004.11.12, 2004다22858).
4. 국립공원의 입장료는 토지의 사용대가라는 민법상의 과실이 아니라 수익자 부담의 원칙에 따라 국립공원의 유지·관리비용의 일부를 국립공원 입장객에게 부담시키고자 하는 것이어서 토지의 소유권이나 그에 기한 과실수취권과는 아무런 관련이 없다(대판 2001.12.28, 2000다27749).

OX

국립공원의 입장료는 토지의 사용대가로서 민법상 과실에 해당한다. (×) 제19회

Chapter

05 권리변동(權利變動)

단·원·열·기

본장은 매년 2~3문제 정도 출제되는 부분이다. "강행규정", "반사회질서 법률행위", "불공정한 법률행위", "법률행위의 해석" 위주로 학습하여야 한다.

01 법률관계의 변동과 변동원인

1 서 론

(1) 법률관계의 변동의 의의

① '법률관계'는 인간의 사회생활관계 중에서 법에 의해서 규율되는 생활관계를 의미한다. 법에서 규율되는 생활관계는 주로 권리와 의무관계에서 나타난다. 따라서 법률관계는 권리·의무의 관계를 의미한다.

② '법률관계의 변동'이란 권리·의무의 관계의 변동, 즉 권리(의무)의 발생·변경·소멸을 뜻한다.

(2) 법률관계변동의 원인(권리변동의 원인)

ⓐ 甲은 그 소유 토지에 대해 乙과 매매계약을 체결하였다. 乙이 매매대금을 지급하고 토지에 대해 소유권이전등기를 하였다.
ⓑ 甲이 사망하여 甲의 토지가 상속인 乙에게 상속되었다.

① 위 사례에서 보는 것처럼 ⓐ나 ⓑ의 경우 모두 결과적으로 乙이 토지에 대한 소유권을 취득하였다. 즉, 甲의 입장에서 보면 소유권을 상실(권리의 소멸), 乙의 입장에서 보면 소유권의 취득(권리의 취득, 법률관계의 변동)이라는 공통점이 있다. 이처럼 권리가 발생·변경·소멸하는 원인에는 두 가지가 있다.

㉠ 법률행위에 의한 법률관계의 변동(제186조)

ⓐ의 경우는 甲과 乙의 매매계약, 즉 법률행위(의사표시)에 의하여 甲의 소유권이 乙에게 이전되었다.

㉡ 법률의 규정에 의한 법률관계의 변동(제187조)

ⓑ의 경우에는 당사자의 법률행위(의사표시)에 의하지 않고 상속이라는 법률의 규정에 의하여 甲의 소유권이 乙에게 이전되는 차이가 있다.

② 여기서 법률관계를 권리 중심으로 파악하면 권리의 발생・변경・소멸의 모습으로 나타나는데, 이를 총칭하여 '권리의 변동'이라 한다. 이를 권리주체의 입장에서 보면 권리의 취득・변경・상실이 되고 약칭하여 권리의 득실변경이라 한다.

③ 위의 사례처럼 권리의 변동(법률관계의 변동)이 일어나려면 일정한 전제조건이 갖추어져야 한다. 이러한 권리의 변동원인이 되는 것을 '법률요건(法律要件)'이라 하고, 그 법률요건에 의하여 발생하는 권리의 변동을 '법률효과(法律效果)'라고 한다.

④ 그리고 '법률요건'을 구성하는 개개의 사실을 '법률사실(法律事實)'이라고 한다.

⑤ ⓐ의 경우를 세분화하여 설명하면 ㉠ 청약 또는 승낙의 의사표시(법률사실) ⇨ ㉡ 청약과 승낙의 의사표시의 일치에 의한 매매계약의 성립(법률요건) ⇨ ㉢ 매매의 효과, 매매대금지급청구, 소유권이전등기청구(법률효과 발생)의 순으로 권리가 변동되는 것을 알 수 있다.

⑥ 즉, 법률관계의 변동이 이루어지는 과정을 살펴보면(법률효과가 발생하는 과정) 먼저 개개의 '법률사실'이 모여서 '법률요건'을 이루고, '법률요건'이 충족하면 당사자가 원하는 '법률효과'가 발생한다.

법률관계의 변동

법률사실		법률요건		법률효과
청약 의사표시 승낙 의사표시	⇨	청약과 승낙의 일치 (매매계약의 성립)	⇨	• 소유권이전등기청구권 취득 • 매매대금지급청구권 취득

2 권리변동의 모습

1. 권리의 발생(취득)

OX

첨부, 건물의 신축, 유실물 습득, 무주물 선점 등은 원시취득에 해당한다. (○) 제21회

(1) **원시취득**(原始取得, 권리의 절대적 발생)

① '원시취득'이란 종전에 없던 권리가 새로 생기는 것으로 타인의 권리에 기초함이 없이 권리를 원시적으로 취득하는 것을 의미한다.

② '건물의 신축', '취득시효', '선의취득', '무주물선점', '유실물 습득', '매장물 발견', '매매계약에 의한 대금채권의 취득', '출생에 의한 친권의 취득' 등이 해당한다.

③ '원시취득'의 특징은 타인의 권리를 기초로 하지 않으므로 전주(前主)의 권리의 하자가 승계되지 않는다는 점에 있다.

(2) 승계취득(承繼取得, 권리의 상대적 발생)

① '**승계취득'의 의의**: 기존의 권리가 승계되어 다른 사람이 권리를 취득하는 것을 의미한다. 이러한 승계취득은 이전적 승계취득과 설정적 승계취득으로 나누어진다.

② '**이전적 승계취득**': 매매나 상속 등에 의하여 동일성을 유지하면서 전주(前主)가 가지는 권리가 그대로 승계되는 것을 의미한다. 이전적 승계취득은 특정승계와 포괄승계로 나뉜다.

㉠ 특정승계(特定承繼): 특정승계란 매매의 경우처럼 개개의 권리가 각각의 취득원인에 의해 취득되는 것을 의미한다. 예 매매, 증여, 교환, 사인증여 등

㉡ 포괄승계(包括承繼): 포괄승계란 전주(前主)가 가지고 있는 다수의 권리들을 포괄적으로 취득하는 것을 의미한다. 예 상속, 포괄유증, 회사의 합병 등

③ '**설정적 승계취득**': 소유자로부터 지상권, 저당권을 설정받은 경우처럼 권리내용의 일부만을 승계하는 것을 의미한다. 예 전세권의 설정, 저당권의 설정 등

> OX
> 상속은 원시취득에 해당한다. (×) 제21회

> OX
> 점유취득시효에 의한 소유권취득은 승계취득에 해당한다. (×) 제22회

(3) 원시취득과 승계취득의 구별의 실익

① 전주(前主)의 권리에 하자가 있는 경우에 그 하자가 후주(後主)에게 승계되는지의 여부에 있다.

② 승계취득에서는 후주(後主)가 전주(前主)의 권리 이상의 권리를 취득하지 못한다.

2. 권리의 변경

(1) 의 의

'권리의 변경'이라 함은 권리의 동일성을 유지하면서 권리의 주체・내용・작용에 변경이 생기는 것을 의미한다.

(2) 주체의 변경

'주체의 변경'이란 권리의 이전적 승계를 의미한다. 예를 들면, 토지에 대한 매매계약을 체결하면 매수인 입장에서는 토지에 대한 권리를 취득하지만, 매도

인 입장에서는 토지에 대한 권리를 상실하는 것처럼 새로운 권리자의 입장에서 보면 이전적 승계(상대적 발생)이고 구권리자 입장에서 보면 권리의 상대적 소멸이다.

(3) 내용의 변경

① (성)질적 변경

물건의 인도를 목적으로 하는 채권이 채무불이행을 이유로 금전손해배상채권으로 변하는 것처럼 권리의 내용이 질적으로 변경하는 것을 의미한다.

예 물상대위, 대물변제 등

② 양적 변경

권리의 내용에 양이 변경되는 것을 의미한다.

예 소유권의 객체에 대한 제한물권의 설정 · 소멸, 저당권 피담보채무의 이율변경, 권리의 객체가 첨부에 의하여 증가하는 것 등

(4) 작용의 변경

'작용의 변경'이란 권리의 효력(작용)이 변경하는 것을 의미한다.

예 1번 저당권이 소멸함으로써 2번 저당권이 순위승진하는 경우, 부동산임차권이 대항력을 취득하는 경우 등

3. 권리의 소멸

목적물의 멸실, 권리의 포기 등과 같이 권리의 소멸로 권리가 완전히 없어지는 '절대적 소멸'과 매매에 의한 소유권 상실처럼 권리가 타인에게 이전되어 종래의 주체가 권리를 잃은 '상대적 소멸'이 있다.

예 제

권리의 원시취득에 해당하는 것을 모두 고른 것은? (다툼이 있으면 판례에 따름) 제26회

> ㉠ 유실물을 습득하여 적법하게 소유권을 취득한 경우
> ㉡ 금원을 대여하면서 채무자 소유의 건물에 저당권을 설정 받은 경우
> ㉢ 점유취득시효가 완성되어 점유자 명의로 소유권이전등기가 마쳐진 경우

① ㉠
② ㉡
③ ㉠, ㉡
④ ㉠, ㉢
⑤ ㉡, ㉢

해설

④ 유실물 습득에 의한 소유권의 취득, 점유취득시효완성에 따른 소유권의 취득은 원시취득에 해당한다. 그러나 채무자 소유의 건물에 저당권을 취득하는 것은 승계취득에 해당한다.

정답 ④

3 법률사실(法律事實)

법률사실의 분류

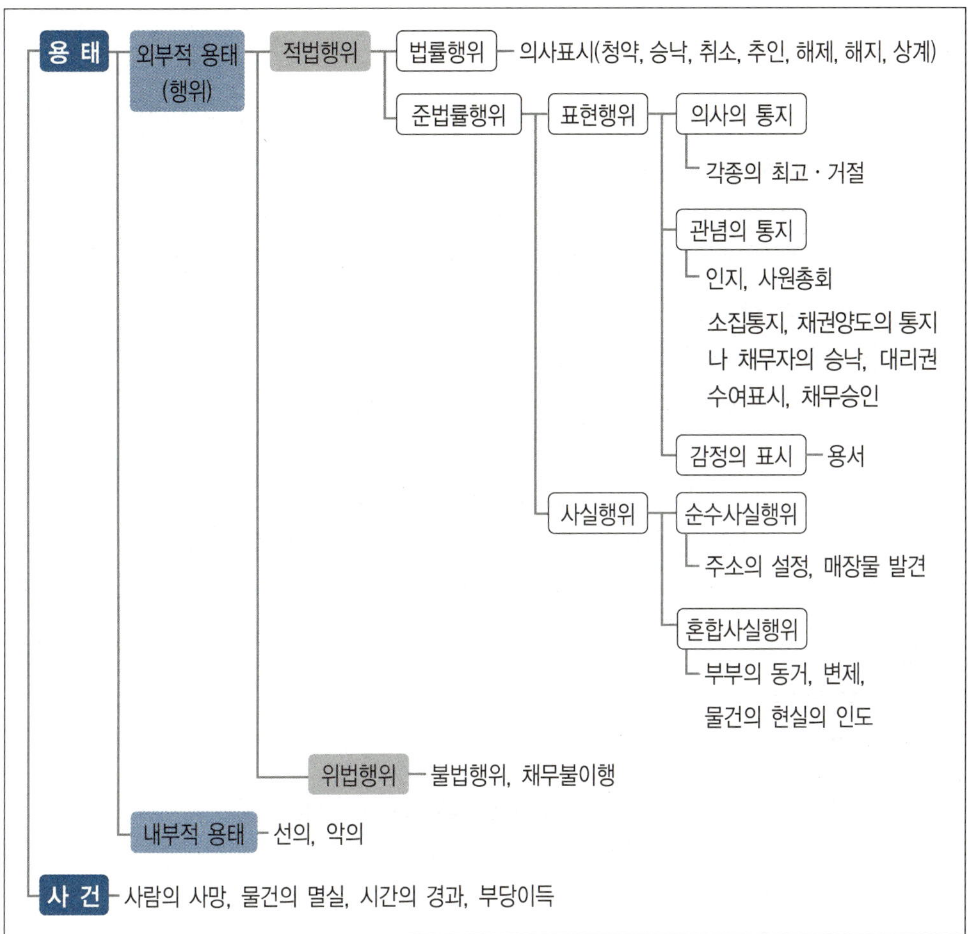

1. 의 의

(1) '법률사실'이란 법률요건을 구성하는 개개의 사실을 말한다.

(2) 하나의 법률사실이 법률요건을 구성하기도 하지만, 보통 다수의 법률사실이 결합하여 하나의 법률요건을 구성한다.

(3) 법률사실에는 크게 사람의 정신작용에 기초하는 사실(용태, 容態)과 그렇지 않은 사실(사건, 事件), 두 가지로 나뉜다.

2. 사람의 정신작용에 기초한 법률사실(용태, 容態)

(1) 외부적 용태

① **적법행위**(適法行爲)

㉠ 의사표시

ⓐ '의사표시'란 표의자가 일정한 법률효과를 원하는 내심의 의사를 외부로 표시하는 것을 의미한다.

ⓑ 이러한 의사표시는 당사자가 의욕한 대로 법률효과가 생기는 점에 그 본질이 있고, 이는 사적자치를 실천하는 수단이다.

예 청약, 승낙, 취소, 해제, 철회, 해지 등

㉡ 준법률행위(準法律行爲)

ⓐ '준법률행위'는 적법행위에서 법률행위를 제외한 그 밖의 모든 법률요건을 포괄하는 추상적 개념이다.

ⓑ 준법률행위에 의한 법률효과의 발생은 당사자의 의사 내지는 의욕과는 상관없이 법률에 의해 획일적으로 정해지는 특징이 있다.

② **위법행위**: 채무불이행과 불법행위 두 가지가 있다.

알아두기

준법률행위

1. **표현행위**(表現行爲)

① 의사의 통지(意思의 通知)
- ㉠ 제한능력자의 상대방의 확답을 촉구할 권리(제15조)
- ㉡ 제한능력자의 상대방의 거절(제16조)
- ㉢ 채권신고의 최고(제88조)
- ㉣ 무권대리인의 상대방의 최고(제131조)
- ㉤ 시효중단사유의 최고(제174조)
- ㉥ 변제수령의 거절(제460조)
- ㉦ 채무이행의 최고(제544조)
- ㉧ 해제권 행사 여부의 최고(제552조)
- ㉨ 청약의 유인

② 관념의 통지(觀念의 通知)
- ㉠ 사원총회의 소집통지(제71조)
- ㉡ 대리권수여의 표시(제125조)
- ㉢ 시효중단사유인 채무승인(제177조)
- ㉣ 채권양도의 통지 또는 채무자의 승낙(제450조)
- ㉤ 공탁의 통지(제488조)
- ㉥ 승낙연착의 통지(제528조)
- ㉦ 인지(제858조)

③ 감정의 표시(感情의 表示)
㉠ 수증자에 대한 증여자의 용서(제556조)
㉡ 이혼청구권을 소멸시키는 사전동의 및 사후용서(제841조)

2. **비표현행위**(사실행위, 事實行爲)
① 순수사실행위: 외부적 결과의 발생만 있으면 법률효과가 인정되는 경우를 말한다.
예 매장물 발견, 주소설정 등
② 혼합사실행위: 외부적 결과 발생 외에 어떤 의식과정이 수반될 것을 요구하는 행위를 말한다.
예 부부의 동거, 무주물선점, 물건의 인도, 변제 등

(2) 내부적 용태

사람의 정신작용이 외부에 표현되지 않고 내부에 머무르고 있는 법률사실을 의미한다. 선의・악의・소유의 의사 등이 이에 속한다.

3. 사람의 정신작용에 의하지 않는 법률사실(사건)

사람의 출생과 사망, 실종, 시간의 경과, 물건의 자연적인 발생과 멸실, 부합, 혼화, 부당이득, 천연과실의 분리 등과 같이 사람의 정신작용에 의하지 않은 사실로 민법에서 직접 그 효과가 부여된다.

OX
사단법인의 설립행위, 부당이득, 부합, 권리의 포기는 법률행위에 해당한다. (×) 제17회

예 제

준법률행위에 해당하는 것을 모두 고른 것은? 제24회

㉠ 기한을 정함이 없는 채무에 대한 이행의 최고
㉡ 시효중단을 위한 채무의 승인
㉢ 채권양도의 통지
㉣ 무주물의 선점
㉤ 유실물의 습득

① ㉠, ㉡, ㉢
② ㉢, ㉣, ㉤
③ ㉠, ㉡, ㉣, ㉤
④ ㉡, ㉢, ㉣, ㉤
⑤ ㉠, ㉡, ㉢, ㉣, ㉤

해설

⑤ 준법률행위에는 표현행위와 사실행위가 있다. 이행의 최고, 채무승인, 통지는 표현행위에 속하고 선점, 습득은 사실행위에 속한다.

정답 ⑤

02 법률행위(法律行爲) 일반

1 법률행위의 의의

1. 법률행위의 의의

(1) '법률행위'란 당사자가 원하는 일정한 법률효과의 발생을 목적으로 하는 한 개 또는 수개의 의사표시를 불가결한 구성요소로 하는 법률요건(法律要件)을 의미한다.

(2) 즉, '법률행위'란 의사표시(법률사실)를 매개로 하여 법률효과를 발생하게 하는 '법률요건'이다.

2. 법률행위와 의사표시의 관계

(1) '의사표시'는 법률요건을 충족하는 개개의 법률사실이고, '법률행위'는 법률효과를 발생시키는 법률요건이다.

(2) 법률행위는 의사표시를 필수불가결의 요소로 하는 법률요건이므로 모든 법률행위에는 최소한 1개 이상의 의사표시가 포함되어 있다.

(3) 모든 법률행위가 의사표시를 반드시 포함한다고 하여 법률행위와 의사표시가 동일한 의미인 것은 아니다.

① 하나의 의사표시만으로 법률행위가 성립되는 것도 있고(취소나 해제, 추인과 같은 단독행위 등), 두 개 이상의 의사표시가 결합하여 성립하는 법률행위도 있다(계약, 합동행위 등).

② 법률행위가 의사표시만으로 구성되는 것은 아니다.

㉠ 요물계약(要物契約)의 경우에는 의사표시 이외에 일정한 급부가 있어야 계약이 성립한다.

㉡ 혼인의 성립도 당사자의 의사표시 이외에 신고를 요한다.

㉢ 법인의 설립에는 주무관청의 허가를 필요로 한다.

③ '청약의 의사표시' 또는 '승낙의 의사표시'는 '법률사실'일 뿐, 청약의 의사표시만 가지고는 법률효과가 발생하지 않으므로 법률행위는 아니다.

④ '취소, 상계, 철회 등의 의사표시'는 의사표시 그 자체이긴 하지만, 법률효과를 발생시킨다는 점에서 법률요건인 '법률행위'이다. 즉, 취소는 의사표시이면서 법률행위이다.

2 법률행위의 종류

1. 단독행위 · 계약 · 합동행위(의사표시의 개수 및 방향에 따른 분류방법)

(1) **단독행위**(單獨行爲)

① '단독행위'란 표의자의 하나의 의사표시만으로 표의자가 원하는 법률효과가 발생하는 법률행위를 의미한다. 단독행위는 '상대방 있는 단독행위'와 '상대방 없는 단독행위'로 구분할 수 있다.

② **상대방 있는 단독행위**

예 취소, 추인, 해제, 해지, 철회, 채무면제, 상계, 동의, 재단법인 이사의 사임행위 등

③ **상대방 없는 단독행위**

예 유증(유언), 재단법인의 설립행위, 점유권의 포기, 소유권의 포기, 상속의 포기 등

④ **구별실익**: 의사표시 효력발생시기, 법률행위의 해석, 단독행위의 무권대리 등에서 구별의 실익이 있다.

⑤ **단독행위의 한계**

㉠ 단독행위는 하나의 의사표시만으로 법률효과가 발생하기 때문에 상대방의 입장에서는 불리할 수 있다. 따라서 법률의 규정이 있거나(단독행위 법정주의) 그에 관한 당사자의 약정이 있는 경우(예 채무면제를 당사자의 계약으로 하는 경우)에만 허용된다.

법률의 규정이 없는 한 당사자가 임의로 새로운 단독행위를 창설하는 것은 허용되지 않는다.

㉡ 단독행위에는 원칙적으로 조건이나 기한을 붙이지 못한다. 예를 들면, 상계에는 조건이나 기한을 붙이지 못한다.

OX
채권자는 단독행위로 채무를 면제할 수 없다. (×) 제15회

OX
재단법인의 설립행위는 상대방 있는 단독행위이다. (×) 제21회

OX
채무인수, 무권대리행위의 추인, 상계, 채무면제, 계약해제 등은 단독행위로 할 수 있다. (×) 제19회

(2) **계약**(契約)

① '계약'이란 복수의 당사자가 서로 상대방에 대하여 대응 · 대립하는 의사표시(청약의 의사표시, 승낙의 의사표시)를 함으로써 성립하는 법률행위를 의미한다. 청약, 승낙이라는 두 개 이상의 의사표시의 합치에 의해 성립하는 법률행위이다.

② **계약의 종류**

㉠ 쌍방 간의 계약: 채권계약(예 매매, 증여, 교환), 물권계약(예 저당권설정계약, 지상권설정계약), 신분계약(예 혼인)을 포함한다.

㉡ 수인 간의 계약: 2인 이상의 상속재산의 협의분할계약, 조합계약

(3) **합동행위**(合同行爲)

① '합동행위'란 여러 개의 대립된 의사표시가 아니라 같은 방향의 여러 의사표시가 합치함으로써 성립하는 법률행위를 의미한다. 예 사단법인의 설립행위

② **계약과의 차이점**

㉠ '계약'은 서로 대립하는 의사표시이지만, '합동행위'는 공동목적을 위한 방향을 같이 하는 2개 이상의 의사표시의 합치이다.

㉡ '계약'은 어느 의사표시에 흠, 하자 등이 있으면 전체 계약에 영향을 미치지만, '합동행위'는 어느 의사표시에 흠, 하자 등이 있더라도 전체 의사표시에는 영향을 미치지 않는다.

2. **의무부담행위 · 처분행위**(법률효과의 유형에 따른 분류방법)

(1) **의무부담행위**(義務負擔行爲)

① **의무부담행위의 의의**: '의무부담행위'란 채권행위(예 저당권설정계약, 임대차계약, 매매계약)처럼 당사자에게 일정한 급부의무를 발생시키는 법률행위를 의미한다.

② **의무부담행위의 특징**

㉠ '의무부담행위'는 이행의 문제가 남는다. 즉, '의무부담행위'에 의하여 직접 권리의 변동이 일어나지 않는다.

㉡ '의무부담행위'는 후에 이행할 의무를 발생시킬 뿐 직접 처분적 효력을 발생시키는 것은 아니므로 처분권 없는 자라도 의무부담행위를 유효하게 할 수 있다. 즉, 처분권 없는 자의 의무부담행위는 유효하다.

③ '의무부담행위'는 주로 채권행위이지만, 예외적으로 단독행위일 수도 있다.

(2) **처분행위**(處分行爲)

① '처분행위'란 현존하는 권리의 변동(발생 · 변경 · 소멸)을 직접 일으키는 법률행위를 의미한다.

② **처분행위의 종류**

㉠ 물권행위: 물권의 이전(소유권의 이전), 물권의 포기, 제한물권의 설정(저당권의 설정) 등과 같이 물권의 변동을 발생시키는 행위

㉡ 준물권행위: 채권양도, 채무면제, 시효이익의 포기, 화해계약 등

㉢ 형성권의 행사(해제, 해지, 취소, 상계 등의 의사표시)도 처분행위에 속한다. 판례는 명의신탁을 해지하는 것도 처분행위에 속한다고 한다.

OX
지명채권의 양도는 준물권행위이다. (○) 제22회

③ **처분행위의 특징**

㉠ '처분행위'는 직접 권리변동을 발생시키므로 이행의 문제가 남지 않는다.

㉡ '처분행위'는 처분권자만이 할 수 있다. 따라서 처분권 없는 자의 처분행위는 무효이다. 그러므로 처분행위는 처분권자에게 처분권한과 처분능력이 있어야 한다.

㉢ '무권한자의 처분행위'는 무효이지만, 후에 처분권자가 추인하면 그 처분행위는 유효로 된다.

예제

다음 중 준물권행위에 해당하는 것은? 제28회

① 채권양도 ② 유실물 습득
③ 부담부증여 ④ 지상권설정행위
⑤ 매매에 의한 소유권이전행위

해설

① 채권양도는 준물권행위에 해당한다.

정답 ①

OX 준물권행위는 이행의 문제를 남기므로 물권행위와 구별된다. (×) 제15회

OX 처분권 없는 자의 물권행위는 무효이다. (○) 제15회

3. 출연행위 · 비출연행위(출연의 유무에 따른 분류방법)

(1) 의 의

① '출연행위(出捐行爲)'란 자기의 의사로써 자기의 재산을 감소시키면서 타인의 재산을 증가하게 하는 행위(매매, 임대차 등)를 의미한다. 출재(出財)라고도 한다.

② '비출연행위(非出捐行爲)'란 자기 재산을 감소시키지만 타인의 재산이 증가하지 않거나 자기 재산을 감소시키지 않는 행위를 의미한다. 소유권의 포기, 동의, 대리권의 수여(수권행위) 등이 비출연행위의 예이다.

(2) 출연행위의 종류

① **유상행위(有償行爲) · 무상행위(無償行爲)**

㉠ 유상행위: 자기의 출연에 대하여 상대방으로부터 그에 대응하는 대가를 받을 것을 목적으로 하는 행위를 의미한다. 예 매매, 교환

㉡ 무상행위: 자기의 출연에 대하여 상대방으로부터 그에 대응하는 대가를 받지 않는 행위를 의미한다. 예 증여, 사용대차

OX 출연행위는 모두 유상행위이다. (×) 제15회

② **유인행위**(有因行爲) · **무인행위**(無因行爲)

㉠ 유인행위: 출연을 하는 원인된 행위가 무효가 되면 출연행위도 무효가 되는 행위를 의미한다.

㉡ 무인행위: 출연된 원인행위가 무효가 되더라도 영향을 받지 않는 것을 의미한다. 어음행위가 전형적인 무인행위이다.

예 의무부담행위인 매매계약에 의하여 그 이행으로 소유권이전등기가 마쳐진 경우(물권행위, 처분행위)에 의무부담행위인 매매계약이 취소된 경우 그 이행으로 행하여진 소유권이전등기(처분행위)도 무효가 된다면 '유인행위'이고, 매매계약이 취소된 경우에도 소유권이전등기(처분행위)는 유효라면 '무인행위'이다.

4. 요식행위 · 불요식행위(일정한 방식을 요하느냐에 따른 구별방법)

(1) 요식행위(要式行爲)

① '요식행위(要式行爲)'는 의사표시가 일정한 방식에 따라 행하여져야 하는 법률행위를 의미한다. 예 유언, 법인의 설립행위, 어음행위

② 주로 상대방 없는 단독행위에서 요식행위가 주로 사용된다.

(2) 불요식행위(不要式行爲)

① '불요식행위(不要式行爲)'는 법률행위를 하는 과정에서 일정한 방식을 요하지 않는 법률행위를 의미한다.

② 민법은 '불요식행위'가 원칙이다.

5. 생전행위 · 사후행위(법률행위가 효력을 발생하는 시기에 따른 구별방법)

(1) 의 의

① '생전행위(生前行爲)'는 행위자가 살아 있을 때 효력을 발생하는 법률행위를 의미한다. 민법의 대부분 행위는 생전행위이다. 예 매매계약, 임대차계약

② '사후행위(死後行爲)'란 행위자의 사망으로 그 효력이 발생하는 것을 의미한다. 예 유언, 사인증여

(2) 원 칙

사후행위는 행위자의 사망 후 분쟁에 대비할 필요성 때문에 원칙적으로 엄격한 방식을 요한다.

6. 주된 행위 · 종된 행위(법률행위의 주, 종에 따른 구별방법)

(1) 의 의

법률행위가 유효하게 성립하기 위하여 다른 법률행위의 존재를 전제로 하는 법률행위를 '종된 행위'라 하고, 그 전제가 되는 법률행위를 '주된 행위'라고 한다.

예 • 금전소비대차계약이 '주된 계약'이고, 저당권설정계약이 '종된 계약'이다.
• 매매계약이 '주된 계약'이고, 계약금계약이 '종된 계약'이다.
• 혼인계약이 '주된 계약'이고, 부부재산계약이 '종된 계약'이다.

(2) 원 칙

'종된 계약'은 '주된 계약'과 법률적 운명을 같이 하는 것이 원칙이다.

OX
저당권설정계약은 금전소비대차계약의 주된 계약이다. (×) 제17회

3 법률행위의 요건

법률행위는 당사자가 원하는 법률효과를 발생시킨다. 여기서 법률행위가 법률효과를 발생하기 위해서 갖추어야 할 요건이 필요하게 된다. 이러한 법률행위가 법률효과를 발생하기 위한 요건은 성립요건과 효력발생요건(유효요건)으로 나눌 수 있다.

(1) 법률행위 성립요건(成立要件)

① **일반성립요건**: 모든 법률행위의 성립에 일반적으로 요구되는 조건으로서 ㉠ 당사자, ㉡ 목적, ㉢ 의사표시의 세 가지가 필요하다.

② **특별성립요건**
㉠ 질권설정계약에서 물건의 인도
㉡ 대물변제에서 물건의 인도
㉢ 혼인에서의 신고
㉣ 법인 설립에서의 주무관청의 허가
㉤ 유언에서의 방식 등

(2) 법률행위 유효요건(有效要件)

① **일반효력요건**: 모든 법률행위에 공통적으로 요구되는 효력요건으로서 하나라도 결하면 당사자가 원하는 효력이 발생하지 않는다.
㉠ 당사자의 권리능력, 행위능력, 의사능력이 있을 것
㉡ 법률행위 내용의 확정성, 가능성, 적법성, 사회적 타당성이 있을 것
㉢ 의사와 표시의 일치

② **특별효력요건**

㉠ 법정대리인의 동의(제5조)

㉡ 대리행위에서 대리권의 존재(제114조)

㉢ 조건부 · 기한부 법률행위에서 조건의 성취 또는 기한의 도래(제147조 이하)

㉣ 유언에서 유언자의 사망 및 수증자의 생존(제1073조) 등

4 법률행위의 목적(目的)

1. 의 의

(1) '법률행위의 목적'이란 당사자가 자신의 의사표시, 즉 법률행위에 의하여 발생시키려고 하는 법률효과를 의미한다.

예 토지에 대한 매매계약이 체결되면 매도인이 원하는 목적(법률효과)은 매매대금의 취득이고, 매수인이 원하는 목적(법률효과)은 소유권의 취득이다. 토지는 매매계약의 목적이 아니고 목적물이다.

(2) 법률행위의 목적이 존재하여야 법률행위는 성립하지만, 목적이 존재하여 법률행위가 성립하더라도 다음의 경우에는 그 법률행위가 무효이다.

① 법률행위의 해석에 의해서도 그 내용을 확정할 수 없는 경우

② 해석을 통해 그 내용이 확정된 경우에도 그 내용의 실현이 불가능한 경우

③ 강행법규에 위반되는 경우

④ 선량한 풍속 기타 사회질서에 위반하는 경우

(3) 법률행위의 '목적'과 '목적물'(예 주택)은 서로 구별된다. 대부분의 경우에서는 목적과 목적물이 존재하지만, 사안에 따라서는 목적은 존재하여도 목적물은 존재하지 않는 경우도 있다.

2. 목적(내용)의 확정(確定)

(1) 법률행위의 '목적'은 법률행위의 성립 당시 법률행위의 목적이 확정되어 있거나 적어도 확정할 수 있어야 한다. 따라서 처음부터 목적이 확정되어 있으면 좋겠지만, 그렇다고 해서 반드시 처음부터 확정되어 있을 필요는 없고 이행기까지 확정할 수 있으면 된다.

(2) 목적의 확정은 주로 법률행위의 해석을 통해 이루어진다. 법률행위의 해석을 통하여 목적을 확정할 수 없다면 그 법률행위는 무효이다.

관련판례

매매계약은 매도인이 재산권을 이전하는 것과 매수인이 대금을 지급하는 것에 관하여 쌍방 당사자가 합의함으로써 성립하므로 매매계약 체결 당시에 반드시 매매목적물과 대금을 구체적으로 특정할 필요는 없지만, 적어도 매매계약의 당사자인 매도인과 매수인이 누구인지는 구체적으로 특정되어 있어야만 매매계약이 성립할 수 있다(대판 2021.1.14, 2018다223054).

OX 법률행위의 목적이 법률행위 당시에 구체적으로 확정되어야 그 법률행위는 유효하다. (×) 제17회

3. 목적(내용)의 가능(可能)

(1) 의 의

① 법률행위의 '목적의 실현(달성)'이 가능하여야 그 법률행위는 유효하다. 따라서 법률행위의 목적이 실현불가능(불능, 不能)이면 그 법률행위는 무효이다.

② **목적의 가능, 불가능의 판단기준**

㉠ 물리적 기준에 의해서 가능, 불능을 판단한다(예 하늘에 있는 별을 따다주는 계약).

㉡ 설령 물리적 기준에 의해서 가능하더라도 사회관념상 불능인 경우에도 불능에 해당한다(예 한강에 빠진 반지를 찾아주는 계약). 따라서 법률행위의 목적이 물리적으로 가능하더라도 사회통념상 실현할 수 없는 경우라면 무효이다.

OX 법률행위의 성립 당시 그 목적이 물리적으로 가능하더라도 사회통념상 실현할 수 없으면 그 법률행위는 무효이다. (○) 제17회

③ 목적의 실현이 불가능(불능)이면 그 법률행위는 무효인데, 여기서 불능은 확정적・계속적 불능을 의미하고, 일시적 불능・심리적 불능・경제적 불능은 의미하지 않는다. 즉, 일시적 불능은 무효가 아니다.

확정적, 계속적 불능 = 무효
일시적 불능 = 유효(무효×)

(2) 객관적 불능・주관적 불능

① '객관적 불능'이란 어느 누구도 실현할 수 없는 경우를 의미한다.

② '주관적 불능'이란 다른 사람은 가능할 수 있지만, 해당 채무자만이 실현할 수 없는 경우를 의미한다. 이런 경우에는 채무불이행의 문제가 발생할 뿐이다.

③ 객관적 불능만 무효이고, 주관적 불능은 무효가 아니다.

(3) 원시적 불능・후발적 불능

① '원시적 불능(原始的 不能)'이란 계약 성립 전(법률행위 성립 당시)에 이미 목적이 불능인 경우를 의미한다.

② '후발적 불능(後發的 不能)'이란 계약이 성립할 당시에는 목적이 가능하였지만 성립 이후에 목적이 불능인 경우를 의미한다.

OX 법률행위 성립 후 이행 전에 당사자 일방의 과실로 목적물이 멸실되더라도 그 법률행위가 무효로 되는 것은 아니다. (○) 제14회

③ '원시적 불능'만 무효이고, '후발적 불능'은 무효가 아니다.

④ '원시적 불능'은 무효이기에 손해배상을 청구할 수 없는 것이 원칙이지만, 민법은 계약체결상의 과실책임(제535조)이 문제되는 경우에 손해배상을 청구할 수 있다고 규정하고 있다.

⑤ 후발적 불능은 그 불능의 원인이 누구에게 있느냐에 따라 채무자에게 귀책사유(고의, 과실)가 있는 경우에는 채무불이행책임(손해배상, 계약해제)이 발생하고, 채무자에게 귀책사유가 없는 경우에는 위험부담의 문제, 대상청구권의 문제가 발생한다.

제535조 【계약체결상의 과실】 ① 목적이 불능한 계약을 체결할 때에 그 불능을 알았거나 알 수 있었을 자는 상대방이 그 계약의 유효를 믿었음으로 인하여 받은 손해를 배상하여야 한다. 그러나 그 배상액은 계약이 유효함으로 인하여 생길 이익액을 넘지 못한다.
② 전항의 규정은 상대방이 그 불능을 알았거나 알 수 있었을 경우에는 적용하지 아니한다.

제537조 【채무자 위험부담주의】 쌍무계약의 당사자 일방의 채무가 당사자 쌍방의 책임없는 사유로 이행할 수 없게 된 때에는 채무자는 상대방의 이행을 청구하지 못한다.

제538조 【채권자 귀책사유로 인한 이행불능】 ① 쌍무계약의 당사자 일방의 채무가 채권자의 책임 있는 사유로 이행할 수 없게 된 때에는 채무자는 상대방의 이행을 청구할 수 있다. 채권자의 수령지체 중에 당사자 쌍방의 책임 없는 사유로 이행할 수 없게 된 때에도 같다.
② 전항의 경우에 채무자는 자기의 채무를 면함으로써 이익을 얻은 때에는 이를 채권자에게 상환하여야 한다.

보충학습

원시적 불능의 경우

1. 건물이 매도되었는데 계약체결 전에 전부 소실된 경우
2. 공용수용된 토지를 수용당한 자로부터 매수한 경우
3. 토지가 포락되어 원상복구할 수 없는데도 그 사실을 모르고 그것을 매도한 경우

후발적 불능의 경우

1. 임대차계약을 체결한 후 제3자의 방화로 임차목적물이 전소된 경우
2. 저당권이 설정된 토지를 매수하였으나 저당권이 실행되어 제3자가 그 토지의 소유권을 취득한 경우
3. 토지에 대한 매매계약체결 후 토지가 수용당한 경우

(4) 전부불능 · 일부불능

① '전부불능(全部不能)'이란 법률행위 목적 전부가 불능을 의미하고, '일부불능(一部不能)'이란 법률행위 전부가 아닌 일부만 불능인 경우를 의미한다.

② '전부불능'은 무효이다.

③ '일부불능'은 원칙적으로는 무효이다. 그러나 그 일부불능이 없었더라도 법률행위를 하였을 것이라는 가상적 의사가 인정되면 제137조를 유추적용하여 일부불능 부분만 무효로 하고 나머지 부분은 유효로 한다.

4. 목적의 적법(適法)

(1) 의 의

① '목적의 적법'이란 당사자가 원하는 대로 법률행위가 효력을 발생하기 위해서는 당사자가 원하는 목적이 법에 적합하여야 한다는 의미이다. 법에 적합하지 않는 당사자의 목적은 법의 보호를 받을 가치가 없으므로 무효이다. 그런데 '법'에는 강행규정과 임의규정이 있다.

② 목적의 '적법(適法)'에서 법의 의미는 강행규정을 의미한다.

(2) 강행규정(强行規定)

① **의 의**

㉠ 강행규정은 '법령 중의 선량한 풍속 기타 사회질서에 관계있는 규정'을 말하며, 강행규정을 위반하면 사회질서의 유지가 곤란하므로 당사자의 의사에 의하여 그 적용을 배제할 수 없다.

㉡ 강행규정은 사적자치의 한계를 이룬다. 따라서 강행규정에 반하는 당사자의 특약은 무효이다.

㉢ 강행규정으로 이해되는 것들

ⓐ 법질서의 기본구조에 관한 규정(능력에 관한 규정 등)

ⓑ 제3자 내지 사회 일반의 이해에 직접 영향을 미치는 규정(물권법 규정 등)

ⓒ 거래의 안전을 위한 규정(유가증권 제도 등)

ⓓ 경제적 약자를 보호하기 위한 사회정책적 규정(제104조, 제608조 등)

ⓔ 가족관계의 질서에 관한 규정(가족법 규정 등) 등

② **강행규정의 종류**

㉠ 단속규정: 단순히 그러한 행위만을 금지하는 규정을 의미한다(단순한 행정상의 금지법규). 단속규정을 위반하면 그 행위는 유효하고, 다만 범칙금 등의 행정상의 제재만 받는다.

㉡ 효력규정: 해당 규정의 입법취지가 어떤 행위의 효력의 발생을 금지하는 것을 의미한다. 효력규정을 위반하는 행위는 무효이다.

알아두기

단속규정과 효력규정

1. **단속규정의 예**(유효한 경우)
   ① 중간생략등기를 금지하는 부동산등기 특별조치법 제2조 제2항
   ② 비실명금융거래를 금지하는 금융실명거래 및 비밀보장에 관한 법률 제3조 제1항
   ③ 투자일임매매약정을 제한하는 (구)증권거래법 제107조
   ④ 국민주택의 전매를 제한하는 (구)주택건설촉진법 제38조의3
2. **효력규정의 예**(무효인 경우)
   ① 변호사 아닌 자의 법률상담 등의 행위를 금지하는 변호사법 제109조
   ② 의료인이나 의료법인 등 비영리법인 아닌 자의 의료기관 개설을 금지하는 의료법 제33조 제2항
   ③ 부동산중개수수료의 상한을 정한 (구)공인중개사의 업무 및 부동산 거래신고에 관한 법률 제32조
   ④ 증권회사 등의 부당한 권유행위(손실보장약정, 수익보장약정)를 금지하는 (구)증권거래법 제52조
   ⑤ 타인의 생명보험에 관한 상법 제731조
   ⑥ 국토의 계획 및 이용에 관한 법률 제118조 제6항
   ⑦ 부동산 실권리자명의 등기에 관한 법률 제4조
   ⑧ 일정한 자격을 갖춘 자에 대해서만 일정한 영업을 허용하는 규정(광업법 제7조, 제8조)
   ⑨ 물가안정에 관한 법률 제7조

관련판례

1. 부동산중개의 수수료 약정 중 소정의 한도액을 초과하는 부분에 대한 사법상의 효력을 제한함으로써 국민생활의 편익을 증진하고자 함에 그 목적이 있는 것이므로 이른바, 강행법규에 속하는 것으로서 그 한도액을 초과하는 부분은 무효라고 보아야 한다(대판 2002.9.4, 2000다54406).
2. 증권회사 또는 그 임・직원의 부당권유행위를 금지하는 (구)증권거래법 제52조 제1호는 공정한 증권거래질서의 확보를 위하여 제정된 강행법규로서 이에 위배되는 주식거래에 관련한 투자수익보장약정은 무효이다(대판 2002.12.26, 2000다56952).

OX

법령에서 정한 한도를 초과하는 부동산 중개수수료 약정은 그 초과한 부분뿐만 아니라 약정 전체가 무효이다. (×) 제22회

3. 주식투자가와 증권회사 사이에 주식매매거래계좌설정약정 및 투자수익보장약정, 일임매매약정이 일체로서 체결되었으나 그중 투자수익보장이 무효인 경우에 약정 당시 고객이 투자수익보장약정이 무효임을 알았거나 알 수 있었다고 보일 뿐만 아니라 주식매매거래계좌설정약정 및 일임매매약정에 기하여 주식거래가 계속되어 새로운 법률관계가 계속적으로 형성되어 왔다면, 투자수익보장약정이 무효라고 하여 주식매매거래계좌설정약정이나 일임매매약정까지 무효가 된다고 할 수는 없다(대판 1996.8.23, 94다38199).
4. 타인의 서면동의 없는 타인의 사망을 보험사고로 하는 보험계약은 강행법규인 상법 제731조 제1항에 위반하여 무효이고, 타인의 생명보험계약 성립 당시 피보험자의 서면동의가 없다면 그 보험계약은 확정적으로 무효가 되고, 피보험자가 이미 무효가 된 보험계약을 추인하였다고 하더라도 그 보험계약이 유효로 될 수 없다(대판 2010.2.11, 2009다74007).

③ **편면적 강행규정**(片面的 强行規定)

> **제289조【강행규정】** 제280조 내지 제287조의 규정에 위반되는 계약으로 지상권자에게 불리한 것은 그 효력이 없다.
>
> **제652조【강행규정】** 제627조, 제628조, 제631조, 제635조, 제638조, 제640조, 제641조, 제643조 내지 제647조의 규정에 위반하는 약정으로 임차인이나 전차인에게 불리한 것은 그 효력이 없다.

㉠ 강행규정은 쌍방 당사자 모두에게 적용되는 것이 원칙이다. 그런데 일방 당사자에게만 적용되는 강행규정이 있다. 이러한 강행규정을 '편면적 강행규정'이라 한다.

㉡ 위반의 효과: 지상권자에게 불리한 약정, 임차인에게 불리한 약정은 무효이다(제289조, 제652조).

예 지상권설정계약 당시에 지상권이 계약기간의 만료로 소멸된 경우에 지상물매수를 청구하지 않기로 지상물매수청구권 포기약정(지상권자에게 불리한 약정)을 하였다 하더라도 이는 강행규정 위반이므로 무효이다. 따라서 후에 지상권자는 지상물매수청구권을 행사할 수 있고, 이러한 경우 지상권자의 지상물매수청구권은 신의성실의 원칙에 반하지 않는다.

(3) 탈법행위(脫法行爲)

① 탈법행위란 강행규정을 직접 위반하지는 않았지만, 간접적·우회적으로 위반하는 경우를 의미한다.

② 이러한 탈법행위도 강행규정을 직접 위반하는 경우처럼 무효이다.

③ 탈법행위가 언제나 무효인 것은 아니다. 특정한 행위의 결과를 금지하는 경우에는 무효이지만, 특정한 수단·형식을 금지하는 것이라면 유효하다.

예 동산의 양도담보도 탈법행위이지만 유효하다.

관련판례

국유재산에 관한 사무에 종사하는 직원이 타인의 명의로 국유재산을 취득하는 행위는 강행법규인 같은 법 규정들의 적용을 잠탈하기 위한 탈법행위로서 무효이고, 나아가 같은 법이 거래안전의 보호 등을 위하여 그 무효를 주장할 수 있는 상대방을 제한하는 규정을 따로 두지 아니한 이상 그 무효는 원칙적으로 누구에 대하여서나 주장할 수 있으므로 그 규정들에 위반하여 취득한 국유재산을 제3자가 전득하는 행위 또한 전부 무효이다(대판 1997.6.27, 97다9529).

(4) 강행법규 위반의 효과

① 강행규정에 위반하는 법률행위는 무효이다.

② 그 무효는 '확정적 무효'이므로 추인에 의하여 유효로 할 수 없다.

③ '절대적 무효'이므로 선의의 제3자에게도 무효를 주장할 수 있다.

④ 법률행위의 일부만이 강행규정에 위반하는 경우에 일부무효(제137조)의 법리에 따라 처리하여야 한다.

⑤ 무효이기 때문에 무효의 일반법리에 따라 이행하기 전이면 이행할 필요가 없고, 이행한 후이면 무효임을 이유로 부당이득반환을 청구할 수 있다.

⑥ 강행규정 위반이 곧 '불법(不法)'에 해당하지는 않으므로 제746조는 적용되지 않는다.

⑦ 강행규정에 위반한 경우에는 표현대리도 성립하지 않는다.

OX

강행규정의 위반으로 인한 무효는 추인에 의하여 유효로 될 수 없다. (○) 제14회

제746조의 불법원인
= 반사회질서 법률행위
≠ 강행규정 위반 법률행위
≠ 통정허위표시

OX

강행규정 위반으로 무효인 경우, 급부자는 언제나 그 급부한 것의 반환을 청구할 수 있다. (×) 제14회

관련판례

1. 부당이득의 반환청구가 금지되는 사유로 민법 제746조가 규정하는 불법원인이라 함은 그 원인되는 행위가 선량한 풍속 기타 사회질서에 위반하는 경우를 말하는 것으로서 법률의 금지에 위반하는 경우라 할지라도 그것이 선량한 풍속 기타 사회질서에 위반하지 않는 경우에는 이에 해당하지 않는다(대판 2001.5.29, 2001다1782).
2. 부동산 실권리자명의 등기에 관한 법률이 규정하는 명의신탁약정은 부동산에 관한 물권의 실권리자가 타인과의 사이에서 대내적으로는 실권리자가 부동산에 관한 물권을 보유하되, 다만 그에 관한 등기를 타인의 명의로 하기로 하는 약정을 말하는 것일 뿐이므로 그 자체로 선량한 풍속 기타 사회질서에 반한다고 단정할 수 없을 뿐만 아니라, 위 법률이 비록 부동산등기제도를 악용한 투기·탈세·탈법행위 등 반사회적 행위를 방지하는 것 등을 목적으로 제정되었다고 하더라도 무효인 명의신탁약정에 기하여 타인 명의의 등기가 마쳐졌다는 이유만으로 그것이 당연히 불법원인급여에 해당한다고 볼 수 없다(대판 2010.9.30, 2010도8556).

5. 목적의 사회적 타당성(社會的 妥當性)

> **제103조 【반사회질서의 법률행위】** 선량한 풍속 기타 사회질서에 위반한 사항을 내용으로 하는 법률행위는 무효로 한다.

(1) '목적의 사회적 타당성'의 의의

① 예를 들면, '첩계약'처럼 당사자가 체결한 법률행위가 법에서 금지하는 강행규정에 위반하지 않더라도 이러한 법률행위를 용인하게 되면 사회질서가 유지될 수 없는 경우가 있다. 이런 의미에서 당사자가 의욕한 법률행위가 강행규정에 위반하지는 않더라도 사회적으로 용인·용납할 수 없는 법률행위의 효력을 무효로 한다는 것이 '목적의 사회적 타당성'에 관련된 문제이다.

② 사인(私人)들의 모든 법률행위에 적용하여야 할 강행규정을 마련한다고 하는 것은 현실적으로 불가능하다. 이러한 현실적 공백을 메우기 위해서 제103조를 두어 법률행위의 내용을 반사회질서라는 기준을 가지고 일반적·포괄적으로 규제할 수 있도록 정한 것이다. 이러한 점에서 제103조는 일반조항(백지조항)으로서의 성격을 가진다.

③ 목적의 사회적 타당성은 강행규정과 더불어 사적자치의 한계를 이룬다. 즉, 강행규정으로 규율할 수 없는 법률행위를 목적의 사회적 타당성으로 규율한다.

(2) '선량한 풍속 기타 사회질서'의 의미

① '선량한 풍속'이란 사회의 건전한 도덕관념을 의미하고, '사회질서'란 사회의 평화와 질서를 유지하기 위하여 국민이 지켜야 할 공공질서를 의미한다. 이를 '공서양속(公序良俗)'이라고 한다.

② 사회질서를 선량한 풍속을 포함하는 상위개념으로 이해하는 것이 다수설의 입장이다.

관련판례

반사회질서 법률행위에 해당하는 경우

1. 인륜에 반하는 행위

① 자식과 부모 또는 아내와 남편이 각각 동거하지 않겠다는 계약이나, 자식이 부모를 상대로 불법행위로 인한 손해배상을 청구하는 경우는 허용되지 않는다.

② 부첩계약(대판 1960.9.29, 4293민상302)이나 장래의 부첩관계를 승인하는 합의(대판 1967.10.6, 67다1134)는 처의 동의가 있더라도 무효이고 이에 부수된 약정, 예를 들면 처가 사망하면 입적하겠다는 약정(대판 1955.7.14, 4288민상156)도 무효이다.

③ 혼인예약 중 동거를 거부하는 경우에 금원을 지급하는 계약 역시 무효이다(대판 1963.11.17, 63마587).

④ 부부관계의 종료를 해제조건으로 하는 증여계약(불법조건)은 조건뿐만 아니라 증여계약 전부가 무효이다(대판 1966.6.21, 66다530).

2. 정의에 반하는 행위

① 범죄 기타 부정행위를 유발하거나 조장하는 행위는 무효이다(대판 1973.5.22, 72다2249).

② 수사기관에서 참고인으로 자신이 잘 알지 못하는 내용에 대하여 허위의 진술을 하는 경우에 허위진술의 대가로 작성된 각서에 기한 급부의 약정은 그 급부의 상당성 여부와 관계없이 무효이다(대판 2001.4.24, 2000다71999).

③ 타인의 소송에서 사실을 증언하는 증인이 그 증언을 조건으로 그 소송의 일방 당사자 등으로부터 통상적으로 용인될 수 있는 수준(예 증인에게 일당 및 여비가 지급되기는 하지만, 증인이 증언을 위하여 법원에 출석함으로써 입게 되는 손해에는 미치지 못하는 경우 그러한 손해를 전보하여 주는 정도)을 넘어서는 대가를 제공받기로 하는 약정은 국민의 사법참여행위가 대가와 결부됨으로써 사법작용의 불가매수성 내지 대가무관성이 본질적으로 침해되는 경우로서 반사회적 법률행위에 해당하여 무효이다(대판 2010.7.29, 2009다56283).

④ 변호사법을 위반하여 변호사 아닌 자가 승소를 조건으로 그 대가로 소송당사자로부터 소송물 일부를 양도받기로 한 약정은 사회질서에 반하여 무효이다(대판 1990.5.11, 89다카10514).

⑤ 공무원의 직무에 관하여 청탁하고 그 보수로 돈을 지급할 것을 내용으로 한 약정은 무효이다(대판 1995.7.14, 94다51994).

⑥ 지방자치단체가 골프장사업계약 승인과 관련하여 사업자로부터 기부금을 지급받기로 한 증여계약은 공무수행과 결부된 금전적 대가로서 그 조건이나 동기가 사회질서에 반하여 무효이다(대판 2009.12.10, 2007다63966).

⑦ 행정기관에 진정서를 제출하여 상대방을 궁지에 빠뜨린 다음 이를 취하하는 조건으로 거액의 급부를 받기로 한 약정은 제104조에는 위반되지는 않으나, 제103조에 위반하여 무효이다(대판 2000.2.11, 99다56833).

⑧ 밀수입을 위한 소비대차, 경매 등에 있어서의 담합행위, 범죄를 하지 않을 것을 조건으로 하는 금전의 지급계약 역시 정의관념에 반하는 행위로 무효이다(대판 1962.4.4, 4294민상1296 등).

OX

수사기관에서 허위진술을 하는 대가로 금전을 받기로 한 약정은 반사회질서 법률행위로 무효이다. (○) 제21회

⑨ 사용자가 노동조합 간부에게 근로자들의 임금 인상 요구가 있을 때 이를 적당히 무마해 달라는 청탁을 하고 그 대가를 약속하는 경우에도 무효이다(대판 1956.5.10, 4289민상115).

⑩ 피보험자를 살해하여 보험금을 편취할 목적으로 체결한 생명보험계약은 사회질서에 위배되는 행위로서 무효이고, 따라서 피보험자를 살해하여 보험금을 편취할 목적으로 피보험자의 공동상속인 중 1인이 상속인을 보험수익자로 하여 생명보험계약을 체결한 후 피보험자를 살해한 경우 다른 공동상속인은 자신이 고의로 보험사고를 일으키지 않았다고 하더라도 보험자에 대하여 보험금을 청구할 수 없다(대판 2000.2.11, 99다49064).

⑪ 보험계약자가 다수의 보험계약을 통하여 보험금을 부정취득할 목적으로 보험계약을 체결한 경우에도 선량한 풍속 기타 사회질서에 반하여 무효이다(대판 2005.7.28, 2005다23858).

⑫ 사찰이 그 존립에 필요불가결한 임야를 처분하는 행위는 무효이다(대판 1991.8.27, 90다19848).

⑬ 소송행위에도 제103조가 적용된다. 즉, 우리나라 법원의 관할을 배제하고 외국의 법원을 관할법원으로 하는 전속적인 국제관할의 합의가 그 요건을 갖추었더라도 현저하게 불합리하고 불공정한 경우에 그 관할합의는 공서양속에 반하는 법률행위에 해당하여 무효이다(대판 2004.3.25, 2001다53349).

⑭ 형사사건에 관하여 체결된 성공보수약정이 가져오는 여러 가지 사회적 폐단과 부작용 등을 고려하면, 구속영장청구 기각, 보석 석방, 집행유예나 무죄 판결 등과 같이 의뢰인에게 유리한 결과를 얻어내기 위한 변호사의 변론활동이나 직무수행 그 자체는 정당하다 하더라도, 형사사건에서의 성공보수약정은 수사・재판의 결과를 금전적인 대가와 결부시킴으로써, 기본적 인권의 옹호와 사회정의의 실현을 사명으로 하는 변호사 직무의 공공성을 저해하고, 의뢰인과 일반 국민의 사법제도에 대한 신뢰를 현저히 떨어뜨릴 위험이 있으므로, 선량한 풍속 기타 사회질서에 위배되는 것으로 평가할 수 있다. (중략) 대법원이 이 판결을 통하여 형사사건에 관한 성공보수약정이 선량한 풍속 기타 사회질서에 위배되는 것으로 평가할 수 있음을 명확히 밝혔음에도 불구하고 <u>향후에도 성공보수약정이 체결된다면 이는 민법 제103조에 의하여 무효로 보아야 한다</u>(대판 전합 2015.7.23, 2015다200111).

3. 개인의 자유를 심하게 제한하는 행위

① 어떠한 일이 있어도 이혼하지 않겠다는 각서를 써 주는 경우에서와 같이 신분상의 의사결정을 구속하는 내용의 의사표시는 무효이다(대판 1969.8.19, 69므18).

② 영리를 목적으로 윤락행위를 하도록 권유, 유인, 알선 또는 강요하거나 이에 협력하는 것은 선량한 풍속 기타 사회질서에 위반되므로 그러한 행위를 하는 자가 영업상 관계있는 윤락행위를 하는 자에 대하여 가지는 채권은 계약의 형식에 관계없이 무효이다(대판 2004.9.3, 2004다27488).

③ 과도한 위약벌의 약정은 사회질서에 반하여 무효이다(대판 1993.3.23, 92다46905).

④ 당사자 일방이 그의 독점적 지위 내지 우월한 지위를 악용하여, 자기는 부당한 이득을 얻고 상대방에게는 과도한 반대급부를 또는 기타의 부당한 부담을 과하는 법률행위는 반사회적인 것으로서 무효이다(대판 1996.4.26, 94다34432).

⑤ 사용자와 근로자 사이에 겸업금지약정이 존재한다고 하더라도 그와 같은 약정이 헌법상 보장된 근로자의 직업선택의 자유와 근로권 등을 과도하게 제한하거나 자유로운 경쟁을 지나치게 제한하는 경우에는 민법 제103조에 정한 선량한 풍속 기타 사회질서에 반하는 법률행위로서 무효이다(대판 2010.3.11, 2009다82244).

지나친 겸업금지약정도 무효이다.

4. 현저히 사행적인 행위(도박계약)

① 도박과 같이 지나치게 사행적인 행위는 사회질서에 반한다(복권과 같이 법률이 허용하는 경우에는 해당하지 않는다).

② 도박자금에 제공할 목적으로 하는 금전의 소비대차계약은 반사회적 법률행위로 무효이다(대판 1973.5.22, 72다2249).

③ 도박채무로 인한 채무의 변제방법으로 토지를 양도하는 계약은 무효이다. 즉, 도박채무와 관련된 변제행위는 무효이다(대판 1959.10.15, 4291민상262).

④ 도박채무의 변제를 위한 담보의 방법으로 이루어진 가등기와 소유권이전의 본등기는 무효이다(대판 1974.11.12, 74다960).

관련판례

반사회질서 법률행위에 해당하지 않는 경우

1. 법률행위의 성립과정에서 강박이라는 불법적 방법이 사용된 데 불과한 때에는 그 불법이 의사표시의 형성에 영향을 미친 경우에는 의사표시의 하자를 이유로 그 효력을 논할 수 있을지언정, 반사회질서의 법률행위로서 무효라고 할 수 없다(대판 2002.12.27, 2000다47361).
2. 강제집행을 면할 목적으로 부동산에 허위의 근저당권설정등기를 경료하는 행위는 제103조에 해당하는 반사회질서 법률행위로 볼 수 없다. 또한 양도소득세를 회피하기 위한 방법으로 부동산을 명의신탁한 것이라 하더라도 그러한 이유 때문에 민법 제103조의 반사회적 법률행위로서 위 명의신탁이 무효라고 할 수 없다(대판 1991.9.13, 91다16334).
3. 주택매매계약에서 매도인으로 하여금 주택의 보유기간이 3년 이상으로 되게 함으로써 양도소득세를 부과받지 않게 할 목적으로 매매를 원인으로 한 소유권이전등기는 3년 후에 넘겨받기로 특약을 하였더라도 그와 같은 목적은 위 특약의 연유나 동기에 불과하고 위 특약 자체가 사회질서나 신의성실의 원칙에 위반된 것으로 볼 수 없다(대판 1991.5.14, 91다6627).
4. 양도소득세의 일부를 회피할 목적으로 매매계약서에 실제로 거래한 가액을 매매대금으로 기재하지 않고 그보다 낮은 금액을 매매대금으로 기재하였다 하여 그것만으로 그 매매계약이 사회질서에 반하는 법률행위로서 무효로 된다고 할 수는 없다(대판 2007.6.14, 2007다3285).
5. 매도인이 부담할 공과금을 매수인이 부담하기로 한 약정은 선량한 풍속 기타 사회질서에 반하는 법률행위가 아니다(대판 1993.5.25, 93다296).

OX

부동산의 강제집행을 면할 목적으로 한 허위의 근저당권설정계약은 반사회질서 법률행위로 무효이다. (×) 제21회

6. 도박채무의 변제를 위하여 채무자로부터 부동산의 처분을 위임받은 채권자가 그 부동산을 제3자에게 매도한 경우 도박채무 부담행위 및 그 변제약정이 민법 제103조의 선량한 풍속 기타 사회질서에 위반되어 무효라 하더라도 그 무효는 변제약정의 이행행위에 해당하는 위 부동산을 제3자에게 처분한 대금으로 도박채무의 변제에 충당한 부분에 한정되고, 위 변제약정의 이행행위에 직접 해당하지 아니하는 부동산 처분에 관한 대리권을 도박 채권자에게 수여한 행위부분까지 무효라고 볼 수는 없으므로 위와 같은 사정을 알지 못하는 거래상대방인 제3자가 도박 채무자부터 그 대리인인 도박 채권자를 통하여 위 부동산을 매수한 행위까지 무효가 된다고 할 수는 없다(대판 1995.7.14, 94다40147).
7. 주택개량사업구역 내의 주택에 거주하는 세입자가 주택개량재개발조합으로부터 장차 신축될 아파트의 방 1칸을 분양받을 수 있는 피분양권(이른바 세입자입주권)을 15매나 매수하였고 또 그것이 투기의 목적으로 행하여진 것이라 하여 그것만으로 그 피분양권매매계약이 사회질서에 반하는 법률행위로서 무효로 된다고 할 수 없다(대판 1991.5.28, 90다19770).
8. 백화점 수수료위탁판매매장계약에서 임차인이 매출신고를 누락하는 경우에 판매수수료의 100배에 해당하고 신고누락 매출액의 10배에 해당하는 범칙금을 임대인에게 배상하기로 한 위약벌의 약정은 반사회질서에 해당하지 않는다(대판 1993.3.23, 92다46905).
9. 귀국 후 일정한 기간 근무하지 않으면 해외파견 소요경비를 배상한다는 사규나 약정은 근로계약기간이 아니라 경비반환채무의 면제기간을 정한 것이므로 민법 제103조, 제104조에 해당하지 않는다(대판 1982.6.22, 82다카90).
10. 반사회적 행위에 의하여 조성된 재산인 이른바 비자금을 소극적으로 은닉하기 위하여 임치한 것이 사회질서에 반하는 법률행위로 볼 수 없다(대판 2001.4.10, 2000다49343).
11. 전통사찰의 주지직을 거액의 금품을 대가로 양도·양수하기로 하는 약정이 있음을 알고도 이를 묵인 혹은 방조한 상태에서 한 종교법인의 주지임명행위는 민법 제103조 소정의 반사회질서 법률행위에 해당하지 않는다.
12. 부정행위를 용서받는 대가로 손해를 배상함과 아울러 가정에 충실하겠다는 서약의 취지에서 처에게 부동산을 양도하되, 부부관계가 유지되는 동안에는 처가 임의로 처분할 수 없다는 제한을 붙인 약정은 사회질서에 반하는 것이라고 볼 수 없다(대판 1992.10.27, 92므204).
13. 불륜관계를 해소하면서 그 첩의 장래 생활대책을 마련해 준다는 뜻에서 금원을 지급하기로 약정한 것이라거나 자녀의 양육비를 지급하기로 약정한 것은 유효하다(대판 1980.6.24, 80다458).
   부첩관계 종료를 정지조건으로 한 증여는 유효하다.
14. 식품접객업 영업허가명의 및 사업자등록명의의 대여가 사회질서에 반하는 것은 아니다(대판 2004.3.12., 2002도5090).

OX

반사회적 행위에 의하여 조성된 재산을 소극적으로 은닉하기 위한 임치계약은 반사회적 행위에 해당한다. (×) 제22회

PART 01

15. 상해보험계약을 체결할 때 약관 또는 보험자와 보험계약자의 개별 약정으로 태아를 상해보험의 피보험자로 할 수 있다. 그 이유는 다음과 같다. 상해보험은 피보험자가 보험기간 중에 급격하고 우연한 외래의 사고로 인하여 신체에 손상을 입는 것을 보험사고로 하는 인보험이므로, 피보험자는 신체를 가진 사람(인)임을 전제로 한다(상법 제737조). 그러나 상법상 상해보험계약 체결에서 태아의 피보험자 적격이 명시적으로 금지되어 있지 않다. 인보험인 상해보험에서 피보험자는 '보험사고의 객체'에 해당하여 그 신체가 보험의 목적이 되는 자로서 보호받아야 할 대상을 의미한다. 헌법상 생명권의 주체가 되는 태아의 형성 중인 신체도 그 자체로 보호해야 할 법익이 존재하고 보호의 필요성도 본질적으로 사람과 다르지 않다는 점에서 보험보호의 대상이 될 수 있다. 이처럼 약관이나 개별 약정으로 출생 전 상태인 태아의 신체에 대한 상해를 보험의 담보범위에 포함하는 것이 보험제도의 목적과 취지에 부합하고 보험계약자나 피보험자에게 불리하지 않으므로 상법 제663조에 반하지 아니하고 민법 제103조의 공서양속에도 반하지 않는다(대판 2019.3.28, 2016다211214).

알아두기

- **동기(動機)의 불법**(不法)(동기의 반사회성)

1. 도박자금을 마련하기 위하여 금전소비대차계약을 맺은 경우처럼, 법률행위의 내용(금전소비대차계약)에는 문제가 없으나, 그 돈을 빌리는 동기가 도박하기 위한 것이라면 그런 경우를 동기의 불법이라고 한다.
2. **효 과**
   ① 설령 동기가 불법이더라도 상대방이 표의자의 동기를 알 수 없으므로 원칙적으로 동기가 불법이더라도 전체 법률행위는 유효하다.
   ② 다만, 동기가 상대방에게 표시되거나 상대방에게 알려진 경우라면 무효이다.
3. 민법 제103조에서 정하는 '반사회질서의 법률행위'는 법률행위의 목적인 권리 · 의무의 내용이 선량한 풍속 기타 사회질서에 위반되는 경우뿐만 아니라, 그 내용 자체는 반사회질서적인 것이 아니라고 하여도 법적으로 이를 강제하거나 법률행위에 사회질서의 근간에 반하는 조건 또는 금전적인 대가가 결부됨으로써 그 법률행위가 반사회질서적 성질을 띠게 되는 경우 및 표시되거나 상대방에게 알려진 법률행위의 동기가 반사회질서인 경우를 포함한다(대판 2009.9.10, 2009다37251).

(3) 사회질서 위반의 판단시기

어떤 법률행위가 사회질서에 반하는지 여부는 원칙적으로 법률행위 당시를 기준으로 판단한다.

관련판례

매매계약체결 당시에 정당한 대가를 지급하고 목적물을 매수하는 계약을 체결하였다면, 비록 그 후 목적물이 범죄행위로 취득된 것을 알게 되었다고 하더라도 계약의 이행을 구하는 것 자체가 선량한 풍속 기타 사회질서에 위반하는 것으로 볼 만한 특별한 사정이 없는 한, 그러한 사유만으로 당초의 매매계약에 기하여 목적물에 대한 소유권 이전등기를 구하는 것이 민법 제103조의 공서양속에 반하는 행위라고 단정할 수 없다(대판 2001.11.9, 2001다44987).

OX

정당한 대가를 지급하고 목적물을 매수하였다면, 특별한 사정이 없는 한, 비록 그 후 목적물이 범죄행위로 취득된 것을 알게 되었더라도 소유권이전등기를 구하는 것이 사회질서에 반하는 법률행위라고 단정할 수 없다. (○) 제12회

(4) 사회질서 위반의 효과

제746조【불법원인급여】 불법의 원인으로 인하여 재산을 급여하거나 노무를 제공한 때에는 그 이익의 반환을 청구하지 못한다. 그러나 그 불법원인이 수익자에게만 있는 때에는 그러하지 않는다.

① 사회질서에 반하는 법률행위는 확정적 무효이다. 따라서 추인에 의하여 유효로 될 수 없다.

② 사회질서에 반하는 법률행위는 절대적 무효이다. 따라서 선의의 제3자에게도 대항할 수 있다.

③ 이행 전이라면 이행할 필요가 없고, 또 상대방도 이행을 청구할 수 없다.

④ 이행 후라면 제746조가 적용되기에 반환을 청구할 수 없다. 항상 제103조에 의하여 무효이면 제746조가 적용된다. 즉, 제103조와 제746조는 표리관계에 있다.

관련판례

1. 민법 제746조는 단지 부당이득제도만을 제한하는 것이 아니라 동법 제103조와 함께 사법의 기본이념으로서, 결국 사회적 타당성이 없는 행위를 한 사람은 스스로 불법한 행위를 주장하여 복구를 그 형식 여하에 불구하고 소구할 수 없다는 이상을 표현한 것이므로 급여를 한 사람은 그 원인행위가 법률상 무효라 하여 상대방에게 부당이득반환청구를 할 수 없음은 물론 급여한 물건의 소유권은 여전히 자기에게 있다고 하여 소유권에 기한 반환청구도 할 수 없고, 따라서 급여한 물건의 소유권은 급여를 받은 상대방에게 귀속된다(대판 전합 1979.11.13, 79다483).

2. 도박자금을 제공함으로 인하여 발생한 채권의 담보로 부동산에 관하여 근저당권설정등기가 경료되었을 뿐이라면 위와 같은 근저당권설정등기로 근저당권자가 받을 이익은 소유권이전과 같은 종국적인 것이 되지 못하고 따라서 민법 제746조에서 말하는 이익에는 해당하지 아니한다고 할 것이므로 그 부동산의 소유자는 민법 제746조의 적용을 받음이 없이 그 말소를 청구할 수 있다(대판 1994.12.22, 93다55234).
3. 도박채무가 불법무효로 존재하지 않는다는 이유로 양도담보조로 이전해 준 소유권이전등기의 말소를 청구하는 것은 허용되지 않는다(대판 1989.9.29, 89다카5994).
4. 선량한 풍속 기타 사회질서에 위반하여 무효인 부분의 이자 약정을 원인으로 차주가 대주에게 임의로 이자를 지급하는 것은 통상 불법의 원인으로 인한 재산 급여라고 볼 수 있을 것이나, 불법원인급여에 있어서도 그 불법원인이 수익자에게만 있는 경우이거나 수익자의 불법성이 급여자의 그것보다 현저히 커서 급여자의 반환청구를 허용하지 않는 것이 오히려 공평과 신의성실의 원칙에 반하게 되는 경우에는 급여자의 반환청구가 허용되므로 대주가 사회통념상 허용되는 한도를 초과하는 이율의 이자를 약정하여 지급받은 것은 그의 우월한 지위를 이용하여 부당한 이득을 얻고 차주에게는 과도한 반대급부 또는 기타의 부당한 부담을 지우는 것으로서 그 불법의 원인이 수익자인 대주에게만 있거나 또는 적어도 대주의 불법성이 차주의 불법성에 비하여 현저히 크다고 할 것이어서 차주는 그 이자의 반환을 청구할 수 있다(대판 전합 2007.2.15, 2004다50426).

> **OX**
> 도박채무가 선량한 풍속에 반하여 무효라면 도박채무에 대하여 양도담보 명목으로 이전해 준 소유권이전등기의 말소를 청구할 수 있다. (×) 제17회

⑸ 관련문제 – 이중매매(이중양도)

① **원 칙**

㉠ 사적자치의 원칙상 계약체결의 자유가 인정되므로 원칙적으로 이중매매는 유효하다.

㉡ 이중매매가 유효한 경우 제2매수인은 적법하게 소유권을 취득한다.

㉢ 이중매매가 유효한 경우 제1매수인은 매도인에게 이행불능을 이유로 최고 없이 해제하고, 손해배상을 청구할 수 있다.

> **OX**
> 매도인과 제2매수인 사이의 매매계약이 유효한 경우, 제1매수인은 매도인에게 채무불이행을 이유로 손해배상을 청구할 수 있다. (○) 제16회

② **예 외**

㉠ 이중매매가 매도인의 배임행위에 제2매수인의 '적극 가담'하에서 이루어진 것이라면 제103조 위반으로 무효가 된다.

㉡ '적극 가담'의 의미

ⓐ 목적물이 제1매수인에게 양도된 사실을 제2매수인이 안다는 것만으로는 부족하고, 적어도 매도인의 배임행위에 공모 내지 협력하거나 또는 제1매매사실을 알면서 매도를 요청하는 정도이어야 한다.

ⓑ 따라서 제2매수인이 제1매매가 있었다는 사실을 아는 것만 가지고는 이중매매가 무효가 되는 것이 아니라 유효하다.

> **OX**
> X토지가 매수인에게 매도된 사실을 알고 있는 제3자가 매도인으로부터 그 토지를 매수한 경우, 특별한 사정이 없는 한 매도인과 제3자 사이의 매매계약은 유효하다. (○) 제18회

㉢ 이중매매가 제103조 위반으로 무효인 경우의 법률관계

ⓐ 제1매수인은 제2매수인에게 직접 등기의 말소는 청구할 수 없고, 매도인을 대위하여 등기의 말소를 청구할 수 있다.

ⓑ 이중매매가 무효인 경우 매도인은 제2매수인에게 소유권에 기한 목적물의 반환을 청구할 수 없다.

ⓒ 제1매수인은 사해행위를 이유로 채권자취소권을 행사할 수 없다.

ⓓ 이중매매가 제103조 위반으로 무효인 경우 절대적 무효이므로 제2매수인으로부터 목적물을 취득한 자(제3자)는 설령 선의라고 하더라도 소유권을 취득하지 못한다.

③ **적용범위**

㉠ 이중양도의 법리는 반드시 제1의 법률행위나 제2의 법률행위가 매매에 한정되는 것은 아니다.

㉡ 판례는 매매의 이중양도의 법리를 임대차, 취득시효, 명의신탁에까지 확대하여 적용시키고 있다.

보충학습

| 이중매매 법리의 확대적용

1. 매도된 부동산을 증여받은 경우(대판 1982.2.9, 81다1134)
2. 매도된 부동산 위에 근저당권을 설정받은 경우(대판 2002.9.6, 2000다41820)
3. 채무담보를 위한 가등기 및 본등기를 경료받은 경우(대판 1991.7.26, 91다8104)
4. 점유취득시효가 완성된 후에 그 부동산의 소유권이 이전된 경우(대판 1995.6.30, 94다52146)
5. 명의수탁자가 신탁재산을 처분하는 때에 양수인이 수탁자의 행위에 적극 가담한 경우(대판 1992.6.9, 91다29842)
6. 이중으로 임대차계약을 체결한 경우(대판 2013.6.27, 2011다5813)
7. 상속재산의 협의분할(대판 1996.4.26, 95다54426)

관련판례

1. 부동산 이중매매가 반사회적 법률행위로서 무효가 되기 위하여는 매도인의 배임행위에 매수인이 적극 가담한 행위로 이루어진 매매로서, 그 적극 가담하는 행위는 매수인이 다른 사람에게 매매목적물이 매도된 것을 안다는 것만으로는 부족하고, 적어도 그 매도사실을 알고도 매도를 요청하여 매매계약에 이르는 정도가 되어야 한다(대판 1994.3.11, 93다55289).
2. 매도인의 제1매수인에 대한 배임행위에 가담하여 매수하고 이를 원인으로 소유권이전등기를 경료한 제2매수인에 대하여 제1매수인은 매도인을 대위하여 위 등기의 말소를 청구할 수는 있으나 직접 청구할 수는 없다는 것은 형식주의 아래서의 등기청구권의 성질에 비추어 당연하다(대판 1994.10.14, 94다22231).

OX

매도인과 제2매수인 사이의 매매계약이 반사회적 법률행위로 무효인 경우, 제1매수인은 매도인을 대위하여 제2매수인에게 X건물에 대한 소유권이전등기의 말소를 청구할 수 있다. (○) 제16회

OX

매도인과 제2매수인 사이의 매매계약이 반사회적 법률행위로 무효인 경우, 매도인은 소유권에 기하여 제2매수인에게 X건물의 반환을 청구할 수 없다. (○) 제16회

3. 부동산의 제1매수인인 채권자는 자신의 소유권이전등기청구권 보전을 위하여, 채무자와 제3자 사이에 이루어진 제2의 소유권이전등기의 말소를 구하는 채권자취소권을 행사할 수 없다(대판 1996.9.20, 95다1965).

4. 부동산 소유자가 자신의 부동산에 대하여 취득시효가 완성된 사실을 알고 이를 제3자에게 처분하여 소유권이전등기를 넘겨줌으로써 취득시효완성을 원인으로 한 소유권이전등기의무를 이행불능에 빠뜨려 시효취득을 주장하는 자에게 손해를 입혔다면 불법행위를 구성하며, 이 경우 부동산을 취득한 제3자가 부동산 소유자의 이와 같은 불법행위에 적극 가담하였다면 이는 사회질서에 반하는 행위로서 무효이다(대판 1995.6.30, 94다52416).

예제

반사회질서의 법률행위에 해당하지 않는 것을 모두 고른 것은? (다툼이 있으면 판례에 따름)

제28회

㉠ 강제집행을 면할 목적으로 허위의 근저당권을 설정하는 행위
㉡ 이미 매도된 부동산임을 알고 있는 자가 매도인의 배임행위에 적극 가담하여 매도인과 체결한 저당권설정계약
㉢ 산모가 우연한 사고로 인해 발생할 수 있는 태아의 상해에 대비하기 위하여 자신을 보험수익자로, 태아를 피보험자로 하여 체결한 상해보험계약

① ㉠　　② ㉡　　③ ㉠, ㉢
④ ㉡, ㉢　　⑤ ㉠, ㉡, ㉢

해설

㉠ 강제집행을 면할 목적으로 부동산에 허위의 근저당권설정등기를 경료하는 행위는 민법 제103조의 선량한 풍속 기타 사회질서에 위반한 사항을 내용으로 하는 법률행위로 볼 수 없다(대판 2004.5.28, 2003다70041).

㉡ 이미 매도된 부동산에 관하여 체결한 저당권설정계약이 반사회적 법률행위로 무효가 되기 위하여는 매도인의 배임행위와 저당권자가 매도인의 배임행위에 적극 가담한 행위로 이루어진 것으로서, 적극 가담하는 행위는 저당권자가 다른 사람에게 목적물이 매도된 것을 안다는 것만으로는 부족하고, 적어도 매도 사실을 알고도 저당권설정을 요청하거나 유도하여 계약에 이르는 정도가 되어야 한다(대판 1998.2.10, 97다26524).

㉢ 상해보험계약을 체결할 때 약관 또는 보험자와 보험계약자의 개별 약정으로 태아를 상해보험의 피보험자로 할 수 있다. 그 이유는 다음과 같다. 상해보험은 피보험자가 보험기간 중에 급격하고 우연한 외래의 사고로 인하여 신체에 손상을 입는 것을 보험사고로 하는 인보험이므로, 피보험자는 신체를 가진 사람(인)임을 전제로 한다(상법 제737조). 그러나 상법상 상해보험계약 체결에서 태아의 피보험자 적격이 명시적으로 금지되어 있지 않다. 인보험인 상해보험에서 피보험자는 '보험사고의 객체'에 해당하여 그 신체가 보험의 목적이 되는 자로서 보호받아야 할 대상을 의미한다. 헌법상 생명권의 주체가 되는 태아의 형성 중인 신체도 그 자체로 보호해야 할 법익이 존재하고 보호의 필요성도 본질적으로 사람과 다르지 않다는 점에서 보험보호의 대상이 될 수 있다. 이처럼 약관이나 개별 약정으로 출생 전 상태인 태아의 신체에 대한 상해를 보험의 담보범위에 포함하는 것이 보험제도의 목적과 취지에 부합하고 보험계약자나 피보험자에게 불리하지 않으므로 상법 제663조에 반하지 아니하고 민법 제103조의 공서양속에도 반하지 않는다(대판 2019.3.28, 2016다211214).

정답 ③

6. 불공정한 법률행위(폭리행위)

> **제104조 【불공정한 법률행위】** 당사자의 궁박 · 경솔 또는 무경험으로 인하여 현저하게 공정을 잃은 법률행위는 무효로 한다.

(1) 의 의

'불공정한 법률행위(폭리행위)'란 상대방의 궁박 · 경솔 또는 무경험을 이용하여 자기의 급부에 비하여 현저하게 균형을 잃은 반대급부를 하게 함으로써 부당한 이득을 얻는 행위를 말한다.

(2) 제103조(반사회질서 법률행위)와 제104조(불공정한 법률행위)의 관계

① 앞에서 본 반사회질서 법률행위가 너무 막연하고 추상적인 규정이다 보니, 반사회질서 법률행위의 예(例)를 제104조에서 규정한 것으로 이해한다. 즉, 불공정한 법률행위는 제103조의 반사회질서 법률행위의 하나의 예이다.

② 제103조는 일반조항이므로 제104조에 위반하지는 않는다고 할지라도 제103조에 의하여 무효로 할 수 있다.

(3) '불공정한 법률행위'가 성립하기 위한 요건(객관적 요건 + 주관적 요건 + 이용의사)

① **객관적 요건**

폭리가 되려면 외부에서 인식할 수 있을 정도로 급부와 반대급부 사이에 뚜렷한 불균형이 있어야 한다.

관련판례

급부와 반대급부 사이의 '현저한 불균형'은 단순히 시가와의 차액 또는 시가와의 배율로 판단할 수 있는 것은 아니고 구체적 · 개별적 사안에 있어서 일반인의 사회통념에 따라 결정하여야 한다. 그 판단에 있어서는 피해당사자의 궁박 · 경솔 · 무경험의 정도가 아울러 고려되어야 하고, 당사자의 주관적 가치가 아닌 거래상의 객관적 가치에 의하여야 한다(대판 2010.7.15, 2009다50308).

> **OX**
> 급부와 반대급부 사이의 '현저한 불균형'여부의 판단은 당사자의 주관적 가치에 의해야 한다. (×) 제25회

② **주관적 요건**(피해자의 궁박 · 경솔 또는 무경험에 기인하여 법률행위를 할 것)

㉠ '궁박'이란 곤궁함을 의미하는데, 경제적 궁박뿐만 아니라 정신적 궁박, 심리적 궁박을 포함한다.

㉡ '경솔'은 판단력의 부족 등 의사결정시 그 행위의 결과나 장래에 대하여 보통인이 베푸는 고려를 하지 않는 심적 상태를 말한다. 그 원인이 선천적이든 후천적이든 불문한다.

> **OX**
> 불공정한 법률행위의 궁박은 심리적 원인에 기인한 것일 수도 있다. (○) 제20회

OX

'무경험'이라 함은 거래 일반에 대한 경험부족이 아니라 해당 법률행위가 속한 특정영역에 있어서의 경험부족을 의미한다. (×) 제17회

OX

불공정한 법률행위의 성립요건인 궁박·경솔 또는 무경험은 그중 어느 하나만 갖추면 된다. (○) 제20회

OX

피해자의 궁박·경솔 또는 무경험을 이용하려는 폭리자의 악의는 불공정한 법률행위의 성립요건이 아니다. (×) 제17회

ⓒ '무경험'은 어느 특정영역에서의 경험부족이 아니라 거래 일반에 대한 경험부족을 의미한다.

ⓓ 주의할 것은 궁박·경솔·무경험의 세 가지 모두를 갖추어야 하는 것은 아니고, 어느 하나만 갖추면 충분하다.

ⓔ 당사자가 궁박 또는 무경험의 상태에 있었는지 여부는 그의 나이와 직업, 교육 및 사회경험의 정도, 재산상태 및 그가 처한 상황의 절박성의 정도 등 제반 사정을 종합하여 구체적으로 판단하여야 한다.

③ 폭리자의 이용의사 존재

피해당사자가 궁박·경솔·무경험의 상태에 있었다고 하더라도 그 상대방 당사자에게 피해당사자의 사정을 알면서 이를 이용하려는 의사, 즉 폭리행위의 악의가 없었다면 불공정한 법률행위는 성립하지 않는다.

관련판례

1. 불공정한 법률행위가 성립하기 위한 요건인 궁박·경솔·무경험은 모두 구비되어야 하는 요건이 아니라 그중 일부만 갖추어져도 충분한데, 여기에서 '궁박'이라 함은 '급박한 곤궁'을 의미하는 것으로서 경제적 원인에 기인할 수도 있고 정신적 또는 심리적 원인에 기인할 수도 있으며, '무경험'이라 함은 일반적인 생활체험의 부족을 의미하는 것으로서 어느 특정영역에 있어서의 경험부족이 아니라 거래일반에 대한 경험부족을 뜻하고, 당사자가 궁박 또는 무경험의 상태에 있었는지 여부는 그의 나이와 직업, 교육 및 사회경험의 정도, 재산상태 및 그가 처한 상황의 절박성의 정도 등 제반 사정을 종합하여 구체적으로 판단하여야 하며, 한편 피해당사자가 궁박·경솔 또는 무경험의 상태에 있었다고 하더라도 그 상대방당사자에게 그와 같은 피해당사자 측의 사정을 알면서 이를 이용하려는 의사, 즉 폭리행위의 악의가 없었다거나 또는 객관적으로 급부와 반대급부 사이에 현저한 불균형이 존재하지 아니한다면 불공정 법률행위는 성립하지 않는다(대판 2002.10.22, 2002다38927).
2. 지역사회에서 상당한 사회적 지위와 명망을 가지고 있는 자가 유부녀와 통정한 후 상간자의 배우자로부터 고소를 당하게 되면 자신의 사회적 명예가 실추되고 구속될 여지도 있어 다소 궁박한 상태에 있었다고 볼 수는 있으나 상간자의 배우자가 상대방의 그와 같은 처지를 적극적으로 이용하여 폭리를 취하려 하였다고 볼 수 없는 경우 고소를 하지 않기로 합의하면서 금 170,000,000원의 약속어음공정증서를 작성한 행위가 불공정한 법률행위에 해당한다고 볼 수 없다(대판 1997.3.25, 96다47951).

   폭리자의 이용의사가 없어서 제104조가 성립하지 않는다.

3. 어떠한 법률행위가 불공정한 법률행위에 해당하는지는 법률행위 당시를 기준으로 판단하여야 하므로, 계약체결 당시를 기준으로 계약내용에 따른 권리 · 의무관계를 종합적으로 고려한 결과 불공정한 것이 아니라면, 사후에 외부적 환경의 급격한 변화에 따라 계약당사자 일방에게 큰 손실이 발생하고 상대방에게는 그에 상응하는 큰 이익이 발생할 수 있는 구조라고 하여 그 계약이 당연히 불공정한 계약에 해당한다고 말할 수 없다(대판 2015.1.15., 2014다216072).
4. 대물변제예약이 불공정한 법률행위가 되는 요건의 하나인 대차의 목적물가격과 대물변제의 목적물가격에 있어서의 불균형이 있느냐 여부를 결정할 시점은 대물변제의 효력이 발생할 변제기당시를 표준으로 하여야 할 것임이 원칙이므로 채권액수도 역시 변제기까지의 원리액을 기준으로 하여야 할 것이다(대판 1965.6.15, 65다610).

(4) 입증책임

① 폭리행위에 대한 주장 및 입증책임은 그 무효를 주장하는 자에게 있다. 즉, 무효를 주장하는 자가 다음의 사실을 입증하여야 한다.
   ㉠ 궁박 · 경솔 또는 무경험의 상태에 있었다는 사실(주관적 요건)
   ㉡ 급부와 반대급부 사이에 뚜렷한 불균형이 있다는 사실(객관적 요건)
   ㉢ 상대방이 이 사실을 알고 있었다는 사실(폭리자의 이용의사)

② 급부와 반대급부의 현저한 불공정이 있었다고 하더라도(객관적 요건) 당사자의 궁박 · 경솔 · 무경험(주관적 요건) 등이 추정되지 않는다. 따라서 주관적 요건도 무효를 주장하는 자가 입증하여야 한다.

관련판례

제104조의 불공정한 법률행위를 주장하는 자는 스스로 궁박 · 경솔 · 무경험으로 인하였음을 증명하여야 하고, 그 법률행위가 현저하게 공정을 잃었다 하여 곧 그것이 경솔하게 이루어졌다고 추정하거나 궁박한 사정이 인정되는 것은 아니다(대판 1969.7.8, 69다594).

OX
어떠한 법률행위가 불공정한 법률행위에 해당하는지는 이행기를 기준으로 판단해야 한다. (×) 제23회

OX
어떠한 법률행위가 불공정한 법률행위에 해당하는지는 사실심 변론종결시를 기준으로 판단하여야 한다. (×) 제19회

OX
불공정한 법률행위에 대한 증명책임은 이를 주장하는 자가 부담한다. (○) 제19회

OX
급부와 반대급부가 현저히 균형을 잃은 법률행위는 궁박, 경솔 또는 무경험으로 인해 이루어진 것으로 추정된다. (×) 제27회

PART 01

(5) 효 과

① '불공정한 법률행위'는 절대적 무효이다. 따라서 선의의 제3자에게도 무효를 주장할 수 있다.

② '불공정한 법률행위'는 확정적 무효이다. 추인에 의해서도 그 법률행위가 유효로 될 수 없다. 같은 취지에서 법정추인규정이 적용될 여지도 없다. 다만, 무효행위의 전환의 법리에 의해 법률행위의 일부가 유효일 수 있다.

③ 불법의 원인은 폭리자에게만 있으므로 폭리자는 피해자에게 반환을 청구할 수 없으나, 피해자는 불법원인이 없으므로 가해자에게 반환을 청구할 수 있다.

> **OX**
> 당사자와 폭리자 사이의 매매계약이 불공정한 법률행위로서 무효가 되더라도 당사자는 선의의 제3자에게 대항할 수 없다. (×) 제15회

관련판례

1. 불공정한 법률행위로서 무효인 경우에는 추인에 의하여 무효인 법률행위가 유효로 될 수 없다. 또한 법정추인도 인정되지 않는다(대판 1994.6.24, 94다10900).
2. 매매계약이 약정된 매매대금의 과다로 말미암아 민법 제104조에서 정하는 '불공정한 법률행위'에 해당하여 무효인 경우에도 무효행위의 전환에 관한 민법 제138조가 적용될 수 있다(대판 2010.7.15, 2009다50308).

> **OX**
> 불공정한 법률행위는 추인에 의해서도 유효로 될 수 없다. (○) 제26회

> **OX**
> 불공정한 법률행위에 해당하여 무효인 경우에도 무효행위의 전환에 관한 민법 제138조가 적용될 수 있다. (○) 제25회

(6) 적용범위

① 유상행위(有償行爲)에만 적용된다.

㉠ 유상행위이면 되므로 단독행위, 계약, 합동행위에도 적용될 수 있다.

㉡ 유상행위이기만 하면 제104조가 적용되므로 채권의 포기 같은 단독행위에도 불공정한 법률행위가 성립할 수 있다.

② 기부, 증여계약과 같은 일방적 급부행위, 즉 무상행위에는 그 적용이 없다.

③ 제104조는 법률행위에 대해서 문제가 되며, 경매 등 법률행위에 의하지 않은 법률의 규정에 의한 재산권의 이전에는 적용되지 않는다.

> **OX**
> 공경매에 있어서도 불공정한 법률행위에 관한 민법 제104조가 적용된다. (×) 제27회

관련판례

1. 민법 제104조가 규정하는 현저히 공정을 잃은 법률행위라 함은 자기의 급부에 비하여 현저하게 균형을 잃은 반대급부를 하게 하여 부당한 재산적 이익을 얻는 행위를 의미하는 것이므로 증여계약과 같이 아무런 대가관계 없이 당사자 일방이 상대방에게 일방적인 급부를 하는 법률행위는 그 공정성 여부를 논의할 수 있는 성질의 법률행위가 아니다(대판 2000.2.11, 99다56833).
2. 채무자인 회사가 남편의 징역을 면하기 위하여 부정수표를 회수하려면 물품 외상대금 중 금 100만원을 초과하는 채권에 대한 포기서를 써야 된다는 강압적인 요구를 하므로 사회적 경험이 부족한 가정부인이 경제적·정신적 궁박상태하에서 구속된 자기남편을 석방 구제하는 데에는 위 수표의 회수가 필요할 것이라는 일념에서

> **OX**
> 아무런 대가관계 없이 당사자 일방이 상대방에게 일방적인 급부를 하는 법률행위는 불공정한 행위가 될 수 없다. (○) 제19회

> **OX**
> 대가관계를 상정할 수 있는 한 단독행위의 경우에도 제104조가 적용될 수 있다. (○) 제26회

회사에 대한 물품잔대금 채권이 얼마인지조차 확실히 모르면서 보관 중이던 남편의 인감을 이용하여 남편을 대리하여 위임장과 포기서를 작성하여 준 채권 포기행위는 거래관계에 있어서 현저하게 균형을 잃은 행위로서 사회적 정의에 반하는 불공정한 불법행위로 보는 것이 상당하다(대판 1975.5.13, 75다92).

3. 법인 아닌 어촌계가 취득한 어업권은 어촌계의 총유이고, 그 어업권의 소멸로 인한 보상금도 어촌계의 총유에 속하므로 총유물인 손실보상금의 처분은 원칙적으로 계원총회의 결의에 의하여 결정되어야 할 것이지만, 어업권의 소멸로 인한 손실보상금은 어업권의 소멸로 손실을 입은 어촌계원들에게 공평하고 적정하게 분배되어야 할 것이므로, 어업권의 소멸로 인한 손실보상금의 분배에 관한 어촌계 총회의 결의 내용이 각 계원의 어업권 행사 내용, 어업 의존도, 계원이 보유하고 있는 어업 장비나 멸실된 어업 시설 등의 제반 사정을 참작한 손실의 정도에 비추어 볼 때 현저하게 불공정한 경우에는 그 결의는 무효이다(대판 2003.6.27, 2002다68034).

4. 대리인에 의하여 법률행위가 이루어진 경우 그 법률행위가 민법 제104조의 불공정한 법률행위에 해당하는지 여부를 판단함에 있어서 경솔과 무경험은 대리인을 기준으로 하여 판단하고, 궁박은 본인의 입장에서 판단하여야 한다(대판 2002.10.22, 2002다38927).

5. 매매계약과 같은 쌍무계약이 급부와 반대급부와의 불균형으로 말미암아 민법 제104조에서 정하는 '불공정한 법률행위'에 해당하여 무효라고 한다면, 그 계약으로 인하여 불이익을 입는 당사자로 하여금 위와 같은 불공정성을 소송 등 사법적 구제수단을 통하여 주장하지 못하도록 하는 부제소합의 역시 다른 특별한 사정이 없는 한 무효이다(대판 2010.7.15, 2009다50308).

OX

어업권 소멸로 인한 손실보상금의 분배에 관한 어촌계 총회의 결의도 현저하게 불공정할 경우 무효가 될 수 있다. (○) 제19회

OX

대리인이 한 법률행위에 관하여 불공정한 법률행위가 문제되는 경우에 무경험은 대리인을 기준으로 판단하여야 한다. (○) 제27회

예제

불공정한 법률행위에 관한 설명으로 옳지 않은 것을 모두 고른 것은? (다툼이 있으면 판례에 따름) 제27회

㉠ 공경매에 있어서도 불공정한 법률행위에 관한 민법 제104조가 적용된다.
㉡ 급부와 반대급부가 현저히 균형을 잃은 법률행위는 궁박, 경솔 또는 무경험으로 인해 이루어진 것으로 추정된다.
㉢ 대리인이 한 법률행위에 관하여 불공정한 법률행위가 문제되는 경우에 무경험은 대리인을 기준으로 판단하여야 한다.
㉣ 대물변제예약의 경우, 대차의 목적물가격과 대물변제의 목적물가격이 불균형한지 여부는 원칙적으로 대물변제 예약 당시를 표준으로 결정한다.

① ㉠, ㉡
② ㉡, ㉢
③ ㉠, ㉡, ㉣
④ ㉠, ㉢, ㉣
⑤ ㉡, ㉢, ㉣

해설

㉠ (×) 경매에 있어서는 불공정한 법률행위 또는 채무자에게 불리한 약정에 관한 것으로서 효력이 없다는 민법 제104조, 제608조는 적용될 여지가 없다(대결 1980.3.21, 80마77).

㉡ (×) 불공정한 법률행위를 주장하는 자는 스스로 궁박, 경솔, 무경험으로 인하였음을 증명하여야 하고, 그 법률행위가 현저하게 공정을 잃었다 하여 곧 그것이 경솔하게 이루어졌다고 추정하거나 궁박한 사정이 인정되는 것이 아니다(대판 1969.7.8, 69다594).

㉢ (○) 대리인에 의하여 법률행위가 이루어진 경우 그 법률행위가 민법 제104조의 불공정한 법률행위에 해당하는지 여부를 판단함에 있어서 경솔과 무경험은 대리인을 기준으로 하여 판단하고, 궁박은 본인의 입장에서 판단하여야 한다(대판 2002.10.22, 2002다38927).

㉣ (×) 대물변제예약이 불공정한 법률행위가 되는 요건의 하나인 대차의 목적물가격과 대물변제의 목적물가격에 있어서의 불균형이 있느냐 여부를 결정할 시점은 대물변제의 효력이 발생할 변제기당시를 표준으로 하여야 할 것임이 원칙이므로 채권액수도 역시 변제기까지의 원리액을 기준으로 하여야 할 것이다(대판 1965.6.15, 65다610).

정답 ③

5 법률행위의 해석(解釋)

1. 의 의

(1) '법률행위의 해석'은 당사자가 의욕한 법률행위의 내용을 명확하게 확정하는 것을 말한다. 법률행위란 의사표시를 요소로 하므로 '법률행위의 해석'은 결국 의사표시의 해석이라고 말할 수 있다.

(2) 법률행위의 해석은 사실문제가 아니라 법률문제라고 보아야 한다. 따라서 법원에서 해석을 그르치는 경우 상고의 대상이 된다.

(3) 의사표시자가 의도한 의사와 표시가 외형상 불일치하더라도 법률행위의 해석을 통해 일치하는 것으로 확정되면 착오의 문제는 발생하지 않는다. 즉, 해석은 법률행위의 성립과 그 유효 여부를 판단하는 데 있어 선결사항이다. 즉, 해석은 착오에 앞선다.

관련판례

1. 법률행위의 해석은 당사자가 그 표시행위에 부여한 객관적인 의미를 명백하게 확정하는 것으로서, 사용된 문언에만 구애받는 것은 아니지만, 어디까지나 당사자의 내심의 의사가 어떤지에 관계없이 그 문언의 내용에 의하여 당사자가 그 표시행위에 부여한 객관적 의미를 합리적으로 해석하여야 하는 것이고, 당사자가 표시한 문언에 의하여 그 객관적인 의미가 명확하게 드러나지 않는 경우에는 그 문언의 형식과 내용, 그 법률행위가 이루어진 동기 및 경위, 당사자가 그 법률행위에 의하여 달성하려는 목적과 진정한 의사, 거래의 관행 등을 종합적으로 고려하여 사회정의와 형평의 이념에 맞도록 논리와 경험의 법칙, 그리고 사회일반의 상식과 거래의 통념에 따라 합리적으로 해석하여야 한다. 이러한 법리는 비전형의 혼합계약의 해석에도 적용된다고 할 것인데, 비전형의 혼합계약에서는 다수의 전형계약의 요소들이 양립하면서 각자 그에 상응하는 법적 효력이 부여될 수 있으므로 당사자가

OX

의사표시의 해석은 서면에 사용된 문구에 구애받는 것이므로, 당사자가 그 표시행위에 부여한 의미를 논리칙과 경험칙에 따라 객관적으로 해석하는 것은 허용되지 않는다. (×) 제14회

그 표시행위에 부여한 객관적인 의미를 있는 그대로 확정하는 것이 필요하다(대판 2010.10.14, 2009다67313).

2. 의사표시 해석에 있어서 당사자의 진정한 의사를 알 수 없다면, 의사표시의 요소가 되는 것은 표시행위로부터 추단되는 효과의사, 즉 표시상의 효과의사이고 표의자가 가지고 있던 내심적 효과의사가 아니므로, 당사자의 내심의 의사보다는 외부로 표시된 행위에 의하여 추단된 의사를 가지고 해석함이 상당하다(대판 2002.6.28, 2002다23482).

3. 일반적으로 계약의 당사자가 누구인지는 계약에 관여한 당사자의 의사해석의 문제에 해당한다. 당사자 사이에 법률행위의 해석을 둘러싸고 이견이 있어 당사자의 의사해석이 문제되는 경우에는 법률행위의 내용, 그러한 법률행위가 이루어진 동기와 경위, 법률행위에 의하여 달성하려는 목적, 당사자의 진정한 의사 등을 종합적으로 고찰하여 논리와 경험칙에 따라 합리적으로 해석하여야 한다(대판 2018.1.25, 2016다238212).

OX

당사자의 진정한 의사를 알 수 없는 의사표시는, 내심적 효과의사가 아닌 표시행위로부터 추단되는 효과의사에 기초하여 해석하는 것이 원칙이다. (○) 제14회

OX

계약당사자가 누구인지를 확정하는 것은 법률행위의 해석과는 전혀 무관한 것이다. (×) 제14회

2. 법률행위의 해석의 순서(목 ⇨ 사 ⇨ 임 ⇨ 신)

(1) 당사자가 기도하는 목적

당사자가 그 법률행위에 의하여 달성하려고 하는 목적을 법률행위의 해석의 표준으로 삼는다.

(2) 사실인 관습

제106조 【사실인 관습】 법령 중의 선량한 풍속 기타 사회질서에 관계없는 규정과 다른 관습이 있는 경우에 당사자의 의사가 명확하지 아니하는 때에는 그 관습에 의한다.

① '사실인 관습'도 당사자가 의도한 목적(의사)이 명확하지 아니하면 법률행위의 해석의 기준이 된다. 즉, 사실인 관습의 역할은 법적 확신을 취득하지 못하였으므로 법칙으로서의 효력은 없지만, 당사자의 의사를 보충하는 역할을 한다.

② '사실인 관습'은 당사자가 주장・입증하여야 하나, 사실인 관습이 일종의 경험칙에 속하는 경우에는 법관이 직권으로 고려한다.

③ '사실인 관습'이 법률행위의 내용을 확정하는 기준으로 되기 위하여는 강행규정에 위반되지 않는 관습이 존재하여야 하고, 당사자의 의사가 명확하지 않아야 하며, 선량한 풍속 기타 사회질서에 반하지 않아야 한다. 따라서 강행규정에 반하는 사실인 관습은 해석의 기준이 될 수 없다.

(3) 임의법규

> **제105조【임의규정】** 법률행위의 당사자가 법령 중의 선량한 풍속 기타 사회질서에 관계없는 규정과 다른 의사를 표시한 때에는 그 의사에 의한다.

① 사적자치의 원칙을 간접적으로 표현하는 것으로 볼 수 있다.

② 임의규정은 당사자의 의사에 의하여 그 적용을 배제할 수 있다. 즉, 당사자의 반대특약은 유효하다. 이에 비해 강행규정은 당사자의 의사에 의하여 그 적용을 배제할 수 없다.

OX
법률행위의 해석은 당사자의 진의를 탐구하는 것이므로 신의칙이 적용될 여지가 없다. (×) 제18회

(4) 신의성실의 원칙(조리)

① 법률행위의 해석은 의사표시의 내용을 객관적·합리적으로 판단하는 데 있으므로 당사자의 목적, 사실인 관습, 임의규정 어느 것에 의하여도 법률행위의 내용을 명확히 할 수 없는 경우에는 신의성실의 원칙에 의하여 해석하여야 한다.

② 즉, 신의성실의 원칙도 법률행위의 해석의 기준이 될 수 있다.

③ **예문해석**(例文解釋)

㉠ '예문해석'이란 계약을 체결함에 있어서 거래계에서 흔히 사용되는 서식에 당사자 일방에게 지나치게 불리한 조항이 들어있는 경우 신의성실의 원칙에 비추어 그러한 조항은 예문(단순히 예로서 늘어놓은 문언)에 불과하여 당사자가 이 문구에 구속되지 않는다는 해석을 말한다.

㉡ '예문해석'은 주로 약관의 내용을 부정하는 방법으로 주로 사용된다.

OX
처분문서가 존재한다면 처분문서의 기재내용과 다른 묵시적 약정이 있는 사실이 인정되더라도 그 기재내용을 달리 인정할 수는 없다. (×) 제24회

관련판례

처분문서의 진정성립이 인정되는 이상 법원은 반증이 없는 한 그 문서의 기재내용에 따른 의사표시의 존재 및 내용을 인정하여야 하고, 합리적인 이유설시도 없이 이를 배척하여서는 아니 되나, 처분문서라 할지라도 그 기재내용과 다른 명시적, 묵시적 약정이 있는 사실이 인정될 경우에는 그 기재내용과 다른 사실을 인정할 수 있고, 작성자의 법률행위를 해석함에 있어서도 경험법칙과 논리법칙에 어긋나지 않는 범위 내에서 자유로운 심증으로 판단할 수 있다(대판 1996.9.10, 95누7239).

3. 해석방법

(1) 자연적 해석(自然的 解釋)

① '자연적 해석'이란 표의자의 입장에서 표의자의 진의(실제로 의도한 의사)를 밝히는 것을 말한다. 여기서는 표의자의 이익만이 고려되고 상대방의 이익은 고려되지 않으며, 따라서 표시행위가 가지는 객관적 의미는 문제가 되지 않는다.

② '자연적 해석'은 상대방 없는 단독행위에서 많이 쓰인다.

③ 나아가 양 당사자의 의사합치가 이루어졌으나 잘못 표시된 경우에는 양 당사자가 실제로 이해한 대로 효력이 발생하고, 표시는 잘못된 표시라고 하는 오표시무해의 원칙(誤表示無害의 原則: falsa demonstratio non nocet)도 자연적 해석이 적용된 예라고 볼 수 있다.

OX

유언의 경우 우선적으로 규범적 해석이 이루어져야 한다. (×) 제24회

관련판례

부동산의 매매계약에 있어 양 당사자가 모두 특정의 甲토지를 계약의 목적물로 삼았으나 그 목적물의 지번 등에 관하여 착오를 일으켜 계약을 체결함에 있어서는 계약서상 그 목적물을 甲토지와는 별개인 乙토지로 표시하였다 하여도 위 甲토지에 관하여 이를 매매의 목적물로 한다는 쌍방 당사자의 의사합치가 있은 이상 위 매매계약은 甲토지에 관하여 성립한 것으로 보아야 할 것이고 乙토지에 관하여 매매계약이 체결된 것으로 보아서는 안 될 것이며, 만일 乙토지에 관하여 위 매매계약을 원인으로 하여 매수인 명의로 소유권이전등기가 경료되었다면 이는 원인이 없이 경료된 것으로서 무효라고 하지 않을 수 없다(대판 1993.10.26, 93다2629).

양 당사자가 모두 甲토지를 매매하기로 의사의 일치가 있었지만, 지번의 착오를 일으켜 계약서상에 乙토지를 매매한 것처럼 표시하여 결과적으로 매수인 앞으로 乙토지에 대한 등기가 마쳐진 경우에

1. 양 당사자 사이에는 甲토지에 대한 매매계약이 체결된 것이지, 표시된(등기된) 乙토지에 대한 매매계약이 성립하는 것은 아니다.
2. 따라서 매도인 내지 매수인은 자기들이 매매하려는 토지가 乙토지가 아니라 甲토지였다는 사실을 이유로(착오를 이유로) 이미 성립한 甲토지에 대한 매매계약을 취소할 수 없다.
3. 위 경우 매도인은 매수인 명의의 乙토지에 대한 소유권등기말소(이전등기)를 청구할 수 있다.
4. 위 경우 매수인은 매도인에게 甲토지에 대한 이전등기를 청구할 수 있다.
5. 위 경우 매수인이 乙토지를 제3자에게 매도하여 제3자 명의로 등기를 마친 경우 제3자는 설령 선의라 하더라도 乙토지에 대한 소유권을 취득할 수 없다.

OX

계약당사자 쌍방이 X토지를 계약목적물로 삼았으나, 계약서에는 착오로 Y토지를 기재하였다면, Y토지에 관하여 계약이 성립한 것이다. (×) 제24회

(2) 규범적 해석(規範的 解釋)

① '규범적 해석'은 상대방의 입장에서 표의자의 진의가 아니라 표시행위의 객관적 의미를 탐구하는 것을 말한다.

② '규범적 해석'은 표의자의 이익이 아니라 상대방의 이익이 고려되며, 따라서 표시상대방의 시각에서 표의자의 표시행위로부터 추정되는 의사를 밝히는 것이다.

③ 규범적 해석이 이루어진 경우에만 착오를 이유로 한 취소가 가능하다.

관련판례

1. 어떤 의무를 부담하는 것과 관련하여 '최대한 노력하겠다.', '협조를 최대한 한다.'라고 기재한 경우 그 문구를 기재한 객관적인 의미는 그러한 의무를 법적으로 부담할 수는 없지만 사정이 허락하는 한 그 이행을 사실상 하겠다는 취지로 해석함이 상당하다(대판 1996.10.25, 96다16049).
2. 채권자가 채무자로부터 36만원을 수령하면서 실제는 더 받을 금원이 있는데도 36만원이라도 우선 받기 위해 영수증에 '총완결'이라고 써준 경우 더 받을 금원을 탕감해 준 것으로 해석하는 것이 영수증작성자의 의사에 부합한다(대판 1969.7.8, 69다563).
3. 임대차계약을 체결하면서 특약으로 '모든 경우의 화재에 대하여 임차인이 그 손해를 부담한다.'고 약정한 경우 '모든 경우'는 종업원의 고의 · 과실뿐만 아니라 불가항력에 의한 화재를 포함한다(대판 1979.5.22, 79다508).

(3) 보충적 해석(補充的 解釋)

① '보충적 해석'은 제3자의 입장에서 법률행위의 내용에 틈이 있는 경우에 가상적 의사를 통하여 이를 보충하는 해석방법을 의미한다.

② '가상적 의사'란 당사자가 현실적으로 그 틈을 알지 못했지만, 만일 알았더라면 의욕했을 의사를 말한다.

③ '보충적 해석'은 자연적 해석이나 규범적 해석에 의하여 유효하게 성립한 이후에 행하여진다. 예를 들면, 불공정한 법률행위는 법질서에 의하여 허용되지 않는 무효인 법률행위이므로 보충적 해석이 적용될 여지가 없다.

④ '보충적 해석'은 주로 계약에서 쓰이지만, 단독행위에서도 쓰인다.

⑤ '보충적 해석'에서는 당사자들의 가정적 의사를 탐구하므로 착오의 문제가 발생하지 않는다.

관련판례

1. 교통사고로 인한 손해에 관하여 합의 당시 예상하지 못했던 중대한 사태가 일어났다면 예상하지 못했던 손해의 배상을 구할 수 있다(대판 1980.11.25, 80다1568).
2. 매매계약서에 계약사항에 대한 이의가 생겼을 때에는 매도인의 해석에 따른다는 조항은 법원의 법률행위 해석권을 구속하는 조항이라고 볼 수 없다(대판 1974.9.24, 74다1057).

관련판례

당사자 결정에 관한 판례(명의대여관련)

1. **행위자가 타인의 이름으로 계약을 체결한 경우**
   계약을 체결하는 행위자가 타인의 이름으로 법률행위를 한 경우에 행위자 또는 명의인 가운데 누구를 계약의 당사자로 볼 것인가에 관하여는, 우선 행위자와 상대방의 의사가 일치한 경우에는 그 일치한 의사대로 행위자 또는 명의인을 계약의 당사자로 확정해야 하고, 행위자와 상대방의 의사가 일치하지 않는 경우에는 그 계약의 성질・내용・목적・체결 경위 등 그 계약체결 전후의 구체적인 여러 사정을 토대로 상대방이 합리적인 사람이라면 행위자와 명의인 중 누구를 계약당사자로 이해할 것인가에 의하여 당사자를 결정하여야 한다(대판 2013.6.27, 2013다11959).
2. **일방 당사자가 대리인을 통하여 계약을 체결한 경우**
   일방 당사자가 대리인을 통하여 계약을 체결하는 경우에 있어서 계약의 상대방이 대리인을 통하여 본인과 사이에 계약을 체결하려는 데 의사가 일치하였다면 대리인의 대리권 존부 문제와는 무관하게 상대방과 본인이 그 계약의 당사자이다(대판 2003.12.12, 2003다44059).
3. **명의신탁관계의 성립**
   부동산경매절차에서 부동산을 매수하려는 사람이 매수대금을 자신이 부담하면서 다른 사람의 명의로 매각허가결정을 받기로 그 다른 사람과 약정함에 따라 매각허가가 이루어진 경우 그 경매절차에서 매수인의 지위에 서게 되는 사람은 어디까지나 그 명의인이므로 경매목적 부동산의 소유권은 매수대금을 실질적으로 부담한 사람이 누구인가와 상관없이 그 명의인이 취득한다고 할 것이고, 이 경우 매수대금을 부담한 사람과 이름을 빌려준 사람 사이에는 명의신탁관계가 성립한다(대판 2005.4.29, 2005다664).

예 제

甲은 자신의 X토지를 乙에게 매도하기로 약정하였다. 甲과 乙은 계약서를 작성하면서 지번을 착각하여 매매목적물을 甲소유의 Y토지를 표시하였다. 그 후 甲은 Y토지에 관하여 위 매매계약을 원인으로 하여 乙명의로 소유권이전등기를 마쳐주었다. 이에 관한 설명으로 옳은 것은? (다툼이 있으면 판례에 따름) 제21회

① 甲과 乙 사이의 매매계약은 무효이다.
② Y토지에 관한 소유권이전등기는 유효이다.
③ 甲은 착오를 이유로 乙과의 매매계약을 취소할 수 있다.
④ 乙은 甲에게 X토지의 소유권이전등기를 청구할 수 있다.
⑤ 甲은 乙의 채무불이행을 이유로 Y토지에 대한 매매계약을 해제할 수 있다.

해설

④ 매수인 乙은 매도인 甲에게 X토지에 대한 소유권이전등기를 청구할 수 있다.
① 甲과 乙 사이의 X토지에 대한 매매계약은 유효이다.
② 매수인 乙명의의 Y토지에 대한 소유권이전등기는 무효이다.
③ 甲과 乙 사이의 X토지에 대한 매매계약은 유효하게 성립하였으므로, 甲은 착오를 이유로 乙과의 매매계약을 취소할 수 없다.
⑤ 甲과 乙 사이에 Y토지에 대한 매매계약은 그 자체가 성립하지 않았으므로, 해제의 대상이 되지 않는다.

정답 ④

03 의사표시(意思表示)

1 서 론

1. 의사표시의 의의

(1) 의 의

'의사표시'란 표의자가 일정한 법률효과를 발생시키려는 의사를 외부에 표시하는 것으로서, 법률행위의 가장 중요한 구성부분이다.

(2) 구체적인 예

예를 들면, 甲이 乙소유의 토지를 매수하기 위하여 청약의 의사표시를 하는데 보통의 경우라면 다음의 단계를 거치게 된다.
① 집을 새로 지으려는 목적에서(동기), ② 토지를 매수하려는 의사에서(진의, 내심상의 효과의사), ③ 토지소유자에게 매수의 의사를 문서나 구두로 상대방에게 표시하는(표시행위) 단계를 거치게 된다.

(3) 의사표시의 구성요소

① 위의 사례처럼 일반적 의사표시는 '동기 ⇨ 진의 ⇨ 표시행위'의 과정을 거치게 된다. 여기서 의사표시의 구성요소가 어디까지 포함되는지에 대하여 학설의 다툼이 있지만, 통설의 견해는 '진의 + 표시행위'가 의사표시의 구성요소라고 한다.

② 따라서 '동기'는 원칙적으로 의사표시의 구성요소는 아니다. 다만, 예외적으로 상대방에게 표시된 동기나 동기를 상대방이 알 수 있었을 경우에 동기가 의사표시의 구성요소가 된다.

(4) 표시행위의 방식

① 민법상 의사표시의 방법에는 언어나 문자 등에 의한 '명시적 의사표시'뿐만 아니라 어떤 행위로부터 추측할 수 있는 '묵시적 의사표시'도 인정한다. 따라서 '취소', '추인', '해제' 등의 의사표시 역시 명시적 뿐만 아니라 묵시적 의사표시가 인정된다.

② **묵시적(默示的) 의사표시**

㉠ 거동에 의한 표시

㉡ 추단(推斷)된 의사표시(포함적 의사표시)

예를 들면, 매도인이 청약과 함께 보내온 상품을 뜯어 사용하는 경우에는 매수인의 승낙으로 볼 수 있는 경우처럼 일정한 행위에서 의사표시를 추단할 수 있는 경우를 말한다.

㉢ 침 묵

ⓐ 원칙적으로 침묵은 의사표시에 해당하지 않는다. 따라서 침묵은 승낙도 거절도 의미하지 않는다.

ⓑ 다만, 예외적으로 당사자의 약정이나 거래관행 또는 법률의 규정(제15조, 제131조 등) 등 일정한 의사표시로 평가될 수 있는 특별한 사정이 있는 때에만 의사표시로 인정될 수 있다.

관련판례

청약자가 미리 정한 기간 내에 이의를 하지 아니하면 승낙한 것으로 간주한다는 뜻을 청약시 표시하였다고 하더라도 이는 상대방을 구속하지 아니하고 그 기간은 경우에 따라 단지 승낙기간을 정하는 의미를 가질 수 있을 뿐이다(대판 1999.1.29, 98다48903).

즉, 침묵은 승낙도 거절도 의미하지 않는다.

2. 정상적 · 비정상적 의사표시

(1) 사례의 검토

① 예를 들면, 甲이 자신의 중고자동차를 乙에게 매도하고자 “500만원에 중고자동차를 매도하겠다.”라는 청약서를 작성하는 중에 자신의 실수로 “50만원에 중고자동차를 매도하겠다.”라고 표시하였다고 가정하여 보자.

② ‘정상적인 의사표시’는 표의자의 진의(500만원의 진의)와 표시행위(500만원의 청약표시)가 일치하는 의사표시를 의미한다. 이런 경우 진의와 표시행위가 일치하므로(표시행위에 진의가 포함되어 있음) 그 의사표시는 표시된 대로 효력이 발생한다. 즉, 유효하다.

③ 이에 비하여 ‘비정상적인 의사표시’란 위 ①의 경우처럼 표의자의 진의(500만원)와 표시행위(50만원)가 불일치한 경우를 의미한다. 이처럼 진의와 표시행위가 불일치한 경우에는 그 표시된 행위(50만원의 청약 의사표시)를 어떻게 취급할 것인지가 문제된다.

(2) 비정상적 의사표시에 대한 학설이론

① **의사주의**(意思主義)

표의자를 보호하는 입장으로서 의사와 표시가 불일치하는 경우에 표의자의 진의를 중시하여 그 표시행위에는 진의가 담겨있지 않으므로(표시행위에 진의가 결여되어 있으므로) 표시행위는 ‘무효’라는 입장이다. 이 의사주의를 관철하면 50만원에 팔겠다는 청약 자체가 무효이므로 상대방 乙이 50만원에 사겠다는 승낙의 의사표시를 하였더라도 계약 자체가 성립하지 않는다.

② **표시주의**(表示主義)

표의자의 상대방을 보호하는 입장(표의자의 진의를 상대방 입장에서는 알 수 없는 것이 보통이다)으로서 의사와 표시가 불일치하는 경우 표시행위를 중시하여 그 표시행위(50만원에 팔겠다는 청약의 의사표시)는 유효하다는 입장이다. 따라서 50만원의 청약의 의사표시는 유효하므로 상대방 乙이 50만원에 사겠다고 승낙하면 당사자 사이의 계약은 50만원에 성립한다. 다만, 이 경우 계약을 50만원에 체결된 것으로 관철하게 되면 표의자 甲에게는 너무 가혹하기 때문에 甲은 자신의 착오를 이유로 취소할 수 있다는 입장이다.

③ 통설 · 판례는 거래하는 상대방을 보호하는 것을 원칙으로 하여 ‘표시주의’를 취하고, 상대방을 보호할 필요가 없는 경우 예외적으로 표의자를 보호하는 ‘의사주의’를 가미하는 표시주의에 기운 절충주의 입장이다.

⑶ 우리 민법의 규정

① **비정상적 의사표시의 유형**

㉠ 의사표시의 '흠(결)'(표의자의 진의 ≠ 표의자의 표시)

ⓐ 의식적 흠: 표의자가 진의와 표시의 불일치를 알고 있는 경우를 말한다. 예 진의 아닌 의사표시, 통정허위표시

ⓑ 무의식적 흠: 표의자가 진의와 표시의 불일치를 알지 못한 경우를 말한다. 예 착오에 의한 의사표시

㉡ 의사표시의 '하자'(표의자의 진의 = 표의자의 표시)

표의자의 진의와 표시가 일치하는 경우이지만, 표의자가 의사 형성의 과정에서 타인으로부터 부당한 간섭을 받아서 진의가 왜곡되어 있는 것을 말한다. 예 사기 · 강박에 의한 의사표시

② 민법은 비정상적인 의사표시에 관하여 어떤 것은 무효(의사주의)로 하고, 어떤 것은 취소(표시주의, 일단은 유효 후에 취소하면 무효)할 수 있다고 규정함으로써 경우에 따라서 표의자를, 또 다른 경우에는 상대방을 보호할 수 있도록 규정하고 있다.

③ **의사표시에 관한 규정**(제107조, 제108조, 제109조, 제110조)**의 적용범위**

㉠ 신분법상 행위는 진의를 중시하므로 민법의 의사표시에 관한 규정이 적용되지 않는다.

ⓐ 신분행위는 표의자의 진의를 중시하기 때문에 신분법상의 행위가 의사와 표시가 불일치하는 경우 무효이다. 예를 들면, 통정에 의한 혼인, 착오에 의한 혼인은 무효이다.

ⓑ 다만, 별도의 규정(제816조)에 의하여 사기 · 강박에 의한 혼인은 취소사유이다.

㉡ 공법상의 행위(공무원의 사직의 의사표시, 소송행위, 소의 취하)는 표시주의를 취하여 민법상의 의사표시에 관한 규정이 적용되지 않는다. 따라서 공법행위는 표시행위대로 효력을 발생하기 때문에 항상 유효하다.

㉢ 정형화되고 대량적 행위인 주식인수 청약 등에도 의사표시의 규정을 적용하지 않으므로 항상 유효하다.

OX

가족법상의 신분행위에는 진의 아닌 의사표시에 관한 민법규정이 적용되지 않는다. (○) 제15회

민법의 의사표시에 관한 규정

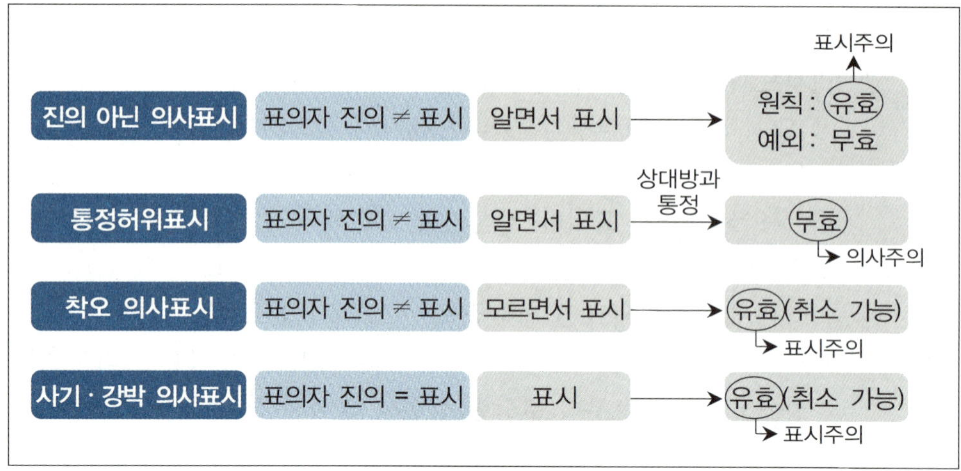

2 진의 아닌 의사표시(非眞意表示)

OX
비진의표시는 원칙적으로 표시된 대로 효력을 발생한다. (○) 제16회

제107조 【진의 아닌 의사표시】 ① 의사표시는 표의자가 진의 아님을 알고 한 것이라도 그 효력이 있다. 그러나 상대방이 표의자의 진의 아님을 알았거나 이를 알 수 있었을 경우에는 무효로 한다.
② 전항의 의사표시의 무효는 선의의 제3자에게 대항하지 못한다.

(1) 의 의

① 예를 들면, 근로자가 사직의 의사표시가 없음에도 불구하고 임금 인상의 목적(진의)으로 사직서를 제출한 경우(표시행위) 또는 표의자 甲이 증여의 의사가 없음에도 불구하고 자신 소유의 건물을 상대방 乙에게 증여하기로 한 경우처럼 표의자가 자신의 진의와 표시행위가 다르다는 점을 표의자 스스로 알고 있으면서 상대방과 통정하지 않고 행한 의사표시를 '진의 아닌 의사표시'라고 한다.

OX
비진의표시는 상대방과 통정이 없다는 점에서 허위표시와 구별된다. (○) 제16회

② 상대방과 통정하지 않았다는 점에서 '단독의 허위표시'라고도 하고, '비진의표시', '심리유보'라고도 한다.

(2) 진의 아닌 의사표시가 성립하기 위한 요건

① **의사표시의 존재**

㉠ 진의 아닌 의사표시도 의사표시의 일종이므로 일정한 효과의사를 추단할 만한 의사표시가 있어야 한다.

㉡ 따라서 일정한 효과의사를 추단할 수 없는 '사교적인 명백한 농담' 또는 '배우의 무대에서의 대사'는 의사표시가 아니므로 진의 아닌 의사표시에 관한 규정이 적용되지 않는다.

㉢ 그러나 희언(허언, 虛言)은 의사표시에 해당하므로 진의 아닌 의사표시에 관한 규정이 적용될 수 있다.

② 진의와 표시가 불일치(= 내심적 효과의사의 결여)하여야 한다.

③ 반드시 표의자가 스스로 그 불일치를 알고 있어야 한다.

④ 표의자가 그러한 행위를 하는 이유나 동기는 이를 묻지 않는다.

관련판례

1. 진의 아닌 의사표시에 있어서의 '진의'란 특정한 내용의 의사표시를 하고자 하는 표의자의 생각을 말하는 것이지 표의자가 진정으로 마음속에서 바라는 사항을 뜻하는 것은 아니므로 표의자가 의사표시의 내용을 진정으로 마음속에서 바라지는 아니하였다고 하더라도 당시의 상황에서는 그것이 최선이라고 판단하여 그 의사표시를 하였을 경우에는 이를 내심의 효과의사가 결여된 진의 아닌 의사표시라고 할 수 없다(대판 2003.4.25, 2002다11458).
2. 비록 재산을 강제로 빼앗긴다는 것이 표의자의 본심으로 잠재되어 있었다 하더라도 표의자가 강박에 의해서나마 증여하기로 하고 그에 따른 증여의 의사표시를 한 이상 증여의 내심의 효과의사가 결여된 것이라고 할 수는 없다(대판 2002.12.27, 2000다47361).

(3) 진의 아닌 의사표시의 효과

① **원칙**(유효, 표시주의)

㉠ 표의자가 자기 스스로 진의와 표시의 불일치를 알면서 표시하였으므로 표의자를 보호할 가치가 없고, 또한 상대방은 표의자의 진의가 없는 표시라는 사실을 알지 못하는 것이 보통이므로 상대방을 보호하기 위하여 표의자가 표시한 대로 효력이 발생한다.

㉡ 그리고 제107조 제1항 단서의 반대해석상 상대방이 표의자의 진의 아님을 과실 없이 알지 못하는 경우(상대방의 선의 그리고 무과실인 경우에 한하여)에 한하여 유효하다.

OX
배우가 무대에서 관객에게 행한 대사는 진의 아닌 의사표시이지만 무효이다. (×) 제12회

OX
진의와 표시가 일치하지 않음을 표의자가 과실로 알지 못하고 한 의사표시는 진의 아닌 의사표시에 해당하지 않는다. (○) 제25회

OX
진의는 표의자가 진정으로 마음속에서 바라는 사항을 말한다. (×) 제25회

OX
사용자의 퇴직권유에 의해 의원면직의 형식으로 근로계약관계를 종료시킨 경우, 근로자가 최선이라고 판단하고 제출한 사직서는 진의 아닌 의사표시이다. (×) 제15회

OX
진의란 표의자가 진정으로 마음속에서 바라는 사항을 뜻한다. (×) 제22회

OX
甲이 비진의표시로 X부동산을 乙에게 증여한 경우, 乙이 선의·무과실이면 甲과 乙 사이의 증여계약은 유효하다. (○) 제18회

ⓘ OX
상대방이 표의자의 진의 아님을 알았거나 알 수 있었다는 것은 의사표시의 무효를 주장하는 자가 증명하여야 한다. (○) 제15회

ⓘ OX
진의 아닌 의사표시는 상대방이 악의인 경우에 무효이므로 상대방의 과실여부는 그 효력에 영향을 미치지 아니한다. (×) 제22회

② **예외(무효)**

㉠ 상대방이 표의자의 진의 아님을 알았거나 알 수 있었을 경우에는(상대방의 악의 또는 과실) 그 의사표시는 무효로 한다.

㉡ 상대방이 알았거나(악의) 알 수 있었을 경우(과실)의 입증책임은 비진의 의사표시로서 무효를 주장하는 자(표의자)에게 있다.

③ **제3자에 대한 효과**

㉠ 상대방이 알았거나 알 수 있었을 진의 아닌 의사표시는 무효인데, 이 경우 그 무효는 선의의 제3자에게 대항하지 못한다.

㉡ 제3자의 선의의 판단시기는 새로운 이해관계를 맺었을 때를 기준으로 한다.

㉢ 그리고 표의자는 제3자에게 무효를 주장하지 못하지만, 제3자가 무효를 주장하는 것은 무방하다(통설).

④ **제107조의 적용범위**

㉠ 계약뿐만 아니라 단독행위에도 적용된다. 다만, 상대방 있는 단독행위에는 적용되지만, 상대방이 없는 단독행위에는 제107조 제1항 단서가 적용되지 않는다.

㉡ 가족법상의 법률행위는 당사자의 진의를 절대적으로 필요로 하므로 제107조는 그 적용이 없어 항상 무효이다.

㉢ 공법행위에는 적용되지 않는다.

㉣ 대리권이 남용된 경우에도 제107조가 적용될 수 있다.

관련판례

1. 근로자가 징계면직처분을 받은 후 당시 상황에서는 징계면직처분의 무효를 다투어 복직하기는 어렵다고 판단하여 퇴직금 수령 및 장래를 위하여 사직원을 제출하고 재심을 청구하여 종전의 징계면직처분이 취소되고 의원면직처리된 경우 그 사직의 의사표시는 비진의의사표시에 해당하지 않는다(대판 2000.4.25, 99다34475).
2. 법률상 또는 사실상의 장애로 자기 명의로 대출받을 수 없는 자를 위하여 대출금 채무자로서의 명의를 빌려준 자에게 그와 같은 채무부담의 의사가 없는 것이라고는 할 수 없으므로 그 의사표시를 비진의표시에 해당한다고 볼 수 없고, 설령 명의대여자의 의사표시가 비진의표시에 해당한다고 하더라도 그 의사표시의 상대방인 상호신용금고로서는 명의대여자가 전혀 채무를 부담할 의사 없이 진의에 반한 의사표시를 하였다는 것까지 알았다거나 알 수 있었다고 볼 수도 없다고 보아, 그 명의대여자는 표시행위에 나타난 대로 대출금채무를 부담한다(대판 1996.9.10, 96다18182).
3. 학교법인이 사립학교법상의 제한규정 때문에 그 학교의 교직원들인 소외인들의 명의를 빌려서 피고로부터 금원을 차용한 경우에 피고 역시 그러한 사정을 알고 있었다고 하더라도 위 소외인들의 의사는 위 금전의 대차에 관하여 그들이 주채무자

로서 채무를 부담하겠다는 뜻이라고 해석함이 상당하므로 이를 진의 아닌 의사표시라고 볼 수 없다(대판 1980.7.8, 80다639).

4. 공무원이 사직의 의사표시를 하여 의원면직처분을 하는 경우 그 사직의 의사표시는 그 법률관계의 특수성에 비추어 외부적 · 객관적으로 표시된 바를 존중하여야 할 것이므로 비록 사직원 제출자의 내심의 의사가 사직할 뜻이 아니었다고 하더라도 진의 아닌 의사표시에 관한 민법 제107조는 그 성질상 사직의 의사표시와 같은 사인의 공법행위에는 준용되지 아니하므로 그 의사가 외부에 표시된 이상 그 의사는 표시된 대로 효력을 발한다(대판 1997.12.12, 97누13962).

5. 물의를 일으킨 사립대학교 조교수가 사직의 의사가 없으면서도 사태수습의 방안으로 스스로 사직서를 낸 경우처럼 사용자 측의 지시 내지 강요가 없었던 때에는 그것은 비진의표시지만 학교법인이 그 사정을 알았거나 알 수 있었다고 볼 수 없다는 이유로, 그 표시대로 사직의 효과가 발생한다(대판 1980.10.14, 79다2168).

6. 사용자가 사직의 의사 없는 근로자로 하여금 어쩔 수 없이 사직서를 작성 · 제출하게 한 후 이를 수리하는 이른바 의원면직의 형식을 취하여 근로계약관계를 종료시키는 경우에 그 의사표시는 비진의표시 또는 허위표시에 해당하므로 무효이고, 그러한 사직서의 수리는 실질적으로 사용자의 일방적 의사에 의하여 근로계약관계를 종료시키는 해고에 해당한다(대판 2001.1.19, 2000다51919).

7. 계약체결의 요건을 규정하고 있는 강행법규에 위반한 계약은 무효이므로 그 경우에 계약상대방이 선의 · 무과실이더라도 민법 제107조의 비진의표시의 법리 또는 표현대리 법리가 적용될 여지는 없다(대판 2016.5.12, 2013다49381).

8. 진의 아닌 의사표시가 대리인에 의하여 이루어지고 그 대리인의 진의가 본인의 이익이나 의사에 반하여 자기 또는 제3자의 이익을 위한 배임적인 것임을 그 상대방이 알았거나 알 수 있었을 경우에는 민법 제107조 제1항 단서의 유추해석상 그 대리인의 행위는 본인의 대리행위로 성립할 수 없으므로 본인은 대리인의 행위에 대하여 아무런 책임이 없다(대판 1997.12.26, 97다39421).

9. 어떠한 의사표시가 비진의의사표시로서 무효라고 주장하는 경우에 그 입증책임은 그 주장자에게 있다(대판 1992.5.22, 92다2295).

> **OX**
> 공무원이 사직의 의사표시를 하여 의원면직처분을 하는 경우, 사직의 의사가 없다는 것을 처분권자가 알았다면 그 의사표시는 무효이다. (×) 제16회

예제

진의 아닌 의사표시에 관한 설명으로 옳은 것을 모두 고른 것은? (다툼이 있으면 판례에 따름) 제25회

> ㉠ 진의는 표의자가 진정으로 마음속에서 바라는 사항을 말한다.
> ㉡ 진의와 표시가 일치하지 않음을 표의자가 과실로 알지 못하고 한 의사표시는 진의 아닌 의사표시에 해당하지 않는다.
> ㉢ 어떠한 의사표시가 진의 아닌 의사표시로서 무효라고 주장하는 경우에 그 증명책임은 그 주장자에게 있다.

① ㉠ ② ㉡ ③ ㉠, ㉢
④ ㉡, ㉢ ⑤ ㉠, ㉡, ㉢

OX

진의 아닌 의사표시 규정은 대리인이 배임적 대리행위를 한 경우에 유추적용될 수 있다. (○) 제12회

해설

㉠ (×) 진의 아닌 의사표시에 있어서의 '진의'란 특정한 내용의 의사표시를 하고자 하는 표의자의 생각을 말하는 것이지 표의자가 진정으로 마음 속에서 바라는 사항을 뜻하는 것은 아니다(대판 2001.1.19, 2009다51919).

㉡ (○) 진의 아닌 의사표시는 표의자가 진의와 표시의 불일치를 반드시 알면서 하여야 한다. 따라서 그 불일치는 과실로 알지 못한 경우에는 진의 아닌 의사표시에 해당하지 않는다.

㉢ (○) 어떠한 의사표시가 비진의 의사표시로서 무효라고 주장하는 경우에 그 입증책임은 그 주장자에게 있다(대판 1992.5.22, 92다2295).

정답 ④

3 허위표시(虛僞表示)

1. 의의 및 구별개념

> **제108조 【통정한 허위의 의사표시】** ① 상대방과 통정한 허위의 의사표시는 무효로 한다.
> ② 전항의 의사표시의 무효는 선의의 제3자에게 대항하지 못한다.

(1) 의 의

① '통정한 허위의 의사표시'란, 예를 들면 채무자 甲이 채권자 A로부터의 강제집행을 면하기 위하여 친구 乙과 짜고 자기 소유의 부동산에 대한 매매계약을 친구 乙과 체결하는 것처럼 하여 친구 乙에게 소유권을 이전하는 것처럼 표의자(채무자 甲)가 진의(강제집행을 면하기 위하여) 아님을 알면서 의사표시(매매계약)를 하는 데 있어 상대방 乙과 통정한 경우를 말한다.

② 통정허위표시를 요소로 하는 법률행위를 '가장행위(假裝行爲)'라고 한다.

(2) 허위표시와 구별되는 개념

OX

당사자가 통정하여 증여를 매매로 가장한 경우, 당사자가 내면적으로 의욕한 증여계약은 유효하다. (○) 제28회

① **은닉행위(隱匿行爲)**

㉠ '은닉행위'란, 예를 들면 아버지가 아들에게 부동산을 증여하고 싶으나, 증여세를 면탈하기 위하여 서류상 매매계약을 체결하는 것처럼 소유권을 이전하는 행위를 의미한다.

㉡ 이 경우 매매는 허위표시로서 무효이지만, 숨어 있는 증여는 은닉행위로서 유효하다.

㉢ 은닉행위는 그에 요구되는 성립요건과 효력발생요건을 구비한 때에는 유효하다. 따라서 아들은 유효하게 소유권을 취득한다.

㉣ 아들로부터 토지의 소유권을 취득한 제3자가 설령 악의라도 적법한 소유자(아들)로부터 소유권을 취득하였기에 악의라도 소유권을 취득한다.

② **신탁행위**(信託行爲)

㉠ '신탁행위'란 채권을 담보할 목적으로 소유권을 양도하는 양도담보나 추심을 위하여 채권을 양도하는 경우와 같이 상대방에게 그 행위의 경제적 목적을 넘는 권리를 주고, 그 목적의 범위 내에서만 상대방으로 하여금 그 권리를 행사하게 하는 것을 말한다.

㉡ 신탁행위의 예로 '양도담보', '명의신탁', '추심을 위한 채권양도' 등이 있다.

㉢ 신탁행위는 권리를 이전하려는 진의가 있으므로 허위표시가 아니다.

관련판례

채권담보의 목적으로 동산, 부동산 매매의 형식을 취하여 채권자에게 인도 내지 소유권이전등기를 하여 주는 법률행위(양도담보, 매도담보)는 허위표시가 아니다(대판 1964. 6.16, 64다138).

OX

추심을 위한 채권양도는 민법학상 신탁행위이다. (○) 제17회

2. 통정허위표시가 성립하기 위한 요건

(1) 의사표시가 존재하여야 한다.

(2) 진의와 표시가 불일치(= 내심적 효과의사의 결여)하여야 한다.

(3) 표의자가 스스로 그 불일치를 알고 있어야 한다.

(4) **상대방과 통정할 것**

'통정'이란 표의자가 허위표시를 함에 상대방과의 합의를 의미하므로, 상대방이 단순히 표의자의 비진의표시를 알고 있는 것만으로는 통정으로 볼 수 없다.

(5) 표의자의 이유나 동기는 불문한다.

OX

착오로 인하여 표의자가 경제적인 불이익을 입은 것이 아니라면 이를 법률행위의 내용의 중요부분의 착오라고 할 수 없다. (○) 제26회

관련판례

1. 통정허위표시가 성립하기 위해서는 의사표시의 진의와 표시가 일치하지 아니하고 그 불일치에 관하여 상대방과 사이에 합의가 있어야 한다(대판 2008.6.12, 2008다7772).
2. 동일인에 대한 대출액 한도를 제한한 (구)상호신용금고법(1995. 1. 5, 법률 제4867호로 개정되기 전의 것) 제12조의 적용을 회피하기 위하여 실질적인 주채무자가 실제 대출받고자 하는 채무액에 대하여 제3자를 형식상의 주채무자로 내세우고, 상호신용금고도 이를 양해하여 제3자에 대하여는 채무자로서 책임을 지우지 않을

의도 아래 제3자 명의로 대출관계서류를 작성받은 경우 제3자는 형식상의 명의만을 빌려준 자에 불과하고 그 대출계약의 실질적인 당사자는 상호신용금고와 실질적 주채무자이므로 제3자 명의로 되어 있는 대출약정은 상호신용금고의 양해 아래 그에 따른 채무부담의 의사 없이 형식적으로 이루어진 것에 불과하여 통정허위표시에 해당하는 무효의 법률행위이다(대판 2002.10.11, 2001다7445).

3. 실제로는 전세권설정계약이 없음에도 불구하고 임대차계약에 기한 임차보증금반환채권을 담보할 목적으로 임차인과 임대인, 제3자 사이의 합의에 따라 제3자 명의로 전세권설정등기를 경료한 후 그 전세권에 대하여 근저당권이 설정된 경우 가사 위 전세권설정계약만 놓고 보아 그것이 통정허위표시에 해당하여 무효라고 한다 하더라도 이로써 위 전세권설정계약에 의하여 형성된 법률관계를 토대로 별개의 법률원인에 의하여 새로운 법률상 이해관계를 갖게 된 근저당권자에 대해서는 그와 같은 사정을 알고 있었던 경우에만 그 무효를 주장할 수 있다(대판 1998.9.4, 98다20981).

4. 임대차계약에 따른 임대차보증금반환채권을 담보할 목적으로 임대인과 임차인 사이의 합의에 따라 임차인 명의로 전세권설정등기를 마친 경우, 전세권설정계약은 위와 같이 임대차계약과 양립할 수 없는 범위에서 통정허위표시에 해당하여 무효라고 봄이 타당하다(대판 2021.12.30, 2018다268538).

3. 효 과

(1) 허위표시 당사자 간의 효력

OX

통정허위표시는 의사표시의 당사자 간에는 유효하다. (×) 제19회

① 허위표시는 당사자 사이에서는 언제나 무효가 된다. 즉, 표의자는 통정의 상대방에게 언제든지 무효를 주장할 수 있다. 따라서 매매계약이 통정허위표시에 해당하여 무효인 경우 매도인은 매수인에게 매매대금의 반환을 청구할 수 있다.

② 허위표시가 '제746조의 불법(不法)'에는 해당하지 않는다는 것이 통설・판례의 입장이다. 즉, 허위표시에 대해서 제746조가 적용되지 않는다.

③ 채무자의 법률행위가 통정허위표시인 경우에도 채권자취소권의 대상이 된다.

④ 가장행위에 대하여 채권자대위권을 행사할 수 있다. 즉, 가장매도인의 채권자는 채무자인 가장매도인을 대위하여 가장매수인에게 무효임을 주장할 수 있다.

⑤ 허위표시는 당사자의 합의에 의하여 철회할 수 있다.

관련판례

1. 채무자의 법률행위가 통정허위표시인 경우에도 채권자취소권의 대상이 되고, 한편 채권자취소권의 대상으로 된 채무자의 법률행위라도 통정허위표시의 요건을 갖춘 경우에는 무효라고 할 것이다(대판 1998.2.27, 97다50985).
2. 강제집행을 면할 목적으로 부동산에 허위의 근저당권설정등기를 경료한 행위는 민법 제103조의 선량한 풍속 기타 사회질서에 위반하는 사항을 내용으로 하는 법률행위로 볼 수 없다(대판 2004.5.28, 2003다70041).
3. 강제집행을 면할 목적으로 부동산의 소유자 명의를 신탁하는 것이 위와 같은 불법원인급여에 해당한다고 볼 수는 없다(대판 1994.4.15, 93다61307).

OX 채무자의 법률행위가 통정허위표시로 무효인 경우에도 채권자취소권의 대상이 될 수 있다. (○) 제28회

(2) **제3자에 대한 효력**(허위표시의 무효는 선의의 제3자에게 대항하지 못한다)

① 제3자의 범위

'제3자'란 허위표시의 당사자 또는 포괄승계인 이외의 자로서, 허위표시에 의하여 외형상 형성된 법률관계를 토대로 실질적으로 새로운 법률상 이해관계를 맺은 자를 의미한다.

보충학습

제3자에 해당하는 자

1. 가장양수인으로부터 목적부동산을 양수한 자
2. 가장양수인으로부터 저당권을 설정받은 자
3. 가장양도의 목적물에 대한 가압류채권자
4. 가장저당권설정행위에 기한 저당권의 실행에 의하여 부동산을 경락받은 자
5. 가장양수인으로부터 소유권이전등기청구권 보전을 위한 가등기를 경료받은 자
6. 가장행위에 기한 근저당권부 채권을 가압류한 자
7. 가장매매에 기한 대금채권의 양수인 기타 가장채권의 양수인
8. 가장소비대차의 대주(貸主)가 파산한 경우의 파산관재인
9. 가장채무에 대한 보증채무를 이행하여 구상권을 취득한 보증인

제3자에 해당하지 않는 자

1. 가장양수인의 일반채권자
2. 채권의 가장양수인으로부터 추심을 위하여 채권을 양수한 자
3. 채권의 가장양도에서의 채무자
4. 제3자를 위한 계약에서의 제3자
5. 저당권 등 제한물권이 가장포기된 경우의 기존의 후순위 제한물권자
6. 포괄승계인(상속인 등)
7. 채권을 보전하기 위하여 재산권의 가장양수인의 가장양도인에 대한 권리를 대위행사한 자

OX 가장양수인으로부터 매매계약에 기한 소유권이전등기청구권 보전을 위한 가등기를 경료받은 자는 허위표시의 무효로서 대항할 수 없는 제3자에 포함된다. (○) 제16회

OX 가장소비대차에 있어서 대주의 지위를 이전받은 자는 허위표시의 무효로부터 보호받는 선의의 제3자가 아니다. (○) 제15회

OX 채권의 가장양도에서 가장양수인에게 채무를 변제하지 않고 있던 채무자는 허위표시의 무효로 대항할 수 없는 제3자에 해당한다. (×) 제14회

8. 주식의 가장양도에서의 회사
9. 가장매매예약에 기해 가장양수인이 가등기를 마친 후 그 가장매매예약이 철회되었음에도 가장양수인이 허위의 서류를 이용하여 가등기에 기한 본등기를 경료하고, 이를 믿고 가장양수인으로부터 부동산을 전득한 자

관련판례

1. 통정한 허위표시에 의하여 외형상 형성된 법률관계로 생긴 채권을 가압류한 경우 그 가압류권자는 허위표시에 기초하여 새로이 법률상 이해관계를 가지게 된 제3자에 해당하므로 그가 선의인 이상 위 통정허위표시의 무효를 그에 대하여 주장할 수 없다(대판 2010.3.25, 2009다35743).
2. 파산관재인은 그 허위표시에 따라 외형상 형성된 법률관계를 토대로 실질적으로 새로운 법률상 이해관계를 가지게 된 민법 제108조 제2항의 제3자에 해당하고, 그 선의·악의도 파산관재인 개인의 선의·악의를 기준으로 할 수는 없고, 총파산채권자를 기준으로 하여 파산채권자 모두가 악의로 되지 않는 한 파산관재인은 선의의 제3자라고 할 수밖에 없다(대판 2010.4.29, 2009다96083).
3. 보증인이 주채무자의 기망행위에 의하여 주채무가 있는 것으로 믿고 주채무자와 보증계약을 체결한 다음 그에 따라 보증채무자로서 그 채무까지 이행한 경우 그 보증인은 주채무자에 대한 구상권 취득에 관하여 법률상의 이해관계를 가지게 되었고 그 구상권 취득에는 보증의 부종성으로 인하여 주채무가 유효하게 존재할 것을 필요로 한다는 이유로 결국 그 보증인은 주채무자의 채권자에 대한 채무부담행위라는 허위표시에 기초하여 구상권 취득에 관한 법률상 이해관계를 가지게 되었다고 보아 민법 제108조 제2항 소정의 '제3자'에 해당한다(대판 2000.7.6, 99다51258).
4. 상호신용금고법(2000.1.28. 법률 제6203호로 개정되기 전의 것) 소정의 계약이전은 금융거래에서 발생한 계약상의 지위가 이전되는 사법상의 법률효과를 가져오는 것이므로, 계약이전을 받은 금융기관은 계약이전을 요구받은 금융기관과 대출채무자 사이의 통정허위표시에 따라 형성된 법률관계를 기초로 하여 새로운 법률상 이해관계를 가지게 된 민법 제108조 제2항의 제3자에 해당하지 않는다(대판 2004.1.15., 2002다31537).
5. 갑이 부동산 관리를 위해 을에게 매매예약을 등기원인으로 소유권이전등기청구권 가등기를 마쳐주었고, 그 후 을이 제기한 가등기에 기한 본등기의 이행을 구하는 소송이 공시송달로 진행된 결과 을의 승소판결이 선고되어 외형상 확정되었으나, 갑이 추완항소를 제기하여 가등기의 등기원인인 매매예약이 갑과 을의 통정한 허위의 의사표시에 의한 것으로 무효라는 이유로 제1심판결을 취소하고 을의 청구를 기각하는 판결이 선고·확정되었는데, 위 부동산에 관하여 을이 갑의 추완항소 이전에 발급받았던 송달증명원 및 확정증명원을 가지고 확정판결을 원인으로 지분소유권이전등기를 마쳤고, 을의 남편인 병이 재산분할을 원인으로 지분소유권이전등기를 마쳤으며, 그 후 정과 무가 위 부동산에 관하여 매매를 원인으로 지분소유권이전등기를 순차로 마친 사안에서, 위 부동산에 관한 을 명의의 본등기는 갑과 을

> **OX**
> 가장행위에 기한 채권을 가압류한 채권자는 통정허위표시의 무효로써 대항하지 못하는 '선의의 제3자'에서의 제3자에 포함되지 않는다. (×) 제19회

> **OX**
> 파산채무자가 상대방과 통정허위표시를 통하여 가장채권을 보유하고 있다가 파산이 선고된 경우, 파산관재인은 민법 제108조 제2항의 제3자에 해당하지 않는다. (×) 제28회

> **OX**
> 가장채무가 존재한다고 믿고 보증계약을 체결한 뒤 그 보증채무를 이행하여 구상권을 취득한 보증인은 허위표시의 무효로 대항할 수 없는 제3자에 해당한다. (○) 제14회

> **OX**
> 가장소비대차에서 대주의 계약상 지위를 이전받은 자는 무효인 통정허위표시의 제3자에 해당한다. (×) 제27회

사이의 허위 가등기 설정이라는 통정한 허위의 의사표시 자체에 기한 것이 아니라, 이러한 통정한 허위의 의사표시가 철회된 이후에 을이 항소심판결에 의해 취소·확정되어 소급적으로 무효가 된 제1심판결에 기초하여 일방적으로 마친 원인무효의 등기라고 봄이 타당하고, 이에 따라 을 명의의 본등기를 비롯하여 그 후 무에 이르기까지 순차적으로 마쳐진 각 지분소유권이전등기는 부동산등기에 관하여 공신력이 인정되지 아니하는 우리 법제하에서는 특별한 사정이 없는 한 무효임을 면할 수 없으며, 나아가 갑과 을이 통정한 허위의 의사표시에 기하여 마친 가등기와 병 명의의 지분소유권이전등기 사이에는 을이 일방적으로 마친 원인무효의 본등기가 중간에 개재되어 있으므로, 이를 기초로 마쳐진 병 명의의 지분소유권이전등기는 을 명의의 가등기와는 서로 단절된 것으로 평가되고, 가등기의 설정행위와 본등기의 설정행위는 엄연히 구분되는 것으로서 병 내지 그 후 지분소유권이전등기를 마친 자들에게 신뢰의 대상이 될 수 있는 '외관'은 을 명의의 가등기가 아니라 단지 을 명의의 본등기일 뿐이라는 점에서도 이들은 을 명의의 허위 가등기 자체를 기초로 하여 새로운 법률상 이해관계를 맺은 제3자의 지위에 있다고 볼 수 없으며, 이는 갑의 추완항소를 계기로 갑과 을 사이의 통정한 허위의 의사표시가 실체적으로는 철회되었음에도 불구하고 그 외관인 을 명의의 가등기가 미처 제거되지 않고 잔존하는 동안에 을 명의의 본등기가 마쳐졌다고 하여 달리 볼 수 없는데도, 무가 통정한 허위의 의사표시의 제3자에 해당한다고 본 원심판단에 법리오해 등의 잘못이 있다(대판 2020.1.30, 2019다280375).

6. 임대차보증금반환채권이 양도된 후 양수인의 채권자가 <u>임대차보증금반환채권에 대하여 채권압류 및 추심명령</u>을 받았는데 임대차보증금반환채권 양도계약이 허위표시로서 무효인 경우 채권자는 그로 인해 외형상 형성된 법률관계를 기초로 실질적으로 새로운 법률상 이해관계를 맺은 제3자에 해당한다(대판 2014.4.10, 2013다59753).

② 제3자의 선의

㉠ '선의'란 당해 의사표시가 허위표시임을 알지 못하는 것을 의미한다.

㉡ 제3자는 선의이면 족하고, 무과실은 요건이 아니다. 따라서 제3자가 과실이 있더라도 선의이기만 하면 보호받는다.

㉢ 제3자는 '선의로 추정'되므로 무효를 주장하는 자(표의자)가 제3자의 악의를 입증하여야 한다. 즉, 제3자 스스로 자신의 선의를 증명할 필요는 없다.

㉣ 선의의 제3자로부터 다시 전득한 자에 대하여는, 그가 전득시에 악의이더라도 허위표시의 무효로 대항하지 못한다.

OX
통정허위표시에서 제3자가 악의이더라도 전득자가 선의이면 그 전득자에 대하여 통정허위표시의 무효를 주장할 수 없다.
(○) 제28회

관련판례

1. 민법 제108조 제1항에서 상대방과 통정한 허위의 의사표시를 무효로 규정하고, 제2항에서 그 의사표시 상대방과 통정한 허위의 의사표시는 무효이고 누구든지 그 무효를 주장할 수 있는 것이 원칙이나, 허위표시의 당사자와 포괄승계인 이외의 자로서 허위표시에 의하여 외형상 형성된 법률관계를 토대로 실질적으로 새로운 법률상 이해관계를 맺은 선의의 제3자에 대하여는 허위표시의 당사자뿐만 아니라 그 누구도 허위표시의 무효를 대항하지 못한다(대판 2000.7.6, 99다51258).
2. 제3자는 특별한 사정이 없는 한 선의로 추정할 것이므로 제3자가 악의라는 사실에 관한 주장·입증책임은 그 허위표시의 무효를 주장하는 자에게 있다.
3. 민법 제108조 제2항에 규정된 통정허위표시에 있어서의 제3자는 그 선의 여부가 문제이지 이에 관한 과실 유무를 따질 것이 아니다(대판 2006.3.10, 2002다1321).

OX

허위표시를 기초로 새로운 이해관계를 맺은 선의의 제3자에게는 그 누구도 허위표시의 무효로 대항하지 못한다. (○) 제15회

OX

통정허위표시의 무효로써 대항하지 못하는 선의의 제3자에게는 무과실이 요구된다. (×) 제19회

⑶ '대항(對抗)하지 못한다.'의 의미

① 허위표시는 당사자 간에는 무효이지만, 선의의 제3자에게는 허위표시의 무효를 주장할 수 없다.

② 선의의 제3자는 스스로 허위표시의 무효를 주장할 수 있다.

4. 적용범위

⑴ 계약 · 단독행위 · 합동행위

① 허위표시는 상대방과 통정해야 하므로 통정허위표시는 계약 및 상대방 있는 단독행위에 적용된다.

② 상대방 없는 단독행위나 합동행위에는 적용되지 않는다.

⑵ 가족법상 행위

본인의 의사가 절대적으로 존중되어야 하는 가족법상의 행위에 대하여 제108조가 적용되지 않는다.

⑶ 소송행위 · 공법행위

소송행위나 공법행위에 대하여도 제108조가 적용되지 않는다.

예제

통정허위표시(민법 제108조)**에 관한 설명으로 옳지 않은 것은?** (다툼이 있으면 판례에 따름)

제28회

① 당사자가 통정하여 증여를 매매로 가장한 경우, 당사자가 내면적으로 의욕한 증여계약은 유효하다.
② 통정허위표시로서 무효인 법률행위에 따른 법률효과를 침해하는 것처럼 보이는 채무불이행이 있어도 손해배상을 청구할 수 없다.
③ 통정허위표시에서 제3자가 악의이더라도 전득자가 선의이면 그 전득자에 대하여 통정허위표시의 무효를 주장할 수 없다.
④ 파산채무자가 상대방과 통정허위표시를 통하여 가장채권을 보유하고 있다가 파산이 선고된 경우, 파산관재인은 민법 제108조 제2항의 제3자에 해당하지 않는다.
⑤ 채무자의 법률행위가 통정허위표시로 무효인 경우에도 채권자취소권의 대상이 될 수 있다.

해설

④ 파산채무자가 상대방과 통정한 허위의 의사표시를 통하여 가장채권을 보유하고 있다가 파산이 선고된 경우 그 가장채권도 일단 파산재단에 속하게 되고, 파산선고에 따라 파산채무자와는 독립한 지위에서 파산채권자 전체의 공동의 이익을 위하여 직무를 행하게 된 파산관재인은 그 허위표시에 따라 외형상 형성된 법률관계를 토대로 실질적으로 새로운 법률상 이해관계를 가지게 된 민법 제108조 제2항의 제3자에 해당한다(대판 2013.4.26, 2013다1952).
① 당사자가 통정하여 증여를 매매로 가장한 경우, 매매는 허위표시로서 무효이지만, 은닉행위인 증여계약은 유효하다.
② 무효인 법률행위는 그 법률행위가 성립한 당초부터 당연히 효력이 발생하지 않는 것이므로, 무효인 법률행위에 따른 법률효과를 침해하는 것처럼 보이는 위법행위나 채무불이행이 있다고 하여도 법률효과의 침해에 따른 손해는 없는 것이므로 그 손해배상을 청구할 수는 없다(대판 2003.3.28, 2002다72125).
③ 통정허위표시에서 제3자 악의이더라도 전득자가 선의이면 제3자에 해당하므로, 그 선의의 전득자에 대하여는 통정허위표시의 무효를 주장할 수 없다(대판 2013.2.15, 2012다49292).
⑤ 통정에 의한 허위표시행위는 채권자취소권의 대상이 된다(대판 1984.7.24, 84다카68).

정답 ④

4 착오에 의한 의사표시

1. 의 의

> **제109조 【착오로 인한 의사표시】** ① 의사표시는 법률행위의 내용의 중요부분에 착오가 있는 때에는 취소할 수 있다. 그러나 그 착오가 표의자의 중대한 과실로 인한 때에는 취소하지 못한다.
> ② 전항의 의사표시의 취소는 선의의 제3자에게 대항하지 못한다.

(1) 착오의 의의

① '착오(錯誤)'란, 예를 들면 의사표시의 내용과 내심의 의사가 일치하지 않는 것을 표의자가 모르는 것을 의미한다.

② 이러한 의미에서 의사와 표시의 불일치를 알지 못한다고 하여 '무의식적 흠'이라고 한다.

(2) 착오의 유형

① **표시상(表示上)의 착오**

㉠ '표시상의 착오'란, 예를 들면 표의자가 500만원을 기재할 것을 50만원으로 기재한 경우처럼 표의자가 표시행위 자체를 잘못한 것을 의미한다.

㉡ 착오의 전형적인 모습으로 이 경우 착오를 이유로 취소할 수 있다.

OX
개당 1,000달러에 팔 것을 1,000원으로 잘못 기재한 것은 착오에 의한 의사표시에 해당한다. (○) 제14회

② **내용(內容)의 착오**

㉠ '내용의 착오'란 영국의 파운드화와 미국의 달러화를 동일한 가치로 오인한 경우처럼 표시행위가 가지는 내용에 착오가 생긴 경우를 의미한다.

㉡ 착오처럼 취급하여 취소할 수 있다.

③ **표시기관(表示機關)의 착오**[= 사자(使者)의 착오]

㉠ '표시기관의 착오'란, 예를 들면 표의자가 전신기사에게는 500만원을 기재할 것을 부탁하였으나, 전신기사의 실수로 50만원으로 타전한 경우처럼 표의자가 보조자 또는 기계를 통하여 의사표시를 하는데 그 표시기관이 잘못하여 표의자의 진의와 다른 의사표시를 한 경우를 말한다.

㉡ 표시상의 착오처럼 취급하여 취소할 수 있다.

OX
의사표시가 기재된 편지가 집배원의 실수로 잘못 배달된 경우, 의사표시의 착오의 문제가 아니라 부도달(不到達)의 문제이다. (○) 제12회

④ **전달기관(傳達機關)의 착오**

㉠ '전달기관의 착오'란 표의자의 이미 완성된 의사표시에는 문제가 없지만, 집배원(전달기관)이 편지를 잘못 전달한 경우(서신을 잘못 전달한 경우)처럼 이미 완성된 의사표시를 전달기관이 잘못 전달한 경우를 의미한다.

ⓛ 전달기관의 착오는 의사표시의 부도달의 문제가 생길 뿐이고, 착오문제가 발생하지 않는다.

⑤ **동일성(同一性)의 착오**

㉠ '동일성의 착오'란 법률행위에 관계되는 사람 또는 객체의 동일성에 관한 착오를 말한다.

ⓛ 물상보증인의 채무자의 동일성의 착오, 매매목적물의 동일성의 착오, 매매목적물의 소유자의 동일성의 착오 등이 있다.

㉢ 채무자의 동일성에 관한 착오, 목적물의 동일성에 관한 착오는 중요부분의 착오에 해당하지만, 소유자의 동일성에 관한 착오는 중요부분의 착오에 해당하지 않는다.

⑥ **법률의 착오**: '법률의 착오'란 법률상태, 즉 법률규정의 유무 또는 그 의미에 관한 착오를 의미한다.

관련판례

매도인의 대리인이, 매도인이 납부하여야 할 양도소득세 등의 세액이 매수인이 부담하기로 한 금액뿐이므로 매도인의 부담은 없을 것이라는 착오를 일으키지 않았더라면 매수인과 매매계약을 체결하지 않았거나 아니면 적어도 동일한 내용으로 계약을 체결하지는 않았을 것임이 명백하고, 나아가 매도인이 그와 같이 착오를 일으키게 된 계기를 제공한 원인이 매수인 측에 있을 뿐만 아니라 매수인도 매도인이 납부하여야 할 세액에 관하여 매도인과 동일한 착오에 빠져 있었다면, 매도인의 위와 같은 착오는 매매계약의 내용의 중요부분에 관한 것에 해당한다(대판 1994.6.10, 93다24810).

(3) 동기의 착오

① '동기의 착오'란, 예를 들면 신도시가 들어선다고 믿고서 토지를 고가로 매수하였는데, 신도시가 들어선다는 소식이 헛소문으로 밝혀진 경우처럼 표시행위에 대응하는 내심의 의사(토지구입의 의사)가 존재하지만, 그 내심의 의사를 결정할 때의 과정에서 동기에 착오를 일으키는 경우를 의미한다.

② **동기의 착오에 대한 법적 취급**

㉠ 원칙: 의사표시에 있어서 동기는 구성요소가 아니므로 착오를 이유로 취소할 수 없다.

ⓛ 예외: 동기가 상대방에게 표시되거나 상대방으로부터 유발된 동기의 착오(이 경우에는 표시 여부를 불문)의 경우에는 착오를 이유로 취소할 수 있다.

OX

동기가 표시되지 않았더라도 상대방에 의하여 유발된 동기의 착오는 취소할 수 있다.
(○) 제20회

알아두기

■ **상대방으로부터 유발된 동기의 착오의 예**

1. 귀속재산이 아닌데도 공무원이 귀속재산이라고 하여 토지소유자가 토지를 국가에 증여한 경우
2. 공무원의 법령 오해로 인해 토지소유자가 토지를 국가에 증여한 경우
3. 매매대상에 포함되었다는 시 공무원의 말을 믿고 매매계약을 체결한 경우
4. 채무자가 과거 연체가 없었다는 채권자의 진술을 믿고 신용보증기금이 신용보증을 선 경우

관련판례

1. 동기의 착오를 이유로 법률행위를 취소할 수 있게 되는 요건으로서의 중요부분의 착오는, 표의자가 그 동기를 당해 의사표시의 내용으로 삼을 것을 상대방에게 표시하고 의사표시의 해석상 법률행위의 내용으로 되어 있다고 인정되면 충분하고, 당사자들 사이에 별도로 그 동기를 의사표시의 내용으로 삼기로 하는 합의까지 이루어질 필요는 없다(대판 2012.9.27, 2011다106976).
2. [1] 일정한 사용목적을 위하여 토지를 매수하였는데 법령상의 제한으로 그 토지를 목적대로 사용할 수 없게 된 경우 그러한 목적은 동기에 지나지 않기 때문에 착오를 이유로 취소할 수 없다.
   [2] 부동산지상에 설시와 같이 고층아파트를 건축할 수 없게 된 사실은 동기의 착오이므로 착오를 이유로 취소할 수 없다(대판 1979.9.11, 79다1188).
3. 양돈단지조성을 위하여 임야매매계약이 이루어졌으나 (구)국토이용관리법상의 제약 때문에 양돈단지조성이 불가능하게 된 경우에는 동기의 착오에 불과하므로 착오를 이유로 취소할 수 없다(대판 1996.11.8, 96다35309).
4. 매매대상 토지 중 20~30평 가량만 도로에 편입될 것이라는 중개인의 말을 믿고 주택 신축을 위하여 토지를 매수하였고 그와 같은 사정이 계약체결 과정에서 현출되어 매도인도 이를 알고 있었는데 실제로는 전체 면적의 약 30%에 해당하는 197평이 도로에 편입된 경우 동기의 착오를 이유로 매매계약의 취소를 할 수 있다(대판 2000.5.12, 2000다12259).
5. (동기)착오의 대상에는 현재의 사실뿐만 아니라 장래의 불확실한 사실도 포함된다(대판 1994.6.10, 93다24810).
6. 매매계약 당시 장차 도시계획이 변경되어 공동주택, 호텔 등의 신축에 대한 인·허가를 받을 수 있을 것이라고 생각하였으나 그 후 생각대로 되지 않은 경우, 이는 법률행위 당시를 기준으로 장래의 미필적 사실의 발생에 대한 기대나 예상이 빗나간 것에 불과할 뿐 착오라고 할 수는 없다(대판 2007.8.23, 2006다15755).

OX

동기의 착오가 법률행위의 내용의 중요부분의 착오에 해당함을 이유로 표의자가 법률행위를 취소하려면 당사자들 사이에 별도로 그 동기를 의사표시의 내용으로 삼기로 하는 합의가 있어야만 한다. (×) 제28회

(4) 착오의 한계

① 착오는 유효하게 성립한 법률행위를 전제로 하여 취소하는 것이기에, 합의가 있다고 볼 수 없어 계약이 불성립하거나 법률행위가 무효인 경우에는 착오의 문제는 발생하지 않는다.

㉠ 따라서 처음부터 강행규정 또는 사회질서에 반하는 행위, 불공정한 법률행위, 상대방과 통정한 허위표시 등은 처음부터 무효이기 때문에 착오를 이유로 취소할 수 없다.

㉡ 다만, 유동적 무효사유인 경우, 즉 토지거래허가구역 내의 토지를 착오에 의하여 매매계약을 체결한 경우는 아직 허가를 받기 전이므로 무효이기는 하지만 착오를 이유로 취소할 수 있다.

② 비록 외형상 의사와 표시의 불일치가 있더라도 자연적 해석의 결과 일치하는 것으로 평가되는 때에는 착오가 성립하지 않는다(해석은 착오에 앞선다. 오표시무해의 원칙).

③ 표의자의 착오가 있더라도 상대방이 표의자의 진의에 동의하였다면 착오를 이유로 취소하지 못한다.

2. 착오를 이유로 한 취소의 요건

(1) 법률행위의 내용의 중요부분(주관적 요건 + 객관적 요건)

① **주관적 요건**

'주관적으로' 표의자에게 그러한 착오가 없었다면 그 의사표시를 하지 않았을 것이라고 인정되어야 한다.

② **객관적 요건**

'객관적으로' 표의자뿐만 아니라 일반인도 표의자의 입장이라면 그러한 의사표시를 하지 않았을 것으로 인정되어야 한다.

③ 판례는 더 나아가 그 착오로 인하여 표의자가 경제적 불이익을 입은 것이어야 한다고 한다.

보충학습

중요부분의 착오에 해당하는 경우

1. 토지의 현황, 경계에 관한 착오
2. 근저당권설정계약에서 채무자의 동일성에 관한 물상보증인의 착오(채무자의 동일성에 관한 착오)

OX

착오가 법률행위 내용의 중요부분에 관한 것인 때에 한하여 표의자는 그 의사표시를 취소할 수 있다. (○) 제15회

3. 재건축조합이 건축사자격이 없이 건축연구소를 개설한 건축학교수의 건축사자격 여부를 알지 못한 경우
4. 양도소득세액에 관해 양 당사자가 동일한 착오에 빠진 착오

중요부분의 착오에 해당하지 않는 경우

1. 시가에 관한 착오
2. 목적물의 소유자에 대한 착오(소유자의 동일성에 관한 착오)
3. 지적의 부족
4. 부동산의 매매계약에서 계약금으로 지급받은 수표가 부도난 경우
5. 착오로 인하여 표의자가 경제적으로 불이익을 입은 것이 아닌 경우
6. 온천여관의 매매에서 온천공의 단독사용권을 가졌는지 여부
7. 공리스에서 리스물건의 존재 여부에 관한 보증인의 착오
8. 환율에 관한 착오
9. 강제추행을 강간치상으로 오인하고 합의금을 약정한 경우

관련판례

1. 법률행위의 중요부분의 착오라 함은 표의자가 그러한 착오가 없었더라면 그 의사표시를 하지 않으리라고 생각될 정도로 중요한 것이어야 하고 보통 일반인도 표의자의 처지에 섰더라면 그러한 의사표시를 하지 않았으리라고 생각될 정도로 중요한 것이어야 한다(대판 1996.3.26, 93다55487).
2. 만일 그 착오로 인하여 표의자가 무슨 경제적인 불이익을 입은 것이 아니라고 한다면 이를 법률행위 내용의 중요부분의 착오라고 할 수 없다(대판 1999.2.23, 98다47924).
3. 주채무자의 차용금반환채무를 보증할 의사로 공정증서에 연대보증인으로 서명·날인하였으나 그 공정증서가 주채무자의 기존의 구상금채무 등에 관한 준소비대차계약의 공정증서이었던 경우 소비대차계약과 준소비대차계약의 법률효과는 동일하므로 공정증서가 연대보증인의 의사와 다른 법률효과를 발생시키는 내용의 서면이라고 할 수 없어 표시와 의사의 불일치가 객관적으로 현저한 경우에 해당하지 않을 뿐만 아니라, 연대보증인은 주채무자가 채권자에게 부담하는 차용금반환채무를 연대보증할 의사가 있었던 이상 착오로 인하여 경제적인 불이익을 입었거나 장차 불이익을 당할 염려도 없으므로 위와 같은 착오는 연대보증계약의 중요부분의 착오가 아니다(대판 2006.12.7, 2006다41457).
4. 부동산 매매에서 시가에 관한 착오는 그 부동산을 매매하려는 의사를 결정함에 있어서의 동기의 착오에 불과할 뿐, 법률행위의 중요부분에 관한 착오라고 할 수 없다(대판 1992.10.23, 92다29337).
5. 토지 1,389평을 경작할 수 있는 농지인 줄 알고 매수하였으나 그중 600평이 하천을 이루고 있는 경우 중요부분의 착오에 해당한다(대판 1968.3.26, 67다2160).

OX

법률행위 내용의 중요부분의 착오가 되기 위해서는 특별한 사정이 없는 한 착오에 빠진 표의자는 그로 인하여 경제적 불이익을 입어야 하는 것은 아니다. (×) 제27회

OX

부동산 시가에 관한 착오는 법률행위 중요부분에 대한 착오에 해당한다. (×) 제27회

6. 인접대지의 경계선이 자신의 대지의 경계선과 일치하는 것으로 잘못 알고 그 경계선에 담장을 설치하기로 합의한 경우 중요부분의 착오에 해당한다(대판 1989.7.25, 88다카9364).
7. 특정된 토지 전부를 매수하였으나 표시된 지적이 실제면적보다 적은 경우라도 그 매매계약이 법률행위의 중요부분에 착오에 있다고 할 수 없다(대판 1969.5.13, 69다196).
8. 건물 및 그 부지를 현상대로 매수하였다면 부지의 지분이 다소 부족하더라도 그 매매계약의 중요부분의 착오로 보지 않는다(대판 1997.8.26, 97다6063).
9. 타인소유의 부동산을 임대한 것이 임대차계약을 해지할 사유는 될 수 없고 목적물이 반드시 임대인의 소유일 것을 특히 계약의 내용으로 삼은 경우라야 착오를 이유로 임차인이 임대차계약을 취소할 수 있다(대판 1975.1.28, 74다2069).
   중요부분이 아니다.
10. 甲이 채무자란이 백지로 된 근저당권설정계약서를 제시받고 그 채무자가 乙인 것으로 알고 근저당권설정자로 서명날인을 하였는데 그 후 채무자가 丙으로 되어 근저당권설정등기가 경료된 경우 甲은 그 소유의 부동산에 관하여 근저당권설정계약상의 채무자를 丙이 아닌 乙로 오인한 나머지 근저당설정의 의사표시를 한 것이고, 이와 같은 채무자의 동일성에 관한 착오는 법률행위 내용의 중요부분에 관한 착오에 해당한다(대판 1995.12.22, 95다37087).
11. 보증보험계약에 있어 공사계약 체결일이나 실제 착공일, 공사기간도 공사대금 등과 함께 그 계약상 중요한 사항으로서 수급인 측에서 이를 허위로 고지함으로 말미암아 보험자가 그 실제 공사의 진행상황을 알지 못한 채 보증보험계약을 체결한 경우에는 이는 법률행위의 중요한 부분에 관한 착오로 인한 것으로서 민법의 일반원칙에 따라 보험자가 그 보험계약을 취소할 수 있다(대판 2002.7.26, 2001다36450).
12. 신용보증기금의 신용보증에 있어서 기업의 신용 유무는 그 절대적인 전제사유로서 신용보증의사표시의 중요부분을 구성한다(대판 2005.5.12, 2005다6228).
13. 재건축조합이 건축사 자격이 없이 건축연구소를 개설한 건축학 교수에게 건축사 자격이 없다는 것을 알았더라면 재건축조합만이 아니라 객관적으로 볼 때 일반인으로서도 이와 같은 설계용역계약을 체결하지 않았을 것으로 보이므로 재건축조합 측의 착오는 중요부분의 착오에 해당한다(대판 2003.4.11, 2002다70884).

> **OX**
> 농지로 알고 매수하였으나 그 상당부분이 하천부지인 경우, 매매계약의 중요부분에 관한 착오이다. (○) 제16회

> **OX**
> 물상보증인이 근저당권설정계약을 체결하는 경우, 채무자의 동일성에 관한 착오는 중요부분의 착오에 해당한다. (○) 제28회

> **OX**
> 재건축조합이 재건축아파트 설계용역계약을 체결함에 있어서 상대방의 건축사 자격 유무에 관한 착오는 법률행위의 중요부분에 관한 착오이다. (○) 제16회

(2) 표의자의 중대한 과실(重大한 過失)이 없을 것

① '중대한 과실'이란 표의자의 직업, 행위의 종류, 목적에 비추어 당해 행위에 일반적으로 요구되는 주의를 현저하게 결여한 것을 의미한다.

② 중대한 과실의 유무는 구체적 사실관계에서 보통인이 베풀어야 할 주의를 표준으로 객관적으로 판단한다.

③ 중과실에 대한 입증책임은 상대방(유효를 주장하는 자)이 부담한다.

> **OX**
> 표의자가 동기의 착오를 이유로 의사표시를 취소하려면 동기가 상대방에게 표시되어야 하고 표의자에게 과실이 없어야 한다. (×) 제19회

④ 표의자에게 중대한 과실이 있다면 원칙적으로 취소하지 못한다.

㉠ 그러나 주의할 것은 표의자에게 중대한 과실이 있더라도 언제나 취소권이 배제되는 것은 아니다.

㉡ 즉, 표의자에게 중대한 과실이 있음을 상대방이 알고 이용한 경우에는 표의자에게 중과실이 있더라도 취소할 수 있다.

관련판례

1. 공장을 경영하는 자가 공장이 협소하여 새로운 공장을 설립할 목적으로 토지를 매수함에 있어 토지상에 공장을 건축할 수 있는지 여부를 관할관청에 알아보지 아니한 과실이 '중대한 과실'에 해당한다(대판 1993.6.29, 92다38881).
2. 신용보증기금의 신용보증서를 담보로 금융채권자금을 대출해 준 금융기관이 위 대출자금이 모두 상환되지 않았음에도 착오로 신용보증기금에게 신용보증서 담보설정 해지를 통지한 경우 그 해지의 의사표시는 민법 제109조 제1항 단서 소정의 중대한 과실에 해당한다(대판 2000.5.12, 99다64995).
3. 고려청자로 알고 매수한 도자기가 진품이 아닌 것으로 밝혀진 경우 개인 소장자인 매수인이 그 출처의 조회나 전문적 감정인의 감정 없이 매수한 점만으로는 중과실이 인정되지 않으므로 착오를 이유로 계약을 취소할 수 있다(대판 1997.8.22, 96다26657).
4. 부동산중개업자가 다른 점포를 매매목적물로 잘못 소개하여 매수인이 매매목적물에 관하여 착오를 일으킨 경우 매수인에게 중대한 과실이 없다(대판 1997.11.28, 97다32772).
5. 설계용역계약체결을 전후하여 건축사 자격이 없다는 것을 묵비한 채 자신이 미국에서 공부한 건축학교수이고 '(명칭 생략)건축연구소'라는 상호로 사업자등록까지 마치고 건축설계업을 하며 상당한 실적까지 올린 사람이라고 소개한 경우 일반인의 입장에서는 그에게 당연히 건축사 자격이 있는 것으로 믿을 수밖에 없었을 것이므로 재건축조합 측이 그를 무자격자로 의심하여 건축사자격증의 제시를 요구한다거나 건축사단체에 자격 유무를 조회하여 이를 확인하여야 할 주의의무가 있다고 볼 수는 없다고 보아 재건축조합의 착오가 중대한 과실로 인한 것이 아니다(대판 2003.4.11, 2002다70884).
6. 토지매매에서 특별한 사정이 없는 한 매수인에게 측량을 하거나 지적도와 대조하는 등의 방법으로 매매목적물이 지적도상의 그것과 정확히 일치하는지 여부를 미리 확인하여야 할 주의의무가 있다고 볼 수 없다(대판 2020.3.26, 2019다288232).
7. 표의자에게 중대한 과실이 있더라도 당초부터 상대방이 표의자의 중대한 과실이 있음을 알고서 이용한 경우라면 표의자는 중대한 과실이 있더라도 그 의사표시를 취소할 수 있다(대판 1955.11.10, 4288민상321).

OX

상대방이 표의자의 착오를 알면서 이를 이용한 경우, 표의자는 자신에게 중대한 과실이 있더라도 그 의사표시를 취소할 수 있다. (○) 제26회

(3) 상대방의 예견가능성은 착오를 이유로 한 취소의 요건은 아니다.

① 이 의미는 상대방이 표의자가 착오에 빠진 사실을 알고 있든, 모르고 있든 관계없이 표의자는 자신의 착오를 이유로 취소할 수 있다는 것이다.

② 즉, 상대방이 표의자의 착오 취소를 예상하지 못했더라도 취소할 수 있다.

(4) 착오에 관한 제109조는 임의규정이다.

관련판례

당사자의 합의로 착오로 인한 의사표시 취소에 관한 민법 제109조 제1항의 적용을 배제할 수 있다(대판 2016.4.15, 2013다97694).

(5) 증명책임

① 법률행위의 중요부분에 대한 입증책임은 표의자(무효를 주장하는 자)에게 있다.

② 중대한 과실에 대한 입증책임은 상대방(유효를 주장하는 자)에게 있다.

3. 착오로 인한 의사표시의 효과

(1) 당사자 간 효력

① 착오에 의한 법률행위는 일단은 유효하지만, 표의자(착오자)는 착오에 의한 의사표시를 취소할 수 있다.

② 즉, 취소하면 소급하여 처음부터 무효인 것으로 된다.

(2) 일부취소의 문제

민법은 일부취소에 대하여 규정이 없지만 판례는 제137조를 유추적용하여 하나의 법률행위의 일부에만 취소사유가 있는 경우에 그 법률행위가 가분적이거나 그 목적물의 일부가 특정될 수 있고 나머지 부분이라도 유지하려는 당사자의 가정적 의사가 인정되면 그 일부만의 취소도 가능하다고 한다.

(3) 제3자에 대한 효력(상대적 취소)

① 착오에 의한 의사표시의 취소는 선의의 제3자에게 대항하지 못한다.

② '제3자'란 착오에 기한 의사표시의 당사자와 그의 포괄승계인 이외의 자로서 착오에 의한 의사표시로 인하여 생긴 법률관계를 토대로 실질적으로 새로운 법률상의 이해관계를 가지게 된 자를 의미한다.

OX

계약당사자의 합의로 착오로 인한 의사표시 취소에 관한 민법 제109조 제1항의 적용을 배제할 수 있다. (○) 제25회

OX

착오를 이유로 의사표시를 취소하는 자는 착오의 존재뿐만 아니라 그 착오가 법률행위 내용의 중요부분에 존재한다는 것도 증명하여야 한다. (○) 제15회

OX

표의자에게 중대한 과실이 있는지 여부에 관한 증명책임은 그 의사표시를 취소하게 하지 않으려는 상대방에게 있다. (○) 제26회

(4) 취소자의 신뢰이익배상책임(부정)

① 착오를 이유로 취소권을 행사한 결과 상대방이 손해를 입었다면 그 손해에 대하여 표의자가 배상하여야 하는가에 대해서 판례는 배상책임을 부정하고 있다.

② 판례는 표의자가 착오에 빠진 것이 '위법(違法)이 아니므로', 설령 착오를 이유로 취소한 결과 상대방이 손해를 입었더라도 불법행위에 해당하지 않으므로 상대방이 입은 손해에 대하여 배상할 의무가 없다고 한다. 즉, 표의자는 상대방이 입은 손해를 배상할 의무가 없고, 상대방도 자신이 입은 손해의 배상을 청구할 수 없다.

OX

경과실로 인해 착오에 빠진 표의자가 매매계약을 취소한 경우, 상대방은 표의자에게 불법행위책임을 물을 수 있다. (×) 제23회

관련판례

불법행위로 인한 손해배상책임이 성립하기 위하여는 가해자의 고의 또는 과실 이외에 행위의 위법성이 요구되므로 전문건설공제조합이 계약보증서를 발급하면서 조합원이 수급할 공사의 실제 도급금액을 확인하지 아니한 과실이 있다고 하더라도 민법 제109조에서 중과실이 없는 착오자의 착오를 이유로 한 의사표시의 취소를 허용하고 있는 이상, 전문건설공제조합이 과실로 인하여 착오에 빠져 계약보증서를 발급한 것이나 그 착오를 이유로 보증계약을 취소한 것이 위법하다고 할 수는 없다(대판 1997.8.22, 97다130230).

4. 적용범위

(1) 신분행위

당사자의 진의를 절대적으로 존중하는 신분행위에는 적용이 없다.

(2) 공법행위

① 행정처분이나 소송행위에는 그 적용이 없다. 행정처분이나 소송행위를 착오로 한 경우 항상 유효하므로 착오를 이유로 취소할 수 없다.

② 소취하합의의 의사표시 역시 민법 제109조에 따라 법률행위의 내용의 중요부분에 착오가 있는 때에는 취소할 수 있을 것이다.

(3) 단체적 행위

예를 들면, 주식의 인수 등에도 그 적용이 없다. 항상 유효하다.

5. 타 제도와의 경합

(1) 사기와 착오

① 원칙적으로 착오와 사기는 서로 다른 별개의 제도이므로 표의자가 어느 쪽이든 그 각각의 요건을 증명하여 착오에 의한 취소권과 사기에 의한 취소권을 각각 선택적으로 행사할 수 있다.

② 다만, 기명날인의 착오의 경우에는 제3자의 기망에 의하여 착오가 일어난 경우라도 사기에 의한 취소권은 행사할 수 없고, 착오에 의한 취소권만 인정한다.

관련판례

1. 기망행위로 인하여 법률행위의 중요부분에 관하여 착오를 일으킨 경우뿐만 아니라 법률행위의 내용으로 표시되지 아니한 의사결정의 동기에 관하여 착오를 일으킨 경우에도 표의자는 그 법률행위를 사기에 의한 의사표시로서 취소할 수 있다(대판 1985.4.9, 85다167).
2. 신원보증서류에 서명날인한다는 착각에 빠진 상태로 연대보증의 서면에 서명날인한 경우 결국 위와 같은 행위는 강학상 기명날인의 착오(또는 서명의 착오), 즉 어떤 사람이 자신의 의사와 다른 법률효과를 발생시키는 내용의 서면에, 그것을 읽지 않거나 올바르게 이해하지 못한 채 기명날인을 하는 이른바 표시상의 착오에 해당하므로 비록 위와 같은 착오가 제3자의 기망행위에 의하여 일어난 것이라 하더라도 그에 관하여는 사기에 의한 의사표시에 관한 법리를 적용할 것이 아니라, 착오에 의한 의사표시에 관한 법리만을 적용하여 취소권 행사의 가부를 가려야 한다(대판 2005.5.27, 2004다43824).

OX

신원보증서류에 서명날인한다는 착각에 빠진 상태로 연대보증의 서면에 서명날인한 경우, 중요부분의 착오에 해당한다. (×) 제15회

(2) 착오와 하자담보책임

관련판례

민법 제109조 제1항에 의하면 법률행위 내용의 중요 부분에 착오가 있는 경우 착오에 중대한 과실이 없는 표의자는 법률행위를 취소할 수 있고, 민법 제580조 제1항, 제575조 제1항에 의하면 매매의 목적물에 하자가 있는 경우 하자가 있는 사실을 과실 없이 알지 못한 매수인은 매도인에 대하여 하자담보책임을 물어 계약을 해제하거나 손해배상을 청구할 수 있다. 착오로 인한 취소 제도와 매도인의 하자담보책임 제도는 취지가 서로 다르고, 요건과 효과도 구별된다. 따라서 매매계약 내용의 중요 부분에 착오가 있는 경우 매수인은 매도인의 하자담보책임이 성립하는지와 상관없이 착오를 이유로 매매계약을 취소할 수 있다(대판 2018.9.13, 2015다787030).

OX

매매계약 내용의 중요부분에 착오가 있는 경우, 중과실 없는 매수인은 매도인의 하자담보책임이 성립하는지와 상관없이 착오를 이유로 그 매매계약을 취소할 수 있다. (○) 제28회

(3) 해제와 취소의 이중효

관련판례

1. 매도인이 매수인의 중도금지급채무불이행을 이유로 매매계약을 적법하게 해제한 후라도 매수인으로서는 상대방이 한 계약해제의 효과로서 발생하는 손해배상책임을 지거나, 매매계약에 따른 계약금의 반환을 받을 수 없는 불이익을 면하기 위하여 착오를 이유로 한 취소권을 행사하여 매매계약 전체를 무효로 돌리게 할 수 있다(대판 1996.12.6, 95다24982 · 24999).
2. 민법 제47조 제1항에 의하여 생전처분으로 재단법인을 설립하는 때에 준용되는 민법 제555조는 "증여의 의사가 서면으로 표시되지 아니한 경우에는 각 당사자는 이를 해제할 수 있다."라고 함으로써 서면에 의한 증여(출연)의 해제를 제한하고 있으나, 그 해제는 민법총칙상의 취소와는 요건과 효과가 다르므로 서면에 의한 출연이더라도 민법총칙 규정에 따라 출연자가 착오에 기한 의사표시라는 이유로 출연의 의사표시를 취소할 수 있고, 상대방 없는 단독행위인 재단법인에 대한 출연행위라고 하여 달리 볼 것은 아니다(대판 1998.7.9, 98다9045).

OX

매도인이 매수인의 채무불이행을 이유로 매매계약을 적법하게 해제한 후에도 매수인은 착오를 이유로 그 매매계약을 취소할 수 있다. (○) 제25회

OX

재단법인 설립행위는 단독행위이므로 출연자라 하더라도 착오를 이유로 출연의 의사표시를 취소할 수 없다. (×) 제24회

OX

출연재산이 재단법인의 기본재산인지 여부는 착오에 의한 출연행위의 취소에 영향을 주지 않는다. (○) 제26회

(4) 화해계약(和解契約)과 취소

제733조【화해의 효력과 착오】 화해계약은 착오를 이유로 하여 취소하지 못한다. 그러나 화해당사자의 자격 또는 화해의 목적인 분쟁 이외의 사항에 착오가 있는 때에는 그러하지 아니하다.

① **원칙**(분쟁에 관한 사항): 화해계약은 착오를 이유로 취소할 수 없다.

② **예외**: 화해당사자의 자격 또는 화해의 목적인 분쟁 이외의 사항에 착오가 있는 경우에는 착오를 이유로 취소할 수 있다.

관련판례

[1] 민법상 화해에 있어서는 착오를 이유로 취소하지 못하는 것이지만 화해의 목적인 분쟁 이외의 사항, 즉 분쟁의 대상이 아니고 분쟁의 전제 또는 기초되는 사항으로 양 당사자가 예정한 것이어서 상호 양보의 내용으로 되지 않고 다툼이 없는 사실로서 양해된 사항에 착오가 있는 때에는 화해계약을 취소할 수 있다.

[2] 환자가 의료과실로 사망한 것으로 전제하고 의사가 유족들에게 손해배상금을 지급하기로 하는 합의가 이루어졌으나 그 사인이 진료와는 관련이 없는 것으로 판명되었다면 위 합의는 그 목적이 아닌 망인의 사인에 관한 착오로 이루어진 화해이므로 착오를 이유로 취소할 수 있다(대판 1991.1.25, 90다12526).

(5) 신의성실의 원칙과 취소

관련판례

의사표시 당시 착오가 있었더라도 그 후의 사정변경에 의하여 표의자에게 유리하게 되었고 표의자의 착오주장이 신의성실의 원칙에 반하게 되는 경우에 취소권이 배제된다(대판 1995.3.24, 94다44620).

예 제

착오에 의한 의사표시에 관한 설명으로 옳지 않은 것은? (다툼이 있으면 판례에 따름)

제28회

① 상대방이 표의자의 착오를 알면서 이를 이용한 경우, 표의자는 자신에게 중대한 과실이 있더라도 그 의사표시를 취소할 수 있다.

② 물상보증인이 근저당권설정계약을 체결하는 경우, 채무자의 동일성에 관한 착오는 중요부분의 착오에 해당한다.

③ 매도인이 매매계약을 적법하게 해제하였더라도, 매수인은 계약해제의 효과로 발생하는 불이익을 면하기 위하여 착오를 원인으로 그 계약을 취소할 수 있다.

④ 매매계약 내용의 중요부분에 착오가 있는 경우, 중과실 없는 매수인은 매도인의 하자담보책임이 성립하는지와 상관없이 착오를 이유로 그 매매계약을 취소할 수 있다.

⑤ 동기의 착오가 법률행위의 내용의 중요부분의 착오에 해당함을 이유로 표의자가 법률행위를 취소하려면 당사자들 사이에 별도로 그 동기를 의사표시의 내용으로 삼기로 하는 합의가 있어야만 한다.

해설

⑤ 동기의 착오가 법률행위의 내용의 중요부분의 착오에 해당함을 이유로 표의자가 법률행위를 취소하려면 그 동기를 당해 의사표시의 내용으로 삼을 것을 상대방에게 표시하고 의사표시의 해석상 법률행위의 내용으로 되어 있다고 인정되면 충분하고 당사자들 사이에 별도로 그 동기를 의사표시의 내용으로 삼기로 하는 합의까지 이루어질 필요는 없지만, 그 법률행위의 내용의 착오는 보통 일반인이 표의자의 입장에 섰더라면 그와 같은 의사표시를 하지 아니하였으리라고 여겨질 정도로 그 착오가 중요한 부분에 관한 것이어야 할 것이다(대판 2008.2.1, 2006다71724).

① 상대방이 표의자의 착오를 알고 이를 이용한 경우에는 착오가 표의자의 중대한 과실로 인한 것이라고 하더라도 표의자는 의사표시를 취소할 수 있다(대판 2023.4.27, 2017다227264).

② 갑이 채무자란이 백지로 된 근저당권설정계약서를 제시받고 그 채무자가 을인 것으로 알고 근저당권설정자로 서명날인을 하였는데 그 후 채무자가 병으로 되어 근저당권설정등기가 경료된 경우, 갑은 그 소유의 부동산에 관하여 근저당권설정계약상의 채무자를 병이 아닌 을로 오인한 나머지 근저당설정의 의사표시를 한 것이고, 이와 같은 채무자의 동일성에 관한 착오는 법률행위 내용의 중요부분에 관한 착오에 해당한다(대판 1995.12.22, 95다37087).

③ 매도인이 매수인의 중도금 지급채무불이행을 이유로 매매계약을 적법하게 해제한 후라도 매수인으로서는 상대방이 한 계약해제의 효과로서 발생하는 손해배상책임을 지거나 매매계약에 따른 계약금의 반환을 받을 수 없는 불이익을 면하기 위하여 착오를 이유로 한 취소권을 행사하여 위 매매계약 전체를 무효로 돌리게 할 수 있다(대판 1991.8.27, 91다11308).

④ 착오로 인한 취소 제도와 매도인의 하자담보책임 제도는 취지가 서로 다르고, 요건과 효과도 구별된다. 따라서 매매계약 내용의 중요 부분에 착오가 있는 경우 매수인은 매도인의 하자담보책임이 성립하는지와 상관없이 착오를 이유로 매매계약을 취소할 수 있다(대판 2018.9.13, 2015다78703).

정답 ⑤

OX

착오로 인한 표의자의 불이익이 사후에 사정변경으로 소멸되었더라도 표의자는 착오를 이유로 매매계약을 취소할 수 있다. (×) 제24회

5 하자 있는 의사표시

> **제110조 【사기 · 강박에 의한 의사표시】** ① 사기나 강박에 의한 의사표시는 취소할 수 있다.
> ② 상대방 있는 의사표시에 관하여 제3자가 사기나 강박을 행한 경우에는 상대방이 그 사실을 알았거나 알 수 있었을 경우에 한하여 그 의사표시를 취소할 수 있다.
> ③ 전2항의 의사표시의 취소는 선의의 제3자에게 대항하지 못한다.

1. 개 념

(1) '사기(詐欺)나 강박(强拍)'이란 타인을 속이거나 위협하여 그로 하여금 의사표시를 하는 것을 의미한다.

(2) 의사표시는 자유로운 상태에서 행하여져야 한다. 그런데 타인의 위법한 사기 · 강박으로 인하여 자유롭지 못한 상태에서 의사표시를 한 경우 사기 · 강박을 당한 표의자를 보호하기 위하여 자유롭지 못한 상태에서 한 의사표시를 취소할 수 있도록 민법은 규정하고 있다.

(3) 사기나 강박에 의한 의사표시의 특징은 '표의자의 진의와 표시가 일치'한다는 점에 있다. 이 점이 앞에서 살펴본 진의 아닌 의사표시, 통정허위표시, 착오에 의한 의사표시와 다르다.

OX

사기나 강박에 의한 의사표시는 의사와 표시의 불일치가 있는 것이다. (×) 제12회

(4) 사기나 강박에 의한 의사표시는 진의와 표시가 일치하지만, 진의가 형성되는 과정에서 사기나 강박을 당하여 진의가 왜곡되는 현상이 발생한다. 이러한 점 때문에 사기나 강박에 의한 의사표시를 '하자 있는 의사표시'라 한다. 즉, '하자 있는 의사표시'는 '사기나 강박에 의한 의사표시'를 말한다.

2. 사기(詐欺)에 의한 의사표시

(1) 의 의

'사기에 의한 의사표시'는 타인(상대방 또는 제3자)의 '기망'에 의해 표의자가 '착오(중요부분의 착오이든 중요부분의 착오에 해당하지 않든 관계없이)'에 빠지고, 그러한 상태에서 의사표시를 한 것을 의미한다.

(2) 사기에 의한 의사표시가 성립하기 위한 요건

① **사기자의 2단의 고의(故意)**

㉠ 표의자를 기망하여 착오에 빠지게 하려는 고의와 다시 그 착오에 의하여 표의자로 하여금 의사표시를 하게 하려는 '2단의 고의'가 있어야 한다.

㉡ 따라서 과실에 의한 사기의 의사표시는 성립하지 않는다.

㉢ 사기를 이유로 취소할 수 있는 것은 의사표시하는 과정에서 부당한 간섭을 받은 것에 대한 해방을 목적으로 하기 때문에 상대방의 기망에 의한 의사표시를 한 표의자에게 경제적 손실이 없더라도 사기를 이유로 취소할 수 있다(착오와 비교).

② **기망행위(欺罔行爲)**

㉠ '기망'은 표의자에게 진실과 다른 그릇된 관념을 가지게 하거나 진실이 아닌 사실을 진실로써 표시하는 행위, 즉 허위의 사실의 진술 또는 진실한 사실의 은폐 등 일체의 행위를 의미한다.

㉡ 기망행위는 작위(作爲)에 의한 적극적인 기망행위뿐만 아니라 부작위 등의 침묵도 기망행위에 해당할 수 있다.

ⓐ 부작위에 의한 기망이 기망행위가 되려면 고지 또는 설명의무가 전제되어야 한다.

ⓑ 신의성실의 원칙과 거래관념에 비추어 어떤 상황을 고지할 법률상의 의무가 있음에도 이를 고지하지 않음으로써 표의자에게 실제와 다른 관념을 야기시킨 경우 침묵은 부작위에 의한 기망행위가 된다.

③ **기망행위가 위법한 것일 것**

㉠ 신의성실의 원칙 및 거래관념에 비추어 용인될 수 있는 범위를 넘는 기망행위는 위법한 것으로 평가된다.

㉡ 기망행위의 위법성은 개별적·구체적으로 판단되어야 한다.

④ **인과관계의 존재**

㉠ 기망행위와 착오에 의한 의사표시 간에 '인과관계'가 있어야 한다.

㉡ 여기서 요구되는 인과관계는 주관적인 것(표의자 입장)으로 족하다. 즉, 표의자 입장에서만 고려하고 일반인 입장(객관적 인과관계)까지는 요구하지 않는다.

관련판례

1. 사기에 의한 의사표시란 타인의 기망행위로 말미암아 착오에 빠지게 된 결과 어떠한 의사표시를 하게 되는 경우이므로 거기에는 의사와 표시의 불일치가 있을 수 없고, 단지 의사의 형성과정, 즉 의사표시의 동기에 착오가 있는 것에 불과하다(대판 2005. 5.27, 2004다43824).

OX

침묵에 의하여는 사기가 성립할 수 없다. (×) 제19회

OX

사기에 의한 의사표시에서 상대방에 대한 고지의무가 있는 경우, 고지의무의 부작위는 기망행위가 될 수 없다. (×) 제20회

OX

사기에 의한 의사표시에서 상대방에 대한 고지의무가 없다면 침묵과 같은 부작위는 기망행위가 아니다. (○) 제24회

2. 상품의 선전·광고에 다소의 과장이나 허위가 수반되는 것은 그것이 일반 상거래의 관행과 신의성실의 원칙에 비추어 시인될 수 있는 한 기망성이 결여된다고 하겠으나, 거래에 있어서 중요한 사항에 관하여 구체적 사실을 신의성실의 의무에 비추어 비난받을 정도의 방법으로 허위로 고지한 경우에는 기망행위에 해당한다(대판 2014.1.23, 2012다84417).

3. 상가를 분양하면서 그곳에 첨단 오락타운을 조성하고 전문경영인에 의한 위탁경영을 통하여 일정 수익을 보장한다는 취지의 광고를 하였다고 하여 이로써 상대방을 기망하여 분양계약을 체결하게 하였다거나 상대방이 계약의 중요부분에 관하여 착오를 일으켜 분양계약을 체결하게 된 것이라 볼 수 없다(대판 2001.5.29, 99다55601).

4. 대형백화점의 변칙세일은 물품구매 동기에 있어서 중요한 요소인 가격조건에 관하여 구체적 사실을 신의성실의 의무에 비추어 비난받을 방법으로 허위고지한 경우이므로 위법한 기망행위에 해당한다(대판 1993.8.13, 92다52665).

5. 일반적으로 교환계약에서 (중략) 일방 당사자가 자기가 소유하는 목적물의 시가를 묵비하여 상대방에게 고지하지 아니하거나 혹은 허위로 시가보다 높은 가액을 시가라고 고지하였다 하더라도 이는 상대방의 의사결정에 불법적인 간섭을 한 것이라고 볼 수 없다(대판 2002.9.4, 2000다54406·54413).

6. 아파트분양자는 아파트 단지 인근에 쓰레기 매립장이 건설예정인 사실을 분양계약자에게 고지할 신의성실의 원칙상의 의무를 부담한다(대판 2006.10.12, 2004다48515).

즉, 고지의무 위반은 부작위에 의한 기망행위에 해당하므로 기망을 이유로 분양계약을 취소하고 분양대금의 반환을 구할 수 있고 분양계약의 취소를 원하지 않을 경우 그로 인한 손해배상만을 청구할 수도 있다.

OX
매매계약의 일방 당사자가 목적물의 시가를 묵비하여 상대방에게 고지하지 않은 것은 특별한 사정이 없는 한 기망행위에 해당하지 않는다. (○) 제26회

OX
교환계약의 당사자가 자기 소유 목적물의 시가를 묵비한 것은 특별한 사정이 없는 한 기망행위가 아니다. (○) 제27회

3. 강박(强拍)에 의한 의사표시

(1) 의 의

'강박에 의한 의사표시'란 표의자가 타인의 강박행위에 의하여 공포심을 가지게 되고, 그 해악(害惡)을 피하기 위해 마음에 없이 한 의사표시를 말한다.

(2) 강박에 의한 의사표시가 성립하기 위한 요건

① **강박자의 2단의 고의**
표의자에게 공포심을 일으키려는 고의와 그 공포심에 의하여 의사표시를 하게 하려는 2단의 고의가 있어야 한다.

② **강박행위**(强迫行爲)(해악 고지 + 공포심 유발)
㉠ '강박행위'란 장차 해악이 초래될 것임을 고지하여 공포심을 일으키게 하는 행위를 말한다.
㉡ 해악은 피강박자에게 불리한 것을 말하며, 그 종류나 방법은 불문한다.

OX
강박에 의한 의사표시라고 하려면 상대방이 불법으로 어떤 해악을 고지함으로 말미암아 공포를 느끼고 의사표시를 한 것이어야 한다. (○) 제16회

㉢ 강박의 정도가 너무 심하여 의사결정의 자유가 완전히 박탈된 상태(절대적 강박)에서 의사표시를 한 경우에는 그 의사표시는 무효이다.

③ **강박행위가 위법한 것일 것**

㉠ 강박행위가 위법한 것이어야 한다.

㉡ 부정행위에 대한 고소・고발은 부정한 이익을 목적으로 하는 것이 아니라면 정당한 권리행사가 되어 위법하다고 할 수 없다.

㉢ 그러나 부정행위에 대한 고소・고발이 부정한 이익의 취득을 목적으로 하거나 그 목적이 정당하다 하더라도 행위나 수단 등이 부당한 때에는 위법성이 인정되는 경우가 있을 수 있다.

④ **인과관계의 존재**

㉠ 강박행위의 공포심과 의사표시의 사이에는 인과관계가 있어야 하며, 여기서 요구되는 인과관계는 주관적 인과관계면 족하다.

㉡ 즉, 주관적 인과관계만 있어도 강박에 의한 의사표시가 될 수 있고, 객관적 인과관계까지는 요하지 않는다.

관련판례

1. 법률행위의 취소의 원인이 될 강박이 있다고 하기 위하여서는 표의자로 하여금 외포심을 생기게 하고 이로 인하여 법률행위의 의사를 결정하게 할 고의로써 불법으로 장래의 해악을 통고한 경우라야 한다(대판 1992.12.24, 92다25120).
2. 각서에 서명날인할 것을 강력히 요구한 것만으로 이를 강박행위라 할 수 없다(대판 1979.1.16, 78다1968).
3. 강박에 의한 법률행위가 하자 있는 의사표시로서 취소되는 것에 그치지 않고 나아가 무효로 되기 위하여는, 강박의 정도가 단순한 불법적 해악의 고지로 상대방으로 하여금 공포를 느끼도록 하는 정도가 아니고, 의사표시자로 하여금 의사결정을 스스로 할 수 있는 여지를 완전히 박탈한 상태에서 의사표시가 이루어져 단지 법률행위의 외형만이 만들어진 것에 불과한 정도이어야 한다(대판 2003.5.13, 2002다73708).
4. 간통으로 고소하지 않기로 하는 등의 대가로 금 170,000,000원의 합의금을 받게 된 경우 상간자의 배우자가 부정한 이익을 목적으로 위법한 강박행위를 한 것으로 볼 수 없다(대판 1997.3.25, 96다47951).

OX

어떤 해악의 고지가 없이 단지 각서에 서명・날인할 것을 강력히 요구한 것만으로도 강박에 해당한다. (×) 제25회

OX

강박에 의하여 의사결정의 자유가 완전히 박탈된 상태에서 이루어진 의사표시는 무효이다. (○) 제27회

4. 사기・강박에 의한 의사표시의 효과

(1) 상대방의 사기・강박(제110조 제1항)

상대방이 표의자를 사기 또는 강박한 경우 표의자는 언제든지 그 의사표시를 취소할 수 있다.

OX

제3자의 사기에 의한 의사표시에서 표의자의 상대방이 그 사실을 알 수 있었다면 표의자는 그 의사표시를 취소할 수 있다. (○) 제14회

(2) **제3자의 사기 · 강박**(제110조 제2항)

① **상대방 없는 의사표시**: 표의자는 언제든지 그 의사표시를 취소할 수 있다. 보호할 상대방이 없기 때문이다.

② **상대방 있는 의사표시**

㉠ 원 칙

ⓐ 상대방은 제3자로부터 표의자가 사기 · 강박을 당한 것을 모르기 때문에 상대방을 보호하기 위하여 표의자는 상대방과 맺은 법률행위를 취소할 수 없다.

ⓑ 제110조 제2항의 단서의 반대해석의 결과 상대방이 선의 그리고 무과실인 경우에는 취소할 수 없다.

㉡ 예외: 그 의사표시의 상대방이 제3자에 의한 사기나 강박의 사실을 알고 있거나(악의) 또는 알 수 있었을 경우(선의이긴 하지만 과실)에 한하여 그 의사표시를 취소할 수 있다.

관련판례

OX

상대방의 대리인은 상대방과 동일시되지 않으므로 그의 기망행위는 제3자의 기망행위에 해당한다. (×) 제22회

1. [1] 상대방 있는 의사표시에 관하여 제3자가 사기나 강박을 한 경우에는 상대방이 그 사실을 알았거나 알 수 있었을 경우에 한하여 그 의사표시를 취소할 수 있으나, 상대방의 대리인 등 상대방과 동일시할 수 있는 자의 사기나 강박은 제3자의 사기 · 강박에 해당하지 아니한다.

   [2] 은행의 출장소장이 어음할인을 부탁받자 그 어음이 부도날 경우를 대비하여 담보조로 받아두는 것이라고 속이고 금전소비대차 및 연대보증 약정을 체결한 후 그 대출금을 자신이 인출하여 사용한 사안에서, 위 출장소장의 행위는 은행 또는 은행과 동일시할 수 있는 자의 사기일 뿐 제3자의 사기로 볼 수 없으므로 은행이 그 사기사실을 알았거나 알 수 있었을 경우에 한하여 위 약정을 취소할 수 있는 것은 아니다(대판 1999.2.23, 98다60828).

OX

매수인의 대리인이 매도인을 기망하여 매도인과 매매계약을 체결한 경우, 매수인이 그 대리인의 기망사실을 알 수 없었더라도 매도인은 사기를 이유로 의사표시를 취소할 수 있다. (○) 제27회

2. 甲으로부터 자신의 부동산에 대한 매각을 위하여 대리권을 부여받은 丙이 乙에게 허위의 도시계획의 사실을 고지하여 甲의 부동산을 비싼 값으로 매수하도록 한 경우에는 乙은 상대방 甲이 알았거나 알 수 있었을 경우와 관계없이 취소할 수 있다(대판 1998.1.23, 96다41496).

OX

보증계약에서 주채무자가 보증인을 속인 경우, 채권자가 이러한 사실을 알았거나 알 수 있었을 때에 한하여 보증인은 보증계약을 취소할 수 있다. (○) 제12회

3. 주채무자(제3자)와 채권자(상대방)는 동일시할 수 없는 자이고, 주채무자는 민법 제110조 제3자에 해당하므로 기망을 당한 보증인(표의자)은 상대방인 채권자가 그러한 사실을 알았거나 알 수 있었을 경우에 한하여 그 보증계약을 취소할 수 있다(대판 2001.2.13, 99다13727).

OX

상대방의 피용자는 제3자에 의한 사기에 관한 민법 제110조 제2항에서 정한 제3자에 해당하지 않는다. (×) 제26회

4. [1] 의사표시의 상대방이 아닌 자로서 기망행위를 하였으나 민법 제110조 제2항에서 정한 제3자에 해당되지 아니한다고 볼 수 있는 자란 그 의사표시에 관한 상대방의 대리인 등 상대방과 동일시할 수 있는 자만을 의미하고, 단순히 상대방의 피용자이거나 상대방이 사용자책임을 져야 할 관계에 있는 피용자에 지나지 않는 자는 상대방과 동일시할 수는 없어 이 규정에서 말하는 제3자에 해당한다.

[2] 상호신용금고의 기획감사실 과장으로서 대출업무를 포함한 회사업무 전반에 관하여 일일감사를 할 권한을 갖고 있었던 자가 대출금을 편취하려는 기망행위에 가담하여 대출금을 담보 제공자에게 지급할 것을 직접 보증한다고 하면서 근저당권설정계약을 체결하도록 권유하면서 그 기망의 목적을 달성하기 위하여 여신 담당직원에게 그 대출을 부탁한 후 그 대출금을 편취한 경우 회사로서는 자신의 영역 내에서 일어난 피용자의 위와 같은 기망행위에 관하여 그 감독에 상당한 주의를 다하지 아니한 사용자로서의 책임을 져야 할 지위에 있을 뿐만 아니라 나아가 그러한 사정을 이용한 피용자의 사기 사실을 알지 못한 데에 과실이 있었다고 봄이 상당하므로 근저당권설정자는 상호신용금고에 대하여 기망을 이유로 근저당권설정계약을 취소할 수 있다(대판 1998.1.23, 96다41496).

(3) 취소의 효과

① 취소하면 '소급'하여 무효가 된다. 따라서 무효의 일반원리에 따라 이행 전이면 이행할 필요가 없고 이행 후이면 부당이득으로 반환을 청구할 수 있다.

② 상대적 취소이므로 하자 있는 의사표시의 취소 역시 '선의의 제3자'에게 대항하지 못한다.

③ '제3자'는 취소 전에 새로운 법률관계를 맺은 자를 의미하지만, 판례는 제3자의 범위를 확장하여 취소 후 선의의 제3자에게도 확대적용하고 있다.

OX

사기를 이유로 법률행위를 취소하면 그 법률행위는 소급하여 무효로 된다. (○) 제14회

OX

사기를 이유로 매매계약이 취소되면 매매계약의 당사자 사이에 부당이득반환의무가 발생한다. (○) 제15회

OX

양수인의 사기로 의사표시를 한 부동산의 양도인이 제3자에 대하여 사기에 의한 의사표시의 취소를 주장하는 경우, 제3자는 특별한 사정이 없는 한 자신의 선의를 증명해야 한다. (×) 제28회

관련판례

1. 사기의 의사표시로 인한 매수인으로부터 부동산의 권리를 취득한 제3자는 특별한 사정이 없는 한 선의로 추정할 것이므로 사기로 인하여 의사표시를 한 부동산의 양도인이 제3자에 대하여 사기에 의한 의사표시의 취소를 주장하려면 제3자의 악의를 입증할 필요가 있다(대판 1970.11.24, 70다2155).

2. **제3자 범위의 확대적용**

사기에 의한 법률행위의 의사표시를 취소하면 취소의 소급효로 인하여 그 행위의 시초부터 무효인 것으로 되는 것이지 취소한 때에 비로소 무효로 되는 것이 아니므로 취소를 주장하는 자와 양립되지 아니하는 법률관계를 가졌던 것이 취소 이전에 있었던가 이후에 있었던가는 가릴 필요 없이 사기에 의한 의사표시 및 그 취소 사실을 몰랐던 모든 제3자에 대하여는 그 의사표시의 취소로 대항하지 못한다고 보아야 할 것이고 이는 거래안전의 보호를 목적으로 하는 민법 제110조 제3항의 취지에도 합당한 해석이 된다(대판 1975.12.23, 75다533).

5. 적용범위

(1) 가족법상 행위

제110조는 가족법상의 행위(신분행위)에는 적용되지 않는다. 다만, 가족법에 특별규정(제816조 등)이 있다. 즉, 사기・강박에 의한 혼인은 취소할 수 있다.

(2) 소송행위

소송행위에는 적용되지 않는다.

관련판례

민법상 법률행위에 관한 규정은 민사소송법상의 소송행위에는 특별한 규정 기타 특별한 사정이 없는 한 적용이 없는 것이므로 소송행위가 착오 또는 기망에 의하여 이루어진 것임을 이유로 취소할 수는 없다(대판 1997.10.10, 96다35484).

(3) 상법상 행위

주식인수청약 등 상법상의 행위에는 적용되지 않는다.

6. 다른 제도와의 관계

(1) 사기와 착오의 관계

타인의 기망행위에 의하여 표의자가 착오에 빠진 상태에서 한 의사표시는, 착오와 사기는 그 인정근거 및 요건이 서로 다른 별개의 제도이므로 표의자는 어느 쪽이든 그 요건을 증명하여 착오에 의한 취소권 또는 사기에 의한 취소권을 행사할 수 있다.

OX

매매계약에 있어서 사기에 기한 취소권과 매도인의 담보책임이 경합하는 경우, 매도인으로부터 기망당한 매수인은 사기를 이유로 취소할 수 있다. (○) 제28회

(2) 하자담보책임과의 관계

기망에 의하여 하자 있는 권리나 물건에 관한 매매가 성립한 경우에 담보책임 규정과 제110조가 경합하는데, 매수인은 담보책임과 제110조(사기)에 의한 취소권을 선택적으로 행사할 수 있다.

관련판례

매수인이 매도인의 기망에 의하여 타인의 물건을 매도인의 것으로 알고 매수한다는 의사표시를 한 것은 만일 타인의 물건인 줄 알았더라면 매수하지 아니하였을 사정이 있는 경우에는 매수인은 민법 제110조에 의하여 매수의 의사표시를 취소할 수 있다고 해석해야 할 것이다(대판 1973.10.23, 73다268).

(3) 불법행위에 의한 손해배상책임과의 관계

① 사기・강박이 불법행위의 요건을 충족하면 의사표시의 취소와 동시에 불법행위에 기한 손해배상청구권을 행사할 수 있다.

② 주의할 점은 취소에 따른 부당이득반환청구권과 불법행위에 의한 손해배상청구권은 중첩적으로 행사할 수 없다.

③ 제3자의 기망에 의하여 계약을 체결한 경우에 표의자는 기망에 의한 취소권을 행사하지 않고도, 제3자에 대하여 불법행위에 의한 손해배상을 청구할 수 있다.

관련판례

1. 법률행위가 사기에 의한 것으로서 취소되는 경우에 그 법률행위가 동시에 불법행위를 구성하는 때에는 취소의 효과로 생기는 부당이득반환청구권과 불법행위로 인한 손해배상청구권은 경합하여 병존하는 것이므로 채권자는 어느 것이라도 선택하여 행사할 수 있지만 중첩적으로 행사할 수는 없다(대판 1993.4.27, 92다56087).
2. 피해자가 제3자를 상대로 손해배상청구를 하기 위하여 반드시 그 분양계약을 취소할 필요는 없다(대판 1998.3.10, 97다55829).

(4) 사기와 화해계약

관련판례

화해계약은 화해당사자의 자격 또는 화해의 목적인 분쟁 이외의 사항에 착오가 있는 경우를 제외하고는 착오를 이유로 취소하지 못하지만, 화해계약이 사기로 인하여 이루어진 경우에는 화해의 목적인 분쟁에 관한 사항에 착오가 있는 때에도 민법 제110조에 따라 이를 취소할 수 있다고 할 것이다(대판 2008.9.11, 2008다15278).

OX

기망행위는 불법행위를 이유로 한 손해배상청구권을 발생시킬 수도 있다. (○) 제14회

OX

강박에 의한 의사표시가 취소된 동시에 불법행위의 성립요건을 갖춘 경우, 그 취소로 인한 부당이득반환청구권과 불법행위로 인한 손해배상청구권은 경합하여 병존한다. (○) 제26회

OX

제3자의 사기행위로 체결한 계약에서 그 사기행위 자체가 불법행위를 구성하는 경우, 피해자가 제3자에게 불법행위로 인한 손해배상을 청구하기 위해서는 그 계약을 취소할 필요는 없다. (○) 제26회

예제

사기 · 강박의 의사표시에 관한 설명으로 옳지 않은 것은? (다툼이 있으면 판례에 따름)

제27회

① 교환계약의 당사자가 자기 소유 목적물의 시가를 묵비한 것은 특별한 사정이 없는 한 기망행위가 아니다.
② 매수인의 대리인이 매도인을 기망하여 매도인과 매매계약을 체결한 경우, 매수인이 그 대리인의 기망사실을 알 수 없었더라도 매도인은 사기를 이유로 의사표시를 취소할 수 있다.
③ 양수인의 사기로 의사표시를 한 부동산의 양도인이 제3자에 대하여 사기에 의한 의사표시의 취소를 주장하는 경우, 제3자는 특별한 사정이 없는 한 자신의 선의를 증명해야 한다.
④ 매매계약에 있어서 사기에 기한 취소권과 매도인의 담보책임이 경합하는 경우, 매도인으로부터 기망당한 매수인은 사기를 이유로 취소할 수 있다.
⑤ 강박에 의하여 의사결정의 자유가 완전히 박탈된 상태에서 이루어진 의사표시는 무효이다.

해설

③ 사기의 의사표시로 인한 매수인으로부터 부동산의 권리를 취득한 제3자는 특별한 사정이 없는 한 선의로 추정할 것이므로 사기로 인하여 의사표시를 한 부동산의 양도인이 제3자에 대하여 사기에 의한 의사표시의 취소를 주장하려면 제3자의 악의를 입증할 필요가 있다(대판 1970.11.24, 70다2155).
① 일반적으로 교환계약을 체결하려는 당사자는 서로 자기가 소유하는 교환 목적물은 고가로 평가하고, 상대방이 소유하는 목적물은 염가로 평가하여, 보다 유리한 조건으로 교환계약을 체결하기를 희망하는 이해상반의 지위에 있고, 각자가 자신의 지식과 경험을 이용하여 최대한으로 자신의 이익을 도모할 것이 예상되기 때문에, 당사자 일방이 알고 있는 정보를 상대방에게 사실대로 고지하여야 할 신의칙상의 주의의무가 인정된다고 볼만한 특별한 사정이 없는 한, 일방 당사자가 자기가 소유하는 목적물의 시가를 묵비하여 상대방에게 고지하지 아니하거나, 혹은 허위로 시가보다 높은 가액을 시가라고 고지하였다 하더라도, 이는 상대방의 의사결정에 불법적인 간섭을 한 것이라고 볼 수 없으므로 불법행위가 성립한다고 볼 수 없다(대판 2001.7.13, 99다38583).
② 상대방의 대리인 등 상대방과 동일시할 수 있는 자의 사기나 강박은 여기서 말하는 제3자의 사기 · 강박에 해당하지 아니하므로(대판 1999.2.23, 98다60828), 매수인이 대리인의 기망사실을 알았던 몰랐던 관계없이 언제든지 기망을 당한 매도인은 사기를 이유로 취소할 수 있다.
④ 기망에 의하여 하자 있는 권리나 물건에 관한 매매가 성립한 경우에 담보책임규정과 사기에 의한 취소권이 경합한다. 따라서 담보책임과 사기에 의한 취소권을 선택적으로 행사할 수 있다(대판 1973.10.23, 73다268).
⑤ 강박에 의한 법률행위가 하자 있는 의사표시로서 취소되는 것에 그치지 않고 나아가 무효로 되기 위하여는, 강박의 정도가 단순한 불법적 해악의 고지로 상대방으로 하여금 공포를 느끼도록 하는 정도가 아니고, 의사표시자로 하여금 의사결정을 스스로 할 수 있는 여지를 완전히 박탈한 상태에서 의사표시가 이루어져 단지 법률행위의 외형만이 만들어진 것에 불과한 정도이어야 한다(대판 2002.12.10, 2002다56031).

정답 ③

6 의사표시의 효력발생

(1) 의사표시의 효력발생에 관한 입법주의

일반적으로 표의자의 의사표시는 ① 표의자가 자신의 의사표시 완성(성립) ⇨ ② 의사표시의 발송 ⇨ ③ 상대방에의 의사표시의 도달 ⇨ ④ 상대방의 의사표시의 요지(의사표시의 내용을 아는 것)의 단계를 거치게 된다. 이러한 표의자의 의사표시는 언제부터 효력을 발생하느냐가 문제이다.

① **표백주의**(表白主義)

㉠ '표백주의'란 표의자가 의사표시를 완성하면 완성과 동시에 효력을 발생한다는 의미이다.

㉡ 민법에 규정은 없지만 상대방 없는 의사표시에 적용된다.

② **발신주의**(發信主義)

㉠ '발신주의'란 표의자가 자신의 의사표시를 상대방에게 발신해야 효력을 발생한다는 의미이다.

㉡ 상대방 있는 의사표시에서 예외적으로 인정된다.

③ **도달주의**(到達主義)

㉠ '도달주의'란 표의자의 의사표시가 상대방에게 도달해야 효력을 발생한다는 의미이다.

㉡ 상대방 있는 의사표시에서 민법의 원칙적 입장이다(제111조).

④ **요지주의**(要知主義): 표의자가 보낸 의사표시를 상대방이 그 내용을 알고 있어야 효력이 발생한다는 의미이다.

(2) 우리 민법의 태도

① **상대방 없는 의사표시**: 의사표시 완성과 동시에 효력이 발생한다는 입장이다(표백주의).

② **상대방 있는 의사표시**

> **제111조 【의사표시의 효력발생시기】** ① 상대방이 있는 의사표시는 상대방에게 도달한 때에 그 효력이 생긴다.
> ② 의사표시자가 그 통지를 발송한 후 사망하거나 제한능력자가 되어도 의사표시의 효력에 영향을 미치지 아니한다.

㉠ 원칙: 민법은 상대방 있는 의사표시에 대하여 도달주의를 취한다.

㉡ 예외: 상대방 있는 의사표시라도 예외적으로 상대방에게 발신하면 효력을 발생하는 발신주의를 취하는 경우도 있다.

OX

표의자가 의사표시를 발송한 후 제한능력자가 되어도 그 의사표시의 효력에 영향을 미치지 아니한다. (○) 제28회

OX

제한능력자임을 이유로 한 법률행위의 취소의 의사표시는 상대방에게 그 의사표시를 발신한 때에 효력이 발생한다. (×) 제17회

㉢ 의사표시의 효력발생에 관한 규정은 사법행위뿐만 아니라 공법상의 법률행위에도 적용된다.

㉣ 민법 제111조는 임의규정이다. 따라서 당사자의 약정에 의하여 의사표시의 효력발생시기를 달리 정할 수 있다.

알아두기

- **도달주의에 대한 예외**(발신주의)

1. 제한능력자의 상대방에 대한 최고에 대한 확답(제15조)
2. 사원총회의 소집통지(제71조)
3. 무권대리에서 상대방의 최고에 대한 확답(제131조)
4. 채권자의 채무인수인에 대한 승낙의 통지(제455조 제2항)
5. 격지자 간의 계약 성립시기(제531조)

OX

무권대리인의 상대방이 한 추인 여부의 최고에 대한 본인의 확답은 발신주의에 따른다. (○) 제21회

OX

격지자 간의 계약은 승낙의 통지를 발송한 때에 성립한다. (○) 제15회

(3) 도달주의의 내용

① 도달의 의미

㉠ '도달'이라 함은 사회통념상 상대방이 통지의 내용을 알 수 있는 객관적 상태에 놓여 있는 경우를 가리키는 것으로서, 상대방이 통지를 현실적으로 수령하거나 통지의 내용을 알 것까지는 필요로 하지 않는다(대판 2008.6.12, 2008다19973).

OX

의사표시가 상대방에게 도달한 것으로 인정되기 위해서는 상대방이 그 의사표시의 내용을 알아야 한다. (×) 제28회

㉡ 도달이 문제되는 경우

ⓐ 정당한 이유 없이 수령을 거절한 경우에는 도달된 것으로 본다.

ⓑ 타인이 임의로 발송한 경우에는 의사표시 자체가 성립하지 않는다.

ⓒ 대화자 사이의 계약이 성립하는 시기는 승낙의 의사표시가 도달하는 때이다(대화자와 격지자의 구별은 거리상의 개념이 아니라 시간적 개념이다).

OX

대화자 간의 계약에 있어서 승낙의 의사표시는 승낙의 통지를 발송한 때 효력이 발생한다. (×) 제14회

㉢ 입증책임: 도달에 대한 입증책임은 그 도달을 주장하는 자에게 있다.

㉣ 채권양도의 통지와 같은 준법률행위에도 도달의 법리가 유추적용된다.

관련판례

1. 상대방이 정당한 사유 없이 통지의 수령을 거절한 경우에는 상대방이 그 통지의 내용을 알 수 있는 객관적 상태에 놓여 있는 때에 의사표시의 효력이 생기는 것으로 보아야 한다(대판 2008.6.12, 2008다19973).
2. 내용증명우편이나 등기우편과는 달리, 보통우편의 방법으로 발송되었다는 사실만으로는 그 우편물이 상당기간 내에 도달하였다고 추정할 수 없고 송달의 효력을 주장하는 측에서 증거에 의하여 도달사실을 입증하여야 한다(대판 2002.7.26, 2000다25002).

OX

의사표시를 보통우편으로 발송한 경우, 그 우편이 반송되지 않는 한 의사표시는 도달된 것으로 추정된다. (×) 제26회

3. 채권양도통지서가 채무자의 주소나 사무소가 아닌 동업자의 사무소에서 그 신원이 분명치 않은 자에게 송달된 경우에는 사회관념상 채무자가 통지의 내용을 알 수 있는 객관적 상태에 놓여졌다고 인정할 수 없다(대판 1997.11.25, 97다31281).
4. 채권양도의 통지서가 들어 있는 우편물을 채무자의 가정부가 수령한 직후 한 집에 거주하고 있는 통지인인 채권자가 그 우편물을 바로 회수해 버렸다면 그 우편물의 내용이 무엇인지를 그 가정부가 알고 있었다는 등의 특별한 사정이 없었던 이상 그 채권양도의 통지는 사회관념상 채무자가 그 통지내용을 알 수 있는 객관적 상태에 놓여 있는 것이라고 볼 수 없으므로 그 통지는 피고에게 도달되었다고 볼 수 없을 것이다(대판 1983.8.23, 82다카439).

② **도달주의 효력**

㉠ 의사표시가 상대방에게 도달하면 그 효력이 발생하므로 더 이상 의사표시를 철회할 수 없다. 다만, 도달하기 전에는 철회할 수 있다.

㉡ 의사표시의 발신 후 표의자가 사망하거나 행위능력을 상실하여도 그 의사표시는 유효하다.

㉢ 도달주의를 취하는 결과 의사표시의 부도달・연착은 모두 표의자의 불이익으로 된다.

> **OX**
> 의사표시가 상대방에게 도달한 후에도 상대방이 이를 알기 전이라면 특별한 사정이 없는 한 그 의사표시를 철회할 수 있다. (×) 제26회

> **OX**
> 표의자는 의사표시의 발송 후에도 도달 전에는 그 의사표시를 철회할 수 있다. (○) 제15회

(4) 의사표시의 수령능력(受領能力)

> **제112조【제한능력자에 대한 의사표시의 효력】** 의사표시의 상대방이 의사표시를 받은 때에 제한능력자인 경우에는 그 의사표시로써 대항할 수 없다. 다만, 그 상대방의 법정대리인이 의사표시가 도달한 사실을 안 후에는 그러하지 아니하다.

① **의 의**

㉠ '의사표시의 수령능력'이란 상대방이 표의자의 의사표시의 내용을 수령할 수 있는(알 수 있는) 능력을 의미한다.

㉡ 의사표시가 상대방에게 도달하였을 때에 그 효력이 발생하는 이유는 상대방이 그 의사표시의 내용을 이해할 수 있어야 하기 때문이다.

㉢ 제112조는 제한능력자를 우선적으로 보호하자는 취지에서 제한능력자를 일률적으로 의사표시의 수령무능력자로 정하고 있다.

> **OX**
> 의사표시의 상대방이 의사표시를 받은 때에 피특정후견인인 경우에는 의사표시자는 그 의사표시로써 대항할 수 있다. (○) 제23회

② **제한능력자에 대한 의사표시의 효력**

㉠ 표의자는 제한능력자에 대하여 의사표시의 도달을 주장할 수 없으나, 제한능력자 측에서 의사표시의 도달을 주장하는 것은 가능하다.

㉡ 법정대리인이 제한능력자에의 도달을 안 후에는 표의자가 의사표시의 도달을 주장할 수 있다.

> **OX**
> 의사표시의 상대방이 의사표시를 받은 때에 제한능력자였으나 그의 법정대리인이 의사표시의 도달을 안 경우, 표의자는 그 의사표시로써 대항할 수 있다. (○) 제19회

OX

의사표시자가 과실로 상대방을 알지 못하는 경우, 의사표시는 공시송달에 의하여 송달할 수 있다. (×) 제18회

(5) 의사표시의 공시송달(公示送達)

제113조【의사표시의 공시송달】 표의자가 과실 없이 상대방을 알지 못하거나 상대방의 소재를 알지 못하는 경우에는 의사표시는 민사소송법 공시송달의 규정에 의하여 송달할 수 있다.

① **의의**: 표의자가 과실 없이 상대방을 알 수 없거나 그의 소재를 알 수 없을 때 의사표시의 효력을 발생하기 위한 제도를 '공시송달에 의한 의사표시'라고 한다.

② **요 건**

㉠ 표의자에게 과실이 없어야 한다.

㉡ 표의자가 상대방을 모르거나 상대방의 주소를 알지 못한 경우이어야 한다.

③ **공시송달의 방법**: 공시송달의 방법은 민사소송법이 정하는 공시송달의 규정에 의한다.

민사소송법 제196조【공시송달의 효력발생】 ① 첫 공시송달은 제195조의 규정에 따라 실시한 날부터 2주가 지나야 효력이 생긴다. 다만, 같은 당사자에게 하는 그 뒤의 공시송달은 실시한 다음 날부터 효력이 생긴다.
② 외국에서 할 송달에 대한 공시송달의 경우에는 제1항 본문의 기간은 2월로 한다.
③ 제1항 및 제2항의 기간을 줄일 수 없다.

예 제

의사표시에 관한 설명으로 옳지 않은 것은? (다툼이 있으면 판례에 따름) 제28회

① 표의자가 의사표시를 발송한 후 제한능력자가 되어도 그 의사표시의 효력에 영향을 미치지 아니한다.
② 표의자가 과실없이 상대방을 알지 못하는 경우에는 의사표시는 민사소송법 공시송달의 규정에 의하여 송달할 수 있다.
③ 상대방이 있는 의사표시는 특별한 사정이 없는 한 상대방에게 도달한 때에 그 효력이 생긴다.
④ 의사표시가 상대방에게 도달한 것으로 인정되기 위해서는 상대방이 그 의사표시의 내용을 알아야 한다.
⑤ 의사표시의 상대방이 제한능력자로서 의사표시를 받았으나 법정대리인이 그 사실을 알지 못한 경우, 의사표시자는 그 의사표시로써 대항할 수 없다.

해설

④ 도달이라 함은 사회통념상 상대방이 통지의 내용을 알 수 있는 객관적 상태에 놓여 있는 경우를 가리키는 것으로서, 상대방이 통지를 현실적으로 수령하거나 통지의 내용을 알 것까지는 필요로 하지 않는다(대판 2008.6.12, 2008다19973).

① 의사표시자가 그 통지를 발송한 후 사망하거나 제한능력자가 되어도 의사표시의 효력에 영향을 미치지 아니한다(제111조 제2항).
② 표의자가 과실 없이 상대방을 알지 못하거나 상대방의 소재를 알지 못하는 경우에는 의사표시는 민사소송법 공시송달의 규정에 의하여 송달할 수 있다(제113조).
③ 상대방이 있는 의사표시는 상대방에게 도달한 때에 그 효력이 생긴다(제111조 제1항).
⑤ 의사표시의 상대방이 의사표시를 받은 때에 제한능력자인 경우에는 의사표시자는 그 의사표시로써 대항할 수 없다. 다만, 그 상대방의 법정대리인이 의사표시가 도달한 사실을 안 후에는 그러하지 아니하다(제112조).

정답 ④

04 법률행위의 대리(代理)

1 서 론

1. 대리(代理)의 의의

(1) '대리(代理)'란 타인(代理人)이 본인(本人)의 이름으로 의사표시를 하거나(능동대리) 의사표시를 수령(수동대리)함으로써 그 법률효과가 직접 본인에게 귀속되도록 하는 제도를 의미한다.

(2) 예를 들면, 주택을 구입하려는 甲이 시간상의 이유로 주택매수에 관한 권한(대리권)을 친구 乙에게 주고, 乙이 甲의 대리인 자격에서 주택소유자인 丙과 흥정을 하여 매매계약을 체결하면 매매에 따른 권리와 의무는 대리권을 수여한 甲(본인)과 주택소유자인 丙(상대방) 사이에 법률효과가 귀속된다.

(3) 위의 사례처럼 주택매매계약을 체결하는 자는 대리인(乙)이지만, 법률효과는 직접 본인(甲)에게 발생한다(본인이 소유권을 취득한다)는 점에서 보통의 법률행위와는 다르다.

2. 대리의 기능과 본질

(1) 대리제도의 기능

① 임의대리의 기능은 본인의 활동반경을 넓혀 주는 사적자치의 '확장'에 있다.
② 법정대리의 기능은 제한능력자(본인)가 독자적으로 법률행위를 할 수 없으므로 법정대리인을 통하여 제한능력자도 권리를 취득하고 의무를 부담하게 하는 사적자치의 '보충'에 있다.

(2) 대리의 본질

① '대리'는 대리인이 행위자이고, 그 법률효과는 본인에게 귀속되는 것이 특징이다(행위자 ≠ 귀속자). 이처럼 대리에서 행위자와 귀속자가 분리되는 현상을 설명하기 위하여 대리인의 행위에 대하여 본인에게 직접 법률효과가 발생하는 이유가 무엇인가를 파악하는 문제가 '대리의 본질'이다.

② 즉, '대리의 본질'이란 대리행위의 당사자를 누구로 볼 것인가의 문제이다.

③ 현재 통설은 민법 제116조(대리행위의 하자는 대리인을 기준으로 결정한다)에 근거하여 대리인을 대리행위의 당사자로 보는 '대리인행위설'이다.

3. 대리가 허용되는 범위

모든 행위에 대하여 대리인이 대리할 수 있는 것은 아니다. 즉, '대리행위'란 '대리인이 본인의 이름으로 법률행위를 하는 것'을 의미하므로 원칙적으로 법률행위를 대리하는 것이다. 따라서 법률행위에 해당하지 않는다면 대리할 수 없다.

보충학습

대리가 허용되는 행위(대리와 친한 행위)

1. 재산상의 법률행위(매매, 증여, 어음행위 등)
2. 준법률행위 중에서 의사의 통지, 관념의 통지(최고, 채권양도의 통지 등)
3. 관념적 인도(간이인도, 점유개정, 목적물반환청구권의 양도)

대리할 수 없는 행위(대리와 친하지 않는 행위)

1. 신분상의 법률행위(신분행위, 혼인, 인지, 유언, 이혼 등)
2. 사실행위(변제, 물건의 인도 등)
3. 준법률행위 중에서 감정의 표시(이혼청구권을 소멸시키는 사후용서 등)
4. 불법행위

OX

불법행위는 대리가 허용되지 않는다. (○) 제18회

4. 대리와 구별해야 하는 개념

(1) 대표(代表)

① 법인의 대표기관의 행위에 의하여 직접 법인이 권리·의무를 취득하는 점에서 대표는 대리인과 비슷하다. 즉, 행위자와 귀속자가 서로 분리되는 점에서 공통점을 갖는다.

② 이 점 때문에 우리 민법은 제59조에서 대리에 관한 규정을 대표에 준용한다.

③ 그러나 '대표'는 사실행위나 불법행위에 관하여서도 성립하는 점에서 대리와는 다르다.

(2) **사자**(使者)

① **의 의**

'사자'란 본인에 의하여 완성된 의사표시를 단순히 전달하거나(전달기관으로서 사자), 본인이 결정한 효과의사를 상대방에게 그대로 표시함으로써(표시기관으로서 사자) 의사표시행위의 완성에 협력하는 자를 의미한다.

② **대리인지 사자인지의 구별방법**(효과의사를 누가 결정하는가에 의해 구분)

㉠ 대리: 효과의사를 대리인이 결정한다.

ⓐ 따라서 대리에서 대리인은 행위능력은 요하지 않을지라도 의사능력은 요한다.

ⓑ 대리에서는 대리인이 효과의사를 결정하므로 본인은 행위능력·의사능력을 요하지 않지만, 최소한 권리능력은 있어야 한다.

ⓒ 대리에서는 대리행위의 하자는 대리인을 기준으로 결정한다.

㉡ 사자: 효과의사를 본인이 결정한다.

ⓐ 사자에서는 본인이 효과의사를 결정하므로 사자는 의사능력을 요하지 않는다.

ⓑ 사자에서는 본인은 권리능력뿐만 아니라 의사능력도 요한다.

ⓒ 사자의 경우 하자가 발생한 경우 본인을 기준으로 결정한다.

관련판례

사자의 경우에는 사자가 사기를 당하지 않았더라도 본인이 사기를 당하였다면 본인은 사기를 이유로 취소할 수 있다(대판 1967.4.18, 66다661).

(3) **간접대리**(間接代理, 위탁매매)

① '간접대리'란, 예를 들면 甲이 乙에게 매매대금을 건네면서 丙의 토지를 매수하라고 의뢰한 경우, 乙이 丙의 토지를 자기 이름으로(乙의 이름으로) 매매계약을 체결하는 경우처럼 매매를 타인에게 위탁하는 경우를 말한다. 따라서 엄밀한 의미에서는 대리가 아니다.

② 위탁매매업과 같이 타인의 계산으로 그러나 자기의 이름으로서 법률행위를 하고, 그 효과는 자신에게 생기되 나중에 그가 취득한 권리를 내부적으로 타인에게 이전하는 것을 말한다.

③ '간접대리'는 간접대리인이 자기 이름으로 법률행위를 하고, 그 효과도 간접대리인에게 발생한다는 점에서 대리와 다르다. 즉, (직접)대리는 대리인이 본인의 이름으로 법률행위를 하고, 그 효과도 본인에게 직접 귀속된다는 점에서 간접대리와 차이를 보인다.

5. 대리의 종류

(1) 임의대리 · 법정대리

① '임의대리(任意代理)'는 본인의 의사(수권행위, 법률행위에 의하여 수여된 대리)에 의하여 대리권이 주어지는 경우를 의미한다.

② '법정대리(法定代理)'는 본인의 의사와 무관하게 대리권이 주어지는 경우를 총칭한다. 즉, 법률의 규정에 의하여 대리인으로 되는 경우뿐만 아니라 법원의 선임에 의한 경우 일정한 자의 지정 등에 의한 경우도 포함한다.

③ 양자의 구별의 실익은 대리인의 복임권, 대리권의 소멸, 표현대리의 적용 여부 등에서 나타난다.

임의대리와 법정대리의 비교

<table>
<tr><th>구 분</th><th>임의대리</th><th>법정대리</th></tr>
<tr><td>대리권의 발생원인</td><td>본인의 수권행위</td><td>• 법률의 규정
• 지정권자의 지정
• 법원의 선임</td></tr>
<tr><td rowspan="2">대리권의 범위 · 제한</td><td>수권행위로 결정</td><td>법률의 규정</td></tr>
<tr><td colspan="2">자기계약 · 쌍방대리의 금지(제124조), 공동대리(제119조)는 공통적으로 적용됨</td></tr>
<tr><td rowspan="2">대리권 소멸</td><td>• 원인된 법률관계의 종료
• 수권행위의 철회</td><td>개별적 규정(제22조, 제23조, 제924조 등)</td></tr>
<tr><td colspan="2">본인의 사망, 대리인의 사망, 대리인의 성년후견의 개시, 대리인의 파산은 공통적 소멸사유</td></tr>
<tr><td>복대리</td><td>• 원칙적으로 복임권 없음
• 본인의 승낙, 부득이한 사유, 본인의 지명의 경우에는 복임권 인정</td><td>• 무과실책임하에서 언제든지 복임권 인정
• 부득이한 사유에 의한 경우에는 과실책임으로 경감</td></tr>
<tr><td>표현대리 적용 여부</td><td>제125조, 제126조, 제129조 모두 적용됨</td><td>• 제126조, 제129조만 적용됨
• 제125조는 적용되지 않음</td></tr>
</table>

(2) 능동대리 · 수동대리

① '능동대리(能動代理)'란 본인을 위하여 대리인이 제3자에게 의사표시를 하는 대리이다.

② '수동대리(受動代理)'란 본인을 위하여 대리인이 제3자의 의사표시를 수령하는 대리이다. 즉, 상대방이 대리인에게 의사표시를 한 경우 그 의사표시를 수령하는 대리를 의미한다.

③ 특별한 사정이 없는 한 대리인은 능동대리권뿐만 아니라 수동대리권(수령대리권)도 갖는다.

④ 수동대리에는 능동대리에 관한 규정이 전부 준용되는 것이 아니라 부분적으로 준용된다. 현명주의(제114조), 공동대리에 관한 규정(제119조)은 수동대리에는 적용되지 않는다.

(3) 유권대리 · 무권대리

① '유권대리(有權代理)'란 대리인이 정당한 대리권을 가진 경우를 의미한다.

② '무권대리(無權代理)'란 대리인이 대리권 없이 대리행위를 하는 것을 의미한다.

③ '유권대리'는 정상적인 대리권에 의한 법률행위이므로 본인이 책임을 지는 점에서 유효하다.

④ '무권대리'는 정당한 대리권 없이 대리인이 대리행위를 하는 경우를 의미한다. 무권대리에는 본인이 책임을 지는 '표현대리'와 무권대리인이 책임을 지는 '협의의 무권대리'가 있다.

⑤ 주의할 점은 유권대리 또는 무권대리는 대리권의 유무(有無)에 의하여 구별되는 것이지, 대리인이 유효한 대리행위를 한다는 점에서는 같다.

6. 대리의 3면관계

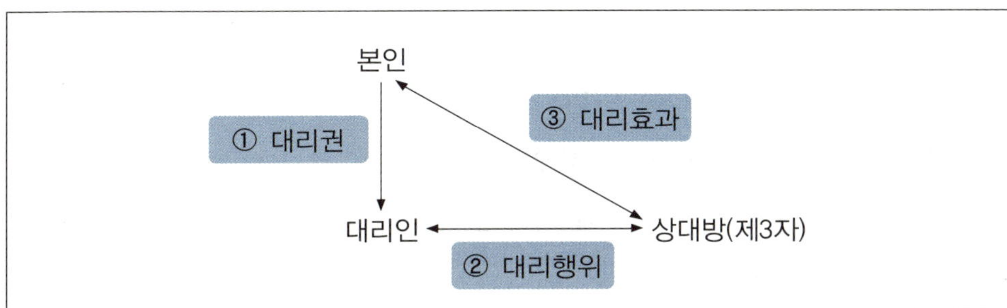

대리의 법률관계는 다음 세 가지 측면에서 고찰되어야 한다.

① 본인과 대리인 사이의 '대리권'

② 대리인과 상대방 사이의 '대리행위'

③ 본인과 상대방 사이의 '대리효과'

2 대리권(代理權)

1. 대리권의 의의 및 법적 성질

(1) 의 의

'대리권'이라 함은 타인(대리인)이 본인의 이름으로 의사표시를 하거나(능동대리) 또는 타인의 의사표시를 수령(수동대리)함으로써 직접 본인에게 그 법률효과를 귀속시킬 수 있는 법률상의 지위 또는 자격을 말한다.

(2) 법적 성질

① '대리권'은 권리가 아니라 행위능력과 같이 법률상 일정한 법률효과를 발생하게 하는 능력 또는 자격이라는 것이 현재 우리나라의 통설이다.
② 따라서 대리권은 권리가 아니라 일종의 '권한'으로 이해된다.

2. 대리권의 발생원인

(1) 법정대리권의 발생원인

법정대리는 본인의 의사와 관계없이 대리권이 발생하는 경우를 총칭한다.
① 법률의 규정에 의하여 대리인이 되는 경우(일상가사대리권을 가진 부부, 친권자)
② 지정권자의 지정에 의하여 대리인이 되는 경우(지정후견인, 지정유언집행자)
③ 법원이 선임하는 자가 대리인이 되는 경우(부재자의 재산관리인, 상속재산관리인, 유언집행자, 선임후견인) 등이 있다.

(2) 임의대리권의 발생원인(수권행위, 授權行爲)

① '임의대리'란 본인의 의사에 기하여 대리인이 되는 경우를 의미한다. 여기서 본인이 자신의 의사에 의하여 대리인에게 대리권을 수여하는 행위를 '수권행위(授權行爲)'라 한다.
② 수권행위의 법적 성질은 계약이 아니라 상대방 있는 단독행위이다. 따라서 대리인의 동의나 승낙을 요하지 아니한다.
③ **수권행위와 원인된**(기초적) **법률관계와의 구별**(수권행위의 독자성)
㉠ 예를 들면, 주택을 구입하려는 甲(본인)이 친분이 있는 乙(대리인)에게 대리권을 수여하는 과정을 보면, 먼저 甲(본인)과 乙(대리인) 사이에 위임계약을 맺는 것이 보통이다. 그리고 이 위임계약에 의하여 대리권을 수여하는 것이 일반적인 모습이다.

ⓛ 여기서 대리권을 수여하기 전(前)단계의 위임계약을 '원인된 법률관계'라고 부른다. 이러한 '원인된 법률관계'에는 위임계약, 고용계약 등이 있다.

ⓒ 통상의 경우라면 원인된 법률행위와 수권행위는 일체로서 행하여지기는 하지만, 개념상 '원인된 법률행위'와 '수권행위'는 같은 의미는 아니고 구별되어야 한다. 이러한 점을 '수권행위의 독자성'이라고 한다.

④ **수권행위는 민법상 불요식(不要式) 행위이다.**

㉠ 반드시 서면으로 할 필요는 없으며, 구두로도 할 수 있다. 명시적・묵시적으로도 할 수 있다.

ⓛ 수권행위는 비출연행위이다.

⑤ **'수권행위의 하자'는 '본인'을 기준으로 결정한다.**

㉠ 수권행위에서 본인은 행위능력자이어야 하므로 본인이 제한능력자라면 제한능력을 이유로 수권행위를 취소할 수 있다.

ⓛ 이에 비하여 '대리행위의 하자' 여부는 '대리인'을 기준으로 결정한다.

> **OX**
> 수권행위의 하자유무는 본인을 기준으로 판단한다. (○) 제24회

관련판례

대리권을 수여하는 수권행위는 불요식의 행위로서 명시적인 의사표시에 의함이 없이 묵시적인 의사표시에 의하여 할 수도 있으며, 어떤 사람이 대리인의 외양을 가지고 행위하는 것을 본인이 알면서도 이의를 하지 아니하고 방임하는 등 사실상의 용태에 의하여 대리권의 수여가 추단되는 경우도 있다(대판 2016.5.26, 2016다203315).

3. 대리권의 범위와 제한

(1) 대리권의 범위

① **법정대리권의 범위**: 법정대리권의 범위는 일반적으로 법률의 규정에 의해서 그 범위가 정해진다.

㉠ 예를 들면, 친권자 또는 후견인은 제한능력자의 재산상의 법률행위에 관하여 대리할 권한을 가진다(제920조, 제948조, 제949조 등).

ⓛ 부재자의 재산관리인과 상속재산관리인은 원칙적으로 관리행위, 즉 보존・이용・개량행위를 할 권한을 가진다(제25조, 제1023조 등).

ⓒ 법률의 규정이 없는 한 법정대리권의 범위를 당사자의 의사에 따라 확장 또는 제한하는 것은 허용되지 않는다.

② **임의대리권의 범위**: 임의대리권은 수권행위에 의하여 주어지므로 임의대리권의 범위는 수권행위의 해석에 의하여 정하여진다.

㉠ 대리권의 범위를 정한 경우

관련판례

1. 수권행위의 통상의 내용으로서의 임의대리권은 그 권한에 부수하여 필요한 한도에서 상대방의 의사표시를 수령하는 이른바 수령대리권을 포함하는 것으로 보아야 한다(대판 1994.2.8, 93다39379).
2. 부동산의 소유자로부터 매매계약을 체결할 대리권을 수여받은 대리인은 특별한 사정이 없는 한 그 매매계약에서 약정한 바에 따라 중도금이나 잔금을 수령할 권한도 있다고 보아야 한다(대판 1994.2.8., 93다39379). 따라서 매수인이 대리인에게 매매대금을 지급하였다면 매수인의 대금지급의무는 소멸한다.
3. 매매계약의 체결과 이행에 관하여 포괄적으로 대리권을 수여받은 대리인은 특별한 다른 사정이 없는 한 상대방에 대하여 약정된 매매대금 지급기일을 연기하여 줄 권한도 가진다고 보아야 할 것이다(대판 1992.4.14, 91다43107).
4. 법률행위에 의하여 수여된 대리권은 그 원인된 법률관계의 종료에 의하여 소멸하는 것이므로 특별한 다른 사정이 없는 한 부동산을 매수할 권한을 수여받은 대리인에게 그 부동산을 처분할 대리권도 있다고 볼 수 없다(대판 1991.2.12, 90다7364).
5. 예금계약의 체결을 위임받은 자가 가지는 대리권에 당연히 그 예금을 담보로 하여 대출을 받거나 이를 처분할 수 있는 대리권이 포함되어 있는 것은 아니다(대판 1995.8.22, 94다59042).
6. 본인을 대리하여 금전소비대차 내지 그를 위한 담보권설정계약을 체결할 권한을 수여받은 대리인에게 본래의 계약관계를 해제할 대리권까지 있다고 볼 수 없다(대판 1993.1.15, 92다39365).
7. 어떤 계약의 체결에 관한 대리권을 수여받은 대리인이 수권된 법률행위를 하면 그것으로 대리권의 원인된 법률관계는 원칙적으로 목적을 달성하여 종료하고, 법률행위에 의하여 수여된 대리권은 그 원인된 법률관계의 종료에 의하여 소멸하므로 그 계약을 대리하여 체결하였던 대리인이 체결된 계약의 해제 등 일체의 처분권과 상대방의 의사를 수령할 권한까지 가지고 있다고 볼 수는 없다(대판 2008.6.12, 2008다11296).
8. 대여금의 영수권한만을 위임받은 대리인이 그 대여금채무의 일부를 면제하기 위하여는 본인의 특별수권이 필요하다(대판 1981.6.23, 80다3221).
9. 통칭 매니저의 대리권의 범위는 연주자의 연주활동의 주선이나 연주에 관하여 공연장확보, 공연비용 또는 출연료결정, 연주일정의 확정 등에만 미칠 뿐 공연계약에 관하여는 대리권이 없다(대판 1993.5.14, 93다4618).
10. 소송상 화해나 청구의 포기에 관한 특별수권이 되어 있다면, 특별한 사정이 없는 한 그러한 소송행위에 대한 수권만이 아니라 그러한 소송행위의 전제가 되는 당해 소송물인 권리의 처분이나 포기에 대한 권한도 수여되어 있다고 봄이 상당하다(대결 2000.1.31, 99마6205).
11. 인감증명서를 교부하는 행위만 가지고 대리권을 수여하였다고 보기 어렵다(대판 1978.10.10, 78다75).

OX

소유자로부터 매매계약을 체결할 대리권을 수여받은 대리인은 특별한 사정이 없는 한 그 매매계약에서 정한 바에 따라 중도금을 수령할 수 있다. (○) 제20회

OX

매매계약을 체결할 대리권을 수여받은 대리인이 상대방으로부터 매매대금을 지급받은 경우, 특별한 사정이 없는 한 이를 본인에게 전달하지 않더라도 상대방의 대금지급의무는 소멸한다. (○) 제27회

OX

매매계약의 체결과 이행에 관하여 포괄적으로 대리권을 수여받은 대리인은 특별한 사정이 없는 한 상대방에 대하여 약정된 매매대금지급기일을 연기하여 줄 권한도 가진다. (○) 제27회

OX

계약체결의 대리권을 가진 대리인은 그 계약을 해제할 권한도 당연히 가진다. (×) 제14회

OX

대여금의 영수권한만을 위임받은 대리인이 그 대여금 채무의 일부를 면제하기 위하여는 본인의 특별수권이 필요하다. (○) 제27회

OX

일반적으로 인감증명서만을 교부하는 행위는 대리권수여행위로 보지 않는다. (○) 제14회

12. 금전차용의 알선을 의뢰하여 인장을 보관시킨 경우에는 금전차용을 위하여 그에 관한 법률행위의 대리권을 수여한 것으로 못볼 바 아니다(대판 1965.8.24, 65다1174).

㉡ 대리권의 범위를 정하지 않은 경우

제118조 【대리권의 범위】 권한을 정하지 아니한 대리인은 다음 각 호의 행위만을 할 수 있다.
1. 보존행위
2. 대리의 목적인 물건이나 권리의 성질을 변하지 아니하는 범위에서 그 이용 또는 개량하는 행위

ⓐ 대리권은 명백하게 존재하지만, 대리권의 범위가 불분명한 경우에는 제118조에서 규정하고 있다. 제118조에 의하면 권한을 정하지 아니한 대리인(대리권의 범위가 불분명한 대리인)은 관리행위만 할 수 있고, 처분행위는 할 수 없다.

ⓑ 보존행위(현상유지)

i) '보존행위'란 재산의 현상을 유지하는 행위를 말한다.

ii) 무제한으로 할 수 있다.

예 가옥의 수선, 소멸시효의 중단, 부패하기 쉬운 물건의 처분, 미등기부동산의 등기 등

ⓒ 이용행위(수익 증가)와 개량행위(가치 증가)

i) '이용행위'란 재산의 수익을 꾀하는 행위를 말하고, '개량행위'란 사용가치 또는 교환가치를 증가시키는 행위를 말한다.

ii) 예금을 주식에 투자한다거나, 은행예금을 찾아서 개인에게 대여하는 행위 등은 이용·개량행위라 하더라도 성질이 변하는 행위이므로 할 수 없다.

iii) 무제한으로 할 수 없고, 대리의 목적인 물건이나 권리의 성질을 변하지 않는 범위 내에서 가능하다.

예 물건을 임대하거나 금전을 이자부로 대여하는 행위, 무이자의 금전소비대차를 이자부로 하는 경우 등

ⓓ 매매·교환·채무의 면제, 저당권의 설정 등 처분행위는 할 수 없다.

ⓔ 성질이 변하는 이용·개량행위나 처분행위를 한 경우에는(즉, 제118조를 위반한 경우) 무권대리가 된다. 따라서 후에 본인이 추인하여야 유효하다.

ⓕ 대리권의 범위가 명료하거나 표현대리가 성립하는 경우에는 제118조가 적용되지 않는다.

OX

권한을 정하지 아니한 대리인은 대리의 목적인 미등기 부동산의 보존등기를 할 수 있다. (○) 제20회

OX

권한을 정하지 아니한 대리인은 예금을 주식으로 바꾸는 행위를 할 수 있다. (×) 제16회

(2) 대리권의 제한

① 자기계약 · 쌍방대리의 금지

> **제124조 【자기계약, 쌍방대리】** 대리인은 본인의 허락이 없으면 본인을 위하여 자기와 법률행위를 하거나 동일한 법률행위에 관하여 당사자 쌍방을 대리하지 못한다. 그러나 채무의 이행은 할 수 있다.

㉠ 제124조의 의의

ⓐ 자기계약(自己契約)

'자기계약'이란 대리인이 본인을 대리하고 다른 한편으로는 자기 자신이 상대방이 되어 계약을 맺는 것을 말한다.

예 甲의 대리인 乙이 甲소유의 부동산을 자기가 상대방(乙)이 되어서 매매계약하는 경우

ⓑ 쌍방대리(雙方代理)

'쌍방대리'란 동일인이 하나의 법률행위에 관하여 당사자 쌍방의 대리인이 되어 대리행위를 하는 것을 말한다.

예 甲의 대리인 乙이 甲소유의 부동산을 丙의 대리인 乙과 매매계약을 체결하는 경우

㉡ 원 칙

ⓐ 자기계약 또는 쌍방대리는 원칙적으로 금지된다.

ⓑ 금지하는 이유는 본인과 대리인 사이의 이해충돌(자기계약의 경우) 또는 본인 간의 이해충돌(쌍방대리의 경우)을 막기 위해서다.

관련판례

1. 부동산 입찰절차에서 동일물건에 관하여 이해관계가 다른 2인 이상의 대리인이 된 경우에는 그 대리인이 한 입찰은 무효이다(대결 2004.2.13, 2003마44).
2. 법정대리인인 친권자가 부동산을 매수하여 이를 그 자(子)에게 증여하는 행위는 미성년자인 자(子)에게 이익만을 주는 행위이므로 친권자와 자 사이의 이해상반행위에 속하지 아니하고 또 자기계약이지만 유효하다(대판 1981.10.13, 81다649).

㉢ 예외(자기계약 또는 쌍방대리가 허용되는 경우)

ⓐ 본인의 허락

ⓑ 채무의 이행

예
- 법무사의 등기이전(쌍방대리)
- 금전출납권이 있는 대리인이 본인(회사)에 대하여 채권을 가지고 있는 경우에 그 기한이 도래하여 본인의 저금으로부터 찾아내어 변제에 충당하는 경우(자기계약)
- 주식의 명의개서에서 매수인이 한편으로 매도인의 대리인으로 되는 경우(자기계약)

OX

본인들의 허락이 있는 경우에는 대리인은 동일한 법률 행위에 관하여 당사자 쌍방을 대리할 수 있다. (○) 제12회

OX

대리인은 본인의 허락이 없어도 쌍방을 대리하여 다툼이 없는 채무의 이행을 할 수 있다. (○) 제23회

관련판례

사채알선업자는 소비대차계약의 체결에 있어서 대주(貸主)에 대하여는 차주(借主)의 대리인 역할을 하고, 반대로 차주에 대하여는 대주의 대리인 역할을 하게 되는 것이고, 대주로부터 소비대차계약을 체결할 대리권을 수여받은 대리인은 특별한 사정이 없는 한 그 소비대차계약에서 정한 바에 따라 차주로부터 변제를 수령할 권한도 있다고 봄이 상당하므로 차주가 그 사채알선업자에게 하는 변제는 유효하다(대판 1997.7.8, 97다12273).

㉣ 제124조 위반의 효과

ⓐ 대리인이 본인의 허락 또는 채무의 이행에 해당하지 않음에도 불구하고 자기계약·쌍방대리를 한 경우의 효과는 무효가 아니라 '무권대리'가 된다. 즉, 본인에 대하여 무효이지만, 본인의 추인에 의하여 유효로 될 수 있다.

ⓑ 본인의 추인에 의하여 소급적으로 유효하게 된다.

㉤ 적용범위

ⓐ 임의대리와 법정대리 모두 적용된다.

ⓑ 제124조에 대한 특칙(제124조가 적용되지 않는 경우)

i) 이사와 법인의 이익이 상반되는 사항에 관하여는 이사는 대표권이 없고 법원이 선임하는 특별대리인이 법인을 대표한다(제64조).

ii) 친권자와 그 자 사이에 또는 친권에 따르는 수인의 자 사이에 이해가 충돌하는 경우에 친권자는 법원에 그 자의 또는 수인의 자 각자의 특별대리인의 선임을 청구하여야 한다(제921조).

> **OX**
> 자기계약과 쌍방대리의 금지는 법정대리에는 적용되지 않는다. (×) 제12회

② **공동대리**(共同代理)

> **제119조 【각자대리】** 대리인이 수인인 때에는 각자가 본인을 대리한다. 그러나 법률 또는 수권행위에 다른 정한 바가 있는 때에는 그러하지 아니하다.

> **OX**
> 대리인이 여럿인 경우에는 원칙적으로 각자가 본인을 대리한다. (○) 제18회

㉠ '공동대리'란 본인에게 여러 명(수인)의 대리인이 존재하는 경우에 수인의 대리인이 공동하여야만 대리할 수 있는 경우를 말한다. 여기에서 '공동'이란 행위의 공동을 의미하는 것은 아니고 의사결정의 공동을 의미한다.

> **OX**
> 법률 또는 수권행위에 다른 정한 바가 없으면 수인의 대리인은 공동으로 본인을 대리한다. (×) 제22회

㉡ 대리인이 수인인 경우

ⓐ 원칙적으로 각자대리이다.

ⓑ 예외적으로 법률규정(제909조 제2항, 친권의 공동행사)이 있거나 본인의 수권행위에 의해 공동대리가 된다.

㉢ 第119조 위반의 효과

법률의 규정이나 본인의 수권행위에 의하여 공동대리하여야 함에도 불구하고 각자대리를 한 경우에는 무권대리(월권대리)가 된다. 따라서 후에 본인이 추인하면 유효하게 된다.

㉣ 第119조의 적용범위

ⓐ 능동대리에서만 적용된다.

ⓑ 수동대리에는 공동대리에 관한 규정이 적용되지 않는다.

③ **대리권의 남용**(濫用)

㉠ '대리권 남용'이란 대리인이 외형적・형식적으로는 대리권의 범위 내에서 대리행위를 하였지만, 그 행위가 실질적으로 오직 자신 또는 제3자의 이익을 꾀할 목적으로 행하여진 경우를 의미한다. 이처럼 대리권이 남용된 경우에 그 법률효과가 본인에게 귀속하는가(본인이 책임을 지는가)의 문제가 대리권 남용의 문제이다.

㉡ 예를 들면, 주택의 소유자 甲이 자신 소유의 주택을 담보로 하여 대출받을 수 있는 대리권을 乙에게 수여하였는데, 대리인 乙이 은행(상대방)에 본인(甲) 소유의 주택에 대하여 담보를 제공하여 대출받은 후 그 대출금을 가지고 본인에게 지급하지 않고, 대리인이 그 대출금을 횡령한 경우에 본인이 대리인의 행위에 대하여 책임을 지는가의 문제가 대리권 남용의 문제이다.

㉢ 대리권 남용의 효과

ⓐ 원칙(유효)

대리인이 대리행위를 할 때 본인의 이름을 현명하였으므로 유효한 대리행위가 되어, 설령 대리권이 남용되더라도 본인은 대리인의 대리행위에 대하여 책임을 진다.

ⓑ 예외(무효)

판례는 일정한 경우에 대리권 남용이 무효라고 한다. 즉, 판례(비진의표시 유추적용설)는 제107조 제1항 단서를 유추적용하여 상대방이 대리권 남용 사실을 알았거나 알 수 있었을 경우에는 본인은 대리인의 대리행위에 대하여 책임을 지지 않는다.

㉣ 적용범위: 임의대리・법정대리 모두에 적용된다.

OX

법정대리에도 대리권 남용의 법리가 적용될 수 있다. (○) 제19회

관련판례

1. 진의 아닌 의사표시가 대리인에 의하여 이루어지고 그 대리인의 진의가 본인의 이익이나 의사에 반하여 자기 또는 제3자의 이익을 위한 배임적인 것임을 그 상대방이 알았거나 알 수 있었을 경우에는 민법 제107조 제1항 단서의 유추해석상 그 대리인의 행위에 대하여 본인은 아무런 책임을 지지 않는다고 보아야 한다(대판 2001.1.19, 2000다20694).
2. 법정대리인인 친권자의 대리행위가 객관적으로 볼 때 미성년자 본인에게는 경제적인 손실만을 초래하는 반면, 친권자나 제3자에게는 경제적인 이익을 가져오는 행위이고 행위의 상대방이 이러한 사실을 알았거나 알 수 있었을 때에는 민법 제107조 제1항 단서의 규정을 유추적용하여 행위의 효과가 자(자)에게는 미치지 않는다고 해석함이 타당하나, 그에 따라 외형상 형성된 법률관계를 기초로 하여 새로운 법률상 이해관계를 맺은 선의의 제3자에 대하여는 같은 조 제2항의 규정을 유추적용하여 누구도 그와 같은 사정을 들어 대항할 수 없으며, 제3자가 악의라는 사실에 관한 주장·증명책임은 무효를 주장하는 자에게 있다(대판 2018.4.26, 2016다3201).

4. 대리권의 소멸

(1) 임의대리 · 법정대리의 공통된 소멸원인

제127조 【대리권의 소멸사유】 대리권은 다음 각 호의 어느 하나에 해당하는 사유가 있으면 소멸된다.
1. 본인의 사망
2. 대리인의 사망, 성년후견의 개시 또는 파산

① **본인의 사망**

㉠ 본인이 사망하면 대리권이 소멸한다. 그러나 제127조는 임의규정이므로 본인의 사망 후에도 대리권이 존속하는 것으로 하는 당사자의 약정이 있으면 소멸하지 않는다.

㉡ 다만, 본인의 사망으로 인하여 위임은 종료하지만, 급박한 사정이 있으면 위임인의 상속인 등이 그 사무를 처리할 수 있을 때까지 수임인은 그 사무의 처리를 계속하여야 하므로(제691조), 이런 경우라면 임의대리권은 존속할 수 있다.

㉢ 상행위의 위임에 기한 대리권은 본인의 사망으로 소멸하지 않는다(상법 제50조).

② 대리인의 사망

③ **대리인의 성년후견개시**

㉠ 피성년후견인도 의사능력만 있으면 임의대리인이 될 수 있다.

㉡ 그러나 대리인이 대리권을 수여할 당시에는 피성년후견인이 아니었는데, 후에 성년후견개시의 심판을 받게 되면 대리권은 소멸한다. 본인의 신뢰관계 또는 대리인의 자질에 변동이 생기기 때문이다.

④ 대리인의 파산

⑤ 그리고 법문은 없지만 대리인이 의사능력을 상실하면 대리권도 소멸한다고 보아야 한다. 대리인은 행위능력을 요하지 않지만 최소한의 의사능력은 있어야 하기 때문이다. 다만, 일시적 의사능력의 상실은 대리권 소멸사유가 아니다.

OX 대리인에 대한 성년후견개시가 있으면 대리권은 소멸한다. (○) 제19회

OX 임의대리권은 대리인에 대한 한정후견의 개시에 의하여 소멸한다. (×) 제22회

OX 대리인이 일시적으로 의사무능력자가 된 경우 대리권은 소멸한다. (×) 제14회

(2) 임의대리인에 특유한 소멸원인

> **제128조 【임의대리의 종료】** 법률행위에 의하여 수여된 대리권은 전조의 경우 외에 그 원인된 법률관계의 종료에 의하여 소멸한다. 법률관계의 종료 전에 본인이 수권행위를 철회한 경우에도 같다.

① 원인된 법률관계(예 고용계약, 위임계약 등)의 종료

② 수권행위의 철회 등

OX 임의대리의 경우, 대리권 수여의 원인이 된 법률관계가 기간만료로 종료되었다면 원칙적으로 그 시점에 대리권도 소멸한다. (○) 제27회

(3) 법정대리인에 특유한 소멸원인

법률의 개개의 규정에 의하여 소멸한다(제22조 제2항, 제23조, 제909조 등).

예 미성년인 본인이 성년이 되는 경우, 성년후견종료 또는 한정후견종료의 심판, 유언집행의 종료 등

OX 본인의 행위능력 취득 또는 회복은 법정대리권의 소멸사유이다. (○) 제15회

OX 본인과 법정대리인 간의 이익상반행위는 법정대리권의 소멸사유이다. (×) 제15회

3 대리행위(代理行爲)

1. 현명주의(顯名主義)

(1) 현 명

> **제114조 【대리행위의 효력】** ① 대리인이 그 권한 내에서 본인을 위한 것임을 표시한 의사표시는 직접 본인에게 대하여 효력이 생긴다.
> ② 전항의 규정은 대리인에게 대한 제3자의 의사표시에 준용한다.

① **의 의**

㉠ 대리행위에서 현명을 요하는 이유는 대리인의 행위에 대하여 법률효과를 직접 본인에게 귀속시키려는 데 있다. 즉, 대리인이 대리행위가 자신을 위한 것이 아니라 본인을 위한다고 표시함으로써 직접 법률효과가 본인에게 귀속된다. 따라서 대리인이 현명하지 않은 경우라면 본인에게 직접 법률효과가 귀속되지 않음은 당연한 논리다.

㉡ 여기서 '본인을 위하여'라는 말은 본인의 경제적 이익을 위하여라는 말이 아니라, '대리인의 행위의 법률적 효과'를 본인에게 귀속시키려는 것이다.

㉢ 따라서 대리인이 횡령할 목적으로 대리행위(대리권 남용)를 하더라도 현명한 이상 그 대리행위는 유효하다.

② '현명을 요구하는 것'은 대리행위가 본인을 위한 것임을 외부에 알림으로써, 법률관계를 명확하게 하여 당사자에 대한 상대방의 신뢰를 보호하기 위해서이다.

③ **적용범위**

㉠ 능동대리에서만 현명주의가 적용된다.

㉡ 수동대리에서는 대리인은 현명할 필요가 없고, 상대방 쪽에서 본인에 대한 의사표시임을 표시하여야 한다. 즉, 수동대리에는 현명주의(제114조)가 적용되지 않는다.

(2) 현명의 방법

① 대리의사가 반드시 명시적으로 표시되어야 하는 것은 아니다. 즉, 일반적인 현명은 '甲의 대리인 乙'이라고 하는 것이지만, 현명하지 않더라도 해석을 통하여 대리의사를 인정할 수 있으면 현명한 것으로 본다. 즉, 현명한다는 것은 법률행위의 타인성을 표시하는 것으로 족하고 반드시 본인의 이름을 밝힐 필요는 없다.

② 대리인은 반드시 대리인임을 표시하여 의사표시를 하여야 하는 것은 아니며, 여러 사정을 종합하여 대리행위로 인정되는 한 대리가 인정된다.

㉠ 서명대리(署名代理)가 허용되어 본인을 위한 것임을 현명하지 않고 본인명의로도 할 수 있다.

㉡ 다만, 본인의 이름을 사용하면서 대리인이 본인처럼 행세하고 상대방도 대리인을 본인으로 안 경우에는 대리행위가 아니므로 대리인 자신이 당사자가 된다.

OX

민법상 조합은 법인격이 없으므로 조합대리의 경우에는 반드시 조합원 전원의 성명을 표시하여 대리행위를 하여야 한다.
(×) 제27회

관련판례

1. '甲'이 임대차계약을 체결함에 있어서 임차인 명의를 원고 명의로 하기는 하였으나 '甲'의 이름이 원고인 것같이 행세하여 계약을 체결함으로써 피고는 '甲'과 원고가 동일인인 것으로 알고 계약을 맺게 되었다면 설사 '甲'이 원고를 위하여 하는 의사로서 위 계약을 체결하였다 하더라도 위 계약의 효력은 원고에게 미치지 않는다(대판 1974.6.11, 74다165).
2. 민법상 조합의 경우 법인격이 없어 조합 자체가 본인이 될 수 없으므로, 이른바 조합대리에 있어서는 본인에 해당하는 모든 조합원을 위한 것임을 표시하여야 하나, 반드시 조합원 전원의 성명을 제시할 필요는 없고, 상대방이 알 수 있을 정도로 조합을 표시하는 것으로 충분하다(대판 2009.1.30, 2008다79340).

(3) 현명하지 아니한 행위의 효과

OX

대리인이 그 권한 내에서 본인을 위한 것임을 표시하지 아니하고 의사표시를 한 경우, 상대방이 대리인으로서 한 것임을 알았더라도 그 의사표시는 대리인 자신을 위한 것으로 본다.
(×) 제20회

제115조【본인을 위한 것임을 표시하지 아니한 행위】 대리인이 본인을 위한 것임을 표시하지 아니한 때에는 그 의사표시는 자기를 위한 것으로 본다. 그러나 상대방이 대리인으로서 한 것임을 알았거나 알 수 있었을 때에는 전조 제1항의 규정을 준용한다.

① **제115조의 의의**

예를 들면, 토지의 소유자 甲으로부터 토지매매의 대리권을 수여받은 乙이 상대방 丙과 甲토지에 대한 매매계약을 체결하는 과정에서 보통의 경우라면 '甲의 대리인 乙' 또는 '甲의 토지'라는 것을 현명하여야 하지만, 이 경우에는 별도의 표시를 하지 않고 '토지'라고만 표시한 경우 상대방의 입장에서는 오해의 소지가 있다. 상대방 입장에서는 그 토지가 乙의 토지로 오신할 수 있다. 이러한 경우에 매매계약의 당사자를 乙과 丙으로 본다하는 것이 제115조의 입법취지이다.

② **제115조의 효과**(현명하지 않은 대리행위의 효과)

㉠ 대리인이 '본인을 위한 것임을 표시하지 않은 경우(비현명한 경우)'에 그 의사표시는 대리인 자신을 위한 것으로 본다. 주의할 것은 현명하지 않았다는 의미가 대리인이 대리인 자신의 이름으로 법률행위를 한 경우를 의미하지 않는다.

㉡ 여기서 '자신을 위한 것으로 본다.'라는 의미는 대리인이 법률행위의 당사자로 간주되므로 대리인은 자신을 위하여 행위할 의사가 없었음을 이유로 착오(진의는 본인의 대리인)를 주장하지 못한다. 즉, 착오를 이유로 취소할 수 없다.

㉢ 현명하지 않은 경우 대리인과 상대방 사이에 법률행위를 한 것이므로 상대방도 대리인에게만 계약의 이행을 청구할 수 있고, 본인에게는 계약의 이행을 청구할 수 없다.

㉣ 예외적으로 현명하지 않았을지라도 상대방이 대리인으로 한 것임을 알았거나 알 수 있었을 때에는 그 의사표시는 본인에 대하여 효력을 발생한다(제115조 단서).

㉤ 수동대리에는 제115조가 적용되지 않는다.

2. 대리행위의 하자(瑕疵)

> **제116조 【대리행위의 하자】** ① 의사표시의 효력이 의사의 흠결, 사기, 강박 또는 어느 사정을 알았거나 과실로 알지 못한 것으로 인하여 영향을 받을 경우에 그 사실의 유무는 대리인을 표준하여 결정한다.
> ② 특정한 법률행위를 위임한 경우에 대리인이 본인의 지시에 좇아 그 행위를 한 때에는 본인은 자기가 안 사정 또는 과실로 인하여 알지 못한 사정에 관하여 대리인의 부지를 주장하지 못한다.

(1) **원칙**: 대리에서 대리행위의 당사자는 대리인이므로(대리인행위설), 대리행위의 하자는 대리인을 기준으로 판단한다.

(2) **예외**: 제116조 제2항의 규정은, 예를 들면 甲이 자기 친구 丙의 중고자동차를 대리인 乙에게 매입하라고 지시한 경우, 본인 甲은 丙의 중고자동차가 사고 난 후 수리를 마친 차량이었다는 사실을 알고 있었지만, 대리인이 그러한 사실을 모르고 丙과 자동차매매계약을 체결하는 경우처럼, 대리인은 선의이지만 본인이 악의인 경우에 본인을 기준으로 판단하겠다는 취지이다. 이러한 경우까지 본인을 보호할 필요는 없기 때문이다.

알아두기

▪ 대리행위의 하자 여부의 구체적 판단

1. 불공정한 법률행위가 대리인을 통하여 이루어진 경우 '궁박'은 본인을 기준으로, '경솔 또는 무경험'은 대리인을 기준으로 판단한다.
2. 착오에 의한 의사표시가 대리인을 통하여 이루어진 경우 '법률행위의 중요부분'에 대한 판단은 본인을 기준으로 판단하지만, '중과실의 판단'은 대리인을 기준으로 판단한다.

OX

본인이 특정한 법률행위를 위임한 경우, 임의대리인이 본인의 지시에 좇아 그 행위를 하였다면, 본인은 자기의 과실로 알지 못한 사정에 관하여 그 대리인의 부지를 주장하지 못한다.
(○) 제22회

OX

의사표시의 효력이 의사의 흠결, 사기, 강박으로 인하여 영향을 받을 경우에 그 사실의 유무는 대리인을 표준으로 결정한다.
(○) 제19회

3. 사기・강박이 대리인에 의하여 이루어진 경우 상대방은 본인이 그러한 사실을 알았건 몰랐건 관계없이 항상 취소할 수 있다.
4. 상대방이 대리인을 사기・강박한 경우에는 본인은 사기・강박을 이유로 취소할 수 있지만, 상대방이 본인을 사기・강박한 경우에는 대리인이 사기・강박을 당한 사실이 없는 이상 본인은 취소할 수 없다.

관련판례

대리인이 본인을 대리하여 매매계약을 체결함에 있어서 매매대상 토지에 관한 저간의 사정을 잘 알고 그 배임행위에 가담하였다면, 대리행위의 하자 유무는 대리인을 표준으로 판단하여야 하므로 설사 본인이 미리 그러한 사정을 몰랐거나 반사회성을 야기한 것이 아니라고 할지라도 그로 인하여 매매계약이 가지는 사회질서에 반한다는 장애사유가 부정되는 것은 아니다(대판 1998.2.27, 97다45532).

OX
매수인의 대리인이 매도인을 기망하여 부동산을 매수한 경우, 매수인이 그 사실을 몰랐더라도 매도인은 매매계약을 취소할 수 있다. (○) 제16회

OX
대리인이 사회질서에 반하여 이중매수를 한 경우, 본인이 그러한 사정을 몰랐거나 반사회성을 야기한 것이 아니라면 그 대리행위는 유효하다. (×) 제12회

3. 대리인의 능력

(1) 의사능력

대리인은 법률행위의 행위자로서 효과의사를 결정하는 자이므로 최소한 의사능력은 있어야 한다.

(2) 행위능력

제117조【대리인의 행위능력】 대리인은 행위능력자임을 요하지 아니한다.

① 대리인은 행위능력자임을 요하지 않고, 의사능력만 있으면 되므로 미성년자, 피성년후견인, 피한정후견인 등 제한능력자도 타인의 대리인이 될 수 있다.
② 제117조가 갖는 의미는 본인은 대리인이 상대방과 행한 그 대리행위를 대리인이 제한능력자를 이유로 취소할 수 없다고 하는 데 그 의의가 있다. 수권행위에서 본인이 제한능력자이면 수권행위를 제한능력을 이유로 취소할 수 있다는 점과 다름을 주의하여야 한다.
③ 다만, 대리인은 본인과의 원인된 법률관계(위임계약, 고용계약 등)를 제한능력을 이유로 취소할 수 있다.
④ **적용범위**
임의대리뿐만 아니라 법정대리에도 적용된다. 다만, 개별적인 법률의 규정에 의하여 제한능력자는 법정대리인이 될 수 없다.

OX
대리인이 미성년자인 경우, 본인은 대리인이 제한능력자임을 이유로 대리행위를 취소하지 못한다. (○) 제15회

OX
본인과 대리인 사이의 위임계약을 대리인이 제한능력자라면 대리인은 법정대리인의 동의 없음을 이유로 위임계약을 취소할 수 있다. (○) 제15회

알아두기

본인의 능력

대리행위에 있어서 본인은 스스로 행위를 하지 않고서 권리·의무를 취득하는 지위에 있으므로 의사능력이나 행위능력은 요하지 않지만, 최소한 권리능력만은 필요로 한다.

OX

대리가 인정되기 위해서는 본인은 행위능력자이어야 한다. (×) 제16회

PART 01

4. 대리행위의 효과

적법한 대리행위에 기한 권리·의무는 직접 본인에게 귀속한다. 당사자가 원하는 효력뿐만 아니라 손해배상청구권, 취소권 등도 본인에게 귀속된다. 반면, 대리인은 대리행위에 따른 권리를 취득하지도, 의무를 부담하지도 않는다.

관련판례

계약이 적법한 대리인에 의하여 체결된 경우에 대리인은 다른 특별한 사정이 없는 한 본인을 위하여 계약상 급부를 변제로서 수령할 권한도 가진다. 그리고 대리인이 그 권한에 기하여 계약상 급부를 수령한 경우에, 그 법률효과는 계약 자체에서와 마찬가지로 직접 본인에게 귀속되고 대리인에게 돌아가지 아니한다. 따라서 계약상 채무의 불이행을 이유로 계약이 상대방당사자에 의하여 유효하게 해제되었다면, 해제로 인한 원상회복의무는 대리인이 아니라 계약의 당사자인 본인이 부담한다. 이는 본인이 대리인으로부터 그 수령한 급부를 현실적으로 인도받지 못하였다거나 해제의 원인이 된 계약상 채무의 불이행에 관하여 대리인에게 책임 있는 사유가 있다고 하여도 다른 특별한 사정이 없는 한 마찬가지라고 할 것이다(대판 2011.8.18., 2011다30871).

5. 대리권의 증명책임

관련판례

1. 대리권의 존재는 대리행위의 효과가 본인에게 귀속되기 위한 요건이므로, 대리행위의 효과를 주장하는 자(= 상대방)가 대리권의 존재를 증명하여야 한다(대판 2008.9.25, 2008다42195).
2. 전등기명의인의 직접적인 처분행위에 의한 것이 아니라 제3자가 그 처분행위에 개입된 경우 현등기명의인이 그 제3자가 전등기명의인의 대리인이라고 주장하더라도 현소유명의인의 등기가 적법히 이루어진 것으로 추정된다 할 것이므로 위 등기가 원인무효임을 이유로 그 말소를 청구하는 전소유명의인(= 본인)으로서는 그 반대사실 즉, 그 제3자에게 전소유명의인을 대리할 권한이 없었다든지, 또는 제3자가 전소유명의인의 등기서류를 위조하였다는 등의 무효사실에 대한 입증책임을 진다(대판 1992.4.24, 91다26379).

4 복대리(復代理)

1. 의의 및 성질

(1) 의 의

OX
대리인이 복대리인을 선임하는 경우 대리인은 본인의 이름으로 복대리인을 선임하여야 한다. (×) 제14회

① '복대리인'이란 대리인이 대리권의 범위에 속하는 행위를 하게 하기 위하여 대리인이 자신의 이름으로(즉, 대리인의 권한으로) 선임한 본인의 대리인이다.

② '복임권'이란 대리인이 복대리인을 선임할 수 있는 권한을 의미한다.

③ '복임행위'란 대리인이 복대리인을 선임하는 행위를 의미한다.

(2) 성 질

① 복대리인은 대리인 자신의 이름으로 선임하므로 대리인이 복대리인을 선임하는 행위(복임행위)는 대리행위(대리인이 본인의 이름으로 한다는 점)가 아니다.

② 복대리인은 본인의 대리인이고, 대리인의 대리인은 아니다.

㉠ 본인의 대리인이라는 점에서는 복대리인도 대리인과 동일하게 본인에 대하여 직접 권리와 의무를 부담한다.

㉡ 대리인의 대리인이 아니라는 점 때문에 복대리인은 상대방과 복대리행위시 대리인의 이름은 현명할 필요 없이 본인의 이름만 현명하면 된다.

OX
대리인이 선임한 복대리인은 본인의 이름으로 법률행위를 하여야 한다. (○) 제14회

OX
복대리인을 선임하더라도 대리인의 대리권이 소멸하는 것은 아니다. (○) 제15회

OX
복대리인의 대리권 범위는 대리인의 대리권 범위를 넘지 못한다. (○) 제17회

③ 대리인이 복임권을 행사하여 복대리인을 선임한 후에도 대리인의 대리권은 소멸하지 않으며 대리인은 여전히 대리권을 가진다.

④ 대리인은 대리권한의 범위 내에서 복대리인을 선임한다. 따라서 복대리인은 대리인의 권한 내에서만 대리행위를 할 수 있다.

⑤ 복대리인은 대리인이 자신의 이름으로 선임하는 자이므로 대리인은 복대리인의 행위에 대해 본인에 대해 감독책임을 지며, 복대리인을 언제든지 해임할 수 있다.

⑥ 법정대리인 또는 임의대리인에 의하여 선임된 복대리인의 성격은 모두 임의대리인이다.

2. 대리인의 복임권과 책임

(1) 임의대리

제120조【임의대리인의 복임권】 대리권이 법률행위에 의하여 부여된 경우에는 대리인은 본인의 승낙이 있거나 부득이한 사유 있는 때가 아니면 복대리인을 선임하지 못한다.

제121조【임의대리인의 복대리인 선임의 책임】 ① 전조의 규정에 의하여 대리인이 복대리인을 선임한 때에는 본인에게 대하여 그 선임감독에 관한 책임이 있다.
② 대리인이 본인의 지명에 의하여 복대리인을 선임한 경우에는 그 부적임 또는 불성실함을 알고 본인에게 대한 통지나 그 해임을 태만한 때가 아니면 책임이 없다.

① 임의대리인은 언제든지 사임할 수 있는 자유가 있으므로 원칙적으로 복임권이 없다.

② **예외적으로 복임권이 인정되는 경우**
   ㉠ 본인의 승낙(명시적 승낙뿐만 아니라 묵시적 승낙도 가능하다)
   ㉡ 부득이한 사유
   ㉢ 본인의 지명

③ **임의대리인의 복대리인 선임시 책임의 형태**
   ㉠ 본인의 승낙 또는 부득이한 사유 등에 의하여 임의대리인이 복대리인을 선임하는 경우 복대리인에 대한 선임·감독상의 책임을 진다(선임감독상의 과실책임).
   ㉡ 본인의 지명에 의하여 복대리인을 선임하는 경우 선임·감독상의 책임이 감경된다. 즉, 부적임 또는 불성실함을 알고 본인에게 대한 통지나 그 해임을 태만한 때가 아니면 책임이 없다.

④ 본인의 승낙이나 부득이한 사유 없이 복대리인을 선임하는 경우 무권대리행위가 된다.

관련판례

1. [1] 대리의 목적인 법률행위의 성질상 <u>대리인 자신에 의한 처리가 필요하지 아니한 경우</u>에는 <u>본인이 복대리 금지의 의사를 명시하지 아니하는 한</u> 복대리인의 선임에 관하여 <u>묵시적인 승낙이 있는 것으로 보는 것이 타당</u>하다.
   원칙: 본인의 승낙은 묵시적 승낙도 가능
   [2] <u>오피스텔의 분양업무</u>는 그 성질상 분양을 위임받은 대리인이 광고를 내고 분양사무실을 찾아온 사람들에게 오피스텔의 분양가격, 교통 등 입지조건, 오피스텔의 용도, 관리방법 등 분양에 필요한 제반사항을 설명하고 청약을 유인함으로써 분양계약을 성사시키는 것으로서 <u>대리인의 능력에 따라 본인의 분양사업의 성공 여부가 결정되는 것</u>이므로 <u>사무처리의 주체가 별로 중요하지 아니한 경우에 해당한다고 보기 어렵다</u>(대판 1996.1.26, 94다30690).

OX 법률행위에 의해 대리권을 부여받은 대리인은 특별한 사정이 없는 한 복대리인을 선임할 수 있다. (×) 제23회

OX 임의대리인은 본인의 승낙이 있는 경우에 한하여 복대리인을 선임할 수 있다. (×) 제17회

OX 만약 본인의 지명에 따라 복대리인을 선임한 경우, 대리인은 본인에게 그 부적임을 알고 통지나 해임을 하지 않더라도 책임이 없다. (×) 제26회

(2) 법정대리

> **제122조 【법정대리인의 복임권과 그 책임】** 법정대리인은 그 책임으로 복대리인을 선임할 수 있다. 그러나 부득이한 사유로 인한 때에는 전조 제1항에 정한 책임만이 있다.

① 법정대리인은 임의로 사임할 수 없다는 점, 통상적으로 법정대리에서 본인이 승낙의 능력을 갖지 못한다는 점 등에 비추어 자기책임하에 언제든지 복임권이 인정된다.

② 이 경우 법정대리인이 복대리인의 행위에 대하여 부담하는 책임은 무과실책임이다.

③ 다만, 예외적으로 법정대리인이 부득이한 사유로 복대리인을 선임한 경우에는 책임도 감경되어 선임・감독상의 책임을 진다(일종의 과실책임). 따라서 법정대리인이 복대리인 선임에 있어서 언제나 무과실책임을 지는 것은 아니다.

OX

법정대리인이 부득이한 사유로 복대리인을 선임한 경우, 그 선임・감독에 관한 책임을 면한다. (×) 제17회

3. 복대리인의 지위

> **제123조 【복대리인의 권한】** ① 복대리인은 그 권한 내에서 본인을 대리한다.
> ② 복대리인은 본인이나 제3자에 대하여 대리인과 동일한 권리・의무가 있다.

OX

복대리인은 그 권한 내에서 자신을 선임한 대리인을 대리한다. (×) 제28회

OX

복대리인이 그 권한 내에서 본인을 위한 것임을 표시한 의사표시는 직접 본인에게 효력이 생긴다. (○) 제23회

(1) 복대리인과 대리인의 관계

① 복대리인의 대리권은 대리인의 대리권의 존재 및 범위에 의존한다. 복대리권의 범위는 원대리권의 범위보다 넓을 수 없으며, 대리인의 대리권이 소멸하면 복대리권도 소멸한다.

② 대리인의 대리권은 복대리인의 선임에 의하여 소멸되지 않는다.

(2) 복대리인과 본인과의 관계

① 복대리인은 그 권한 내에서 본인을 대리한다.

② 복대리인은 본인에 대하여 대리인과 동일한 권리・의무가 있다.

③ 따라서 복대리인은 본인에 대하여 직접 비용상환 또는 보수를 청구할 수 있다.

(3) 복대리인과 상대방의 관계

① 복대리인은 제3자에 대하여 대리인과 동일한 권리・의무가 있다. 따라서 복대리 하자는 복대리인을 기준으로 판단하여야 하며, 복대리인도 본인의 이름을 현명하여야 한다.

② 복임권 없는 대리인에 의해 선임된 복대리인의 대리행위에 관하여 표현대리 규정이 적용된다. 판례는 제126조, 제129조와 관련하여 복대리인에 의한 표현대리의 성립을 인정하고 있다.

OX

복대리인이 권한을 넘은 대리행위를 하여도 표현대리에 관한 규정은 적용되지 않는다. (×) 제15회

(4) 복대리인의 복임권

통설은 복대리인(임의대리인이 선임한 복대리인이든, 법정대리인이 선임한 복대리이든)도 임의대리인과 동일한 조건으로 복임권을 갖는다고 한다.

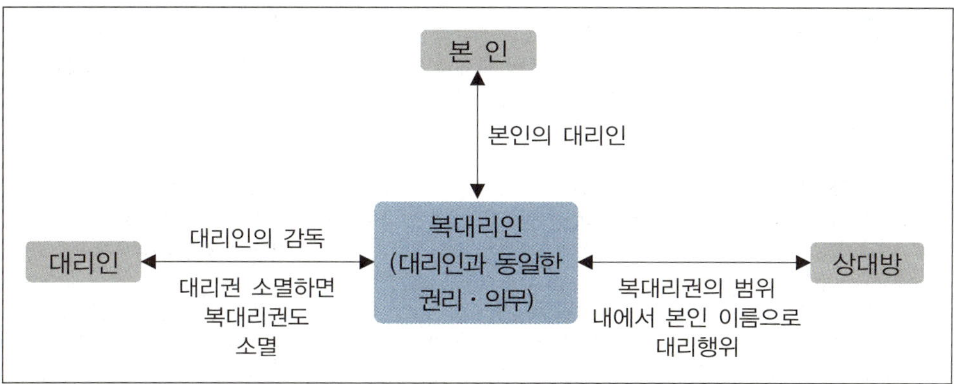

4. 복대리권의 소멸

(1) 대리권 일반소멸사유(본인의 사망, 대리인의 사망, 복대리인의 사망, 복대리인의 성년후견개시, 복대리인의 파산 등)에 의하여 소멸한다.

(2) 대리인의 대리권을 전제로 하는 것이므로 대리인의 대리권이 소멸하면 복대리권도 소멸한다.

OX

대리인의 대리권 소멸은 복대리인의 대리권 소멸에 전혀 영향을 미치지 않는다. (×) 제17회

예제

1. 대리에 관한 설명으로 옳지 않은 것은? (다툼이 있으면 판례에 따름) 제27회

① 민법상 조합은 법인격이 없으므로 조합대리의 경우에는 반드시 조합원 전원의 성명을 표시하여 대리행위를 하여야 한다.
② 매매계약을 체결할 대리권을 수여받은 대리인이 상대방으로부터 매매대금을 지급받은 경우, 특별한 사정이 없는 한 이를 본인에게 전달하지 않더라도 상대방의 대금지급의무는 소멸한다.
③ 임의대리의 경우, 대리권 수여의 원인이 된 법률관계가 기간만료로 종료되었다면 원칙적으로 그 시점에 대리권도 소멸한다.
④ 매매계약의 체결과 이행에 관하여 포괄적으로 대리권을 수여받은 대리인은 특별한 사정이 없는 한 상대방에 대하여 약정된 매매대금지급기일을 연기하여 줄 권한도 가진다.
⑤ 대여금의 영수권한만을 위임받은 대리인이 그 대여금 채무의 일부를 면제하기 위하여는 본인의 특별수권이 필요하다.

해설

① 민법상 조합의 경우 법인격이 없어 조합 자체가 본인이 될 수 없으므로, 이른바 조합대리에 있어서는 본인에 해당하는 모든 조합원을 위한 것임을 표시하여야 하나, 반드시 조합원 전원의 성명을 제시할 필요는 없고, 상대방이 알 수 있을 정도로 조합을 표시하는 것으로 충분하다(대판 2009.1.30, 2008다79340).
② 부동산의 소유자로부터 매매계약을 체결할 대리권을 수여받은 대리인은 특별한 사정이 없는 한 그 매매계약에서 약정한 바에 따라 중도금이나 잔금을 수령할 권한이 있으므로(대판 1994.2.8, 93다39379), 상대방이 대리인에게 매매대금을 지급한 경우 상대방의 대금지급의무는 소멸한다.
③ 원인된 법률관계가 종료된 경우 임의대리권은 소멸한다(제128조 참조).
④ 부동산의 소유자로부터 매매계약을 체결할 대리권을 수여받은 대리인은 특별한 다른 사정이 없는 한 그 매매계약에서 약정한 바에 따라 중도금이나 잔금을 수령할 수도 있다고 보아야 하고, 매매계약의 체결과 이행에 관하여 포괄적으로 대리권을 수여받은 대리인은 특별한 다른 사정이 없는 한 상대방에 대하여 약정된 매매대금지급기일을 연기하여 줄 권한도 가진다고 보아야 할 것이다(대판 1992.4.14, 91다43107).
⑤ 대여금의 영수권한만을 위임받은 대리인이 그 대여금 채무의 일부를 면제하기 위하여는 본인의 특별수권이 필요하다(대판 1981.6.23, 80다3221).

정답 ①

2. 대리에 관한 설명으로 옳지 않은 것은? 제28회

① 복대리인은 그 권한 내에서 자신을 선임한 대리인을 대리한다.
② 권한을 정하지 아니한 임의대리인은 대리의 목적인 물건의 성질이 변하지 않는 범위에서 그 물건을 개량할 수 있다.
③ 피한정후견인은 임의대리인이 될 수 있다.
④ 임의대리인은 본인의 승낙이 있거나 부득이한 사유있는 때가 아니면 복대리인을 선임하지 못한다.
⑤ 대리인이 수인인 경우, 특별한 사정이 없는 한 각자가 본인을 대리한다.

해설

① 복대리인은 그 권한 내에서 본인을 대리한다(제123조 제1항).
② 권한을 정하지 아니한 대리인은 보존행위, 대리의 목적인 물건이나 권리의 성질을 변하지 아니하는 범위에서 그 이용 또는 개량하는 행위를 할 수 있다(제118조 참조).

③ 대리인은 행위능력자임을 요하지 아니하므로(제117조), 피한정후견인도 타인의 대리인이 될 수 있다.
④ 대리권이 법률행위에 의하여 부여된 경우에는 대리인은 본인의 승낙이 있거나 부득이한 사유 있는 때가 아니면 복대리인을 선임하지 못한다(제120조).
⑤ 대리인이 수인인 때에는 각자가 본인을 대리한다(제119조 본문).

정답 ①

5 무권대리(無權代理)

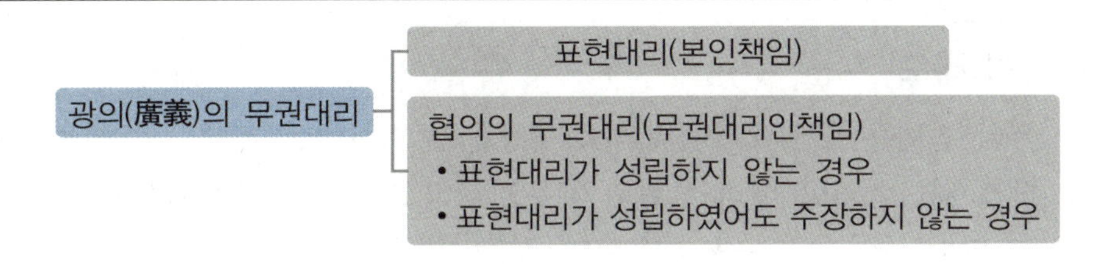

(1) 의 의

① '무권대리'란 대리인에게 정상적인 대리권이 없음에도 불구하고 상대방과 대리행위(대리인이 본인의 이름으로 법률행위를 하거나 받은 것)를 하는 것을 의미한다.
   ㉠ 무권대리는 대리인이 대리권 없이 행한 대리행위이므로 대리행위의 효과는 본인에게 귀속되지 않는다.
   ㉡ 또한 무권대리는 대리인이 본인의 이름을 현명하여 한 대리행위이므로 무권대리인에게도 책임을 물을 수 없다.

② 무권대리는 ①에서 살펴본 것처럼 본인에게도 또는 무권대리인에게도 책임을 물을 수 없는 상황에 처하게 된다. 이러한 점은 상대방에게 불리할 수 있다. 이런 점에서 '상대방을 보호'하기 위하여 우리 민법은 일정한 경우에 본인에게 책임을 지우는 표현대리와 무권대리인에게 책임을 지우는 협의의 무권대리를 규정하고 있다.

③ 무권대리는 대리권이 없는 것을 제외하고 나머지 대리행위 자체는 아무런 하자 없이 유효해야 한다(무권대리 = 대리권 없음 + 유효한 대리행위).
   ㉠ 따라서 대리행위 자체가 처음부터 무효인 경우는 무효이며 무권대리가 아니다.
   ㉡ 예를 들면, 甲의 대리인 乙이 상대방 丙과 통정하여 甲소유의 토지를 매매한 경우에는 그 통정에 의한 매매는 무효이므로 대리행위에 해당하지 않아서 본인에게 효과가 귀속되지 않는다.

ⓒ 또한 무권대리인이 본인의 이름을 현명하지 않는 경우에도 대리행위에 해당하지 않으므로 원칙적으로 무권대리에 해당하지 않는다.

ⓓ 즉, 무권대리는 대리행위는 유효하나 대리권이 존재하지 않아 원칙적으로 본인에게 효력이 발생하지 않는 경우를 말한다.

④ 무권대리행위는 대리권이 없어서 본인에게 효력이 발생하지 않는다는 점에서는 무효이지만, 처음부터 확정적 무효로 하는 것이 아니라 후에 본인의 추인에 의하여 대리행위의 효과가 유효로 발생될 여지를 남겨두고 있어 '유동적 무효'라 한다.

(2) 민법의 태도

① 우리 민법은 무권대리행위의 상대방을 보호하여 대리제도의 신용을 유지하기 위하여 표현대리와 협의의 무권대리 2가지의 무권대리제도를 마련하고 있다.

② '표현대리'는 무권대리인의 행위를 본인이 책임지는 무권대리로서, 무권대리 가운데 본인에게도 책임을 지워도 좋다고 생각되는 특별한 사정이 있는 경우에 본인이 책임을 지는 것을 말한다.

③ '협의의 무권대리'는 무권대리인 자신이 책임지는 무권대리로서, 무권대리 가운데 표현대리의 요건을 구비하지 못한 경우이거나 표현대리의 요건을 구비하였으나 상대방이 주장하지 아니한 경우에 무권대리인 자신이 책임을 지는 것을 말한다.

(3) 무권대리제도의 기능

① 거래안전의 보호

② 대리제도의 사회적 신용 유지

6 표현대리(表見代理)

1. 서 론

(1) 의 의

'표현대리'란 대리인에게 정상적인 대리권이 없음에도 불구하고 마치 외관상 정상적인 대리권이 있는 것과 같은 외관이 존재하고, 본인이 그러한 외관의 형성에 관여하였다든가 그 밖에 본인이 책임을 져야 할 사정이 있는 경우에 그 무권대리행위에 대하여 본인에게 책임을 지우는 제도를 의미한다.

(2) 표현대리의 종류

① 대리권수여의 표시에 의한 표현대리(제125조)
② 권한을 넘은 표현대리(제126조)
③ 대리권 소멸 후의 표현대리(제129조)

(3) 존재이유

'표현대리'도 원래 무권대리이지만, 유권대리와 동일한 법률효과(즉, 본인이 무권대리인의 행위에 대하여 책임을 진다는 점)를 발생하게 하여 무권대리인과 거래한 상대방을 보호함으로써 대리제도에 대한 신뢰를 유지하며 거래의 안전을 도모하는 데 그 존재이유가 있다(권리외관이론).

(4) 표현대리의 일반적 성립요건과 효과

① 강행법규에 위반되는 행위에 대하여 표현대리의 법리가 적용될 여지가 없다.
㉠ 앞에서 설명한 것처럼 '무권대리'는 대리권만 없을 뿐 대리행위는 아무런 하자 없이 '유효'하여야 한다. 그런데 대리인의 대리행위가 강행규정에 위반되는 것이라면 그 행위 역시 무효이다. 따라서 그 행위는 무권대리행위에 해당하지 않으므로 무권대리의 일종인 표현대리도 성립할 수 없다.
㉡ 같은 맥락에서 사회질서에 반하는 경우, 통정허위표시의 경우에도 표현대리가 성립할 수 없다.

② 유권대리에 관한 주장 가운데 무권대리에 속하는 표현대리의 주장이 포함되어 있다고 볼 수 없다. 따라서 당사자의 표현대리에 관한 주장이 없는 한 법원은 직권으로 표현대리가 성립하였는지를 심리・판단할 필요가 없다.

③ 표현대리가 성립하여 본인이 책임을 지는 경우에 상대방에게 과실이 있더라도 과실상계의 법리를 적용할 수는 없다. 과실상계의 법리는 손해배상을 청구할 때 적용되는 것이지, 계약의 이행책임에서는 적용될 수 없다.

④ **표현대리는 상대방을 보호하기 위한 제도이다.**
㉠ 따라서 표현대리는 상대방만 주장할 수 있고, 본인은 표현대리를 주장하지 못한다. 다만, 본인은 추인에 의해서 동일한 효과를 얻을 수 있다.
㉡ 표현대리가 성립하였다고 하더라도 표현대리를 주장할지 주장하지 않을지는 상대방의 선택이므로 표현대리의 요건이 충족되었더라도 상대방이 주장하지 않으면 표현대리의 효과가 발생하지 않는다.

OX
대리행위가 강행법규에 위반하여 무효이더라도 표현대리의 법리가 적용될 수 있다. (×) 제21회

OX
유권대리의 주장 속에는 무권대리에 속하는 표현대리의 주장이 포함되어 있다고 볼 수 있다. (×) 제21회

OX
표현대리가 성립하는 경우, 과실상계의 법리를 유추적용하여 본인의 책임을 경감할 수 없다. (○) 제21회

ⓒ 표현대리에서 보호되는 상대방은 (무권)대리행위의 직접 상대방만을 의미하고, 그 직접상대방과 거래한 전득자는 표현대리에 의하여 보호되는 상대방이 아니다.

⑤ 표현대리가 성립하여 본인이 책임을 지는 경우 책임의 형태는 무과실책임이다.

⑥ 표현대리가 성립함에 따라 본인에게 손해가 발생하였다면 본인은 기초적 내부관계에 기한 의무위반 또는 불법행위를 이유로 대리행위를 한 자에게 손해배상을 청구할 수 있다.

⑦ 표현대리도 넓은 의미의 무권대리에 속하므로 무권대리에 관한 규정(제130조 내지 제134조)이 적용되지만, 제135조(무권대리인의 상대방에 대한 책임)는 표현대리가 성립하는 경우에는 적용되지 않는다.

OX

권한을 넘은 표현대리에 관한 규정에서 말하는 제3자는 대리행위와 직접상대방이 된 자만을 가리킨다. (○) 제20회

관련판례

1. 증권회사 또는 그 임・직원의 부당권유행위를 금지하는 (구)증권거래법 제52조 제1호는 공정한 증권거래질서의 확보를 위하여 제정된 강행법규로서 이에 위배되는 주식거래에 관한 투자수익보장약정은 무효이고, 투자수익보장이 강행법규에 위반되어 무효인 이상 증권회사의 지점장에게 그와 같은 약정을 체결할 권한이 수여되었는지 여부에 불구하고 그 약정은 여전히 무효이므로 표현대리의 법리가 준용될 여지가 없다(대판 1996.8.23, 94다38199).

2. 비법인사단인 교회의 대표자는 총유물인 교회 재산의 처분에 관하여 교인총회의 결의를 거치지 아니하고는 이를 대표하여 행할 권한이 없다. 그리고 교회의 대표자가 권한 없이 행한 교회 재산의 처분행위에 대하여는 민법 제126조의 표현대리에 관한 규정이 준용되지 아니한다(대판 2009.2.12, 2006다23312).

3. 비법인사단인 피고 주택조합의 대표자가 조합총회의 결의를 거쳐야 하는 조합원 총유에 속하는 재산의 처분에 관하여는 조합원 총회의 결의를 거치지 아니하고는 이를 대리하여 결정할 권한이 없다 할 것이어서 피고 주택조합의 대표자가 행한 총유물인 이 사건 건물의 처분행위에 관하여는 민법 제126조의 표현대리에 관한 규정이 준용될 여지가 없다 할 것이다(대판 2003.7.11, 2001다73626).

4. 표현대리가 성립된다고 하여 무권대리의 성질이 유권대리로 전환되는 것은 아니므로 양자의 구성요건 해당사실, 즉 주요사실은 다르다고 볼 수밖에 없으니 유권대리에 관한 주장 속에 무권대리에 속하는 표현대리의 주장이 포함되어 있다고 볼 수 없다. 따라서 표현대리에 관한 주장이 없는 한 법원은 나아가 표현대리의 성립 여부를 심리판단할 필요가 없다(대판 전합 1983.12.13, 83다카1489).

5. 표현대리행위가 성립하는 경우에 그 본인은 표현대리행위에 의하여 전적인 책임을 져야 하고, 상대방에게 과실이 있다고 하더라도 과실상계의 법리를 유추적용하여 본인의 책임을 경감할 수 없다(대판 1996.7.12, 95다49554).

OX

강행규정 위반으로 무효인 법률행위에도 표현대리에 관한 법리가 준용될 수 있다. (×) 제22회

OX

무권대리행위라도 표현대리가 성립하면 무권대리의 성질이 유권대리로 전환된다. (×) 제22회

OX

유권대리에 관한 주장에는 표현대리의 주장이 포함되어 있다고 볼 수 있다. (×) 제26회

OX

표현대리가 성립하는 경우에는 상대방에게 과실이 있더라도 과실상계의 법리를 유추적용하여 본인의 책임을 경감할 수 없다. (○) 제26회

(5) 표현대리에서 문제가 되는 사항

① 사자의 행위에 대해서도 표현대리규정이 유추적용된다.

② 사실행위에 대해서는 표현대리가 적용되지 않는다.

③ 어음행위에 대해서도 표현대리가 적용된다.

④ 복대리인에 의해서도 표현대리가 성립할 수 있다.

⑤ (무권)대리인이 본인의 이름을 현명하지 않은 경우에는 대리행위가 아니므로 특별한 사정이 없는 한 표현대리가 성립하지 않는다.

⑥ **공법상의 행위 및 소송행위**

㉠ 공법상 행위 및 소송행위에는 원칙적으로 표현대리규정이 적용될 수 없다.

㉡ 지방자치단체가 사경제의 주체로서 법률행위를 하였을 때에는 표현대리에 관한 법리가 적용된다.

⑦ **민법의 표현대리규정의 중복적용**(제125조 + 제126조 = 제126조, 제126조 + 제129조 = 제126조)

판례는 대리권이 소멸한 후에도 권한을 넘는 표현대리가 성립할 수 있다고 한다.

관련판례

1. 대리인이 아니고 사실행위를 위한 사자라 하더라도 외견상 그에게 어떠한 권한이 있는 것의 표시 내지 행동이 있어 상대방이 그를 믿었고 또 그를 믿음에 있어 정당한 사유가 있다면 표현대리의 법리에 의하여 본인에게 책임이 있다(대판 1962.2.8, 4294민상192).
2. 민법 제126조의 표현대리가 성립하기 위하여는 무권대리인에게 법률행위에 관한 기본대리권이 있어야 하는바, 증권회사로부터 위임받은 고객의 유치, 투자상담 및 권유, 위탁매매약정실적의 제고 등의 업무는 사실행위에 불과하므로 이를 기본대리권으로 하여서는 권한초과의 표현대리가 성립할 수 없다(대판 1992.5.26, 91다32190).
3. 어음행위의 위조에 관하여도 민법상의 표현대리에 관한 규정이 적용 또는 유추적용되고, 다만 이때 그 규정의 적용을 주장할 수 있는 자는 어음행위의 직접 상대방에 한한다고 할 것이다(대판 1999.12.23, 99다13201).
4. 대리인이 대리권 소멸 후 직접 상대방과 사이에 대리행위를 하는 경우는 물론 대리인이 대리권 소멸 후 복대리인을 선임하여 복대리인으로 하여금 상대방과 사이에 대리행위를 하도록 한 경우에도, 상대방이 대리권 소멸 사실을 알지 못하여 복대리인에게 적법한 대리권이 있는 것으로 믿었고 그와 같이 믿은 데 과실이 없다면 민법 제129조에 의한 표현대리가 성립할 수 있다(대판 1998.5.29, 97다55317).

OX

대리인이 사자(使者)를 통해 권한 외의 대리행위를 한 경우, 그 사자에게는 기본대리권이 없으므로 권한을 넘은 표현대리가 성립할 수 없다. (×) 제23회

OX

사실행위를 기본대리권으로 하여 권한을 넘은 표현대리가 성립할 수 있다. (×) 제15회

OX

권한을 넘은 표현대리에 관한 규정에서 말하는 제3자는 대리행위와 직접 상대방이 된 자만을 가리킨다. (○) 제20회

OX

대리인이 대리권 소멸 후 복대리인을 선임하여 복대리인으로 하여금 상대방과 대리행위를 하도록 한 경우에도 대리권 소멸 후의 표현대리가 성립할 수 있다. (○) 제23회

5. 과거에 가졌던 대리권이 소멸되어 민법 제129조에 의하여 표현대리로 인정되는 경우에 그 표현대리의 권한을 넘는 대리행위가 있을 때에는 민법 제126조에 의한 표현대리가 성립할 수 있다(대판 2008.1.31, 2007다74713).
6. **무권대리인이 현명하지 않은 경우**
사술을 써서 대리행위의 표시를 하지 아니하고 단지 본인의 성명을 모용하여 자기가 마치 본인인 것처럼 기망하여 본인 명의로 직접 법률행위를 한 경우에는 특별한 사정이 없는 한 위 법조 소정의 표현대리는 성립될 수 없다(대판 2002.6.28., 2001다49814).
7. 대리인의 권한유월이 범죄를 구성한다 하더라도 표현대리의 법리를 적용하는 데 지장이 없다(대판 1963.8.31, 63다326).

2. 대리권수여표시(代理權 授與表示)에 의한 표현대리

제125조【대리권수여의 표시에 의한 표현대리】 제3자에 대하여 타인에게 대리권을 수여함을 표시한 자는 그 대리권의 범위 내에서 행한 그 타인과 그 제3자 간의 법률행위에 대하여 책임이 있다. 그러나 제3자가 대리권 없음을 알았거나 알 수 있었을 때에는 그러하지 아니하다.

(1) 의 의

① '제125조의 대리권수여의 표시에 의한 표현대리'는 본인과 무권대리인 사이의 내부관계에서 대리권이 수여되지 않았음에도 불구하고, 본인이 제3자에 대하여 타인에게 대리권을 수여하였다는 취지를 표시함으로써 그 표시를 받은 제3자가 대리권의 수여가 있는 것으로 오신(誤信)하여 그 타인(상대방)과의 사이에 행위를 하는 경우를 말한다.

② 예를 들면, 甲이 乙을 대리인으로 선임한다는 것을 丙이 보는 앞에서 하였고, 丙은 乙이 甲의 대리인이라고 믿고 거래를 하였는데, 실제로 甲이 乙에게 대리권을 수여하지 않았더라도 甲에게 책임을 부담시키는 것이다.

(2) 성립요건

① **대리권수여의 표시**

㉠ '대리권수여의 표시(통지)'의 법적 성질은 관념의 통지이다.

㉡ 대리권수여표시의 방법에는 제한이 없다. 따라서 구술로 하든 서면으로 하든 명시적 또는 묵시적 표시도 가능하며 특정인에 대한 것뿐만 아니라 불특정다수인에게 대리권수여표시를 할 수 있다.

OX
복임권 없는 대리인에 의하여 선임된 복대리인이 대리행위를 한 경우에도 표현대리가 인정될 수 있다. (○) 제17회

OX
대리권이 소멸한 후에는 권한을 넘은 표현대리가 성립할 수 없다. (×) 제15회

OX
본인을 위한 것임을 표시하지 않은 경우, 특별한 사정이 없는 한 대리 또는 표현대리의 법리가 적용될 수 없다. (○) 제16회

OX
대리인의 권한을 넘는 행위가 범죄를 구성하는 경우에는 권한을 넘는 표현대리의 법리는 적용될 여지가 없다. (×) 제27회

OX
대리권수여의 표시에 의한 표현대리는 어떤 자가 본인을 대리하여 제3자와 법률행위를 함에 있어서 본인이 그 자에게 대리권을 수여하였다는 표시를 그 제3자에게 한 경우에 성립할 수 있다. (○) 제25회

관련판례

[1] 본인에 의한 대리권수여의 표시는 반드시 대리권 또는 대리인이라는 말을 사용하여야 하는 것이 아니라 사회통념상 대리권을 추단할 수 있는 직함이나 명칭 등의 사용을 승낙 또는 묵인한 경우에도 대리권수여의 표시가 있는 것으로 볼 수 있다.

[2] 호텔 등의 시설이용 우대회원 모집계약을 체결하면서 자신의 판매점, 총대리점 또는 연락사무소 등의 명칭을 사용하여 회원모집 안내를 하거나 입회계약을 체결하는 것을 승낙 또는 묵인하였다면 민법 제125조의 표현대리가 성립할 여지가 있다(대판 1998.6.12, 97다53762).

> **OX**
> 사회통념상 대리권을 추단할 수 있는 직함이나 명칭 등의 사용을 승낙한 경우라도 특별한 사정이 없는 한 대리권 수여의 표시가 있는 것으로 볼 수는 없다. (×) 제26회

② 표시된 대리권의 범위 내의 행위일 것

③ **대리행위의 상대방**

㉠ 대리행위의 상대방은 대리권수여표시를 받은 자이어야 한다.

㉡ 통지를 불특정 다수인에게 한 경우(예 광고)에는 불특정 다수인이 상대방이 된다.

④ **상대방의 선의 · 무과실**

㉠ '선의'란 대리권 없음을 알지 못하는 것, 즉 대리권이 있는 것으로 오신하는 것을 의미하고, '무과실'이란 선의인데 과실이 없는 것을 의미한다.

㉡ 상대방의 과실 유무는 무권대리행위 당시의 제반 사정을 객관적으로 판단하여 결정하여야 한다.

㉢ 상대방의 선의 · 무과실에 대한 입증책임은 '본인'에게 있다. 즉, 본인이 상대방이 악의이거나 과실 있음을 입증하여야 한다.

> **OX**
> 대리권수여의 표시에 의한 표현대리가 성립하기 위해서는 대리권이 없다는 사실에 대해 상대방은 선의 · 무과실이어야 한다. (○) 제23회

(3) 적용범위

제125조(대리권수여표시에 의한 표현대리)는 임의대리에만 적용되고, 법정대리에는 적용되지 않는다.

3. 권한을 넘은 표현대리

> **제126조【권한을 넘은 표현대리】** 대리인이 그 권한 외의 법률행위를 한 경우에 제3자가 그 권한이 있다고 믿을 만한 정당한 이유가 있을 때에는 본인은 그 행위에 대하여 책임이 있다.

(1) 의 의

제126조의 '권한을 넘은 표현대리'란 표현대리인이 정상적인 기본대리권을 가지고 있는데, 그 기본대리권의 범위를 넘어서는 월권(越權)의 대리행위를 하는 것을 의미한다.

예 주택의 담보대출이라는 기본대리권을 수여받은 대리인이 담보대출보다 큰 주택의 처분을 제3자에게 한 경우

(2) 성립요건

① **대리인에게 기본대리권이 존재할 것**: 실제로 행하여진 대리행위에 관한 대리권은 없지만, 그 어떤 행위에 대해서는 대리권이 존재하여야 한다.

알아두기

■ 기본대리권이 될 수 있는 것들(기본대리권으로서 적격성)

1. 법정대리권
2. 복대리권
3. 일상가사대리권
4. 등기신청이라는 공법상의 권리
5. 그러나 '사실행위'는 기본대리권이 될 수 없으므로 제126조의 표현대리가 성립하지 않는다.

보충학습

| 일상가사(日常家事)대리권

1. 법적 성질: 일종의 법정대리권이다.
2. 일상가사대리권을 기본대리권으로 하여 권한을 넘는 표현대리가 성립한다.
3. 법률혼 사이뿐만 아니라 사실혼 관계에 있는 부부 사이에서도 제126조의 표현대리가 성립할 수 있다.

관련판례

1. 민법 제126조에서 말하는 권한을 넘은 표현대리는 현재에 대리권을 가진 자가 그 권한을 넘은 경우에 성립하는 것이지, 현재에 아무런 대리권도 가지지 아니한 자가 본인을 위하여 한 어떤 대리행위가 과거에 이미 가졌던 대리권을 넘은 경우에까지 성립하는 것은 아니라고 할 것이다(대판 2008.1.31, 2007다74713).
2. 법정대리권도 권한을 넘은 표현대리에서 기본대리권이 될 수 있다(대판 1997.6.27, 97다3828).
3. 대리인이 사자 내지 임의로 선임한 복대리인을 통하여 권한 외의 법률행위를 한 경우 상대방이 그 행위자를 대리권을 가진 대리인으로 믿었고 또한 그렇게 믿는 데에 정당한 이유가 있는 때에는 복대리인 선임권이 없는 대리인에 의하여 선임된 복대리인의 권한도 기본대리권이 될 수 있을 뿐만 아니라, 그 행위자가 사자라고 하더라도 대리행위의 주체가 되는 대리인이 별도로 있고 그들에게 본인으로부터 기본대리권이 수여된 이상, 민법 제126조를 적용함에 있어서 기본대리권의 흠결 문제는 생기지 않는다(대판 1998.3.27, 97다48982).
4. 타인의 채무에 대한 보증행위는 그 성질상 아무런 반대급부 없이 오직 일방적으로 불이익만을 입는 것인 점에 비추어 볼 때, 남편이 처에게 타인의 채무를 보증함에 필요한 대리권을 수여한다는 것은 사회통념상 이례에 속하므로 처가 특별한 수권 없이 남편을 대리하여 위와 같은 행위를 하였을 경우에 그것이 민법 제126조 소정의 표현대리가 되려면 처에게 일상가사대리권이 있었다는 것만이 아니라 상대방이 처에게 남편이 그 행위에 관한 대리의 권한을 주었다고 믿었음을 정당화할 만한 객관적인 사정이 있어야 한다(대판 1998.7.10, 98다18988).
5. 자기명의의 영업허가를 구청에 내달라고 부탁하면서 인감도장을 교부하거나, 등기신청을 부탁하는 경우처럼, 공법상의 행위에 관하여도 이를 기본대리권으로 삼을 수 있다(대판 1965.3.30, 65다44).

OX 기본대리권이 없는 경우에도 권한을 넘은 표현대리가 성립할 수 있다. (×) 제15회

OX 복대리인의 권한은 권한을 넘은 표현대리의 기본대리권이 될 수 없다. (×) 제26회

OX 일상가사대리권은 권한을 넘은 표현대리에 있어서 기본대리권이 될 수 없다. (×) 제14회

OX 사실혼 관계에 있는 부부간에도 일상가사에 관한 대리권이 인정되므로, 이를 기본대리권으로 하는 권한을 넘은 표현대리가 성립할 수 있다. (○) 제23회

OX 등기신청의 대리권도 권한을 넘은 표현대리의 기본대리권이 될 수 있다. (○) 제25회

② 표현대리인의 행위가 기본대리권의 범위를 넘어선 월권행위일 것

㉠ 월권행위도 권한을 넘어서는 것이지만 대리행위여야 한다. 따라서 대리행위로 인정할 만한 사정이 없다면 표현대리가 성립하지 않는다.

㉡ 권한을 넘은 행위가 기본대리권과 같은 종류의 것임을 요하지 아니한다. 즉, 기본대리권과 월권행위는 동종일 필요는 없다.

OX
권한을 넘은 표현대리에서 기본 대리권은 권한을 넘은 행위와 반드시 같은 종류의 것일 필요는 없다. (○) 제20회

OX
권한을 넘은 표현대리의 경우, 권한이 있다고 믿을 만한 정당한 이유가 있는지 여부는 대리행위 당시를 기준으로 해야 한다. (○) 제23회

OX
상대방이 대리인에게 대리권이 있다고 믿을 만한 정당한 이유가 있는지를 판단하는 기준 시기는 사실심 변론종결시이다. (×) 제15회

관련판례

1. 표현대리의 법리가 적용될 권한을 넘은 행위는 그 대리인이 가지고 있는 진실한 대리권과 동종임을 필요로 하지 않는다(대판 1963.8.31, 63다326).
2. 민법 제126조의 표현대리는 문제된 법률행위와 수여받은 대리권 사이에 아무런 관계가 없는 경우에도 적용이 있다(대판 1963.11.21, 63다418).
3. 기본대리권이 등기신청행위라 할지라도 표현대리인이 그 권한을 유월하여 대물변제라는 사법행위를 한 경우에는 표현대리의 법리가 적용된다(대판 1978.3.28, 78다282).

ⓒ 본인인 것처럼 가장하여 월권행위를 한 경우(대리인이 현명하지 않는 경우)

원칙적으로 대리행위가 아니므로 표현대리가 성립하지 않는다. 다만, 예외적으로 특별한 사정이 있으면 상대방을 보호하기 위하여 표현대리를 유추적용한다.

관련판례

본인으로부터 아파트에 관한 임대 등 일체의 관리권한을 위임받아 본인으로 가장하여 아파트를 임대한 바 있는 대리인이 다시 자신을 본인으로 가장하여 임차인에게 아파트를 매도하는 법률행위를 한 경우에는 권한을 넘은 표현대리의 법리를 유추적용하여 본인에 대하여 그 행위의 효력이 미친다고 볼 수 있다(대판 1993.2.23, 92다52436).

③ 상대방에 정당한 이유가 있을 것

㉠ 정당한 이유의 의의 및 판단시기

ⓐ 정당한 이유는 '선의·무과실'의 다른 표현이다.

ⓑ 정당한 이유의 유무의 판단시기는 무권대리행위 당시 존재하였던 객관적 사정에 한하여 판단할 것이지, 무권대리행위 이후의 사정을 고려하여 정당한 이유를 판단하여서는 안 된다.

㉡ 정당한 이유의 입증책임은 상대방에게 있다.

관련판례

정당한 이유의 존부는 자칭 대리인의 대리행위가 행하여질 때에 존재하는 제반 사정을 객관적으로 관찰하여 판단하여야 하는 것이지 당해 법률행위가 이루어지고 난 훨씬 뒤의 사정을 고려하여 그 존부를 결정해야 하는 것은 아니다(대판 1987.7.7, 86다카2475).

선의 · 무과실에 대한 입증책임

입증책임	통 설	판 례
제125조	본인	본인
제126조	본인	상대방
제129조	본인	본인

(3) 적용범위

임의대리뿐만 아니라 법정대리에도 적용된다.

보충학습

양적으로 가분(可分)인 월권행위

1. 예를 들면, 1,000만원의 대출권한을 위임받은 대리인이 1,500만원을 대출받은 경우처럼 판례는 대리권 범위 내의 부분에 대해서는 계약책임을 인정하는 입장으로 보인다.
2. 즉, 1,000만원의 범위 내에서는 대리권이 인정되므로 본인이 책임을 부담한다. 다만, 초과한 부분(500만원)에 대하여는 상대방에게 정당한 이유가 있다면 표현대리를, 표현대리가 성립하지 않으면 일반적인 협의의 무권대리로 취급한다.

OX 법정대리의 경우에도 권한을 넘는 표현대리가 성립할 수 있다. (○) 제18회

4. 대리권 소멸 후의 표현대리

제129조 【대리권 소멸 후의 표현대리】 대리권의 소멸은 선의의 제3자에게 대항하지 못한다. 그러나 제3자가 과실로 인하여 그 사실을 알지 못한 때에는 그러하지 아니하다.

(1) 의 의

'제129조의 대리권 소멸 후의 표현대리'란 과거에 있던 대리권이 소멸하여 현재 대리권 없게 된 자가 대리행위를 한 경우에 선의 · 무과실로 그와 거래한 상대방을 보호하기 위하여 본인에게 책임을 지우는 것이다.

(2) 성립요건

① **이전에 존재하였던 대리권이 소멸하였을 것**

㉠ 이전에 존재하였던 대리권이 대리행위의 당시에 소멸하였어야 한다.

㉡ 따라서 처음부터 전혀 대리권이 존재하지 않았던 경우에는 적용될 여지가 없다.

OX 처음부터 대리권이 없었던 경우에는 대리권 소멸 후의 표현대리는 성립할 수 없다. (○) 제20회

② **상대방의 선의 · 무과실**

㉠ 제3자는 거래행위의 상대방만을 의미하고 그 상대방과 거래한 제3자를 포함하지 않는다.

㉡ 선의 · 무과실의 입증책임은 '본인'에게 있다.

㉢ 제129조의 요건사실 중 존재하던 대리권이 소멸하였다는 점 및 대리인이 권한 내의 대리행위를 하였다는 점은 상대방이 주장하고 증명하여야 한다.

㉣ 대리권 소멸 후에 선임된 복대리인에 의한 표현대리도 성립한다.

③ 표현대리인이 권한 내의 행위를 하였을 것

(3) 적용범위

통설과 판례는 임의대리뿐만 아니라 법정대리에도 적용된다고 한다.

관련판례

1. 대리권 소멸 후의 표현대리에 관한 민법 제129조는 법정대리인의 대리권 소멸에 관하여도 적용이 있다(대판 1975.1.28, 74다1199).
2. 기본적인 어떠한 대리권도 없는 자에 대하여 대리권한의 유월 또는 소멸 후의 표현대리관계는 성립할 여지가 없다(대판 1984.10.10, 84다카780).

OX

대리권 소멸 후의 표현대리에 관한 규정은 법정대리인의 대리권 소멸에 관하여 적용되지 않는다. (×) 제21회

예 제

표현대리에 관한 설명으로 옳은 것을 모두 고른 것은? (다툼이 있으면 판례에 따름)

제27회

㉠ 표현대리가 성립하여 본인이 이행책임을 지는 경우, 상대방에게 과실이 있더라도 과실상계의 법리가 유추적용되지 않는다.
㉡ 권한을 넘는 표현대리규정은 법정대리의 경우에도 적용된다.
㉢ 대리인의 권한을 넘는 행위가 범죄를 구성하는 경우에는 권한을 넘는 표현대리의 법리는 적용될 여지가 없다.

① ㉠　② ㉢　③ ㉠, ㉡
④ ㉡, ㉢　⑤ ㉠, ㉡, ㉢

해설

㉠ (○) 표현대리행위가 성립하는 경우에 그 본인은 표현대리행위에 의하여 전적인 책임을 져야 하고, 상대방에게 과실이 있다고 하더라도 과실상계의 법리를 유추적용하여 본인의 책임을 경감할 수 없다(대판 1996.7.12, 95다49554).

㉡ (○) 민법 제126조 소정의 권한을 넘는 표현대리 규정은 거래의 안전을 도모하여 거래상대방의 이익을 보호하려는 데에 그 취지가 있으므로 법정대리라고 하여 임의대리와는 달리 그 적용이 없다고 할 수 없다(대판 1997.6.27, 97다3828).

㉢ (×) 대리인의 권한유월이 범죄를 구성한다 하더라도 표현대리의 법리를 적용하는 데 지장이 없다(대판 1963.8.31, 63다326).

정답 ③

7 협의(狹義)의 무권대리(無權代理)

1. 의 의

(1) '협의의 무권대리'란 넓은 의미의 무권대리에서 표현대리를 제외한 나머지 무권대리를 의미한다.

(2) 한편으로는 표현대리도 무권대리의 일종이므로 표현대리에 해당하는 경우에도 상대방이 이를 주장하지 않는 경우는 '협의의 무권대리'가 된다고 한다.

(3) 민법은 협의의 무권대리를 계약의 무권대리와 단독행위의 무권대리로 나누어 규정하고 있다.

2. 계약의 무권대리

> 제130조【무권대리】 대리권 없는 자가 타인의 대리인으로 한 계약은 본인이 이를 추인하지 아니하면 본인에 대하여 효력이 없다.

(1) **의 의**

① '무권대리'는 대리권이 없이 한 대리인의 행위이므로 본인에게 그 대리행위의 효력이 미치지 않는 것이 원칙이다. 그런데 무권대리행위라고 하더라도 본인에게 유리할 수도 있고 상대방을 위해서라도 그대로 효력을 인정하는 것이 당초의 기대에 부합하기 때문에 본인의 추인에 의하여 그 효력이 발생하도록 민법은 규정하고 있다.

② 즉, 무권대리는 처음에는 무효이지만, 확정적으로 무효가 되는 것은 아니고 후에 본인의 추인에 의하여 유효로 될 수 있는 '유동적 무효(流動的 無效)'이다.

OX

무권대리인과 상대방이 체결한 계약은 본인의 추인 여부에 따라 그 효력이 확정되는 유동적 무효이다. (○) 제16회

> **OX**
> 무권대리행위의 추인은 무권대리인의 동의나 승낙을 요하지 않는다. (○) 제16회

> **OX**
> 무권대리인이 사망한 경우에는 그 상속인이 추인할 수 있다. (×) 제16회

> **OX**
> 본인은 무권대리인에게 무권대리행위를 추인할 수는 없다. (×) 제14회

> **OX**
> 추인의 상대방은 무권대리행위의 직접 상대방뿐만 아니라 그 무권대리행위로 인한 권리의 승계인도 포함한다. (○) 제23회

> **OX**
> 본인이 무권대리인의 무권대리행위를 추인하면 상대방은 본인에 대해 매매계약의 효력을 주장할 수 있다. (○) 제18회

> **OX**
> 본인이 무권대리인에게 추인하였더라도, 상대방이 계약 당시에 무권대리 사실을 알지 못하였다면 상대방은 그 추인 사실을 알 때까지 계약을 철회할 수 있다. (○) 제28회

(2) 본인과 상대방 사이의 효과

① 본인의 추인권(追認權)

㉠ 추인의 성질

ⓐ '무권대리행위의 추인'은 상대방이나 무권대리인의 동의나 승낙을 요하지 않는 상대방 있는 단독행위이다.

ⓑ 형성권의 일종이며, 사후의 대리권의 수여가 아니다.

ⓒ 추인권자는 원칙적으로 본인이지만, 본인이 사망한 경우에 본인의 상속인이 추인할 수 있고, 본인으로부터 특별수권을 부여받은 임의대리인도 추인할 수 있다.

㉡ 추인의 상대방

> **제132조 【추인, 거절의 상대방】** 추인 또는 거절의 의사표시는 상대방에 대하여 하지 아니하면 그 상대방에 대항하지 못한다. 그러나 상대방이 그 사실을 안 때에는 그러하지 아니하다.

ⓐ 추인은 원칙적으로 상대방에게 행사하여야 하지만, 그렇다고 해서 반드시 상대방에게만 행사하여야 하는 것은 아니다. 즉, 본인의 추인은 상대방뿐만 아니라 무권대리인 또는 상대방의 승계인 어느 사람에게도 추인할 수 있다.

ⓑ 원칙적으로 무권대리에서 본인의 추인이 있으면 그 무권대리는 유효로 확정되기에 상대방은 본인의 추인 후에는 철회하지 못하고, 본인의 추인 전에만 철회할 수 있다(제134조).

ⓒ 그런데 본인이 추인을 상대방에게 하지 않은 경우 '상대방에게 대항하지 못한다.'의 의미는 본인이 무권대리인에게 추인을 하였는데 상대방이 그 사실을 알지 못하고 철회한 경우에 본인은 추인이 먼저 있었음을 주장하지 못한다는 의미이다.

관련판례

[1] 무권대리행위의 추인은 무권대리인, 무권대리행위의 직접의 상대방 및 그 무권대리행위로 인한 권리 또는 법률관계의 승계인에 대하여도 할 수 있다.

[2] 민법 제132조는 본인이 무권대리인에게 무권대리행위를 추인한 경우에 상대방이 이를 알지 못하는 동안에는 본인은 상대방에게 추인의 효과를 주장하지 못한다는 취지이므로 상대방은 그때까지 민법 제134조에 의한 철회를 할 수 있고, 또 무권대리인에의 추인이 있었음을 주장할 수도 있다(대판 1981.4.14, 80다2314).

ⓒ 추인의 방법

ⓐ 무권대리행위의 추인은 특별한 방식이 요구되는 것은 아니므로 구술로 하든 서면으로 하든, 재판 외에서뿐만 아니라 재판상으로도 할 수 있는 불요식행위이다.

ⓑ 추인은 원칙적으로 무권대리행위 전부에 대하여 행하여져야 한다. 따라서 일부추인, 변경추인은 상대방의 동의가 있어야만 유효하다. 즉, 상대방의 동의 없는 일부추인, 변경추인은 무효이다.

관련판례

무권대리행위의 추인은 무권대리인에 의하여 행하여진 불확정한 행위에 관하여 그 행위의 효과를 자기에게 직접 발생하게 하는 것을 목적으로 하는 의사표시이며, 무권대리인 또는 상대방의 동의나 승낙을 요하지 않는 단독행위로서 추인은 의사표시의 전부에 대하여 행하여져야 하고, 그 일부에 대하여 추인을 하거나 그 내용을 변경하여 추인을 하였을 경우에는 상대방의 동의를 얻지 못하는 한 무효이다(대판 1982.1.26, 81다카549).

OX

무권대리행위의 내용을 변경하여 추인한 경우, 상대방의 동의를 얻지 못하면 그 추인은 효력이 없다. (○) 제23회

ⓒ 추인은 명시적 추인뿐만 아니라 묵시적 추인도 인정된다.

OX

무권대리행위의 추인은 명시적 또는 묵시적으로 할 수 있다. (○) 제16회

관련판례

1. 무권대리행위는 그 효력이 불확정상태에 있다가 본인의 추인 유무에 따라 본인에 대한 효력발생 여부가 결정되는 것인바, 그 추인은 무권대리행위가 있음을 알고 그 행위의 효과를 자기에게 귀속하도록 하는 단독행위로서 그 의사표시의 방법에 관하여 일정한 방식이 요구되는 것이 아니므로 명시적이든 묵시적이든 묻지 아니한다(대판 2009.6.11, 2009다13293).
2. 본인이 매매계약을 체결한 무권대리인으로부터 매매대금의 전부 또는 일부를 받았다면 특단의 사유가 없는 한 무권대리인의 매매계약을 추인하였다고 봄이 타당하다(대판 1963.4.11, 63다64).
3. 무권대리인이 임대차계약을 체결한 것에 대해 본인이 임대인 명의의 영수증을 받고 무권대리인에게 차임의 일부를 지급한 경우 임대차계약을 추인한 것이다(대판 1984.12.11, 83다카1531).
4. 무권대리인이 차용금 중의 일부로 본인 소유의 부동산에 가등기로 담보하고 있던 소외인에 대한 본인의 채무를 변제하고 그 가등기를 말소하고 무권대리인이 차용한 금원의 변제기일에 채권자가 본인에게 그 변제를 독촉하자 그 유예를 요청하였다면 무권대리인의 행위를 추인하였다고 볼 것이다(대판 1973.1.30, 72다2309).
5. 임야를 상속하여 공동소유하고 있는 친족들 중 일부가 가까운 친척에게 임야의 매도를 위임하여 매도대금을 동인들의 생활비로 소비하였고, 나머지 공유자들은 임야의 매각 소식을 전해 듣고도 15년간 아무런 이의를 제기하지 아니하였다면 위 신분관계, 매도경위, 대금의 소비관계 등 제반 사정에

OX

본인이 매매계약을 체결한 무권대리인으로부터 매매대금의 전부를 받았다면 특별한 사정이 없는 한 추인으로 볼 수 있다. (○) 제16회

비추어 처분권을 위임하지 아니한 나머지 공유자들도 매매행위를 묵시적으로 추인한 것이라고 보아야 한다(대판 1991.1.29, 90다12717).

6. 처가 타인으로부터 금원을 차용하면서 승낙 없이 남편 소유 부동산에 근저당권을 설정한 것을 알게 된 남편이, 처의 채무 변제에 갈음하여 아파트와 토지를 처가 금전을 차용한 자에게 이전하고 그 토지의 시가에 따라 사후에 정산하기로 합의한 후 그 합의가 결렬되어 이행되지 않았다고 하더라도 일단 처가 차용한 사채를 책임지기로 한 이상 남편은 처의 근저당권설정 및 금원 차용의 무권대리행위를 추인한 것이다(대판 1995.12.22, 94다45098).
7. 당사자가 변론기일에 불출석하여 매매사실에 관하여 의제자백한 것으로 간주되었다 하여도 그로써 그 당사자가 소외인의 무권대리 매매를 추인한 것이라고 볼 수 없다(대판 1982.7.13, 81다648).
8. 무권대리행위가 범죄가 되는 경우에 대하여 그 사실을 알고도 장기간 형사고소를 하지 아니하였다 하더라도 그 사실만으로 묵시적인 추인이 있었다고 할 수는 없다(대판 1998.2.10, 97다31113).
9. 무권대리행위에 대하여 이의함이 없이 방치하였다는 사실만으로 추인한 것으로 볼 수 없다(대판 1998.2.10, 97다31113).
10. 부가 자와 공동상속한 거주가옥의 부지를 자의 대리권 없이 매도하고 사망한 후 자가 매수인에게 그 매매대금상당액을 지급하기로 약정한 것만으로 망부의 무권대리행위를 추인한 것으로 볼 수는 없다(대판 1991.7.9, 91다261).
11. 자(子)가 대리권 없이 부(父)소유의 부동산을 매도한 사실에 관하여 매수인이 자를 고소하겠다고 하는 관계로 부가 매매대금에 해당하는 돈을 반환해 주겠다고 하면서 그 매매계약을 해약해 달라고 요청하고, 또 그 금원 반환기일에 금원을 반환하지 못하게 되자 그 기일의 연기를 구하였다고 하는 사실만으로는 부가 자의 위 무권대리행위를 추인한 것이라고 단정할 수 없다(대판 1986.3.11, 85다카2337).

> **OX** 무권대리행위가 범죄가 되는 경우에 그 사실을 알고도 장기간 형사고소를 하지 아니하였다는 사실만으로 무권대리행위에 대한 추인으로 볼 수 없다. (○) 제16회

> **OX** 무권대리행위에 대해 본인이 이의를 제기하지 않고 장기간 방치해 둔 사실만으로 무권대리행위에 대한 추인이 있다고 볼 수 없다. (○) 제24회

㉣ 추인의 효과

> **제133조【추인의 효과】** 추인은 다른 의사표시가 없는 때에는 계약시에 소급하여 그 효력이 생긴다. 그러나 제3자의 권리를 해하지 못한다.

ⓐ 원칙: 본인의 추인이 있으면 무권대리행위는 원칙적으로 처음부터, 즉 소급적으로 유권대리에서와 마찬가지의 법률효과가 발생한다.

ⓑ 예외: 다른 의사표시가 있으면 소급효가 없다. 또한 추인의 소급효는 제3자의 권리를 해치지 못한다.

> **OX** 무권대리행위의 추인은 다른 의사표시가 없는 한 추인한 때부터 효력이 생긴다. (×) 제22회

> **OX** 무권대리행위의 추인은 다른 의사표시가 없는 때에는 장래에 대하여 효력이 있다. (×) 제20회

② **본인의 추인거절권**

㉠ 본인은 추인의 의사가 없음을 적극적으로 표시함으로써 무권대리행위를 확정적으로 무효화시킬 수 있다.

㉡ 본인의 추인거절이 있으면 무권대리행위는 무효로 확정되어, 그 후에 본인이 추인을 할 수 없게 될 뿐만 아니라 상대방도 최고권이나 철회권을 행사할 수 없다.

㉢ 상속과 추인거절권

ⓐ 무권대리인이 본인을 상속한 경우(예 子가 父의 대리인이라고 칭하며 父의 재산을 처분한 후 父의 사망으로 父를 상속한 경우)에는 무권대리인이 본인의 지위에서 추인을 거절하는 것은 신의성실의 원칙에 반하여 추인을 거절할 수 없다.

ⓑ 본인이 무권대리인을 상속한 경우에는 본인의 입장에서 추인을 거절할 수 있지만, 결국 무권대리인의 지위를 상속하므로 무권대리인으로서 책임을 져야 하므로 거절할 실익이 없다.

관련판례

甲이 대리권 없이 乙소유 부동산을 丙에게 매도하여 부동산 소유권이전등기 등에 관한 특별조치법에 의하여 소유권이전등기를 마쳐 주었다면 그 매매계약은 무효이고 이에 터 잡은 이전등기 역시 무효가 되나, 甲은 乙의 무권대리인으로서 민법 제135조 제1항의 규정에 의하여 매수인인 丙에게 부동산에 대한 소유권이전등기를 이행할 의무가 있으므로 그러한 지위에 있는 甲이 乙로부터 부동산을 상속받아 그 소유자가 되어 소유권이전등기이행의무를 이행하는 것이 가능하게 된 시점에서 자신이 소유자라고 하여 자신으로부터 부동산을 전전매수한 丁에게 원래 자신의 매매행위가 무권대리행위여서 무효였다는 이유로 丁 앞으로 경료된 소유권이전등기가 무효의 등기라고 주장하여 그 등기의 말소를 청구하거나 부동산의 점유로 인한 부당이득금의 반환을 구하는 것은 금반언의 원칙이나 신의성실의 원칙에 반하여 허용될 수 없다(대판 1994.9.27, 94다20617).

(3) 상대방에 대한 효과

제131조 【상대방의 최고권】 대리권 없는 자가 타인의 대리인으로 계약을 한 경우에 상대방은 상당한 기간을 정하여 본인에게 그 추인 여부의 확답을 최고할 수 있다. 본인이 그 기간 내에 확답을 발하지 아니한 때에는 추인을 거절한 것으로 본다.

① **상대방의 최고권**

㉠ '최고(催告)'는 상대방이 본인에 대하여 무권대리행위를 추인할 것인지 여부의 확답을 촉구하는 것이다.

OX
본인이 무권대리인의 무권대리행위의 추인을 거절한 경우, 상대방은 최고권을 행사할 수 없다. (○) 제16회

OX
무권대리인이 본인을 단독 상속한 경우, 무권대리인은 특별한 사정이 없는 한 본인의 지위에서 추인거절권을 행사할 수 있다. (×) 제28회

OX
상대방이 상당한 기간을 정하여 본인에게 추인 여부의 확답을 최고하였으나 본인이 그 기간 내에 확답을 발하지 않으면 그 계약을 추인한 것으로 본다. (×) 제16회

OX
무권대리행위의 추인은 다른 의사표시가 없는 때에는 장래에 대하여 효력이 있다. (×) 제20회

OX

상대방이 계약 당시에 대리인에게 대리권이 없음을 안 경우, 상대방은 상당한 기간을 정하여 본인에게 그 추인 여부의 확답을 최고할 수 없다. (×) 제18회

㉡ 최고는 의사의 통지이며, 형성권의 일종이라고 할 것이다.

㉢ 상대방의 선의·악의를 불문하고 인정된다.

㉣ 상당한 기간을 정하여 최고하여야 한다.

㉤ 최고의 상대방은 본인뿐이며, 무권대리인에게는 최고할 수 없다.

㉥ 효 과

ⓐ 상대방의 최고가 있는 경우 본인은 그 유예기간 내에 추인하거나 추인거절하면 그에 따른 효과가 발생한다.

ⓑ 최고의 효과는 본인이 그 유예기간 동안 추인도 추인거절도 하지 않는 경우(침묵한 경우)에 추인을 거절한 것으로 보는 효과가 발생한다(이 점이 민법 제15조의 제한능력자의 최고와는 다르다).

ⓒ 최고기간 경과 후에 추인하면 이미 최고기간경과만 가지고도 추인거절의 효과가 발생하므로 후에 추인하여도 추인의 효과가 발생하지 않는다.

ⓓ 발신주의를 취하고 있다.

② **상대방의 철회권**

> **제134조【상대방의 철회권】** 대리권 없는 자가 한 계약은 본인의 추인이 있을 때까지 상대방은 본인이나 그 대리인에 대하여 이를 철회할 수 있다. 그러나 계약 당시에 상대방이 대리권 없음을 안 때에는 그러하지 아니하다.

㉠ '철회권'은 유동적 무효상태의 계약을 상대방이 확정적으로 무효화시키는 권리이다.

㉡ '철회권'도 형성권에 속한다.

㉢ 철회는 본인의 추인이 있기 전에 하여야 한다.

㉣ 철회는 본인 또는 무권대리인에게 할 수 있다. 이 점이 최고와는 다르다.

㉤ 철회권은 선의의 상대방에게만 인정된다.

㉥ 철회의 효과

ⓐ 상대방이 철회권을 행사하면 무효로 확정되기에 후에 본인은 무권대리행위를 추인할 수 없다.

ⓑ 상대방이 철회권을 행사한 후 무권대리인에게 책임을 물을 수 없다(제135조 참조).

OX

계약 당시에 상대방이 대리인으로 계약한 자에게 대리권이 없음을 알았다면 그 계약을 철회할 수 없다. (○) 제15회

관련판례

민법 제134조는 "대리권 없는 자가 한 계약은 본인의 추인이 있을 때까지 상대방은 본인이나 그 대리인에 대하여 이를 철회할 수 있다. 그러나 계약 당시에 상대방이 대리권 없음을 안 때에는 그러하지 아니하다."고 규정하고 있다. 민법 제134조에서 정한 상대방의 철회권은, 무권대리행위가 본인의 추인에 따라 효력이 좌우되어 상대방이 불안정한 지위에 놓이게 됨을 고려하여 대리권이 없었음을 알지 못한 상대방을 보호하기 위하여 상대방에게 부여된 권리로서, 상대방이 유효한 철회를 하면 무권대리행위는 확정적으로 무효가 되어 그 후에는 본인이 무권대리행위를 추인할 수 없다. 한편 상대방이 대리인에게 대리권이 없음을 알았다는 점에 대한 주장 · 입증책임은 철회의 효과를 다투는 본인에게 있다(대판 2017.6.29, 2017다213838).

(4) **무권대리인과 상대방과의 관계**(무권대리인의 상대방에 대한 책임)

> **제135조【상대방에 대한 무권대리인의 책임】** ① 다른 자의 대리인으로서 계약을 맺은 자가 그 대리권을 증명하지 못하고 또 본인의 추인을 받지 못한 경우에는 그는 상대방의 선택에 따라 계약을 이행할 책임 또는 손해를 배상할 책임이 있다.
> ② 대리인으로서 계약을 맺은 자에게 대리권이 없다는 사실을 상대방이 알았거나 알 수 있었을 때 또는 대리인으로서 계약을 맺은 사람이 제한능력자일 때에는 제1항을 적용하지 아니한다.

① **제135조의 존재이유**

㉠ 대리인의 행위가 무권대리행위로 밝혀지면, 표현대리가 성립하거나 본인의 추인이 없는 한 대리행위의 효과는 본인에게 미치지 않는다. 그리고 무권대리도 일종의 대리행위라는 점에서 무권대리행위를 한 대리인에게도 그 대리행위의 효과를 귀속시킬 수 없다.

㉡ 이러한 어려움을 해결하기 위하여 일정한 요건을 갖춘 경우에 상대방의 신뢰를 보호하고 거래의 안전을 꾀하며 대리제도의 신용을 유지하기 위하여 무권대리행위를 한 무권대리인에게 책임을 지우는 법정(法定)의 무과실책임(無過失責任)이 제135조이다.

② **무권대리인에게 책임을 묻기 위한 요건**(제135조가 성립하기 위한 요건)

㉠ 대리인이 대리권을 증명하지 못할 것

㉡ 본인의 추인을 받지 못하였을 것

㉢ 상대방은 선의 · 무과실일 것

㉣ 대리인은 행위능력자일 것

㉤ 다수설에 의하면 표현대리가 성립하지 아니할 것

㉥ 상대방은 철회권을 행사하지 않았을 것

OX

계약을 철회하고자 하는 상대방은 대리인에게 대리권이 없음을 알지 못하였다는 사실을 증명하여야 한다. (×) 제22회

OX

대리행위 당시에 무권대리인이 제한능력자인 경우, 본인으로부터 추인받지 못한 상대방은 무권대리인에게 계약의 이행을 청구할 수 있다. (×) 제28회

OX

무권대리인이 미성년자인 경우, 무권대리인은 상대방에 대하여 계약을 이행할 책임 또는 손해를 배상할 책임을 지지 않는다. (○) 제18회

> **OX**
> 상대방이 무권대리인에게 무권대리인의 책임을 물어 X부동산의 소유권이전을 청구할 경우, 무권대리인이 제한능력자라면 이를 이유로 상대방에게 대항할 수 있다. (○) 제14회

> **OX**
> 무권대리인의 상대방에 대한 책임은 무과실책임으로서 대리인의 귀책사유가 있어야만 인정되는 것은 아니다. (○) 제20회

> **OX**
> 무권대리행위가 제3자의 위법행위로 야기된 경우에는 무권대리인에게 귀책사유가 있어야 민법 제135조에 따른 무권대리인의 상대방에 대한 책임이 인정된다. (×) 제25회

> **OX**
> 상대방이 무권대리인에게 가지는 계약의 이행 또는 손해배상청구권의 소멸시효는 상대방이 이를 선택할 수 있는 때부터 진행한다. (○) 제26회

③ 제135조에 의하여 무권대리인에게 책임을 물을 수 없는 경우

㉠ 무권대리인이 제한능력자(미성년자, 피성년후견인, 피한정후견인)라면 상대방은 무권대리인에게 제135조에 의해서 책임을 물을 수 없다.

㉡ 상대방이 철회권을 행사하였다면 무효로 확정되기에, 상대방은 무권대리인에게 제135조에 의한 책임을 물을 수 없다.

㉢ 표현대리가 성립한 경우에도 역시 상대방은 무권대리인에게 책임을 물을 수 없다.

④ 효 과

㉠ 무권대리인은 상대방의 선택에 따라 계약의 이행 또는 손해배상(이행배상)의 책임을 진다.

㉡ 상대방은 무권대리인에게 계약상의 의무를 이행하여야 한다. 반면, 반대급부청구권도 취득한다.

㉢ 제135조의 책임은 일종의 무과실책임으로 대리행위를 한 자에게 대리행위 당시 객관적으로 대리권이 결여되어 있으면 족하고, 대리권 결여에 관한 대리인의 과실을 요하지 않는다. 즉, 대리인의 고의·과실은 불문한다.

관련판례

민법 제135조 제1항 규정에 따른 무권대리인의 상대방에 대한 책임은 무과실책임으로서 대리권의 흠결에 관하여 대리인에게 과실 등의 귀책사유가 있어야만 인정되는 것이 아니고, 무권대리행위가 제3자의 기망이나 문서위조 등 위법행위로 야기되었다고 하더라도 책임은 부정되지 아니한다(대판 2014.2.27, 2013다213038).

㉣ 상대방의 제135조에 의한 계약이행청구권이나 손해배상청구권(선택채권)의 소멸시효는 선택권을 행사할 수 있을 때부터 진행하고, 선택권을 행사할 수 있는 시기는 대리권의 증명이 없고 추인의 가능성이 없어진 때부터이다.

⑤ 표현대리와 제135조의 관계(다수설)

㉠ '표현대리'나 '협의의 무권대리'나 모두 '무권대리'이다.
표현대리가 성립하더라도 표현대리를 주장할지, 주장하지 않을지는 상대방의 선택사항이다. 따라서 표현대리가 성립하더라도 표현대리를 주장하지 않으면 표현대리 역시 무권대리이므로 무권대리에 관한 일반규정(제130조~제134조)이 적용될 수 있다.

㉡ 상대방이 표현대리를 주장하지 않고, 또 철회도 하지 않은 채 곧바로 제135조에 기하여 무권대리인의 책임을 물을 수 있는가에 대하여, 다수설은 표현대리가 성립하는 경우에 제135조의 적용을 부정한다.

예 제

무권대리인 乙이 甲을 대리하여 甲 소유의 X토지를 丙에게 매도하는 계약을 체결하였다. 이에 관한 설명으로 옳은 것은? (다툼이 있으면 판례에 따름) 제28회

① 丙이 계약 당시에 乙에게 대리권이 없음을 알았던 경우, 丙은 계약을 철회할 수 있다.
② 甲이 乙에게 계약을 추인하였더라도, 丙이 계약 당시에 무권대리 사실을 알지 못하였다면 丙은 그 추인 사실을 알 때까지 계약을 철회할 수 있다.
③ 甲이 추인하지 않은 경우, 계약 당시에 무권대리 사실을 알았던 丙은 乙에게 손해배상을 청구할 수 있다.
④ 대리행위 당시에 乙이 제한능력자인 경우, 甲으로부터 추인받지 못한 丙은 乙에게 계약의 이행을 청구할 수 있다.
⑤ 乙이 甲을 단독 상속한 경우, 乙은 특별한 사정이 없는 한 본인의 지위에서 추인거절권을 행사할 수 있다.

해설

② 민법 제132조는 본인이 무권대리인에게 무권대리행위를 추인한 경우에 상대방이 이를 알지 못하는 동안에는 본인은 상대방에게 추인의 효과를 주장하지 못한다는 취지이므로 상대방은 그때까지 민법 제134조에 의한 철회를 할 수 있고, 또 무권대리인에의 추인이 있었음을 주장할 수도 있다(대판 1981.4.14, 80다2314).
① 대리권 없는 사실을 알았던 악의의 상대방은 철회할 수 없다(제134조 참조).
③ 계약 당시 무권대리 사실을 알았던 악의의 상대방은 무권대리인에게 손해배상을 청구하지 못한다(제135조 제2항 참조).
④ 무권대리인이 제한능력자인 경우에는 무권대리인에게 계약의 이행을 청구하지 못한다(제135조 제2항 참조).
⑤ 대리권한 없이 타인의 부동산을 매도한 자가 그 부동산을 상속한 후 소유자의 지위에서 자신의 대리행위가 무권대리로 무효임을 주장하여 등기말소 등을 구하는 것은 신의칙에 반하여 허용될 수 없다(대판 1994.9.27, 94다20617).

정답 ②

3. 단독행위의 무권대리

제136조 【단독행위와 무권대리】 단독행위에는 그 행위 당시에 상대방이 대리인이라 칭하는 자의 대리권 없는 행위에 동의하거나 그 대리권을 다투지 아니한 때에 한하여 전6조의 규정을 준용한다. 대리권 없는 자에 대하여 그 동의를 얻어 단독행위를 한 때에도 같다.

(1) 상대방 없는 단독행위와 무권대리

상대방 없는 단독행위를 무권대리한 경우에는 항상 무효이다. 즉, 추인할 상대방이 없기에 본인의 추인이 있더라도 아무런 효력이 생기지 않는다. 예를 들면 재단법인의 설립행위를 무권대리한 경우 항상 무효이다.

(2) 상대방 있는 단독행위와 무권대리

① **원칙**: 원칙적으로 무효이다.

② **예 외**

㉠ 능동대리에 있어서 상대방이 대리인이라 칭하는 자의 대리권 없는 행위에 동의하거나 그 대리권을 다투지 아니한 때에 한하여 무권대리계약과 동일한 효과가 발생한다.

㉡ 수동대리에 있어서는 대리권 없는 자에 대하여 동의를 얻어 단독행위를 한 때에도 무권대리계약과 동일한 효과가 발생한다.

관련판례

원고와 피고 사이의 매매계약을 소외인이 자의로 해제한 후 반환받은 금원으로 매수한 대지의 등기관계서류를 원고가 위 소외인으로부터 교부받아 이를 자기 남편 명의로 위 대지에 관한 소유권이전등기를 경료한 경우에는 원고가 소외인이 한 매매계약의 해제행위를 추인한 것으로 볼 것이다(대판 1979.12.28, 79다1824).

05 법률행위의 무효와 취소

1 서 론

(1) 의 의

① 법률행위의 '유효(有效, 효력이 있다)'란 법률행위의 당사자가 원하는 바에 따라 법률효과가 발생하는 것을 말한다. 이에 비하여 법률행위의 '무효(無效, 효력이 없다)'란 법률행위가 성립하였더라도 별도의 유효한 효력요건을 갖추지 못한 경우에는 당사자가 원하는 법률효과가 발생하지 않는 것을 의미한다.

② '무효'는 법률행위가 성립은 하였지만, 당사자가 원하는 법률효과가 발생하지 않는 것을 의미한다.

㉠ 따라서 처음부터 법률행위가 성립하지 않은 경우(법률행위의 불성립 · 부존재의 경우)에는 무효가 문제될 여지가 없다.

㉡ 즉, 무효는 법률행위의 성립을 전제로 하는 개념이다.

③ '취소'란 일단은 유효하게 성립한 법률행위를 후에 특정인(취소권자)이 취소권을 행사하면 비로소 법률행위시로 소급하여 효력이 발생하지 않게 되는 것을 말한다.

(2) 무효와 취소의 차이

① 무효는 처음부터 효력이 발생하지 않는 데 비하여, 취소는 처음에는 유효이고 후에 취소권자가 취소권을 행사하면 소급하여 무효가 되며 취소권을 행사하기 전까지는 법률행위의 효력에는 영향이 없다.

② 무효는 누구든지, 즉 법률행위의 당사자뿐만 아니라 제3자도 무효를 주장할 수 있지만, 취소는 특정인만(즉, 제140조의 취소권자) 취소권을 주장할 수 있다.

③ 무효는 시간의 경과에 의하여 그 효력에 변동이 생기지 않는 반면, 취소할 수 있는 경우에는 그 존속기간 내에(제146조, 취소권의 행사기간 3년, 10년 내) 취소권을 행사하지 않으면 더 이상 취소할 수 없게 된다.

④ 어떠한 사유를 무효사유로 할 것인가, 취소사유로 할 것인가의 여부는 입법정책의 문제이다. 예를 들면, (구)민법에서는 착오에 의한 의사표시는 무효사유이었으나, 현행 민법에서는 취소사유이다.

(3) 무효와 취소의 이중효(二重效)

① 법률행위가 처음부터 무효이면, 원칙적으로 취소의 문제가 발생하지 않는다. 즉, 취소는 유효함을 전제로 하기에, 처음부터 무효인 법률행위는 '취소할 수 있고, 없고'의 문제는 아니다. 그럼에도 불구하고 판례는 무효와 취소의 경합을 인정하여 무효인 법률행위도 취소할 수 있다고 한다.

② 술에 만취한 미성년자의 법률행위는 만취상태이므로 처음부터 의사무능력자의 법률행위로서 무효사유가 존재하면서, 동시에 제한능력자인 미성년자이므로 취소사유도 존재한다. 그러므로 의사무능력을 이유로 무효를 주장할 수도 있고, 제한능력을 이유로 취소할 수도 있다.

③ 통정허위표시는 무효인데, 이 경우에도 채권자취소권을 행사할 수 있다.

④ 매도인이 중도금지급 불이행을 이유로 적법하게 계약을 해제한 후라도 매수인에게 착오 등의 사유가 있다면 취소할 수 있다.

⑤ 토지거래허가를 받지 않아 유동적 무효상태에 있는 거래계약에 관하여 착오·사기 또는 강박을 이유로 계약을 취소할 수 있다.

OX

피성년후견인 甲이 법정대리인의 동의 없이 乙로부터 중고 컴퓨터를 매수한 경우 그 매매계약은 무효이다. (×) 제15회

OX

무효는 법률효과가 처음부터 생기지 않는 것이나 취소는 일단 법률효과를 발생시킨 후, 그 효과를 소멸시킬 여지를 인정하는 것이다. (○) 제14회

2 무효(無效)

1. 무효 일반

(1) 의 의

① '무효'라 함은 법률행위가 성립한 때부터 법률상 당연히 그 효력이 없는 것으로 확정된 것을 말한다.

② 무효는 성립을 전제로 하기 때문에 법률행위의 불성립, 부존재의 경우(즉, 법률행위가 성립하지 않은 경우)에는 무효를 전제로 한 일반규정, 즉 법률행위의 일부무효(제137조), 무효행위의 전환(제138조), 무효행위의 추인(제139조)의 규정 등이 적용되지 않는다.

(2) 무효의 종류

① **확정적 무효와 유동적 무효**

㉠ 확정적 무효(원칙)란 법률행위시부터 확정적인 무효를 말한다.

㉡ 유동적 무효(流動的 無效)

ⓐ 법률행위 성립 당시에는 무효이나 그 이후에 '당사자의 추인'이나 '관할청의 허가' 등에 의하여 행위시에 소급하여 유효가 될 수 있는 무효를 유동적 무효라고 한다.

ⓑ '무권대리', '토지거래허가지역 내에서 허가받을 조건으로 한 토지매매' 등이 그 예이다.

② **절대적 무효와 상대적 무효**

㉠ 절대적 무효(원칙)

ⓐ '절대적 무효'란 무효의 효과를 법률행위의 당사자 간에 한하지 않고, 그 효과를 누구에게나 주장할 수 있는 경우를 말한다.

ⓑ 의사무능력자의 법률행위, 원시적 불능, 강행법규 위반의 법률행위, 반사회질서의 법률행위, 불공정한 법률행위 등은 그 예이다.

ⓒ 이러한 무효는 누구에게나 주장할 수 있으므로 악의의 제3자에게 무효를 주장할 수 있을 뿐만 아니라 선의의 제3자에게도 무효를 주장할 수 있다.

ⓓ 다만, 절대적 무효의 경우에도 제3자가 별개의 권리취득의 원인(예 선의취득에 의한 취득)을 갖추고 있다면 그에게는 무효를 주장할 수 없는 경우도 있다.

OX

의사능력의 흠결로 인한 법률행위는 상대적 무효이다. (×) 제14회

OX

반사회적 법률행위는 법률행위를 한 당사자 사이에서 뿐만 아니라 제3자에 대한 관계에서도 무효이다. (○) 제16회

㉡ 상대적 무효

ⓐ '상대적 무효'란 무효의 효과를 거래의 안전을 위하여 특정인(선의의 제3자)에게는 대항할 수 없는 무효를 말한다.

ⓑ 진의 아닌 의사표시에서 상대방이 진의 아님을 알았거나 알 수 있었을 경우, 상대방과 통정한 허위표시 등이 그 예이다.

ⓒ 선의의 제3자에게는 무효를 주장할 수 없다.

(3) 무효의 효과

① 법률행위가 무효이면 표의자가 의욕한 법률효과는 발생하지 않는다.

② **'표의자가 의욕한 법률효과가 발생하지 않는다.'의 의미**

㉠ 이행 전이라면 이행을 할 필요가 없고 또는 이행을 청구할 수 없다는 의미이다.

㉡ 이행 후라면 그 이행(급부)은 원칙적으로 부당이득이 되어 부당이득에 관한 규정(제748조)에 의하여 반환되어야 한다.

㉢ 다만, 반사회질서 법률행위 또는 불공정한 법률행위로서 무효인 경우 제746조(불법원인급여)에 의하여 반환이 제한된다.

관련판례

무효인 법률행위는 그 법률행위가 성립한 당초부터 당연히 효력이 발생하지 않는 것이므로 무효인 법률행위에 따른 법률효과를 침해하는 것처럼 보이는 위법행위나 채무불이행이 있다고 하여도 법률효과의 침해에 따른 손해는 없는 것이므로 그 손해배상을 청구할 수는 없다(대판 2003.3.28, 2002다72125).

OX

통정허위표시인 법률행위는 상대적 무효이다. (○) 제14회

OX

甲과 乙 사이의 계약이 통정허위표시인 경우, 乙은 甲에게 채무불이행으로 인한 손해배상을 청구할 수 있다. (×) 제21회

예제

무효에 관한 설명으로 옳지 않은 것은? (다툼이 있으면 판례에 따름) 제28회

① 법률행위의 일부분이 무효인 경우, 특별한 사정이 없는 한 그 전부를 무효로 한다.
② 토지거래허가구역 내의 토지에 대한 매매계약은 당사자 쌍방이 허가신청협력의무의 이행거절 의사를 상대방에게 명백히 표시한 경우에는 확정적으로 무효가 된다.
③ 무효인 가등기를 유효한 등기로 전용하기로 약정한 경우, 그 가등기는 특별한 사정이 없는 한 등기시로 소급하여 유효한 등기로 된다.
④ 비진의 의사표시의 무효는 선의의 제3자에게 대항할 수 없다.
⑤ 불공정한 법률행위로서 무효인 법률행위는 추인에 의하여 유효로 될 수 없다.

해설

③ 무효인 법률행위는 당사자가 무효임을 알고 추인할 경우 새로운 법률행위를 한 것으로 간주할 뿐이고 소급효가 없는 것이므로 무효인 가등기를 유효한 등기로 전용키로 한 약정은 그때부터 유효하고 이로써 위 가등기가 소급하여 유효한 등기로 전환될 수 없다(대판 1992.5.12, 91다26546).
① 법률행위의 일부분이 무효인 때에는 그 전부를 무효로 한다(제137조 본문).
② 유동적 무효상태 하에서 당사자 일방이 허가신청협력의무의 이행거절의사를 명백히 표시한 경우에는 허가 전 거래계약관계 즉 계약의 유동적 무효상태가 더 이상 지속한다고 볼 수는 없고 그 계약관계는 확정적으로 무효라고 인정되는 상태에 이르렀다고 하여야 할 것이다(대판 1993.6.22, 91다21435).
④ 비진의 의사표시의 무효는 선의의 제3자에게 대항하지 못한다(제107조 제2항).
⑤ 불공정한 법률행위로서 무효인 경우에는 추인에 의하여 무효인 법률행위가 유효로 될 수 없다(대판 1994.6.24, 94다10900).

정답 ③

2. 유동적 무효(불확정적 무효)

(1) '유동적 무효'란 법률행위가 성립할 당시에는 무효이지만, 후에 '추인 또는 허가'에 의하여 행위시 소급하여 유효로 될 수 있는 경우를 의미한다.

(2) **유동적 무효의 예**(例)

① 무권대리
② 국토의 계획 및 이용에 관한 법률상의 규제구역에 속하는 토지의 거래에서 허가받기 전의 매매계약
③ 사찰소유의 일정한 재산을 대여・양도 또는 담보에 제공하는 경우에 관할청의 허가를 받기 전의 행위

토지거래허가구역 내의 토지매매계약

1. (구)국토이용관리법상의 규제구역 내의 '토지 등의 거래계약'허가에 관한 관계규정의 내용과 그 입법취지에 비추어 볼 때, 토지의 소유권 등 권리를 이전 또는 설정하는 내용의 거래계약은 관할관청의 허가를 받아야만 그 효력이 발생하고 허가를 받기 전에는 물권적 효력은 물론 채권적 효력도 발생하지 아니하여 무효라고 보아야 할 것인바, 다만 허가를 받기 전의 거래계약이 처음부터 허가를 배제하거나 잠탈하는 내용의 계약일 경우에는 확정적으로 무효로서 유효화될 여지가 없으나 이와 달리 허가받을 것을 전제로 한 거래계약일 경우에는 허가를 받을 때까지는 법률상 미완성의 법률행위로서 소유권 등 권리의 이전 또는 설정에 관한 거래의 효력이 전혀 발생하지 않음은 위의 확정적 무효의 경우와 다를 바 없지만, 일단 허가를 받으면 그 계약은 소급하여 유효한 계약이 되고 이와 달리 불허가가 된 때에는 무효로 확정되므로 허가를 받기까지는 유동적 무효의 상태에 있다고 보는 것이 타당하므로 허가받을 것을 전제로 한 거래계약은 허가받기 전의 상태에서는 거래계약의 채권적 효력도 전혀 발생하지 않으므로 권리의 이전 또는 설정에 관한 어떠한 내용의 이행청구도 할 수 없으나, 일단 허가를 받으면 그 계약은 소급해서 유효화되므로 허가 후에 새로이 거래계약을 체결할 필요는 없다(대판 전합 1991.12.24, 90다12243).
2. 관할관청의 허가의 법적 성격은 규제구역 내에서도 토지거래의 자유가 인정되나, 다만 위 허가를 허가 전의 유동적 무효상태에 있는 법률행위의 효력을 완성시켜 주는 인가적 성질을 띤 것으로 보아야 한다(대판 전합 1991.12.24, 90다12243).
3. 규제지역 내의 토지에 대하여 거래계약이 체결된 경우에 계약을 체결한 당사자 사이에 있어서는 그 계약이 효력 있는 것으로 완성될 수 있도록 서로 협력할 의무가 있음이 당연하므로 계약의 쌍방 당사자는 공동으로 관할관청의 허가를 신청할 의무가 있고, 이러한 의무에 위배하여 허가신청절차에 협력하지 않는 당사자에 대하여 상대방은 협력의무의 이행을 소송으로써 구할 이익이 있다(대판 전합 1991.12.24, 90다12243).
4. 매매계약을 체결한 경우에 있어 관할관청으로부터 토지거래허가를 받기까지는 매매계약이 그 계약내용대로의 효력이 있을 수 없는 것이어서 매수인으로서도 그 계약내용에 따른 대금지급의무가 있다고 할 수 없으며, 설사 계약상 매수인의 대금지급의무가 매도인의 소유권이전등기의무에 선행하여 이행하기로 약정되어 있었다고 하더라도 매수인에게 그 대금지급의무가 없음은 마찬가지여서 매도인으로서는 그 대금지급이 없었음을 이유로 계약을 해제할 수 없다(대판 전합 1991.12.24, 90다12243).

OX

토지거래허가구역 내의 토지에 대한 매매계약이 처음부터 허가를 배제하는 내용의 계약일 경우, 그 계약은 확정적 무효이다. (○) 제26회

OX

유동적 무효상태에서 매도인은 관할관청의 허가가 있기 전이라도 매매대금의 지급을 청구할 수 있다. (×) 제15회

5. 허가를 받기 전의 유동적 무효상태에서는 물권적 효력은 물론 채권적 효력도 발생하지 않으므로 각 당사자는 상대방에게 이행을 청구할 수 없으며(대판 1992.9.8, 92다19989), 그 결과 채무불이행의 문제가 발생하지 않는다. 따라서 채무불이행을 전제로 한 계약해제(법정해제)나 손해배상청구도 인정되지 않는다(대판 1994.1.11, 93다22043).
   ① 국토의 계획 및 이용에 관한 법률상의 토지거래허가를 받지 않아 유동적 무효상태인 매매계약에 있어서는 그 계약내용대로의 효력이 있을 수 없는 것이어서 매수인으로서는 아직 그 계약내용에 따른 대금지급의무가 있다고 할 수 없어 매도인이 매수인의 대금지급의무 불이행을 이유로 매매계약을 해제할 수 없으나, 당사자 사이에 별개의 약정으로 매매 잔금이 그 지급기일에 지급되지 아니하는 경우 매매계약을 자동적으로 해제하기로 약정하는 것은 가능하다(대판 2010.7.22, 2010다1456).
   ② 그러나 특별한 사정이 없는 한 (구)국토이용관리법상의 토지거래허가를 받지 않아 유동적 무효상태인 매매계약에 있어서도 당사자 사이의 매매계약은 매도인이 계약금의 배액을 상환하고 계약을 해제함으로써 적법하게 해제된다(대판 1997.6.27, 97다9369).

6. 매매계약에 기한 소유권이전등기청구권 또는 허가를 받을 것을 조건으로 한 소유권이전등기청구권을 피보전권리로 한 부동산처분금지가처분신청도 허용되지 않는다(대결 2010.8.26, 2010마818).

7. 유동적 무효상태의 거래계약에서도 각 계약당사자는 상대방에 대하여 토지거래허가신청절차에 협력할 의무를 부담하고, 이 의무의 이행을 소구할 수 있고, 청구인용판결이 확정되면 그것으로 토지거래허가 신청의사표시에 갈음하므로 단독으로 허가신청을 할 수 있다.
   ① 협력의무의 이행을 청구하는 경우에 대금채무에 대하여 이행제공을 할 필요가 없고, 매매대금의 이행제공이 없었음을 이유로 협력의무의 이행을 거절할 수 없다(대판 1996.10.25, 96다23825).
   ② 관할관청으로부터 결국 허가를 받을 수 없을 것이라는 사유로 협력의무의 이행을 거절할 수 없다(대판 1992.10.27, 92다34414).
   ③ 협력의무 불이행을 이유로 유동적 무효상태의 거래계약 자체를 해제할 수는 없다(대판 전합 1999.6.17, 98다40459).
   ④ 토지매수인이 매도인에 대하여 가지는 허가를 신청하는 데 있어 협력을 구하는 권리도 채권자대위권의 객체가 된다(대판 1996.10.25, 96다23825).

8. 유동적 무효상태에서는 이미 지급한 계약금의 반환을 부당이득으로 청구할 수 없다(대판 1993.6.22, 91다21435). 그러나 유동적 무효상태가 확정적 무효로 된 경우라면 계약금을 부당이득으로 청구할 수 있다(대판 1997.11.11, 97다36965).

9. 유동적 무효상태에 있는 계약을 체결한 당사자는 쌍방이 그 계약이 효력이 있는 것으로 완성될 수 있도록 서로 협력할 의무가 있다고 할 것이므로 이 경우 이러한 매매계약을 체결할 당시 당사자 사이에 당사자 일방이 토지거래허가를 받기 위한 협력의무 자체를 이행하지 아니하거나 허가신청에 이르기 전에 매매계약을 일방적으로 철회하는 경우 상대방에게 일정한 손해액을 배상하기로 하는 약정을 유효하게 할 수 있다(대판 2007.11.30, 2007다30393).

OX

토지거래허가구역 내의 토지에 대한 매매계약은 당사자 쌍방이 허가신청협력의무의 이행거절 의사를 상대방에게 명백히 표시한 경우에는 확정적으로 무효가 된다. (○) 제28회

OX

매매계약을 체결하고 그에 기하여 임의로 지급된 계약금은 비록 그 계약이 유동적 무효상태에 있더라도 부당이득으로 반환을 구할 수 있다. (×) 제14회

10. 토지거래허가구역 내의 토지가 관할관청의 허가 없이 전전매매되고 그 당사자들 사이에 최초의 매도인으로부터 최종 매수인 앞으로 직접 소유권이전등기를 경료하기로 하는 중간생략등기의 합의가 있는 경우, (중략) 최종 매수인 앞으로 소유권이전등기를 경료하더라도 그러한 소유권이전등기는 적법한 토지거래허가 없이 경료된 등기로서 무효이다(대판 1996.6.28, 96다3982).

11. 매도인의 토지거래계약허가 신청절차에 협력할 의무와 토지거래허가를 받으면 매매계약 내용에 따라 매수인이 이행하여야 할 매매대금 지급의무나 이에 부수하여 매수인이 부담하기로 특약한 양도소득세 상당 금원의 지급의무 사이에는 상호 이행상의 견련성이 있다고 할 수 없으므로, 매도인으로서는 그러한 의무이행의 제공이 있을 때까지 그 협력의무의 이행을 거절할 수 있는 것은 아니다(대판 1996.10.25, 96다23825).

무효로 확정되는 경우

1. 토지거래허가를 배제하거나 잠탈하는 내용의 계약(대판 2010.6.10, 2009다96328)
   ① 강행규정을 위반한 경우이므로 확정적 무효이다.
   ② 허가를 배제·잠탈하는 행위에는 토지거래허가가 필요한 계약을 허가가 필요하지 않은 것에 해당하도록 계약서를 허위로 작성하는 행위 또는 정상적으로는 토지거래허가를 받을 수 없는 계약을 허가를 받을 수 있도록 계약서를 허위로 작성하는 행위 등을 들 수 있다.
2. 관할관청의 불허가처분이 확정된 경우(대판 2007.11.30, 2007다30393)
3. 당사자 일방 또는 쌍방이 허가신청절차협력의무의 이행거절의사를 명백히 표시한 경우(대판 1995.12.26, 93다59526)
4. 토지거래허가 전의 매매계약이 정지조건부 계약이었는데, 그 정지조건이 토지거래허가를 받기 전에 이미 불성취로 확정된 경우(대판 1998.3.27, 97다36996)
5. **유동적 무효상태의 매매계약이 통정허위표시, 착오, 사기·강박에 해당하여 무효로 되는 경우**
   토지거래가 계약당사자의 표시와 불일치한 의사(비진의표시, 허위표시 또는 착오) 또는 사기·강박과 같은 하자 있는 의사에 의하여 이루어진 경우에는 이들 사유에 의하여 그 거래의 무효 또는 취소를 주장할 수 있는 당사자는 그러한 거래허가를 신청하기 전 단계에서 이러한 사유를 주장하여 거래허가신청 협력에 대한 거절의사를 일방적으로 명백히 함으로써 그 계약을 확정적으로 무효화시키고 자신의 거래허가절차에 협력할 의무를 면할 수 있다(대판 1997.11.14, 97다36118).
6. 토지거래허가구역 내에서 중간생략등기를 한 경우(대판 1996.6.28, 96다3982)
7. 구 국토의 계획 및 이용에 관한 법률에서 정한 토지거래계약 허가구역 내 토지에 관하여 허가를 배제하거나 잠탈하는 내용으로 매매계약이 체결된 경우에는, 강행법규인 구 국토계획법 제118조 제6항에 따라 계약은 체결된 때부터 확정적으로 무효이다. 계약체결 후 허가구역 지정이 해제되거나 허가구역 지정기간 만료 이후 재지정을 하지 아니한 경우라 하더라도 이미 확정적으로 무효로 된 계약이 유효로 되는 것이 아니다(대판 2019.1.31, 2017다228618).

OX

유동적 무효상태에서 당사자 쌍방이 이행거절의 의사를 명백히 한 경우 매매계약은 확정적 무효로 된다. (○) 제15회

8. 거래계약이 확정적으로 무효로 되는 데 대하여 책임 있는 자도 그 계약의 무효를 주장할 수 있다(대판 1997.7.25, 97다4357).

유효로 확정되는 경우

1. 관할관청의 허가(대판 전합 1991.12.24, 90다12243)
2. 허가구역 지정이 해제되는 경우(대판 전합 1999.6.17, 98다40459)
3. 허가구역 지정기간이 만료되었음에도 재지정을 하지 아니한 경우(대판 전합 1999.6.17, 98다40459)

OX

유동적 무효상태에서 허가구역 지정이 해제되면 매매계약은 확정적 유효로 된다. (○) 제15회

3. 무효인 법률행위가 유효로 되는 경우

(1) 일부무효(一部無效)

제137조【법률행위의 일부무효】 법률행위의 일부분이 무효인 때에는 그 전부를 무효로 한다. 그러나 그 무효부분이 없더라도 법률행위를 하였을 것이라고 인정될 때에는 나머지 부분은 무효가 되지 아니한다.

OX

법률행위의 일부분이 무효인 때에는 원칙적으로 그 나머지 부분은 무효가 되지 않는다. (×) 제19회

① **원 칙**

법률행위의 일부분에 무효사유가 존재하면 원칙적으로 법률행위 전부가 무효이다.

② **예외**(제137조 단서가 적용되기 위한 요건)

다음의 요건이 갖추어지면 해당 부분만 무효가 되고, 나머지 부분은 유효하게 존속한다.

㉠ 일체로서의(하나의) 법률행위가 있어야 한다.

㉡ 하나의 법률행위가 '가분적(可分的)'이어야 한다.

㉢ 일부무효 부분이 없더라도 법률행위를 하였을 것이라는 '가상적 의사(假想的 意思, 가정적 의사)'가 인정되어야 한다.

③ **민법 제137조의 적용이 문제되는 사항**

㉠ 법률행위의 일부분이 무효인 경우 먼저 개별적으로 규정하고 있는 경우에는 그 규정에 따른 효과가 주어지고, 제137조가 허용되지 않는다. 예를 들면, 약관의 일부가 무효인 경우 해당 약관만 무효이고 나머지 약관 조항은 유효이다(약관의 규제에 관한 법률 제16조).

㉡ 불법조건이 붙어 있는 법률행위에는 제137조가 적용되지 않는다. 따라서 조건뿐만 아니라 법률행위 전부가 무효가 된다.

㉢ 법률행위의 일부가 강행규정에 위반되는 경우에도 원칙적으로 제137조가 적용된다.

OX

일부무효의 효과에 관하여 민법 외에 다른 법률에 규정이 있다면 그 법률의 규정에 의한다. (○) 제14회

④ 일부무효에 관한 규정 제137조는 임의규정이다. 따라서 일부무효에 관하여 당사자의 명시적 또는 묵시적 약정이 있으면 제137조가 적용되지 않는다.

관련판례

1. 민법 제137조는 임의규정으로서 의사자치의 원칙이 지배하는 영역에서 적용된다고 할 것이므로 법률행위의 일부가 강행법규인 효력규정에 위반되어 무효가 되는 경우 그 부분의 무효가 나머지 부분의 유효·무효에 영향을 미치는가의 여부를 판단함에 있어서는 개별 법령이 일부무효의 효력에 관한 규정을 두고 있는 경우에는 그에 따라야 하고, 그러한 규정이 없다면 원칙적으로 민법 제137조가 적용된다(대판 2004.3.11, 2003다1601).
2. 법률행위의 내용이 불가분인 경우에는 그 일부분이 무효일 때에도 일부무효의 문제는 생기지 아니하나, 분할이 가능한 경우에는 민법 제137조의 규정에 따라 그 전부가 무효로 될 때도 있고, 그 일부만 무효로 될 때도 있기 때문이다(대판 1994.5.24, 93다58332).
3. 법률행위의 일부가 강행법규인 효력규정에 위반되어 무효가 되는 경우 그 부분의 무효가 나머지 부분의 유효·무효에 영향을 미치는가의 여부를 판단함에 있어서는, 개별 법령이 일부 무효의 효력에 관한 규정을 두고 있는 경우에는 그에 따르고, 그러한 규정이 없다면 민법 제137조 본문에서 정한 바에 따라서 원칙적으로 법률행위의 전부가 무효가 된다. 그러나 같은 조 단서는 당사자가 위와 같은 무효를 알았더라면 그 무효의 부분이 없더라도 법률행위를 하였을 것이라고 인정되는 경우에는, 그 무효 부분을 제외한 나머지 부분이 여전히 효력을 가진다고 정한다. 이때 당사자의 의사는 법률행위의 일부가 무효임을 법률행위 당시에 알았다면 의욕하였을 가정적 효과의사를 가리키는 것으로서, 당해 효력규정을 둔 입법 취지 등을 고려할 때 법률행위 전부가 무효로 된다면 그 입법 취지에 반하는 결과가 되는 등의 경우에는 여기서 당사자의 가정적 의사는 다른 특별한 사정이 없는 한 무효의 부분이 없더라도 그 법률행위를 하였을 것으로 인정되어야 한다(대판 2013.4.26, 2011다9068).

OX 일부무효에 관한 민법 제137조는 당사자의 합의로 그 적용을 배제할 수 있다. (○) 제25회

(2) 무효행위의 전환(轉換)

제138조【무효행위의 전환】 무효인 법률행위가 다른 법률행위의 요건을 구비하고 당사자가 그 무효를 알았더라면 다른 법률행위를 하는 것을 의욕하였으리라고 인정될 때에는 다른 법률행위로서 효력을 가진다.

OX 무효인 법률행위가 다른 법률행위의 요건을 구비하고 당사자가 그 무효임을 알았더라면 다른 법률행위를 하였을 것이라고 인정될 때에는 다른 법률행위로서 효력을 가진다. (○) 제16회

① **의 의**

㉠ 예를 들면, 아버지 甲이 사실혼 관계에서 태어난 자식 乙을 혼인 중의 출생자로 신고한 경우 그 출생신고는 무효이다. 乙은 혼인 외의 자이므로 인지신고를 하여야 함에도 불구하고 아버지 甲이 그러한 사실을 모르고 혼인 중의 출생자로 신고하였기 때문에, 그 출생신고는 무효이다. 이러한 경우 당사자 甲이 의욕한 출생신고는 무효이더라도 아버지 甲이

그러한 사실을 알았다면 하는 가상적 의사(즉, 아버지 甲은 출생신고시 그러한 법률적 관계가 무효임을 알지 못하였다. 그런데 그러한 법률관계를 알았더라면 인지신고를 하였을 것이라는 의사를 의미한다)가 인정되면 그 출생신고를 인지신고로 보는 것을 '무효행위의 전환'이라고 한다.

ⓛ 이처럼 '무효행위의 전환'이란 당사자가 원래 의도한 제1의 행위는 요건을 갖추지 못하여 무효인 경우 당사자가 제1의 행위가 무효라는 사실을 알았더라면(즉, 당사자는 자신이 의도한 제1의 행위가 무효임을 모른다) 당사자가 의욕했을 다른 법률행위로서의 요건을 갖추고 있으면 그 다른 행위(제2의 행위)로서 유효하게 바꿔 주는 것을 말한다.

ⓒ 일부무효가 양적 일부무효라면, 무효행위의 전환은 질적 일부무효를 규정한 것이라고 볼 수 있다(모두 임의규정이다).

② **무효행위 전환의 요건**

㉠ 법률행위가 성립하고 무효가 되어야 한다.

ⓛ 무효인 법률행위(제1의 행위)가 다른 법률행위(제2의 행위)의 요건을 구비하고 있어야 한다.

ⓐ 불요식행위는 불요식행위로 전환될 수 있다.

ⓑ 요식행위는 요식행위로 전환될 수 있고, 요건이 완화된 불요식행위로 전환될 수도 있다.

ⓒ 불요식행위는 요식행위로 전환될 수 없다.

ⓒ 당사자가 그 무효를 알았더라면 다른 법률행위를 하는 것을 의욕하였으리라고 인정되어야 한다(가정적 · 가상적 의사가 존재하여야 한다).

③ **무효행위 전환의 효력**: 당사자가 원래 원하는 법률행위는 무효이지만 다른 법률행위로서 효력을 가진다.

④ **무효행위의 전환에 관한 민법의 규정**

㉠ 민법 제1071조(비밀증서에 의한 유언의 전환)

> **제1071조【비밀증서에 의한 유언의 전환】** 비밀증서에 의한 유언이 그 방식에 흠결이 있는 경우에 그 증서가 자필증서의 방식에 적합한 때에는 자필증서에 의한 유언으로 본다.

ⓛ 민법 제534조(변경을 가한 승낙)

> **제534조【변경을 가한 승낙】** 승낙자가 청약에 대하여 조건을 붙이거나 변경을 가하여 승낙한 때에는 그 청약의 거절과 동시에 새로 청약한 것으로 본다.

⑤ 단독행위에도 무효행위의 전환이 인정된다.

관련판례

1. 혼인 외의 출생자를 혼인 중의 출생자로 신고한 경우 그 신고는 친생자 출생신고로서 무효이지만 인지신고로서의 효력을 인정한다(대판 1971.11.15, 71다1983).
2. 상속포기기간 경과 후의 상속포기는 포기로서는 무효이나 상속재산의 협의분할로서는 효력이 있다(대판 1989.9.12, 88누9305).
3. 당사자가 양친자관계를 창설할 의사로 친생자 출생신고를 하고 거기에 입양의 실질적 요건이 모두 구비되어 있다면 그 형식에 다소 잘못이 있더라도 입양의 효력이 발생하고, 양친자관계는 파양에 의하여 해소될 수 있는 점을 제외하고는 법률적으로 친생자관계와 똑같은 내용을 갖게 되므로 이 경우의 허위의 친생자 출생신고는 법률상의 친자관계인 양친자관계를 공시하는 입양신고의 기능을 발휘하게 되는 것이다(대판 2004.11.11, 2004므1484).

(3) 무효행위의 추인(追認)

제139조 【무효행위의 추인】 무효인 법률행위는 추인하여도 그 효력이 생기지 아니한다. 그러나 당사자가 그 무효임을 알고 추인한 때에는 새로운 법률행위로 본다.

① 예를 들면, 의사무능력자인 甲이 체결한 법률행위는 무효이다. 그런데 의사능력을 회복한 상태에서 의사무능력 상태에서 체결한 법률행위를 무효임을 알면서 추인한 경우, 그때부터 새로운 법률행위를 한 것으로 보더라도 사적자치의 원칙상 문제될 것이 없다.

② 이처럼 '무효행위의 추인'이란 처음부터 무효인 법률행위를 당사자가 무효임을 알면서 추인하여 새로운 법률행위로 보는 것을 의미한다.

③ **무효행위의 추인의 요건**

㉠ 무효인 법률행위가 존재하여야 한다.

㉡ 무효행위의 추인은 무효사유가 종료된 후에(예 의사무능력자의 법률행위에서 의사능력을 회복한 경우) 하여야 한다.

㉢ 반드시 법률행위가 무효임을 알고 추인하여야 한다.

④ 무효행위의 추인은 명시적 추인뿐만 아니라 묵시적 추인도 가능하다.

OX

당사자가 무효임을 알고 추인한 때에는 법률행위시에 소급하여 효력이 발생하는 것이 원칙이다. (×) 제19회

OX

甲과 乙 사이의 계약이 반사회적 법률행위에 해당하는 경우, 추인에 의해서도 계약이 유효로 될 수 없다. (○) 제21회

OX

불공정한 법률행위로서 무효인 경우, 추인에 의하여 무효인 법률행위가 유효로 될 수 없다. (○) 제20회

OX

가장매매의 매수인이 추인하면 그 매매계약은 계약시에 소급하여 유효하게 된다. (×) 제12회

보충학습

추인에 의하여 유효로 될 수 없는 법률행위

1. 원시적 불능
2. 강행규정 위반의 법률행위
3. 반사회적 법률행위
4. 불공정한 법률행위

추인에 의하여 유효로 될 수 있는 법률행위

1. 의사무능력자의 법률행위
2. 진의 아닌 의사표시에서 상대방이 알았거나 알 수 있었을 경우의 법률행위
3. 통정허위표시 등

⑤ **무효행위의 추인의 효과**

㉠ 원칙(소급효 없음): 무효인 법률행위는 당사자가 무효임을 알고 추인하면 추인시부터(그때부터) 새로운 법률행위를 한 것으로 본다.

㉡ 예외(소급효 인정)

ⓐ 제3자의 권리를 해하지 않는 범위에서 당사자의 합의에 의한 소급효를 인정할 수 있다.

ⓑ 예를 들면, 허위표시의 당사자들이 허위표시의 무효임을 알면서 추인을 하면 그들 사이에서만 소급적으로 유효한 것으로 할 수 있다.

ⓒ 무효인 신분행위에는 제139조가 그대로 적용되지 않는다. 즉, 무효인 신분행위를 추인한 경우 신분행위의 특수성에 비추어 무효인 신분행위는 소급적으로 유효하게 된다.

관련판례

1. 무효행위의 추인이라 함은 법률행위로서의 효과가 확정적으로 발생하지 않는 무효행위를 뒤에 유효하게 하는 의사표시를 말하는 것으로 무효인 행위를 사후에 유효로 하는 것이 아니라 새로운 의사표시에 의하여 새로운 행위가 있는 것으로 그때부터 유효하게 되는 것이므로 원칙적으로 소급효가 인정되지 않는 것이다(대판 1983.9.27, 83므22).

2. 상법 제731조 제1항에 의하면 타인의 생명보험에서 피보험자가 서면으로 동의의 의사표시를 하여야 하는 시점은 '보험계약체결시까지'이고, 이는 강행규정으로서 이에 위반한 보험계약은 무효이므로 타인의 생명보험계약 성립 당시 피보험자의 서면동의가 없다면 그 보험계약은 확정적으로 무효가 되고, 피보험자가 이미 무효가 된 보험계약을 추인하였다고 하더라도 그 보험계약이 유효로 될 수는 없다(대판 2006.9.22, 2004다56677).

4. 취득시효완성 후 경료된 무효인 제3자 명의의 등기에 대하여 시효완성 당시의 소유자가 무효행위를 추인하여도 그 제3자 명의의 등기는 그 소유자의 불법행위에 제3자가 적극 가담하여 경료된 것으로서 사회질서에 반하여 무효이다(대판 2002.3.15, 2001다77352).

5. 무효인 가등기를 유효한 등기로 전용하기로 한 약정은 그때부터 유효하고 이로써 위 가등기가 소급하여 유효한 등기로 전환될 수 없다(대판 1992.5.12, 91다26546).
6. 상환이 완료되지 않은 농지의 매매는 추인하여도 유효로 되지 않지만, 상환완료 후에 매도인이 추인하면 그때부터 유효로 된다(대판 1959.10.29, 4292민상250).
7. 부동산 실권리자명의 등기에 관한 법률의 위반으로 무효인 명의신탁등기는 조세포탈, 강제집행의 면탈 또는 법령상의 제한의 회피를 목적으로 하지 않은 경우 그 후 명의신탁자가 수탁자와 혼인하면 그때부터 유효가 된다(대판 2002.10.28., 2001마1235).
8. 당사자의 양도금지의 의사표시로써 채권은 양도성을 상실하며 양도금지의 특약에 위반해서 채권을 제3자에게 양도한 경우에 악의 또는 중과실의 채권양수인에 대하여는 채권 이전의 효과가 생기지 아니하나, 악의 또는 중과실로 채권양수를 받은 후 채무자가 그 양도에 대하여 승낙을 한 때에는 채무자의 사후승낙에 의하여 무효인 채권양도행위가 추인되어 유효하게 되며 이 경우 다른 약정이 없는 한 소급효가 인정되지 않고 양도의 효과는 승낙시부터 발생한다. 이른바 집합채권의 양도가 양도금지특약을 위반하여 무효인 경우 채무자는 일부 개별 채권을 특정하여 추인하는 것이 가능하다(대판 2009.10.29, 2009다47685).

OX

무효인 가등기를 유효한 등기로 전용하기로 약정한 경우, 그 가등기는 특별한 사정이 없는 한 등기시로 소급하여 유효한 등기로 된다. (×) 제28회

OX

집합채권의 양도가 양도금지특약을 위반하여 무효인 경우, 채무자는 일부 개별 채권을 특정하여 추인할 수 없다. (×) 제26회

보충학습

무권한자의 처분행위의 추인

1. '무권리자의 처분행위'란 권한이 없는 자가 타인의 권리를 자기의 이름으로 또는 자기의 권리로 처분하는 것을 말한다.
2. 처분행위는 행위 당시 처분권이 존재하여야 하기 때문에, 처분권 없이 한 처분행위(무권한자의 처분행위)는 무효이다.
3. 그러나 무권리자의 처분행위(무권한자의 처분행위, 처분권 없이 한 처분행위)도 역시 후에 본인의 추인에 의하여 유효로 될 수 있다.
   ① 권리자가 무권리자의 처분을 추인하면 무권대리에 대해 본인이 추인을 한 경우와 당사자들 사이의 이익상황이 유사하므로, 무권대리의 추인에 관한 민법 제130조, 제133조 등을 무권리자의 추인에 유추 적용할 수 있다. 따라서 무권리자의 처분이 계약으로 이루어진 경우에 권리자가 이를 추인하면 원칙적으로 계약의 효과가 계약을 체결했을 때에 소급하여 권리자에게 귀속된다고 보아야 한다(대판 2017.6.8, 2017다3499).
   ② 무권리자가 타인의 권리를 자기의 이름으로 또는 자기의 권리로 처분한 경우에 권리자는 후일 이를 추인함으로써 그 처분행위를 인정할 수 있고, 특별한 사정이 없는 한 이로써 권리자 본인에게 위 처분행위의 효력이 발생함은 사적자치의 원칙에 비추어 당연하고, 이 경우 추인은 명시적으로뿐만 아니라 묵시적인 방법으로도 가능하며 그 의사표시는 무권대리인이나 그 상대방 어느 쪽에 하여도 무방하다(대판 2001.11.9, 2001다44291).

OX

무권리자 甲이 乙의 권리를 자기 이름으로 처분한 경우, 乙이 추인하면 그 처분행위의 효력은 乙에게 미친다. (○) 제21회

OX

무권리자의 처분행위에 대한 권리자의 추인의 의사표시는 무권리자나 그 상대방 어느 쪽에 하여도 무방하다. (○) 제26회

3 취소(取消)

1. 취소 일반

(1) 취소의 의의

① '법률행위(또는 의사표시)의 취소'란 일단 유효하게 성립한 법률행위의 효력을 제한능력 또는 의사표시의 착오 · 사기 · 강박(원시적 하자)을 이유로 특정인(취소권자)의 의사표시에 의하여 행위시에 소급하여 무효로 하는 것을 말한다.

② 취소할 수 있는 법률행위는 일단 처음에는 유효하지만, 후에 취소권자가 취소권을 행사하면 소급적으로 무효가 되고, 후에 취소하지 않고 추인하면 그 때부터 유효로 확정된다. 이런 점에서 취소 또는 추인하기 전의 '취소할 수 있는 법률행위'는 유동적 유효이다.

③ 취소권은 상대방 있는 일방적 단독행위로 형성권의 일종이다.

(2) 민법상 취소할 수 있는 법률행위

① 제한능력자의 법률행위(제5조 이하)

② 착오에 의한 의사표시(제109조)

③ 사기 · 강박에 의한 의사표시(제110조)

OX
실종선고의 취소는 소급효가 있다. (○) 제16회

OX
법원의 부재자재산관리에 관한 처분허가의 취소는 소급효가 있다. (×) 제16회

소급효가 있는 경우와 소급효가 없는 경우

소급효가 있는 경우	소급효가 없는 경우
1. 취소할 수 있는 법률행위의 취소	1. 미성년자의 영업허락의 취소
① 제한능력자의 법률행위	2. 부재자재산관리명령의 취소
② 착오에 의한 의사표시	3. 법인 설립허가의 취소
③ 사기 · 강박에 의한 의사표시	4. 무효행위의 추인
2. 실종선고의 취소	5. 조건의 성취
3. 무권대리행위의 추인	6. 기한의 도래
4. 소멸시효(취득시효)의 완성	7. 공유물의 분할
5. 선택채권에서 선택권의 행사	8. 계약의 해지
6. 상계	9. 혼인의 취소
7. 계약의 해제	10. 입양의 취소
8. 인지	11. 부부 사이의 계약의 취소
9. 상속재산의 분할	
10. 이혼의 취소	

(3) 취소와 구별개념

① **철회**(撤回): '철회'란 법률행위의 효력이 발생하기 전에 그 발생을 저지하는 것을 의미한다.

예 청약의 철회(제527조), 무권대리에서 본인의 추인 전에 상대방의 철회(제134조), 유언자의 생전에 한 유언의 철회(제1108조) 등

② **법률행위의 취소와 계약의 해제의 비교**

구 분		취 소	해 제
차이점	적용 대상	모든 법률행위에 인정	계약에 특유한 제도
	발생 원인	원시적 하자 • 제한능력 • 의사표시 하자 등	후발적 하자 • 법정해제권: 채무불이행이 원인 • 약정해제권: 당사자의 특약
	효 과	부당이득반환청구권 발생	원상회복의무와 손해배상
	행사 기간	추인 가능한 날로부터 3년 내 또는 법률행위시로부터 10년 내	형성권이므로 10년 내에 행사해야 함(제척기간)
공통점		• 형성권(단독의 의사표시) • 일단은 유효하지만, 행사시 소급적으로 법률행위의 효력 소멸 • 일종의 종된 권리로서 독자적으로 양도하지 못함(즉, 취소권이나 해제권만을 분리하여 양도하지 못함)	

2. 취소권자(取消權者)

제140조【법률행위의 취소권자】 취소할 수 있는 법률행위는 제한능력자, 착오로 인하거나 사기·강박에 의하여 의사표시를 한 자, 그의 대리인 또는 승계인만이 취소할 수 있다.

(1) 제한능력자도 법정대리인의 동의 없이 단독으로 법률행위를 취소할 수 있다.

(2) 착오로 인하거나 사기·강박에 의하여 의사표시를 한 자도 자신의 의사표시를 취소할 수 있다.

(3) 대리인

① 법정대리인은 법정대리인 자신의 고유한 취소권을 행사할 수 있다. 즉, 제한능력자의 취소권을 대신하여 행사하는 것이 아니다.

② 임의대리인은 원칙적으로 취소권자가 아니다. 즉, 임의대리인은 임의대리인 고유의 취소권은 없으며, 임의대리인이 취소권을 행사하기 위해서는 본인의 수권이 있어야 한다.

OX

제한능력자가 스스로 행한 취소할 수 있는 법률행위를 취소하려면 법정대리인의 동의를 얻어야 한다. (×) 제17회

OX

임의대리인이 취소권을 행사하려면 취소권의 행사에 관한 본인의 수권행위가 있어야 한다. (×) 제17회

OX
강박에 의해 의사표시를 한 자의 특정승계인은 법률행위의 취소권자가 될 수 없다. (×) 제15회

(4) 승계인

① 포괄승계인이든 특정승계인이든 묻지 않고 취소할 수 있다.

② 그러나 취소권의 승계는 인정되지만, 취소권만의 승계는 인정되지 않는다. 예를 들면, 임대인이 착오에 기하여 임대차계약을 체결하였는데 그 임대주택을 양도한 후에 착오로 임대차계약을 체결하였음을 알았다면, 착오를 이유로 한 취소권은 양수인에게 승계되고, 따라서 양수인만이 취소권을 행사할 수 있다.

3. 취소권의 행사

(1) 취소의 방법

① 취소권은 형성권이므로 취소권자는 그의 일방적 의사표시에 의하여 취소권을 행사할 수 있다.

② **취소권의 행사는 특별한 방식을 요하지 않는다.**

㉠ 명시적 취소의사표시이든, 묵시적 취소의사표시이든 무방하다.

㉡ 특별한 방식을 요하지 않으므로 의사표시 해석의 결과 취소라고 인정할 수 있는 행위이면 족하다.

③ 취소권의 행사는 소를 제기하는 방법으로도 할 수 있지만, 소를 제기하지 않고 취소의 의사표시로써 행사할 수도 있다. 즉, 반드시 재판상 행사하여야 하는 것은 아니다.

OX
취소는 재판상 행하여질 것이 요구되는 경우 외에는 상대방에 의하여 인식될 수 있다면 어떠한 방법에 의하더라도 무방하다. (○) 제12회

관련판례

1. 법률행위의 취소는 상대방에 대한 의사표시로 하여야 하나 그 취소의 의사표시는 특별히 재판상 행하여짐이 요구되는 경우 이외에는 특정한 방식이 요구되는 것이 아니고, 취소의 의사가 상대방에 의하여 인식될 수 있다면 어떠한 방법에 의하더라도 무방하다고 할 것이고, 법률행위의 취소를 당연한 전제로 한 소송상의 이행청구나 이를 전제로 한 이행거절 가운데는 취소의 의사표시가 포함되어 있다고 볼 수 있다(대판 1993.9.14, 93다13162).
2. 의사표시가 강박에 의한 것이어서 당연무효라는 주장 속에 강박에 의한 의사표시이므로 취소한다는 주장이 당연히 포함되어 있다고는 볼 수 없다(대판 1996.12.23, 95다40038).

(2) 취소의 상대방

> **제142조 【취소의 상대방】** 취소할 수 있는 법률행위의 상대방이 확정한 경우에는 그 취소는 그 상대방에 대한 의사표시로 하여야 한다.

① 취소할 수 있는 법률행위의 상대방이 있으면 그 취소는 그 상대방에 대한 의사표시로 하여야 한다.

② 취소의 상대방이 없는 법률행위(상대방 없는 단독행위 등)에서는 상대방이 확정되지 않기 때문에 취소를 특정인에 대하여 행할 필요는 없고 취소의 의사를 적당한 방법으로 외부에 알리기만 하면 충분하다.

OX
취소할 수 있는 법률행위의 상대방이 확정된 경우, 그 취소는 그 상대방에 대한 의사표시로 하여야 한다. (○) 제21회

(3) 일부취소

① 민법에는 일부취소에 관한 규정은 없다.

② 다만, 판례를 통하여 제137조(일부무효)를 유추적용하여 일부분만 취소할 수 있다고 한다.

관련판례

1. 하나의 법률행위의 일부분에만 취소사유가 있다고 하더라도 그 법률행위가 가분적이거나 그 목적물의 일부가 특정될 수 있다면, 그 나머지 부분이라도 이를 유지하려는 당사자의 가정적 의사가 인정되는 경우 그 일부만의 취소도 가능하다고 할 것이고, 그 일부의 취소는 법률행위의 일부에 관하여 효력이 생긴다(대판 2002.9.10, 2002다21509).
2. 매매계약체결시 토지의 일정 부분을 매매대상에서 제외시키는 특약을 한 경우 이는 매매계약의 대상 토지를 특정하여 그 일정 부분에 대하여는 매매계약이 체결되지 않았음을 분명히 한 것으로써 그 부분에 대한 어떠한 법률행위가 이루어진 것으로는 볼 수 없으므로 그 특약만을 기망에 의한 법률행위로써 취소할 수는 없다(대판 1999.3.26, 98다56607).

OX
법률행위의 일부에 착오가 있는 경우, 원칙적으로 그 일부만을 취소할 수 있다. (×) 제19회

OX
가분적인 법률행위의 일부에 취소사유가 존재하고 나머지 부분을 유지하려는 당사자의 가정적 의사가 있는 경우, 일부만의 취소도 가능하다. (○) 제24회

4. 취소의 효과

> **제141조 【취소의 효과】** 취소된 법률행위는 처음부터 무효인 것으로 본다. 다만, 제한능력자는 그 행위로 인하여 받은 이익이 현존하는 한도에서 상환할 책임이 있다.

(1) 소급적 무효

① 취소할 수 있는 법률행위를 취소하면 처음부터 무효인 것으로 본다. 소급하여 무효로 확정되기 때문에, 더 이상 후에(취소할 수 있는 법률행위의) 추인할 수 없다.

OX
취소된 법률행위는 특별한 사정이 없는 한 취소한 이후부터 무효이다. (×) 제21회

② 그러나 취소한 후라도 무효행위의 추인의 요건에 따라 다시 추인하는 것은 가능하다.

관련판례

취소한 법률행위는 처음부터 무효인 것으로 간주되므로 취소할 수 있는 법률행위가 일단 취소된 이상 그 후에는 취소할 수 있는 법률행위의 추인에 의하여 이미 취소되어 무효인 것으로 간주된 당초의 의사표시를 다시 확정적으로 유효하게 할 수는 없고, 다만 무효인 법률행위의 추인의 요건과 효력으로서 추인할 수는 있으나 무효행위의 추인은 그 무효 원인이 소멸한 후에 하여야 그 효력이 있다(대판 1997.12.12, 95다38240).

(2) 취소의 효과(부당이득반환의무)

> **제748조【수익자의 반환범위】** ① 선의의 수익자는 그 받은 이익이 현존한 한도에서 전조의 책임이 있다.
> ② 악의의 수익자는 그 받은 이익에 이자를 붙여 반환하고 손해가 있으면 이를 배상하여야 한다.

① 취소된 법률행위는 소급하여 무효로 되므로 취소되기 전에 그 법률행위에 기하여 급부가 이미 행하여졌다면 부당이득반환법리에 의하여 그 급부가 반환되어야 한다.

㉠ 선의의 수익자: 그 받은 이익이 현존하는 한도에서 반환하여야 한다.

㉡ 악의의 수익자: 그 받은 이익에 이자를 붙여 반환하고, 손해가 있으면 이를 배상하여야 한다.

② **제한능력자에 대한 특칙**

㉠ 제141조의 단서는 제748조 제2항에 대한 특칙이므로 제한능력자는 선의·악의를 불문하고 현존이익만을 반환하면 된다.

㉡ '현존이익'이란 취소된 행위에 의하여 사실상 얻은 이익이 그대로 있거나 또는 그것이 변형되어 잔존하는 것을 의미한다.

ⓐ 유흥비, 도박으로 탕진한 재산은 현존이익이 없는 것으로 본다.

ⓑ 생활비 지급, 채무변제, 자동차 구입 등은 현존이익이 있는 것으로 본다.

㉢ 현존이익에 대한 입증책임은 제한능력자 측에서 현존이익이 없음을 증명하여야 한다.

㉣ 판례는 의사무능력자의 반환범위도 제한능력자의 반환범위규정(제141조 단서)을 유추적용하여 의사무능력자도 선의·악의를 불문하고 현존이익만을 반환하면 된다고 한다.

OX

취소할 수 있는 법률행위를 취소한 경우, 무효행위 추인의 요건을 갖추면 이를 다시 추인할 수 있다. (○) 제26회

OX

법률행위가 취소된 경우, 취소권자는 취소할 수 있는 법률행위의 추인에 의하여 취소된 법률행위를 유효하게 할 수 있다. (×) 제22회

OX

법률행위의 무효로 인하여 쌍방이 부당이득반환의무를 부담하는 경우, 쌍방의 의무는 동시이행관계이다. (○) 제12회

OX

취소된 법률행위에 기하여 이미 이행된 급부는 부당이득으로 반환되어야 한다. (○) 제20회

OX

매수인이 유발한 동기착오에 의해 체결된 토지매매계약이 이행 후 취소된 경우, 매수인의 소유권이전등기말소의무는 매도인의 매매대금반환의무보다 먼저 이행되어야 한다. (×) 제15회

OX

미성년자가 제한능력을 이유로 자신의 법률행위를 취소한 경우, 악의의 미성년자는 받은 이익에 이자를 붙여 반환해야 한다. (×) 제25회

OX

제한능력자가 법률행위를 취소한 경우에는 그 행위로 인한 이익이 현존하더라도 상환할 책임이 없다. (×) 제15회

관련판례

미성년자가 신용카드발행인과 사이에 신용카드 이용계약을 체결하여 신용카드거래를 하다가 신용카드 이용계약을 취소하는 경우 미성년자는 그 행위로 인하여 받은 이익이 현존하는 한도에서 상환할 책임이 있는바, 신용카드 이용계약이 취소됨에도 불구하고 신용카드회원과 해당 가맹점 사이에 체결된 개별적인 매매계약은 특별한 사정이 없는 한 신용카드 이용계약 취소와 무관하게 유효하게 존속한다 할 것이고, 신용카드 발행인이 가맹점들에 대하여 그 신용카드사용대금을 지급한 것은 신용카드 이용계약과는 별개로 신용카드발행인과 가맹점 사이에 체결된 가맹점 계약에 따른 것으로서 유효하므로 신용카드발행인의 가맹점에 대한 신용카드이용대금의 지급으로써 신용카드회원은 자신의 가맹점에 대한 매매대금 지급채무를 법률상 원인 없이 면제받는 이익을 얻었으며, 이러한 이익은 금전상의 이득으로서 특별한 사정이 없는 한 현존하는 것으로 추정된다(대판 2005.4.15, 2003다60297).

5. 취소할 수 있는 행위의 추인

제143조 【추인의 방법, 효과】 ① 취소할 수 있는 법률행위는 제140조에 규정한 자가 추인할 수 있고 추인 후에는 취소하지 못한다.
② 전조의 규정은 전항의 경우에 준용한다.

OX
취소할 수 있는 법률행위는 취소권자의 추인이 있으면 취소하지 못한다. (○) 제20회

(1) 의 의

① '취소할 수 있는 법률행위의 추인(追認)'이란 취소할 수 있는 법률행위를 취소할 수 있음에도 불구하고 취소하지 않겠다는 의사표시로, 이는 '취소권의 포기'를 의미한다.
② 취소할 수 있는 법률행위의 '추인'은 형성권이며, 단독행위이다.
③ 취소할 수 있는 법률행위를 추인하면 그 법률행위는 유효로 확정되기에 더 이상 취소할 수 없다.
④ 추인권자는 취소권자에 한한다. 다만, 제한능력자는 단독으로 추인할 수 없고, 행위능력자가 되거나 법정대리인의 동의를 얻어서 추인할 수 있다.

(2) 민법상 추인의 종류와 효력확정시기

① 무권대리행위에서의 본인의 추인 ⇨ 소급하여 유효확정
② 무효행위의 추인 ⇨ 그때부터 유효확정
③ 취소할 수 있는 법률행위의 추인 ⇨ 그때부터 유효확정

(3) 취소할 수 있는 법률행위의 추인의 요건

> **제144조 【추인의 요건】** ① 추인은 취소의 원인이 소멸된 후에 하여야만 효력이 있다.
> ② 제1항은 법정대리인 또는 후견인이 추인하는 경우에는 적용하지 아니한다.

① **취소의 원인이 종료한 후에 할 것**

㉠ 제한능력자는 능력자로 된 후에 추인할 수 있다.

ⓐ 제한능력자는 능력자가 되기 전에는 단독으로 추인할 수 없다.

ⓑ 제한능력자라도 능력자가 되기 전에 피성년후견인 아닌 자는 법정대리인의 동의를 얻어 추인할 수 있다.

ⓒ 제한능력자의 법정대리인은 취소의 원인과 관계없으므로 취소의 원인이 종료되기 전이라도 추인할 수 있다.

㉡ 착오상태에서 법률행위를 한 자는 착오상태에서 벗어난 후에(착오의 사실을 안 후에) 추인할 수 있다.

㉢ 사기·강박상태에서 법률행위를 한 자는 사기·강박상태에서 벗어난 후에 추인할 수 있다.

㉣ 취소의 원인이 종료되기 전에 한 추인은 추인으로서 효력이 없으므로(즉, 유효로 확정되지 않는다) 다시 취소할 수 있다.

㉤ 그러나 법정대리인 또는 후견인은 취소의 원인이 종료되기 전에도 추인할 수 있다.

② **반드시 취소할 수 있음을 알면서 추인할 것**

㉠ 취소할 수 있음을 알면서 추인하여야 하므로 취소할 수 있는 법률행위의 추인을 취소권의 포기라고 이해한다.

㉡ 따라서 취소권이 있음을 모르고 추인한 경우에는 추인으로서 효력이 발생하지 않으므로(즉, 유효로 확정되지 않는다) 다시 취소할 수 있다.

관련판례

추인은 취소권을 가지는 자가 <u>취소원인이 종료한 후에 취소할 수 있는 행위임을 알고서</u> 추인의 의사표시를 하거나 법정추인사유에 해당하는 행위를 행할 때에만 법률행위의 효력을 유효로 확정시키는 효력이 발생한다(대판 1997.5.30, 97다2986).

(4) 추인의 방법

① 추인은 추인권자가 취소할 수 있는 법률행위의 상대방에 대한 의사표시로 한다.

② 추인은 명시적 추인뿐만 아니라 묵시적 추인도 가능하다.

OX
취소할 수 있는 법률행위의 추인은 취소권의 포기이므로 취소권자라면 누구나 언제든지 할 수 있다. (×) 제17회

OX
미성년자는 법정대리인의 동의 없이 체결한 매매계약을 단독으로 추인할 수 없다. (○) 제14회

OX
취소할 수 있는 법률행위에서 법정대리인은 취소원인이 소멸한 후에만 추인할 수 있다. (×) 제20회

OX
취소의 원인이 종료된 후 취소할 수 있는 법률행위를 추인하는 경우, 취소할 수 있는 법률행위임을 알고 추인해야 그 효력이 생긴다. (○) 제22회

(5) **추인의 효과**: 추인에 의하여 불확정적으로 유효상태에 있는 취소할 수 있는 법률행위는 확정적으로 유효하게 된다. 즉, 다시 취소할 수 없게 된다.

6. 상대방 보호

(1) 법정추인(法定追認, 취소권의 배제)

> **제145조【법정추인】** 취소할 수 있는 법률행위에 관하여 전조의 규정에 의하여 추인할 수 있는 후에 다음 각 호의 사유가 있으면 추인한 것으로 본다. 그러나 이의를 보류한 때에는 그러하지 아니하다.
> 1. 전부나 일부의 이행
> 2. 이행의 청구
> 3. 경개
> 4. 담보의 제공
> 5. 취소할 수 있는 행위로 취득한 권리의 전부나 일부의 양도
> 6. 강제집행

① **법정추인의 의의**

㉠ 취소할 수 있는 법률행위의 상대방은 취소권자의 취소 또는 추인의 의사표시에 의하여 법률행위의 효력에 영향을 받을 수밖에 없다. 이러한 상대방의 불안한 지위를 보호하기 위하여 민법은 취소할 수 있는 법률행위에 관하여 추인권자의 추인의 의사표시가 없더라도 추인할 수 있는 후에(취소의 원인이 종료된 후에) 일정한 사유가 있는 때에는 법률상 당연히 추인하는 것으로 간주되어 더 이상 취소할 수 없게 하여 상대방을 보호하려는 법정추인(法定追認)제도를 두고 있다.

㉡ 예를 들면, 미성년자 甲이 법정대리인의 동의 없이 미성년자 소유의 부동산을 상대방 乙에게 매매한 후에 법정대리인이 상대방 乙에게 매매대금을 청구하는 것처럼, 추인한다는 의사표시가 없더라도 일정한 사유에 의하여 추인으로 인정될 만한 사정이 있다면 추인으로 간주하여 당사자 간의 법률관계를 유효로 확정시켜 더 이상 취소할 수 없게 되는 경우를 법정추인이라고 한다.

② **법정추인의 요건**(취소의 원인종료 + 이의보류 없이 + 법정추인사유)

㉠ 추인할 수 있는 후: 취소의 원인이 종료된 후이어야 한다.

ⓐ 따라서 미성년자가 미성년상태에서 이행을 청구하거나 이행하는 것은 법정추인이 되지 않는다.

ⓑ 다만, 피성년후견인 외의 제한능력자가 법정대리인의 동의를 얻어 이행을 청구하면 법정추인이 된다.

OX

제한능력을 이유로 취소할 수 있는 법률행위를 한 미성년자가 행위능력자가 된 후 이의를 보류함이 없이 그 법률행위에 따라 이행한 때에는 추인한 것으로 본다. (○) 제28회

㉡ 법정추인사유가 존재

전부나 일부의 이행	취소권자·상대방 모두 포함
이행의 청구	• 취소권자가 청구한 경우에 한함 • 상대방이 취소권자에게 한 이행의 청구는 법정추인에 해당하지 않음
경 개	취소권자·상대방 모두 포함
담보의 제공	• 취소권자·상대방 모두 포함 • 인적 및 물적 담보 모두 해당
취소할 수 있는 행위로 취득한 권리의 전부나 일부의 양도	• 취소권자가 양도하는 경우에 한함 • 상대방이 행한 권리의 전부나 일부의 양도는 법정추인에 해당하지 않음
강제집행	취소권자·상대방 모두 포함

㉢ 이의를 보류하지 않을 것

취소권자가 법정추인사유에 해당하는 행위를 하면서 '이의를 보류하지 않아야' 한다. 즉, 취소권자가 이의를 보류하면서 이행을 청구한 경우에는 법정추인이 되지 않는다.

③ **법정추인의 효과**: 추인한 것과 마찬가지로 그 법률행위는 유효로 확정된다. 즉, 취소권이 소멸한다.

(2) 취소권의 단기소멸(취소권의 행사예정기간)

> **第146조【취소권의 소멸】** 취소권은 추인할 수 있는 날로부터 3년 내에, 법률행위를 한 날로부터 10년 내에 행사하여야 한다.

① 취소할 수 있는 법률행위의 법률관계를 조속히 확정하고, 불안정한 지위의 상대방을 보호하기 위한 수단으로 민법은 취소권의 행사기간에 제한을 두고 있다.

② **기산점과 행사기간**

㉠ '추인할 수 있는 날로부터 3년 내'의 의미는 취소의 원인이 종료된 날로부터 3년 내를 의미한다.

ⓐ 예를 들면, 미성년자가 법률행위를 한 경우 미성년자가 성년이 된 날로부터 3년 또는 법정대리인이 미성년자의 법률행위를 안 날로부터 3년 내에 취소권을 행사하여야 한다.

ⓑ 피성년후견인, 피한정후견인이라면 심판종료를 받은 날로부터 3년 내에 취소권을 행사하여야 한다.

OX

미성년자 甲이 미성년상태에서 법정대리인의 동의 없이 매매계약을 체결한 후 성년이 되어서 상대방에 대한 대금채권을 제3자에게 양도한 후 상대방에게 양도사실을 통지하였다면, 甲은 더 이상 매매계약을 취소할 수 없다. (○) 제20회

OX

취소권자의 상대방이 취소할 수 있는 행위로 취득한 권리의 일부를 양도하더라도 취소권자의 취소권은 소멸한다. (×) 제15회

OX

법정추인은 법이 정한 사유가 발생하면 취소권자의 이의유보와 무관하게 추인한 것으로 간주하는 제도이다. (×) 제17회

OX

취소할 수 있는 법률행위에 관하여 법정추인 사유가 존재하더라도 이의를 보류했다면 추인의 효과가 발생하지 않는다. (○) 제28회

ⓒ 착오상태에서 벗어나고 3년 내에(착오임을 알고서 3년 내에) 취소권을 행사하여야 한다.

ⓓ 사기 · 강박상태에서 벗어나고 3년 내에(사기 · 강박상태를 알고서 3년 내에) 취소권을 행사하여야 한다.

㉡ '법률행위를 한 날로부터 10년 내'에 취소권을 행사하여야 한다.

㉢ 위 ㉠, ㉡ 두 기간 중 어느 한 가지든지 먼저 만료하는 것이 있으면 취소권은 소멸한다.

관련판례

1. 민법 제146조 전단에서 취소권의 제척기간의 기산점으로 삼고 있는 '추인할 수 있는 날'이란 취소의 원인이 종료되어 취소권 행사에 관한 장애가 없어져서 취소권자가 취소의 대상인 법률행위를 추인할 수도 있고 취소할 수도 있는 상태가 된 때를 가리킨다고 보아야 한다(대판 2008.9.11, 2008다27301).
2. 취소권은 형성권으로서 민법 제146조에 규정된 취소권의 존속기간은 제척기간이라고 보아야 할 것이지만, 그 제척기간 내에 소를 제기하는 방법으로 권리를 재판상 행사하여야만 되는 것은 아니고, 재판 외에서 의사표시를 하는 방법으로도 권리를 행사할 수 있다고 보아야 한다(대판 1993.7.27, 92다52795).
3. 민법 제146조는 취소권은 추인할 수 있는 날로부터 3년 내에 행사하여야 한다고 규정하고 있는바, 이 때의 3년이라는 기간은 일반 소멸시효기간이 아니라 제척기간으로서 제척기간이 도과하였는지 여부는 당사자의 주장에 관계없이 법원이 당연히 조사하여 고려하여야 할 사항이다(대판 1996.9.20, 96다25371).

③ **취소권의 행사로 발생한** (부당이득반환)**청구권의 행사기간**

㉠ 학설은 제척기간 내에 행사하여야 한다고 한다.

㉡ 판례는 그 취소권을 행사한 때로부터 따로 소멸시효가 진행하는 것으로 해석한다.

관련판례

환매권(일종의 형성권)의 행사로 발생한 소유권이전등기청구권은 위 기간 제한과는 별도로 환매권을 행사한 때로부터 일반채권과 같이 민법 제162조 소정의 10년의 소멸시효기간이 진행되는 것이지, 위 제척기간 내에 이를 행사하여야 하는 것은 아니다(대판 1991.2.22, 90다13420).

OX

추인할 수 있는 날로부터 3년이 경과하였지만 법률행위를 한 날로부터 10년이 경과하지 않았다면, 취소권자는 그 법률행위를 취소할 수 있다. (×) 제28회

예제

1. 법률행위의 무효와 취소에 관한 설명으로 옳지 않은 것은? (다툼이 있으면 판례에 따름)

제26회

① 취소할 수 있는 법률행위를 취소한 경우, 무효행위 추인의 요건을 갖추면 이를 다시 추인할 수 있다.
② 토지거래허가구역 내의 토지에 대한 매매계약이 처음부터 허가를 배제하는 내용의 계약일 경우, 그 계약은 확정적 무효이다.
③ 집합채권의 양도가 양도금지특약을 위반하여 무효인 경우, 채무자는 일부 개별 채권을 특정하여 추인할 수 없다.
④ 무권리자의 처분행위에 대한 권리자의 추인의 의사표시는 무권리자나 그 상대방 어느 쪽에 하여도 무방하다.
⑤ 취소할 수 있는 법률행위의 추인은 추인권자가 그 행위가 취소할 수 있는 것임을 알고 하여야 한다.

해설

③ 집합채권의 양도가 양도금지특약을 위반하여 무효인 경우 채무자는 일부 개별 채권을 특정하여 추인하는 것이 가능하다(대판 2009.10.29, 2009다47685).
① 취소한 법률행위는 처음부터 무효인 것으로 간주되므로 취소할 수 있는 법률행위가 일단 취소된 이상 그 후에는 취소할 수 있는 법률행위의 추인에 의하여 이미 취소되어 무효인 것으로 간주된 당초의 의사표시를 다시 확정적으로 유효하게 할 수는 없고, 다만 무효인 법률행위의 추인의 요건과 효력으로서 추인할 수는 있다(대판 1997.12.12, 95다38240).
② 토지거래허가구역 내 토지에 관한 매매계약이 처음부터 허가를 배제하거나 잠탈할 목적으로 이루어진 경우에는 확정적으로 무효이다(대판 전합 2011.7.21, 2010두23644).
④ 무권리자가 타인의 권리를 자기의 이름으로 또는 자기의 권리로 처분한 경우에, 권리자는 후일 이를 추인함으로써 그 처분행위를 인정할 수 있고, 특별한 사정이 없는 한 이로써 권리자 본인에게 위 처분행위의 효력이 발생함은 사적 자치의 원칙에 비추어 당연하고, 이 경우 추인은 명시적으로뿐만 아니라 묵시적인 방법으로도 가능하며 그 의사표시는 무권대리인이나 그 상대방 어느 쪽에 하여도 무방하다(대판 2001.11.9, 2001다44291).
⑤ 추인은 취소권을 가지는 자가 취소원인이 종료한 후에 취소할 수 있는 행위임을 알고서 추인의 의사표시를 하거나 법정추인사유에 해당하는 행위를 행할 때에만 법률행위의 효력을 유효로 확정시키는 효력이 발생한다(대판 1997.5.30, 97다2986).

정답 ③

2. 취소에 관한 설명으로 옳지 않은 것은?

제28회

① 추인할 수 있는 날로부터 3년이 경과하였지만 법률행위를 한 날로부터 10년이 경과하지 않았다면, 취소권자는 그 법률행위를 취소할 수 있다.
② 제한능력을 이유로 법률행위가 취소된 경우, 제한능력자는 그 행위로 인하여 받은 이익이 현존하는 한도에서 상환할 책임이 있다.
③ 제한능력을 이유로 취소할 수 있는 법률행위를 한 미성년자가 행위능력자가 된 후 이의를 보류함이 없이 그 법률행위에 따라 이행한 때에는 추인한 것으로 본다.
④ 취소할 수 있는 법률행위를 추인한 취소권자는 특별한 사정이 없는 한 그 법률행위를 다시 취소할 수 없다.
⑤ 취소할 수 있는 법률행위의 상대방이 확정된 경우, 그 취소는 특별한 사정이 없는 한 그 상대방에 대한 의사표시로 하여야 한다.

해설

① 취소권은 추인할 수 있는 날로부터 3년, 법률행위를 한 날로부터 10년 내에 행사하여야 한다(제146조). 이 취소권 행사기간 3년 또는 10년은 어느 기간이라도 먼저 도래하면 취소권은 소멸하므로 추인할 수 있는 날로부터 3년이 경과하였다면 법률행위를 한 날로부터 10년이 경과하지 않더라도 취소할 수 없다.
② 취소된 법률행위는 처음부터 무효인 것으로 본다. 다만, 제한능력자는 그 행위로 인하여 받은 이익이 현존하는 한도에서 상환할 책임이 있다(제141조).
③ 미성년자가 행위능력자가 된 후(=추인할 수 있는 후) 이의를 보류함이 없이 전부나 일부의 이행을 한 때에는 추인한 것으로 본다(제145조 참조).
④ 취소할 수 있는 법률행위를 추인한 후에는 취소하지 못한다(제143조 제1항 참조).
⑤ 취소할 수 있는 법률행위의 상대방이 확정한 경우에는 그 취소는 그 상대방에 대한 의사표시로 하여야 한다(제142조).

정답 ①

06 법률행위의 부관(附款)

1 부관의 총설

(1) 부관의 의의

① '법률행위의 부관(附款)'이란 법률행위 효력의 발생 또는 소멸을 제한하기 위하여 당사자가 법률행위시에 법률행위에 부과하는 약관을 의미한다.
② 사적자치의 원칙상 효력의 발생 또는 소멸을 일정한 사실에 의존하게 하는 것이 허용된다. 즉, 부관이란 법률행위의 당사자들이 예견 또는 예상될 수 있는 사정의 변경에 능동적으로 대처할 수 있도록 사적자치의 원칙상 허용되는 제도이다.

(2) 부관의 종류

법률행위의 부관으로 조건, 기한 그리고 부담의 세 가지가 있다. 이 중에서 민법총칙의 부관으로는 조건과 기한이 있고, 부담부 증여(제561조)와 부담부 유증(제1088조)에 관한 특별규정을 두고 있다.

(3) 부관에 친하지 아니하는 행위(부관을 붙일 수 없는 행위)

① **공익상 불허된 행위**
㉠ 조건 또는 기한을 부가함으로써 선량한 풍속 기타 사회질서(불법조건) 또는 강행법규에 반하는 경우에는 조건 또는 기한인 부관을 붙일 수 없다.

㉡ 혼인 · 이혼 · 입양 · 상속의 승인 · 포기와 같은 경우의 신분행위에도 조건 또는 기한인 부관을 붙일 수 없다.

② **사익상 불허된 행위**

㉠ 단독행위에는 원칙적으로 조건이나 기한을 부가하지 못한다.

㉡ 다만, 상대방에게 유리한 단독행위(유증, 채무면제)나 상대방의 동의가 있는 단독행위(추인) 등은 조건을 붙일 수 있다.

③ **조건에 친하지 않은 법률행위와 기한에 친하지 않은 법률행위**

㉠ 조건에 친하지 아니한 법률행위와 기한에 친하지 아니한 법률행위가 반드시 일치하는 것은 아니다. 예를 들면, 어음 · 수표행위에는 조건을 붙일 수 없으나 기한은 붙일 수 있다.

㉡ 그리고 조건부 어음보증은 유효하다.

④ 부관을 붙일 수 없는 법률행위에 부관을 부가한 경우 부관만 무효가 되는 것이 아니라 법률행위 전부가 무효이다. 즉 신분행위(단독행위)에 조건을 붙인 경우 조건뿐만 아니라 신분행위(단독행위) 전부가 무효가 된다.

OX

상계의 의사표시에는 상대방의 동의 없이도 조건이나 기한을 붙일 수 있다. (×) 제14회

OX

채무면제는 단독행위이므로 조건을 붙일 수 없다. (×) 제14회

OX

조건을 붙이는 것이 허용되지 않는 법률행위에 조건을 붙인 경우, 그 법률행위 전부가 무효이다. (○) 제21회

관련판례

1. 계약당사자 일방이 이행지체에 빠진 상대방에 대하여 일정한 기간을 정하여 채무이행을 최고함과 동시에 그 기간 내에 이행이 없을 때에는 계약을 해제하겠다는 정지조건부 해제의 의사표시는 유효하다(대판 1970.9.29, 70다1508).
2. 지명채권의 양도를 승낙함에 있어서는 이의를 보류하고 할 수 있음은 물론이고 양도금지의 특약이 있는 채권양도를 승낙함에 있어 조건을 붙여서 할 수도 있으며 승낙의 성격이 관념의 통지라고 하여 조건을 붙일 수 없는 것은 아니다(대판 1989.7.11, 88다카20866).

2 조건(條件)

1. 조건의 의의 및 요건

(1) 의 의

① '조건'이란 법률행위의 효력의 발생 또는 소멸을 '장래의 불확실한 사실'의 성부(成否)에 의존하게 하는 법률행위 부관을 의미한다.

② 장래 반드시 실현되는 사실은 기한이지, 조건은 아니다.

③ 그리고 과거의 사실은 당사자가 알지 못하더라도 조건이 아니다.

④ 조건은 법률행위의 효과의 발생 또는 소멸에 관한 것이며, 법률행위의 성립에 관한 것은 아니다. 예를 들면, "제27회 주택관리사(보) 시험에 합격하면 자동차를 사주겠다."라는 의사표시를 한 경우 의사표시를 한 날 권리가 발생하지만(권리의 성립), 후에 시험에 합격하여야 자동차를 청구할 수 있는 법률효과가 발생한다는 점을 구별하여야 한다. 즉, 권리의 성립시점과 권리의 행사시점이 다르다.

(2) 조건이 되기 위한 요건

① 조건은 법률행위의 내용이므로 당사자가 임의로 정한 것이어야 하며, 법정조건은 조건이 아니다. 예를 들면, 법인 설립행위에서의 주무관청의 허가, 토지거래허가구역 내의 토지매매계약에서 관할관청의 허가, 유언에서 유언자의 사망 또는 수유자의 생존 등은 법에서 요구하는 요건인 법정조건이므로 조건이 아니다.

② 조건은 당해 법률행위를 구성하는 의사표시와 일체적인 내용을 이루는 것이므로 의사표시의 일반원칙에 따라 조건을 붙이고자 하는 의사, 즉 조건의사와 그 표시가 필요하며, 조건의사가 있더라도 그것이 외부에 표시되지 않으면 법률행위의 동기에 불과할 뿐이고, 그것만으로는 법률행위의 부관으로서의 조건이 되는 것은 아니다.

(3) 정지조건부 법률행위에 대한 입증책임

관련판례

1. 어떠한 법률행위가 조건의 성취시 법률행위의 효력이 발생하는 소위 정지조건부 법률행위에 해당한다는 사실은 그 법률행위로 인한 법률효과의 발생을 저지하는 사유로서 그 법률효과의 발생을 다투려는 자에게 주장입증책임이 있다(대판 1993. 9.28, 93다20832).
2. 정지조건부 법률행위에 있어서 조건이 성취되었다는 사실은 이에 의하여 권리를 취득하고자 하는 측에서 그 입증책임이 있다 할 것이다(대판 1983.4.12, 81다카692).
3. 어느 법률행위에 어떤 조건이 붙어 있었는지 아닌지는 사실인정의 문제로서 그 조건의 존재를 주장하는 자가 이를 증명하여야 한다(대판 2011.8.25, 2008다47367).

OX

조건의사가 외부로 표시되지 않은 경우, 조건부 법률행위로 인정되지 않는다. (○) 제24회

OX

조건은 의사표시의 일반원칙에 따라 조건의사와 그 표시가 필요하다. (○) 제26회

OX

법률행위가 정지조건부 법률행위에 해당한다는 사실은 그 법률효과의 발생을 다투려는 자에게 증명책임이 있다. (○) 제26회

OX

정지조건부 법률행위에서 조건성취의 사실에 대한 증명책임은 조건성취로 인한 권리취득을 주장하는 자에게 있다. (○) 제21회

OX

법률행위에 어떤 조건이 붙어 있었는지 여부는 그 조건의 부존재를 주장하는 자가 이를 증명해야 한다. (×) 제25회

2. 종 류

(1) 정지조건과 해제조건

① **정지조건**(停止條件): 법률행위의 효력의 발생을 장래의 불확실한 사실에 의존하게 하는 조건이다.

예 "제27회 주택관리사 시험에 합격하면 자동차를 사주겠다."라는 증여계약에서 '제27회 주택관리사 시험의 합격'이 정지조건이다.

② **해제조건**(解除條件): 법률행위의 효력의 소멸을 장래의 불확실한 사실에 의존하게 하는 조건이다.

예 "주택관리사 시험에 합격할 때까지 매달 50만원의 생활비를 주겠다."라는 계약에서 '주택관리사 시험의 합격'이 해제조건이다.

관련판례

1. **동산의 소유권유보부 매매**
동산의 매매계약을 체결하면서, 매도인이 대금을 모두 지급받기 전에 목적물을 매수인에게 인도하지만 대금이 모두 지급될 때까지는 목적물의 소유권은 매도인에게 유보되며 대금이 모두 지급된 때에 그 소유권이 매수인에게 이전된다는 내용의 이른바 소유권유보의 특약을 한 경우 목적물의 소유권을 이전한다는 당사자 사이의 물권적 합의는 매매계약을 체결하고 목적물을 인도한 때 이미 성립하지만 대금이 모두 지급되는 것을 정지조건으로 하므로 목적물이 매수인에게 인도되었다고 하더라도 특별한 사정이 없는 한 매도인은 대금이 모두 지급될 때까지 매수인뿐만 아니라 제3자에 대하여도 유보된 목적물의 소유권을 주장할 수 있다(대판 1999.9.7, 99다30534).
2. 주택건설을 위한 토지매매에서 건축허가신청이 불허되면 이를 무효로 한다고 약정한 경우 해제조건부 매매계약에 해당한다(대판 1983.8.23, 83다카552).
3. 토지를 매매하면서 그 토지 중 공장부지 및 그 진입도로부지에 편입되지 아니할 부분토지를 매도인에게 원가로 반환한다는 약정은, 공장부지 및 진입도로로 사용되지 아니하기로 확정된 때에는 그 부분토지에 관한 매매는 해제되어 원상태로 돌아간다는 일종의 해제조건부 매매라고 봄이 상당하고, 조건부 환매계약이라고 볼 수 없다(대판 1981.6.9, 80다3195).
4. 약혼예물의 수수는 약혼의 성립을 증명하고 혼인이 성립한 경우 당사자 내지 양가의 정리를 두텁게 할 목적으로 수수되는 것으로 혼인의 불성립을 해제조건으로 하는 증여와 유사한 성질을 가지므로 일단 부부관계가 성립하고 그 혼인이 상당기간 지속된 이상 후일 혼인이 해소되어도 그 반환을 구할 수는 없으므로 비록 혼인 파탄의 원인이 며느리에게 있더라도 혼인이 상당기간 계속된 이상 약혼예물의 소유권은 며느리에게 있다(대판 1996.5.14, 96다5506).

OX
동산의 소유권유보부 매매에서는 해제조건부로 소유권이 이전된다. (×) 제19회

(2) 수의조건과 비수의조건

① **수의조건**(隨意條件, 당사자의 일방적 의사에 의존하는 조건)

㉠ 순수수의조건

ⓐ 조건의 성취가 전적으로 당사자의 일방적 의사에 의존하는 조건을 의미한다.

ⓑ 예를 들면, "내 마음이 내키면 내 자동차를 주겠다."라는 것과 같이 당사자의 일방적 의사에 의하여 효력이 좌우되는 조건을 의미한다.

ⓒ 순수수의조건은 무효이다.

㉡ 단순수의조건

ⓐ 조건의 성취가 당사자의 일방의 의사에 의존하지만 그 밖에 다른 사실상태의 성립도 요구되는 조건을 의미한다.

ⓑ 예를 들면, "내가 강원도에 가면 오징어를 사다 주겠다."라는 것처럼 당사자 일방의 의사뿐만 아니라 다른 사실상태도 있어야만 하는 조건이다.

ⓒ 단순수의조건은 유효하다.

② **비수의조건**(非隨意條件, 당사자의 일방적 의사에만 의존하지 않는 조건)

㉠ 우성(遇成)조건

ⓐ 예를 들면, '내일 눈이 오면'과 같이 조건의 성부(成否)가 당사자의 의사와는 관계없이 우연히 성취될 수 있는 조건을 의미한다.

ⓑ 우성조건은 유효하다.

㉡ 혼성(混成)조건

ⓐ 예를 들면, '내가 乙녀와 결혼하면'과 같이 당사자의 의사뿐만 아니라 제3자의 의사가 혼합되어야 성취될 수 있는 조건을 의미한다.

ⓑ 혼성조건은 유효하다.

관련판례

제작물공급계약의 당사자들이 보수의 지급시기에 관하여 "수급인이 공급한 목적물을 도급인이 검사하여 합격하면, 도급인은 수급인에게 그 보수를 지급한다."라는 내용으로 한 약정은 도급인의 수급인에 대한 보수지급의무와 동시이행관계에 있는 수급인의 목적물 인도의무를 확인한 것에 불과하므로 법률행위의 효력 발생을 장래의 불확실한 사실의 성부에 의존하게 하는 법률행위의 부관인 조건에 해당하지 않을 뿐만 아니라, 조건에 해당한다 하더라도 검사에의 합격 여부는 도급인의 일방적인 의사에만 의존하지 않고 그 목적물이 계약내용대로 제작된 것인지 여부에 따라 객관적으로 결정되므로 순수수의조건에 해당하지 않는다(대판 2006.10.13, 2004다21862).

(3) 가장조건(假裝條件)

> **제151조【불법조건, 기성조건】** ① 조건이 선량한 풍속 기타 사회질서에 위반한 것인 때에는 그 법률행위는 무효로 한다.
> ② 조건이 법률행위의 당시 이미 성취한 것인 경우에는 그 조건이 정지조건이면 조건 없는 법률행위로 하고, 해제조건이면 그 법률행위는 무효로 한다.
> ③ 조건이 법률행위의 당시에 이미 성취할 수 없는 것인 경우에는 그 조건이 해제조건이면 조건 없는 법률행위로 하고, 정지조건이면 그 법률행위는 무효로 한다.

OX 조건이 법률행위의 당시에 이미 성취할 수 없는 것인 경우, 그 조건이 해제조건이면 그 법률행위는 무효로 한다. (×) 제28회

① '가장조건'이란 형식적으로는 조건처럼 보이지만, 실질적으로는 조건의 요건(당사자의 의사, 장래의 사실, 효력에 관한 점 등)을 갖추지 못하여 조건으로 볼 수 없는 것을 의미한다.

② **법정조건**(法定條件)

㉠ 조건은 당사자가 임의로 부가하여야 하므로 법에서 요구하는 조건(법정조건)은 조건이 아니다.

㉡ 이러한 법정조건으로는 법인 설립에서의 주무관청의 허가, 유언에 있어서의 유언자의 사망 또는 수증자의 생존, 미성년자의 법률행위에 대한 법정대리인의 동의 등이 있다.

OX 법정조건은 법률행위의 부관으로서의 조건이 아니다. (○) 제14회

OX 금괴밀수에 성공하면 5억원을 배당해 주기로 하는 약정은 조건부 법률행위로 유효이다. (×) 제15회

③ **불법조건**(不法條件)

㉠ 예를 들면, "甲이라는 사람을 살해하는 조건으로 1억원을 주겠다."라는 것처럼 조건이 선량한 풍속 기타 사회질서에 반하는 것을 의미한다.

㉡ 불법조건이 붙어 있는 법률행위는 조건만 무효가 아니라 법률행위 전부가 무효가 된다.

OX 조건에 친하지 않은 법률행위에 불법조건을 붙인다면 조건 없는 법률행위로 전환된다. (×) 제14회

OX 조건부 법률행위에 있어 조건의 내용 자체가 불법적인 것이어서 무효인 경우, 그 법률행위 전부가 무효로 된다. (○) 제28회

관련판례

1. 부부생활의 종료를 해제조건으로 하는 증여는 조건이 사회질서에 반하는 것으로 무효이므로 증여계약 자체가 무효이다(대판 1966.6.21, 66다530).
2. 명예훼손행위를 하지 않을 것을 조건으로 하는 증여계약은 그 조건이 불법조건이므로 무효이다.
3. 매매계약에서 매도인에게 부과될 공과금을 매수인이 책임진다는 취지의 특약을 하였다 하더라도 이는 공과금이 부과되는 경우 그 부담을 누가 할 것인가에 관한 약정으로서 그 자체가 불법조건이라고 할 수 없고 이것만 가지고 사회질서에 반한다고 단정하기도 어렵다(대판 1993.5.25, 93다296).

④ **기성조건**(旣成條件)

㉠ '기성조건'이란 법률행위 당시에 이미 성취한 조건을 의미한다. 조건은 장래의 사실에 관한 것이므로 과거의 사실이나 현재의 사실은 조건이 될 수 없다.

㉡ 기성조건 + 정지조건 = 조건 없는 법률행위(조건만 무효, 나머지는 유효)

예 이미 주택관리사 시험에 합격한 자에게 '제27회 주택관리사 시험에 합격하면 자동차를 사주겠다.'고 한 경우처럼 조건이 이미 성취된 경우이다. 이런 경우라면 유효하므로 자동차를 사주어야 한다.

㉢ 기성조건 + 해제조건 = 무효

예 이미 주택관리사 시험에 합격한 자에게 '제27회 주택관리사 시험에 합격할 때까지 매달 30만원을 주겠다.'고 한 경우처럼 조건이 이미 성취된 경우이다. 이런 경우라면 매달 30만원을 주겠다는 것은 무효이다.

⑤ **불능조건**(不能條件)

㉠ '불능조건'이란 법률행위 당시에 이미 성취할 수 없는 조건이다. 조건이란 장래 발생할 것이 불확실한 것이어야 하는데, 불능조건은 장래 발생하지 않을 것이 확실한 경우이므로 조건이라고 할 수 없다.

㉡ 불능조건 + 정지조건 = 무효

예 '해가 서쪽에서 뜨면 자동차를 사주겠다.'고 한 경우처럼 해는 서쪽에서 뜰 수 없으므로 자동차를 사주겠다는 것은 무효이다.

㉢ 불능조건 + 해제조건 = 조건 없는 법률행위(유효)

예 '해가 서쪽에서 뜰 때까지 생활비를 대주겠다.'고 하는 경우처럼 생활비를 주는 것은 유효하다.

OX

딸과 사위가 이미 이혼한 사실을 모르는 장인이 이혼하면 돌려받기로 하고 그 사위에게 건물을 증여하기로 하는 약정은 조건부 법률행위로서 유효이다. (×) 제15회

OX

해저 1만 미터에 빠진 결혼반지를 찾아주면 사례금을 지급하기로 하는 약정은 조건부 법률행위로 유효이다. (×) 제15회

3. 조건부 권리(조건의 성부확정 전의 효력)

(1) 조건부 권리의 의의

'조건부 권리'란 조건부 법률행위의 효력이 확정되기 전이라도 당사자는 조건의 성취로 인하여 일정한 이익을 얻게 될 것을 기대할 수 있는데, 이러한 당사자가 가지는 기대 내지 희망의 권리를 의미한다('기대권'이라고도 한다).

(2) 소극적 보호(침해의 금지)

> **제148조 【조건부 권리의 침해금지】** 조건 있는 법률행위의 당사자는 조건의 성부가 미정한 동안에 조건의 성취로 인하여 생길 상대방의 이익을 해하지 못한다.

① 조건부 법률행위의 당사자는 조건의 성부가 미정(未定)인 동안에(물론 조건이 성취되어서 권리가 확정된 경우에도 마찬가지로 상대방의 이익을 해하지 못함은 당연하다) 조건의 성취로 인하여 생길 상대방의 이익을 해하지 못한다.

② 조건부 권리를 침해한 경우에 불법행위에 의한 손해배상을 청구할 수 있다. 예를 들면, 정지조건부로 증여한(예 시험에 합격하면 토지를 증여하기로 한 경우)

토지를 증여자가 그 조건성취 전에 제3자에게 토지를 매각하여 제3자 앞으로 등기가 경료된 경우에 수증자는 조건성취를 전제로 증여자를 상대로 손해배상(전보배상)을 청구할 수 있다.

(3) 적극적 보호

> **제149조 【조건부 권리의 처분 등】** 조건의 성취가 미정한 권리 · 의무는 일반규정에 의하여 처분, 상속, 보존 또는 담보로 할 수 있다.

① 조건성취 후의 권리(기성권)도 처분 · 상속 · 보존 또는 담보로 할 수 있듯이, 조건성취 전의 권리(기대권)도 처분 · 상속 · 보존 · 담보로 할 수 있다.
② 처분이란 조건부 권리의 변동을 목적으로 하는 법률행위이다.
③ 조건부 권리는 재산권으로서 대개는 일신전속적 권리가 아니므로 상속이 된다.
④ 조건부 권리도 보존할 수 있다. 예를 들면, 부동산상의 조건부 권리를 위하여 가등기를 할 수 있다(부동산등기법 제3조). 그리고 조건부 권리에 대해서는 장래 이행의 소를 제기할 수 있다. 보전처분도 할 수 있다.
⑤ '담보로 할 수 있다.'의 의미는 조건부 권리를 위하여 담보를 설정할 수 있다는 의미이고, 조건부 권리를 담보로 제공하는 것을 의미하지는 않는다.

(4) 조건성취 · 불성취와 조건성부의 의제

> **OX**
> 조건성취로 이익을 받을 당사자가 신의칙에 반하여 조건을 성취시킨 때에는 상대방은 그 법률행위를 취소할 수 있다. (×) 제14회

> **제150조 【조건성취 · 불성취에 대한 반신의행위】** ① 조건의 성취로 인하여 불이익을 받을 당사자가 신의성실에 반하여 조건의 성취를 방해한 때에는 상대방은 그 조건이 성취한 것으로 주장할 수 있다.
> ② 조건의 성취로 인하여 이익을 받을 당사자가 신의성실에 반하여 조건을 성취시킨 때에는 상대방은 그 조건이 성취하지 아니한 것으로 주장할 수 있다.

① **조건성취 · 불성취 의제**

조건의 성취로 이익을 받을 당사자가 신의성실의 원칙에 반하여 조건을 성취시키거나 조건의 성취로 불이익을 받을 당사자가 신의성실의 원칙에 반하여 조건의 성취를 방해한 때에 조건이 성취가 된 것으로 또는 조건이 불성취된 것으로 주장할 수 있다는 의미이다.

② **요 건**

㉠ 조건의 성취로 인하여 이익을 받거나 불이익을 받을 당사자의 행위가 있어야 한다.
㉡ 방해 또는 성취행위로 조건이 불성취 또는 성취되어야 한다.

㉢ 방해행위 또는 성취행위가 신의성실에 반하여야 한다.

㉣ 방해행위는 고의에 의한 경우뿐만 아니라 과실에 의한 경우도 포함되며, 작위뿐만 아니라 부작위에 의해서도 인정된다.

③ **효 과**

㉠ 조건의 성취·불성취되었다고 주장할 수 있다.

㉡ 조건성취를 방해하는 행위 등은 불법행위나 채무불이행이 되므로 상대방은 이에 기한 손해배상청구권을 가진다.

관련판례

1. 조건성취의 방해는 고의에 의한 경우만이 아니라 과실에 의한 경우에도 신의성실에 반하여 조건의 성취를 방해한 때에 해당한다(대판 1998.12.22, 98다42356).
2. 조건의 성취로 인하여 불이익을 받을 당사자가 신의성실에 반하여 조건의 성취를 방해한 경우 조건이 성취된 것으로 의제되는 시점은 이러한 신의성실에 반하는 행위가 없었더라면 조건이 성취되었으리라고 추산되는 시점이다(대판 1998.12.22, 98다42356).

OX

조건의 성취로 인하여 불이익을 받을 당사자가 신의칙에 반하여 조건의 성취를 방해한 경우, 그러한 행위가 있었던 시점에 조건은 성취된 것으로 의제된다. (×) 제26회

4. 조건성취 후의 효력

제147조【조건성취의 효과】 ① 정지조건 있는 법률행위는 조건이 성취한 때로부터 그 효력이 생긴다.
② 해제조건 있는 법률행위는 조건이 성취한 때로부터 그 효력을 잃는다.
③ 당사자가 조건성취의 효력을 그 성취 전에 소급하게 할 의사를 표시한 때에는 그 의사에 의한다.

(1) 정지조건부 법률행위에서는 조건이 성취되면 그 법률행위는 효력을 발생하고, 불성취로 확정되면 무효로 된다. 해제조건부 법률행위에서는 조건이 성취되면 법률행위의 효력이 소멸하고, 불성취로 확정되면 효력은 소멸하지 않는 것으로 확정된다.

(2) 조건의 성취·불성취의 효과

① **원칙**: 조건성취의 효과는 원칙적으로 소급하지 않는다.

② **예외**: 당사자가 조건성취의 효력을 성취 전에 소급하게 할 의사를 표시한 경우에는 그 의사에 의하므로 소급효가 인정될 수 있다. 그러나 이 소급효로 제3자의 권리를 해하지 못한다.

OX

법률행위의 당사자는 특별한 사정이 없는 한 합의로 해제조건 성취의 효력을 그 성취 전으로 소급하게 할 수 있다. (○) 제19회

(3) **입증책임**: 조건성취사실에 대한 입증책임은 조건의 성취로 인하여 법률행위의 효력이 확정되었음을 주장하는 자(정지조건의 경우에 권리를 취득하는 자, 해제조건의 경우에는 의무를 면하는 자)가 부담한다.

관련판례

1. 해제조건부 증여로 인한 부동산소유권이전등기를 마쳤다 하더라도 그 해제조건이 성취되면 그 소유권은 증여자에게 복귀한다고 할 것이고, 이 경우 당사자 간에 별단의 의사표시가 없는 한 그 조건성취의 효과는 소급하지 아니하나, 조건성취 전에 수증자가 한 처분행위는 조건성취의 효과를 제한하는 한도 내에서는 무효라고 할 것이고, 다만 그 조건이 등기되어 있지 않는 한 그 처분행위로 인하여 권리를 취득한 제3자에게 위 무효를 대항할 수 없다(대판 1992.5.22, 92다5584).
2. 합의 내용이 이행되지 않을 경우 합의를 무효로 하기로 한 경우 계약당사자가 부도가 난 후 상대방에게 합의서상의 채무를 이행할 수 없다고 통보하였다면, 그 계약당사자는 그 의사표시에 의하여 합의서상의 채무가 이행될 수 없음을 명백히 한 것이니, 이로써 '합의서 내용이 불이행된 때'라는 조건이 성취되었다고 한다(대판 1997.11.11, 96다36579).
3. 부부가 협의이혼을 전제로 재산분할을 약정한 경우 그 후 혼인관계가 존속하거나 재판상 이혼이 이루어진 때에는 그 협의는 조건의 불성취로 인하여 효력이 발생하지 않는다(대판 2003.8.19, 2001다14061).

3 기한(期限)

1. 의 의

OX

사육하고 있는 진돗개가 죽으면 풍산개 한 마리를 사 주기로 하는 약정은 조건부 법률행위로 유효이다. (×) 제15회

(1) '기한'이란 법률행위의 당사자가 그 법률행위의 효력의 발생이나 소멸 또는 채무의 이행을 장래 발생할 것이 '확실한 사실'에 의존하게 하는 법률행위의 부관을 말한다.

(2) 기한은 법률행위의 효력을 장래 확실한 사실에 의존하게 한다는 점에서 조건과 다르다.

(3) **기한과 조건의 구별**

예를 들면, "성공하면 돈을 준다."라는 것처럼 조건인지 기한인지가 명확하지 않은 경우가 있다. 이런 경우에는 결국은 당사자의 의사표시의 해석에 의하여 판단되어야 한다.

관련판례

1. **기한과 조건의 구별방법**
   부관이 붙은 법률행위에 있어서 부관에 표시된 사실이 발생하지 아니하면 채무를 이행하지 아니하여도 된다고 보는 것이 상당한 경우에는 조건으로 보아야 하고, 표시된 사실이 발생한 때에는 물론이고 반대로 발생하지 아니하는 것이 확정된 때에도 그 채무를 이행하여야 한다고 보는 것이 상당한 경우에는 표시된 사실의 발생 여부가 확정되는 것을 불확정기한으로 정한 것으로 보아야 한다(대판 2003.8.19, 2003다24215).
2. 임대차계약을 체결함에 있어서 임대기한을 '본 건 토지를 임차인에게 매도할 때까지'로 정하였다면 별다른 사정이 없는 한 그것은 도래할지의 여부가 불확실한 것이므로 기한을 정한 것이라고 볼 수 없고, 기간의 약정이 없는 것으로 보는 것이 상당하다(대판 1974.5.14, 73다631).
3. 중도금 지급기일을 '1층 골조공사 완료시'로 정한 것은 중도금 지급의무의 이행기를 장래 도래할 시기가 확정되지 아니한 때, 즉 불확정기한으로 이행기를 정한 경우에 해당한다(대판 2005.10.7, 2005다38546).

OX

토지임대차계약을 체결함에 있어 임대기간을 '그 토지를 임차인에게 매도할 때까지'로 정한 것은 별다른 사정이 없는 한 기간의 약정이 없는 계약이라 볼 수 있다. (○) 제14회

OX

신축 중인 건물의 분양계약에 따른 중도금지급기일을 '1층 골조공사 완료시'로 정한 경우, 그 중도금지급의무는 불확정기한을 이행기로 정한 것이다. (○) 제14회

2. 종 류

(1) 시기와 종기

① **시기(始期)부 법률행위**: "내년 1월 1일부터 임대한다."라고 하는 것처럼 법률행위의 효력의 발생을 장래의 확실한 사실에 의존하게 하는 기한을 말한다.

② **종기(終期)부 법률행위**: "올해 12월 31일까지 임대한다."라고 하는 것처럼 법률행위의 효력을 소멸하게 하는 기한을 말한다.

(2) 확정기한과 불확정기한

① **확정기한**(確定期限): 미성년자가 '성년이 되면'처럼 발생하는 시기가 확정되어 있는 기한을 의미한다.

② **불확정기한**(不確定期限): '甲이 사망했을 때', '우리집 개가 죽으면', '첫눈이 올 때까지' 등 발생하는 것은 확실한데, 그 발생시기가 확정되어 있지 않은 기한을 의미한다.

관련판례

당사자가 불확정한 사실이 발생한 때를 이행기한으로 정한 경우에 있어서 그 사실이 발생한 때는 물론 그 사실의 발생이 불가능하게 된 때에도 이행기한은 도래한 것으로 보아야 한다(대판 2002.3.29, 2001다41766).

OX

불확정한 사실이 발생한 때를 이행기한으로 정한 경우, 그 사실의 발생이 불가능하게 된 때에도 기한이 도래한 것으로 본다. (○) 제24회

3. 효 력

(1) 기한도래 전의 효과

민법은 조건부 권리의 침해금지에 관한 제148조와 조건부 권리의 처분 등에 관한 제149조를 기한부 법률행위에 준용하고 있다(제154조).

(2) 기한도래 후의 효과

> **제152조 【기한도래의 효과】** ① 시기 있는 법률행위는 기한이 도래한 때로부터 그 효력이 생긴다.
> ② 종기 있는 법률행위는 기한이 도래한 때로부터 그 효력을 잃는다.

① 시기 있는 법률행위는 기한이 도래한 때로부터 효력이 생기며, 종기 있는 법률행위는 기한이 도래한 때로부터 효력을 잃는다.

② 기한에는 언제나 소급효가 없으며, 당사자의 특약에 의해서도 소급효를 인정할 수 없다. 기한의 성격상 소급효를 두는 것은 무의미하다. 예를 들면, 돈을 빌려주면서 내년 3월 1일까지 변제하기로 약정한 경우 기한이 도래하였는데 소급효를 두는 것은 무의미하다.

OX
종기 있는 법률행위는 기한이 도래한 때로부터 그 효력을 잃는다. (○) 제21회

OX
시기(始期)있는 법률행위는 그 기한이 도래한 때로부터 그 효력이 소멸한다. (×) 제27회

4. 기한(期限)의 이익(利益)

> **제153조 【기한의 이익과 그 포기】** ① 기한은 채무자의 이익을 위한 것으로 추정한다.
> ② 기한의 이익은 이를 포기할 수 있다. 그러나 상대방의 이익을 해하지 못한다.

(1) 의 의

'기한의 이익'이란 기한이 도래하지 않음으로써 당사자가 받는 이익을 말한다.

(2) 기한의 이익을 갖는 자

① 기한의 이익은 법률행위의 성질에 따라서 채무자가 갖는지, 채권자가 갖는지 정하여진다.

② **기한의 이익을 채권자만 가지는 경우**: 무상임치의 임치인

③ **기한의 이익을 채무자만 가지는 경우**: 무이자 소비대차의 채무자

④ **기한의 이익을 채권자 · 채무자 쌍방이 가지는 경우**: 이자부 소비대차의 채권자 · 채무자

⑤ 기한의 이익이 누구에게 있는지 분명하지 않은 경우에는 기한은 채무자의 이익을 위한 것으로 추정한다(제153조 제1항).

OX
기한은 채권자의 이익을 위한 것으로 추정한다. (×) 제21회

OX
기한의 이익은 포기할 수 있지만, 특별한 사정이 없는 한 상대방의 이익을 해하지 못한다. (○) 제28회

OX
특별한 사정이 없는 한 기한의 이익은 이를 포기할 수 없다. (×) 제25회

OX
무상임치에서 수치인은 기한의 이익을 갖는다. (×) 제18회

⑶ 기한이익의 포기

① 기한의 이익은 기한이 도래하기 전에도 미리 포기할 수 있다.

㉠ 무이자 금전소비대차계약에서 차주는 기한이 도래하기 전이라도 기한의 이익을 포기하여 언제든지 대주에게 반환할 수 있다.

㉡ 이자부 금전소비대차계약에서도 차주는 기한 도래 전에 언제든지 대주에게 반환할 수 있다. 다만, 이 경우 대주는 기한이 남아 있는 만큼의 이자를 지급받지 못하였으므로, 차주는 대주가 입은 이자 상당의 손해를 배상하고 기한 도래 전에 변제할 수 있다.

② 기한이익의 포기는 상대방 있는 단독행위이다.

③ 기한의 이익을 포기하면 기한이 도래한다(변제기가 도래한다).

⑷ 기한이익의 상실

① '기한이익의 상실'이란 채권자가 채무자를 신뢰하여 기한의 유예를 주었으나, 채무자가 채권자의 신뢰에 반하는 행위를 하였을 때에는 기한의 이익을 상실하게 하여 채권자를 보호하는 것을 의미한다.

② **기한이익상실의 사유**

> **제388조【기한의 이익의 상실】** 채무자는 다음 각 호의 경우에는 기한의 이익을 주장하지 못한다.
> 1. 채무자가 담보를 손상·감소 또는 멸실하게 한 때
> 2. 채무자가 담보제공의 의무를 이행하지 아니한 때
>
> **채무자 회생 및 파산에 관한 법률 제425조【기한부 채권의 변제기도래】** 기한부 채권은 파산선고시에 변제기에 이른 것으로 본다.

㉠ 채무자가 담보를 손상·감소 또는 멸실하게 한 경우

㉡ 채무자가 담보제공의 의무를 이행하지 아니한 경우

㉢ 채무자가 파산선고를 받은 경우

㉣ 기한이익상실의 특약에서 정한 사유가 발생한 경우

③ **기한이익상실의 효과**

㉠ 기한이익의 상실사유 발생만으로 기한이 도래하는 것은 아니다.

ⓐ 기한이익상실사유가 발생하더라도 채권자가 채무자에게 이행을 청구할지, 청구하지 않을지는 자유이다.

ⓑ 즉, 기한이익상실사유가 발생하면 채권자는 채무자에게 즉시 이행을 청구할 수도 있고(즉시변제청구권), 아니면 이행기가 도래한 후 채무자에게 이행을 청구할 수도 있다.

OX
무이자 금전소비대차의 차주는 빌린 금전을 언제든지 반환할 수 있다. (○) 제14회

OX
채무자가 담보제공의 의무를 이행하지 않은 경우, 채무자는 기한의 이익을 주장하지 못한다. (○) 제18회

OX
채무자가 과실로 담보제공의 의무를 이행하지 않았다면, 채권자는 즉시 채무의 이행을 청구할 수 있다. (○) 제14회

ⓒ 따라서 기한이익의 상실의 경우에 채권자가 채무자에게 이행을 청구하여야 기한이 도래한다.

㉡ 다만, 파산의 경우 그 사유만 가지고도 기한도래가 의제된다.

㉢ 채권자가 이행청구시 기한이 도래한 것이므로 채무자는 이행을 거절할 수 없고, 이행하지 못하면 이행지체책임을 진다.

④ 기한이익상실의 특약

관련판례

1. [1] 기한이익상실의 특약은 그 내용에 의하여 일정한 사유가 발생하면 채권자의 청구 등을 요함이 없이 당연히 기한의 이익이 상실되어 이행기가 도래하는 것으로 하는 정지조건부 기한이익상실의 특약과 일정한 사유가 발생한 후 채권자의 통지나 청구 등 채권자의 의사행위를 기다려 비로소 이행기가 도래하는 것으로 하는 형성권적 기한이익상실의 특약의 두 가지로 대별할 수 있고, 기한이익상실의 특약이 위의 양자 중 어느 것에 해당하느냐는 당사자의 의사해석의 문제이지만 일반적으로 기한이익상실의 특약이 채권자를 위하여 둔 것인 점에 비추어 명백히 정지조건부 기한이익상실의 특약이라고 볼 만한 특별한 사정이 없는 이상 형성권적 기한이익상실의 특약으로 추정하는 것이 타당하다.
   [2] 형성권적 기한이익상실의 특약이 있는 경우에는 그 특약은 채권자의 이익을 위한 것이다(대판 2002.9.4, 2002다28340).
2. 계약당사자 사이에 일정한 사유가 발생하면 채무자는 기한의 이익을 잃고 채권자의 별도의 의사표시가 없더라도 바로 이행기가 도래한 것과 같은 효과를 발생하게 하는 이른바 정지조건부 기한이익상실의 특약을 한 경우에는 그 특약에 정한 기한이익의 상실사유가 발생함과 동시에 기한의 이익을 상실하게 하는 채권자의 의사표시가 없더라도 이행기도래의 효과가 발생하고, 채무자는 특별한 사정이 없는 한 그때부터 이행지체의 상태에 놓이게 된다(대판 1989.9.29, 88다카14663).
3. 매매계약에 있어 매수인이 중도금을 약정한 일자에 지급하지 아니하면 그 계약을 무효로 한다고 하는 특약이 있는 경우 매수인이 약정한 대로 중도금을 지급하지 아니하면 그 불이행 자체로써 계약은 그 일자에 자동적으로 해제된 것이라고 보아야 한다(대판 1988.12.20, 88다카132).

OX

기한이익 상실의 특약은 특별한 사정이 없는 한 형성권적 기한이익 상실의 특약으로 추정한다. (○) 제28회

예제

조건과 기한에 관한 설명으로 옳지 않은 것은? (다툼이 있으면 판례에 따름) 제28회

① 조건의 성취가 미정한 권리도 일반규정에 의하여 담보로 할 수 있다.
② 조건부 법률행위에 있어 조건의 내용 자체가 불법적인 것이어서 무효인 경우, 그 법률행위 전부가 무효로 된다.
③ 조건이 법률행위의 당시에 이미 성취할 수 없는 것인 경우, 그 조건이 해제조건이면 그 법률행위는 무효로 한다.
④ 기한이익 상실의 특약은 특별한 사정이 없는 한 형성권적 기한이익 상실의 특약으로 추정한다.
⑤ 기한의 이익은 포기할 수 있지만, 특별한 사정이 없는 한 상대방의 이익을 해하지 못한다.

해설

③ 조건이 법률행위의 당시에 이미 성취할 수 없는 것인 경우에는 그 조건이 해제조건이면 조건 없는 법률행위로 하고 정지조건이면 그 법률행위는 무효로 한다(제151조 제3항).
① 조건의 성취가 미정한 권리·의무는 일반규정에 의하여 처분, 상속, 보존 또는 담보로 할 수 있다(제149조).
② 조건이 선량한 풍속 기타 사회질서에 위반한 것인 때에는 그 법률행위는 무효로 한다(제151조 제1항).
④ 기한이익 상실의 특약이 위의 양자 중 어느 것에 해당하느냐는 당사자의 의사해석의 문제이지만 일반적으로 기한이익 상실의 특약이 채권자를 위하여 둔 것인 점에 비추어 명백히 정지조건부 기한이익 상실의 특약이라고 볼 만한 특별한 사정이 없는 이상 형성권적 기한이익 상실의 특약으로 추정하는 것이 타당하다(대판 2002.9.4, 2002다28340).
⑤ 기한의 이익은 이를 포기할 수 있다. 그러나 상대방의 이익을 해하지 못한다(제153조 제2항).

정답 ③

Chapter

06 기 간

단·원·열·기

본장은 매년 1문제 정도 출제되거나 출제되지 않는 기출빈도가 낮은 부분이다. '기간'의 독자적인 문제는 출제되지 않고 '사단법인의 사원총회의 소집시기', '기간의 규정의 성격과 적용범위', '기간에 관한 민법의 규정' 등을 위주로 학습하여야 한다.

1 기간(期間)의 의의

(1) 의 의

'기간'이란 어느 시점에서 어느 시점까지 계속된 시간을 의미한다.

(2) 법적 성질

① 법률사실로서 사건(事件)에 속한다.

② 기간의 계산에 관한 민법의 규정은 임의규정이다. 따라서 당사자의 약정으로 달리 정할 수 있다.

관련판례

민법 제157조는 "기간을 일, 주, 월 또는 연으로 정한 때에는 기간의 초일은 산입하지 아니한다."라고 규정하여 초일불산입을 원칙으로 정하고 있으나, 민법 제155조에 의하면 법령이나 법률행위 등에 의하여 위 원칙과 달리 정하는 것도 가능하다(대판 2007.8.23, 2006다62942).

(3) 적용범위

제155조 【본장의 적용범위】 기간의 계산은 법령, 재판상의 처분 또는 법률행위에 다른 정한 바가 없으면 본장의 규정에 의한다.

① 민법의 기간에 관한 규정은 사법관계뿐만 아니라 공법관계에도 적용된다.

② 민법의 기간계산에 관한 규정은 기산일로부터 소급하여 역산하는 경우에도 유추적용된다.

예 비영리사단법인의 사원총회일이 8월 15일이면 초일인 15일을 산입하지 않고 역으로 14일부터 기산하여 8월 7일 오후 12시까지 발송하면 된다.

OX

기간에 관한 민법의 규정은 공법관계에 적용되지 않는다. (×) 제22회

2 기간의 계산방법

(1) 자연적 계산방법

> **제156조【기간의 기산점】** 기간을 시, 분, 초로 정한 때에는 즉시로부터 기산한다.

① '자연적 계산방법'이란 기간의 단위를 '시 · 분 · 초' 단위로 정하는 계산방법을 의미한다.

② 기간을 시, 분, 초로 정한 때(자연적 계산방법)에는 즉시로부터 기산한다. 정하여진 시 · 분 · 초가 만료한 때를 만료점으로 한다.

③ 자연적 계산방법의 장점은 정확하다. 그러나 불편하다는 단점이 있다.

(2) 역법적 계산방법

> **제157조【기간의 기산점】** 기간을 일, 주, 월 또는 연으로 정한 때에는 기간의 초일은 산입하지 아니한다. 그러나 그 기간이 오전 영시로부터 시작하는 때에는 그러하지 아니하다.
>
> **제158조【나이의 계산과 표시】** 나이는 출생일을 산입하여 만(滿) 나이로 계산하고, 연수(年數)로 표시한다. 다만, 1세에 이르지 아니한 경우에는 월수(月數)로 표시할 수 있다.
>
> **제159조【기간의 만료점】** 기간을 일, 주, 월 또는 연으로 정한 때에는 기간말일의 종료로 기간이 만료한다.
>
> **제160조【역에 의한 계산】** ① 기간을 주, 월 또는 연으로 정한 때에는 역에 의하여 계산한다.
> ② 주, 월 또는 연의 처음으로부터 기간을 기산하지 아니하는 때에는 최후의 주, 월 또는 연에서 그 기산일에 해당한 날의 전일로 기간이 만료한다.
> ③ 월 또는 연으로 정한 경우에 최종의 월에 해당일이 없는 때에는 그 월의 말일로 기간이 만료한다.
>
> **제161조【공휴일 등과 기간의 만료점】** 기간의 말일이 토요일 또는 공휴일에 해당한 때에는 기간은 그 익일로 만료한다.

① '역법적 계산방법'이란 기간의 단위가 '일 · 주 · 월 · 년'으로 정하여진 기간 계산방법을 의미한다.

② **역법적 계산방법의 기산일**

㉠ 원칙: '일 · 주 · 월 · 년'을 단위로 하는 기간의 계산은 초일을 산입하지 않고, 익일로부터 기산하는 것이 원칙이다(초일불산입의 원칙).

㉡ 예외: 초일을 산입한다.

ⓐ 오전 0시부터 시작하는 경우

ⓑ 연령 계산

OX

1994년 9월 10일 오후 11시에 출생한 자는 2014년 9월 9일 오후 12시에 성년이 된다.

(×) 제18회

ⓒ 당사자가 초일을 산입하기로 약정한 경우

③ **만료점**

㉠ 기간을 일・주・월・년으로 정한 경우에는 기간 말일의 종료, 즉 말일의 24시로 기간이 만료한다.

㉡ 주・월・년의 처음부터 기산하지 않을 경우에 최후의 주・월・년에서 그 기산일에 해당하는 날의 전일로 기간이 만료하며, 월 또는 년으로 정하였는데 최종의 월에 해당일이 없으면, 그 월의 말일로 기간이 만료한다.

㉢ 기간의 말일이 토요일 또는 공휴일에 해당한 때에는 기간은 그 익일로 만료한다. 이때의 공휴일은 임시 공휴일도 포함한다.

관련판례

1. "정년이 53세라 함은 만 53세에 달하는 날을 말하는 것이지 만 53세가 만료되는 날을 의미하지 않는다."라고 한다(대판 1973.6.12, 71다2669).
2. 근로기준법 제19조 제1항 소정의 평균임금을 산정하여야 할 사유가 발생한 날 이전 3월간의 기산에 있어서 사유발생한 날인 초일은 산입하지 않아야 한다(대판 1989.4.11, 87다카2901).
3. 기간의 초일이 공휴일이라 하더라도 기간은 초일부터 기산한다(대판 1982.2.23, 81누204).

④ 역법적 계산방법의 장점은 간편하다. 그러나 부정확하다는 단점이 있다.

보충학습

기간 계산의 구체적 예들

1. 5월 15일 오전 10시부터 7시간이라고 하는 경우에 만료점은 5월 15일 오후 5시이다.
2. 2023년 3월 15일 오전 10시부터 7일간이라고 하는 경우에 기산점은 3월 16일이고, 만료점은 3월 22일 오후 12시이다.
3. 1월 31일 오후 4시부터 1개월이라고 하는 경우에는 기산점은 2월 1일이고, 만료점은 3월 1일의 전일인 2월 28일 오후 12시이다.
4. 1972년 7월 1일 출생한 자가 성년이 되는 시기는 1991년 6월 30일 오후 12시(= 7월 1일 오전 0시)이다.
5. 1980년 5월 3일 오후 3시에 마지막으로 목격된 자가 1990년 4월 1일 실종선고를 받은 경우에 사망으로 간주되는 시점은 1985년 5월 3일 오후 12시이다.
6. 사원총회를 8월 15일 오후 3시에 하려고 하면 최소한 8월 7일 오후 12시까지는 사원들에게 발신되어야 한다.

Chapter

07 소멸시효

단·원·열·기

본장은 매년 2~3문제 정도 출제되는 범위이다. '소멸시효의 대상', '소멸시효의 기산점', '소멸시효의 중단', '소멸시효의 이익의 포기', '제척기간' 등을 위주로 학습하여야 한다.

소멸시효

1 서 론

(1) 시효의 의의

'시효(時效)'란 일정한 사실상태가 오랫동안 계속된 경우 그 상태가 진실한 권리상태에 일치하느냐의 여부를 묻지 않고서 그 사실상태를 그대로 존중하여 법률효과(권리발생과 소멸)를 발생시키는 제도를 의미한다. 즉, '시효'란 일정한 시간의 경과에 의하여 법률효과(권리발생 또는 소멸)가 발생하는 것을 의미한다.

(2) 시효의 종류

① **취득시효**(取得時效)

㉠ 물건 또는 권리를 점유하는 사실상태가 일정 기간 계속되는 경우 그것이 진실한 권리관계와 일치하는가의 여부를 묻지 않고 권리취득의 효과가 발생하게 하는 제도이다.

㉡ 소유권의 취득원인의 하나로 물권(민법 제245조 내지 제248조)편에서 규정하고 있다.

② **소멸시효**(消滅時效)

㉠ 권리자가 자신의 권리를 행사할 수 있음에도 불구하고 일정한 기간 동안 그 권리를 행사하지 않는 상태가 계속한 경우에 그 권리자의 권리를 소멸시키는 효과를 발생하게 하는 제도이다.

㉡ 민법총칙편에서 규정하고 있다.

(3) 시효의 성질

① 권리의 행사·불행사의 사실상태가 법정기간 동안 계속됨으로써 권리의 취득이나 소멸이라는 효과를 생기게 하는 법률요건이다.

② 시효는 재산권에 관한 것이므로 가족관계(신분관계)에 대해서는 (취득, 소멸)시효에 걸리지 않는다.

(4) **시효제도의 존재이유**

① 법적 안정성의 확보
② 입증책임의 구제(증거보전의 곤란구제)
③ 권리행사의 태만에 대한 제재

관련판례

시효제도의 존재이유는 영속된 사실상태를 존중하고 권리 위에 잠자는 자를 보호하지 않는다는 데에 있고, 특히 소멸시효에 있어서는 후자의 의미가 강하다(대판 1992.3.31, 91다32053).

2 소멸시효의 요건

모든 권리가 시간의 경과로 인하여 소멸하는 것은 아니다. 따라서 일정한 시간의 경과로 인하여 권리가 소멸하기 위해서는 ① 권리가 시효로 소멸할 수 있는 것이어야 하고(소멸시효의 대상이 되어야 하고), ② 권리자가 권리를 행사할 수 있음에도 불구하고 권리 불행사 상태가 존재해야 하며(권리의 불행사), ③ 이러한 권리 불행사의 상태가 일정한 기간 동안 계속될 것(시효기간의 경과)이 요구된다.

1. 소멸시효의 대상인 권리[소멸시효의 대상적격(對象適格)]

소멸시효에 걸리는 권리는 '재산권'에 한하고, 신분권·인격권과 같은 비재산권(非財産權, 인격권, 신분권, 사원권 등)은 시효의 대상이 되지 않는다.

(1) **소멸시효에 걸리는 권리**

제162조 【채권, 재산권의 소멸시효】 ① 채권은 10년간 행사하지 아니하면 소멸시효가 완성한다.
② 채권 및 소유권 이외의 재산권은 20년간 행사하지 아니하면 소멸시효가 완성한다.

① **채 권**

㉠ 일반적인 채권은 그 시효기간이 10년이다.
㉡ 단기소멸시효에 걸리는 채권도 있다(1년, 3년 등).

OX 판결에 의하여 확정된 대여금반환청구권은 소멸시효에 걸린다. (○) 제15회

OX 유치권으로 담보된 공사대금지급청구권은 소멸시효에 걸린다. (○) 제15회

ⓒ 채권에서 발생하는 채권적 청구권도 채권과 마찬가지로 소멸시효에 걸린다.

② **소유권 외의 재산권**

㉠ 지상권, 지역권 등의 용익물권은 20년간 행사하지 아니하면 소멸시효가 완성한다. 즉, 소멸시효의 대상이 된다.

㉡ 다만, 전세권은 그 최장존속기간이 10년을 넘지 못한다는 점에서 20년의 소멸시효에 걸리는 일은 없다.

③ **공법상 권리**: 원칙적으로 5년의 소멸시효에 걸린다.

(2) 소멸시효에 걸리지 않는 권리

① **비재산권**(非財産權)

㉠ 재산권에 한하여 소멸시효의 대상이 되므로 가족권이나 인격권, 가족법상의 비재산권은 소멸시효의 대상이 되지 않는다.

㉡ 친족법상의 권리는 제척기간의 적용을 받는 경우는 있어도 소멸시효에는 걸리지 않는다.

② **소유권**

㉠ 소유권은 존속기간의 제한이 없는 항구성을 가지므로 소멸시효에 걸리지 않는다.

㉡ 그러나 취득시효의 대상은 된다. 즉, 소유권을 취득시효하면 그 반사적 효과로서 토지소유자가 소유권을 상실하는 것이지, 소유권 자체가 소멸시효에 걸리는 것은 아니다.

③ **물권적 청구권**

㉠ 소유권에서 파생하는 물권적 청구권은 소유권이 소멸시효에 걸리지 않으므로 소유권에 기한 물권적 청구권은 소멸시효에 걸리지 않는다.

㉡ 그러나 지상권, 지역권 등에서 파생하는 물권적 청구권은 지상권, 지역권 등이 시효로 인하여 소멸하면 물권적 청구권도 시효로 인하여 소멸한다.

④ **형성권**

㉠ 소멸시효의 대상이 아니다.

㉡ 형성권의 존속기간은 언제나 제척기간이다.

⑤ **점유권과 유치권**: 현재 물건을 사실상 지배(점유)함으로써 취득하고, 지배(점유)를 상실함으로써 바로 소멸하는 권리이기에 소멸시효에 걸리지 않는다.

OX

지상권은 20년간 행사하지 않으면 소멸시효가 완성한다. (○) 제21회

OX

지역권은 20년간 행사하지 아니하면 소멸시효가 완성한다. (○) 제27회

OX

인격권 침해로 인한 손해배상청구권은 소멸시효에 걸린다. (○) 제15회

OX

소유권에 기한 물권적 청구권은 소멸시효에 걸리지 않는다. (○) 제26회

OX

소유권에 기한 물권적 청구권은 소멸시효에 걸린다. (×) 제18회

OX

건물의 무단신축자에 대한 토지공유자의 철거청구권은 소멸시효에 걸린다. (×) 제15회

⑥ **상린권과 공유물분할청구권**

㉠ 상린권은 그 자체로서 독립한 권리가 아니라 소유권에 수반하는 권리이므로 소유권과 독립하여 소멸시효에 걸리지 않는다.

㉡ 공유물분할청구권은 공유관계에서 수반되는 형성권이므로 공유관계가 존속하는 한 그 분할청구권만 독립하여 시효로 소멸할 수 없다.

⑦ **담보물권**(유치권, 질권, 저당권)

㉠ 피담보채권이 존재하는 한 독립하여 담보물권만 소멸시효에 걸리지 않는다.

㉡ 담보물권의 부종성 때문에 피담보채권이 존재하면 담보물권도 존재하고, 피담보채권이 시효로 소멸하면 담보물권도 시효로 소멸한다.

⑧ **항변권**: 쌍무계약에서의 동시이행의 항변권, 보증채무에서 보증인의 최고·검색의 항변권 등은 그 기초가 되는 쌍무계약이나 보증채무에 수반되어 있으므로 그 항변권만 독립하여 소멸시효에 걸리지 않는다.

⑨ **법률관계의 무효확인**: 법률관계의 무효확인을 청구하는 것은 처음부터 무효이었음을 확인하는 것일 뿐이므로 소멸시효에 걸리지 않는다.

알아두기

등기청구권

1. 등기청구권의 성격

① 원칙: 채권적 청구권(10년의 소멸시효)

② 예외: 물권적 청구권(소멸시효 ×)

2. 법률행위에 의한 등기청구권(채권적 청구권)

① 채권에 기한 등기청구권(채권적 청구권)은 원칙적으로 10년의 소멸시효에 걸린다. 예를 들면, 甲의 토지를 매수한 乙은 甲에 대하여 10년간 등기청구권을 행사하지 않으면 그 등기청구권은 시효로 인하여 소멸한다.

② 부동산 매수인이 그 목적물을 인도받아서 이를 사용·수익하고 있는 경우에는 그 매수인을 권리 위에 잠자는 것으로 볼 수도 없고, 그 매수인의 등기청구권은 다른 채권과는 달리 소멸시효에 걸리지 않는다고 해석함이 타당하다(대판 전합 1976.11.6, 76다148).

③ 부동산의 매수인이 그 부동산을 인도받은 이상 이를 사용·수익하다가 그 부동산에 대한 보다 적극적인 권리행사의 일환으로 다른 사람에게 그 부동산을 처분하고 그 점유를 승계하여 준 경우에도 이전등기청구권의 소멸시효는 진행되지 않는다고 보아야 한다(대판 전합 1999.3.18, 98다32175).

3. 점유자의 시효완성으로 인한 등기청구권(채권적 청구권)

① 원칙적으로 점유자의 시효완성으로 인한 등기청구권은 채권적 청구권이다.

② 취득시효완성을 원인으로 한 소유권이전등기청구권에 대하여는 점유자가 그 점유를 계속하는 동안 소멸시효가 진행되지 않는 것이고, 또 일단 취득시효기간의 만료로 점유자가 소유권이전등기청구권을 취득한 이상 그 후 부동산에 대한 점유가

OX

공유물분할청구권은 공유관계가 존속하더라도 그 분할청구권만이 독립하여 소멸시효에 걸린다. (×) 제18회

OX

유치권은 소멸시효에 걸린다. (×) 제18회

OX

부동산 매수인이 목적 부동산을 인도받아 계속 점유하는 경우, 그 소유권이전등기청구권의 소멸시효는 진행되지 않는다. (○) 제25회

OX

부동산 매수인 甲이 목적 부동산을 인도받아 이를 사용·수익하다가 乙에게 그 부동산을 처분하고 그 점유를 승계하여 준 경우, 甲의 소유권이전등기청구권의 소멸시효는 진행되지 않는다. (○) 제25회

중단되더라도 이를 시효이익의 포기로 볼 수 있는 경우가 아닌 한 이미 취득한 소유권이전등기청구권이 소멸되는 것은 아니다(대판 1990.11.13, 90다카25352).

③ 취득시효가 완성된 점유자가 점유를 상실한 경우 취득시효완성으로 인한 소유권이전등기청구권은 그 점유자가 그 점유를 상실한 때로부터 10년간 등기청구권을 행사하지 아니하면 소멸시효가 완성한다(대판 1996.3.8, 95다34866).

4. **명의신탁 해제로 인한 등기청구권**(물권적 청구권)
부동산의 소유자 명의를 신탁한 자는 특별한 사정이 없는 한 언제든지 명의신탁을 해지하고 소유권에 기하여 신탁해지를 원인으로 한 소유권이전등기절차의 이행을 청구할 수 있는 것으로서, 이와 같은 등기청구권은 소멸시효의 대상이 되지 않는다(대판 1991.11.6, 91다34387).

5. **합의해제시 등기청구권**(물권적 청구권)
부동산 매매계약이 합의해제된 경우에 매수인에게 이전되었던 소유권은 당연히 매도인에게 복귀하는 것이므로 합의해제에 따른 매도인의 원상회복청구권은 소유권에 기한 물권적 청구권이라고 할 것이고, 이는 소멸시효의 대상이 되지 않는다(대판 1982.7.27, 80다2968).

6. **진정한 등기명의회복을 위한 소유권이전등기청구권**(= 소유권에 기한 물권적 청구권)
진정한 등기명의회복을 위한 소유권이전등기청구권은 소멸시효의 대상이 아니다(대판 1993.8.24, 92다43975).

7. 채권담보의 목적으로 이루어지는 부동산 양도담보의 경우에 있어서 피담보채무가 변제된 이후에 양도담보권설정자가 행사하는 등기청구권은 양도담보권설정자의 실질적 소유권에 기한 물권적 청구권이므로 따로이 시효소멸되지 아니한다(대판 1979.2.13, 78다2412).

소멸시효에 걸리는 권리와 걸리지 않는 권리

소멸시효에 걸리는 권리	소멸시효에 걸리지 않는 권리
• 채권(1년, 3년, 5년, 10년 등) • 채권 및 소유권 이외의 재산권 – 용익물권(20년) – 채권적 청구권(등기청구권)(10년) – 공법상 권리(5년 등)	• 비재산권(인격권, 신분권 등) • 소유권 • 물권적 청구권 • 형성권 • 점유권과 유치권 • 상린권과 공유물분할청구권 • 담보물권 • 항변권 • 법률관계의 무효확인

예제

소멸시효에 걸리는 권리는? (다툼이 있으면 판례에 따름) 제23회

① 점유권
② 유치권
③ 주위토지통행권
④ 소유권에 기한 방해제거청구권
⑤ 물상보증인의 채무자에 대한 구상권

해설

⑤ 구상권은 채권에 속하므로 소멸시효의 대상이 된다. 물상보증인의 채무자에 대한 구상권은 그들 사이의 물상보증위탁계약의 법적 성질과 관계없이 민법에 의하여 인정된 별개의 독립한 권리이고, 그 소멸시효에 있어서는 민법상 일반채권에 관한 규정이 적용된다(대판 2001.4.24, 2001다6237). 점유권, 유치권은 소멸시효에 걸리지 않으며, 주위토지통행권은 소유권에 파생하는 상린권의 일종이므로 소멸시효에 걸리지 않으며, 소유권에 기한 물권적 청구권의 일종인 소유권에 기한 방해제거청구권 역시 소멸시효에 걸리지 않는다.

정답 ⑤

2. 소멸시효의 기산점(권리의 불행사)

OX

부작위를 목적으로 한 채권의 소멸시효는 계약체결시부터 진행한다. (×) 제21회

제166조【소멸시효의 기산점】 ① 소멸시효는 권리를 행사할 수 있는 때로부터 진행한다.
② 부작위를 목적으로 하는 채권의 소멸시효는 위반행위를 한 때로부터 진행한다.

(1) 권리를 행사할 수 있는 때부터(소멸시효의 기산점)의 의미

① 소멸시효는 권리를 행사한 때가 아니라 '권리를 행사할 수 있는 때'로부터 진행한다. 즉, 권리를 행사할 수 있음에도(법률상의 장애사유가 없음에도) 불구하고 권리를 행사하지 않은 때로부터 소멸시효가 진행한다. 따라서 소멸시효는 권리를 행사할 수 없는 때에는 진행하지 않는다.

② **법률상 장애**

권리를 행사할 수 없는 경우란 '법률상 장애'가 존재하는 경우를 의미한다 (예 조건미성취, 기한미도래 등).

㉠ 법률상 장애사유가 존재하면 권리를 행사하고 싶어도 권리를 행사할 수 없으므로 소멸시효가 진행하지 않는다.

㉡ 법률상 장애사유가 없어야 권리를 행사할 수 있으므로 소멸시효가 진행한다.

관련판례

건물에 관한 소유권이전등기청구권에 있어서 그 목적물인 건물이 완공되지 아니하여 이를 행사할 수 없었다는 사유는 법률상의 장애사유에 해당하므로 건물완공시부터 소멸시효가 진행한다(대판 2007.8.23, 2007다28024).

③ **사실상 장애**

이에 비하여 '사실상 장애'사유는 소멸시효의 진행에 영향을 미치지 않는다. 즉, 사실상의 장애사유가 존재하더라도 소멸시효는 진행한다(예 권리 존재의 인식 여부, 질병 등).

㉠ '채무자가 누구인지 또는 그 주소가 어디인지를 알지 못하거나 그에게 변제자력이 없어 채권의 행사가 실제로 무의미하다는 등의 사유'는 사실상의 장애사유로서 소멸시효가 진행한다.

㉡ 권리자의 개인적 사정이나 법률지식의 부족, 권리 존재의 부지 또는 채무자의 부재 등은 사실상의 장애사유에 불과하여 소멸시효가 진행한다.

관련판례

사실상의 장애사유에 불과한 경우

과세처분의 하자가 중대하고 명백하여 당연무효에 해당하는지 여부를 당사자로서는 현실적으로 판단하기 어렵다거나 당사자에게 처음부터 과세처분의 취소소송과 부당이득반환청구소송을 동시에 제기할 것을 기대할 수 없더라도 이러한 사유는 법률상 장애사유가 아니라 사실상의 장애사유에 지나지 않으며, 과세처분의 취소를 구하였지만 재판과정에서 그 과세처분이 무효로 밝혀지더라도 그 과세처분은 처음부터 무효이고 무효선언으로서의 취소판결이 확정됨으로써 비로소 무효로 되는 것은 아니므로 오납시부터 그 반환청구권의 소멸시효가 진행한다(대판 전합 1992.3.31, 91다32053).

(2) 소멸시효의 기산점(起算點)

① 소멸시효는 '권리가 발생한 때'가 아닌 '권리를 행사할 수 있는 때'에 진행한다. 소멸시효의 기산일은 제157조 본문에 따라 그날이 0시를 의미하지 않는 한 소멸시효기간에 산입되지 않는다.

② 소멸시효 기산일은 변론주의의 적용대상이므로 본래의 소멸시효 기산일과 당사자가 주장하는 기산일이 다른 경우에는 당사자가 주장하는 기산일을 기준으로 한다.

OX

건물이 완공되기 전에는 건물에 대한 소유권이전등기청구권의 시효가 진행하지 않는다. (○) 제24회

OX

사실상 권리의 존재나 권리행사 가능성을 알지 못하였다는 사유는 특별한 사정이 없는 한 소멸시효의 진행을 방해하지 않는다. (○) 제26회

OX

무효인 과세처분에 기해 오납한 세금의 반환청구권의 소멸시효는 납세자가 그 과세처분의 무효를 안 날로부터 진행한다. (×) 제14회

OX

당사자가 본래의 소멸시효 기산일과 다른 기산일을 주장하는 경우, 법원은 원칙적으로 본래의 소멸시효 기산일을 기준으로 소멸시효를 계산해야 한다. (×) 제26회

관련판례

본래의 소멸시효 기산일과 당사자가 주장하는 기산일이 서로 다른 경우에는 변론주의의 원칙상 법원은 당사자가 주장하는 기산일을 기준으로 소멸시효를 계산하여야 하는데, 이는 당사자가 본래의 기산일보다 뒤의 날짜를 기산일로 하여 주장하는 경우는 물론이고 특별한 사정이 없는 한 그 반대의 경우에 있어서도 마찬가지이다(대판 1995. 8.25, 94다35886).

(3) 소멸시효의 개별적인 기산점

① 정지조건부 권리는 조건 미성취인 동안에는 권리를 행사할 수 없으므로 조건이 성취된 때로부터 시효가 진행한다.

② 해제조건부 권리는 권리발생시부터 진행한다.

③ **기한이 있는 권리**

㉠ 확정기한부 권리인 경우에는 기한이 도래한 때이다.

㉡ 불확정기한부 권리인 경우에는 객관적으로 기한이 도래한 때이다. 채무자나 채권자가 기한의 도래를 안 때부터 진행하는 것은 아니다.

④ **기한을 정하고 있지 않은 권리**

㉠ 원칙적으로 기한이 없는 권리는 권리자가 언제든지 청구할 수 있으므로 소멸시효의 기산점은 채권발생의 시기이다. 채무자가 지체한 때가 아니다.

㉡ 반환시기 약정이 없는 소비임치의 경우 임치인이 언제든지 반환을 청구할 수 있으므로(제702조 단서) 계약이 성립한 때로부터 소멸시효가 진행한다.

㉢ 반환시기 약정이 없는 소비대차계약상의 반환청구권은 대주는 상당한 기간을 정하여 반환을 최고하여야 하므로 최고 후 상당한 기간이 경과한 때로부터 소멸시효가 진행한다(그러나 차주는 언제든지 반환할 수 있다).

㉣ 청구 또는 해지통고를 한 후 상당기간이나 일정 기간이 지나야 청구할 수 있는 권리는 청구나 해지통고를 할 수 있는 때로부터 상당한 기간(제603조 제2항)이나, 일정한 기간(제635조, 제659조, 제660조)이 경과한 때로부터 시효가 진행한다고 해석한다.

⑤ 동시이행의 항변권이 붙어 있는 채권(매매계약에서 매도인의 매매대금채권)은 이행기 도래 후에 반대급부를 제공하면 언제든지 권리를 행사할 수 있으므로 본래의 이행기부터 시효가 진행한다.

OX

부동산 매도인의 매매대금청구권과 매수인의 소유권이전등기청구권은 서로 동시이행의 관계에 있으므로, 매도인에게 동시이행의 항변권이 인정되는 한, 매매대금청구권의 소멸시효는 진행하지 않는다. (×) 제17회

OX

동시이행의 항변권이 붙은 채권의 소멸시효는 채권자가 변제의 제공을 하여 채무자의 동시이행의 항변권이 소멸된 때부터 진행한다. (×) 제14회

⑥ **채무불이행에 의한 손해배상청구권**

㉠ 학설(다수설)은 본래의 채권을 행사할 수 있는 때부터(채권 성립시부터) 시효가 진행한다고 한다.

㉡ 판례는 채무불이행시부터 진행한다고 한다.

⑦ **불법행위로 인한 손해배상청구권**

> **제766조【손해배상청구권의 소멸시효】** ① 불법행위로 인한 손해배상의 청구권은 피해자나 그 법정대리인이 그 손해 및 가해자를 안 날로부터 3년간 이를 행사하지 아니하면 시효로 인하여 소멸한다.
> ② 불법행위를 한 날로부터 10년을 경과한 때에도 전항과 같다.

⑧ 선택채권의 소멸시효는 채권자가 선택권을 행사할 수 있는 때부터 진행한다. 선택권을 행사할 수 있는 때란 본인의 추인을 얻지 못한 때, 대리권의 증명을 하지 못한 때를 말한다.

⑨ 무효・취소로 인한 부당이득반환청구권은 그 성립과 동시에 행사할 수 있으므로 그때부터 소멸시효가 진행한다.

⑩ 부작위를 목적으로 하는 채권은 그 위반행위를 한 때로부터 소멸시효가 진행한다.

⑪ 재판상 청구로 중단된 권리의 소멸시효는 재판이 확정된 때로부터 시효가 진행된다.

관련판례

1. **소멸시효의 각종 기산점**

① 민법 제163조 제2호 소정의 '의사의 치료에 관한 채권'에 있어서는, 특약이 없는 한 그 개개의 진료가 종료될 때마다 각각의 당해 진료에 필요한 비용의 이행기가 도래하여 그에 대한 소멸시효가 진행된다고 해석함이 상당하고, 장기간 입원 치료를 받는 경우라 하더라도 다른 특약이 없는 한 입원 치료 중에 환자에 대하여 치료비를 청구함에 아무런 장애가 없으므로 퇴원시부터 소멸시효가 진행된다고 볼 수는 없다(대판 2001.11.9, 2001다52568).

② 부동산에 대한 매매대금채권이 소유권이전등기청구권과 동시이행의 관계에 있다고 할지라도 매도인은 매매대금의 지급기일 이후 언제라도 그 대금의 지급을 청구할 수 있는 것이며, 다만 매수인은 매도인으로부터 그 이전등기에 관한 이행의 제공을 받기까지 그 지급을 거절할 수 있는 데 지나지 아니하므로 매매대금청구권(동시이행의 항변권이 붙어 있는 채권)은 그 지급기일 이후 시효의 진행에 걸린다(대판 1991.3.22, 90다9797).

③ 매매로 인한 부동산소유권이전채무가 이행불능됨으로써 매수인이 매도인에 대하여 갖게 되는 손해배상채권(채무불이행에 의한 손해배상청구권)은 그 부동산소유권의 이전채무가 이행불능된 때에 발생하는 것이고 그 계약체결일에

OX

이행불능으로 인한 손해배상청구권의 소멸시효는 본래의 채권을 행사할 수 있는 때부터 진행한다. (×) 제14회

PART 01

생기는 것은 아니므로 위 손해배상청구권의 소멸시효는 계약체결일이 아닌 소유권이전채무가 이행불능된 때부터 진행한다(대판 1990.11.9, 90다카22513).

④ 채권의 소멸시효는 이행기가 도래한 때로부터 진행되지만, 이행기일이 도래한 후에 채권자가 채무자에 대하여 기한을 유예한 경우에는 유예시까지 진행된 시효는 포기한 것으로서 유예한 이행기일부터 다시 시효가 진행된다(대판 1992.12.22, 92다40211).

⑤ 소유권이전등기의무의 이행불능으로 인한 전보배상청구권의 소멸시효는 이전등기의무가 이행불능 상태에 돌아간 때로부터 진행된다(대판 2002.12.27, 2000다47361).

⑥ 형성권적 기한이익상실의 특약이 있는 경우에 그 특약은 채권자의 이익을 위한 것으로서 기한이익의 상실사유가 발생하였더라도 채권자가 잔액 전부를 일시에 청구할 것인가 아니면 종전대로 할부변제를 청구할 것인지를 자유로이 선택할 수 있으므로 이와 같은 기한이익상실의 특약이 있는 할부채무에서 1회의 채무불이행이 있더라도 각 할부금에 대해 그 각 변제기의 도래시마다 그때부터 순차로 소멸시효가 진행하고, 채권자가 특히 잔존채무 전액의 변제를 구하는 취지의 의사를 표시한 경우에 한하여 전액에 대하여 그때부터 소멸시효가 진행한다(대판 1997.8.29, 97다12990).

⑦ 면책적 채무인수가 있은 경우 인수채무의 소멸시효기간은 채무인수와 동시에 이루어진 소멸시효 중단사유, 즉 채무승인에 따라 채무인수일부터 새로 진행된다(대판 1999.7.9, 99다12376).

⑧ 근저당권설정 약정에 의한 근저당권설정등기청구권이 그 피담보채권이 될 채권과 별개로 소멸시효에 걸린다(대판 2004.2.13, 2002다7213).

⑨ 채무자가 소멸시효완성 후에 채권자에 대하여 채무를 승인함으로써 그 시효의 이익을 포기한 경우에는 그때부터 새로이 소멸시효가 진행한다고 할 것이다(대판 2009.7.9, 2009다14340).

⑩ 보험금청구권의 소멸시효 기산점은 특별한 사정이 없는 한 보험사고가 발생한 때이다(대판 2015.3.26, 2012다25432).

2. 불법행위에 의한 손해배상청구권

① 불법행위가 계속하여 이루어지고 그로 인하여 손해도 계속 발생하여 나날이 새로운 불법행위에 기인한 손해가 발생하는 경우 나날이 발생한 새로운 각 손해를 안 날로부터 별개로 소멸시효가 진행한다(대판 전합 1966.6.9, 66다615).

② 학설은 10년의 기간을 제척기간으로 보지만, 판례는 그 기간 역시 소멸시효기간이라고 본다(대판 전합 1996.12.19, 94다22927).

③ 10년의 기간을 소멸시효기간으로 보는 경우에 그 기산점은 불법행위를 한 날인데, 판례에 의하면 불법행위를 한 날이라 함은 가해행위로 현실적으로 손해의 결과가 발생한 날이라고 한다(대판 전합 1979.12.26, 77다1894 · 1895).

④ 불법행위의 피해자가 미성년자로 행위능력이 제한된 자의 경우에는 다른 특별한 사정이 없는 한 그 법정대리인이 손해 및 가해자를 알아야 소멸시효가 진행한다(대판 2010.2.11, 2009다79897).

⑤ 공동불법행위자 중 1인의 다른 공동불법행위자에 대한 구상금채권은 구상권자가 현실로 피해자에게 손해금을 지급한 때부터 기산한다(대판 1994.1.11, 93다32958).

OX

매도인의 소유권이전채무가 이행불능이 된 경우, 매수인의 손해배상채권의 소멸시효는 그 채무가 이행불능이 된 때부터 진행한다. (○) 제21회

OX

소유권이전등기의무의 이행불능으로 인한 전보배상청구권의 소멸시효는 이전등기의무가 이행불능으로 된 때로부터 진행한다. (○) 제17회

OX

근저당권설정계약에 의한 근저당권설정등기청구권은 그 피담보채권이 될 채권과 별개로 소멸시효에 걸리지 않는다. (×) 제25회

OX

채무자가 소멸시효완성 후에 채무를 승인함으로써 시효이익을 포기한 경우에는 그 채무는 소멸시효가 완성된 때로부터 시효가 다시 진행한다. (×) 제14회

OX

공동불법행위자 사이에 인정되는 구상권의 소멸시효는 구상권자가 공동면책행위를 한 때부터 진행한다. (○) 제22회

예제

소멸시효에 관한 설명으로 옳은 것을 모두 고른 것은? (다툼이 있으면 판례에 따름)

제26회

> ㉠ 소유권에 기한 물권적 청구권은 소멸시효에 걸리지 않는다.
> ㉡ 하자담보책임에 기한 토지 매수인의 손해배상청구권은 제척기간에 걸리므로 소멸시효의 적용이 배제된다.
> ㉢ 사실상 권리의 존재나 권리행사 가능성을 알지 못하였다는 사유는 특별한 사정이 없는 한 소멸시효의 진행을 방해하지 않는다.

① ㉡
② ㉠, ㉡
③ ㉠, ㉢
④ ㉡, ㉢
⑤ ㉠, ㉡, ㉢

해설

㉠ (○) 소유권에 기한 물권적 청구권은 소멸시효에 걸리지 않는다.
㉡ (×) 하자담보에 기한 매수인의 손해배상청구권은 권리의 내용·성질 및 취지에 비추어 민법 제162조 제1항의 채권 소멸시효의 규정이 적용되고, 민법 제582조의 제척기간 규정으로 인하여 소멸시효 규정의 적용이 배제된다고 볼 수 없다(대판 2011.10.13, 2011다10266).
㉢ (○) 소멸시효는 객관적으로 권리가 발생하여 그 권리를 행사할 수 있는 때로부터 진행하고 그 권리를 행사할 수 없는 동안만은 진행하지 않는바, '권리를 행사할 수 없는' 경우라 함은 그 권리행사에 법률상의 장애사유, 예컨대 기간의 미도래나 조건불성취 등이 있는 경우를 말하는 것이고, 사실상 권리의 존재나 권리행사 가능성을 알지 못하였고 알지 못함에 과실이 없다고 하여도 이러한 사유는 법률상 장애사유에 해당하지 않는다고 할 것이다(대판 2004.4.27, 2003두10763).

정답 ③

3. 채권의 소멸시효기간

(1) 일반의 소멸시효기간

① 보통의 채권은 10년간 행사하지 않으면 소멸시효가 완성한다(제162조 제1항).
② 그리고 채권 및 소유권 이외의 재산권(지상권, 지역권)은 20년간 행사하지 않으면 소멸시효가 완성한다(제162조 제2항).
③ 상행위로 인한 채권의 소멸시효기간은 5년이다(상법 제64조). 다만, 상사채권이라도 민법 제163조 또는 제164조에 해당하는 경우라면 민법상의 단기소멸시효가 적용된다(상법 제64조 단서).
④ 일반적인 공법상의 권리의 소멸시효기간은 5년이다.

(2) 단기(短期)의 소멸시효기간

제163조【3년의 단기소멸시효】 다음 각 호의 채권은 3년간 행사하지 아니하면 소멸시효가 완성한다.
1. 이자, 부양료, 급료, 사용료 기타 1년 이내의 기간으로 정한 금전 또는 물건의 지급을 목적으로 한 채권
2. 의사, 조산사, 간호사 및 약사의 치료, 근로 및 조제에 관한 채권
3. 도급받은 자, 기사 기타 공사의 설계 또는 감독에 종사하는 자의 공사에 관한 채권
4. 변호사, 변리사, 공증인, 공인회계사 및 법무사에 대한 직무상 보관한 서류의 반환을 청구하는 채권
5. 변호사, 변리사, 공증인, 공인회계사 및 법무사의 직무에 관한 채권
6. 생산자 및 상인이 판매한 생산물 및 상품의 대가
7. 수공업자 및 제조자의 업무에 관한 채권

제164조【1년의 단기소멸시효】 다음 각 호의 채권은 1년간 행사하지 아니하면 소멸시효가 완성한다.
1. 여관, 음식점, 대석, 오락장의 숙박료, 음식료, 대석료, 입장료, 소비물의 대가 및 체당금의 채권
2. 의복, 침구, 장구 기타 동산의 사용료의 채권
3. 노역인, 연예인의 임금 및 그에 공급한 물건의 대금채권
4. 학생 및 수업자의 교육, 의식 및 유숙에 관한 교주, 숙주, 교사의 채권

제165조【판결 등에 의하여 확정된 채권의 소멸시효】 ① 판결에 의하여 확정된 채권은 단기의 소멸시효에 해당한 것이라도 그 소멸시효는 10년으로 한다.
② 파산절차에 의하여 확정된 채권 및 재판상의 화해, 조정 기타 판결과 동일한 효력이 있는 것에 의하여 확정된 채권도 전항과 같다.
③ 전2항의 규정은 판결확정 당시에 변제기가 도래하지 아니한 채권에 적용하지 아니한다.

OX
음식료 채권에 대하여 재판상 화해를 한 경우 시효기간은 10년이다. (○) 제16회

OX
이자채권이라도 1년 이내의 정기로 지급하기로 한 것이 아니면 3년의 단기소멸시효가 적용되지 않는다. (○) 제27회

① **3년의 시효에 걸리는 채권**(제163조)

㉠ 이자, 부양료, 급료, 사용료 기타 1년 이내의 기간으로 정한 금액 또는 물건의 지급을 목적으로 한 채권

ⓐ '1년 이내의 기간으로 정한 채권'이란 1년 이내의 정기로 지급되는 채권을 의미하는 것이지, 변제기가 1년 이내인 채권을 의미하는 것은 아니다.

ⓑ 이자채권이더라도 1년 이내의 정기로 지급하기로 한 것이 아니면 3년의 단기소멸시효에 걸리지 않는다. 예를 들면, 甲이 乙에게 1천만원을 대여하여 주고 매월 10만원의 이자를 받기로 한 경우에 甲이 乙에 대한 대여금채권(1천만원)은 일반적인 10년의 소멸시효에 걸리지만, 이 경우 이자채권(월 10만원의 이자채권)은 1년 이내의 기간으로 정한 금액에 해당하므로 3년의 소멸시효에 걸린다. 이에 비하여 변제기를 10년 후로 한 후 매 2년마다 240만원씩 지급하기로 한 경

우라면 이 경우 이자채권의 소멸시효는 제163조의 적용을 받음이 없이 10년의 소멸시효에 걸린다.

㉡ 의사 · 조산사 · 간호사 및 약사의 치료 · 근로 및 조제에 관한 채권

㉢ 도급을 받은 자, 기사 기타 공사의 설계 또는 감독에 종사하는 자의 공사에 관한 채권

ⓐ '도급'은 전형계약의 하나인 도급뿐만 아니라 광범위하게 공사의 완성을 맡은 것으로 볼 수 있는 경우까지 포함한다.

ⓑ 도급받은 공사의 공사대금채권뿐만 아니라 그 공사에 부수되는 채권도 포함한다.

ⓒ 도급인의 수급인에 대한 채권은 이에 포함되지 않는다.

㉣ 변호사 · 변리사 · 공증인 · 공인회계사 및 법무사에 대한 직무에 관한 채권 및 직무상 보관한 서류의 반환을 청구하는 채권

㉤ 생산자 및 상인이 판매한 생산물 및 상품의 대가

ⓐ 원칙적으로 상사채권은 상법 제64조에 의하여 5년의 소멸시효에 걸리지만, 상법 제64조 단서에 의하여 민법 제163조, 제164조가 우선하여 적용된다.

ⓑ 여기서의 '생산물'이란 유체물뿐만 아니라 상품적 가치가 있는 재화를 포함한다.

㉥ 수공업자 및 제조자의 업무에 관한 채권

관련판례

1. 민법 제163조 제1호에서 3년의 단기소멸시효에 걸리는 것으로 규정한 1년 이내의 기간으로 정한 채권이란 1년 이내의 정기로 지급되는 채권을 말하는 것으로서 1개월 단위로 지급되는 집합건물의 관리비채권은 이에 해당한다고 할 것이다(대판 2007.2.22, 2005다65821).
2. 금전채무의 이행지체로 인하여 발생하는 지연손해금은 그 성질이 손해배상금이지 이자가 아니며, 민법 제163조 제1호가 규정한 '1년 이내의 기간으로 정한 채권'도 아니므로 3년간의 단기소멸시효의 대상이 되지 아니한다(대판 1998.11.10, 98다42141).
3. 어떤 권리의 소멸시효기간이 얼마나 되는지에 관한 주장은 단순한 법률상의 주장에 불과하므로 변론주의의 적용대상이 되지 않고 법원이 직권으로 판단할 수 있다(대판 2013.2.15, 2012다68217).
4. 세무사를 상법 제4조 또는 제5조 제1항이 규정하는 상인이라고 볼 수 없고, 세무사의 직무에 관한 채권이 상사채권에 해당한다고 볼 수 없으므로, 세무사의 직무에 관한 채권에 대하여는 민법 제162조 제1항에 따라 10년의 소멸시효가 적용된다(대판 2022.8.25, 2021다311111).

OX

1개월 단위로 지급되는 집합건물의 관리비채권의 소멸시효기간은 3년이다. (○) 제25회

OX

금전채무의 이행지체로 인하여 발생하는 지연손해금은 3년의 단기소멸시효가 적용되지 않는다. (×) 제27회

OX

법원은 어떤 권리의 소멸시효기간이 얼마나 되는지를 직권으로 판단할 수 없다. (×) 제21회

② **1년의 시효에 걸리는 채권**(제164조)

㉠ 여관·음식점·대석·오락장의 숙박료·음식료·대석료·입장료·소비물의 대가 및 체당금의 채권

㉡ 의복·침구·장구 기타 동산의 사용료의 채권

㉢ 노역인·연예인의 임금 및 그에 공급한 물건의 대금채권

㉣ 학생 및 수업자의 교육, 의식 및 유숙에 관한 교주·숙주·교사의 채권

③ **판결 등으로 확정된 채권**(제165조)

㉠ 단기의 소멸시효(1년, 3년 등)에 해당하더라도 확정판결을 받은 채권은 그 확정판결이 있는 날로부터 10년으로 소멸한다.

㉡ 파산절차에 의하여 확정된 채권, 재판상 화해, 조정 기타 판결과 동일한 효력이 있는 것에 의하여 확정된 채권(인낙조서와 지급명령 등)도 10년으로 소멸한다.

㉢ 여기서 주의할 점은 변제기가 도래하지 않은 채권은 판결 등에 의해서 연장되지 않는다는 점이다.

OX

지급명령에서 확정된 채권은 특별한 사정이 없는 한 단기의 소멸시효에 해당하는 것이라도 그 소멸시효는 10년으로 한다.
(○) 제28회

관련판례

1. 채권자와 주채무자 사이의 확정판결에 의하여 주채무가 확정되어 그 소멸시효기간이 10년으로 연장되었다 할지라도 그 보증채무까지 당연히 단기소멸시효의 적용이 배제되어 10년의 소멸시효기간이 적용되는 것은 아니고, 채권자와 연대보증인 사이에 있어서 연대보증채무의 소멸시효기간은 여전히 종전의 소멸시효기간에 따른다(대판 2006.8.24, 2004다26287).

2. 보증채무는 주채무와는 별개의 독립한 채무이므로 보증채무와 주채무의 소멸시효기간은 채무의 성질에 따라 각각 별개로 정해진다. 그리고 주채무자에 대한 확정판결에 의하여 민법 제163조 각 호의 단기소멸시효에 해당하는 주채무의 소멸시효기간이 10년으로 연장된 상태에서 주채무를 보증한 경우, 특별한 사정이 없는 한 보증채무에 대하여는 민법 제163조 각 호의 단기소멸시효가 적용될 여지가 없고, 성질에 따라 보증인에 대한 채권이 민사채권인 경우에는 10년, 상사채권인 경우에는 5년의 소멸시효기간이 적용된다(대판 2014.6.12., 2011다76105).

3. 지급명령에서 확정된 채권은 단기의 소멸시효에 해당하는 것이라도 그 소멸시효기간이 10년으로 연장된다(대판 2009.9.24, 2009다39530).

OX

주채무의 소멸시효기간이 확정판결로 10년으로 연장된 경우, 단기인 보증채무의 소멸시효기간도 10년으로 연장된다.
(×) 제19회

OX

주채무가 민사채무이고 보증채무는 상행위로 인한 것일 경우, 보증채무는 주채무에 따라 10년의 소멸시효에 걸린다.
(×) 제21회

3 소멸시효의 장애(소멸시효의 중단과 정지)

권리자의 권리 불행사로 인하여 소멸시효가 진행하는 과정에서 진행이 방해되는 경우가 있는데, 이러한 소멸시효 진행을 방해하는 사태를 '시효의 장애(障碍)'라고 하며, 이에는 중단과 정지 두 가지가 있다.

1. 중단(中斷)의 의의

(1) 원래 시효는 법률이 권리 위에 잠자는 자의 보호를 거부하고 사회생활상 영속되는 사실상태를 존중하여 여기에 일정한 법적 효과를 부여하는 제도이므로 어떤 사실상의 상태가 계속 중 그 사실상의 상태와 상용할 수 없는 사정(권리자의 권리의 행사, 청구, 압류 등)이 발생할 때는 그 사실상의 상태를 존중할 이유를 잃게 된다고 할 것이니 이미 진행한 시효기간의 효력을 상실하게 하는 것이 이른바, '시효중단'이다.

(2) 시효가 중단되면 이미 경과한 시효기간은 소멸하게 하고, 그때부터 다시 소멸시효를 진행하게 하는 제도이다.

(3) 취득시효에도 준용된다(제247조 제2항).

(4) 시효중단사유는 변론주의의 대상이어서 당사자의 주장이 없으면 법원이 이에 관하여 판단할 필요가 없다.

2. 소멸시효의 중단사유

> **제168조 【소멸시효의 중단사유】** 소멸시효는 다음 각 호의 사유로 인하여 중단된다.
> 1. 청구
> 2. 압류 또는 가압류, 가처분
> 3. 승인

소멸시효의 중단사유는 ① 청구, ② 압류 또는 가압류·가처분, ③ 승인의 3가지이다. 이 중 ①, ②는 권리자가 자신의 권리를 주장하는 것이고, ③은 의무자가 상대방의 권리를 인정하는 것이다.

> **OX**
> 재판상 청구는 소송이 각하된 경우에는 시효중단의 효력이 없으나, 기각된 경우에는 시효중단의 효력이 있다. (×) 제21회

> **OX**
> 재판상 청구는 그 소가 각하되더라도 최고의 효력은 있다. (○) 제23회

(1) 청구(請求)

제170조【재판상의 청구와 시효중단】 ① 재판상의 청구는 소송의 각하, 기각 또는 취하의 경우에는 시효중단의 효력이 없다.
② 전항의 경우에 6월 내에 재판상의 청구, 파산절차참가, 압류 또는 가압류, 가처분을 한 때에는 시효는 최초의 재판상 청구로 인하여 중단된 것으로 본다.

제171조【파산절차참가와 시효중단】 파산절차참가는 채권자가 이를 취소하거나 그 청구가 각하된 때에는 시효중단의 효력이 없다.

제172조【지급명령과 시효중단】 지급명령은 채권자가 법정기간 내에 가집행신청을 하지 아니함으로 인하여 그 효력을 잃은 때에는 시효중단의 효력이 없다.

제173조【화해를 위한 소환, 임의출석과 시효중단】 화해를 위한 소환은 상대방이 출석하지 아니하거나 화해가 성립되지 아니한 때에는 1월 내에 소를 제기하지 아니하면 시효중단의 효력이 없다. 임의출석의 경우에 화해가 성립되지 아니한 때에도 그러하다.

제174조【최고와 시효중단】 최고는 6월 내에 재판상의 청구, 파산절차참가, 화해를 위한 소환, 임의출석, 압류 또는 가압류, 가처분을 하지 아니하면 시효중단의 효력이 없다.

① **의 의**

㉠ '청구'라 함은 시효의 대상인 권리를 행사하는 것을 의미하며, 권리자가 시효로 인하여 이익을 얻을 자에 대하여 자기의 권리를 주장하는 재판상 및 재판 외의 행위를 모두 일컫는 말이다.

㉡ 청구의 종류에는 재판상 청구, 파산절차참가, 지급명령, 화해를 위한 소환, 임의출석, 최고의 5가지가 있다.

② **재판상의 청구**(제170조)(= 소의 제기)

㉠ 재판상 청구는 권리자가 자기의 권리를 재판상 주장하는 것을 의미한다. 즉, 권리자가 원고가 되어 '소를 제기'하는 것을 의미한다.

㉡ 여기에서의 '소의 제기'는 이행의 소·확인의 소를 포함하며, 재심청구·공시최고의 신청·반소·소송계속 중의 청구의 변경이나 확장·본소·반소 등도 포함한다.

관련판례

1. 시효중단사유로서 재판상 청구에는 소멸시효대상인 권리 자체의 이행청구나 확인청구를 하는 경우만이 아니라, 권리가 발생한 기본적 법률관계를 기초로 하여 소의 형식으로 주장하는 경우에도 권리 위에 잠자는 것이 아님을 표명한 것으로 볼 수 있을 때에는 이에 포함된다고 보아야 한다(대판 2011.7.14, 2011다19737).

2. 근저당권설정등기청구의 소의 제기는 그 피담보채권의 재판상의 청구에 준하는 것으로서 피담보채권에 대한 소멸시효중단의 효력을 생기게 한다고 봄이 상당하다(대판 2004.2.13, 2002다7213).
3. 채권의 양수인이 채권양도의 대항요건을 갖추지 못한 상태에서 채무자를 상대로 재판상의 청구를 한 경우 비록 대항요건을 갖추지 못하여 채무자에게 대항하지 못한다고 하더라도 채권의 양수인이 채무자를 상대로 재판상의 청구를 하였다면 이는 소멸시효 중단사유인 재판상의 청구에 해당한다고 보아야 한다(대판 2005.11.10, 2005다41818).

㉢ 응소(應訴, 예 채무부존재확인소송에 응소하여 채권의 존재를 주장하는 경우)

ⓐ 응소는 권리자가 소를 제기한 것이 아니므로 원칙적으로 응소는 시효중단사유가 아니다.

ⓑ 예외적으로 일정한 경우(피고로서 응소하여 그 소송에서 적극적으로 권리를 주장하고 그것이 받아들여진 경우)에는 재판상 청구에 해당하여 시효가 중단된다.

관련판례

1. 민법 제168조 제1호, 제170조 제1항에서 시효중단사유의 하나로 규정하고 있는 재판상의 청구라 함은, 통상적으로는 권리자가 원고로서 시효를 주장하는 자를 피고로 하여 소송물인 권리를 소의 형식으로 주장하는 경우를 가리키지만, 이와 반대로 시효를 주장하는 자가 원고가 되어 소를 제기한 데 대하여 피고로서 응소하여 그 소송에서 적극적으로 권리를 주장하고 그것이 받아들여진 경우도 마찬가지로 이에 포함되는 것으로 해석함이 타당하다(대판 1993.12.21, 92다47861).
2. 물상보증인이 그 피담보채무의 부존재 또는 소멸을 이유로 제기한 저당권설정등기 말소등기절차이행청구소송에서 채권자 겸 저당권자가 청구기각의 판결을 구하고 피담보채권의 존재를 주장하였다고 하더라도 이로써 직접 채무자에 대하여 재판상 청구를 한 것으로 볼 수는 없는 것이므로 피담보채권의 소멸시효에 관하여 규정한 민법 제168조 제1호 소정의 청구에 해당하지 아니한다(대판 2004.1.16, 2003다30890).

㉣ 재판상 청구는 민사소송만을 의미

ⓐ 원칙적으로 형사소송이나 행정소송은 사권(私權)의 행사를 목적으로 하지 않으므로 원칙적으로 사권(私權)에 대한 시효중단사유가 되지 못한다.

ⓑ 예외적으로 형사소송이나 행정소송도 재판상 청구에 해당하여 시효가 중단되는 경우도 있다.

OX

채권자가 피고로서 응소하여 그 소송에 적극적인 권리를 주장하고 그것이 받아들여진 경우, 시효중단사유인 재판상 청구에 해당한다. (○) 제18회

OX

응소행위로 인한 시효중단의 효력은 원고가 소를 제기한 때에 발생한다. (×) 제23회

관련판례

1. 시효중단사유인 청구라 함은 시효의 목적인 사법상 권리를 재판상 및 재판 외에서 실행하는 행위이고, 재판상 청구는 그 권리를 민사소송의 절차에 의하여 주장하는 것을 말한다(대판 1979.2.13, 78다1500).
2. 형사소송은 피고인에 대한 국가형벌권의 행사를 그 목적으로 하는 것이므로 피해자가 형사소송에서 소송촉진 등에 관한 특례법에서 정한 배상명령을 신청한 경우를 제외하고는 단지 피해자가 가해자를 상대로 고소하거나 그 고소에 기하여 형사재판이 개시되어도 이를 가지고 소멸시효의 중단사유인 재판상의 청구로 볼 수는 없다(대판 1999.3.12, 98다18124).
3. 행정소송은 사권을 행사하는 것이 아니므로 시효중단의 사유는 아니나, 과세처분의 취소 또는 무효확인청구의 소가 비록 행정소송이라고 할지라도 조세환급을 구하는 부당이득반환청구권의 소멸시효중단사유인 재판상 청구에 해당한다고 볼 수 있다(대판 전합 1992.3.31, 91다32053).

> **OX**
> 과세처분의 취소 또는 무효확인의 소는 소멸시효 중단사유인 재판상 청구에 해당하지 않는다. (×) 제22회

ⓜ 일부청구(예 채권 1,000만원 중 300만원만 청구한 경우)

ⓐ 원고가 채권의 일부만을 청구한 경우에는 원칙적으로 청구한 부분(300만원)에만 시효가 중단되고, 청구하지 않은 나머지 부분(700만원)에 대해서는 시효가 중단되지 않는다.

ⓑ 예외적으로 원고의 청구가 장차 신체감정결과에 따라 청구금액을 확장할 것을 전제로 우선 재산상 및 정신상 손해금 중 일부를 청구한다는 뜻이라면 채권의 일부에 대해서만 판결을 구하는 취지의 일부청구는 아님이 분명하여 소 제기로 인한 시효중단의 효력은 소장에서 주장한 손해배상청구권의 동일성의 범위 내에서 채권 전부에 미친다.

> **OX**
> 권리의 일부에 대하여 소를 제기한 것이 명백한 경우, 원칙적으로 그 일부뿐만 아니라 나머지 부분에 대하여도 시효중단의 효력이 발생한다. (×) 제22회

ⓑ 동일목적을 위한 복수의 채권

관련판례

1. **원 칙**

[1] 채권자가 동일한 목적을 달성하기 위하여 복수의 채권을 갖고 있는 경우 채권자로서는 그 선택에 따라 권리를 행사할 수 있되, 그중 어느 하나의 청구를 한 것만으로는 다른 채권 그 자체를 행사한 것으로 볼 수는 없으므로 특별한 사정이 없는 한 다른 채권에 대한 소멸시효 중단의 효력은 없다.

[2] 상법 제399조에 기한 손해배상청구의 소를 제기한 것이 일반 불법행위로 인한 손해배상청구권에 대한 소멸시효 중단의 효력은 없다(대판 2002.6.14, 2002다11441).

> **OX**
> 한 개의 채권 중 일부에 관하여만 판결을 구한다는 취지를 명백히 하여 소송을 제기한 경우, 소멸시효 중단의 효력은 나머지 부분에는 발생하지 않는 것이 원칙이다. (○) 제14회

2. 원인채권과 어음채권과의 관계

[1] 원인채권의 지급을 확보하기 위한 방법으로 어음이 수수된 경우에 원인채권과 어음채권은 별개로서 채권자는 그 선택에 따라 권리를 행사할 수 있고, 원인채권에 기하여 청구를 한 것만으로는 어음채권 그 자체를 행사한 것으로 볼 수 없어 어음채권의 소멸시효를 중단시키지 못한다.

[2] 어음채권의 행사는 원인채권의 소멸시효를 중단시키는 효력이 있다(대판 1999.6.11, 99다16378).

3. 파면처분무효확인의 소는 보수금채권을 실현하는 수단이라는 성질을 가지고 있으므로 보수금채권 자체에 관한 이행소송을 제기하지 않았다 하더라도 위 소의 제기에 의하여 보수금채권에 대한 시효는 중단된다(대판 1978.4.11, 77다2509).

ⓢ 소 제기 후 소의 각하 · 기각 또는 취하의 경우

ⓐ 소의 각하 · 기각 · 취하의 경우에는 시효중단의 효력이 없다. 즉, 시효가 중단되지 않고 진행한다.

ⓑ 그러나 소가 각하 · 기각 또는 취하되고 6월 내에 재판상 청구, 파산절차참가, 압류 또는 가압류, 가처분을 하면 최초의 재판상 청구로 인하여 중단된 것으로 본다.

③ **파산절차참가**(제171조)

㉠ '파산절차참가'란 채권자가 파산재단의 배당에 참가하기 위하여 자기 채권을 신고하는 것을 의미한다.

㉡ 채권자가 이를 취소하거나 그 청구가 각하되면 시효중단의 효력이 발생하지 않는다.

㉢ 파산선고의 신청, 민사집행법상의 배당요구, 회생절차참가의 경우도 시효가 중단된다.

④ **지급명령**(제172조)

㉠ 채권자가 변제를 구하는 간이한 절차로서 인정되는 것으로 금전 기타 대체물이나 유가증권의 일정한 수량의 지급을 목적으로 하는 청구에 대하여 법원은 채권자의 신청에 의하여 지급명령을 할 수 있고, 동 신청서를 관할 법원에 제출하였을 때 시효중단의 효력이 생긴다.

㉡ 지급명령에 대하여 채무자가 적법한 이의신청을 하면, 지급명령을 신청한 때에 소를 제기한 것으로 보므로 시효중단의 효력은 유지된다.

OX

파면된 직원이 제기한 파면처분 무효확인의 소는 그 파면 후의 보수금채권에 대하여 시효중단의 효력이 있다. (○) 제18회

OX

재판상 청구 후에 그 소를 취하하더라도 시효중단의 효력이 유지된다. (×) 제14회

OX

제소 전 화해의 신청을 받은 법원이 화해를 권고하기 위해 당사자를 소환하였으나 화해가 성립되지 않은 경우, 즉시 소를 제기하지 않으면 시효중단의 효력이 없다. (×) 제12회

OX

최고가 있은 후 6개월 내에 압류 또는 가압류를 하면 그 최고는 시효중단의 효력이 있다. (○) 제21회

⑤ **화해를 위한 소환**(제173조)

㉠ 제소 전 화해를 신청하면 시효가 중단된다.

㉡ 상대방이 출석하지 않거나 출석하더라도 화해가 성립하지 않은 경우에 한하여 화해신청인이 1월 내에 소를 제기하지 않으면 중단의 효력은 생기지 않는다.

㉢ 조정(調停)은 재판상 화해와 동일한 효력을 가지므로 조정신청은 시효중단의 효력이 있다. 다만, 조정신청이 취하된 경우에 1월 내에 소를 제기하지 않으면 시효중단의 효력이 없다.

⑥ **임의출석**(제173조)

㉠ 임의출석이란 당사자 쌍방이 임의로 법원에 출석하여 소송에 관하여 변론을 함으로써 제소 또는 제소 전 화해신청을 하도록 허용하는 제도이다.

㉡ 화해가 불성립되면 중단효력도 부정되고, 그때부터 1월 이내에 소를 제기하면 출석한 때에 소급하여 중단의 효력이 생긴다.

⑦ **최고**(재판 외 청구, 이행의 청구, 제174조)

㉠ '최고'란 채무자에 대하여 채무의 이행을 청구하는 것으로, 의사의 통지에 속한다.

㉡ 최고는 시효기간의 만료가 가까워져 강력한 다른 중단방법을 취하려고 하는 경우에 그 예비적 조치로서 의미를 가지므로 최고만으로는 중단의 효력이 발생하지 않는다. 즉, 최고를 한 후 6월 내에 재판상의 청구, 파산절차참가, 화해를 위한 소환, 임의출석, 압류 또는 가압류, 가처분을 하지 아니하면 시효중단의 효력이 없다.

㉢ 최고를 반복하다가 재판상 청구를 한 경우 시효중단의 효력은 재판상 청구 등을 한 시점을 기준으로 하여 이로부터 소급하여 6월 내에 한 '최후의 최고시'에 발생한다. 즉, 최고에 의한 시효중단의 효력은 재판상 청구시(소 제기시)도 아니고 최초의 최고시에 발생하는 것이 아니다.

㉣ 6월의 기산점은 최고가 상대방에게 도달한 때부터 기산된다. 다만, 판례는 채무이행을 최고받은 채무자가 그 이행의무의 존부 등에 관하여 조사를 해 볼 필요가 있다는 이유로 채권자에 대하여 그 이행의 유예를 구한 경우에 예외를 인정하여 6월의 기간은 채권자가 채무자로부터 회답을 받은 때부터 기산된다.

㉤ 판례는 '재산관계명시신청'과 '소송고지'에 대하여도 최고와 같은 중단의 효력을 인정한다.

관련판례

1. 최고를 여러 번 거듭하다가 재판상 청구 등을 한 경우에 시효중단의 효력은 항상 최초의 최고시에 발생하는 것이 아니라 재판상 청구 등을 한 시점을 기준으로 하여 이로부터 소급하여 6월 이내에 한 최고시에 발생한다(대판 1983.7.12, 83다카437).
2. 채권자가 확정판결에 기한 채권의 실현을 위하여 채무자에 대하여 민사집행법상 재산명시신청을 하고 그 결정이 채무자에게 송달되었다면 거기에 소멸시효 중단사유인 '최고'로서의 효력만이 인정되므로, 재산명시결정에 의한 소멸시효 중단의 효력은, 그로부터 6월 내에 다시 소를 제기하거나 압류 또는 가압류, 가처분을 하는 등 민법 제174조에 규정된 절차를 속행하지 아니하는 한, 상실된다(대판 2012.1.12, 2011다78606).
3. [1] 채권자가 확정판결에 기한 채권의 실현을 위하여 채무자의 제3채무자에 대한 채권에 관하여 압류 및 추심명령을 받아 그 결정이 제3채무자에게 송달이 되었다면 거기에 소멸시효 중단사유인 최고로서의 효력을 인정하여야 한다.
   [2] 채권자가 채무자의 제3채무자에 대한 채권을 압류 또는 가압류한 경우에 채무자에 대한 채권자의 채권에 관하여 시효중단의 효력이 생긴다고 할 것이나, 압류 또는 가압류된 채무자의 제3채무자에 대한 채권에 대하여는 민법 제168조 제2호 소정의 소멸시효 중단사유에 준하는 확정적인 시효중단의 효력이 생긴다고 할 수 없다(대판 2003.5.13, 2003다16238).

OX

채권자가 확정판결에 기한 채권의 실현을 위해 민사집행법상의 재산명시신청을 하고 그 결정이 채무자에게 송달된 경우, 시효중단사유인 최고로서의 효력이 있다. (○) 제12회

알아두기

■ 재판상 청구에 의한 시효중단의 범위

어음채권과 원인채권	• 어음채권의 재판상 청구는 원인채권에 대하여도 시효중단의 효력이 있다(어음채권은 원인채권의 실현수단이기 때문이다). • 원인채권의 재판상 청구는 어음채권에 대해서는 시효중단의 효력이 없다.
파생적 법률관계	• 파면된 사립학교 교원이 그 무효확인의 소를 제기한 경우 임금청구권에 대해서도 시효중단의 효력이 발생한다. • 파면처분무효확인청구의 소는 퇴직금급여청구권에 대한 소멸시효 중단사유에는 해당하지 않는다. • 채무불이행에 기한 손해배상청구권의 행사는 불법행위에 기한 손해배상청구권을 중단시키는 효력은 없다고 한다.
인적 효력범위	• 주채무자에 대한 모든 시효중단사유는 보증인에 대해서도 시효중단의 효력이 있다. • 보증인에 대한 이행청구의 소는 주채무자에 대한 시효중단의 효력이 없다. • 공유자 중 1인이 보존행위로서 한 청구의 시효중단 효력은 그 공유자에 한하여 발생하고, 다른 공유자에게는 미치지 않는다.

(2) 압류 · 가압류 · 가처분

제175조【압류, 가압류, 가처분과 시효중단】 압류, 가압류 및 가처분은 권리자의 청구에 의하여 또는 법률의 규정에 따르지 아니함으로 인하여 취소된 때에는 시효중단의 효력이 없다.

제176조【압류, 가압류, 가처분과 시효중단】 압류, 가압류 및 가처분은 시효의 이익을 받은 자에 대하여 하지 아니한 때에는 이를 그에게 통지한 후가 아니면 시효중단의 효력이 없다.

① '압류'는 확정판결 기타의 집행권원에 기하여 행하는 강제집행이며, '가압류 · 가처분'은 장래 강제집행 불능 또는 현저히 곤란하게 될 것을 염려하여 집행기관에 의해 강제집행을 보전하는 절차이다.

② 압류 · 가압류 · 가처분은 재판상 청구를 전제로 하지 않을 뿐만 아니라 재판확정 후에도 다시 시효가 진행하므로 압류 · 가압류 · 가처분 등 별도의 시효중단사유가 필요하다.

③ 시효중단효력 발생시기는 통설은 소 제기에 준하여 집행행위가 있으면 신청시에 소급하여 중단의 효력이 생긴다고 한다.

④ 압류 · 가압류 및 가처분은 시효의 이익을 받은 자에 대하여 하지 아니한 때에는 이를 그에게 통지한 후가 아니면 시효중단의 효력이 없다. 예를 들면, 물상보증인의 재산압류시 채무자에게 통지하지 않으면 채무자에 대하여 중단의 효력이 없다.

⑤ 압류 등이 권리자의 청구에 의하여 또는 법률의 규정에 따르지 아니함으로 인하여 취소된 때에는 중단의 효력이 없다(제175조). 취하의 경우에도 중단의 효력이 없다.

⑥ 판례는 배당요구나 채권신고도 압류 등에 준하는 시효중단의 효력을 인정한다.

OX

가압류가 법률의 규정에 따르지 않아 취소된 때에도 시효중단의 효력이 있다. (×) 제12회

OX

압류시효이익을 받은 자에 대하여 하지 아니한 때에는 이를 그에게 통지한 후가 아니면 시효중단의 효력이 없다. (○) 제18회

OX

물상보증인 소유의 부동산에 대한 압류는 그 통지와 관계없이 주채무자에 대하여 시효중단의 효력이 생긴다. (×) 제24회

관련판례

1. 사망한 사람을 피신청인으로 한 가압류신청은 부적법하고 그 신청에 따른 가압류결정이 내려졌다고 하여도 그 결정은 당연무효로서 그 효력이 상속인에게 미치지 않으며, 이러한 당연무효의 가압류는 민법 제168조 제1호에 정한 소멸시효의 중단사유에 해당하지 않는다(대판 2006.8.24, 2004다26287).
2. 재산관계명시절차는 민법 제168조 제2호 소정의 소멸시효 중단사유인 압류 또는 가압류, 가처분에 준하는 효력까지 인정될 수는 없고, 최고로서의 효력은 있다(대판 2001.5.29, 2000다32161).

3. 채권자가 채권의 유무, 그 원인 및 액수를 법원에 신고하여 권리를 행사하였다면 그 채권신고는 민법 제168조 제2호의 압류에 준하는 것으로서 신고된 채권에 관하여 소멸시효를 중단하는 효력이 생긴다(대판 2010.9.9, 2010다28031).
4. 부동산경매절차에서 집행력 있는 채무명의 정본을 가진 채권자가 하는 배당요구는 민법 제168조 제2호의 압류에 준하는 것으로서 배당요구에 관련된 채권에 관하여 소멸시효를 중단하는 효력이 생긴다(대판 2002.2.26, 2000다25484).
5. [1] 민법 제168조에서 가압류를 시효중단사유로 정하고 있는 것은 가압류에 의하여 채권자가 권리를 행사하였다고 할 수 있기 때문인데 가압류에 의한 집행보전의 효력이 존속하는 동안은 가압류채권자에 의한 권리행사가 계속되고 있다고 보아야 할 것이므로 가압류에 의한 시효중단의 효력은 가압류의 집행보전의 효력이 존속하는 동안은 계속된다.
   [2] 민법 제168조에서 가압류와 재판상의 청구를 별도의 시효중단사유로 규정하고 있는 데 비추어 보면, 가압류의 피보전채권에 관하여 본안의 승소판결이 확정되었다고 하더라도 가압류에 의한 시효중단의 효력이 이에 흡수되어 소멸된다고 할 수 없다(대판 2000.4.25, 2000다11102).
6. 가압류는 강제집행을 보전하기 위한 것으로서 경매절차에서 부동산이 매각되면 그 부동산에 대한 집행보전의 목적을 다하여 효력을 잃고 말소되며, 가압류채권자에게는 집행법원이 그 지위에 상응하는 배당을 하고 배당액을 공탁함으로써 가압류채권자가 장차 채무자에 대하여 권리행사를 하여 집행권원을 얻었을 때 배당액을 지급받을 수 있도록 하면 족한 것이다. 따라서 이러한 경우 가압류에 의한 시효중단은 경매절차에서 부동산이 매각되어 가압류등기가 말소되기 전에 배당절차가 진행되어 가압류채권자에 대한 배당표가 확정되는 등의 특별한 사정이 없는 한, 채권자가 가압류집행에 의하여 권리행사를 계속하고 있다고 볼 수 있는 가압류등기가 말소된 때 그 중단사유가 종료되어, 그때부터 새로 소멸시효가 진행한다고 봄이 타당하다(대판 2013.11.14, 2013다18622).

OX

채권자가 파산법원에 대한 파산채권신고를 한 경우, 시효중단의 효력이 발생하지 않는다. (×) 제22회

OX

가압류에 의한 시효중단의 효력은 가압류의 집행보전의 효력이 존속하는 동안 계속된다. (○) 제28회

OX

부동산이 가압류된 뒤 강제경매절차에서 매각되어 가압류등기가 말소된 경우, 특별한 사정이 없는 한 그 말소시점에 가압류에 의한 시효중단의 효력은 종료한다. (○) 제19회

(3) (채무)**승인**(承認)

> **제177조 【승인과 시효중단】** 시효중단의 효력 있는 승인에는 상대방의 권리에 관한 처분의 능력이나 권한 있음을 요하지 아니한다.

① '승인'이란 시효이익을 받을 자가 시효의 완성으로 말미암아 권리를 상실하게 될 자 또는 그 대리인에 대하여 그 권리가 존재함을 인식하고 있다는 뜻을 표시하는 행위로, 그 성질은 이른바 '관념의 통지'이다.

② **당사자**

㉠ 승인할 수 있는 자

ⓐ 시효이익을 받을 채무자 및 그의 대리인에 한정된다. 예를 들면, 보증인의 채무승인은 주채무자에 대한 소멸시효를 중단시키지 않는다.

OX

소멸시효 중단사유인 채무의 승인은 의사표시에 해당한다. (×) 제27회

ⓑ 상대방의 권리에 대한 처분능력, 권한능력이 있음을 요하지 않는다. 그러나 제177조의 반대해석상 관리능력은 필요하다. 즉, 행위능력과 의사능력은 가지고 있어야 채무승인이 가능하다.

ⓒ 제한능력자는 법정대리인의 동의가 없는 한 단독으로 유효하게 승인할 수 없다. 부재자의 재산관리인은 처분능력은 없으나 관리능력은 있으므로 본인을 대신하여 본인의 채무를 승인할 수 있다. 그리고 회사의 경리과장, 총무과장, 출장소장은 일반적으로 회사가 부담하는 채무에 대하여 승인을 할 권한이 없으므로 회사의 채무에 대해 승인을 하더라도 무효이다.

㉡ 상대방

ⓐ 승인은 소멸시효완성으로 권리를 상실하게 될 자 또는 그 대리인에게 하여야 한다.

ⓑ 피의자가 검사로부터 심문을 받는 과정에서 자신의 채무를 승인하는 진술을 하였더라도 그것은 시효중단의 효력을 가져오는 승인이 아니다.

ⓒ 채권자에게 2번 저당권을 설정하는 것은 2번 저당권자에게 대한 채무승인으로 볼 수 있을지라도, 1번 저당권을 가진 채권자에 대한 승인으로 되지 않는다.

ⓓ 계속적 물품공급계약에서 각 개별시기마다 서로 기왕의 미변제 외상대금에 대하여 확인하거나 확인된 대금의 일부를 변제하는 등의 행위가 없었다면 새로 동종물품을 주문하고 공급받았다는 사실만으로는 기왕의 미변제채무를 승인한 것으로 볼 수 없다.

③ 승인시기

㉠ 승인은 소멸시효의 중단사유이므로 시효가 진행되기 전에 하는 사전승인은 허용되지 않는다. 승인은 소멸시효의 진행이 개시된 이후에만 가능하다.

㉡ 현존하지 않는 장래의 채권을 미리 승인하는 것은 채무자가 그 권리의 존재를 인식하고서 한 것이라고 볼 수 없어 허용되지 않는다.

④ 승인방법

㉠ 승인에는 특별한 방식을 필요로 하지 않으므로 명시적이든 묵시적이든 이를 묻지 않는다.

㉡ 면책적 채무인수, 변제기한의 유예요청, 이자의 지급, 일부변제 내지 담보의 제공은 묵시적 승인으로 볼 수 있다.

⑤ **승인의 효력**

㉠ 주채무자의 채무승인은 보증인에게도 효력이 있다.

㉡ 채무의 일부변제는 묵시적 추인의 예로서 다른 사정이 없는 한 전부에 대하여 행한 승인으로 볼 수 있다.

㉢ 연대채무자 1인의 채무승인은 다른 연대채무자에게는 효력이 없다(제423조).

⑥ 승인으로 한 시효중단의 효력은 승인의 통지가 상대방에게 도달한 때 발생한다.

관련판례

1. 소멸시효의 중단사유로서의 승인은 소멸시효의 진행이 개시된 이후에만 가능하고 그 이전에 승인을 하더라도 시효가 중단되지는 않는다고 할 것이고, 또한 현존하지 아니하는 장래의 채권을 미리 승인하는 것은 채무자가 그 권리의 존재를 인식하고서 한 것이라고 볼 수 없어 허용되지 않는다고 할 것이다. 따라서 진료계약을 체결하면서 "입원료 기타 제 요금이 체납될 시는 병원의 법적 조치에 대하여 아무런 이의를 하지 않겠다."라고 약정하였다 하더라도 이로써 그 당시 아직 발생하지도 않은 치료비 채무의 존재를 미리 승인하였다고 볼 수는 없다(대판 2001.11.9, 2001다52568).
2. 시효완성 전에 채무의 일부를 변제하는 경우에 그 수액에 관하여 다툼이 없는 한 전부에 대한 채무승인으로서의 효력이 있어 시효중단의 효력이 발생한다(대판 1996.1.23, 95다39854).
3. 소멸시효의 중단사유로서 채무자에 의한 채무승인이 있었다는 사실은 이를 주장하는 채권자 측에서 입증하여야 한다(대판 2015.4.9., 2014다85216).
4. 채권 시효 중단사유로서의 승인은 시효이익을 받을 당사자인 채무자가 그 시효의 완성으로 권리를 상실하게 될 자 또는 그 대리인에 대하여 그 권리가 존재함을 인식하고 있다는 뜻을 표시함으로써 성립한다고 할 것이며, 이 때 그 표시의 방법은 아무런 형식을 요구하지 아니하고, 또한 명시적이건 묵시적이건 불문한다 할 것이나, 승인으로 인한 시효중단의 효력은 그 승인의 통지가 상대방에게 도달하는 때에 발생한다(대판 1995.9.29, 95다30178).

3. 시효중단의 효력

제169조【시효중단의 효력】 시효의 중단은 당사자 및 그 승계인 간에만 효력이 있다.

제178조【중단 후에 시효진행】 ① 시효가 중단된 때에는 중단까지에 경과한 시효기간은 이를 산입하지 아니하고 중단사유가 종료한 때로부터 새로이 진행한다.
② 재판상의 청구로 인하여 중단한 시효는 전항의 규정에 의하여 재판이 확정된 때로부터 새로이 진행한다.

OX
시효의 진행 중 그 완성 전에 이루어진 채무의 일부변제는 특별한 사정이 없는 한, 채무승인 행위로서 시효중단사유에 해당한다. (○) 제17회

OX
승인으로 인한 시효중단의 효력은 그 승인의 통지가 상대방에게 발신된 때에 발생한다. (×) 제25회

OX
소멸시효의 진행이 개시되기 전에 채무자가 승인한 경우, 그 승인에 따라 채권의 소멸시효는 중단된다. (×) 제28회

OX
시효가 정지한 때에는 정지시까지 경과한 시효기간은 이를 산입하지 아니하고 정지사유가 종료한 때로부터 새로이 진행한다. (×) 제19회

PART 01

OX

시효중단사유가 종료한 때로부터 소멸시효는 새로이 진행한다. (○) 제21회

(1) 시효중단의 효력

① 시효가 중단되면 그때까지 경과한 시효기간은 그 효력을 잃는다. 즉, 경과한 시효기간은 소멸한다.

② **다시 시효가 진행되는 시기**

㉠ 재판상 청구로 중단된 때에는 재판이 확정된 때부터 다시 시효가 진행된다.

㉡ 압류 · 가압류 · 가처분으로 중단된 때에는 이 절차가 끝났을 때부터 다시 진행된다.

㉢ 승인으로 중단된 때에는 승인이 상대방에게 도달한 때부터 새로운 시효기간이 진행된다.

㉣ 유예요청에 의한 중단의 경우에 유예된 이행기가 도래한 때로부터 다시 시효가 진행된다. 즉, 유예기간을 정하지 않았다면 변제유예의 의사를 표시한 때로부터 소멸시효가 진행하고, 유예기간을 정하였다면 그 유예기간이 도래한 때로부터 다시 소멸시효가 진행한다.

(2) 시효중단의 인적 범위

① **원칙**(상대적 효력)

㉠ 시효의 중단은 원칙적으로 당사자 및 그 승계인 간에만 효력이 있다(제169조).

㉡ 여기서 '당사자'란 시효중단행위에 관여한 당사자만을 의미하고, 시효의 대상인 권리관계의 당사자를 의미하는 것은 아니다.

㉢ '승계인'이란 시효중단에 관여한 당사자로부터 중단의 효과를 받는 권리를 승계한 자를 말하며, 특정승계인이든 포괄승계인이든 불문한다. 다만, 승계는 중단사유가 발생한 후에 이루어져야 하고, 중단사유 발생 전의 승계인을 포함하지 않는다.

OX

시효중단의 효력은 시효중단에 관여한 당사자로부터 중단의 효과가 생긴 권리를 포괄승계한 자에게는 미치지만, 특정승계한 자에게는 미치지 않는다. (×) 제12회

관련판례

1. 시효중단의 효력은 당사자 및 그 승계인 간에만 미치는바, 여기서 당사자라 함은 중단행위에 관여한 당사자를 가리키고 시효의 대상인 권리 또는 청구권의 당사자는 아니며, 승계인이라 함은 '시효중단에 관여한 당사자로부터 중단의 효과를 받는 권리를 그 중단효과 발생 이후에 승계한 자'를 뜻하고, 포괄승계인은 물론 특정승계인도 이에 포함된다(대판 1997.4.25, 96다46484).
2. 손해배상청구권을 공동 상속한 자 가운데 1인이 자기의 상속분을 행사하여 승소판결을 얻었더라도 다른 공동상속인의 상속분까지 시효중단의 효력이 미치는 것은 아니다(대판 1967.1.24, 66다2279).

3. 공유자의 한 사람이 공유물의 보존행위로서 제소한 경우라도, 동 제소로 인한 시효중단의 효력은 재판상의 청구를 한 그 공유자에 한하여 발생하고, 다른 공유자에게는 미치지 아니한다(대판 1979.6.29, 79다639).
4. 채권자대위권 행사의 효과는 채무자에게 귀속되는 것이므로 채권자대위소송의 제기로 인한 소멸시효 중단의 효과 역시 채무자에게 생긴다(대판 2011.10.13, 2010다80930).

② **예외**(절대적 효력)

㉠ 어느 연대채무자에 대한 이행청구는 다른 연대채무자에게도 효력이 있다(제416조). 주의할 것은 이행의 청구만 절대효가 있고, 압류, 승인 등은 상대효이므로 다른 연대채무자에게 효력이 없다.

㉡ 주채무자에 대한 시효중단은 보증인에 대하여 그 효력이 있다(절대효). 그러나 보증인에 대한 중단의 효력은 주채무자에게 미치지 않는다(상대효).

㉢ 요역지가 수인의 공유인 경우에 그 1인에 의한 지역권의 소멸시효의 중단 또는 정지는 다른 공유자에 대하여도 효력이 있다(제296조).

㉣ 압류, 가압류, 가처분을 시효이익을 받을 자에 대하여 하지 않았더라도 이를 시효이익을 받을 자에게 통지하면 그때부터 시효가 중단된다. 예를 들면, 물상보증인의 재산에 대해 압류를 한 경우에 이를 채무자에게 통지하면 채무자에 대해서도 시효가 중단된다.

관련판례

1. 채권자의 신청에 의한 경매개시결정에 따라 연대채무자 1인의 소유 부동산이 압류된 경우 이로써 위 채무자에 대한 채권의 소멸시효는 중단되지만, 압류에 의한 시효중단의 효력은 다른 연대채무자에게 미치지 아니하므로 경매개시결정에 의한 시효중단의 효력을 다른 연대채무자에 대하여 주장할 수 없다(대판 2001.8.21, 2001다22840).
2. 보증채무에 대한 소멸시효가 중단되었다고 하더라도 이로써 주채무에 대한 소멸시효가 중단되는 것은 아니고, 주채무가 소멸시효완성으로 소멸된 경우에는 보증채무도 그 채무 자체의 시효중단에 불구하고 부종성에 따라 당연히 소멸된다(대판 2002.5.14, 2000다62476).
3. 부진정연대채무에서 채무자 1인에 대한 이행의 청구는 타 채무자에 대하여 그 효력이 미치지 않는다(대판 1997.9.12, 95다42027).

OX
연대채무자 중 한 사람에 대한 이행청구는 다른 연대채무자에 대하여도 시효중단의 효력이 있다. (○) 제21회

OX
주채무자에 대한 시효중단은 보증인에 대하여 그 효력이 없다. (×) 제18회

OX
보증채무에 대한 소멸시효가 중단되면 주채무에 대한 소멸시효도 중단되는 것이 원칙이다. (×) 제12회

OX
주채무가 시효의 완성으로 소멸하더라도, 보증채무가 소멸하는 것은 아니다. (×) 제14회

4. 소멸시효의 정지

(1) 의 의

① '소멸시효의 정지'라 함은 권리의 불행사가 권리자의 태만에 기인하는 것이 아니라 권리자를 보호하려는 취지의 제도로서 시효기간이 완성할 무렵에 권리자가 시효를 중단시키는 행위를 하는 것이 불가능하거나 곤란한 사정이 있는 경우 그 시효기간의 진행을 일시적으로 멈추게 하고, 그 정지사유가 종료한 때로부터 일정 기간 내에는 시효가 완성되지 않도록 하는 제도를 말한다.

② 이는 그러한 사정이 없어졌을 때 다시 나머지 기간을 진행시키고 이미 경과한 기간이 무효로 돌아가지 않는 점에서 중단과 다르다. 즉, 중단은 이미 경과한 시효기간은 소멸하는 데 반하여, 정지는 이미 경과한 시효기간은 유효하다는 점이 다르다.

③ 이러한 시효정지제도는 시효기간이 완성될 무렵의 경우에만 문제가 되고 시효진행 도중에 생긴 사유는 문제되지 않는다.

(2) 시효정지의 사유

OX

재산을 관리하는 후견인에 대한 제한능력자의 권리는 그가 능력자가 되거나 후임 법정대리인이 취임한 때부터 6개월 내에는 소멸시효가 완성되지 않는다. (○) 제24회

OX

부부 중 한쪽이 다른 쪽에 대하여 가지는 권리는 혼인관계가 종료된 때부터 6개월 내에는 소멸시효가 완성되지 않는다. (○) 제24회

제179조【제한능력자의 시효정지】 소멸시효의 기간만료 전 6개월 내에 제한능력자에게 법정대리인이 없는 경우에는 그가 능력자가 되거나 법정대리인이 취임한 때부터 6개월 내에는 시효가 완성되지 아니한다.

제180조【재산관리자에 대한 제한능력자의 권리, 부부 사이의 권리와 시효정지】 ① 재산을 관리하는 아버지, 어머니 또는 후견인에 대한 제한능력자의 권리는 그가 능력자가 되거나 후임 법정대리인이 취임한 때부터 6개월 내에는 소멸시효가 완성되지 아니한다.

② 부부 중 한쪽이 다른 쪽에 대하여 가지는 권리는 혼인관계가 종료된 때부터 6개월 내에는 소멸시효가 완성되지 아니한다.

제181조【상속재산에 관한 권리와 시효정지】 상속재산에 속한 권리나 상속재산에 대한 권리는 상속인의 확정, 관리인의 선임 또는 파산선고가 있는 때로부터 6월 내에는 소멸시효가 완성하지 아니한다.

제182조【천재 기타 사변과 시효정지】 천재 기타 사변으로 인하여 소멸시효를 중단할 수 없을 때에는 그 사유가 종료한 때로부터 1월 내에는 시효가 완성하지 아니한다.

예제

소멸시효에 관한 설명으로 옳지 않은 것은? (다툼이 있으면 판례에 따름) 제28회

① 매수인이 목적 부동산을 인도받아 계속 점유하는 경우에는 그 부동산에 관한 소유권이전등기청구권의 소멸시효가 진행하지 않는다.
② 건물이 완공되기 전에는 건물에 관한 소유권이전등기청구권의 시효가 진행하지 않는다.
③ 가압류에 의한 시효중단의 효력은 가압류의 집행보전의 효력이 존속하는 동안 계속된다.
④ 소멸시효의 진행이 개시되기 전에 채무자가 승인한 경우, 그 승인에 따라 채권의 소멸시효는 중단된다.
⑤ 지급명령에서 확정된 채권은 특별한 사정이 없는 한 단기의 소멸시효에 해당하는 것이라도 그 소멸시효는 10년으로 한다.

해설

④ 소멸시효의 중단사유로서의 승인은 시효이익을 받을 당사자인 채무자가 그 권리의 존재를 인식하고 있다는 뜻을 표시함으로써 성립하는 것이므로 이는 소멸시효의 진행이 개시된 이후에만 가능하고 그 이전에 승인을 하더라도 시효가 중단되지는 않는다(대판 2001.11.9, 2001다52568).
① 매수인이 목적 부동산을 인도받아 계속 점유하는 경우에는 그 소유권이전등기청구권의 소멸시효가 진행하지 않는다(대판 전합 1999.3.18, 98다32175).
② 건물에 관한 소유권이전등기청구권에 있어서 그 목적물인 건물이 완공되지 아니하여 이를 행사할 수 없었다는 사유는 법률상의 장애사유에 해당하므로(대판 2007.8.23. 2007다28024), 건물에 관한 소유권이전등기청구권의 소멸시효는 진행하지 않는다.
③ 민법 제168조에서 가압류를 소멸시효의 중단사유로 정하고 있는 것은 가압류에 의하여 채권자가 권리를 행사하였다고 할 수 있기 때문이고 가압류에 의한 집행보전의 효력이 존속하는 동안은 가압류채권자에 의한 권리행사가 계속되고 있다고 보아야 할 것이므로 가압류에 의한 시효중단의 효력은 가압류의 집행보전의 효력이 존속하는 동안 계속된다고 보아야 한다(대판 2013.11.14, 2013다18622).
⑤ 민사소송법 제474조, 민법 제165조 제2항에 의하면, 지급명령에서 확정된 채권은 단기의 소멸시효에 해당하는 것이라도 그 소멸시효기간이 10년으로 연장된다(대판 2009.9.24, 2009다39530).

정답 ④

4 소멸시효의 효과

(1) 소멸시효완성의 효과

① 의 의

㉠ 제162조의 규정을 살펴보면 “채권은 10년간 행사하지 아니하면 소멸시효가 완성한다.”라고 규정하고 있다. 제162조는 ‘채권이 시효로 인하여 소멸한다.’가 아니라 ‘소멸시효가 완성한다.’라고 규정하고 있다. 여기서 ‘완성한다.’의 의미가 정확하게 무엇을 의미하는지 규정하고 있지 않다.

㉡ ‘완성한다.’의 의미를 시효의 완성으로 권리가 당연히 소멸한다는 견해(절대적 소멸설)와 권리가 당연히 소멸하는 것이 아니라 시효의 이익을 받을 자에게 원용권이 생길 뿐이라는 견해(상대적 소멸설)가 대립된다.

② **절대적 소멸설**(다수설 · 판례)

절대적 소멸설은 소멸시효기간의 만료로 당사자의 원용(援用, 주장)이 없어도 권리가 당연히 소멸한다는 견해이다.

③ **상대적 소멸설**

상대적 소멸설은 시효가 완성하면 시효이익을 받는 자가 권리의 소멸을 주장할 권리(권리부인권, 원용권)가 생길 뿐이라고 한다. 이 견해에 의하면 소멸시효가 완성되어도 시효이익을 받을 자가 시효이익을 주장하시 않으면 채무는 소멸하지 않는다는 입장이다.

④ **결 론**

㉠ 어느 학설을 취하든 민법이 변론주의를 취하고 있어 절대적 소멸설을 취하더라도 당사자가 소멸시효의 완성을 주장하여야 법원이 시효완성을 고려할 수 있다는 점에서 결론에 있어서는 차이가 없다.

㉡ 시효완성 후 변제한 경우라면 어떤 학설에 의하든 반환을 청구할 수 없다.

관련판례

1. 민법상 당사자의 원용이 없어도 시효완성의 사실로서 채무는 당연히 소멸하고, 다만, 소멸시효의 이익을 받는 자가 소멸시효 이익을 받겠다는 뜻을 항변하지 않는 이상 그 의사에 반하여 재판할 수 없을 뿐이다(대판 1979.2.13, 78다2157).
2. 민사소송절차에서 변론주의 원칙은 권리의 발생 · 변경 · 소멸이라는 법률효과 판단의 요건이 되는 주요사실에 관한 주장 · 증명에 적용된다. 따라서 권리를 소멸시키는 소멸시효 항변은 변론주의 원칙에 따라 당사자의 주장이 있어야만 법원의 판단대상이 된다. 그러나 이 경우 어떤 시효기간이 적용되는지에 관한 주장은 권리의 소멸이라는 법률효과를 발생시키는 요건을 구성하는 사실에 관한 주장이 아니라 단순히 법률의 해석이나 적용에 관한 의견을 표명한 것이다. 이러한 주장에는 변론주의가 적용되지 않으므로 법원이 당사자의 주장에 구속되지 않고 직권으로 판단할 수 있다(대판 2017.3.22, 2016다25824).

절대적 소멸설과 상대적 소멸설의 구체적 차이

구 분	절대적 소멸설(판례)	상대적 소멸설
의 미	시효완성으로 권리는 당연히 소멸한다.	시효완성으로 권리 소멸을 주장할 수 있는 원용권이 발생한다.
주장 여부	이론상으로는 직권으로 고려하여야 하나, 변론주의 원칙상 당사자의 원용이 있어야 고려한다.	원용이 없는 한 법원이 직권으로 고려할 수 없다.

시효완성 후의 변제	• 시효완성을 알고 변제시 제742조에 의한 악의의 비채변제가 되어서 반환을 청구할 수 없다. • 시효완성을 모르고 변제시 제744조 도의관념에 적합한 비채변제가 되어 반환을 청구할 수 없다.	원용이 없는 한 채무는 소멸하지 않으므로 언제나 유효한 변제로서 반환청구를 할 수 없다.
시효이익 포기의 법적 성질	시효이익을 받지 않겠다는 의사표시	원용권의 포기

(2) 소멸시효의 소급효

> 제167조【소멸시효의 소급효】 소멸시효는 그 기산일에 소급하여 효력이 생긴다.

① 소멸시효의 소급효

㉠ 소멸시효는 그 기산일에 소급하여 효력이 생긴다. 즉, 권리의 소멸시기는 시효기간이 만료한 때이나, 그 효과는 시효기간의 기산일에 소급한다.

㉡ 따라서 소멸시효로 채무를 면하는 자는 기산일 이후의 이자를 지급할 필요가 없다.

② 소멸시효와 상계

> 제495조【소멸시효완성된 채권에 의한 상계】 소멸시효가 완성된 채권이 그 완성 전에 상계할 수 있었던 것이면 그 채권자는 상계할 수 있다.

(3) 소멸시효이익을 주장할 수 있는 사람(시효원용권자)

① 시효이익의 직접수익자에 해당하는 경우

㉠ 판례는 소멸시효의 완성을 주장할 수 있는 자를 권리의 소멸에 의하여 직접 이익을 받을 자로 한정한다.

㉡ 채무자가 그 대표적인 예이지만, 가등기담보가 설정된 부동산의 제3취득자와 매매예약에 의한 가등기가 경료된 부동산의 제3취득자 그리고 물상보증인, 유치권이 성립된 부동산의 매수인, 저당부동산의 제3취득자 등이 직접 수익자에 해당한다. 이들은 독자적으로 시효이익을 주장할 수 있다.

② 시효이익의 직접수익자에 해당하지 않는 경우

채무자에 대한 일반채권자나 채권자대위소송에서의 제3채무자는 직접수익자에 해당하지 않아서 독자적으로 시효완성을 주장하지 못한다.

관련판례

1. 소멸시효를 원용할 수 있는 사람은 권리의 소멸에 의하여 직접 이익을 받는 사람에 한정되는바, 채권담보의 목적으로 매매예약의 형식을 빌어 소유권이전청구권 보전을 위한 가등기가 경료된 부동산을 양수하여 소유권이전등기를 마친 제3자는 당해 가등기담보권의 피담보채권의 소멸에 의하여 직접 이익을 받는 자이므로 그 가등기담보권에 의하여 담보된 채권의 채무자가 아니더라도 그 피담보채권에 관한 소멸시효를 원용할 수 있다.
2. 소멸시효가 완성된 경우 이를 주장할 수 있는 사람은 시효로 인하여 채무가 소멸되는 결과 직접적인 이익을 받는 사람에 한정되므로 채무자에 대한 일반 채권자는 자기의 채권을 보전하기 위하여 필요한 한도 내에서 채무자를 대위하여 소멸시효 주장을 할 수 있을 뿐 채권자의 지위에서 독자적으로 소멸시효의 주장을 할 수 없다(대판 1997.12.26, 97다22676).
3. 채권자가 채권자대위권을 행사하여 제3자에 대하여 하는 청구에 있어서, 제3채무자는 채무자가 채권자에 대하여 가지는 항변으로 대항할 수 없고, 채권의 소멸시효가 완성된 경우 이를 원용할 수 있는 자는 원칙적으로는 시효이익을 직접 받는 자뿐이고, 채권자대위소송의 제3채무자는 이를 행사할 수 없다(대판 1998.12.8, 97다31472).
4. 사해행위취소소송의 상대방이 된 사해행위의 수익자는, 사해행위가 취소되면 사해행위에 의하여 얻은 이익을 상실하고 사해행위취소권을 행사하는 채권자의 채권이 소멸하면 그와 같은 이익의 상실을 면하는 지위에 있으므로, 그 채권의 소멸에 의하여 직접 이익을 받는 자에 해당하는 것으로 보아야 한다(대판 2007.11.29, 2007다54849).
5. 유치권이 성립된 부동산의 매수인은 피담보채권의 소멸시효가 완성되면 시효로 인하여 채무가 소멸되는 결과 직접적인 이익을 받는 자에 해당하므로 소멸시효의 완성을 원용할 수 있는 지위에 있다(대판 2009.9.24, 2009다39530).
6. 물상보증인은 채권자에 대하여 물적 유한책임을 부담하고 있어 그 피담보채권의 소멸에 의하여 직접 이익을 받는 관계에 있으므로 소멸시효의 완성을 주장할 수 있다(대판 1995.7.11, 95다12446).
7. 후순위 담보권자는 선순위 담보권의 피담보채권 소멸로 직접 이익을 받는 자에 해당하지 않아 선순위 담보권의 피담보채권에 관한 소멸시효가 완성되었다고 주장할 수 없다고 보아야 한다(대판 2021.2.25, 2016다232597).

OX

채권자대위소송의 상대방은 채권자의 채무자에 대한 피보전채권이 시효로 소멸하였음을 원용할 수 있음이 원칙이다. (×) 제20회

OX

후순위 담보권자는 선순위 담보권의 피담보채권의 시효소멸로 직접 이익을 받는 자에 해당하기 때문에 그 피담보채권의 소멸시효 완성을 주장할 수 있다. (×) 제28회

(4) 시효로 인하여 소멸되는 권리의 범위

> **제183조【종속된 권리에 대한 소멸시효의 효력】** 주된 권리의 소멸시효가 완성한 때에는 종속된 권리에 그 효력이 미친다.

① 원본채권이 시효로 소멸하면 지분권인 이자채권도 역시 시효로 소멸한다.

② 피담보채권이 소멸하면 담보물권 역시 소멸한다. 같은 맥락으로 본래의 공사비채권이 시효 소멸되었다면 그 채권이 이행불능이 되었음을 이유로 하는 손해배상청구권 역시 허용될 수 없다.

(5) 시효완성의 주장과 권리남용

관련판례

1. 채무자의 소멸시효에 기한 항변권의 행사도 우리 민법의 대원칙인 신의성실의 원칙과 권리남용금지의 원칙의 지배를 받는 것이어서, 채무자가 시효완성 전에 채권자의 권리행사나 시효중단을 불가능 또는 현저히 곤란하게 하였거나, 그러한 조치가 불필요하다고 믿게 하는 행동을 하였거나, 객관적으로 채권자가 권리를 행사할 수 없는 장애사유가 있었거나, 또는 일단 시효완성 후에 채무자가 시효를 원용하지 아니할 것 같은 태도를 보여 권리자로 하여금 그와 같이 신뢰하게 하였거나, 채권자보호의 필요성이 크고, 같은 조건의 다른 채권자가 채무의 변제를 수령하는 등의 사정이 있어 채무이행의 거절을 인정함이 현저히 부당하거나 불공평하게 되는 등의 특별한 사정이 있는 경우에는 채무자가 소멸시효의 완성을 주장하는 것이 신의성실의 원칙에 반하여 권리남용으로서 허용될 수 없다(대판 2011.9.8, 2009다66969).
2. 국가에게 국민을 보호할 의무가 있다는 사유만으로는 국가가 소멸시효의 완성을 주장하는 것 자체가 신의성실의 원칙에 반하여 권리남용에 해당한다고 할 수 없으므로 국가의 소멸시효완성 주장이 신의성실의 원칙에 반하고 권리남용에 해당한다고 하려면 일반채무자의 소멸시효완성 주장에서와 같은 특별한 사정이 인정되어야 할 것이고, 또한 그와 같은 일반적 원칙을 적용하여 법이 두고 있는 구체적인 제도의 운용을 배제하는 것은 법해석에 있어 또 하나의 대원칙인 법적 안정성을 해할 위험이 있으므로 그 적용에는 신중을 기하여야 한다(대판 2005.5.13, 2004다71881).

5 시효이익의 포기

> 제184조 【시효의 이익의 포기 기타】 ① 소멸시효의 이익은 미리 포기하지 못한다.
> ② 소멸시효는 법률행위에 의하여 이를 배제·연장 또는 가중할 수 없으나 이를 단축 또는 경감할 수 있다.

OX
소멸시효는 당사자의 합의에 의하여 단축할 수 없으나 연장할 수는 있다. (×) 제21회

(1) 시효이익 포기의 의의

① 포기는 소멸시효의 이익을 받지 않겠다는 일방적 의사표시로서, 상대방 있는 단독행위이다.

② 소멸시효이익의 포기의 의사표시를 할 수 있는 자는 시효완성의 이익을 받을 당사자 또는 대리인에 한정되므로 제3자가 시효이익의 포기의 의사표시를 하였더라도 시효완성의 이익을 받을 자에 대한 관계에서는 효력이 없다.

OX
시효완성의 이익을 받을 당사자 또는 그 대리인이 아닌 제3자가 시효완성의 이익을 포기한 경우, 그 포기는 시효완성의 이익을 받을 자에게 효력이 없다. (○) 제28회

③ 소멸시효의 이익의 포기의 효과는 상대적이므로 포기자 이외의 사람에게는 영향을 미치지 않는다.

㉠ 주채무자가 시효의 이익을 포기하더라도 보증인이나 물상보증인에게 포기의 효과가 미치지 않으므로 보증인이나 물상보증인은 시효의 이익을 주장할 수 있다.

㉡ 보증인이 시효이익을 포기하더라도 주채무자는 시효의 완성을 주장할 수 있다.

㉢ 어느 연대채무자가 시효이익을 포기하더라도 다른 연대채무자에게는 영향을 미치지 않으므로 다른 연대채무자는 시효의 완성을 주장할 수 있다.

④ 시효이익의 포기와 같은 상대방 있는 단독행위는 그 의사표시로 인하여 권리에 직접적인 영향을 받는 상대방에게 도달하는 때에 효력이 발생한다.

(2) 시효완성 전의 포기

① 시효이익의 포기는 처분행위 소멸시효완성 전에는 원칙적으로 미리 포기할 수 없다(제184조 제1항). 다만, 완성 전에 포기하는 경우 중단사유인 승인으로써 효력이 인정된다.

② 소멸시효완성의 배제 또는 기산점을 늦추는 합의 등 시효기간을 연장하거나 가중하는 특약은 무효이다. 그러나 시효기간을 단축하거나 경감하는 약정은 유효하다.

OX
소멸시효는 법률행위에 의하여 이를 단축·경감할 수 없으나 이를 배제·연장·가중할 수 있다. (×) 제19회

관련판례

특정한 채무의 이행을 청구할 수 있는 기간을 제한하고 그 기간을 도과할 경우 채무가 소멸하도록 하는 약정은 민법 또는 상법에 의한 소멸시효기간을 단축하는 약정으로서 특별한 사정이 없는 한 민법 제184조 제2항에 의하여 유효하다(대판 2006.4.14, 2004다70253).

(3) 시효완성 후의 포기

① **의의**: 제184조 제1항의 반대해석상 소멸시효완성 후의 시효이익의 포기는 허용된다.

② **요 건**

㉠ 시효이익의 포기는 처분행위이므로 포기자는 처분권한과 처분능력이 있어야 한다.

㉡ 포기는 상대방 있는 단독행위로서 재판상·재판 외에서 명시적으로 할 수 있다. 다만, 시효완성의 사실을 알고 하는 것을 전제로 하는데, 판례는 시효완성 후에 시효이익을 포기하는 듯한 행위가 있으면 시효완성사실에 대하여 알고서 포기한 것으로 추정한다.

ⓐ 시효완성 후의 변제기한의 유예요청이나 채무의 승인, 일부변제 등이 그 예이다.

ⓑ 채무자가 소멸시효완성 후에 채권자에 대하여 채무 일부를 변제함으로써 시효의 이익을 포기한 경우에는 그때부터 새로이 소멸시효가 진행한다.

관련판례

1. 채권의 소멸시효가 완성된 후에 채무자가 그 기한의 유예를 요청하였다면 그때에 소멸시효의 이익을 포기한 것으로 보아야 한다(대판 1965.12.28, 65다2133).
2. 채무자가 시효완성 후에 채무의 승인을 한 때에는 일응 시효완성의 사실을 알고 그 이익을 포기한 것이라고 추정할 수 있다(대판 1967.2.27, 66다2173).
   - 즉, 시효완성 후에 시효이익을 포기하는 듯한 행위가 있다면 시효완성사실에 대한 악의를 추정한다(대판 1995.4.14, 95다3756).
3. 소멸시효 이익의 포기는 가분채무 일부에 대하여도 가능하다(대판 2012.5.10, 2011다109500).

OX

소멸시효 이익의 포기는 가분채무 일부에 대하여도 가능하다. (○) 제28회

4. 소멸시효완성 이후에 있은 과세처분에 기하여 세액을 납부하였다 하더라도 이를 들어 바로 소멸시효의 이익을 포기한 것으로 볼 수 없다(대판 1988.1.19, 87다카70).

5. 헌법상 국가원수이자 행정부의 수반인 대통령이 국가의 불법적인 공권력 행사로 인하여 피해를 입은 사람들에게 피해보상을 하겠다는 취지를 밝혔다고 하더라도 그것이 그 피해자들에 대한 사법상의 법률효과를 염두에 두고 한 것이 아니라 단순히 정치적으로 대통령으로서의 시정방침을 밝히면서 일반 국민들의 이해와 협조를 구한 것에 불과하다면, 그와 같은 행위로써 사법상으로 그 피해자들에 대한 국가배상채무를 승인하거나 소멸시효이익을 포기한 것으로 볼 수는 없다(대판 전합 1996.12.19, 94다22927).

6. 채무자가 소멸시효가 완성된 이후에 여러 차례에 걸쳐 채권자의 제소기간 연장요청에 동의한 바 있더라도 그 동의는 그 연장된 기간까지는 언제든지 채권자가 제소하더라도 이의가 없다는 취지에 불과한 것이지 완성한 소멸시효이익을 포기하는 의사표시까지 함축하고 있는 것은 아니다(대판 1987.6.23, 86다카2107).

OX

채무자가 액수에 다툼이 없는 채무의 소멸시효가 완성된 후 그 일부를 변제한 경우, 나머지 채무에 대해서는 시효완성의 이익을 포기한 것으로 추정되지 않는다. (×) 제19회

OX

소멸시효완성 후에 채무승인이 있었다면, 곧바로 소멸시효 이익의 포기가 있는 것으로 간주된다. (×) 제17회

승인과 시효이익의 포기의 차이점

(채무)승인(시효중단사유)	시효이익의 포기(시효완성 후의 채무승인)
• 관념의 통지 • 처분능력이나 처분권한이 있음을 요하지 않다.	• 상대방 있는 의사표시 • 처분능력과 처분권한이 있어야 한다.

기한이익의 포기와 시효이익의 포기의 차이점

기한이익의 포기	시효이익의 포기
• 소급효가 없다. • 기한이 도래하기 전에 기한의 이익을 미리 포기할 수 있다.	• 기산일에 소급하여 효력이 있다. • 시효가 완성하기 전에는 미리 포기할 수 없다.

예제

소멸시효의 효력에 관한 설명으로 옳지 않은 것은? (다툼이 있으면 판례에 따름) 제28회

① 소유권이전등기청구권의 소멸시효기간이 지난 사실을 알고 있는 등기의무자가 소유권이전등기를 해 주기로 약정한 경우, 특별한 사정이 없는 한 이는 시효이익의 포기로 보아야 한다.
② 소멸시효가 완성된 채권이 그 완성 전에 상계할 수 있었던 것이면 그 채권자는 상계할 수 있다.
③ 후순위 담보권자는 선순위 담보권의 피담보채권의 시효소멸로 직접 이익을 받는 자에 해당하기 때문에 그 피담보채권의 소멸시효 완성을 주장할 수 있다.
④ 시효완성의 이익을 받을 당사자 또는 그 대리인이 아닌 제3자가 시효완성의 이익을 포기한 경우, 그 포기는 시효완성의 이익을 받을 자에게 효력이 없다.
⑤ 소멸시효 이익의 포기는 가분채무 일부에 대하여도 가능하다.

해설

③ 후순위 담보권자는 선순위 담보권의 피담보채권 소멸로 직접 이익을 받는 자에 해당하지 않아 선순위 담보권의 피담보채권에 관한 소멸시효가 완성되었다고 주장할 수 없다고 보아야 한다(대판 2021.2.25, 2016다232597).

① 소유권이전등기청구권의 소멸시효기간이 지난 후에 등기의무자가 소유권이전등기를 해 주기로 약정(합의)한 바 있다면 다른 특단의 사정이 없는 한 이는 시효이익을 포기한 것으로 보아야 할 것이다(대판 1993.5.11, 93다12824).

② 소멸시효가 완성된 채권이 그 완성 전에 상계할 수 있었던 것이면 그 채권자는 상계할 수 있다(제495조).

④ 시효완성의 이익 포기의 의사표시를 할 수 있는 자는 시효완성의 이익을 받을 당사자 또는 대리인에 한정된다고 할 것이고, 그 밖의 제3자가 시효완성의 이익 포기의 의사표시를 하였다 하더라도 이는 시효완성의 이익을 받을 자에 대한 관계에서 아무 효력이 없다(대판 1998.2.27, 97다53366).

⑤ 소멸시효 이익의 포기는 가분채무의 일부에 대하여도 가능하다(대판 2012.5.10, 2011다109500).

정답 ③

6 소멸시효와 구별되는 제도(제척기간, 除斥期間)

(1) 제척기간의 의의

① '제척기간'이란 권리관계의 신속한 확정을 위하여 일정한 권리에 관하여 법률이 미리 정하고 있는 그 권리의 존속기간을 의미한다. 이 기간(제척기간) 내에 권리를 행사하지 않으면 그 권리는 당연히 소멸한다.

② 제척기간을 두는 이유는 권리자로 하여금 당해 권리를 신속하게 행사하도록 함으로써 그 권리를 중심으로 하는 법률관계를 조속히 확정하려는 데 있고, 이는 특히 형성권의 행사에서 역할이 크다.

관련판례

1. 제척기간은 불변기간이 아니어서 그 기간을 지난 후에는 당사자가 책임질 수 없는 사유로 그 기간을 준수하지 못하였더라도 추후에 보완될 수 없다(대결 2003.8.11, 2003스32).
2. 매매예약의 완결권은 일종의 형성권으로서 10년의 제척기간에 걸리며 제척기간이 도과하였는지 여부는 당사자의 주장이 없더라도 법원이 당연히 직권으로 조사하여 재판에 고려하여야 한다(대판 2000.10.13, 99다18725).
3. 제척기간에 있어서는 소멸시효와 같이 기간의 중단이 있을 수 없다(대판 2003.1.10, 2000다26425).

(2) 법적 성질

① 통설은 제척기간을 그 기간 내에 소를 제기하여야 하는 출소기간(出訴期間)으로 해석한다.

② 판례는 재판상 또는 재판 외 권리행사가 있으면 족한 것으로 보고 있다. 즉, 출소기간뿐만 아니라 출소외기간으로 본다. 다만, 점유보호청구권의 행사기간 또는 채권자취소권의 행사기간은 출소기간(出訴期間)이다.

관련판례

민법 제204조 제3항과 제205조 제2항에 의하면 점유를 침탈당하거나 방해를 받은 자의 침탈자 또는 방해자에 대한 청구권은 그 점유를 침탈당한 날 또는 점유의 방해행위가 종료된 날로부터 1년 내에 행사하여야 하는 것으로 규정되어 있는데, 위의 제척기간은 재판 외에서 권리행사하는 것으로 족한 기간이 아니라 반드시 그 기간 내에 소를 제기하여야 하는 이른바 출소기간으로 해석함이 상당하다(대판 2002.4.26, 2001다8097).

(3) 소멸시효와 제척기간의 차이

① 소멸시효는 소급효가 있지만, 제척기간은 소급효가 인정되지 않으므로 기간이 경과한 때부터 장래에 향하여 권리가 소멸한다.
② 소멸시효에 의한 권리의 소멸은 시효원용자가 시효완성사실을 원용한 경우에 고려되지만, 제척기간에 의한 권리의 소멸은 당사자가 주장하지 않더라도 법원이 당연히 고려하는 직권조사사항이다.
③ 소멸시효기간은 법률행위에 의하여 이를 단축 또는 경감할 수 있지만, 제척기간의 경우에는 단축·경감할 수 없다.
④ 소멸시효에는 중단이 있지만, 제척기간의 경우에는 중단이 없다.
⑤ 소멸시효는 시효이익의 포기가 있지만, 제척기간의 경우에는 포기가 인정되지 않는다.

소멸시효와 제척기간의 차이점

구 분	소멸시효	제척기간
존재 이유	• 영속한 사실상태의 존중 • 증거보전 곤란에 대한 구제 • 권리행사 태만에 대한 제재	• 권리관계의 신속한 확정 • 법률관계의 안정 도모
시효이익 포기	포기 ○	포기 ×
기간단축 여부	단축, 경감 ○	단축, 경감 ×
중 단	중단 ○	중단 ×
소급효 유무	소급효 ○	소급효 ×
소송에서의 원용(주장) 여부	당사자의 주장·입증	직권조사사항

OX

소멸시효의 완성은 그 기산일에 소급하여 효력이 있으나 제척기간의 완성은 장래에 향하여 효력이 있다. (○) 제16회

(4) 제척기간의 행사기간 및 행사방법

① **행사기간**

㉠ 법률의 규정이 있으면 법에서 규정된 기간 내에 행사하여야 한다.

㉡ 당사자의 약정이 있으면 그 약정기간 내에 행사하여야 한다.

㉢ 당사자의 약정이 없다면 10년의 기간 내에 행사하여야 한다.

㉣ 당사자의 약정이 10년을 초과하는 경우라면 10년의 기간 내에 행사하여야 한다.

② **행사방법**

㉠ 판례는 출소기간 또는 출소 외 기간으로 본다.

㉡ 다만, 출소기간으로 보는 경우도 있음을 유의하여야 한다(점유보호청구권 제203조, 제204조 등).

③ 형성권은 소멸시효의 적용을 받지 않고, 제척기간의 적용을 받는다.

④ 형성권 행사결과 발생하는 채권(예 부당이득반환청구권)의 소멸시효기간은 형성권 행사 후 별도의 10년의 소멸시효에 걸린다. 즉, 제척기간 내에서 반드시 행사하여야 하는 것은 아니다.

관련판례

1. 제척기간은 권리자로 하여금 당해 권리를 신속하게 행사하도록 함으로써 법률관계를 조속히 확정시키려는 데 그 제도의 취지가 있는 것으로서, 소멸시효가 일정한 기간의 경과와 권리의 불행사라는 사정에 의하여 권리 소멸의 효과를 가져오는 것과는 달리 <u>그 기간의 경과 자체만으로 곧 권리 소멸의 효과</u>를 가져오게 하는 것이므로 그 기간 진행의 <u>기산점은 특별한 사정이 없는 한 원칙적으로 권리가 발생한 때</u>이다(대판 1995.11.10, 94다22682).
2. 매매의 일방예약에서 예약자의 상대방이 매매예약 완결의 의사표시를 하여 매매의 효력을 생기게 하는 권리, 즉 <u>매매예약의 완결권</u>은 일종의 형성권으로서 당사자 사이에 그 행사기간을 약정한 때에는 그 기간 내에, 그러한 약정이 없는 때에는 그 예약이 성립한 때로부터 10년 내에 이를 행사하여야 하고, 그 기간을 지난 때에는 예약완결권은 제척기간의 경과로 인하여 소멸한다(대판 2003.1.10, 2000다26425).
3. <u>환매권의 행사로 발생한 소유권이전등기청구권</u>은 위 기간 제한과는 별도로 환매권을 행사한 때로부터 일반채권과 같이 민법 제162조 소정의 10년의 소멸시효기간이 진행되는 것이지, 위 제척기간 내에 이를 행사하여야 하는 것은 아니다(대판 1991.2.22, 90다13420).

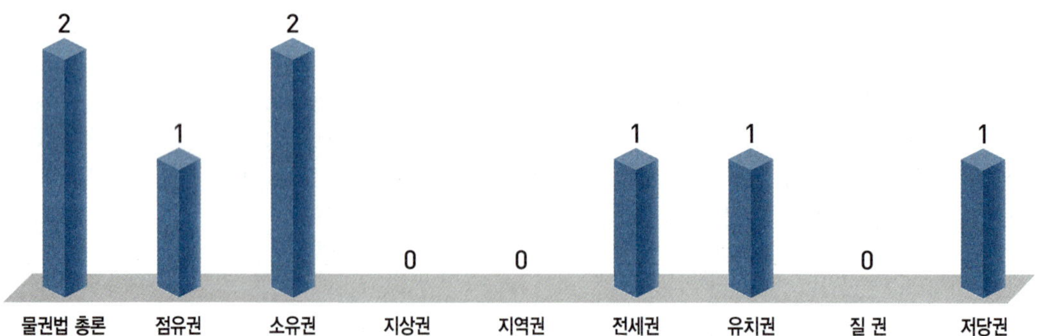

제28회 기출문제 분석

제28회 주택관리사(보) 물권법 시험은 각 부분별로 고르게 출제되었고, 소유권 중에서 상관관계 1문제가 출제된 점이 특이했다. 시험에 자주 출제되는 부분 위주로 학습하는 것이 효율적이다.

PART 02

물권법

Chapter

01 서 론

단·원·열·기

매년 1~2문제 정도 출제되는 부분이다. "물권의 종류", "물권변동의 유형", "물권적 청구권", "등기의 추정력" 위주로 학습하여야 한다.

01 물권의 일반

1 물권(物權)

(1) 물권의 의의

'물권'은 특정한 물건을 직접 지배하여 이익을 얻는 배타적 권리이다.

(2) 물권의 특성

① **직접 지배성**(支配性)

㉠ '물권'은 물건을 직접 지배하는 권리이다.

㉡ '직접 지배한다는 것'은 권리내용의 실현을 위하여 타인의 행위를 매개하지 않고 스스로 물건으로부터 이익을 얻는다는 뜻이다.

② **배타성**(排他性)

㉠ 물권은 물건을 배타적으로 지배하는 권리이다. 물건을 배타적으로 지배하기 때문에 그 물건으로부터의 이익을 독점적으로 누리고, 누구에게라도 그 지배상태의 존중을 요구할 수 있다.

㉡ 그 결과 물권법정주의, 일물일권주의, 물권적 청구권, 공시의 원칙 등이 도출된다.

③ **절대성**(絶對性)

물권은 물건을 직접 지배하는 권리이므로 누구에게든지 주장할 수 있는 권리이다.

④ **양도성**(讓渡性)

㉠ 물권은 배타적 권리이고, 재산권이므로, 강한 양도성을 가진다(채권도 재산권이므로 양도성이 있지만, 물권에 비하여 채권의 양도는 제한을 받을 수 있다).

㉡ 지상권의 경우 지상권양도금지특약을 하더라도 양도할 수 있다. 또한 (건물)소유권과 지상권을 분리하여 양도하는 것도 가능하다.
㉢ 전세권은 설정행위로써 양도금지특약을 할 수 있다(제306조). 즉, 전세권설정계약에서 전세권양도금지특약을 하면 전세권을 양도할 수 없다.
㉣ 지역권은 요역지의 종된 권리이므로 지역권과 분리하여 양도할 수 없다(제292조).
㉤ 담보물권은 피담보채권을 전제로 하므로, 피담보채권과 분리하여 양도할 수 없고, 피담보채권에 대한 양도금지특약이 있으면 담보물권의 처분도 제한된다.

2 물권의 객체

1. 물권의 객체

원칙적으로 물권의 객체는 물건이나, 예외적으로 권리에 대해서도 인정되는 경우가 있다. 예를 들면, 저당권은 지상권이나 전세권과 같은 권리에 대해서도 설정할 수 있다.

OX
권리도 물권의 객체가 될 수 있다. (○) 제19회

2. 물권의 객체에 대한 원칙

(1) 현존 · 특정 · 독립한 물건

① **현존성**
물권은 물건을 직접 지배하여 배타적으로 이익을 누리는 권리이므로 현재 존재하는 물건에 대해서 성립될 수 있다. 따라서 현존하지 않는 물건에 대해서는 물권을 인정할 수 없다.

② **특정성**
특정되어 있는 물건이 아니면 그 위에 물권은 성립되지 않는다. 특정성이 없는 물건을 직접 · 배타적으로 지배할 수 없기 때문이다.

③ **독립성**
물권의 객체는 물건의 일부나 구성부분이 아니고 독립된 물건이어야 한다. 물건의 일부나 구성부분은 직접 지배에 의한 이익이 적고, 공시가 곤란하므로 물권이 성립될 수 없다. 다만, 토지와 그 정착물은 하나의 부동산으로 취급되는 것이 원칙이나, 예외적으로 정착물이 별개의 부동산으로 취급되는 경우도 있다.

(2) 일물일권주의(一物一權主義)

① **일물일권주의**

하나의 물건에는 하나의 물권만이 성립한다는 원칙이다. 따라서 원칙적으로 물건의 일부나 집합물에 독립한 물권이 성립하지 않는다. 예외적으로 사회적 필요성과 공시방법이 갖추어진 경우에 물건의 일부(예 용익물권)나 집합물에도 물권이 성립하는 경우도 있다.

② **한 개의 물건을 정하는 표준**: 하나의 물건이냐의 여부는 사회통념 또는 거래관념에 따라 정한다.

㉠ 토지는 지표에 인위적으로 선을 그어 토지의 독립성과 개수를 정하며, 그 토지가 지적공부에 등록된 경우에 1개의 독립된 토지로 인정되고 이를 '필'이라고 한다.

ⓐ 분필절차를 밟기 전에는 이전등기를 할 수 없으므로 토지의 일부양도는 허용되지 않는다.

ⓑ 1필의 토지 일부에 대한 점유취득시효는 가능하다. 단, 먼저 일부분에 대한 분필절차를 밟은 후 시효취득을 원인으로 한 이전등기를 마쳐야 소유권을 취득할 수 있다.

ⓒ 예외적으로 분필절차를 밟지 않더라도 1필의 토지 일부에 용익물권(지상권, 지역권, 전세권)을 설정할 수 있다.

ⓓ 지중에 있는 토사, 암석 등은 토지의 구성부분으로서 독립성이 없으나, 미채굴의 광물은 국가의 채굴취득허가권의 객체로 된다.

㉡ 건물은 토지의 정착물이면서 독립된 별개의 부동산으로 취급되므로 토지와는 별도로 물권의 객체로 된다.

ⓐ 기둥, 지붕, 주벽이 갖추어지면 독립된 건물이 된다.

ⓑ 건물의 개수는 물리적 구조뿐만 아니라 소유자의 의사를 고려하여 결정해야 한다.

ⓒ 차양, 덧문 등은 독립물이 아니고 건물의 구성부분에 지나지 않는다.

③ **일물일권주의의 내용과 예외**

㉠ 일물일권주의의 내용

ⓐ 하나의 물건 위에는 앞의 물권과 동일한 내용을 갖는 것이어서 양립이 불가능한 물권은 다시 성립할 수 없다. 따라서 소유권과 제한물권같이 서로 내용이 다른 물권의 경우는 하나의 물건 위에 같이 성립할 수 있다.

ⓑ 하나의 물권은 하나의 독립된 물건 위에만 성립할 수 있다. 따라서 물건의 일부 또는 구성부분이나 혹은 집합물에 대해서는 하나의 물권이 성립할 수 없는 것이 원칙이다.

㉡ 일물일권주의의 예외

ⓐ 토지는 현행 민법상 물권변동에 있어 성립요건주의를 취하므로 분필의 절차를 밟기 전에는 토지의 일부를 양도하거나 소유권, 저당권을 취득하지 못하지만, 용익물권의 경우에는 분필의 절차를 밟지 않아도 1필 토지의 일부에 설정될 수 있다(부동산등기법 제136조 이하 참조).

ⓑ 건물은 토지와 별개의 독립한 부동산으로 민법 제215조와 집합건물의 소유 및 관리에 관한 법률에 의하여 1동 건물의 일부에 구분소유가 인정된다.

ⓒ 수목은 토지와 일체를 이루는 정착물로서 독립된 물건으로 인정되지 않음이 원칙이지만, 입목에 관한 법률에 의하여 등기되면 소유권과 양도담보 및 저당권의 객체가 되며, 명인방법을 갖추면 독립한 물건으로 소유권과 양도담보권의 객체가 된다.

ⓓ 미분리의 과실은 수목의 일부에 지나지 않으나 명인방법을 갖추면 독립한 부동산이 된다는 견해가 다수설이다.

ⓔ 농작물은 정당한 권원 여부를 불문하고, 또 별도의 명인방법을 갖추지 않더라도 언제나 경작자의 소유에 속한다.

3 물권법정주의(物權法定主義)

> **제185조 【물권의 종류】** 물권은 법률 또는 관습법에 의하는 외에는 임의로 창설하지 못한다.

(1) 의 의

① '물권법정주의'라 함은 물권의 종류와 내용은 법률로 정하는 것에 한정한다는 원칙을 말한다. 즉, 물권의 종류와 내용은 민법 기타 법률이나 관습법으로 정하는 것에 한하며 당사자가 자유로이 창설하지 못한다.

② 물권법정주의를 취한 결과 물권법은 임의법인 채권법과는 달리 강행법규성을 가지게 된다.

(2) 내 용

① '법률 또는 관습법에 의하는'의 의미

㉠ 여기서 법률은 '형식적 의미'의 법률을 말한다. 따라서 실질적 의미의 법률인 행정기관의 명령, 규칙 등으로는 새로운 물권을 창설하지 못한다.

㉡ 관습법에 의해서도 새로운 물권을 창설할 수 있다. 예를 들면, '관습법상의 법정지상권', '분묘기지권' 등이 관습법에 의해서 새롭게 창설된 물권이다.

> OX
> 분묘기지권은 물권이지만, 온천에 관한 권리는 독립한 물권으로 볼 수 없다. (○) 제18회

② '임의로 창설하지 못한다.'의 의미

㉠ 종류강제

이는 법률 또는 관습법이 인정하지 않는 새로운 종류의 물권을 만들지 못한다는 것을 의미한다. 예를 들면, 채권적 전세인 미등기전세를 물권인 전세권으로 하기로 당사자가 합의하더라도 무효이다.

㉡ 내용강제

법률 또는 관습법에 의해 인정되는 물권이라 하더라도 법률 또는 관습법이 인정하는 내용과 다른 내용을 부여하지 못한다는 것을 의미한다. 예를 들면, 저당권은 저당목적물의 사용·수익권을 설정자에 유보해 두고 채권담보를 확보하기 위해 경매청구권과 우선변제권을 가지는 권리이다. 따라서 당사자 합의로 저당권자에게 저당목적물의 사용·수익권을 부여하는 것은 무효이다.

> OX
> 물권법정주의에 관한 민법 제185조의 "법률"에는 규칙이나 지방자치단체의 조례가 포함되지 않는다. (○) 제24회

(3) 민법상 물권의 종류

> OX
> 미등기 건물의 양수인은 소유권에 준하는 관습법상의 물권을 취득한다. (×) 제18회

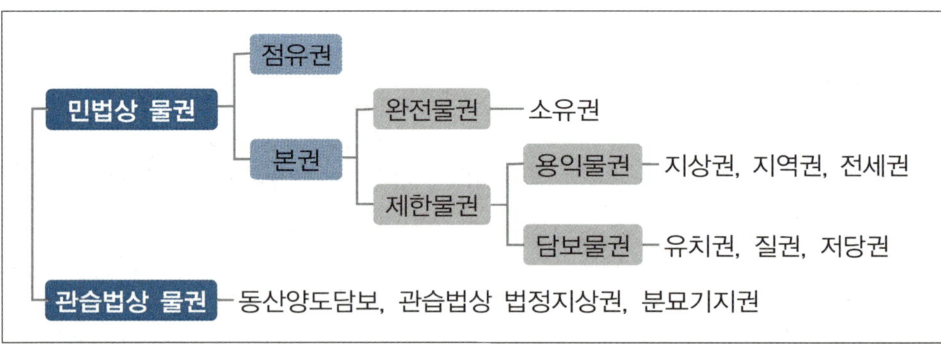

(4) 부동산물권과 동산물권

① 부동산물권

객체가 부동산인 물권을 말한다. 여기에 속하는 물권은 점유권·소유권과 지상권·지역권·전세권 등의 용익물권 전부 그리고 유치권·저당권 등의 담보물권이 있다.

② **동산물권**

객체가 동산인 물권을 말한다. 여기에 속하는 물권은 점유권 · 소유권과 유치권 · 질권 등의 담보물권이 있다.

02 물권의 일반적 효력(물권의 대외적 효력)

1 우선적 효력(優先的 效力)

(1) 의 의

물권의 '우선적 효력'이란 하나의 물건 위에 수개의 권리가 존재하는 경우, 어느 한 권리가 다른 권리에 우선하는 효력을 말한다.

(2) 물권 상호간의 우선적 효력

① **원 칙**

동일물 위에 성립하는 물권 상호간에 있어서는 시간적으로 먼저 성립한 물권 이후에 성립한 물권에 우선한다. 물권 상호간의 우선적 효력은 물권의 배타성에서 나오는 직접적 효과이다.

② **소유권과 제한물권 상호간의 우선적 효력**: 성질상 언제나 제한물권이 소유권에 우선한다.

③ **점유권의 우선적 효력**: 점유권은 사실상 지배 그 자체로 성립되기 때문에, 점유권과 다른 물권과의 사이에서는 우선적 효력이 없다.

(3) 물권과 채권 간의 효력

① **원 칙**

동일 물건을 목적으로 물권과 채권이 성립하는 경우에는 그 성립시기를 불문하고 물권이 채권보다 우선한다(매매는 임대차를 깨뜨린다). 예를 들면, 甲소유의 토지에 乙이 7월 1일자로 채권인 임차권을 취득한 상태에서 甲이 토지소유권을 8월 1일에 丙에게 양도하여 丙이 소유권을 취득한 경우에 물권자인 소유권자 丙은 먼저 성립되어 있는 임차권자 乙에게 소유권에 기한 반환청구권을 행사할 수 있다.

② **예 외**

㉠ 등기된 부동산임차권: 부동산임차권은 채권이지만 그 등기를 한 때에는 그 후에 성립하는 물권에 우선하는 효력을 가진다.

㉡ 대항력 갖춘 임차권

주택이나 상가건물 임차권의 경우에는 법이 요구하는 일정한 요건을 갖추면 제3자에 대항할 수 있는 효력이 인정된다(주택임대차보호법 제3조, 상가건물 임대차보호법 제3조).

㉢ 건물 보존등기된 경우의 토지임차권

건물소유 목적의 토지임차권은 임차권 등기가 없더라도 건물을 등기한 때에는 토지임차권은 그때부터 제3자에게 대항할 수 있는 효력이 인정된다(제622조).

㉣ 가등기된 채권: 부동산 물권의 변동에 관한 청구권을 가등기한 때에는 그 시점을 기준으로 물권과의 우열이 정해진다.

㉤ 성립시기와 관계없이 채권이 우선하는 경우: 주택임대차보호법과 상가건물 임대차보호법상의 소액보증금, 근로기준법상의 임금과 재해보상금 등은 우선변제가 된다.

2 물권적 청구권(物權的 請求權)

(1) 의 의

'물권적 청구권'이란 물권내용의 완전한 실현이 어떤 사정으로 인하여 방해받고 있거나 방해받을 염려가 있는 경우에, 그 방해자에 대하여 방해의 제거 또는 예방에 필요한 행위 등 물권내용의 실현을 가능하게 하는 행위(작위 또는 부작위)를 청구할 수 있는 권리를 의미한다.

(2) 물권적 청구권의 종류

① **반환청구권**: '반환청구권'이란 타인이 권원 없이 물권의 목적물을 점유하는 경우에 점유를 회복하기 위하여 그 반환을 청구하는 권리이다.

② **방해제거청구권**: '방해제거청구권'이란 물권자가 점유침탈 외의 형태로 물권의 실현을 방해받은 경우, 그 방해의 제거를 청구하는 권리이다.

③ **방해예방청구권**: '방해예방청구권'이란 현재 물권의 실현이 방해받고 있지는 않지만 장래 방해가 생길 염려가 있는 경우에 그 예방을 청구하는 권리이다.

(3) 민법의 규정

제204조 【점유의 회수】 ① 점유자가 점유의 침탈을 당한 때에는 그 물건의 반환 및 손해의 배상을 청구할 수 있다.
② 전항의 청구권은 침탈자의 특별승계인에 대하여는 행사하지 못한다. 그러나 승계인이 악의인 때에는 그러하지 아니하다.
③ 제1항의 청구권은 침탈을 당한 날로부터 1년 내에 행사하여야 한다.

제205조 【점유의 보유】 ① 점유자가 점유의 방해를 받은 때에는 그 방해의 제거 및 손해의 배상을 청구할 수 있다.
② 전항의 청구권은 방해가 종료한 날로부터 1년 내에 행사하여야 한다.
③ 공사로 인하여 점유의 방해를 받은 경우에는 공사착수 후 1년을 경과하거나 그 공사가 완성한 때에는 방해의 제거를 청구하지 못한다.

제206조 【점유의 보전】 ① 점유자가 점유의 방해를 받을 염려가 있는 때에는 그 방해의 예방 또는 손해배상의 담보를 청구할 수 있다.
② 공사로 인하여 점유의 방해를 받을 염려가 있는 경우에는 전조 제3항의 규정을 준용한다.

제213조 【소유물반환청구권】 소유자는 그 소유에 속한 물건을 점유한 자에 대하여 반환을 청구할 수 있다. 그러나 점유자가 그 물건을 점유할 권리가 있는 때에는 반환을 거부할 수 있다.

제214조 【소유물방해제거, 방해예방청구권】 소유자는 소유권을 방해하는 자에 대하여 방해의 제거를 청구할 수 있고 소유권을 방해할 염려 있는 행위를 하는 자에 대하여 그 예방이나 손해배상의 담보를 청구할 수 있다.

제290조 【준용규정】 – 지상권 ① 제213조, 제214조, 제216조 내지 제244조의 규정은 지상권자 간 또는 지상권자와 인지소유자 간에 이를 준용한다.

제301조 【준용규정】 제214조의 규정은 지역권에 준용한다.

제319조 【준용규정】 제213조, 제214조, 제216조 내지 제244조의 규정은 전세권자 간 또는 전세권자와 인지소유자 및 지상권자 간에 이를 준용한다.

제370조 【준용규정】 제214조, 제321조, 제333조, 제340조, 제341조 및 제342조의 규정은 저당권에 준용한다.

① 물권적 청구권은 그 기초되는 물권이 무엇이냐에 따라 점유권에 기한 것과 본권에 기한 것으로 나뉘는데, 양 청구권은 경합할 수 있다.

② 본권에 기한 물권적 청구권을 소유권에 관하여 제213조, 제214조에 규정한 후 개개의 권리에 준용하는데, 배타성을 전제로 하지 않는 유치권과 점유권에 대해서는 본권에 기한 물권적 청구권이 인정될 여지가 없다. 다만, 질권에 대해서는 준용규정은 없지만 학설은 대체로 인정한다.

(4) 물권적 청구권의 성질

① 소유권에 기한 물권적 청구권은 소멸시효에 걸리지 않는다.

② 물권과 물권적 청구권은 분리하여 양도할 수 없다. 따라서 소유권을 상실한 전 소유자는 소유권에 기한 물권적 청구권을 행사할 수 없다.

③ 물권적 청구권은 상대방의 고의 또는 과실을 요하지 아니하며, 손해의 발생도 요하지 아니한다.

④ 물권적 청구권의 상대방은 현재 물권의 내용을 침해하는 자를 상대로 하여야 한다. 따라서 정당한 권원에 기하여 물건을 점유하는 자에게는 물권적 청구권을 행사할 수 없다.

⑤ 물권을 상실하면 물권적 청구권도 상실하므로 종전의 물권자는 물권적 청구권의 이행불능으로 상대방에게 손해배상을 청구할 수 없다.

관련판례

1. 소유권에 기한 물상청구권을 소유권과 분리하여 이를 소유권 없는 전 소유자에게 유보하여 행사시킬 수는 없는 것이므로 소유권을 상실한 전 소유자는 제3자인 불법점유자에 대하여 소유권에 기한 물권적 청구권에 의한 방해배제를 구할 수 없다(대판 1980.9.9, 80다7). 즉 물권적 청구권은 물권과 분리하여 양도할 수 없다.
2. 불법점유를 이유로 하여 그 명도 또는 인도를 청구하려면 현실적으로 그 목적물을 점유하고 있는 자를 상대로 하여야 하고 불법점유자라 하여도 그 물건을 다른 사람에게 인도하여 현실적으로 점유를 하고 있지 않은 이상 그 자를 상대로 한 인도 또는 명도청구는 부당하다(대판 1970.9.29, 70다1508).

OX

소유권을 양도하면서 물권적 청구권만을 여전히 양도인에게 유보시켜 놓을 수 있다. (×) 제17회

OX

소유권을 상실한 전(前) 소유자는 제3자의 불법점유에 대하여 소유권에 기한 물권적 청구권을 행사할 수 없다. (○) 제20회

(5) 물권적 청구권의 내용

① 소유권을 상실한 전 소유자는 제3자인 불법점유자에 대하여 물권적 청구권에 의한 방해배제를 청구할 수 없다.

② 미등기무허가 건물의 양수인은 소유권에 기한 방해제거청구권을 행사할 수 없다. 다만 점유권에 기한 물권적 청구권을 행사하거나 소유자의 물권적 청구권을 대위행사할 수 있을 뿐이다.

③ 소유권에 기한 방해배제청구권에 있어서 '방해'라 함은 현재에도 지속되고 있는 침해를 의미하고, 법익 침해가 과거에 일어나서 이미 종결된 경우에 해당하는 '손해'의 개념과는 다르다 할 것이어서, 소유권에 기한 방해배제청구권은 방해결과의 제거를 내용으로 하는 것이 되어서는 아니 되며 현재 계속되고 있는 방해의 원인을 제거하는 것을 내용으로 한다.

④ 소유물방해예방청구권은 방해의 발생을 기다리지 않고 현재 예방수단을 취할 것을 인정하는 것이므로, 그 방해의 염려가 있다고 하기 위하여는 방해예방의 소에 의하여 미리 보호받을 만한 가치가 있는 것으로서 객관적으로 근거 있는 상당한 개연성을 가져야 할 것이고 관념적인 가능성만으로는 이를 인정할 수 없다.

⑤ 소유자가 침해자에 대하여 방해제거 행위 또는 방해예방 행위를 하는 데 드는 비용을 청구할 수 있는 권리는 위 규정에 포함되어 있지 않으므로, 소유자가 민법 제214조에 기하여 방해배제 비용 또는 방해예방 비용을 청구할 수는 없다.

PART 02

(6) 다른 청구권과의 관계

① 계약상의 청구권

타인의 물건을 계약관계에 기하여 용익하다가 계약관계가 종료되었음에도 불구하고 반환하지 않는 경우에 물권적 청구권 외에 계약상의 반환청구권이 발생한다. 이런 경우처럼 물권에 대한 침해의 결과 물권적 청구권과 다른 청구권이 경합할 수 있다.

관련판례

피담보채무의 소멸로 인하여 저당권이 소멸되었는데 저당부동산의 소유권이 이전된 경우에 부동산의 신소유자가 소유권에 기한 물권적 청구권(방해제거)으로서 저당권등기의 말소를 구할 수 있는 외에 구소유자(종전의 소유자)도 저당권설정계약의 당사자로서 계약상의 권리에 기하여 저당권등기의 말소를 구할 수 있다(대판 1994.1.25, 93다16380).

② 불법행위에 의한 손해배상청구권

㉠ 물권적 청구권은 상대방의 고의·과실을 요하지 않지만, 불법행위에 의한 손해배상청구권은 상대방의 고의·과실을 요한다.

㉡ 물권적 청구권은 손해의 발생을 요하지 않지만, 불법행위에 의한 손해배상청구권은 상대방의 손해발생을 요한다.

OX

소유물반환청구권을 행사하기 위해서는 상대방의 귀책사유를 요한다. (×) 제17회

물권적 청구권과 불법행위에 의한 손해배상청구권의 비교

구 분	물권적 청구권	불법행위에 의한 손해배상청구권
귀책사유	귀책사유 불요(不要)	귀책사유 요(要)
소멸시효	적용 안 됨	적용됨(3년, 10년)
침해발생의 가능성	행사 가능	행사 불가능
청구의 내용	행위청구	금전배상청구

예제

소유권에 기한 물권적 청구권에 관한 설명으로 옳지 않은 것은? (다툼이 있으면 판례에 따름) 제28회

① 소유권이전등기를 마치지 않은 매수인은 직접 소유권에 기한 방해제거청구를 할 수 없다.
② 소유권에 기한 물권적 청구권은 소멸시효의 대상이 되지 않는다.
③ 건물소유자가 건물의 소유를 통해 타인 소유의 토지 전부를 불법점유하고 있는 경우, 그 토지소유자는 특별한 사정이 없는 한 건물소유자에게 건물철거를 청구할 수 있다.
④ 불법점유자가 물건을 다른 사람에게 인도하여 현실적으로 점유를 하고 있지 않더라도 소유자는 그 불법점유자를 상대로 그 소유물의 인도청구를 할 수 있다.
⑤ 소유권에 기한 방해배제청구는 현재 계속되고 있는 방해의 원인을 제거하는 것을 내용으로 해야 한다.

해설

④ 불법점유를 이유로 하여 그 명도 또는 인도를 청구하려면 현실적으로 그 목적물을 점유하고 있는 자를 상대로 하여야 하고 불법점유자라 하여도 그 물건을 다른 사람에게 인도하여 현실적으로 점유를 하고 있지 않은 이상, 그 자를 상대로 한 인도 또는 명도청구는 부당하다(대판 1999.7.9, 98다9045).
① 미등기 무허가건물의 양수인이라 할지라도 그 소유권이전등기를 경료받지 않는 한 그 건물에 대한 소유권을 취득할 수 없고, 그러한 상태의 건물 양수인에게 소유권에 준하는 관습상의 물권이 있다고 볼 수도 없으므로, 건물을 신축하여 그 소유권을 원시취득한 자로부터 그 건물을 매수하였으나 아직 소유권이전등기를 갖추지 못한 자는 그 건물의 불법점거자에 대하여 직접 자신의 소유권 등에 기하여 명도를 청구할 수는 없다(대판 2007.6.15, 2007다11347).
② 소유권에 기한 물권적청구권은 따로이 시효소멸되지 아니한다(대판 1979.2.13, 78다2412 참조).
③ 토지소유자는 토지를 불법점유하는 건물소유자에게 토지소유권에 기하여 건물철거를 청구할 수 있다.
⑤ 소유권에 기한 방해배제청구권에 있어서 '방해'라 함은 현재에도 지속되고 있는 침해를 의미하고, 법익 침해가 과거에 일어나서 이미 종결된 경우에 해당하는 '손해'의 개념과는 다르다 할 것이어서, 소유권에 기한 방해배제청구권은 방해결과의 제거를 내용으로 하는 것이 되어서는 아니 되며(이는 손해배상의 영역에 해당한다 할 것이다) 현재 계속되고 있는 방해의 원인을 제거하는 것을 내용으로 한다(대판 2003.3.28, 2003다5917).

정답 ④

Chapter

02 물권의 변동

단·원·열·기

1문제 정도가 출제되며, 물권법의 전체적인 흐름을 파악하는 부분이다. 특히 물권의 변동과 관련하여 법률행위에 의한 물권의 변동과 법률의 규정에 의한 물권의 변동을 반드시 구별하여야 한다.

01 물권변동

1 물권변동 일반

(1) 물권변동의 의의

'물권의 변동'이란 물권의 발생·변경·소멸을 말한다. 제186조의 '물권의 득실변경'은 물권의 변동을 물권의 주체를 중심으로 하여 표현한 것이다.

(2) 물권변동의 원인

물권변동은 물권적 법률효과이므로 그 원인이 되는 일정한 법률요건이 존재하여야 발생한다. 그러한 법률요건은 법률행위와 법률행위 이외의 법률요건으로 나누어진다.

① **법률행위**

물권변동을 직접 목적으로 하는 당사자의 의사표시이다. 당사자의 의사표시에 의하여 물권변동이 일어나는 것을 법률행위에 의한 물권변동이라고 한다. 법률행위에 의한 부동산물권변동은 제186조에서, 법률행위에 의한 동산물권변동은 제188조 내지 제190조에서 규율한다.

② **법률행위 이외의 법률요건**

당사자의 의사에 의하지 아니하고 물권변동이 생기는 모든 경우를 말한다. 법률행위 이외의 원인에 의하여 물권변동이 일어나는 것을 법률의 규정에 의한 물권변동이라고도 한다. 법률의 규정에 의한 부동산물권변동은 제187조에서, 법률의 규정에 의한 동산물권변동은 주로 제246조 이하에서 규율한다.

물권의 변동

2 물권변동과 공시(公示)

1. 물권의 공시제도

(1) 공시제도의 의의

물권은 배타적 효력을 갖는 권리이기 때문에 물권의 소재와 변동을 일정한 외부적 표상에 의하여 인식할 수 있도록 하지 않으면 제3자에게 예상치 못한 손해를 주게 될 뿐만 아니라 권리관계가 복잡해진다. 따라서 거래의 안전을 보호하기 위하여 물권의 변동을 일반 제3자가 용이하게 인식할 수 있도록 하는 표상을 공시방법이라 하고, 공시방법을 통하여 물권의 현상을 공시하는 제도를 공시제도라 한다.

(2) 공시의 방법

① **부동산물권**

부동산물권의 공시방법은 등기(登記)이다. 부동산물권의 귀속과 변동과정은 부동산등기법의 정함에 따라 토지는 토지등기부에, 건물은 건물등기부에 각각 기재한다. 한편 입목도 입목등기부에 등기하고(입목에 관한 법률), 수목의 집단・미분리의 과실 등에 관하여는 관습법상 명인방법이라는 공시제도가 인정된다.

② **동산물권**

동산물권의 공시방법은 점유(占有)이다. 동산의 점유를 이전하는 것을 인도라고 하는데, 그 방법으로 민법은 현실인도(제188조 제1항), 간이인도(제188조 제2항), 점유개정(제189조), 목적물반환청구권의 양도(제190조)의 4가지를 규정하고 있다.

2. 공시의 원칙과 공신의 원칙

(1) 공시의 원칙(公示의 原則)

① '공시의 원칙'은 물권의 소재 및 변동은 언제나 공시방법을 갖추어야 한다는 원칙이다. 이 원칙은 물권변동을 외부에서 인식할 수 있도록 하므로 거래의 안전을 위하여 인정되는 것이다.

② **공시의 원칙을 실현하기 위하여 이를 강제하는 방법으로는 두 가지가 있다.**

㉠ 하나는 공시방법을 갖추지 않으면 일반 제3자에 대한 관계에서는 물론 당사자 사이에서도 물권변동의 효력이 발생하지 않는 것으로 하는 것을 의미한다(성립요건주의).

ㄴ 다른 하나는 공시방법을 갖추지 않은 경우에도 당사자 사이에서는 물권변동의 효력이 발생하지만, 그 물권변동으로써 제3자에게 대항하지 못하는 것으로 하는 것이다(대항요건주의).

ㄷ 우리나라 민법은 성립요건주의를 취하고 있다.

(2) 공신(公信)의 원칙

① '공신의 원칙'이란 물권의 존재를 추측하게 하는 표상, 즉 공시방법이 존재하는 경우에는 비록 그 표상이 실질적 권리와 일치하지 않는다 할지라도 그 표상을 신뢰한 자는 보호되어야 한다는 원칙이다.

② 공신의 원칙을 인정하면 물권거래의 안전은 보호되지만, 그 반면에 진정한 권리자는 자신의 권리를 박탈당하게 된다. 달리 말하면 정적 안전을 희생하여 동적 안전을 보호하는 것이 된다. 우리 민법은 동산의 경우에는 공신의 원칙을 인정하여 거래의 안전을 보호하는 입장을 취하나, 부동산의 경우에는 공신의 원칙을 인정하지 않고 진정한 권리자를 보호하는 입장을 취한다.

(3) 공시의 원칙과 공신의 원칙의 관계

① 양자 모두 거래안전을 위한 제도이다.

② 공신의 원칙은 공시의 원칙을 전제로 하여 인정된다. 그러나 공신의 원칙을 인정하기 위해서 반드시 공시의 원칙이 전제되어야 하는 것은 아니다.

02 부동산물권의 변동

제186조 【부동산물권변동의 효력】 부동산에 관한 법률행위로 인한 물권의 득실변경은 등기하여야 그 효력이 생긴다.

제187조 【등기를 요하지 아니하는 부동산물권 취득】 상속, 공용징수, 판결, 경매 기타 법률의 규정에 의한 부동산에 관한 물권의 취득은 등기를 요하지 아니한다. 그러나 등기를 하지 아니하면 이를 처분하지 못한다.

1 법률행위에 의한 물권의 변동 – 등기(효력발생요건)

(1) 법률행위에 의한 물권의 변동은 등기한 때에 효력이 발생한다.

(2) **부동산의 점유취득시효**는 법률의 규정에 의한 것이지만, **등기**하여야 소유권을 취득한다.

(3) **공유지분의 포기**, **합유지분의 포기** 역시 법률행위에 의한 물권변동이므로 포기의 의사표시에 의하여 물권변동이 생기는 것이 아니라 등기하여야 물권변동의 효력이 생긴다.

(4) 승역지소유자의 **위기**도 법률행위에 의한 것이므로 등기를 요한다.

> **OX**
> 공유물분할의 조정절차에서 협의에 의하여 조정조서가 작성되더라도 그 즉시 공유관계가 소멸하지는 않는다. (○) 제26회

(5) 공유물분할의 소송절차 **또는 조정절차에서** 공유자 사이에 공유토지에 관한 **현물분할의 협의가 성립**하여 그 합의사항을 조서에 기재함으로써 조정이 성립하였다고 하더라도, 공유자들이 협의한 바에 따라 토지의 분필절차를 마친 후 각 단독소유로 하기로 한 부분에 관하여 다른 공유자의 공유지분을 **이전받아** 등기를 마침으로써 비로소 그 부분에 대한 대세적 권리로서의 소유권을 취득하게 된다고 보아야 한다.

2 법률의 규정에 의한 물권의 변동

(1) 상 속

피상속인의 **사망시**(**상속개시일**)에 등기없이도 상속인에게 이전된다.

(2) 공용징수

협의수용의 경우에는 협의에서 정한 시기에, 재결수용(= 강제수용)의 경우에는 **수용개시일**에 물권변동의 효력이 발생한다.

(3) 판 결

① 제187조의 판결은 **공유물분할판결**, 사해행위취소판결, 상속재산분할판결 등 **형성판결만을 의미**하고, 이행판결이나 확인판결은 이에 포함되지 않는다.
② 매매계약에 기한 소유권이전등기청구소송에서 매수인의 **승소판결**이 확정되었다고 하더라도 **이전등기를 하여야** 소유권을 취득한다.

(4) 경 매

경락인이 **매각대금을 완납하면** 소유권을 취득한다.

3 등기를 요하지 아니한 경우

① 신축건물의 소유권취득(집합건물의 구분소유권의 취득)
② 관습법상의 법정지상권의 취득
③ 피담보채권의 소멸에 의한 저당권의 소멸
④ 용익물권의 존속기간만료에 의한 소멸
⑤ 혼동에 의한 물권의 소멸
⑥ 소멸시효에 의한 물권의 소멸
⑦ 부동산 멸실에 의한 물권의 소멸
⑧ 포락에 의한 물권의 소멸
⑨ 분묘기지권의 취득
⑩ 법률행위의 해제에 의한 소유권의 복귀
⑪ 법정갱신된 전세권 취득
⑫ 유치권의 간이변제충당

4 부동산물권의 변동을 가져오는 '등기'의 요건

(1) 의 의

부동산물권변동을 완성시키는 등기는 부동산등기법이 정하는 절차상의 요건을 갖추어서 적법하게 행하여져야 하며(등기의 형식적 · 절차적 유효요건), 그 등기가 물권행위의 내용과 합치하여야 한다(등기의 실질적 · 실체적 유효요건).

(2) 등기의 형식적 유효요건

① 등기의 기재와 그 멸실 등

㉠ 등기는 물권의 효력발생요건이다. 따라서 등기의 신청이 있었다 하더라도 등기부에 기재되지 않으면 등기가 있다고 할 수 없으므로 물권변동은 발생하지 않는다.

㉡ 등기는 물권의 효력존속요건은 아니다. 따라서 일단 유효하게 존재하였던 등기부가 멸실되거나, 불법으로 말소되거나 또는 새 등기부에 이기하는 과정에서 빠진 경우에도 등기가 표상하던 물권은 소멸하지 않는다.

관련판례

1. **근저당권설정등기가 불법행위로 인하여 원인 없이 말소된 경우, 등기명의인에게 곧바로 근저당권 상실의 손해가 발생하였다고 볼 수 있는지 여부**
   등기는 물권의 효력발생요건이고 존속요건은 아니어서 등기가 원인 없이 말소된 경우에는 그 물권의 효력에 아무런 영향이 없고, 그 회복등기가 마쳐지기 전이라도 말소된 등기의 등기명의인은 적법한 권리자로 추정되며, 그 회복등기 신청절차에 의하여 말소된 등기를 회복할 수 있으므로, 근저당권설정등기가 불법행위로 인하여 원인 없이 말소되었다 하더라도 말소된 근저당권설정등기의 등기명의인이 곧바로 근저당권 상실의 손해를 입게 된다고 할 수는 없다(대판 2010.2.11, 2009다68408).
2. **근저당권설정등기가 불법말소된 후 목적 부동산이 경매절차에서 경락된 경우, 그 근저당권의 소멸 여부**(적극)
   부동산이 경매절차에서 경락되면 그 부동산에 존재하였던 근저당권은 당연히 소멸하는 것이므로, 근저당권설정등기가 원인 없이 말소된 이후에 그 근저당 목적물인 부동산에 관하여 다른 근저당권자 등 권리자의 경매신청에 따라 경매절차가 진행되어 경락허가결정이 확정되고 경락인이 경락대금을 완납하였다면, 원인 없이 말소된 근저당권은 이에 의하여 소멸한다(대판 1998.10.2, 98다27197).

OX
등기는 물권의 효력발생요건이자 효력존속요건에 해당한다. (×) 제26회

OX
등기가 원인 없이 말소된 경우, 그 회복등기가 마쳐지기 전이라도 말소된 등기의 명의인은 적법한 권리자로 추정된다. (○) 제21회

OX
저당권이 성립된 후 저당권설정등기가 불법으로 말소되면 저당권은 소멸한다. (×) 제18회

② 이중으로 경료된 소유권보존등기

㉠ 표제부 표시란의 이중보존등기

판례는 실체법설에 입각하여 등기의 선후에 관계없이 부동산의 실제상황과 일치하는 보존등기만 유효하다고 본다.

㉡ 동일인 명의의 이중보존등기

이 경우에는 실체관계를 묻지 않고 선등기만을 유효로 하고 후의 등기를 무효로 한다(절차법설). 예를 들면, A토지의 소유자 甲이 나중에 이루어진 이중의 보존등기에 기하여 乙에게 저당권설정등기를 경료해 주었다면, 무효인 보존등기에 근거한 저당권설정등기이므로 乙은 저당권을 취득하지 못한다. 따라서 乙은 甲에게 다시 저당권설정등기를 청구할 이익이 있다.

㉢ 등기명의인을 달리하는 이중보존등기

선소유권보존등기가 원인무효가 되지 않는 한 후보존등기는 비록 그 부동산의 매수인에 의하여 이루어진 경우에도 1부동산 1용지주의를 채택하고 있는 부동산등기법 아래에서는 무효이다.

OX
동일인 명의로 소유권보존등기가 중복으로 된 경우에는 특별한 사정이 없는 한 후행등기가 무효이다. (○) 제26회

(3) 등기의 실질적 유효요건

등기와 물권행위는 서로 부합하여야 한다. 등기가 실체관계와 일치하지 않으면 형식적 요건을 갖추고 있어도 등기로서의 효력이 없다.

① 절차상 하자가 있더라도 그 등기가 실체관계에 부합한다면 유효하다.

② **등기가 물권행위의 내용과 합치하지 않는 경우**: 그 등기는 무효이다. 예를 들면, 지상권설정등기의 합의가 있었는데 전세권설정의 등기가 경료되어 있는 경우 그 등기는 당연무효이다.

③ **물권행위와 등기가 권리의 종류에 관해서는 합치하나 그 내용에 양적 차이가 있는 경우**

㉠ 등기된 권리내용의 양이 물권행위의 그것보다 큰 경우에는 물권행위의 한도에서 효력이 있다. 예를 들면, 저당권설정계약 당시에 1억원에 대한 저당권을 설정하기로 하였으나, 등기는 1억 2천만원으로 한 경우에는 물권행위의 한도에서 1억원의 저당권으로 효력이 있다.

㉡ 그 반대의 경우에는 제137조의 일부무효의 법리에 따른다는 것이 다수설이다.

④ 부동산등기는 현실의 권리관계에 부합하는 한 그 권리취득의 경위나 방법 등이 사실과 다르다고 하더라도 그 등기의 효력에는 아무런 영향이 없다. 따라서 증여를 하였으나 등기원인을 매매로 기재하였다고 하더라도 그 등기는 유효하다.

> **OX**
> 증여에 의하여 취득한 부동산의 등기원인을 매매로 기재하였더라도 소유권이전등기는 유효하다. (○) 제21회

⑤ **무효등기의 유용**(流用)

㉠ 사항란의 유용

등기원인의 부존재 · 무효 · 취소 · 해제로 인하여 말소되어야 할 무효인 등기가 말소되지 않고 있다가 후에 이에 상응하는 등기원인이 발생한 경우에 이 무효인 등기를 그 등기원인의 공시방법으로 하는 것을 말한다. 예를 들면, 근저당권설정등기가 변제에 의하여 무효로 된 것을 후에 발생한 금전채권의 담보로 유용하는 경우이다. 판례는 등기부상 이해관계 있는 제3자가 없는 한 원칙적으로 허용된다고 한다.

> **OX**
> 무효등기의 유용에 관한 합의는 반드시 명시적으로 이루어져야 한다. (×) 제26회

㉡ 표제부의 유용 불가

멸실된 건물의 보존등기를 멸실 후 신축한 건물의 보존등기로 유용한 경우에는 그 등기는 무효이다.

OX

기존 건물 멸실 후 건물이 신축된 경우에 기존 건물에 대한 등기는 신축건물에 대한 등기로서의 효력을 가진다. (×) 제20회

OX

멸실된 건물의 소유권등기는 그 대지에 신축한 건물의 등기로 유용될 수 없다. (○) 제21회

관련판례

1. 실질관계의 소멸로 무효로 된 등기의 유용은 그 등기를 유용하기로 하는 합의가 이루어지기 전에 등기상 이해관계가 있는 제3자가 생기지 않은 경우에 한하여 허용된다(대판 1989.10.27, 87다카425).
2. 멸실된 건물과 신축된 건물이 위치나 기타 여러가지 면에서 서로 같다고 하더라도 그 두 건물이 동일한 건물이라고는 할 수 없으므로 신축건물의 물권변동에 관한 등기를 멸실건물의 등기부에 등재하여도 그 등기는 무효이고 가사 신축건물의 소유자가 멸실건물의 등기를 신축건물의 등기로 전용할 의사로써 멸실건물의 등기부상 표시를 신축건물의 내용으로 표시 변경 등기를 하였다고 하더라도 그 등기가 무효임에는 변함이 없다(대판 1980.11.11, 80다441).

⑷ 등기를 하지 않은 부동산매수인의 법적 지위

① 대외관계

㉠ 소유권 주장 不可

미등기매수인은 매도인의 부동산에 대한 강제집행시 제3자 이익의 소를 제기할 수 없고, 매도인의 파산시 환취권을 행사할 수 없다.

㉡ 점유자로서 보호

미등기매수인이 목적부동산을 점유하고 있는 경우 점유자로서 점유보호청구권을 행사할 수 있다.

㉢ 미등기건물매수인의 경우

ⓐ 미등기건물을 등기할 때에는 소유권을 원시취득한 자 앞으로 소유권보존등기를 한 다음 이를 양수한 자 앞으로 이전등기를 함이 원칙이나, 원시취득자(건물을 신축한자)와 승계취득자(미등기건물의 매수인) 사이의 합치된 의사에 따라 그 건물에 대하여 승계취득자(미등기건물의 매수인) 앞으로 직접 소유권보존등기를 경료하게 되었다면 그 소유권보존등기는 실체적 권리관계에 부합하여 적접한 등기로서 유효하다.

ⓑ 또한 미등기건물이 그 원시취득자로부터 미등기건물의 매수인을 경유하여 제3자에게 전매된 경우에 제3자 명의의 소유권보존등기를 한 경우에도, 그 등기는 결과적으로 실체적 법률관계에 부합하여 유효하다.

ⓒ 타인의 토지 위에 건립된 건물로 그 건물을 철거할 의무가 있는 사람은 그 건물의 소유자나 그 건물이 미등기건물일 때에는 이를 매수하여 법률상・사실상 처분할 수 있는 사람이라 할 것이므로, 미등기건물의 철거소송에서 미등기건물의 매수인을 상대로 철거를 청구할 수 있다.

OX

미등기건물의 원시취득자와 그 승계취득자의 합의에 의해 직접 승계취득자 명의로 한 보존등기는 효력이 없다. (×) 제20회

ⓓ 미등기건물에 대한 양도담보계약상의 채권자의 지위를 승계하여 건물을 관리하고 있는 자는 건물의 소유자가 아님은 물론 건물에 대하여 법률상 또는 사실상 처분권을 가지고 있는 자라고 할 수도 없다 할 것이어서 건물에 대한 철거처분권을 가지고 있다고 할 수 없으므로, 미등기건물의 철거소송의 상대방이 될 수 없다.

ⓔ 미등기 무허가 건물의 양수인이라도 그 소유권이전등기를 경료하지 않는 한 그 건물의 소유권을 취득할 수 없고, "소유권에 준하는 관습상의 물권"이 있다고도 할 수 없으며, 현행법상 사실상의 소유권이라고 하는 포괄적인 권리 또는 법률상의 지위를 인정할 수도 없다. 따라서 건물을 신축하여 그 소유권을 원시취득한 자로부터 그 건물을 매수하였으나 아직 소유권이전등기를 갖추지 못한 자는 그 건물의 불법점거자에 대하여 직접 자신의 소유권 등에 기하여 인도를 청구할 수 없지만, 매도인을 대위하여 건물인도청구를 할 수 있다.

ⓕ 건물이 그 존립을 위한 토지사용권을 갖추지 못하여 토지의 소유자가 건물의 소유자에 대하여 당해 건물의 철거 및 그 대지의 인도를 청구할 수 있는 경우에라도 건물소유자가 아닌 사람이 건물을 점유하고 있다면 토지소유자는 그 건물 점유를 제거하지 아니하는 한 위의 건물 철거 등을 실행할 수 없다. 따라서 그때 토지소유권은 위와 같은 점유에 의하여 그 원만한 실현을 방해당하고 있다고 할 것이므로, 토지소유자는 자신의 소유권에 기한 방해배제로서 건물점유자에 대하여 건물로부터의 퇴출을 청구할 수 있다. 그리고 이는 건물점유자가 건물소유자로부터의 임차인으로서 그 건물임차권이 이른바 대항력을 가진다고 해서 달라지지 아니한다.

② **대내관계**

㉠ 토지의 매수인이 아직 소유권이전등기를 경료받지 아니하였다 하여도 매매계약의 이행으로 그 토지를 인도받은 때에는 매매계약의 효력으로서 이를 점유·사용할 권리가 생기게 된 것으로 보아야 하므로 매도인은 매수인에 대하여 토지소유권에 기한 물권적 청구권을 행사할 수 없다.

㉡ 미등기 매수인의 등기청구권은 채권적 청구권에 해당하므로 매수인의 등기청구권은 10년의 소멸시효에 걸린다.

㉢ 그러나 미등기매수인의 등기청구권은 매수인은 목적부동산을 인도받아 점유하고 있는 경우 또는 목적부동산을 인도받아 사용·수익하다고 다른 사람에게 부동산을 처분하고 그 점유를 승계해 준 경우에는 소멸시효에 걸리지 않는다.

OX

토지의 매수인이 소유권이전등기를 경료받기 전에 매매계약의 이행으로 그 토지를 인도받은 경우, 매도인은 매수인에게 토지소유권에 기한 물권적 청구권을 행사할 수 없다. (○) 제20회

5 중간생략등기

(1) 중간생략등기의 유효성

① 부동산등기특별조치법상 중간생략등기는 금지하고 있다.

② 중간생략등기금지규정은 단속규정이므로, **중간생략등기는 유효**하다.

③ 다만, **토지거래허가구역 내의 중간생략등기**는 효력규정위반으로 **무효**이다.

> **OX**
> 최초 매도인, 중간 매수인, 최종 매수인 전원의 합의 없이 최초 매도인에서 직접 최종 매수인 앞으로 이전등기가 되었다면, 최초 매도인은 최종 매수인의 등기의 말소를 청구할 수 있다. (×) 제19회

(2) 이미 경료된 중간생략등기

① 중간생략등기절차에 있어서 이미 중간생략등기가 이루어져버린 경우에 있어서는, 그 관계 계약당사자 사이에 적법한 원인행위가 성립되어 이행된 이상, **다만 중간생략등기에 관한 합의가 없었다는 사유만**으로서는 그 등기를 무효라고 할 수는 없다.

② 따라서 합의가 없음을 들어 그 등기의 말소를 청구할 수 없다.

> **OX**
> 최초 매도인, 중간 매수인, 최종 매수인 전원의 합의가 없더라도, 최종 매수인은 직접 최초 매도인을 상대로 이전등기를 청구할 수 있다. (×) 제19회

> **OX**
> 적법한 원인행위에 의해 중간생략등기가 마쳐진 경우, 특별한 사정이 없는 한 그 등기는 유효하다. (○) 제22회

(3) 중간생략등기 합의에 의한 등기청구권

① 중간생략등기의 합의는 순차적 또는 묵시적으로 할 수 있다.

② 중간생략등기의 합의가 있더라도 최초 매도인과 최종 매수인 사이에 매매계약이 체결되었다고 볼 수 없다.

③ 최종 양수인이 중간생략등기의 합의를 이유로 최초 양도인에게 직접 중간생략등기를 청구하기 위하여는 **관계당사자 전원의 의사합치**가 필요하다.

㉠ 관계당사자 전원의 합의가 있다면 최종 매수인은 최초 매도인에게 직접 등기의 이전을 청구할 수 있고, 중간자를 대위하여 등기의 이전을 청구할 수 있다.

㉡ 관계당사자 전원의 합의가 없다면 최종 매수인은 최초 매도인에게 직접 등기의 이전을 청구할 수 없고, 중간자를 대위하여 등기의 이전을 청구할 수 있다.

④ 부동산이 전전양도된 경우에 중간생략등기의 합의가 없는 한 그 최종 양수인은 최초 양도인에 대하여 직접 자기 명의로의 소유권이전등기를 청구할 수 없고, 부동산의 양도계약이 순차적으로 이루어져 최종 양수인이 중간생략등기의 합의를 이유로 최초 양도인에게 직접 그 소유권이전등기청구권을 행사하기 위하여는 관계당사자 전원의 의사합치, 즉 중간생략등기에 대한 최초 양도인과 중간자의 동의가 있는 외에 최초 양도인과 최종 양수인 사이에도 그 중간등기생략의 합의가 있었음이 요구되므로, 비록 최종 양수인이 중간자로부터 소유권이전등기 청구권을 양도받았다고 하더라도 **최초 양도인이 그 양도에 대하여 동의하지 않고 있다면** 최종 양수인은 최초 양

도인에 대하여 채권양도를 원인으로 하여 소유권이전등기 절차 이행을 청구할 수 없다.

⑤ 중간생략등기의 합의가 있었다 하더라도 이러한 합의는 중간등기를 생략하여도 당사자 사이에 이의가 없겠고 또 그 등기의 효력에 영향을 미치지 않겠다는 의미가 있을 뿐이지 그러한 **합의가 있었다 하여 중간 매수인의 소유권이전등기청구권이 소멸된다거나 첫 매도인의 그 매수인에 대한 소유권이전등기의무가 소멸되는 것은 아니**라 할 것이다.

⑥ 중간생략등기의 합의가 있다고 하여 최초의 매도인이 자신이 당사자가 된 매매계약상의 매수인인 중간자에 대하여 갖고 있는 매매대금청구권의 행사가 제한되는 것은 아니다.

⑦ 최초 매도인과 중간 매수인, 중간 매수인과 최종 매수인 사이에 순차로 매매계약이 체결되고 이들 간에 중간생략등기의 합의가 있은 후에 최초 매도인과 중간 매수인 간에 **매매대금을 인상하는 약정**이 체결된 경우, 최초 매도인은 인상된 **매매대금이 지급되지 않았음을 이유**로 최종 매수인 명의로의 **소유권이전등기의무의 이행을 거절**할 수 있다.

⑧ 토지거래허가구역 내의 토지에 대하여 중간생략등기의 합의가 있더라도 최종 매수인은 최초 매도인에 대하여 직접 그 토지에 관한 토지거래허가신청절차의 협력의무 이행청구권을 가지고 있다고 할 수 없다.

예제

X토지가 소유자인 최초 매도인 甲으로부터 중간 매수인 乙에게, 다시 乙로부터 최종 매수인 丙에게 순차로 매도되었다. 한편 甲, 乙, 丙은 전원의 의사합치로 X토지에 대하여 甲이 丙에게 직접 소유권이전등기를 하기로 하는 중간생략등기의 합의를 하였다. 이에 관한 설명으로 옳은 것을 모두 고른 것은? (다툼이 있으면 판례에 따름) 제25회

㉠ 중간생략등기합의로 인해 乙의 甲에 대한 소유권이전등기청구권은 소멸한다.
㉡ 중간생략등기합의 후 甲과 乙 사이에 매매대금을 인상하기로 약정한 경우, 甲은 인상된 매매대금이 지급되지 않았음을 이유로 丙 명의로의 소유권이전등기의무의 이행을 거절할 수 있다.
㉢ 만약 X토지가 토지거래허가구역 내의 토지라면, 丙이 자신과 甲을 매매 당사자로 하는 토지거래허가를 받아 자신 앞으로 소유권이전등기를 경료하였더라도 그 소유권이전등기는 무효이다.

① ㉠ ② ㉢
③ ㉠, ㉡ ④ ㉡, ㉢
⑤ ㉠, ㉡, ㉢

해설

㉠ (×) 중간생략등기의 합의가 있었다 하더라도 이러한 합의는 중간등기를 생략하여도 당사자 사이에 이의가 없겠고 또 그 등기의 효력에 영향을 미치지 않겠다는 의미가 있을 뿐이지 그러한 합의가 있었다 하여 중간매수인의 소유권이전등기청구권이 소멸된다거나 첫 매도인의 그 매수인에 대한 소유권이전등기의무가 소멸되는 것은 아니라 할 것이다(대판 1991.12.13, 91다18316).

㉡ (○) 최초 매도인과 중간 매수인, 중간 매수인과 최종 매수인 사이에 순차로 매매계약이 체결되고 이들 간에 중간생략등기의 합의가 있은 후에 최초 매도인과 중간 매수인 간에 매매대금을 인상하는 약정이 체결된 경우, 최초 매도인은 인상된 매매대금이 지급되지 않았음을 이유로 최종 매수인 명의로의 소유권이전등기의무의 이행을 거절할 수 있다(대판 2005.4.29, 2003다66431).

㉢ (○) 토지거래허가구역 내의 토지가 관할 관청의 허가 없이 전전매매되고 그 당사자들 사이에 최초의 매도인으로부터 최종 매수인 앞으로 직접 소유권이전등기를 경료하기로 하는 중간생략등기의 합의가 있는 경우, (중략) 설사 최종 매수인이 자신과 최초 매도인을 매매 당사자로 하는 토지거래허가를 받아 최종 매수인 앞으로 소유권이전등기를 경료하더라도 그러한 소유권이전등기는 적법한 토지거래허가 없이 경료된 등기로서 무효이다(대판 1996.6.28, 96다3982).

정답 ④

6 등기의 효력

(1) 본등기의 효력

① 권리변동적 효력

② 순위확정적 효력

③ 대항적 효력

④ 추정적 효력

(2) 등기의 추정력의 법적 성격

판례는 등기의 추정은 사실상 추정으로 보지 않고 "법률상 추정"으로 본다.

(3) 추정력의 물적 범위

① 권리귀속의 추정

㉠ 소유권이전등기가 있으면 소유권의 존재가, 임차권 등기가 있으면 임차권의 존재가 적법하게 존재하는 것으로 추정한다(즉 등기된 권리가 등기명의자에게 귀속하는 것으로 추정한다).

㉡ 또 그 등기에 의하여 물권변동이 유효하게 성립한 것으로 추정된다.

② 절차의 적법 추정

㉠ 등기가 절차상으로도 유효요건을 갖추어서 적법하게 이루어진 것이라고 추정된다. 즉, 전 등기명의인이 미성년자이고 당해 부동산을 친권자에게 증여하는 행위가 이해상반행위라고 하더라도 일단 친권자에게 이전등기가 경료된 이상 그 이전등기에 관하여 필요한 특별대리인이 선임

OX

신축건물의 보존등기 명의자는 적법한 소유자로 추정될 수 없다. (×) 제20회

된 절차를 적법하게 거친 것으로 추정된다.

㉡ 토지거래허가지역에 대하여 등기가 된 경우 적법한 허가가 있는 것으로 추정되듯이, 등기를 함에 있어서 필요한 전제요건도 갖춘 적으로 추정된다.

③ **등기원인의 추정**: 등기원인에 대해서도 추정력을 인정한다. 즉 등기명의자가 전 소유자로부터 부동산을 취득함에 있어 등기부상 기재된 등기원인(매매)에 의하지 아니하고, 다른 원인(증여)으로 적법하게 취득하였다고 하면서 등기원인행위의 태양이나 과정을 다소 다르게 주장하였다고 하여 이러한 주장만 가지고 그 등기의 추정력이 깨어진다고 할 수 없다.

④ **대리권 존재의 추정**: 매매계약 및 등기가 본인의 대리인에 의해서 행하여진 경우 그 대리인이 대리권을 수여받았다거나 표현대리의 요건을 갖추어서 유효한 대리행위를 하였다는 점은 추정된다.

⑤ **기타 등기사항 존재의 추정**: 담보물권의 등기로부터 그 담보물권의 존재뿐만 아니라 피담보채권의 존재도 추정된다.

⑥ 소유권이전등기의 말소등기가 경료된 경우에, 그 말소등기가 적법하게 이루어졌고 따라서 이전등기 명의인의 소유권은 소멸한 것으로 추정되지만, 원인 없이 말소되었다면 그 회복등기가 경료되기 전이라도 말소된 소유권이전등기의 최종 명의인은 적법한 권리자로 추정된다.

⑦ 멸실회복등기에 있어 전 등기의 접수연월일, 접수번호 및 원인일자가 불명이라고 기재되어 있다 하더라도, 특별한 사정이 없는 한 이는 등기공무원에 의하여 적법하게 수리되고 처리된 것이라고 추정된다.

(4) 추정력의 인적 범위

① **제3자의 원용**(주장)

등기의 추정력은 등기명의인뿐만 아니라 제3자도 추정의 효과를 원용할 수 있다. 따라서 등기의 추정력은 등기명의인의 이익을 위해서만 인정되는 것이 아니라 불이익을 위해서도 인정된다.

② **권리변동 당사자 간의 추정력의 범위**

㉠ 甲소유의 토지를 乙이 매수하고 소유권이전등기를 한 경우, 乙은 전 소유자인 甲에 대해서도 등기의 추정력을 주장할 수 있다. 따라서 甲은 乙을 상대로 소유권이전등기 말소청구를 한 경우 乙은 甲에게 적법한 소유권자로 추정된다고 주장할 수 있기 때문에 甲이 乙의 등기가 원인무효라는 사실을 주장・증명해야 한다.

㉡ 甲이 신축하여 소유권을 원시취득한 건물에 대해 乙이 소유권보존등기를 한 경우, 乙은 전 소유자인 甲에 대해서 보존등기의 추정력을 주장할 수 없다. 따라서 甲이 乙을 상대로 보존등기말소청구를 한 경우 乙은 甲에게 적법한 소유권자로 추정된다고 주장할 수 없고 乙은 甲으로부터 건물을 유효하게 매수하였다는 사실을 주장·증명해야 한다.

(5) 추정력의 효력

① 등기명의인이 등기부를 증거를 제출하면 그 등기명의인은 적법한 권리자로 추정된다.

② 부동산에 관하여 소유권이전등기가 마쳐져 있는 경우, 그 등기명의자는 제3자에 대하여서 뿐만 아니라, 그 전 소유자에 대하여서도 적법한 등기원인에 의하여 소유권을 취득한 것으로 추정되는 것으로서, 등기명의자가 전 소유자로부터 부동산을 취득함에 있어 등기부상 기재된 등기원인에 의하지 아니하고 다른 원인으로 적법하게 취득하였다고 하면서 등기원인 행위의 태양이나 과정을 다소 다르게 주장한다고 하여 이러한 주장만 가지고 그 등기의 추정력이 깨어진다고 할 수는 없을 것이므로, 이러한 경우에도 이를 다투는 측에서 등기명의자의 소유권이전등기가 전 등기명의인의 의사에 반하여 이루어진 것으로서 무효라는 주장·증명을 하여야 한다.

③ 특별조치법에 따라 마쳐진 이전등기는 실체적 권리관계에 부합하는 등기로 추정되고, 특별조치법 소정의 보증서나 확인서가 허위 또는 위조된 것이라거나 그 밖의 사유로 적법하게 등기된 것이 아니라는 증명이 없는 한, 그 소유권이전등기의 추정력은 번복되지 않는다. 또한 특별조치법에 따라 등기를 마친 자가 보증서나 확인서에 기재된 취득원인이 사실과 다름을 인정하더라도 그 사유만으로 특별조치법에 따라 마쳐진 등기의 추정력이 깨어진다고 볼 수 없다.

④ 그러나 허무인으로부터 이전등기, 전 소유자가 아닌 자의 행위에 기한 이전등기, 등기부상 기재 자체로 부실등기임이 명백한 경우, 매수인과 등기명의자가 불일치한 경우, 등기절차상 적법성이 의심되는 경우에는 등기의 추정력이 번복된다.

> **OX**
> 등기부상 소유권이전등기의 등기절차가 적법하게 진행되지 않은 것으로 볼만한 의심스러운 사정이 입증된 경우에는 그 등기의 추정력은 상실된다. (○) 제17회

⑤ 그러나 보존등기는 등기신청자의 단독신청에 의하여 행하여지기 때문에 진실성의 보장이 약하므로 소유권이전등기에 비해 추정력이 약하다. 따라서 보존등기가 원시취득에 의한 것이 아님이 드러난 경우에는 그 추정력은 깨진다. 따라서 보존등기명의인이 전 소유자로부터 매수하였다고 주장하는 경우, 보존등기명의인 외의 자가 사정받은 사실이 인정되는 경우, 건물보존

등기명의자 이외의 자가 건물을 신축한 사실이 드러난 경우에는 보존등기의 추정력이 번복된다.

⑥ 소유권보존등기가 '임야소유권이전등기 등에 관한 특별조치법'에 의해 이루어진 경우에 그 임야를 사정받은 사람이 따로 있는 것으로 밝혀진 경우라도 그 등기는 동법 소정의 적법한 절차에 따라 마쳐진 것으로서 실체적 권리관계에 부합하는 등기로 추정된다고 본다. 즉 특별조치법상의 보존등기는 통상의 보존등기와는 달리 강한 추정력을 인정한다.
다만, 구 임야소유권이전등기 등에 관한 특별조치법(1969. 5. 21. 법률 제2111호, 실효)에 의하여 할 수 있는 소유권이전등기는 같은 법 제3조의 취지에 비추어 보면 그 원인행위인 매매, 증여, 교환 등 기타 법률행위가 같은 법 시행일인 1969. 6. 21. 전에 이루어진 것에 한한다고 해석되므로, 그 등기의 원인행위일자가 그 시행일 이후로 인정되는 경우에는 그 등기에 그 기재 내용대로의 추정력이 있는 것이라고 할 수 없다.

⑦ 등기를 신뢰하고 거래하는 경우에는 무과실로 추정된다. 그러나 등기내용을 조사하지 않은 경우에는 선의이더라도 과실이 있는 것으로 추정된다.

⑧ 부동산물권을 취득하려는 자는 미리 등기부를 조사하는 것이 일반적이므로 거래당사자는 악의로 추정된다.

관련판례

1. 부동산등기는 현재의 진실한 권리상태를 공시하면 그에 이른 과정이나 태양을 그대로 반영하지 아니하였어도 유효한 것이므로 소유권이전등기가 전 소유자의 의사에 반하여 이루어진 것이 아니라면 명의자가 등기원인행위의 태양이나 과정을 다소 다르게 주장한다고 하여 이러한 주장만 가지고 그 등기의 추정력이 깨어진다고 할 수 없다(대판 1993.5.11, 92다46059).
2. 전 등기명의인이 미성년자이고 당해 부동산을 친권자에게 증여하는 행위가 이해상반행위라 하더라도 일단 친권자에게 이전등기가 경료된 이상, 특별한 사정이 없는 한, 그 이전등기에 관하여 필요한 절차를 적법하게 거친 것으로 추정된다(대판 2002.2.5, 2001다72029).
3. 소유권이전등기의 원인으로 주장된 계약서가 진정하지 않은 것으로 증명된 이상 그 등기의 적법추정은 복멸되고 계속 다른 적법한 등기원인이 있을 것으로 추정할 수는 없다(대판 1998.9.22, 98다29568).
4. 전 등기(前 登記)의 접수일자, 접수번호 및 원인일자 등이 '불명'으로 기재된 멸실회복등기라도 특별한 사정이 없는 한, 멸실회복등기의 실시요강에 따라 등기공무원이 토지대장등본 등 전 등기의 권리를 증명할 공문서가 첨부된 등기신청서에 의하여 적법하게 처리한 것이라고 추정된다(대판 전합 1996.10.17, 96다12511).

OX

소유권이전청구권 보전을 위한 가등기가 있어도, 소유권이전등기를 청구할 어떤 법률관계가 있다고 추정되지 않는다. (○) 제21회

(6) 가등기(假登記)의 효력

① 소유권이전청구권 보전을 위한 가등기가 있다 하여, 소유권이전등기를 청구할 어떤 법률관계가 있다고 **추정되지 아니한다**.

② 가등기는 그 성질상 본등기의 순위보전의 효력만이 있어 후일 본등기가 경료되면 **본등기에 의한 물권변동의 효력이 본등기(가등기시 ×) 한 때에 발생**하고 그 순위는 가등기 한 때로 소급한다.

③ 채권적 청구권을 보전하기 위하여 가등기 할 수 있다. 또한 저당권설정등기청구권을 보전하기 위하여 가등기가 허용된다. 정지조건부 청구권을 보전하기 위하여 가등기 할 수 있다.

④ 그러나 **물권적 청구권을 보전하기 위한 가등기**는 허용되지 않는다.

⑤ 가등기 된 소유권이전등기청구권은 **가등기에 대한 부기등기의 방법**으로 타인에게 양도될 수 있다.

⑥ 소유권이전등기청구권의 보전을 위한 가등기에 기한 본등기가 경료되면 그 사이에 행해진 **중간처분의 등기**는 가등기에 의하여 순위가 보전된 권리와 양립할 수 없는 범위 내에서 **무효**이다.

㉠ 가등기권리자가 가등기에 기한 소유권이전의 본등기를 한 경우에는 등기공무원은 그 가등기 후에 한 제3자 명의의 소유권이전등기를 **직권으로 말소**하여야 한다.

㉡ 가등기가 부적법하게 말소된 후 소유권이전등기를 마친 제3자는 가등기의 회복등기절차에서 승낙의무가 있다.

⑦ 소유권이전등기 청구권을 보전하기 위한 가등기에 의한 본등기를 청구하는 경우, 가등기 후 소유자가 변경되더라도 **가등기 당시의 등기명의인(현 등기명의인 ×)**을 상대로 하여야 한다.

⑧ 가등기에 기한 본등기청구와 단순한 소유권이전등기청구는 비록 그 등기원인이 동일하다고 하더라도 이는 **서로 다른 청구**로 보아야 한다.

⑨ 매매계약에 따른 소유권이전등기청구권 보전을 위하여 가등기가 경료된 경우 가등기권자가 가등기에 기한 본등기절차에 의하지 아니하고 가등기설정자로부터 별도의 소유권이전등기를 경료받았다고 하여도 가등기권자의 가등기에 기한 본등기청구권이 소멸하지는 않는다 할 것이다.

예제

1. 등기에 관한 설명으로 옳은 것은? (다툼이 있으면 판례에 따름) 제26회

① 등기는 물권의 효력발생요건이자 효력존속요건에 해당한다.
② 동일인 명의로 소유권보존등기가 중복으로 된 경우에는 특별한 사정이 없는 한 후행등기가 무효이다.
③ 매도인이 매수인에게 소유권이전등기를 마친 후 매매계약의 합의해제에 따른 매도인의 등기말소청구권의 법적 성질은 채권적 청구권이다.
④ 소유자의 대리인으로부터 토지를 적법하게 매수하였더라도 소유권이전등기가 위조된 서류에 의하여 마쳐졌다면 그 등기는 무효이다.
⑤ 무효등기의 유용에 관한 합의는 반드시 명시적으로 이루어져야 한다.

해설

② 동일한 부동산에 관하여 등기명의인이 다른 소유권보존등기가 중복되어 경료된 경우에 먼저 된 소유권보존등기가 원인이 무효인 등기가 아닌 한, 뒤에 된 소유권보존등기는 1부동산 1용지주의를 채택하고 있는 우리 부동산등기법 아래서는 무효라고 해석하여야 한다(대판 1992.10.27, 92다16522).
① 등기는 물권의 효력발생요건이고, 그 존속요건은 아니므로 물권에 관한 등기가 원인없이 말소된 경우에도 그 물권의 효력에는 아무런 변동이 없다(대판 1988.12.27, 87다카2431).
③ 매매계약이 합의해제된 경우에도 매수인에게 이전되었던 소유권은 당연히 매도인에게 복귀하는 것이므로 합의해제에 따른 매도인의 원상회복청구권은 소유권에 기한 물권적 청구권이라고 할 것이고 이는 소멸시효의 대상이 되지 아니한다(대판 1982.7.27, 80다2968).
④ 소유자의 대리인으로부터 토지를 적법하게 매수한 이상 설사 매수인의 소유권이전등기가 위조된 서류에 의하여 경료되었다 하더라도 그 등기는 유효한 것이다.
⑤ 무효등기의 유용에 관한 합의 내지 추인은 묵시적으로도 이루어질 수 있다(대판 2007.1.11, 2006다50055).

정답 ②

2. 부동산등기에 관한 설명으로 옳지 않은 것은? (다툼이 있으면 판례에 의함) 제28회

① 물권에 관한 등기가 원인 없이 말소된 경우에 그 물권의 효력에는 아무런 영향을 미치지 않는다.
② 소유권이전등기명의자는 그 전(前)소유자에 대하여 적법한 등기원인에 의해 소유권을 취득한 것으로 추정된다.
③ 사망자 명의로 신청하여 이루어진 소유권이전등기는 특별한 사정이 없는 한 원인무효의 등기이다.
④ 등기한 토지임차권은 제3자에게 대항할 수 있다.
⑤ 소유권이전청구권 보전을 위한 가등기가 있으면 소유권이전등기를 청구할 어떤 법률관계가 있다고 추정된다.

해설

⑤ 소유권이전청구권 보전을 위한 가등기가 있다 하여, 소유권이전등기를 청구할 어떤 법률관계가 있다고 추정되지 아니한다(대판 1979.5.22, 79다239).
① 등기는 물권의 효력발생 요건이고 효력존속요건은 아니므로 물권에 관한 등기가 원인없이 말소된 경우에도 그 물권의 효력에는 아무런 영향을 미치지 않는다(대판 1988.10.25, 87다카1232).
② 부동산에 관하여 소유권이전등기가 마쳐져 있는 경우에는 등기명의자는 제3자에 대하여서 뿐 아니라 전소유자에 대하여서도 적법한 등기원인에 의하여 소유권을 취득한 것으로 추정되는 것이므로 이를 다투는 측에서 무효사유를 주장, 입증하여야 한다(대판 1993.5.11, 92다46059).
③ 사망자 명의로 신청하여 이루어진 이전등기는 일단 원인무효의 등기라고 볼 것이어서 등기의 추정력을 인정할 여지가 없다(대판 2018.11.29, 2018다200730).
④ 부동산임대차를 등기한 때에는 그때부터 제3자에 대하여 효력이 생긴다(제621조 제2항).

정답 ⑤

03 동산물권의 변동

1 의 의

동산물권의 변동도 부동산물권의 변동과 같이 법률행위에 의한 경우와 법률행위에 의하지 않은 경우로 나눌 수 있다. 그런데 법률행위에 의하지 않은 물권변동에 관해서는 주로 물권 각칙 중 소유권 취득의 절에서 규정을 두고 있다. 동산의 취득시효(제246조), 동산의 선의취득(제249조 내지 제251조), 무주물선점(제252조), 유실물 습득(제253조), 매장물 발견(제254조), 동산의 부합(제257조), 혼화(제258조) 등이 그것이다.

(1) 동산물권변동의 원인

동산물권의 변동도 부동산물권의 변동과 마찬가지로 '법률행위에 의한 경우'와 '법률행위에 의하지 않은 경우'로 나눌 수 있다. 법률행위에 의하지 않은 경우로는 동산의 취득시효 · 무주물선점 · 유실물 습득 · 매장물 발견 · 동산의 부합 등이 있다.

(2) 점유의 공신력

동산물권의 공시방법인 점유에는 부동산물권에 있어 등기의 경우와는 달리 공신력이 인정된다. 따라서 법률행위에 의한 동산물권변동은 '권리자로부터의 취득'과 '무권리자로부터의 취득'으로 나누어 볼 수 있다.

2 권리자로부터 취득

제188조 【동산물권양도의 효력, 간이인도】 ① 동산에 관한 물권의 양도는 그 동산을 인도하여야 효력이 생긴다.
② 양수인이 이미 그 동산을 점유한 때에는 당사자의 의사표시만으로 그 효력이 생긴다.

제189조 【점유개정】 동산에 관한 물권을 양도하는 경우에 당사자의 계약으로 양도인이 그 동산의 점유를 계속하는 때에는 양수인이 인도받은 것으로 본다.

제190조 【목적물반환청구권의 양도】 제3자가 점유하고 있는 동산에 관한 물권을 양도하는 경우에는 양도인이 그 제3자에 대한 반환청구권을 양수인에게 양도함으로써 동산을 인도한 것으로 본다.

1. 의 의

(1) 성립요건주의

동산에 관한 물권의 양도는 그 동산을 인도하여야 효력이 생긴다고 규정(제188조)하고 있으므로 물권행위와 인도를 요건으로 하는 성립요건주의를 취하고 있다.

(2) 적용대상

동산물권의 법률행위에 의한 이전의 경우에 적용된다. 여기서의 물권은 소유권에 한하므로 결국 적용을 받는 것은 법률행위에 의한 동산 소유권의 양도뿐이다.

2. 공시방법으로서의 인도

(1) 의 의

인도란 점유의 이전을 말한다.

(2) 인도의 종류

① **현실의 인도**

'현실의 인도'란 물건을 교부하는 것과 같이 물건에 대한 사실상의 지배를 이전하는 것을 말하는데, 이것은 결국 사회통념에 의해 정해지며, 인도의 원칙적인 모습이다.

② **간이인도**

'간이인도'란 양수인이 이미 그 동산을 점유한 때에 당사자의 의사표시만으로 그 효력이 생기는 경우를 말한다(제188조 제2항). 예를 들면, A소유의 노트북 컴퓨터를 임차하고 있었던 B가 그 동산을 매수하는 경우이다.

③ **점유개정**

㉠ 동산에 관한 물권을 양도하는 경우에 당사자의 계약으로 양도인이 그 동산의 점유를 계속하는 때에는 양수인이 인도받은 것으로 본다(제189조). 예를 들면, A가 B에게 동산을 매도하면서 동시에 B로부터 임차하는 경우이다.

㉡ 점유개정은 양수인에게 간접점유를 취득시키는 것이므로, 점유개정에 있어서는 양수인과 양도인 사이에 '점유매개관계'를 발생시키는 계약이 존재하여야 한다.

④ **목적물반환청구권의 양도**

제3자가 점유하고 있는 동산에 관한 물권을 양도하는 경우에는 양도인이 그 제3자에 대한 반환청구권을 양수인에게 양도함으로써 동산을 인도한 것으로 본다(제190조). 예를 들면, 甲이 乙에게 임치한 동산을 그대로 둔 상태에서 丙에게 양도하는 경우이다.

3 무권리자로부터 취득(선의취득)

제249조 【선의취득】 평온 · 공연하게 동산을 양수한 자가 선의이며 과실 없이 그 동산을 점유한 경우에는 양도인이 정당한 소유자가 아닌 때에도 즉시 그 동산의 소유권을 취득한다.

(1) 의 의

'선의취득'이란 동산을 점유하고 있는 상대방을 권리자로 믿고 평온 · 공연 · 선의 · 무과실로 거래한 경우에는 비록 양도인이 정당한 권리자가 아니라 할지라도 양수인이 그 동산에 대한 권리를 취득하는 것을 인정하는 제도를 의미한다. 점유에 공신력을 인정하는 것으로 원권리자를 희생시키더라도 동산 거래의 안전과 신속을 위해 인정하는 제도이다.

관련판례

민법 제249조의 동산 선의취득제도는 동산을 점유하는 자의 권리 외관을 중시하여 이를 신뢰한 자의 소유권 취득을 인정하고 진정한 소유자의 추급을 방지함으로써 거래의 안전을 확보하기 위하여 법이 마련한 제도이므로, 위 법조 소정의 요건이 구비되어 동산을 선의취득한 자는 권리를 취득하는 반면 종전 소유자는 소유권을 상실하게 되는 법률효과가 법률의 규정에 의하여 발생되므로, 선의취득자가 임의로 이와 같은 선의취득 효과를 거부하고 종전 소유자에게 동산을 반환받아 갈 것을 요구할 수 없다(대판 1998.6.12, 98다6800).

(2) 요 건

① 목적물은 동산일 것

㉠ 동산이라도 관련법에 의해 점유가 아닌 등기·등록에 의해 공시되는 동산(예 자동차·선박·건설기계·항공기 등)에는 선의취득이 인정되지 않는다. 또, 입목과 같은 부동산은 선의취득의 대상이 아니지만 그 분리된 수목은 선의취득의 대상이 된다.

㉡ 동산이라도 양도가 금지되는 것(예 대마초·아편과 같은 금제물, 문화재)은 선의취득의 대상이 되지 못한다.

㉢ 금전도 동산이나 가치의 표상으로서 유통되므로 선의취득의 적용이 없다. 다만, 금전이 단순한 물건으로 거래되는 경우에는 선의취득의 대상이 된다.

㉣ 증권적 채권(지시채권, 무기명채권)은 제249조 이하의 규정이 적용되지 않고 별도의 특별규정(제514조, 제524조)을 두고 있으므로, 동산의 선의취득에 관한 규정은 적용되지 않는다.

② 양도인은 무권리자로서 점유하고 있을 것

㉠ 선의취득은 양도인의 점유에 공신력을 주는 제도이므로, 양도인은 점유를 하고 있어야 한다. 양도인의 점유는 직접점유이든 간접점유이든, 또 자주점유이든 타주점유이든 이를 묻지 않는다.

㉡ 양도인은 임차인·수치인 등과 같이 무권리자이어야 한다.

㉢ 양도인이 제한능력자나 무권대리인인 경우 상대방이 능력자나 유권대리인으로 오신하고 취득한 때에는 선의취득이 인정되지 않는다.

③ 유효한 거래행위가 있을 것

㉠ 선의취득은 거래안전을 보호하는 제도이므로 거래행위가 있어야 한다. 여기에서 거래행위는 특정승계(예 매매·교환·대물변제·증여·경매 등)에 한하고, 포괄승계(예 상속 등)로 인한 취득에는 적용이 없다. 타인의 산림

OX

양수인의 선의취득이 성립하면서 양도인과 양수인 사이의 매매가 유효하여야 한다.

(○) 제18회

💡 OX
동산을 경매로 취득하는 것은 선의취득을 위한 거래행위에 해당하지 않는다. (×) 제22회

을 자신의 것으로 오신하여 벌채하는 경우에는 거래행위가 없으므로 선의취득이 인정되지 않는다.

㉡ 거래행위가 있으면 족하지 반드시 유상일 필요는 없으므로 증여로도 가능하며 경매로도 선의취득할 수 있다.

㉢ 거래행위는 유효하게 성립하고 있어야 한다. 따라서 거래행위가 제한능력 · 무권대리 · 의사의 흠결 기타 무효나 취소의 원인이 있어 실효된 때에는 선의취득은 인정되지 않는다.

④ **양수인은 평온 · 공연 · 선의 · 무과실로 인도받을 것**

㉠ 점유자는 선의 · 평온 · 공연으로 추정(제197조 제1항)되지만, 무과실은 추정되지 않으므로 선의취득을 주장하는 자가 입증해야 한다. 다만, 동산질권의 경우 동산질권자가 선의 · 무과실을 입증하여야 한다.

㉡ 양수인이 점유를 취득하는 방법으로서 현실의 인도 · 간이인도 · 목적물반환청구권의 양도의 경우에는 선의취득이 인정된다.

관련판례

1. 민법 제249조가 규정하는 선의 · 무과실의 기준시점은 물권행위가 완성되는 때인 것이므로 물권적 합의가 동산의 인도보다 먼저 행하여지면 인도된 때를, 인도가 물권적 합의보다 먼저 행하여지면 물권적 합의가 이루어진 때를 기준으로 해야 한다(대판 1991.3.22, 91다70).
2. 선의취득에 필요한 점유의 취득은 현실적인 인도가 있어야 하고 소위 점유개정에 의한 점유취득만으로써는 그 요건을 충족할 수 없다(대판 1964.5.5, 63다775).
3. 경매에 의해서도 동산의 선의취득이 인정된다(대판 1998.3.27, 97다32680).

💡 OX
동산을 경매로 취득하는 것은 선의취득을 위한 거래행위에 해당하지 않는다. (×) 제22회

(3) 효 과

① **취득되는 물권**

선의취득의 요건이 갖추어지면 양수인은 즉시 거래의 목적이 된 동산의 물권을 취득한다. 여기에서 물권은 소유권과 질권을 말한다(제249조, 제343조).

관련판례

민법 제249조의 선의취득은 동산소유권에 관한 규정이며 이를 동산질권에 준용하되, 저당권에는 준용하지 않는다(대판 1985.12.24, 84다카2428).

② **원시취득**

㉠ 선의취득은 양도인이 무권리자임에도 불구하고 그 취득이 인정되는 것이므로 원시취득이다. 따라서 종전 소유자의 권리에 관하여 존재하였던 제한은 원칙적으로 소멸한다.

㉡ 선의취득은 거래의 안전을 보호하기 위한 제도이므로 유상·무상을 불문하고 선의취득을 한 자는 원권리자에게 부당이득반환의무를 부담하지 않는다.

③ 확정적인 권리취득

(4) 도품·유실물에 대한 특례

제250조【도품, 유실물에 대한 특례】 전조의 경우에 그 동산이 도품이나 유실물인 때에는 피해자 또는 유실자는 도난 또는 유실한 날로부터 2년 내에 그 물건의 반환을 청구할 수 있다. 그러나 도품이나 유실물이 금전인 때에는 그러하지 아니하다.

제251조【도품, 유실물에 대한 특례】 양수인이 도품 또는 유실물을 경매나 공개시장에서 또는 동 종류의 물건을 판매하는 상인에게서 선의로 매수한 때에는 피해자 또는 유실자는 양수인이 지급한 대가를 변상하고 그 물건의 반환을 청구할 수 있다.

① **의 의**

선의취득의 요건을 갖추었다 할지라도 도품이나 유실물인 경우에는 피해자 또는 유실자는 도난 또는 유실한 날로부터 2년 내에 그 물건의 반환을 청구할 수 있다(제250조). 다만, 양수인이 도품이나 유실물을 경매나 공개시장에서 매수한 때에는 양수인이 지급한 대가를 변상하고 그 물건의 반환을 청구하도록 제한하고 있다(제251조).

② **적용범위**

㉠ 특칙이 적용되는 것은 도품과 유실물에 한한다.

㉡ 점유자가 스스로 넘겨준 사기·공갈·횡령의 경우는 도품이나 유실물에 해당하지 않는다. 예를 들면, A가 B에게 맡겨둔 컴퓨터를 B가 횡령하여 선의의 C에게 매도한 경우에는, C가 선의취득의 요건을 갖추고 있는 한 A는 도품임을 이유로 그 반환을 청구할 수 없다.

㉢ 점원과 같은 점유보조자가 가게의 물건을 임의로 처분한 경우에는 위탁물 횡령과 같으므로 도품에 해당하지 않는다.

③ **반환청구권**

㉠ 반환청구권자는 피해자 또는 유실자이다. 소유자가 간접점유자인 때에는 직접점유자도 피해자 또는 유실자에 해당한다고 보아 반환청구권을 가진다.

㉡ 반환청구의 상대방은 현재 동산을 점유하고 있는 자이다. 따라서 선의취득자가 제3자에게 이전하여 제3자가 점유하고 있는 경우에는 제3자가 상대방이 된다.

OX

도품, 유실물에 관한 특례(민법 제251조)에 따라 양수인이 소유자에게 노트북을 반환하는 경우, 양수인은 소유자에게 대가변상을 청구하지 못한다.
(×) 제18회

㉢ 반환청구기간은 점유를 상실한 때, 즉 도난 또는 유실한 날로부터 2년 내에 반환청구를 하여야 한다.

관련판례

1. 민법 제250조, 제251조 소정의 도품, 유실물이란 원권리자로부터 점유를 수탁한 사람이 적극적으로 제3자에게 부정 처분한 경우와 같은 위탁물 횡령의 경우는 포함되지 아니하고 또한 점유보조자 내지 소지기관의 횡령처럼 형사법상 절도죄가 되는 경우도 형사법과 민사법의 경우를 동일시 해야 하는 것은 아닐 뿐만 아니라 진정한 권리자와 선의의 거래 상대방간의 이익형량의 필요성에 있어서 위탁물 횡령의 경우와 다를 바 없으므로 이 역시 민법 제250조의 도품·유실물에 해당되지 않는다(대판 1991.3.22. 91다70).
2. 민법 제251조의 규정은 선의취득자에게 그가 지급한 대가의 변상을 받을 때까지는 그 물건의 반환청구를 거부할 수 있는 항변권만을 인정한 것이 아니고 피해자가 그 물건의 반환을 청구하거나 어떠한 원인으로 반환을 받은 경우에는 그 대가변상의 청구권이 있다는 취지이다(대판 1972.5.23. 72다115).

예 제

선의취득에 관한 설명으로 옳지 않은 것은? (다툼이 있으면 판례에 따름) 제22회

① 선의취득에 관한 민법 제249조는 동산질권에 준용한다.
② 연립주택의 입주권은 선의취득의 대상이 아니다.
③ 동산을 경매로 취득하는 것은 선의취득을 위한 거래행위에 해당하지 않는다.
④ 점유개정에 의한 점유취득만으로는 선의취득이 인정되지 않는다.
⑤ 금전 아닌 유실물이 선의취득의 목적물인 경우, 유실자는 유실한 날로부터 2년 내에 그 물건의 반환을 청구할 수 있다.

해설

③ 상속의 경우에는 거래행위에 해당하지 않으므로 상속에 의한 선의취득은 인정되지 않지만, 판례에 의하면 경매도 거래행위에 해당하여 일정한 요건하에서 경매로 인하여 선의취득할 수 있다고 한다(대판 2008.5.8, 2007다36933).
① 제343조 참조
② 서울특별시가 무허가 건물을 자진철거하는 시민들을 위하여 건립하는 연립주택의 입주권은 수분양자로서의 지위에 불과한 것이므로 선의취득의 대상이 될 수 없다(대판 1980.9.9, 79다2233).
④ 동산의 선의취득에 필요한 점유의 취득은 현실적 인도가 있어야 하고 점유개정에 의한 점유취득만으로서는 그 요건을 충족할 수 없다(대판 1978.1.17, 77다1872).
⑤ 제250조

정답 ③

04 지상물에 관한 물권의 변동

1 입목에 관한 물권변동

(1) 입목등기

수목의 집단은 비치된 입목 등록원부에 등록된 것에 한한다. 입목 소유자가 단독으로 하며, 신청의 진정을 보장하기 위하여 각종의 서면을 제출하게 한다.

(2) 입목에 관한 물권변동

소유권과 저당권뿐이며, 변동원인은 제186조, 제187조에 의한다.

2 명인방법에 의한 물권변동

(1) 명인방법에 공시할 수 있는 물건

토지와 건물, 그리고 입목에 관한 법률에 의한 입목에는 명인방법에 의한 거래는 허용되지 않는다. 그러나 그 외 토지의 정착물과 원물로부터 미분리과실로서 독립한 가치를 가지는 지상물은 명인방법에 의해 거래할 수 있다.

예 하나의 수목도 가능하다.

(2) 명인방법에 의한 물권변동 범위

명인방법에 의해 소유권 또는 양도담보의 권리변동은 인정되나, 저당권은 명인방법에 의해 공시할 수 없다.

(3) 명인방법(明認方法)

① **소유권 귀속의 대외적 표시**

수목의 집단의 경우에는 경계에 따라 적당한 거리를 두고 수피를 깎아서 소유자의 성명을 묵서한다든가 논밭 주위에 새끼를 둘러치고 소유자 성명을 묵서한 목찰을 세우는 것, '입산금지 소유자 홍길동' 푯말을 송판에 써 붙이는 것은 수목의 집단에 소유권 취득의 명인방법이 된다. 그러나 지상물 소재지의 다수의 촌민에게 소유권을 취득하였음을 발표한 것은 명인방법으로서 효력이 없다.

② **특정성**

예를 들면, 넓은 필지에 생육하는 수목의 집단에 관하여 한 곳에 명인하여도 명인방법으로서 효력이 없다.

③ **계속성**

명인방법은 계속되어야 하며, 비・바람으로 불명하게 되었다든가 하는 때에는 새로 명인방법을 갖추어야 한다.

④ **명인방법의 효력**

지상물에 관한 효력발생요건이다(성립요건주의).

05 물권의 소멸(消滅)

1 의 의

(1) 물권의 소멸에는 절대적 소멸과 상대적 소멸이 있다.

(2) '물권의 절대적 소멸'이란 물권의 객체인 목적물 자체가 완전히 소멸하여 존재하지 않게 되는 것으로, 모든 물권에 공통되는 소멸원인과 각종의 물권에 특유한 소멸원인이 있다.

(3) '물권의 상대적 소멸'이란 물권의 권리주체의 변동을 의미하는 것으로 법률행위 또는 법률의 규정에 의하여 이루어진다.

(4) 각종 물권의 특유한 소멸원인은 각각의 물권에서 설명한다. 물권의 공통적 소멸원인에는 목적물의 멸실・소멸시효・혼동・공용징수・몰수・포기・포락 등이 있다.

2 물권의 공통적 소멸원인

(1) **목적물의 멸실**

물권은 물건을 직접 지배하는 권리이므로 그 객체인 물건이 멸실하면 당연히 물권은 소멸하게 된다. 물건의 멸실은 사회통념 및 거래관념에 의하여 결정된다. 목적물이 멸실하여도 변형물이 있으면 물권의 효력이 이에 미친다(담보물권의 물상대위성 등).

(2) 소멸시효

① 소유권을 제외한 물권은 소멸시효의 대상이 되므로 물권은 20년의 시효로 소멸한다. 소유권은 소멸시효의 대상이 되지 않으나 시효취득의 결과 소멸될 수 있다.

② 점유를 기초로 하는 점유권과 유치권 등은 점유를 상실하면 소멸하므로 소멸시효의 대상이 되지 않는다.

③ 담보물권은 피담보채권이 존속하는 한 독립하여 소멸시효의 대상이 되지 않는다.

④ 결국 용익물권만 소멸시효대상이 된다.

(3) 혼동(混同)

> **제191조 【혼동으로 인한 물권의 소멸】** ① 동일한 물건에 대한 소유권과 다른 물권이 동일한 사람에게 귀속한 때에는 다른 물권은 소멸한다. 그러나 그 물권이 제3자의 권리의 목적이 된 때에는 소멸하지 아니한다.
> ② 전항의 규정은 소유권 이외의 물권과 그를 목적으로 하는 다른 권리가 동일한 사람에게 귀속한 경우에 준용한다.
> ③ 점유권에 관하여는 전2항의 규정을 적용하지 아니한다.

① 혼동의 의의

㉠ '혼동'이란 서로 양립시킬 만한 가치가 없는 두 개의 법률상의 지위 또는 자격이 동일인에게 귀속하는 경우, 필요 없는 권리나 자격을 소멸시키는 제도를 말한다. 다만, 양립시킬 만한 특별한 사정이 있는 경우에는 예외적으로 소멸하지 않는 것으로 한다.

㉡ 혼동은 물권의 소멸원인이 되기도 하지만 채권의 소멸원인도 된다(제507조).

② 소유권과 제한물권의 혼동

㉠ 원 칙

ⓐ 동일한 물건에 대한 소유권과 제한물권(저당권 · 지상권 등)이 동일인에게 귀속하면 제한물권은 소멸하는 것이 원칙이다(제191조 제1항 본문).

ⓑ 예를 들면, 甲소유 부동산에 대한 저당권자(지상권자) 乙이 저당물의 소유권을 취득하거나 반대로 소유권자 甲이 乙의 저당권(지상권)을 취득하는 경우에는 저당권(지상권) 등은 소멸한다.

OX

甲의 부동산에 乙의 저당권이 설정된 경우, 특별한 사정이 없는 한 乙이 그 부동산의 소유권을 취득하면 그 저당권은 소멸한다. (○) 제19회

㉡ 예 외

ⓐ 본인의 이익을 위한 경우

예를 들면, 乙이 甲소유의 토지 위에 선순위 저당권을 가지고 있고, 제3자 丙이 같은 토지 위에 후순위 저당권을 가지고 있는 경우에, 선순위 저당권자 乙이 甲의 토지소유권을 취득하더라도 乙의 저당권은 소멸하지 않는다. 乙의 저당권이 소멸한다면 후순위인 제3자 丙의 저당권이 혼동의 결과 부당하게 유리한 지위를 차지(순위승진)하여 본인 乙의 이익을 해하기 때문이다.

ⓑ 제3자의 이익을 위한 경우(혼동한 제한물권이 제3자의 권리의 목적인 때)

예를 들면, 乙이 甲소유의 토지 위에 지상권(전세권)을 가지고 있고 그 지상권(전세권)이 丙의 저당권의 목적인 때에는 乙이 토지소유권을 취득하더라도, 乙의 지상권(전세권)은 소멸하지 아니한다.

관련판례

1. 어떠한 물건에 대한 소유권과 다른 물권이 동일한 사람에게 귀속한 경우 그 제한물권은 혼동에 의하여 소멸하는 것이 원칙이지만, 본인 또는 제3자의 이익을 위하여 그 제한물권을 존속시킬 필요가 있다고 인정되는 경우에는 민법 제191조 제1항 단서의 해석에 의하여 혼동으로 소멸하지 않는다(대판 1998.7.10, 98다18643).
2. 선순위 근저당권자 甲, 후순위 근저당권자 乙에 이어 丙과 丁이 각각 그 부동산에 대한 가압류등기를 경료한 다음에 乙이 그 부동산을 매수하여 소유권을 취득한 경우, 乙의 근저당권은 혼동으로 소멸하지 아니한다(대판 1998.7.10, 98다18643).
3. 부동산에 대한 소유권과 임차권이 동일인에게 귀속하게 되는 경우 임차권은 혼동에 의하여 소멸하는 것이 원칙이지만, 그 임차권이 대항요건을 갖추고 있고 또한 그 대항요건을 갖춘 후에 저당권이 설정된 때에는 혼동으로 인한 물권 소멸 원칙의 예외규정인 민법 제191조 제1항 단서를 준용하여 임차권은 소멸하지 않는다(대판 2001.5.15, 2000다12693).
4. 명의신탁자가 장차 소유권이전등기청구권 보전을 위한 가등기를 경료한 후 가등기와는 상관없이 소유권이전등기를 넘겨받은 경우, 가등기에 기한 본등기청구권이 혼동으로 소멸하지 않는다(대판 1995.12.26, 95다29888).

③ 제한물권과 그 제한물권을 목적으로 하는 다른 권리와의 혼동

㉠ 원 칙

예를 들면, 甲소유 토지에 乙이 지상권(전세권)을 취득하고 乙의 지상권(전세권) 위에 저당권을 가진 丙이 乙의 지상권(전세권)을 취득한 경우에 원칙적으로 丙의 저당권은 혼동으로 소멸하는 것이 원칙이다.

㉡ 예 외

ⓐ 후순위 권리자가 있는 경우

乙이 甲이 가지는 지상권(전세권) 위에 선순위 저당권을 가지고 있고, 제3자 丙이 같은 지상권(전세권) 위에 후순위의 저당권을 가지고 있는 경우에는 乙이 지상권(전세권)을 취득하더라도 乙의 선순위 저당권은 소멸하지 아니한다. 이는 제3자(丙)가 부당하게 유리한 지위를 취득(순위상승)하여 본인(乙)의 이익을 해하게 하는 것을 막는 데 있다.

ⓑ 제한물권이 제3자의 권리의 목적인 때

甲의 지상권(전세권) 위에 乙이 저당권을 가지고 있고, 다시 그 저당권 위에 제3자 丙이 질권을 가지고 있을 때에는 乙이 지상권(전세권)을 취득하더라도 乙의 저당권은 소멸하지 아니한다.

④ 성질상 혼동으로 소멸하지 않는 권리

㉠ 점유권은 성질상 혼동으로 소멸하지 않는다(제191조 제3항). 지배하는 권리인 점유권과 지배할 수 있는 관념적인 권리인 본권, 즉 소유권과 제한물권은 양립할 수 있으므로 혼동으로 소멸하지 않는다.

㉡ 광업권은 토지소유권과는 별개의 권리로서 소유권과 양립할 수 있으므로 혼동으로 소멸하지 않는다.

⑤ 혼동의 효과

㉠ 혼동에 의한 물권의 소멸은 절대적이다. 그러나 혼동을 생기게 한 원인이 부존재하거나 원인행위가 무효・취소・해제된 경우에는 혼동으로 소멸하였던 물권은 부활한다.

㉡ 혼동에 의한 물권의 소멸은 법률의 규정에 의한 물권변동이므로 등기나 인도를 필요로 하지 않는다.

관련판례

어느 부동산에 대하여 근저당권을 취득한 자가 근저당권설정자로부터 동부동산을 매수하여 소유권이전등기를 경료하면 근저당권은 혼동으로 소멸하나, 후에 소유권이전등기가 원인무효가 되면 소멸하였던 근저당권은 당연히 부활한다(대판 1971. 8.31, 71다1386).

(4) 포 기

① '물권의 포기'는 물권 소멸의 의사표시이며 단독행위이다. 소유권 및 점유권의 포기는 상대방 없는 단독행위이고, 제한물권의 포기는 상대방 있는 단독행위이다.

② 점유권을 제외한 물권의 포기는 등기하여야 효력이 발생한다.

(5) 공용징수

① 공용징수란 특정의 공공사업에 사용할 목적으로 타인의 특정한 소유권이나 그 밖의 재산권을 강제적으로 취득하는 것을 말하며, 공용수용이라고도 한다.

② 공용징수로 인한 취득은 원시취득이므로 목적물 위에 존속하였던 권리는 모두 소멸한다.

(6) 몰 수

몰수는 범죄자의 재산권을 박탈하는 재산형으로 몰수판결의 효력이 미치는 범위 내에서 소유권은 소멸하고 국고에 귀속한다.

(7) 포락(浦落)

① '포락'은 지면이 해면이나 국유의 하천에 잠기어 더 이상 개인의 소유권의 객체가 되지 못하게 되어 소유권이 소멸하고 국유로 되는 것을 말한다.

② 포락된 토지가 후에 다시 지표상에 부상하더라도 종전소유자의 소유권은 부활하지 않는다.

Chapter

03 점유권

단·원·열·기

출제비율이 상향조정되면서 1문제 정도가 출제되는 부분이다. 그동안 상대적으로 출제가 되지 않았던 부분이라 당분간 1문제 정도는 지속적으로 출제될 것으로 예상된다. 점유자의 과실수취권, 비용상환청구권, 점유의 추정 위주로 학습하여야 한다.

1 점유권의 총설

1. 점유권의 의의

(1) 의 의

'점유제도'는 물건을 사실상 지배하고 있는 경우에 그 지배를 정당화시켜 주는 법률상의 권리(본권, 本權)가 있는가의 여부를 묻지 않고, 그 사실상의 지배상태에 대하여 일정한 법률효과를 부여하는 제도를 의미한다.

(2) 점유권의 특징

① 점유권도 일종의 물권이지만, 일반적인 물권과 다르다. 즉, 점유권은 배타적 지배가 아니라 사실적 관계에 불과하다. 배타적 지배를 목적으로 하지 않기에 점유권은 혼동으로 소멸하지 않는다.

② 점유권은 본권과 구별되어야 한다. 점유할 권리인 본권(本權)은 점유를 법률상 정당화하는 권원으로서 '있어야 할 상태'를 의미하지만, 점유권은 '있는 상태'를 의미한다.

2. 점유의 요건

> **제192조 【점유권의 취득과 소멸】** ① 물건을 사실상 지배하는 자는 점유권이 있다.
> ② 점유자가 물건에 대한 사실상의 지배를 상실한 때에는 점유권은 소멸한다. 그러나 제204조의 규정에 의하여 점유를 회수한 때에는 그러하지 아니하다.

(1) 물건의 사실적 지배(객관적 요건)

물건에 대한 점유란 사회관념상 어떤 사람의 사실적 지배에 있다고 보이는 객관적 관계를 말하는 것이다.

(2) 점유설정의사(주관적 요건)

① 점유가 성립하기 위해서는 '점유의사'가 있어야 하는 것은 아니지만, 적어도 사실적 지배관계를 가지려는 의사(점유설정의사)는 필요하다.

② 점유설정의사는 법률적 의사가 아니므로 점유자에게 행위능력이 있어야 하는 것은 아니다. 그러나 점유권의 취득에는 행위능력이 필요하다.

관련판례

사실적 지배

1. 물건에 대한 점유란 사회관념상 어떤 사람의 사실적 지배에 있다고 할 수 있는 객관적 관계를 가리키는 것으로서, 사실상의 지배가 있다고 하기 위하여는 반드시 물건을 물리적 · 현실적으로 지배할 필요는 없다(대판 2012.1.27, 2011다74949).
2. 사회통념상 건물은 그 부지를 떠나서는 존재할 수 없으므로 건물의 부지가 된 토지는 건물의 소유자가 점유하는 것이고, 이 경우 건물의 소유자가 현실적으로 건물이나 그 부지를 점거하고 있지 않다 하더라도 건물의 소유를 위하여 그 부지를 점유한다고 보아야 한다. 한편 미등기건물을 양수하여 건물에 관한 사실상의 처분권을 보유하게 됨으로써 건물부지 역시 아울러 점유하고 있다고 볼 수 있는 등의 특별한 사정이 없는 한 건물의 소유명의자가 아닌 자는 실제 건물을 점유하고 있다 하더라도 그 부지를 점유하는 자로 볼 수 없다(대판 2009.9.10, 2009다28462).
3. 임야를 매수하고 그 전부에 대한 이전등기를 마치고 인도받았다면 특별한 사정이 없는 한 그 임야 전부에 대한 인도와 점유가 있었다고 보는 것이 상당하다(대판 1992.6.23, 91다38266).
4. 소유권보존등기는 이전등기와 달리 해당 토지의 양도를 전제로 하는 것이 아니어서, 보존등기를 마쳤다고 하여 일반적으로 등기명의자가 그 무렵 다른 사람으로부터 점유를 이전받는다고 볼 수는 없다(대판 2013.7.11, 2012다201410).

> **OX**
> 건물에 대하여 유치권을 행사하는 자는 건물의 부지를 점유하는 자에 해당하지 않는다. (○) 제26회

3. 사실적 지배로서 점유에 대한 예외

(1) 상속인의 점유

제193조 【상속으로 인한 점유권의 이전】 점유권은 상속인에 이전한다.

(2) 간접점유(間接占有)

제194조 【간접점유】 지상권, 전세권, 질권, 사용대차, 임대차, 임치 기타의 관계로 타인으로 하여금 물건을 점유하게 한 자는 간접으로 점유권이 있다.

> **OX**
> 임치 기타의 관계로 타인으로 하여금 물건을 점유하게 한 자는 간접으로 점유권이 있다. (○) 제20회

① **의 의**

㉠ '간접점유'란, 예를 들면 임대인의 소유의 토지를 임차인이 임대차하여 점유하는 경우처럼 타인(임차인)의 직접점유에 의하여 매개되는 점유를 말한다. 이런 경우 임차인의 점유를 '직접점유'라고 하고, 임대인의 점유를 '간접점유'라 한다.

㉡ 점유가 관념화된 형태로서, 간접점유자는 물건을 사실상 지배하지 않더라도 점유자이다.

② **간접점유의 성립요건**

㉠ 점유매개자(지상권자, 전세권자, 질권자, 사용차주, 임차인 등)가 물건을 직접점유할 것

㉡ 점유매개자와 간접점유자 사이에 점유매개관계가 존재할 것

ⓐ '점유매개관계'란, 예를 들면 甲이 乙을 매개로 하여 간접적으로나마 현재 물건에 대하여 지배를 미치고 있다고 인정될 수 있는 관계를 의미한다.

ⓑ 점유매개관계는 중첩적으로 있을 수 있다.

ⓒ 점유매개관계는 반드시 유효일 것을 요하지 않는다.

㉢ 점유매개자의 점유할 권리가 간접점유자의 권리로부터 전래한 것이므로, 간접점유자의 권리가 점유매개자의 권리보다 포괄적이어야 한다.

㉣ 간접점유자는 점유매개자에 대하여 채권적 반환청구권을 가져야 한다.

③ **효 과**

㉠ 간접점유자도 점유권을 가진다.

ⓐ 따라서 점유보호청구권도 인정된다. 다만, 점유매개자가 점유를 침탈당한 경우에, 간접점유자는 그 물건을 점유매개자에게 반환할 것을 청구할 수 있고, 점유매개자가 그 물건의 반환을 받을 수 없거나 이를 원하지 않으면 자기에게 반환할 것을 청구할 수 있다(제207조).

ⓑ 그러나 간접점유자에게는 자력구제권이 인정되지 않는다.

㉡ 점유의 태양은 점유매개자를 기준으로 정한다.

㉢ 간접점유자도 물권적 청구권의 상대방이 될 수 있다.

OX

간접점유가 인정되기 위해서는 직접점유자와 간접점유자 사이에 점유매매관계가 존재하여야 한다. (○) 제26회

(3) 점유보조자(占有補助者)

제195조 【점유보조자】 가사상, 영업상 기타 유사한 관계에 의하여 타인의 지시를 받어 물건에 대한 사실상의 지배를 하는 때에는 그 타인만을 점유자로 한다.

① **의 의**

'점유보조자'란, 예를 들면 편의점의 종업원처럼 물건에 대하여 직접적으로 실력을 행사하면서도 점유를 인정받지 못하는 자를 의미한다.

② **요 건**

㉠ 점유보조자가 물건에 대하여 직접적으로 실력을 행사할 것

㉡ 점유보조관계(占有補助關係)가 있을 것

ⓐ '점유보조관계'란 지시에 의한 명령·복종관계(사회적 종속관계)를 말한다. 점유보조관계는 제195조에 예시된 가사상·영업상의 관계 외에 계약, 친족법 또는 공법에 기해서도 발생할 수 있다.

ⓑ '점유보조관계'는 반드시 유효한 것이어야 하는 것은 아니고 계속적일 것을 요하지도 않는다.

ⓒ '점유보조관계'는 외부에서 용이하게 인식할 수 있는 것이어야 하는 것도 아니다.

ⓓ 유아(幼兒) 소유의 물건처럼 자기소유의 물건에 대해서도 점유보조관계가 성립할 수 있다.

③ **점유보조자의 지위**

㉠ '점유보조자'는 점유자가 아니고, 점유주만이 점유자이다. 즉, 점유보조자에는 점유권 및 점유보호청구권이 인정되지 않는다. 같은 맥락에서 점유보조자는 물권적 청구권의 상대방이 되지 못한다.

㉡ '점유보조자'에게도 자력구제권은 인정된다.

㉢ 점유보조관계가 존재하는 경우에 점유주의 점유의 취득 및 상실이 점유보조자를 기준으로 결정된다.

OX

점유보조자에게는 점유보호청구권이 인정되지 않는다. (○) 제19회

점유보조자와 간접점유 비교

구 분	점유보조자(제195조)	간접점유(제194조)
점유자	점유주만이 점유자	직접점유자·간접점유자 모두 점유자
점유의 법률관계	점유보조관계	점유매개관계
발생원인	• 사법상 계약(가정부, 종업원 등) • 친족법상 관계 • 공법상 관계	• 지상권, 전세권, 질권, 임대차, 사용대차 • 기타의 계약, 법률규정, 국가행위 등
법률관계의 성질	• 종속관계 • 유효할 필요 없음 • 계속적일 필요 없음	• 대등관계 • 중첩적 관계도 가능(임차물의 전대 등) • 반드시 유효한 법률관계임을 불요
효 과	• 점유보호청구권 인정 안 됨 • 자력구제권은 인정됨 • 점유보호청구권의 상대방이 안 됨	• 점유보호청구권 인정됨 • 자력구제권은 인정 안 됨

4. 점유의 종류

(1) 자주점유(自主占有)와 타주점유(他主占有)

① 의 의

㉠ '자주점유'란 소유자가 할 수 있는 것과 같은 배타적 지배를 사실상 행사하려고 하는 의사를 가지고 하는 점유를 말한다. 즉, '소유의 의사'를 가지고 하는 점유가 자주점유이다.

㉡ '타주점유'란 자주점유 이외의 점유를 말하며, 타인이 소유권을 가지고 있다는 것을 전제로 하여 하는 점유이다. 즉, '소유의 의사'가 없는 점유가 타주점유이다.

㉢ 양자의 구별의 실익: 취득시효, 선점, 점유자의 회복자에 대한 책임에서 차이가 있다.

OX

자주점유에서 소유의 의사는 사실상 소유할 의사가 있는 것으로 충분하다. (○) 제25회

관련판례

1. 취득시효에 있어서 자주점유라 함은 소유자와 동일한 지배를 사실상 행사하려는 의사를 가지고 하는 점유를 의미하는 것이지, 법률상 그러한 지배를 할 수 있는 권한, 즉 소유권을 가지고 있거나 소유권이 있다고 믿고서 하는 점유를 의미하는 것은 아니다(대판 1994.10.21, 93다12176).
2. 소유의 의사는 점유개시 당시 존재하여야 하고 그것으로 족하며, 나중에 매도인에게 처분권이 없음을 알았더라도 자주점유의 성질이 변하지 않는다(대판 1996.5.28, 95다40328).

OX

자주점유인지 여부는 점유취득의 원인이 될 권원의 성질이나 점유와 관계가 있는 모든 사정에 의하여 외형적·객관적으로 결정되어야 한다. (○) 제25회

② 소유의 의사의 판단기준

㉠ 소유의 의사 유무는 점유취득시를 기준으로 권원의 성질에 의하여 객관적으로 결정된다.

㉡ 점유자의 점유가 자주점유인지 아니면 타주점유인지는 점유자의 내심의 의사에 의하여 결정되는 것이 아니라 점유취득의 원인이 된 권원의 성질이나 점유와 관계있는 모든 사정에 의하여 외형적·객관적으로 결정된다.

관련판례

1. **자주점유로 본 사례**
   ① 실제로 매매계약이 있었던 이상 그 계약이 무효라고 하더라도 매수인은 원칙적으로 자주점유자이다(대판 1994.12.27, 94다25513).
   ② 부동산을 매수하여 이를 점유하게 된 자는 그 매매가 무효가 된다는 사정이 있음을 알았다는 등의 특별한 사정이 없는 한 그 점유의 시초에 소유의 의사로 점유한 것이며, 나중에 매도자에게 처분권이 없었다는 등의 사유로 그 매매가 무효인 것이 밝혀졌다 하더라도 점유의 성질이 변하는 것은 아니다(대판 1996.5.28, 95다40328).
2. **타주점유로 본 사례**
   ① 매수인에게 소유권이전등기를 경료하여 주거나 대금을 완불받았음에도 불구하고 매도인이 매매목적물을 계속 점유하고 있는 경우에, 특별한 사정이 없는 한 매도인의 점유는 타주점유이다(대판 1995.5.23, 94다51871).
   ② 어느 토지를 타주점유하는 자가 소유자로부터 그 토지를 매수함에 있어, 계약금을 제외한 나머지 매매대금을 4회에 걸쳐 분납하되 그 대금을 완납한 후가 아니면 소유권의 이전을 받을 수 없고, 소유권을 이전받기 전에는 매도인의 승인 없이 매매목적물의 전대·양도나 저당권설정 기타 제한물권의 설정을 하지 못할 뿐 아니라 매매목적물의 원형 또는 사용목적의 변경도 할 수 없도록 하는 내용의 매매계약을 체결한 뒤, 그 대금 일부만을 납부하였지 4회에 걸쳐 분납하기로 한 나머지 매매대금을 납부하지 아니한 경우, 점유자와 소유자 사이에 그와 같은 내용의 매매계약이 체결되었다 하더라도 그 대금이 완납되기 전에는 매수인이 매매목적물인 토지를 소유자와 동일

한 지배를 하려는 의사를 가지고 점유하게 되었다고 할 수는 없으므로, 그 점유는 여전히 타주점유로 남게 된다(대판 1995.12.22, 95다30062).

③ 등기명의가 신탁되었다면 특별한 사정이 없는 한 명의수탁자의 부동산에 대한 점유는 그 권원의 성질상 자주점유라고 할 수 없고, 명의수탁자로부터 상속에 의하여 점유를 승계한 자의 점유도 상속 전과 그 성질 내지 태양을 달리하는 것은 아니어서 특별한 사정이 없는 한 그 점유가 자주점유로 될 수 없다(대판 1996.6.11., 96다7403).

④ 계약명의신탁에서 명의신탁자는 부동산의 소유자가 명의신탁약정을 알았는지 여부와 관계없이 부동산의 소유권을 갖지 못할 뿐만 아니라 매매계약의 당사자도 아니어서 소유자를 상대로 소유권이전등기청구를 할 수 없고, 이는 명의신탁자도 잘 알고 있다고 보아야 한다. 명의신탁자가 명의신탁약정에 따라 부동산을 점유한다면 명의신탁자에게 점유할 다른 권원이 인정되는 등의 특별한 사정이 없는 한 명의신탁자는 소유권 취득의 원인이 되는 법률요건이 없이 그와 같은 사실을 잘 알면서 타인의 부동산을 점유한 것이다. 이러한 명의신탁자는 타인의 소유권을 배척하고 점유할 의사를 가지지 않았다고 할 것이므로 소유의 의사로 점유한다는 추정은 깨어진다(대판 2022.5.12, 2019다249428).

⑤ 매매대상 건물 부지의 면적이 등기부상의 면적을 상당히 초과하는 경우에는 특별한 사정이 없는 한 계약당사자들이 이러한 사실을 알고 있었다고 보는 것이 상당하며, 이러한 경우에는 매도인이 그 초과부분에 대한 소유권을 취득하여 이전하여 주기로 약정하는 등의 특별한 사정이 없는 한, 그 초과부분은 단순한 점용권의 매매로 보아야 하고 따라서 그 점유는 권원의 성질상 타주점유에 해당한다(대판 1999.6.25, 99다5866).

⑥ 공유자 1인이 공유토지 전부를 점유하고 있는 경우에, 다른 공유자의 지분범위 내에서 권원의 성질상 타주점유이다(대판 1995.1.12, 94다19884).

③ 자주점유의 추정과 번복

제197조【점유의 태양】 ① 점유자는 소유의 의사로 선의, 평온 및 공연하게 점유한 것으로 추정한다.

㉠ 자주점유의 추정: 자주점유인지 타주점유인지 분명하지 않은 경우에는 소유의 의사로 점유한 것으로 추정된다.

관련판례

1. 민법 제197조 제1항에 의하면 물건의 점유자는 소유의 의사로 점유한 것으로 추정되므로 점유자의 점유가 소유의 의사 없는 타주점유임을 주장하는 상대방에게 타주점유에 대한 입증책임이 있는 것이고, 점유자가 스스로 매매 등과 같은 자주점유의 권원을 주장한 경우 이것이 인정되지 않았다는 이유만으로 자주점유의 추정이 번복된다거나 또는 점유권원의 성질상 타주점유로 볼 수는 없다(대판 전합 1983.7.12., 82다708).

OX

점유자는 과실(過失) 없이 점유한 것으로 추정되지 않는다. (○) 제19회

OX

부동산의 점유자가 지적공부 등의 관리주체인 국가나 지방자치단체인 경우에는 자주점유로 추정되지 않는다. (×) 제25회

2. 부동산 점유권원의 성질이 분명하지 않을 때에는 민법 제197조 제1항에 따라 점유자는 소유의 의사로 선의로 평온하고 공연하게 점유한 것으로 추정되고, 이러한 추정은 지적공부 등의 관리주체인 국가나 지방자치단체가 점유하는 경우에도 마찬가지로 적용된다(대판 2023.6.29, 2020다290767).

ⓛ 자주점유 추정의 번복

관련판례

점유자가 성질상 소유의 의사가 없는 것으로 보이는 권원에 바탕을 두고 점유를 취득한 사실이 증명되었거나, 점유자가 타인의 소유권을 배제하여 자기의 소유물처럼 배타적 지배를 행사하는 의사를 가지고 점유하는 것으로 볼 수 없는 객관적 사정, 즉 외형적 · 객관적으로 보아 점유자가 타인의 소유권을 배척하고 점유할 의사를 갖고 있지 아니하였던 것이라고 볼 만한 사정이 증명된 경우에 그 추정은 깨어지는 것이고, 점유자가 점유 개시 당시 소유권 취득의 원인이 될 수 있는 법률행위 기타 법률요건 없이 그와 같은 법률요건이 없다는 사실을 잘 알면서 타인 소유의 부동산을 무단점유한 것이 입증된 경우에도 특별한 사정이 없는 한 점유자는 타인의 소유권을 배척하고 점유할 의사를 갖고 있지 않다고 보아야 할 것이므로 이로써 소유의 의사가 있는 점유라는 추정은 깨어졌다고 보아야 한다(대판 2003.8.22, 2001다23225).

④ 자주점유로의 전환

관련판례

1. 상속에 의하여 점유권을 취득한 경우에는 상속인이 새로운 권원에 의하여 자기 고유의 점유를 시작하지 않는 한 피상속인의 점유를 떠나 자기만의 점유를 주장할 수 없고, 또 선대의 점유가 타주점유인 경우 선대로부터 상속에 의하여 점유를 승계한 자의 점유도 그 성질 내지 태양을 달리하는 것이 아니어서 특별한 사정이 없는 한 그 점유가 자주점유로 될 수 없고, 그 점유가 자주점유가 되기 위하여는 점유자가 소유자에 대하여 소유의 의사가 있는 것을 표시하거나 새로운 권원에 의하여 다시 소유의 의사로써 점유를 시작하여야 한다(대판 1997.12.12, 97다40100).
2. 타주점유가 자주점유로 전환되기 위하여는 새로운 권원에 의하여 다시 소유의 의사로 점유하거나 자기에게 점유시킨 자에게 소유의 의사가 있음을 표시하지 않으면 그 점유의 성질이 변하지 않는다고 보아야 할 것인바, 이때 타주점유자가 그 명의로 소유권이전등기를 경료한 것만으로는 점유시킨 자에 대하여 소유의 의사를 표시함으로써 자주점유로 전환되었다고 볼 수 없다(대판 1993.7.16, 92다37871).
3. 타인의 부동산을 점유하는 사람은 일응 소유의 의사로 점유하는 것으로 추정되고 그 추정을 번복할 만한 특별한 사정이 있는 경우에 한하여 타주점유로 인정할 수 있다 할 것인바, 토지의 점유자가 이전에 토지소유자를 상대로 그 토지에 관하여 매매를 원인으로 한 소유권이전등기청구소송을 제기하였다가 패소하고

그 판결이 확정되었다 하더라도 그 사정만을 들어서는 토지점유자의 자주점유의 추정이 이로써 번복되어 타주점유로 전환된다고 할 수 없다(대판 1997.12.12, 97다30288).

4. 토지점유자가 소유권이전등기말소등기청구소송의 직접 당사자가 되어 소송을 수행하였고 결국 그 소송을 통해 대지의 정당한 소유자를 알게 되었으며, 나아가 패소판결의 확정으로 점유자로서는 토지에 관한 점유자 명의의 소유권이전등기에 관하여 정당한 소유자에 대하여 말소등기의무를 부담하게 되었음이 확정되었으므로, 단순한 악의점유의 상태와는 달리 객관적으로 그와 같은 의무를 부담하고 있는 점유자로 변한 것이어서 점유자의 토지에 대한 점유는 패소판결 확정 후부터는 타주점유로 전환되었다고 보아야 한다(대판 1996.10.11, 96다19857).

(2) 하자 있는 점유와 하자 없는 점유

① '하자 있는 점유'란 악의 · 과실 · 강폭 · 은비 · 불계속 등의 요건 중 일부라도 갖춘 점유를 의미하고, '하자 없는 점유'란 선의 · 무과실 · 평온 · 공연 · 계속 등의 요건을 모두 갖춘 점유를 의미한다.

② '평온한 점유'란 점유자가 그 점유를 취득하는 데 강폭행위를 쓰지 않는 점유를 말하고, '공연한 점유'란 은비의 점유가 아닌 점유를 말한다.

③ 제197조에 의하여 선의 · 평온 · 공연의 점유는 추정되므로, 증명책임은 악의 · 강폭 · 은비의 점유임을 주장하는 자가 하여야 한다.

(3) 선의점유와 악의점유

① 의 의

㉠ '선의점유'란 점유할 수 있는 권리, 즉 본권이 없음에도 불구하고 본권이 있다고 오신해서 하는 점유를 말한다.

㉡ 이에 비하여 '악의점유'란 본권이 없음을 알면서 또는 본권의 유무에 관하여 의심을 품으면서 하는 점유를 말한다.

② 점유자가 선의인지 악의인지 분명하지 않은 때에는 선의점유로 추정한다(제197조 제1항).

관련판례

선의의 점유자라 함은 과실수취권을 포함하는 권원이 있다고 오신한 점유자를 말하고, 다만 그와 같은 오신을 함에는 오신할 만한 정당한 근거가 있어야 한다(대판 2000.3.10, 99다6335).

💡 OX

선의의 점유자가 본권에 관한 소에서 패소하면 그 소에서 패소한 때부터 악의의 점유자로 간주된다. (×) 제17회

💡 OX

점유자는 선의·무과실로 점유하는 것으로 추정되므로, 점유자에게 과실 있음을 주장하는 자는 이를 증명할 책임이 있다. (×) 제17회

③ **선의의 점유자가 악의의 점유자로 전환되는 시기**

> **제197조 【점유의 태양】** ② 선의의 점유자라도 본권에 관한 소에 패소한 때에는 그 소가 제기된 때로부터 악의의 점유자로 본다.

(4) 과실 있는 점유와 과실 없는 점유

① 선의점유에 관하여 본권이 있다고 오신하는 데 과실이 있느냐 없느냐에 의한 구별이다.

② 제197조에 의하여 무과실은 추정되지 않으므로 점유자 스스로 무과실임을 입증하여야 한다.

2 점유권의 취득

1. 점유권의 취득

(1) 원시취득

① 물건에 대한 사실상의 지배가 성립하면 점유권은 당연히 취득된다.

② 무주물선점, 유실물 습득 등은 점유권의 원시취득이라고 할 수 있다.

(2) 승계취득

① **특정승계**(점유권의 양도)

> **제196조 【점유권의 양도】** ① 점유권의 양도는 점유물의 인도로 그 효력이 생긴다.
> ② 전항의 점유권의 양도에는 제188조 제2항, 제189조, 제190조의 규정을 준용한다.

② **포괄승계**(점유권의 상속)

> **제193조 【상속으로 인한 점유권의 이전】** 점유권은 상속인에 이전한다.

㉠ 상속인의 점유와 피상속인의 점유 사이의 중단을 방지하기 위하여 상속으로 인하여 점유권은 상속인에게 이전된다.

㉡ 상속인은 피상속인의 점유의 성질 및 그 하자를 그대로 승계한다. 따라서 상속은 타주점유가 자주점유로 전환되기 위하여 필요한 새로운 권원이 아니다.

㉢ 점유권의 상속에는 점유의 분리·병합(제199조)은 인정되지 않는다.

2. 점유권 취득의 효과

(1) 점유의 분리 · 병합

> **제199조【점유의 승계의 주장과 그 효과】** ① 점유자의 승계인은 자기의 점유만을 주장하거나 자기의 점유와 전 점유자의 점유를 아울러 주장할 수 있다.
> ② 전 점유자의 점유를 아울러 주장하는 경우에는 그 하자도 계승한다.

관련판례

1. 전 점유자의 점유를 승계한 자는 그 점유 자체와 하자만을 승계하는 것이지 그 점유로 인한 법률효과까지 승계하는 것은 아니다(대판 전합 1995.3.28, 93다47745).
2. 점유의 승계가 있는 경우 전 점유자의 점유가 타주점유라 하여도 점유자의 승계인이 자기의 점유만을 주장하는 경우에는 현 점유자의 점유는 자주점유로 추정된다(대판 2002.2.26, 99다72743).

OX

전(前) 점유자의 점유가 타주점유라 하여도 전(前) 점유자의 특별승계인인 현 점유자가 자기의 점유만을 주장하는 경우, 현 점유자의 점유는 자주점유로 추정된다. (○) 제21회

OX

매매로 인한 점유의 승계가 있는 경우, 전(前) 점유자의 점유가 타주점유라도 현(現) 점유자가 자기의 점유만을 주장하는 때에는 현(現) 점유자의 점유는 자주점유로 추정된다. (○) 제25회

(2) 점유계속의 추정

> **제198조【점유계속의 추정】** 전후 양시에 점유한 사실이 있는 때에는 그 점유는 계속한 것으로 추정한다.

관련판례

민법 제198조 소정의 점유계속추정은 동일인이 전후 양 시점에 점유한 것이 증명된 때에만 적용되는 것이 아니고 전후 양 시점의 점유자가 다른 경우에도 점유의 승계가 입증되는 한 점유계속은 추정된다(대판 1996.9.20, 96다24279).

3 점유권의 효력

1. 점유의 권리추정적 효력

> **제200조【권리의 적법의 추정】** 점유자가 점유물에 대하여 행사하는 권리는 적법하게 보유한 것으로 추정한다.

OX

점유자가 점유물에 대하여 행사하는 권리는 적법하게 보유한 것으로 본다. (×) 제19회

(1) 추정력의 내용

① 점유자는 소유의 의사를 가지고 점유한 것으로 추정되므로 점유자는 반증이 없는 한 정당한 소유자로 추정된다.

② 적법추정은 점유자의 이익을 위해서뿐만 아니라 불이익을 위해서도 추정된다.

③ 추정의 효과는 점유자 자신만 아니라 제3자도 이를 원용할 수 있다.

④ 추정되는 것은 '점유물에 대하여 행사하는 권리'로, 물권뿐만 아니라 점유할 수 있는 권원을 포함하는 모든 권리를 포함한다. 그러므로 임차인이 임차목적물을 점유하는 경우에 간접점유자인 임대인의 권리도 추정된다고 할 것이다.

(2) 추정의 한계

제200조는 동산물권에만 적용되고, 부동산물권에 관해서는 등기의 추정력이 인정되므로, 제200조가 적용되지 않는다.

관련판례

점유자의 권리추정의 규정은 등기에 표장되어 있는 부동산 물권에 대하여는 특별한 사정이 없는 한 적용되지 아니한다(대판 1969.1.21, 68다1864).

OX

점유의 권리적법추정에 관한 규정은 등기된 부동산에는 적용되지 않는다. (○) 제21회

2. 점유자와 회복자의 관계

(1) 의 의

본권에 기하여 타인의 물건을 점유하던 자가 그 물건을 반환하는 경우에, 그들 사이의 관계는 본권을 발생시킨 법률관계에 따라서 청산되어야 한다. 그런데 그들 사이에 기본적 법률관계가 부존재하거나 무효인 경우에 소유물반환청구권을 행사한 소유자와 본권 없이 물건을 점유하다가 반환하는 점유자 사이의 이해관계의 조절은 불법행위 또는 부당이득의 법리에 의하여야 할 것이지만, 민법은 선의점유자를 보호하기 위하여 제201조 내지 제203조를 규정하고 있다.

(2) 점유자의 과실수취권

> **제201조【점유자와 과실】** ① 선의의 점유자는 점유물의 과실을 취득한다.
> ② 악의의 점유자는 수취한 과실을 반환하여야 하며 소비하였거나 과실로 인하여 훼손 또는 수취하지 못한 경우에는 그 과실의 대가를 보상하여야 한다.
> ③ 전항의 규정은 폭력 또는 은비에 의한 점유자에 준용한다.

① 선의의 점유자는 과실수취권이 있지만, 악의의 점유자 그리고 폭력 또는 은비의 점유자는 과실수취권이 없다.

OX

폭력 또는 은비에 의한 점유자도 선의인 경우 점유물의 과실을 취득할 수 있다. (×) 제17회

OX

과실없이 과실을 수취하지 못한 악의의 점유자는 회복자에 대하여 그 과실의 대가를 보상하여야 한다. (×) 제22회

② 선의의 점유자가 취득할 수 있는 과실은 천연과실과 법정과실을 모두 포함하며, 물건의 사용이익도 과실과 마찬가지로 수취할 수 있다.

③ 과실수취권이 인정되는 범위 내에서는 부당이득반환문제는 발생하지 않는다.

④ 선의의 점유자에게 과실수취권이 인정되더라도 불법행위는 성립할 수 있다.

⑤ 악의의 점유자는 과실수취권이 없으므로 수취한 과실을 반환하여야 하며, 판례는 반환범위에 관하여 제748조 제2항을 적용한다.

⑥ 판례는 매매계약이 무효이거나 취소된 경우에 선의의 매수인에 대하여 제201조 제1항의 적용을 긍정하는 반면, 계약해제의 경우에는 부당이득반환에 관한 특칙인 제548조를 근거로 제201조 제1항의 적용을 부정한다.

관련판례

1. 건물을 사용함으로써 얻는 이득은 그 건물의 과실에 준하는 것이므로, 선의의 점유자는 비록 법률상 원인 없이 타인의 건물을 점유·사용하고 이로 말미암아 그에게 손해를 입혔다고 하더라도 그 점유·사용으로 인한 이득을 반환할 의무는 없다(대판 1996.1.26, 95다44290).
2. 선의의 점유자도 과실취득권이 있다 하여 불법행위로 인한 손해배상책임이 배제되는 것은 아니다(대판 1966.7.19, 66다994).

(3) 점유물의 멸실·훼손에 대한 책임

제202조 【점유자의 회복자에 대한 책임】 점유물이 점유자의 책임 있는 사유로 인하여 멸실 또는 훼손한 때에는 악의의 점유자는 그 손해의 전부를 배상하여야 하며 선의의 점유자는 이익이 현존하는 한도에서 배상하여야 한다. 소유의 의사가 없는 점유자는 선의인 경우에도 손해의 전부를 배상하여야 한다.

① 점유자의 책임 있는 사유(고의·과실)에 의하여 점유물이 멸실·훼손된 때에는 점유자는 점유물의 회복자에 대하여 손해를 배상하여야 하며 그 배상범위는 선의·악의에 따라 다르다.

② **선의·악의점유자의 책임**

㉠ 선의점유 + 자주점유 = 현존이익배상

㉡ 선의점유 + 타주점유 = 손해전부배상

㉢ 악의점유 + 자주·타주점유 = 손해전부배상

(4) 점유자의 비용상환

제203조【점유자의 상환청구권】 ① 점유자가 점유물을 반환할 때에는 회복자에 대하여 점유물을 보존하기 위하여 지출한 금액 기타 필요비의 상환을 청구할 수 있다. 그러나 점유자가 과실을 취득한 경우에는 통상의 필요비는 청구하지 못한다.
② 점유자가 점유물을 개량하기 위하여 지출한 금액 기타 유익비에 관하여는 그 가액의 증가가 현존한 경우에 한하여 회복자의 선택에 좇아 그 지출금액이나 증가액의 상환을 청구할 수 있다.
③ 전항의 경우에 법원은 회복자의 청구에 의하여 상당한 상환기간을 허여할 수 있다.

OX
과실을 취득한 선의의 점유자는 회복자를 상대로 그 점유물에 대하여 지출한 통상의 필요비의 상환을 청구할 수 없다. (○) 제17회

OX
타주점유자에게도 유익비상환청구권이 인정될 수 있다. (○) 제22회

① **필요비의 상환**

㉠ '필요비'란 물건의 보전을 위하여 지출한 비용과 같이 물건 자체에 기여하기 위한 비용(보험료, 물건의 보관비용, 기계의 점유자가 그 기계장치를 사용함에 따라 마모되거나 손상된 부품을 교체하거나 수리하는 데 소요된 비용 등)을 말하며, 지출의 결과와 무관하다.

㉡ 점유자는 그가 지출한 필요비 전액을 청구할 수 있지만, 과실을 수취하였다면 통상필요비는 청구할 수 없고, 임시 또는 특별필요비만을 청구할 수 있다.

② **유익비의 상환**

㉠ '유익비'란 물건을 개량하기 위하여 지출한 비용과 같이 물건의 가치를 증대하게 하는 비용을 의미한다.

㉡ 필요비와 달리 점유자가 지출한 유익비는 가액의 증가가 현존하는 경우에 한하여 회복자의 선택에 좇아 지출금액 또는 증가액의 상환을 청구할 수 있다.

OX
점유자가 점유물에 유익비를 지출한 경우, 점유자의 선택에 좇아 그 지출금액이나 증가액의 상환을 청구할 수 있다. (×) 제20회

③ **비용상환청구권의 행사시기**: 점유자가 회복자로부터 점유물의 반환을 청구받거나 회복자에게 점유물을 반환한 때에 비로소 회복자에 대하여 행사할 수 있다.

④ **비용상환청구권의 상대방**: 소유물반환청구권을 행사할 당시의 점유자가 그 당시의 소유자를 상대로 비용상환을 청구할 수 있다.

⑤ 필요비나 유익비의 상환청구권은 물건에 관하여 생긴 채권이기 때문에 점유자의 유치권이 발생할 수 있다.

⑥ 악의의 점유자에게도 비용상환청구권이 인정된다.

관련판례

1. 민법 제203조 제1항 · 제2항에 의하여 점유자의 필요비 또는 유익비상환청구권은 점유자가 회복자로부터 점유물의 반환을 청구받거나 회복자에게 점유물을 반환한 때에 비로소 회복자에 대하여 행사할 수 있다(대판 1994.9.9, 94다4592).
2. 점유자의 비용상환청구권은 점유자가 그 점유물을 반환할 때 비로소 회복자에 대해 발생하는 것이므로 소유권이전등기말소만을 구하는 경우에는 그 유익비상환청구권으로서 동시이행 또는 유치권 행사의 항변을 할 수 없다(대판 1976.3.23, 76다172).
3. 민법 제203조 제2항에 의한 점유자의 회복자에 대한 유익비상환청구권은 점유자가 계약관계 등 적법하게 점유할 권리를 가지지 않아 소유자의 소유물반환청구에 응하여야 할 의무가 있는 경우에 성립되는 것으로서, 이 경우 점유자는 그 비용을 지출할 당시의 소유자가 누구이었는지에 관계없이 점유회복 당시의 소유자, 즉 회복자에 대하여 비용상환청구권을 행사할 수 있다. 그러나 점유자가 유익비를 지출할 당시 계약관계 등 적법한 점유의 권원을 가진 경우에 그 지출비용의 상환에 관하여는 그 계약관계를 규율하는 법조항이나 법리 등이 적용되는 것이어서, 점유자는 그 계약관계 등의 상대방에 대하여 해당 법조항이나 법리에 따른 비용상환청구권을 행사할 수 있을 뿐 계약관계 등의 상대방이 아닌 점유회복 당시의 소유자에 대하여 민법 제203조 제2항에 따른 지출비용의 상환을 구할 수는 없다(대판 2014.3.27, 2011다101209).

4 점유보호청구권

1. 의 의

(1) '점유보호청구권'이란 점유자가 점유를 방해당하거나 방해당할 염려가 있을 때 방해자에게 방해의 제거를 청구할 수 있는 권리로서 본권의 유무와는 관계없이 인정되는 일종의 물권적 청구권을 말한다.

(2) **점유보호청구권의 당사자**

① **점유보호청구권자**

점유보호청구권자는 직접점유자 · 간접점유자도 행사할 수 있으며, 본권의 유무나 선의 · 악의를 불문하고 인정된다. 그러나 점유보조자에게는 점유보호청구권이 인정되지 않는다.

② **점유보호청구권의 상대방**

㉠ 점유보호청구권의 상대방은 현재(사실심의 변론종결시) 점유를 침해하는 상태에 있는 자이다. 점유물반환청구권의 경우 침탈자뿐만 아니라

침탈자의 악의의 특별승계인 또는 침탈자의 상속인(포괄승계인)에게도 행사할 수 있다.

㉡ 다만, 손해배상청구권의 상대방은 스스로 손해를 발생하게 한 자이며, 그의 특별승계인은 상대방이 되지 못한다.

2. 점유보호청구권의 종류

(1) 점유물반환청구권

> **제204조 【점유의 회수】** ① 점유자가 점유의 침탈을 당한 때에는 그 물건의 반환 및 손해의 배상을 청구할 수 있다.
> ② 전항의 청구권은 침탈자의 특별승계인에 대하여는 행사하지 못한다. 그러나 승계인이 악의인 때에는 그러하지 아니하다.
> ③ 제1항의 청구권은 침탈을 당한 날로부터 1년 내에 행사하여야 한다.

① **요 건**

㉠ 점유를 침탈당하였을 것

㉡ 침탈자의 고의·과실은 불문

② **내 용**

㉠ 물건의 반환 및 손해배상을 청구하는 것이다.

㉡ 간접점유자도 반환을 청구할 수 있으나, 직접점유자에게 반환할 것을 청구할 수 있을 뿐이다. 다만, 직접점유자가 물건의 반환을 받을 수 없거나 원하지 아니한 경우에는 간접점유자가 자신에게 반환할 것을 청구할 수 있다(제207조 제2항).

③ **행사기간**(제척기간)

㉠ 점유물반환청구권은 침탈당한 날로부터 1년 내에 행사하여야 한다.

㉡ 이 기간은 제척기간이고, 출소기간이다.

관련판례

1. 사기에 의하여 점유를 이전한 경우에는 점유회수청구권을 행사할 수 없다(대판 1992.2.28, 91다17443).
2. 직접점유자가 임의로 점유를 타에 양도하였다면 그 점유이전이 간접점유자의 의사에 반하더라도 간접점유자는 점유의 회수를 구할 수 없다(대판 1993.3.9, 92다5300).
3. 점유보호청구권(제204조, 제205조)의 1년의 제척기간은 재판 외에서 권리행사하는 것으로 족한 기간이 아니라 반드시 그 기간 내에 소를 제기하여야 하는 이른바 출소기간으로 해석함이 상당하다(대판 2002.4.20, 2001다8097).

OX

점유물반환청구권의 행사기간은 출소(出訴)기간이다. (○) 제19회

(2) 점유물방해제거청구권

제205조 【점유의 보유】 ① 점유자가 점유의 방해를 받은 때에는 그 방해의 제거 및 손해의 배상을 청구할 수 있다.
② 전항의 청구권은 방해가 종료한 날로부터 1년 내에 행사하여야 한다.
③ 공사로 인하여 점유의 방해를 받은 경우에는 공사착수 후 1년을 경과하거나 그 공사가 완성한 때에는 방해의 제거를 청구하지 못한다.

① **요 건**
㉠ 방해란 점유침탈 이외의 방법으로 기존의 점유상태에 대한 침해를 받은 경우를 말한다.
㉡ 방해행위는 방해자의 고의·과실을 불문한다.

② **내 용**
㉠ 방해의 제거 및 손해배상을 청구하는 것이다.
㉡ 방해가 중단된 후에는 손해배상만을 청구할 수 있다.
㉢ 또한 공사로 인하여 방해를 받은 경우에는 공사착수 후 1년을 경과하거나 공사가 완공되면 방해제거를 청구할 수 없고, 손해배상만 청구할 수 있다.

③ **행사기간**(제척기간)
㉠ 방해가 종료한 날로부터 1년 내에 행사하여야 한다.
㉡ 이 기간은 제척기간이고, 출소기간이다.

(3) 점유물방해예방청구권

제206조 【점유의 보전】 ① 점유자가 점유의 방해를 받을 염려가 있는 때에는 그 방해의 예방 또는 손해배상의 담보를 청구할 수 있다.
② 공사로 인하여 점유의 방해를 받을 염려가 있는 경우에는 전조 제3항의 규정을 준용한다.

① **요건**: 점유의 방해를 받을 염려가 있어야 한다.
② **내용**: 방해의 예방 또는 손해배상의 담보를 청구하는 것이다.
③ **행사기간**(제척기간): 공사로 인하여 방해의 염려가 있는 경우에 대하여 1년 내에 행사하여야 한다.

OX

공사로 인하여 점유를 방해받은 경우, 그 공사가 완성되기 전이라면 공사착수 후 1년이 경과하였더라도 방해제거를 청구할 수 있다. (×) 제21회

PART 02

(4) 간접점유의 보호

> **제207조【간접점유의 보호】** ① 전3조의 청구권은 제194조의 규정에 의한 간접점유자도 이를 행사할 수 있다.
> ② 점유자가 점유의 침탈을 당한 경우에 간접점유자는 그 물건을 점유자에게 반환할 것을 청구할 수 있고 점유자가 그 물건의 반환을 받을 수 없거나 이를 원하지 아니하는 때에는 자기에게 반환할 것을 청구할 수 있다.

OX
직접점유자의 점유가 침탈된 경우 간접점유자는 원칙적으로 직접 자신에게 침탈물을 반환할 것을 청구할 수 있다. (×) 제17회

(5) 점유의 소와 본권의 소

> **제208조【점유의 소와 본권의 소와의 관계】** ① 점유권에 기인한 소와 본권에 기인한 소는 서로 영향을 미치지 아니한다.
> ② 점유권에 기인한 소는 본권에 관한 이유로 재판하지 못한다.

OX
점유권에 기한 소는 본권에 관한 이유로 재판하지 못한다. (○) 제21회

① **의 의**

㉠ '점유의 소'란 점유보호청구권에 의하여 제기된 소를 말하며, '본권에 의한 소'란 소유권 기타 실질적 권리에 의하여 제기된 소를 말한다.

㉡ 점유의 소는 본권에 관한 항변으로 이를 기각할 수 없음을 규정한 것이다.

② **내 용**

㉠ 소유자가 자기의 점유물을 침탈당한 경우에 소유권에 기한 반환청구의 소를 제기할 수도 있고, 점유권에 기한 반환청구의 소를 제기할 수도 있는바, 양자의 소는 전혀 그 기초를 달리하므로 서로 관계가 없는 것으로 다루어지고, 일방이 타방에 영향을 주는 경우도 없다. 따라서 양자의 소를 동시에 제기할 수 있고, 따로 제기할 수도 있으며, 한쪽의 소가 패소하더라도 다른 쪽의 소에 영향을 주지 않는다.

㉡ 점유권에 의한 소는 본권에 관한 이유로 재판하지 못하기 때문에 점유자로부터 점유물반환청구의 소를 제기당한 소유자는 그 소송에서 방어방법으로 본권을 주장할 수 없다.

(6) 자력구제

> **제209조【자력구제】** ① 점유자는 그 점유를 부정히 침탈 또는 방해하는 행위에 대하여 자력으로써 이를 방위할 수 있다.
> ② 점유물이 침탈되었을 경우에 부동산일 때에는 점유자는 침탈 후 직시 가해자를 배제하여 이를 탈환할 수 있고 동산일 때에는 점유자는 현장에서 또는 추적하여 가해자로부터 이를 탈환할 수 있다.

관련판례

민법 제209조 제1항에 규정된 점유자의 자력방위권은 점유의 침탈 또는 방해의 위험이 있는 때에 인정되는 것인 한편, 제2항에 규정된 점유자의 자력탈환권은 점유가 침탈되었을 때 시간적으로 좁게 제한된 범위 내에서 자력으로 점유를 회복할 수 있다는 것으로서, 위 규정에서 말하는 '직시'란 '객관적으로 가능한 한 신속히' 또는 '사회관념상 가해자를 배제하여 점유를 회복하는 데 필요하다고 인정되는 범위 안에서 되도록 속히'라는 뜻으로 해석할 것이므로 점유자가 침탈사실을 알고 모르고와는 관계없이 침탈을 당한 후 상당한 시간이 흘렀다면 자력탈환권을 행사할 수 없다(대판 1993.3.26, 91다14116).

(7) 준점유

제210조 【준점유】 본장의 규정은 재산권을 사실상 행사하는 경우에 준용한다.

예 제

자주점유에 관한 설명으로 옳지 않은 것은? (다툼이 있으면 판례에 따름) 제28회

① 부동산에 관한 자주점유의 추정은 국가가 점유하는 경우에도 적용된다.
② 타인의 물건을 관리하기 위하여 한 점유는 점유권원의 성질상 자주점유이다.
③ 공유자 1인이 공유부동산 전부를 점유하고 있더라도 특별한 사정이 없는 한 다른 공유자의 지분비율의 범위 내에서는 타주점유이다.
④ 타주점유자가 그 명의로 소유권보존등기를 경료한 것만으로는 타주점유가 자주점유로 전환되지 않는다.
⑤ 자주점유는 소유자와 동일한 지배를 사실상 행사하려는 의사를 가지고 하는 점유이다.

해설

② 타인의 토지 위에 분묘를 설치 또는 소유하는 자는 점유권원의 성질상 소유의 의사는 추정되지 아니하고, 타인의 물건을 관리하기 위하여 한 점유는 점유권원의 성질상 타주점유라고 할 것이다(대판 1992.3.10, 91다24311).
① 자주점유의 추정은 국가나 지방자치단체가 점유하는 도로의 경우에도 적용되는 것이고, 그 도로 개설 당시 도로법이나 도시계획법 등 관계 법령에 규정된 절차에 따라 적법하게 점유권원을 취득하였는지 여부가 증명되지 않았다고 하더라도 이런 사실만으로 자주점유의 추정이 번복되어 그 점유권원의 성질상 타주점유라고 볼 수 없다(대판 1995.6.9, 94다13480).
③ 공유토지는 공유자 1인이 전부를 점유하고 있다고 하여도 다른 특별한 사정이 없다면 권원의 성질상 다른 공유자의 지분비율의 범위 내에서는 타주점유라고 볼 수밖에 없다(대판 1993.2.23, 92다38904).
④ 타주점유가 자주점유로 전환되기 위하여는 타주점유자가 새로운 권원에 기하여 다시 소유의 의사를 가지고 점유를 시작하거나 자기에게 점유를 시킨 자에 대하여 소유의 의사가 있음을 표시하여야 할 것이고, 타주점유자가 그 명의로 소유권이전등기를 경료하였다 하여 그것만으로 소유의 의사를 표시하여 자주점유로 전환되었다고 볼 수 없다(대판 1993.4.27, 92다51723).
⑤ 자주점유라 함은 소유자와 동일한 지배를 사실상 행사하려는 의사를 가지고 하는 점유를 의미하는 것이지, 법률상 그러한 지배를 할 수 있는 권한, 즉 소유권을 가지고 있거나 소유권이 있다고 믿고서 하는 점유를 의미하는 것은 아니다(대판 1994.10.21, 93다12176).

정답 ②

Chapter

04 소유권

단·원·열·기

매년 1~2문제 출제되는 물권법에서 가장 많이 출제되었던 부분이다. 취득시효, 공동소유 그리고 상린관계 위주로 학습하여야 한다.

01 소유권 총설

1 소유권의 총설

(1) 소유권의 의의

소유권은 소유자가 법률의 범위 내에서 자유로이 물건을 사용·수익·처분할 수 있는 권리이다.

(2) 소유권의 법적 성질

① **관념성**(觀念性)

소유권은 목적물의 귀속, 즉 물건에 대한 지배가능성을 말하며 소유권에 있어서 물건의 지배는 관념적인 것에 지나지 않는다. 이러한 성질을 소유권의 관념성이라 한다.

② **전면성**(全面性)

소유권 이외의 물권은 목적물을 일면적으로 지배하는(용익물권은 이용의 측면을, 담보물권은 처분의 측면을 지배) 권리인 데 반하여, 소유권은 목적물을 전면적으로 지배하는 권리이다. 이것을 소유권의 전면적 지배성이라고 한다.

③ **혼일성**(混一性)

소유권은 물건의 사용·수익·처분 등 모든 권능을 가지고 있는데, 소유권은 이러한 권능의 원천이며 이러한 권능을 하나로 통합한 지배권이다. 이것은 사용·수익·처분의 권능이 소유권의 내용을 이루는 대표적인 권능이라는 것이지 이에 한한다는 뜻은 아니다.

④ **탄력성**(彈力性)

지상권이나 임차권 등 이용권이 설정된 물건의 소유권은 사용·수익권능의 행사가 중지되어 소위 공허한 소유권이 된다. 그러나 이러한 이용권에 의한 제한은 유한이며 그것이 소멸되면 소유권은 당연히 본래의 전면적인 지배권으로 복귀한다. 이것을 소유권의 탄력성이라고 한다.

⑤ **항구성**(恒久性)

소유권은 일정한 존속기간을 정하여 성립하는 것이 아니고 소멸시효에 의해 소멸하는 것도 아니다. 이것을 소유권의 항구성이라고 한다. 이러한 소유권의 성질 때문에 소유권에 대하여 항구적 처분금지의 특약이나 존속기간을 붙이는 것은 허용될 수 없으며, 이러한 제한은 무효이다.

2 소유권의 내용 및 소유권에 기한 물권적 청구권

(1) 소유권의 내용

제211조 【소유권의 내용】 소유자는 법률의 범위 내에서 그 소유물을 사용, 수익, 처분할 권리가 있다.

관련판례

소유자가 소유권의 핵심적 권능에 속하는 사용·수익의 권능을 대세적으로 포기하는 것은 특별한 사정이 없는 한 허용되지 않는다. 이를 허용하면 결국 처분권능만이 남는 새로운 유형의 소유권을 창출하는 것이어서 민법이 정한 물권법정주의에 반하기 때문이다. 따라서 사유지가 일반 공중의 교통을 위한 도로로 사용되고 있는 경우, 토지 소유자가 스스로 토지의 일부를 도로 부지로 무상 제공하더라도 특별한 사정이 없는 한 이는 대세적으로 사용·수익권을 포기한 것이라기보다는 토지 소유자가 도로 부지로 무상 제공받은 사람들에 대한 관계에서 채권적으로 사용·수익권을 포기하거나 일시적으로 소유권을 행사하지 않겠다고 양해한 것이라고 보아야 한다(대판 2017.6.19, 2017다211528).

OX

사용·수익권능이 영구적·대세적으로 포기된 소유권은 특별한 사정이 없는 한 허용될 수 없다. (○) 제26회

① **토지소유권의 상하의 범위**

제212조 【토지소유권의 범위】 토지의 소유권은 정당한 이익 있는 범위 내에서 토지의 상하에 미친다.

㉠ 토지의 소유권은 정당한 이익 있는 범위 내에서 토지의 상하에 미친다. 즉, 토지소유권은 지표면뿐만 아니라 지상공간이나 지하의 지반에도 미친다.

㉡ 지하수는 토지의 구성부분이며, 따라서 토지소유권의 내용이 된다.

㉢ 미채굴의 광물은 토지소유권에 포함되지 않는다.

② **토지소유권의 경계**

관련판례

1. 지적도상의 경계와 실제의 경계가 불일치하는 경우, 원칙적으로 현실의 경계가 아니라 지적공부상의 경계 및 지적에 의한다(대판 1997.2.28, 96다49339).
2. 다만, 기술상의 착오로 지적도상의 경계선이 진실한 경계선과 다르게 작성되었고 당사자들의 의사도 진실한 경계선에 의하였다고 인정된다면 예외적으로 현실의 경계에 의한다(대판 1993.11.9, 93다22845).

(2) 소유권에 기한 물권적 청구권

소유권의 실현이 어떠한 사정으로 방해되는 경우에 소유권의 완전한 실현을 위하여 물권적 청구권이 발생한다.

제213조【소유물반환청구권】 소유자는 그 소유에 속한 물건을 점유한 자에 대하여 반환을 청구할 수 있다. 그러나 점유자가 그 물건을 점유할 권리가 있는 때에는 반환을 거부할 수 있다.

제214조【소유물방해제거, 방해예방청구권】 소유자는 소유권을 방해하는 자에 대하여 방해의 제거를 청구할 수 있고 소유권을 방해할 염려 있는 행위를 하는 자에 대하여 그 예방이나 손해배상의 담보를 청구할 수 있다.

관련판례

1. 소유권에 기한 물권적 청구권을 소유권과 분리하여 소유권 없는 전 소유자에게 유보하여 행사시킬 수 없는 것이므로, 소유권을 상실한 전 소유자는 제3자인 불법점유자에 대하여 소유권에 기한 물권적 청구권에 의한 방해배제를 구할 수 없다(대판 1980.9.9, 80다7).
2. 토지의 매수인이 아직 소유권이전등기를 경료받지 아니하였다 하여도 매매계약의 이행으로 그 토지를 인도받은 때에는 매매계약의 효력으로서 이를 점유・사용할 권리가 생기게 된 것으로 보아야 하고, 또 매수인으로부터 위 토지를 다시 매수한 자는 위와 같은 토지의 점유・사용권을 취득한 것으로 봄이 상당하므로 매도인은 매수인으로부터 다시 위 토지를 매수한 자에 대하여 토지소유권에 기한 물권적 청구권을 행사할 수 없다(대판 1998.6.26, 97다42823).

OX

소유권을 상실한 전(前)소유자는 제3자의 불법점유에 대하여 소유권에 기한 물권적 청구권을 행사할 수 없다. (○) 제20회

3. 미등기 무허가건물의 양수인이라 할지라도 그 소유권이전등기를 경료받지 않는 한 그 건물에 대한 소유권을 취득할 수 없고, 그러한 상태의 건물 양수인에게 소유권에 준하는 관습상의 물권이 있다고 볼 수도 없으므로, 건물을 신축하여 그 소유권을 원시취득한 자로부터 그 건물을 매수하였으나 아직 소유권이전등기를 갖추지 못한 자는 그 건물의 불법점거자에 대하여 직접 자신의 소유권 등에 기하여 명도를 청구할 수는 없다(대판 2007.6.15, 2007다11347).
4. 소유권에 기한 방해배제청구권에 있어서 '방해'라 함은 현재에도 지속되고 있는 침해를 의미하고, 법익 침해가 과거에 일어나서 이미 종결된 경우에 해당하는 '손해'의 개념과는 다르다 할 것이어서, 소유권에 기한 방해배제청구권은 방해결과의 제거를 내용으로 하는 것이 되어서는 아니 되며(이는 손해배상의 영역에 해당한다 할 것이다) 현재 계속되고 있는 방해의 원인을 제거하는 것을 내용으로 한다. 그러므로 쓰레기 매립으로 조성한 토지에 소유권자가 매립에 동의하지 않은 쓰레기가 매립되어 있다 하더라도 이는 과거의 위법한 매립공사로 인하여 생긴 결과로서 소유권자가 입은 손해에 해당한다 할 것일 뿐, 그 쓰레기가 현재 소유권에 대하여 별도의 침해를 지속하고 있다고 볼 수 없다는 이유로 소유권에 기한 방해배제청구권을 행사할 수 없다(대판 2003.3.28, 2003다5917).
5. 민법 제214조의 규정에 의하면, 소유자는 소유권을 방해하는 자에 대하여 그 방해제거 행위를 청구할 수 있고, 소유권을 방해할 염려가 있는 행위를 하는 자에 대하여 그 방해예방 행위를 청구하거나 소유권을 방해할 염려가 있는 행위로 인하여 발생하리라고 예상되는 손해의 배상에 대한 담보를 지급할 것을 청구할 수 있으나, 소유자가 침해자에 대하여 방해제거 행위 또는 방해예방 행위를 하는 데 드는 비용을 청구할 수 있는 권리는 위 규정에 포함되어 있지 않으므로, 소유자가 민법 제214조에 기하여 방해배제 비용 또는 방해예방 비용을 청구할 수는 없다(대판 2014.11.27, 2014다52612).
6. 소유물방해예방청구권은 방해의 발생을 기다리지 않고 현재 예방수단을 취할 것을 인정하는 것이므로, 그 방해의 염려가 있다고 하기 위하여는 방해예방의 소에 의하여 미리 보호받을 만한 가치가 있는 것으로서 객관적으로 근거 있는 상당한 개연성을 가져야 할 것이고 관념적인 가능성만으로는 이를 인정할 수 없다(대판 1995.7.14, 94다50533).

OX

소유권에 기한 방해제거청구권은 이미 종료된 방해결과의 제거를 내용으로 할 수 없다. (○) 제17회

3 상린관계(相隣關係)

(1) 의 의

'상린관계'란 인접하고 있는 부동산의 소유자 상호간에 이용을 조절하기 위하여 그들 사이의 권리관계를 규정한 것을 말한다. 상린관계는 소유권의 내용의 확장 또는 제한이라고 할 수 있다.

(2) 상린관계에 관한 민법의 규정은 임의규정이다. 따라서 당사자의 합의에 의하여 민법의 규정과 다르게 약정할 수 있다.

(3) 상린관계의 적용범위

① 소유권에 관한 상린관계에 관한 규정(제216조~제244조 규정)은 지상권과 전세권에 준용하고 있다. 그러나 지역권에는 준용규정이 없다. 임대차에는 준용규정은 없지만 유추적용된다.

② 상린관계에 파생하는 '상린권'은 독립한 물권이 아니라 소유권의 일부에 속한다.

알아두기

▪ 상린관계와 지역권의 비교

구 분	상린관계	지역권
발생원인	법률의 규정으로 발생(등기 불요)	설정계약으로 발생(등기 필요)
성 질	부동산소유권의 내용 자체	독립한 물권
대 상	부동산	토지
인접성	인접성이 요구됨	요역지와 승역지 인접 불요
소멸시효	대상이 되지 않음	대상이 됨
취득시효	불가능	계속되고 표현된 경우 가능

(4) 주위토지통행권

제219조 【주위토지통행권】 ① 어느 토지와 공로 사이에 그 토지의 용도에 필요한 통로가 없는 경우에 그 토지소유자는 주위의 토지를 통행 또는 통로로 하지 아니하면 공로에 출입할 수 없거나 과다한 비용을 요하는 때에는 그 주위의 토지를 통행할 수 있고 필요한 경우에는 통로를 개설할 수 있다. 그러나 이로 인한 손해가 가장 적은 장소와 방법을 선택하여야 한다.

② 전항의 통행권자는 통행지소유자의 손해를 보상하여야 한다.

제220조 【분할, 일부양도와 주위통행권】 ① 분할로 인하여 공로에 통하지 못하는 토지가 있는 때에는 그 토지소유자는 공로에 출입하기 위하여 다른 분할자의 토지를 통행할 수 있다. 이 경우에는 보상의 의무가 없다.

② 전항의 규정은 토지소유자가 그 토지의 일부를 양도한 경우에 준용한다.

① **주위토지통행권의 법적 성질**

주위토지통행권은 법정통행권이고, 소유권의 일부이므로 **별도의 등기가 필요 없다**.

② **주위토지통행권의 성립요건**

㉠ 공로로 출입할 수 없는 경우

㉡ 과다한 비용을 요하는 경우

㉢ 이미 기존의 통로가 있더라도 그것이 토지의 용도에 **필요한 통로로 기능하지 못하는** 경우

㉣ 일단 주위토지통행권이 발생하였다고 하더라도 나중에 그 토지에 접하는 공로가 개설됨으로써 **주위토지통행권을 인정할 필요가 없어진** 때에는 그 통행권은 소멸한다.

③ **주위토지통행권의 범위**

㉠ 이미 그 소유토지의 용도에 필요한 통로가 있는 경우에는 그 통로를 사용하는 것보다 **더 편리하다는 이유**만으로 다른 장소로 통행할 권리를 인정할 수 없다.

㉡ 주위토지통행권은 현재의 토지의 용법에 따른 이용의 범위에서 인정되는 것이지 더 나아가 장차의 이용상황까지 미리 대비하여 통행로를 정할 것은 아니다.

㉢ 통행지소유자는 원칙적으로 통행권자의 **통행을 수인할 소극적 의무**를 부담할 뿐 통로개설 등 적극적인 작위의무를 부담하지 않는다. 따라서 통로개설이나 유지비용은 통행권자가 부담한다.

㉣ 통행권이 제대로 기능하기 위하여 필요한 경우에는 통행권자는 당초에 **적법하게 설치된 담장의 철거를 청구**할 수도 있다.

㉤ 주위토지통행권이 통행지에 대한 통행지소유자의 점유를 배제할 권능까지 포함하는 것은 아니므로, 통행권자가 통행지를 배타적으로 점유하는 경우에는 통행지소유자는 통행지의 인도를 청구할 수 있다.

㉥ 민법 제219조에 의한 주위토지통행권은 인접한 토지의 상호 이용의 조절에 기한 권리로서 **토지의 소유자 또는 지상권자, 전세권자 등 토지사용권을 가진 자**에게 인정되는 권리이다. 따라서 명의신탁자에게는 주위토지통행권이 인정되지 아니한다.

㉦ 건축법에서 정하는 도로의 폭이나 면적 등과 일치하는 주위토지통행권이 바로 생긴다고 할 수 없다.

㉧ 주위토지통행권자가 통행지 소유자에게 **보상해야 할 손해액**은 주위토지통행권이 인정되는 당시의 현실적 이용 상태에 따른 **통행지의 임료**

상당액을 기준으로 하여야 한다. 단지 주위토지통행권이 인정되어 통행하고 있다는 사정만으로 **통행지를 '도로'로 평가하여** 산정한 임료 상당액이 통행지 소유자의 손해액이 된다고 볼 수 없다.

④ **보상 유무(有無)**

㉠ 주위토지통행권이 인정되는 경우에도 이로 인한 손해가 가장 적은 장소와 방법을 선택하여야 한다. 이 경우 통행권자는 **통행지소유자의 손해를 보상**하여야 한다.

㉡ 통행권자가 보상의무의 이행을 지체하더라도 채무불이행책임이 발생할 뿐 통행권이 소멸하지 않는다.

㉢ 통행권자의 허락을 얻어 사실상 통행하고 있는 자에게는 그 손해의 보상을 청구할 수 없다.

㉣ **토지의 분할 또는 일부 양도의 경우**에는 보상의 의무가 없다.

㉤ 무상주위통행권에 관한 민법 제220조의 규정은 토지의 직접 분할자 또는 일부 양도의 당사자 사이에만 적용되고 포위된 토지 또는 피통행지의 특정승계인에게는 적용되지 않는다.

(5) 그 밖의 중요 상린관계 규정

제216조【인지사용청구권】 ① 토지소유자는 경계나 그 근방에서 담 또는 건물을 축조하거나 수선하기 위하여 필요한 범위내에서 이웃 토지의 사용을 청구할 수 있다. 그러나 이웃 사람의 승낙이 없으면 그 주거에 들어가지 못한다.
② 전항의 경우에 이웃 사람이 손해를 받은 때에는 보상을 청구할 수 있다.

제217조【매연 등에 의한 인지에 대한 방해금지】 ① 토지소유자는 매연, 열기체, 액체, 음향, 진동 기타 이에 유사한 것으로 이웃 토지의 사용을 방해하거나 이웃 거주자의 생활에 고통을 주지 아니하도록 적당한 조처를 할 의무가 있다.
② 이웃 거주자는 전항의 사태가 이웃 토지의 통상의 용도에 적당한 것인 때에는 이를 인용할 의무가 있다.

제221조【자연유수의 승수의무와 권리】 ① 토지소유자는 이웃 토지로부터 자연히 흘러오는 물을 막지 못한다.
② 고지소유자는 이웃 저지에 자연히 흘러 내리는 이웃 저지에서 필요한 물을 자기의 정당한 사용범위를 넘어서 이를 막지 못한다.

제237조【경계표 · 담의 설치권】 ① 인접하여 토지를 소유한 자는 공동비용으로 통상의 경계표나 담을 설치할 수 있다.
② 전항의 비용은 쌍방이 절반하여 부담한다. 그러나 측량비용은 토지의 면적에 비례하여 부담한다.

제238조【담의 특수시설권】 인지소유자는 자기의 비용으로 담의 재료를 통상보다 양호한 것으로 할 수 있으며 그 높이를 통상보다 높게 할 수 있고 또는 방화벽 기타 특수시설을 할 수 있다.

제239조【경계표 등의 공유추정】 경계에 설치된 경계표·담·구거 등은 상린자의 공유로 추정한다. 그러나 경계표·담·구거 등이 상린자 일방의 단독비용으로 설치되었거나 담이 건물의 일부인 경우에는 그러하지 아니하다.
제240조【수지·목근의 제거권】 ① 인접지의 수목가지가 경계를 넘은 때에는 그 소유자에 대하여 가지의 제거를 청구할 수 있다.
② 전항의 청구에 응하지 아니한 때에는 청구자가 그 가지를 제거할 수 있다.
③ 인접지의 수목뿌리가 경계를 넘은 때에는 임의로 제거할 수 있다.
제241조【토지의 심굴금지】 토지소유자는 인접지의 지반이 붕괴할 정도로 자기의 토지를 심굴하지 못한다. 그러나 충분한 방어공사를 한 때에는 그러하지 아니하다.
제242조【경계선 부근의 건축】 ① 건물을 축조함에는 특별한 관습이 없으면 경계로부터 반미터 이상의 거리를 두어야 한다.
② 인접지소유자는 전항의 규정에 위반한 자에 대하여 건물의 변경이나 철거를 청구할 수 있다. 그러나 건축에 착수한 후 1년을 경과하거나 건물이 완성된 후에는 손해배상만을 청구할 수 있다.
제243조【차면시설의무】 경계로부터 2미터 이내의 거리에서 이웃주택의 내부를 관망할 수 있는 창이나 마루를 설치하는 경우에는 적당한 차면시설을 하여야 한다.
제244조【지하시설 등에 대한 제한】 ① 우물을 파거나 용수·하수 또는 오물 등을 저치할 지하시설을 하는 때에는 경계로부터 2미터 이상의 거리를 두어야 하며 저수지·구거 또는 지하실공사에는 경계로부터 그 깊이의 반 이상의 거리를 두어야 한다.
② 전항의 공사를 함에는 토사가 붕괴하거나 하수 또는 오액이 이웃에 흐르지 아니하도록 적당한 조처를 하여야 한다.

02 소유권의 취득

1 취득시효(取得時效)

1. 취득시효의 의의

(1) 의 의

'취득시효'란 권리를 행사하는 것과 같은 외관이 일정 기간 동안 계속되는 경우에 권리관계와 일치하는지 여부를 묻지 않고 권리취득의 효과를 인정하는 제도를 말한다.

(2) 종 류

민법은 부동산의 취득시효와 동산의 취득시효에 대하여 규정하고 있다. 그리고 부동산의 취득시효에는 점유취득시효(제245조 제1항)와 등기부취득시효

(제245조 제2항), 동산의 취득시효에는 일반취득시효(제246조 제1항)와 특별취득시효(제246조 제2항)를 규정하고 있다.

> **제245조 【점유로 인한 부동산소유권의 취득기간】** ① 20년간 소유의 의사로 평온, 공연하게 부동산을 점유하는 자는 등기함으로써 그 소유권을 취득한다.
> ② 부동산의 소유자로 등기한 자가 10년간 소유의 의사로 평온, 공연하게 선의이며 과실 없이 그 부동산을 점유한 때에는 소유권을 취득한다.
>
> **제246조 【점유로 인한 동산소유권의 취득기간】** ① 10년간 소유의 의사로 평온, 공연하게 동산을 점유한 자는 그 소유권을 취득한다.
> ② 전항의 점유가 선의이며 과실 없이 개시된 경우에는 5년을 경과함으로써 그 소유권을 취득한다.

2. 취득시효의 대상

(1) 취득시효의 목적이 될 수 있는 권리

① 소유권
② 지상권
③ 계속·표현되는 지역권
④ 질권
⑤ 광업권, 어업권, 무체재산권

(2) 취득시효의 대상이 되는 물건

① 자기 소유물에 대해서도 시효취득할 수 있다.
② 성명불상자의 소유물에 대해서도 시효취득할 수 있다.
③ 토지의 일부도 시효취득이 가능하다.
④ **국유재산 중 일반재산은 시효취득할 수 있다.**
　㉠ 원래 잡종재산이던 것이 행정재산으로 된 경우 잡종재산일 당시에 취득시효가 완성되었다고 하더라도 행정재산으로 된 이상 이를 원인으로 하는 소유권이전등기를 청구할 수 없다.
　㉡ 행정재산이더라도 공용폐지에 의하여 일반재산으로 되면 시효취득의 대상이 된다.
⑤ 공유지분에 대해서도 시효취득할 수 있다.
⑥ 그러나 집합건물의 공용부분은 취득시효에 의한 소유권 취득의 대상이 될 수 없다.
⑦ 미등기부동산도 취득시효 할 수 있다.
⑧ 간접점유(법인 아닌 사단, 종중)도 취득시효 할 수 있다.

OX
분필되지 않은 토지의 일부도 시효취득될 수 있다. (○) 제18회

OX
행정재산은 공용폐지가 되지 않는 한 취득시효의 대상이 되지 못한다. (○) 제18회

OX
취득시효 완성 당시에는 일반재산이었으나 취득시효 완성 후에 행정재산으로 변경된 경우, 국가를 상대로 소유권이전등기청구를 할 수 없다. (○) 제24회

3. 부동산의 점유취득시효요건

제245조【점유로 인한 부동산소유권의 취득기간】 ① 20년간 소유의 의사로 평온, 공연하게 부동산을 점유하는 자는 등기함으로써 그 소유권을 취득한다.

(1) 점 유

① 취득시효의 요건이 되는 점유는 자주점유이어야 하고, 평온 그리고 공연한 점유이어야 한다. 그리고 직접점유뿐만 아니라 간접점유에 의해서도 시효취득이 인정된다.

② **자주점유**(自主占有, 소유의 의사의 점유)

㉠ 취득시효에서 요구되는 '자주점유'라 함은 소유자와 동일한 지배를 사실상 행사하려는 의사를 가지고 하는 점유를 의미하는 것이지, 법률상 그러한 지배를 할 수 있는 권한, 즉 소유권을 가지고 있거나 소유권이 있다고 믿고서 하는 점유를 의미하는 것은 아니다.

㉡ 소유의 의사는 점유개시 당시 존재하여야 하고, 그것으로 족하며 나중에 매도인에게 처분권이 없음을 알았더라도 자주점유의 성질이 변하지 않는다.

㉢ 자주점유는 추정되므로(제197조), 점유자가 스스로 그 점유권원의 성질에 의하여 자주점유임을 증명할 필요는 없고, 점유자의 점유가 소유의 의사 없는 타주점유임을 주장하는 상대방에게 타주점유에 대한 증명책임이 있다.

(2) 시효기간의 경과

① **원칙**(고정시설)

점유자가 임의로 기산점을 선택할 수 없고 현실적으로 점유를 개시한 시점을 확정하여 그때부터 20년의 기간을 기산하여야 한다.

② **예외**(역산설)

전 점유기간을 통틀어 등기명의인이 동일하다면 취득시효의 완성을 주장할 수 있는 시점에 시효기간이 경과한 사실만 확정되면 충분하므로 임의의 시점을 그 기산점으로 삼을 수 있다.

③ **2차 취득시효**

취득시효완성 후 토지소유자의 변동이 있어도 당초의 점유자가 계속 점유하고 있고 소유자가 변동된 시점을 새로운 기산점으로 삼아도 다시 취득시효의 점유기간이 완성되는 경우에 시효취득을 주장하는 점유자로서는 소유권 변동시를 새로운 취득시효의 기산점으로 삼아 취득시효의 완성을 주장할 수 있다.

④ **점유의 승계가 있는 경우**

㉠ 전 점유자의 점유를 함께 주장하는 경우 어느 점유자의 점유까지를 주장할 것인가에 대하여 선택권을 가지지만, 전 점유자의 점유를 아울러 주장하면서 그 점유의 개시시기를 어느 점유자의 점유기간 중의 임의의 시점으로 선택할 수 없다.

㉡ 전 점유자의 점유를 승계한 자는 그 점유 자체와 하자만을 승계하는 것이지 그 점유로 인한 법률효과까지 승계하는 것은 아니므로 부동산을 취득시효기간 만료 당시의 점유자로부터 양수하여 점유를 승계한 현 점유자는 자신의 전 점유자에 대한 소유권이전등기청구권을 보전하기 위하여 전 점유자의 소유자에 대한 소유권이전등기청구권을 대위행사할 수 있을 뿐, 전 점유자의 취득시효완성의 효과를 주장하여 직접 자기에게 소유권이전등기를 청구할 권원은 없다.

㉢ 전 점유기간 중 소유 명의에 변동이 없다면, 현재의 시점으로부터 역산하여 20년이 경과한 시점을 취득시효의 기산점으로 삼아, 자신이 시효취득하였음을 주장하여 직접 소유권이전등기를 청구할 수 있다.

(3) 등 기

OX

시효완성자는 등기 없이도 토지 소유권을 취득한다. (×) 제21회

OX

부동산에 대한 점유취득시효완성을 원인으로 하는 소유권이전등기청구권은 물권적 청구권이다. (×) 제20회

① 제187조에 대한 유일한 예외로서 등기하여야 소유권을 취득한다.

② 점유취득시효완성에 의한 권리의 취득은 원시취득이다.

③ 점유취득시효완성에 기한 등기청구권은 채권적 청구권으로 소멸시효의 대상이 된다.

㉠ 점유자가 취득시효기간의 만료로 일단 소유권이전등기청구권을 취득한 이상, 그 후 점유를 상실하였다고 하더라도 이를 시효이익의 포기로 볼 수 있는 경우가 아닌 한, 이미 취득한 소유권이전등기청구권은 소멸되지 아니한다.

㉡ 토지에 대한 취득시효완성으로 인한 소유권이전등기청구권은 그 토지에 대한 점유가 계속되는 한 시효로 소멸하지 아니하고, 그 후 점유를 상실하였다고 하더라도 이를 시효이익의 포기로 볼 수 있는 경우가 아닌 한 이미 취득한 소유권이전등기청구권은 바로 소멸되는 것은 아니나, 취득시효가 완성된 점유자가 점유를 상실한 경우 취득시효완성으로 인한 소유권이전등기청구권의 소멸시효는 이와 별개의 문제로서, 그 점유자가 점유를 상실한 때로부터 10년간 등기청구권을 행사하지 아니하면 소멸시효가 완성한다.

④ 등기청구권의 상대방

㉠ 취득시효완성으로 토지의 소유권을 취득하기 위하여는 그로 인하여 소유권을 상실하게 되는 시효완성 당시의 소유자를 상대로 소유권이전등기청구를 하는 방법에 의하여야 한다.

㉡ 점유취득시효완성을 원인으로 한 소유권이전등기청구는 시효완성 당시의 소유자를 상대로 하여야 하므로 시효완성 당시의 소유권보존등기 또는 이전등기가 무효라면 원칙적으로 그 등기명의인은 시효취득을 원인으로 한 소유권이전등기청구의 상대방이 될 수 없고, 이 경우 시효취득자는 소유자를 대위하여 위 무효등기의 말소를 구하고 다시 위 소유자를 상대로 취득시효완성을 이유로 한 소유권이전등기를 구하여야 한다.

OX

시효완성자의 시효이익의 포기는 특별한 사정이 없는 한 시효완성 당시의 원인무효인 등기의 등기부상 소유명의자에게 하여도 그 효력이 있다. (×) 제25회

4. 부동산소유권의 등기부취득시효의 요건

> **제245조【점유로 인한 부동산소유권의 취득기간】** ② 부동산의 소유자로 등기한 자가 10년간 소유의 의사로 평온, 공연하게 선의이며 과실 없이 그 부동산을 점유한 때에는 소유권을 취득한다.

(1) 점유(자주점유 + 평온점유 + 공연점유 + 선의 + 무과실점유)

① '선의 · 무과실'은 등기에 관한 것이 아니라 점유에 관한 것이다.

② 선의 · 무과실이 전 시효기간을 통하여 계속되어야 하는 것은 아니고, 점유 개시시에 선의 · 무과실이면 족하다.

③ 제197조 제1항에 의하여 선의는 추정되지만, 무과실은 추정되지 않으므로 시효취득을 주장하는 점유자가 무과실에 대한 증명책임을 진다.

(2) 등 기

① 등기부취득시효의 요건으로서 '소유자로 등기한 자'가 적법 유효한 등기를 마친 자일 필요는 없으며, 무효인 등기를 마친 자라도 등기부취득시효가 가능하다.

② 외관상 부적법한 등기(관할위반의 등기 등) 또는 이중의 보존등기에서 선차등기가 원인무효로 되지 않은 경우의 후차등기인 보존등기 또는 그에 터잡은 이전등기를 근거로 한 등기부취득시효는 부정된다.

③ 상속등기를 경료하지 않은 상속인도 부동산의 소유자로 등기한 자에 해당하여 등기부취득시효가 가능하다.

④ 명의신탁에 의하여 부동산의 소유자로 등기된 자는 그 사실만으로 당연히 그 부동산을 점유하는 것으로 볼 수 없음은 물론이고, 설사 그의 점유가 인정된다고 하더라도 그 점유권원의 성질상 자주점유라 할 수 없는 것이고, 한편 명의신탁자가 스스로 점유를 계속하면서 등기명의를 수탁자에게 이전한 경우에 수탁자의 등기명의를 신탁자의 등기명의와 동일한 것으로 볼 수는 없다.

(3) 점유와 등기의 계속

① 등기기간과 점유기간은 각각 10년이어야 한다.
② 점유의 승계뿐만 아니라 등기의 승계도 인정된다.

5. 취득시효완성의 효과

OX
취득시효에 의한 소유권취득의 효력은 점유를 개시한 때로 소급한다. (○) 제26회

제247조【소유권 취득의 소급효, 중단사유】 ① 전2조의 규정에 의한 소유권 취득의 효력은 점유를 개시한 때에 소급한다.
② 소멸시효의 중단에 관한 규정은 전2조의 소유권 취득기간에 준용한다.

(1) 소유권의 원시취득

① 취득시효에 의한 소유권의 취득은 원시취득이므로 원소유자의 권리 위에 존재하던 제한은 원칙적으로 소멸하고 시효완성자는 완전한 내용의 소유권을 취득한다.
② 그러나 시효완성 후 점유자가 등기하기 전에 설정된 저당권 등의 제한물권이 있는 경우 저당권 등에 의한 제한이 있는 상태로 소유권을 취득한다.
③ 시효취득자가 원소유자에 의하여 그 토지에 설정된 근저당권의 피담보채무를 변제하는 경우 자신의 이익을 위한 행위이므로, 변제액 상당에 대하여 원소유자에게 구상권을 행사하거나 부당이득을 이유로 그 반환청구를 할 수 없다.

(2) 소급효

① 취득시효로 인한 소유권 취득의 효과는 점유를 개시한 때에 소급한다.
② 소급효가 인정되므로 점유자가 취득시효기간 중에 취득한 과실은 정당한 권원에 기한 것으로 되어 소유자에게 부당이득으로 반환할 필요가 없다.
③ 취득시효기간 중에 점유자가 한 임대나 기타의 처분은 소급효 때문에 유효한 것으로 되지만, 그렇다고 하여 그 기간(점유기간뿐만 아니라 등기가 경료되기 전까지의 기간 포함) 중에 원소유자가 한 처분이 무효로 되는 것은 아니다.

④ 취득시효가 완성된 점유자는 점유권에 기하여 등기부상의 명의인을 상대로 점유방해의 배제를 청구할 수 있다 할 것인데, 시효취득자가 점유취득시효의 완성을 원인으로 하여 소유권이전등기를 청구하면서, 그와 동시에 시효 완성 후에 토지소유자가 멋대로 설치한 담장 등의 철거를 구하고 있을 뿐, 소유권에 기한 방해배제청구권에 기하여 위 담장 등의 철거를 구한 바 없고, 오히려 "토지소유자가 기존의 담장을 허물고 새로운 담장을 쌓은 것은 시효취득자의 점유를 침탈한 행위에 해당한다."고 주장하였으며, 원심의 변론종결 직전에는 소유권에 기한 주장은 하지 아니하고 담장 등 철거 청구도 시효취득에 의하여서만 구하는 것이라고 진술하였는바, 그렇다면 시효취득자는 점유권에 기한 방해배제청구권의 행사로서 토지소유자를 상대로 담장 등의 철거를 청구하고 있는 것으로 보아야 한다.

(3) 점유취득시효에서 시효완성 후의 등기 전의 법률관계

① 취득시효를 완성한 점유자의 지위

㉠ 점유취득시효에서 시효기간의 만료만으로 권리취득의 효과가 생기는 것이 아니고, 시효완성자는 등기를 함으로써 비로소 권리를 취득한다. 따라서 미등기부동산이더라도 등기 없이는 소유권을 취득하지 못한다.

㉡ 시효완성자는 소유명의자에게 채권적 등기청구권만 가질 뿐이다.

㉢ 등기 전에는 아직 소유자라고 할 수 없지만, 시효가 완성됨에 따라 시효권리자에게 등기를 해 줄 의무를 지는 소유명의자는 시효권리자에 대하여 불법점유임을 이유로 건물의 철거 및 또는 대지의 인도를 청구할 수 없고, 점유로 인한 부당이득의 반환도 할 수 없다.

> **OX**
> 시효완성자가 소유자에게 등기이전을 청구하더라도 특별한 사정이 없는 한, 부동산의 점유로 인한 부당이득반환의무를 지지 않는다. (○) 제26회

② 시효완성 전의 사정변경

㉠ 취득시효기간의 만료 전에 등기부상의 소유 명의가 변경되었다 하더라도 이로써 종래의 점유상태의 계속이 파괴되었다고 할 수 없으므로 이는 취득시효의 중단사유가 될 수 없다.

㉡ 따라서 시효완성자는 시효완성 당시의 등기명의인을 상대로 시효완성을 주장할 수 있다.

> **OX**
> 점유취득시효의 완성으로 인한 소유권이전등기청구는 시효완성 당시의 소유자를 상대로 하여야 한다. (○) 제15회

③ 시효완성 후의 사정변경

㉠ 취득시효완성 후 그 등기 전에 제3자가 소유자로부터 부동산을 양수하여 등기를 마쳤다면 점유자는 제3자에 대하여 취득시효의 완성을 주장할 수 없다.

㉡ 점유취득시효완성을 원인으로 한 소유권이전등기의무를 부담하는 자는 취득시효기간 완성 당시의 소유자이고, 취득시효완성사실을 알면서 소

유자로부터 그 부동산을 매수하여 소유권이전등기를 마친 자라고 하더라도, 소유자와의 사이에서 소유자의 소유권이전등기의무를 인수하여 이행하기로 묵시적 또는 명시적으로 약정하였다는 등의 특별한 사정이 인정되지 않는 한, 위의 의무를 승계한다고 볼 수는 없다. 즉, 악의의 제3자에게도 대항하지 못한다.

㉢ 어떤 사유로든 소유명의자에게 소유권이 복귀되었다면 시효권리자는 소유명의자에게 시효의 완성을 주장할 수 있다.

㉣ 시효완성 당시 미등기로 남아 있던 토지에 관하여 소유권을 가지고 있던 자가 시효완성 후 그 명의로 소유권보존등기를 마친 경우에도 그 자가 시효완성 후의 새로운 이해관계인이 아니기 때문에 그 자에 대하여 시효완성을 주장할 수 있다.

㉤ 시효완성 후 소유자가 제3자에게 명의신탁을 한 경우, 소유자는 언제든지 수탁자를 상대로 명의신탁을 해지하고 소유권이전등기를 청구할 수 있으므로, 점유자는 그 제3자(수탁자)를 상대로 취득시효의 완성을 주장할 수 있다(즉 제3자가 소유자로서 권리를 행사하는 경우 점유자는 취득시효완성을 이유로 이를 저지할 수 있다).

㉥ 시효완성 후 명의신탁이 해지되어 명의신탁자 명의로 소유권이전등기가 경료된 경우, 그 명의신탁자는 취득시효완성 후에 소유권을 취득한 자에 해당하여 그에 대하여 취득시효를 주장할 수 없다.

㉦ 취득시효 완성 후 시효완성자가 그 명의로 등기하기 전에 취득시효 완성 전에 이미 설정된 가등기에 기하여 소유권이전의 본등기가 경료된 경우, 시효완성자는 시효완성 후 본등기를 경료한 자에게 시효취득을 주장할 수 없다.

④ 시효완성 후 소유권이 타인에게 이전된 경우의 법률관계

㉠ 시효완성 후 시효권리자가 시효완성을 주장하거나 그로 인한 소유권이전등기청구를 하기 전에는 특별한 사정이 없는 한 시효완성 사실을 알 수 없는 소유명의자가 소유권을 제3자에게 양도하였더라도 불법행위가 성립하지 않는다.

㉡ 부동산소유자가 취득시효가 완성된 사실을 알고 그 부동산을 제3자에게 처분하여 소유권이전등기를 넘겨줌으로써 취득시효완성을 원인으로 한 소유권이전등기의무가 이행불능에 빠지게 되어 시효취득을 주장하는 자가 손해를 입었다면 불법행위를 구성한다고 할 것이고, 부동산을 취득한 제3자가 부동산소유자의 이와 같은 불법행위에 적극 가담하였다면 이는 사회질서에 반하는 행위로서 무효라고 할 것이다.

OX

소유자가 시효완성 사실을 모르고 제3자에게 처분했더라도, 시효완성자는 소유자에게 불법행위를 이유로 손해배상을 청구할 수 있다. (×) 제21회

㉢ 부동산점유자에게 시효취득으로 인한 소유권이전등기청구권이 있다고 하더라도 이로 인하여 부동산소유자와 시효취득자 사이에 계약상의 채권·채무관계가 성립하는 것은 아니므로, 그 부동산을 처분한 소유자에게 채무불이행책임을 물을 수 없다.

㉣ 민법상 이행불능의 효과로서 채권자의 전보배상청구권과 계약해제권 외에 별도로 대상청구권을 규정하고 있지는 않으나 해석상 대상청구권을 부정할 이유는 없는 것이지만, 점유로 인한 부동산 소유권 취득기간 만료를 원인으로 한 등기청구권이 이행불능으로 되었다고 하여 대상청구권을 행사하기 위하여는, 그 이행불능 전에 등기명의자에 대하여 점유로 인한 부동산 소유권 취득기간이 만료되었음을 이유로 그 권리를 주장하였거나 그 취득기간 만료를 원인으로 한 등기청구권을 행사하였어야 하고, 그 이행불능 전에 그와 같은 권리의 주장이나 행사에 이르지 않았다면 대상청구권을 행사할 수 없다고 봄이 공평의 관념에 부합한다. 즉, 취득시효완성 후 대상청구권을 제한적으로 인정한다.

OX

시효완성 후 그에 따른 소유권이전등기 전에 소유자가 부동산을 처분하면 시효완성자에 대하여 채무불이행책임을 진다. (×) 제26회

PART 02

(4) 취득시효의 중단

① 소멸시효의 중단에 관한 규정이 취득시효에 준용된다(제247조 제2항).

② 취득시효의 정지에 대해서는 규정이 없지만 학설은 유추적용을 긍정한다.

③ 취득시효의 이익의 포기 역시 제184조 제1항을 유추하여 판례는 인정한다.

④ 민법 제247조 제2항은 '소멸시효의 중단에 관한 규정은 점유로 인한 부동산 소유권의 시효취득기간에 준용한다.'고 규정하고, 민법 제168조 제2호는 소멸시효 중단사유로 '압류 또는 가압류, 가처분'을 규정하고 있다. 점유로 인한 부동산소유권의 시효취득에 있어 취득시효의 중단사유는 종래의 점유상태의 계속을 파괴하는 것으로 인정될 수 있는 사유이어야 하는데, 민법 제168조 제2호에서 정하는 '압류 또는 가압류'는 금전채권의 강제집행을 위한 수단이거나 그 보전수단에 불과하여 취득시효기간의 완성 전에 부동산에 압류 또는 가압류 조치가 이루어졌다고 하더라도 이로써 종래의 점유상태의 계속이 파괴되었다고는 할 수 없으므로 이는 취득시효의 중단사유가 될 수 없다.

OX

취득시효완성자는 취득시효가 완성된 후에 시효이익을 포기할 수 있다. (○) 제18회

OX

부동산에 대한 압류 또는 가압류는 취득시효의 중단사유에 해당하지 않는다. (○) 제26회

예제

부동산점유취득시효에 관한 설명으로 옳지 않은 것은? (다툼이 있으면 판례에 따름)

제26회

① 부동산에 대한 압류 또는 가압류는 취득시효의 중단사유에 해당하지 않는다.
② 취득시효기간 중 계속해서 등기명의자가 동일한 경우, 점유개시 후 임의의 시점을 시효기간의 기산점으로 삼을 수 있다.
③ 시효완성자는 시효완성 당시의 진정한 소유자에 대하여 채권적 등기청구권을 가진다.
④ 시효완성 후 그에 따른 소유권이전등기 전에 소유자가 부동산을 처분하면 시효완성자에 대하여 채무불이행책임을 진다.
⑤ 시효완성자가 소유자에게 등기이전을 청구하더라도 특별한 사정이 없는 한, 부동산의 점유로 인한 부당이득반환의무를 지지 않는다.

해설

④ 부동산 점유자에게 시효취득으로 인한 소유권이전등기청구권이 있다고 하더라도 이로 인하여 부동산 소유자와 시효취득자 사이에 계약상의 채권·채무관계가 성립하는 것은 아니므로, 그 부동산을 처분한 소유자에게 채무불이행 책임을 물을 수 없다(대판 1995.7.11, 94다4509).
① 취득시효기간의 완성 전에 부동산에 압류 또는 가압류 조치가 이루어졌다고 하더라도 이로써 종래의 점유상태의 계속이 파괴되었다고는 할 수 없으므로 이는 취득시효의 중단사유가 될 수 없다(대판 2019.4.3, 2018다296878).
② 취득시효를 주장하는 자는 소유자의 변동이 없는 토지에 관하여는 취득시효의 기산점을 임의로 선택할 수 있다(대판 1992.11.10, 92다20774).
③ 부동산에 대한 점유취득시효 완성을 원인으로 하는 소유권이전등기청구권은 채권적 청구권으로서, 취득시효가 완성된 점유자가 그 부동산에 대한 점유를 상실한 때로부터 10년간 이를 행사하지 아니하면 소멸시효가 완성한다(대판 1995.12.5, 95다24241).
⑤ 부동산에 대한 취득시효가 완성되면 점유자는 소유명의자에 대하여 취득시효완성을 원인으로 한 소유권이전등기절차의 이행을 청구할 수 있고 소유명의자는 이에 응할 의무가 있으므로 점유자가 그 명의로 소유권이전등기를 경료하지 아니하여 아직 소유권을 취득하지 못하였다고 하더라도 소유명의자는 점유자에 대하여 점유로 인한 부당이득반환청구를 할 수 없다(대판 1993.5.25, 92다51280).

정답 ④

6. 동산소유권의 취득시효

제246조【점유로 인한 동산소유권의 취득기간】 ① 10년간 소유의 의사로 평온·공연하게 동산을 점유한 자는 그 소유권을 취득한다.
② 전항의 점유가 선의이며 과실 없이 개시된 경우에는 5년을 경과함으로써 그 소유권을 취득한다.

(1) 일반취득시효

10년간 소유의 의사로 평온·공연하게 동산을 점유한 자는 그 소유권을 취득한다.

(2) 선의취득시효

소유의 의사로 평온 · 공연하게 동산을 점유한 자는 그 점유가 선의이며 과실 없이 개시된 경우에는 5년을 경과함으로써 그 소유권을 취득한다.

7. 소유권 이외의 재산권의 취득시효

> **제248조 【소유권 이외의 재산권의 취득시효】** 전3조의 규정은 소유권 이외의 재산권의 취득에 준용한다.

(1) 객 체

용익물권 · 질권 · 임차권 · 무체재산권 등이 객체가 된다. 다만, 지역권은 계속되고 표현된 것에 한하므로 불계속 · 불표현의 지역권은 시효취득의 객체가 될 수 없다.

(2) 요 건

권리행사가 점유를 수반하는 권리(지상권 · 질권 등)에는 점유를 요하고, 물건의 소지를 내용으로 하지 않는 권리(지역권 · 무체재산권 등)에는 준점유를 계속할 것을 요한다. 이러한 경우에는 자주점유가 아니라 타주점유이다.

(3) 준용규정

소유권의 취득시효에 관한 규정이 준용된다.

2 선점 · 습득 · 발견

1. 무주물선점

> **제252조 【무주물의 귀속】** ① 무주의 동산을 소유의 의사로 점유한 자는 그 소유권을 취득한다.
> ② 무주의 부동산은 국유로 한다.
> ③ 야생하는 동물은 무주물로 하고 사양하는 야생동물도 다시 야생상태로 돌아가면 무주물로 한다.
>
> **제255조 【문화재의 국유】** ① 학술, 기예 또는 고고의 중요한 재료가 되는 물건에 대하여는 제252조 제1항 및 전2조의 규정에 의하지 아니하고 국유로 한다.
> ② 전항의 경우에 습득자, 발견자 및 매장물이 발견된 토지 기타 물건의 소유자는 국가에 대하여 적당한 보상을 청구할 수 있다.

(1) 선점의 요건

① **무주물(無主物)일 것**

㉠ '무주물'이란 현재 소유자가 없는 물건을 말한다.

㉡ 야생동물 및 사양하는 야생동물이 다시 야생상태로 돌아간 경우에도 무주물이다.

㉢ 그 물건이 학술 등의 자료인 경우에는 선점의 대상이 되지 못한다.

② **동산일 것**

㉠ 무주의 부동산은 국유가 되므로, 선점의 대상이 될 수 없다.

㉡ 미채굴의 광물도 선점의 목적이 되지 못한다.

③ **선점할 것**

선점(先占)이란 소유의 의사로 점유하는 것을 말한다. 즉, 소유의 의사가 없는 점유에 의해서는 선점할 수 없다.

(2) 선점의 효과

점유자는 무주물의 소유권을 원시취득한다.

2. 유실물의 습득

> **제253조【유실물의 소유권 취득】** 유실물은 법률에 정한 바에 의하여 공고한 후 6개월 내에 그 소유자가 권리를 주장하지 아니하면 습득자가 그 소유권을 취득한다.

(1) 습득의 요건

① **유실물(遺失物)일 것**

㉠ 유실물이란 점유자의 의사에 의하지 않고 점유를 이탈한 물건으로 도품이 아닌 것을 말한다.

㉡ 습득자가 그 물건이 유실물임을 알아야 하는 것은 아니며 객관적으로 유실물이면 된다.

② **습득(拾得)할 것**

'습득'이란 유실물에 대한 점유를 취득하는 것을 말하며, 소유의 의사는 요하지 아니한다.

③ 법률이 정하는 바에 의하여 공고 후 6월 내에 그 소유자가 권리를 주장하지 않을 것

(2) 습득의 효과

① 습득자는 유실물에 대한 소유권을 취득한다.

② 유실자나 소유자 등이 그 권리를 주장하면 유실물은 그에게 반환된다. 이런 경우 유실물법에 의하여 습득자는 보수청구권이 인정된다.

3. 매장물의 발견

> **제254조【매장물의 소유권 취득】** 매장물은 법률에 정한 바에 의하여 공고한 후 1년 내에 그 소유자가 권리를 주장하지 아니하면 발견자가 그 소유권을 취득한다. 그러나 타인의 토지 기타 물건으로부터 발견한 매장물은 그 토지 기타 물건의 소유자와 발견자가 절반하여 취득한다.

(1) 발견의 요건

① 매장물(埋藏物)일 것

㉠ 매장물이란 토지 기타 물건에 묻혀 있어서 외부에서 쉽게 발견할 수 없는 상태에 있고, 현재 누구의 소유에 속하는지가 분명하지 않은 물건을 말한다.

㉡ 매장물은 주로 동산이지만 부동산도 매장물이 될 수 있다.

② 발견할 것

'발견'이란 매장물의 존재를 구체적・객관적으로 인식하는 것을 말한다. 발견에는 점유의 취득을 요하지 아니한다.

③ 법률이 정하는 바에 의하여 공고 후 1년 내에 그 소유자가 권리를 주장하지 않을 것

(2) 발견의 효과

① 발견자는 매장물의 소유권을 취득한다.

② 다만, 타인의 토지 기타 물건으로부터 발견된 매장물은 그 토지 기타 물건의 소유자와 발견자가 절반하여 취득한다(공유).

3 첨부(부합 · 혼화 · 가공)

1. 첨부의 의의

(1) '첨부(添附)'란 부합 · 혼화 · 가공을 총칭하는 말이다. 부합과 혼화는 사건에 해당하고, 가공은 순수사실행위에 해당한다.

(2) '첨부'는 어떤 물건에 타인의 물건 또는 노력이 결합되어 사회관념상 그 분리가 불가능하거나 분리에 과다한 비용이 드는 경우에 그 사회 · 경제적으로 불리한 원상회복을 방지하기 위하여 그 물건의 소유권을 누구에게 귀속시키느냐에 관한 것이다.

2. 부합(附合)

(1) 의 의

> **제256조 【부동산에의 부합】** 부동산의 소유자는 그 부동산에 부합한 물건의 소유권을 취득한다. 그러나 타인의 권원에 의하여 부속된 것은 그러하지 아니하다.
>
> **제257조 【동산 간의 부합】** 동산과 동산이 부합하여 훼손하지 아니하면 분리할 수 없거나 그 분리에 과다한 비용을 요할 경우에는 그 합성물의 소유권은 주된 동산의 소유자에게 속한다. 부합한 동산의 주종을 구별할 수 없는 때에는 동산의 소유자는 부합 당시의 가액의 비율로 합성물을 공유한다.

OX

부합한 동산의 주종을 구별할 수 있는 경우, 특별한 사정이 없는 한 각 동산의 소유자는 부합 당시의 가액비율로 합성물을 공유한다. (×) 제22회

'부합'이란 소유자를 각각 달리하는 수개의 물건이 결합하여 훼손이나 과다한 비용을 지출하지 않고서는 분리할 수 없어서 1개의 물건으로 되는 것이다.

(2) 부동산에의 부합

① 요 건

㉠ 부합의 주물과 부합되는 물건

ⓐ 부합의 주물은 당연히 부동산(토지, 건물 또는 수목의 집단)이다.

ⓑ 부합되는 물건은 주로 동산이겠지만, 부동산도 부합물이 될 수 있다. 예를 들면, 건물과 건물 간의 부합을 인정하는 것이다.

㉡ 부합의 정도

ⓐ 부동산에 부합한 동산을 훼손하지 아니하면 분리할 수 없거나 그 분리에 과다한 비용이 드는 경우는 물론, 분리하게 되면 경제적 가치를 심히 감소시키는 경우도 포함된다.

ⓑ 부합의 원인은 인공적이든 자연적이든 이를 묻지 않는다.

② **부합의 효과**

㉠ 부동산의 소유자는 그 부동산에 부합한 물건의 소유권을 취득한다(제256조). 부합한 물건의 가격이 부동산의 가격을 초과하더라도 부동산소유자가 부합한 물건의 소유권을 취득한다.

㉡ 저당권의 효력은 저당부동산에 부합한 물건에 미친다.

㉢ 정당한 권원(지상권, 전세권, 임차권 등)에 의해 부속된 것인 때에는 그 동산의 소유권은 부동산소유자의 소유로 되지 않고 부속시킨 자의 소유로 남는다(제256조 단서).

㉣ 부합한 동산의 소유자는 부합한 동산의 소유권을 취득한 부동산소유자에게 부당이득에 관한 규정에 의해 보상을 청구할 수 있다(제261조).

관련판례

1. 임차인이 임차한 건물에 그 권원에 의하여 증축을 한 경우, 증축된 부분이 구조상으로나 이용상으로 기존건물과 구분되는 독립성이 있는 때에는 구분소유권이 성립하여 증축된 부분은 독립한 소유권의 객체가 된다(대판 1999.7.27, 99다14518).
2. 건물의 증축부분이 기존건물에 부합하여 기존건물과 분리하여서는 별개의 독립건물로서 효용을 가지지 못하는 이상, 기존건물에 대한 경매절차에서 경매목적물로 평가되지 아니하였다 하더라도, 경락인은 부합된 증축부분의 소유권을 취득한다(대판 2002.10.25, 2000다63110).
3. 부동산에 부합된 물건이 사실상 분리복구가 불가능하여 거래상 독립한 권리의 객체성을 상실하고 그 부동산과 일체를 이루는 부동산의 구성부분이 된 경우에는 타인이 권원에 의하여 이를 부합시킨 경우에도 그 물건의 소유권은 부동산의 소유자에게 귀속된다(대판 1985.12.24, 84다카2428).
4. 건물을 증개축한 경우에 그 증개축된 부분은 제256조 본문에 의해 건물소유자에게 귀속한다. 그러나 건물의 임차인 등이 건물소유자의 승낙을 얻어 증개축한 경우에는 제256조 단서의 권원에 의하여 부속된 경우에 해당하고 그 증개축 부분은 임차인의 소유가 된다. 다만, 물권의 목적물은 독립성을 가질 것을 요하므로 그 증개축 부분이 경제적으로 보아 독립성을 갖지 않은 경우에는 제256조 단서가 적용되지 않고 동조 본문만이 적용되어 증개축 부분은 건물소유자에게 귀속한다(대판 1977.5.24, 76다464).
5. 권원 없는 자가 토지소유자의 승낙을 받음이 없이 그 임차인의 승낙만을 받아 그 부동산 위에 나무를 심었다면 특별한 사정이 없는 한 토지소유자에 대하여 그 나무의 소유권을 주장할 수 없다(대판 1989.7.11, 88다카9067).

3. 혼화(混和)

> **제258조 【혼 화】** 전조의 규정은 동산과 동산이 혼화하여 식별할 수 없는 경우에 준용한다.

(1) '혼화'란 고형물의 혼화 또는 유동물의 융화(融和)처럼 물건이 동종의 다른 물건과 섞여서 원물을 식별할 수 없게 된 것을 말한다.

(2) 혼화는 일종의 동산의 부합의 성질을 가진다. 따라서 동산의 부합에 관한 규정을 준용한다.

4. 가공(加工)

> **제259조 【가 공】** ① 타인의 동산에 가공한 때에는 그 물건의 소유권은 원재료의 소유자에게 속한다. 그러나 가공으로 인한 가액의 증가가 원재료의 가액보다 현저히 다액인 때에는 가공자의 소유로 한다.
> ② 가공자가 재료의 일부를 제공하였을 때에는 그 가액은 전항의 증가액에 가산한다.

(1) 의 의

'가공'이란 타인의 동산에 공작을 가하여 새로운 물건을 만들어내는 것을 말한다.

(2) 요 건

① 사람의 노동력이 가해질 것
② 새로운 물건이 생길 것

(3) 효 과

① 원칙적으로 가공물의 소유권은 원재료의 소유자에게 속한다.
② 그러나 가공으로 인하여 가액증가가 원재료의 가액보다 현저히 다액이라면 가공자의 소유로 된다.

5. 첨부의 효과

제260조 【첨부의 효과】 ① 전4조의 규정에 의하여 동산의 소유권이 소멸한 때에는 그 동산을 목적으로 한 다른 권리도 소멸한다.
② 동산의 소유자가 합성물, 혼화물 또는 가공물의 단독소유자가 된 때에는 전항의 권리는 합성물, 혼화물 또는 가공물에 존속하고 그 공유자가 된 때에는 그 지분에 존속한다.

제261조 【첨부로 인한 구상권】 전5조의 경우에 손해를 받은 자는 부당이득에 관한 규정에 의하여 보상을 청구할 수 있다.

(1) 복구 부정

첨부제도는 분리나 복구를 방지하여 사회·경제적 손실을 방지하기 위한 것이므로 첨부의 요건에 관한 규정은 강행규정에 해당한다. 따라서 첨부에 대하여 그 복구는 인정되지 않는다.

(2) 새로운 소유자 결정

첨부에 의하여 생긴 새 물건에 관하여는 새로이 소유자가 결정된다. 이에 관한 규정은 임의규정이다.

(3) 당사자의 이해관계조정

첨부의 결과 소멸하게 된 구물건의 소유자는 부당이득에 관한 규정에 따라 보상을 청구할 수 있다(제261조). 이에 관한 규정도 임의규정이다.

(4) 제3자의 보호

첨부로 인하여 물건의 소유권이 소멸하면 그 물건 위에 존재하는 제3자의 권리도 역시 소멸하지만, 그 물건의 소유자가 새로운 물건의 단독소유자 또는 공유자가 된 때에는 그 권리는 새로운 물건 또는 공유지분 위에 존속한다(제260조 제2항). 이에 관한 규정은 강행규정이다.

03 공동소유

'공동소유'란 1개의 물건을 2인 이상의 다수인이 공동으로 소유하는 것을 말한다. 민법상의 공동소유에는 2인 이상의 다수인이 공동의 목적 없이 소유하는 '공유' 및 공동의 목적으로 하나의 물건을 소유하는 '합유' 그리고 법인이 아닌 사람의 단체가 소유하는 '총유'가 있다.

1 공유(公有)

(1) 공유의 의의 및 법적 성질

> **제262조 【물건의 공유】** ① 물건이 지분에 의하여 수인의 소유로 된 때에는 공유로 한다.
> ② 공유자의 지분은 균등한 것으로 추정한다.

① **공유의 의의**: '공유'란 하나의 물건을 지분(持分)에 의하여 수인이 소유하는 형태를 말한다.

② **공유의 법적 성질**: 1개의 소유권이 분량적으로 분할되어 수인에게 귀속되는 상태이다.

(2) 공유의 성립

① **법률행위에 의한 성립**

㉠ 수인이 하나의 물건을 공동으로 소유하기로 합의하는 것처럼 법률행위에 의하여 공유가 성립한다.

㉡ 법률행위에 의한 공유의 성립은 공유의 등기와 지분의 등기를 하여야 한다.

② **법률의 규정에 의한 성립**

㉠ 타인의 물건 속에서의 매장물의 발견(제254조)

㉡ 주종을 구별할 수 없는 동산의 부합 또는 혼화(제257조, 제258조)

㉢ 구분소유에서의 공용부분(제215조)

㉣ 경계에 설치된 경계표, 담, 구거(제239조)

㉤ 귀속불명의 부부재산(제830조)

㉥ 공동상속재산(제1006조)

(3) 공유의 지분

① 지분(持分)의 의의

'지분'이란 공유와 표리관계에 있는 지분의 의미에 관하여 통설인 양적 분할설은 1개의 소유권의 분량적 일부분이라고 한다. 즉, 지분은 그 성질이나 효력에서 소유권과 동일하지만, 단지 양적으로 소유권의 일부, 즉 소유의 비율일 뿐이다.

② 지분의 비율

㉠ 원칙: 법률의 규정 또는 당사자의 약정에 의하여 결정된다.

㉡ 예외: 불분명하면 균등한 것으로 추정된다(제262조 제2항).

㉢ 공유지분의 탄력성

> **제267조【지분포기 등의 경우의 귀속】** 공유자가 그 지분을 포기하거나 상속인 없이 사망한 때에는 그 지분은 다른 공유자에게 각 지분의 비율로 귀속한다.

③ 지분의 처분

> **제263조【공유지분의 처분과 공유물의 사용, 수익】** 공유자는 그 지분을 처분할 수 있고 공유물 전부를 지분의 비율로 사용, 수익할 수 있다.

㉠ 각 공유자는 자기 지분을 자유롭게 처분할 수 있고, 지분을 처분함에는 다른 공유자의 동의를 요하지 않는다.

㉡ 공유자는 자기의 지분 위에 담보물권을 설정할 수 있다.

(4) 공유자 간의 법률관계

① 공유물의 사용·수익

> **제263조【공유지분의 처분과 공유물의 사용, 수익】** 공유자는 그 지분을 처분할 수 있고 공유물 전부를 지분의 비율로 사용, 수익할 수 있다.

㉠ 각 공유자는 공유물 전부를 지분의 비율로 사용·수익할 수 있다.

㉡ 여기서 사용·수익의 객체는 공유물 전체이지 공유물의 특정부분은 아니다.

㉢ '지분의 비율'로 사용할 수 있다는 것은 그 비율만큼 배타적으로 사용할 수 있다는 의미는 아니다.

OX

부동산 공유자가 자기 지분을 포기한 경우, 그 지분은 이전등기 없이도 다른 공유자에게 각 지분의 비율로 귀속된다. (×) 제26회

OX

건물의 공유자가 상속인 없이 사망한 경우, 그 지분은 다른 공유자에게 각 지분의 비율로 귀속한다. (○) 제20회

OX

공유자는 공유자 과반수의 찬성으로 공유물을 처분할 수 있다. (×) 제17회

OX

공유자 1인이 자신의 지분을 처분하기 위해서는 다른 공유자의 동의가 있어야 한다. (×) 제15회

② 공유물의 관리 및 보존

> **제265조 【공유물의 관리, 보존】** 공유물의 관리에 관한 사항은 공유자의 지분의 과반수로써 결정한다. 그러나 보존행위는 각자가 할 수 있다.

㉠ 공유물의 관리에 관한 사항은 지분의 과반수로 결정한다. 여기서 '관리'란 공유물을 이용·개량하는 행위를 의미하며, 공유물의 처분이나 변경에 이르지 않는 것을 의미한다.

관련판례

1. 공유자가 공유물을 타인에게 임대하는 행위 및 그 임대차계약을 해지하는 행위는 공유물의 관리행위에 해당하므로, 민법 제265조 본문에 의하여 공유자의 지분의 과반수로써 결정하여야 한다(대판 2010.9.9, 2010다37905).
2. 과반수 지분권자가 나대지에 건물을 신축하여 소유하거나, 제3자에게 건물소유를 위하여 공유지를 임대하는 행위는 원칙적으로 관리의 범위를 넘어서는 것으로 평가되고, 따라서 제264조가 적용되어야 한다(대판 2002.5.14, 2002다9378).
3. 공유자 사이에 공유물을 사용·수익할 구체적인 방법을 정하는 것은 공유물의 관리에 관한 사항으로서 공유자의 지분의 과반수로써 결정하여야 할 것이고, 과반수 지분의 공유자는 다른 공유자와 사이에 미리 공유물의 관리방법에 관한 협의가 없었다 하더라도 공유물의 관리에 관한 사항을 단독으로 결정할 수 있다. 과반수 지분의 공유자가 그 공유물의 특정 부분을 배타적으로 사용·수익하기로 정하는 것은 공유물의 관리방법으로서 적법하다고 할 것이므로, 과반수 지분의 공유자로부터 사용·수익을 허락받은 점유자에 대하여 소수 지분의 공유자는 그 점유자가 사용·수익하는 건물의 철거나 퇴거 등 점유배제를 구할 수 없다(대판 2002.5.14, 2002다9738).
4. 공유자 사이에 공유물을 사용·수익할 구체적인 방법을 정하는 것은 공유물의 관리에 관한 사항으로서 공유자의 지분의 과반수로써 결정하여야 할 것이고, 과반수의 지분을 가진 공유자는 다른 공유자와 사이에 미리 공유물의 관리방법에 관한 협의가 없었다 하더라도 공유물의 관리에 관한 사항을 단독으로 결정할 수 있으므로, 과반수의 지분을 가진 공유자가 그 공유물을 배타적으로 사용·수익하기로 정하는 것은 공유물의 관리방법으로서 적법하다(대판 2015.11.26, 2015다206584).
5. 공유물의 소수지분권자가 다른 공유자와 협의 없이 공유물의 전부 또는 일부를 독점적으로 점유·사용하고 있는 경우 다른 소수지분권자는 공유물의 보존행위로서 그 인도를 청구할 수는 없고, 다만 자신의 지분권에 기초하여 공유물에 대한 방해 상태를 제거하거나 공동 점유를 방해하는 행위의 금지 등을 청구할 수 있다고 보아야 한다(대판 전합 2020.5.21, 2018다287522).

OX 공유물의 관리에 관한 사항은 달리 정한 바가 없으면, 공유자 전원의 동의가 있어야 한다. (×) 제18회

OX 공유물의 보존행위는 공유자 각자가 할 수 있다. (○) 제20회

OX 甲, 乙, 丙이 각 1/3의 지분씩 공유하고 있는 공유건물을 丙의 동의가 없더라도 甲과 乙의 합의만으로 X건물을 타인에게 임대할 수 있다. (○) 제15회

OX 건물의 공유자가 공동으로 건물을 임대하고 보증금을 수령한 경우, 특별한 사정이 없는 한 그 보증금반환채무는 성질상 불가분채무에 해당된다. (○) 제20회

OX 소수지분의 공유자는 과반수지분의 공유자로부터 사용·수익을 허락받은 점유자에 대하여 점유배제를 청구할 수 있다. (×) 제20회

OX 甲과 乙이 각 2/3, 1/3의 지분으로 공유하는 토지를 甲이 배타적으로 사용·수익하는 경우, 乙은 甲에게 공유물의 반환을 청구할 수 없다. (○) 제19회

OX 공유물의 소수지분권자가 다른 공유자와 협의 없이 공유물의 일부를 독점적으로 사용하는 경우, 다른 소수지분권자는 공유물에 대한 보존행위로서 공유물의 인도를 청구할 수 있다. (×) 제26회

㉡ 공유물의 보존행위는 각자 할 수 있다. 여기서 '보존'이란 공유물의 멸실・훼손을 방지하고 그 현상을 유지하기 위하여 하는 사실상・법률상 행위를 의미한다.

관련판례

1. 부동산의 공유자의 1인은 당해 부동산에 관하여 제3자 명의로 원인무효의 소유권이전등기가 경료되어 있는 경우 공유물에 관한 보존행위로서 제3자에 대하여 그 등기 전부의 말소를 구할 수 있다(대판 1993.5.11, 92다52870).
2. 공유자가 다른 공유자의 지분권을 대외적으로 주장하는 것을 공유물의 멸실・훼손을 방지하고 공유물의 현상을 유지하는 사실적・법률적 행위인 공유물의 보존행위에 속한다고 할 수 없다(대판 2009.2.26, 2006다72802).

③ 공유물의 처분・변경

제264조【공유물의 처분, 변경】 공유자는 다른 공유자의 동의 없이 공유물을 처분하거나 변경하지 못한다.

㉠ 처분의 대표적인 예는 공유물의 양도이지만, 담보물권의 설정도 이에 포함된다.

㉡ 공유자 1인에 의한 처분이더라도 그 공유자의 지분범위 내에서는 유효하므로, 지분범위를 넘는 부분만 무효로 된다.

관련판례

1. 공유자 1인에 의한 처분이더라도 그 공유자의 지분범위 내에서는 유효이므로, 지분범위를 넘는 부분만 무효가 된다(대판 전합 1965.4.22, 65다268).
2. 공유자의 1인이 공유물 중 일부를 특정하여 타인에게 증여하였다면 이는 특단의 사정이 없는 한 권한 없는 자의 처분행위에 지나지 않는다(대판 1985.9.24, 85다카451).

④ 공유물에 대한 부담

제266조【공유물의 부담】 ① 공유자는 그 지분의 비율로 공유물의 관리비용 기타 의무를 부담한다.
② 공유자가 1년 이상 전항의 의무이행을 지체한 때에는 다른 공유자는 상당한 가액으로 지분을 매수할 수 있다.

㉠ 관리비용은 공유물의 유지·개량을 위하여 지출한 비용을 의미하고, 기타의 의무는 공유물에 부과되는 세금 등을 의미한다.

㉡ 제3자에 대한 관계에서는 제266조 제1항은 적용되지 아니한다. 즉, 대외적으로 공유물에 대한 부담은 원칙적으로 불가분채무이고, 따라서 공유자 각자가 부담 전부를 이행할 의무를 진다.

㉢ 지분매수청구권은 형성권이지만, 이를 행사하기 위해서는 매수대상이 되는 지분 전부에 대한 매매대금을 제공하거나 지급하여야 한다.

(5) 공유의 주장

① 지분의 대외적 주장

관련판례

1. 다른 공유자 또는 제3자에 의하여 자기의 지분을 부인당한 공유자는 지분을 부인하는 자를 상대로 지분확인의 소를 제기할 수 있다(대판 1994.11.11, 94다35008).
2. 상속에 의하여 수인의 공유로 된 부동산에 관하여 그 공유자 중의 1인이 부정한 방법으로 공유물 전부에 관한 소유권이전등기를 그 단독명의로 경료함으로써 타의 공유자가 공유물에 대하여 갖는 권리를 방해한 경우에 있어서는 그 방해를 받고 있는 공유자 중의 1인은 공유물의 보존행위로서 위 단독명의로 등기를 경료하고 있는 공유자에 대하여 그 공유자의 공유지분을 제외한 나머지 공유지분 전부에 관하여 소유권이전등기말소등기절차의 이행을 구할 수 있다(대판 1988.2.23, 87다카961).
3. 공유물에 끼친 불법행위를 이유로 하는 손해배상청구권은 특별한 사유가 없는 한 각 공유자가 지분에 대응하는 비율의 한도내에서만 이를 행사할 수 있다(대판 1970.4.14, 70다171).

OX
공유자들이 공유물의 무단점유자에게 가지는 차임 상당의 부당이득반환채권은 특별한 사정이 없는 한 불가분채권에 해당한다. (×) 제26회

② **공유관계의 대외적 주장**: 공유자는 전체로서의 공유관계를 주장하여, 그의 확인을 구하거나 등기를 청구하거나 시효를 중단할 수 있다.

관련판례

제3자의 공유자에 대한 공유물에 대한 인도나 철거청구시 공유자 전원이 피고가 될 필요는 없다(대판 1969.7.22, 69다609).

(6) 공유물의 분할

① 공유물의 분할청구권

> **제268조【공유물의 분할청구】** ① 공유자는 공유물의 분할을 청구할 수 있다. 그러나 5년 내의 기간으로 분할하지 아니할 것을 약정할 수 있다.
> ② 전항의 계약을 갱신한 때에는 그 기간은 갱신한 날로부터 5년을 넘지 못한다.
> ③ 전2항의 규정은 제215조, 제239조의 공유물에는 적용하지 아니한다.

㉠ 원칙: 공유는 합유나 총유와 달리 공유자 사이에 아무런 인적 결합관계가 없으므로, 공유자는 언제든지 공유물의 분할을 청구할 수 있다.

㉡ 제 한

ⓐ 공유자는 5년 내의 기간으로 분할하지 아니할 것을 약정할 수 있다. 이 기간은 갱신할 수 있으나, 그 기간은 갱신한 날로부터 5년을 넘지 못한다. 이 특약은 등기되어 있는 때에만 지분의 양수인에게 효력이 미친다.

ⓑ 건물을 구분소유하는 경우의 공용부분 · 경계선상의 경계표에 관하여는 분할이 인정되지 않는다(제268조 제3항).

② 분할의 방법

> **제269조【분할의 방법】** ① 분할의 방법에 관하여 협의가 성립되지 아니한 때에는 공유자는 법원에 그 분할을 청구할 수 있다.
> ② 현물로 분할할 수 없거나 분할로 인하여 현저히 그 가액이 감손될 염려가 있는 때에는 법원은 물건의 경매를 명할 수 있다.

㉠ 현물분할(원칙)

ⓐ 공유물의 분할은 우선 협의에 의하여 이를 정한다.

ⓑ 분할방법으로는 '현물분할'이 원칙이지만, 경우에 따라서는 공유물을 매각하여 그 대금을 나누는 '대금분할'이나, 공유자 한 사람이 다른 공유자의 지분을 양수하여 그 가격을 지급하고 단독소유자가 되는 '가액배상'의 방법을 이용할 수도 있다.

㉡ 재판에 의한 분할(예외)

ⓐ '재판에 의한 분할'이란 분할에 관하여 협의가 성립하지 않은 때에는 공유자가 법원에 그 분할을 청구하는 것을 말한다.

ⓑ '협의가 성립하지 않은 때'라는 것은 협의하다가 협의가 성립하지 않은 경우뿐만 아니라 처음부터 협의불능의 경우도 포함된다.

OX
공유자 과반수의 동의가 있어야 공유물을 분할할 수 있다. (×) 제18회

OX
공유자는 5년 내의 기간으로 공유물을 분할하지 아니할 것을 약정할 수 있다. (○) 제17회

OX
토지의 상린자가 공유하고 있는 담장은 분할을 청구하여 각자의 단독소유로 할 수 있다. (×) 제16회

OX
공유물분할의 방법에 관하여 협의가 성립하지 않은 때에는 공유자는 법원에 그 분할을 청구할 수 있다. (○) 제16회

OX
공유물을 현물로 분할할 수 없는 경우에 법원은 물건의 경매를 명할 수 있다. (○) 제16회

PART 02

관련판례

공유물분할은 협의분할을 원칙으로 하고 협의가 성립되지 아니한 때에는 재판상 분할을 청구할 수 있으므로 공유자 사이에 이미 분할에 관한 협의가 성립된 경우에는 일부 공유자가 분할에 따른 이전등기에 협조하지 않거나 분할에 관하여 다툼이 있더라도 그 분할된 부분에 대한 소유권이전등기를 청구하든가 소유권확인을 구함은 별문제이나 또다시 소로써 그 분할을 청구하거나 이미 제기한 공유물분할의 소를 유지함은 허용되지 않는다(대판 1995.1.12, 94다30348).

ⓒ 공유물분할의 소는 형성의 소이다. 따라서 그 판결의 확정으로 등기 없이 물권변동의 효과가 발생한다.

ⓓ 공유물분할의 소는 필요적 공동소송으로, 공유자 전원이 소송의 당사자가 된다. 피고가 되는 자는 원고를 제외한 다른 공유자 전원이다.

ⓔ 분할방법: 현물분할을 원칙으로 하며, 그것이 불가능하거나 또는 현물분할을 하게 되면 현저히 그 가액이 감손될 염려가 있는 때에는 법원은 목적물의 경매를 명하고 그 대금을 분할한다.

OX

공유물분할청구의 소가 제기된 경우, 법원은 청구권자가 요구한 분할방법에 구애받지 않고 공유자의 지분 비율에 따라 합리적으로 분할하면 된다. (○) 제26회

관련판례

1. 공유물분할의 소는 형성의 소이며, 법원은 공유물분할을 청구하는 자가 구하는 방법에 구애받지 아니하고 자유로운 재량에 따라 합리적인 방법으로 공유물을 분할할 수 있다(대판 1991.11.12, 91다27228).
2. 일정한 요건이 갖추어진 경우에는 공유자 상호간에 금전으로 경제적 가치의 과부족을 조정하게 하여 분할을 하는 것도 현물분할의 한 방법으로 허용되고, 여러 사람이 공유하는 물건을 현물분할하는 경우에는 분할을 원하지 않는 나머지 공유자는 공유로 남는 방법도 허용된다(대판 1993.12.7, 93다27819).
3. 특별한 사정이 있는 때에는 공유물을 공유자 중의 1인이 단독소유 또는 수인의 공유로 하되 현물을 소유하게 되는 공유자로 하여금 다른 공유자에 대하여 그 지분의 적정하고도 합리적인 가격을 배상시키는 방법에 의한 분할도 현물분할의 하나로 허용된다(대판 2004.10.14, 2004다30583).

③ 분할의 효과

㉠ 공유물의 분할에 의하여 공유관계는 종료되며, 각 공유자는 분할된 부분에 대하여 소유권을 취득한다.

㉡ 분할효력발생시기는 협의상 분할의 경우에는 등기시, 재판상 분할의 경우에는 판결확정시이다.

㉢ 공유물분할의 효과는 소급하지 않는다. 다만, 공동상속재산의 공유에 있어서는 분할의 효과는 상속개시시로 소급한다(제1015조).

㉣ 분할로 인한 담보책임

제270조 【분할로 인한 담보책임】 공유자는 다른 공유자가 분할로 인하여 취득한 물건에 대하여 그 지분의 비율로 매도인과 동일한 담보책임이 있다.

관련판례

토지공유자의 한 사람의 지분 위에 설정된 근저당권 등 담보물권은 특단의 합의가 없는 한, 공유물분할이 된 뒤에도 종전의 지분비율대로 공유물 전부의 위에 그대로 존속하며 근저당권설정자 앞으로 분할된 부분에 대하여 당연히 집중되는 것은 아니다(대판 1989.8.8, 88다카24868).

보충학습

공유물분할시 지분권 위의 담보물권의 효력

甲과 乙이 1/2 지분으로 공유하고 있는 토지 중 甲의 지분 위에 丙이 저당권을 설정하였다.

1. **지분권자가 공유물 일부를 취득한 경우**(甲, 乙이 1/2씩 현물분할한 경우)
   담보물권은 종전 지분의 범위 내에서 분할된 각 물건 위에 존속한다. 따라서 甲의 물건에 대한 1/2 지분만큼 및 乙의 물건에 대한 1/2 지분만큼 丙의 저당권은 존속한다(甲의 분할된 토지에만 집중되는 것이 아니다).
2. **지분권자(甲)가 공유물 전부를 취득한 경우**
   담보물권은 종전의 지분범위 내에서 그 물건 위에 존속한다. 따라서 甲의 단독소유로 된 물건에 대한 1/2 지분 위에 丙의 저당권은 존속한다.
3. **다른 공유자(乙)나 제3자가 공유물 전부를 취득한 경우**
   담보물권은 종전의 지분범위 내에서 존속한다.

(7) 구분소유적 공유관계

① 구분소유적 공유의 의의

㉠ 구분소유적 공유란 1필의 토지 중 일부를 특정하여 매수하면서, 그 등기는 토지 전체에 대하여 공유지분이전등기를 한 경우를 말한다. 즉 등기상으로는 토지 전체에 대한 공유지분등기가 경료되어 있으나, 내부적으로는 각 공유자들이 그 토지의 특정부분만을 배타적으로 사용·수익하는 관계를 의미한다.

㉡ 건물에 대해서도 구분소유적 공유관계가 성립할 수 있다. 즉 1동의 건물 중 위치 및 면적이 특정되고 구조상·이용상 독립성이 있는 일부분씩을 2인 이상이 구분소유하기로 하는 약정을 하고 등기만은 편의상 각 구분소유의 면적에 해당하는 비율로 공유지분등기를 하여 놓은 경우, 구분

OX

공유자는 다른 공유자가 분할로 인하여 취득한 물건에 대하여 특별한 사정이 없는 한 그 지분 비율로 매도인과 동일한 담보책임이 있다. (○) 제16회

PART 02

소유자들 사이에 공유지분등기의 상호명의신탁관계 내지 건물에 대한 구분소유적 공유관계가 성립하지만, 1동 건물 중 각 일부분의 위치 및 면적이 특정되지 않거나 구조상·이용상 독립성이 인정되지 아니한 경우에는 공유자들 사이에 이를 구분소유하기로 하는 취지의 약정이 있다 하더라도 일반적인 공유관계가 성립할 뿐, 공유지분등기의 상호명의신탁관계 내지 건물에 대한 구분소유적 공유관계가 성립한다고 할 수 없다(대판 2014.2.27, 2011다42430).

② **구분소유적 공유의 법적 성질**

㉠ 수인이 대지를 특정하여 매수하고 다만 그에 관한 소유권 이전등기만은 편의상 공유지분 등기를 경료한 경우에는 각자 특정매수한 부분에 관하여 상호 명의신탁을 하고 있다고 볼 것이다(대판 1973.2.28, 72다317).

㉡ 상호명의신탁의 경우 '부동산실권리자 등에 관한 법률 제2조 제1호 단서에 의해 동법이 적용되지 않는다.

③ **구분소유적 공유의 법률관계**

㉠ 구분소유적 공유관계는 부동산의 위치와 면적을 특정하여 2인 이상이 구분소유하기로 하는 약정이 있어야만 적법하게 성립할 수 있으므로, 구분소유적 공유관계를 주장하여 특정 토지 부분을 취득했다고 주장하는 사람은 구분소유약정의 대상이 되는 해당 토지의 위치뿐만 아니라 면적까지도 주장·증명해야 한다(대판 2019.7.10, 2017다253522).

㉡ 1필지의 토지 중 일부를 특정하여 매수하고 다만 그 소유권이전등기는 그 필지 전체에 관하여 공유지분권이전등기를 한 경우에는 그 특정부분 이외의 부분에 관한 등기는 상호 명의신탁을 하고 있는 것으로서, 그 지분권자는 내부관계에 있어서는 특정부분에 한하여 소유권을 취득하고 이를 배타적으로 사용, 수익할 수 있고, 다른 구분소유자의 방해행위에 대하여는 소유권에 터잡아 그 배제를 구할 수 있으나, 외부관계에 있어서는 1필지 전체에 관하여 공유관계가 성립되고 공유자로서의 권리만을 주장할 수 있는 것이므로, 제3자의 방해행위가 있는 경우에는 자기의 구분소유 부분뿐 아니라 전체토지에 대하여 공유물의 보존행위로서 그 배제를 구할 수 있다(대판 1994.2.28, 93다42986).

㉢ 토지 전부를 구분 특정하여 소유하고 있다고 하더라도 지분소유권이전등기가 경료되어 있는 이상 특별한 사정이 없는 한 공유자들 외의 제3자에 대한 관계에 있어서는 그 지분의 범위 내에서만 토지에 대한 권리를 행사할 수 있을 뿐이다(대판 1993.11.23, 93다22326).

㉣ 여러 명이 각기 공유지분 비율에 따라 특정 부분을 독점적으로 소유하고 있는 토지 중 공유자 1인이 독점적으로 소유하고 있는 부분에 대하여 취득시효가 완성된 경우, 공유자 사이에 그와 같은 구분소유적 공유관계가 형성되어 있다 하더라도 이로써 제3자인 시효취득자에게 대항할 수는 없는 법리이므로, 그 토지 부분과 무관한 다른 공유자들도 그 토지 부분에 관한 각각의 공유지분에 대하여 취득시효완성을 원인으로 한 소유권이전등기절차를 이행할 의무가 있다(대판 1997.6.13, 97다1730).

㉤ 1필지의 토지의 위치와 면적을 특정하여 2인 이상이 구분소유하기로 하는 약정을 하고 그 구분소유자의 공유로 등기하는 이른바 구분소유적 공유관계에 있어서, 각 구분소유적 공유자가 자신의 권리를 타인에게 처분하는 경우 중에는 구분소유의 목적인 특정 부분을 처분하면서 등기부상의 공유지분을 그 특정 부분에 대한 표상으로서 이전하는 경우와 등기부의 기재대로 1필지 전체에 대한 진정한 공유지분으로서 처분하는 경우가 있을 수 있고, 이 중 전자의 경우에는 그 제3자에 대하여 구분소유적 공유관계가 승계되나, 후자의 경우에는 제3자가 그 부동산 전체에 대한 공유지분을 취득하고 구분소유적 공유관계는 소멸한다. 이는 경매에서도 마찬가지이므로, 전자에 해당하기 위하여는 집행법원이 공유지분이 아닌 특정 구분소유 목적물에 대한 평가를 하게 하고 그에 따라 최저경매가격을 정한 후 경매를 실시하여야 하며, 그러한 사정이 없는 경우에는 1필지에 관한 공유자의 지분에 대한 경매목적물은 원칙적으로 1필지 전체에 대한 공유지분이라고 봄이 상당하다(대판 2008.2.15, 2006다68810).

㉥ 공유물분할청구는 공유자의 일방이 그 공유지분권에 터잡아서 하여야 하는 것이므로 공유지분권을 주장하지 아니하고 목적물의 특정부분을 소유한다고 주장하는 자는 그 부분에 대하여 신탁적으로 지분등기를 가지고 있는 자들을 상대로 하여 그 특정부분에 대한 명의신탁해지를 원인으로 한 지분이전등기절차의 이행만을 구하면 될 것이고 공유물분할청구를 할 수 없다 할 것이다(대판 1989.9.12, 88다카10517).

예제

자주점유에 관한 설명으로 옳지 않은 것은? (다툼이 있으면 판례에 따름) 제28회

① 부동산에 관한 자주점유의 추정은 국가가 점유하는 경우에도 적용된다.
② 타인의 물건을 관리하기 위하여 한 점유는 점유권원의 성질상 자주점유이다.
③ 공유자 1인이 공유부동산 전부를 점유하고 있더라도 특별한 사정이 없는 한 다른 공유자의 지분비율의 범위 내에서는 타주점유이다.
④ 타주점유자가 그 명의로 소유권보존등기를 경료한 것만으로는 타주점유가 자주점유로 전환되지 않는다.
⑤ 자주점유는 소유자와 동일한 지배를 사실상 행사하려는 의사를 가지고 하는 점유이다.

해설

② 타인의 토지 위에 분묘를 설치 또는 소유하는 자는 점유권원의 성질상 소유의 의사는 추정되지 아니하고, 타인의 물건을 관리하기 위하여 한 점유는 점유권원의 성질상 타주점유라고 할 것이다(대판 1992.3.10, 91다24311).
① 자주점유의 추정은 국가나 지방자치단체가 점유하는 도로의 경우에도 적용되는 것이고, 그 도로 개설 당시 도로법이나 도시계획법 등 관계 법령에 규정된 절차에 따라 적법하게 점유권원을 취득하였는지 여부가 증명되지 않았다고 하더라도 이런 사실만으로 자주점유의 추정이 번복되어 그 점유권원의 성질상 타주점유라고 볼 수 없다(대판 1995.6.9, 94다13480).
③ 공유토지는 공유자 1인이 전부를 점유하고 있다고 하여도 다른 특별한사정이 없다면 권원의 성질상 다른 공유자의 지분비율의 범위 내에서는 타주점유라고 볼 수밖에 없다(대판 1993.2.23, 92다38904).
④ 타주점유가 자주점유로 전환되기 위하여는 타주점유자가 새로운 권원에 기하여 다시 소유의 의사를 가지고 점유를 시작하거나 자기에게 점유를 시킨 자에 대하여 소유의 의사가 있음을 표시하여야 할 것이고, 타주점유자가 그 명의로 소유권이전등기를 경료하였다 하여 그것만으로 소유의 의사를 표시하여 자주점유로 전환되었다고 볼 수 없다(대판 1993.4.27, 92다51723).
⑤ 자주점유라 함은 소유자와 동일한 지배를 사실상 행사하려는 의사를 가지고 하는 점유를 의미하는 것이지, 법률상 그러한 지배를 할 수 있는 권한, 즉 소유권을 가지고 있거나 소유권이 있다고 믿고서 하는 점유를 의미하는 것은 아니다(대판 1994.10.21, 93다12176).

정답 ②

2 합유(合有)

제271조 【물건의 합유】 ① 법률의 규정 또는 계약에 의하여 수인의 조합체로서 물건을 소유하는 때에는 합유로 한다. 합유자의 권리는 합유물 전부에 미친다.
② 합유에 관하여는 전항의 규정 또는 계약에 의하는 외에 다음 3조의 규정에 의한다.

제272조 【합유물의 처분, 변경과 보존】 합유물을 처분 또는 변경함에는 합유자 전원의 동의가 있어야 한다. 그러나 보존행위는 각자가 할 수 있다.

제273조 【합유지분의 처분과 합유물의 분할금지】 ① 합유자는 전원의 동의 없이 합유물에 대한 지분을 처분하지 못한다.
② 합유자는 합유물의 분할을 청구하지 못한다.

OX

합유지분의 처분에는 합유자 전원의 동의를 요한다. (○) 제19회

> **제274조【합유의 종료】** ① 합유는 조합체의 해산 또는 합유물의 양도로 인하여 종료한다.
> ② 전항의 경우에 합유물의 분할에 관하여는 공유물의 분할에 관한 규정을 준용한다.

(1) 의 의

합유란 수인이 조합체를 이루어 물건을 소유하는 공동소유의 한 형태를 말한다(제271조 제1항). 여기서 조합체란 수인이 동일한 목적으로 결합되어 있으나, 구성원의 개별성이 강하여 아직 단체로서의 체제를 갖추지 못한 수인의 결합체를 말한다.

(2) 성 립

① 계약에 의한 성립

계약에 의한 조합 성립의 전형적인 예로는 동업계약과 계가 있다.

관련판례

1. 계는 당사자 간에 특별한 약정이 없으면 조합계약이라고 추정되며, 계를 중심으로 하는 재산은 각 계원의 합유라고 한다(대판 1962.7.26, 62다265).
2. 합유부동산에 대해서는 합유자 전원의 명의로 등기가 되어야 한다. 합유자 중 1인 명의의 등기는 원인무효인 등기이다(대판 1970.12.29, 69다22).

② 법률의 규정에 의한 성립

신탁법 제45조에 의한 조합(수탁자가 수인인 경우)과 광업법 제17조에 의한 조합(공동광업권자)의 두 경우가 있다.

③ 합유관계

㉠ 합유자의 권리는 합유물의 전부에 미친다(제271조 제1항 후단). 합유에 관하여는 법률의 규정 또는 계약에 의하는 외에 제272조 내지 제274조의 규정에 의한다(제271조 제2항).

㉡ 합유물을 처분 또는 변경함에는 합유자 전원의 동의가 있어야 한다. 그러나 보존행위는 각자가 할 수 있다(제272조).

㉢ 합유자는 전원의 동의 없이 합유물에 대한 지분을 처분하지 못한다(제273조 제1항). 따라서 합유자 전원의 동의가 없는 지분의 처분은 무효이다.

㉣ 조합이 존속하고 있는 동안은 각 합유자는 합유물의 분할을 청구하지 못한다(제273조 제2항). 다만, 조합이 해산된 때에는 청산절차에 따라 합유물을 분할하여 각 조합원에게 분배할 수 있다.

OX

합유물에 관하여 경료된 원인무효의 소유권이전등기의 말소를 구하는 소송은 합유자 전원이 청구하여야 한다. (×) 제18회

④ 합유의 종료

합유는 조합체의 해산 또는 합유물의 양도로 인하여 조합재산이 없게 되는 때에 종료한다(제274조 제1항). 이로 인하여 합유관계가 종료하게 되면 합유물을 분할하게 되는데, 그 경우의 합유물의 분할에 관하여는 공유물의 분할에 관한 규정을 준용한다(제274조 제2항).

관련판례

1. 부동산의 합유자 중 일부가 사망한 경우 합유자 사이에 특별한 약정이 없는 한 사망한 합유자의 상속인은 합유자로서의 지위를 승계하지 못하므로, 해당 부동산은 잔존 합유자가 2인 이상일 경우에는 잔존 합유자의 합유로 귀속되고 잔존 합유자가 1인인 경우에는 잔존 합유자의 단독소유로 귀속된다(대판 1996.12.10, 96다23238).
2. 합유지분 포기가 적법하다면 그 포기된 합유지분은 나머지 잔존 합유지분권자들에게 균분으로 귀속하게 되지만 그와 같은 물권변동은 합유지분권의 포기라고 하는 법률행위에 의한 것이므로 등기하여야 효력이 있고 지분을 포기한 합유지분권자로부터 잔존 합유지분권자들에게 합유지분권 이전등기가 이루어지지 아니하는 한 지분을 포기한 지분권자는 제3자에 대하여 여전히 합유지분권자로서의 지위를 가지고 있다고 보아야 한다(대판 1997.9.9, 96다16896).
3. 합유물에 관하여 경료된 원인 무효의 소유권이전등기의 말소를 구하는 소송은 합유물에 관한 보존행위로서 합유자 각자가 할 수 있다(대판 1997.9.9, 96다16896).
4. 합유로 소유권이전등기가 된 부동산에 관하여 명의신탁해지를 원인으로 한 소유권이전등기절차의 이행을 구하는 소송은 합유물에 관한 소송으로서 고유필요적 공동소송에 해당하여 합유자 전원을 피고로 하여야 할 뿐 아니라 합유자 전원에 대하여 합일적으로 확정되어야 하므로, 합유자 중 일부의 청구인낙이나 합유자 중 일부에 대한 소의 취하는 허용되지 않는다(대판 1996.12.10, 96다23238).
5. 민법 제272조에 따르면 합유물을 처분 또는 변경함에는 합유자 전원의 동의가 있어야 하나, 합유물 가운데서도 조합재산의 경우 그 처분·변경에 관한 행위는 조합의 특별사무에 해당하는 업무집행으로서, 이에 대하여는 특별한 사정이 없는 한 민법 제706조 제2항이 민법 제272조에 우선하여 적용되므로, 조합재산의 처분·변경은 업무집행자가 없는 경우에는 조합원의 과반수로 결정하고, 업무집행자가 수인 있는 경우에는 그 업무집행자의 과반수로써 결정하며, 업무집행자가 1인만 있는 경우에는 그 업무집행자가 단독으로 결정한다(대판 2010.4.29, 2007다18911).

3 총유(總有)

제275조【물건의 총유】 ① 법인이 아닌 사단의 사원이 집합체로서 물건을 소유할 때에는 총유로 한다.
② 총유에 관하여는 사단의 정관 기타 계약에 의하는 외에 다음 2조의 규정에 의한다.

제276조【총유물의 관리 · 처분과 사용 · 수익】 ① 총유물의 관리 및 처분은 사원총회의 결의에 의한다.
② 각 사원은 정관 기타의 규약에 좇아 총유물을 사용 · 수익할 수 있다.

제277조【총유물에 관한 권리 · 의무의 득상】 총유물에 관한 사원의 권리 · 의무는 사원의 지위를 취득상실함으로써 취득상실된다.

제278조【준공동소유】 본절의 규정은 소유권 이외의 재산권에 준용한다. 그러나 다른 법률에 특별한 규정이 있으면 그에 의한다.

(1) 의 의

총유란 법인이 아닌 사단의 사원이 집합체로서 물건을 소유하는 공동소유형태를 말한다. 예를 들면, 종중재산, 교회재산, 촌락단체의 재산 등이 이에 속한다.

(2) 총유물의 관리 · 처분 및 사용 · 수익

총유물의 관리 및 처분은 사원총회의 결의에 의한다. 각 사원은 정관 기타의 규약에 따라 총유물을 사용 · 수익할 수 있다(제276조).

(3) 총유물에 관한 권리 · 의무의 특성

총유물에 관한 사원의 권리 · 의무는 사원의 지위를 취득 · 상실함으로써 취득 · 상실된다(제277조). 또한 총유에 있어서는 공유와 합유에 있어서와 같은 지분이 없다.

4 준공동소유

준공동소유란 소유권 이외의 재산권을 수인이 공동으로 소유하는 것을 말한다. 준공동소유에도 공동소유의 형태와 같이 준공유 · 준합유 · 준총유의 세 종류가 있다(제278조).

OX

총유물의 처분에 관해 정관 규정이 없는 법인 아닌 사단의 대표가 사원총회의 결의 없이 한 처분은 선의의 전득자에 대해서는 효력이 있다. (×) 제19회

공동소유의 비교

구 분	공유(公有)	합유(合有)	총유(總有)
성 질	인적 결합관계 없이 2인 이상이 소유(지분적 소유)	조합의 소유형태	법인 아닌 사단의 소유형태
보존행위	각자 가능	각자 가능	• 법인 아닌 사단 명의 • 법인 아닌 사단 구성원 전원 명의 • 각자 ×
관리행위	지분의 과반수	조합규약에 의함	총회 결의로만 가능
처분 · 변경	전원 동의	전원 동의	총회 결의로만 가능
지분의 처분	각자 자유롭게 처분	전원 동의얻어서 처분	지분 없음
분할청구	공유물분할청구 ○	합유물분할청구 ×	총유물분할청구 ×

예 제

공동소유에 관한 설명으로 옳지 않은 것은? (다툼이 있으면 판례에 따름) 제23회

① 합유자는 합유물의 분할을 청구하지 못한다.
② 합유는 조합체의 해산 또는 합유물의 양도로 인하여 종료한다.
③ 총유물의 관리는 특별한 사정이 없는 한 사원 각자 할 수 있다.
④ 공유자의 지분은 특별한 사정이 없는 한 균등한 것으로 추정한다.
⑤ 공유자는 다른 공유자의 동의 없이 공유물을 처분하거나 변경하지 못한다.

해설

③ 민법 제275조, 제276조 제1항은 총유물의 관리 및 처분에 관하여는 정관이나 규약에 정한 바가 있으면 그에 의하되 정관이나 규약에서 정한 바가 없으면 사원총회의 결의에 의하도록 규정하고 있다(대판 2012.4.13, 2011다104482).
① 합유자는 합유물의 분할을 청구하지 못한다(제273조 제2항).
② 합유는 조합체의 해산 또는 합유물의 양도로 인하여 종료한다(제274조 제1항).
④ 공유자의 지분은 균등한 것으로 추정한다(제262조 제2항).
⑤ 공유자는 다른 공유자의 동의 없이 공유물을 처분하거나 변경하지 못한다(제264조).

정답 ③

Chapter

05 용익물권

단·원·열·기

매년 2~3문제 정도 출제되는 부분이다. 지상권, 법정지상권, 지역권, 전세권의 성립요건, 전세권의 성격 위주로 학습하여야 한다.

01 지상권(地上權)

1 일반지상권

1. 지상권의 의의

(1) 의 의

'지상권'이란 타인의 토지에 건물 기타의 공작물이나 건물을 소유하기 위하여 그 토지를 사용하는 용익물권을 말한다.

> 제279조 **【지상권의 내용】** 지상권자는 타인의 토지에 건물 기타 공작물이나 수목을 소유하기 위하여 그 토지를 사용하는 권리가 있다.

(2) 지상권의 법적 성질

① 지상권은 타인의 토지에 대한 권리이다(他物權). 따라서 자기토지에 대한 지상권은 원칙적으로 혼동으로 소멸한다.

② 지상권의 목적이 되는 토지는 1필의 토지 전부가 아니라 그 일부라도 무방하다. 지하 또는 지상의 공간의 일정한 범위에만 그 효력이 미치는 구분지상권의 설정이 가능하다.

③ 지상권은 건물 기타 공작물이나 수목을 소유하기 위해 타인토지를 사용하는 권리이다.

④ 지상권은 토지의 사용을 본체로 한다. 따라서 현재 공작물인 수목이 없더라도 설정계약에 의하여 지상권은 유효하게 성립하며, 또 공작물이나 수목이 후에 멸실하더라도 존속기간이 만료되지 않는 한 지상권은 소멸되지 아니한다.

OX

1필의 토지의 일부에는 지상권을 설정할 수 있다. (×) 제22회

OX

약정 지상권의 존속기간 중에는 지상물이 멸실되어도 지상권은 소멸하지 않는다. (○) 제19회

⑤ 지상권은 직접 토지를 지배하는 물권으로서, 토지소유자의 변경은 지상권에 아무런 영향을 주지 않으며, 지상권자는 토지소유자의 동의 없이도 자유로이 양도할 수 있다(제282조). 지상권은 지상물과 독립하여 지상권을 양도할 수 있다.

⑥ 토지사용의 대가인 지료의 지급은 지상권의 성립요소는 아니다(제279조). 즉, 무상의 지상권이 있을 수 있다. 이 점은 임대차나 전세권과 다르다.

⑦ **담보목적의 지상권**

관련판례

1. 지상권은 타인의 토지에서 건물 기타의 공작물이나 수목을 소유하는 것을 본질적 내용으로 하는 것이 아니라 타인의 토지를 사용하는 것을 본질적 내용으로 하고 있으므로 지상권 설정계약 당시 건물 기타의 공작물이나 수목이 없더라도 지상권은 유효하게 성립할 수 있고, 또한 기존의 건물 기타의 공작물이나 수목이 멸실되더라도 존속기간이 만료되지 않는 한 지상권이 소멸되지 아니한다(대판 1996.3.22, 95다49318).
2. 기존 건물의 사용을 목적으로 지상권이 설정된 경우, 지상권의 최단 존속기간에 관한 민법 제280조 제1항 제1호가 적용되지 않는다(대판 1996.3.22, 95다49318).
3. 근저당권 등 담보권 설정의 당사자들이 그 목적이 된 토지 위에 차후 용익권이 설정되거나 건물 또는 공작물이 축조·설치되는 등으로써 그 목적물의 담보가치가 저감하는 것을 막는 것을 주요한 목적으로 하여 채권자 앞으로 아울러 지상권을 설정하였다면, 그 피담보채권이 변제 등으로 만족을 얻어 소멸한 경우는 물론이고 시효소멸한 경우에도 그 지상권은 피담보채권에 부종하여 소멸한다(대판 2011.4.14, 2011다6342).
4. 지상권은 용익물권으로서 담보물권이 아니므로 피담보채무라는 것이 존재할 수 없다. 근저당권 등 담보권 설정의 당사자들이 담보로 제공된 토지에 추후 용익권이 설정되거나 건물 또는 공작물이 축조·설치되는 등으로 토지의 담보가치가 줄어드는 것을 막기 위하여 담보권과 아울러 설정하는 지상권을 이른바 담보지상권이라고 하는데, 이는 당사자의 약정에 따라 담보권의 존속과 지상권의 존속이 서로 연계되어 있을 뿐이고, 이러한 경우에도 지상권의 피담보채무가 존재하는 것은 아니다(대판 2017.10.31, 2015다65042).
5. 금융기관이 대출금 채권의 담보를 위하여 토지에 저당권과 함께 지료 없는 지상권을 설정하면서 채무자 등의 사용·수익권을 배제하지 않은 경우, 위 지상권은 근저당목적물의 담보가치를 확보하는 데 목적이 있으므로, 그 위에 도로개설·옹벽축조 등의 행위를 한 무단점유자에 대하여 지상권 자체의 침해를 이유로 한 임료 상당 손해배상을 구할 수 없다(대판 2008.1.17, 2006다586).
6. 토지에 관하여 저당권을 취득함과 아울러 그 저당권의 담보가치를 확보하기 위하여 지상권을 취득하는 경우, 특별한 사정이 없는 한 그 지상권은 저당권이 실행될 때까지 제3자가 용익권을 취득하거나 목적 토지의 담보가치를 하락시키는 침해행위를 하는 것을 배제함으로써 저당 부동산의 담보가치를 확보하는 데에 그 목적이

OX

저당권자가 저당토지 위에 건물 신축을 방지하기 위하여 지상권을 설정한 경우, 그 지상권은 무효이다. (×) 제20회

OX

나대지(裸垈地)에 저당권을 설정하면서 그 대지의 담보가치를 유지하기 위해 무상의 지상권이 설정된 경우, 피담보채권이 시효로 소멸하면 지상권도 소멸한다. (○) 제26회

있다고 할 것이므로, 제3자가 저당권의 목적인 토지 위에 건물을 신축하는 경우에는, 그 제3자가 지상권자에게 대항할 수 있는 권원을 가지고 있다는 등의 특별한 사정이 없는 한, 지상권자는 그 방해배제청구로서 신축중인 건물의 철거와 대지의 인도 등을 구할 수 있다고 할 것이다(대판 2008.2.15, 2005다47205).

7. 토지에 관하여 저당권을 취득함과 아울러 그 저당권의 담보가치를 확보하기 위하여 지상권을 취득하는 경우, 특별한 사정이 없는 한 당해 지상권은 저당권이 실행될 때까지 제3자가 용익권을 취득하거나 목적 토지의 담보가치를 하락시키는 침해행위를 하는 것을 배제함으로써 저당 부동산의 담보가치를 확보하는 데에 그 목적이 있다고 할 것이므로, 그와 같은 경우 제3자가 비록 토지소유자로부터 신축중인 지상 건물에 관한 건축주 명의를 변경받았다 하더라도, 그 지상권자에게 대항할 수 있는 권원이 없는 한 지상권자로서는 제3자에 대하여 목적 토지 위에 건물을 축조하는 것을 중지하도록 요구할 수 있다(대결 2004.3.29, 2003마1753).

8. 지상권설정계약에서 지료에 관한 약정이 없다면, 무상의 지상권을 설정하기로 한 것으로 인정된다(대판 1999.9.3, 99다24874).

---

2. 지상권의 취득

(1) 법률행위에 의한 취득

① 지상권은 당사자 사이의 지상권설정계약과 등기에 의하여 성립한다.

② 유증에 의한 지상권의 취득과 지상권 양도에 의한 지상권의 취득은 지상권 이전등기를 부기등기로 한다.

(2) 법률행위에 의하지 않은 취득

① **제187조에 의한 취득**

지상권은 부동산물권이므로 상속 · 공용징수 · 판결 · 경매 기타 법률의 규정에 의해 취득될 수 있으며, 이때에는 그 등기 없이도 당연히 지상권을 취득한다. 다만, 점유취득시효로 지상권을 취득하는 경우에는 그 등기를 하여야 한다.

② **법정지상권에 의한 취득**

법정지상권은 일정한 요건하에 건물 또는 입목을 위하여 법률상 당연히 성립하는 지상권이다(제305조, 제366조, 가등기담보 등에 관한 법률 제10조, 입목에 관한 법률 제6조).

③ **관습법에 의한 지상권의 취득**

분묘기지권과 관습법상 법정지상권 등이 있다.

3. 지상권의 존속기간

제280조 【존속기간을 약정한 지상권】 ① 계약으로 지상권의 존속기간을 정하는 경우에는 그 기간은 다음 연한보다 단축하지 못한다.
1. 석조, 석회조, 연와조 또는 이와 유사한 견고한 건물이나 수목의 소유를 목적으로 하는 때에는 30년
2. 전호 이외의 건물의 소유를 목적으로 하는 때에는 15년
3. 건물 이외의 공작물의 소유를 목적으로 하는 때에는 5년

② 전항의 기간보다 단축한 기간을 정한 때에는 전항의 기간까지 연장한다.

제281조 【존속기간을 약정하지 아니한 지상권】 ① 계약으로 지상권의 존속기간을 정하지 아니한 때에는 그 기간은 전조의 최단존속기간으로 한다.
② 지상권설정 당시에 공작물의 종류와 구조를 정하지 아니한 때에는 지상권은 전조 제2호의 건물의 소유를 목적으로 한 것으로 본다.

(1) 존속기간을 약정한 경우

① **최장기간**

민법에는 최장기간의 제한규정이 없으나, 판례는 지상권의 존속기간을 영구로 약정하는 것도 허용된다고 한다.

② **최단기간**

지상권의 존속기간을 설정행위로써 정하는 경우에 민법은 지상권자를 보호하기 위하여 최단존속기간을 제한하고 있다(제280조).

㉠ 석조, 석회조, 연와조 또는 이와 유사한 견고한 건물 또는 수목의 소유를 목적으로 하는 경우에는 30년보다 단축하지 못한다.

㉡ 그 밖의 건물의 소유를 목적으로 하는 경우에는 15년보다 단축하지 못한다.

㉢ 건물의 이외의 공작물의 소유를 목적으로 하는 경우에는 5년보다 단축하지 못한다.

OX
수목의 소유를 목적으로 하는 지상권의 최단존속기간은 30년이다. (○) 제20회

관련판례

민법상 지상권의 존속기간은 최단기만이 규정되어 있을 뿐 최장기에 관하여는 아무런 제한이 없으며, 존속기간이 영구인 지상권을 인정할 실제의 필요성도 있고, 이러한 지상권을 인정한다고 하더라도 지상권의 제한이 없는 토지의 소유권을 회복할 방법이 있을 뿐만 아니라, 특히 구분지상권의 경우에는 존속기간이 영구라고 할지라도 대지의 소유권을 전면적으로 제한하지 아니한다는 점 등에 비추어 보면, 지상권의 존속기간을 영구로 약정하는 것도 허용된다(대판 2001.5.29, 99다66410).

(2) 존속기간을 약정하지 아니한 경우(제281조)

① 지상물의 종류와 구조에 따라 제280조에서 정한 최단존속기간을 그 지상권의 존속기간으로 한다.

② 지상권설정 당시에 공작물의 종류와 구조를 정하지 아니한 때에는 지상권은 견고하지 않은 건물의 소유를 목적으로 한 것으로 간주하여 존속기간은 15년이 된다.

③ 수목소유를 목적으로 하는 지상권의 최단존속기간은 언제나 30년이다.

(3) 계약의 갱신과 존속기간

> **제284조【갱신과 존속기간】** 당사자가 계약을 갱신하는 경우에는 지상권의 존속기간은 갱신한 날로부터 제280조의 최단존속기간보다 단축하지 못한다. 그러나 당사자는 이보다 장기의 기간을 정할 수 있다.

(4) 지상권자의 갱신청구권과 매수청구권

> **제283조【지상권자의 갱신청구권, 매수청구권】** ① 지상권이 소멸한 경우에 건물 기타 공작물이나 수목이 현존한 때에는 지상권자는 계약의 갱신을 청구할 수 있다.
> ② 지상권설정자가 계약의 갱신을 원하지 아니하는 때에는 지상권자는 상당한 가액으로 전항의 공작물이나 수목의 매수를 청구할 수 있다.

① 지상권자의 갱신청구권

㉠ 행사요건

ⓐ 지상권이 존속기간의 만료로 인하여 소멸할 것

ⓑ 건물 기타 공작물이나 수목이 현존할 것

㉡ 효과: 지상권자가 갱신청구를 하여 지상권설정자가 이에 응하여 갱신계약을 맺어야 계약갱신이 된다. 이런 점에서 갱신청구권은 형성권이 아니라 청구권이다.

② 지상권자의 매수청구권

㉠ 지상권자의 갱신청구에 대해 지상권설정자가 이를 거절한 때에는 지상권자는 2차적으로 지상물의 매수를 청구할 수 있다.

㉡ 지상권자의 매수청구권은 형성권이며 매수청구권의 행사로 인하여 법률상 매매계약이 성립한다.

관련판례

1. 민법 제283조 제2항 소정의 지상물매수청구권은 지상권이 존속기간의 만료로 인하여 소멸하는 때에 지상권자에게 갱신청구권이 있어 그 갱신청구를 하였으나 지상권설정자가 계약갱신을 원하지 아니할 경우 행사할 수 있는 권리이므로, 지상권자의 지료연체를 이유로 토지소유자가 그 지상권소멸청구를 하여 이에 터 잡아 지상권이 소멸된 경우에는 매수청구권이 인정되지 않는다(대판 1993.6.29, 93다10781).
2. 지상권자의 수목 매수청구권은 형성권으로서 지상권자가 이를 행사하므로 인하여 수목에 관하여 매매계약 관계가 성립된다고 할 것이니 그 가격의 산출은 매매계약 관계가 성립한 당시의 시가에 의할 것이고 매수청구권의 대상이 공작물이 아니고 매년 성장하는 수목이라도 마찬가지다(대판 1967.12.18, 67다2355).

OX 지료연체를 이유로 한 지상권 소멸청구에 의해 지상권이 소멸한 경우, 지상권자는 지상물에 대한 매수청구권을 행사할 수 없다. (○) 제19회

4. 지상권의 효력

(1) 지상권자의 토지사용권

① 지상권자는 설정계약에서 정한 목적범위 내에서 타인의 토지를 사용할 권리가 있다. 반면 지상권설정자는 지상권자의 토지사용을 방해해서는 안 된다는 소극적인 용인의무(容忍義務)를 부담한다. 따라서 지상권자는 토지의 사용을 위한 필요비를 지출하였더라도 필요비상환청구권을 행사할 수 없다.

② 지상권도 토지의 이용권이기 때문에 상린관계의 규정이 지상권자와 지상권자 간에, 지상권자와 인지토지 소유자 간에도 준용된다(제290조 제1항).

③ 지상권이 침해된 경우에 지상권자는 점유권에 기한 물권적 청구권을 행사할 수 있고, 지상권에 기한 물권적 청구권(제290조 제1항)도 행사할 수 있다.

OX 지상권자는 인접지의 수목뿌리가 경계를 넘은 때에는 특별한 사정이 없는 한, 그 뿌리를 임의로 제거할 수 있다. (○) 제17회

OX 지상권자는 지상권에 기하여 물권적 반환청구권 또는 방해배제청구권을 행사할 수 있다. (○) 제17회

(2) 지상권의 처분

> **제282조 【지상권의 양도 · 임대】** 지상권자는 타인에게 그 권리를 양도하거나 그 권리의 존속기간 내에서 그 토지를 임대할 수 있다.

① 지상권자는 타인에게 그 권리를 양도하거나 그 권리의 존속기간 내에서 그 토지를 임대할 수 있다. 이에 위반하는 계약으로 지상권자에게 불리한 것은 효력이 없다(제289조). 따라서 지상권 처분금지특약은 무효이다(편면적 강행규정).

② 지상권을 목적으로 저당권을 설정할 수 있다(제371조 제1항).

③ 지상물이 양도되면 지상권도 당연히 수반되어 이전되는지에 대하여 학설의 다툼이 있지만, 현행법상(제186조) 지상권의 이전등기가 있어야 한다.

OX 지상권자는 지상권의 목적인 토지를 자신의 권리의 존속기간 내에 타인에게 임대할 수 없다. (×) 제17회

관련판례

지상권자는 지상권을 유보한 채 지상물 소유권만을 양도할 수도 있고 지상물 소유권을 유보한 채 지상권만을 양도할 수도 있는 것이어서 지상권자와 그 지상물의 소유권자가 반드시 일치하여야 하는 것은 아니며, 또한 지상권설정시에 그 지상권이 미치는 토지의 범위와 그 설정 당시 매매되는 지상물의 범위를 다르게 하는 것도 가능하다(대판 2006.6.15, 2006다6126).

(3) 지료관계

① 지료의 지급은 지상권의 요소가 아니므로, 지상권설정계약 당시에 지료를 약정하지 않은 경우 무상의 지상권을 설정한 것으로 본다.

② **지료증감청구권**

> **제286조【지료증감청구권】** 지료가 토지에 관한 조세 기타 부담의 증감이나 지가의 변동으로 인하여 상당하지 아니하게 된 때에는 당사자는 그 증감을 청구할 수 있다.

㉠ 이 지료증감청구권은 일종의 형성권이므로, 지상권설정자가 증액청구를 하거나 지상권자가 감액청구를 하면 지료는 곧 증액 또는 감액된다.

㉡ 사정변경의 원칙을 개별적으로 입법화한 것이다.

③ **지료체납의 효과**

> **제287조【지상권소멸청구권】** 지상권자가 2년 이상의 지료를 지급하지 아니한 때에는 지상권설정자는 지상권의 소멸을 청구할 수 있다.
>
> **제288조【지상권소멸청구와 저당권자에 대한 통지】** 지상권이 저당권의 목적인 때 또는 그 토지에 있는 건물, 수목이 저당권의 목적이 된 때에는 전조의 청구는 저당권자에게 통지한 후 상당한 기간이 경과함으로써 그 효력이 생긴다.

㉠ 지상권자가 2년 이상 지료를 지급하지 않은 때에는 지상권설정자는 지상권의 소멸을 청구할 수 있다(제287조).

㉡ 이때의 2년이란 연속하여 2년이 아니라 연체액이 총 2년분임을 의미한다.

㉢ 지료를 지급하지 않은 것이 지상권자에게 책임 있는 사유로 인한 것이어야 한다.

㉣ 지상권소멸청구권은 청구권이 아니라 형성권이다.

OX

지상권자는 지상권을 유보한 채 지상물 소유권만을 양도할 수 있으나 지상물 소유권을 유보한 채 지상권만을 양도할 수는 없다. (×) 제20회

OX

지료의 지급은 지상권의 요소가 아니어서 지료에 관한 유상 약정이 없는 이상 지료의 지급을 구할 수 없다. (○) 제20회

OX

약정 지상권의 지료에 관한 협의가 없는 경우 지료는 당사자의 청구에 의하여 법원이 이를 정한다. (×) 제19회

OX

지상권자는 2년분 이상의 지료를 과실로 지급하지 않으면 지상권설정자는 지상권의 소멸을 청구할 수 있다. (○) 제17회

관련판례

1. 지상권에 있어서 지료의 지급은 그의 요소가 아니어서 지료에 관한 유상 약정이 없는 이상 지료의 지급을 구할 수 없다(대판 1999.9.3, 99다24874).
2. 지상권에 있어서 유상인 지료에 관하여 지료액 또는 그 지급시기 등의 약정은 이를 등기하여야만 그 뒤에 토지소유권 또는 지상권을 양수한 사람 등 제3자에게 대항할 수 있고, 지료에 관하여 등기되지 않은 경우에는 무상의 지상권으로서 지료증액청구권도 발생할 수 없다(대판 1999.9.3, 99다24874).
3. 지상권에 있어서 지료의 지급은 그 요소가 아니므로 지료에 관한 약정이 없으면 지료의 지급을 구할 수 없으나 그 약정이 있는 이상 토지소유자는 지료에 관한 등기 여부에 관계없이 지상권자에 대하여 그 약정된 지료의 지급을 구할 수 있다(대판 2009.9.24, 2007두7505).
4. 지료액 또는 그 지급시기 등 지료에 관한 약정은 이를 등기하여야만 제3자에게 대항할 수 있으므로, 지료의 등기를 하지 않은 이상 토지소유자는 구 지상권자의 지료연체 사실을 들어 지상권을 이전받은 자에게 대항하지 못한다(대판 1996.4.26, 95다52864).
5. 지상권자의 지료 지급 연체가 토지소유권의 양도 전후에 걸쳐 이루어진 경우 토지양수인에 대한 연체기간이 2년이 되지 않는다면 양수인은 지상권소멸청구를 할 수 없다(대판 2001.3.13, 99다17142).
6. 법정지상권에 관한 지료가 결정된 바 없다면 법정지상권자가 지료를 지급하지 아니하였다고 하더라도 지료지급을 지체한 것으로는 볼 수 없으므로 법정지상권자가 2년 이상의 지료를 지급하지 아니하였음을 이유로 하는 토지소유자의 지상권소멸청구는 그 이유가 없다(대판 1994.12.2, 93다52297).

5. 지상권의 소멸

(1) 지상권의 소멸사유

① 일반적 소멸사유인 토지의 멸실, 존속기간의 만료, 소멸시효, 혼동, 토지수용, 지상권에 우선하는 저당권의 실행에 의한 경매 등에 의하여 지상권은 소멸한다.

② **특유한 소멸사유**

㉠ 지료체납을 이유로 한 지상권설정자의 지상권소멸청구(제287조)

㉡ 지상권의 포기

ⓐ 지상권의 포기는 단독행위이므로 지상권자는 자유로이 지상권을 포기할 수 있다.

ⓑ 다만, 지상권의 포기로 인하여 토지소유자에게 손해가 생긴 때에는 그 손해를 배상하여야 하며, 지상권이 저당권의 목적인 때에는 저당권자의 동의 없이 포기하지 못한다(제371조 제2항).

ⓒ 지상권의 포기는 제186조의 법률행위에 의한 포기이므로 포기로 인한 지상권의 소멸은 이를 등기하여야 그 효력이 발생한다.

(2) 지상권 소멸의 효과

제285조 【수거의무, 매수청구권】 ① 지상권이 소멸한 때에는 지상권자는 건물 기타 공작물이나 수목을 수거하여 토지를 원상에 회복하여야 한다.
② 전항의 경우에 지상권설정자가 상당한 가액을 제공하여 그 공작물이나 수목의 매수를 청구한 때에는 지상권자는 정당한 이유 없이 이를 거절하지 못한다.

① 지상물수거권

지상권이 소멸한 때에는 지상권자는 건물 기타 공작물이나 수목을 수거하여 토지를 원상회복시켜야 한다. 이것은 지상권자의 권리인 동시에 의무이다.

② 지상물매수청구권

㉠ 지상권이 소멸한 때에 지상권설정자가 상당한 가액을 제공하여 그 공작물이나 수목의 매수를 청구한 때에는 지상권자는 정당한 이유 없이 이를 거절하지 못한다(제285조 제2항).

㉡ 지상권이 소멸한 경우에 지상권설정자가 계약의 갱신을 원하지 아니한 때에는 지상권자는 상당한 가액으로 건물 기타 공작물이나 수목의 매수를 청구할 수 있다(제283조 제2항).

㉢ 지상물매수청구권은 지상권자뿐만 아니라 지상권설정자에게도 인정된다. 또한 어느 경우나 형성권에 속한다.

관련판례

지상권이 소멸한 때에 지상권설정자는 상당한 가액을 제공하여 그 공작물이나 수목의 매수를 청구할 수 있는데 여기서 상당한 가액이란 매수청구권 행사 당시의 시가상당액을 의미한다(대판 1972.7.25, 72다653).

2 법정지상권(法定地上權)

1. 의 의

지상권은 지상권설정계약과 등기에 의하여 취득하는 것이 원칙이다. 그러나 동일인 소유의 토지와 그 지상건물 어느 하나에만 제한물권을 설정하였는데, 그 후에 어떤 사정으로 토지와 건물이 소유자를 달리 하게 된 때에는 건물소유자를 위하여 법률상 당연히 지상권이 설정된 것으로 보는 경우가 있다. 이를 법정지상권이라 한다.

법정지상권은 민법상 인정되는 것, 판례상 인정되는 것, 특별법상 인정되는 것의 세 가지 종류가 있다.

2. 법률명문의 법정지상권

(1) 전세권보호를 위한 법정지상권

> **제305조【건물의 전세권과 법정지상권】** ① 대지와 건물이 동일한 소유자에 속한 경우에 건물에 전세권을 설정한 때에는 그 대지소유권의 특별승계인은 전세권설정자에 대하여 지상권을 설정한 것으로 본다. 그러나 지료는 당사자의 청구에 의하여 법원이 이를 정한다.
> ② 전항의 경우에 대지소유자는 타인에게 그 대지를 임대하거나 이를 목적으로 한 지상권 또는 전세권을 설정하지 못한다.

(2) 저당권 실행에 의한 법정지상권

> **제366조【법정지상권】** 저당물의 경매로 인하여 토지와 그 지상건물이 다른 소유자에 속한 경우에는 토지소유자는 건물소유자에 대하여 지상권을 설정한 것으로 본다. 그러나 지료는 당사자의 청구에 의하여 법원이 이를 정한다.

(3) 가등기담보권의 실행에 의한 법정지상권(가등기담보 등에 관한 법률 제10조)

> **가등기담보 등에 관한 법률 제10조【법정지상권】** 토지와 그 위의 건물이 동일한 소유자에게 속하는 경우 그 토지나 건물에 대하여 제4조 제2항에 따른 소유권을 취득하거나 담보가등기에 따른 본등기가 행하여진 경우에는 그 건물의 소유를 목적으로 그 토지 위에 지상권(地上權)이 설정된 것으로 본다. 이 경우 그 존속기간과 지료(地料)는 당사자의 청구에 의하여 법원이 정한다.

(4) 입목에 관한 법률에 의한 법정지상권(동법 제6조 제1항)

> **입목에 관한 법률 제6조 【법정지상권】** ① 입목의 경매나 그 밖의 사유로 토지와 그 입목이 각각 다른 소유자에게 속하게 되는 경우에는 토지소유자는 입목소유자에 대하여 지상권을 설정한 것으로 본다.
> ② 제1항의 경우에 지료(地料)에 관하여는 당사자의 약정에 따른다.

3. 관습법상의 법정지상권

(1) 의 의

'관습법상의 법정지상권'이란 토지와 건물이 동일인에게 속하였다가 그중 어느 하나가 매매 기타의 원인으로 각각 소유자를 달리하게 된 경우에, 그 건물을 철거한다는 특약이 없는 경우 토지소유자가 건물소유자로 하여금 토지를 계속 사용하게 하려는 것이 당사자의 의사라고 보아서 관습법에 의하여 건물소유자에게 인정되는 법정지상권을 말한다.

(2) 성립요건

① 토지와 그 지상의 건물이 동일인의 소유에 속할 것

㉠ 원래 관습상 법정지상권이 성립하려면 토지와 그 지상 건물이 **애초부터 원시적으로 동일인의 소유에 속하였을 필요는 없고**, 그 소유권이 유효하게 변동될 당시에 동일인이 토지와 그 지상 건물을 소유하였던 것으로 족하다.

㉡ 강제경매의 목적이 된 토지 또는 그 지상 건물의 소유권이 강제경매로 인하여 그 절차상의 매수인에게 이전된 경우에 건물의 소유를 위한 관습상 법정지상권이 성립하는가 하는 문제에 있어서는 그 매수인이 소유권을 취득하는 **매각대금의 완납시가 아니라 그 압류의 효력이 발생하는 때를 기준**으로 하여 토지와 그 지상 건물이 **동일인에 속하였는지가 판단**되어야 한다.

㉢ 강제경매의 목적이 된 토지 또는 그 지상건물에 강제경매를 위한 압류나 그 압류를 선행한 가압류가 있기 이전에 저당권이 설정되어 있다가 그 후 강제경매로 인해 그 저당권이 소멸하는 경우에는 **저당권설정당시를 기준**으로 동일인에 속하였는지를 판단되어야 한다.

㉣ 건물로서의 요건을 갖추고 있다면 **미등기건물이나 무허가건물을 위해서도** 관습법상의 법정지상권이 성립한지만, 그 건물을 원시취득한 경우에 한한다.

ⓜ 미등기건물이 대지와 **함께** 양도되었는데 **대지에 대해서만 소유권이전 등기가 경료**된 후 대지가 경매되어 소유자가 달라진 경우에는 관습법상의 법정지상권이 성립되지 않는다.

ⓑ 공유자 중 1인이 지분 과반수의 **동의**에 기하여 공유지에 건물을 신축한 후 경매를 통하여 공유지가 분할됨에 따라 토지와 건물의 소유자가 달라진 경우에도 관습상의 법정지상권이 인정되지 않는다.

ⓢ 타인의 토지 위에 토지소유자의 **승낙**을 얻어 신축한 건물을 매수, 취득한 경우에도 관습법상의 법정지상권이 인정되지 않는다.

ⓞ 토지공유자 중 1인이 **공유토지** 위에 건물을 소유하고 있다가 대지지분만을 양도한 경우에도 관습상의 법정지상권이 인정되지 않는다.

ⓙ **건물공유**자의 1인이 그 건물의 부지인 토지를 단독으로 소유하면서 그 토지에 관하여만 저당권을 설정하였다가 위 저당권에 의한 경매로 인하여 토지의 소유자가 달라진 경우에도, 민법 제366조에 의하여 토지 전부에 관하여 건물의 존속을 위한 법정지상권을 취득한다고 보아야 한다.

ⓒ 상호명의신탁, 즉 **구분소유적 공유에서 공유자** 甲**이 배타적인 점유부분에 건물을 신축**하여 소유하던 중 강제경매에 의하여 다른 공유자 乙이 대지지분을 취득하였다면 건물소유자 갑은 관습법상의 법정지상권을 취득한다.

ⓚ **구분소유적 공유관계**에 있어서 乙**이 매수하지 아니한 지상부분**(甲**소유토지**)**에 있는** 乙 **소유의 건물**에 대해서는 관습법상의 법정지상권이 성립하지 않는다.

ⓣ 명의수탁자가 명의신탁토지 위에 건물을 신축한 경우에, 명의신탁 해지 시 그 건물의 소유를 위한 관습법상의 법정지상권이 인정되지 않는다.

ⓟ 원래 **채권을 담보하기 위하여 나대지상에 가등기가 경료**되었고, 그 뒤 대지소유자가 그 지상에 건물을 신축하였는데, 그 후 그 가등기에 기한 본등기가 경료되어 대지와 건물의 소유자가 달라진 경우에 특별한 사정이 없는 한 건물을 위한 관습상 법정지상권이 성립한다고 할 수 없다.

ⓗ **환지로** 인하여 새로운 분할지적선이 그어진 결과 환지 전에는 동일인에게 속하였던 토지와 그 지상건물의 소유자가 달라졌다 하더라도 법정지상권이 성립하지 않는다.

ⓐ **환매권의 행사**로 인하여 토지와 건물의 소유자가 달라진 경우 관습법상의 법정지상권은 성립하지 않는다.

ⓑ 원래 동일인에게의 소유권 귀속이 **원인무효**로 이루어졌다가 그 뒤 원인무효임이 밝혀져 그 등기가 말소된 경우 법정지상권이 성립하지 않는다.

ⓒ 독립된 부동산으로서 건물은 토지에 정착되어 있어야 하는데(민법 제99조 제1항), 가설건축물은 일시 사용을 위해 건축되는 구조물로서 설치 당시부터 일정한 존치기간이 지난 후 철거가 예정되어 있어 일반적으로 토지에 정착되어 있다고 볼 수 없다. 민법상 건물에 대한 법정지상권의 최단 존속기간은 견고한 건물이 30년, 그 밖의 건물이 15년인 데 비하여, 건축법령상 가설건축물의 존치기간은 통상 3년 이내로 정해져 있다. 따라서 가설건축물은 특별한 사정이 없는 한 독립된 부동산으로서 건물의 요건을 갖추지 못하여 법정지상권이 성립하지 않는다.

② 토지와 건물의 소유권이 매매, 대물변제, 증여, 공유물분할, 강제경매, 국세징수법등에 의하여 달라지게 될 것

③ 토지와 건물의 소유권이 다른 사람에게 귀속될 때 당사자 사이에 건물을 철거한다는 특약이 없어야 한다.

㉠ 토지와 건물의 소유자가 토지만을 타인에게 증여한 후 **구 건물을 철거하되 그 지상에 자신의 이름으로 건물을 다시 신축하기로 합의**한 경우, 그 건물 철거의 합의는 건물 소유자가 토지의 계속 사용을 그만두고자 하는 내용의 합의로 볼 수 없어 관습상의 법정지상권의 발생을 배제하는 효력이 인정되지 않는다.

㉡ **대지에 관한 임대차계약을 체결**하였다면 관습법상의 법정지상권을 포기한 것으로 보아야 한다.

(3) 법정지상권의 효과

① 관습법상의 법정지상권은 법률행위로 인한 물권의 취득이 아니고 관습법에 의한 부동산물권의 취득이므로 **등기를 필요로 하지 아니하고** 지상권취득의 효력이 발생하고 이 관습상의 법정지상권은 물권으로서의 효력에 의하여 이를 취득할 당시의 토지소유자나 이로부터 소유권을 전득한 제3자에게 대하여도 **등기없이 위 지상권을 주장할 수 있다**.

② 법정지상권이 성립하더라도 지료는 지급하여야 한다. 지료는 당사자간의 합의에 의하고 합의가 이루어지지 않으면 법원에 청구하여 결정한다.

③ 관습법상의 법정지상권에 관하여는 특별한 사정이 없는 한 민법의 지상권에 관한 규정이 준용되므로, 당사자 사이에 관습법상의 법정지상권의 존속기간에 대하여 따로 정하지 않은 때에는 위 기간은 민법 제281조 제1항에 의하여 민법 제280조 제1항 각 호에 규정된 기간이 된다.

④ **법정지상권에 관한 지료가 결정된 바 없다면** 법정지상권자가 지료를 지급하지 아니하였다고 하더라도 지료지급을 지체한 것으로는 볼 수 없으므로 법정지상권자가 2년 이상의 지료를 지급하지 아니하였음을 이유로 하는 토지소유자의 지상권소멸청구는 그 이유가 없다.
다만, 법정지상권이 성립되고 그 지료액수가 판결에 의하여 정해진 경우에, 지상권자가 그 판결확정 후 지료의 청구를 받고도 그 책임 있는 사유로 상당한 기간 동안 지료의 지급을 지체한 때에는 그 **지체된 지료가 판결확정의 전후에 걸쳐 2년분 이상일 경우에도** 토지소유자는 민법 제287조에 의하여 지상권의 소멸을 청구할 수 있다 할 것이고, 위 **판결확정일로부터 2년 이상 지료의 지급을 지체하여야만** 지상권의 소멸을 청구할 수 있는 것은 아니라고 할 것이다.

⑤ 법정지상권이 붙은 건물을 **양수**한 자는 등기하여야 법정지상권을 취득한다. 따라서 법정지상권을 취득할 지위에 있는 건물양수인에게 법정지상권 등기가 없음을 이유로 한 **토지소유자의 소유권에 기한 건물철거는 신의성실의 원칙상 허용될 수 없으므로** 토지소유자는 법정지상권이 붙은 건물을 양수한 자에게 건물의 철거를 청구할 수 없다.

⑥ 법정지상권이 있는 건물의 양수인도 그 대지를 점유·사용함으로 인하여 얻은 이득을 **부당이득**으로서 대지소유자에게 **반환할 의무**가 있다.

⑦ 건물소유를 위한 법정지상권을 취득한 자로부터 **경매**를 통하여 건물의 소유권을 이전받은 경락인은 특별한 사정이 없는 한 건물의 경락취득과 함께 **당연히** 지상권도 함께 취득한다.

4. 저당권실행에 의한 법정지상권

> **제366조【법정지상권】** 저당물의 경매로 인하여 토지와 그 지상건물이 다른 소유자에 속한 경우에는 토지소유자는 건물소유자에 대하여 지상권을 설정한 것으로 본다. 그러나 지료는 당사자의 청구에 의하여 법원이 이를 정한다.

(1) 제366조는 가치권과 이용권의 조절이라는 공익상의 요청에 기한 강행규정이므로 저당권설정 당사자 간의 특약으로 저당목적물인 토지에 대하여 법정지상권을 배제하는 약정을 하더라도 그 특약은 효력이 없다.

(2) 성립요건

① **최선순위의 저당권설정 당시의 건물의 존재**

㉠ 건물이 없는 토지에 저당권을 **설정한 후** 설정자가 **건물을 신축**한 경우에, 그 건물을 위하여 법정지상권이 성립하지 않는다.

㉡ 저당권설정자가 법정지상권의 성립을 인정한다는 저당권자의 **동의**를 얻어 건물을 신축한 경우에도 법정지상권은 성립하지 않는다.

㉢ 저당권이 설정될 당시 토지 소유자에 의하여 그 지상에 건물을 건축중이었던 경우 그것이 사회관념상 독립된 건물로 볼 수 있는 정도에 이르지 않았다 하더라도 **건물의 규모 · 종류가 외형상 예상**할 수 있는 정도까지 건축이 진전되어 있었던 경우에 법정지상권이 성립하고, 그 후 경매절차에서 매수인이 매각대금을 다 낸 때까지 최소한의 기둥과 지붕 그리고 주벽이 이루어지는 등 독립된 부동산으로서 건물의 요건을 갖추면 법정지상권이 성립하며, 그 건물이 미등기라 하더라도 법정지상권의 성립에는 아무런 지장이 없는 것이다.

㉣ 저당권설정 당시 건물이 존재하기만 하면 되고, 가령 그 건물이 **무허가 건물**로서 보존등기가 경료되어 있지 않더라도 법정지상권이 성립한다.

㉤ 동일인의 소유에 속하는 토지 및 그 지상 건물에 관하여 **공동저당권**이 설정된 후 그 지상 건물이 철거되고 새로 건물이 신축된 경우에는 특별한 사정이 없는 한 저당물의 경매로 인하여 토지와 그 신축건물이 다른 소유자에 속하게 되더라도 그 신축건물을 위한 법정지상권은 성립하지 않는다.

㉥ 토지와 함께 공동근저당권이 설정된 건물이 그대로 존속함에도 불구하고 사실과 달리 등기부에 멸실의 기재가 이루어지고 이를 이유로 **등기부가 폐쇄**된 경우, 법정지상권이 성립한다.

② 저당권설정 당시 토지와 건물이 동일소유자에게 속할 것

③ 경매로 인하여 소유자가 달라질 것

(3) 법정지상권의 내용

① 민법 제366조 소정의 법정지상권이 성립하려면 저당권 설정 당시 저당권의 목적이 되는 토지 위에 건물이 존재하여야 하는데, 저당권 설정 당시의 건물을 그 후 **개축 · 증축한 경우**는 물론이고 그 건물이 **멸실되거나 철거된 후 재건축 · 신축한 경우**에도 법정지상권이 성립하며, 그 법정지상권의 내용인 존속기간 · 범위 등은 **구건물을 기준**으로 하여야 할 것이다.

② 저당권실행의 법정지상권이 성립하는 시기는 매각대금 완납시이다.

예제

1. 지상권과 관련하여 인정되지 않는 것을 모두 고른 것은? (다툼이 있으면 판례에 따름) 제27회

㉠ 지상물과 지상권의 분리 처분 ㉡ 지료 없는 지상권 ㉢ 지상권의 법정갱신 ㉣ 수목의 소유를 위한 구분지상권

① ㉠, ㉡ ② ㉠, ㉣ ③ ㉡, ㉢
④ ㉡, ㉣ ⑤ ㉢, ㉣

해설

㉠ 지상권자는 지상권과 지상물을 분리하여 처분할 수 있다(대판 2006.6.15, 2006다6126).
㉡ 지상권에서 지료는 지상권의 성립요소가 아니므로 지료 없는 지상권도 존재한다(대판 1999.9.3, 99다24874).
㉢ 전세권에는 법정갱신제도가 인정되지만, 지상권에는 법정갱신제도가 없다.
㉣ 수목의 소유를 위한 구분지상권은 인정되지 않는다(제289조의2).

정답 ⑤

2. 지상권에 관한 설명으로 옳지 않은 것은? (다툼이 있으면 판례에 따름) 제26회

① 지상권의 설정은 처분행위이므로 토지소유자가 아니어서 처분권한이 없는 자는 지상권 설정계약을 체결할 수 없다.
② 분묘기지권을 시효로 취득한 자는 토지소유자가 지료를 청구한 날로부터 지료지급의무가 있다.
③ 토지와 건물을 함께 매도하였으나 토지에 대해서만 소유권이전등기가 이루어진 경우, 매도인인 건물소유자를 위한 관습법상의 법정지상권은 인정되지 않는다.
④ 동일인 소유에 속하는 토지와 건물이 매매를 이유로 그 소유자를 달리하게 된 경우, 건물의 소유를 위하여 토지에 임대차계약을 체결하였다면 관습법상의 법정지상권은 인정되지 않는다.
⑤ 나대지(裸垈地)에 저당권을 설정하면서 그 대지의 담보가치를 유지하기 위해 무상의 지상권이 설정된 경우, 피담보채권이 시효로 소멸하면 지상권도 소멸한다.

해설

① 지상권의 설정은 처분행위이지만, 지상권설정계약은 처분행위가 아니라 의무부담행위이므로 처분권 없는 자도 지상권설정계약은 할 수 있다.
② 장사법 시행일인 2001. 1. 13. 이전에 타인의 토지에 분묘를 설치한 다음 20년간 평온·공연하게 분묘의 기지(기지)를 점유함으로써 분묘기지권을 시효로 취득하였더라도, 분묘기지권자는 토지소유자가 분묘기지에 관한 지료를 청구하면 그 청구한 날부터의 지료를 지급할 의무가 있다고 보아야 한다(대판 전합 2021.4.29, 2017다228007).
③ 원소유자로부터 대지와 건물이 한 사람에게 매도되었으나 대지에 관하여만 그 소유권이전등기가 경료되고 건물의 소유 명의가 매도인 명의로 남아 있게 되어 형식적으로 대지와 건물이 그 소유 명의자를 달리하게 된 경우에 있어서는, 그 대지의 점유·사용 문제는 매매계약 당사자 사이의 계약에 따라 해결할 수 있는 것이므로 양자 사이에 관습에 의한 법정지상권을 인정할 필요는 없다(대판 1998.4.24, 98다4798).

④ 대지에 관한 관습상의 법정지상권을 취득한 피고가 동 대지소유자와 사이에 위 대지에 관하여 임대차계약을 체결한 경우에는 특별한 사정이 없는 한 위 관습상의 법정지상권을 포기하였다고 볼 것이다(대판 1981.7.7, 80다2243).

⑤ 근저당권 등 담보권 설정의 당사자들이 그 목적이 된 토지 위에 차후 용익권이 설정되거나 건물 또는 공작물이 축조 · 설치되는 등으로써 그 목적물의 담보가치가 저감하는 것을 막는 것을 주요한 목적으로 하여 채권자 앞으로 아울러 지상권을 설정하였다면, 그 피담보채권이 변제 등으로 만족을 얻어 소멸한 경우는 물론이고 시효소멸한 경우에도 그 지상권은 피담보채권에 부종하여 소멸한다(대판 2011.4.14, 2011다6342).

정답 ①

3 구분지상권(區分地上權)

제289조의2【구분지상권】 ① 지하 또는 지상의 공간은 상하의 범위를 정하여 건물 기타 공작물을 소유하기 위한 지상권의 목적으로 할 수 있다. 이 경우 설정행위로써 지상권의 행사를 위하여 토지의 사용을 제한할 수 있다.

② 제1항의 규정에 의한 구분지상권은 제3자가 토지를 사용 · 수익할 권리를 가진 때에도 그 권리자 및 그 권리를 목적으로 하는 권리를 가진 자 전원의 승낙이 있으면 이를 설정할 수 있다. 이 경우 토지를 사용 · 수익할 권리를 가진 제3자는 그 지상권의 행사를 방해하여서는 아니 된다.

제290조【준용규정】 ② 제280조 내지 제289조 및 제1항의 규정은 제289조의2의 규정에 의한 구분지상권에 관하여 이를 준용한다.

(1) 의 의

'구분지상권'이란 건물 기타 공작물(예 광고탑, 수로, 송전탑, 공중가교, 지하철 등)을 소유하기 위하여 타인의 토지의 지하 또는 지상의 공간을 그 상하의 범위를 정하여 사용하는 지상권이다.

(2) 보통의 지상권과의 차이

① 보통의 지상권은 토지소유권이 미치는 토지의 상하 전부에 그 효력이 미치는 데 비해, 구분지상권은 그 지상 또는 지하의 일정한 범위에만 그 효력이 미친다.

② 보통의 지상권은 건물 기타 공작물이나 수목의 소유를 위해 설정할 수 있으나, 구분지상권에서는 수목의 소유를 위해 이를 설정할 수는 없다.

③ 보통의 지상권에서 토지소유자의 토지이용이 전면적으로 배제되지만, 구분지상권에서는 그 층에 한하여 토지소유자의 토지이용이 배제된다.

(3) 구분지상권의 성립

① 당사자 사이의 구분지상권설정계약과 등기에 의하여 성립하는데, 구분지상권이므로 그 효력이 미치는 토지의 일정 부분을 반드시 등기하여야 한다.

② 구분지상권을 설정하려는 토지에 이미 배타성이 있는 용익권(지상권, 지역권, 전세권 등의 용익물권 및 대항력 있는 임차권 등)이 존재하는 경우에는 그 권리자 및 그 권리를 목적으로 하는 권리를 가진 자 전원의 승낙이 있어야 구분지상권을 설정할 수 있다.

OX

甲소유 토지 전부에 乙이 지상권을 가지는 경우, 甲은 乙의 동의 없이도 丙에게 그 지하 공간의 일부에 대해 지상권을 설정할 수 있다. (×) 제19회

(4) 구분지상권의 효력

① **일반 지상권 규정의 준용**

구분지상권은 그 효력이 미치는 범위에서 보통의 지상권과 차이가 있을 뿐 질적인 차이가 있는 것은 아니므로, 제279조를 제외한 지상권에 관한 규정은 구분지상권에도 준용된다(제290조 제2항).

② **구분지상권에 특유한 효력**

㉠ 구분지상권자는 토지의 전면적 사용권을 갖는 게 아니라 토지의 '특정층'만을 사용할 권리를 가질 뿐이다. 나머지 토지에 대해서는 토지소유자가 사용권을 가진다. 다만, 설정행위로써 구분지상권의 행사를 위하여 토지소유자의 토지의 사용을 제한하는 특약을 맺을 수 있다. 그리고 이 제한을 등기할 수도 있다(부동산등기법 제69조).

㉡ 구분지상권의 지료는 당사자 간의 합의 또는 법원에 의해서 결정된다.

㉢ 구분지상권의 존속기간을 영구로 약정하는 것도 허용된다.

㉣ 구분지상권이 당해 토지에 대한 용익권을 가지는 제3자의 승낙을 얻어서 설정된 경우에는, 그 제3자는 구분지상권의 정당한 행사를 방해해서는 안 된다(제289조의2 제2항).

4 분묘기지권(墳墓基地權)

(1) 의 의

'분묘기지권'이란 타인의 토지에서 분묘라는 특수한 공작물을 설치한 자가 그 분묘를 소유하기 위하여 분묘의 기지부분의 타인소유 토지를 사용할 수 있는 권리로서 지상권에 유사한 성질을 갖는 물권이다.

(2) 성립요건

① **다음의 3가지 성립모습이 있다.**

㉠ 토지소유자의 승낙을 얻어 그 토지에 분묘를 설치한 때에는 약정에 의한 분묘기지권을 취득한다.

㉡ 타인소유의 토지에 소유자의 승낙 없이 분묘를 설치한 때에는 20년간 평온 · 공연하게 그 분묘의 기지를 점유함으로써 분묘기지권을 시효취득한다.

㉢ 자기소유의 토지에 분묘를 설치한 자가 그 분묘를 이장한다는 특약이 없이 그 토지를 매매 등에 의해 처분한 때에는 관습법상의 분묘기지권을 취득한다.

② 위 경우에 의해 분묘기지권을 취득하기 위해서는 그 전제로 분묘로서의 요건을 갖추어야 한다.

③ 분묘의 외형 자체가 공시방법으로서의 구실을 하며, 등기는 필요하지 않다.

(3) 효 력

① 분묘기지권은 분묘를 수호하고 봉사하는 데 필요한 범위에까지 미친다.

② 분묘기지권은 권리자가 분묘를 수호하고 그 분묘가 존속하고 있는 동안 존속하며, 상속될 수 있으나 양도될 수는 없다.

③ 장사 등에 관한 법률에 의하여 2001. 1. 13. **이후에 설치한 분묘**에 대해서는 분묘기지권의 시효취득이 인정되지 않는다(장사 등에 관한 법률 제27조). **장사법 시행 이전에 설치된 분묘기지권에 대해서는 여전히 유효한 관습법**이다.

④ 타인의 토지에 합법적으로 분묘를 설치한 자는 관습상 그 토지 위에 지상권에 유사한 일종의 물권인 분묘기지권을 취득하나, 분묘기지권에는 그 효력이 미치는 범위 안에서 새로운 분묘를 설치하거나 원래의 분묘를 다른 곳으로 이장할 권능은 포함되지 않는다.

⑤ 타인소유의 토지에 소유자의 승낙 없이 분묘를 설치한 경우에는 20년간 평온 · 공연하게 그 분묘의 기지를 점유하면 지상권 유사의 관습법상의 물권인 **분묘기지권을 시효로 취득**하는데, 이러한 분묘기지권은 봉분 등 외부에서 분묘의 존재를 인식할 수 있는 형태를 갖추고 있는 경우에 한하여 인정되고, 평장되어 있거나 암장되어 있어 객관적으로 인식할 수 있는 외형을 갖추고 있지 아니한 경우에는 인정되지 않으므로, 이러한 특성상 **분묘기지권은 등기 없이 취득**한다.

⑥ 장사법 시행일 이전에 타인의 토지에 분묘를 설치한 다음 20년간 평온·공연하게 분묘의 기지(기지)를 점유함으로써 분묘기지권을 시효로 취득하였더라도, 분묘기지권자는 토지소유자가 분묘기지에 관한 지료를 청구하면 그 **청구한 날부터의 지료를 지급할 의무가 있다**고 보아야 한다.
⑦ 자기 소유 토지에 분묘를 설치한 사람이 그 토지를 양도하면서 분묘를 이장하겠다는 특약을 하지 않음으로써 분묘기지권을 취득한 경우, 특별한 사정이 없는 한 분묘기지권자는 **분묘기지권이 성립한 때부터** 토지 소유자에게 그 분묘의 기지에 대한 토지사용의 대가로서 지료를 지급할 의무가 있다.
⑧ 분묘의 기지에 대한 지상권 유사의 물권인 관습법상의 법정지상권은 권리자가 의무자에 대하여 그 **권리를 포기하는 의사표시**를 하는 외에 **점유까지도 포기하여야만 그 권리가 소멸하는 것은 아니다**.

02 지역권(地役權)

1 지역권의 개념

제291조 【지역권의 내용】 지역권자는 일정한 목적을 위하여 타인의 토지를 자기토지의 편익에 이용하는 권리가 있다.

(1) 의 의

① '지역권(地役權)'이란 당사자 간의 설정행위에서 정한 일정한 목적을 위하여 타인의 토지를 자기토지의 편익에 이용하는 물권을 말한다. 이때 편익을 받는 토지를 '요역지(要役地)'라 하고, 편익을 주는 토지를 '승역지(承役地)'라 한다.
② 지역권이 설정되면 요역지의 가치는 증대하는 반면, 승역지의 이용이 제한된다.
③ 예를 들면, A토지의 관망을 위하여 B토지 위에 고층건물을 건축하지 못하게 하는 경우(조망지역권) 또는 A토지의 사용가치 증대를 위해 B토지를 통과하여 물을 끌어 오는 경우(인수지역권) 등에 있어서 A토지는 '요역지'에 해당되고 B토지는 '승역지'에 해당된다.

보충학습

토지임대차와의 비교

지역권의 목적은 토지임대차에 의해서도 달성할 수 있다. 그러나 지역권은 물권이고, 토지임대차는 채권이다. 그리고 임대차에 의하면 토지의 이용이 임차인에게 전면적으로 귀속되는 반면, 지역권은 독점적 권리가 아니므로 승역지의 토지이용권이 병존적이라는 점에서 차이가 있다.

상린관계와의 비교

상린관계는 독립한 권리가 아니라 소유권에 기한 것이라는 점에서 독립된 물권인 지역권과 다르다. 그리고 지역권은 등기를 요하지만, 상린관계는 등기를 요하지 않는다는 점에서 차이가 있다.

(2) 사회적 작용

① 타인의 토지를 자기토지의 편익(便益)에 이용하는 권리

㉠ 지역권은 승역지를 요역지의 편익에 이용하는 권리이다. '토지의 편익에 이용'한다는 것은 요역지의 사용가치를 증가시키는 것을 말한다.

㉡ 요역지의 사용가치를 증대하는 것이어야 하므로 요역지에 거주하는 사람의 개인적 이익을 위한 것(인역권, 人役權)에 대해서는 지역권을 설정할 수 없다.

㉢ 토지의 편익의 종류(통행지역권, 인수지역권, 조망방해건물 건축금지지역권 등)에는 제한이 없다.

㉣ 승역지소유자는 지역권자의 행위를 인용하고 일정한 이용을 하지 않을 부작위의무를 진다. 다만, 특약에 의하여 적극적 작위의무를 지는 경우도 있다.

㉤ 이용의 대가에 대해 유상이든 무상이든 상관없다. 다만, 통설은 유상인 경우에도 이는 등기법상의 등기사항이 아니므로 제3자에 대항할 수 없다고 한다.

② 요역지와 승역지의 두 개 토지 사이의 관계

㉠ 토지소유자뿐만 아니라 지상권자, 전세권자, 임차인도 지역권을 설정할 수 있다.

㉡ 요역지는 반드시 1필의 토지이어야 하나, 승역지는 1필의 토지의 일부라도 무방하다.

㉢ 요역지와 승역지는 서로 인접할 것을 요하지 않는다. 이 점이 상린관계와 다르다.

OX

승역지와 요역지는 서로 인접하여야 하며, 떨어진 토지에 대하여는 지역권을 설정할 수 없다. (×) 제18회

2 지역권의 법적 성질

(1) 비배타적 · 공용적 성격

① 지역권의 토지사용목적에는 아무런 제한이 없다. 지역권에 의한 토지사용은 제한적이고 승역지소유자도 지역권 행사에 필요한 범위 내에서 일정한 의무를 부담하는 것이므로 승역지의 소유권의 용익권능이 전면적으로 배제되는 것은 아니다.

② 지역권은 승역지에 대한 배타적 점유가 인정되는 것이 아니므로 물권적 청구권에 있어서 방해제거청구권과 방해예방청구권은 인정되나 반환청구권은 인정되지 않는다(제301조).

> **OX**
> 지역권자에게는 승역지의 반환청구권이 인정되지 않는다. (○) 제18회

③ 지역권은 하나의 승역지에 동일한 내용의 지역권이 설정될 수 있다. 다만, 먼저 설정된 지역권이 나중에 설정된 지역권에 우선한다.

(2) 부종성 · 수반성

> **제292조 【부종성】** ① 지역권은 요역지소유권에 부종하여 이전하며 또는 요역지에 대한 소유권 이외의 권리의 목적이 된다. 그러나 다른 약정이 있는 때에는 그 약정에 의한다.
> ② 지역권은 요역지와 분리하여 양도하거나 다른 권리의 목적으로 하지 못한다.

① 지역권은 요역지를 위하여 존재하는 종된 권리이기 때문에 요역지소유권의 처분은 지역권의 처분을 수반한다. 즉, 요역지소유권이 이전되면 지역권의 이전등기가 없더라도 지역권이전의 효력이 생긴다(수반성). 또한 요역지소유권이 다른 권리의 목적이 되면 지역권도 요역지소유권과 마찬가지로 다른 권리의 목적이 된다. 그러나 설정행위로서 이러한 수반성을 배제할 수 있고, 특약을 하면 제3자에게 대항할 수 있다.

② 지역권은 독립된 권리가 아니라 요역지소유권의 종된 권리이다. 따라서 요역지와 분리하여 양도하거나 다른 권리의 목적(담보의 제공)으로 하지 못한다.

(3) 불가분성

> **제293조 【공유관계, 일부양도와 불가분성】** ① 토지공유자의 1인은 지분에 관하여 그 토지를 위한 지역권 또는 그 토지가 부담한 지역권을 소멸하게 하지 못한다.
> ② 토지의 분할이나 토지의 일부양도의 경우에는 지역권은 요역지의 각 부분을 위하여 또는 그 승역지의 각 부분에 존속한다. 그러나 지역권이 토지의 일부분에만 관한 것인 때에는 다른 부분에 대하여는 그러하지 아니하다.

제295조【취득과 불가분성】① 공유자의 1인이 지역권을 취득한 때에는 다른 공유자도 이를 취득한다.
② 점유로 인한 지역권취득기간의 중단은 지역권을 행사하는 모든 공유자에 대한 사유가 아니면 그 효력이 없다.

제296조【소멸시효의 중단, 정지와 불가분성】요역지가 수인의 공유인 경우에 그 1인에 의한 지역권 소멸시효의 중단 또는 정지는 다른 공유자를 위하여 효력이 있다.

OX
공유자의 1인이 지역권을 취득한 때에는 다른 공유자도 이를 취득한다. (○) 제18회

OX
요역지가 수인의 공유인 경우에 그 1인에 의한 지역권 소멸시효의 중단 또는 정지는 다른 공유자를 위하여 효력이 있다. (○) 제18회

PART 02

3 지역권의 취득

(1) 지역권은 일반적으로 '설정계약'과 '등기'에 의하여 취득한다. 그 밖에 유언·상속·양도·취득시효에 의해서도 취득할 수 있다. 다만, 지역권만을 독립하여 양도할 수 없고, 요역지상의 권리의 양도를 통해 같이 양도될 뿐이다(수반성).

(2) 지역권의 취득시효

제294조【지역권취득기간】지역권은 계속되고 표현된 것에 한하여 제245조의 규정을 준용한다.

① 지역권은 '계속되고 표현된 것에 한하여' 시효로 취득할 수 있다.
② 지역권의 취득시효는 점유취득시효에 한정된다. 다만, 지역권의 점유취득시효에서 점유는 자주점유임을 요하지 않는다.
③ 공유자의 1인이 지역권의 시효취득의 요건을 갖추면 공유자 전원을 위하여 지역권이 취득된다.

관련판례

1. 통행지역권은 요역지의 소유자가 승역지 위에 도로를 설치하여 요역지의 편익을 위하여 승역지를 늘 사용하는 객관적 상태가 민법 제245조에 규정된 기간 계속된 경우에 한하여 그 시효취득을 인정할 수 있다(대판 2015.3.20, 2012다17479).
2. 요역지의 불법점유자는 지역권을 취득시효할 수 없다(대판 1976.10.26, 76다1694).
3. 지역권의 시효취득도 등기함으로써 지역권을 취득하는 것이므로, 시효완성 후 토지가 매도되어 소유권이전등기가 경료되었다면 토지양수인에게 지역권의 취득시효를 주장할 수 없다(대판 1990.10.30, 90다카20395).
4. 종전의 승역지 사용이 무상으로 이루어졌다는 등의 다른 특별한 사정이 없다면 통행지역권을 취득시효한 경우에도 주위토지통행권의 경우와 마찬가지로 요역지 소유자는 승역지에 대한 도로 설치 및 사용에 의하여 승역지 소유자가 입은 손해를 보상하여야 한다고 해석함이 타당하다(대판 2015.3.20, 2012다17479).

4 지역권의 존속기간과 대가

민법은 지역권의 존속기간과 대가에 관하여 아무런 규정을 두고 있지 않을 뿐만 아니라, 부동산등기법도 등기사항으로 규정하고 있지 않다. 따라서 지역권의 존속기간과 대가는 등기할 수 없다. 통설은 지역권은 유상・무상 어느 것이나 무방하고 영구무한의 지역권설정도 가능하다고 본다.

5 지역권의 효력

(1) 지역권자의 권리

① 지역권자는 지역권의 내용에 따라 승역지를 자기의 토지의 편익에 이용할 수 있다.

② 지역권의 내용은 지역권의 목적을 달성하기 위하여 필요하고 또 승역지소유자에게 손해가 가장 적은 범위에 국한된다.

> **제297조 【용수지역권】** ① 용수승역지의 수량이 요역지 및 승역지의 수요에 부족한 때에는 그 수요 정도에 의하여 먼저 가용에 공급하고 다른 용도에 공급하여야 한다. 그러나 설정행위에 다른 약정이 있는 때에는 그 약정에 의한다.
> ② 승역지에 수개의 용수지역권이 설정된 때에는 후순위의 지역권자는 선순위의 지역권자의 용수를 방해하지 못한다.
>
> **제300조 【공작물의 공동사용】** ① 승역지의 소유자는 지역권의 행사를 방해하지 아니하는 범위 내에서 지역권자가 지역권의 행사를 위하여 승역지에 설치한 공작물을 사용할 수 있다.
> ② 전항의 경우에 승역지의 소유자는 수익 정도의 비율로 공작물의 설치, 보존의 비용을 분담하여야 한다.

(2) 승역지소유자의 의무

> **제298조 【승역지소유자의 의무와 승계】** 계약에 의하여 승역지소유자가 자기의 비용으로 지역권의 행사를 위하여 공작물의 설치 또는 수선의 의무를 부담한 때에는 승역지소유자의 특별승계인도 그 의무를 부담한다.
>
> **제299조 【위기에 의한 부담면제】** 승역지의 소유자는 지역권에 필요한 부분의 토지소유권을 지역권자에게 위기하여 전조의 부담을 면할 수 있다.

① 지역권의 내용에 따라 승역지소유자는 지역권자의 행위를 인용하고 일정한 이용을 하지 않을 부작위의무를 부담한다.

② 제299조에서의 '위기'란 지역권에 필요한 부분의 토지소유권을 지역권자에게 이전시키는 일방적 의사표시를 말하며, 위기에 의하여 소유권이 지역권자에게 이전되면 지역권은 혼동으로 소멸한다.

6 지역권의 소멸

(1) 일반적인 소멸사유

지역권은 요역지 또는 승역지의 멸실・지역권의 포기・혼동・존속기간의 만료・약정소멸사유의 발생・승역지의 수용 등에 의해 소멸한다.

(2) 지역권의 특유한 소멸원인

① 위기에 의한 지역권의 소멸(제299조)
② 승역지가 제3자에 의하여 시효취득되면 승역지 위의 지역권도 소멸한다. 다만, 승역지점유자가 지역권의 존재를 승인하면서 점유를 계속한 때에는 지역권의 제한을 받는 소유권을 시효취득하게 된다.
③ 지역권은 20년간 행사하지 않으면 시효로 인하여 소멸한다(제162조 제2항).

7 특수지역권(인역권, 人役權)

제302조 【특수지역권】 어느 지역의 주민이 집합체의 관계로 각자가 타인의 토지에서 초목, 야생물 및 토사의 채취, 방목 기타의 수익을 하는 권리가 있는 경우에는 관습에 의하는 외에 본장의 규정을 준용한다.

예제

지역권에 관한 설명으로 옳지 않은 것은? (다툼이 있으면 판례에 따름) 제18회

① 공유자의 1인이 지역권을 취득한 때에는 다른 공유자도 이를 취득한다.
② 지역권자에게는 승역지의 반환청구권이 인정되지 않는다.
③ 요역지가 수인의 공유인 경우에 그 1인에 의한 지역권 소멸시효의 중단 또는 정지는 다른 공유자를 위하여 효력이 있다.
④ 승역지와 요역지는 서로 인접하여야 하며, 떨어진 토지에 대하여는 지역권을 설정할 수 없다.
⑤ 토지공유자 1인은 그 지분에 관하여 그 토지를 위한 지역권 또는 그 토지가 부담한 지역권을 소멸하게 하지 못한다.

해설

④ 요역지와 승역지는 서로 인접할 것을 요하지 않는다.
① 공유자의 1인이 지역권을 취득한 때에는 다른 공유자도 이를 취득한다(제295조 제1항).
② 지역권자에게도 물권적 청구권이 인정되지만, 물권적 청구권 중에서 반환청구권은 인정되지 않는다.
③ 요역지가 수인의 공유인 경우에 그 1인에 의한 지역권 소멸시효의 중단 또는 정지는 다른 공유자를 위하여 효력이 있다(제296조).
⑤ 토지공유자의 1인은 지분에 관하여 그 토지를 위한 지역권 또는 그 토지가 부담한 지역권을 소멸하게 하지 못한다(제293조 제1항).

정답 ④

03 전세권(傳貰權)

1 서 론

(1) 전세권의 의의

OX
농경지는 전세권의 목적이 될 수 있다. (×) 제14회

> **제303조【전세권의 내용】** ① 전세권자는 전세금을 지급하고 타인의 부동산을 점유하여 그 부동산의 용도에 좇아 사용・수익하며, 그 부동산 전부에 대하여 후순위 권리자 기타 채권자보다 전세금의 우선변제를 받을 권리가 있다.
> ② 농경지는 전세권의 목적으로 하지 못한다.

'전세권'은 전세금을 지급하고 타인의 부동산을 점유하여 그 부동산의 용도에 좇아 사용・수익하고, 전세권이 소멸한 때에는 그 부동산을 반환하고 그 부동산 전부에 대하여 후순위 권리자 기타 채권자보다 전세금의 우선변제를 받을 것을 내용으로 하는 용익물권이다.

(2) 전세권의 법적 성질

OX
전세권은 건물에 한하여 설정할 수 있다. (×) 제17회

① **타물권**(他物權)

㉠ 전세권의 목적물은 타인의 부동산(토지 또는 건물)이다. 다만, 농경지는 전세권의 목적이 될 수 없다(제303조 제2항).

㉡ 전세권도 물권이므로, 당연히 상속성과 양도성을 가진다. 다만, 설정행위로써 양도를 제한할 수 있다(전세권양도금지특약은 유효하다).

㉢ 전세권이 침해되면, 전세권에 기한 물권적 청구권이 인정된다(제319조).

㉣ 부동산 일부, 즉 1필의 토지 일부 또는 건물의 일부에도 전세권을 설정할 수 있다. 다만, 부동산의 일부가 전세권의 목적이 된 때에는 등기신청서에 그 도면을 첨부하여야 한다(부동산등기법 제72조).

② **용익물권으로서의 성질**

㉠ 전세권은 목적부동산을 점유하여 그 용도에 따라 사용·수익하는 권리이다. 따라서 전세권에도 상린관계의 규정이 준용된다(제319조).

㉡ 지상권과 동일한 목적으로 전세권을 설정할 수 있다(통설).

③ **담보물권으로서의 성질**

㉠ 전세권자는 전세금에 관해 우선변제권이 인정된다. 전세권자는 부동산 전부에 대하여 후순위 권리자 기타 채권자보다 전세금의 우선변제를 받을 권리가 있고(제303조 제1항), 전세권설정자가 전세금의 반환을 지체한 때 전세권자는 전세목적물의 경매를 청구할 수 있다(제318조). 즉, 전세권도 담보물권의 성질을 가지고 있으므로, 우선변제권 그리고 경매청구권이 인정된다.

㉡ 전세권은 그 본질은 용익물권이지만, 그 소멸 후에는 전세금반환채권을 피담보채권으로 하는 담보물권으로 전환된다.

관련판례

전세권설정등기를 마친 민법상의 전세권은 그 성질상 용익물권적 성격과 담보물권적 성격을 겸비한 것으로서, 전세권의 존속기간이 만료되면 전세권의 용익물권적 권능은 전세권설정등기의 말소 없이도 당연히 소멸하고 단지 전세금반환채권을 담보하는 담보물권적 권능의 범위 내에서 전세금의 반환시까지 그 전세권설정등기의 효력이 존속하고 있다(대판 2005.3.25, 2003다35659).

OX
전세권은 용익물권적 성질과 담보물권적 성질을 겸유하고 있다. (○) 제21회

OX
전세권이 갱신 없이 그 존속기간이 만료되면 전세권의 용익물권적 권능은 전세권설정등기의 말소 없이도 당연히 소멸한다. (○) 제25회

2 전세권의 취득

(1) 전세권설정계약에 의한 전세권의 취득

① **전세권설정계약**

㉠ 전세권은 당사자 간의 '전세권설정계약'과 '등기'에 의하여 취득한다.

㉡ 전세권설정계약은 전세금을 수수함으로써 성립하는 요물계약이다.

㉢ 목적물의 인도는 전세권의 성립요건이 아니다.

㉣ 전세권의 객체는 타인의 부동산이다. 즉, 여기서의 부동산은 1필지의 토지 또는 1동의 건물이어야 하는 것은 아니다. 부동산의 일부에도 전세권을 설정할 수 있다. 그러나 농경지에 대해서는 전세권을 설정할 수 없다.

OX
전세권을 설정하기로 합의하고 등기하지 않으면, 전세권은 성립하지 않는다. (○) 제17회

② **전세금**(傳貰金)

㉠ '전세금'이란 전세권을 설정하면서 전세권설정자에게 교부하고 전세권이 소멸하면 전세권자가 전세권설정자로부터 반환받는 금전을 말한다.

ⓛ '전세금의 지급'은 전세권의 성립요소이며, 전세금액은 이를 등기하여야 한다.

ⓒ 전세권자의 지급의무는 일반적으로 부동산소유자의 전세권설정등기의무 및 목적부동산인도의무와 동시이행관계에 있다(제317조).

ⓔ 전세금의 액은 자유롭게 정할 수 있지만, 등기한 범위에서만 제3자에 대항할 수 있다.

ⓜ 전세금은 일차적으로 부동산의 용익에 대한 대가로서 그 이자는 차임에 충당된다.

ⓗ 전세금의 성질은 사용대가로서의 성질, 전세권자의 귀책사유로 인한 손해를 담보하는 보증금으로서의 성질, 신용수수의 수단으로서의 성질을 가진다.

ⓢ 전세금은 전세권자가 설정자에게 교부하는 금전으로서 전세권이 소멸한 때에는 반환받는다.

관련판례

1. 전세금의 지급은 전세권 성립의 요소가 되는 것이지만 그렇다고 하여 전세금의 지급이 반드시 현실적으로 수수되어야만 하는 것은 아니고, 기존의 채권으로 전세금의 지급에 갈음할 수도 있다(대판 1995.2.10, 94다18508).
2. 임차보증금반환채권을 담보할 목적으로 임차인과 임대인 및 제3자 사이의 합의에 따라 제3자 명의로 경료된 전세권설정등기도 유효하다(대판 1998.9.4, 98다20981).
3. 전세권이 용익물권적 성격과 담보물권적 성격을 겸비하고 있다는 점, 목적물의 인도는 전세권의 성립요건이 아닌 점 등에 비추어 볼 때, 당사자가 주로 채권담보의 목적으로 전세권을 설정하였고, 그 설정과 동시에 목적물을 인도하지 아니한 경우라 하더라도, 장차 전세권자가 목적물을 사용·수익하는 것을 완전히 배제하는 것이 아니라면, 그 전세권의 효력을 부인할 수는 없다(대판 1995.2.10, 94다18508).
4. 전세권자는 전세금을 지급하고 타인의 부동산을 점유하여 그 부동산의 용도에 좇아 사용·수익하며, 그 부동산 전부에 대하여 후순위권리자 기타 채권자보다 전세금의 우선변제를 받을 권리가 있다(민법 제303조 제1항). 이처럼 전세권이 용익물권적인 성격과 담보물권적인 성격을 모두 갖추고 있는 점에 비추어 전세권 존속기간이 시작되기 전에 마친 전세권설정등기도 특별한 사정이 없는 한 유효한 것으로 추정된다(대결 2018.1.25, 2017마1093).

OX

전세금은 반드시 현실적으로 수수되어야만 하는 것은 아니고, 기존의 채권으로 전세금의 지급에 갈음할 수 있다. (○) 제21회

OX

목적물의 인도는 전세권의 성립요건이 아니다. (○) 제19회

> **알아두기**
>
> ■ **전세권 존속 중에 전세권을 존속시키기로 하면서 전세금반환채권만을 전세권과 분리하여 양도할 수 있는지 여부**
>
> 1. **원칙**: 전세권이 존속하는 한에서는 전세권과 분리하여 전세금반환채권만을 양도할 수 없다. 다만, 장래에 전세권이 소멸하는 경우에 전세금반환청구권이 발생하는 것을 조건으로 그 장래의 조건부 채권을 양도할 수 있을 뿐이다(대판 2002.8.23, 2001다69122).
> 2. **예외**: ① 전세권이 존속기간의 만료로 소멸한 경우이거나 ② 전세계약의 합의해지 또는 ③ 당사자 간의 특약에 의하여 전세금반환채권의 처분에도 불구하고, 전세권의 처분이 따르지 않는 경우 등의 특별한 사정이 있는 때에는 전세금반환채권의 양수인은 담보물권(전세권)이 없는 무담보의 채권을 양수한 것이 되고 그 채권의 처분에 따르지 않은 담보물권은 소멸한다(대판 1997.11.25, 97다29790).

OX

전세권이 존속하는 동안은 전세권을 존속시키기로 하면서 전세금반환채권만을 전세권과 분리하여 확정적으로 양도하는 것은 허용되지 않는다. (○) 제25회

(2) 전세권 양도 등에 의한 전세권의 취득

전세권설정계약에 의한 전세권의 취득뿐만 아니라 전세권의 양도 또는 상속에 의하여 전세권도 승계취득할 수 있다. 설정행위에서 금지되어 있지 않는 한 전세권을 자유로이 양도할 수 있고, 양수인은 전세권설정자에 대하여 양도인과 동일한 권리・의무가 있다.

OX

전세권은 전세권의 양도나 상속에 의해서도 취득할 수 있다. (○) 제20회

3 전세권의 존속기간

> **제312조 【전세권의 존속기간】** ① 전세권의 존속기간은 10년을 넘지 못한다. 당사자의 약정기간이 10년을 넘는 때에는 이를 10년으로 단축한다.
> ② 건물에 대한 전세권의 존속기간을 1년 미만으로 정한 때에는 이를 1년으로 한다.
> ③ 전세권의 설정은 이를 갱신할 수 있다. 그 기간은 갱신한 날로부터 10년을 넘지 못한다.
> ④ 건물의 전세권설정자가 전세권의 존속기간만료 전 6월부터 1월까지 사이에 전세권자에 대하여 갱신거절의 통지 또는 조건을 변경하지 아니하면 갱신하지 아니한다는 뜻의 통지를 하지 아니한 경우에는 그 기간이 만료된 때에 전전세권과 동일한 조건으로 다시 전세권을 설정한 것으로 본다. 이 경우 전세권의 존속기간은 그 정함이 없는 것으로 본다.
>
> **제313조 【전세권의 소멸통고】** 전세권의 존속기간을 약정하지 아니한 때에는 각 당사자는 언제든지 상대방에 대하여 전세권의 소멸을 통고할 수 있고, 상대방이 이 통고를 받은 날로부터 6월이 경과하면 전세권은 소멸한다.

OX

전세권자를 보호하기 위하여 전세권의 최단기간을 규정하고 있지만 최장기간은 정하고 있지 않다. (×) 제16회

OX

전세권의 존속기간을 약정하지 않은 때에는 각 당사자는 언제든지 상대방에 대하여 전세권의 소멸을 통고할 수 있고, 상대방이 이 통고를 받은 날로부터 3월이 경과하면 전세권은 소멸한다. (×) 제14회

(1) 존속기간의 약정이 있는 경우

① **최장기존속기간의 제한**

약정에 의해 전세권의 존속기간은 그 목적물이 토지이든 건물이든 10년을 넘지 못한다. 약정기간이 10년을 넘는 때에는 이를 10년으로 단축한다(제312조 제1항).

> **OX**
> 건물전세권의 경우 최단 존속기간은 2년이다. (×) 제14회

② **건물전세권의 최단존속기간의 보장**

건물에 대한 전세권의 존속기간을 1년 미만으로 정한 때에는 이를 1년으로 한다(제312조 제2항). 이 최단기 제한은 건물에만 적용되고 토지에는 적용되지 않는다.

③ **전세권의 갱신**

㉠ 약정갱신: 전세권의 존속기간이 만료된 경우 당사자 간의 약정으로 갱신할 수 있다. 그러나 갱신된 전세권의 존속기간은 갱신한 날로부터 10년을 넘지 못한다(제312조 제3항). 약정에 의한 갱신은 등기해야 효력이 생긴다(제186조).

㉡ 건물전세권에 관한 법정갱신

ⓐ 건물의 전세권설정자가 전세권 존속기간만료 전 6월부터 1월까지 사이에 전세권자에 대한 갱신거절통지 또는 조건을 변경하지 않으면 갱신하지 않는다는 뜻의 통지를 하지 않은 경우에는 그 기간이 만료된 때에 전에 설정된 전세권과 동일한 조건으로 다시 전세권이 설정된 것으로 본다.

ⓑ 전세권의 법정갱신의 경우 조건은 전 전세권과 동일하다. 다만, 존속기간은 존속기간을 정하지 않은 것으로 본다. 따라서 제313조에 의하여 각 당사자는 언제든지 전세권의 소멸을 통고할 수 있고, 소멸통고 후 6월이 경과하면 전세권은 소멸한다.

ⓒ 법정갱신은 법률의 규정에 의한 것이므로 등기 없이도 효력이 발생한다(제187조).

관련판례

<u>전세권의 법정갱신</u>은 법률의 규정에 의한 부동산에 관한 물권의 변동이므로 전세권 갱신에 관한 <u>등기를 필요로 하지 아니하고 전세권자는 그 등기 없이도 전세권설정자나 그 목적물을 취득한 제3자에 대하여</u> 그 권리를 주장할 수 있다(대판 1989. 7.11, 88다카21029).

> **OX**
> 건물전세권이 법정갱신된 경우 전세권자는 갱신의 등기 없이도 전세목적물을 취득한 제3자에 대하여 자신의 권리를 주장할 수 있다. (○) 제19회

(2) 존속기간의 약정이 없는 경우

① 각 당사자는 언제든지 상대방에 대하여 전세권의 소멸을 통고할 수 있고, 상대방이 이 통고를 받은 날로부터 6월이 지나면 전세권은 소멸한다. 전세권의 소멸통고는 형성권의 행사에 해당한다.

② 건물전세권에 대해서는 약정기간을 설정하지 않더라도 건물전세권의 최단기 제한의 규정(제312조 제2항)이 있으므로 1년 이내는 소멸시킬 수 없다.

4 전세권의 효력

1. 전세권의 효력이 미치는 범위

(1) 토지가 전세권의 목적인 경우

토지가 전세권의 목적인 때에는 토지의 상하에 전세권의 효력이 미친다. 그리고 토지의 종물이 있는 경우에는 그 종물에도 그 효력이 미친다.

(2) 건물이 전세권의 목적인 경우

> **제304조 【건물의 전세권, 지상권, 임차권에 대한 효력】** ① 타인의 토지에 있는 건물에 전세권을 설정한 때에는 전세권의 효력은 그 건물의 소유를 목적으로 한 지상권 또는 임차권에 미친다.
> ② 전항의 경우에 전세권설정자는 전세권자의 동의 없이 지상권 또는 임차권을 소멸하게 하는 행위를 하지 못한다.

① **제304조의 존재의 의의**: 건물에 대해서만 전세권을 설정한 경우에는 전세권자가 그 건물을 제대로 사용·수익하려면 그 대지도 같이 사용하여야만 한다. 따라서 민법은 이를 위해 건물전세권자의 대지사용권을 특별히 보장해주고 있다.

② **제304조의 의의**

㉠ 타인의 토지에 있는 건물에 전세권을 설정하는 경우 전세권의 효력은 그 건물의 소유를 목적으로 한 지상권 또는 임차권에 미친다.

㉡ 제304조 제1항에서 '미친다.'의 의미는 건물소유자와 마찬가지로 그 토지를 이용할 수 있다는 의미이다.

㉢ 건물전세권에서 대지이용권과의 불가분성 때문에 전세권자의 동의 없이 전세권설정자가 지상권 등을 소멸시키는 처분행위를 한 경우에 그 행위는 전세권자를 해하는 범위에서 무효이다.

OX

타인의 토지에 있는 건물에 전세권을 설정한 경우, 전세권의 효력은 그 건물의 소유를 목적으로 한 지상권 또는 임차권에 미친다. (○) 제21회

관련판례

민법 제304조는 전세권을 설정하는 건물소유자가 건물의 존립에 필요한 지상권 또는 임차권과 같은 토지사용권을 가지고 있는 경우에 관한 것으로서, 그 경우에 건물전세권자로 하여금 토지소유자에 대하여 건물소유자, 즉 전세권설정자의 그러한 토지사용권을 원용할 수 있도록 함으로써 토지소유자 기타 토지에 대하여 권리를 가지는 사람에 대한 관계에서 건물전세권자를 보다 안전한 지위에 놓으려는 취지의 규정이다. 또한 지상권을 가지는 건물소유자가 그 건물에 전세권을 설정하였으나 그가 2년 이상의 지료를 지급하지 아니하였음을 이유로 지상권설정자, 즉 토지소유자의 청구로 인하여 지상권이 소멸하는 것은 전세권설정자가 전세권자의 동의 없이는 할 수 없는 위 민법 제304조 제2항상의 '지상권 또는 임차권을 소멸하게 하는 행위'에 해당하지 아니한다(대판 2010.8.19, 2010다43801).

③ **법정지상권**

> **제305조【건물의 전세권과 법정지상권】** ① 대지와 건물이 동일한 소유자에 속한 경우에 건물에 전세권을 설정한 때에는, 그 대지소유권의 특별승계인은 전세권설정자에 대하여 지상권을 설정한 것으로 본다. 그러나 지료는 당사자의 청구에 의하여 법원이 이를 정한다.
> ② 전항의 경우에 대지소유자는 타인에게 그 대지를 임대하거나 이를 목적으로 한 지상권 또는 전세권을 설정하지 못한다.

OX
대지와 건물의 소유자가 동일한 경우, 건물에 전세권을 설정한 때에는 그 대지소유권의 특별승계인은 전세권설정자에 대하여 지상권을 설정한 것으로 본다. (○) 제12회

㉠ '전세권에 의한 법정지상권'이란 동일소유자에 속하는 건물과 대지 중 건물에만 전세권을 설정한 후 전세권설정자가 토지소유권을 타인에게 처분하여 토지와 건물의 소유자가 달라지게 된 경우에, 전세권자의 대지사용관계를 현실화할 필요성에 의하여 전세권설정자에게 인정되는 법정지상권을 말한다.

㉡ 법정지상권을 취득하는 자는 전세권자가 아니라 '전세권설정자인 건물소유자'이다.

㉢ 제304조의 법정지상권은 법률의 규정에 의한 것이므로 등기를 요하지 아니한다. 지료는 당사자의 합의 또는 법원의 결정에 의한다. 그리고 법정지상권의 존속기간은 제281조가 적용된다.

(3) 전세권과 다른 권리와의 관계

① **전세권과 저당권과의 우열의 순위**

㉠ 전세권이 최선순위의 저당권보다 먼저 설정되었다면, 전세권은 저당권의 실행에 의한 매각으로 인하여 영향을 받지 않으며, 매수인(경락인)이 전세권의 부담을 인수한다. 다만, 전세권자가 경락에서 배당을 요구하면 전세권은 매각으로 인하여 소멸한다.

㉡ 전세권이 최선순위의 저당권보다 후순위라면 저당권이나 전세권 어느 쪽이 실행되더라도 전세권은 소멸한다. 다만, 순위에 따라서 경락에서 배당을 받을 뿐이다.

② 지상권 또는 등기된 임차권과 전세권의 순위는 등기순위에 의한다.

2. 전세권자의 권리와 의무

(1) 전세권자의 부동산 사용 · 수익권

제303조【전세권의 내용】 ① 전세권자는 전세금을 지급하고 타인의 부동산을 점유하여 그 부동산의 용도에 좇아 사용 · 수익하며, 그 부동산 전부에 대하여 후순위 권리자 기타 채권자보다 전세금의 우선변제를 받을 권리가 있다.

① 전세권자는 목적부동산을 점유하여 설정계약이나 부동산의 성질에 따라 정해진 용도에 좇아 사용 · 수익할 권리가 있다. 수익에는 천연과실과 법정과실의 수취를 포함한다.

② 전세권자의 용익권은 '용도에 좇은 것'이어야 하는데, 용도에 좇은 것인지 여부는 전세권설정계약 또는 목적물의 성질에 의하여 판단된다.

③ 전세권자가 이에 위반하여 사용 · 수익하는 경우에는 전세권설정자는 전세권의 소멸을 청구할 수 있고(전세권소멸청구권은 형성권), 이 경우 전세권설정자는 전세권자에 대해 원상회복 또는 손해배상을 청구할 수 있다(제311조 제2항).

(2) 목적물의 유지 · 수선의무

제309조【전세권자의 유지, 수선의무】 전세권자는 목적물의 현상을 유지하고 그 통상의 관리에 속한 수선을 하여야 한다.

전세권자는 목적물의 현상을 유지하고 그 통상의 관리에 속한 수선을 하여야 한다. 따라서 전세권자에게는 필요비상환청구권이 없다.

(3) 전세금증감청구권

제312조의2【전세금증감청구권】 전세금이 목적부동산에 관한 조세 · 공과금 기타 부담의 증감이나 경제사정의 변동으로 인하여 상당하지 아니하게 된 때에는 당사자는 장래에 대하여 그 증감을 청구할 수 있다. 그러나 증액의 경우에는 대통령령이 정하는 기준에 따른 비율을 초과하지 못한다.

OX

동일한 건물에 저당권이 전세권보다 먼저 설정된 경우, 전세권자가 경매를 신청하여 매각되면 전세권과 저당권은 모두 소멸한다. (○) 제20회

OX

전세권설정자는 목적물의 현상을 유지하고 그 통상의 관리에 속한 수선을 하여야 한다. (×) 제21회

OX

전세권자는 필요비상환청구권은 할 수 있지만 유익비상환청구는 할 수 없다. (×) 제16회

> **민법 제312조의2 단서의 시행에 관한 규정 제2조 【증액청구의 비율】** 전세금의 증액청구의 비율은 약정한 전세금의 20분의 1을 초과하지 못한다.
>
> **제3조 【증액청구의 제한】** 전세금의 증액청구는 전세권설정계약이 있은 날 또는 약정한 전세금의 증액이 있은 날로부터 1년 이내에는 이를 하지 못한다.

① 전세금증감청구권은 전세권설정자 또는 전세권자 모두에게 인정되는 권리이다.

② 전세금증감청구권은 형성권이다.

③ 전세금증감청구에 대하여 상대방이 불응하면 결국 법원이 증액 또는 감액의 정도를 결정할 것이고, 법원이 결정한 전세금의 액은 증감청구를 한 때에 소급하여 그 효력이 생긴다.

OX
전세권자와 인지소유자 사이에는 상린관계에 관한 민법 규정이 준용된다. (○) 제20회

(4) 물권적 청구권과 상린관계

① 전세권은 토지를 이용하는 권리이므로 상린관계의 규정이 준용된다(제319조).

② 전세권은 점유를 수반하는 권리이므로 점유권에 기하여 점유보호청구권을 행사할 수 있고 전세권에 기하여도 물권적 청구권을 행사할 수 있다(제319조).

3. 전세권의 처분

(1) 처분의 자유와 제한

OX
전세권자는 전세권설정자의 동의를 받지 않으면 전세 목적물을 제3자에게 임대할 수 없는 것이 원칙이다. (×) 제14회

> **제306조 【전세권의 양도·임대 등】** 전세권자는 전세권을 타인에게 양도 또는 담보로 제공할 수 있고, 그 존속기간 내에서 그 목적물을 타인에게 전전세 또는 임대할 수 있다. 그러나 설정행위로 이를 금지한 때에는 그러하지 아니하다.

① 전세권자는 전세권을 타인에게 양도 또는 담보로 제공(저당권설정 등)할 수 있고, 그 존속기간 내에서 그 목적물을 타인에게 전전세 또는 임대할 수 있다.

OX
전세권은 물권이므로 전세권설정행위로서 그 양도를 금지할 수 없다. (×) 제16회

② 전세권의 처분은 당사자가 설정행위로써 이를 금지할 수 있다(전세권양도금지특약은 유효, 지상권양도금지특약은 무효). 이 특약은 등기를 하여야만 제3자에게 대항할 수 있다(부동산등기법 제72조 제1항).

(2) 전세권의 양도

> **제307조 【전세권양도의 효력】** 전세권양수인은 전세권설정자에 대하여 전세권양도인과 동일한 권리·의무가 있다.

전세권양도의 합의가 있고 등기를 하여야 그 효력이 생긴다. 이 경우 전세권양수인은 전세권설정자에 대하여 전세권양도인과 동일한 권리·의무를 가진다.

관련판례

전세목적물의 소유권이 이전된 경우, 민법이 전세권관계로부터 생기는 상환청구·소멸청구·갱신청구·전세금증감청구·원상회복·매수청구 등의 법률관계의 당사자로 규정하고 있는 전세권설정자 또는 소유자는 모두 목적물의 소유권을 취득한 신소유자로 새길 수밖에 없다. 따라서 목적물의 신소유자는 전세권자에 대하여 전세권설정자의 지위에서 전세금반환의무를 부담하게 되고, 구 소유자는 전세권설정자의 지위를 상실하여 전세금반환의무를 면하게 된다(대판 2000.6.9, 99다15122).

OX

전세권이 성립한 후 그 소멸 전에 전세목적물의 소유권이 이전된 경우, 목적물의 구(舊) 소유자는 전세권이 소멸하는 때에 전세권자에 대하여 전세금 반환의무를 부담한다. (×) 제25회

PART 02

(3) 전세권의 담보제공

① 전세권을 담보로 저당권을 설정할 수 있다(제371조).

② 전세권에 저당권이 설정된 경우 저당권자는 피담보채권의 변제기 후에 전세권 자체를 경매신청할 수 있고, 또는 전세금반환채권에 대한 압류 및 전부명령을 받아서 전세권설정자에게 직접 전세금반환청구권을 행사할 수도 있다.

관련판례

1. 전세권이 기간만료로 종료된 경우 전세권은 전세권설정등기의 말소등기 없이도 당연히 소멸하고, 저당권의 목적물인 전세권이 소멸하면 저당권도 당연히 소멸하는 것이므로 전세권을 목적으로 한 저당권자는 전세권의 목적물인 부동산의 소유자에게 더 이상 저당권을 주장할 수 없다.
2. 전세권에 저당권이 설정된 경우에도 전세권이 기간만료로 소멸되면 전세권설정자는 전세금반환채권에 대한 제3자의 압류 등이 없는 한 전세권자에 대하여만 전세금반환의무를 부담한다고 보아야 한다(대판 1999.9.17, 98다31301).

OX

전세권에 저당권이 설정된 경우, 존속기간의 만료로 전세권이 소멸하면 특별한 사정이 없는 한 전세권설정자는 저당권자에게 과세금을 반환하여야 한다. (×) 제22회

(4) 전전세(轉傳貰)

제306조 【전세권의 양도·임대 등】 전세권자는 전세권을 타인에게 양도 또는 담보로 제공할 수 있고, 그 존속기간 내에서 그 목적물을 타인에게 전전세 또는 임대할 수 있다. 그러나 설정행위로 이를 금지한 때에는 그러하지 아니하다.

제308조 【전전세 등의 경우의 책임】 전세권의 목적물을 전전세 또는 임대한 경우에는 전세권자는 전전세 또는 임대하지 아니하였으면 면할 수 있는 불가항력으로 인한 손해에 대하여 그 책임을 부담한다.

OX

전세권자가 전세목적물을 타인에게 임대한 경우, 전세권자는 임대하지 아니하였으면 면할 수 있는 불가항력으로 인한 손해에 대하여 책임을 부담한다. (○) 제12회

① '전전세'란 전세권자의 전세권을 그대로 둔 채 전세권을 기초로 하여 그 전세권의 범위 내에서 전세목적물의 일부 또는 전부에 대하여 제3자에게 다시 전세권을 설정해 주는 것을 말한다.

② **요 건**

㉠ 전전세권의 설정의 합의와 등기 및 전세금의 지급에 의하여 성립한다.

㉡ 전전세권은 (원)전세권을 기초로 하여 성립하는 것이므로 목적물의 범위·존속기간·전세금 등 (원)전세권의 내용을 초과할 수 없다.

㉢ (원)전세권의 일부를 목적으로 하는 전전세권도 가능하다.

㉣ 전전세권설정은 (원)전세권설정자의 동의는 필요하지 않는다.

③ **효 과**

㉠ 전전세권이 설정되더라도 (원)전세권은 소멸하지 않는다. 다만, (원)전세권자는 전세권자의 지위만 보유할 뿐, 부동산을 사용·수익하지는 못한다. 그리고 전전세권설정계약은 (원)전세권자와 전전세권자 사이에 체결된 것이므로, 전전세권자는 (원)전세권설정자에 대하여는 직접적으로 아무런 권리·의무를 가지지 않는다.

㉡ 전세권자의 책임가중(제308조): 전전세를 한 경우 전세권자는 전전세를 하지 않았더라면 면할 수 있었을 불가항력으로 인한 손해에 대하여도 그 책임을 부담한다.

㉢ (원)전세권이 소멸하면 전전세권도 소멸한다.

㉣ 전전세권자의 경매청구권·우선변제권이 인정된다.

(5) 전세목적물의 임대

전세권자는 전세권의 존속기간 내에서 전세목적물을 타인에게 임대할 수 있다.

5 전세권의 소멸

1. 물권 일반의 소멸사유

전세권도 물권 공통의 소멸사유로서 목적부동산의 멸실, 공용징수, 혼동, 소멸시효, 존속기간 만료, 전세권에 우선하는 저당권의 실행, 전세권의 포기, 약정소멸사유 등에 의해서 소멸할 수 있는 것은 당연하다.

(1) 전세목적물의 멸실

① 불가항력으로 인한 멸실

> **제314조【불가항력으로 인한 멸실】** ① 전세권의 목적물의 전부 또는 일부가 불가항력으로 인하여 멸실된 때에는 그 멸실된 부분의 전세권은 소멸한다.
> ② 전항의 일부멸실의 경우에 전세권자가 그 잔존부분으로 전세권의 목적을 달성할 수 없는 때에는 전세권설정자에 대하여 전세권 전부의 소멸을 통고하고 전세금의 반환을 청구할 수 있다.

㉠ 불가항력에 의한 전부 멸실

전세권의 목적물의 전부가 불가항력으로 인하여 멸실한 때에는 전세권은 소멸한다. 이 경우 전세권자는 전세권설정자에게 전세금의 반환을 청구할 수 있다.

㉡ 불가항력에 의한 일부 멸실

ⓐ 전세권의 목적물의 일부가 불가항력으로 인하여 멸실한 때에는 그 멸실된 부분의 전세권은 소멸한다. 이 경우 멸실된 부분의 비율에 따라 전세금도 감액된다(통설).

ⓑ 전세권자가 그 잔존부분으로 전세권의 목적을 달성할 수 없는 때에는 전세권설정자에 대하여 전세권 전부의 소멸을 통고하고 전세금의 반환을 청구할 수 있다.

② 전세권자의 책임 있는 사유로 인한 멸실

> **제315조【전세권자의 손해배상책임】** ① 전세권의 목적물의 전부 또는 일부가 전세권자에 책임 있는 사유로 인하여 멸실된 때에는 전세권자는 손해를 배상할 책임이 있다.
> ② 전항의 경우에 전세권설정자는 전세권이 소멸된 후 전세금으로써 손해의 배상에 충당하고 잉여가 있으면 반환하여야 하며 부족이 있으면 다시 청구할 수 있다.

㉠ 전세권자의 책임 있는 사유에 의한 전부 멸실

전세권의 목적물의 전부가 전세권자의 귀책사유로 인하여 멸실한 때에는 전세권은 소멸하고, 전세권자는 손해배상책임을 진다. 이 경우 전세권설정자는 전세금으로써 손해의 배상에 충당하고 잉여가 있으면 반환하여야 하며 부족이 있으면 다시 청구할 수 있다(제315조 제2항).

OX

전세권자의 과실로 목적물의 일부가 멸실되더라도 전세권자는 손해배상책임을 지지 않는다. (×) 제16회

㉡ 전세권자의 책임 있는 사유로 인한 일부 멸실

ⓐ 일부가 멸실된 경우 멸실된 부분에 관하여 전세권이 소멸함은 물론이고 전세권설정자는 멸실부분에 대하여 손해배상을 청구할 수 있다. 그리고 전세권설정자는 용법위반을 이유로 전세권 전부의 소멸을 청구할 수 있다(제311조 제1항).

ⓑ 잔존부분만으로 목적달성이 불가능할 경우에는 전세권자도 전세권 전부의 소멸을 청구할 수 있다(통설). 다만, 전세권자는 일부멸실에 대해 손해배상책임을 진다(제315조).

③ **전세권설정자의 책임 있는 사유로 인한 멸실**

전세권설정자의 고의 · 과실에 의하여 전세목적물이 멸실한 경우, 전세권자에게 손해가 발생하였으면 전세권 침해로 인한 불법행위가 되므로 손해를 배상하여야 하며 전세권은 소멸한다. 전세권자는 전세금반환을 청구할 수 있다.

(2) 전세권의 포기

전세권도 원칙적으로 자유로이 포기할 수 있으나, 전세권이 제3자의 권리의 목적이 된 때에는 제3자의 동의 없이 포기할 수 없다(제371조 제2항). 물권적 단독행위로서 등기해야 효력이 생긴다.

(3) 약정소멸사유

전세권의 소멸사유에 관한 약정이 있는 경우, 그 사유가 발생하면 전세권은 소멸한다.

(4) 존속기간만료로 인한 소멸

2. 전세권 특유의 소멸사유

(1) 전세권의 소멸청구

> **제311조 【전세권의 소멸청구】** ① 전세권자가 전세권설정계약 또는 그 목적물의 성질에 의하여 정하여진 용법으로 이를 사용, 수익하지 아니한 경우에는 전세권설정자는 전세권의 소멸을 청구할 수 있다.
> ② 전항의 경우에는 전세권설정자는 전세권자에 대하여 원상회복 또는 손해배상을 청구할 수 있다.

(2) 전세권의 소멸통고

> **제313조【전세권의 소멸통고】** 전세권의 존속기간을 약정하지 아니한 때에는 각 당사자는 언제든지 상대방에 대하여 전세권의 소멸을 통고할 수 있고 상대방이 이 통고를 받은 날로부터 6월이 경과하면 전세권은 소멸한다.

3. 전세권 소멸의 효과

전세권이 소멸하면 전세권설정자는 전세금을 반환하여야 하고, 전세권자는 그 목적물을 인도하여야 한다.

(1) 전세권의 소멸과 전세금반환의무

> **제317조【전세권의 소멸과 동시이행】** 전세권이 소멸한 때에는 전세권설정자는 전세권자로부터 그 목적물의 인도 및 전세권설정등기의 말소등기에 필요한 서류의 교부를 받는 동시에 전세금을 반환하여야 한다.

① 전세권이 소멸한 때에는 전세권설정자는 전세권자로부터 그 목적물의 인도 및 전세권설정등기의 말소등기에 필요한 서류의 교부를 받는 동시에 전세금을 반환하여야 한다.

② 전세권설정자가 전세금을 반환할 때까지는 전세권자는 위 동시이행의 관계에서 목적물을 점유할 권리를 가지고 점유사용에 따른 차임상당액과 전세금에 대한 이자상당액은 서로 대가관계에 있다고 본다.

OX

전세권 소멸 후 전세권자가 그 목적물을 반환하였더라도 전세권설정등기의 말소에 필요한 서류를 교부하거나 그 이행의 제공을 하지 아니하는 이상, 전세권설정자는 전세금의 반환을 거절할 수 있다. (○) **제19회**

(2) 전세권자의 경매청구권과 우선변제권

> **제318조【전세권자의 경매청구권】** 전세권설정자가 전세금의 반환을 지체한 때에는 전세권자는 민사집행법의 정한 바에 의하여 전세권의 목적물의 경매를 청구할 수 있다.

① **전세권자의 경매신청권**

㉠ 전세권설정자가 전세금의 반환을 지체한 때에는 전세권자는 전세목적물의 경매를 청구할 수 있고, 후순위 권리자 기타 채권자보다 우선변제를 받을 권리가 있다.

㉡ 목적물의 일부에 전세권이 설정된 경우, 전세목적물이 아닌 나머지 부분에 대해서는 경매신청을 할 수 없다.

ⓒ 전세권자가 경매절차에서 경매금 전부를 변제받지 못한 경우, 전세권자는 일반채권자의 자격에서 채무자의 일반재산에 대해 강제집행을 하거나 또는 타인의 집행에 대해 그 배당에 참여할 수 있다.

관련판례

1. 전세권자의 전세목적물 인도의무 및 전세권설정등기말소의무와 전세권설정자의 전세금반환의무는 서로 동시이행의 관계에 있으므로 전세권자인 채권자가 전세목적물에 대한 경매를 청구하려면 우선 전세권설정자에 대하여 전세목적물의 인도의무 및 전세권설정등기말소의무의 이행제공을 완료하여 전세권설정자를 이행지체에 빠뜨려야 한다(대결 1977.4.13, 77마90).
2. 건물의 일부에 대하여 전세권이 설정되어 있는 경우 그 전세권자는 그 건물 전부에 대하여 후순위 권리자 기타 채권자보다 전세금의 우선변제를 받을 권리가 있다고 할 것이나, 전세권의 목적물이 아닌 나머지 건물부분에 대하여는 우선변제권은 별론으로 하고 경매신청권은 없다(대결 1992.3.10, 91마256).

② **전세권자의 우선변제권**

㉠ 전세권자는 일반채권자에 대하여 언제나 우선한다.

㉡ 전세권과 저당권이 경합하는 경우에는 그 최선순위 저당권과의 우열에 따라서 순위가 정해진다.

(3) 원상회복의무 · 부속물수거권 · 부속물매수청구권

제316조【원상회복의무, 매수청구권】 ① 전세권이 그 존속기간의 만료로 인하여 소멸한 때에는 전세권자는 그 목적물을 원상에 회복하여야 하며, 그 목적물에 부속시킨 물건은 수거할 수 있다. 그러나 전세권설정자가 그 부속물건의 매수를 청구한 때에는 전세권자는 정당한 이유 없이 거절하지 못한다.
② 전항의 경우에 그 부속물건이 전세권설정자의 동의를 얻어 부속시킨 것인 때에는 전세권자는 전세권설정자에 대하여 그 부속물건의 매수를 청구할 수 있다. 그 부속물건이 전세권설정자로부터 매수한 것인 때에도 같다.

① 전세권이 소멸하면 전세권자는 그 목적물을 원상에 회복하여야 하고, 그 목적물에 부속시킨 물건은 수거할 수 있다.

② 전세권의 목적물에 부속시킨 물건에 대해서는 전세권설정자와 전세권자가 각각 그 매수청구권을 가지는데, 이때의 부속물은 전세목적물의 구성부분을 이루지 않는 독립된 물건임을 요하고, 그 구성부분을 이루는 때에는 그것이 유익비에 해당하는 경우에 한해 유익비상환청구권을 행사할 수 있다(통설).

③ 전세권설정자가 그 부속물의 매수를 청구한 때에는 전세권자는 정당한 이유 없이 거절하지 못한다.

④ 전세권자는 전세권설정자의 동의를 얻어 부속시키거나 또는 그 부속물을 전세권설정자로부터 매수한 때에 한해 전세권설정자에 대해 그 부속물의 매수를 청구할 수 있다.

⑤ 부속물매수청구권은 일방적 의사표시에 의해서 부속물의 매매계약을 형성시키는 형성권이라고 해석한다.

(4) 유익비상환청구권

> **제310조【전세권자의 상환청구권】** ① 전세권자가 목적물을 개량하기 위하여 지출한 금액 기타 유익비에 관하여는 그 가액의 증가가 현존한 경우에 한하여 소유자의 선택에 좇아 그 지출액이나 증가액의 상환을 청구할 수 있다.
> ② 전항의 경우에 법원은 소유자의 청구에 의하여 상당한 상환기간을 허여할 수 있다.

① 전세권자는 목적물의 현상을 유지하고, 그 통상의 관리에 속한 수선을 하여야 할 유지·수선의무를 부담하기 때문에 필요비의 상환은 청구할 수 없고, 그래서 제310조에서는 유익비에 한해 일정한 요건하에 상환청구권이 인정됨을 정한 것이다.

② 유익비상환청구권은 목적물에 관하여 생긴 채권으로서 전세권자는 그 상환을 받을 때까지 목적물에 대하여 유치권을 행사할 수도 있다.

OX

전세권자가 전세목적물에 필요비를 지출한 경우, 전세권설정자의 선택에 좇아 그 지출액이나 증가액의 상환을 청구할 수 있다. (×) 제12회

예 제

1. 전세권에 관한 설명으로 옳은 것은? (다툼이 있으면 판례에 따름) 제27회

① 전세목적물의 인도는 전세권의 성립요건이다.
② 존속기간의 만료로 토지전세계약이 종료되면 그 계약을 원인으로 한 전세권설정등기절차의 이행청구권은 소멸한다.
③ 전세권이 존속하는 동안 전세권을 존속시키기로 하면서 전세금반환채권만을 전세권과 분리하여 확정적으로 양도하는 것은 허용된다.
④ 전세권이 존속하는 동안 목적물의 소유권이 이전되는 경우, 전세권자와 구 소유자 간의 전세권 관계가 신 소유자에게 이전되는 것은 아니다.
⑤ 전세금은 현실적으로 수수되어야 하므로 임차보증금채권으로 전세금 지급에 갈음할 수 없다.

해설

② 전세계약이 그 존속기간의 만료로 종료되면 위 계약을 원인으로 하는 전세권설정등기절차의 이행청구권도 소멸한다(대판 1974.4.23, 73다1262).
① 목적물의 인도는 전세권의 성립요건이 아니다(대판 1995.2.10, 94다18508).
③ 전세권이 존속하는 동안은 전세권을 존속시키기로 하면서 전세금반환채권만을 전세권과 분리하여 확정적으로 양도하는 것은 허용되지 않는다(대판 2002.8.23, 2001다69122).
④ 전세권이 성립한 후 목적물의 소유권이 이전되는 경우에 있어서 (중략) 전세권은 전세권자와 목적물의 소유권을 취득한 신 소유자 사이에서 계속 동일한 내용으로 존속하게 된다고 보아야 한다(대판 2000.6.9, 99다15122).

⑤ 전세금의 지급은 전세권 성립의 요소가 되는 것이지만 그렇다고 하여 전세금의 지급이 반드시 현실적으로 수수되어야만 하는 것은 아니고 기존의 채권으로 전세금의 지급에 갈음할 수도 있다(대판 1995.2.10, 94다18508).

정답 ②

2. 전세권에 관한 설명으로 옳지 않은 것은? (다툼이 있으면 판례에 따름) **제28회**

① 전세권자는 목적물의 현상을 유지하고 그 통상의 관리에 속한 수선을 하여야 한다.
② 전세권자는 특별한 사정이 없는 한 전세권설정자의 동의 없이 전세권을 타인에게 양도할 수 없다.
③ 전세목적물의 인도는 전세권의 성립요건이 아니다.
④ 전세목적물에 대한 사용·수익 권능을 배제하고 채권담보만을 위해 설정한 전세권설정등기는 무효이다.
⑤ 전세권이 갱신없이 그 존속기간이 만료되면 전세권의 용익물권적 권능은 전세권설정등기의 말소 없이도 당연히 소멸한다.

해설

② 전세권자는 전세권을 타인에게 양도 또는 담보로 제공할 수 있고 그 존속기간 내에서 그 목적물을 타인에게 전전세 또는 임대할 수 있다. 그러나 설정행위로 이를 금지한 때에는 그러하지 아니하다(제306조).
① 전세권자는 목적물의 현상을 유지하고 그 통상의 관리에 속한 수선을 하여야 한다(제309조).
③ 목적물의 인도는 전세권의 성립요건이 아니다(대판 1995.2.10, 94다18508).
④ 당사자가 주로 채권담보의 목적으로 전세권을 설정하였고, 그 설정과 동시에 목적물을 인도하지 아니한 경우라 하더라도, 장차 전세권자가 목적물을 사용·수익하는 것을 완전히 배제하는 것이 아니라면, 그 전세권의 효력을 부인할 수는 없으므로(대판 1995.2.10, 94다18508), 목적물에 대한 사용수익권을 배제하는 전세권설정등기는 무효이다.
⑤ 전세권설정등기를 마친 민법상의 전세권은 그 성질상 용익물권적 성격과 담보물권적 성격을 겸비한 것으로서, 전세권의 존속기간이 만료되면 전세권의 용익물권적 권능은 전세권설정등기의 말소 없이도 당연히 소멸한다(대판 2005.3.25, 2003다35659).

정답 ②

Chapter

06 담보물권

단·원·열·기

매년 2~3문제 정도 출제되는 부분이다. 유치권의 성립요건, 유치권자의 권리, 질권의 종류, 저당권의 효력, 피담보채권의 범위 위주로 학습하여야 한다.

01 담보물권 일반

1 담보제도

(1) 담보제도의 필요성

채권이란 채권자가 채무자에게 일정한 행위, 즉 급부를 요구하는 권리이다. 채무자가 자발적으로 변제를 하지 않는 경우 채권자는 채무자의 일반재산(책임재산)에 대해 법원의 판결을 얻어 강제집행하여 강제적으로 채권의 변제를 받을 수 있는 것이 원칙이므로, 채무자의 일반재산은 채권의 담보이다.

그러나 채무자의 일반재산은 증감변동이 심하고 또한 채권자가 여러 명 있는 경우에는 채권자평등의 원칙이 적용되므로 일반재산에 의한 담보는 채권의 담보로서는 매우 불확실하다. 따라서 채권자가 채무자의 특정 물건을 우선적으로 또는 배타적으로 확보할 수 있는 채권담보제도가 필요한 것이다. 특별담보는 인적 담보제도와 물적 담보제도로 구분할 수 있다.

(2) 담보의 종류

① 인적 담보

'인적 담보'란 채권자가 채무자의 일반재산 외에 제3자(보증인)의 일반재산을 가지고 채권을 담보하려는 제도이다. 보증채무 및 연대보증채무, 연대채무제도 등이 그 예이다.

담보물권

② **물적 담보**

'물적 담보'란 채권자가 채무자 또는 제3자의 특정한 재산을 가지고 채권을 담보하려는 제도이다. 이것은 특정의 물건이 가지는 교환가치를 어느 채권자만이 독점적으로 가지는 것으로, 그 물건의 가격이 급격히 떨어지지 않는 한 채권의 담보로서는 가장 확실한 것이다.

㉠ 전형담보: 민법에 규정된 담보로서 유치권, 질권, 저당권이 있다.

㉡ 비전형담보

ⓐ 법에 규정된 담보가 아닌 거래계에서 편의상 발달한 담보제도로서 양도담보, 재매매예약, 환매, 가등기담보 등이 있다.

ⓑ 비전형담보 중 대물변제예약과 결부된 유담보형 부동산 비전형담보에 대해서는 가등기담보 등에 관한 법률의 규제를 받는다.

2 담보물권의 종류 및 성질

(1) 담보물권의 종류

① **제한물권형**: 유치권, 질권, 저당권이 있다.

② **권리이전형**: 가등기담보, 양도담보, 매도담보(환매 또는 재매매예약)가 있다.

③ **소유권유보**

매매대금을 전부변제하기 전에 목적물을 매수인에게 인도해 주기는 하되, 전부변제할 때까지는 목적물의 소유권을 매도인에게 유보시킴으로써 대금채권을 담보하는 방법이다.

(2) 담보물권의 통유성(通有性)

① **부종성**(附從性)

㉠ '부종성'이란 피담보채권의 존재를 전제로 해서만 담보물권이 존재할 수 있다는 의미이다.

㉡ 피담보채권이 성립하지 않으면 담보물권이 성립하지 않고, 채권이 소멸하면 담보물권도 소멸한다.

㉢ 부종성은 유치권과 같은 법정담보물권에서 엄격하게 요구되지만, 질권과 저당권과 같이 약정담보물권에서는 상당히 완화되어 있다.

② **수반성**(隨伴性)

'수반성'이란 담보물권이 피담보채권의 이전에 따라 이전하고, 피담보채권 위에 부담이 설정되면 담보물권도 그 부담에 복종하는 성질을 의미한다.

③ **불가분성**

'불가분성'이란 담보물권은 피담보채권 전부에 대한 변제가 있을 때까지 목적물 전부에 대하여 그 효력을 미친다는 의미이다.

④ **물상대위성**

㉠ 유치권에는 물상대위가 인정되지 않고 질권과 저당권에만 인정된다.

㉡ 물상대위는 담보물의 멸실, 훼손, 공용징수에 한하여 인정되므로, 저당물의 **매매대금**이나 차임에는 물상대위가 인정되지 않는다.

㉢ 저당목적물이 소실되어 저당권설정자가 보험회사에 대하여 화재보험계약에 따른 보험금청구권을 취득한 경우 그 **보험금청구권**은 저당목적물이 가지는 가치의 변형물이라 할 것이므로 저당권자는 민법 제370조, 제342조에 의하여 저당권설정자의 보험회사에 대한 보험금청구권에 대하여 물상대위권을 행사할 수 있다.

㉣ **전세권이 저당권의 목적인데 전세기간의 만료로 전세권이 소멸**한 경우에도 물상대위가 인정된다.

㉤ 공용용지의 취득 및 손실보상에 관한 특례법에 따라 저당권이 설정된 토지의 취득에 관하여 토지소유자와 사업시행자 사이에 **협의가 성립**된 경우에 동 토지의 저당권자는 토지소유자가 수령할 보상금에 대하여 민법 제370조, 제342조에 의한 물상대위를 할 수 없다.

㉥ 저당목적물의 변형물인 금전 기타 물건에 대하여 이미 **제3자가 압류**하여 그 금전 또는 물건이 특정된 이상 **저당권자는 스스로 이를 압류하지 않고서도** 물상대위권을 행사할 수 있다.

㉦ 압류 또는 배당요구가 있기 전에 금전 또는 물건이 지급되거나 배당되었다면 저당권자는 물상대위를 할 수 없지만, **저당권설정자에게** 부당이득의 반환을 구할 수 있다. 그러나 **채권양수인 또는 압류채권자**가 지급받거나 배당받은 경우 그의 권리취득은 종국적이므로 저당권자는 부당이득의 반환을 청구할 수 없다.

㉧ 저당권자의 물상대위권의 행사는 배당요구 종기까지 하여야 한다.

OX

저당권이 설정된 건물의 화재로 건물 소유자가 받을 보험금청구권은 물상대위의 객체가 될 수 있다. (○) 제19회

PART 02

구 분	유치권	질 권	저당권
성 립	법정담보물권	• 원칙: 약정담보물권 • 예외: 법정질권	• 원칙: 약정담보물권 • 예외: 법정저당권
객 체	• 타인의 물건(동산, 부동산) • 유가증권	• 동산(부동산 ×) • 재산권	• 부동산(동산 ×) • 지상권, 전세권
유치적 효력	• 유치적 효력 • 점유 요건	• 유치적 효력 • 점유 요건	점유 요건 ×
부종성	○	○	○
수반성	○	○	○
물상대위성	×	○	○
우선변제력	×	○	○
불가분성	○	○	○
경매청구권	○	○	○

02 유치권(留置權)

(1) 유치권의 의의

① '유치권'이란 타인의 물건 또는 유가증권을 점유하는 자가 그 물건 등에 관하여 생긴 채권을 가지는 경우에, 그 채권을 변제받을 때까지 그 목적물을 유치할 수 있는 권리를 의미한다.

② 목적물을 유치함으로써 심리적 압박에 의하여 채무자의 변제를 간접적으로 강제함을 목적으로 한다.

③ 유치권은 법률상 당연히 성립하는 법정담보물권이다.

> **OX** 타인의 부동산뿐만 아니라 동산도 유치권의 객체가 될 수 있다. (○) 제18회

> **OX** 유치권은 약정담보물권이므로 당사자의 약정으로 그 성립을 배제할 수 있다. (×) 제26회

관련판례

1. 우리 법에서 유치권제도는 무엇보다도 권리자에게 그 목적인 물건을 유치하여 계속 점유할 수 있는 대세적 권능을 인정한다. 그리하여 소유권 등에 기하여 목적물을 인도받고자 하는 사람(물건의 점유는 대부분의 경우에 그 사용수익가치를 실현하는 전제가 된다)은 유치권자가 가지는 그 피담보채권을 만족시키는 등으로 유치권이 소멸하지 아니하는 한 그 인도를 받을 수 없으므로 실제로는 그 변제를 강요당하는 셈이 된다. 그와 같이 하여 유치권은 유치권자의 그 채권의 만족을 간접적

으로 확보하려는 것이다. 그런데 우리 법상 저당권 등의 부동산담보권은 이른바 비점유담보로서 그 권리자가 목적물을 점유함이 없이 설정되고 유지될 수 있고 실제로도 저당권자 등이 목적물을 점유하는 일은 매우 드물다. 따라서 어떠한 부동산에 저당권 또는 근저당권과 같이 담보권이 설정된 경우에도 그 설정 후에 제3자가 그 목적물을 점유함으로써 그 위에 유치권을 취득하게 될 수 있다. 이와 같이 저당권 등의 설정 후에 유치권이 성립한 경우에도 마찬가지로 유치권자는 그 저당권의 실행절차에서 목적물을 매수한 사람을 포함하여 목적물의 소유자 기타 권리자에 대하여 위와 같은 대세적인 인도거절권능을 행사할 수 있다. 따라서 부동산유치권은 대부분의 경우에 사실상 최우선순위의 담보권으로서 작용하여, 유치권자는 자신의 채권을 목적물의 교환가치로부터 일반채권자는 물론 저당권자 등에 대하여도 그 성립의 선후를 불문하여 우선적으로 자기 채권의 만족을 얻을 수 있게 된다. 이렇게 되면 유치권의 성립 전에 저당권 등 담보를 설정받고 신용을 제공한 사람으로서는 목적물의 담보가치가 자신이 애초 예상·계산하였던 것과는 달리 현저히 하락하는 경우가 발생할 수 있다. 이와 같이 유치권제도는 "시간에서 앞선 사람은 권리에서도 앞선다."라는 일반적 법원칙의 예외로 인정되는 것으로서, 특히 부동산담보거래에 일정한 부담을 주는 것을 감수하면서 마련된 것이다(대판 2011.12.22, 2011다84298).

2. 체납처분압류가 되어 있는 부동산이라고 하더라도 그러한 사정만으로 경매절차가 개시되어 경매개시결정등기가 되기 전에 부동산에 관하여 민사유치권을 취득한 유치권자가 경매절차의 매수인에게 유치권을 행사할 수 없다고 볼 것은 아니다(대판 전합 2014.3.20, 2009다60336).

3. 부동산 경매절차에서의 매수인은 민사집행법 제91조 제5항에 따라 유치권자에게 그 유치권으로 담보하는 채권을 변제할 책임이 있는 것이 원칙이나, 채무자 소유의 건물 등 부동산에 경매개시결정의 기입등기가 경료되어 압류의 효력이 발생한 후에 채무자가 위 부동산에 관한 공사대금 채권자에게 그 점유를 이전함으로써 그로 하여금 유치권을 취득하게 한 경우, 그와 같은 점유의 이전은 목적물의 교환가치를 감소시킬 우려가 있는 처분행위에 해당하여 민사집행법 제92조 제1항, 제83조 제4항에 따른 압류의 처분금지효에 저촉되므로 점유자로서는 위 유치권을 내세워 그 부동산에 관한 경매절차의 매수인에게 대항할 수 없다. 그러나 이러한 법리는 경매로 인한 압류의 효력이 발생하기 전에 유치권을 취득한 경우에는 적용되지 아니하고, 유치권 취득시기가 근저당권설정 후라거나 유치권 취득 전에 설정된 근저당권에 기하여 경매절차가 개시되었다고 하여 달리 볼 것은 아니다(대판 2009. 1.15, 2008다70763).

4. 유치권은 목적물에 관하여 생긴 채권이 변제기에 있는 경우에 비로소 성립하고(민법 제320조), 한편 채무자 소유의 부동산에 경매개시결정의 기입등기가 마쳐져 압류의 효력이 발생한 후에 유치권을 취득한 경우에는 그로써 부동산에 관한 경매절차의 매수인에게 대항할 수 없는데, 채무자 소유의 건물에 관하여 증·개축 등 공사를 도급받은 수급인이 경매개시결정의 기입등기가 마쳐지기 전에 채무자에게서 건물의 점유를 이전받았다 하더라도 경매개시결정의 기입등기가 마쳐져 압류의 효력이 발생한 후에 공사를 완공하여 공사대금채권을 취득함으로써 그때 비로소 유치권이 성립한 경우에는, 수급인은 유치권을 내세워 경매절차의 매수인에게 대항할 수 없다(대판 2011.10.13, 2011다55214).

5. 유치권제도와 관련하여서는 거래당사자가 유치권을 자신의 이익을 위하여 고의적으로 작출함으로써 유치권의 최우선순위담보권으로서의 지위를 부당하게 이용하고 전체 담보권질서에 관한 법의 구상을 왜곡할 위험이 내재한다. 따라서 개별 사안의 구체적인 사정을 종합적으로 고려할 때 신의성실의 원칙에 반한다고 평가되는 유치권제도 남용의 유치권 행사는 허용될 수 없다(대판 2014.12.11, 2014다53462).

(2) 유치권의 법적 성질

① **물 권**

㉠ 유치권자는 채권의 변제를 받을 때까지 누구에 대해서든 목적물을 유치하여 인도를 거절할 수 있다.

㉡ 유치권은 법정담보물권이므로 등기를 요하지 않는다.

② **담보물권**

㉠ 법정담보물권으로 부종성이 강하다.

㉡ 유치권 권능만 있을 뿐, 우선변제적 권능을 가지지 않는다.

㉢ 유치권도 담보물권이므로 불가분성이 인정된다.

㉣ 유치권자도 경매청구권이 인정되지만, 그 매각대금으로부터 우선변제를 받을 권능을 가지지는 않으므로 물상대위성은 인정되지 않는다.

OX
유치권에는 언제나 우선변제적 효력이 인정된다. (×) 제17회

(3) 유치권의 성립요건

제320조 【유치권의 내용】 ① 타인의 물건 또는 유가증권을 점유한 자는 그 물건이나 유가증권에 관하여 생긴 채권이 변제기에 있는 경우에는 변제를 받을 때까지 그 물건 또는 유가증권을 유치할 권리가 있다.
② 전항의 규정은 그 점유가 불법행위로 인한 경우에 적용하지 아니한다.

① **적법하게 점유하는 타인 소유의 물건 또는 유가증권**

㉠ 타인의 소유

ⓐ 유치권의 객체인 물건 또는 유가증권은 채무자 소유에 한정하지 않는다.

ⓑ 자신의 소유에 속하는 물건에 대해서는 유치권이 인정되지 않는다.

ⓒ 분할 가능한 물건의 일부에 대한 유치권도 성립할 수 있다.

관련판례

유치권이 타물권인 점에 비추어 볼 때 수급인의 재료와 노력으로 건축되었고 독립한 건물에 해당되는 기성부분은 수급인의 소유라 할 것이므로 수급인은 공사대금을 지급받을 때까지 이에 대하여 유치권을 가질 수 없다(대판 1993.3.26, 91다14116).

㉡ 물건(동산 또는 부동산) 또는 유가증권

㉢ 점 유

ⓐ 유치권은 타인의 물건을 점유하는 자가 그 물건과 견련관계에 있는 채권을 가지는 경우에 성립하는 것이므로, 당연히 점유가 필요하고 그 점유는 계속되어야 한다.

ⓑ 유치권자가 점유를 잃으면 유치권은 소멸한다. 다만, 점유가 침탈되었더라도 점유보호청구권에 기하여 침탈된 점유를 회복하면 그 점유가 소멸하지 않은 것으로 간주되므로 유치권은 소멸하지 않는다.

ⓒ 유치권의 성립요건이자 존속요건인 유치권자의 점유는 직접점유뿐만 아니라 간접점유에 의해서도 성립한다.

관련판례

1. 유치권의 성립요건이자 존속요건인 유치권자의 점유는 직접점유이든 간접점유이든 관계가 없으나, 다만 유치권은 목적물을 유치함으로써 채무자의 변제를 간접적으로 강제하는 것을 본체적 효력으로 하는 권리인 점에 비추어, 그 직접점유자가 채무자인 경우에는 유치권의 요건으로서의 점유에 해당하지 않는다(대판 2008.4.11, 2007다27236).
   즉, 채무자를 직접점유자로 하는 유치권은 인정되지 않는다.
2. 다세대주택의 창호 등의 공사를 완성한 하수급인이 공사대금채권 잔액을 변제받기 위하여 위 다세대주택 중 한 세대를 점유하여 유치권을 행사하는 경우, 그 유치권은 위 한 세대에 대하여 시행한 공사대금만이 아니라 다세대주택 전체에 대하여 시행한 공사대금채권의 잔액 전부를 피담보채권으로 하여 성립한다(대판 2007.9.7, 2005다16942).

㉣ 적법한 점유

ⓐ 점유가 불법행위로 인한 경우에는 유치권이 성립하지 않는다.

ⓑ 점유자의 점유권원이 소멸하였지만, 유치권을 행사함으로써 물건을 점유하던 중에 비용을 지출한 경우에 그 점유가 적법하므로, 그 비용상환청구권에 대해서는 당연히 유치권이 인정된다.

관련판례

1. 절도범이 훔친 물건을 수선하거나 무단점유자가 비용을 지출한 경우에 유치권은 성립하지 않으며, 채무자에게 대항할 수 있는 점유권원 없이 또는 이를 알거나 과실로 알지 못하고 점유를 시작한 경우에도 마찬가지라고 할 것이다(대판 1966.6.7, 66다600).
2. 건물점유자가 건물의 원시취득자에게 그 건물에 관한 유치권이 있다고 하더라도 그 건물의 존재와 점유가 토지소유자에게 불법행위가 되고 있다면 그 유치권으로 토지소유자에게 대항할 수 없다(대판 1989.2.14, 87다카3073).

OX

유치권은 동시이행의 항변권과 병존할 수 있다. (○) 제20회

OX

유치권자의 점유가 간접점유이고 채무자가 직접점유자인 경우, 유치권은 성립하지 않는다. (○) 제21회

OX

불법행위로 취득한 점유에 기해서는 유치권이 성립하지 않는다. (○) 제18회

3. 건물임차인이 임대차계약의 해지 후에도 계속 건물을 점유하고 그 기간 동안에 필요비나 유익비를 지출하더라도 이는 불법점유상태에서 지출된 비용으로서 그 상환청구권에 관해서는 유치권이 성립되지 않는다(대판 1967.1.24, 66다2144).

② **변제기에 있는 채권**

㉠ 채권의 존재

관련판례

건물의 임차인이 임대차종료시에는 건물을 원상으로 복구하여 임대인에게 명도하기로 약정한 것은 건물에 지출한 각종 필요비 또는 유익비의 상환청구권을 미리 포기하기로 한 취지의 특약이라고 봄이 상당하므로 피담보채권이 존재하지 않으므로 임차인은 유치권을 주장할 수 없다(대판 1975.4.22, 73다2010).

OX

피담보채권이 변제기에 있지 않으면, 유치권은 성립하지 않는다. (○) 제18회

㉡ 변제기의 도래

ⓐ '변제기의 도래'는 유치권의 성립요건이다.

ⓑ 채권의 변제기가 도래하지 않은 동안에는 유치권이 성립하지 않는다.

③ **채권과 물건 사이의 견련관계**

관련판례

민법 제320조 제1항은 "타인의 물건 또는 유가증권을 점유한 자는 그 물건이나 유가증권에 관하여 생긴 채권이 변제기에 있는 경우에는 변제를 받을 때까지 그 물건 또는 유가증권을 유치할 권리가 있다."라고 규정하고 있으므로, 유치권의 피담보채권은 '그 물건에 관하여 생긴 채권'이어야 한다(대판 2013.10.24, 2011다44788).

OX

당사자가 미리 유치권 발생을 배제하는 특약을 한 경우, 유치권은 발생하지 않는다. (○) 제21회

OX

유치권배제특약에 따른 효력은 특약의 상대방만 주장할 수 있다. (×) 제25회

④ **유치권의 성립을 배제하는 특약의 부존재**

제320조는 임의규정이므로, 당사자 사이에 유치권 발생을 배제하는 특약이 있다면 유치권은 성립하지 않는다.

관련판례

유치권은 채권자의 이익을 보호하기 위한 법정담보물권으로서, 당사자는 미리 유치권의 발생을 막는 특약을 할 수 있고 이러한 특약은 유효하다. 유치권배제특약이 있는 경우 다른 법정요건이 모두 충족되더라도 유치권은 발생하지 않는데, 특약에 따른 효력은 특약의 상대방뿐 아니라 그 밖의 사람도 주장할 수 있다(대판 2018.1.24, 2016다234043).

(4) 채권과 물건 사이의 견련관계

'견련관계'란 유치권이 성립하기 위하여 점유자의 채권이 '그 물건이나 유가증권에 관하여 생긴 것'이어야 한다. '그 물건에 관하여 생긴 채권'은 유치권제도 본래의 취지인 공평의 원칙에 특별히 반하지 않는 한 채권이 목적물 자체로부

터 발생한 경우는 물론이고, 채권이 목적물의 반환청구권과 동일한 법률관계나 사실관계로부터 발생한 경우도 포함한다. 채권과 목적물의 점유 사이에 견련관계는 요구되지 않는다.

알아두기

■ 견련관계가 인정되는 경우

1. 물건으로 인한 손해배상청구권
2. 물건에 관한 채권(비용상환청구권 등)

알아두기

■ 견련관계가 부정되는 경우

1. 임차보증금 또는 권리금의 반환채권
2. 임차인이 부속물매수청구권을 행사한 경우에 부속물대금채권과 건물 또는 건물의 부지인 대지의 반환의무 상호간
3. 이중매매 또는 타인 물건의 매매로 인한 손해배상청구권

관련판례

1. 민법 제320조 제1항은 "타인의 물건 또는 유가증권을 점유한 자는 그 물건이나 유가증권에 관하여 생긴 채권이 변제기에 있는 경우에는 변제를 받을 때까지 그 물건 또는 유가증권을 유치할 권리가 있다."라고 규정하고 있으므로, 유치권의 피담보채권은 '그 물건에 관하여 생긴 채권'이어야 한다(대판 2013.10.24, 2011다44788).
2. 민법 제320조 제1항에서 '그 물건에 관하여 생긴 채권'은 유치권 제도 본래의 취지인 공평의 원칙에 특별히 반하지 않는 한 채권이 목적물 자체로부터 발생한 경우는 물론이고 채권이 목적물의 반환청구권과 동일한 법률관계나 사실관계로부터 발생한 경우도 포함한다(대판 2007.9.7, 2005다16942).
3. 주택건물의 신축공사를 한 수급인이 그 건물을 점유하고 있고 또 그 건물에 관하여 생긴 공사금채권이 있다면, 수급인은 그 채권을 변제받을 때까지 건물을 유치할 권리가 있다(대판 1995.9.15, 95다16202).
4. 임대인과 임차인 사이에 건물명도시 권리금을 반환하기로 하는 약정이 있었다 하더라도 그와 같은 권리금반환청구권은 건물에 관하여 생긴 채권이라 할 수 없으므로 그와 같은 채권을 가지고 건물에 대한 유치권을 행사할 수 없다(대판 1994.10.14, 93다62119).
5. 건물의 임대차에 있어서 임차인의 임대인에게 지급한 임차보증금반환청구권은 모두 민법 제320조 소정 소위 그 건물에 관하여 생긴 채권이라 할 수 없다(대판 1976.5.11, 75다1305).

OX

임대인과 임차인 사이에 임차건물의 명도시 권리금을 반환하기로 하는 약정이 있었던 경우, 임차인은 권리금반환채권을 가지고 건물에 대한 유치권을 행사할 수 있다. (×) 제20회

OX

부동산 매도인은 매수인의 매매대금 지급을 담보하기 위하여 매매목적물에 대해 유치권을 행사할 수 없다. (○) 제26회

OX

부동산에 경매개시결정등기가 마쳐진 후에 채무자의 점유이전으로 제3자가 유치권을 취득한 경우, 유치권자는 그 부동산경매절차의 매수인에게 유치권을 주장할 수 없다. (○) 제19회

OX

건물의 신축공사를 도급받은 수급인이 사회통념상 독립한 건물이라고 볼 수 없는 정착물을 토지에 설치한 상태에서 공사가 중단된 경우, 그 정착물은 토지의 종물이 된다. (×) 제23회

6. 부동산 매도인이 매매대금을 다 지급받지 아니한 상태에서 매수인에게 소유권이전등기를 마쳐주어 목적물의 소유권을 매수인에게 이전한 경우에는, 매도인의 목적물인도의무에 관하여 동시이행의 항변권 외에 물권적 권리인 유치권을 인정할 것은 아니다. 따라서 매도인이 부동산을 점유하고 있고 소유권을 이전받은 매수인에게서 매매대금 일부를 지급받지 못하고 있다고 하여 매매대금채권을 피담보채권으로 매수인이나 그에게서 부동산소유권을 취득한 제3자를 상대로 유치권을 주장할 수 없다(대결 2012.1.12, 2011마2380).
7. 건물의 신축공사를 도급받은 수급인이 사회통념상 독립한 건물이라고 볼 수 없는 정착물을 토지에 설치한 상태에서 공사가 중단된 경우에 위 정착물은 토지의 부합물에 불과하여 이러한 정착물에 대하여 유치권을 행사할 수 없는 것이고, 또한 공사중단시까지 발생한 공사금채권은 토지에 관하여 생긴 것이 아니므로 위 공사금채권에 기하여 토지에 대하여 유치권을 행사할 수도 없는 것이다(대결 2008.5.30, 2007마98).
8. 甲이 건물 신축공사 수급인인 乙 주식회사와 체결한 약정에 따라 공사현장에 시멘트와 모래 등의 건축자재를 공급한 사안에서, 甲의 건축자재대금채권은 매매계약에 따른 매매대금채권에 불과할 뿐 건물 자체에 관하여 생긴 채권이라고 할 수는 없다(대판 2012.1.26, 2011다96208).
9. 유치권의 성립에는 채권자의 채권과 유치권의 목적인 물건 간에 일정한 관련이 있으면 충분하고, 물건 점유 이전에 그 물건에 관련하여 채권이 발생한 후 그 물건에 대하여 점유를 취득한 경우에도 그 채권자는 유치권에 의해 보호된다(대판 1965.3.30, 64다1977).

(5) 유치권자의 권리

① 유치권자는 변제를 받을 때까지 목적물의 점유를 계속하면서 인도를 거절할 수 있다.

㉠ 따라서 유치권자는 경락인에 대하여 그 피담보채권의 변제가 있을 때까지 유치목적물인 부동산의 인도를 거절할 수 있을 뿐이고, 그 피담보채권의 변제를 청구할 수 없다.

관련판례

1. 민사집행법 제91조 제5항에서 규정한 '매수인은 유치권자에게 그 유치권으로 담보하는 채권을 변제할 책임이 있다.'는 의미로 해석되는데, 변제할 책임이 있다는 것은 유치권자가 매수인에 대하여 그 피담보채권의 변제가 있을 때까지 유치목적물인 부동산의 인도를 거절할 수 있다는 의미이지, 유치권자가 매수인에게 피담보채권의 변제를 청구할 수 있다는 것을 의미하지 않는다(대판 1996.8.23, 95다8713).
2. 소유자는 그 소유에 속한 물건을 점유한 자에 대하여 반환을 청구할 수 있다. 그러나 점유자가 그 물건을 점유할 권리가 있는 때에는 반환을 거부할 수 있다(민법 제213조). 여기서 반환을 거부할 수 있는 점유할 권리에는 유치권도 포함되고, 유치권자로부터 유치물을 유치하기 위한 방법으로 유치물의 점유 내지 보관을 위탁받은 자는 특별한 사정이 없는 한 점유할 권리가 있음을 들어 소유자의 소유물반환청구를 거부할 수 있다(대판 2014.12.24, 2011다62618).

> **OX** 유치권자는 유치목적물을 경매로 매각받은 자에게 그 피담보채권의 변제를 청구할 수 없다. (○) 제21회

ⓛ 인도거절의 상대방

유치권은 물권이기 때문에 채무자뿐만 아니라 모든 사람에 대하여 행사될 수 있다. 즉, 목적물의 양수인은 물론 경매에서의 매수인에 대해서도 채권의 변제가 있을 때까지 인도를 거절할 수 있다.

ⓒ 유치권 행사의 효과

유치권을 행사한 경우 상환급부판결(일부승소판결)에 의한다.

② 불가분성

> **제321조 【경매, 간이변제충당】** 유치권자는 채권 전부의 변제를 받을 때까지 유치물 전부에 대하여 그 권리를 행사할 수 있다.

> **OX** 유치권자가 피담보채권의 일부를 변제받은 경우, 남은 채권액에 상응하는 유치물 부분에 한하여 그 권리를 행사할 수 있다. (×) 제19회

③ 경매권과 우선변제권

> **제322조 【경매, 간이변제충당】** ① 유치권자는 채권의 변제를 받기 위하여 유치물을 경매할 수 있다.
> ② 정당한 이유 있는 때에는 유치권자는 감정인의 평가에 의하여 유치물로 직접 변제에 충당할 것을 법원에 청구할 수 있다. 이 경우에는 유치권자는 미리 채무자에게 통지하여야 한다.

㉠ 유치권자에게도 경매권이 인정된다. 다만, 우선변제를 위한 경매가 아니라 환가를 위한 경매이다.

ⓛ 간이변제충당(簡易辨濟充當): 다음의 요건이 충족되면 유치권자는 유치물의 소유권을 취득하는데, 이는 법률의 규정에 의한 물권변동으로 등기를 요하지 않는다.

ⓐ 정당한 이유가 있을 것

> **OX** 유치권자가 유치물로부터 금전이 아닌 과실(果實)을 수취한 경우, 특별한 절차를 거치지 않고도 그 과실을 다른 채권보다 먼저 그 채권의 변제에 충당할 수 있다. (×) 제19회

ⓑ 법원에 청구할 것

ⓒ 감정인의 평가

ⓓ 채무자에게의 사전통지

관련판례

유치물의 처분에 관하여 이해관계를 달리하는 다수의 권리자가 존재하거나 유치물의 공정한 가격을 쉽게 알 수 없는 등의 경우에는 민법 제322조 제2항에 의하여 유치권자에게 유치물의 간이변제충당을 허가할 정당한 이유가 있다고 할 수 없다(대결 2000.10.30, 2000마4002).

㉢ 유치권에는 일반적인 우선변제권은 없다.

㉣ 채무자가 파산한 경우에 유치권자는 별제권을 가진다.

④ 과실수취권

> **제323조【과실수취권】** ① 유치권자는 유치물의 과실을 수취하여 다른 채권보다 먼저 그 채권의 변제에 충당할 수 있다. 그러나 과실이 금전이 아닌 때에는 경매하여야 한다.
> ② 과실은 먼저 채권의 이자에 충당하고 그 잉여가 있으면 원본에 충당한다.

㉠ 제323조 제1항에 따라 유치권자는 유치물의 과실을 수취하여 다른 채권보다 먼저 그 채권의 변제에 충당할 수 있다. 과실을 변제에 충당하기 위하여 금전 외의 것은 경매하여야 한다.

㉡ 여기서의 과실은 천연과실·법정과실뿐만 아니라 사용이익도 포함된다.

㉢ 과실은 먼저 이자에 충당하고 다음은 원본에 충당한다.

⑤ 비용상환청구권

> **제325조【유치권자의 상환청구권】** ① 유치권자가 유치물에 관하여 필요비를 지출한 때에는 소유자에게 그 상환을 청구할 수 있다.
> ② 유치권자가 유치물에 관하여 유익비를 지출한 때에는 그 가액의 증가가 현존한 경우에 한하여 소유자의 선택에 좇아 그 지출한 금액이나 증가액의 상환을 청구할 수 있다. 그러나 법원은 소유자의 청구에 의하여 상당한 상환기간을 허여할 수 있다.

㉠ 유치권자가 유치물에 관하여 비용을 지출한 경우 그 비용의 상환을 청구할 수 있다.

㉡ 주의할 점은 비용상환청구권의 상대방이 유치물의 소유자라는 점이다.

㉢ 이 비용상환청구권에 기하여 유치권자는 다시 유치물 위에 유치권을 취득할 수 있다.

OX
유치권자는 유치목적물을 경매로 매각받은 자에게 그 피담보채권의 변제를 청구할 수 없다. (○) 제21회

OX
유치권자가 유치물에 관하여 필요비를 지출한 때에는 그 가액이 현존한 경우에 한하여 상환을 청구할 수 있다. (×) 제18회

(6) 유치권자의 의무

제324조【유치권자의 선관의무】 ① 유치권자는 선량한 관리자의 주의로 유치물을 점유하여야 한다.
② 유치권자는 채무자의 승낙 없이 유치물의 사용, 대여 또는 담보제공을 하지 못한다. 그러나 유치물의 보존에 필요한 사용은 그러하지 아니하다.
③ 유치권자가 전2항의 규정에 위반한 때에는 채무자는 유치권의 소멸을 청구할 수 있다.

① 유치권자는 선량한 관리자의 주의로 유치물을 점유하여야 한다.

② **무단사용 · 대여 · 담보제공 금지의무**

㉠ 원칙적으로 유치권자는 채무자의 승낙 없이 유치물의 사용 · 대여 · 담보제공할 수 없다.

㉡ 예 외

ⓐ 유치권자는 유치물의 보존에 필요한 범위 안에서 채무자(소유자와 다르면 소유자)의 승낙이 없더라도 목적물을 사용할 수 있다.

ⓑ 채무자(소유자와 다르다면 소유자)의 승낙이 있으면 유치권자는 유치물을 사용 · 수익할 수 있다.

③ 유치권자가 위의 의무를 위반한 경우 유치권의 소멸을 청구할 수 있다. 이 유치권소멸청구권은 형성권이다.

관련판례

1. 민법 제324조에 의하면, 유치권자는 선량한 관리자의 주의로 유치물을 점유하여야 하고, 소유자의 승낙 없이 유치물을 보존에 필요한 범위를 넘어 사용하거나 대여 또는 담보제공을 할 수 없으며, 소유자는 유치권자가 위 의무를 위반한 때에는 유치권의 소멸을 청구할 수 있다고 할 것인바, 공사대금채권에 기하여 유치권을 행사하는 자가 스스로 유치물인 주택에 거주하며 사용하는 것은 특별한 사정이 없는 한 유치물인 주택의 보존에 도움이 되는 행위로서 유치물의 보존에 필요한 사용에 해당한다고 할 것이다. 그리고 유치권자가 유치물의 보존에 필요한 사용을 한 경우에도 특별한 사정이 없는 한 차임에 상당한 이득을 소유자에게 반환할 의무가 있다(대판 2009.9.24, 2009다40684).

OX
유치권자가 채무자의 승낙 없이 채무자 소유인 유치물을 타인에게 대여하면 이로써 즉시 유치권이 소멸한다. (×) 제22회

OX
유치권자가 스스로 유치물인 주택에 거주하며 사용하는 것은 특별한 사정이 없는 한, 유치물의 보존에 필요한 사용에 해당하지 않는다. (×) 제22회

PART 02

2. 유치권자는 유치물 소유자의 승낙 없이 유치물을 보존에 필요한 범위를 넘어 사용할 수 없고, 유치권자가 유치물을 그와 같이 사용한 경우에는 그로 인한 이익을 부당이득으로 소유자에게 반환하여야 한다. 그 경우에 그 반환의무의 구체적인 내용은 다른 부당이득반환청구에서와 마찬가지로 의무자가 실제로 어떠한 구체적 이익을 얻었는지에 좇아 정하여진다. 따라서 유치권자가 유치물에 관하여 제3자와의 사이에 전세계약을 체결하여 전세금을 수령하였다면 전세금이 종국에는 전세입자에게 반환되어야 할 것임에 비추어 다른 특별한 사정이 없는 한 그가 얻은 구체적 이익은 그가 전세금으로 수령한 금전의 이용가능성이고, 그가 이와 같이 구체적으로 얻은 이익과 관계없이 추상적으로 산정된 차임 상당액을 부당이득으로 반환하여야 한다고 할 수 없다. 그리고 이러한 이용가능성은 그 자체 현물로 반환될 수 없는 성질의 것이므로 그 '가액'을 산정하여 반환을 명하여야 하는바, 그 가액은 결국 전세금에 대한 법정이자 상당액이다(대판 2009.12.24, 2009다32324).

(7) 유치권의 소멸

① **일반적 소멸사유**

㉠ 유치권은 멸실·혼동·포기 등 물권에 공통된 소멸사유에 의하여 소멸한다. 그리고 피담보채권의 소멸에 의하여 소멸한다.

㉡ 유치권의 행사와 피담보채권의 소멸시효

> **제326조【피담보채권의 소멸시효】** 유치권의 행사는 채권의 소멸시효의 진행에 영향을 미치지 아니한다.

OX

유치권에 의하여 담보되고 있는 채권의 소멸시효는 유치권 행사시점부터 중단된다. (×) 제21회

② **유치권에 특유한 소멸사유**

㉠ 유치권자가 제324조를 위반한 경우 유치권의 소멸을 청구할 수 있다.

㉡ 제327조에 의한 유치권소멸청구: 타담보제공에 의한 유치권소멸청구는 형성권이 아니라 청구권이다.

㉢ 점유의 상실

> **제327조【타담보제공과 유치권 소멸】** 채무자는 상당한 담보를 제공하고 유치권의 소멸을 청구할 수 있다.
>
> **제328조【점유상실과 유치권 소멸】** 유치권은 점유의 상실로 인하여 소멸한다.

관련판례

1. 유치권자가 점유회수의 소를 제기하여 승소판결을 받아 점유를 회복하면 점유를 상실하지 않았던 것으로 되어 유치권이 되살아나지만, 승소판결을 받았더라도 점유를 회복하기 전에는 유치권은 회복되지 않는다(대판 2012.2.9, 2011다72189).
2. 민법 제204조에 따르면, 점유자가 점유의 침탈을 당한 때에는 그 물건의 반환 및 손해의 배상을 청구할 수 있고(제1항), 위 청구권은 점유를 침탈당한 날부터 1년 내에 행사하여야 하며(제3항), 여기서 말하는 1년의 행사기간은 제척기간으로서 소를 제기하여야 하는 기간을 말한다. 그런데 민법 제204조 제3항은 본권 침해로 발생한 손해배상청구권의 행사에는 적용되지 않으므로 점유를 침탈당한 자가 본권인 유치권 소멸에 따른 손해배상청구권을 행사하는 때에는 민법 제204조 제3항이 적용되지 아니하고, 점유를 침탈당한 날부터 1년 내에 행사할 것을 요하지 않는다(대판 2021.8.19, 2021다213866).

예 제

민사유치권에 관한 설명으로 옳지 않은 것은? (다툼이 있으면 판례에 따름) 제28회

① 유치권 배제 특약에는 조건을 붙일 수 없다.
② 채무자의 직접점유를 통한 채권자의 간접점유는 유치권의 요건으로서의 점유에 해당하지 않는다.
③ 유치권자는 피담보채권을 변제받기 위하여 유치물을 경매할 수 있다.
④ 채무자는 상당한 담보를 제공하고 유치권의 소멸을 청구할 수 있다.
⑤ 유치권의 행사는 피담보채권의 소멸시효의 진행에 영향을 미치지 아니한다.

해설

① 유치권 배제 특약에도 조건을 붙일 수 있다(대판 2018.1.24, 2016다234043).
② 유치권의 성립요건이자 존속요건인 유치권자의 점유는 직접점유이든 간접점유이든 관계가 없으나, 다만 유치권은 목적물을 유치함으로써 채무자의 변제를 간접적으로 강제하는 것을 본체적 효력으로 하는 권리인 점 등에 비추어, 그 직접점유자가 채무자인 경우에는 유치권의 요건으로서의 점유에 해당하지 않는다(대판 2008.4.11, 2007다27236).
③ 유치권자는 채권의 변제를 받기 위하여 유치물을 경매할 수 있다(제322조 제1항).
④ 채무자는 상당한 담보를 제공하고 유치권의 소멸을 청구할 수 있다(제327조).
⑤ 유치권의 행사는 채권의 소멸시효의 진행에 영향을 미치지 아니한다(제326조).

정답 ①

03 질권(質權)

1 질권의 개념

(1) 질권의 의의

① **의 의**

'질권(質權)'이란 채권자가 채무의 변제를 받을 때까지 그 채권의 담보로 채무자 또는 제3자(물상보증인)로부터 인도받은 물건 또는 재산권을 유치함으로써 채무의 변제를 간접적으로 강제하다가, 변제가 없으면 그 매각대금으로부터 우선적으로 변제를 받을 수 있는 담보물권을 말한다.

② **질권의 종류**

㉠ 질권은 민법에 따른 민사질과 상법에 따른 상사질로 나뉜다. 상사질권에는 유질계약의 금지에 관한 제339조가 적용되지 않는다.

㉡ 민사질에는 동산질권과 권리질권이 있다.

(2) 질권의 법적 성질

① **물 권**

㉠ 물권으로서 질권은 우선변제적 효력 및 유치적 효력에 의하여 목적물의 교환가치를 직접적·배타적으로 지배한다.

㉡ 질권은 당사자 사이의 합의에 의하여 성립하는 약정담보물권이다.

㉢ 질권의 성립요건으로 점유의 이전을 요구하며, 점유개정에 의한 질권성립은 인정되지 않는다.

② 유치적 효력

③ 우선변제적 효력

④ **담보물권으로서의 통유성**(通有性) : 담보물권으로서 질권은 부종성, 수반성, 불가분성, 물상대위성이 인정된다.

2 동산질권(動産質權)

1. 동산질권의 의의

> **제329조 【동산질권의 내용】** 동산질권자는 채권의 담보로 채무자 또는 제3자가 제공한 동산을 점유하고 그 동산에 대하여 다른 채권자보다 자기채권의 우선변제를 받을 권리가 있다.

2. 동산질권의 성립

(1) 동산질권의 성립요건

① **동산질권설정계약**

㉠ 계약의 당사자는 채권자와 채무자 또는 물상보증인이다.

ⓐ 질권자는 원칙적으로 피담보채권의 채권자에 한한다.

ⓑ 질권설정자는 보통 피담보채권의 채무자이지만, 제3자(물상보증인)도 질권설정자가 될 수 있다.

㉡ 질권의 설정은 처분행위이므로, 질권설정자에게 처분권한 또는 대리권이 있어야 한다. 그러나 질권설정자에게 처분권한이 없더라도 질권자가 선의·무과실이면 질권을 선의취득할 수 있다.

② **목적동산의 인도**

㉠ 설정계약의 요물성(要物性)

> **제330조 【설정계약의 요물성】** 질권의 설정은 질권자에게 목적물을 인도함으로써 그 효력이 생긴다.

㉡ 점유개정에 의한 질권설정금지

> **제332조 【설정자에 의한 대리점유의 금지】** 질권자는 설정자로 하여금 질물의 점유를 하게 하지 못한다.

(2) 목적물

> **제331조 【질권의 목적물】** 질권은 양도할 수 없는 물건을 목적으로 하지 못한다.

OX
물상보증인은 질권설정계약의 당사자가 될 수 없다. (×) 제17회

OX
질권은 점유개정에 의한 인도에 의해서도 성립한다. (×) 제16회

OX
질권은 양도할 수 없는 물건을 목적으로 하지 못한다. (○) 제16회

① 양도할 수 없는 물건을 동산질권의 목적물로 할 수 없다.
② 법령에 의하여 거래가 금지되는 금제물, 등기・등록에 의하여 공시되는 선박 등의 준부동산, 공장재단이나 광업재단에 속하는 동산 등은 질권의 객체가 될 수 없다.

(3) 피담보채권

① 질권에 의하여 담보될 수 있는 채권의 종류에는 제한이 없다. 따라서 금전으로 가액을 평가할 수 없는 채권도 피담보채권으로 될 수 있다. 그리고 유치권과는 달리 목적물과의 견련관계는 요구되지 않는다.
② 장래의 특정채권은 물론이고 장래의 증감변동하는 불특정채권을 담보하는 근질도 유효하다.

(4) 법정질권

① 법정질권이란 법률의 규정에 의하여 당연히 성립하는 질권을 말한다.
② **법정질권의 종류**

> **제648조【임차지의 부속물, 과실 등에 대한 법정질권】** 토지임대인이 임대차에 관한 채권에 의하여 임차지에 부속 또는 그 사용의 편익에 공용한 임차인의 소유동산 및 그 토지의 과실을 압류한 때에는 질권과 동일한 효력이 있다.
>
> **제650조【임차건물 등의 부속물에 대한 법정질권】** 건물 기타 공작물의 임대인이 임대차에 관한 채권에 의하여 그 건물 기타 공작물에 부속한 임차인 소유의 동산을 압류한 때에는 질권과 동일한 효력이 있다.

(5) 선의취득

> **제343조【준용규정】** 제249조 내지 제251조, 제321조 내지 제325조의 규정은 동산질권에 준용한다.

OX
질권자는 질물의 과실을 수취하여 다른 채권보다 먼저 자기채권의 변제에 충당할 수 있다. (○) 제16회

3. 동산질권의 효력

(1) 동산질권의 효력이 미치는 범위

① **피담보채권의 범위**

> **제334조【피담보채권의 범위】** 질권은 원본, 이자, 위약금, 질권실행의 비용, 질물보존의 비용 및 채무불이행 또는 질물의 하자로 인한 손해배상의 채권을 담보한다. 그러나 다른 약정이 있는 때에는 그 약정에 의한다.

알아두기

■ 질권과 저당권의 피담보채권의 범위 비교

질권(제334조)	저당권(제360조)
• 원본, 이자, 위약금 • 질권실행비용(감정인의 평가비용, 채권 추심비용 등을 의미하고 경매비용은 포함 ×) • 질물보존비용 • 채무불이행으로 인한 손해배상청구권 (지연이자는 무제한으로 담보) • 질물의 하자로 인한 손해배상채권	• 원본, 이자, 위약금 • 저당권실행비용 • 목적물보존비용 × • 채무불이행으로 인한 손해배상청구권 (지연이자는 1년분에 한하여 담보) • 목적물의 하자로 인한 손해배상채권 ×

② **목적물의 범위**

인도된 물건 전부에 질권의 효력이 미친다. 그리고 종물이 인도된 경우에는 종물에도 미친다. 그리고 천연과실·법정과실에도 질권의 효력이 미친다.

(2) 물상대위(物上代位)

제342조【물상대위】 질권은 질물의 멸실, 훼손 또는 공용징수로 인하여 질권설정자가 받을 금전 기타 물건에 대하여도 이를 행사할 수 있다. 이 경우에는 그 지급 또는 인도 전에 압류하여야 한다.

① '물상대위'란 질물의 멸실·훼손·공용징수로 인하여 질권이 소멸하더라도, 그의 교환가치를 대표하는 것이 존재하는 때에는 질권이 그 가치대표물 위에 존속하는 것을 말한다.

② **물상대위의 객체**

㉠ '보험금청구권', '손해배상청구권', '보상금청구권' 등 질물의 멸실·훼손 또는 공용징수로 인하여 질권설정자가 받을 금전 기타 물건이다.

㉡ 목적물의 교환가치가 구체화된 경우라도 질권자가 질물에 추급할 수 있다면(예 질권이 설정된 물건이 매매된 경우) 물상대위는 인정되지 않는다.

③ **물상대위의 행사요건**

㉠ 물상대위를 행사하려면 설정자가 금전 기타의 물건을 지급 또는 인도받기 전에 그 목적물을 압류하여야 한다.

㉡ 압류를 요하는 것은 일단 질권설정자가 이를 지급 또는 인도받으면 질권설정자의 일반재산과 혼합되어 그 특정성을 잃기 때문에, 그 지급 후에 질권자의 추급을 허용한다면 다른 채권자의 이익을 해할 염려가 있으므로 그 특정성을 유지하기 위해서이다.

ⓒ 물상대위권의 행사를 위한 압류는 특정성을 유지하기 위한 것이므로 반드시 질권자에 의한 압류를 요하는 것은 아니다.

(3) 유치적 효력

> **제335조 【유치적 효력】** 질권자는 전조의 채권의 변제를 받을 때까지 질물을 유치할 수 있다. 그러나 자기보다 우선권이 있는 채권자에게 대항하지 못한다.

OX
질권자는 피담보채권의 변제를 받을 때까지 질물을 유치할 수 있으나, 자기보다 우선권이 있는 채권자에게 대항하지 못한다. (○) 제16회

(4) 우선변제적 효력

① 순위의 원칙

> **제333조 【동산질권의 순위】** 수개의 채권을 담보하기 위하여 동일한 동산에 수개의 질권을 설정한 때에는 그 순위는 설정의 선후에 의한다.

② 우선변제권의 실행(경매권과 간이변제충당권)

> **제338조 【경매, 간이변제충당】** ① 질권자는 채권의 변제를 받기 위하여 질물을 경매할 수 있다.
> ② 정당한 이유 있는 때에는 질권자는 감정인의 평가에 의하여 질물로 직접 변제에 충당할 것을 법원에 청구할 수 있다. 이 경우에는 질권자는 미리 채무자 및 질권설정자에게 통지하여야 한다.

OX
질권자는 채권의 변제를 받기 위하여 질물을 경매할 수 있다. (○) 제16회

③ 유질계약의 금지

> **제339조 【유질계약의 금지】** 질권설정자는 채무변제기 전의 계약으로 질권자에게 변제에 갈음하여 질물의 소유권을 취득하게 하거나 법률에 정한 방법에 의하지 아니하고 질물을 처분할 것을 약정하지 못한다.

ⓐ '유질계약(流質契約)'이란 채무변제기 전의 계약으로 질권자에게 변제에 갈음하여 질물의 소유권을 취득하게 하거나 법률에 정한 방법에 의하지 아니하고 질물을 처분할 것을 약정하는 계약을 말한다. 변제기 전에 질권자가 채무자의 경제적 궁박상태를 악용하여 폭리를 취하는 것을 방지하기 위한 규정이다.

ⓑ 그러나 채무의 변제기 후에 하는 유질계약은 일종의 대물변제로서 유효하다.

④ 질물 이외의 재산으로부터 변제

> **제340조 【질물 이외의 재산으로부터의 변제】** ① 질권자는 질물에 의하여 변제를 받지 못한 부분의 채권에 한하여 채무자의 다른 재산으로부터 변제를 받을 수 있다.

② 전항의 규정은 질물보다 먼저 다른 재산에 관한 배당을 실시하는 경우에는 적용하지 아니한다. 그러나 다른 채권자는 질권자에게 그 배당금액의 공탁을 청구할 수 있다.

⑤ **물상보증인의 보호**

제341조【물상보증인의 구상권】 타인의 채무를 담보하기 위한 질권설정자가 그 채무를 변제하거나 질권의 실행으로 인하여 질물의 소유권을 잃은 때에는 보증채무에 관한 규정에 의하여 채무자에 대한 구상권이 있다.

(5) **전질**(轉質)

① **전질의 의의**

㉠ '전질'이란 질권자가 자기 채무를 담보하기 위하여 질물 위에 다시 제2의 질권을 설정하는 것을 말한다.

㉡ 전질은 투하자본의 회수수단으로서 질권자로 하여금 질물에 고정된 자금을 피담보채권의 변제기 전에 유동하게 하는 작용을 한다.

② **전질의 종류**(책임전질과 승낙전질)

㉠ 책임전질

제336조【전질권】 질권자는 그 권리의 범위 내에서 자기의 책임으로 질물을 전질할 수 있다. 이 경우에는 전질을 하지 아니하였으면 면할 수 있는 불가항력으로 인한 손해에 대하여도 책임을 부담한다.

제337조【전질의 대항요건】 ① 전조의 경우에 질권자가 채무자에게 전질의 사실을 통지하거나 채무자가 이를 승낙함이 아니면 전질로써 채무자, 보증인, 질권설정자 및 승계인에게 대항하지 못한다.
② 채무자가 전항의 통지를 받거나 승낙을 한 때에는 전질권자의 동의 없이 질권자에게 채무를 변제하여도 이로써 전질권자에게 대항하지 못한다.

ⓐ '책임전질'이란 질권자가 질권자의 승낙 없이 오로지 자기의 책임으로 하는 전질을 말한다.

ⓑ 전질도 질권의 일종이므로 원질권자와 전질권자 사이의 전질권설정계약 및 질물의 인도가 있어야 한다.

ⓒ 전질권은 원질권의 권리범위 내에서만 성립할 수 있다.

ⓓ 전질권자는 자기 채권을 변제받을 때까지 질물을 유치할 수 있고, 원질권과 전질권의 피담보채권이 모두 변제기에 있으면 직접 원질권을 실행하여 자기 채권을 우선변제받을 수 있다.

ⓔ 전질에 의하여 원질권자의 책임이 가중된다. 즉, 전질권설정자는 전질을 하지 않았더라면 면할 수 있었을 불가항력으로 인한 손해에 대해서도 책임을 진다.

ⓕ 전질권은 원질권에 기초하여 성립하므로 원질권의 소멸에 따라 전질권도 소멸한다.

㉡ 승낙전질

ⓐ '승낙전질'이란 질권자가 질물소유자의 승낙을 받아 그 질물 위에 다시 질권을 성립시키는 것을 말한다. 즉, 질물의 재입질(再入質)이다.

ⓑ 승낙전질이 성립하기 위해서는 질물소유자의 승낙이 있어야 한다.

ⓒ 승낙전질은 원질권과 무관하므로 책임전질에서와 같은 피담보채권의 액 및 존속기간 등에 대한 제한을 받지 않는다.

ⓓ 승낙전질은 채무자의 승낙이 있었으므로 책임전질에서와 같이 통지를 할 필요가 없다.

ⓔ 승낙전질은 원질권과는 무관한 신질권이므로, 원질권설정자는 자기의 채무를 원질권자에게 변제해서 질권을 소멸시킬 수 있다. 그러나 원질권이 소멸하여도 전질권은 새로운 권리이므로 소멸하지 않고 존속한다.

책임전질과 승낙전질의 비교

책임전질(제336조)	승낙전질(제343조, 제324조)
• 원질권 범위 내에서만 행사할 수 있다. • 질권자가 채무자에게 통지하거나 채무자가 승낙하지 않으면 채무자나 제3자에 대항할 수 없다. • 책임이 가중(제336조)된다. • 전질권은 원질권에 기초하여 존속한다. 따라서 원질권이 소멸하면 전질권도 소멸한다.	• 원질권의 범위 내임을 요하지 아니한다. • 권리질권설정 대항요건을 요구하지 아니한다. • 책임의 가중이 없다. • 원질권이 소멸해도 전질권은 소멸하지 않는다.

(6) 질권 침해에 대한 효력

① 동산질권자는 점유침탈에 대하여 점유권에 기한 점유물반환청구권을 행사할 수 있다.

② 질권 자체에 물권적 청구권도 민법의 규정은 없지만 행사할 수 있다(통설).

3 권리질권(權利質權)

(1) 권리질권의 의의

'권리질권'이란 동산 외의 재산권을 목적으로 하는 질권을 말한다.

(2) 권리질권의 목적물

> **제345조 【권리질권의 목적】** 질권은 재산권을 그 목적으로 할 수 있다. 그러나 부동산의 사용, 수익을 목적으로 하는 권리는 그러하지 아니하다.

① 권리질권의 목적이 될 수 없는 재산권

㉠ 금전적 가치로서 평가할 수 있는 재산권이어야 하므로, 인격권, 가족권 등은 권리질권의 목적이 될 수 없다.

㉡ 부양청구권, 재해보상청구권, 연금청구권, 국가배상청구권 등 양도성이 없는 재산권은 권리질권의 목적이 되지 않는다.

㉢ 지상권, 전세권, 부동산임차권 등 부동산의 사용·수익을 목적으로 하는 권리는 권리질권의 목적이 되지 않는다.

㉣ 소유권, 지역권, 점유권 등도 권리질권의 목적이 되지 못한다.

㉤ 광업권, 어업권 등도 권리질권의 목적이 되지 못한다.

② 권리질권의 목적이 될 수 있는 재산권

채권, 주식, 무체재산권 등은 권리질권의 목적이 될 수 있다.

OX

양도할 수 없는 채권은 질권의 목적이 될 수 없다. (○) 제17회

(3) 권리질권의 설정방법

> **제346조 【권리질권의 설정방법】** 권리질권의 설정은 법률에 다른 규정이 없으면 그 권리의 양도에 관한 방법에 의하여야 한다.
>
> **제347조 【설정계약의 요물성】** 채권을 질권의 목적으로 하는 경우에 채권증서가 있는 때에는 질권의 설정은 그 증서를 질권자에게 교부함으로써 그 효력이 생긴다.
>
> **제348조 【저당채권에 대한 질권과 부기등기】** 저당권으로 담보한 채권을 질권의 목적으로 한 때에는 그 저당권등기에 질권의 부기등기를 하여야 그 효력이 저당권에 미친다.
>
> **제349조 【지명채권에 대한 질권의 대항요건】** ① 지명채권을 목적으로 한 질권의 설정은 설정자가 제450조의 규정에 의하여 제3채무자에게 질권설정의 사실을 통지하거나 제3채무자가 이를 승낙함이 아니면 이로써 제3채무자 기타 제3자에게 대항하지 못한다.
> ② 제451조의 규정은 전항의 경우에 준용한다.
>
> **제350조 【지시채권에 대한 질권의 설정방법】** 지시채권을 질권의 목적으로 한 질권의 설정은 증서에 배서하여 질권자에게 교부함으로써 그 효력이 생긴다.

제351조【무기명채권에 대한 질권의 설정방법】 무기명채권을 목적으로 한 질권의 설정은 증서를 질권자에게 교부함으로써 그 효력이 생긴다.

제352조【질권설정자의 권리처분제한】 질권설정자는 질권자의 동의 없이 질권의 목적된 권리를 소멸하게 하거나 질권자의 이익을 해하는 변경을 할 수 없다.

제353조【질권의 목적이 된 채권의 실행방법】 ① 질권자는 질권의 목적이 된 채권을 직접 청구할 수 있다.
② 채권의 목적물이 금전인 때에는 질권자는 자기채권의 한도에서 직접 청구할 수 있다.
③ 전항의 채권의 변제기가 질권자의 채권의 변제기보다 먼저 도래한 때에는 질권자는 제3채무자에 대하여 그 변제금액의 공탁을 청구할 수 있다. 이 경우에 질권은 그 공탁금에 존재한다.
④ 채권의 목적물이 금전 이외의 물건인 때에는 질권자는 그 변제를 받은 물건에 대하여 질권을 행사할 수 있다.

제354조【동 전】 질권자는 전조의 규정에 의하는 외에 민사집행법에 정한 집행방법에 의하여 질권을 실행할 수 있다.

관련판례

1. 민법 제347조는 채권을 질권의 목적으로 하는 경우에 채권증서가 있는 때에는 질권의 설정은 그 증서를 질권자에게 교부함으로써 효력이 생긴다고 규정하고 있다. 여기에서 말하는 '채권증서'는 채권의 존재를 증명하기 위하여 채권자에게 제공된 문서로서 특정한 이름이나 형식을 따라야 하는 것은 아니지만, 장차 변제 등으로 채권이 소멸하는 경우에는 민법 제475조에 따라 채무자가 채권자에게 그 반환을 청구할 수 있는 것이어야 한다. 이에 비추어 임대차계약서와 같이 계약 당사자 쌍방의 권리의무관계의 내용을 정한 서면은 그 계약에 의한 권리의 존속을 표상하기 위한 것이라고 할 수는 없으므로 위 채권증서에 해당하지 않는다(대판 2013.8.22, 2013다32574).

2. 민법 제349조 제1항은 지명채권을 목적으로 한 질권의 설정은 설정자가 제450조의 규정(지명채권양도의 대항요건)에 의하여 제3채무자에게 질권설정의 사실을 통지하거나 제3채무자가 이를 승낙함이 아니면 이로써 제3채무자 기타 제3자에게 대항하지 못한다고 하고, 제2항은 제451조의 규정은 전항에 준용한다고 하고 있으며, 제451조 제1항은 채무자가 이의를 보류하지 아니하고 승낙을 한 때에는 양도인에게 대항할 수 있는 사유로서 양수인에게 대항하지 못한다고 하고 있으므로, 채권양도나 채권에 대한 질권설정에 있어서 채무자가 이의를 보류하지 않은 승낙을 한 경우, 채무자는 질권설정자에게 대항할 수 있는 사유로서 질권자에게 대항할 수 없고, 이 경우 대항할 수 없는 사유는 협의의 항변권에 한하지 아니하고, 넓게 채권의 성립, 존속, 행사를 저지하거나 배척하는 사유를 포함한다(대판 2002.3.29, 2000다13887).

3. 민법 제451조 제1항이 이의를 보류하지 않은 승낙에 대하여 항변사유를 제한한 취지는 이의를 보류하지 않은 승낙이 이루어진 경우 양수인은 양수한 채권에 아무런 항변권도 부착되지 아니한 것으로 신뢰하는 것이 보통이므로 채무자의 '승낙'이라는 사실에 공신력을 주어 양수인의 신뢰를 보호하고 채권양도나 질권설정과 같은

거래의 안전을 꾀하기 위한 규정이라 할 것이므로, 채권의 양도나 질권의 설정에 대하여 이의를 보류하지 아니하고 승낙을 하였더라도 양수인 또는 질권자가 악의 또는 중과실의 경우에 해당하는 한 채무자의 승낙 당시까지 양도인 또는 질권설정자에 대하여 생긴 사유로써도 양수인 또는 질권자에게 대항할 수 있다(대판 2002.3.29, 2000다13887).

4. 저당권으로 담보된 채권에 질권을 설정한 경우 원칙적으로는 저당권이 피담보채권과 함께 질권의 목적이 된다고 보는 것이 합리적이지만, 질권자와 질권설정자가 피담보채권만을 질권의 목적으로 하고 저당권은 질권의 목적으로 하지 않는 것도 가능하고 이는 저당권의 부종성에 반하지 않는다. 이와 마찬가지로 담보가 없는 채권에 질권을 설정한 다음 그 채권을 담보하기 위하여 저당권이 설정된 경우 원칙적으로는 저당권도 질권의 목적이 되지만, 질권자와 질권설정자가 피담보채권만을 질권의 목적으로 하였고 그 후 질권설정자가 질권자에게 제공하려는 의사 없이 저당권을 설정받는 등 특별한 사정이 있는 경우에는 저당권은 질권의 목적이 되지 않는다(대판 2002.4.29, 2016다235411).

5. 질권의 목적인 채권의 양도행위는 민법 제352조 소정의 질권자의 이익을 해하는 변경에 해당되지 않으므로 질권자의 동의를 요하지 아니한다(대판 2005.12.22, 2003다55059).

OX

무담보채권에 질권이 설정된 이후 그 채권을 담보하기 위하여 저당권이 설정되었다면 특별한 사정이 없는 한, 저당권은 질권의 목적이 될 수 없다. (×) 제26회

예제

질권에 관한 설명으로 옳지 않은 것은? (다툼이 있으면 판례에 따름) 제24회

① 타인의 채무를 담보하기 위하여 질권을 설정한 자는 채무자에 대한 사전구상권을 갖는다.
② 선의취득에 관한 민법 제249조는 동산질권에 준용한다.
③ 양도할 수 없는 채권은 질권의 목적이 될 수 없다.
④ 임대차보증금채권에 질권을 설정한 경우, 임대차계약서를 교부하지 않더라도 채권질권은 성립한다.
⑤ 채권질권의 설정자가 그 목적인 채권을 양도하는 경우, 질권자의 동의는 필요하지 않다.

해설

① 사전구상권은 수탁보증인에게 인정되는 권리이다(제442조 참조). 타인의 채무를 담보하기 위하여 질권을 설정한 자(= 물상보증인)에게는 사전구상권이 인정되지 않는다.
② 선의취득에 관한 민법 제249조는 동산질권에도 준용된다(제343조).
③ 질권은 양도할 수 없는 물건을 목적으로 하지 못한다(제331조).
④ 민법 제347조는 채권을 질권의 목적으로 하는 경우에 채권증서가 있는 때에는 질권의 설정은 그 증서를 질권자에게 교부함으로써 효력이 생긴다고 규정하고 있다. 여기에서 말하는 '채권증서'는 채권의 존재를 증명하기 위하여 채권자에게 제공된 문서로서 특정한 이름이나 형식을 따라야 하는 것은 아니지만, 장차 변제 등으로 채권이 소멸하는 경우에는 민법 제475조에 따라 채무자가 채권자에게 그 반환을 청구할 수 있는 것이어야 한다. 이에 비추어 임대차계약서와 같이 계약 당사자 쌍방의 권리의무관계의 내용을 정한 서면은 그 계약에 의한 권리의 존속을 표상하기 위한 것이라고 할 수는 없으므로 위 채권증서에 해당하지 않는다(대판 2013.8.22, 2013다32574).
⑤ 질권의 목적인 채권의 양도행위는 민법 제352조 소정의 질권자의 이익을 해하는 변경에 해당되지 않으므로 질권자의 동의를 요하지 아니한다(대판 2005.12.22, 2003다55059).

정답 ①

04 저당권(抵當權)

1 저당권의 의의

> **제356조 【저당권의 내용】** 저당권자는 채무자 또는 제3자가 점유를 이전하지 아니하고 채무의 담보로 제공한 부동산에 대하여 다른 채권자보다 자기채권의 우선변제를 받을 권리가 있다.

(1) '저당권'이란 채권자가 채무담보를 위하여 채무자 또는 제3자(물상보증인)가 제공한 부동산 기타 목적물의 점유를 이전받지 않은 채 그 목적물을 관념상으로만 지배하다가, 채무의 변제가 없으면 그 목적물로부터 우선변제를 받을 수 있는 담보물권을 의미한다.

(2) 저당권은 전형적인 가치권(價値權)이다. 즉, 소유권과 점유를 채권자에게 이전하지 않음으로써 설정자가 종전대로 목적물을 사용·수익하면서 담보를 제공할 수 있는 반면, 채권자는 저당물의 소유권이나 점유를 이전받아 이를 보관하는 비용을 부담하지 않은 채 저당목적물의 교환가치만을 파악하여, 피담보채무의 변제가 없으면 목적물을 경매하여 그 대금으로부터 우선변제를 받을 수 있다.

(3) **저당권의 법적 성질**

① 저당권은 타인 소유의 부동산을 목적으로 하는 타물권(他物權)이다. 따라서 소유자저당권의 성립은 원칙적으로 불가능하다.

② 저당권은 약정담보물권이다. 이 점이 법정담보물권인 유치권과 다르다. 예외적으로 법정저당권이 있다(제649조).

③ 저당권은 목적물의 소유권 및 점유를 채권자에게 이전하지 않고 등기, 등록에 의하여 공시되며, 유치적 효력이 인정되지 않는다.

④ **담보물권으로서 저당권은 피담보채권에 부종한다.**

㉠ 피담보채권이 무효인 경우에 저당권이 성립하지 않지만, 피담보채권의 일부가 무효라면 나머지 채권에 관하여 저당권은 유효하다.

㉡ 피담보채권이 시효완성 기타 사유로 인하여 소멸하면 저당권은 소멸한다. 즉, 피담보채권이 소멸하면 저당권은 등기의 말소 없이도 소멸한다.

⑤ 담보물권으로서 수반성, 불가분성, 물상대위성이 인정된다.

2 저당권의 성립

(1) 저당권설정계약

① 저당권설정계약은 피담보채권의 발생을 위한 계약(예 금전소비대차계약)에 종된 계약이다.

② 저당권설정계약은 불요식계약이며, 조건이나 기한이 붙을 수 있다.

③ **저당권설정계약의 당사자**

㉠ 저당권자

ⓐ 원칙적으로 저당권자는 피담보채권의 채권자에 한한다.

ⓑ 다만, 예외적으로 제3자도 저당권자가 될 수 있다.

관련판례

채권담보의 목적으로 채무자 소유의 부동산을 담보로 제공하여 저당권을 설정하는 경우에는 담보물권의 부종성의 법리에 비추어 원칙적으로 채권과 저당권이 그 주체를 달리할 수 없는 것이지만, 채권자 아닌 제3자의 명의로 저당권등기를 하는 데 대하여 채권자와 채무자 및 제3자 사이에 합의가 있었고, 나아가 제3자에게 그 채권이 실질적으로 귀속되었다고 볼 수 있는 특별한 사정이 있거나, 거래경위에 비추어 제3자의 저당권등기가 한낱 명목에 그치는 것이 아니라 그 제3자도 채무자로부터 유효하게 채권을 변제받을 수 있고 채무자도 채권자나 저당권 명의자인 제3자 중 누구에게든 채무를 유효하게 변제할 수 있는 관계, 즉 묵시적으로 채권자와 제3자가 불가분적 채권자의 관계에 있다고 볼 수 있는 경우에는, 그 제3자 명의의 저당권등기도 유효하다(대판 전합 2001.3.15, 99다48948).

OX 채권자와 채무자 및 제3자 사이에 합의가 있고 채권이 그 제3자에게 실질적으로 귀속되었다고 볼 수 있는 특별한 사정이 있으면 그 제3자 명의의 저당권등기도 유효하다. (○) 제15회

㉡ 저당권설정자

ⓐ 보통은 채무자이지만, 제3자(물상보증인)도 될 수 있다.

ⓑ 저당권설정자는 현재 저당부동산의 소유자가 아니더라도 피담보채무가 소멸하면 저당권설정계약의 당사자로서 저당권의 말소를 구할 수 있다.

(2) 저당권설정등기

① 저당권은 저당권설정계약 외에 설정등기가 있어야 한다. 즉, 설정등기는 저당권의 성립요건이다.

② 등기할 사항은 채무자, 채권액, 변제기, 이자 및 그 발생시기 또는 지급시기, 원본 또는 이자의 지급장소, 저당권의 효력이 미치는 범위에 관한 특약이 있는 경우에 그 약정, 채권이 조건부인 경우에 그 조건의 내용 등이다.

③ 저당권설정등기비용은 다른 특약이 없다면 채무자가 부담하는 것이 거래의 관행이다.

OX 저당권설정합의가 있더라도 저당권설정등기가 되지 않으면 저당권은 성립하지 않는다. (○) 제18회

관련판례

부동산의 소유자 겸 채무자가 채권자인 저당권자에게 당해 저당권설정등기에 의하여 담보되는 채무를 모두 변제함으로써 저당권이 소멸된 경우 그 저당권설정등기 또한 효력을 상실하여 말소되어야 할 것이나, 그 부동산의 소유자가 새로운 제3의 채권자로부터 금원을 차용함에 있어 그 제3자와 사이에 새로운 차용금 채무를 담보하기 위하여 잔존하는 종전 채권자 명의의 저당권설정등기를 이용하여 이에 터 잡아 새로운 제3의 채권자에게 저당권이전의 부기등기를 경료하기로 하는 내용의 저당권등기 유용의 합의를 하고 실제로 그 부기등기를 경료하였다면, 그 저당권이전등기를 경료받은 새로운 제3의 채권자로서는 언제든지 부동산의 소유자에 대하여 그 등기 유용의 합의를 주장하여 저당권설정등기의 말소청구에 대항할 수 있다고 할 것이고, 다만 그 저당권이전의 부기등기 이전에 등기부상 이해관계를 가지게 된 자에 대하여는 위 등기 유용의 합의 사실을 들어 위 저당권설정등기 및 그 저당권이전의 부기등기의 유효를 주장할 수는 없다(대판 1998.3.24, 97다56242).

즉, 무효등기의 유용을 인정한다.

OX

지상권은 저당권의 목적으로 하지 못한다. (×) 제21회

OX

부동산은 물론이고 등록된 자동차, 등기된 선박도 저당권의 객체가 될 수 있다. (○) 제18회

OX

부동산 소유권의 공유지분은 저당권의 객체가 될 수 있다. (○) 제14회

OX

등기된 입목은 저당권의 객체가 될 수 있다. (○) 제14회

3 저당권의 객체와 피담보채권

(1) 저당권의 객체

① 목적물이 등기·등록 등의 공시방법을 갖출 수 있는 것에 한해서 저당권의 객체로 삼을 수 있다. 민법이 인정하는 저당권의 객체는 부동산 및 지상권과 전세권이다(제371조 참조).

② 민법 이외의 법률에서 인정되는 저당권의 객체로는 등기된 선박, 입목등기가 경료된 입목, 광업권, 어업권, 댐사용권, 공장재단, 광업재단, 자동차, 항공기, 건설기계, 소형선박 등이 있다.

(2) 피담보채권

① 피담보채권은 주로 금전채권이지만 이에 한하는 것은 아니고, 피담보채권이 일정한 금액을 목적으로 하지 않은 채권인 경우에도 저당권을 실행할 때에 금전채권으로 되어 있으면 족하다. 다만, 이런 경우에는 등기신청서에 그 채권의 가액을 기재하여야 하고 등기부상 이를 표시하여야 한다.

② 피담보채권액이 등기사항이므로, 채권의 실제가액이 등기된 가액을 넘더라도 등기된 가액의 한도에서만 우선변제권을 주장할 수 있다. 반면, 실제의 가액이 등기된 가액에 미치지 못하는 경우에는 실제의 가액에 의한다.

③ 수개의 채권 또는 채권의 일부도 피담보채권으로 할 수 있다.

④ 장래의 채권을 목적으로 저당권을 설정할 수 있다(근저당권).

(3) 토지임대인의 법정저당권

> **제649조【임차지상의 건물에 대한 법정저당권】** 토지임대인이 변제기를 경과한 최후 2년의 차임채권에 의하여 그 지상에 있는 임차인 소유의 건물을 압류한 때에는 저당권과 동일한 효력이 있다.

(4) 부동산수급인의 저당권설정청구권

> **제666조【수급인의 목적부동산에 대한 저당권설정청구권】** 부동산공사의 수급인은 전조의 보수에 관한 채권을 담보하기 위하여 그 부동산을 목적으로 한 저당권의 설정을 청구할 수 있다.

4 저당권의 효력이 미치는 범위

(1) 피담보채권의 범위

> **제360조【피담보채권의 범위】** 저당권은 원본, 이자, 위약금, 채무불이행으로 인한 손해배상 및 저당권의 실행비용을 담보한다. 그러나 지연배상에 대하여는 원본의 이행기일을 경과한 후의 1년분에 한하여 저당권을 행사할 수 있다.

① 제360조는 후순위 권리자 및/또는 제3자가 예기치 못한 손해를 입지 않도록 하기 위하여 피담보채권의 범위를 제한하고 있다.

관련판례

저당권의 피담보채무의 범위에 관하여 민법 제360조가 지연배상에 대하여는 원본의 이행기일을 경과한 후의 1년분에 한하여 저당권을 행사할 수 있다고 규정하고 있는 것은 저당권자의 제3자에 대한 관계에서의 제한이며 채무자나 저당권설정자가 저당권자에 대하여 대항할 수 있는 것은 아니고, 민법 제360조가 양도담보의 경우에 준용된다고 하여도 마찬가지로 해석하여야 할 것인 만큼, 양도담보의 채무자가 양도담보권자에 대하여 민법 제360조에 따른 피담보채권의 제한을 주장할 수는 없는 것이다(대판 1992.5.12, 90다8855).

OX

저당권자는 원본의 이행기일을 경과한 후 3년분의 지연손해에 한하여 저당권을 행사할 수 있다. (×) 제20회

② **피담보채권의 범위**

㉠ 원본: 원본채권이 일부 또는 전부가 등기되면 피담보채권이 된다. 담보되는 원본의 액, 변제기, 지급장소 등은 등기사항이다.

㉡ 이자: 이자의 약정이 있으면 이율, 발생기, 지급시기, 지급장소를 등기하여야 한다. 지연배상에서와 달리 이자채권은 저당권에 의하여 무제한으로 담보된다.

㉢ 채무불이행으로 인한 손해배상: 채무불이행으로 인한 손해배상, 즉 지연배상에 대하여 원본의 이행기일을 경과한 후 1년분에 한하여 저당권을 행사할 수 있다.

㉣ 위약금: 위약금의 약정이 있으면, 그것이 손해배상액의 예정이든 위약벌이든 관계없이 등기하여야 저당권에 의하여 담보된다.

㉤ 저당권의 실행비용: 부동산감정비용과 같은 저당권의 실행비용은 등기가 없더라도 당연히 저당권의 피담보채권의 범위에 속한다.

OX

당사자 사이에 위약금 약정이 있더라도 이를 등기하지 않으면 저당권으로 담보되지 않는다. (○) 제16회

예제

저당권의 효력이 미치는 피담보채권의 범위에 속하는 것은? (근저당은 고려하지 않고, 이해관계 있는 제3자가 존재함) 제27회

① 등기된 금액을 초과하는 원본
② 저당물의 보존비용
③ 저당물의 하자로 인한 손해배상
④ 등기된 손해배상예정액
⑤ 원본의 이행기일 경과 후 1년분을 넘는 지연배상

해설

④ 등기된 손해배상예정액은 저당권의 효력이 미치는 피담보채권에 포함된다. 그러나 등기된 금액을 초과한 원본, 원본의 이행기일 경과 후 1년분을 넘는 지연배상 등은 포함되지 않는다. 그리고 저당권은 저당물을 점유하지 않으므로 저당물의 보존비용 또는 저당물의 하자로 인한 손해배상은 포함되지 않는다.

정답 ④

(2) 저당권의 효력이 미치는 목적물의 범위

① **저당부동산**

저당권은 저당부동산을 처분하여 그 대금으로부터 우선변제를 받을 수 있는 권리이므로, 저당권의 효력이 미치는 목적물의 범위는 원칙적으로 소유권이 미치는 범위와 일치한다.

② 부합물

> **제358조 【저당권의 효력의 범위】** 저당권의 효력은 저당부동산에 부합된 물건과 종물에 미친다. 그러나 법률에 특별한 규정 또는 설정행위에 다른 약정이 있으면 그러하지 아니하다.

㉠ 원 칙

ⓐ 저당권의 효력은 저당부동산의 부합된 물건에 미친다.

ⓑ 건물의 엘리베이터나 냉·난방시설, 주유소부지 지하에 설치된 유류 저장탱크 또는 부속건물에 저당권의 효력이 미친다.

ⓒ 저당권설정 당시의 부합물이든 설정 후의 부합물이든 저당권의 효력이 미친다.

㉡ 예 외

ⓐ 설정행위에서 다른 약정을 한 경우에 그 특약이 등기되어 있으면 저당권의 효력은 부합물에 미치지 아니한다.

ⓑ 법률에 특별한 규정이 있으면 저당권의 효력은 부합물에 미치지 아니한다.

③ 종물(從物)

㉠ 저당권의 효력은 종물에도 미친다. 예를 들면, 주유소의 주유기 등에 대해서도 저당권의 효력이 미친다.

㉡ 저당권설정 전의 종물은 물론 설정 후의 종물에도 저당권의 효력이 미친다.

㉢ 판례는 제358조 본문을 유추적용하여 지상권(종된 권리)에도 저당권의 효력이 미친다고 한다.

㉣ 저당부동산에서 분리·반출된 부합물 또는 종물에 대한 저당권의 효력(다수설의 입장)

ⓐ 저당권자는 반출 전에만 물권적 청구권을 행사하여 그 반출을 금지할 수 있다.

ⓑ 분리·반출되어 매각된 동산을 양수한 자는 선의·악의를 불문하고 유효한 소유권을 취득한다.

ⓒ 설령 저당권의 효력이 반출 후에 미치더라도 양수인이 선의취득의 요건을 갖춘 경우에는 선의취득할 수 있다.

OX

건물 저당권자는 독립된 건물로 인정되지 않는 증축부분에 대해서도 저당권을 행사할 수 있다. (○) 제19회

OX

저당권설정 뒤에 부속된 종물에 대해서도 특별한 사정이 없는 한 저당권의 효력이 미친다. (○) 제19회

관련판례

1. 건물의 증축부분이 기존건물에 부합하여 기존건물과 분리해서는 별개의 독립물로서의 효용을 갖지 못하는 이상 제358조에 의하여 부합된 증축부분에도 기존건물에 대한 근저당권의 효력이 미치므로, 기존건물에 대한 경매절차에서 경매목적물로 평가되지 않았더라도 경락인은 부합된 증축부분의 소유권을 취득한다(대판 1992.12.8, 92다2672).
2. 구분건물에 있어 대지사용권의 분리처분이 가능하도록 규약으로 정하는 등의 특별한 사정이 없는 한, 제358조를 유추적용하여 소유자가 사후에 취득한 대지권에도 미친다(대판 1995.10.13, 95다25206).
3. 건물의 소유를 목적으로 하여 토지를 임차한 사람이 그 토지 위에 소유하는 건물에 저당권을 설정한 때에는 민법 제358조 본문에 따라서 저당권의 효력이 건물뿐만 아니라 건물의 소유를 목적으로 한 토지의 임차권에도 미친다고 보아야 할 것이므로, 건물에 대한 저당권이 실행되어 경락인이 건물의 소유권을 취득한 때에는 특별한 다른 사정이 없는 한 건물의 소유를 목적으로 한 토지의 임차권도 건물의 소유권과 함께 경락인에게 이전된다(대판 1993.4.13, 92다24950).
4. 저당권은 법률에 특별한 규정이 있거나 설정행위에 다른 약정이 있는 경우를 제외하고 그 저당 부동산에 부합된 물건과 종물 이외에까지 그 효력이 미치는 것이 아니므로, 토지에 대한 경매절차에서 그 지상 건물을 토지의 부합물 내지 종물로 보아 경매법원에서 저당 토지와 함께 경매를 진행하고 경락허가를 하였다고 하여 그 건물의 소유권에 변동이 초래될 수 없다(대판 1997.9.26, 97다10314).
5. 저당권의 효력이 저당부동산에 부합된 물건과 종물에 미친다는 민법 제358조 본문을 유추하여 보면 건물에 대한 저당권의 효력은 그 건물에 종된 권리인 건물의 소유를 목적으로 하는 지상권에도 미치게 되므로, 건물에 대한 저당권이 실행되어 경락인이 그 건물의 소유권을 취득하였다면 경락 후 건물을 철거한다는 등의 매각조건에서 경매되었다는 등 특별한 사정이 없는 한, 경락인은 건물 소유를 위한 지상권도 민법 제187조의 규정에 따라 등기 없이 당연히 취득하게 되고, 한편 이 경우에 경락인이 건물을 제3자에게 양도한 때에는, 특별한 사정이 없는 한 민법 제100조 제2항의 유추적용에 의하여 건물과 함께 종된 권리인 지상권도 양도하기로 한 것으로 봄이 상당하다(대판 1996.4.26, 95다52864).
6. 민법 제359조 전문은 "저당권의 효력은 저당부동산에 대한 압류가 있은 후에 저당권설정자가 그 부동산으로부터 수취한 과실 또는 수취할 수 있는 과실에 미친다."라고 규정하고 있는데, 위 규정상 '과실'에는 천연과실뿐만 아니라 법정과실도 포함되므로, 저당부동산에 대한 압류가 있으면 압류 이후의 저당권설정자의 저당부동산에 관한 차임채권 등에도 저당권의 효력이 미친다(대판 2016.7.27, 2015다230020).

④ 과 실

> **제359조【과실에 대한 효력】** 저당권의 효력은 저당부동산에 대한 압류가 있은 후에 저당권설정자가 그 부동산으로부터 수취한 과실 또는 수취할 수 있는 과실에 미친다. 그러나 저당권자가 그 부동산에 대한 소유권, 지상권 또는 전세권을 취득한 제3자에 대하여는 압류한 사실을 통지한 후가 아니면 이로써 대항하지 못한다.

㉠ 제359조의 과실은 천연과실뿐만 아니라 법정과실까지 포함한다.
㉡ 압류 전에는 과실에는 저당권의 효력이 미치지 않는다. 따라서 압류 전에는 저당권설정자에게 과실수취권이 있다.
㉢ 압류 후에는 과실에 저당권의 효력이 미친다.

5 저당권의 우선변제적 효력

(1) 우선변제권

① **의의**: 채무자가 변제기에 변제하지 않으면 저당권자는 저당목적물의 경매대금으로부터 다른 채권자에 우선하여 피담보채권의 변제를 받을 수 있는 권리를 말한다.
② 저당권자 스스로 저당권을 실행하여 우선변제를 받는 것이 일반적이지만, 저당부동산에 대하여 일반채권, 전세권자 또는 후순위 저당권자의 집행을 막지 못하며, 다만 우선순위에 따라 매각대금으로부터 우선변제를 받게 된다.
③ 우선변제권에 의하여 피담보채권이 변제되지 않은 경우에 저당권자는 일반채권자로서 채무자의 일반재산에 대하여 집행하거나 배당에 참가할 수 있다.

(2) 다른 제한물권과의 관계

다른 제한물권 사이의 순위의 우열은 설정의 순위에 의한다.

(3) 저당권 상호간의 관계

동일한 부동산 위에 수개의 저당권이 경합하는 경우, 각 저당권의 순위는 설정등기의 선후에 의하며 선순위 저당권자가 변제받고 남은 잔액에 대해서만 후순위 저당권자가 우선변제권을 행사할 수 있다.

(4) 일반채권자에 대한 관계

① **원칙**: 설정순위에 관계없이 저당권자는 일반채권자에게 우선한다.

② **예 외**

㉠ 저당권설정등기일보다 먼저 주택임대차보호법 또는 상가건물 임대차보호법 소정의 대항요건과 임대차계약서에 확정일자를 갖춘 임차인은 그의 보증금의 반환에 관하여 저당권자보다 우선한다.

㉡ 소액보증금의 일정액에 관하여 다른 담보권자의 경매신청등기 전의 일정한 대항요건을 갖춘 경우에 임차인은 언제나 저당권자에 우선한다.

(5) 국세 등의 우선권과의 관계

① 저당부동산 소유자가 체납하고 있는 국세 또는 지방세는 그 법정기일 전에 설정된 저당권에 우선하여 징수하지 못한다.

② 당해세, 즉 그 재산에 대하여 부과되는 국세 등은 언제나 저당권에 우선한다.

(6) 임금의 우선권과의 관계

① 근로관계가 소멸한 경우에 최종 3월분의 임금, 최종 3년분의 퇴직금 및 재해보상금에 대한 채권은 사용자의 총재산에 대하여 저당권에 의하여 담보된 채권에 우선한다.

② 임금 등에 대한 지연손해금채권에 대하여는 최우선변제권이 인정되지 않는다.

③ 한편, 임금우선채권은 배당요구채권이다. 즉, 배당요구의 종기까지 배당요구를 한 경우에 한하여 배당을 받을 수 있고, 적법한 배당요구를 하지 않았다면 배당을 받을 수 없다.

(7) 저당권의 실행

① **의의**: '저당권의 실행'이란 저당권자가 스스로의 발의에 의하여 주도적으로 저당물을 현금화하여 그 대가로부터 피담보채권의 변제를 받는 것을 말한다.

알아두기

▪ 경매의 절차

경매의 신청 ⇨ 경매개시결정 ⇨ 매각 ⇨ 매각허가결정 ⇨ 매각대금의 배당

② **경락(매각)의 효과**

㉠ 매수인은 매각대금을 완납한 때에 저당목적물의 소유권을 취득한다. 제187조에 의한 물권변동이므로 등기를 요하지 않는다.

㉡ 저당부동산 위에 존재하던 다른 저당권은 순위에 관계없이 모두 소멸한다(소제주의).

㉢ 저당목적물 위에 존재하던 용익물권(지상권 또는 전세권)은 최선순위의 저당권과의 우선순위에 따라 결정된다.

㉣ 유치권은 경매(매각)가 되더라도 존속한다. 따라서 유치권자는 경락인(매수인)에 대해서도 채권의 변제가 있을 때까지 인도를 거절할 수 있으므로 사실상 우선변제권을 가진다.

㉤ 담보가등기는 순위에 관계없이 모두 말소되지만, 보전가등기는 최선순위의 저당권에 앞선 것이라면 소멸하지 않는다.

㉥ 경매절차상의 하자를 항고(抗告) 또는 이의(異議)에 의하여 다툴 수 있지만, 매각허가결정이 확정된 후에는 그 하자가 치유되어 더 이상 다툴 수 없다.

㉦ 저당권이 유효하게 성립하였지만 경매절차가 진행되는 도중에 그러한 하자가 발생하거나 발견되면 절차를 정지하거나 취소하여야 하지만, 매수인이 경락대금을 완납한 후에는 채무자가 매수인의 소유권 취득을 다투지 못한다(민사집행법 제267조).

6 저당토지 위의 건물에 대한 일괄경매청구권

> **제365조 【저당지상의 건물에 대한 경매청구권】** 토지를 목적으로 저당권을 설정한 후 그 설정자가 그 토지에 건물을 축조한 때에는 저당권자는 토지와 함께 그 건물에 대하여도 경매를 청구할 수 있다. 그러나 그 건물의 경매대가에 대하여는 우선변제를 받을 권리가 없다.

(1) 저당권설정 후 지상건물이 축조된 경우에는 저당권의 효력은 저당토지에만 미치고, 건물에는 미치지 않는바(그리고 이 경우 저당권의 실행으로 인한 건물을 위한 법정지상권도 인정되지 않는다) 저당권의 효력이 미치지 않는 건물에도 경매권을 인정함으로써 토지저당권의 실행을 용이하게 하기 위해서 일괄경매청구권이 인정된다.

(2) 일괄경매청구권은 저당권자의 권리이지, 의무는 아니다.

(3) 일괄경매청구권의 요건

① 저당권설정 당시 그 지상에 건물이 없을 것

② **저당권설정자가 축조하고 소유하는 건물일 것**

저당권이 설정된 후에 저당권설정자 외의 제3자가 건물을 축조한 경우 또는 저당권설정자가 축조하였으나 경매 당시 제3자가 소유하고 있는 경우에 일괄경매청구권이 인정되지 않는다.

(4) 일괄경매청구권의 효과

저당권의 우선변제적 효력은 건물에 미치지 않고, 저당권자가 우선변제를 받는 범위는 토지의 매각대금에 한정된다.

관련판례

1. 저당지상의 건물에 대한 일괄경매청구권은 저당권설정자가 건물을 축조한 경우뿐만 아니라 저당권설정자로부터 저당토지에 대한 용익권을 설정받은 자가 그 토지에 건물을 축조한 경우라도 그 후 저당권설정자가 그 건물의 소유권을 취득한 경우에는 저당권자는 토지와 함께 그 건물에 대하여 경매를 청구할 수 있다(대판 2003.4.11, 2003다3850).
2. 저당권설정자가 건물을 축조하였으나 경매 당시 건물을 타인에게 양도하여 제3자가 건물을 소유하고 있는 경우에는 일괄경매청구권이 인정되지 않는다(대결 1994.1.24, 93마1736).

OX

저당권설정자로부터 저당토지에 대해 용익권을 설정받은 자가 그 지상에 건물을 신축한 후 저당권설정자가 그 건물의 소유권을 취득한 경우, 저당권자는 토지와 건물에 대해 일괄경매를 청구할 수 있다. (○) 제26회

OX

저당권설정 후에 X토지의 임차인 B가 그 지상에 Y건물을 신축하고 저당권설정자가 이를 매수한 경우, 저당권자는 X토지와 Y건물에 대하여 일괄경매를 청구할 수 있다. (○) 제20회

7 제3취득자의 지위

(1) 제3취득자의 의의

'제3취득자'란 저당권 등 담보물권이 설정되어 있는 물건의 소유권 또는 용익물권을 취득한 제3자를 의미한다.

(2) 제3취득자의 지위

> **제363조 【저당권자의 경매청구권, 경매인】** ② 저당물의 소유권을 취득한 제3자도 경매인이 될 수 있다.

OX

저당부동산의 제3취득자는 경매인(競賣人)이 될 수 있다. (○) 제17회

(3) 제3취득자의 변제

제364조【제3취득자의 변제】 저당부동산에 대하여 소유권, 지상권 또는 전세권을 취득한 제3자는 저당권자에게 그 부동산으로 담보된 채권을 변제하고 저당권의 소멸을 청구할 수 있다.

① **제3취득자의 범위**

㉠ 저당부동산에 대하여 소유권·지상권 또는 전세권을 취득한 제3자에 한정된다.

㉡ 근저당권부동산에 대하여 후순위 근저당권을 취득한 자는 제3취득자에 해당하지 않으므로, 이러한 후순위 근저당권자가 선순위 근저당권의 피담보채무가 확정된 후에 그 확정된 피담보채무를 변제한 것은 제469조의 규정에 의한 이해관계 있는 제3자의 변제로서 유효한 것인지를 따져 볼 수는 있을지언정, 제364조의 규정에 따라 선순위 근저당권의 소멸을 청구할 수 있는 사유로서 삼을 수 없다.

② **제3취득자가 변제하여야 할 의무의 범위**

㉠ 채권의 범위는 제360조에 따라 결정되며, 그 결과 지연이자의 범위는 제360조 단서에 의하여 원본의 이행기일을 경과한 후 1년분으로 제한된다.

㉡ 근저당부동산에 대하여 소유권을 취득한 제3자는 피담보채무가 확정된 후에 그 확정된 피담보채무를 채권최고액의 범위 내에서 변제하고 근저당권의 소멸을 청구할 수 있다.

③ **제3취득자의 변제시기**: 채권의 변제기에 변제하여야 한다.

(4) 제3취득자의 비용상환청구권

제367조【제3취득자의 비용상환청구권】 저당물의 제3취득자가 그 부동산의 보존, 개량을 위하여 필요비 또는 유익비를 지출한 때에는 제203조 제1항·제2항의 규정에 의하여 저당물의 경매대가에서 우선상환을 받을 수 있다.

OX

저당부동산에 대하여 지상권을 취득한 제3자는 저당권자에게 그 부동산으로 담보된 채권을 변제하더라도 저당권의 소멸을 청구할 수 없다. (×) 제21회

PART 02

8 저당권 침해에 대한 구제방법

OX

저당권의 침해가 있는 경우에 저당권자는 방해의 제거를 청구할 수 있다. (○) 제16회

(1) **물권적 청구권**(침해의 제거, 예방의 청구)

① 저당권도 물권이므로, 저당권의 침해가 있으면 물권에 기하여 방해의 제거 또는 예방을 청구할 수 있다. 예 무효인 선순위 등기에 대한 말소청구권의 행사

② 그러나 저당권은 목적물을 점유하는 것을 내용으로 하지 않으므로 저당권에 기한 반환청구권은 인정되지 않는다.

관련판례

1. 공장저당권의 목적동산이 저당권자의 동의를 얻지 아니하고 설치된 공장으로부터 반출된 경우에는 저당권자는 점유권이 없기 때문에 설정자로부터 일탈한 저당목적물을 저당권자 자신에게 반환할 것을 청구할 수는 없지만, 저당목적물이 제3자에게 선의취득되지 아니하는 한 원래의 설치 장소에 원상회복할 것을 청구함은 저당권의 성질에 반하지 아니함은 물론 저당권자가 가지는 방해배제권의 당연한 행사에 해당한다(대판 1996.3.22, 95다55184).
2. 근저당권이 설정된 후에 그 부동산의 소유권이 제3자에게 이전된 경우에는 현재의 소유자가 자신의 소유권에 기하여 피담보채무의 소멸을 원인으로 그 근저당권설정등기의 말소를 청구할 수 있음은 물론이지만, 근저당권설정자인 종전의 소유자도 근저당권설정계약의 당사자로서 근저당권 소멸에 따른 원상회복으로 근저당권자에게 근저당권설정등기의 말소를 구할 수 있는 계약상 권리가 있으므로 이러한 계약상 권리에 터 잡아 근저당권자에게 피담보채무의 소멸을 이유로 하여 그 근저당권설정등기의 말소를 청구할 수 있다고 봄이 상당하고, 목적물의 소유권을 상실하였다는 이유만으로 그러한 권리를 행사할 수 없다고 볼 것은 아니다(대판 1994.1.25, 93다16338).

(2) **불법행위에 의한 손해배상청구권**

① 저당권자는 저당권 자체의 침해를 이유로 침해자에 대하여 불법행위에 기한 손해배상을 청구할 수 있다.

② 저당권은 저당부동산의 교환가치를 파악하는 것이므로, 저당권에 대한 침해가 있더라도 나머지 가치만으로도 채권의 완전한 만족을 얻을 수 있으면 손해배상청구권이 발생하지 않는다.

(3) **담보물보충청구권**

OX

저당권설정자의 책임 있는 사유로 저당물의 가액이 현저히 감소된 경우, 저당권자는 저당권설정자에 대하여 상당한 담보제공을 청구할 수 있다. (○) 제16회

제362조 【저당물의 보충】 저당권설정자의 책임 있는 사유로 인하여 저당물의 가액이 현저히 감소된 때에는 저당권자는 저당권설정자에 대하여 그 원상회복 또는 상당한 담보제공을 청구할 수 있다.

① **요 건**

㉠ 저당권설정자(물상보증인 포함)의 책임 있는 사유가 있을 것

㉡ 저당물의 가액이 현저하게 감소될 것

② 저당권자는 저당권설정자에 대하여 원상회복 또는 상당한 담보의 제공을 청구할 수 있다.

③ 담보물보충청구권을 행사하는 경우에는 손해배상청구나 기한의 이익상실에 의한 즉시변제청구권은 행사할 수 없다.

(4) 즉시변제청구권

> **제388조【기한의 이익의 상실】** 채무자는 다음 각 호의 경우에는 기한의 이익을 주장하지 못한다.
> 1. 채무자가 담보를 손상, 감소 또는 멸실하게 한 때
> 2. 채무자가 담보제공의 의무를 이행하지 아니한 때

① 채무자의 기한이익상실사유가 발생하면 채권자(저당권자)는 언제든지(기한의 이익상실사유 발생과 동시에 변제를 청구할 수도 있고, 원래의 변제기에 변제를 청구할 수 있다) 변제를 청구할 수 있다. 이것을 즉시변제청구권이라고 한다.

② 즉시변제청구권을 행사하면서 동시에 손해배상청구권을 행사할 수 있으나 담보물보충청구권을 행사할 수 없다.

9 저당권의 처분 및 소멸

(1) 저당권의 처분

① **저당권의 처분제한**

> **제361조【저당권의 처분제한】** 저당권은 그 담보한 채권과 분리하여 타인에게 양도하거나 다른 채권의 담보로 하지 못한다.

OX

저당권은 그 담보한 채권과 분리하여 타인에게 양도할 수 있다. (×) 제21회

② **저당권부 채권의 양도**

㉠ 피담보채권이 양도되면 수반성에 의하여 저당권도 양도된다.

㉡ 저당권부 채권의 양도는 저당권의 양도뿐만 아니라 채권양도도 포함되므로 채권양도에 관한 규정(제449조 내지 제452조)이 적용된다.

관련판례

1. 담보권의 수반성이란 피담보채권의 처분이 있으면 언제나 담보권도 함께 처분된다는 것이 아니라 채권담보라고 하는 담보권제도의 존재 목적에 비추어 볼 때 특별한 사정이 없는 한 피담보채권의 처분에는 담보권의 처분도 당연히 포함된다고 보는 것이 합리적이라는 것일 뿐이므로, 피담보채권의 처분이 있음에도 불구하고 담보권의 처분이 따르지 않는 특별한 사정이 있는 경우에는 채권양수인은 담보권이 없는 무담보의 채권을 양수한 것이 되고 채권의 처분에 따르지 않은 담보권은 소멸한다(대판 2004.4.28, 2003다61542).
2. 저당권의 양도에 있어서도 물권변동의 일반원칙에 따라 저당권을 이전할 것을 목적으로 하는 물권적 합의와 등기가 있어야 이전된다고 할 것이나, 이때의 물권적 합의는 저당권의 양도・양수받은 당사자 사이에 있으면 족하고 그 외에 그 채무자나 물상보증인 사이에까지 있어야 하는 것은 아니다(대판 1994.9.27, 94다23975).
3. 피담보채권을 저당권과 함께 양수한 자는 저당권이전의 부기등기를 마치고 저당권실행의 요건을 갖추고 있는 한 채권양도의 대항요건을 갖추고 있지 아니하더라도 경매신청을 할 수 있다(대판 2005.6.23, 2004다29279).

③ 저당권부 채권의 입질

제348조【저당채권에 대한 질권과 부기등기】 저당권으로 담보한 채권을 질권의 목적으로 한 때에는 그 저당권등기에 질권의 부기등기를 하여야 그 효력이 저당권에 미친다.

(2) 저당권의 소멸

제369조【부종성】 저당권으로 담보한 채권이 시효의 완성 기타 사유로 인하여 소멸한 때에는 저당권도 소멸한다.

① 피담보채권의 소멸(피담보채무의 변제, 피담보채권의 소멸시효의 완성 등)에 의하여 저당권도 소멸한다.

② 경매, 제3취득자의 변제 등에 의하여 소멸한다.

예제

저당권에 관한 설명으로 옳지 않은 것은? (다툼이 있으면 판례에 따름) 제28회

① 건물에 대한 저당권의 효력은 특별한 사정이 없는 한 그 건물에 종된 권리인 건물의 소유를 목적으로 하는 지상권에도 미친다.
② 저당권은 피담보채권과 분리하여 타인에게 양도할 수 없다.
③ 저당권자는 피담보채권의 변제를 받기 위하여 저당물의 경매를 청구할 수 있다.
④ 저당물의 소유권을 취득한 제3자는 그 저당물의 경매에서 경매인이 될 수 없다.
⑤ 저당권으로 담보한 채권이 시효의 완성으로 소멸한 때에는 저당권도 소멸한다.

해설

④ 저당물의 소유권을 취득한 제3자도 경매인이 될 수 있다(제363조 제2항).
① 민법 제358조 본문은 "저당권의 효력은 저당부동산에 부합된 물건과 종물에 미친다."고 규정하고 있는바, 이 규정은 저당부동산에 종된 권리에도 유추적용되어 건물에 대한 저당권의 효력은 그 건물의 소유를 목적으로 하는 지상권에도 미친다고 보아야 할 것이다(대판 1992.7.14, 92다527).
② 저당권은 그 담보한 채권과 분리하여 타인에게 양도하거나 다른 채권의 담보로 하지 못한다(제361조).
③ 저당권자는 그 채권의 변제를 받기 위하여 저당물의 경매를 청구할 수 있다(제363조 제1항).
⑤ 저당권으로 담보한 채권이 시효의 완성 기타 사유로 인하여 소멸한 때에는 저당권도 소멸한다(제369조).

정답 ④

10 공동저당(共同抵當)

(1) 공동저당의 의의

'공동저당'이란 동일한 채권을 담보하기 위하여 수개의 부동산 위에 저당권을 설정하는 것을 의미한다.

(2) 공동저당의 성립

① **설정계약**

㉠ 동일한 채권이 하나의 채권을 의미하는 것은 아니다. 즉, 공동저당의 피담보채권은 동일하여야 하지만 하나이어야 하는 것은 아니고, 수개의 채권을 담보하기 위한 공동저당도 가능하다.

㉡ 공동저당은 동시에 성립하여야 하는 것은 아니며, 때를 달리하여 설정되더라도 가능하다.

㉢ 각 부동산 위에 저당권의 순위가 같아야 하는 것은 아니며, 수개의 부동산의 소유자가 다르더라도 무방하다.

② 등 기

각 부동산에 관하여 저당권설정등기를 경료하여야 한다. 그리고 수개의 부동산이 공동저당관계에 있음을 공시하기 위하여 공동담보의 취지를 기재하여야 하며, 저당부동산이 5개 이상인 경우에 공동담보목록을 첨부하여야 한다.

(3) 공동저당의 효력

> **제368조【공동저당과 대가의 배당, 차순위자의 대위】** ① 동일한 채권의 담보로 수개의 부동산에 저당권을 설정한 경우에 그 부동산의 경매대가를 동시에 배당하는 때에는 각 부동산의 경매대가에 비례하여 그 채권의 분담을 정한다.
> ② 전항의 저당부동산 중 일부의 경매대가를 먼저 배당하는 경우에는 그 대가에서 그 채권 전부의 변제를 받을 수 있다. 이 경우에 그 경매한 부동산의 차순위 저당권자는 선순위 저당권자가 전항의 규정에 의하여 다른 부동산의 경매대가에서 변제를 받을 수 있는 금액의 한도에서 선순위자를 대위하여 저당권을 행사할 수 있다.

OX

채무자 소유의 여러 부동산에 공동저당권을 설정한 경우 그 경매대가를 동시에 배당하는 때에는 각 부동산의 경매대가에 비례하여 그 채권의 분담을 정한다. (○) 제19회

① **원칙**(동시배당, 부담의 안분)

㉠ 제368조 제1항은 공동저당권의 목적물의 전체 환가대금을 동시에 배당하는 동시배당의 경우에 공동저당권자의 실행선택권과 우선변제권을 침해하지 않는 범위 내에서 각 부동산의 책임을 안분시킴으로써 각 부동산상의 소유자와 차순위 저당권자 기타의 채권자의 이해관계를 조절한다.

㉡ 공동저당의 목적인 부동산 전부의 경매대가를 동시에 배당하는 경우에, 각 부동산의 경매대가에 비례하여 그 채권의 부담이 나뉘며, 각 부동산에 관하여 그 비례안분액을 초과하는 부분은 후순위 저당권자의 변제에 충당되고, 후순위 저당권자가 없으면 소유자에게 배당된다.

㉢ 공동저당권이 설정되어 있는 수개의 부동산 중 일부는 채무자 소유이고 일부는 물상보증인의 소유인 경우 각 부동산의 경매대가를 동시에 배당하는 때에는, 물상보증인이 민법 제481조, 제482조의 규정에 의한 변제자대위에 의하여 채무자 소유 부동산에 대하여 담보권을 행사할 수 있는 지위에 있는 점 등을 고려할 때, “동일한 채권의 담보로 수개의 부동산에 저당권을 설정한 경우에 그 부동산의 경매대가를 동시에 배당하는 때에는 각 부동산의 경매대가에 비례하여 그 채권의 분담을 정한다.”고 규정하고 있는 민법 제368조 제1항은 적용되지 아니한다고 봄이 상당하다. 따라서 이러한 경우 경매법원으로서는 채무자 소유 부동산의 경매대가에서 공동저당권자에게 우선적으로 배당을 하고, 부족분이 있는 경

우에 한하여 물상보증인 소유 부동산의 경매대가에서 추가로 배당을 하여야 한다(대판 2010.4.15, 2008다41475).

② **예외**(이시배당)

㉠ 공동저당의 목적인 부동산 중 일부만의 경매대가를 먼저 배당하는 경우에, 공동저당권자는 그 대가에서 채권 전부의 변제를 받을 수 있고, 경매된 부동산의 후순위 저당권자는 공동저당부동산을 동시에 배당하였더라면 공동저당권자가 다른 부동산으로부터 변제받을 수 있었던 금액의 한도 내에서 공동저당권자에 대위하여 그 저당권을 행사할 수 있다.

㉡ 채권자가 물상보증인 소유 토지와 공동담보로 주채무자 소유 토지에 1번 근저당권을 취득한 후 이와 별도로 주채무자 소유 토지에 2번 근저당권을 취득한 사안에서, 먼저 주채무자의 토지에 대하여 피담보채무의 불이행을 이유로 근저당권이 실행되어 경매대금에서 1번 근저당권의 피담보채권액을 넘는 금액이 배당된 경우에는, 변제자 대위의 법리에 비추어 볼 때 민법 제368조 제2항은 적용되지 않으므로 후순위(2번) 저당권자인 채권자는 물상보증인 소유 토지에 대하여 자신의 1번 근저당권을 대위행사할 수 없고, 따라서 물상보증인의 근저당권설정등기는 그 피담보채무의 소멸로 인하여 말소되어야 한다.

㉢ 공동저당의 목적인 채무자 소유의 부동산과 물상보증인 소유의 부동산에 각각 채권자를 달리하는 후순위 저당권이 설정되어 있는 경우, 물상보증인 소유의 부동산에 대하여 먼저 경매가 이루어져 그 경매대금의 교부에 의하여 1번 저당권자가 변제를 받은 때에는 물상보증인은 채무자에 대하여 구상권을 취득함과 동시에 제481조, 제482조의 규정에 의한 변제자대위에 의하여 채무자 소유의 부동산에 대한 1번 저당권을 취득하고, 이러한 경우 물상보증인 소유의 부동산에 대한 후순위 저당권자는 물상보증인에게 이전한 1번 저당권으로 우선하여 변제를 받을 수 있으며, 이러한 법리는 수인의 물상보증인이 제공한 부동산 중 일부에 대하여 경매가 실행된 경우에도 마찬가지로 적용되어야 한다.

예제

甲이 5,000만원의 채권을 담보하기 위해, 채무자 乙소유의 X부동산과 물상보증인 丙소유의 Y부동산에 각각 1번 저당권을 취득하였다. 그 후 丁이 4,000만원의 채권으로 X부동산에, 戊가 3,000만원의 채권으로 Y부동산에 각각 2번 저당권을 취득하였다. 甲이 X부동산과 Y부동산에 대하여 담보권실행을 위한 경매를 신청하여 X부동산은 6,000만원, Y부동산은 4,000만원에 매각되어 동시에 배당하는 경우, 이자 및 경매비용 등을 고려하지 않는다면 甲이 Y부동산의 매각대금에서 배당받을 수 있는 금액은? (다툼이 있으면 판례에 따름) 제23회

① 0원 ② 1,000만원
③ 2,000만원 ④ 3,000만원
⑤ 4,000만원

해설

① 공동저당권이 설정되어 있는 수개의 부동산 중 일부는 채무자 소유이고 일부는 물상보증인의 소유인 경우 위 각 부동산의 경매대가를 동시에 배당하는 때에는, 물상보증인이 민법 제481조, 제482조의 규정에 의한 변제자대위에 의하여 채무자 소유 부동산에 대하여 담보권을 행사할 수 있는 지위에 있는 점 등을 고려할 때, "동일한 채권의 담보로 수개의 부동산에 저당권을 설정한 경우에 그 부동산의 경매대가를 동시에 배당하는 때에는 각 부동산의 경매대가에 비례하여 그 채권의 분담을 정한다"고 규정하고 있는 민법 제368조 제1항은 적용되지 아니한다고 봄이 상당하다. 따라서 이러한 경우 경매법원으로서는 채무자 소유 부동산의 경매대가에서 공동저당권자에게 우선적으로 배당을 하고, 부족분이 있는 경우에 한하여 물상보증인 소유 부동산의 경매대가에서 추가로 배당을 하여야 하므로(대판 2010.4.15, 2008다41475), 사안의 경우 채권자 甲은 채무자 乙 소유 부동산 X부동산의 경매대가 6,000만원 중에서 5,000만원을 우선적으로 전부 배당받을 수 있으므로, 물상보증인 丙 소유의 Y부동산의 경매대가 4,000만원 중에서는 배당받을 금액은 없다.

정답 ①

11 근저당(根抵當)

제357조 【근저당】 ① 저당권은 그 담보할 채무의 최고액만을 정하고 채무의 확정을 장래에 보류하여 이를 설정할 수 있다. 이 경우에는 그 확정될 때까지의 채무의 소멸 또는 이전은 저당권에 영향을 미치지 아니한다.
② 전항의 경우에는 채무의 이자는 최고액 중에 산입한 것으로 본다.

(1) 근저당의 의의

'근저당'이란 당좌대월계약, 어음할인약정 또는 계속적 상품공급계약과 같은 계속적 거래관계로부터 발생하는 다수의 불특정채권을 장래의 일정 시기(결산기)에 일정한 한도, 채권최고액까지 담보하는 저당권, 즉 그 담보할 채무의 최고액만을 정하고 채무의 확정을 장래에 보류하여 설정하는 저당권을 의미한다.

(2) 근저당의 특징

① 근저당권은 장래의 증감, 변동하는 불특정의 채권도 담보할 수 있다는 점에서 현재 또는 장래의 특정의 채권을 담보하는 통상의 저당권과 다르다.

② 근저당권의 확정 전이라면 채무가 일시적으로 전부 변제되었더라도 이로 인하여 근저당권은 소멸하지 않고 채권이 다시 발생하면 근저당권은 동일성을 유지한 채 그 채권을 담보한다(부종성의 완화).

(3) 근저당권의 성립

① 근저당권설정계약

관련판례

근저당권은 그 담보할 채무의 최고액만을 정하고, 채무의 확정을 장래에 보류하여 설정하는 저당권으로서(민법 제357조 제1항), 계속적인 거래관계로부터 발생하는 다수의 불특정채권을 장래의 결산기에서 일정한 한도까지 담보하기 위한 목적으로 설정되는 담보권이므로, 근저당권설정행위와는 별도로 근저당권의 피담보채권을 성립시키는 법률행위가 있어야 하고, 근저당권의 성립 당시 근저당권의 피담보채권을 성립시키는 법률행위가 있었는지 여부에 대한 입증책임은 그 존재를 주장하는 측에 있다(대판 2009.12.24, 2009다72070).

② 등 기

㉠ 근저당권의 등기는 그 저당권이 근저당권임을 표시하여야 한다. 근저당권설정등기의 등기원인은 근저당권설정계약이다.

㉡ 채권의 최고액을 등기하여야 한다. 채권최고액에는 채권의 원본뿐만 아니라 이자와 손해배상금도 포함되므로 이자는 별도로 등기할 필요가 없다.

㉢ 근저당권의 존속기간이나 기본계약의 결산기를 등기할 수 있으나, 이를 등기하지 않았더라도 근저당권설정등기가 무효로 되는 것은 아니다.

OX

저당권과 달리 근저당권은 채권최고액을 정하여 등기하여야 한다. (○) 제22회

(4) 피담보채권의 범위

① 근저당권은 설정계약에서 정하여지고 등기된 최고액을 한도로 결산기에 실제로 존재하는 채권액 전부를 피담보채권으로 한다.

② 채권최고액

㉠ 최고액이란 목적물로부터 우선변제를 받을 수 있는 한도액을 의미한다.

㉡ 확정된 피담보채권이 채권최고액을 넘는 경우에, 최고액까지만 우선변제를 받을 수 있다.

㉢ 근저당권자와 채무자 겸 근저당권설정자 사이에서도 최고액의 범위 내의 채권에 한해서만 변제를 받을 수 있다는 책임의 한도를 의미하는 것은 아니다. 즉, 그들 사이에서는 채권 전액의 변제가 있을 때까지 근저당권의 효력은 채권최고액과 관계없이 잔존채무에 여전히 미친다.

㉣ 물상보증인이나 근저당권의 제3취득자는 채권최고액만을 변제하고 근저당권의 소멸을 청구할 수 있다.

㉤ 지연손해금은 채권최고액에 포함되며, 1년분에 한정될 필요는 없다.

㉥ 근저당권의 실행비용은 채권최고액에 포함되지 않는다.

OX

피담보채무의 이자는 채권최고액에서 제외된다. (×) 제22회

③ 피담보채권의 확정

㉠ 근저당권의 피담보채권은 기본계약이 존속하는 동안 증감・변동되다가 결산기의 도래 등 일정한 사유가 발생하면 구체적으로 확정되는데, 이를 피담보채권의 확정 또는 근저당권의 확정이라고 한다.

㉡ 근저당권의 존속기간의 만료, 기본계약상의 결산기의 도래, 당사자의 합의 또는 기본계약의 해지 등에 기하여 계속적 거래관계가 종료하여 피담보채무로 예정된 원본채무가 더 이상 발생할 여지가 없어지면 그때까지의 잔존채무로 피담보채무가 확정된다.

㉢ 존속기간이나 결산기를 정한 경우에 근저당권에 의하여 담보되는 채권이 전부 소멸하고 채무자가 채권자로부터 새로 금원을 차용하는 등 거래를 계속할 의사가 없다면 그 존속기간 또는 결산기가 경과하기 전이라 하더라도 근저당권설정자는 계약을 해지하고, 근저당권설정등기의 말소를 구할 수 있다.

㉣ 존속기간이나 결산기의 정함이 없는 경우에는 근저당권의 피담보채무의 확정방법에 관한 다른 약정이 있으면 그에 따르되, 이러한 약정이 없다면 근저당권설정자가 근저당권자를 상대로 언제든지 해지의 의사표시를 함으로써 피담보채무를 확정할 수 있다.

㉤ 별도의 해지의 의사표시가 없더라도 근저당권자가 피담보채무의 불이행을 이유로 경매신청을 하면 피담보채무가 확정된다. 그리고 이러한 피담보채무의 확정 및 그 시기는 경매신청을 하여 경매개시결정이 있은 후에 경매신청이 취하되었다 하더라도 번복되지 않는다.

㉥ 후순위 근저당권자가 경매를 신청한 경우에 선순위 근저당권의 피담보채권은 경락인이 경락대금을 완납한 때 확정된다.

㉦ 채무자 또는 물상보증인의 파산선고시 피담보채무는 확정된다.

㉧ 근저당권이 확정되면 그때를 기준으로 피담보채권이 특정되고, 그 후 발생하는 채권은 더 이상 근저당권에 의하여 담보되지 않는다.

㉧ 확정 후에 새로운 거래관계에서 발생하는 원본채권은 그 근저당권에 의하여 담보되지 않지만, 확정 전에 발생한 원본채권에 관하여 확정 후에 발생하는 이자나 지연손해금채권은 채권최고액의 범위 내에서 근저당권에 의하여 여전히 담보된다.

관련판례

근저당권은 당사자 사이의 계속적인 거래관계로부터 발생하는 불특정채권을 어느 시기에 계산하여 잔존하는 채무를 일정한 한도액 범위 내에서 담보하는 저당권으로서 보통의 저당권과 달리 발생 및 소멸에 있어 피담보채무에 대한 부종성이 완화되어 있는 관계로 피담보채무가 확정되기 이전이라면 채무의 범위나 또는 채무자를 변경할 수 있는 것이고, 채무의 범위나 채무자가 변경된 경우에는 당연히 변경 후의 범위에 속하는 채권이나 채무자에 대한 채권만이 당해 근저당권에 의하여 담보되고, 변경 전의 범위에 속하는 채권이나 채무자에 대한 채권은 그 근저당권에 의하여 담보되는 채무의 범위에서 제외된다(대판 1999.5.14, 97다15777).

OX

근저당권의 피담보채권의 확정 전에 발생한 원본채권에 관하여 확정 후에 발생하는 이자나 지연손해금 채권은 채권최고액의 범위 내에 있더라도 그 근저당권에 의하여 담보되지 않는다. (×) 제21회

예 제

근저당권에 관한 설명으로 옳은 것은? (다툼이 있으면 판례에 따름) 제22회

① 저당권과 달리 근저당권은 채권최고액을 정하여 등기하여야 한다.
② 피담보채무의 이자는 채권최고액에서 제외된다.
③ 피담보채권의 확정 전에 발생한 원본채권에 관하여 그 확정 후에 발생한 이자채권은 피담보채권의 범위에 속하지 않는다.
④ 채권자는 피담보채권이 확정되기 전에 그 채권의 일부를 양도하여 근저당권의 일부양도를 할 수 있다.
⑤ 확정된 피담보채무액이 채권최고액을 초과하더라도 근저당권설정자인 채무자는 채권최고액을 변제하고 근저당권의 말소를 청구할 수 있다.

해설

① 근저당권은 채권최고액을 등기하여야 한다(부동산등기법 제75조 제2항 참조).
② 채무의 이자는 최고액 중에 산입한 것으로 본다(제357조 제2항).
③ 근저당권자의 경매신청 등의 사유로 인하여 근저당권의 피담보채권이 확정되었을 경우, 확정 이후에 새로운 거래관계에서 발생한 원본채권은 그 근저당권에 의하여 담보되지 아니하지만, 확정 전에 발생한 원본채권에 관하여 확정 후에 발생하는 이자나 지연손해금 채권은 채권최고액의 범위 내에서 근저당권에 의하여 여전히 담보되는 것이다(대판 2007.4.26, 2005다38300).
④ 근저당권이라고 함은 계속적인 거래관계로부터 발생하고 소멸하는 불특정다수의 장래채권을 결산기에 계산하여 잔존하는 채무를 일정한 한도액의 범위 내에서 담보하는 저당권이어서, 거래가 종료하기까지 채권은 계속적으로 증감변동되는 것이므로, 근저당 거래관계가 계속 중인 경우 즉 근저당권의 피담보채권이 확정되기 전에 그 채권의 일부를 양도하거나 대위변제한 경우 근저당권이 양수인이나 대위변제자에게 이전할 여지가 없다(대판 1996.6.14, 95다53812).
⑤ 채무자의 채무액이 근저당 채권최고액을 초과하는 경우에 채무자 겸 근저당권설정자가 그 채무의 일부인 채권최고액과 지연손해금 및 집행비용 만을 변제하였다면 채권전액의 변제가 있을 때까지 근저당권의 효력은 잔존채무에 미치는 것이므로 위 채무일부의 변제로써 위 근저당권의 말소를 청구할 수 없다(대판 1981.11.10, 80다2712).

정답 ①

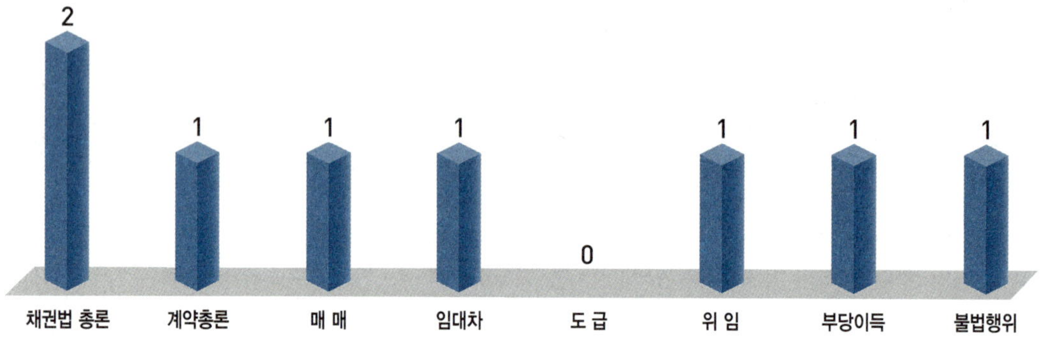

제28회 기출문제 분석

제28회 주택관리사(보) 채권법은 예년과 비슷하게 채권총론에서 2문제, 채권각론에서 6문제가 출제되었다. 다만 시험범위가 확대되고 지엽적인 판례가 증가하고 있는 추세이므로 과거의 기출문제보다는 출제되지 않는 부분을 위주로 학습하여야 한다.

박문각
주택관리사

PART 03

채권법

Chapter

01 채권법의 종류

단·원·열·기

매년 2~3문제 정도 출제되는 부분이다. 채권의 종류, 채무불이행에 대한 효력, 연대채무, 보증채무, 채권자대위권, 채권자취소권, 변제 위주로 학습하여야 한다.

01 채권의 기초이론

1 채권의 의의

'채권'은 특정의 타인에 대해 일정한 행위를 할 것(작위) 또는 행위를 하지 않을 것(부작위)을 청구하는 권리이다. 물권이 목적물에 대한 직접적·배타적 지배권임에 비하여, 채권은 사람(채권자)이 사람(채무자)에 대하여 일정한 행위를 하는 것을 요구하는 권리이다.

2 채권의 특징

(1) **재산권**

채권은 그 내용을 이루는 이익이 재산에 관한 것이라는 점에서 재산권이다. 따라서 원칙적으로 양도성을 가진다.

(2) **청구권**

채권은 채무자의 행위를 요구하는 것이므로 권리의 수단이라는 점에서 청구권이다. 다만, 주의할 것은 '채권 = 청구권'은 아니라는 점이다. 채권에는 청구권·급부보유력·소구력·집행력·항변권·해제권 등 여러 권능이 포함되며, 청구권도 채권의 한 요소이다.

(3) **상대권**(대인권)

채권은 채무자라는 특정인에 대한 권리이므로 권리가 미치는 범위가 사람이라는 점에서 상대권이다.

(4) 임의법규성

원칙적으로 채권관계에서는 개인의 자유의사가 존중되고 또 가장 기본이 되므로 계약내용은 당사자의 자유에 맡기고, 법률 등에 의한 간섭을 제한하는 것이 근대 시민법의 특질이다(계약자유의 원칙). 그러나 예외적으로 사회발전에 따라 약자를 보호하기 위하여 채권관계에 대하여도 특별법에 의한 강행법규화가 된 경우도 있다. 예를 들면, 주택임대차보호법이나 근로기준법 등 특별법 영역이 출현하게 된 것이 대표적인 경우이다.

(5) 보편성

근대사회의 성립에 수반하여 자유의사에 기한 거래의 진전이 채권법의 합리성을 만들어냈고, 그 결과 여러 면에서 지방색 · 민족색 등이 약화되면서 근대사회 공통의 내용을 갖기에 이르렀다. 이러한 채권의 보편성은 물권법이나 가족법이 지방적 · 민족적 색채를 갖는 점과 비교해보면 뚜렷하게 알 수 있다.

3 채무자의 의무

(1) 급부의무

① **의의**: '급부의무'란 채권자의 청구에 의하여 일정한 행위(급부)를 이행하여야 할 채무자의 의무를 말한다.

② **종 류**

㉠ 주된 급부의무

당사자가 계약의 중요한 목적으로 삼는 급부의무로서 쌍무계약에서 대가적 관계에 서는 의무이다. 주된 급부의무의 불이행시에는 이행강제 및 손해배상청구가 가능하고 계약해제권이 발생한다.

㉡ 종된 급부의무

주된 급부의무와 관련하여 종된 관계에 있는 급부의무로서 종된 급부의무 불이행시에는 이행강제 및 손해배상청구는 가능하지만, 계약해제권은 발생하지 않는다.

(2) 부수적 주의의무

① **의의**: '부수적 주의의무'란 급부의무를 실현하기 위하여 채무자가 적절한 배려와 주의를 베풀어야 하는 의무로서 신의칙상 인정되는 의무이다.

② 부수적 주의의무 불이행시에는 부수적 의무만의 이행을 소구할 수는 없다. 그리고 부수적 주의의무 위반을 이유로 계약을 해제할 수도 없다. 다만, 손해배상청구는 가능하다.

③ **보호의무**

㉠ '보호의무'란 타인의 신체나 재산을 급부의무의 발생 전 · 발생 중 · 발생 후에 걸쳐 계약적 또는 계약 외적인 사회적 접촉에서 생기는 손해로부터 구할 의무로서 신의칙에 의하여 인정되는 의무를 말한다.

㉡ 보호의무는 일시사용을 위한 임대차계약에서만 인정되고, 계속사용을 위한 임대차에는 인정되지 않는다.

관련판례

통상의 임대차관계에서 임대인의 임차인에 대한 의무는 특별한 사정이 없는 한 단순히 임차인에게 임대목적물을 제공하여 임차인으로 하여금 이를 사용 · 수익하게 함에 그치는 것이고, 더 나아가 임차인의 안전을 배려하거나 도난을 방지하는 등의 보호의무까지 부담한다고 할 수 없다(대판 1999.7.9, 99다10004).

02 채권의 목적

1 채권의 목적인 급부(給付)

(1) 의 의

① 채권은 채무자에게 일정한 행위를 청구할 수 있는 권리이므로 채권의 목적은 채무자의 행위, 즉 급부이다. 급부의 내용은 계약에 의해 발생하는 경우에는 당사자의 합의에 의해 결정되지만, 그 이외의 경우에는 일반적으로 발생원인인 법률의 규정에 의해 결정된다.

② 채무는 각각 채무의 취지에 따라 이행되어야 한다. 이러한 급부가 유효하기 위해서는 강행법규에 위반되지 않아야 하며, 급부내용이 선량한 풍속 기타 사회질서에 반하지 않아야 한다. 또한 급부내용이 채권이 성립하는 시기에 실현 가능할 수 있어야 하며 이행시까지는 확정될 수 있어야 한다.

③ **급부의 대상**

> **제373조 【채권의 목적】** 금전으로 가액을 산정할 수 없는 것이라도 채권의 목적으로 할 수 있다.

(2) 급부의 종류

① **작위급부 · 부작위급부**

급부 내용이 채무자의 적극적 행위인가 소극적 행위인가에 따른 분류이다. 예를 들면, 금전지급 · 물건의 인도 등은 '작위급부', 소음을 내지 않는다든가 경업을 하지 않는 것 등은 '부작위급부'이다. 양자는 채무의 강제적 실현방법이 다르다는 점에서 그 구별의 실익이 있다.

② **주는 급부 · 하는 급부**

'주는 급부'는 특정물 또는 불특정물을 급부하는 것을 내용으로 하는 급부이다. 예를 들면, 토지나 자동차의 인도와 같은 것이다. '하는 급부'는 작위 또는 부작위를 내용으로 하는 급부이다. 예를 들면, 건축을 하여야 하는 채무가 이에 속한다. 양자는 강제이행의 방법에 차이가 있다.

③ **대체적 급부 · 부대체적 급부**

'대체적 급부'에 있어서는 채무자의 개성이 문제되지 않기 때문에 타인이 대신하여 급부를 할 수 있다. 예를 들면, 불특정물 매매에 있어서 매도인의 급부가 이에 속한다. '부대체적 급부'에 있어서는 채무자 자신의 개성이 중요성을 갖기 때문에 타인이 대신하여 급부를 한다면 의미가 다르거나 또는 무의미하게 된다. 예를 들면, 강연 · 연극 등을 하는 채무이다.

④ **특정물급부 · 불특정물급부**

주는 급부에 있어서 인도의 목적물이 특정되어 있느냐 여부에 의한 구별이다. 양자의 구별은 특정을 요하느냐의 여부, 이행의 방법, 이행장소에 있어서 실익이 있다.

⑤ **가분급부 · 불가분급부**

가분급부는 분할하여 실현할 수 있는 급부이다. 예를 들면, 수인에 대한 단순한 금전지불채무와 같은 것이다. 불가분급부는 분할하여 실현할 수 없는 급부로서, 수인에 대한 자동차 1대의 인도가 그 예이다. 양자는 다수당사자의 채권관계에 있어서 차이가 있다.

⑥ **일회적 급부 · 회귀적 급부 · 계속적 급부**

'일회적 급부'는 급부의 실현이 한 번으로 끝나는 급부이다. 예를 들면, 컴퓨터의 인도가 여기에 해당한다. '회귀적 급부'는 일정한 간격을 두고 반복되는 급부이다. 예를 들면, 월간지를 다달이 배달하는 경우이다. 계속적 급부는 시간적으로 끊이지 않고 계속하고 있는 급부이다. 예를 들면, 수도나 전기를 공급해 주는 경우이다. 이들 각 유형은 해제 또는 해지의 적용 여부・신의칙의 지배범위 정도 등에 관하여 차이를 보인다.

2 채권의 목적의 종류

1. 특정물채권(特定物債權)

(1) 특정물채권의 의의

① '특정물'이란, 예를 들면 '이 집', '저 자동차'처럼 구체적인 거래에 있어서 당사자가 물건의 개성에 착안하여 동종의 다른 물건으로 바꾸지 못하게 한 물건을 말한다. 이에 비하여 다른 물건으로 바꿀 수 있게 한 물건은 불특정물이다.

② '특정물채권'이란 특정물의 인도를 목적으로 하는 채권을 말한다.

(2) 채무자의 선관주의의무

> **제374조 【특정물인도채무자의 선관의무】** 특정물의 인도가 채권의 목적인 때에는 채무자는 그 물건을 인도하기까지 선량한 관리자의 주의로 보존하여야 한다.

① **'선량한 관리자의 주의의무'의 의의**

㉠ 거래상 일반적으로 평균인에게 요구되는 정도의 주의의무를 말한다. 객관적으로 추상화된 주의의무라고 할 수 있다.

㉡ 이에 비하여 '무상수치인의 임치물 보관의무(제695조), 친권자의 자의 재산관리의무(제922조), 상속인의 재산관리의무(제1022조)는 선관주의의무가 아니라 자기재산을 위한 주의와 동일한 주의의무를 부담한다.

㉢ 선관주의의무는 이행기가 아니라 목적물을 실제로 인도할 때까지 부담한다.

② **선관주의의무 위반의 효과**

㉠ 채무자가 선관주의의무에 위배하여 목적물을 멸실・훼손했을 때에는 채무불이행이나 불법행위에 의한 손해배상책임을 진다.

㉡ 특정물인도채무자가 선관주의의무를 다하였다면 채무자는 손해배상책임을 부담하지 않고, 물건의 멸실・훼손에 의한 손실은 채권자가 부담한다.

(3) 특정물채권과 관련문제

① **채권자대위권과의 관계**: 금전채권 이외에 특정물채권의 보전을 위한 채권자대위권은 인정되며, 이런 경우에는 채무자의 무자력을 요건으로 하지 않는다.

② **채권자취소권**: 특정물채권의 보전을 위한 채권자취소권은 허용되지 않는다.

③ **현상인도의무**

> **제462조 【특정물의 현상인도】** 특정물의 인도가 채권의 목적인 때에는 채무자는 이행기의 현상대로 그 물건을 인도하여야 한다.

④ **인도장소**

> **제467조 【변제의 장소】** ① 채무의 성질 또는 당사자의 의사표시로 변제장소를 정하지 아니한 때에는 특정물의 인도는 채권 성립 당시에 그 물건이 있던 장소에서 하여야 한다.
> ② 전항의 경우에 특정물인도 이외의 채무변제는 채권자의 현주소에서 하여야 한다. 그러나 영업에 관한 채무의 변제는 채권자의 현영업소에서 하여야 한다.

2. 종류채권(種類債權)

(1) 종류채권의 의의

① '종류채권'이란, 예를 들면 쌀 2가마니, 비누 1다스와 같이 종류와 분량만이 정하여져 있고 어디에 있는 쌀이라고 특정되지 않은 불특정물(不特定物)의 인도를 목적으로 하는 채권이다. 즉, 일정한 종류와 일정한 수량으로 정해진 물건의 인도를 목적으로 하는 채권을 말한다(불특정물채권).

② 종류물인가 특정물인가는 계약의 종류와 당사자의 의사에 의하여 결정된다.

(2) 목적물의 품질

> **제375조 【종류채권】** ① 채권의 목적을 종류로만 지정한 경우에 법률행위의 성질이나 당사자의 의사에 의하여 품질을 정할 수 없는 때에는 채무자는 중등품질의 물건으로 이행하여야 한다.

(3) 종류채권의 특정

> **제375조 【종류채권】** ② 전항의 경우에 채무자가 이행에 필요한 행위를 완료하거나 채권자의 동의를 얻어 이행할 물건을 지정한 때에는 그때로부터 그 물건을 채권의 목적물로 한다.

(4) 특정의 효과

① **특정물채권화(化)**

㉠ 종류채권도 채무자가 이행에 필요한 행위를 완료하거나 채권자의 동의를 얻어 이행할 물건을 지정한 때에는 특정채권으로 된다.

㉡ 특정하기 전에는 위험부담의 문제는 발생하지 않는다. 즉, 종류의 물건이 멸실되더라도 채무자는 여전히 급부의무가 존재한다.

㉢ 특정한 후에는 위험부담의 문제가 발생한다. 즉, 특정된 후 물건이 불가항력으로 멸실하게 되면 채무자는 급부의무를 면하고 반대급부청구를 할 수 없다.

② **급부변경권**: 일단 특정된 후에 채무자가 동종·동질의 다른 물건으로 인도하더라도 채무불이행이 아니다.

3. 금전채권(金錢債權)

(1) 금전채권의 의의

> 第376條 **【금전채권】** 채권의 목적이 어느 종류의 통화로 지급할 것인 경우에 그 통화가 변제기에 강제통용력을 잃은 때에는 채무자는 다른 통화로 변제하여야 한다.

① '금전채권'이란 일정액의 금전급부를 목적으로 하는 채권을 말한다.

② 금전채권에는 일반적인 종류채권에 있어서와 같은 특정의 문제는 발생하지 않고, 또한 이행불능도 발생하지 않는다.

(2) 금전채권의 종류

① **특정금전채권**

장식이나 진열용으로 특정의 주화나 지폐를 임차, 매매하는 경우처럼 특정의 금전을 급부하는 것을 목적으로 하는 채권이다. 순수한 금전채권이 아니라 특정물채권이다.

② **금종채권**

'금종채권'이란 특정의 종류에 속하는 금전의 일정량의 급부를 목적으로 하는 것을 말한다. 예를 들면, 10만원의 금액을 급부하는 것을 목적으로 하는 경우, 5만원권으로 지급하는 특약을 한 경우를 말한다.

③ **금액채권**

'금액채권'이란 일정액의 금전의 인도를 목적으로 하는 채권을 말한다. 고유한 의미의 금전채권이다.

④ **외화채권(外貨債權)**

> **제377조【외화채권】** ① 채권의 목적이 다른 나라 통화로 지급할 것인 경우에는 채무자는 자기가 선택한 그 나라의 각 종류의 통화로 변제할 수 있다.
> ② 채권의 목적이 어느 종류의 다른 나라 통화로 지급할 것인 경우에 그 통화가 변제기에 강제통용력을 잃은 때에는 그 나라의 다른 통화로 변제하여야 한다.
>
> **제378조【동 전】** 채권액이 다른 나라 통화로 지정된 때에는 채무자는 지급할 때에 있어서의 이행지의 환금시가에 의하여 우리나라 통화로 변제할 수 있다.

(3) 금전채무불이행의 특칙

> **제397조【금전채무불이행에 대한 특칙】** ① 금전채무불이행의 손해배상액은 법정이율에 의한다. 그러나 법령의 제한에 위반하지 아니한 약정이율이 있으면 그 이율에 의한다.
> ② 전항의 손해배상에 관하여는 채권자는 손해의 증명을 요하지 아니하고 채무자는 과실 없음을 항변하지 못한다.

① **요건상의 특칙**

㉠ 손해의 증명 불요(不要)

㉡ 과실의 증명 불요(不要)

㉢ 금전채권에서는 이행지체만이 문제될 뿐, 이행불능이나 불완전이행은 문제되지 않는다.

② **효과상의 특칙**

㉠ 금전채무의 불이행에 대한 손해배상에 있어서는 변제기부터 현실지급시까지의 지연배상만이 문제된다.

㉡ 배상액에 관하여 약정이율이 있으면 약정이율에 의하고, 약정이율이 없는 경우에는 법정이율에 의한다. 법정이율은 연 5푼이다.

예 제

금전채무불이행으로 인한 손해배상에 관한 설명으로 옳지 않은 것은? (다툼이 있으면 판례에 따름) 제18회

① 채무자는 과실 없음을 항변하지 못한다.
② 손해배상액은 특별한 사정이 없는 한 법정이율에 의한다.
③ 지연손해금채무는 이행지체로 인한 손해배상채무이다.
④ 채권자가 손해의 발생과 그 손해액을 증명하여야 한다.
⑤ 이행지체에 대비한 지연손해금 비율에 따로 약정한 경우, 이는 손해배상금액의 예정으로 감액의 대상이 될 수 있다.

해설

④ 금전채무불이행의 경우에는 채권자는 손해의 발생과 손해액을 증명할 필요는 없다(제397조 제2항).

정답 ④

---

4. 이자채권(利子債權)

(1) 이자의 의의

'이자'는 금전 기타 대체물의 사용대가이며 원본채권의 존재를 전제로 하고, 원본사용의 대가로서 법정과실의 일종이다.

(2) 이자채권

① 이자채권은 이자의 급부를 목적으로 하는 채권이며, 원본채권에 대하여 종속성 및 부종성을 가진다.

② **기본적 이자채권과 지분적 이자채권**

㉠ 기본적 이자채권

ⓐ '기본적 이자채권'이란 원본에 대하여 일정 시기에 일정률의 이자를 발생하게 하는 것을 목적으로 하는 채권을 말한다.

ⓑ 원본채권이 양도되면 기본적 이자채권도 양도된다.

㉡ 지분적 이자채권

ⓐ '지분적 이자채권'이란 이자채권에 기하여 각각의 변제기에 도달한 이자의 지급을 목적으로 하는 채권을 말한다.

ⓑ 원본채권이 양도된 경우 이미 변제기에 도달한 이자채권은 원본채권의 양도 당시 그 이자채권도 양도한다는 의사표시가 없는 한 당연히 양도되지 않는다.

5. 선택채권(選擇債權)

(1) 의 의

① '선택채권'이란 선택적 급부를 목적으로 하는 하나의 채권을 말한다.

② **특정의 필요성**

선택에 의한 특정 전에는 채권의 목적이 확정되지 않아 이행할 수도 없으며 강제집행할 수도 없다. 또한 특정물채권도 아니기 때문에 채무자는 제374조의 선관주의의무도 부담하지 않는다. 이러한 점 때문에 선택채권도 특정의 필요성이 있다.

(2) 선택채권의 특정

① 특정의 의의

'선택채권의 특정'이란 선택채권의 목적인 수개의 급부가 하나의 급부로 확정되어 단순채권으로 변경되는 것을 말한다.

② 선택에 의한 특정

㉠ 선택권은 형성권이다.

㉡ 선택권자

> **제380조 【선택채권】** 채권의 목적이 수개의 행위 중에서 선택에 좇아 확정될 경우에 다른 법률의 규정이나 당사자의 약정이 없으면 선택권은 채무자에게 있다.

㉢ 선택권의 이전

ⓐ 당사자 일방이 선택권을 갖는 경우

> **제381조 【선택권의 이전】** ① 선택권 행사의 기간이 있는 경우에 선택권자가 그 기간 내에 선택권을 행사하지 아니하는 때에는 상대방은 상당한 기간을 정하여 그 선택을 최고할 수 있고 선택권자가 그 기간 내에 선택하지 아니하면 선택권은 상대방에게 있다.
> ② 선택권 행사의 기간이 없는 경우에 채권의 기한이 도래한 후 상대방이 상당한 기간을 정하여 그 선택을 최고하여도 선택권자가 그 기간 내에 선택하지 아니할 때에도 전항과 같다.

ⓑ 제3자가 선택권을 갖는 경우

> **제384조 【제3자의 선택권의 이전】** ① 선택할 제3자가 선택할 수 없는 경우에는 선택권은 채무자에게 있다.
> ② 제3자가 선택하지 아니하는 경우에는 채권자나 채무자는 상당한 기간을 정하여 그 선택을 최고할 수 있고 제3자가 그 기간 내에 선택하지 아니하면 선택권은 채무자에게 있다.

㉣ 선택권의 행사

ⓐ 당사자 일방이 선택권을 갖는 경우

> **제382조 【당사자의 선택권의 행사】** ① 채권자나 채무자가 선택하는 경우에는 그 선택은 상대방에 대한 의사표시로 한다.
> ② 전항의 의사표시는 상대방의 동의가 없으면 철회하지 못한다.

ⓑ 제3자가 선택권을 갖는 경우

> **제383조【제3자의 선택권의 행사】** ① 제3자가 선택하는 경우에는 그 선택은 채무자 및 채권자에 대한 의사표시로 한다.
> ② 전항의 의사표시는 채권자 및 채무자의 동의가 없으면 철회하지 못한다.

㉤ 선택의 효과

> **제386조【선택의 소급효】** 선택의 효력은 그 채권이 발생한 때에 소급한다. 그러나 제3자의 권리를 해하지 못한다.

(3) 급부불능에 의한 특정

> **제385조【불능으로 인한 선택채권의 특정】** ① 채권의 목적으로 선택할 수개의 행위 중에 처음부터 불능한 것이나 또는 후에 이행불능하게 된 것이 있으면 채권의 목적은 잔존한 것에 존재한다.
> ② 선택권 없는 당사자의 과실로 인하여 이행불능이 된 때에는 전항의 규정을 적용하지 아니한다.

OX

선택채권에서 선택권 없는 당사자의 과실로 하나의 급부가 이행불능이 되면 채권의 목적은 잔존한 것에 한정된다. (×) 제15회

OX

채권의 목적으로 선택할 여러 개의 행위 중에 당사자의 과실 없이 처음부터 불능한 것이 있으면 채권의 목적은 잔존한 것에 존재한다. (○) 제25회

① **원시적 불능**

채권의 목적 중 하나가 원시적 불능이 된 경우에는 채권의 목적은 잔존한 급부에 특정된다.

② **후발적 불능**

㉠ 선택권 있는 당사자의 과실 또는 당사자 쌍방의 무과실에 의한 후발적 불능의 경우: 채권은 잔존한 급부에 존재한다.

㉡ 선택권 없는 당사자의 과실에 의한 후발적 불능의 경우: 선택채권의 효력에는 영향이 없다.

ⓐ 선택권자가 채권자인 경우: 채권자는 채무자의 과실로 불능이 된 급부를 선택하여 손해배상을 청구할 수 있다.

ⓑ 선택권자가 채무자인 경우: 채무자는 채권자의 과실로 불능이 된 급부를 선택하여 채무자에게 책임 없는 이행불능으로서 채무를 면할 수 있다.

03 채권의 효력

1 채권의 효력의 일반

1. 채권의 대내적 효력

(1) 청구력과 급부보유력

① **청구력**(請求力)

청구의 내용은 본래의 채무이행을 원칙으로 하며, 채무불이행시에는 손해배상을 청구할 권리를 갖는다. 손해배상의 청구내용에는 본래의 채무와 함께 지연배상을 청구하는 경우, 본래의 채무 대신 전보배상을 청구하는 경우 또는 본래의 채무와 직접 관련이 없는 확대손해를 청구하는 경우로 분류할 수 있다.

② **급부보유력**(給付保有力)

채무자의 임의급부는 채권자에게 정당한 이익을 보유하게 하므로 부당이득이 되지 않는다. 따라서 채무자는 채권자에게 변제로서 인도한 것을 반환하라고 청구할 수 없다.

③ 채권의 효력은 청구력과 급부보유력 외에도 채무불이행시 법원에 소를 제기할 수 있는 소구력과 판결 등을 집행할 수 있는 집행력 등을 들 수 있다.

(2) 채무불이행에 대한 효력

① **원 칙**

㉠ 강제이행

채무자가 임의로 채무의 내용에 좇은 이행을 하지 않은 경우에는 국가권력의 발동으로 채무이행의 실현을 강제하는 것이 원칙이다. 채권에 대한 이행판결과 강제집행을 들 수 있다.

㉡ 손해배상

현실적 이행강제에도 한계가 있다. 채무의 성질상 직접강제, 대체집행, 간접강제가 불가능한 경우 손해를 배상함으로써 채권자를 만족시킬 수 밖에 없고, 손해배상은 금전배상을 원칙으로 한다.

㉢ 계약해제권

② **예 외**

㉠ 자연채무의 경우에는 채권자에게 재판청구권, 강제이행청구권이 인정되지 않는다.

㉡ 채무와 책임은 분리하여야 한다. 예를 들면, 책임 없는 채무(강제집행권이 없는 채무)도 있을 수 있고, 채무 없는 책임(물상보증인의 경우, 강제집행할 수 있다)도 있을 수 있다.

2. 채권의 대외적 효력

(1) 제3자의 채권침해와 불법행위

① 채권은 원칙적으로 계약관계를 전제로 한 것이므로 계약당사자인 채무자가 채무를 이행하지 않음으로써 채권이 침해되는 것이 일반적인 모습이고, 이 경우 채무자는 채무불이행책임을 부담할 뿐 동일한 사유로 불법행위책임을 지지는 않는다.

② 문제는 계약당사자 아닌 제3자가 채권의 목적실현을 방해하는 경우 그 자에게 불법행위책임을 부담시킬 수 있는가, 나아가 제3자의 채권침해의 배제를 청구할 수 있는가 하는 점이며, 이것이 제3자의 채권침해의 문제이다.

③ **불법행위의 성립 여부**

채권 역시 재산권으로서 법적인 보호를 받아야 하므로 제3자의 채권침해도 불법행위가 될 수 있다고 보는 것이 현재의 통설이다.

(2) 방해배제청구권의 성부(成否)

① 채권은 상대권이므로, 원칙적으로 방해배제청구권이 인정되지 않지만, 예외적으로 일정한 경우에는 방해배제청구권을 인정한다.

② 예외적으로 방해배제가 인정되더라도, 그것은 방해제거 및 방해예방에 한하며, 목적물반환청구는 인정할 수 없다.

관련판례

건물임차인에게 등기가 된 경우 먼저 경료된 허위의 가등기에 기하여 그 본등기가 경료되어 등기된 임차권이 직권말소된 경우 그 원인무효를 주장하여 허위인 가등기 및 본등기 말소를 주장할 수 있다(대판 2002.2.26, 99다67069).

3. **채무와 구별되는 것**(자연채무와 책임 없는 채무)

(1) **자연채무**(自然債務)

① '자연채무'란 채무자가 채무를 임의로 이행하지 않은 경우에 채권자도 그 이행을 소로써 구하지 못하는 채무를 말한다. 파산에 의하여 면책된 채무가 그 예이다.

② 자연채무는 소구가능성과 집행력이 없는 것이다.

(2) **책임 없는 채무**

① **책임과 채무의 구별**

'채무'란 계약이나 기타의 채권발생원인에 의해 생긴 의무를 이행해야 하는 것으로서 채권에 대립되는 개념인 데 비하여, '책임'은 채권자의 집행에 복종하도록 채무자에게 부과되는 부담으로서 채권의 집행력에 대응하는 개념이다.

② '책임 없는 채무'는 집행력은 갖지 않으나 청구력, 급부보유력, 소구력을 갖는다. 채권자는 채무자에 대하여 이행을 청구할 수 있고, 채무자의 임의의 이행이 있으면 그를 수령하여 보유할 권한을 갖는다. 예를 들면, 당사자 간의 특약으로 채무불이행이 있는 경우에도 소송을 제기하여 강제집행을 하지 아니하기로 약정할 수 있는 것이다.

2 채권의 강제이행

(1) 의 의

> **제389조【강제이행】** ① 채무자가 임의로 채무를 이행하지 아니한 때에는 채권자는 그 강제이행을 법원에 청구할 수 있다. 그러나 채무의 성질이 강제이행을 하지 못할 것인 때에는 그러하지 아니하다.
> ② 전항의 채무가 법률행위를 목적으로 한 때에는 채무자의 의사표시에 갈음할 재판을 청구할 수 있고 채무자의 일신에 전속하지 아니한 작위를 목적으로 한 때에는 채무자의 비용으로 제3자에게 이를 하게 할 것을 법원에 청구할 수 있다.
> ③ 그 채무가 부작위를 목적으로 한 경우에 채무자가 이에 위반한 때에는 채무자의 비용으로써 그 위반한 것을 제각하고 장래에 대한 적당한 처분을 법원에 청구할 수 있다.
> ④ 전3항의 규정은 손해배상의 청구에 영향을 미치지 아니한다.

채무불이행에 대한 구제방법으로서 손해배상과 강제이행이 있다. 여기서 강제이행에는 직접강제, 대체집행, 간접강제가 있다.

(2) 직접강제

① **직접강제의 의의**: '직접강제'란 채권의 내용을 집행기관의 집행행위에 의하여(채무자의 협력 없이) 직접 실현시키는 것을 의미한다.

② **직접강제의 모습**

㉠ 금전채무의 집행은 채무자의 지배에 속하고 금전적 가치가 있는 유체·무체의 재산으로서 법률상 환가 가능한 것에 의하여 압류, 환가, 배당의 방법으로 행하여진다.

㉡ 특정물채권에서 특정동산에 대한 집행은 채무자가 그것을 소지하고 있으면 집행관이 이를 수취하여 채권자에게 인도한다.

㉢ 건물명도집행의 경우처럼 부동산인도채무는 집행관에게 위임하여 하게 된다.

③ **다른 구제방법과의 관계**: 직접강제를 허용하는 채무에 대해서는 대체집행이나 간접강제가 허용되지 않는다.

(3) 대체집행(代替執行)

① **대체집행의 의의**

㉠ '대체집행'이란 채권자나 제3자로 하여금 대신 급부의 내용을 실현하게 하고 그의 비용을 금전으로 채무자에게 추심할 수 있도록 하는 강제이행방법을 말한다.

㉡ '주는 채무' 이외에 '하는 채무' 중 대체적 작위급부의 불이행의 경우에 대체집행이 인정된다. 그러나 채무자의 일신전속적 채무에 대해서는 대체집행이 허용되지 않는다.

② **대체집행이 허용되는 경우**

㉠ 기계적인 노무의 제공을 목적으로 하는 채무(건물의 철거, 물건의 운반 등)

㉡ 물건의 제조를 타인이 용이하게 할 수 있을 때 등

(4) 간접강제(間接强制)

① **간접강제의 의의**

'간접강제'란 채무자에게 불이익을 예고하거나 부과하여 심리적 압박을 가함으로써 채무자 자신이 채무를 이행하도록 하는 방법으로, 민법 제389조에서는 규정하고 있지 않고 민사집행법에서 규정하고 있다.

② 간접강제가 허용되는 경우

㉠ 원 칙

ⓐ 간접강제는 채무자 자신의 행위에 의해서만 목적을 달성할 수 있는 부대체적 작위채무에 적합하다.

ⓑ 예를 들면, '출연, 감정' 등 어떤 행위에 채무자의 특별한 지식, 기능, 성격 등을 필요로 하는 경우나 채무자의 책임으로 행위해야 할 채무(재산목록 작성 등) 또는 법률상 채무자 본인이 하도록 요구하는 경우(증권 서명 등) 등이 부대체적 작위채무에 해당한다.

㉡ 예외(부대체적 작위채무라도 간접강제를 할 수 없는 것)

ⓐ '예술가의 작품 제작의무'처럼 채무자의 자유의사에 반하여 강제한다면 채무의 내용에 좇은 급부가 되지 못하는 채무

ⓑ '고용계약상의 노무제공의무'처럼 채무자의 의사에 반하여 그 이행을 강제하는 것이 채무자의 인격존중에 반하는 경우

ⓒ '제3자의 협력을 요하는 채무'처럼 채무자 본인의 의사만으로 실현될 수 없는 채무 등은 간접강제가 허용되지 않는다.

③ 간접강제는 최후의 보충적 수단이므로 직접강제 또는 대체집행이 허용된다면 간접강제를 사용할 수 없다.

강제이행의 방법

채무의 종류	구체적인 예	강제이행의 방법
주는 채무	동산인도, 부동산의 명도 등	직접강제
대체적 작위채무	건물을 철거해야 하는 채무	대체집행
부대체적 작위채무	수임인의 사무처리의무 등	간접강제
의사표시를 해야 할 채무	채권양도 통지 또는 승낙 등	법원의 판결
부작위채무	채무자가 어떤 행위를 하지 않는다는 의무를 지니는 경우	간접강제 또는 대체집행

3 채무불이행

1. 서 설

(1) 채무불이행의 의의

'채무불이행'이란 채무자가 정당한 이유 없이 채무의 내용에 따른 이행을 하지 않는 사실을 말한다.

> **제390조 【채무불이행과 손해배상】** 채무자가 채무의 내용에 좇은 이행을 하지 아니한 때에는 채권자는 손해배상을 청구할 수 있다. 그러나 채무자의 고의나 과실 없이 이행할 수 없게 된 때에는 그러하지 아니하다.

(2) 채무불이행의 유형

① **이행지체**: 이행이 가능함에도 불구하고 이행기를 도과한 경우

② **이행불능**: 채권이 성립한 후에 이행할 수 없게 된 경우

③ **불완전이행**: 채무의 이행으로서 어떤 급부가 있었으나 그것이 불완전한 경우

④ **채권자지체**: 채무자가 이행의 제공을 하였음에도 불구하고 채권자가 수령 기타 협력을 하지 않은 경우

(3) 채무불이행이 성립하기 위한 공통요건

① **일반적인 채무불이행이 성립하기 위한 공통요건**

㉠ 객관적 요건

ⓐ 채무의 내용에 좇은 이행이 없을 것

ⓑ 위법성

㉡ 주관적 요건

ⓐ 채무자의 귀책사유

ⓑ 책임능력이 있을 것

② **채무불이행의 유형에 따른 개별적 성립요건**

㉠ 이행지체

ⓐ 채무의 이행기가 도래할 것

ⓑ 이행이 가능할 것

㉡ 이행불능: 후발적 불능일 것

㉢ 불완전이행

ⓐ 이행이 있었을 것

ⓑ 이행이 불완전할 것

㉣ 채권자지체

ⓐ 채무의 내용에 따른 이행이 있었을 것

ⓑ 채권자가 이행의 제공을 받을 수 없거나 받지 않을 것

(4) 증명책임

① 채권자는 채무불이행 사실에 대한 입증의 책임이 있다.

② 채무자는 스스로 귀책사유(고의 또는 과실)가 없음을 입증할 책임이 있다.

(5) 이행보조자의 고의 · 과실에 대한 채무자의 책임

> **제391조【이행보조자의 고의, 과실】** 채무자의 법정대리인이 채무자를 위하여 이행하거나 채무자가 타인을 사용하여 이행하는 경우에는 법정대리인 또는 피용자의 고의나 과실은 채무자의 고의나 과실로 본다.

OX

이행지체 중에 이행보조자의 과실로 이행불능으로 된 경우, 채무자는 자신의 책임 없는 사유를 증명하여 채무불이행책임을 면할 수 있다. (×) 제18회

OX

채무자를 위하여 이행하는 법정대리인의 과실은 채무자의 과실로 간주된다. (○) 제15회

2. 이행지체(履行遲滯)

(1) 이행지체의 의의

'이행지체'란 채무가 이행기에 있고 그 이행이 가능함에도 불구하고 채무자가 그에게 책임 있는 사유로 채무의 내용에 좇은 이행을 하지 않는 것을 말한다.

(2) 이행지체의 요건

① 이행기의 도래

> **제387조【이행기와 이행지체】** ① 채무이행의 확정한 기한이 있는 경우에는 채무자는 기한이 도래한 때로부터 지체책임이 있다. 채무이행의 불확정한 기한이 있는 경우에는 채무자는 기한이 도래함을 안 때로부터 지체책임이 있다.
> ② 채무이행의 기한이 없는 경우에는 채무자는 이행청구를 받은 때로부터 지체책임이 있다.
>
> **제388조【기한의 이익의 상실】** 채무자는 다음 각 호의 경우에는 기한의 이익을 주장하지 못한다.
> 1. 채무자가 담보를 손상, 감소 또는 멸실하게 한 때
> 2. 채무자가 담보제공의 의무를 이행하지 아니한 때

② 채무이행이 이행기에 가능할 것

③ 채무자의 귀책사유

④ **위법성**

관련판례

1. 채무에 이행기의 정함이 없는 경우에는 채무자가 이행의 청구를 받은 다음 날부터 이행지체의 책임을 진다(대판 2014.4.10, 2012다29557).
2. 불법행위에 의한 손해배상채무에 있어서는 최고 없이 불법행위시부터 당연히 지체의 효과로서 손해배상책임이 발생한다(대판 1975.5.27, 74다1393).
3. 금전채무의 지연손해금채무는 금전채무의 이행지체로 인한 손해배상채무로서 이행기의 정함이 없는 채무에 해당하므로, 채무자는 확정된 지연손해금채무에 대하여 채권자로부터 이행청구를 받은 때로부터 지체책임을 부담하게 된다(대판 2004.7.9, 2004다11582).
4. 쌍무계약에서 쌍방의 채무가 동시이행관계에 있는 경우 일방의 채무의 이행기가 도래하더라도 상대방 채무의 이행제공이 있을 때까지는 그 채무를 이행하지 않아도 이행지체의 책임을 지지 않는 것이며, 이와 같은 효과는 이행지체의 책임이 없다고 주장하는 자가 반드시 동시이행의 항변권을 행사하여야만 발생하는 것은 아니므로, 동시이행관계에 있는 쌍무계약상 자기채무의 이행을 제공하는 경우 그 채무를 이행함에 있어 상대방의 행위를 필요로 할 때에는 언제든지 현실로 이행을 할 수 있는 준비를 완료하고 그 뜻을 상대방에게 통지하여 그 수령을 최고하여야만 상대방으로 하여금 이행지체에 빠지게 할 수 있는 것이다(대판 2001.7.10, 2001다3764).

OX

채무이행의 기한이 없는 경우, 채무자는 이행청구를 받은 다음 날부터 지체책임이 있다. (○) 제21회

OX

불법행위로 인한 손해배상채무의 지연손해금 기산일은 채무이행을 통지 받은 때이다. (×) 제21회

OX

동시이행관계에 있는 채무의 이행기가 도래하였더라도 상대방이 이행제공을 하지 않는 한 이행지체가 성립하지 않는다. (○) 제21회

(3) 이행지체의 효과

① **강제이행**

이행지체의 경우 본래의 급부는 아직 가능하므로, 채권자는 채무자에게 급부를 청구할 수 있으며, 채무자가 이에 응하지 않으면 강제이행을 법원에 청구할 수 있다.

② **채무자의 책임가중**

> **제392조【이행지체 중의 손해배상】** 채무자는 자기에게 과실이 없는 경우에도 그 이행지체 중에 생긴 손해를 배상하여야 한다. 그러나 채무자가 이행기에 이행하여도 손해를 면할 수 없는 경우에는 그러하지 아니하다.

OX

채무자는 자기에게 과실이 없는 경우에도 원칙적으로 이행지체 중에 생긴 손해를 배상하여야 한다. (○) 제21회

③ **지연배상**

지연배상은 이행지체로 말미암은 손해배상을 의미하고, 지연되는 채무가 금전채무인 경우에는 무과실책임을 지며(제397조 제2항), 약정이율이 없더라도 법정이율이 지연손해배상액이 된다.

④ **전보배상**

> **제395조 【이행지체와 전보배상】** 채무자가 채무의 이행을 지체한 경우에 채권자가 상당한 기간을 정하여 이행을 최고하여도 그 기간 내에 이행하지 아니하거나 지체 후의 이행이 채권자에게 이익이 없는 때에는 채권자는 수령을 거절하고 이행에 갈음한 손해배상을 청구할 수 있다.

㉠ '전보배상'이란 채무자의 과실로 채무이행(債務履行)이 불가능하게 되거나 이행을 지체하여 본래의 급부를 받는다고 해도 이미 채권자에게 이익이 없는 때에, 채권자가 수령을 거절하고 이행에 갈음하여 청구하는 손해배상을 말한다.

㉡ 이행지체에 의한 손해배상은 지연배상을 원칙으로 하지만, 지체 후의 이행이 채권자에게 아무런 이익을 부여하지 않을 경우에는 예외적으로 이행에 갈음하여 전보배상을 청구할 수 있다.

⑤ **계약해제권**

㉠ 채권자는 이행지체 등의 사유를 입증하여 계약을 해제할 수 있다.

㉡ 계약을 해제하면 계약은 처음부터 무효였던 것으로 된다. 따라서 아직 이행하지 않은 채무가 있다면 이행할 필요가 없고, 이미 이행한 것이 있으면 제548조에 따라 원상회복하여야 한다.

3. 이행불능(履行不能)

(1) 이행불능의 의의

'이행불능'이란 채권이 성립한 후에 채무자의 귀책사유로 이행이 불능으로 된 것을 말한다.

(2) 이행불능의 요건

① 채권 성립 후에 이행이 불능으로 되었을 것

② 채무자의 귀책사유

③ 이행불능이 위법할 것

④ 채무자에게 책임능력이 있을 것

관련판례

1. 채무의 이행이 불능이라는 것은 단순히 절대적 · 물리적으로 불능인 경우가 아니라 사회생활에 있어서의 경험법칙 또는 거래상의 관념에 비추어 볼 때 채권자가 채무자의 이행의 실현을 기대할 수 없는 경우를 말한다(대판 2003.1.24, 2000다22850).

2. 임대차계약상의 임대인의 의무는 목적물을 사용 · 수익하게 할 의무로서 목적물에 대한 소유권 있음을 성립요건으로 하지 아니하여, 임대인이 소유권을 상실하였다는 이유만으로 그 의무가 불능하게 된 것이라고 단정할 수 없다(대판 1994.5.10, 93다37977).

3. 부동산소유권이전등기의무자가 그 부동산상에 가등기를 경료한 경우, 가등기는 본등기의 순위보전의 효력을 가지는 것에 불과하고, 또한 그 소유권이전등기의무자의 처분권한이 상실되지 아니하므로 그 가등기만으로는 소유권이전등기의무가 이행불능이 된다고 할 수 없다(대판 1991.7.26, 91다8104).

4. 매매목적물에 관하여 매도인의 다른 채권자가 강제경매를 신청하여 그 절차가 진행 중에 있다는 사유만으로는 아직 매도인이 그 목적물의 소유권을 취득할 수 없는 때에 해당한다고 할 수 없으므로 매수인은 이를 이유로 계약을 해제하거나 위약금의 청구를 할 수 없다고 할 것이고, 그와 같은 법리는 매매목적물에 관하여 강제경매가 진행 중인 데 대한 책임이 누구에게 있느냐에 따라 달라지는 것이 아니다(대판 1987.9.8, 87다카655).

OX

매매계약을 체결한 후, 매도인이 매매목적물에 관하여 다시 제3자와 매매계약을 체결하였다는 사실만으로는 매매계약이 법률상 이행불능이라고 할 수 없다. (○) 제18회

5. 부동산소유권이전등기의무자가 그 부동산에 관하여 제3자 앞으로 비록 채무담보를 위하여 소유권이전등기를 경료하였다 할지라도 그 의무자가 채무를 변제할 자력이 없는 경우에는 특단의 사정이 없는 한 그 소유권이전등기의무는 이행불능이 된다(대판 1991.7.26, 91다8104).

6. 매매목적 부동산에 관하여 이중으로 제3자와 매매계약이 체결된 사실만으로 이행불능이라고 할 수 없다(대판 1996.7.26, 96다14616).

7. 부동산의 매도인이 목적물에 대하여 제3자에게 지상권을 설정해 주고 등기를 마치고 또 저당권을 설정하고 등기를 마친 경우에는 매도인의 채무는 이행불능이 된다(대판 1974.5.28, 73다1133).

(3) 이행불능의 효과

① 이행불능의 경우 이행강제의 문제는 발생하지 않는다. 그리고 금전지급채무의 경우에도 이행불능은 발생할 여지가 없다.

② 이행불능으로 인한 손해배상의 성질은 이행에 갈음하는 전보배상이며, 이는 본래의 채권과 동일성을 유지한다. 손해배상의 방법은 금전배상이 원칙이며, 손해배상의 범위는 통상손해와 특별손해로 구분한다.

③ 이행불능의 경우 최고 없이도 계약을 해제할 수 있다.

④ **대상청구권**(代償請求權)

㉠ '대상청구권'이란 이행을 불능하게 하는 사유로 인하여 채무자가 이행의 목적물에 갈음하는 이익을 취득하는 경우에 채권자가 채무자에 대하여 그 이익을 청구할 수 있는 권리를 의미한다.

㉡ 민법에 대상청구권에 대한 규정은 없지만, 판례는 채무자의 귀책사유 없는 토지수용의 경우 대상청구권을 인정하고 있다.

관련판례

1. 대상청구권이 인정되기 위해서는 급부가 후발적 불능하게 되어야 하고, 급부를 불능하게 하는 사정의 결과로 채무자가 채권의 목적물에 관하여 '대신하는 이익'을 취득하여야 한다(대판 2003.11.14, 2003다35482).
2. 소유권이전등기의무의 목적부동산이 수용되어 그 소유권이전등기의무가 이행불능이 된 경우, 등기청구권자는 등기의무자에게 대상청구권의 행사로써 등기의무자가 지급받은 수용보상금의 반환을 구하거나 또는 등기의무자가 취득한 수용보상금청구권의 양도를 구할 수 있을 뿐 그 수용보상금청구권 자체가 등기청구권자에게 귀속되는 것은 아니다(대판 1996.10.29, 95다56910).
3. 점유취득시효완성을 원인으로 한 등기청구권이 이행불능이 되어 시효취득자가 대상청구권을 행사하기 위해서는 이행불능 전에 등기명의자에 대하여 점유로 인한 부동산소유권 취득기간이 만료되었음을 이유로 그 권리를 주장하였거나 그 취득기간 만료를 원인으로 한 등기청구권을 행사하였어야 하고, 그 이행불능 전에 그와 같은 권리의 주장이나 행사에 이르지 않았다면 대상청구권을 행사할 수 없다(대판 1996.12.10, 95다43825).

4. 채권자지체(債權者遲滯)

(1) 채권자지체의 의의

'채권자지체'란 채무의 이행에 있어서 채권자의 협력 또는 그 수령을 요하는 경우에 채무자가 채무의 내용에 좇은 이행의 제공을 하였음에도 불구하고 채권자가 그것을 수령하지 않거나 수령할 수 없게 되어 이행의 완료에 필요한 협력을 하지 않는 것을 말한다.

(2) 채권자지체의 요건

제400조【채권자지체】 채권자가 이행을 받을 수 없거나 받지 아니한 때에는 이행의 제공 있는 때로부터 지체책임이 있다.

① 협력을 요하는 급부일 것
② 이행의 제공이 있을 것
③ 채권자의 수령거절 또는 수령불능
④ 귀책사유 및 위법성이 있을 것

(3) 채권자지체의 효과

> **제401조【채권자지체와 채무자의 책임】** 채권자지체 중에는 채무자는 고의 또는 중대한 과실이 없으면 불이행으로 인한 모든 책임이 없다.
>
> **제402조【동 전】** 채권자지체 중에는 이자 있는 채권이라도 채무자는 이자를 지급할 의무가 없다.
>
> **제403조【채권자지체와 채권자의 책임】** 채권자지체로 인하여 그 목적물의 보관 또는 변제의 비용이 증가된 때에는 그 증가액은 채권자의 부담으로 한다.
>
> **제538조【채권자 귀책사유로 인한 이행불능】** ① 쌍무계약의 당사자 일방의 채무가 채권자의 책임 있는 사유로 이행할 수 없게 된 때에는 채무자는 상대방의 이행을 청구할 수 있다. 채권자의 수령지체 중에 당사자 쌍방의 책임 없는 사유로 이행할 수 없게 된 때에도 같다.

4 채무불이행에 대한 구제로서의 손해배상

1. 손해의 개념

(1) 손해와 손해배상의 의의

① '손해'란 법익에 대한 불이익으로, 가해원인이 없었다면 있어야 할 상태와 가해가 이미 발생한 현재의 이익상태의 차이(차액설, 통설)를 말한다.

② '손해배상'이란 채무불이행 또는 불법행위로 인하여 발생한 손해를 전보하여 될 수 있는 한 손해가 발생하지 않았던 상태로 돌리는 것을 말한다.

(2) 손해의 종류

① **통상손해와 특별손해**

㉠ 통상손해: 손해배상의 원칙, 채무자의 예견가능성을 묻지 않고 청구

㉡ 특별손해: 특별한 사정에 대해 채무자가 알았거나 알 수 있었음을 채권자가 입증한 때에 한하여 청구

② **재산적 손해와 정신적 손해**

㉠ 재산적 손해

ⓐ 적극적 손해: 물건의 멸실 등 현재이익의 감소(통상손해)

ⓑ 소극적 손해: 장래이익의 상실(일실이익, 특별손해)

㉡ 정신적 손해(위자료): 불법행위에서 발생하지만, 채무불이행에서는 특별손해

③ **직접손해와 간접손해**

㉠ 직접손해: 신체의 상해 등 침해된 법익 자체에 대한 손해(통상손해)

㉡ 간접손해: 신체의 상해로 인하여 돈을 벌지 못한 것처럼 법익침해로 인하여 피해자의 다른 법익에 발생한 결과적 손해(특별손해)

보충학습

전보배상과 지연배상

1. **전보배상**: 이행에 갈음하는 배상(급부의 변경)
2. **지연배상**: 이행과 더불어 하는 배상(급부의 확장)

이행이익과 신뢰이익

1. **이행이익**: 계약이 유효함으로 인하여 생길 이익액
2. **신뢰이익**: 계약의 유효를 믿었음으로 인하여 받은 손해(제535조)

(3) 손해배상의 방법

제394조 【손해배상의 방법】 다른 의사표시가 없으면 손해는 금전으로 배상한다.

① **원칙**: 채무불이행에 대한 손해배상은 금전으로 배상하는 것이 원칙이다.

② **예 외**

㉠ 명예훼손에 의한 불법행위의 경우에는 손해배상에 갈음하거나 손해배상과 함께 명예회복에 적당한 처분을 명할 수 있다(제764조).

㉡ 금전배상에 관한 제394조는 임의규정이므로 당사자는 손해배상의 방법으로 원상회복할 것을 약정할 수 있다.

2. 손해배상의 범위

제393조 【손해배상의 범위】 ① 채무불이행으로 인한 손해배상은 통상의 손해를 그 한도로 한다.
② 특별한 사정으로 인한 손해는 채무자가 그 사정을 알았거나 알 수 있었을 때에 한하여 배상의 책임이 있다.

(1) 통상손해

① '통상손해'란 특별한 사정이 없는 한 그 종류의 채무불이행이 있으면 사회일반의 관념에 따라 통상 발생하는 것으로 생각되는 범위의 손해이다.

② 통상손해에 관하여는 채무자의 예견 유무를 묻지 않고 손해배상을 청구할 수 있다.

③ 통상손해의 배상범위는 손해발생원인과 상당인과관계에 있는 손해를 한도로 한다.

④ 예를 들면, 이행불능의 경우 불능 당시의 시가상당액, 이행지체의 경우 지연이자나 차임상당액 등이 여기에 속한다.

(2) 특별손해

① '특별손해'란 당사자 사이의 개별적 · 구체적 사정에 의한 손해로서 채무자가 특별한 사정을 알았거나 알 수 있었어야 하며, 결과인 손해는 알 필요는 없으며 손해의 범위는 특별한 사정으로부터 통상 생기는 손해를 말한다.

② 이러한 특별손해는 채무자가 그 사정을 알았거나 알 수 있었을 때에 한하여 배상의 책임이 있다.

③ 특별한 사정 및 채무자의 예견가능성에 대해서는 채권자가 입증책임을 부담한다.

④ 예를 들면, 매매계약에서 목적물의 이행불능으로 인한 가격 등귀 등이 특별손해에 속한다.

(3) 손해배상액의 산정시기

① **이행지체의 경우**

판례는 전보배상의 산정시기에 대하여 이행의 최고를 한 후 상당한 기간이 경과한 때의 시가를 표준으로 하기도 하고, 사실심변론종결 당시의 시가를 표준으로 하기도 하여 그 기준은 사안마다 다르다.

② **이행불능의 경우**

판례는 일관되게 이행불능을 원인으로 한 전보배상의 경우에는 이행불능 당시를 기준으로 한다.

관련판례

1. 채무자가 부동산을 타인에게 매각함으로써 소유권이전등기의무가 이행불능이 된 경우 통상의 손해는 이행불능 당시의 가격이다(대판 1967.11.21, 67다2185).
2. 채무자의 부동산에 관한 소유권이전등기의무가 이행불능이 된 경우 그 손해배상액은 원칙적으로 이행불능 당시의 목적물의 시가에 의하여야 하고, 그 후 목적물의 시가가 등귀하였다고 하더라도 그로 인한 손해는 특별한 사정에 인한 것(= 특별손해)이어서 채무자가 이행불능 당시 그와 같은 특별한 사정을 알았거나 알 수 있었을 경우에 한하여 그 등귀한 가격에 의한 손해배상을 청구할 수 있다(대판 1993.5.27, 92다20163).

3. 전매하였더라면 상당한 이익이 있었을 것이라는 사실은 특별사정에 속한다(대판 1967.5.30, 67다466).
4. 부양받을 권리는 일종의 신분적 재산권이므로 그 권리가 충족되지 않음에 관련되는 일반적인 정신상의 고통은 그 재산권의 실현에 의하여 회복되는 것이라고 봄이 상당하고 부의 자에 대한 부양의무불이행으로 인한 회복할 수 없는 정신적 손해는 특별사정으로 인한 손해이다(대판 1983.9.13, 81므78).

3. 손해배상액의 범위에 관한 관련문제

(1) 손익상계(損益相計)

① '손익상계'란 채무불이행에 의하여 채권자에게 손해가 생기게 하는 동시에 이익을 가져오는 경우에 그 이익이 채무불이행과 상당인과관계에 있는 경우 그 이득은 공제하는 것을 말한다.

② 공제될 이익의 범위는 채무불이행과 상당인과관계에 있는 이익에 한한다(다수설 · 판례).

③ **구체적 판단**

㉠ 근로기준법이나 산업재해보상보험법에 의한 재산적 손해의 전보를 목적으로 하는 장해보상 등에 대하여 손익상계를 인정하고, 공무원연금법, 사립학교교직원 연금법 등에서 손익상계를 규정하고 있다.

㉡ 그러나 피해자가 받은 사회보장제도에 의한 수입 또는 공무원법에 의한 급부도 가해자를 위하여 상계되지 않는다. 예를 들면, 피해자가 개인적으로 가입한 생명보험금, 사고보험금은 공제되지 않는다.

④ 손익상계에 대한 입증책임은 배상의무자에게 있다.

(2) 과실상계(過失相計)

제396조 【과실상계】 채무불이행에 관하여 채권자에게 과실이 있는 때에는 법원은 손해배상의 책임 및 그 금액을 정함에 이를 참작하여야 한다.

① '과실상계'란 채무불이행에 의한 손해배상의 경우와 불법행위에 의한 손해배상의 경우 법원에 의하여 필요적으로 참작되어야 하는 채권자나 피해자의 과실을 말한다.

② **손익상계와의 구별**

㉠ 손익상계와 과실상계 모두 손해배상액 산정의 특별기준이고, 공평의 원칙에 근거한다는 점은 같다.

ⓛ 그러나 과실상계는 과실이라는 주관적 요건을 요함에 비해, 손익상계는 이익을 얻었다는 객관적 사실이라는 점에서 차이가 있다.

③ **과실상계가 적용되기 위한 요건**

㉠ 채무불이행이나 불법행위의 성립

ⓛ 채권자 또는 피해자의 과실

④ **효과**: 과실상계의 법리는 당사자의 주장이 없더라도 피해자의 과실을 법원은 직권으로 심리·판단하여야 한다.

관련판례

1. 민법상 과실상계제도는 채권자가 신의칙상 요구되는 주의를 다하지 아니한 경우 공평의 원칙에 따라 손해배상액을 산정함에 있어서 채권자의 그와 같은 부주의를 참작하게 하려는 것이므로 사회통념상 혹은 신의성실의 원칙상 단순히 부주의라도 그로 말미암아 손해가 발생하거나 확대된 원인을 이루었다면 채권자에게 과실이 있는 것으로 보아 과실상계를 할 수 있다(대판 2000.6.13, 98다35389).
2. 과실상계는 본래 채무불이행 또는 불법행위로 인한 손해배상책임에 대해 인정되는 것이고, 채무내용에 따른 본래의 급부의 이행을 구하는 경우에 적용될 것은 아니다(대판 1996.5.10, 96다8468).
   즉, 표현대리가 성립하는 경우 과실상계의 법리가 적용될 수 없다.
3. 손해배상액을 예정한 경우에는 과실상계를 적용할 것은 아니다(대판 1972.3.31, 72다108).
4. 손해배상청구소송에서 피해자에게 과실이 인정되면 법원은 손해배상의 책임 및 그 금액을 정함에 있어 이를 참작하여야 하며, 배상의무자가 피해자의 과실에 관하여 주장하지 않는 경우에도 소송자료에 의하여 과실이 인정되는 경우에는 이를 법원이 직권으로 심리·판단하여야 할 것이지만, 피해자의 부주의를 이용하여 고의로 불법행위를 저지른 자가 그 피해자의 부주의를 이유로 자신의 책임을 감하여 달라고 주장하는 것은 허용될 수 없으며, 따라서 피해자의 과실을 들어 과실상계를 하는 것은 허용되지 않는다(대판 2000.1.21, 99다50538).
5. 불법행위 또는 채무불이행에 관하여 채권자의 과실이 있고 채권자가 그로 인하여 이익을 받은 경우에 손해배상액을 산정함에 있어서는 과실상계를 한 다음 손익상계를 하여야 한다(대판 2008.5.15, 2007다37721).

(3) 금전채무불이행의 특칙

제397조 【금전채무불이행에 대한 특칙】 ① 금전채무불이행의 손해배상액은 법정이율에 의한다. 그러나 법령의 제한에 위반하지 아니한 약정이율이 있으면 그 이율에 의한다.

② 전항의 손해배상에 관하여는 채권자는 손해의 증명을 요하지 아니하고 채무자는 과실 없음을 항변하지 못한다.

OX
채무자는 과실 없음을 항변하지 못한다. (○) 제18회

OX
채권자가 손해의 발생과 그 손해액을 증명하여야 한다. (×) 제18회

(4) 손해배상액의 예정

① 당사자 사이의 손해배상액의 예정이 있는 경우에는 채권자는 채무불이행 사실만 입증하면 손해의 발생과 그 액에 관하여 입증할 필요가 없다.

② 위약금의 약정은 손해배상액의 예정으로 추정한다.

(5) 손해배상자의 대위

> **第399條【손해배상자의 대위】** 채권자가 그 채권의 목적인 물건 또는 권리의 가액 전부를 손해배상으로 받은 때에는 채무자는 그 물건 또는 권리에 관하여 당연히 채권자를 대위한다.

4. 손해배상액의 예정(豫定)

> **第398條【배상액의 예정】** ① 당사자는 채무불이행에 관한 손해배상액을 예정할 수 있다.
> ② 손해배상액의 예정액이 부당히 과다한 경우에는 법원은 적당히 감액할 수 있다.
> ③ 손해배상액의 예정은 이행의 청구나 계약의 해제에 영향을 미치지 아니한다.
> ④ 위약금의 약정은 손해배상액의 예정으로 추정한다.
> ⑤ 당사자가 금전이 아닌 것으로써 손해의 배상에 충당할 것을 예정한 경우에도 전4항의 규정을 준용한다.

(1) 의 의

① '손해배상액의 예정'이란 채무자가 채무불이행의 경우에 변제하여야 할 손해배상액을 당사자 사이의 특약으로 미리 정하여 두는 것을 말한다.

② 손해배상액의 예정은 채권자 · 채무자와의 원래의 계약에 부수되는 종된 계약이다.

(2) 요 건

① 손해배상액예정계약은 원채권관계의 종된 계약이므로, 기존채권이 존재하여야 한다.

② **제103조 위반의 계약이 아닐 것**: 법률의 규정이나 선량한 풍속 기타 사회질서에 반하는 예정계약은 무효이다.

③ **채무자의 채무불이행 전에 체결한 계약일 것**: 채무불이행이 발생한 후에 하는 계약은 배상액의 합의이지, 배상액의 예정은 아니다.

④ 손해의 배상은 실제로 손해가 발생한 경우에만 행하여야 한다.

(3) 효 과

① 채무불이행의 사실만 증명되면 예정배상액을 청구할 수 있다.

② **입증책임의 경감**

㉠ 채권자는 채무불이행의 사실만 입증하면 손해의 발생과 그 액을 입증할 필요가 없다.

㉡ 채권자는 실제로 발생한 손해액이 예정액보다 많다는 것을 입증하더라도 그의 증액을 청구하지 못하고, 채무자는 채권자의 실제 손해가 예정액보다 적다는 것을 입증하더라도 감액을 요구하지 못한다.

③ 손해배상예정액이 지나치게 과다할 때 법원은 직권으로 감액할 수 있다.

④ 손해배상액의 예정이 있더라도 계약의 이행을 청구할 수 있고, 계약을 해제할 수도 있다.

⑤ 손해배상액의 예정이 있는 경우 과실상계의 법리는 적용되지 않는다.

관련판례

1. 민법 제398조에서 정하고 있는 손해배상액의 예정은 손해의 발생사실과 손해액에 대한 증명의 곤란을 덜고 분쟁의 발생을 미리 방지하여 법률관계를 쉽게 해결하고자 하는 등의 목적으로 규정된 것이고, 계약 당시 손해배상액을 예정한 경우에는 다른 특약이 없는 한 채무불이행으로 인하여 입은 통상손해는 물론 특별손해까지도 예정액에 포함되고 채권자의 손해가 예정액을 초과한다 하더라도 초과부분을 따로 청구할 수 없다(대판 2012.12.27, 2012다60954).
2. 채무불이행으로 인한 손해배상액의 예정이 있는 경우에는 채권자는 채무불이행 사실만 증명하면 손해의 발생 및 그 액을 증명하지 아니하고 예정배상액을 청구할 수 있다(대판 2007.8.23, 2006다15755).
3. 계약 당시 당사자 사이에 손해배상액을 예정하는 내용의 약정이 있는 경우에는 그것은 계약상의 채무불이행으로 인한 손해액에 관한 것이고, 이를 그 계약과 관련된 불법행위상의 손해까지 예정한 것이라고는 볼 수 없다(대판 1999.1.15, 98다48033).
4. 위약벌의 약정은 채무의 이행을 확보하기 위하여 정해지는 것으로서 손해배상의 예정과는 그 내용이 다르므로 손해배상의 예정에 관한 민법 제398조 제2항을 유추적용하여 그 액을 감액할 수는 없다(대판 2013.7.25, 2013다27015).
5. 손해배상예정액이 부당하다고 하여 감액한 경우 감액부분에 해당하는 부분은 처음부터 무효이다(대판 1991.7.9, 91다11490).
6. 손해배상액의 예정의 과다 여부 및 감액의 범위에 관한 판단기준 시기는 사실심 변론종결 당시를 기준으로 한다(대판 2000.12.8, 2000다35771).

예 제

채권의 효력에 관한 설명으로 옳지 않은 것은? 제27회

① 채무자는 귀책사유가 없으면 민법 제390조의 채무불이행에 따른 손해배상책임을 지지 않는다.
② 채무자의 법정대리인이 채무자를 위하여 채무를 이행하는 경우, 법정대리인의 고의나 과실은 채무자의 고의나 과실로 본다.
③ 채무이행의 불확정한 기한이 있는 경우에는 채무자는 기한이 도래함을 안 때로부터 지체책임이 있다.
④ 특별한 사정으로 인한 손해는 채무자가 그 사정을 알았거나 알 수 있었을 때에 한하여 배상의 책임이 있다.
⑤ 채무가 채무자의 법률행위를 목적으로 한 경우, 채무자가 이를 이행하지 않으면 채권자는 채무자의 비용으로 제3자에게 이를 하게 할 것을 법원에 청구할 수 있다.

해설

⑤ 채무자가 임의로 채무를 이행하지 아니한 때 그 채무가 법률행위를 목적으로 한 때에는 채무자의 의사표시에 갈음할 재판을 청구할 수 있고 채무의 일신에 전속하지 아니한 작위를 목적으로 한 때에는 채무자의 비용으로 제3자에게 이를 하게 할 것을 법원에 청구할 수 있다(제389조 제2항 참조).
① 제390조의 채무불이행 책임은 채무자에게 고의 또는 과실(= 귀책사유)가 없으면 적용되지 아니한다(제390조 참조).
② 채무자의 법정대리인이 채무자를 위하여 이행하거나 채무자가 타인을 사용하여 이행하는 경우에는 법정대리인 또는 피용자의 고의나 과실은 채무자의 고의나 과실로 본다(제391조).
③ 채무이행의 불확정한 기한이 있는 경우에는 채무자는 기한이 도래함을 안 때로부터 지체책임이 있다(제387조 제1항 후문).
④ 특별한 사정으로 인한 손해는 채무자가 그 사정을 알았거나 알 수 있었을 때에 한하여 배상의 책임이 있다(제393조 제2항).

정답 ⑤

5 채권의 대외적 효력

1. 의 의

금전채권 이외의 채권도 채무자가 임의로 이행하지 않은 경우에는 손해배상의 문제로 되므로 채무자의 일반재산은 채권자의 최후의 보루이고, 이것이 잘 유지되는 것은 채권자에게 있어서도 중요하다. 따라서 채무자가 일반재산의 감소를 방치하는 경우에 그 감소를 방지하고 보전하는 수단이 필요하고, 그 수단으로서 채권자에게 인정되는 권리가 채권자대위권과 채권자취소권이다.

2. 채권자대위권

제404조【채권자대위권】 ① 채권자는 자기의 채권을 보전하기 위하여 채무자의 권리를 행사할 수 있다. 그러나 일신에 전속한 권리는 그러하지 아니하다.
② 채권자는 그 채권의 기한이 도래하기 전에는 법원의 허가 없이 전항의 권리를 행사하지 못한다. 그러나 보전행위는 그러하지 아니하다.

채권자대위권의 기본구조

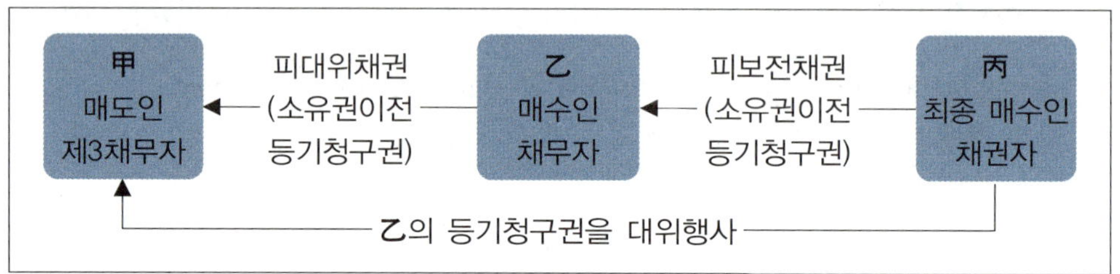

(1) 의의 및 법적 성질

① '채권자대위권'이란 채권자가 자기 채권을 보전하기 위해 채무자에게 속하는 권리를 행사할 수 있는 권리를 말한다.

② 채권자대위권은 소송법상의 권리가 아니라 실체법상의 권리이다.

③ 채권자대위권은 채권자가 자기 이름으로 채무자의 권리를 행사하는 권리이므로, 대리권은 아니다.

(2) 채권자대위권의 요건

제404조에 의한 채권자대위권을 행사하려면 채권자의 자기채권 보전의 필요성이 있어야 하고, 원칙적으로 그 채권이 이행기에 있어야 하며, 대위의 대상인 채무자의 권리가 일신전속권이 아니어야 하고, 채무자가 권리를 행사하지 않고 있어야 한다.

① **피보전채권(被保全債權)의 요건**

㉠ 피보전채권의 존재

ⓐ 채권자대위권을 행사하려면 우선 채무자에 대한 자기의 채권(피보전채권)이 유효하게 존재하고 있어야 한다.

ⓑ 또한 피보전채권이 피대위채권보다 먼저 성립할 필요는 없으나, 피보전채권은 특정된 구체적 청구권이어야 한다.

관련판례

1. 이혼으로 인한 재산분할청구권은 협의 또는 심판에 의하여 그 구체적 내용이 형성되기까지는 그 범위 및 내용이 불명확・불확정하기 때문에 구체적으로 권리가 발생하였다고 할 수 없으므로 이를 보전하기 위하여 채권자대위권을 행사할 수 없다(대판 1999.4.9, 98다58016).
2. 물권적 청구권에 대하여도 채권자대위권에 관한 민법 제404조의 규정과 위와 같은 법리가 적용될 수 있다(대판 2007.5.10, 2006다82700).
3. 토지거래허가구역 내의 토지를 매수한 자가 상대방에 대하여 가지는 토지거래허가신청절차에 협력할 것을 구할 수 있는 권리를 피보전권리로 하여 상대방의 제3자에 대한 소유권이전등기청구권을 대위행사할 수 있다(대판 1995.9.5, 95다22917).
4. 임대인의 임대차계약 해지권은 오로지 임대인의 의사에 행사의 자유가 맡겨져 있는 행사상의 일신전속권에 해당하는 것으로 볼 수 없다(대판 2007.5.10, 2006다82700). 따라서 대위행사할 수 있다.
5. 공공주택 특별법이 적용되어 같은 법 시행규칙에 따른 표준임대차계약서를 사용하여 임대차계약을 체결한 경우 계약서에 규정된 공공임대주택 임차인의 임대차계약 중도 해지권은 임차인의 의사에 행사의 자유가 맡겨져 있는 '행사상의 일신전속권'으로 봄이 타당하므로, 민법 제404조 제1항 단서에 따라 채권자대위권의 목적이 될 수 없다(대판 2022.9.7, 2022다230165).
6. 채권자취소권도 채권자가 채무자를 대위하여 행사하는 것이 가능하다(대판 2001.12.27, 2000다73049).

ⓛ 피보전채권의 보전의 필요성

ⓐ 보전의 필요성이란 채무자의 권리를 행사하지 않으면 채무자의 재산이 감소하거나 증가되지 않고 그 결과 채권의 변제를 받을 수 없게 될 우려가 있는 경우를 의미한다.

ⓑ 채권보전의 필요성은 '사실심의 변론종결시'를 기준으로 판단하며, 채권자가 증명하여야 한다.

관련판례

1. 채권자가 채무자를 대위함에 있어 대위에 의하여 보전될 채권자의 채무자에 대한 권리가 금전채권인 경우에는 그 보전의 필요성, 즉 채무자가 무자력인 때에만 채권자가 채무자를 대위하여 채무자의 제3채무자에 대한 권리를 행사할 수 있다(대판 2009.2.26, 2008다76556).
2. 채권자는 자기의 채무자에 대한 부동산의 소유권이전등기청구권 등 특정채권을 보전하기 위하여 채무자가 방치하고 있는 그 부동산에 관한 특정권리를 대위하여 행사할 수 있고 그 경우에는 채무자의 무자력을 요건으로 하지 아니하는 것이다(대판 1992.10.27, 91다483).

3. 중간생략등기의 합의가 없다면 부동산의 전전매수인은 매도인을 대위하여 그 전매도인인 등기명의자에게 매도인 앞으로의 소유권이전등기를 구할 수는 있을지언정 직접 자기 앞으로의 소유권이전등기를 구할 수는 없다 할 것이다(대판 1969.10.28, 69다1351).

㉢ 피보전채권의 이행기의 도래

ⓐ 원칙: 채권자대위권을 행사하기 위해서는 피보전채권의 이행기가 도래하여야 한다.

ⓑ 예외: '보전행위'와 '법원의 허가를 얻은 경우(재판상 대위)'에는 피보전채권의 이행기가 도래하기 전이라도 채권자대위권을 행사할 수 있다.

② **피대위채권의 요건**

㉠ 채권의 공동담보에 필요한 모든 권리가 채권자대위권의 객체가 되고, 채권의 공동담보에 적당하지 않은 채무자의 권리는 그 객체가 되지 못한다.

ⓐ 대위의 대상이 될 수 있는 권리

i) 소의 제기, 강제집행의 신청, 청구이의의 소, 가처분명령의 취소청구권 등을 채권자가 대위행사할 수 있다.

ii) 매매대금청구권, 물권적 청구권, 선택권, 채권자대위권, 채권자취소권 등을 대위행사할 수 있다.

ⓑ 대위의 대상이 될 수 없는 권리

i) 행사상의 일신전속권: 부부간의 계약취소권, 상속회복청구권, 상속의 승인 포기권 등은 대위의 객체가 되지 못한다.

ii) 압류금지된 권리: 채권의 보전에 적합하지 않은 채무자의 권리는 대위권의 객체가 되지 못한다. 예를 들면, 부양청구권, 재해보상청구권, 연금청구권은 압류가 금지되는 권리로서 대위의 객체가 되지 못한다. 그러나 국가배상청구권은 압류는 금지되나 대위의 객체가 된다.

iii) 비재산권: 순수한 비재산적 권리(신분권, 인격권 등)는 대위하지 못한다. 그러나 상속재산분할청구권은 일신전속권이 아니므로 상속인의 채권자도 상속인을 대위하여 분할청구권을 행사할 수 있다.

관련판례

1. 유류분반환청구권은 그 행사 여부가 유류분권리자의 인격적 이익을 위하여 그의 자유로운 의사결정에 전적으로 맡겨진 권리로서 행사상의 일신전속성을 가진다고 보아야 하므로, 유류분권리자에게 그 권리행사의 확정적 의사가 있다고 인정되는 경우가 아니라면 채권자대위권의 목적이 될 수 없다(대판 2010.5.27, 2009다93992).
2. 이미 채무자와 제3채무자 사이에 소송이 계속된 후에 소송수행상의 개개의 행위를 대위하는 것은 허용되지 않는다(대결 1961.1.26, 4296민재항559).

ⓛ 채무자가 스스로 자기 권리를 행사하지 않을 것: 채무자가 자기 권리의 행사에 착수한 이상, 그 행사가 부적절하거나 결과적으로 채권자에게 불리하더라도 채권자는 채권자대위권을 행사할 수 없다.

관련판례

채권자대위권은 채무자가 제3채무자에 대한 권리를 행사하지 아니하는 경우에 한하여 채권자가 자기의 채권을 보전하기 위하여 행사할 수 있는 것이기 때문에 채권자가 대위권을 행사할 당시 이미 채무자가 그 권리를 재판상 행사하였을 때에는 설사 패소의 확정판결을 받았더라도 채권자는 채무자를 대위하여 채무자의 권리를 행사할 당사자적격이 없다(대판 1993.3.26, 92다32876).

(3) 채권자대위권의 행사

① 행사의 방법

㉠ 채권자는 자기의 관리권한에 의해 자기의 이름으로 재판상 또는 재판 외에서 제3채무자에 대해 채무자의 권리를 대위행사하되, 원칙적으로 채무자 앞으로 이행할 것을 청구하며, 제3채무자의 채무이행의 효과는 채무자에게 귀속된다. 다만, 금전 기타 물건의 급부를 목적으로 하여 변제의 수령을 요하는 채권의 경우에는 채권자는 제3채무자에 대해 목적물을 채무자에게 인도할 것을 청구할 수도 있고 직접 자기에게 인도할 것을 청구할 수도 있다.

ⓛ 채권자대위권의 행사는 채권보전에 필요한 범위에 한정된다. 따라서 물건·권리의 관리행위는 허용되지만, 처분행위는 허용되지 않는다.

② **통지와 처분권의 제한**

㉠ 채권자가 보존행위 외의 채무자의 권리를 대위행사하는 경우에, 이를 채무자에게 통지하여야 한다.

㉡ 처분권의 제한

채권자로부터 대위권 행사의 통지를 받은 후에는 채무자가 대위행사된 권리를 처분하더라도 그 처분으로 채권자에게 대항할 수 없다. 그리고 대위권 행사의 통지가 없더라도 채무자가 대위권 행사의 사실을 알고 있었다면 통지가 있었던 경우에서와 마찬가지의 효과가 생긴다.

㉢ 제3채무자의 지위

제3채무자는 채무자에 대하여 가지고 있었던 모든 항변으로써 채권자에게 대항할 수 있다.

관련판례

1. 채권자대위권의 행사는 채무자가 그 행사를 반대하는 경우에도 가능하다(대판 1963.11.21, 63다634).
2. 채권자대위소송의 제3채무자가 채무자의 채권자에 대한 소멸시효의 항변을 원용할 수 없다(대판 2004.2.12, 2001다10151).
3. 채권자대위권의 행사에 있어서 채무자가 채권자대위권을 행사한 점을 알게 된 이후에는 채무자가 그 권리를 처분하여도 이로써 채권자에게 대항할 수 없다(대판 1996.4.12, 95다54167).
4. 민법 제404조 소정의 채권자대위권은 채권자가 자신의 채권을 보전하기 위하여 채무자의 권리를 자신의 이름으로 행사할 수 있는 권리라 할 것이므로, 채권자가 채무자의 채권자취소권을 대위행사하는 경우, 제소기간은 대위의 목적으로 되는 권리의 채권자인 채무자를 기준으로 하여 그 준수 여부를 가려야 할 것이고, 따라서 채권자취소권을 대위행사하는 채권자가 취소원인을 안 지 1년이 지났다 하더라도 채무자가 취소원인을 안 날로부터 1년, 법률행위가 있은 날로부터 5년 내라면 채권자취소의 소를 제기할 수 있다(대판 2001.12.27, 2000다73049).
5. 채권자대위권을 행사하는 경우 채권자와 채무자는 일종의 법정위임의 관계에 있으므로 채권자는 민법 제688조를 준용하여 채무자에게 그 비용의 상환을 청구할 수 있다(대결 1996.8.21, 96그8).

③ **행사의 효과**

㉠ 대위권 행사의 모든 효과는 채무자에게 귀속되어 모든 채권자의 공동담보로 된다. 그러나 대위권을 행사함에 있어서 반드시 채무자에게 급부하라고 하여야 하는 것은 아니고, 채권자 자신에게 직접 급부하도록 요구할 수 있다.

㉡ 채권자가 채권자대위권을 행사하는 방법으로 제3채무자를 상대로 소송을 제기하고 판결을 받은 경우에는 어떠한 사유로 인하였든 적어도 채무자가 채권자대위권에 의한 소송이 제기된 사실을 알았을 경우에는 그 판결의 효력은 채무자에게 미친다(대판 전합 1975.5.13, 74다1664).

예제

채권자대위권에 관한 설명으로 옳은 것은? (다툼이 있으면 판례에 따름) **제23회**

① 채권자는 자신의 채권을 보전하기 위하여 채무자의 제3자에 대한 채권자취소권을 대위행사할 수 없다.
② 이혼으로 인한 재산분할청구권은 그 구체적 내용이 심판에 의해 명확하게 확정되었더라도 피보전채권이 될 수 없다.
③ 채무자가 자신의 제3채무자에 대한 권리를 이미 재판상 행사하였더라도 채권자는 그 권리를 대위행사할 수 있다.
④ 채권자는 피보전채권의 이행기가 도래하기 전이라도 피대위채권의 시효중단을 위해서 채무자를 대위하여 제3채무자에게 이행청구를 할 수 있다.
⑤ 채권자가 채무자에 대한 소유권이전등기청구권을 보전하기 위하여 채무자의 제3자에 대한 소유권이전등기청구권을 대위행사하는 경우에도 채무자의 무자력을 그 요건으로 한다.

해설

④ 채권자대위권의 피보전채권은 이행기가 도래하여야 하는 것이 원칙이지만, 법원의 허가 또는 보존행위의 경우에는 이행기가 도래하기 전이라도 채권자대위권을 행사할 수 있다(제404조 제2항 참조). 따라서 피대위채권의 시효중단을 위하여 이행을 청구하는 것은 보존행위이므로 이행기 도래 전이라도 행사할 수 있다.
① 채권자취소권도 채권자가 채무자를 대위하여 행사하는 것이 가능하다(대판 2001.12.27, 2000다73049).
② 이혼으로 인한 재산분할청구권은 협의 또는 심판에 의하여 그 구체적 내용이 형성되기까지는 그 범위 및 내용이 불명확・불확정하기 때문에 구체적으로 권리가 발생하였다고 할 수 없으므로 이를 보전하기 위하여 채권자대위권을 행사할 수 없다(대판 1999.4.9, 98다58016). 따라서 이혼으로 인한 재산분할청구권의 그 구체적 내용이 심판에 의해서 확정되었다면 피보전채권이 될 수 있다.
③ 채권자대위권은 채무자가 제3채무자에 대한 권리를 행사하지 아니하는 경우에 한하여 채권자가 자기의 채권을 보전하기 위하여 행사할 수 있는 것이어서, 채권자가 대위권을 행사할 당시에 이미 채무자가 그 권리를 재판상 행사하였을 때에는 채권자는 채무자를 대위하여 채무자의 권리를 행사할 수 없다(대판 2009.3.12, 2008다65839).
⑤ 채권자는 자기의 채무자에 대한 부동산의 소유권이전등기청구권 등 특정채권을 보전하기 위하여 채무자가 방치하고 있는 그 부동산에 관한 특정권리를 대위하여 행사할 수 있고 그 경우에는 채무자의 무자력을 요건으로 하지 아니하는 것이다(대판 1992.10.27, 91다483).

정답 ④

3. 채권자취소권

제406조【채권자취소권】 ① 채무자가 채권자를 해함을 알고 재산권을 목적으로 한 법률행위를 한 때에는 채권자는 그 취소 및 원상회복을 법원에 청구할 수 있다. 그러나 그 행위로 인하여 이익을 받은 자나 전득한 자가 그 행위 또는 전득 당시에 채권자를 해함을 알지 못한 경우에는 그러하지 아니하다.
② 전항의 소는 채권자가 취소원인을 안 날로부터 1년, 법률행위 있은 날로부터 5년 내에 제기하여야 한다.

제407조【채권자취소의 효력】 전조의 규정에 의한 취소와 원상회복은 모든 채권자의 이익을 위하여 그 효력이 있다.

(1) 의 의

'채권자취소권'은 채무자가 채권자를 해함을 알고 제3자와 재산권을 목적으로 하는 법률행위를 한 경우 채권자가 자기의 이름으로 제3자에 대하여 그 법률행위를 취소하고 일탈된 재산의 원상회복을 소구할 수 있는 권리를 말한다.

(2) 채권자취소권의 요건

① 피보전채권의 존재

㉠ 채권자취소권에 의하여 보전되는 채권(피보전채권)은 원칙적으로 사해행위라 할 수 있는 행위가 행하여지기 전에 발생한 것이어야 한다.

㉡ 채권이 사해행위 이전에 성립되어 있는 이상 그 채권이 양도된 경우에도 그 양수인이 채권자취소권을 행사할 수 있고, 채권양도의 대항요건을 사해행위 이후에 갖추었더라도 채권양수인이 채권자취소권을 행사할 수 있다(대판 2012.2.9, 2011다77146).

OX
금전채권의 이행기가 도래하지 않은 경우, 甲은 乙·丙 간의 부동산 매매를 사해행위로 취소할 수 없다. (×) 제20회

관련판례

1. 채권자취소권은 특정물에 대한 소유권이전등기청구권을 보전하기 위하여 행사하는 것은 허용되지 않으므로 부동산의 제1양수인은 자신의 소유권이전등기청구권 보전을 위하여 양도인과 제3자 사이에서 이루어진 이중양도행위에 대하여 채권자취소권을 행사할 수 없다(대판 1999.4.27, 98다56690).
2. 취소채권자의 채권이 정지조건부 채권이라 하더라도 장래에 정지조건이 성취되기 어려울 것으로 보이는 등 특별한 사정이 없는 한, 이를 피보전채권으로 하여 채권자취소권을 행사할 수 있다(대판 2011.12.8, 2011다55542).
3. 채권자취소권에 의하여 보호될 수 있는 채권은 원칙적으로 사해행위라고 볼 수 있는 행위가 행하여지기 전에 발생된 것임을 요하나, 그 사해행위 당시에 이미 채권 성립의 기초가 되는 법률관계가 발생되어 있고, 가까운 장래에 그 법률관계에 기하여 채권이 성립되리라는 점에 대한 고도의 개연성이 있으며, 실제로

OX
특정물에 대한 소유권이전등기청구권은 특별한 사정이 없는 한, 피보전채권이 될 수 있다. (×) 제17회

OX
정지조건부 채권은 특별한 사정이 없는 한, 피보전채권이 될 수 없다. (×) 제17회

가까운 장래에 그 개연성이 현실화되어 채권이 성립된 경우에는, 그 채권도 채권자취소권의 피보전채권이 될 수 있다(대판 1999.4.27, 98다56690).

4. 채권이 사해행위 이전에 성립되어 있는 이상 그 채권이 양도된 경우에도 그 양수인이 채권자취소권을 행사할 수 있고, 채권양도의 대항요건을 사해행위 이후에 갖추었더라도 채권양수인이 채권자취소권을 행사하는 데 아무런 장애사유가 될 수 없다(대판 2006.6.29, 2004다5822).

② **객관적 요건**: 사해행위(詐害行爲)의 존재

㉠ '사해행위'란 전혀 자력이 없는 것이 아니라 소극재산이 적극재산을 초과하는 경우를 말한다.

㉡ '사해행위'는 재산상의 법률행위이어야 한다. 따라서 재산상의 법률행위이면 채권행위는 물론 물권행위도 사해행위가 될 수 있다. 그리고 가족법상의 행위라 하더라도 '이혼에 따른 재산분할'이나 '상속재산분할'도 사해행위가 될 수 있다.

㉢ '사해행위'는 계약뿐만 아니라 단독행위(채무면제 등)도 포함되지만, 단순한 부작위나 순수한 사실행위는 포함되지 않는다.

관련판례

1. 상속재산의 분할협의는 상속이 개시되어 공동상속인 사이에 잠정적 공유가 된 상속재산에 대하여 그 전부 또는 일부를 각 상속인의 단독소유로 하거나 새로운 공유관계로 이해시킴으로써 상속재산의 귀속을 확정시키는 것으로 그 성질상 재산권을 목적으로 하는 법률행위이므로 사해행위 취소권 행사의 대상이 될 수 있다(대판 2001.2.9, 2000다51979).
2. 상속의 포기는 민법 제406조 제1항에서 정하는 '재산권에 관한 법률행위'에 해당하지 아니하여 사해행위 취소의 대상이 되지 못한다(대판 2011.6.9, 2011다29307).
3. 채무자의 재산처분행위가 사해행위가 되는지 여부는 처분행위 당시를 기준으로 판단하여야 한다(대판 2002.11.8, 2002다41589).

OX

상속을 포기하는 행위는 재산권에 관한 법률행위이므로 특별한 사정이 없는 한, 채권자취소권의 대상이 된다. (×) 제17회

㉣ 사해행위에 해당 여부

ⓐ '변제'는 원칙적으로 사해행위에 해당하지 않지만, 일부채권자와 통모하여 다른 채권자를 해칠 의도로 변제하는 경우에는 사해행위에 해당한다.

ⓑ 일부채권자와 통모가 있거나 이미 채무초과의 상태에 빠진 채무자가 특정부동산, 즉 유일한 재산을 일부채권자에게 '대물변제'로 넘겨주는 것은 원칙적으로 사해행위로 된다(대판 2000.9.29, 2000다3262).

ⓒ 부동산 기타 재산을 무상으로 양도하거나 부당하게 염가로 매각하는 행위도 사해행위에 해당한다.

ⓓ 채무자가 채무 있음을 알면서 자기의 '유일한 재산'인 부동산을 매각하여 소비하기 쉬운 금전으로 바꾸는 행위는 그 매각이 일부채권자에 대한 정당한 변제에 충당하기 위하여 상당한 가격으로 이루어졌다든가 하는 특별한 사정이 없는 한, 사해행위에 해당한다(대판 1966.10.4, 66다1535).

ⓔ 이미 채무초과상태에 빠져 있는 채무자가 그의 유일한 재산인 부동산을 채권자 중 어느 한 사람에게 채권담보로 제공하는 행위는 특별한 사정이 없는 한 다른 채권자들에 대한 관계에서 사해행위에 해당한다(대판 2002.4.12, 2000다43352).

ⓕ 그러나 어느 특정채권자를 다른 채권자에 비하여 우선변제를 받을 수 있도록 하여 다른 일반채권자의 공동담보를 감소시키는 결과를 초래하면 되고, 그 담보물이 채무자 소유의 유일한 부동산인 경우에 한하여 사해행위가 성립한다고 볼 수는 없다(대판 2008.2.14, 2005다47106).

ⓖ 수급인의 저당권설정청구권 행사에 따른 저당권의 설정은 사해행위에 해당하지 않는다(대판 2008.3.27, 2007다78616).

③ **주관적 요건**(악의)

㉠ 채무자의 악의

ⓐ 채무자가 그의 법률행위에 의하여 채권자를 해함을 알고 있어야 한다.

ⓑ 채무자의 사해의사 유무의 판단은 사해행위 당시를 기준으로 판단한다.

ⓒ 채무자의 악의에 대한 증명책임은 채권자가 진다. 그러나 채무자가 자기의 유일한 재산인 부동산을 매각하여 소비하기 쉬운 금전으로 바꾸거나 타인에게 무상으로 이전하여 주는 행위는 특별한 사정이 없는 한 채권자에 대하여 사해행위가 된다고 볼 수 있으므로 채무자의 사해의사는 추정된다.

㉡ 수익자 또는 전득자의 악의

ⓐ 채무자와 거래한 수익자 또는 전득자가 사해의 사실을 알고 있어야 한다.

ⓑ 선의·악의는 사해행위 당시 또는 전득 당시를 기준으로 판단하며, 과실 유무는 문제되지 않는다.

ⓒ 선의의 증명책임은 수익자 또는 전득자에게 있다.

관련판례

사해행위의 주관적인 요건인 채무자의 사해의 의사는 채권의 공동담보에 부족이 생기는 것을 인식하는 것을 말하는 것으로서 채권자를 해할 것을 기도하거나 의욕하는 것을 요하지 아니하며, 채무자가 유일한 재산인 부동산을 매각하여 소비하기 쉬운 금전으로 바꾸는 경우에는 채무자의 사해의 의사는 추정된다(대판 1997.5.9, 96다2606).

(3) 채권자취소권의 행사 및 효과(취소 및 원상회복)

① 행사의 방법

㉠ 채권자취소권은 채권자 이름으로 행사한다.

㉡ 채권자취소권은 재산상 행사하여야 한다. 이 점이 채권자대위권과는 다르다.

㉢ 행사의 상대방(채권자취소권의 피고) : 채권자취소권 행사의 상대방은 언제나 수익자 또는 전득자이고, 채무자는 피고가 될 수 없다.

관련판례

채권자가 채권자취소권을 행사하려면 사해행위로 인하여 이익을 받은 자나 전득한 자를 상대로 그 법률행위의 취소를 청구하는 소송을 제기하여야 되는 것으로서 채무자를 상대로 그 소송을 제기할 수는 없다(대판 2004.8.30, 2004다21923).

② 행사의 범위(취소의 범위)

㉠ 취소의 범위는 사해행위 당시의 취소채권자의 채권액을 기준으로 하여야 한다. 즉, 취소채권자의 채권액을 넘어 취소하지 못한다. 다만, 이자나 지연이자는 사실심 변론종결시까지의 것을 가산할 수 있다.

㉡ 그러나 예외적으로 채권보전의 필요성이 있거나 사해행위의 목적물이 불가분이거나, 다른 채권자의 배당가입의 신청이 분명한 경우에는 채권자의 채권액을 초과하여 취소권을 행사할 수 있다.

㉢ 채권자는 원칙적으로 목적물 자체의 반환을 청구하여야 하며, 가액반환의 청구는 예외적으로 인정될 뿐이다.

③ 행사의 효과(취소 및 원상회복)

관련판례

1. 채권자가 전득자를 상대로 하여 사해행위의 취소와 함께 책임재산의 회복을 구하는 사해행위취소의 소를 제기한 경우에 그 취소의 효과는 채권자와 전득자 사이의 상대적인 관계에서만 생기는 것이고 채무자 또는 채무자와 수익자 사이의 법률관계에는 미치지 않는 것이므로, 이 경우 취소의 대상이 되는 사해행위

OX
채권자취소권은 상대방에 대한 의사표시로 행사할 수 있다. (×) 제22회

OX
채권자는 채무자를 상대로 사해행위 취소의 소를 제기할 수 있다. (×) 제20회

OX
채권자취소권 행사에 따른 원상회복은 가액반환이 원칙이다. (×) 제22회

PART 03

는 채무자와 수익자 사이에서 행하여진 법률행위에 국한되고, 수익자와 전득자 사이의 법률행위는 취소의 대상이 되지 않는다(대판 2004.8.30, 2004다21923).

2. 채권자가 민법 제406조 제1항에 따라 사해행위의 취소와 원상회복을 청구하는 경우 사해행위의 취소만을 먼저 청구한 다음 원상회복을 나중에 청구할 수 있다. 또한 채권자가 민법 제406조 제1항에 따라 사해행위의 취소와 원상회복을 청구하는 경우 사해행위 취소청구가 민법 제406조 제2항에 정하여진 기간 안에 제기되었다면 원상회복의 청구는 그 기간이 지난 뒤에도 할 수 있다(대판 2001.9.4, 2001다14108).

④ 채권자취소권의 소멸

㉠ 채권자취소권은 채권자가 취소원인을 안 날로부터 1년, 법률행위 있는 날로부터 5년 내에 행사하여야 한다.

㉡ "법률행위가 있는 날"이란 사해행위에 해당하는 법률행위가 실제로 이루어진 날을 의미한다.

㉢ 이 기간은 제척기간이므로 법원은 직권으로 그 기간 준수 여부를 심리하여야 한다. 다만 판례는 제척기간의 도과에 관한 증명책임은 채권자취소소송의 상대방에게 있다고 한다.

관련판례

채권자취소권 행사에 있어서 제척기간의 기산점인 채권자가 '취소원인을 안 날'이라 함은 채권자가 채권자취소권의 요건을 안 날, 즉 채무자가 채권자를 해함을 알면서 사해행위를 하였다는 사실을 알게 된 날을 의미한다고 할 것이므로, 단순히 채무자가 재산의 처분행위를 하였다는 사실을 아는 것만으로는 부족하고, 그 법률행위가 채권자를 해하는 행위라는 것, 즉 그에 의하여 채권의 공동담보에 부족이 생기거나 이미 부족상태에 있는 공동담보가 한층 더 부족하게 되어 채권을 완전하게 만족시킬 수 없게 되었으며 나아가 채무자에게 사해의 의사가 있었다는 사실까지 알 것을 요한다(대판 2003.7.11, 2003다19435).

OX

甲은 소유권이전등기가 된 날로부터 5년 이내에 채권자취소권을 행사하여야 한다. (×) 제20회

예제

채권자취소권에 관한 설명으로 옳은 것을 모두 고른 것은? (다툼이 있으면 판례에 따름) 제22회

보기

㉠ 채권자취소권은 상대방에 대한 의사표시로 행사할 수 있다.
㉡ 채무자를 상대로 채권자취소권을 행사할 수 없다.
㉢ 채권자취소권 행사에 따른 원상회복은 가액반환이 원칙이다.

① ㉠ ② ㉡ ③ ㉠, ㉢
④ ㉡, ㉢ ⑤ ㉠, ㉡, ㉢

해설

㉡ 채권자취소의 소에 있어 상대방은 채무자가 아니라 그 수익자나 전득자가 되어야 한다(대판 1988. 2.23, 87다카1586).

㉠ 채권자취소권은 상대방에 대한 의사표시의 방법으로는 행사할 수 없고, 반드시 재판상 행사하여야 한다.

㉢ 채권자의 사해행위취소 및 원상회복청구가 인정되면, 수익자 또는 전득자는 원상회복으로서 사해행위의 목적물을 채무자에게 반환할 의무를 지게 되고, 원물반환이 불가능하거나 현저히 곤란한 경우에는 원상회복의무의 이행으로서 사해행위 목적물의 가액 상당을 배상하여야 하므로(대판 1998.5.15, 97다58316), 원상회복의 원칙은 원물반환이다.

정답 ②

04 다수당사자의 채권관계

1 서 론

(1) 의 의

민법전은 채권총칙의 제3절(제408조~제448조)에 '수인의 채권자 및 채무자'라는 표제를 두고 있다. 이것은 채권관계의 일방(또는 쌍방)의 당사자로 2인 이상의 채권자 또는 채무자가 병존하는 관계를 말한다.

(2) 다수당사자의 채권관계의 종류

① **전형적 형태**

민법전은 다수당사자의 채권관계로서 4개의 전형적 형태를 규정하고 있다. 분할채권관계 · 불가분채권관계 · 연대채무 · 보증채무가 그것이다.

② **비전형적 형태**

다수당사자의 채권관계의 형태는 위의 네 가지 형태에 그치지 않는다. 제408조 이하의 규정은 임의규정이므로, 명문의 규정이 있는 경우는 물론 규정이 없는 경우에도 원칙적으로 당사자의 의사가 우선한다.

2 분할채권 · 채무관계

(1) 의 의

수인이 1개의 가분급부를 목적으로 하는 채권을 가지거나 채무를 부담하는 경우에는 분할채권·채무관계로 되는 것이 원칙이다.

예 甲·乙·丙 3인의 공유물을 丁에게 매각한 결과 丁에 대한 3,000만원의 채권을 가지는 경우에는 원칙적으로 甲·乙·丙은 각각 1,000만원의 채권을 가진다(분할채권관계). 반대로 3인의 공유물로 하기 위해 물건을 구입한 결과 3,000만원의 채무를 부담하는 경우에는 마찬가지로 각자 1,000만원의 채무를 부담하는 것이 된다(분할채무관계).

(2) 분할채권관계의 효력

① **채권 · 채무의 독립성**
각 채권자의 권리 및 각 채무자의 의무는 상호 독립된 것으로 취급되어 단독으로 행사되고, 원칙적으로 다른 채권자 및 채무자에게 영향을 미치지 않는다. 계약해제의 의사표시는 모든 채권자로부터 모든 채무자에 대하여 하지 않으면 안 된다.

② **당사자 1인에게 생긴 사유**
변제·상계·이행지체·면제 등 당사자 1인에게 생긴 사유는 모두 그 당사자에 대해서만 효력이 생긴다.

③ **채권 · 채무의 비율**: 대외관계에서는 균등한 것으로 추정된다.

3 불가분채권 · 채무관계

(1) 의 의

수인이 1개의 불가분급부를 목적으로 하는 채권을 보유하거나 채무를 부담하는 경우를 각각 불가분채권 또는 불가분채무라고 한다. 예를 들면, 甲·乙·丙이 공동으로 자동차 1대를 구입하는 경우에 자동차의 인도청구권은 불가분채권이고, 반대로 甲·乙·丙이 공유하는 자동차를 판 경우에 인도채무는 불가분채무가 된다.

(2) 불가분채권 · 채무의 효력

① **불가분채권**

㉠ 대외적 효력: 각 채권자는 모든 채권자를 위하여 이행을 청구할 수 있고, 채무자는 모든 채권자를 위하여 각 채권자에게 이행할 수 있다.

㉡ 채권자 1인에게 생긴 사유의 효력

ⓐ 채무자는 채권자의 1인에게 채무 전부를 변제할 수 있는 결과, 변제 · 공탁 · 채권자지체 등은 모든 채권자에 효력이 미친다(절대적 효력).

ⓑ 불가분채권자 1인과 채무자 간에 경개 또는 면제가 있는 경우에는 다른 채권자는 채무 전부의 이행을 청구할 수 있다. 다만, 경개 또는 면제가 있는 경우에 채무 전부의 이행을 받은 다른 채권자는 그 1인이 권리를 잃지 아니하였으면 그에게 분급할 이익을 채무자에게 상환하여야 한다.

② **불가분채무**

㉠ 대외적 효력: 연대채무의 규정이 준용되므로, 채권자는 각 채무자에게 동시 또는 순차로 전부이행이나 일부이행을 청구할 수 있다.

㉡ 채무자 1인에게 생긴 사유의 효력: 불가분채권에 준하므로 채무자의 1인이 변제하면 다른 채무자의 채무도 소멸하는 결과 변제 · 공탁 · 채권자지체는 절대적 효력을 가진다.

㉢ 불가분채무자 상호간의 구상관계: 연대채무의 규정이 준용된다.

예 제

불가분채무에 해당하지 않는 것은? (다툼이 있으면 판례에 따름) 제27회

① 건물을 공동으로 상속한 상속인들의 건물철거의무
② 자동차 공유하는 매도인들의 매수인에 대한 자동차인도의무
③ 임대목적물을 공유하고 있는 공동임대인의 보증금반환채무
④ 공동임차인의 임대인에 대한 임차물반환의무
⑤ 공유 토지에 수목이 부합되어 이익을 얻은 토지공유자들의 제3자에 대한 부당이득반환채무

해설

④ 공동임차인의 임차물반환의무는 연대채무에 속한다(제616조, 654조 참조).
① 공동상속인들의 건물철거의무는 그 성질상 불가분채무라고 할 것이고 각자 그 지분의 한도 내에서 건물 전체에 대한 철거의무를 지는 것이다(대판 1980.6.24, 80다756).
② 수인의 공유에 속하는 자동차인도의무 역시 불가분채무이다.
③ 건물의 공유자가 공동으로 건물을 임대하고 보증금을 수령한 경우, 특별한 사정이 없는 한 그 임대는 각자 공유지분을 임대한 것이 아니고 임대목적물을 다수의 당사자로서 공동으로 임대한 것이고 그 보증금 반환채무는 성질상 불가분채무에 해당된다고 보아야 할 것이다(대판 1998.12.8, 98다43137).
⑤ 여러 사람이 공동으로 법률상 원인 없이 타인의 재산을 사용한 경우의 부당이득 반환채무는 특별한 사정이 없는 한 불가분적 이득의 반환으로서 불가분채무이다(대판 2001.12.11, 2000다13948).

정답 ④

4 연대채무(連帶債務)

(1) 연대채무의 의의

> **제413조【연대채무의 내용】** 수인의 채무자가 채무 전부를 각자 이행할 의무가 있고 채무자 1인의 이행으로 다른 채무자도 그 의무를 면하게 되는 때에는 그 채무는 연대채무로 한다.

'연대채무'란 수인의 채무자가 동일한 내용의 급부에 관하여 각각 독립하여 그 전부를 이행할 채무를 부담하고, 그중 1인의 채무자가 전부의 급부를 하면 모든 채무자의 채무가 소멸하게 되는 다수당사자의 채무를 말한다.

(2) 연대채무의 기능과 법률적 성질

① **기 능**

연대채무는 채권에 대한 책임재산의 범위를 모든 채무자의 일반재산에 확장하여 채권을 담보하는 작용을 가진다(제413조). 연대채무는 채무자의 수만큼의 독립한 채무가 단일한 목적을 위하여 결합되어 있는 것이므로, 각 채무자의 채무는 모습을 달리 할 수 있다.

② **법률적 성질**

㉠ 독립한 복수채무의 존재

> **제415조【채무자에 생긴 무효, 취소】** 어느 연대채무자에 대한 법률행위의 무효나 취소의 원인은 다른 연대채무자의 채무에 영향을 미치지 아니한다.

㉡ 각 채무자는 전부의 급부의무가 있다.

㉢ 각 채무는 공동의 목적을 가진다.

㉣ 연대채무를 발생시키는 법률행위는 계약인 것이 보통이지만 유언으로도 가능하다. 또한 법률의 규정(예 일상가사채무의 연대채무, 제832조)에 의해서도 성립할 수 있다.

(3) 채권자의 연대채무자에 대한 권리행사방법

> **제414조【각 연대채무자에 대한 이행청구】** 채권자는 어느 연대채무자에 대하여 또는 동시나 순차로 모든 연대채무자에 대하여 채무의 전부나 일부의 이행을 청구할 수 있다.

(4) 연대채무자의 1인에 관하여 생긴 사유의 효력

① 절대적 효력이 있는 사유

제416조 【이행청구의 절대적 효력】 어느 연대채무자에 대한 이행청구는 다른 연대채무자에게도 효력이 있다.

제417조 【경개의 절대적 효력】 어느 연대채무자와 채권자 간에 채무의 경개가 있는 때에는 채권은 모든 연대채무자의 이익을 위하여 소멸한다.

제418조 【상계의 절대적 효력】 ① 어느 연대채무자가 채권자에 대하여 채권이 있는 경우에 그 채무자가 상계한 때에는 채권은 모든 연대채무자의 이익을 위하여 소멸한다.
② 상계할 채권이 있는 연대채무자가 상계하지 아니한 때에는 그 채무자의 부담부분에 한하여 다른 연대채무자가 상계할 수 있다.

제419조 【면제의 절대적 효력】 어느 연대채무자에 대한 채무면제는 그 채무자의 부담부분에 한하여 다른 연대채무자의 이익을 위하여 효력이 있다.

제420조 【혼동의 절대적 효력】 어느 연대채무자와 채권자 간에 혼동이 있는 때에는 그 채무자의 부담부분에 한하여 다른 연대채무자도 의무를 면한다.

제421조 【소멸시효의 절대적 효력】 어느 연대채무자에 대하여 소멸시효가 완성한 때에는 그 부담부분에 한하여 다른 연대채무자도 의무를 면한다.

제422조 【채권자지체의 절대적 효력】 어느 연대채무자에 대한 채권자의 지체는 다른 연대채무자에게도 효력이 있다.

② 상대적 효력이 있는 경우

제423조 【효력의 상대성의 원칙】 전7조의 사항 외에는 어느 연대채무자에 관한 사항은 다른 연대채무자에게 효력이 없다.

연대채무자 중 1인에 관하여 생긴 사유의 효력

전부 절대적 효력이 있는 경우	'부담부분에 한하여' 절대적 효력이 있는 경우	상대적 효력이 있는 경우
• 이행(변제, 대물변제, 공탁) • 이행의 청구 • 경개 • 상계 • 채권자지체	• 면제 • 혼동 • 소멸시효의 완성	• 청구 이외의 시효중단(압류 등) • 채무불이행 • 무효, 취소 • 확정판결

(5) 연대채무의 대내적 효력(구상관계)

① 연대채무자 사이의 부담부분

> **제424조【부담부분의 균등】** 연대채무자의 부담부분은 균등한 것으로 추정한다.

② 구상권

> **제425조【출재채무자의 구상권】** ① 어느 연대채무자가 변제 기타 자기의 출재로 공동면책이 된 때에는 다른 연대채무자의 부담부분에 대하여 구상권을 행사할 수 있다.
> ② 전항의 구상권은 면책된 날 이후의 법정이자 및 피할 수 없는 비용 기타 손해배상을 포함한다.

③ 구상권의 제한

> **제426조【구상요건으로서의 통지】** ① 어느 연대채무자가 다른 연대채무자에게 통지하지 아니하고 변제 기타 자기의 출재로 공동면책이 된 경우에 다른 연대채무자가 채권자에게 대항할 수 있는 사유가 있었을 때에는 그 부담부분에 한하여 이 사유로 면책행위를 한 연대채무자에게 대항할 수 있고 그 대항사유가 상계인 때에는 상계로 소멸할 채권은 그 연대채무자에게 이전된다.
> ② 어느 연대채무자가 변제 기타 자기의 출재로 공동면책되었음을 다른 연대채무자에게 통지하지 아니한 경우에 다른 연대채무자가 선의로 채권자에게 변제 기타 유상의 면책행위를 한 때에는 그 연대채무자는 자기의 면책행위의 유효를 주장할 수 있다.

④ 상환무자력자가 있는 경우의 구상권자의 보호

> **제427조【상환무자력자의 부담부분】** ① 연대채무자 중에 상환할 자력이 없는 자가 있는 때에는 그 채무자의 부담부분은 구상권자 및 다른 자력이 있는 채무자가 그 부담부분에 비례하여 분담한다. 그러나 구상권자에게 과실이 있는 때에는 다른 연대채무자에 대하여 분담을 청구하지 못한다.
> ② 전항의 경우에 상환할 자력이 없는 채무자의 부담부분을 분담할 다른 채무자가 채권자로부터 연대의 면제를 받은 때에는 그 채무자의 분담할 부분은 채권자의 부담으로 한다.

(6) 부진정연대채무

① 의 의

수인의 채무자가 동일한 내용의 급부에 관하여 각자 전부를 이행할 의무를 지며, 어느 채무자가 급부를 하면 전채무자가 채무를 면하는 다수당사자의 채권관계로서 민법의 연대채무에 포함되지 않는 것을 말한다. 채권의 효력을 강화하기 위하여 채무자 1인에 대하여 발생한 사유의 절대적 효력을 제한하려고 한다.

② **부진정연대채무의 효력**

㉠ 채권을 만족시키는 사유(변제, 대물변제, 공탁)는 절대적 효력이 있다.

㉡ 그러나 나머지 사유는 상대적 효력이다.

관련판례

1. 부진정연대채무에 있어 채무자 1인에 대한 이행의 청구는 타 채무자에 대하여 그 효력이 미치지 않는다(대판 1997.9.12, 95다42027).
2. 연대채무에 관한 민법 제418조 제1항은 부진정연대채무에는 적용되지 않으므로, 부진정연대채무자 중의 1인이 채권자에 대한 반대채권으로 채무를 대등액에서 상계하더라도 그 상계로 인한 채무소멸의 효력은 다른 부진정연대채무자에게 미치지 아니한다(대판 1996.12.10, 95다24363).

③ **부진정연대채무로 보는 경우**

㉠ 법인의 불법행위가 성립하는 경우 법인과 그 이사 기타 대표자의 책임(제35조)

㉡ 책임무능력자의 불법행위에 있어 법정감독의무자의 책임과 대리감독자의 책임(제755조)

㉢ 피용자의 불법행위책임과 사용자책임(제756조)

㉣ 동물의 가해행위에 대하여 그 점유자와 보관자의 책임(제759조)

㉤ 공동불법행위(제760조) 등

5 보증채무(保證債務)

1. 보증채무의 의의

(1) 의 의

> **제428조 【보증채무의 내용】** ① 보증인은 주채무자가 이행하지 아니하는 채무를 이행할 의무가 있다.
> ② 보증은 장래의 채무에 대하여도 할 수 있다.

'보증채무'란 주채무자(主債務者)가 그의 채무를 이행하지 않을 경우 그 이행의 책임을 지는 제3자의 채무를 말한다.

OX

장래의 채무에 대한 보증계약은 효력이 없다. (×) 제26회

(2) 보증채무의 성질

① 보증채무는 주채무와는 별개의 독립된 채무이다.

② 주채무가 없으면 보증채무는 성립할 수 없고, 주채무의 무효·취소는 보증채무의 무효·취소를 가져온다(부종성).

③ 주채무(主債務)와 동일한 내용을 지닌 종속된 채무로서 주채무를 담보하는 작용을 한다.

④ 주채무자에 대한 채권이 이전하는 때에는 보증인에 대한 채권도 원칙적으로 이전한다(수반성).

(3) 보증채무의 방식

> **OX**
> 전자적 형태로 표시한 보증의사는 유효하다. (×) 제19회

제428조의2 【보증의 방식】 ① 보증은 그 의사가 보증인의 기명날인 또는 서명이 있는 서면으로 표시되어야 효력이 발생한다. 다만, 보증의 의사가 전자적 형태로 표시된 경우에는 효력이 없다.
② 보증채무를 보증인에게 불리하게 변경하는 경우에도 제1항과 같다.
③ 보증인이 보증채무를 이행한 경우에는 그 한도에서 제1항과 제2항에 따른 방식의 하자를 이유로 보증의 무효를 주장할 수 없다.

(4) 근보증

> **OX**
> 불확정한 다수의 채무에 대하여 보증하는 경우 보증하는 채무의 최고액을 서면으로 특정하여야 한다. (○) 제19회

제428조의3 【근보증】 ① 보증은 불확정한 다수의 채무에 대해서도 할 수 있다. 이 경우 보증하는 채무의 최고액을 서면으로 특정하여야 한다.
② 제1항의 경우 채무의 최고액을 제428조의2 제1항에 따른 서면으로 특정하지 아니한 보증계약은 효력이 없다.

① '근보증'이란 계속적 거래관계에서 현재 또는 장래에 발생하게 될 불특정채무에 대하여 보증하는 것을 말한다.

② 근보증계약에 의하여 담보되는 채무는 계약일 이후에 발생하는 채무뿐 아니라 계약일 당시 이미 발생한 채무도 보증하는 것으로, 보증인의 책임이 광범위하고 영속적인 특징이 있다. 이와 같은 근보증에는 신용보증, 임대차보증, 신원보증 등이 있다.

③ 이 중에서 주로 은행거래 등에서 생기는 채무를 보증하는 '신용보증'에는 보증의 대상이나 기간, 한도액을 정하지 않고 보증을 하는 포괄근보증과 일부를 정하여 보증을 하는 한정근보증이 있다.

관련판례

1. 보증채무는 주채무와는 별개의 채무이기 때문에 보증채무 지체의 이행지체로 인한 지연손해금은 보증한도액과는 별도로 부담하고, 이 경우 보증채무의 연체이율에 관하여 특별한 약정이 있으면 그에 따르고, 특별한 약정이 없는 경우라면 그 거래행위의 성질에 따라 상법 또는 민법에서 정한 법정이율에 따라야 할 것이고, 주채무에 관하여 약정된 연체이율이 당연히 여기에 적용되는 것은 아니다(대판 2003.6.13, 2001다29803).
2. 채권과 보증인에 대한 채권의 귀속주체를 달리하게 되면 주채무자의 항변권으로써 채권자에게 대항할 수 있는 보증인의 권리가 침해되는 등 보증채무의 부종성에 반할 뿐만 아니라 주채권을 가지지 않는 자에게 보증채권만을 인정하게 되어 그 실익도 없기 때문에 주채권과 분리하여 보증채권만을 양도하기로 하는 약정은 그 효력이 없다(대판 2002.9.10, 2002다21509).

2. 보증채무의 성립

(1) 채권자와 보증인 사이에 맺어지는 채권계약

보증채무는 보증계약에 의하여 성립하기 때문에 계약의 일반적인 성립요건을 구비하여야 한다.

(2) 보증계약은 낙성 · 불요식의 계약이다.

관련판례

1. 보증제도는 본질적으로 주채무자의 무자력으로 인한 채권자의 위험을 인수하는 것이므로 보증인이 주채무자의 자력에 대하여 조사한 후 보증계약을 체결할 것인지의 여부를 스스로 결정하여야 하는 것이고, 채권자가 보증인에게 채무자의 신용상태를 고지할 신의칙상의 의무는 존재하지 아니한다(대판 2002.7.12, 99다68652).
2. 보증계약은 피보증채무의 내용을 확정한 다음 체결되는 것이 보통이지만 피보증채무가 확정 가능한 이상 기본계약체결 이전이더라도 보증계약을 체결할 수 있다(대판 2002.4.9, 2002다3341).

3. 보증채무의 성립요건

(1) 주채무에 관한 요건

① 주채무가 있을 것

② **주채무는 장래채무 · 조건부 채무라도 무방하다.**

㉠ 현재 또는 장래에 부담할 주채무자의 채무를 보증하는 것도 유효하다.

ⓛ 장래의 특정의 채무에 대한 보증채무의 발생시기는 현재가 아니라 장래 피담보채권이 발생할 때이다.

ⓒ 주채무를 위한 보증채무는 그 범위 또는 기간을 확정할 수 있는 것이어야 한다. 그러나 판례는 책임한도액을 정할 필요도 없고, 보증기간의 약정이 없는 보증채무도 가능하다고 한다.

(2) 보증인에 관한 요건

① 원칙적으로 보증인이 되는 자격에는 제한이 없다.

② **보증인을 세울 의무가 있는 경우**

> **제431조【보증인의 조건】** ① 채무자가 보증인을 세울 의무가 있는 경우에는 그 보증인은 행위능력 및 변제자력이 있는 자로 하여야 한다.
> ② 보증인이 변제자력이 없게 된 때에는 채권자는 보증인의 변경을 청구할 수 있다.
> ③ 채권자가 보증인을 지명한 경우에는 전2항의 규정을 적용하지 아니한다.
>
> **제432조【타담보의 제공】** 채무자는 다른 상당한 담보를 제공함으로써 보증인을 세울 의무를 면할 수 있다.

OX
채무자가 보증인을 세울 의무가 있는 경우, 채권자가 보증인을 지명하지 않은 한 그 보증인은 행위능력 및 변제자력이 있는 자로 하여야 한다. (○) 제19회

4. 보증채무의 내용

(1) 보증채무는 주채무와 동일한 내용을 갖는다.

(2) 보증채무의 범위

> **제429조【보증채무의 범위】** ① 보증채무는 주채무의 이자, 위약금, 손해배상 기타 주채무에 종속한 채무를 포함한다.
> ② 보증인은 그 보증채무에 관한 위약금 기타 손해배상액을 예정할 수 있다.
>
> **제430조【목적, 형태상의 부종성】** 보증인의 부담이 주채무의 목적이나 형태보다 중한 때에는 주채무의 한도로 감축한다.

OX
보증인의 부담이 주채무의 목적이나 형태보다 중한 때에는 주채무의 한도로 감축한다. (○) 제19회

관련판례

1. 주채무의 내용이 종래보다 축소되어 보증인에게 불이익하지 않는 것이면 다른 특별한 의사표시가 없는 한 보증인은 당연히 그 감축된 채무를 보증한다(대판 1960. 4.21, 4292민상619).
2. 보증계약이 성립한 후에 보증인이 알지도 못하는 사이에 주채무의 목적이나 형태가 변경되었다면 그 변경으로 인하여 주채무의 실질적 동일성이 상실된 경우에는 당초의 주채무는 경개로 인하여 소멸하였다고 보아야 할 것이므로 보증채무도 당연히 소멸하고, 그 변경으로 인하여 주채무의 실질적 동일성이 상실되지 아니하고

동시에 주채무의 부담내용이 축소·감경된 경우에는 보증인은 그와 같이 축소·감경된 주채무의 내용에 따라 보증책임을 질 것이지만, 그 변경으로 인하여 주채무의 실질적 동일성이 상실되지는 아니하고 주채무의 부담내용이 확장·가중된 경우에는 보증인은 그와 같이 확장·가중된 주채무의 내용에 따른 보증책임은 지지 아니하고, 다만 변경되기 전에 주채무의 내용에 따른 보증책임만을 진다(대판 2000.1.21, 97다1013).

3. 보증계약체결 후 채권자가 보증인의 승낙 없이 주채무자에 대하여 변제기를 연장하여 주더라도 그것이 반드시 보증인의 책임을 가중하는 것이라고는 할 수 없으므로 원칙적으로 보증채무에 대해서도 그 효력이 미친다(대판 1996.2.23, 95다49141).

5. 보증채무의 대외적 효력

(1) 채권자의 권리

채권자는 주채무자나 보증인에 대하여 동시나 순차로 전부 또는 일부의 이행을 청구할 수 있다.

(2) 보증인의 권리

① 보증인의 항변권

제433조【보증인과 주채무자항변권】 ① 보증인은 주채무자의 항변으로 채권자에게 대항할 수 있다.
② 주채무자의 항변포기는 보증인에게 효력이 없다.

㉠ 보증인은 주채무의 무효, 취소, 동시이행의 항변권, 소멸시효의 항변을 할 수 있다.

㉡ 주채무가 시효로 인하여 소멸한 때에는 보증인도 그 시효소멸을 원용할 수 있으며, 주채무자가 시효의 이익을 포기하더라도 보증인에게는 효력이 없으므로 보증인은 시효소멸을 원용할 수 있다.

② 보증인의 상계권

제434조【보증인과 주채무자상계권】 보증인은 주채무자의 채권에 의한 상계로 채권자에게 대항할 수 있다.

③ 보증인의 채무이행거절권

제435조【보증인과 주채무자의 취소권 등】 주채무자가 채권자에 대하여 취소권 또는 해제권이나 해지권이 있는 동안은 보증인은 채권자에 대하여 채무의 이행을 거절할 수 있다.

OX

채권자는 보증계약을 체결할 때 보증계약의 체결 여부에 영향을 미칠 수 있는 주채무자의 채무 관련 신용정보를 알고 있는 경우에는 보증인에게 그 정보를 알려야 한다. (○) 제19회

④ **채권자의 정보제공의무와 통지의무 등**

> **제436조의2【채권자의 정보제공의무와 통지의무 등】** ① 채권자는 보증계약을 체결할 때 보증계약의 체결 여부 및 그 내용에 영향을 미칠 수 있는 주채무자의 채무 관련 신용정보를 보유하고 있거나 알고 있는 경우에는 보증인에게 그 정보를 알려야 한다. 보증계약을 갱신할 때에도 또한 같다.
> ② 채권자는 보증계약을 체결한 후에 다음 각 호의 어느 하나에 해당하는 사유가 있는 경우에는 지체 없이 보증인에게 그 사실을 알려야 한다.
> 1. 주채무자가 원본, 이자, 위약금, 손해배상 또는 그밖에 주채무에 종속한 채무를 3개월 이상 이행하지 아니하는 경우
> 2. 주채무자가 이행기에 이행할 수 없음을 미리 안 경우
> 3. 주채무자의 채무 관련 신용정보에 중대한 변화가 생겼음을 알게 된 경우
>
> ③ 채권자는 보증인의 청구가 있으면 주채무의 내용 및 그 이행 여부를 알려야 한다.
> ④ 채권자가 제1항부터 제3항까지의 규정에 따른 의무를 위반하여 보증인에게 손해를 입힌 경우에는 법원은 그 내용과 정도 등을 고려하여 보증채무를 감경하거나 면제할 수 있다.

⑤ **보증인의 최고 · 검색의 항변권**

> **제437조【보증인의 최고, 검색의 항변】** 채권자가 보증인에게 채무의 이행을 청구한 때에는 보증인은 주채무자의 변제자력이 있는 사실 및 그 집행이 용이할 것을 증명하여 먼저 주채무자에게 청구할 것과 그 재산에 대하여 집행할 것을 항변할 수 있다. 그러나 보증인이 주채무자와 연대하여 채무를 부담한 때에는 그러하지 아니하다.
>
> **제438조【최고, 검색의 해태의 효과】** 전조의 규정에 의한 보증인의 항변에 불구하고 채권자의 해태로 인하여 채무자로부터 전부나 일부의 변제를 받지 못한 경우에 채권자가 해태하지 아니하였으면 변제받았을 한도에서 보증인은 그 의무를 면한다.

㉠ 최고 · 검색의 항변권은 연기적 항변권이다.

㉡ 연대보증인, 주채무자가 파산선고를 받은 때, 주채무자의 행방을 모를 때, 당사자가 최고의 항변권을 포기한 때에는 보증인에게 최고 · 검색의 항변권이 인정되지 않는다.

6. 주채무자 또는 보증인에 대하여 생긴 사유의 효력

(1) 주채무자에 관하여 생긴 사유의 효력

① 주채무자에 관하여 생긴 사유는 대부분 보증인에게 효력이 있다.

② 주채무의 소멸은 언제나 보증채무에 영향이 있다. 따라서 주채무의 해제 · 공탁 · 상계 · 면제 · 경개는 보증채무에 영향을 미친다.

③ **주채무자에 대한 소멸시효의 중단**

> **제440조 【시효중단의 보증인에 대한 효력】** 주채무자에 대한 시효의 중단은 보증인에 대하여 그 효력이 있다.

㉠ 주채무자의 모든 시효중단사유는 보증인에게 효력이 미치므로, 주채무의 시효가 중단되면 보증채무의 시효도 중단된다.

㉡ 확정판결로 인한 소멸시효 연장의 효과는 소의 당사자인 채권자와 주채무자 사이에서만 미치고, 보증인에게는 미치지 않는다. 즉, 확정판결에 의하여 주채무의 시효기간이 10년으로 연장되더라도 보증채무의 시효기간은 종전에 따른다.

(2) 보증인에 관하여 생긴 사유의 효력

① 보증인에 관하여 생긴 사유는 채권을 만족시키는 것 이외에는 상대적 효력을 가질 뿐이다.

② 보증인이 채무자에 대하여 이행을 인수하여도 주채무는 소멸하지 않는다.

7. 구상관계

(1) 수탁보증인의 구상권

> **제441조 【수탁보증인의 구상권】** ① 주채무자의 부탁으로 보증인이 된 자가 과실 없이 변제 기타의 출재로 주채무를 소멸하게 한 때에는 주채무자에 대하여 구상권이 있다.
> ② 제425조 제2항의 규정은 전항의 경우에 준용한다.

① (사후)**구상권의 요건**: 보증인이 주채무의 전부 또는 일부를 소멸시켰을 것, 그 소멸이 출재에 의할 것, 보증인의 출재에 과실이 없어야 한다.

② **구상의 범위**: 제425조 제2항이 준용되므로 면책된 날 이후의 이자, 피할 수 없었던 비용 및 기타의 손해배상을 포함한다.

③ **사전구상권**

> **제442조 【수탁보증인의 사전구상권】** ① 주채무자의 부탁으로 보증인이 된 자는 다음 각 호의 경우에 주채무자에 대하여 미리 구상권을 행사할 수 있다.
> 1. 보증인이 과실 없이 채권자에게 변제할 재판을 받은 때
> 2. 주채무자가 파산선고를 받은 경우에 채권자가 파산재단에 가입하지 아니한 때
> 3. 채무의 이행기가 확정되지 아니하고 그 최장기도 확정할 수 없는 경우에 보증계약 후 5년을 경과한 때
> 4. 채무의 이행기가 도래한 때

② 전항 제4호의 경우에는 보증계약 후에 채권자가 주채무자에게 허여한 기한으로 보증인에게 대항하지 못한다.

제443조 【주채무자의 면책청구】 전조의 규정에 의하여 주채무자가 보증인에게 배상하는 경우에 주채무자는 자기를 면책하게 하거나 자기에게 담보를 제공할 것을 보증인에게 청구할 수 있고 또는 배상할 금액을 공탁하거나 담보를 제공하거나 보증인을 면책하게 함으로써 그 배상의무를 면할 수 있다.

④ 구상권의 제한

㉠ 보증인이 면책통지를 하지 않은 경우

제445조 【구상요건으로서의 통지】 ① 보증인이 주채무자에게 통지하지 아니하고 변제 기타 자기의 출재로 주채무를 소멸하게 한 경우에 주채무자가 채권자에게 대항할 수 있는 사유가 있었을 때에는 이 사유로 보증인에게 대항할 수 있고 그 대항사유가 상계인 때에는 상계로 소멸할 채권은 보증인에게 이전된다.
② 보증인이 변제 기타 자기의 출재로 면책되었음을 주채무자에게 통지하지 아니한 경우에 주채무자가 선의로 채권자에게 변제 기타 유상의 면책행위를 한 때에는 주채무자는 자기의 면책행위의 유효를 주장할 수 있다.

㉡ 주채무자가 면책통지를 하지 않은 경우

제446조 【주채무자의 보증인에 대한 면책통지의무】 주채무자가 자기의 행위로 면책하였음을 그 부탁으로 보증인이 된 자에게 통지하지 아니한 경우에 보증인이 선의로 채권자에게 변제 기타 유상의 면책행위를 한 때에는 보증인은 자기의 면책행위의 유효를 주장할 수 있다.

(2) 부탁 없는 보증인의 구상권

제444조 【부탁 없는 보증인의 구상권】 ① 주채무자의 부탁 없이 보증인이 된 자가 변제 기타 자기의 출재로 주채무를 소멸하게 한 때에는 주채무자는 그 당시에 이익을 받은 한도에서 배상하여야 한다.
② 주채무자의 의사에 반하여 보증인이 된 자가 변제 기타 자기의 출재로 주채무를 소멸하게 한 때에는 주채무자는 현존이익의 한도에서 배상하여야 한다.
③ 전항의 경우에 주채무자가 구상한 날 이전에 상계원인이 있음을 주장한 때에는 그 상계로 소멸할 채권은 보증인에게 이전된다.

(3) 주채무자가 수인 있는 경우의 구상관계

제447조 【연대, 불가분채무의 보증인의 구상권】 어느 연대채무자나 어느 불가분채무자를 위하여 보증인이 된 자는 다른 연대채무자나 다른 불가분채무자에 대하여 그 부담부분에 한하여 구상권이 있다.

예제

보증채무에 관한 설명으로 옳은 것을 모두 고른 것은? 제28회

㉠ 보증인의 보증채무는 주채무의 위약금이나 손해배상을 포함하지 않는다.
㉡ 주채무자의 항변포기는 보증인에게 효력이 없다.
㉢ 보증인은 주채무자의 채권에 의한 상계로 채권자에게 대항할 수 있다.
㉣ 주채무자에 대한 시효의 중단은 보증인에 대하여 효력이 없다.

① ㉠, ㉡ ② ㉡, ㉢ ③ ㉢, ㉣
④ ㉠, ㉡, ㉢ ⑤ ㉡, ㉢, ㉣

해설

㉠ (×) 보증채무는 주채무의 이자, 위약금, 손해배상 기타 주채무에 종속한 채무를 포함한다(제429조 제1항).
㉡ (○) 주채무자의 항변포기는 보증인에게 효력이 없다(제433조 제2항).
㉢ (○) 보증인은 주채무자의 채권에 의한 상계로 채권자에게 대항할 수 있다(제434조).
㉣ (×) 주채무자에 대한 시효의 중단은 보증인에 대하여 그 효력이 있다(제440조).

정답 ②

6 특수한 보증

(1) 연대보증(連帶保證)

① **의의**: '연대보증'은 보증인과 주채무자의 관계가 연대의 관계인 경우, 보증인이 주채무자와 연대하여 채무를 부담함으로써 주채무의 이행을 담보하는 보증채무를 말한다.

② **연대보증의 성질**

㉠ 부종성

ⓐ 주채무의 무효·취소·소멸사유는 연대보증채무에도 영향을 미친다.

ⓑ 연대보증채무의 목적·범위·형태 등은 주채무보다 중할 수 없다.

㉡ 일반보증채무와의 차이점

ⓐ 일반보증채무와는 달리 연대보증에서는 최고·검색의 항변권이 없다.

ⓑ 수인의 연대보증인이 존재한다 하더라도 각자 주채무의 전액을 부담해야 한다. 즉, 분별의 이익이 없다.

③ **연대보증의 성립**

채권자와 보증인 사이에 보증계약을 체결하거나 법률의 규정에 의한 경우, 사전에 최고·검색의 항변권을 포기한 경우 등에서 성립한다.

④ **연대보증의 효력**

㉠ 연대보증인은 보충성이 없으므로 최고, 검색의 항변권을 행사할 수 없다.

㉡ 그러나 연대보증인도 부종성에 기한 주채무자의 항변을 원용할 수 있으므로 주채무의 부존재, 소멸, 동시이행, 상계의 항변을 할 수 있다.

(2) 공동보증(共同保證)

① **의 의**

공동보증은 동일한 주채무에 대하여 수인이 보증채무를 지는 것을 말한다.

예 乙의 甲에 대한 3천만원의 주채무에 대하여 A·B·C 3인이 보증을 한 경우

② **공동보증인과 채권자의 관계**

㉠ 분별의 이익이 있는 경우에는 각 보증인은 분할채무관계의 원칙에 따라 균등한 비율로 분할된 액수에 관하여만 보증채무를 부담한다(제439조).

㉡ 분별의 이익이 없는 경우에는 각 보증인은 각각 채무 전액의 이행의무를 부담한다.

관련판례

수인의 보증인이 각자 채무자와 연대하여 채무를 부담하는 경우에 있어서는 보증인 상호간에 연대의 특약이 없는 경우에도 채권자에 대하여 분별의 이익이 없는 것이므로 각자 채무 전액 또는 각자가 약정한 보증한도액 전액을 변제할 책임이 있는 것이라 하겠으나 보증인 상호간의 내부관계에 있어서는 일정한 부담부분이 있고 일정한 분할액에 한정하여 보증인의 지위에 놓이게 된다(대판 1988.10.25, 86다카1729).

③ **공동보증인 간의 구상관계**

> **제448조【공동보증인 간의 구상권】** ① 수인의 보증인이 있는 경우에 어느 보증인이 자기의 부담부분을 넘은 변제를 한 때에는 제444조의 규정을 준용한다.
> ② 주채무가 불가분이거나 각 보증인이 상호 연대로 또는 주채무자와 연대로 채무를 부담한 경우에 어느 보증인이 자기의 부담부분을 넘은 변제를 한 때에는 제425조 내지 제427조의 규정을 준용한다.

㉠ 분별의 이익이 있는 경우

내부관계에서도 공동보증인은 분할된 부담액만을 변제하면 족하다. 그러나 공동보증인의 1인이 이 부담액을 초과하여 변제한 경우는 초과분에 대하여 부탁 없는 보증인의 규정이 준용된다.

㉡ 분별의 이익이 없는 경우
1인의 보증인이 자기의 부담부분을 초과하여 변제를 하면 초과부분에 관하여 다른 공동보증인에 대해 구상권을 취득한다. 그 결과 연대채무자 상호간과 같은 구상관계에 있으므로 제425조부터 제427조까지의 연대채무의 규정이 준용된다.

05 채권관계 당사자의 교체

1 채권양도

1. 채권양도의 의의

(1) '채권양도'란 채권자(양도인)가 채무자에 대한 채권을 동일성을 유지하면서 새로운 채권자(양수인)에게 이전하는, 종래의 채권자와 새로운 채권자 사이의 계약을 의미한다.

(2) 채권양도는 처분행위이다.

> **OX**
> 채권 매매에 따른 지명채권의 양도는 준물권행위로서의 성질을 가진다. (○) 제20회

2. 지명채권의 양도

(1) **지명채권**(指名債權)

'지명채권'은 증권적 채권이 아닌 보통의 채권을 의미한다. 채권자가 특정인으로 지명되어 있다고 하여 지명채권이라고 한다.

(2) **지명채권의 양도성**

> **제449조 【채권의 양도성】** ① 채권은 양도할 수 있다. 그러나 채권의 성질이 양도를 허용하지 아니하는 때에는 그러하지 아니하다.
> ② 채권은 당사자가 반대의 의사를 표시한 경우에는 양도하지 못한다. 그러나 그 의사표시로써 선의의 제3자에게 대항하지 못한다.

① **원 칙**

㉠ 지명채권도 독립된 재산권으로서 양도성을 가진다.

㉡ 채권이 가압류되었다는 점은 채권의 양도성에 영향을 미치지 않는다.

② **예 외**

㉠ 채권의 성질이 양도를 허용하지 않는 경우: 부작위채권과 채권자가 바뀌면 채무자가 하여야 할 이행의 내용이 달라지는 채권 등이다.

㉡ 당사자가 양도금지특약을 한 경우

ⓐ 양도금지특약에 위반된 양도에 대하여 채무자가 사후에 승낙한 경우에 채권의 양도는 원래 무효이지만 채무자의 승낙이 추인으로 되므로 장래에 향하여 채권양도의 효력이 발생한다.

ⓑ 당사자의 양도금지의 의사표시로써 채권은 양도성을 상실하며 양도금지의 특약에 위반해서 채권을 제3자에게 양도한 경우에 악의 또는 중과실의 채권양수인에 대하여는 채권 이전의 효과가 생기지 아니하나, 악의 또는 중과실로 채권양수를 받은 후 채무자가 그 양도에 대하여 승낙을 한 때에는 채무자의 사후승낙에 의하여 무효인 채권양도행위가 추인되어 유효하게 되며 이 경우 다른 약정이 없는 한 소급효가 인정되지 않고 양도의 효과는 승낙시부터 발생한다.

ⓒ 양도금지특약이 있더라도 전부명령에 따라 채권이 이전될 수 있고, 이러한 경우에는 제449조 제2항이 적용되지 않는다. 즉, 집행채권자의 선의·악의는 문제되지 않으며, 전부채권자로부터 그 채권을 양수한 자가 악의이거나 중대한 과실이 있더라도 채무자가 양도금지특약을 근거로 채권양도의 무효를 주장할 수 없다.

㉢ 법률이 양도를 금지하고 있는 경우: 부양청구권, 연금청구권, 재해보상청구권 등이 있다.

OX

당사자 사이에 양도금지의 특약이 있는 채권이더라도 전부명령에 의하여 전부될 수 있다. (○) 제20회

3. 채권양도의 요건

(1) 양도계약

① 기존의 채권자와 새로운 채권자 사이에 채권을 새로운 권리자인 채권자에게 이전하기로 하는 내용의 계약이 있어야 한다.

② 채무자는 양도계약의 당사자가 아니다. 채무자의 승낙이나 채무자에의 통지는 대항요건일 뿐, 채권이전의 요건이 아니다.

(2) 양도할 수 있는 채권의 존재

채권이 존재하여야 하고, 채권양도는 처분행위이므로 채권의 양도인은 처분권을 가지고 있어야 한다.

(3) 채권의 특정성

① 채권양도에 있어서 양도채권이 사회통념상 다른 채권과 구별되어 그 동일성을 인식할 수 있을 정도로 되어 있으면 그 채권은 특정된 것으로 보아야 하고, 양도채권의 종류나 금액 등이 구체적으로 적시되어 있어야 하는 것은 아니다.

② 장래의 채권도 양도 당시 기본적 채권관계가 어느 정도 확정되어 있고 그 권리의 특정이 가능하고 가까운 장래에 발생할 것임이 상당 정도 기대되는 경우에는 이를 양도할 수 있으므로 장래의 이자채권이나 차임채권도 양도할 수 있다.

4. 채권양도의 효력

(1) 채권의 이전

채권양도계약의 체결과 동시에 채권은 동일성을 유지하면서 새로운 채권자에게 이전된다.

(2) 채권에 부수하는 권리들의 이전

① 채권을 담보하는 권리(예 질권, 저당권, 보증 등)들도 채권과 더불어 새로운 권리자에게 이전된다.

② 물건의 점유를 요건으로 하는 유치권과 질권의 경우에는 점유도 이전하여야 하고, 등기를 요건으로 하는 저당권에서는 양수인을 채권자(저당권자)로 하는 부기등기를 하여야 한다.

(3) 채무자의 대항력

양수인은 양도인이 가지고 있던 그 채권을 취득하므로, 채무자가 양도인에 대하여 가지고 있던 모든 항변권이나 이의권도 그대로 양수인에 대하여 존속한다.

5. 지명채권의 대항요건

> **제450조【지명채권양도의 대항요건】** ① 지명채권의 양도는 양도인이 채무자에게 통지하거나 채무자가 승낙하지 아니하면 채무자 기타 제3자에게 대항하지 못한다.
> ② 전항의 통지나 승낙은 확정일자 있는 증서에 의하지 아니하면 채무자 이외의 제3자에게 대항하지 못한다.

(1) **채무자에 대한 대항요건**(채무자에 대한 통지 또는 채무자의 승낙)

① 채무자에 대한 통지

㉠ 통지의 법적 성질은 관념의 통지이다. 의사표시에 관한 규정들이 준용된다.

ⓐ 채권양도의 통지는 채무자에게 도달함으로써 그 효력이 생긴다.

ⓑ 통지에는 조건이나 기한을 붙일 수 없다.

ⓒ 제450조 제1항은 임의규정이므로 채권자가 채권양도의 통지를 하였으나 채무자가 변동된 주소의 신고의무를 게을리 하는 등의 귀책사유로 인하여 위 통지를 수령하지 못할 경우에 위 통지가 채무자에게 도달한 것으로 간주하기로 하는 합의의 효력까지 부정하는 것은 아니다.

ⓓ 채권양도계약이 해제되거나 무효인 경우에 양수인이 통지하지 않으면 채무자에게 대항할 수 없다.

ⓔ 이 통지는 양도인이 직접 할 수도 있고, 사자 또는 채권자의 대리인에 의해서도 행하여질 수 있다.

㉡ 채권양도가 있기 전에 미리 하는 사전통지는 채무자로 하여금 양도의 시기를 확정할 수 없는 불안한 상태에 있게 하는 결과가 되어 원칙적으로 허용될 수 없다.

OX

채권양도의 통지는 양도인이 해야 하므로 채권의 양수인이 채권의 양도인의 대리인으로서 채권양도의 통지에 관한 위임을 받았더라도 채권의 양수인에 의한 양도통지는 효력이 없다. (×) 제26회

② 채무자의 승낙

㉠ 통지와 달리 이의를 유보할 수 있을 뿐만 아니라 조건을 붙여서도 할 수 있다.

㉡ 양도통지에서와 달리 양도될 채권이 특정될 수 있다면 사전승낙도 가능하다.

㉢ 채권양도 통지가 채무자에 대하여 이루어져야 하는 것과는 달리 채무자의 승낙은 양도인 또는 양수인 모두가 상대방이 될 수 있다.

③ 통지 또는 승낙의 효과

> **제451조【승낙, 통지의 효과】** ① 채무자가 이의를 보류하지 아니하고 전조의 승낙을 한 때에는 양도인에게 대항할 수 있는 사유로써 양수인에게 대항하지 못한다. 그러나 채무자가 채무를 소멸하게 하기 위하여 양도인에게 급여한 것이 있으면 이를 회수할 수 있고 양도인에 대하여 부담한 채무가 있으면 그 성립되지 아니함을 주장할 수 있다.
> ② 양도인이 양도통지만을 한 때에는 채무자는 그 통지를 받은 때까지 양도인에 대하여 생긴 사유로써 양수인에게 대항할 수 있다.

> **제452조【양도통지와 금반언】** ① 양도인이 채무자에게 채권양도를 통지한 때에는 아직 양도하지 아니하였거나 그 양도가 무효인 경우에도 선의인 채무자는 양수인에게 대항할 수 있는 사유로 양도인에게 대항할 수 있다.
> ② 전항의 통지는 양수인의 동의가 없으면 철회하지 못한다.

㉠ 유효한 채권양도와 통지 또는 승낙이 있으면 채무자는 양수인에게 변제하여야 하고, 그에게 변제하면 나중에 확정일자 있는 증서에 의한 통지 또는 승낙을 갖춘 다른 양수인이 나타나더라도 영향을 받지 않는다.

㉡ 통지와 채권양도의 효력

ⓐ 통지만 있었던 경우에는 채무자는 통지 전에 양도인에 대하여 가지고 있었던 모든 사유를 양수인에게 주장할 수 있다.

ⓑ 양도된 채권이 대금채권인 경우에 채무자는 양수인에 대해서도 동시이행의 항변권을 행사할 수 있으며, 채권의 발생원인인 법률행위에 무효 또는 취소의 원인이 있으면 채무자가 채권의 무효나 취소를 주장할 수 있다.

ⓒ 양도통지가 있은 후에 채무자가 반대채권을 취득하였다면 양수인에 대하여 상계를 가지고 대항할 수 없다.

ⓓ 양도인이 채무자에게 채권양도를 통지한 경우에, 실제로 양도가 없었거나 무효이더라도 선의의 채무자는 양수인에게 대항할 수 있는 사유로써 양도인에게 대항할 수 있다(채권양도통지의 금반언).

ⓔ 양수인의 동의가 없다면 채권양도의 통지를 철회하지 못한다. 따라서 채권양도계약이 해제되었고 양도인이 채무자에게 양도철회통지를 하였다 하더라도 채무자는 이것을 가지고 양수인에게 대항할 수 없다.

㉢ 승낙과 채권양도의 효력

ⓐ 채무자가 이의를 보류하지 않고 채권양도를 승낙한 경우에, 양도인에 대하여 주장할 수 있는 사유가 있었더라도 채무자는 그 사유로 양수인에게 대항할 수 없다.

ⓑ 채권양도에 있어서 채무자가 양도인에게 이의를 보류하지 아니하고 승낙을 하였다는 사정이 없거나 또는 이의를 보류하지 아니하고 승낙을 하였더라도 양수인이 악의 또는 중과실의 경우에 해당하는 한, 채무자의 승낙 당시까지 양도인에 대하여 생긴 사유로써 양수인에게 대항할 수 있다고 할 것인데, 승낙 당시 이미 상계를 할 수 있는 원인이 있었던 경우에는 아직 상계적상에 있지 아니하였다 하더라도 그 후에 상계적상이 생기면 채무자는 양수인에 대하여 상계로 대항할 수 있다.

OX

채권의 양수인이 채권양도금지 특약을 중과실로 알지 못한 경우, 채무자는 그 특약으로써 그 양수인에게 대항할 수 있다.
(○) 제19회

OX

채무자가 채권의 양도에 대하여 이의를 보류하지 아니하고 승낙을 한 경우, 양수인이 악의라면 채무자의 승낙 당시까지 양도인에 대하여 생긴 사유로써 양수인에게 대항할 수 있다.
(○) 제19회

(2) 제3자에 대한 대항요건

① 채무자 이외의 제3자에 대하여 채권양도를 대항하기 위하여 확정일자 있는 증서로 통지 또는 승낙함을 요한다.

㉠ 채권의 이중양도의 경우 채권양도의 일자를 명확히 함으로써 제3자의 권리를 보호하기 위한 것이다.

㉡ 통지나 승낙을 확정일자 없는 증서로 하였더라도 후에 그 증서에 확정일자를 얻으면 그때부터 대항력을 취득한다.

② **확정일자**

㉠ 확정일자란 증서에 대하여 그 작성한 일자에 관한 완전한 증거가 될 수 있는 것으로 법률상 인정되는 일자, 즉 당사자가 나중에 변경하는 것이 불가능한 것으로 확정된 일자를 의미한다.

㉡ 사본에 의한 확정일자도 가능하다.

㉢ 내용증명우편의 일자도 확정일자이다.

㉣ 확정일자에 의하지 않은 채권양도가 있은 후 채권양수인이 채무자를 상대로 제기한 양수금청구소송에서 승소의 확정판결을 받은 경우에 그 판결도 확정일자 있는 증서에 해당한다.

③ **제3자의 범위**

㉠ 당해 채권에 관하여 양수인의 지위와 양립하지 않는 법률상의 지위를 취득한 자 또는 그 채권에 관하여 법률상의 이익을 가지는 자만을 의미한다.

㉡ 채권을 2중으로 양수한 자, 채권 위의 질권자, 채권을 가압류한 채권자, 채권을 파산재단으로 하는 파산채권자 등이 있다.

㉢ 채권양도의 대항요건의 흠결의 경우 채권을 주장할 수 없는 채무자 이외의 제3자는 양도된 채권 자체에 관하여 양수인의 지위와 양립할 수 없는 법률상 지위를 취득한 자에 한하므로, 선순위의 근저당권부 채권을 양수한 채권자보다 후순위의 근저당권자는 채권양도의 대항요건을 갖추지 아니한 경우 대항할 수 없는 제3자에 포함되지 않는다.

④ **채권이 이중으로 양도된 경우의 우열**

㉠ 양수인들이 모두 제3자에 대한 대항요건을 갖추지 못한 경우

ⓐ 채권양도의 통지나 승낙이 확정일자 있는 증서에 의한 것인지 여부는 어디까지나 제3자에 대한 대항요건에 불과하므로, 확정일자 있는 증서에 의하지 않더라도 채무자가 일단 채권양도의 통지를 받고 그 양수인에게 변제할 것을 승낙하였다면, 그 후 채권이 이중양도되어

채무자가 다시 위 채권의 양도통지를 받고 그 이중양수인에게 변제를 하였더라도 채무자는 1차 양수인에게 채무를 변제할 의무가 있다.

ⓑ 변제나 면제가 있기 전에 어느 한 양수인이 채권양도증서에 확정일자를 받으면 그 일자 이후에는 제3자에 대한 대항력을 취득한다.

㉡ 양수인 중 일방만이 제3자에 대한 대항요건을 갖춘 경우

이중의 채권양도가 있는 경우 그중 한 양수인은 확정일자 있는 증서에 의한 대항요건을 갖추었으나 다른 양수인은 그러한 요건을 갖추지 못한 경우에, 확정일자 있는 증서에 의한 대항요건을 갖춘 양수인이 우선한다.

㉢ 양수인들이 모두 제3자에 대한 대항요건을 갖춘 경우

ⓐ 채권이 이중으로 양도된 경우의 양수인 상호간의 우열은 통지 또는 승낙에 붙여진 확정일자의 선후에 의하여 결정할 것이 아니라, 채권양도에 대한 채무자의 인식, 즉 확정일자 있는 양도통지가 채무자에게 도달한 일시 또는 확정일자 있는 승낙의 일시의 선후에 의하여 결정하여야 할 것이고, 이러한 법리는 채권양수인과 동일 채권에 대하여 가압류명령을 집행한 자 사이의 우열을 결정하는 경우에 있어서도 마찬가지이므로, 확정일자 있는 채권양도 통지와 가압류결정 정본의 제3채무자(채권양도의 경우는 채무자)에 대한 도달의 선후에 의하여 그 우열을 결정하여야 한다.

ⓑ 채권양도 통지, 가압류 또는 압류명령 등이 제3채무자에 동시에 송달되어 그들 상호간에 우열이 없는 경우에도 그 채권양수인, 가압류 또는 압류채권자는 모두 제3채무자에 대하여 완전한 대항력을 갖추었다고 할 것이므로, 그 전액에 대하여 채권양수금, 압류전부금 또는 추심금의 이행청구를 하고 적법하게 이를 변제받을 수 있고, 제3채무자로서는 이들 중 누구에게라도 그 채무 전액을 변제하면 다른 채권자에 대한 관계에서도 유효하게 면책되는 것이며, 만약 양수채권액과 가압류 또는 압류된 채권액의 합계액이 제3채무자에 대한 채권액을 초과할 때에는 그들 상호간에는 법률상의 지위가 대등하므로 공평의 원칙상 각 채권액에 안분하여 이를 내부적으로 다시 정산할 의무가 있다.

OX

채권이 확정일자 있는 증서에 의해 이중으로 양도된 경우, 양수인 상호간의 우열은 통지에 붙여진 확정일자의 선후를 기준으로 정한다. (×) 제20회

PART 03

예 제

甲이 乙에 대한 매매대금채권을 丙에게 양도하였다. 이에 관한 설명으로 옳지 않은 것을 모두 고른 것은? (다툼이 있으면 판례에 따름) **제26회**

> ㉠ 채권양도의 통지는 양도인이 해야 하므로 丙이 甲의 대리인으로서 채권양도의 통지에 관한 위임을 받았더라도 丙에 의한 양도통지는 효력이 없다.
> ㉡ 甲이 乙과의 양도금지특약에 반하여 매매대금채권을 양도하였는데, 丙이 그 특약을 경과실로 알지 못하였다면 丙은 乙을 상대로 그 양수금의 지급을 청구할 수 있다.
> ㉢ 乙이 채권양도에 관하여 이의를 보류하지 않고 승낙하였으나 그 전에 甲의 매매대금채권과 상계적상에 있는 채권을 가지고 있었다면, 이러한 사정을 알고 있었던 丙의 양수금 지급청구에 대해서 乙은 상계로 대항할 수 있다.

① ㉠　② ㉢　③ ㉠, ㉡
④ ㉡, ㉢　⑤ ㉠, ㉡, ㉢

해설

㉠ (×) 민법 제450조에 의한 채권양도통지는 양도인이 직접하지 아니하고 사자를 통하여 하거나 대리인으로 하여금 하게 하여도 무방하고, 채권의 양수인도 양도인으로부터 채권양도통지 권한을 위임받아 대리인으로서 그 통지를 할 수 있다(대판 2004.2.13, 2003다43490).

㉡ (○) 양도금지특약을 위반하여 채권을 제3자에게 양도한 경우에 채권양수인이 양도금지특약이 있음을 알았거나 중대한 과실로 알지 못하였다면 채권 이전의 효과가 생기지 아니한다. 반대로 양수인이 중대한 과실 없이 양도금지특약의 존재를 알지 못하였다면 채권양도는 유효하게 되어 채무자는 양수인에게 양도금지특약을 가지고 채무 이행을 거절할 수 없으므로(대판 2019.12.19, 2016다24284), 경과실이 있는 채권의 양수인 丙은 채무자 乙에게 양수금의 지급을 청구할 수 있다.

㉢ (○) 지명채권의 양도는 양도인이 채무자에게 통지하거나 채무자가 승낙하지 않으면 채무자에게 대항하지 못한다(민법 제450조 제1항). 채무자가 채권양도 통지를 받은 경우 채무자는 그때까지 양도인에 대하여 생긴 사유로써 양수인에게 대항할 수 있고(제451조 제2항), 당시 이미 상계할 수 있는 원인이 있었던 경우에는 아직 상계적상에 있지 않더라도 그 후에 상계적상에 이르면 채무자는 양수인에 대하여 상계로 대항할 수 있다(대판 2019.6.27, 2017다222962).

정답 ①

2 채무인수

(1) 의 의

'채무인수'에는 두 가지 종류가 존재한다.

① 면책적 채무인수란 채무가 동일성을 유지하면서 종래의 채무가 채무인수인에게 이전하는 계약을 말한다. 면책적 채무인수는 인수인이 종래의 채무자에 대신하여 새로 채무자가 되고, 종래의 채무자는 채무를 면하는 것을 의미한다. 민법은 면책적 채무인수에 대해서만 규정하고 있다.

② 병존적 채무인수란 채무를 담보하기 위한 방법으로 제3자가 채무관계에 가입하여 채무자로 되지만 종전의 채무자는 채무를 면하지 못하고 양자가 나란히 동일한 채무를 부담하는 경우를 의미한다.

③ 채무인수의 효력이 발생하기 위해서 채권자의 승낙을 요하는 것은 면책적 채무인수의 경우에 한한다. 판례는 채무인수가 면책적 채무인수인지 병존적 채무인수인지 분명하지 않다면 병존적(중첩적) 채무인수로 본다.

(2) 채무인수의 요건

① 채무에 관한 요건

㉠ 채무의 유효성

채무인수는 유효한 채무의 존재를 전제로 한다.

㉡ 채무의 이전성

채무인수가 유효하기 위해서는 인수되는 채무가 이전할 수 있는 것이어야 한다. 채무의 성질이나 당사자의 의사표시에 의해 채무인수를 허용하지 않는 것일 때에는 이전성이 없다.

② 인수계약의 당사자

제453조【채권자와의 계약에 의한 채무인수】 ① 제삼자는 채권자와의 계약으로 채무를 인수하여 채무자의 채무를 면하게 할 수 있다. 그러나 채무의 성질이 인수를 허용하지 아니하는 때에는 그러하지 아니하다.
② 이해관계없는 제3자는 채무자의 의사에 반하여 채무를 인수하지 못한다.

제454조【채무자와의 계약에 의한 채무인수】 ① 제삼자가 채무자와의 계약으로 채무를 인수한 경우에는 채권자의 승낙에 의하여 그 효력이 생긴다.
② 채권자의 승낙 또는 거절의 상대방은 채무자나 제삼자이다.

제455조【승낙 여부의 최고】 ① 전조의 경우에 제삼자나 채무자는 상당한 기간을 정하여 승낙 여부의 확답을 채권자에게 최고할 수 있다.
② 채권자가 그 기간 내에 확답을 발송하지 아니한 때에는 거절한 것으로 본다.

제456조【채무인수의 철회, 변경】 제삼자와 채무자 간의 계약에 의한 채무인수는 채권자의 승낙이 있을 때까지 당사자는 이를 철회하거나 변경할 수 있다.

(3) 채무인수의 효과

제457조【채무인수의 소급효】 채권자의 채무인수에 대한 승낙은 다른 의사표시가 없으면 채무를 인수한 때에 소급하여 그 효력이 생긴다. 그러나 제삼자의 권리를 침해하지 못한다.

제458조【전 채무자의 항변사유】 인수인은 전 채무자의 항변할 수 있는 사유로 채권자에게 대항할 수 있다.

OX
채무인수는 채무자에게 불리한 것이 아니므로 이해관계 없는 제3자도 채무자의 의사에 반하여 채무를 인수할 수 있다. (×) 제21회

OX
제3자와 채무자 사이의 계약에 의한 채무인수를 채권자가 승낙한 경우, 당사자는 임의로 채무인수의 의사표시를 철회할 수 있다. (×) 제21회

OX
제3자가 채무자와의 계약으로 채무를 인수한 경우, 채권자가 이를 승낙하면 특별한 사정이 없는 한 그 승낙의 의사표시를 한 때부터 채무인수의 효력이 생긴다. (×) 제21회

OX
인수인은 전(前) 채무자의 항변할 수 있는 사유로 채권자에게 대항할 수 있다. (○) 제21회

> **제459조 【채무인수와 보증, 담보의 소멸】** 전 채무자의 채무에 대한 보증이나 제삼자가 제공한 담보는 채무인수로 인하여 소멸한다. 그러나 보증인이나 제삼자가 채무인수에 동의한 경우에는 그러하지 아니하다.

① **채무이전**

채무는 동일성을 잃지 않고 채무자로부터 인수인에게 이전한다.

② **항변권의 이전**

인수인은 전 채무자가 가지고 있던 채권 성립·존속 또는 이행을 저지·배척하는 모든 항변으로 채권자에게 대항할 수 있다. 그러나 채무의 발생원인이 된 계약의 취소권·해제권은 계약당사자만이 가지는 것이므로 인수인이 행사할 수 없다.

③ **담보권 등의 이전**

전 채무자의 채무에 대한 보증이나 제3자가 제공한 담보는 인적 담보이든 물적 담보이든 채무자의 책임재산에 변경이 생기므로 소멸하는 것이 원칙이다. 그러나 보증인이나 제3자가 채무인수에 동의한 때에는 소멸하지 않는다.

OX

전(前) 채무자의 채무에 대한 보증이나 제3자가 제공한 담보는 채무인수가 있더라도 원칙적으로 소멸하지 않는다. (×) 제21회

예 제

면책적 채무인수에 관한 설명으로 옳은 것은? 제21회

① 인수인은 전(前) 채무자의 항변할 수 있는 사유로 채권자에게 대항할 수 있다.
② 전(前) 채무자의 채무에 대한 보증이나 제3자가 제공한 담보는 채무인수가 있더라도 원칙적으로 소멸하지 않는다.
③ 채무인수는 채무자에게 불리한 것이 아니므로 이해관계 없는 제3자도 채무자의 의사에 반하여 채무를 인수할 수 있다.
④ 제3자와 채무자 사이의 계약에 의한 채무인수를 채권자가 승낙한 경우, 당사자는 임의로 채무인수의 의사표시를 철회할 수 있다.
⑤ 제3자가 채무자와의 계약으로 채무를 인수한 경우, 채권자가 이를 승낙하면 특별한 사정이 없는 한 그 승낙의 의사표시를 한 때부터 채무인수의 효력이 생긴다.

해설

① 인수인이 전 채무자의 항변할 수 있는 사유로 채권자에게 대항할 수 있다(제458조).
② 전 채무자의 채무에 대한 보증이나 제3자가 제공한 담보는 채무인수로 인하여 소멸한다. 그러나 보증인이나 제3자가 채무인수에 동의한 경우에는 소멸하지 아니한다(제459조).
③ 이해관계없는 제3자는 채무자의 의사에 반하여 채무를 인수하지 못한다(제453조 제2항).
④ 제3자와 채무자 간의 계약에 의한 채무인수는 채권자의 승낙이 있을 때까지 당사자는 이를 철회하거나 변경할 수 있으므로(제456조), 채권자의 승낙이 있으면 임의로 철회할 수 없다.
⑤ 채권자의 채무인수에 대한 승낙은 다른 의사표시가 없으면 채무를 인수한 때에 소급하여 그 효력이 생긴다(제457조 본문).

정답 ①

06 채권의 소멸

1 변 제

1. 의 의

(1) '변제'란 채무 내용을 실현시키는 채무자 또는 제3자의 행위이다. 즉, 변제란 채무이행을 채권의 소멸이라는 측면에서 본 경우의 표현이다. 이것을 채권의 목적이라는 관점에서 본 경우에는 급부라고 하고, 채무 내용을 실현하는 채무자의 행위의 관점에서는 이행이라고 한다.

(2) 변제와 변제행위는 구별된다. 변제행위는 변제를 위한 수단, 즉 채무자의 행위를 말하는데, 이는 노무의 제공과 같은 사실행위일 수도 있고 위임의 사무로서 제3자와 계약을 체결한 수임인의 행위의무와 같이 법률행위일 수도 있다.

2. 변제의 제공 · 제공의 효과 · 비용 · 증명

(1) 변제의 제공

> **제460조 【변제제공의 방법】** 변제는 채무내용에 좇은 현실제공으로 이를 하여야 한다. 그러나 채권자가 미리 변제받기를 거절하거나 채무의 이행에 채권자의 행위를 요하는 경우에는 변제준비의 완료를 통지하고 그 수령을 최고하면 된다.

① **원칙**: 현실제공

② **예외**: 구두제공(㉠ 미리 수령을 거절한 경우, ㉡ 채권자의 행위를 요하는 경우)

(2) 변제의 효과

> **제461조 【변제제공의 효과】** 변제의 제공은 그때로부터 채무불이행의 책임을 면하게 된다.

(3) 변제의 태양

> **제462조 【특정물의 현상인도】** 특정물의 인도가 채권의 목적인 때에는 채무자는 이행기의 현상대로 그 물건을 인도하여야 한다.
>
> **제463조 【변제로서의 타인의 물건의 인도】** 채무의 변제로 타인의 물건을 인도한 채무자는 다시 유효한 변제를 하지 아니하면 그 물건의 반환을 청구하지 못한다.

OX

특정물의 인도가 채권의 목적인 때에는 채무자는 채권발생 당시의 현상대로 그 물건을 인도하여야 한다. (×) 제22회

OX
채무자가 채무변제를 위하여 타인의 물건을 채권자에게 인도하였다면 이는 유효한 변제이므로 특별한 사정이 없는 한, 더 이상 누구도 채권자에게 그 물건의 반환을 청구할 수 없다. (×) 제17회

제464조【양도능력 없는 소유자의 물건인도】 양도할 능력 없는 소유자가 채무의 변제로 물건을 인도한 경우에 그 변제가 취소된 때에도 다시 유효한 변제를 하지 아니하면 그 물건의 반환을 청구하지 못한다.

제465조【채권자의 선의소비, 양도와 구상권】 ① 전2조의 경우에 채권자가 변제로 받은 물건을 선의로 소비하거나 타인에게 양도한 때에는 그 변제는 효력이 있다.
② 전항의 경우에 채권자가 제삼자로부터 배상의 청구를 받은 때에는 채무자에 대하여 구상권을 행사할 수 있다.

3. 변제자와 변제수령자

(1) 변제자

① **채무자**: 본래의 변제자는 채무자이다.

② **제3자**

OX
법률상 이해관계 있는 제3자는 특별한 사정이 없는 한, 채무자의 의사에 반하여 변제할 수 있다. (○) 제22회

제469조【제3자의 변제】 ① 채무의 변제는 제3자도 할 수 있다. 그러나 채무의 성질 또는 당사자의 의사표시로 제3자의 변제를 허용하지 아니하는 때에는 그러하지 아니하다.
② 이해관계없는 제3자는 채무자의 의사에 반하여 변제하지 못한다.

㉠ 원칙: 변제는 제3자도 할 수 있는 것이 원칙이다. 즉, 제3자의 변제란 제3자가 자기 명의로 타인(채무자)의 채무를 변제하는 것이다.

㉡ 제3자 변제의 제한: 예외적으로 다음과 같은 경우에는 제3자의 변제가 제한된다.

ⓐ 채무의 성질이 제3자의 변제를 허용하지 않는 때
채무자가 스스로 급부하지 않으면 채무내용에 따른 변제라고 할 수 없는 경우이다. 예를 들면, 고용계약상의 노무는 당사자 간의 신뢰관계가 중요하기 때문에 채권자(사용자)의 동의가 없으면 제3자에 의한 변제가 허용되지 않는다.

ⓑ 당사자가 반대의사를 표시한 경우
채무의 성질상 제3자의 변제가 허용되는 경우에도 계약일 때는 특약에 의하여, 단독행위일 때는 일방적 의사표시에 의하여 제3자의 변제를 금지시킬 수 있다.

ⓒ 이해관계없는 제3자로서 채무자의 의사에 반하는 경우
이해관계없는 제3자는 채무자의 의사에 반하여 변제하지 못한다. 이해관계를 가지는 제3자란 단순히 사실상의 이해관계를 가지는 자가

아니라 법률상의 이해관계를 가지는 자를 말한다. 물상보증인 · 저당부동산의 제3취득자 · 후순위 저당권자 등이다.

관련판례

1. 채무의 변제는 원칙적으로 채무자뿐만 아니라 제3자도 할 수 있고, 채무의 성질상 반드시 변제자 본인의 행위에 의해서만 가능한 것이 아닌 이상 제3자를 이행보조자 내지 이행대행자로 사용하여 대위변제할 수도 있다(대판 2001.6.15, 99다13515).
2. 담보권자가 담보권을 확보하기 위하여 지출한 비용은 특약이 없는 한 담보권자가 부담하여야 한다(대판 1987.6.9, 86다카2435).

(2) 변제수령자

① 변제수령권한이 있는 자

채권자가 채권을 가지기 때문에 변제수령자는 원칙적으로 채권자이며, 변제수령권한이 없는 자에 대한 변제는 무효이다. 그러나 그 무효인 변제에 의하여 채권자가 사실상 이익을 받은 때에는 그 한도에서 변제는 유효하고 채권도 소멸한다.

② 표현수령권자

제470조【채권의 준점유자에 대한 변제】 채권의 준점유자에 대한 변제는 변제자가 선의이며 과실 없는 때에 한하여 효력이 있다.

제471조【영수증소지자에 대한 변제】 영수증을 소지한 자에 대한 변제는 그 소지자가 변제를 받을 권한이 없는 경우에도 효력이 있다. 그러나 변제자가 그 권한 없음을 알았거나 알 수 있었을 경우에는 그러하지 아니하다.

㉠ 채권의 준점유자

'채권의 준점유자'란 거래의 관념상 진정한 채권자라고 믿게 할 만한 외관을 갖춘 자를 말한다. 예를 들면, 무효 또는 취소된 양도계약에 의한 채권의 사실상의 양수인 · 채권의 표현상속인 · 예금증서와 그에 찍힌 인영과 같은 인장을 소지한 자 등이 이에 속한다. 채권의 준점유자에 대한 변제가 유효하려면 변제자가 선의 · 무과실이어야 한다.

㉡ 영수증소지자

'영수증'이라 함은 변제의 수령을 증명하는 서면이다. 영수증을 소지한 자에 대하여 선의 · 무과실로 채무를 변제한 때에는 그 소지자가 변제를 받을 권한이 없는 경우에도 그 변제는 유효하다.

OX

채권의 준점유자에 대한 변제는 변제자가 선의 · 무과실인 경우에 한하여 변제로서의 효력이 인정된다. (○) 제17회

PART 03

OX

채권자의 대리인이라고 하면서 채권을 행사하는 자는 특별한 사정이 없는 한, 채권의 준점유자에 해당하지 않는다. (×) 제17회

관련판례

민법 제470조에 정하여진 채권의 준점유자라 함은, 변제자의 입장에서 볼 때 일반의 거래관념상 채권을 행사할 정당한 권한을 가진 것으로 믿을 만한 외관을 가지는 사람을 말하므로 준점유자가 스스로 채권자라고 하여 채권을 행사하는 경우뿐만 아니라 채권자의 대리인이라고 하면서 채권을 행사하는 때에도 채권의 준점유자에 해당한다 (대판 2004.4.23, 2004다5389).

4. 변제의 장소 · 비용 · 증명

(1) 변제의 장소

제467조 【변제의 장소】 ① 채무의 성질 또는 당사자의 의사표시로 변제장소를 정하지 아니한 때에는 특정물의 인도는 채권 성립 당시에 그 물건이 있던 장소에서 하여야 한다.
② 전항의 경우에 특정물인도 이외의 채무변제는 채권자의 현주소에서 하여야 한다. 그러나 영업에 관한 채무의 변제는 채권자의 현영업소에서 하여야 한다.

(2) 변제비용

제473조 【변제비용의 부담】 변제비용은 다른 의사표시가 없으면 채무자의 부담으로 한다. 그러나 채권자의 주소이전 기타의 행위로 인하여 변제비용이 증가된 때에는 그 증가액은 채권자의 부담으로 한다.

(3) 변제의 증명

제474조 【영수증청구권】 변제자는 변제를 받는 자에게 영수증을 청구할 수 있다.

제475조 【채권증서반환청구권】 채권증서가 있는 경우에 변제자가 채무 전부를 변제한 때에는 채권증서의 반환을 청구할 수 있다. 채권이 변제 이외의 사유로 전부 소멸한 때에도 같다.

① **영수증청구권**: 변제와 영수증의 교부는 동시이행의 관계에 있다.

② **채권증서반환청구권**: 채권증서의 반환과 변제는 동시이행의 관계에 있지 않다(통설).

예제

변제에 관한 설명으로 옳은 것은? 제28회

① 특정물의 인도는 특별한 사정이 없는 한 채권자의 현주소에서 하여야 한다.
② 변제는 채무자에게 이익이 되므로, 이해관계 없는 제3자라도 채무자의 의사에 반하여 변제할 수 있다.
③ 변제할 정당한 이익이 있는 자는 채권자의 승낙을 얻어야만 변제로 채권자를 대위할 수 있다.
④ 채권의 준점유자에 대한 변제는 변제자가 선의이며 과실없는 때에 한하여 효력이 있다.
⑤ 변제충당은 원본, 이자, 비용의 순서에 의한다.

해설

④ 채권의 준점유자에 대한 변제는 변제자가 선의이며 과실 없는 때에 한하여 효력이 있다(제470조).
① 채무의 성질 또는 당사자의 의사표시로 변제장소를 정하지 아니한 때에는 특정물의 인도는 채권 성립 당시에 그 물건이 있던 장소에서 하여야 한다(제467조 제1항).
② 이해관계 없는 제3자는 채무자의 의사에 반하여 변제하지 못한다(제469조 제2항).
③ 변제할 정당한 이익이 있는 자는 변제로 당연히 채권자를 대위한다(제481조).
⑤ 채무자가 1개 또는 수개의 채무의 비용 및 이자를 지급할 경우에 변제자가 그 전부를 소멸하게 하지 못한 급여를 한 때에는 비용, 이자, 원본의 순서로 변제에 충당하여야 한다(제479조 제1항).

정답 ④

5. 변제충당

(1) 변제충당의 의의

채무자가 동일한 채권자에 대하여 동종의 목적을 가지는 수개의 채무를 부담하고 있는 경우에 변제의 제공이 그 채무 전부를 소멸하게 하지 못하는 때에 그 급부(변제)를 가지고 어느 채무의 변제에 충당할 것인가를 정하는 것은 '변제충당'이라고 한다.

예 채무자 甲은 채권자 乙에 대하여 A채무(원금 1,000만원, 이자 4%, 변제기 3년), B채무(원금 1,500만원, 이자 5%, 변제기 5년)를 부담하고 있다. 그러던 중에 채무자 甲이 채권자 乙에게 1,000만원을 변제한 경우, 변제한 1,000만원은 A채무와 B채무 전부를 소멸하게 하지 못한다. 이러한 경우 변제한 1,000만원으로 A채무의 변제에 충당할지, B채무에 충당할지를 정할 필요가 있다.

(2) 충당의 순서

① **당사자 합의에 의한 충당**(합의충당)

㉠ 합의충당에 관하여 민법의 규정은 없지만, 민법의 충당에 관한 규정은 임의규정이고, 사적자치의 원칙상 변제자와 변제수령자 사이의 합의에 의하여 충당의 순서를 정할 수 있다. 따라서 민법에 규정된 비용, 이자, 원본의 순서와 다르게 충당의 순서를 정할 수 있다.

㉡ 변제자와 변제수령자 사이에 충당의 순서를 합의한 경우 민법의 충당에 관한 순서는 적용되지 않는다.

㉢ 그러나 담보권 실행을 위한 경매 또는 강제경매에서는 채권자와 채무자 사이에 변제충당에 관한 합의가 있었더라도 그 합의에 의한 충당은 허용되지 않고, 제476조에 의한 지정충당도 허용되지 않으며, 제477조 및 제479조의 법정변제충당의 방법에 의하여야 한다.

관련판례

변제충당에 관한 제476조 내지 제479조는 임의규정이므로 변제자와 변제받는 자 사이에 위 규정과 다른 약정이 있다면 그 약정에 따라 변제충당의 효력이 발생하고, 위 규정과 다른 약정이 없는 경우에 변제의 제공이 그 채무 전부를 소멸하게 하지 못하는 때에는 제476조의 지정변제충당에 의하여 변제충당의 효력이 발생하고 보충적으로 제477조의 법정변제충당의 순서에 따라 변제충당의 효력이 발생한다(대결 2010.3.10, 2009마1942).

② **지정에 의한 충당**(指定充當)

㉠ 지정충당의 의의

'지정충당'이란 변제충당에 관한 합의가 없는 경우 당사자 중 일방에 의한 지정권 행사에 의한 충당방법을 말한다.

㉡ 지정권자

> **제476조【지정변제충당】** ① 채무자가 동일한 채권자에 대하여 같은 종류를 목적으로 한 수개의 채무를 부담한 경우에 변제의 제공이 그 채무 전부를 소멸하게 하지 못하는 때에는 변제자는 그 당시 어느 채무를 지정하여 그 변제에 충당할 수 있다.
> ② 변제자가 전항의 지정을 하지 아니할 때에는 변제받는 자는 그 당시 어느 채무를 지정하여 변제에 충당할 수 있다. 그러나 변제자가 그 충당에 대하여 즉시 이의를 한 때에는 그러하지 아니하다.
> ③ 전2항의 변제충당은 상대방에 대한 의사표시로써 한다.

ⓐ 변제자(1차 지정권자)

변제자의 지정권의 행사에 변제수령자의 동의를 요하지 않으며, 변제수령자도 변제자의 지정권 행사에 이의를 제기할 수 없다.

ⓑ 변제수령자(2차 지정권자)

ⅰ) 변제자가 변제제공할 때에 지정을 하지 않은 경우에는 변제수령자가 그 당시 변제자에 대한 의사표시로써 어느 채무를 지정하여 변제에 충당할 수 있다.

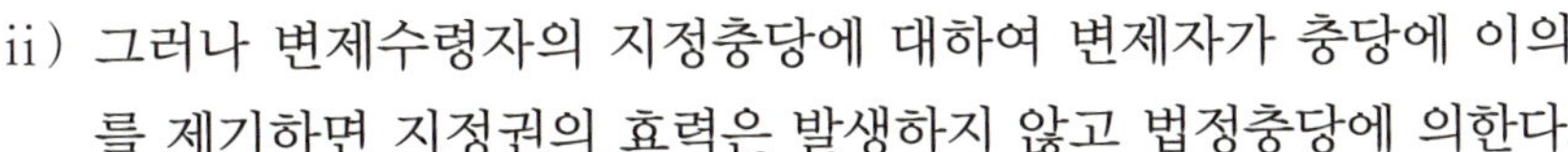

ii) 그러나 변제수령자의 지정충당에 대하여 변제자가 충당에 이의를 제기하면 지정권의 효력은 발생하지 않고 법정충당에 의한다.

㉢ 지정충당의 제한

> **제479조【비용, 이자, 원본에 대한 변제충당의 순서】** ① 채무자가 1개 또는 수개의 채무의 비용 및 이자를 지급할 경우에 변제자가 그 전부를 소멸하게 하지 못한 급여를 한 때에는 비용, 이자, 원본의 순서로 변제에 충당하여야 한다.
> ② 전항의 경우에 제477조의 규정을 준용한다.

ⓐ 변제자나 변제수령자의 지정에 의한 충당이더라도 비용, 이자 그리고 원본의 순서로 충당되어야 한다.

ⓑ 그러나 당사자 사이에 충당순서에 관한 특별한 합의가 있거나 일방적인 지정에 대하여 상대방이 지체 없이 이의하지 않음으로써 묵시적 합의가 있었다고 볼 수 있는 경우에는 지정충당의 제한규정(제479조)은 적용되지 않는다.

관련판례

비용, 이자, 원본에 대한 변제충당에 있어서는 민법 제479조에 그 충당순서가 법정되어 있고 지정변제충당에 관한 같은 법 제476조는 준용되지 않으므로 <u>당사자 사이에 특별한 합의가 없는 한 비용, 이자, 원본의 순서로 충당하여야 할 것</u>이고, 채무자는 물론 채권자라고 할지라도 위 <u>법정순서와 다르게 일방적으로 충당의 순서를 지정할 수는 없다</u>고 할 것이지만, 당사자의 일방적인 지정에 대하여 상대방이 지체 없이 이의를 제기하지 아니함으로써 묵시적인 합의가 되었다고 보여지는 경우에는 그 법정충당의 순서와는 달리 충당의 순서를 인정할 수 있는 것이다(대판 2002.5.10, 2002다12888).

③ 법정충당(法定充當)

㉠ 법정충당의 의의

어느 당사자도 의사표시에 의하여 변제의 충당을 하지 않은 때에는 법률의 규정에 의하여 다음 순서로 충당이 이루어진다.

㉡ 법정충당의 순서

> **제477조【법정변제충당】** 당사자가 변제에 충당할 채무를 지정하지 아니한 때에는 다음 각 호의 규정에 의한다.
> 1. 채무 중에 이행기가 도래한 것과 도래하지 아니한 것이 있으면 이행기가 도래한 채무의 변제에 충당한다.
> 2. 채무 전부의 이행기가 도래하였거나 도래하지 아니한 때에는 채무자에게 변제이익이 많은 채무의 변제에 충당한다.

OX

법정변제충당을 위한 변제이익은 특별한 사정이 없는 한, 채권자를 기준으로 판단하여야 한다. (×) 제17회

PART 03

3. 채무자에게 변제이익이 같으면 이행기가 먼저 도래한 채무나 먼저 도래할 채무의 변제에 충당한다.
4. 전2호의 사항이 같은 때에는 그 채무액에 비례하여 각 채무의 변제에 충당한다.

관련판례

1. 담보권 실행을 위한 경매에서 배당된 배당금이 담보권자가 가지는 수개의 피담보채권 전부를 소멸시키기에 부족한 경우에는 민법 제476조에 의한 지정변제충당은 허용될 수 없고, 채권자와 채무자 사이에 변제충당에 관한 합의가 있었다고 하여 그 합의에 따른 변제충당도 허용될 수 없으며, 획일적으로 가장 공평타당한 충당방법인 민법 제477조 및 제479조의 규정에 의한 법정변제충당의 방법에 따라 충당하여야 한다(대판 2000.12.8, 2000다51339).
2. 변제자가 주채무자인 경우에 보증인이 있는 채무와 보증인이 없는 채무 사이에 있어서 전자가 후자에 비하여 변제이익이 더 많다고 볼 근거는 전혀 없어 양자는 변제이익의 점에서 차이가 없다(대판 1985.3.12, 84다카2093).
3. 특별한 사정이 없는 한 변제자가 타인의 채무에 대한 보증인으로서 부담하는 보증채무는 변제자 자신의 채무에 비하여 변제자에게 그 변제의 이익이 적다고 보아야 한다(대판 2002.7.12, 99다68652).
4. 주채무자가 변제자인 경우에는 담보로 제3자가 발행 또는 배서한 약속어음이 교부된 채무와 다른 채무 사이에 변제이익의 점에서 차이가 없다고 보아야 할 것이나, 담보로 주채무자 자신이 발행 또는 배서한 어음이 교부된 채무는 다른 채무보다 변제이익이 많은 것으로 보아야 한다(대판 1999.8.24, 99다22281).

6. 변제의 제공

(1) 의 의

'변제의 제공'이란 채무이행에 관해 채권자의 협력을 필요로 하는 경우에 채무자가 급부의 실현에 필요한 준비를 다하고 채권자의 협력을 구하는 것을 말한다.

(2) 변제제공의 방법

제460조【변제제공의 방법】 변제는 채무내용에 좇은 현실제공으로 이를 하여야 한다. 그러나 채권자가 미리 변제받기를 거절하거나 채무의 이행에 채권자의 행위를 요하는 경우에는 변제준비의 완료를 통지하고 그 수령을 최고하면 된다.

① **현실제공**

변제의 제공은 원칙적으로 채무의 내용에 좇은 현실의 제공이어야 한다. 현실의 제공이란 채무자로서 하여야 할 행위를 완료하여 채권자의 협력만 있으면 곧 변제의 결과를 가져올 수 있는 상태를 만드는 것이다.

② **구두제공**

다음의 경우에는 구두제공으로 족하다. 즉, 채무자는 변제준비를 완료하고, 이를 채권자에게 통지하고 그 수령을 최고하면 된다.

㉠ 구두제공으로 족한 경우

ⓐ 채권자가 미리 변제받기를 거절한 경우

예를 들면, 채권자가 계약의 무효를 주장하거나 또는 급부물에 하자가 있다고 하면서 수령을 받기를 미리 거절한 경우에는 채무자는 구두제공만 하면 된다.

ⓑ 채무이행에 채권자의 행위를 요하는 경우

채권자가 먼저 협력행위를 하여야 급부가 실현되는 경우이다. 예를 들면, 추심채무의 이행에는 추심이라는 채권자의 협력행위가 필요하다.

㉡ 구두의 제공도 필요하지 않은 경우

채권자가 미리 협력하여야 할 일자가 확정되어 있는 경우에는 구두의 제공도 필요하지 않다.

(3) 변제제공의 효과

> **제461조【변제제공의 효과】** 변제의 제공은 그때로부터 채무불이행의 책임을 면하게 한다.

변제의 제공이 있는 것만으로는 채권은 소멸하지 않는다. 그러나 민법은 채무자를 보호하기 위하여 변제제공에 다음과 같은 효과를 부여하고 있다.

① 변제제공이 있으면 그때부터 채무불이행책임을 면하게 된다. 이때부터는 오히려 채권자가 채권자지체에 빠지게 된다.

② 쌍무계약의 일방 당사자가 변제제공을 하면 상대방은 동시이행의 항변권을 상실한다. 그러나 이 효과의 지속을 위해서는 급부의 제공은 계속되어야 한다.

7. 변제자대위(변제에 의한 대위)

(1) 의 의

제3자 또는 공동채무자 중의 한 사람이 채무자를 위하여 변제하면, 변제자는 채무자 또는 다른 공동채무자에 대하여 구상권을 취득하는데, 그 구상권의 범위 내에서 종래의 채권자가 가지고 있었던 채권 및 담보 등에 관한 제 권리가 법률상 당연히 변제자에게 이전하는 것을 '대위변제 또는 변제자대위'라고 한다.

(2) 변제자대위를 위한 요건

① **변제 기타 출재로 채권자에게 만족을 줄 것**
변제, 대물변제, 공탁, 상계 등으로 채권자에게 이익을 준 경우 등은 포함되지만, 채권자로부터 채무면제를 받거나 소멸시효의 완성으로 타채무를 면책시킨 경우는 포함되지 않는다.

② **변제자가 채무자에 대하여 구상권을 가질 것**
판례는 저당권이 설정된 부동산을 매수하면서 동시에 저당권에 의하여 담보되는 채무를 인수하여 변제하는 것은 자기채무의 변제이므로 구상권이나 변제자대위권이 발생할 여지가 없고, 그 후 매매계약이 해제되고 그 채무의 인수도 해제되어 그 채무가 매도인의 채무로 환원되었다 하더라도 그 채무의 변제가 새삼스럽게 이해관계 있는 제3자의 변제로 되는 것은 아니라고 한다(대판 2003.7.11, 2002다59825).

③ **채권자의 승낙을 얻거나 변제할 정당한 이익이 있을 것**

㉠ 임의대위: 변제할 정당한 이익이 없는 자가 채권자의 승낙을 얻어 채권자를 대위하는 것을 변제자의 임의대위라 한다.

> **제480조 【변제자의 임의대위】** ① 채무자를 위하여 변제한 자는 변제와 동시에 채권자의 승낙을 얻어 채권자를 대위할 수 있다.
> ② 전항의 경우에 제450조 내지 제452조의 규정을 준용한다.

㉡ 법정대위

> **제481조 【변제자의 법정대위】** 변제할 정당한 이익이 있는 자는 변제로 당연히 채권자를 대위한다.

ⓐ 법정대위란 변제할 정당한 이익이 있는 자가 변제한 경우에 한하여 법률상 당연히 채권자를 대위하는 것을 말한다.

ⓑ 불가분채무자, 연대채무자, 보증인, 담보물의 제3취득자, 물상보증인 등이 변제할 정당한 이익이 있는 자에 해당한다.

OX
변제할 정당한 이익이 없는 자가 변제를 한 경우, 그 변제자는 채권자의 승낙이 없더라도 변제와 동시에 법률상 당연히 채권자를 대위한다. (×) 제17회

(3) 대위의 효과

제482조 【변제자대위의 효과, 대위자 간의 관계】 ① 전2조의 규정에 의하여 채권자를 대위한 자는 자기의 권리에 의하여 구상할 수 있는 범위에서 채권 및 그 담보에 관한 권리를 행사할 수 있다.
② 전항의 권리행사는 다음 각 호의 규정에 의하여야 한다.
1. 보증인은 미리 전세권이나 저당권의 등기에 그 대위를 부기하지 아니하면 전세물이나 저당물에 권리를 취득한 제3자에 대하여 채권자를 대위하지 못한다.
2. 제3취득자는 보증인에 대하여 채권자를 대위하지 못한다.
3. 제3취득자 중의 1인은 각 부동산의 가액에 비례하여 다른 제3취득자에 대하여 채권자를 대위한다.
4. 자기의 재산을 타인의 채무의 담보로 제공한 자가 수인인 경우에는 전호의 규정을 준용한다.
5. 자기의 재산을 타인의 채무의 담보로 제공한 자와 보증인 간에는 그 인원수에 비례하여 채권자를 대위한다. 그러나 자기의 재산을 타인의 채무의 담보로 제공한 자가 수인인 때에는 보증인의 부담부분을 제외하고 그 잔액에 대하여 각 재산의 가액에 비례하여 대위한다. 이 경우에 그 재산이 부동산인 때에는 제1호의 규정을 준용한다.

제483조 【일부의 대위】 ① 채권의 일부에 대하여 대위변제가 있는 때에는 대위자는 그 변제한 가액에 비례하여 채권자와 함께 그 권리를 행사한다.
② 전항의 경우에 채무불이행을 원인으로 하는 계약의 해지 또는 해제는 채권자만이 할 수 있고 채권자는 대위자에게 그 변제한 가액과 이자를 상환하여야 한다.

예 제

변제에 관한 설명으로 옳은 것은? (다툼이 있으면 판례에 따름) 제22회

① 특정물의 인도가 채권의 목적인 때에는 채무자는 채권발생 당시의 현상대로 그 물건을 인도하여야 한다.
② 채무의 변제로 타인의 물건을 인도한 채무자는 채권자에게 손해를 배상하고 물건의 반환을 청구할 수 있다.
③ 채무자가 채권자의 승낙없이 본래의 채무이행에 갈음하여 동일한 가치의 물건으로 급여한 때에는 변제와 같은 효력이 있다.
④ 채무의 성질 또는 당사자의 의사표시로 변제장소를 정하지 아니한 경우 특정물의 인도는 채권자의 현주소에서 하여야 한다.
⑤ 법률상 이해관계 있는 제3자는 특별한 사정이 없는 한, 채무자의 의사에 반하여 변제할 수 있다.

해설

⑤ 이해관계 없는 제3자는 채무자의 의사에 반하여 변제하지 못하므로(제469조 제2항), 반대해석상 이해관계 있는 제3자는 채무자의 의사에 반하여 변제할 수 있다.
① 특정물의 인도가 채권의 목적인 때에는 채무자는 이행기의 현상대로 그 물건을 인도하여야 한다(제462조).
② 채무의 변제로 타인의 물건을 인도한 채무자는 다시 유효한 변제를 하지 아니하면 그 물건의 반환을 청구하지 못한다(제463조).

③ 채무자가 채권자의 승낙을 얻어 본래의 채무이행에 갈음하여 다른 급여를 한 때에는 변제와 같은 효력이 있다(제466조).
④ 채무의 성질 또는 당사자의 의사표시로 변제장소를 정하지 아니한 때에는 특정물의 인도는 채권 성립 당시에 그 물건이 있던 장소에서 하여야 한다(제467조 제1항).

정답 ⑤

2 대물변제

(1) 의 의

'대물변제'는 채권자의 승낙을 얻어 채무자가 부담하는 본래의 급부에 갈음하여 다른 급부를 현실적으로 이행함으로써 채권을 소멸시키는 것을 말하며, 이는 변제와 동일한 효력을 가진다.

> **제466조【대물변제】** 채무자가 채권자의 승낙을 얻어 본래의 채무이행에 갈음하여 다른 급여를 한 때에는 변제와 같은 효력이 있다.

(2) 법적 성질

대물변제는 본래의 채무를 소멸시키고, 한편으로는 이에 대신한 대가를 급부하는 것에 의해 성립하는 유상계약이다. 또 대물변제는 현실적으로 대물이 급부될 것을 성립요건으로 하므로 요물계약이다.

3 공 탁

(1) 의 의

공탁은 변제자가 채권자를 위해 변제목적물을 공탁소에 공탁시키는 것에 의해 채권을 소멸시키는 제도이다.

> **제487조【변제공탁의 요건, 효과】** 채권자가 변제를 받지 아니하거나 받을 수 없는 때에는 변제자는 채권자를 위하여 변제의 목적물을 공탁하여 채무를 면할 수 있다. 변제자가 과실 없이 채권자를 알 수 없는 경우에도 같다.

(2) 공탁의 요건

① 공탁원인이 있을 것

㉠ 채권자의 수령거절 또는 수령불능: 채권자가 변제를 받지 아니하거나 받을 수 없는 때에는 공탁을 할 수 있다.

㉡ 과실 없이 채권자를 알 수 없는 경우: 변제자가 과실 없이 채권자를 알 수 없는 경우에도 공탁을 할 수 있다.

② 채무 내용에 따른 공탁일 것

공탁은 채무 내용에 따라 이루어져야 하므로 채권액의 일부의 공탁은 무효가 되어 공탁액의 한도에서도 채권은 소멸하지 않는다.

③ 공탁의 당사자

㉠ 공탁자: 공탁자는 채무자 또는 변제를 할 수 있는 자이다.

㉡ 공탁할 수 있는 장소: 원칙적으로 채무이행지의 공탁소이다.

④ 공탁의 목적물

공탁의 목적물은 원칙적으로 변제목적물 그 자체이다. 금전인 경우가 대부분이나 동산·부동산 무엇이든 공탁할 수 있다. 예외적으로 변제목적물이 공탁에 적당하지 않거나, 멸실·훼손될 염려가 있거나, 공탁에 과다한 비용을 요하는 경우에는 변제자는 법원의 허가를 얻어 그 물건을 경매하거나 시가로 방매하여 그 대금을 공탁할 수 있다.

⑤ 공탁의 통지

공탁이 된 경우에 공탁자는 지체 없이 채권자에게 공탁의 통지를 하여야 한다.

(3) 공탁의 효과

① **채권의 소멸**: 공탁에 의해 채권은 소멸한다.

② 채권자의 공탁물인도청구권

공탁에 의해 채권자는 공탁소에 대하여 공탁물의 인도를 청구하는 권리를 취득한다. 채권자가 이 권리를 행사했을 때에 채권 소멸의 효과가 발생한다. 매매목적물이 공탁된 경우와 같이 채무자가 채권자에 대하여 동시이행의 항변권을 가지고 있을 때에는 채권자는 먼저 그의 의무를 이행하지 않으면 공탁물을 수령할 수 없다.

③ 공탁물의 회수

㉠ 공탁자는 원칙적으로 공탁물을 회수할 수 있다. 공탁물을 회수한 경우에는 공탁하지 아니한 것으로 본다. 즉, 공탁으로 소멸하였던 채무는 부활한다.

㉡ 공탁물을 회수할 수 없는 경우

ⓐ 채권자가 공탁을 승인한 경우

ⓑ 채권자가 공탁소에 대하여 공탁물 받기를 통고한 경우

ⓒ 공탁이 유효하다는 판결이 확정된 경우

ⓓ 공탁으로 인하여 질권 또는 저당권이 소멸한 경우

4 상 계

1. 의 의

'상계'란 채권자와 채무자가 서로 동종의 채권·채무를 가지고 있는 경우에 그 채권과 채무를 대등액에 있어서 소멸시키는 채무자의 일방적 의사표시(단독행위)를 말한다.

예 甲이 乙에 대하여 1,000만원의 금전채권을 가지고 있고 乙이 甲에 대하여 800만원의 금전채권을 가지고 있는 경우, 甲과 乙은 800만원의 한도에서 상계에 의하여 대금채권을 소멸시킬 수 있다. 800만원의 한도에서 甲도 乙에 대한 상계의 의사표시로써 상계할 수 있고, 乙도 甲에 대한 의사표시로써 상계할 수 있다.

2. 상계의 법적 성질

(1) 상계는 단독행위이며, 형성권에 속하고 처분행위에 해당한다.

(2) 상계는 원칙적으로 소급효를 가진다.

3. 상계의 요건

제492조【상계의 요건】 ① 쌍방이 서로 같은 종류를 목적으로 한 채무를 부담한 경우에 그 쌍방의 채무의 이행기가 도래한 때에는 각 채무자는 대등액에 관하여 상계할 수 있다. 그러나 채무의 성질이 상계를 허용하지 아니할 때에는 그러하지 아니하다.
② 전항의 규정은 당사자가 다른 의사를 표시한 경우에는 적용하지 아니한다. 그러나 그 의사표시로써 선의의 제3자에게 대항하지 못한다.

(1) 양 채권이 상계적상(相計適狀)에 있을 것

① 당사자 간에 채권의 대립이 있을 것

상계 당시에 당사자들은 서로 상대방에 대하여 채권을 가지고 있어야 하는데 여기서 상계하는 측의 채권을 '자동채권'이라 하며, 상계를 당하는 측의 채권을 '수동채권'이라고 한다.

예 甲의 乙에 대한 1,000만원의 채권 그리고 乙의 甲에 대한 800만원의 채권이 있는 경우 만일 甲이 상계를 하면 甲의 乙에 대한 채권(1,000만원)이 자동채권이 되고, 乙의 甲에 대한 채권(800만원)이 수동채권이 된다. 반대로 乙이 상계를 하면 乙의 甲에 대한 채권(800만원)이 자동채권이 되고 甲의 乙에 대한 채권(1,000만원)이 수동채권이 된다.

② **두 채권이 동종의 채권일 것**

㉠ 상계가 가능한 채권은 종류채권이나 금전채권에 한한다. 따라서 특정물 채권에 관하여는 원칙적으로 상계가 허용되지 않는다.

㉡ 두 채권의 채권액이 같을 필요는 없다.

㉢ 두 채권의 급부장소 또는 인도장소가 같을 필요도 없다.

③ **자동채권이 변제기에 있을 것**

자동채권은 항상 변제기에 있어야 하나, 수동채권은 변제기에 있을 필요는 없다.

④ **채권의 성질이 상계를 허용하는 것일 것**

㉠ 하는 채무나 부작위채무는 현실적으로 이행하여야 채권의 목적을 달성할 수 있으므로 성질상 상계가 허용되지 않는다.

㉡ 또한 자동채권에 항변권이 붙어 있는 경우에도 상계는 허용되지 않는다.

관련판례

항변권이 붙어 있는 채권을 자동채권으로 하여 타의 채무와의 상계를 허용한다면 상계자 일방의 의사표시에 의하여 상대방의 항변권 행사의 기회를 상실하게 하는 결과가 되므로 이와 같은 상계는 그 성질상 허용될 수 없다(대판 2002.8.23, 2002다25242).

⑤ **상계금지채권이 아닐 것**

㉠ 당사자의 의사표시에 의한 금지

당사자는 원칙적으로 상계금지의 특약을 할 수 있다. 그러나 상계금지의 의사표시로써 선의의 제3자에게는 대항할 수 없다.

㉡ 법률에 의한 금지

제496조【불법행위채권을 수동채권으로 하는 상계의 금지】 채무가 고의의 불법행위로 인한 것인 때에는 그 채무자는 상계로 채권자에게 대항하지 못한다.

제497조【압류금지채권을 수동채권으로 하는 상계의 금지】 채권이 압류하지 못할 것인 때에는 그 채무자는 상계로 채권자에게 대항하지 못한다.

제498조【지급금지채권을 수동채권으로 하는 상계의 금지】 지급을 금지하는 명령을 받은 제3채무자는 그 후에 취득한 채권에 의한 상계로 그 명령을 신청한 채권자에게 대항하지 못한다.

OX

불법행위채권을 수동채권으로 상계할 수 있다. (×) 제14회

㉢ 해석상 상계금지

ⓐ 동시이행의 항변권이 붙은 채권을 자동채권으로 하는 상계의 금지

ⓑ 질권이 설정된 채권을 자동채권으로 하는 상계의 금지

(2) 상계적상의 현존

① **원칙**: 상계적상은 의사표시 당시에 현존하여야 한다.

② **예 외**

> **제495조【소멸시효완성된 채권에 의한 상계】** 소멸시효가 완성된 채권이 그 완성 전에 상계할 수 있었던 것이면 그 채권자는 상계할 수 있다.

4. 상계의 방법

> **제493조【상계의 방법, 효과】** ① 상계는 상대방에 대한 의사표시로 한다. 이 의사표시에는 조건 또는 기한을 붙이지 못한다.
> ② 상계의 의사표시는 각 채무가 상계할 수 있는 때에 대등액에 관하여 소멸한 것으로 본다.

상계의 의사표시는 자동채권의 채무자에 대하여 하여야 하고, 상계의 의사표시에는 조건 또는 기한을 붙이지 못한다.

5. 상계의 효과

(1) 채권의 소멸

수동채권과 자동채권은 대등액에 있어서 소멸한다.

(2) 상계의 소급효

상계의 의사표시가 있으면 각 채무가 상계할 수 있는 때에 대등액에 관하여 소멸한 것으로 본다. 즉, 자동채권과 수동채권은 상계의사표시가 아니라 상계할 수 있는 때, 즉 두 채권이 상계적상에 놓여졌을 때로 소급하여 소멸한다.

(3) 이행지가 다른 상계

> **제494조【이행지를 달리하는 채무의 상계】** 각 채무의 이행지가 다른 경우에도 상계할 수 있다. 그러나 상계하는 당사자는 상대방에게 상계로 인한 손해를 배상하여야 한다.

5 경 개

(1) 의 의

'경개'란 당사자가 채무의 중요한 부분을 변경함으로써 신채무를 성립시키는 동시에 구채무를 소멸시키는 계약을 말한다. 경개에 있어서 구채무의 소멸과 신채무의 성립 사이에는 인과관계가 있다. 따라서 구채무가 소멸하지 않으면 신채무도 성립하지 않고, 또한 신채무가 성립하지 않으면 구채무도 소멸하지 않는다.

> **제500조【경개의 요건, 효과】** 당사자가 채무의 중요한 부분을 변경하는 계약을 한 때에는 구채무는 경개로 인하여 소멸한다.

(2) 경개계약의 형태

① **채무자변경으로 인한 경개**: 이 경우는 채권자와 신채무자 사이의 계약으로 경개를 할 수 있다. 그러나 구채무자의 의사에 반하여 이를 할 수 없다.

② **채권자변경으로 인한 경개**: 이 경우는 신・구채권자와 채무자의 3면계약에 의한다. 제3자에게 대항하기 위한 요건은 채권양도의 경우와 마찬가지로 확정일자 있는 증서이다.

③ **목적을 변경하는 경개**: 급부의 목적을 변경하는 경개는 채권자와 채무자 사이의 계약에 의한다.

(3) 경개의 효과

① 경개에 의해 구채무는 소멸하고 신채무가 성립한다. 구채무와 신채무와의 사이에는 동일성이 없다. 따라서 구채무에 존재하였던 담보권・보증채무・위약금 기타의 종된 권리는 소멸한다.

② 그러나 당사자는 특약으로 구채무의 담보를 그 목적의 한도 내에서 신채무의 담보로 할 수 있다. 이때 제3자가 담보를 제공한 경우에는 그의 승낙을 얻어야 한다.

관련판례

신채무의 불이행과 해제

경개계약은 신채무가 성립하면 그 효력이 완결하고 경개계약이행의 문제가 생길 여지가 없다. 따라서 신채무의 채무불이행이 있더라도 그 사유가 경개계약의 해제사유가 되지는 아니한다(대판 1980.11.11, 80다2050).

6 면 제

'면제'는 채권자의 일방적 의사표시에 의해 채권을 무상으로 소멸시키는 단독 행위이다. 즉, 채권을 포기하는 것이다. 면제는 처분권한 있는 채권자가 채무자에 대해 면제의 의사표시를 하는 것이며, 채무자의 의사를 불문한다.

> **제506조【면제의 요건, 효과】** 채권자가 채무자에게 채무를 면제하는 의사를 표시한 때에는 채권은 소멸한다. 그러나 면제로써 정당한 이익을 가진 제3자에게 대항하지 못한다.

7 혼 동

'혼동'은 채권과 채무가 동일인에게 귀속하는 것이다. 혼동의 법적 성질은 사건이고, 의사표시 등 당사자의 행위를 필요로 하지 않는다. 혼동에 의해 원칙적으로 채권은 소멸한다. 다만, 채권이 제3자의 권리의 목적인 때에는 혼동에 의해 소멸하지 않는다.

> **제507조【혼동의 요건, 효과】** 채권과 채무가 동일한 주체에 귀속한 때에는 채권은 소멸한다. 그러나 그 채권이 제3자의 권리의 목적인 때에는 그러하지 아니하다.

Chapter

02 채권법 각론

단·원·열·기

매년 5~6문제가 출제되는 부분이다. "계약의 종류", "해제", "매매", "임대차", "도급", "불법행위" 위주로 학습하여야 한다.

채권법 각론

01 채권의 발생원인

(1) 법률행위에 의한 채권의 발생

법률행위는 단독행위·계약·합동행위로 나뉘지만, 채권의 발생원인으로 중요한 것은 계약이다.

(2) 법률규정에 의한 채권의 발생

법률행위 이외에 법률요건이 되는 것에는 준법률행위·위법행위·사건 등이 있다. 이러한 법률요건은 채권편에 한정되어 있는 것은 아니며, 채권편에서 규정하고 있는 것은 사무관리(준법률행위)·불법행위(위법행위)·부당이득(사건)이다.

이하에서는 채권발생원인에 관해 채권편의 규정을 중심으로 계약을 계약총론과 계약각론으로 나누어 설명하고, 다음으로 법조문의 순서에 따라 사무관리·부당이득·불법행위를 설명한다.

02 계약법 총론

1 서 론

(1) 계약의 의의

당사자의 서로 대립하는 의사표시가 내용상 일치함으로써 이루어지는 법률행위를 계약이라 한다. 예를 들면, 甲이 乙에게 자기의 자가용을 1,000만원에 팔겠다는 의사를 표시(청약)하고, 乙이 甲에게 자가용을 사겠다는 의사를 표시(승낙)하는 경우에 甲 · 乙 간에 계약이 성립된다.

계약은 서로 대립하는 두 개 이상의 의사를 기초로 하는 합의이기 때문에 유언이나 채무면제와 같이 하나의 의사표시만으로 성립하는 단독행위와 구별된다. 계약은 위의 예처럼 채권 · 채무의 발생을 목적으로 하는 채권계약 이 외에도 저당권의 설정과 같은 물권의 변동을 목적으로 하는 물권계약, 혼인과 같은 친족법상의 계약 등을 모두 포함하는 넓은 개념이다. 그러나 좁은 의미에서 계약이라 함은 채권계약만을 말하고, 계약법은 이것만을 그 대상으로 한다.

(2) 계약자유의 원칙과 그 제한

① 계약자유의 원칙

사람은 누구나 독립된 자율적 인격을 가진 권리주체로서 자신의 자유로운 의사에 따라 자신의 생활관계를 형성해 갈 수 있다. 이것이 계약자유의 원칙이며, 그 내용으로서 계약체결의 자유, 상대방선택의 자유, 내용결정의 자유, 방식의 자유 등이 있다.

② 계약자유의 원칙에 대한 제한

㉠ 체결(승낙)의 자유에 대한 제한

계약체결의 청약을 받은 사람에게 청약에 대한 승낙의무가 부과되는 경우가 있다. 예를 들면, 전기 · 가스 · 운송 등의 독점적 기업, 공증인 · 집행관 · 법무사 등의 공공적 직무, 의사 · 조산사 · 간호사 · 약사 · 한약사 등의 공익적 직무의 경우에는 정당한 이유 없이 그 업무 또는 직무를 거절할 수 없다.

㉡ 내용결정의 자유에 대한 제한

계약의 내용이 강행법규에 위반하거나 선량한 풍속 기타 사회질서에 위반하는 경우 그 계약은 무효가 된다. 약관에 의한 계약도 내용결정의 자유를 제한한다.

㉢ 방식의 자유에 대한 제한

현행 민법상 채권계약에 관하여 특별한 방식을 요구하는 경우는 없으나, 제555조는 증여의 의사표시가 서면으로 표시되지 아니한 경우에는 각 당사자는 이를 해제할 수 있다고 규정하고 있다.

㉣ 국가의 허가 · 증명 · 신고에 의한 제한

계약자유의 원칙이 인정되지만, 그 체결된 계약에 대하여 국가로부터 허가 또는 증명을 받게 하거나, 국가에 신고를 하도록 하는 경우가 있다. 예를 들면, 국토의 계획 및 이용에 관한 법률에 의한 허가구역 내의 토지의 소유권·지상권의 이전·설정을 목적으로 하는 계약은 관할 시장·군수·구청장의 허가를 받아야 하고, 농지를 취득하기 위한 계약에서는 소재지 관서로부터 농지취득자격증명을 얻어야 한다.

(3) 계약의 종류

① 전형계약·비전형계약

민법(제3편 제2장 제2절 제554조 이하)에서 정하고 있는 15종류의 계약을 전형계약이라고 한다. 계약의 이름이 법률상 주어져 있다는 의미에서 유명계약이라고도 한다. 비전형계약은 민법에 규정되어 있지 않은 계약을 통틀어 지칭하는 것이며, 무명계약이라고도 한다.

보충학습

민법상 15종류의 전형계약

1. **재산권의 이전을 목적으로 하는 계약**: 증여, 매매, 교환
2. **물건의 대차를 목적으로 하는 계약**: 소비대차, 사용대차, 임대차, 임치
3. **노무의 제공을 목적으로 하는 계약**: 고용, 도급, 여행, 현상광고, 위임
4. **기타**: 조합, 종신정기금, 화해

② 낙성계약·요물계약

㉠ 당사자 사이의 의사표시의 합치만으로 성립하는 계약을 낙성계약, 합의 이외에 추가로 일방 당사자가 물건의 인도나 기타의 급부를 해야 성립하는 계약을 요물계약이라 한다. 전형계약 중에서 요물계약이라고 할 수 있는 것은 현상광고뿐이다.

㉡ 요물계약에서는 물건의 인도 기타의 급부를 해야 비로소 계약이 성립하게 되므로, 양자는 계약의 성립시기에서 차이가 생긴다.

③ 요식계약·불요식계약

계약의 성립에 일정한 방식을 요하는 계약을 요식계약, 방식을 요하지 않는 계약을 불요식계약이라 한다. 민법은 원칙적으로 계약에 있어 방식의 자유를 인정하고 있다.

④ 쌍무계약·편무계약

㉠ 계약의 효력에 관하여 각 당사자가 서로 대가적 의미를 가지는 채무를 부담하는 것, 즉 상대방이 나에게 의무를 이행하지 않으면 내 의무가 이행되어야 할 이유가 없는 관계가 쌍무계약이다. 전형계약 중 매매·교환·임대차·고용·도급·조합·화해·유상위임·유상임치가 이에 속한다.

㉡ 편무계약은 일방 당사자만이 채무를 부담하거나 쌍방이 채무를 부담하더라도 그것이 서로 쌍무적 또는 대가적 관계에 서지 않을 때의 계약을 말한다. 증여 · 사용대차 · 현상광고 · 무상소비대차 · 무상위임 · 무상임치가 편무계약에 속한다.

㉢ 쌍무계약에서는 양 당사자의 채무가 서로 견련관계에 있기 때문에 동시이행의 항변, 반대급부의 위험부담 문제가 생기지만, 편무계약에서는 이러한 문제가 생기지 않는다.

⑤ 유상계약 · 무상계약

㉠ 유상계약

ⓐ 계약당사자가 서로 대가적 의미 있는 재산상의 출연을 하는 계약이다. 매매 · 임대차 등 모든 쌍무계약과 현상광고는 유상계약이다.

ⓑ 쌍무계약 · 편무계약이 계약의 성립시기를 기준으로 하는 반면, 계약의 전 과정을 통하여 당사자 사이의 출연이 대가적 의미가 있느냐의 여부에 따른 구별이다.

ⓒ 쌍무계약은 언제나 유상계약이 되지만 유상계약은 반드시 쌍무계약이 되는 것은 아니다(현상광고는 유상계약이지만, 편무계약에 해당한다).

㉡ 무상계약

ⓐ 무상계약은 당사자 일방만이 급부를 하거나 또는 당사자 쌍방이 급부를 하더라도 그 급부 사이에 대가적 의미가 없는 계약이다.

ⓑ 증여 · 사용대차가 무상계약에 속한다.

㉢ 구별의 실익

ⓐ 유상계약에 관하여는 매매에 관한 규정(계약금 · 담보책임 등)이 준용된다(제567조).

ⓑ 부담이 있는 증여(부담부증여)는 무상계약이지만, 증여자는 그 부담이 있는 한도에서 매도인과 같은 담보책임을 진다(제559조 제2항).

⑥ 계속적 계약 · 일시적 계약

㉠ 계약의 내용인 급부를 이행함에 있어서 그것을 일정한 기간 동안 계속적으로 하여야 하는 계약이 계속적 계약이고, 일정한 시점에 급부를 이행함으로써 완료되는 계약이 일시적 계약이다. 소비대차 · 사용대차 · 임대차 · 고용 · 위임 · 임치 · 조합 · 종신정기금이 계속적 계약이고, 매매 · 증여 · 교환은 일시적 계약에 속한다.

ⓛ 계속적 채권관계에는 해지권이 인정되어 해지권을 행사한 때로부터 채권관계가 실효되게 되고, 당사자 간의 신뢰가 강하게 요구되므로 신의칙이 적용되기 쉽다.

2 계약의 성립

1. 총 설

(1) 계약의 공통된 성립요건

계약은 일정한 법률효과의 발생을 의욕하는 당사자 간의 의사표시의 합치이다. 이러한 계약이 성립하기 위해서는 의사표시가 객관적·주관적으로 합치하여야 한다.

① **객관적 합치**: 대립하는 의사표시가 내용에 있어 서로 일치하여야 한다.

② **주관적 합치**: 각 당사자의 의사표시가 서로 상대방에 대한 것이어서 상대방이 누구인지에 관하여 잘못이 없어야 한다.

(2) 계약 성립의 모습

① **청약과 승낙의 합치로 성립**: 계약은 일반적으로 서로 대립되는 두 개의 의사표시인 권리능력자의 청약과 상대방의 승낙이 합치됨으로써 성립한다.

② **교차청약에 의한 성립**: 당사자 간에 동일한 내용의 청약이 상호 교차된 경우에는 양 청약이 상대방에게 도달한 때에 계약이 성립한다(제533조).

③ **의사실현에 의한 성립**: 청약자의 의사표시나 관습에 의하여 승낙의 통지가 필요하지 아니한 경우에는 계약은 승낙의 의사표시로 인정되는 사실이 있는 때에 성립한다(제532조).

2. 청약과 승낙에 의한 계약의 성립

제527조【계약의 청약의 구속력】 계약의 청약은 이를 철회하지 못한다.

제528조【승낙기간을 정한 계약의 청약】 ① 승낙의 기간을 정한 계약의 청약은 청약자가 그 기간 내에 승낙의 통지를 받지 못한 때에는 그 효력을 잃는다.
② 승낙의 통지가 전항의 기간 후에 도달한 경우에 보통 그 기간 내에 도달할 수 있는 발송인 때에는 청약자는 지체 없이 상대방에게 그 연착의 통지를 하여야 한다. 그러나 그 도달 전에 지연의 통지를 발송한 때에는 그러하지 아니하다.
③ 청약자가 전항의 통지를 하지 아니한 때에는 승낙의 통지는 연착되지 아니한 것으로 본다.

OX

승낙의 연착 통지를 하여야 할 청약자가 연착의 통지를 하면 계약이 성립한다. (×) 제22회

OX
승낙의 기간을 정하지 아니한 계약의 청약은 청약자가 상당한 기간 내에 승낙의 통지를 받지 못한 때에는 그 효력을 잃는다. (○) 제18회

제529조 【승낙기간을 정하지 아니한 계약의 청약】 승낙의 기간을 정하지 아니한 계약의 청약은 청약자가 상당한 기간 내에 승낙의 통지를 받지 못한 때에는 그 효력을 잃는다.

제530조 【연착된 승낙의 효력】 전2조의 경우에 연착된 승낙은 청약자가 이를 새 청약으로 볼 수 있다.

제534조 【변경을 가한 승낙】 승낙자가 청약에 대하여 조건을 붙이거나 변경을 가하여 승낙한 때에는 그 청약의 거절과 동시에 새로 청약한 것으로 본다.

제531조 【격지자 간의 계약 성립시기】 격지자 간의 계약은 승낙의 통지를 발송한 때에 성립한다.

(1) 청 약

① 의 의

청약은 상대방의 승낙과 결합하여 일정한 내용의 계약을 성립시키는 확정적인 내용의 의사를 표시하는 것이다.

㉠ 청약의 확정성

청약은 그에 대응하는 승낙이 있으면 바로 계약이 성립하므로, 계약의 중요 내용을 확정적으로 표시하는 의사표시라야 한다.

㉡ 청약의 유인

청약은 청약의 유인과 구별된다. 청약은 그에 대응하는 승낙이 있으면 계약이 성립하는 확정적 의사표시인 데 반하여, 청약의 유인은 상대방으로 하여금 청약하도록 촉구하는 의사의 표시이다. 구인광고, 주택의 임대광고, 상품의 진열, 기차・선박의 시간표 제시 등은 청약의 유인에 지나지 않아 상대방이 이에 대한 의사표시를 하여도 곧 계약이 성립하지는 않는다.

② 청약의 상대방

청약은 특정인 또는 불특정인에게 할 수 있다. 예를 들면, 자동판매기의 설치가 불특정 다수인에 대한 청약의 의사표시에 해당한다.

③ 청약의 효력

㉠ 효력발생시기

청약은 의사표시이므로 의사표시의 일반원칙에 따라 도달주의 원칙이 그대로 적용된다. 따라서 청약은 상대방에게 도달된 때에 그 효력이 발생한다.

ⓛ 청약의 구속력

청약이 상대방에게 도달하면 청약자는 청약을 임의로 철회할 수 없다. 이것을 청약의 구속력이라고 한다.

ⓒ 청약의 승낙적격

청약이 상대방에게 도달하여 상대방이 승낙을 하면 계약이 성립한다. 이와 같이 청약이 상대방의 승낙이 있으면 계약을 성립시킬 수 있는 효력을 청약의 승낙적격이라 한다. 승낙은 청약이 유효하게 존속하고 있는 동안에 행하여져야 계약이 성립하므로 청약의 승낙적격은 청약의 존속기간의 문제이며, 이는 곧 승낙기간과 같다. 청약의 존속기간은 청약자가 승낙기간을 정한 때에는 그 기간이고, 정하지 않은 때에는 그 청약에 대응하여 계약을 성립시키는 데 걸리는 상당한 기간이다.

(2) 승 낙

① 의 의

승낙은 청약에 대응하여 계약을 성립시킬 것을 목적으로 하는 청약수령자의 청약자에 대한 의사표시로서, 청약에 부합하는 내용이어야 한다.

② 승낙의 상대방

승낙은 반드시 특정인에게 하여야 한다. 불특정 다수인에 대한 승낙은 인정되지 않는다.

③ 승낙기간

승낙기간은 청약의 존속기간이며, 이 기간 내에 승낙이 이루어져야 계약이 성립하게 된다.

㉠ 청약자가 승낙기간을 정하여 청약을 한 때에는 그 승낙기간 내에 승낙이 청약자에게 도달하여야 한다. 그러므로 승낙기간이 지난 후에 승낙이 청약자에게 도달한 때에는 그 청약은 효력을 상실한다.

ⓛ 승낙의 통지가 보통 승낙기간 내에 도달할 수 있도록 발송되었음에도 불구하고 특별한 사정에 의하여 지연되어 그 기간이 경과한 후에 도달된 경우에는 이미 그 도달 전에 지연의 통지를 발송한 경우를 제외하고는 청약자는 지체 없이 상대방에게 승낙의 통지가 연착되었다는 것을 통지하여야 한다. 청약자가 그러한 통지를 하지 아니한 때에는 승낙은 연착되지 아니한 것으로 되어 계약은 유효하게 성립한다.

ⓒ 승낙기간을 경과하여 연착된 승낙은 청약자가 이를 새로운 청약으로 보고, 이에 대하여 청약자가 승낙을 함으로써 계약을 성립시킬 수 있다.

OX

청약과 승낙은 불특정인에 대하여도 할 수 있다. (×) 제16회

㉣ 승낙기간을 정하지 아니하고 청약한 경우에는 계약을 성립시키는 데 걸리는 상당한 기간 내에 승낙의 통지가 청약자에게 도달하여야 한다.

(3) 계약의 성립시기

① 문제점

민법은 상대방 있는 의사표시의 효력발생에 관하여 도달주의를 취하고 있으므로, 제528조 제1항도 승낙기간 내에 통지를 받지 못한 때에는 계약이 성립될 수 없다고 하여 이러한 취지를 규정하고 있다. 그런데 제531조는 "격지자 간의 계약은 승낙의 통지를 발송한 때에 성립한다."라고 규정하여 발신주의를 취하고 있다. 여기서 제528조 제1항과 제531조는 서로 모순충돌하게 되는데 이를 어떻게 합리적으로 해석할 것인지가 문제된다.

② 학 설

다수설은 승낙이 승낙기간 또는 상당한 기간이 경과한 후에 청약자에게 도달하지 않을 것을 해제조건으로 하여 승낙의 발신에 의하여 계약이 성립하는 것으로 이론을 구성한다(해제조건설).

3. 기타의 방법에 의한 계약의 성립

(1) 의사실현에 의한 계약 성립

> **제532조 【의사실현에 의한 계약 성립】** 청약자의 의사표시나 관습에 의하여 승낙의 통지가 필요하지 아니한 경우에는 계약은 승낙의 의사표시로 인정되는 사실이 있는 때에 성립한다.

(2) 교차청약에 의한 계약 성립

> **제533조 【교차청약】** 당사자 간에 동일한 내용의 청약이 상호 교차된 경우에는 양 청약이 상대방에게 도달한 때에 계약이 성립한다.

OX

당사자 간에 동일한 내용의 청약이 상호 교차된 경우, 양청약이 상대방에게 도달한 때에 계약이 성립한다. (○) 제16회

예제

계약의 성립에 관한 설명으로 옳지 않은 것은? 제24회

① 승낙기간이 정해진 경우에 승낙의 통지가 그 기간 내에 도달하지 않으면 특별한 사정이 없는 한 계약은 성립하지 않는다.
② 격지자간의 계약은 승낙의 통지가 도달한 때에 성립한다.
③ 청약이 상대방에게 도달하여 그 효력이 발생하면 청약자는 임의로 이를 철회하지 못한다.
④ 청약자의 의사표시에 의하여 승낙의 통지가 필요 없는 경우, 계약은 승낙의 의사표시로 인정되는 사실이 있는 때에 성립한다.
⑤ 당사자 간에 동일한 내용의 청약이 상호 교차된 경우에는 양청약이 상대방에게 도달한 때에 계약이 성립한다.

해설

② 격지자간의 계약은 승낙의 통지를 발송한 때에 성립한다(제531조).
① 승낙의 기간을 정한 계약의 청약은 청약자가 그 기간 내에 승낙의 통지를 받지 못한 때에는 그 효력을 잃으므로(제528조 제1항), 계약은 성립하지 않는다.
③ 청약은 상대방에게 도달하여 효력이 발생하면 임의로 철회하지 못한다(제527조 참조).
④ 청약자의 의사표시나 관습에 의하여 승낙의 통지가 필요하지 아니한 경우에는 계약은 승낙의 의사표시로 인정되는 사실이 있는 때에 성립한다(제532조).
⑤ 당사자 간에 동일한 내용의 청약이 상호교차된 경우에는 양청약이 상대방에게 도달한 때에 계약이 성립한다(제533조).

정답 ②

4. 계약체결상의 과실책임

제535조【계약체결상의 과실】 ① 목적이 불능한 계약을 체결할 때에 그 불능을 알았거나 알 수 있었을 자는 상대방이 그 계약의 유효를 믿었음으로 인하여 받은 손해를 배상하여야 한다. 그러나 그 배상액은 계약이 유효함으로 인하여 생길 이익액을 넘지 못한다.
② 전항의 규정은 상대방이 그 불능을 알았거나 알 수 있었을 경우에는 적용하지 아니한다.

(1) 의 의

① 계약의 성립과정에 있어서 당사자의 일방이 그에게 책임 있는 사유(고의 또는 과실)로 상대방에게 손해를 준 경우에 그 손해에 대한 배상책임을 '계약체결상의 과실책임'이라 한다.
② 우리 민법은 원시적 불능으로 계약이 무효로 된 경우에 이를 인정하고 있다. 예를 들면, 이미 장마로 멸실된 건물의 소유자 甲이 乙에게 그 건물을 매매하는 계약을 체결한 경우에 이미 멸실된 사실을 모르고 매수한 상대방 乙에게 계약의 유효를 믿었기 때문에 입은 손해를 배상하여야 한다.

③ **법적 성질**

계약체결상의 과실책임의 법적 성질에 대해 통설은 대체로 계약책임으로 구성하고, 소수설은 불법행위책임으로 보고 있다.

(2) 계약체결상의 과실책임이 성립하기 위한 요건

① 체결된 계약의 내용이 원시적 · 객관적 불능으로 그 계약이 무효이어야 한다.

② 계약체결시 일방 당사자가 불능임을 알았거나 알 수 있었어야 한다.

③ 상대방이 선의 · 무과실이어야 한다(제535조 제2항).

④ 계약의 무효로 인해 상대방이 손해를 입었어야 한다.

(3) 책임범위

① 당사자는 상대방이 그 계약의 유효를 믿었음으로 인하여 받은 손해, 즉 신뢰이익을 배상하여야 한다. 목적물에 대한 조사비용 · 대금지급을 위한 융자이자 · 제3자로부터 유리한 청약을 거절한 경우의 그 손해 등이 해당된다.

② 배상액은 계약이 유효함으로 인하여 생길 이익, 즉 이행이익을 넘지 못한다. 시세차익 · 전매차액 등이 해당된다.

(4) 계약교섭의 부당한 중도파기

① **의 의**

계약의 어느 일방이 교섭단계에서 계약이 확실하게 체결되리라는 정당한 기대 내지 신뢰를 부여하여 상대방이 그 신뢰에 따라 행동하였음에도 상당한 이유 없이 계약의 체결을 거부하여 손해를 입은 경우를 말한다.

② **불법행위 성립**

㉠ 판례는 이 경우 신의성실의 원칙에 비추어 볼 때 계약자유원칙의 한계를 넘는 위법한 행위로서 불법행위책임을 인정한다.

㉡ 계약교섭을 부당하게 중도에 파기한 경우에도 판례는 제535조 계약체결상의 과실책임을 적용하지 않고 일반불법행위책임을 인정한다.

③ **배상범위**

㉠ 이 경우의 손해는 계약이 유효하게 체결된다고 믿었던 것에 의하여 입었던 손해, 즉 신뢰손해에 한정된다.

예 계약의 성립을 기대하고 지출한 통상의 계약준비비용, 상대방의 적극적인 요구에 따라 이행에 착수하고 이행비용의 지급에 대하여 계약교섭이 진행되었다면, 이행을 위하여 지출한 비용 등이 해당한다.

㉡ 계약교섭의 당사자가 계약체결이 좌절되더라도 어쩔 수 없다고 생각하고 지출한 비용, 예를 들면 경쟁입찰에 참가하기 위하여 지출한 제안서, 견적서 작성비용 등은 여기에 포함되지 아니한다.

㉢ 계약교섭의 부당한 중도파기로 인한 불법행위가 인격적 법익을 침해한 경우라면 그 정신적 고통에 대해서는 별도의 배상을 청구할 수 있다.

관련판례

계약교섭의 부당한 중도파기가 불법행위를 구성하는 경우 그러한 불법행위로 인한 손해는 일방이 신의에 반하여 상당한 이유 없이 계약교섭을 파기함으로써 계약체결을 신뢰한 상대방이 입게 된 상당인과관계 있는 손해로서 계약이 유효하게 체결된다고 믿었던 것에 의하여 입었던 손해, 즉 신뢰손해에 한정된다(대판 2003.4.11, 2001다53059).

3 계약의 효력

1. 쌍무계약의 효력(견련성이 나타나는 모습)

(1) 쌍무계약에서 각 당사자가 채무를 부담하는 것은 상대방이 채무를 부담하기 때문이며, 양 당사자의 채무는 상호 의존관계에 있다. 쌍무계약에서 양 당사자의 상호 의존관계를 '채무의 견련성'이라 한다.

(2) **성립상의 견련성**

쌍무계약에 있어서 당사자 일방의 채무가 불능·불법·무효·취소 등으로 인하여 불성립하게 되면 상대방의 채무도 당연히 성립하지 않게 된다. 이러한 성립상의 상호 원인관계를 '성립상의 견련성'이라 한다.

(3) **이행상의 견련성**

쌍무계약의 각 채무자는 상대방 채무자가 그의 채무를 이행하기까지는 자기채무를 이행하지 않을 수 있다. 이러한 쌍무계약에서 채무이행상의 상호 의존관계를 '이행상의 견련성'이라 한다. 이행상의 견련성을 규율하는 것이 제536조 '동시이행의 항변권'이다.

(4) 존속상의 견련성

쌍무계약에서 당사자 일방의 채무가 그의 책임 없는 사유로 인하여 소멸하게 되면 그 채무와 상호 의존관계에 있는 상대방의 채무도 원칙적으로 소멸한다. 이것이 '존속상의 견련성'이고, 이를 규정한 것이 '위험부담'이다(제537조, 제538조).

2. 동시이행의 항변권

제536조 【동시이행의 항변권】 ① 쌍무계약의 당사자 일방은 상대방이 그 채무이행을 제공할 때까지 자기의 채무이행을 거절할 수 있다. 그러나 상대방의 채무가 변제기에 있지 아니하는 때에는 그러하지 아니하다.
② 당사자 일방이 상대방에게 먼저 이행하여야 할 경우에 상대방의 이행이 곤란할 현저한 사유가 있는 때에는 전항 본문과 같다.

(1) 의 의

① 당사자 일방이 이행기에 있는 자기의 채무를 이행하거나 이행의 제공을 하지 않은 채 상대방에게 채무의 이행을 청구하면, 상대방은 그 이행을 거절할 수 있는데, 쌍무계약의 이행상의 견련성에 기한 거절권을 '동시이행의 항변권'이라고 한다.

② 이 항변권에 의하여 자기 채무에 관한 지체책임을 발생시키는 상대방의 일방적인 이행청구를 거절할 수 있다(권리저지사실).

③ **동시이행의 항변권의 존재이유**
동시이행의 항변권은 공평의 관념과 신의칙에 입각하여 각 당사자가 부담하는 채무가 서로 대가적 의미를 가지고 관련되어 있을 때 그 이행에 있어서 견련관계를 인정하여, 당사자 일방은 상대방이 채무를 이행하거나 이행의 제공을 하지 아니한 채 당사자 일방의 채무의 이행을 청구할 때에는 자기의 채무이행을 거절할 수 있도록 하는 제도이다.

④ 동시이행의 항변권에 관한 민법 제536조는 강행규정이 아니다. 쌍방의 채무가 쌍무계약이 아니라 별개의 계약에 기한 것이더라도 동시이행의 특약이 있으면 동시이행의 항변권이 인정되는 반면에, 쌍무계약에 기한 것이더라도 동시이행의 항변권을 배제할 수 있다.

(2) 동시이행관계의 확장

동시이행의 항변권은 공평의 원칙에 기하여 인정되므로, 비록 두 채무가 1개의 쌍무계약에 기한 것이 아니더라도 동일한 법률요건에 기하여 발생한 것이고 양자를 동시에 이행하게 하는 것이 공평한 경우에도 인정되어야 한다.

관련판례

1. 당사자 쌍방이 각각 별개의 약정으로 채무를 부담하게 된 경우에는 당사자 간의 특약으로 그 채무이행과 상대방의 어떤 채무이행과를 견련시켜 동시이행을 하기로 특약한 사실이 없는 한 상대방이 자기에게 이행할 채무가 있다 하더라도 동시이행의 항변권이 생긴다고 할 수는 없다(대판 1990.4.13, 89다카23794).
2. 동시이행의 관계에 있는 쌍방의 채무 중 어느 한 채무가 이행불능이 됨으로 인하여 발생한 손해배상채무도 여전히 다른 채무와 동시이행의 관계에 있다(대판 2000. 2.25, 97다30066).

(3) 동시이행관계가 인정되기 위한 요건

① **서로 대가적 의미를 가지는 채무의 존재**

㉠ 이행을 거절하는 자의 채무는 원칙적으로 이행을 청구하는 상대방의 채무와 하나의 쌍무계약에서 발생한 것이어야 한다.

㉡ 학설과 판례는 쌍무계약상의 채무가 아니더라도 양 채무가 동일한 법률요건으로부터 생기고 견련적으로 이행시키는 것이 공평에 적합한 경우에도 동시이행관계를 인정한다.

㉢ 견련성은 주된 급부의무 사이에서 문제되고, 부수의무 상호간 또는 그와 주된 급부의무 사이에서는 원칙적으로 동시이행관계가 인정되지 않는다.

㉣ 견련성이 쌍무계약의 당사자 사이에 한하여 인정되는 것은 아니며, 채권이 양도되거나 채무가 인수되더라도 동일성이 인정되는 한 동시이행관계는 존속된다.

관련판례

1. 근저당권 실행을 위한 경매가 무효로 되어 채권자(근저당권자)가 채무자를 대위하여 낙찰자에 대한 소유권이전등기말소청구권을 행사하는 경우에, 낙찰자가 부담하는 소유권이전등기말소의무는 채무자에 대한 것인 반면, 낙찰자의 배당금반환청구권은 실제 배당금을 수령한 채권자에 대한 채권인바, 채권자가 낙찰자에 대하여 부담하는 배당금반환채무와 낙찰자가 채무자에 대하여 부담하는 소유권이전등기말소의무는 서로 이행의 상대방을 달리하는 것으로서, 채권자의 배당금반환채무가 동시이행의 항변권이 부착된 채 채무자로부터 승계된 채무도 아니므로, 위 두 채무는 동시에 이행되어야 할 관계에 있지 않다(대판 2006.9.22, 2006다24049).
2. 부동산에 관한 매매계약을 체결한 후 매수인 앞으로 소유권이전등기를 마치기 전에 매수인으로부터 그 부동산을 다시 매수한 제3자의 처분금지가처분신청으로 매매목적 부동산에 관하여 가처분등기가 이루어진 상태에서 매도인과 매수인 사이의 매매계약이 해제된 경우, 매도인만이 가처분이의 등을 신청할 수 있을 뿐 매수인은 가처분의 당사자가 아니어서 가처분이의 등에 의하여 가처분등기를 말소할 수 있는 법률상의 지위에 있지 않고, 제3자가 한 가처분을 매도인의 매수인에 대한 소유권이전등기의무의 일부이행으로 평가할 수 없어 그 가처분등기를 말소하는 것이 매매계약 해제에 따른 매수인의 원상회복의무에 포함된다고 보기도 어려우므로, 위와 같은 가처분등기의 말소와 매도인의 대금반환의무는 동시이행의 관계에 있다고 할 수 없다(대판 2009.7.9, 2009다18526).
3. 주택임대차보호법 제3조의3 규정에 의한 임차권등기는 이미 임대차계약이 종료하였음에도 임대인이 그 보증금을 반환하지 않는 상태에서 경료되게 되므로, 이미 사실상 이행지체에 빠진 임대인의 임대차보증금의 반환의무와 그에 대응하는 임차인의 권리를 보전하기 위하여 새로이 경료하는 임차권등기에 대한 임차인의 말소의무를 동시이행관계에 있는 것으로 해석할 것은 아니고, 특히 위 임차권등기는 임차인으로 하여금 기왕의 대항력이나 우선변제권을 유지하도록 해 주는 담보적 기능만을 주목적으로 하는 점 등에 비추어 볼 때, 임대인의 임대차보증금의 반환의무가 임차인의 임차권등기말소의무보다 먼저 이행되어야 할 의무이다(대판 2005.6.9, 2005다4529).

② **상대방의 채무가 변제기에 있을 것**

㉠ 상대방의 채무가 변제기에 있지 않으면 동시이행의 항변권이 발생하지 않는다.

㉡ 당사자 일방이 선이행의무를 부담하더라도, 다음의 두 가지 경우에는 예외적으로 동시이행의 항변권이 인정된다.

ⓐ 변제기의 도래

동시이행의 항변권의 요건으로서 변제기의 도래는 항변권을 행사할 때에 상대방의 채무가 이행기에 있을 것을 요구하는 것일 뿐이며, 처음부터 이행기가 같아야 하는 것은 아니다.

관련판례

특별한 사정이 있는 경우

매도인이 매수인으로부터 중도금을 지급받아 원매도인에게 매매잔대금을 지급하지 아니하고서는 토지의 소유권이전등기서류를 갖추어 매수인에게 제공하기 어려운 특별한 사정이 있었고 매수인도 그러한 사정을 알고 매매계약을 체결하였던 경우에, 매도인의 소유권이전등기서류의 제공의무는 매수인의 중도금지급이 선행되었을 때 매수인의 잔대금의 지급과 동시에 이를 이행하기로 약정한 것이므로, 매수인의 중도금지급의무는 당초 계약상의 잔금지급기일을 도과하였다고 하여도 매수인의 소유권이전등기서류의 제공과 동시이행의 관계에 있다고 할 수 없다(대판 1997.4.11, 96다31109).

부동산매수인이 중도금기일에 선이행의무인 중도금지급의무를 이행하지 않고 있던 중, 계약이 해제되지 않은 상태에서 잔대금지급기일이 도래한 경우

1. 중도금지급의무와 소유권이전등기 소요서류의 제공의무 사이에서도 동시이행관계가 인정된다.
2. 반대채무의 이행 또는 그 제공이 없는 한 이 시점부터 중도금지급의무도 이행지체에서 벗어나게 된다.
3. 잔금지급기일 이후 소유권이전등기 소요서류의 제공의무와 동시이행관계에서는 채무는 중도금과 잔금 및 상대방이 지체책임을 면제해 주지 않는 한 중도금지급기일 다음 날부터 잔금지급기일까지의 지연손해금을 포함한 금원의 지급의무이다.

ⓑ 상대방의 이행이 곤란한 현저한 사유가 있는 경우

선이행의무를 지는 당사자는 상대방의 채무가 변제기가 도래하기 전이라도 '상대방의 이행이 곤란한 현저한 사유'가 있으면 동시이행의 항변권을 가진다. 즉, 계약 성립 후 상대방의 신용불안이나 재산상태의 악화 등의 사정으로 반대급부를 이행받을 수 없게 될지도 모를 사정변경이 생기고, 이로 인하여 당초의 계약내용에 따른 선이행의무를 이행하게 하는 것이 공평의 관념과 신의칙에 반하게 되는 경우에 반대급부의 이행이 확실해질 때까지 인정되는 예외적인 항변권으로서 '불안의 항변권'이라고 한다.

③ 상대방이 자기 채무의 이행 또는 그 제공을 하지 않고 이행을 청구할 것

④ **수령지체(受領遲滯)와 동시이행의 항변권**

㉠ 이행제공이 있었음에도 불구하고 자기 채무를 이행하지 않음으로써 상대방의 채무에 대하여 수령지체에 빠진 자가 그 후 상대방이 자기 채무의 이행제공 없이 이행을 청구하면 동시이행의 항변권을 가진다.

㉡ 이행의 제공이 계속되지 않는 경우에는 과거에 이행의 제공이 있었다는 사실만으로 상대방이 가지는 동시이행의 항변권이 소멸하는 것은 아니라고 하여 이행제공의 계속이 있으면 동시이행의 항변권은 소멸한다.

㉢ 반대채무의 이행제공에 의하여 채무자가 이행지체에 빠지면 채권자는 해제할 수 있고, 해제를 하기 위하여 이행제공이 계속되어야 하는 것은 아니다.

관련판례

쌍무계약의 당사자 일방이 먼저 한 번 현실의 제공을 하고 상대방을 이행지체에 빠지게 하였다 하더라도 그 이행의 제공이 계속되지 않는 경우에는 과거에 이행의 제공이 있었다는 사실만으로 상대방이 가지는 동시이행의 항변권이 소멸하는 것이 아니므로, 일시적으로 당사자 일방의 의무의 이행제공이 있었으나 곧 그 이행의 제공이 중지되어 더 이상 그 제공이 계속되지 아니하는 기간 동안에는 상대방의 의무가 이행지체상태에 빠졌다고 할 수는 없다고 할 것이고, 따라서 그 이행의 제공이 중지된 이후에 상대방의 의무가 이행지체되었음을 전제로 하는 손해배상청구도 할 수 없다(대판 1999.7.9, 98다13754).

(4) 효 과

① 동시이행의 항변권이 존재하면 그 사실 자체로(행사여부 불문) 이행지체의 책임을 지지 않는다.

② 동시이행의 항변권은 당사자가 원용(주장)하여야 할 사항이지, 법원에서 직권으로 고려할 사항은 아니다.

㉠ 동시이행의 항변권을 주장하면 법원은 원고일부승소판결(=상환급부판결)

㉡ 동시이행의 항변권을 주장하지 않으면 원고전부승소판결을 한다.

③ 동시이행의 항변권이 붙어 있는 채권을 자동채권으로 하는 상계는 허용되지 않는다.

동시이행항변권이 인정되는 경우

- 전세권자의 목적물인도 및 전세권설정등기말소의무와 전세권설정자의 전세금반환의무
- 계약해제로 인한 쌍방의 원상회복의무
- 계약이 무효·취소된 경우의 부당이득반환의무
- 부동산매매에서 매도인의 소유권이전의무와 매수인의 잔금지급의무
- 임대차종료시 임차목적물의 반환과 연체차임을 공제한 보증금반환의무

- 임대차계약을 체결하면서 임대차보증금을 전세금으로 하는 전세권설정등기를 경료한 경우 임대차보증금반환의무와 전세권설정등기의 말소의무
- 가등기담보에서 청산금지급채무와 부동산의 소유구권이전등기 및 인도채무
- 토지임차인이 건물매수청구권을 행사하는 경우, 임차인의 건물명도 및 소유권이전등기의무와 토지임대인의 건물대금지급의무
- 도급에서 목적물의 인도와 보수의 지급
- 도급에서 도급인의 하자보수청구권과 수급인의 공사대금채권
- 도급에서 도급인의 공사대금채무와 하자확대손해로 인한 수급인의 손해배상의무
- 채무의 변제와 영수증의 교부
- 원인채권의 지급확보를 위해 어음·수표가 교부된 경우 그 어음·수표의 반환의무와 원인채무의 변제

동시이행의 항변권이 인정되지 않은 경우

- 채무자의 피담보채권의 변제와 (근)저당권자의 (근)저당권설정등기말소의무
- 피담보채무의 변제와 가등기담보권자의 가등기담보의 말소의무
- 임차권등기명령에 의한 임차권등기의 말소의무와 보증금반환의무
- 매도인의 토지거래허가신청절차에 협력할 의무와 매수인의 매매대금지급의무
- 근저당권실행을 위한 경매가 무효가 된 경우, 낙찰자가 부담하는 소유권이전등기 말소의무와 근저당권자의 배당금 반환의무
- 채권증서의 반환의무와 채무자의 변제
- 도급계약에서 도급인의 지체상금채권과 수급인의 공사대금채권

예제

동시이행의 관계에 있는 것을 모두 고른 것은? (다툼이 있으면 판례에 따름) 제23회

보기

㉠ 가압류등기가 있는 부동산매매에서 매도인의 소유권이전등기의무 및 가압류등기의 말소의무와 매수인의 대금지급의무
㉡ 주택임대인과 임차인 사이의 임대차보증금 반환의무와 임차권등기명령에 의해 마쳐진 임차권등기의 말소의무
㉢ 채권담보의 목적으로 마쳐진 가등기의 말소의무와 피담보채무의 변제의무

① ㉠
② ㉢
③ ㉠, ㉡
④ ㉡, ㉢
⑤ ㉠, ㉡, ㉢

해설

㉠ 가압류등기 등이 있는 부동산의 매매계약에 있어서는 매도인의 소유권이전등기 의무와 아울러 가압류등기의 말소의무도 매수인의 대금지급의무와 동시이행 관계에 있다고 할 것이다(대판 2000.11.28, 2000다8533).

㉡ 주택임대차보호법 제3조의3 규정에 의한 임차권등기는 이미 임대차계약이 종료하였음에도 임대인이 그 보증금을 반환하지 않는 상태에서 경료되게 되므로, 이미 사실상 이행지체에 빠진 임대인의 임대차보증금의 반환의무와 그에 대응하는 임차인의 권리를 보전하기 위하여 새로이 경료하는 임차권등기에 대한 임차인의 말소의무를 동시이행관계에 있는 것으로 해석할 것은 아니고, 특히 위 임차권등기는 임차인으로 하여금 기왕의 대항력이나 우선변제권을 유지하도록 해주는 담보적 기능만을 주목적으로 하는 점 등에 비추어 볼 때, 임대인의 임대차보증금의 반환의무가 임차인의 임차권등기 말소의무보다 먼저 이행되어야 할 의무이다(대판 2005.6.9, 2005다4529).

㉢ 가등기절차에 의해 이루어진 본등기가 채권담보의 뜻으로 이루어진 것이라 하더라도 피담보채무의 변제의무와 등기의 말소의무가 동시이행의 관계에 있는 것이 아니다(고등법원 1976.4.2, 75나470).

정답 ①

3. 위험부담

제537조【채무자 위험부담주의】 쌍무계약의 당사자 일방의 채무가 당사자 쌍방의 책임 없는 사유로 이행할 수 없게 된 때에는 채무자는 상대방의 이행을 청구하지 못한다.

제538조【채권자 귀책사유로 인한 이행불능】 ① 쌍무계약의 당사자 일방의 채무가 채권자의 책임 있는 사유로 이행할 수 없게 된 때에는 채무자는 상대방의 이행을 청구할 수 있다. 채권자의 수령지체 중에 당사자 쌍방의 책임 없는 사유로 이행할 수 없게 된 때에도 같다.
② 전항의 경우에 채무자는 자기의 채무를 면함으로써 이익을 얻은 때에는 이를 채권자에게 상환하여야 한다.

(1) 의 의

① '위험'이란 당사자 쌍방의 책임 없는 사유로 급부가 불능이 된 경우에 발생된 불이익을 말한다. 그리고 '위험부담의 문제'란 쌍무계약에서 일방채무가 불가항력적으로 후발적 이행불능이 된 경우에 과연 누가 계약상의 불이익을 부담하느냐의 문제이다.

② 예를 들면, 甲과 乙이 가옥의 매매를 하였는데 그 가옥이 자연재해로 멸실하여 매도인 甲이 그의 채무를 이행할 수 없게 된 때에 매수인 乙은 대금을 지급하지 않아도 되는가의 문제이다.

③ 위험부담에 관한 민법의 규정은 강행규정이 아니므로 당사자의 특약으로 달리 정할 수 있다(통설 · 판례).

(2) 채무자 위험부담주의

① 요 건

㉠ 후발적 불능

쌍무계약에서 당사자 일방의 채무가 후발적 불능으로 이행할 수 없게 된 경우이어야 한다.

㉡ 귀책사유가 없을 것

쌍무계약의 당사자 일방의 채무가 당사자 쌍방의 책임 없는 사유로 이행할 수 없게 되어야 한다. 제3자의 행위로 인한 것이든 자연력에 의한 것이든 묻지 않는다. 후발적 불능이 채무자의 귀책사유에 의한 경우에는 이는 위험부담의 문제가 아니라 채무불이행(이행불능)의 문제가 된다.

② 효 과

㉠ 채권자의 채무도 소멸하는 결과, 채무자는 상대방의 이행을 청구하지 못한다(제537조). 따라서 채권자가 이미 일부를 이행한 경우에는 채무자는 그것을 부당이득으로서 반환하여야 한다(제741조).

㉡ 채무자가 급부불능을 원인으로 이에 갈음하여 대상물 또는 배상청구권을 취득한 경우에 채권자는 그 대상물의 인도 또는 배상청구권의 양도를 청구하고 자신의 반대급부를 이행할 수 있다(대상청구권 인정).

알아두기

▪ 대상청구권

채무자에게 이행불능이 발생한 것과 동일한 원인에 의하여 채무자가 이행의 목적물에 갈음하는 이익을 얻었을 경우에 채권자가 채무자에 대하여 그 이익의 상환을 청구할 수 있는 권리를 말한다. 예를 들면, 매매의 목적물이 제3자의 불법행위로 인하여 멸실하고 그 결과 매도인이 그 인도채무를 면한 경우, 매수인이 매도인에 대하여 매도인이 그 제3자에 대하여 취득한 불법행위에 기인한 손해배상청구권의 이전을 청구하는 권리이다.

③ 위험의 이전시기

㉠ 부동산 매매에서는 원칙적으로 등기시에 위험이 이전된다. 그러나 등기 전에 인도가 행해진 때에는 인도시 위험은 이전된다.

㉡ 채권자 지체시 발생한 경우에는 이행의 제공시에 위험이 채권자에게 이전된다(제538조).

(3) **채권자의 위험부담**(예외)

① **성립요건**

㉠ 채권자의 책임 있는 사유로 인해 채무자가 이행할 수 없게 된 경우

㉡ 채권자의 수령지체 중에 당사자 쌍방의 책임 없는 사유로 이행할 수 없게 된 경우

② **효 과**

㉠ 채무자는 자신의 급부의무를 면하면서 채권자에 대해서는 본래의 반대급부를 청구할 수 있다.

㉡ 채무자가 자기의 채무를 면함으로써 이익을 얻은 때에는 이를 채권자에게 상환하여야 한다(제538조 제2항).

관련판례

사용자의 귀책사유로 인하여 해고된 근로자가 해고기간 중에 다른 직장에 근무함으로써 받은 임금은 민법 제538조 제2항의 자기채무를 면함으로 받은 이익에 해당하므로 사용자가 해고기간 중의 임금을 지급할 경우 위의 중간수입을 공제할 수 있다. 그러나 근로자가 지급받을 수 있는 임금액 중 근로기준법상의 휴업수당의 범위 내의 금액은 중간수입으로 공제할 수 없고, 휴업수당을 초과하는 금액만을 중간수입으로 공제하여야 한다(대판 1993.11.9, 93다37915).

예 제

甲은 그 소유의 X주택을 乙에게 매도하기로 약정하였는데, 인도와 소유권이전등기를 마치기 전에 X주택이 소실되었다. 이에 관한 설명으로 옳지 않은 것은? (다툼이 있으면 판례에 따름) 제24회

① X주택이 불가항력으로 소실된 경우, 甲은 乙에게 대금지급을 청구할 수 없다.
② X주택이 甲의 과실로 소실된 경우, 乙은 甲에게 이행불능에 따른 손해배상을 청구할 수 있다.
③ X주택이 乙의 과실로 소실된 경우, 甲은 乙에게 대금지급을 청구할 수 있다.
④ 乙의 수령지체 중에 X주택이 甲과 乙에게 책임 없는 사유로 소실된 경우, 甲은 乙에게 대금지급을 청구할 수 없다.
⑤ 乙이 이미 대금을 지급하였는데 X주택이 불가항력으로 소실된 경우, 乙은 甲에게 부당이득을 이유로 대금의 반환을 청구할 수 있다.

해설

④ 채권자의 수령지체 중에 당사자 쌍방의 책임 없는 사유로 이행할 수 없게 된 때에는 채무자는 상대방의 이행을 청구할 수 있으므로(제538조 제1항 참조), 甲(채무자)는 상대방 乙에게 대금지급을 청구할 수 있다.

① 쌍무계약의 당사자 일방의 채무가 당사자 쌍방의 책임 없는 사유로 이행할 수 없게 된 때에는 채무자는 상대방의 이행을 청구하지 못하므로(제537조), 甲(채무자)은 乙에게 대금지급을 청구할 수 없다.
② 주택이 채무자의 과실로 소실(이행불능)된 경우에는 채권자 乙은 채무자 甲에게 이행불능에 따른 손해배상을 청구할 수 있다(제551조 참조).
③ 쌍무계약의 당사자 일방의 채무가 채권자의 책임 있는 사유로 이행할 수 없게 된 때에는 채무자는 상대방의 이행을 청구할 수 있으므로(제538조 제1항 참조), 채무자 甲은 상대방 乙에게 대금지급을 청구할 수 있다.
⑤ 쌍방 당사자 책임 없는 사유로 이행불능이 된 경우 채무자는 상대방에게 이행을 청구하지 못하므로, 채권자 乙은 채무자 甲에게 이미 지급한 대금을 부당이득을 이유로 반환을 청구할 수 있다.

정답 ④

4 제3자를 위한 계약

제539조 【제3자를 위한 계약】 ① 계약에 의하여 당사자 일방이 제3자에게 이행할 것을 약정한 때에는 그 제3자는 채무자에게 직접 그 이행을 청구할 수 있다.
② 전항의 경우에 제3자의 권리는 그 제3자가 채무자에 대하여 계약의 이익을 받을 의사를 표시한 때에 생긴다.

제540조 【채무자의 제3자에 대한 최고권】 전조의 경우에 채무자는 상당한 기간을 정하여 계약의 이익의 향수 여부의 확답을 제3자에게 최고할 수 있다. 채무자가 그 기간 내에 확답을 받지 못한 때에는 제3자가 계약의 이익을 받을 것을 거절한 것으로 본다.

제541조 【제3자의 권리의 확정】 제539조의 규정에 의하여 제3자의 권리가 생긴 후에는 당사자는 이를 변경 또는 소멸시키지 못한다.

제542조 【채무자의 항변권】 채무자는 제539조의 계약에 기한 항변으로 그 계약의 이익을 받을 제3자에게 대항할 수 있다.

OX

제3자의 권리는 제3자가 채무자에 대하여 계약의 이익을 받을 의사를 표시한 때에 생긴다. (○) 제12회

OX

채무자는 계약에 기한 항변으로 계약의 이익을 받을 제3자에게 대항할 수 없다. (×) 제12회

1. 서 설

(1) 의 의

'제3자를 위한 계약'이란 필요에 따라 계약당사자가 자기 명의로 체결한 계약에 의하여 제3자로 하여금 직접 계약당사자의 일방에 대하여 권리(급부청구권)를 취득하게 하는 계약을 의미한다.

(2) 구별개념

① 병존적 채무인수는 제3자를 위한 계약에 속한다.

관련판례

1. 제3자를 위한 계약이 성립하기 위하여는 일반적으로 그 계약의 당사자가 아닌 제3자로 하여금 직접 권리를 취득하게 하는 조항이 있어야 할 것이지만, 계약의 당사자가 제3자에 대하여 가진 채권에 관하여 그 채무를 면제하는 계약도 제3자를 위한 계약에 준하는 것으로서 유효하다(대판 2004.9.3, 2002다37405).
2. 부동산을 매매하면서 매도인과 매수인 사이에 중도금 및 잔금은 매도인의 채권자에게 직접 지급하기로 약정한 경우에, 그 약정은 매도인의 채권자로 하여금 매수인에 대하여 그 중도금 및 잔금에 대한 직접청구권을 행사할 권리를 취득하게 하는 제3자를 위한 계약에 해당하고 동시에 매수인이 매도인의 그 제3자에 대한 채무를 인수하는 병존적 채무인수에도 해당한다(대판 1997.10.24, 97다28698).

② 면책적 채무인수 · 이행인수는 제3자를 위한 계약에 해당하지 않는다.

(3) 기 능

① 제3자를 위한 계약은 요약자가 낙약자로부터 급부를 받아 다시 그것을 수익자에게 급부한다는 번거로움을 생략하는 기능을 가진다.
② 생명보험의 경우처럼 급부의무가 요약자 사망 후에 발생하는 경우에, 그에 대한 수익자의 권리를 미리 확정해 두는 기능을 담당한다.

2. 3자 사이의 법률관계

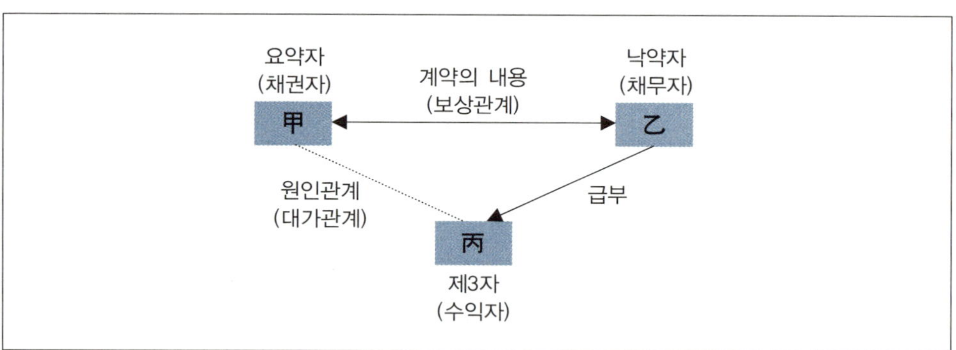

(1) 기본관계(보상관계)

① 요약자와 낙약자 사이의 관계로, 낙약자가 수익자에게 급부를 함으로써 입게 되는 손실은 낙약자와 요약자 사이의 원인관계에 의하여 보상된다.

② 요약자와 낙약자 사이의 관계는 제3자를 위한 계약의 내용을 이루며, 그 하자는 계약의 효력에 영향을 미친다.

관련판례

제3자를 위한 계약관계에서 낙약자와 요약자 사이의 법률관계(기본관계)를 이루는 계약이 무효이거나 해제된 경우 그 계약관계의 청산은 계약의 당사자인 낙약자와 요약자 사이에 이루어져야 하므로, 특별한 사정이 없는 한 낙약자가 이미 제3자에게 급부한 것이 있더라도 낙약자는 계약해제 등에 기한 원상회복 또는 부당이득을 원인으로 제3자를 상대로 그 반환을 구할 수 없다(대판 2010.8.19, 2010다31860).

(2) 대가관계(출연관계)

① 요약자와 수익자 사이의 관계로, 요약자가 자기가 취득할 권리를 수익자에게 귀속하게 하는 원인 내지 이유가 된다.

② 이 관계는 요약자와 수익자 사이의 내부관계에 불과하여 제3자를 위한 계약의 내용이 아니며, 따라서 그것이 없더라도 계약은 유효하다.

관련판례

대가관계의 효력은 제3자를 위한 계약 자체는 물론 그에 기한 기본관계의 성립이나 효력에 영향을 미치지 않으므로 낙약자는 요약자와 수익자 사이의 법률관계에 기한 항변으로 수익자에게 대항하지 못하고, 요약자도 대가관계의 부존재나 효력의 상실을 이유로 자신이 기본관계에 기하여 낙약자에게 부담하는 채무의 이행을 거부할 수 없다(대판 2003.12.11, 2003다49771).

(3) 급부관계

낙약자와 수익자 사이의 관계로, 수익자는 낙약자에 대하여 급부청구권을 가진다.

3. 요 건

(1) 기본관계에 관하여, 즉 요약자와 낙약자 사이에 계약의 일반적 성립요건 및 당해 계약에 특유한 성립요건이 존재하여야 하고, 그 효력의 발생을 저지하는 사유가 존재하지 않아야 한다. 기본관계를 이루는 계약이 무효인 경우에, 수익자는 불법행위 또는 채무불이행에 따른 손해배상을 청구할 수 없다.

(2) 제3자를 위한 계약이라고 하여 그러한 종류의 계약이 따로 있는 것은 아니며, 기본행위인 계약의 내용 일부가 특약에 의하여 변경되어 수익자로 하여금 권리를 취득하게 하는 것에 지나지 않는다. 기본계약 중의 그러한 특약부분을 제3자 약관이라고 한다. 이에는 조건이나 기한도 붙일 수 있다.

(3) 수익자는 계약 당시 현존하지 않거나 특정되지 않아도 될 뿐만 아니라 권리능력을 가지지 않더라도 무방하다. 예를 들면, 성립 전의 법인 또는 계약 성립 당시 포태되지 않았던 태아도 수익자가 될 수 있다.

4. 효 과

(1) 수익자에 대한 효력

① 수익자의 권리취득

㉠ 수익자는 채무자에 대하여 수익의 의사표시를 하여야 권리를 취득한다. 수익의 의사표시는 제3자를 위한 계약의 성립요건이 아니고 수익자가 권리를 취득하기 위한 요건이다.

㉡ 수익의 의사표시는 채무자(낙약자)에 대하여 하여야 하고, 명시적으로도 묵시적으로도 행하여질 수 있다. 그리고 수익의 의사표시는 원칙적으로 권리만을 얻는 것이므로 미성년자도 독자적으로 할 수 있다.

㉢ 수익의 의사표시는 권리취득의 절대적 요건이다. 다만, 법률의 규정(제3자를 위한 보험계약 등)에 의하여 수익의 의사표시를 필요로 하지 않는 예외가 인정된다.

② 수익자의 지위

㉠ 원칙(原則)

수익자는 계약의 당사자가 아니므로, 계약당사자에게 주어지는 해제권이나 취소권을 행사할 수 없으며, 선의·악의나 과실의 유무 등은 요약자를 기준으로 판단된다.

관련판례

제3자를 위한 계약의 당사자가 아닌 수익자는 계약의 해제권이나 해제를 원인으로 한 원상회복청구권이 있다고 볼 수 없다(대판 1994.8.12, 92다41559).

OX

제3자를 위한 계약에서 수익자는 낙약자의 채무불이행을 이유로 계약을 해제할 수 있으나, 원상회복을 청구할 수 없다. (×) 제18회

㉡ 수익의 의사표시 이전(以前)

ⓐ 계약이 성립하면 제3자는 수익의 의사표시에 의하여 일방적으로 권리취득의 효과를 생기게 하는 일종의 형성권을 가진다. 이 권리의 존속기간에 관하여 통설은 계약에서 달리 정한 바가 없으면 10년의 제척기간에 걸린다고 한다.

ⓑ 이 형성권은 계약당사자 사이의 계약에 의하여 변경 또는 소멸될 수 있다.

ⓒ 이 권리는 재산권적 색채가 강하므로 일신전속권은 아니다. 그리고 상속이나 양도 더 나아가 채권자대위권의 목적이 될 수 있다.

㉢ 수익의 의사표시 이후(以後)

ⓐ 수익의 의사표시에 의하여 수익자는 계약상의 권리를 확정적으로 취득한다. 그 결과 제3자가 수익의 의사표시를 한 후에는, 계약당사자는 수익자의 권리를 변경하거나 소멸하지 못하고, 계약당사자가 제3자의 권리를 임의로 변경·소멸시키는 행위를 하였더라도 이는 제3자에 대하여 효력이 없다.

ⓑ 수익의 의사표시가 있은 후에 낙약자의 채무불이행이 성립하면, 수익자가 손해배상청구권을 가지는 반면, 수익자의 불수령이 채권자지체가 되어 낙약자의 책임을 경감시킬 수도 있다.

관련판례

제3자를 위한 계약에 있어서 수익의 의사표시를 한 수익자는 낙약자에게 직접 그 이행을 청구할 수 있을 뿐만 아니라 요약자가 계약을 해제한 경우에는 낙약자에게 자기가 입은 손해의 배상을 청구할 수 있는 것이므로, 수익자가 완성된 목적물의 하자로 인하여 손해를 입었다면 수급인은 그 손해를 배상할 의무가 있다(대판 1994.8.12, 92다41559).

OX

제3자의 권리가 생긴 후에는 계약당사자는 이를 변경 또는 소멸시킬 수 없다. (○) 제12회

(2) 요약자의 권리·의무

① 요약자는 계약당사자로서 기본관계에 의한 채무를 이행하여야 하고, 그 계약으로부터 발생하는 취소권이나 해제·해지권을 취득하며, 그로 인한 원상회복관계 및 해제에 따른 손해배상관계는 수익자가 아니라 요약자에게 속한다. 다만, 제3자가 수익의 의사표시를 한 후에는 수익자는 낙약자에게 자기가 입은 손해의 배상을 청구할 수 있다.

② 요약자도 채무자(낙약자)에 대하여 수익자에 대한 채무를 이행할 것을 청구할 수 있는 권리를 가지지만, 요약자의 이 권리는 수익자의 권리취득을 촉진한다는 종된 의미를 가질 뿐이다.

③ 제3자의 수익의 의사표시가 있는 후에 낙약자의 채무불이행이 성립하였다면 수익자 외에 요약자는 손해배상청구권을 행사할 수 없다.

(3) 낙약자의 지위

① 낙약자는 계약당사자로서 기본관계에 기한 채무를 수익자에게 이행하여야 한다.

② 낙약자는 제3자를 위한 계약에 기한 항변으로 수익자에게 대항할 수 있다.

예 • 수익자가 취득한 권리가 매매대금채권이라면 매도인인 요약자가 목적물을 인도하지 않는 한 매수인인 낙약자는 이행을 거절할 수 있다. 그러나 요약자에게만 대항할 수 있는 사유로 제3자에 대항하지 못한다.
• 요약자에 대한 채권을 자동채권으로 하는 상계는 허용되지 않는다.

③ 채무자는 상당한 기간을 정하여 이익의 향수 여부의 확답을 수익자에게 최고할 수 있고, 그 기간 내에 확답을 받지 못한 경우에는 수익자가 수익을 거절한 것으로 본다.

OX
채무자는 상당한 기간을 정하여 계약 이익의 향수 여부의 확답을 제3자에게 최고하였으나 그 기간 내에 확답을 받지 못한 때에는 거절한 것으로 본다.
(○) 제12회

5 계약의 해제와 해지

(1) 계약의 해제(解除)

① 계약의 해제란 유효하게 성립한 계약의 효력을 당사자 일방의 의사표시에 의하여 소급적으로 소멸하게 하여 계약이 처음부터 성립하지 않는 것과 같은 상태로 복귀시키는 것을 의미한다.

② 계약의 해제권은 일종의 형성권으로서 당사자 일방에 의한 계약해제의 의사표시가 있으면 그 효과로서 새로운 법률관계가 발생하고 각 당사자는 그에 구속되는 것이다.

③ 해제권은 계약에 종된 권리로서 계약당사자만 이를 행사할 수 있고, 계약당사자의 지위를 승계하지 않는 한 해제권만의 양도는 허용되지 않는다.

④ **해제권의 종류**

㉠ 법률의 규정에 의하여 당연히 발생하는 법정해제권

㉡ 당사자 사이의 특약으로 유보된 약정해제권

⑤ 계약서에 명문으로 위약시의 법정해제권의 포기 또는 배제를 규정하지 않은 이상 계약당사자 중 어느 일방에 대한 약정해제권의 유보 또는 위약벌에 관한 특약의 유무 등은 채무불이행으로 인한 법정해제권의 성립에 아무런 영향을 미칠 수 없다.

(2) 해제할 수 있는 계약의 범위

① **약정해제**: 원칙적으로 모든 종류의 계약에서 허용되고, 물권계약이나 준물권계약에서도 허용된다.

② **법정해제**

㉠ 쌍무계약·편무계약 모두 인정된다.

㉡ 물권계약이나 준물권계약에서 이행의 문제가 남지 않기 때문에 법정해제는 인정되지 않는다.

(3) 해제와 구별개념

① **해제계약**(합의해제)

㉠ 계약당사자 쌍방이 기존의 계약의 효력을(해제권 유무와 관계없이) 새로운 계약에 의하여 소급적으로 소멸하게 하는 경우에, 그 새로운 계약이 약정해제이다.

㉡ 해제계약이 인정됨은 계약자유의 원칙상 당연하며, 계약으로서의 일반적 성립요건 및 유효요건을 갖추어야 한다.

㉢ 해제계약의 효과는 합의된 내용에 따라 결정되고, 원칙적으로 해제에 관한 제543조 이하의 규정이 적용되지 않는다. 다만, 제3자 보호를 위하여 제548조 제1항 단서는 적용된다.

㉣ 매매계약이 합의해제된 경우에 매수인에게 이전되었던 소유권은 당연히 복귀하므로 합의해제에 따른 매도인의 원상회복청구권은 소유권에 기한 물권적 청구권이고, 이는 소멸시효의 대상이 되지 않는다.

㉤ 합의해지의 효력은 그 합의의 내용에 의하여 결정되고 여기에는 해제·해지에 관한 제548조 제2항은 적용되지 않으므로, 당사자 사이에 약정이 없는 이상 합의해지로 인하여 반환할 금전에 그 받은 날로부터 이자를 가하여야 할 의무가 있는 것은 아니다.

관련판례

1. 계약이 합의해제된 경우에는 그 해제시에 당사자 일방이 상대방에게 손해배상을 하기로 특약하거나 손해배상청구를 유보하는 의사표시를 하는 등 다른 사정이 없는 한 채무불이행으로 인한 손해배상을 청구할 수 없다(대판 1989.4.25, 86다카1147).
2. 계약의 합의해제에 있어서도 민법 제548조의 계약해제의 경우와 같이 이로써 제3자의 권리를 해할 수 없다(대판 2005.6.9, 2005다6341).

OX

매매계약이 합의해제된 경우, 원칙적으로 매수인에게 이전되었던 매매목적물의 소유권은 당연히 매도인에게 복귀한다. (○) 제25회

OX

당사자 사이에 별도의 약정이 없는 한 합의해지로 인하여 반환할 금전에는 그 받은 날로부터의 이자를 더하여 지급할 의무가 없다. (○) 제26회

OX

계약이 합의해제된 경우, 원칙적으로 채무불이행에 따른 손해배상을 청구할 수 있다. (×) 제25회

OX

만약 계약이 합의해제된 경우, 민법상 해제의 효과에 따른 제3자 보호규정이 적용되지 않는다. (×) 제20회

② **취소와 해제의 차이점**

㉠ 취소는 원시적 하자, 해제는 후발적 하자에서 발생한다.

㉡ 취소는 모든 법률행위에서 인정되지만, 해제는 계약에 대해서만 인정된다.

㉢ 취소는 부당이득반환의무이지만, 해제는 원상회복의무이다.

(4) 법정해제(法定解除)

① 모든 계약에 공통되는 법정해제권의 발생은 채무불이행을 그 요건으로 한다.

② **사안별 해제권 발생요건**

㉠ 매매목적물에 관하여 가압류집행이 되었다고 하여 매매에 따른 소유권이전등기가 불가능한 것도 아니므로, 이러한 경우에 매수인으로서는 신의칙 등에 의해 대금지급채무의 이행을 거절할 수 있음은 별론으로 하고, 매매목적물이 가압류되었다는 사유만으로는 매도인의 계약위반을 이유로 매매계약을 해제할 수 없다.

㉡ 매도인이 그 가압류, 가처분집행을 모두 해제할 수 없는 무자력의 상태에 있다고 인정되는 경우에 매수인이 매도인의 소유권이전등기의무가 이행불능임을 이유로 매매계약을 해제할 수 없다.

③ 법정해제권의 발생의 요건인 채무불이행은 주된 채무의 불이행이어야 하고, 부수의무의 불이행은 원칙적으로 해제권을 발생시키지 않는다. 채무불이행을 이유로 매매계약을 해제하려면, 당해 채무가 매매계약의 목적 달성에 있어 필요불가결하고 이를 이행하지 아니하면 매매계약의 목적이 달성되지 아니하여 매도인이 매매계약을 체결하지 아니하였을 것이라고 여겨질 정도의 주된 채무이어야 하고, 그렇지 아니한 부수적 채무를 불이행한 데에 지나지 아니한 경우에는 매매계약 전부를 해제할 수 없다.

④ 유동적 무효상태에서는 계약의 효력으로서 채무가 발생하지 않으므로, 채무불이행을 이유로 한 해제 및 손해배상을 청구할 수 없다.

(5) 이행지체에 의한 해제권의 발생

제544조 【이행지체와 해제】 당사자 일방이 그 채무를 이행하지 아니하는 때에는 상대방은 상당한 기간을 정하여 그 이행을 최고하고 그 기간 내에 이행하지 아니한 때에는 계약을 해제할 수 있다. 그러나 채무자가 미리 이행하지 아니할 의사를 표시한 경우에는 최고를 요하지 아니한다.

제545조 【정기행위와 해제】 계약의 성질 또는 당사자의 의사표시에 의하여 일정한 시일 또는 일정한 기간 내에 이행하지 아니하면 계약의 목적을 달성할 수 없을 경우에 당사자 일방이 그 시기에 이행하지 아니한 때에는 상대방은 전조의 최고를 하지 아니하고 계약을 해제할 수 있다.

① 요 건

㉠ 채무자의 이행지체가 있을 것

ⓐ 채무자가 동시이행의 항변권을 가지는 경우에 당연효가 인정되므로, 채무자를 이행지체에 빠지게 하기 위해서는 이행의 제공을 하여 그 항변권을 소멸시켜야 한다.

ⓑ 동시이행의 항변권을 행사하는 경우에서와 달리 해제권을 행사하기 위하여 한 번의 이행제공으로 족하다.

㉡ 채권자가 상당한 기간을 정하여 이행을 최고할 것

ⓐ 최고: 채권자가 채무자에 대하여 채무의 이행을 촉구하는 것을 의미한다.

ⓑ 상당한 기간: 채무자가 이행의 준비를 하고 이를 이행함에 필요한 기간을 의미한다.

관련판례

이행지체를 이유로 계약을 해제함에 있어서 그 전제요건인 이행의 최고는 반드시 미리 일정 기간을 명시하여 최고하여야 하는 것은 아니며 최고한 때로부터 상당한 기간이 경과하면 해제권이 발생한다고 할 것이고, 매도인이 매수인에게 중도금을 지급하지 아니하였으니 매매계약을 해제하겠다는 통고를 한 때에는 이로써 중도금 지급의 최고가 있었다고 보아야 하며, 그로부터 상당한 기간이 경과하도록 매수인이 중도금을 지급하지 아니하였다면 매도인은 매매계약을 해제할 수 있다(대판 1994.11.25, 94다35930).

ⓒ 과다·과소 최고의 경우

i) 과다최고의 경우: 원칙적으로 부적법하다.

- 그 과다한 정도가 현저하고 채권자가 청구한 금액을 제공하지 않으면 그것을 수령하지 않을 것이라는 의사가 분명한 경우에는 그 최고는 부적법하고 이러한 최고에 의한 계약의 해제는 효력이 없다.
- 다만, 본래 급부하여야 할 수량과의 차이가 비교적 적거나 채권자가 급부의 수량을 잘못 알고 과다한 최고를 한 것으로서 과다하게 최고한 진의가 본래의 급부를 청구하는 취지라면 그 최고는 본래 급부하여야 할 수량의 범위 내에서 유효하다.

ii) 과소최고의 경우

채무의 동일성이 인정되면 원칙적으로 최고에 표시된 수량에 대해서만 해제권이 발생하고, 다만 과소의 정도가 경미하다면 전액에 대하여 최고의 효과가 발생할 수 있다.

OX

채무자가 계약을 이행하지 아니할 의사를 명백히 표시한 경우, 채권자는 이행기 전이라도 이행의 최고 없이 계약을 해제할 수 있다. (○) 제18회

ⓓ 최고를 필요로 하지 않는 이행지체의 해제권

i) 이행거절의 경우

- 쌍무계약에서 당사자 일방이 미리 자기 채무를 이행하지 않을 의사표시를 표명한 경우에 상대방은 최고나 자기 채무의 이행제공 없이 계약을 해제할 수 있다.
- 공사도급계약에 있어서 수급인의 공사중단이나 공사지연으로 인하여 약정된 공사기한 내의 공사완공이 불가능하다는 것이 명백하여진 경우에는 도급인은 그 공사기한이 도래하기 전이라도 계약을 해제할 수 있지만, 그에 앞서 수급인에 대하여 위 공사기한으로부터 상당한 기간 내에 완공할 것을 최고하여야 하고, 다만 예외적으로 수급인이 미리 이행하지 아니할 의사를 표시한 때에는 위와 같은 최고 없이도 계약을 해제할 수 있다.
- 쌍무계약에 있어서 계약당사자의 일방은 상대방이 채무를 이행하지 아니할 의사를 명백히 표시한 경우에는 최고나 자기 채무의 이행제공 없이 그 계약을 적법하게 해제할 수 있으나, 그 이행거절의 의사표시가 적법하게 철회된 경우 상대방으로서는 자기 채무의 이행을 제공하고 상당한 기간을 정하여 이행을 최고한 후가 아니면 채무불이행을 이유로 계약을 해제할 수 없다.

ii) 정기행위(定期行爲)의 경우

계약의 성질 또는 당사자의 의사표시에 의하여 급부가 일정한 시각에 또는 일정한 기간 내에 행하여지지 않으면 계약의 목적을 달성할 수 없고 그 추완(追完)이 불가능한 경우에는 최고를 요하지 않는다.

iii) 특약이 있는 경우

당사자가 최고를 하지 않고도 해제할 수 있다고 특약을 한 경우에는 채무자에게 이행지체의 책임이 있으면 해제할 수 있다.

ⓒ 채무자가 최고기간을 지나도록 이행하지 않을 것

② 위의 요건을 갖추면 해제권이 발생할 뿐이고, 그에 의하여 당연히 계약이 해제되는 것은 아니다.

③ 해제권을 행사하기 전에 채무자가 이행 또는 이행제공을 하면 해제권은 소멸한다.

④ 채권자가 최고를 하면서 최고기간 내에 이행이 없으면 다시 해제의 의사표시를 하지 않더라도 당연히 계약은 해제된다는 의사표시를 하고 있는 경우에 최고기간의 경과로 계약은 해제된다.

(6) 이행불능에 의한 해제권의 발생

제546조【이행불능과 해제】 채무자의 책임 있는 사유로 이행이 불능하게 된 때에는 채권자는 계약을 해제할 수 있다.

① 계약당사자 일방의 채무가 이행불능으로 된 경우에 상대방은 최고를 하지 않고 곧바로 계약을 해제할 수 있다.
② 매도인의 매매계약상의 소유권이전등기의무가 이행불능이 되어 이를 이유로 매매계약을 해제함에 있어서는 상대방의 잔대금지급의무가 매도인의 소유권이전의무와 동시이행관계에 있다고 하더라도 그 이행의 제공을 필요로 하는 것은 아니다.
③ 이행지체와 달리 이행불능은 채무자에게 책임 있는 사유에 기한 것이어야 한다.
④ 채무의 일부가 이행불능인 경우에는, 신의칙상 가능한 나머지 부분이라도 계약목적의 일부를 달성할 수 있다면 계약 전부를 해제하지 못하고, 다만 그 불능부분만을 해제할 수 있다.

관련판례

쌍무계약에 있어 당사자 일방이 부담하는 채무의 일부만이 채무자의 책임 있는 사유로 이행할 수 없게 된 때에는, 그 이행이 불가능한 부분을 제외한 나머지 부분만의 이행으로는 계약의 목적을 달성할 수 없다면 채무의 이행은 전부가 불능이라고 보아야 할 것이므로, 채권자로서는 채무자에 대하여 계약 전부를 해제하거나 또는 채무 전부의 이행에 갈음하는 전보배상을 청구할 수 있을 뿐이지 이행이 가능한 부분만의 급부를 청구할 수는 없다(대판 1995.7.25, 95다5929).

보충학습

최고를 하지 않고 해제할 수 있는 경우

1. 약정해제
2. 채무자가 미리 이행거절의 의사를 표시한 경우
3. 정기행위
4. 이행불능
5. 완전이행이 불가능한 불완전이행
6. 사정변경으로 인한 계약해제(통설)
7. 당사자 간 최고배제의 특약을 한 경우

OX

채무자의 책임 있는 사유로 이행불능이 된 경우, 채권자는 이행기를 기다리지 않고, 최고 없이 계약을 해제할 수 있다. (○) 제15회

OX

소유권이전등기의 이행불능을 이유로 매매계약을 해제하기 위해서는 그와 동시이행관계에 있는 잔대금지급의무의 이행제공이 필요하다. (×) 제26회

OX

채무자의 책임 있는 사유로 계약일부의 이행이 불가능으로 된 경우, 이행이 가능한 나머지 부분만의 이행으로 계약의 목적을 달성할 수 없다면 계약 전부에 대하여 해제할 수 있다. (○) 제16회

PART 03

(7) 제3의 채무불이행 유형(불완전이행)을 이유로 한 해제권의 발생

① 완전이행이 가능하다면 채권자는 상당한 기간을 정하여 그 추완(追完)을 최고하고 채무자가 그 기간 내에 추완하지 않으면 해제권이 발생하고, 추완이 불가능하다면 채권자는 최고를 요하지 않고 바로 해제할 수 있다.

② 물건의 인도를 목적으로 하는 채무의 경우에는 채무자의 하자담보책임 및 적극적 채권침해에 의한 손해배상이 문제될 뿐 해제의 문제는 일어나지 않는다.

(8) 사정변경과 해제권의 발생

이른바 사정변경으로 인한 계약해제는, 계약 성립 당시 당사자가 예견할 수 없었던 현저한 사정의 변경이 발생하였고 그러한 사정의 변경이 해제권을 취득하는 당사자에게 책임 없는 사유로 생긴 것으로서, 계약내용대로의 구속력을 인정한다면 신의칙에 현저히 반하는 결과가 생기는 경우에 계약준수원칙의 예외로서 인정되는 것이고, 여기에서 말하는 사정이라 함은 계약의 기초가 되었던 객관적인 사정으로서, 일방 당사자의 주관적 또는 개인적인 사정을 의미하는 것은 아니다.

(9) 해제권의 행사

① 해제권 행사의 방법

> **제543조【해지, 해제권】** ① 계약 또는 법률의 규정에 의하여 당사자의 일방이나 쌍방이 해지 또는 해제의 권리가 있는 때에는 그 해지 또는 해제는 상대방에 대한 의사표시로 한다.
> ② 전항의 의사표시는 철회하지 못한다.

OX
해제의 의사표시는 철회하지 못하나, 상대방이 승낙하면 철회할 수 있다. (○) 제18회

㉠ 해제권이 발생하였더라도 그 권리가 행사되지 않는 한 해제의 효과가 발생하지 않는다.

㉡ 해제권의 행사는 상대방에 대한 의사표시로 한다. 재판상의 행위에 의해서도 할 수 있다.

OX
소제기의 방식으로 해제권을 행사한 이후 그 소를 취하하더라도 그 해제권 행사의 효력에는 영향이 없다. (○) 제17회

㉢ 해제의 의사표시를 소제기에 의하여 한 경우에 제척기간 내에 소장 부분이 상대방에 송달되어야 하는데, 소제기로 해제권을 행사한 후에 그 후 소를 취하하더라도 해제권의 행사에는 영향이 없다.

㉣ 해제의 의사표시에 조건의 기한을 붙이지 못한다. 다만, 상대방의 불이익으로 되지 않는 조건을 붙이는 것은 가능하다.

㉤ 최고를 하면서 최고기간 내에 채무자가 이행하지 않으면 해제권을 행사하지 않더라도 당연히 계약이 해제된다고 하는 것은 일종의 정지조건부 해제이지만 유효하다.

② **해제의 불가분성**

> **제547조【해지, 해제권의 불가분성】** ① 당사자의 일방 또는 쌍방이 수인인 경우에는 계약의 해지나 해제는 그 전원으로부터 또는 전원에 대하여 하여야 한다.
> ② 전항의 경우에 해지나 해제의 권리가 당사자 1인에 대하여 소멸한 때에는 다른 당사자에 대하여도 소멸한다.

해제의 불가분성에 관한 제547조는 당사자의 특약에 의하여 배제될 수 있는 임의규정이다.

(10) 해제의 효과

> **제548조【해제의 효과, 원상회복의무】** ① 당사자 일방이 계약을 해제한 때에는 각 당사자는 그 상대방에 대하여 원상회복의 의무가 있다. 그러나 제3자의 권리를 해하지 못한다.
> ② 전항의 경우에 반환할 금전에는 그 받은 날로부터 이자를 가하여야 한다.

① **계약적 구속으로부터 해방**

㉠ 계약의 소급적 실효(失效)

ⓐ 해제로 인하여 계약상의 채권·채무가 소급적으로 소멸하므로, 당사자는 계약상의 의무를 면한다.

i) 계약의 해제권은 일종의 형성권으로서 당사자의 일방에 의한 계약해제의 의사표시가 있으면 그 효과로서 새로운 법률관계가 발생하고 각 당사자는 그에 구속되는 것이므로, 일방 당사자의 계약위반을 이유로 한 상대방의 계약해제 의사표시에 의하여 계약이 해제되었음에도 상대방이 계약이 존속함을 전제로 계약상 의무의 이행을 구하는 경우 계약을 위반한 당사자도 당해 계약이 상대방의 해제로 소멸되었음을 들어 그 이행을 거절할 수 있다.

ii) 매매계약이 해제된 후에도 매도인이 별다른 이의 없이 일부변제를 수령한 경우에, 특별한 사정이 없는 한 당사자 사이에 해제된 계약을 부활시키는 약정이 있었다고 해석함이 상당하고, 이러한 경우 매도인으로서는 새로운 이행의 최고 없이 바로 해제권을 행사할 수 없다.

ⓑ 주된 계약이 해제에 의하여 실효되면 종된 계약도 실효된다.

OX
당사자의 일방 또는 쌍방이 수인인 경우, 계약의 해제는 그 전원으로부터 또는 전원에게 하여야 한다. (○) 제18회

OX
해제 후 원상회복을 위해 금전을 반환할 자는 해제한 날로부터 이자를 가산하여야 한다. (×) 제15회

OX
당사자의 일방이 2인인 경우, 특별한 사정이 없는 한 그 중 1인이 해제권이 소멸하더라도 다른 당사자의 해제권은 소멸하지 않는다. (×) 제26회

ⓛ 계약의 이행으로 이전된 권리의 복귀
해제는 채권행위의 효력을 소급적으로 소멸하게 하고, 그 결과 그와 유인적인 물권행위의 효력도 소급적으로 소멸하기 때문에 해제로 인하여 이전되었던 물권도 당연히 복귀한다.

ⓒ 제3자의 보호

ⓐ 제3자는 일반적으로 그 해제된 계약으로부터 생긴 법률효과를 기초로 하여 해제 전에 새로운 법률관계를 가졌을 뿐 아니라 등기, 인도 등으로 완전한 권리를 취득한 자를 의미한다. 판례는 더 나아가 해제의 의사표시가 있은 후 해제를 원인으로 하는 말소등기가 있기 전에 이해관계를 가지게 된 선의의 제3자도 보호된다고 한다.

ⓑ 소유권을 취득하였다가 계약해제로 인하여 소유권을 상실하게 된 임대인으로부터 그 계약이 해제되기 전에 주택을 임차받아 주택의 인도와 주민등록을 마침으로써 주택임대차보호법 제3조 제1항에 의한 대항요건을 갖춘 임차인은 민법 제548조 제1항 단서의 규정에 따라 계약해제로 인하여 권리를 침해받지 않는 제3자에 해당하므로 임대인의 임대권원의 바탕이 되는 계약의 해제에도 불구하고 자신의 임차권을 새로운 소유자에게 대항할 수 있고, 이 경우 계약해제로 소유권을 회복한 제3자는 주택임대차보호법 제3조 제2항에 따라 임대인의 지위를 승계한다.

ⓒ 토지를 매도하였다가 대금지급을 받지 못하여 그 매매계약을 해제한 경우 그 토지 위에 신축된 건물의 매수인은 위 계약해제로 권리를 침해당하지 않을 제3자에 해당하지 않는다.

ⓓ 채권 자체를 압류 또는 전부한 채권자, 물권변동의 성립요건을 갖추지 못한 전득자, 제3자를 위한 계약의 수익자도 여기서의 제3자는 아니다.

② 원상회복의무

㉠ 계약이 해제되면 각 당사자는 상대방을 계약이 체결되지 않았던 것과 같은 상태로 복귀시킬 의무를 부담한다.

ⓛ 당사자의 원상회복의무는 부당이득반환의무의 성질을 가진다.

ⓐ 반환의무의 범위는 제748조가 아니라 제548조가 적용되며, 당사자의 선의·악의 또는 이익의 현존 여부를 묻지 않고 받은 이익 전부를 상대방에게 반환하여야 한다.

OX
계약에 기하여 매수인 앞으로 소유권이전등기가 마쳐진 토지를 압류하고 그 등기까지 마친 자에 대하여는 해제의 소급효로 대항할 수 없다. (○) 제20회

OX
계약을 해제한 자는, 계약해제의 의사표시 전에 해제가능성을 알면서도 그 해제와 양립되지 않는 법률관계를 가진 제3자에 대하여 계약해제에 따른 법률효과를 주장할 수 있다. (×) 제17회

OX
계약이 해제된 경우, 계약해제 이전에 해제로 인하여 소멸되는 채권을 양수한 자는 제3자로서 보호되지 않는다. (○) 제21회

OX
계약해제에 따른 원상회복을 하는 경우, 그 이익반환의 범위는 특단의 사정이 없으면 받은 이익의 전부이다. (○) 제21회

ⓑ 원상회복의 방법은 원물반환이 원칙이다. 다만, 원물반환이 불가능하다면 가액반환을 하여야 할 것이고, 여기서의 가액은 해제 당시의 가액이다.

ⓒ 양 당사자 모두가 원상회복의무를 부담하는 경우에, 양 채무는 동시이행의 관계에 있다.

ⓓ 과실상계는 본래 채무불이행 또는 불법행위로 인한 손해배상책임에 대하여 인정되는 것이고, 매매계약이 해제되어 소급적으로 효력을 잃은 결과 매매당사자에게 당해 계약에 기한 급부가 없었던 것과 동일한 재산상태를 회복시키기 위한 원상회복의무의 이행으로서 이미 지급한 매매대금 기타의 급부의 반환을 구하는 경우에는 적용되지 아니한다.

OX
계약이 해제된 경우 그 원상회복을 정함에 있어서는 과실상계가 적용된다. (×) 제22회

PART 03

③ **손해배상**

> **제551조【해지, 해제와 손해배상】** 계약의 해지 또는 해제는 손해배상의 청구에 영향을 미치지 아니한다.

OX
계약해제는 손해배상의 청구에 영향을 미치지 아니한다. (○) 제20회

㉠ 여기서의 손해배상은 채무불이행으로 인한 것이고, 그 배상범위는 이행이익, 즉 채무자가 채무를 이행하였더라면 있었을 상태와 현재상태의 차액의 배상이다.

㉡ 예외적으로 신뢰이익의 배상을 인정한다. 즉, 채무불이행을 이유로 계약해제와 아울러 손해배상을 청구하는 경우 그 계약이행으로 인하여 채권자가 얻을 이익, 즉 이행이익의 배상을 구하는 것이 원칙이고, 다만 일정한 경우에는 그 계약이 이행되리라고 믿고 채권자가 지출한 비용, 즉 신뢰이익의 배상도 구할 수 있는 것이지만, 중복배상 및 과잉배상 금지원칙에 비추어 그 신뢰이익은 이행이익에 갈음하여서만 구할 수 있고, 그 범위도 이행이익을 초과할 수 없다.

㉢ 손해배상청구권의 소멸시효기간은 10년이고, 해제된 계약상의 채권을 행사할 수 있는 때부터 진행된다.

(11) 해제권의 소멸

① 일반적 소멸원인

㉠ 채무자가 채무의 내용에 좇은 이행 또는 이행의 제공이 있으면 해제권은 소멸한다.

㉡ 해제권의 포기나 실효에 의하여 소멸한다.

㉢ 해제권의 행사기간이 정해져 있다면 그 기간의 경과로 해제권은 소멸한다. 해제권의 정함이 없는 경우에 해제권은 형성권이므로 10년의 제척기간에 걸린다.

② **해제권에 특유한 소멸원인**

㉠ 최고에 의한 소멸

> **제552조 【해제권 행사 여부의 최고권】** ① 해제권의 행사의 기간을 정하지 아니한 때에는 상대방은 상당한 기간을 정하여 해제권 행사 여부의 확답을 해제권자에게 최고할 수 있다.
> ② 전항의 기간 내에 해제의 통지를 받지 못한 때에는 해제권은 소멸한다.

㉡ 제553조에 의한 소멸

> **제553조 【훼손 등으로 인한 해제권의 소멸】** 해제권자의 고의나 과실로 인하여 계약의 목적물이 현저히 훼손되거나 이를 반환할 수 없게 된 때 또는 가공이나 개조로 인하여 다른 종류의 물건으로 변경된 때에는 해제권은 소멸한다.

OX

해제권자의 과실로 계약목적물이 현저히 훼손된 경우에는 해제권은 소멸한다. (○) 제20회

⑿ 약정해제(約定解除)

① 계약을 체결하면서 특약으로 해제권을 유보하는 것은 가능하다. 특히 계약금이 교부된 경우에 해제권이 유보된 것으로 해석된다.

② 약정해제의 효과는 채무불이행에 의한 것이 아니므로 손해배상청구의 효과는 생기지 않는다. 즉, 제551조는 적용되지 않는다.

⒀ 계약의 해지

① 계속적 계약관계에서 일방적 의사표시로 계약의 효력을 장래에 향하여 소멸하게 하는 행위를 해지라 하고, 해지할 수 있는 권리를 해지권이라고 한다. 소급효가 없다는 점에서 해제와 다르다.

② 해지권의 발생(법정해지권, 약정해지권)

③ 해지권의 행사(해제권과 같다)

④ **해지의 효과**

> **제550조 【해지의 효과】** 당사자 일방이 계약을 해지한 때에는 계약은 장래에 대하여 그 효력을 잃는다.

예 제

채무자의 이행지체로 인한 계약해제에 관한 설명으로 옳은 것은? (다툼이 있으면 판례에 따름) 제28회

① 정기행위의 경우, 채권자는 이행의 최고 없이 계약을 해제할 수 있다.
② 확정기한부 채무의 경우, 채무자는 이행청구를 받은 때부터 지체책임을 지게 된다.
③ 채권자는 채무자에게 도달한 계약해제의 의사표시를 철회할 수 있다.
④ 계약해제로 채권자가 받은 금전을 반환해야 할 경우, 채권자는 그 원금만 반환하면 족하다.
⑤ 채권자가 매매계약을 해제하면 그 계약은 장래에 향하여 효력을 잃는다.

해설

① 계약의 성질 또는 당사자의 의사표시에 의하여 일정한 시일 또는 일정한 기간 내에 이행하지 아니하면 계약의 목적에 달성할 수 없을 경우에 당사자 일방이 그 시기에 이행하지 아니한 때에는 상대방은 최고를 하지 아니하고 계약을 해제할 수 있다(제545조).
② 채무이행의 확정한 기한이 있는 경우에는 채무자는 기한이 도래한 때로부터 지체책임이 있다(제387조 제1항 본문).
③ 상대방에게 도달한 해제의 의사표시를 철회하지 못한다(제543조 제2항 참조).
④ 계약을 해제한 경우, 반환할 금전에는 그 받은 날로부터 이자를 가하여야 한다(제548조 제2항 참조).
⑤ 해제는 소급하여 계약이 효력을 잃는다(제548조 제1항 참조).

정답 ①

PART 03

03 계약법 각론

1 매 매

1. 매매의 의의

> **제563조 【매매의 의의】** 매매는 당사자 일방이 재산권을 상대방에게 이전할 것을 약정하고 상대방이 그 대금을 지급할 것을 약정함으로써 그 효력이 생긴다.

(1) '매매'는 당사자 일방(매도인)이 일정한 재산권을 상대방(매수인)에게 이전할 것을 약정하고, 상대방은 이에 대하여 대금을 지급할 것을 약정함으로써 성립하는 낙성(諾成)·쌍무(雙務)·불요식(不要式)의 유상(有償)계약이다.

OX
매매계약은 쌍무·유상의 계약이다. (○) 제21회

(2) 매매의 목적이 되는 재산권에는 제한이 없다. 물권, 채권, 지적재산권 외에 영업이나 기업도 일체로서 매매될 수 있다. 또한 타인의 권리나 물건 또는 장래 성립하는 재산이라도 상관없다.

2. 매매의 성립

(1) 매매는 낙성계약이므로, 재산권이전과 대금지급에 관한 합의만 있으면 유효하게 성립한다.

(2) 매매는 처분행위가 아니므로, 매도인이 권리자가 아니더라도 의무부담행위로서 매매는 유효하게 성립한다(제569조).

(3) 매매계약의 비용

> **제566조【매매계약의 비용의 부담】** 매매계약에 관한 비용은 당사자 쌍방이 균분하여 부담한다.

OX
매매계약에 관한 비용은 다른 약정이 없으면 당사자 쌍방이 균분하여 부담한다. (○) 제20회

(4) 유상계약의 준용

> **제567조【유상계약에의 준용】** 본절의 규정은 매매 이외의 유상계약에 준용한다. 그러나 그 계약의 성질이 이를 허용하지 아니하는 때에는 그러하지 아니하다.

3. 매매의 예약(豫約)

(1) 예약의 의의

① '예약'이란 매매계약의 당사자 간에 장차 매매계약을 체결할 것을 약속하는 계약을 말한다.

② 예약은 예약에 의하여 당사자들이 본계약을 체결할 의무를 부담하기 때문에 언제나 채권계약이다.

(2) 예약의 종류

① **편무예약과 쌍무예약**

㉠ 편무예약(片務豫約): 당사자 일방만이 승낙의무를 부담하는 경우, 즉 본계약 체결의 청약을 할 수 있는 권리를 당사자 일방만이 가지는 경우를 의미한다.

㉡ 쌍무예약(雙務豫約): 당사자 쌍방이 모두 승낙의무를 부담하는 경우, 즉 당사자 쌍방이 모두 상대방에 대하여 청약을 할 수 있는 권리를 가지는 경우를 의미한다.

② **일방예약과 쌍방예약**

㉠ 일방예약(一方豫約): 예약완결권을 당사자 일방만이 가지는 경우를 의미한다.

㉡ 쌍방예약(雙方豫約): 예약완결권을 쌍방 모두 가지는 경우를 의미한다.

(3) 매매의 일방예약

제564조【매매의 일방예약】 ① 매매의 일방예약은 상대방이 매매를 완결할 의사를 표시하는 때에 매매의 효력이 생긴다.
② 전항의 의사표시의 기간을 정하지 아니한 때에는 예약자는 상당한 기간을 정하여 매매완결 여부의 확답을 상대방에게 최고할 수 있다.
③ 예약자가 전항의 기간 내에 확답을 받지 못한 때에는 예약은 그 효력을 잃는다.

① 제564조의 매매의 예약은 일방예약으로 추정된다.

② 매매의 일방예약은 완결의 의사표시를 정지조건으로 하는 매매로 이해한다.

③ **예약완결권**

㉠ 예약완결권이란 상대방에 대하여 매매완결의 의사표시를 할 수 있는 권리를 말한다.

㉡ 예약완결권은 형성권이다.

㉢ 예약완결권도 재산권이므로 양도할 수 있다. 양도방법은 채권양도에 준하여 예약의무자에게 통지를 하거나 그의 승낙을 얻어야 한다.

㉣ 부동산물권을 이전하여야 하는 본계약의 예약완결권을 가등기할 수 있다.

㉤ 예약완결권이 가등기된 경우에, 목적부동산이 양도되었다면, 예약상의 의무자에 대하여 예약완결권을 행사하고 가등기에 기한 본등기신청을 하면, 목적부동산에 관한 양수인 명의의 본등기는 직권으로 말소된다.

㉥ 예약완결권의 행사기간을 당사자가 계약으로 정할 수 있지만, 그 기간을 미리 정하지 않은 경우에, 예약상의 의무자는 상당한 기간을 정하여 매매완결 여부를 확답을 최고할 수 있고, 예약상의 의무자가 그 기간 내에 확답을 받지 못하면 예약은 그 효력을 잃는다(제564조).

관련판례

매매의 일방예약에서 예약자의 상대방이 매매계약의 완결의 의사표시를 하여 매매의 효력을 생기게 하는 권리, 즉 매매예약의 완결권은 일종의 형성권으로서 당사자 사이에 그 행사기간을 약정한 때에는 그 기간 내에, 그러한 약정이 없는 때에는 그 예약이 성립한 때로부터 10년 내에 행사하여야 하고, 그 기간을 지난 때에는 예약완결권은 제척기간의 경과로 소멸한다(대판 1995.11.10, 94다22682).

OX

매매예약의 완결권은 형성권에 속한다. (○) 제20회

예제

매매의 예약에 관한 설명으로 옳지 않은 것은? (다툼이 있으면 판례에 따름) 제27회

① 매매의 일방예약은 예약완결권자가 매매를 완결할 의사를 표시하는 때에 매매의 효력이 생긴다.
② 예약목적물인 부동산을 인도받은 경우, 예약완결권은 제척기간의 경과로 인하여 소멸하지 않는다.
③ 예약완결권을 재판상 행사하는 경우, 그 의사표시가 담긴 소장 부본이 제척기간 내에 상대방에게 송달되면 적법하게 예약완결권을 행사하였다고 볼 수 있다.
④ 매매예약 완결의 의사표시 전에 목적물이 멸실된 경우, 매매예약 완결의 의사표시를 하여도 매매의 효력은 발생하지 않는다.
⑤ 예약완결권의 제척기간 도과 여부는 법원이 직권으로 조사하여 재판에 고려하여야 한다.

해설

② 상대방이 예약목적물인 부동산을 인도받은 경우라도 예약완결권은 제척기간의 경과로 인하여 소멸된다(대판 1992.7.28, 91다44766).
① 매매의 일방예약은 상대방이 매매를 완결할 의사를 표시하는 때에 매매의 효력이 생긴다(제564조 제1항).
③ 예약완결권은 재판상이든 재판 외이든 그 기간 내에 행사하면 되는 것으로서, 예약완결권자가 예약완결권 행사의 의사표시를 담은 소장 부본을 상대방에게 송달함으로써 재판상 행사하는 경우에는 그 소장 부본이 상대방에게 도달한 때에 비로소 예약완결권 행사의 효력이 발생하여 예약완결권자와 상대방 사이에 매매의 효력이 생기므로, 예약완결권 행사의 의사표시가 담긴 소장 부본이 제척기간 내에 상대방에게 송달되어야만 예약완결권자가 제척기간 내에 적법하게 예약완결권을 행사하였다고 볼 수 있다(대판 2019.7.25, 2019다227817).
④ 매매예약이 성립한 이후 상대방의 매매예약 완결의 의사표시 전에 목적물이 멸실 기타의 사유로 이전할 수 없게 되어 예약 완결권의 행사가 이행불능이 된 경우에는 예약 완결권을 행사할 수 없고, 이행불능 이후에 상대방이 매매예약 완결의 의사표시를 하여도 매매의 효력이 생기지 아니한다(대판 2015.8.27, 2013다28247).
⑤ 매매예약완결권의 제척기간이 도과하였는지 여부는 소위 직권조사 사항으로서 이에 대한 당사자의 주장이 없더라도 법원이 당연히 직권으로 조사하여 재판에 고려하여야 한다(대판 2000.10.13, 99다18725).

정답 ②

4. 계약금(契約金)

(1) 의 의

① '계약금'이란 계약을 체결할 때 당사자 일방이 상대방에게 교부하는 금전 기타 유가물을 의미한다.
② 계약금계약은 금전 기타 유가물의 교부를 요건으로 하는 요물계약이다.
③ 계약금계약은 매매 기타의 계약의 종된 계약이다. 따라서 주된 계약이 무효·취소되면 계약금계약도 효력을 잃는다. 그리고 계약금계약은 주된 계약과 동시에 행해질 필요는 없다.

OX
계약금계약은 요물계약이다. (○) 제18회

OX
계약금계약은 주계약과 독립한 계약이기에 주계약이 취소되어도 효력을 잃지 않는다. (×) 제18회

(2) 계약금의 법적 성질

① **증약계약금**(證約契約金): 계약금은 언제나 증약금의 성질을 가진다.

② **위약계약금**(違約契約金)

㉠ 위약금의 성질을 가지는 계약금으로, 계약금을 교부받은 자가 계약을 위반하면 그 배액을 상환하고, 계약금을 교부한 자가 계약상의 채무를 이행하지 않으면 그것을 수령한 자가 몰수하는 형태로 나타난다.

㉡ 계약금이 위약벌의 성질을 가지는 경우와 손해배상액의 예정으로서의 성질을 가지는 경우가 있는데, 이 중 어디에 속하는지 하는 것이 해석에 의하여 밝혀지지 않으면 제398조 제4항에 따라 위약계약금은 원칙적으로 손해배상액의 예정으로서의 성질을 가진다.

③ **해약계약금**(解約契約金): 민법은 계약금을 해약금으로 추정한다.

관련판례

유상계약을 체결함에 있어서 계약금이 수수된 경우 계약금은 해약금의 성질을 가지고 있어서, 이를 위 위약금으로 하기로 하는 특약이 없는 이상 계약이 당사자 일방의 귀책사유로 인하여 해제되었다 하더라도 상대방은 계약불이행으로 입은 실제 손해만을 배상받을 수 있을 뿐, 계약금이 위약금으로서 상대방에게 당연히 귀속되는 것은 아니다(대판 1996.6.14, 95다54693).

> **OX**
> 계약금이 위약벌의 설정을 가지는 경우, 채무불이행으로 인한 손해배상을 별도로 청구할 수 있다. (○) 제18회

(3) 민법 제565조

> **제565조【해약금】** ① 매매의 당사자 일방이 계약 당시에 금전 기타 물건을 계약금, 보증금 등의 명목으로 상대방에게 교부한 때에는 당사자 간에 다른 약정이 없는 한 당사자의 일방이 이행에 착수할 때까지 교부자는 이를 포기하고 수령자는 그 배액을 상환하여 매매계약을 해제할 수 있다.
> ② 제551조의 규정은 전항의 경우에 이를 적용하지 아니한다.

① **해약금의 추정**

㉠ 계약금의 성격에 대하여, 당사자 사이에 다른 약정이 없으면 해약금으로 추정된다.

㉡ 따라서 다른 약정이 없는 한 계약금의 교부자는 이를 포기하고, 그 수령자는 그 배액을 상환하고 매매계약을 해제할 수 있다. 즉, 계약금은 해약금으로서 계약금이 수수된 경우에 당사자 쌍방은 약정해제권을 가진다.

② (약정)해제권 행사의 요건

㉠ 당사자의 일방이 이행에 착수하기 전까지만 해제할 수 있다.

관련판례

1. 민법 제565조가 해제권 행사의 시기를 '당사자 일방이 이행에 착수할 때까지'로 제한한 것은 당사자의 일방이 이미 이행에 착수한 때에는 그 당사자는 그에 필요한 비용을 지출하였을 것이고, 또 그 당사자는 계약이 이행될 것으로 기대하고 있는데 만일 이러한 단계에서 상대방으로부터 계약이 해제된다면 예측하지 못한 손해를 입게 될 우려가 있으므로 이를 방지함에 있다 할 것이고, 여기서 '당사자 일방이 이행에 착수'하였다고 함은 반드시 계약내용에 들어맞는 이행의 제공에까지 이르러야 하는 것은 아니지만 객관적으로 외부에서 인식할 수 있을 정도로 채무 이행행위의 일부를 행하거나 또는 이행에 필요한 전제행위를 행하는 것으로서 단순히 이행의 준비를 하는 것만으로는 부족하다(대판 1997.6.27, 97다9369).
2. 제565조 제1항에서 말하는 당사자의 일방이라는 것은 매매 쌍방 중 어느 일방을 지칭하는 것이고, 상대방이라 국한하여 해석할 것이 아니므로, 비록 상대방인 매도인이 매매계약의 이행에는 전혀 착수한 바가 없다 하더라도 매수인이 중도금을 지급하여 이미 이행에 착수한 이상 매수인은 제565조에 의하여 계약금을 포기하고 매매계약을 해제할 수 없다(대판 2000.2.11, 99다62074).
3. 이행기의 약정이 있는 경우라 하더라도 당사자가 채무의 이행기 전에는 착수하지 아니하기로 하는 특약을 하는 등 특별한 사정이 없는 한 이행기 전에 이행에 착수하여 상대방의 해제권을 봉쇄할 수 있다(대판 2006.2.10, 2004다11599).
4. 특별한 사정이 없는 한 (구)국토이용관리법상의 토지거래허가를 받지 않아 유동적 무효상태인 매매계약에 있어서도 당사자 사이의 매매계약은 매도인이 계약금의 배액을 상환하고 계약을 해제함으로써 적법하게 해제된다(대판 1997.6.27, 97다9369).

OX

해약금에 의한 계약해제에서 이행의 착수는 반드시 계약내용에 적합한 이행의 제공의 정도에까지 이르지 않아도 된다. (○) 제18회

㉡ 교부자는 계약금을 포기해서 계약을 해제할 수 있고, 계약금의 수령자는 배액을 상환하여 해제할 수 있다.

관련판례

1. 계약금의 포기는 해제의 의사표시로 족하나, 배액의 상환은 배액의 제공까지 있어야 계약해제의 효과가 발생하고, 배액이 되지 않은 일부만을 제공하거나 단순히 해제의 의사표시를 하는 것만으로는 계약을 해제할 수 없다(대판 1993.12.10, 93다23084).
2. 매매당사자 간에 계약금을 수수하고 계약해제권을 유보한 경우에 매도인이 배액을 상환하고 계약을 해제하려면 계약해제의 의사표시 외에 계약금 배액의 이행의 제공이 있으면 되고 상대방이 이를 수령하지 아니한다고 하여 이를 공탁할 필요는 없다(대판 1981.10.27, 80다2784).

3. 계약금 일부만 지급된 경우 수령자가 매매계약을 해제할 수 있다고 하더라도 해약금의 기준이 되는 금원은 '실제 교부받은 계약금'이 아니라 '약정 계약금'이라고 봄이 타당하므로, 매도인이 계약금의 일부로서 지급받은 금원의 배액을 상환하는 것으로는 매매계약을 해제할 수 없다(대판 2015.4.23, 2014다23178).

③ **(약정)해제권 행사의 효과**

㉠ 계약금에 의한 해제의 효과는 소급효가 있지만, 이행 전이므로 원상회복의무는 발생하지 않는다.

㉡ 계약금에 의한 해제는 채무불이행에 의한 해제가 아니므로 손해배상청구권 역시 발생하지 않는다.

㉢ 계약금의 수수가 채무불이행을 이유로 하는 해제 및 그에 따른 손해배상을 배제하는 것은 아니다.

OX

해약금에 의한 계약해제의 경우, 원상회복의무는 발생하지 않는다. (○) 제18회

PART 03

5. 매매의 효력

(1) 매도인의 재산권이전의무

제568조【매매의 효력】 ① 매도인은 매수인에 대하여 매매의 목적이 된 권리를 이전하여야 하며 매수인은 매도인에게 그 대금을 지급하여야 한다.
② 전항의 쌍방의무는 특별한 약정이나 관습이 없으면 동시에 이행하여야 한다.

제569조【타인의 권리의 매매】 매매의 목적이 된 권리가 타인에게 속한 경우에는 매도인은 그 권리를 취득하여 매수인에게 이전하여야 한다.

OX

매매의 목적이 된 권리가 매도인에게 속하지 않은 경우라도 원칙적으로 매매계약은 유효하다. (○) 제19회

① **의 의**

㉠ 매도인은 매매의 목적인 재산권을 매수인에게 이전하는 데 필요한 모든 행위를 하여야 할 의무를 진다(제568조 제1항).

㉡ 타인의 재산권을 매각한 경우에, 매도인은 이를 취득하여 매수인에게 이전하여야 한다(제569조).

② **재산권이전의무의 내용**

관련판례

1. 부동산의 매매계약이 체결된 경우에는 매도인의 소유권이전등기의무, 인도의무와 매수인의 잔대금지급의무는 동시이행의 관계에 있는 것이 원칙이고, 이 경우 매도인은 특별한 사정이 없는 한 제한이나 부담이 없는 소유권이전등기의무를 지는 것이므로 매매목적 부동산에 지상권이 설정되어 있고 가압류등기가 되어 있는 경우에는 비록 매매가액에 비하여 소액인 금원의 변제로써 언제든지 말소할 수 있는 것이라 할지라도 매도인은 이와 같은 등기를 말소하여 완전한 소유권이전등기를 해 주어야 한다(대판 1991.9.10, 91다6368).

2. 근저당권설정등기가 되어 있는 부동산을 매매하는 경우 매수인이 근저당권의 피담보채무를 인수하여 그 채무금 상당을 매매잔대금에서 공제하기로 하는 특약을 하는 등 특별한 사정이 없는 한 매도인의 근저당권말소 및 소유권이전등기의무와 매수인의 잔대금지급의무는 동시이행의 관계에 있다(대판 1991.11.26, 91다23103).

③ 과실의 귀속

> **제587조【과실의 귀속, 대금의 이자】** 매매계약 있은 후에도 인도하지 아니한 목적물로부터 생긴 과실은 매도인에게 속한다. 매수인은 목적물의 인도를 받은 날로부터 대금의 이자를 지급하여야 한다. 그러나 대금의 지급에 대하여 기한이 있는 때에는 그러하지 아니하다.

㉠ 매매목적물이 인도되지 않고 대금도 완제하지 않은 경우에, 과실은 매도인에게 귀속된다.

㉡ 매매목적물이 인도되지 않았더라도 매수인이 대금을 완제하면 그 시점 이후의 과실은 매수인에게 귀속된다.

㉢ 매매목적물이 인도된 경우에, 매수인은 그 목적물의 과실을 수취할 수 있으나 대신 대금에 관하여 법정이자를 지급하여야 한다.

OX

매매목적물이 인도되지 않았더라도 매수인이 대금을 완납하였다면, 특별한 사정이 없는 한 그 시점 이후의 과실은 매수인에게 귀속한다. (○) 제20회

관련판례

쌍무계약이 취소된 경우에, 선의의 매수인은 수령한 매매목적물로부터 수취한 과실을 반환할 필요가 없으므로, 형평의 관점에서 선의의 매도인도 수령한 매매대금으로부터 수취한 이자를 반환할 필요가 없다(대판 1993.5.14, 92다45025).

(2) **매도인의 담보책임**(擔保責任)

① 의 의

㉠ 매매의 목적인 권리에 흠결이 있거나 권리의 객체인 물건에 하자가 있는 경우에, 유상계약인 매매에서 '출연의 등가성(等價性)'을 고려하여 법은 매도인에게 무거운 책임을 지움으로써 매수인을 보호한다. 이와 같이 매매에서 매수인이 취득하는 권리나 물건에 하자 내지 불완전한 점이 있는 경우에, 매도인이 매수인에 대하여 부담하는 책임을 '매도인의 담보책임'이라고 한다.

㉡ 매도인의 담보책임은 권리의 흠결에 대한 것과 물건의 하자에 대한 것으로 구별된다. 이 중 물건에 하자가 있는 경우의 담보책임을 '하자담보책임(瑕疵擔保責任)'이라 하고, 권리의 흠결이 있는 경우의 담보책임을 '추탈담보책임(追奪擔保責任)'이라 한다. 양자의 구별실익은 경매의 경

우에 적용되는지의 여부와 관련 있다.

㉢ 매도인의 담보책임에 관한 규정은 매매 외의 다른 유상계약에 준용된다.

② **매도인의 담보책임의 법적 성질**

㉠ 매매의 목적인 권리가 흠결된 경우의 담보책임은 기본적으로 제한이나 부담이 없는 완전한 재산권을 이전하여야 할 의무를 위반한 데 대한 '채무불이행'에 속한다.

㉡ 불특정물 매매에서 담보책임은 본질적으로 매도인이 하자 없는 완전한 물건을 인도하지 않는 데 대한 채무불이행책임의 성질을 갖는다. 즉, 매도인은 매매계약상의 의무를 다하지 않는 데 대한 계약상의 책임을 지는 것이다. 그리고 매수인의 완전물청구권은 그 행사기간이 제한되기는 하지만 매매계약에 기한 급부청구권의 연장의 성질을 지닌다.

㉢ 매매의 목적인 물건에 하자가 있는 경우 특정물 매매에서의 담보책임의 성격

ⓐ 법정책임설

매매의 유상성에 비추어 매수인을 보호하고 거래의 안전을 보장하려는 법정책적 목적, 즉 유상계약에서 대가관계를 유지하기 위한 목적에서 매도인에게 지워지는, 채무불이행과 무관한 법정의 무과실책임이라는 견해이다.

ⓑ 채무불이행책임설

특정물 매매에서도 매도인은 완전물인도의무를 지기 때문에 하자 있는 물건을 인도하는 것은 채무불이행에 해당하지만, 급부와 반대급부 사이의 균형을 고려하여 무과실책임으로 구성되었을 뿐이며, 따라서 담보책임에 관한 제580조는 채무불이행책임에 관한 제390조에 대한 특별규정으로 이해하는 견해이다.

③ **담보책임과 일반채무불이행책임과의 관계**

㉠ 채무불이행책임은 매도인의 귀책사유를 요건으로 하지만, 담보책임은 무과실책임이다.

㉡ 채무불이행책임에서 매수인(채권자)의 선의·악의는 문제되지 않지만, 담보책임에서 그것은 책임의 발생 내지 내용에 영향을 미친다.

㉢ 채무불이행책임의 내용으로 손해배상, 강제이행 및 계약해제를 들 수 있지만, 담보책임의 내용으로 매수인의 계약해제, 손해배상, 대금감액청구 및 완전물급부청구를 들 수 있다.

㉣ 채무불이행에 기한 해제는 최고를 요하지만, 담보책임의 경우에 최고가 필요 없다.

㉤ 채무불이행에 의한 손해배상청구권은 일반의 소멸시효에 걸리지만, 담보책임에 기한 해제권, 손해배상청구권 등은 1년 또는 6월 내에 행사하여야 한다.

관련판례

타인의 권리를 매매의 목적으로 한 경우에 있어서 그 권리를 취득하여 매수인에게 이전하여야 할 매도인의 의무가 매도인의 귀책사유로 인하여 이행불능이 되었다면 매수인이 매도인의 담보책임에 관한 민법 제570조 단서의 규정에 의해 손해배상을 청구할 수 없다고 하더라도 채무불이행 일반의 규정에 좇아서 계약을 해제하고 손해배상을 청구할 수 있다(대판 1993.11.23, 93다37328).

(3) 매도인의 담보책임의 민법의 규정

① 매매의 목적인 권리 전부가 타인에게 속하는 경우

제569조【타인의 권리의 매매】 매매의 목적이 된 권리가 타인에게 속한 경우에는 매도인은 그 권리를 취득하여 매수인에게 이전하여야 한다.

제570조【동전－매도인의 담보책임】 전조의 경우에 매도인이 그 권리를 취득하여 매수인에게 이전할 수 없는 때에는 매수인은 계약을 해제할 수 있다. 그러나 매수인이 계약 당시 그 권리가 매도인에게 속하지 아니함을 안 때에는 손해배상을 청구하지 못한다.

㉠ 요 건

ⓐ 타인 권리의 매매일 것

ⓑ 권리취득의 이전이 불능일 것

ⓒ 매도인의 귀책사유는 불요

ⓓ 권리이전의 불능이 오직 매수인의 귀책사유에 기인한 경우가 아닐 것

관련판례

명의신탁재산을 명의신탁자가 처분하는 경우에는 타인의 권리매매에 해당하지 않는다(대판 1996.8.20, 96다18656).

㉡ 담보책임의 내용

ⓐ 매수인의 해제권

i) 매도인의 귀책사유나 매수인의 선의·악의를 불문하고, 최고를 요하지 않는다.

ii) 해제에 의하여 매수인은 소유권이전등기의 말소(또는 진정명의 회복을 위한 소유권이전등기) 및 점유이전의 의무와 사용이익의

OX

타인의 권리매매에서 매도인이 그 권리를 취득하여 매수인에게 이전할 수 없는 경우, 계약 당시 그 사실을 안 매수인은 계약을 해제할 수 없다. (×) 제21회

OX

매매의 목적인 권리가 타인에게 속하여 매도인이 그 권리를 취득하여 매수인에게 이전할 수 없는 경우, 매수인은 선의인 경우에 한하여 계약을 해제할 수 있다. (×) 제18회

반환의무를 지고, 매도인은 매매대금의 반환 및 손해배상의무를 지며, 양자는 동시이행관계에 있다.

ⓑ 손해배상

i) 선의의 매수인은 해제와 더불어 손해배상을 청구할 수 있다. 그 범위는 이행이익의 배상이다.

ii) 매도인은 이행불능 당시(소유권이전등기 후 소송에 의하여 말소된 경우에는 패소판결 확정시)의 목적물의 시가와 매매대금의 차액을 손해로써 배상하여야 한다.

iii) 선의에 대한 증명책임은 매도인에게 있다.

관련판례

악의의 매수인은 담보책임으로서 손해배상을 청구하지 못하지만, 이행불능이 매도인의 귀책사유에 기한 것이라면 일반채무불이행으로서 손해배상을 청구할 수 있다(대판 1970.12.29, 70다2449).

ⓒ 선의의 매도인의 해제권

매도인도 선의라면 매수인이 입은 손해를 배상하고 매매계약을 해제할 수 있으며, 특히 매수인이 계약 당시 악의였다면 손해배상을 하지 않고 해제할 수 있다.

제571조【동전 - 선의의 매도인의 담보책임】 ① 매도인이 계약 당시에 매매의 목적이 된 권리가 자기에게 속하지 아니함을 알지 못한 경우에 그 권리를 취득하여 매수인에게 이전할 수 없는 때에는 매도인은 손해를 배상하고 계약을 해제할 수 있다.

② 전항의 경우에 매수인이 계약 당시 그 권리가 매도인에게 속하지 아니함을 안 때에는 매도인은 매수인에 대하여 그 권리를 이전할 수 없음을 통지하고 계약을 해제할 수 있다,

관련판례

민법 제571조 제1항은 선의의 매도인이 매매의 목적인 권리의 전부를 이행할 수 없는 경우에 적용될 뿐 매매의 목적인 권리의 일부를 이전할 수 없는 경우에는 적용될 수 없고, 마찬가지로 수개의 권리를 일괄하여 매매의 목적으로 정하였으나 그중 일부의 권리를 이전할 수 없는 경우에도 위 조항은 적용될 수 없다(대판 2004.12.9, 2002다33557).

② **매매목적인 권리의 일부가 타인에게 속하는 경우**(제572조, 제573조)

> **제572조【권리의 일부가 타인에게 속한 경우와 매도인의 담보책임】** ① 매매의 목적이 된 권리의 일부가 타인에게 속함으로 인하여 매도인이 그 권리를 취득하여 매수인에게 이전할 수 없는 때에는 매수인은 그 부분의 비율로 대금의 감액을 청구할 수 있다.
> ② 전항의 경우에 잔존한 부분만이면 매수인이 이를 매수하지 아니하였을 때에는 선의의 매수인은 계약 전부를 해제할 수 있다.
> ③ 선의의 매수인은 감액청구 또는 계약해제 외에 손해배상을 청구할 수 있다.
>
> **제573조【전조의 권리행사의 기간】** 전조의 권리는 매수인이 선의인 경우에는 사실을 안 날로부터, 악의인 경우에는 계약한 날로부터 1년 내에 행사하여야 한다.

㉠ 요 건
ⓐ 타인권리의 일부매매
ⓑ 권리취득이전의 불능
ⓒ 매도인의 귀책사유 불문

㉡ 담보책임의 내용
ⓐ 매수인의 대금감액청구권
ⅰ) 매수인은 선의·악의에 관계없이 언제나 그 부족부분에 상당하는 대금의 감액을 청구할 수 있다.
ⅱ) 형성권의 일종이다.

ⓑ 선의의 매수인의 권리
ⅰ) 선의의 매수인은 손해배상도 청구할 수 있다. 이 경우 배상하여야 할 손해액은 원칙적으로 일부이전불능시의 이행불능으로 된 권리의 시가, 즉 이행이익 상당액이다.
ⅱ) 나아가 이행이 가능한 부분만이라면 매수하지 않았으리라는 객관적 사정이 있는 경우에는 계약 전부를 해제할 수 있다.

ⓒ 권리행사기간
ⅰ) 선의의 매수인은 그 사실을 안 때로부터 1년 내에 행사하여야 한다.
ⅱ) 악의의 매수인은 계약한 날로부터 1년 내에 행사하여야 한다.
ⅲ) 이 기간의 성질은 제척기간이다.

OX

매매목적이 된 권리 일부가 타인에게 속하여 매도인이 그 권리를 취득하여 매수인에게 이전할 수 없는 경우, 매수인이 악의이더라도 계약해제 외에 손해배상을 청구할 수 있다. (×) 제16회

③ **매매목적물의 수량부족 또는 일부멸실의 경우**

> **제574조【수량부족, 일부멸실의 경우와 매도인의 담보책임】** 전2조의 규정은 수량을 지정한 매매의 목적물이 부족되는 경우와 매매목적물의 일부가 계약 당시에 이미 멸실된 경우에 매수인이 그 부족 또는 멸실을 알지 못한 때에 준용한다.

㉠ 요 건

ⓐ 당사자가 수량을 지정하여 매매하였는데 목적물의 수량이 부족한 경우
'수량을 지정한 매매'란 당사자가 매매의 목적인 특정물의 일정한 수량을 확보하기 위하여 일정한 면적 · 용량 · 중량 · 척도 등을 계약에 표시하고 그 수량을 기초로 하여 대금을 정한 매매를 의미한다.

ⓑ 목적물의 일부가 계약 당시 이미 소멸하고 없는 경우

관련판례

목적물이 일정한 면적(수량)을 가지고 있다는 데 주안을 두고 대금도 면적을 기준으로 하여 정하여지는 아파트분양계약은 이른바 수량을 지정한 매매라 할 것이라고 하면서, 아파트 분양시 공유대지면적을 지정한 아파트 분양계약을 수량지정매매로 보아 공유대지면적을 부족하게 이전해 준 경우에 제574조에 의한 대금감액청구권을 인정하였다(대판 2002.11.8, 99다58136).

㉡ 책임의 내용: 매수인이 선의인 경우(즉, 수량부족 또는 일부멸실을 알지 못한 경우)에 한하여 대금감액청구권, 해제권, 손해배상청구권을 가진다.

관련판례

1. 수량지정매매에 있어서의 매도인의 담보책임에 기한 매수인의 대금감액청구권은 매수인이 선의인 경우에는 사실을 안 날로부터 1년 이내에 행사하여야 한다(대판 2002.11.8, 99다58136).
2. 이 권리는 수량부족 또는 일부멸실을 안 때로부터 1년의 제척기간에 걸린다. 여기서 매수인이 사실을 안 날이라 함은 단순히 권리의 일부가 타인에게 속한 사실을 안 날이 아니라 그 때문에 매도인이 이를 취득하여 매수인에게 이전할 수 없게 되었음이 확실하게 된 사실을 안 날을 의미한다(대판 2002.11.8, 99다58136).

④ 매매의 목적인 권리의 용익권능이 제한되는 경우

제575조 【제한물권 있는 경우와 매도인의 담보책임】 ① 매매의 목적물이 지상권, 지역권, 전세권, 질권 또는 유치권의 목적이 된 경우에 매수인이 이를 알지 못한 때에는 이로 인하여 계약의 목적을 달성할 수 없는 경우에 한하여 매수인은 계약을 해제할 수 있다. 기타의 경우에는 손해배상만을 청구할 수 있다.
② 전항의 규정은 매매의 목적이 된 부동산을 위하여 존재할 지역권이 없거나 그 부동산에 등기된 임대차계약이 있는 경우에 준용한다.
③ 전2항의 권리는 매수인이 그 사실을 안 날로부터 1년 내에 행사하여야 한다.

㉠ 요 건

ⓐ 매매의 목적인 권리가 지상권 · 지역권 · 전세권 · 질권 · 유치권 또는 등기된 임차권이나 주택임대차보호법 또는 상가건물 임대차보호법의 적용을 받는 임차권 등 타인의 제한물권 등에 의하여 그 용익권능에서 제한되어 있어야 한다. 즉, 포괄적인 완전한 권리로서의 소유권이 아니어서 매수인의 용익권능이 제한되는 경우에, 제575조가 적용된다.

ⓑ 매매의 목적인 부동산을 위하여 존재하여야 할 지역권이 없는 경우에도 제575조가 적용된다.

㉡ 책임의 내용

ⓐ 해제권

용익권능의 제한으로 인하여 매매의 목적을 달성할 수 없는 경우에 선의의 매수인은 계약을 해제할 수 있다.

ⓑ 손해배상

선의의 매수인은 언제나 손해배상을 청구할 수 있다.

ⓒ 제척기간

매수인이 그 사실을 안 날로부터 1년 동안만 존속한다.

OX

매매목적물이 전세권의 목적이 된 경우, 선의의 매수인은 이로 인하여 계약의 목적을 달성할 수 없으면 계약을 해제할 수 있다. (○) 제21회

⑤ 저당권 또는 전세권의 실행에 의하여 곤란을 겪은 경우

제576조【저당권, 전세권의 행사와 매도인의 담보책임】 ① 매매의 목적이 된 부동산에 설정된 저당권 또는 전세권의 행사로 인하여 매수인이 그 소유권을 취득할 수 없거나 취득한 소유권을 잃은 때에는 매수인은 계약을 해제할 수 있다.
② 전항의 경우에 매수인의 출재로 그 소유권을 보존한 때에는 매도인에 대하여 그 상환을 청구할 수 있다.
③ 전2항의 경우에 매수인이 손해를 받은 때에는 그 배상을 청구할 수 있다.

제577조【저당권의 목적이 된 지상권, 전세권의 매매와 매도인의 담보책임】 전조의 규정은 저당권의 목적이 된 지상권 또는 전세권이 매매의 목적이 된 경우에 준용한다.

OX

매매의 목적 부동산에 설정된 저당권 행사로 매수인이 그 소유권을 취득할 수 없는 경우, 저당권 설정 사실에 관하여 악의의 매수인은 그 입은 손해의 배상을 청구할 수 없다. (×) 제26회

㉠ 요 건

매매의 목적인 부동산에 설정된 저당권 또는 전세권의 행사로 매수인이 그 부동산의 소유권을 취득할 수 없거나 취득한 소유권을 잃게 되는 경우 또는 매수인이 자기 출재로 그 소유권을 보전한 경우이어야 한다.

관련판례

1. 매수인이 매매목적물에 관한 근저당권의 피담보채무를 인수하는 것으로써 매매대금의 지급에 갈음하기로 약정한 경우에, 특별한 사정이 없는 한 매수인으로서는 매도인에 대하여 제576조 제1항의 담보책임을 면제해 주었거나 이를 포기한 것으로 봄이 상당하므로, 매수인이 매매목적물에 관한 근저당권의 피담보채무 중 일부만을 인수한 경우에, 매도인으로서는 자신이 부담하는 피담보채무를 모두 이행한 이상 매수인이 인수한 부분을 이행하지 않음으로써 근저당권이 실행되어 매수인이 취득한 소유권을 잃게 되더라도 제576조 소정의 담보책임을 부담하지 않는다(대판 2002.9.4, 2002다11151).
2. 가등기의 목적이 된 부동산을 매수한 사람이 그 뒤 가등기에 기한 본등기가 경료됨으로써 그 부동산의 소유권을 상실하게 된 경우에, 매매의 목적부동산에 설정된 저당권 또는 전세권의 행사로 인하여 매수인이 취득한 소유권을 상실한 경우와 유사하므로, 제576조가 준용된다고 보아 같은 조 소정의 담보책임을 진다고 보는 것이 상당하고 제570조에 의한 담보책임을 진다고 할 수 없다(대판 1992.10.27, 92다21784).

OX

저당부동산의 매수인이 그 피담보채무 전부를 인수하는 것으로 매매대금 일부의 지급에 갈음하기로 약정하고 소유권을 취득하였으나 그 저당권의 실행으로 그 소유권을 상실한 경우, 매수인은 계약을 해제할 수 없다. (○) 제19회

㉡ 책임의 내용

ⓐ 소유권을 취득할 수 없거나 취득한 소유권을 잃게 되는 경우에, 매수인은 선의·악의에 관계없이 계약을 해제할 수 있으며, 손해배상을 청구할 수 있다.

ⓑ 이 경우의 손해배상은 신뢰이익의 배상이라는 것이 판례의 입장으로 보인다.

ⓒ 매수인이 그의 출재로 소유권을 보전한 경우에, 매도인에 대하여 그 상환을 청구할 수 있고, 손해를 입었다면 그 배상도 청구할 수 있다.

ⓓ 이 담보책임에 대해서는 제척기간의 정함이 없다.

OX

매매의 목적이 된 부동산에 설정된 저당권의 실행으로 취득한 소유권을 잃게 되어 손해를 입게 된 매수인은 악의인 경우에도 매도인에게 손해배상을 청구할 수 있다. (○) 제18회

⑥ 특정물 매매에서 목적물에 하자가 있는 경우

제580조【매도인의 하자담보책임】 ① 매매의 목적물에 하자가 있는 때에는 제575조 제1항의 규정을 준용한다. 그러나 매수인이 하자 있는 것을 알았거나 과실로 인하여 이를 알지 못한 때에는 그러하지 아니하다.
② 전항의 규정은 경매의 경우에 적용하지 아니한다.

㉠ 요 건

ⓐ 하자(瑕疵)의 존재

i) '하자'란 매매목적물에 존재하는 물질적인 결점(품질, 성능, 내력, 안정성 등 물건의 교환가치나 사용가치를 하락시키는 일체의 불완정성), 즉 실제 '있는' 상태와 '있어야 하는' 상태의 불일치를 말한다.

OX

물건의 하자에 대한 담보책임규정은 경매에도 적용된다. (×) 제18회

PART 03

ii) 결점이 있는지 여부는 거래관념에 비추어 일반적으로 그 종류의 물건으로서 통상 지니고 있어야 할 품질 · 성능 · 안정성 등을 갖추지 못하여 그 가치나 적합성이 일정한 기준에 미달하는지 여부를 표준으로 판단하여야 한다.

iii) 매도인이 견본 또는 광고로 목적물의 특수한 품질이나 성능을 표시한 경우에, 통상의 표준이 아니라 그 특수한 표준에 따라 하자의 유무를 결정하여야 한다.

iv) 법률상의 장애는 물건의 하자이다.

> **OX**
> 매매목적물에 부과된 법률상의 장애로 인하여 물건의 사용 · 수익이 제한된다면, 그러한 장애는 권리의 하자에 해당한다. (×) 제17회

관련판례

매매의 목적물이 거래통념상 기대되는 객관적 성질 · 성능을 결여하거나, 당사자가 예정 또는 보증한 성질을 결여한 경우에 매도인은 매수인에 대하여 그 하자로 인한 담보책임을 부담한다 할 것이고, 한편 건축을 목적으로 매매된 토지에 대하여 건축허가를 받을 수 없어 건축이 불가능한 경우, 위와 같은 법률적 제한 내지 장애 역시 매매목적물의 하자에 해당한다 할 것이나, 다만 위와 같은 하자의 존부는 매매계약 성립시를 기준으로 판단하여야 할 것이다(대판 2000.1.18, 98다18506).

ⓑ 매수인의 선의 · 무과실

ⓛ 책임의 내용

ⓐ 손해배상청구권

i) 선의 · 무과실의 매수인은 언제나 손해배상을 청구할 수 있다.

ii) 손해배상에 대해서는 과실상계의 법리가 적용된다.

> **OX**
> 하자담보책임에 기한 토지 매수인의 손해배상청구권은 제척기간에 걸리므로, 소멸시효 규정의 적용이 배제된다. (×) 제20회

관련판례

1. 매도인에 대한 하자담보에 기한 손해배상청구권에 대하여는 민법 제582조의 제척기간이 적용되고, 이는 법률관계의 조속한 안정을 도모하고자 하는 데에 취지가 있다. 그런데 <u>하자담보에 기한 매수인의 손해배상청구권</u>은 권리의 내용 · 성질 및 취지에 비추어 민법 제162조 제1항의 <u>채권 소멸시효의 규정이 적용되고</u>, 민법 제582조의 제척기간 규정으로 인하여 소멸시효 규정의 적용이 배제된다고 볼 수 없으며, 이때 다른 특별한 사정이 없는 한 무엇보다도 매수인이 매매목적물을 인도받은 때부터 소멸시효가 진행한다고 해석함이 타당하다(대판 2011.10.13, 2011다10266).
2. 담보책임이 무과실책임이지만, 담보책임이 민법의 지도이념인 공평의 원칙에 입각한 것인 이상 하자 발생 및 그 확대에 가공한 매수인의 잘못을 참작하여 손해배상의 범위를 정함이 상당하다(대판 1995.6.30, 94다23920).

ⓑ 해제권

i) 목적물의 하자로 인하여 계약을 달성할 수 없다면 선의·무과실 매수인은 계약을 해제할 수 있다.

ii) 매매목적물이 수량적이고 가분이며 그 일부에 하자가 있는 경우에, 제137조의 법리에 의하여 잔존부분으로 계약목적을 달성할 수 있는지 여부에 따라 판단되어야 할 것이다. 즉, 계약의 목적이 나머지 부분에 의하여 달성될 수 있다면, 원칙적으로 그 하자 있는 일부에 대해서만 해제할 수 있다고 할 것이다.

ⓒ 권리행사기간

i) 매수인의 권리는 매수인이 그 사실(하자)을 안 날부터 6월 내에 행사하여야 한다.

ii) 판례는 6월의 기간이 출소기간은 아니라고 한다.

⑦ 종류매매에서 목적물에 하자가 있는 경우

제581조【종류매매와 매도인의 담보책임】 ① 매매의 목적물을 종류로 지정한 경우에도 그 후 특정된 목적물에 하자가 있는 때에는 전조의 규정을 준용한다.
② 전항의 경우에 매수인은 계약의 해제 또는 손해배상의 청구를 하지 아니하고 하자 없는 물건을 청구할 수 있다.

㉠ 요 건

종류매매, 즉 불특정물 매매에서 특정이 있기 전에는 매도인이 하자 없는 물건을 인도할 의무를 부담하므로, 이 단계에서는 담보책임이 문제될 여지가 없다. 따라서 특정되고 난 후에 그 물건에 하자가 있는 경우에 담보책임이 문제된다.

㉡ 책임의 내용

ⓐ 특정물 매매에서와 같은 담보책임

ⓑ 완전물급부청구권

i) 매수인은 계약의 해제나 손해배상을 청구하지 않고 그에 갈음하여 하자 없는 완전한 물건의 급부를 청구할 수 있다.

ii) 이 완전물급부청구권은 6월 내에 행사되어야 한다.

⑧ 채권의 매도인의 담보책임

제579조【채권매매와 매도인의 담보책임】 ① 채권의 매도인이 채무자의 자력을 담보한 때에는 매매계약 당시의 자력을 담보한 것으로 추정한다.
② 변제기에 도달하지 아니한 채권의 매도인이 채무자의 자력을 담보한 때에는 변제기의 자력을 담보한 것으로 추정한다.

OX

특정물 매매의 경우에 목적물의 하자로 인하여 계약의 목적을 달성할 수 없는 때, 악의의 매수인도 계약을 해제할 수 있다. (×) 제18회

OX

특정물 매매에서는 완전물급부청구권이 인정되지 않는다. (○) 제17회

OX

채권의 매도인이 채무자의 자력을 담보한 경우, 매매계약 당시의 자력을 담보한 것으로 간주한다. (×) 제18회

PART 03

㉠ 의 의

ⓐ 채권이 매도인에게 귀속하지 않기 때문에 그 이전이 불가능하다면 제570조가 적용된다.

ⓑ 매매시 전제된 담보권이나 보증이 존재하지 않은 경우에는 제575조가 적용된다.

㉡ 책임의 내용: 제579조에서 정한 담보시기에 채무자에게 변제자력이 없다면, 매수인은 매도인에게 손해배상을 청구할 수 있고, 담보된 시기의 채권액이 손해배상의 내용이 된다.

⑨ **경매에서의 담보책임**

> **제578조【경매와 매도인의 담보책임】** ① 경매의 경우에는 경락인은 전8조의 규정에 의하여 채무자에게 계약의 해제 또는 대금감액의 청구를 할 수 있다.
> ② 전항의 경우에 채무자가 자력이 없는 때에는 경락인은 대금의 배당을 받은 채권자에 대하여 그 대금 전부나 일부의 반환을 청구할 수 있다.
> ③ 전2항의 경우에 채무자가 물건 또는 권리의 흠결을 알고 고지하지 아니하거나 채권자가 이를 알고 경매를 청구한 때에는 경락인은 그 흠결을 안 채무자나 채권자에 대하여 손해배상을 청구할 수 있다.

OX

법원 경매의 경우에는 권리의 하자로 인한 담보책임이 적용되지 않는다. (×) 제19회

㉠ 의 의

ⓐ 경매목적물의 하자라 함은 그 목적물에 제570조 내지 제577조에 규정된 권리의 하자가 존재하는 경우의 하자를 말한다. 물건의 하자는 이에 포함되지 않는다.

ⓑ 경매의 경우에는 물건의 하자는 하자담보책임이 성립하지 않는다.

ⓒ 공경매에 한하여 제578조가 적용된다.

㉡ 책임의 내용

ⓐ 채무자가 제1차적인 책임을 지고, 배당받은 채권자가 2차적인 책임을 진다.

ⓑ 담보책임의 내용은 해제 또는 대금감액청구권이다. 손해배상은 원칙적으로 인정되지 않는다. 다만, 제578조 제3항의 요건을 갖춘 경우에는 손해배상을 청구할 수 있다.

ⓒ 매수인은 1차적으로 매도인에 해당하는 집행채무자에 대하여 해제 또는 대금감액을 청구하고, 집행채무자가 무자력이라면 2차적으로 배당받은 채권자에 대하여 대금의 전부 또는 일부의 상환을 청구하게 된다. 배당받은 채권자에 대하여 청구하는 이유는 채권자가 대금의 배당을 받은 자라는 점을 고려한 것이며, 따라서 배당받은 범위 내에서만 책임을 부담한다. 동항이 적용되기 위하여 매수인이 집행

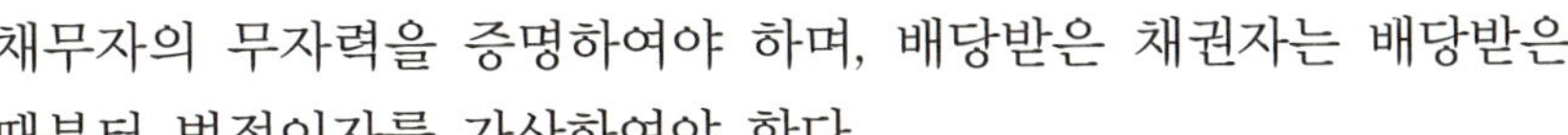

채무자의 무자력을 증명하여야 하며, 배당받은 채권자는 배당받은 때부터 법정이자를 가산하여야 한다.

ⓓ 권리행사기간은 1년의 제척기간에 걸린다. 다만, 제570조, 제576조 및 제577조의 경우에는 권리행사기간의 제한이 없다.

관련판례

1. 민법 제578조 제1항, 제2항은 매매의 일종인 경매에 있어서 그 목적물의 하자로 인하여 경락인이 경락의 목적인 재산권을 완전히 취득할 수 없을 때에 매매의 경우에 준하여 매도인의 위치에 있는 경매의 채무자나 채권자에게 담보책임을 부담시켜 경락인을 보호하기 위한 규정으로서, 그 담보책임은 매매의 경우와 마찬가지로 경매절차는 유효하게 이루어졌으나 경매의 목적이 된 권리의 전부 또는 일부가 타인에게 속하는 등의 하자로 경락인이 완전한 소유권을 취득할 수 없거나 이를 잃게 되는 경우에 인정되는 것이고, 경매절차 자체가 무효인 경우에는 경매의 채무자나 채권자의 담보책임은 인정될 여지가 없다.
2. 경락인이 강제경매절차를 통하여 부동산을 경락받아 대금을 납부하고 그 앞으로 소유권이전등기까지 마쳤으나, 그 후 위 강제집행의 채무명의가 된 약속어음공정증서가 위조된 것이어서 무효라는 이유로 그 소유권이전등기의 말소를 명하는 판결이 확정됨으로써 경매 부동산에 대한 소유권을 취득하지 못하게 된 경우 경락인은 경매 채권자에게 경매 대금 중 그가 배당받은 금액에 대하여 일반 부당이득의 법리에 따라 반환을 청구할 수 있을 뿐, 민법 제578조 제2항에 의한 담보책임을 물을 수는 없다(대판 1991.10.11, 91다21640).

PART 03

(4) 관련문제

① 동시이행관계

제583조【담보책임과 동시이행】 제536조의 규정은 제572조 내지 제575조, 제580조 및 제581조의 경우에 준용한다.

② 하자담보책임과 착오의 관계

관련판례

민법 제109조 제1항에 의하면 법률행위 내용의 중요 부분에 착오가 있는 경우 착오에 중대한 과실이 없는 표의자는 법률행위를 취소할 수 있고, 민법 제580조 제1항, 제575조 제1항에 의하면 매매의 목적물에 하자가 있는 경우 하자가 있는 사실을 과실 없이 알지 못한 매수인은 매도인에 대하여 하자담보책임을 물어 계약을 해제하거나 손해배상을 청구할 수 있다. 착오로 인한 취소 제도와 매도인의 하자담보책임 제도는 취지가 서로 다르고, 요건과 효과도 구별된다. 따라서 매매계약 내용의 중요 부분에 착오가 있는 경우 매수인은 매도인의 하자담보책임이 성립하는지와 상관없이 착오를 이유로 매매계약을 취소할 수 있다(대판 2018.9.13, 2015다78703).

OX

매매계약의 내용의 중요 부분에 착오가 있는 경우, 매수인은 매도인의 하자담보책임이 성립하는지와 상관없이 착오를 이유로 그 매매계약을 취소할 수 있다. (○) 제22회

OX

매도인은 담보책임면제의 특약을 한 경우에도 제3자에게 권리를 설정 또는 양도한 행위에 대하여는 책임을 면하지 못한다. (○) 제21회

OX

매도인의 담보책임에 대한 규정은 강행규정이 아니므로, 당사자는 특약으로 이를 경감할 수 있다. (○) 제17회

③ **면제특약의 효력**

> **제584조 【담보책임면제의 특약】** 매도인은 전15조에 의한 담보책임을 면하는 특약을 한 경우에도 매도인이 알고 고지하지 아니한 사실 및 제3자에게 권리를 설정 또는 양도한 행위에 대하여는 책임을 면하지 못한다.

㉠ 매도인의 담보책임에 관한 규정은 강행규정이 아니므로, 당사자가 특약으로 그 책임을 가중·경감하거나 면제할 수 있다.

㉡ 담보책임이 발생하기 위한 요건사실을 매도인이 알고 있으면서 매수인에게 알리지 않은 경우 또는 매도인이 제3자에게 담보책임이 발생하기 위한 전제가 되는 권리를 설정해 주거나 양도한 경우에, 이들 사실로부터 발생하는 담보책임을 면한다는 특약은 무효이다(제584조).

(5) 매수인의 의무

① 매수인은 매도인의 재산권이전 및 목적물인도에 대한 대가로 대금지급의무를 부담한다.

② **대금지급시기**

> **제585조 【동일기한의 추정】** 매매의 당사자 일방에 대한 의무이행의 기한이 있는 때에는 상대방의 의무이행에 대하여도 동일한 기한이 있는 것으로 추정한다.

③ **대금지급장소**

> **제586조 【대금지급장소】** 매매의 목적물의 인도와 동시에 대금을 지급할 경우에는 그 인도장소에서 이를 지급하여야 한다.

④ **대금의 이자**

> **제587조 【과실의 귀속, 대금의 이자】** 매매계약 있은 후에도 인도하지 아니한 목적물로부터 생긴 과실은 매도인에게 속한다. 매수인은 목적물의 인도를 받은 날로부터 대금의 이자를 지급하여야 한다. 그러나 대금의 지급에 대하여 기한이 있는 때에는 그러하지 아니하다.

⑤ **대금지급거절권**

> **제588조 【권리주장자가 있는 경우와 대금지급거절권】** 매매의 목적물에 대하여 권리를 주장하는 자가 있는 경우에 매수인이 매수한 권리의 전부나 일부를 잃을 염려가 있는 때에는 매수인은 그 위험의 한도에서 대금의 전부나 일부의 지급을 거절할 수 있다. 그러나 매도인이 상당한 담보를 제공한 때에는 그러하지 아니하다.

관련판례

매매계약을 맺은 후에야 등기부상 매매목적물이 매도인의 소유가 아닌 것이 발견되었다면 매수인은 경우에 따라서는 민법 제588조에 의하여 중도금의 지급을 거절할 수 있고 그렇지 않다고 하더라도 계약에 있어서의 형평의 원칙이나 신의성실의 원칙에 비추어 선행의무에 해당하는 중도금지급의무라 하더라도 그 지급을 거절할 수 있다(대판 1974.6.11, 73다1632).

⑥ 대금공탁청구권

제589조 【대금공탁청구권】 전조의 경우에 매도인은 매수인에 대하여 대금의 공탁을 청구할 수 있다.

예 제

매매에 관한 설명으로 옳지 않은 것은? 제28회

① 매매목적물에 하자가 있다는 사실을 과실로 알지 못한 매수인은 매도인에 대하여 하자담보책임을 물을 수 있다.
② 매매계약에 관한 비용은 당사자 쌍방이 균분하여 부담한다.
③ 매매목적물의 인도와 동시에 대금을 지급할 경우에는 그 인도장소에서 이를 지급하여야 한다.
④ 매매의 목적이 된 권리가 타인에게 속한 경우에는 매도인은 그 권리를 취득하여 매수인에게 이전하여야 한다.
⑤ 매매의 당사자 일방에 대한 의무이행의 기한이 있는 때에는 상대방의 의무이행에 대하여도 동일한 기한이 있는 것으로 추정한다.

해설

① 매매목적물에 대한 하자담보책임은 선의 · 무과실의 매수인만 매도인에게 책임을 물을 수 있다(제580조 제1항 참조).
② 매매계약에 관한 비용은 당사자 쌍방이 균분하여 부담한다(제566조).
③ 매매의 목적물의 인도와 동시에 대금을 지급할 경우에는 그 인도장소에서 이를 지급하여야 한다(제586조).
④ 매매의 목적이 된 권리가 타인에게 속한 경우에는 매도인은 그 권리를 취득하여 매수인에게 이전하여야 한다(제569조).
⑤ 매매의 당사자 일방에 대한 의무이행의 기한이 있는 때에는 상대방의 의무이행에 대하여도 동일한 기한이 있는 것으로 추정한다(제585조).

정답 ①

6. 환 매

제590조 【환매의 의의】 ① 매도인이 매매계약과 동시에 환매할 권리를 보류한 때에는 그 영수한 대금 및 매수인이 부담한 매매비용을 반환하고 그 목적물을 환매할 수 있다.
② 전항의 환매대금에 관하여 특별한 약정이 있으면 그 약정에 의한다.
③ 전2항의 경우에 목적물의 과실과 대금의 이자는 특별한 약정이 없으면 이를 상계한 것으로 본다.

제591조 【환매기간】 ① 환매기간은 부동산은 5년, 동산은 3년을 넘지 못한다. 약정기간이 이를 넘는 때에는 부동산은 5년, 동산은 3년으로 단축한다.
② 환매기간을 정한 때에는 다시 이를 연장하지 못한다.
③ 환매기간을 정하지 아니한 때에는 그 기간은 부동산은 5년, 동산은 3년으로 한다.

(1) 환매의 의의

'환매'란 매도인이 매매계약과 동시에 매수인과의 특약으로 환매권을 보류한 경우에, 일정한 기간 내에 그 환매권을 행사하여 그 매매목적물을 도로 찾는 것을 의미한다.

(2) 환매 및 환매권의 법적 성질

① 환매권은 형성권이다.
② 환매권은 일신전속권이 아니므로 양도성과 상속성을 가진다. 그런데 환매등기가 경료된 경우에 환매권의 양도는 부기등기에 의하고, 부기등기를 한 때 이전의 효력이 발생하는 반면, 환매등기가 되어 있지 않은 경우에는 채권양도의 대항요건을 갖추어야 한다.
③ 환매권도 채권자대위권의 객체가 될 수 있다. 매도인의 채권자가 매도인을 대위하여 환매하고자 하는 경우에 매수인은 법원이 선임한 감정인의 평가액에서 매도인이 매수인에게 반환할 금액(환매대금)을 공제하고 그 잔액으로 매도인의 채무를 변제한 다음, 그래도 남는 금액이 있으면 이를 매도인에게 지급하여 환매권을 소멸시킬 수 있다(제593조).

(3) 환매권의 요건

① 환매는 부동산과 동산 그리고 지적재산권에 대해서도 가능하다. 다만, 매매목적물이 부동산인 경우에 매매등기와 동시에 환매권의 보류를 등기하면 제3자에 대해서도 그 효력이 있다(제592조). 그리고 환매특약의 등기는 권리취득을 위한 소유권이전등기에 대한 부기등기의 형식으로 이루어진다.
② 환매의 특약은 매매계약과 동시에 하여야 한다.

③ 환매대금에 관하여 당사자 사이에 특별히 정한 바가 없으면 환매권자는 최초의 매매대금과 매수인이 부담한 매매비용(목적물의 감정비용이나 계약비용)을 반환하고 환매할 수 있다.

④ 환매기간은 부동산의 경우에 5년, 동산의 경우에는 3년을 넘지 못하며, 당사자가 이 기간보다 긴 기간을 정하더라도 위 기간으로 단축된다. 그리고 일단 정한 환매기간은 나중에 연장하지 못하며, 당초 환매기간을 정하지 않은 경우에도 나중에 기간을 정하지 못하는데 이때 환매기간은 위 기간으로 한다(제591조).

(4) 환매의 실행

① 매도인은 환매기간 내에 환매대금을 매수인에게 제공하고 환매의 의사표시를 하여야 하는데, 매도인의 환매대금 제공은 현실제공이어야 한다.

② 목적물을 제3자가 전득한 경우에, 환매의 의사표시는 전득자에 대해서만 할 수 있다.

③ 환매에 기한 권리취득은 이전등기의 방법에 의한다.

(5) 환매권 행사의 효과

환매권의 법적 성질을 약정해제권으로 보면 해제의 효과 문제로 돌아가고(다수설), 일종의 예약완결권으로 보면 환매권의 행사에 의하여 두 번째의 매매, 즉 환매가 성립하고 그 이행이 있어야 환매권자가 소유권을 취득하게 된다.

(6) 공유지분의 환매

공유자 1인이 환매권을 보류하고 그 지분을 매도한 후 그 목적물의 분할이나 경매가 있는 경우, 매도인은 매수인이 받은 또는 받을 부분이나 대금에 대하여 환매권을 행사할 수 있지만, 매도인에게 분할이나 경매를 통지하지 않은 매수인은 그 분할이나 경매로써 매도인에게 대항하지 못한다(제595조).

2 임대차

1. 임대차의 의의 및 성질

제618조【임대차의 의의】 임대차는 당사자 일방이 상대방에게 목적물을 사용, 수익하게 할 것을 약정하고 상대방이 이에 대하여 차임을 지급할 것을 약정함으로써 그 효력이 생긴다.

PART 03

(1) 의 의

'임대차'란 일방(임대인)이 상대방(임차인)에게 목적물을 사용·수익하게 할 것을 약정하고 상대방이 이에 대하여 차임을 지급할 것을 약정함으로써 성립하는 계약을 말한다.

(2) 임대차의 법적 성질

① 임대차의 목적물은 물건(동산·부동산 가능)에 한하며, 물건의 일부도 임대차의 목적이 될 수 있다.

② 전형·낙성·유상·쌍무·불요식계약이다. 임대차는 당사자의 합의만으로 성립하고 목적물의 인도를 요건으로 하지 않는다.

③ 물건의 사용·수익을 목적으로 하는 채권계약이다. 따라서 임대차에 있어서 임대인이 반드시 그 목적물에 대한 소유권이나 기타 그것을 처분할 권한을 가져야 되는 것은 아니다(판례).

④ 임대차는 사용·수익의 대가로서 반드시 차임지급을 요소로 한다. 차임은 반드시 금전에 한하지 않는다.

⑤ 임대차가 소비대차와 다른 점은 임차인이 차용물의 처분권을 취득하지 않고 차용한 물건 그 자체를 반환하여야 한다는 데 있고, 사용대차와 다른 점은 차임을 지급하는 데 있다.

OX
임대인은 목적물에 대한 소유권이 없더라도 유효한 임대차계약을 체결할 수 있다. (○) 제14회

(3) 부동산임차권의 물권화 경향

① **의 의**

㉠ 부동산임차권 역시 그 본질에 있어서 채권에 지나지 않는다. 따라서 임대인이 임차물의 소유권을 제3자에게 양도하거나 제한물권을 설정하게 되면 임차인은 새로운 소유자나 제한물권자에 대하여 임차권을 가지고 대항하지 못한다.

㉡ 경제적 약자인 임차인을 보호하기 위하여 부동산임차권의 강화 내지 보호가 필요하다.

② **임차권의 대항력 인정**

㉠ 민법상의 대항력

ⓐ 등기한 부동산임차권

> **제621조【임대차의 등기】** ① 부동산임차인은 당사자 간에 반대 약정이 없으면 임대인에 대하여 그 임대차등기절차에 협력할 것을 청구할 수 있다.
> ② 부동산임대차를 등기한 때에는 그때부터 제3자에 대하여 효력이 생긴다.

ⓑ 건물이 등기되어 있는 토지임대차

> **제622조【건물등기 있는 차지권의 대항력】** ① 건물의 소유를 목적으로 한 토지임대차는 이를 등기하지 아니한 경우에도 임차인이 그 지상건물을 등기한 때에는 제3자에 대하여 임대차의 효력이 생긴다.
> ② 건물이 임대차기간 만료 전에 멸실 또는 후폐한 때에는 전항의 효력을 잃는다.

㉡ 주택(상가건물)임차권의 대항력: 임차인이 주택(상가건물)을 인도받고 주민등록(사업자등록신청)을 마친 때에는, 그 익일부터 제3자에게 대항할 수 있다.

③ 임차인의 방해배제청구권

㉠ 의의: 제3자가 목적물에 대한 임차인의 사용・수익을 방해하는 경우에는 임차인이 그 임차권에 기해서 방해의 배제를 청구할 수 있느냐의 문제이다.

㉡ 점유권에 기한 방해배제청구권: 임차인이 적법한 임차권에 기하여 목적물을 점유한 경우에는 점유권에 기한 손해배상과 방해배제(제204조~제206조)를 청구할 수 있다.

㉢ 임대인의 방해배제청구권의 대위행사: 임차인은 임대인의 채권자로서 임대인이 가지는 방해배제청구권을 대위행사할 수 있다.

㉣ 임차인이 임차권에 기해서 방해배제청구: 원칙적으로 인정할 수 없으나 공시방법을 구비하여 대항력을 갖춘 경우에 한하여 인정된다. 다만, 반환청구는 인정되지 않는다.

④ 임차권의 처분가능성

㉠ 의 의

임차인은 임차하면서 투하한 자본을 임대차기간 만료 전이라도 임차권의 양도 또는 임차물의 전대를 통하여 회수할 수 있는지가 문제된다.

㉡ 인정범위

임차권은 인적 요소가 강하게 작용하기 때문에 자유롭게 처분하지 못함이 원칙이다(제629조 제1항). 다만, 임대인의 동의가 있으면 임차권의 양도 및 임차물의 전대를 예외적으로 할 수 있다. 그러나 건물의 소부분의 전대에서는 임대인의 동의가 필요 없다(제632조).

관련판례

민법 제622조 제1항은 건물의 소유를 목적으로 한 토지임대차는 이를 등기하지 아니한 경우에도 임차인이 그 지상건물을 등기한 때에는 토지에 관하여 권리를 취득한 제3자에 대하여 임대차의 효력을 주장할 수 있음을 규정한 것에 불과할 뿐, 임차인으로부터 건물의 소유권과 함께 건물의 소유를 목적으로 한 토지의 임차권을 취득한 사람이 토지의 임대인에 대한 관계에서 임차권의 양도에 관한 그의 동의가 없어도 임차권의 취득을 대항할 수 있다는 것까지 규정한 것은 아니다(대판 1996.2.27, 95다29345).

⑤ **임차권의 존속기간보장**

우리 민법에는 임차권의 최단기간을 보장하고 있지 않지만, 주택임대차보호법에서는 최소한 2년(상가건물 임대차보호법에서는 최소 1년)을 보장하고 있다.

2. 임대차의 존속기간

(1) 임대차의 기간의 갱신(更新)

① **갱신계약**: 임대차의 동일성을 유지하면서 그 존속기간을 갱신할 수 있으나, 그 기간은 갱신한 날로부터 10년을 넘지 못한다.

② **묵시의 갱신**(법정갱신)

> **제639조【묵시의 갱신】** ① 임대차기간이 만료한 후 임차인이 임차물의 사용, 수익을 계속하는 경우에 임대인이 상당한 기간 내에 이의를 하지 아니한 때에는 전 임대차와 동일한 조건으로 다시 임대차한 것으로 본다. 그러나 당사자는 제635조의 규정에 의하여 해지의 통고를 할 수 있다.
> ② 전항의 경우에 전 임대차에 대하여 제3자가 제공한 담보는 기간의 만료로 인하여 소멸한다.

㉠ 임대차의 존속기간만료 후에도 임차인이 임차물의 사용·수익을 계속하는 경우, 임대인이 상당한 기간 내에 이의를 하지 않으면 전 임대차에서와 같은 조건으로 다시 임대차한 것으로 본다.

㉡ 이 경우 전 임대차에 대하여 제3자가 제공한 담보는 기간의 만료로 소멸한다.

㉢ 당사자(임차인)가 제공한 담보는 소멸하지 않는다.

㉣ 제639조 제2항은 당사자들의 합의에 따른 임대차기간 연장에는 적용하지 않는다.

㉤ 제639조 역시 강행규정이다.

(2) 존속기간을 정하지 않은 경우

> **제635조【기간의 약정 없는 임대차의 해지통고】** ① 임대차기간의 약정이 없는 때에는 당사자는 언제든지 계약해지의 통고를 할 수 있다.
> ② 상대방이 전항의 통고를 받은 날로부터 다음 각 호의 기간이 경과하면 해지의 효력이 생긴다.
> 1. 토지, 건물 기타 공작물에 대하여는 임대인이 해지를 통고한 경우에는 6월, 임차인이 해지를 통고한 경우에는 1월
> 2. 동산에 대하여는 5일

(3) 단기임대차의 존속기간

> **제619조【처분능력, 권한 없는 자의 할 수 있는 단기임대차】** 처분의 능력 또는 권한 없는 자가 임대차를 하는 경우에는 그 임대차는 다음 각 호의 기간을 넘지 못한다.
> 1. 식목, 채염 또는 석조, 석회조, 연와조 및 이와 유사한 건축을 목적으로 한 토지의 임대차는 10년
> 2. 기타 토지의 임대차는 5년
> 3. 건물 기타 공작물의 임대차는 3년
> 4. 동산의 임대차는 6월

3. 임대인의 의무

(1) 목적물인도의무

> **제623조【임대인의 의무】** 임대인은 목적물을 임차인에게 인도하고 계약존속 중 그 사용, 수익에 필요한 상태를 유지하게 할 의무를 부담한다.

목적물인도의무는 주물뿐만 아니라 종물도 해당한다.

(2) 수선의무(修繕義務)

① 수선의 필요성은 수선하지 않으면 임차목적물을 사용・수익할 수 없는지 여부에 따라 판단되며, 반드시 사용・수익이 불능이어야 하는 것은 아니다.

② 임대차계약에 있어서 임대인은 임대차 목적물을 계약존속 중 그 사용・수익에 필요한 상태를 유지하게 할 의무를 부담하는 것이므로(제623조), 목적물에 파손 또는 장해가 생긴 경우 그것이 임차인이 별비용을 들이지 아니하고도 손쉽게 고칠 수 있을 정도의 사소한 것이어서 임차인의 사용・수익을 방해할 정도의 것이 아니라면 임대인은 수선의무를 부담하지 않지만, 그것을 수선하지 아니하면 임차인이 계약에 의하여 정하여진 목적에 따라 사용・수익할 수 없는 상태로 될 정도의 것이라면 임대인은 그 수선의무를 부담한다.

OX

임대인은 임대차계약이 존속하는 동안 임차물을 계약에서 정한 바에 따라 임차인의 통상의 사용・수익에 적합한 상태로 유지하게 할 의무가 있다. (○) 제17회

③ 수선을 필요로 하는 상태가 임차인의 귀책사유로 인한 것이든 아니면 불가항력에 기한 것이든 상관없다.

④ 임대인이 수선의무를 이행하지 않은 경우, 임차인은 손해배상을 청구할 수 있고 임대차계약을 해지할 수 있으며, 목적물의 사용 · 수익이 부분적으로 지장이 있는 한도 내에서 차임의 지급을 거절할 수 있다.

⑤ 임대인의 수선의무를 특약에 의하여 면제하거나 임차인이 부담하게 하는 것은 가능하다. 특약에 의한 수선의무의 면제는 원칙적으로 통상적인 소규모의 수선에 국한된다.

관련판례

임대인의 수선의무는 특약에 의하여 이를 면제하거나 임차인의 부담으로 돌릴 수 있으나, 그러한 특약에서 수선의무의 범위를 명시하고 있는 등의 특별한 사정이 없는 한 그러한 특약에 의하여 임대인이 수선의무를 면하거나 임차인이 그 수선의무를 부담하게 되는 것은 통상 생길 수 있는 파손의 수선 등 소규모의 수선에 한한다 할 것이고, 대파손의 수리, 건물의 주요 구성부분에 대한 대수선, 기본적 설비부분의 교체 등과 같은 대규모의 수선은 이에 포함되지 아니하고 여전히 임대인이 그 수선의무를 부담한다고 해석함이 상당하다(대판 2008.3.27, 2007다91336).

(3) 방해제거의무

제3자가 임차인이 점유하는 임차물을 침해하는 등 그 사용 · 수익을 방해하는 경우에 임대인은 임차인을 위하여 그 방해의 제거에 노력하여야 한다.

(4) 비용상환의무

제626조【임차인의 상환청구권】 ① 임차인이 임차물의 보존에 관한 필요비를 지출한 때에는 임대인에 대하여 그 상환을 청구할 수 있다.
② 임차인이 유익비를 지출한 경우에는 임대인은 임대차종료시에 그 가액의 증가가 현존한 때에 한하여 임차인의 지출한 금액이나 그 증가액을 상환하여야 한다. 이 경우에 법원은 임대인의 청구에 의하여 상당한 상환기간을 허여할 수 있다.

① 비용상환청구권의 의미

㉠ 임차인이 목적물에 관하여 보전, 수선, 개량 등을 위한 비용을 지출한 경우에 임대인은 이를 상환할 의무를 진다.

㉡ 임차인의 비용상환청구권의 법적 성질은 부당이득반환청구권이고, 따라서 제626조는 부당이득에 관한 특칙이다.

㉢ 제626조는 임의규정이다.

㉣ 비용지출 후 목적물의 소유권이 양도된 경우, 임차권이 대항력 있는 것이라면 신소유자에 대하여 비용상환을 청구할 수 있지만, 임차권이 대항력 없는 것이라면 신소유자에 대하여 비용상환을 청구할 수 없다.

㉤ 비용상환청구권은 임차목적물에 관하여 생긴 채권이므로 임차인은 유치권을 가진다.

② **유익비상환청구**

㉠ 유익비란 목적물의 보존을 위하여 반드시 필요한 것은 아니지만 목적물의 본질을 변화시키지 않고 개량하기 위하여 지출한 비용이다. 유익비라고 하기 위해서는 이용자의 편의를 위하여 지출된 것만으로 부족하고, 목적물의 객관적 가치를 증가하게 하는 것이어야 한다.

㉡ 그 지출에 의한 개량이 임차물의 구성부분으로 되어 그 소유권이 임대인에게 귀속되어야만 유익비의 상환이 문제되고, 개량물이 임차물과 별개의 독립된 것으로서 그 소유권이 임차인에게 귀속하는 경우에는 유익비의 상환이 아니라 부속물매수청구권을 행사할 수 있다.

㉢ 유익비는 임대인이 실제지출액과 가치증가액 중 선택하여 상환할 수 있다. 지출액과 가치증가액에 대한 증명책임은 임차인이 진다.

㉣ 유익비는 계약이 종료한 때 비로소 상환청구를 할 수 있다.

㉤ 제626조 제2항에서 임대인의 상환의무를 규정하고 있는 유익비란 임차인이 임차물의 객관적 가치를 증가시키기 위하여 투입한 비용을 말하는 것이므로, 임차인이 임차건물부분에서 간이음식점을 경영하기 위하여 부착시킨 시설물에 불과한 간판은 건물부분의 객관적 가치를 증가시키기 위한 것이라고 보기 어려울 뿐만 아니라, 그로 인한 가액의 증가가 현존하는 것도 아니어서 그 간판설치비를 유익비라 할 수 없다.

③ **필요비상환청구**: 유익비와 달리 필요비는 지출한 때 즉시 상환청구를 할 수 있다.

④ 비용상환청구권은 목적물을 반환한 후 6월 내에 행사하여야 한다.

(5) 담보책임

임대차는 유상계약이므로 매매에 관한 규정이 준용되므로, 그 결과 임대인은 매도인과 같은 담보책임을 진다.

(6) 보호의무

통상의 임대차관계에 있어서 임대인의 임차인에 대한 의무는 특별한 사정이 없는 한 단순히 임차인에게 임대목적물을 제공하여 임차인으로 하여금 이를

OX
임대인에게 비용상환을 요구하지 않기로 약정한 경우, 임차인은 유익비상환을 청구할 수 없다. (○) 제21회

OX
임차인이 비용상환청구권을 미리 포기하기로 하는 약정은 특별한 사정이 없는 한, 임차인에게 일방적으로 불리한 것이므로 무효이다. (×) 제17회

OX
건물 임차인이 자신의 비용으로 증축한 부분을 임대인 소유로 귀속시키기로 약정하였더라도, 특별한 사정이 없는 한 이는 강행규정에 반하여 무효이므로 임차인의 부속물매수청구권은 인정된다. (×) 제20회

OX
임대인은 임차인의 선택에 따라 지출한 금액이나 가치증가액을 상환하여야 한다. (×) 제21회

OX
임차인은 임대차가 종료하기 전에는 유익비상환을 청구할 수 없다. (○) 제21회

OX
유익비상환청구권은 임대인이 목적물을 반환받은 날로부터 6개월 내에 행사하여야 한다. (○) 제21회

사용 · 수익하게 함에 그치는 것이고, 더 나아가 임차인의 안전을 배려하여 주거나 도난을 방지하는 등의 보호의무까지 부담한다고 볼 수 없을 뿐만 아니라 임대인이 임차인에게 임대목적물을 제공하여 그 의무를 이행한 경우 임대목적물은 임차인의 지배 아래 놓이게 되어 그 이후에는 임차인의 관리하에 임대목적물의 사용 · 수익이 이루어지는 것이다.

4. 임차인의 권리

(1) **임차권**(賃借權)

제621조【임대차의 등기】 ① 부동산임차인은 당사자 간에 반대 약정이 없으면 임대인에 대하여 그 임대차등기절차에 협력할 것을 청구할 수 있다.
② 부동산임대차를 등기한 때에는 그때부터 제3자에 대하여 효력이 생긴다.

제622조【건물등기 있는 차지권의 대항력】 ① 건물의 소유를 목적으로 한 토지임대차는 이를 등기하지 아니한 경우에도 임차인이 그 지상건물을 등기한 때에는 제3자에 대하여 임대차의 효력이 생긴다.
② 건물이 임대차기간 만료 전에 멸실 또는 후폐한 때에는 전항의 효력을 잃는다.

① **임차권의 대항력**

㉠ 부동산임차권도 등기할 수 있으며, 등기하면 그때부터 제3자에 대해서도 효력이 있다.

㉡ 제3자가 임대인인 소유자로부터 그 부동산을 양수한 경우, 종래의 임대차는 신소유자와 임차인 사이에 존속하는 것으로 신소유자의 인도청구를 거절할 수 있다.

ⓐ 특약이 없는 한 연체차임채권은 당연히 신소유자에게 이전되지 않고, 구소유자와의 사이에 있었던 특약 중 등기하여야 할 사항에 관해서는 그것이 등기되어야만 신소유자에게 대항할 수 있다.

ⓑ 대항력을 갖춘 임차인이 저당권설정등기 이후에 임대인과 보증금을 증액하기로 합의하고 초과부분을 지급한 경우, 임차인이 저당권설정등기 이전에 취득하고 있던 임차권으로 선순위로서 저당권자에게 대항할 수 있음은 물론이나 저당권설정등기 후에 건물주와의 사이에 임차보증금을 증액하기로 한 합의는 건물주가 저당권자를 해치는 법률행위를 할 수 없게 된 결과 그 합의 당사자 사이에서만 효력이 있는 것이고 저당권자에게는 대항할 수 없다고 할 수밖에 없으므로 임차인은 위 저당권에 기하여 건물을 경락받은 소유자의 건물명도청구에 대하여 증액 전 임차보증금을 상환받을 때까지 그 건물을 명도할

수 없다고 주장할 수 있을 뿐이고 저당권설정등기 이후에 증액한 임차보증금으로써는 소유자에게 대항할 수 없는 것이다.

② 건물의 소유를 목적으로 하는 토지임대차를 등기하지 않더라도 임차인이 그 지상건물을 등기하면 제3자에 대하여 임대차의 효력이 있다.

㉠ 대지에 관한 적법한 임차권이 없다면 그 대지상의 건물에 관하여 등기하였더라도 제622조는 적용되지 않는다. 즉, 제622조 제1항의 취지는 토지임차인이 임차지상의 건물을 등기함으로써 임대차의 등기가 없더라도 제3자에게 임대차의 효력을 주장할 수 있다는 것이지, 그러한 건물만을 취득한 자에게 당연히 임차권이 생긴다는 것은 아니다.

㉡ 임차인으로부터 건물의 소유권과 함께 건물의 소유를 목적으로 한 토지의 임차권을 취득한 사람이 토지의 임대인에 대한 관계에서 임차권의 양도에 관한 그의 동의가 없어도 임차권의 취득을 대항할 수 있다는 것까지 규정하는 것은 아니다.

(2) 임차권의 양도와 전대

제629조【임차권의 양도, 전대의 제한】 ① 임차인은 임대인의 동의 없이 그 권리를 양도하거나 임차물을 전대하지 못한다.
② 임차인이 전항의 규정에 위반한 때에는 임대인은 계약을 해지할 수 있다.

OX
임차인이 임대인의 동의 없이 임차권을 양도한 경우, 임대인은 원칙적으로 임대차계약을 해지할 수 있다. (○) 제17회

OX
임대인의 동의 없이 임차권을 양도하거나 임차물을 전대한 경우, 임대인은 계약을 해지할 수 없고 손해배상만을 청구할 수 있다. (×) 제14회

① 임대인의 동의

㉠ 민법상의 임대차계약은 원래 당사자의 개인적 신뢰를 기초로 하는 계속적 법률관계임을 고려하여 임차인이 임대인의 승낙 없이 제3자에게 임차물을 사용・수익시키는 것은 임대인에게 임대차관계를 계속시키기 어려운 배신적 행위가 될 수 있는 것이다.

㉡ 임차인이 임대인으로부터 별도의 승낙을 얻은 바 없이 제3자에게 임차물을 사용・수익하도록 한 경우에 있어서도 임차인의 행위가 임대인에 대한 배신적 행위라고 인정할 수 없는 특별한 사정이 있는 경우에는 위 법조항에 의한 해지권은 발생하지 않는다.

㉢ 제629조는 강행규정은 아니므로, 임차권의 양도 또는 전대에 임대인의 동의를 요하지 않는다는 특약은 유효하다.

② **임차권 양도의 효과**

㉠ 임대인의 동의를 얻은 경우

ⓐ 임차인이 임대인의 동의를 얻어 임차권을 양도한 경우에 임차인은 계약관계에서 벗어나고, 임대인과 양수인 사이에 임대차관계가 존속하고 임차보증금반환채권도 양수인에게 이전된다.

ⓑ 양도인의 연체차임채무 또는 손해배상채무는 이전되지 않는다.

㉡ 임대인의 동의를 얻지 않은 경우

ⓐ 양수인과 양도인 사이에서는 채권적 효력은 발생하지만, 임대인에 대한 관계에서는 양도의 효력이 발생하지 않는다.

ⓑ 임차권 양도의 채권적 효력으로 임차인은 양수인을 위하여 임대인의 동의를 받아줄 의무를 진다.

ⓒ 타인의 물건에 대한 권리를 권한 없이 양도하였으므로 임차인은 양수인에 대하여 담보책임을 부담한다.

ⓓ 임대인과 임차인 사이의 임대차관계는 여존히 존속하고, 임대인은 동의 없음을 이유로 해지할 수 있다.

ⓔ 양수인은 임대인에 대한 임차권의 취득을 주장할 수 없으므로 임대인의 물권적 청구에 응하여야 한다. 다만, 임대차계약을 해지하지 않는 한 임대인은 원칙적으로 임차목적물을 임차인에게 반환할 것을 청구할 수 있을 뿐이다.

ⓕ 임차인이 임대인의 동의를 받지 않고 제3자에게 임차권을 양도하거나 전대하는 등의 방법으로 임차물을 사용·수익하게 하더라도, 임대인이 이를 이유로 임대차계약을 해지하거나 그 밖의 다른 사유로 임대차계약이 적법하게 종료되지 않는 한 임대인은 임차인에 대하여 여전히 차임청구권을 가지므로, 임대차계약이 존속하는 한도 내에서는 제3자에게 불법점유를 이유로 한 차임상당 손해배상청구나 부당이득반환청구를 할 수 없다.

③ **전대의 효과**

제630조【전대의 효과】 ① 임차인이 임대인의 동의를 얻어 임차물을 전대한 때에는 전차인은 직접 임대인에 대하여 의무를 부담한다. 이 경우에 전차인은 전대인에 대한 차임의 지급으로써 임대인에게 대항하지 못한다.
② 전항의 규정은 임대인의 임차인에 대한 권리행사에 영향을 미치지 아니한다.

제631조【전차인의 권리의 확정】 임차인이 임대인의 동의를 얻어 임차물을 전대한 경우에는 임대인과 임차인의 합의로 계약을 종료한 때에도 전차인의 권리는 소멸하지 아니한다.

> **제632조 【임차건물의 소부분을 타인에게 사용케 하는 경우】** 전3조의 규정은 건물의 임차인이 그 건물의 소부분을 타인에게 사용하게 하는 경우에 적용하지 아니한다.

㉠ 임대인의 동의를 얻은 경우

ⓐ 임차인이 임대인의 동의를 얻어 전대한 경우, 임대인과 임차인 사이에 종전의 관계가 계속 유지되고, 임차인과 전차인 사이에 별개의 새로운 임대차관계가 생긴다. 즉, 전차인은 임차인에 대하여 목적물을 사용·수익하게 해줄 것을 청구할 수 있고, 임차인은 전차인에 대하여 차임청구권을 가진다.

ⓑ 전차인은 전대차계약의 변제기 전에 전대인에 대한 차임의 지급을 가지고 임대인에게 대항하지 못한다.

ⓒ 제630조 제1항은 임차인이 임대인의 동의를 얻어 임차물을 전대한 때에는 전차인은 직접 임대인에 대하여 의무를 부담하고, 이 경우에 전차인은 전대인에 대한 차임의 지급으로써 임대인에게 대항할 수 없다고 규정하고 있는바, 위 규정에 의하여 전차인이 임대인에게 대항할 수 없는 차임의 범위는 전대차계약상의 차임지급시기를 기준으로 하여 그 전에 전대인에게 지급한 차임에 한정되고, 그 이후에 지급한 차임으로는 임대인에게 대항할 수 있다.

ⓓ 임대차가 종료되면 전대차도 당연히 종료된다. 따라서 임대인은 직접 전차인에 대하여 목적물의 반환을 청구할 수 있지만, 전차인은 임차인에 대한 보증금반환채권으로 이에 대항하지 못한다.

ⓔ 임차인이 임대인의 동의를 얻어 전대한 경우, 임대인과 임차인의 합의로 계약을 종료하더라도 전차인의 권리는 소멸하지 않는다.

㉡ 임대인의 동의를 얻지 않은 경우

ⓐ 임대인의 동의가 없으면 임대차계약을 해지할 수 있다.

ⓑ 임대인의 동의 없는 전대의 경우 전차인은 자신의 전대인에 대한 권리로 임대인에게 대항하지 못하고, 임대인의 물권적 청구권에 응하여야 한다.

예제

임대인의 동의가 있는 전대차에 관한 설명으로 옳지 않은 것은? (다툼이 있으면 판례에 따름) 제27회

① 전차인은 전대차계약으로 전대인에 대하여 부담하는 의무 이상으로 임대인에게 의무를 지지 않고 동시에 임대차계약으로 임차인이 임대인에 대하여 부담하는 의무 이상으로 임대인에게 의무를 지지 않는다.
② 전차인은 전대차의 차임지급시기 이후 전대인에게 차임을 지급한 것으로 임대인에게 대항할 수 있다.
③ 전차인이 전대차의 차임지급시기 이전에 전대인에게 차임을 지급한 경우, 임대인의 차임청구 전에 그 차임지급시기가 도래한 때에는 임대인에게 대항할 수 있다.
④ 건물전차인은 임대차 및 전대차의 기간이 동시에 만료되고 건물이 현존하는 경우, 특별한 사정이 없는 한 임대인에 대하여 이전 전대차와 동일한 조건으로 임대할 것을 청구할 수 있다.
⑤ 임대차계약이 해지의 통고로 인하여 종료된 경우, 임대인은 전차인에 대하여 그 사유를 통지하지 아니하면 해지로써 전차인에게 대항하지 못한다.

해설

④ 적법한 전차인에게 인정되는 임대청구권(제644조)는 건물전차인이 아니라 토지전차인에게 인정되는 권리이다.
① 임차인이 임대인의 동의를 얻어 임차물을 전대한 경우, 임대인과 임차인 사이의 종전 임대차계약은 계속 유지되고(민법 제630조 제2항), 임차인과 전차인 사이에는 별개의 새로운 전대차계약이 성립한다. 한편 임대인과 전차인 사이에는 직접적인 법률관계가 형성되지 않지만, 임대인의 보호를 위하여 전차인이 임대인에 대하여 직접 의무를 부담한다(민법 제630조 제1항). 이 경우 전차인은 전대차계약으로 전대인에 대하여 부담하는 의무 이상으로 임대인에게 의무를 지지 않고 동시에 임대차계약으로 임차인이 임대인에 대하여 부담하는 의무 이상으로 임대인에게 의무를 지지 않는다(대판 2018.7.11, 2018다200518).
②③ 전차인은 전대차계약상의 차임지급시기 전에 전대인에게 차임을 지급한 사정을 들어 임대인에게 대항하지 못하지만, 차임지급시기 이후에 지급한 차임으로는 임대인에게 대항할 수 있고, 전대차계약상의 차임지급시기 전에 전대인에게 지급한 차임이라도, 임대인의 차임청구 전에 차임지급시기가 도래한 경우에는 그 지급으로 임대인에게 대항할 수 있다(대판 2018.7.11, 2018다200518).
⑤ 임대차계약이 해지의 통고로 인하여 종료된 경우에 그 임대물이 적법하게 전대되었을 때에는 임대인은 전차인에 대하여 그 사유를 통지하지 아니하면 해지로써 전차인에게 대항하지 못한다(제638조 제1항).

정답 ④

5. 부속물매수청구권

제646조 【임차인의 부속물매수청구권】 ① 건물 기타 공작물의 임차인이 그 사용의 편익을 위하여 임대인의 동의를 얻어 이에 부속한 물건이 있는 때에는 임대차의 종료시에 임대인에 대하여 그 부속물의 매수를 청구할 수 있다.
② 임대인으로부터 매수한 부속물에 대하여도 전항과 같다.

(1) **의 의**

① 건물 기타 공작물의 임차인이 그 사용의 편익을 위하여 임대인의 동의를 얻어 이에 부속한 물건이 있는 때에는 임대차의 종료시에 임대인에 대하여 그 부속물의 매수를 청구할 수 있다.

② 임차인의 투하자본회수를 위하여 민법이 인정하고 있는 것으로 건물 기타 공작물의 임차인에 한하여 부속물매수청구권이 인정될 뿐 토지의 임차인에게는 인정되지 아니한다.

(2) **부속물**

① '부속물'이란 건물에 부속된 물건으로서 임차인의 소유에 속하고 건물의 구성부분으로는 되지 아니한 것으로서 건물의 사용에 객관적인 편익을 가져오게 하는 물건을 말한다.

② 부속된 물건이 오로지 임차인의 특수목적에 사용하기 위하여 부속된 것일 때에는 이에 해당하지 않는다. 예를 들면, 주방시설, 입간판 등의 부속물 등은 해당하지 않는다.

관련판례

민법 제646조가 규정하는 건물임차인의 매수청구권의 대상이 되는 부속물이라 함은 건물에 부속된 물건으로 임차인의 소유에 속하고, 건물의 구성부분이 되지 아니한 것으로서 건물의 사용에 객관적인 편익을 가져오게 하는 물건이라 할 것이므로, 부속된 물건이 오로지 임차인의 특수목적에 사용하기 위하여 부속된 것일 때는 이를 부속물매수청구권의 대상이 되는 물건이라 할 수 없다(대판 1993.2.26, 92다41627).

OX
오로지 임차인의 특수목적에 사용하기 위하여 부속된 물건은 부속물매수청구권의 대상이 되지 않는다. (○) 제20회

(3) **부속물매수청구권 행사요건**

① 임대인의 동의를 얻어 부속시킨 것이거나 임대인으로부터 매수한 것이어야 한다.

② 부속물은 건물의 구성부분이 아니라 건물과는 독립된 별개의 물건이어야 한다. 건물의 구성부분을 이루는 경우에는 부속물매수청구권을 행사할 수 없고 비용상환청구권을 행사하여야 한다.

OX
부속물이 건물의 구성부분으로 독립성을 갖추지 못한 경우에는 부속물매수청구권의 대상이 될 수 없다. (○) 제15회

(4) **부속물매수청구권의 행사시기**

① 부속물매수청구권은 임대차가 종료한 때 행사할 수 있다. 기간의 만료, 해지 등 어느 경우이든 가능하다.

② 임차인의 채무불이행으로 인하여 임대차계약이 해지된 경우에는 부속물매수청구권이 인정되지 않는다(판례).

OX
임대차계약이 임차인의 채무불이행으로 인하여 해지된 경우에는 부속물매수청구권이 인정되지 않는다. (○) 제20회

(5) 부속물매수청구권 행사효과

① 부속물매수청구권은 형성권으로서 임대인에 대한 일방적 의사표시로써 효력이 발생한다. 구두 · 서면 등 행사방법에는 아무런 제한이 없다.

② 부속물매수청구권에 관한 제646조의 규정은 강행규정이므로 임차인에게 불리한 특약은 효력이 없다. 다만, 일시사용을 위한 임대차에는 제646조가 적용되지 않는다(제653조).

③ 부속물매수청권이 인정되는 경우에도 임차인은 임대인에게 임차목적물에 대한 유치권을 주장할 수는 없다(판례).

OX
일시사용이 명백한 임대차에서도 부속물매수청구권이 인정된다. (×) 제15회

6. 지상물매수청구권

> **제643조【임차인의 갱신청구권, 매수청구권】** 건물 기타 공작물의 소유 또는 식목, 채염, 목축을 목적으로 한 토지임대차의 기간이 만료한 경우에 건물, 수목 기타 지상시설이 현존한 때에는 제283조의 규정을 준용한다.
>
> **제283조【지상권자의 갱신청구권, 매수청구권】** ① 지상권이 소멸한 경우에 건물 기타 공작물이나 수목이 현존한 때에는 지상권자는 계약의 갱신을 청구할 수 있다.
> ② 지상권설정자가 계약의 갱신을 원하지 아니하는 때에는 지상권자는 상당한 가액으로 전항의 공작물이나 수목의 매수를 청구할 수 있다.

(1) 지상물매수청구권의 의의

① 제643조는 편면적 강행규정이다. 건물의 소유를 목적으로 한 토지의 임차인이 임대차가 종료하기 전에 임대인과 건물 기타 지상 시설 일체를 포기하기로 약정을 하였다고 하더라도 임대차계약의 조건이나 계약이 체결된 경위 등 제반 사정을 종합적으로 고려하여 실질적으로 임차인에게 불리하다고 볼 수 없는 특별한 사정이 인정되지 아니하는 한 위와 같은 약정은 임차인에게 불리한 것으로서 제652조에 의하여 효력이 없다.

② 건물의 소유를 목적으로 하는 토지임대차에 있어서, 토지임차인의 지상물매수청구권은 기간의 정함이 없는 임대차에 있어서 임대인에 의한 해지통고에 의하여 그 임차권이 소멸한 경우에도, 임차인의 계약갱신청구의 유무에 불구하고 인정된다.

③ 건물의 소유를 목적으로 한 토지임대차가 종료한 경우, 임차인이 그 지상에 현존하는 건물에 대하여 가지는 매수청구권은 그 행사에 특정의 방식을 요하지 않는 것으로서 재판상으로 뿐만 아니라 재판 외에서도 행사할 수 있는 것이고 그 행사의 시기에 대하여도 제한이 없는 것이므로 임차인이 자신의 건물매수청구권을 제1심에서 행사하였다가 철회한 후 항소심에서

OX
건물 소유를 목적으로 한 기간 약정 없는 토지임대차계약이 임대인의 해지통고로 종료한 경우, 임차인은 계약갱신을 청구하지 않고 지상물매수청구권을 행사할 수 있다. (○) 제18회

OX
지상물매수청구권은 재판상으로 뿐만 아니라 재판 외에서도 행사할 수 있다. (○) 제18회

다시 행사하였다고 하여 그 매수청구권의 행사가 허용되지 아니할 이유는 없다.

(2) 지상물매수청구권의 요건

① 기간의 정함이 없는 임대차에서 임대인이 해지통고를 한 경우, 임차인은 바로 매수청구를 할 수 있다.

② 임차인의 채무불이행을 이유로 임대차가 종료하면 매수청구권이 인정되지 않는다.

③ 매수청구권의 대상이 되는 건물은 임대차계약 당시 기존건물이나 임대인의 동의를 얻어 신축한 것에 한정된다고 할 수 없다.

④ 그 지상건물이 객관적·경제적으로 가치가 있는지 여부나 임대인에게 소용이 있는지 여부는 그 행사요건이 아니다.

⑤ 지상물의 소유자만이 매수청구권을 가진다. 따라서 건물을 신축한 토지임차인이 건물을 타에 양도한 경우, 그 임차인은 매수청구권을 행사할 수 없다.

OX

토지임차인은 자신의 채무불이행으로 인해 계약이 해지된 경우, 지상물매수청구권을 행사할 수 있다. (×) 제18회

관련판례

1. 건물의 소유를 목적으로 한 토지임대차계약의 기간이 만료함에 따라 지상건물 소유자가 임대인에 대하여 행사하는 민법 제643조 소정의 매수청구권은 매수청구의 대상이 되는 건물에 근저당권이 설정되어 있는 경우에도 인정된다. 이 경우에 그 건물의 매수가격은 건물 자체의 가격 외에 건물의 위치, 주변 토지의 여러 사정 등을 종합적으로 고려하여 매수청구권 행사 당시 건물이 현존하는 대로의 상태에서 평가된 시가 상당액을 의미하고, 여기에서 근저당권의 채권최고액이나 피담보채무액을 공제한 금액을 매수가격으로 정할 것은 아니다. 다만, 매수청구권을 행사한 지상건물 소유자가 위와 같은 근저당권을 말소하지 않는 경우 토지소유자는 민법 제588조에 의하여 위 근저당권의 말소등기가 될 때까지 그 채권최고액에 상당한 대금의 지급을 거절할 수 있다(대판 2008.5.29, 2007다4356).
2. 무릇 건물 소유를 목적으로 하는 토지임대차에 있어서 임차인 소유 건물이 임대인이 임대한 토지 외에 임차인 또는 제3자 소유의 토지 위에 걸쳐서 건립되어 있는 경우에는, 임차지 상에 서 있는 건물 부분 중 구분소유의 객체가 될 수 있는 부분에 한하여 임차인에게 매수청구가 허용된다(대판 전합 1996.3.21, 93다42634).

(3) 지상물매수청구권 행사의 효과

① 임대인과 임차인 사이에 지상물에 관한 매매가 성립한다.

② 제643조 소정의 지상물매수청구권이 행사되면 임대인과 임차인 사이에서는 임차지상의 건물에 대하여 매수청구권 행사 당시의 건물시가를 대금으로 하는 매매계약이 체결된 것과 같은 효과가 발생하는 것이지, 임대인이

OX

토지임차인이 지상물매수청구권을 행사하면 임대인의 승낙 여부와 관계없이 매매계약이 성립한 경우와 같은 효력이 생긴다. (○) 제18회

기존 건물의 철거비용을 포함하여 임차인이 임차지상의 건물을 신축하기 위하여 지출한 모든 비용을 보상할 의무를 부담하게 되는 것은 아니다.

③ 임차인의 건물인도 및 소유권이전등기의무와 임대인의 건물대금지급의무는 동시이행관계에 있다.

④ 지상건물 등의 점유 · 사용을 통하여 그 부지를 계속하여 점유 · 사용하고 있는 한 그로 인한 부당이득으로서 부지의 임료 상당액은 반환하여야 한다.

7. 임차인의 의무

(1) 차임지급의무

① 임차인의 차임지급의무는 임대차계약의 성립요건이다.

② 차임을 지급하였다는 점에 대한 입증책임은 임차인이 부담한다.

③ 차임은 반드시 금전이어야 하는 것이 아니며, 물건이어도 된다.

④ 권원 없는 자가 타인의 소유물을 임대한 경우라도, 사용 · 수익에 지장이 없다면 원칙적으로 임차인은 차임지급의무를 부담한다.

⑤ **차임지급시기**

> **제633조 【차임지급의 시기】** 차임은 동산, 건물이나 대지에 대하여는 매월 말에, 기타 토지에 대하여는 매년 말에 지급하여야 한다. 그러나 수확기 있는 것에 대하여는 그 수확 후 지체 없이 지급하여야 한다.

(2) 차임증감청구권

> **제627조 【일부멸실 등과 감액청구, 해지권】** ① 임차물의 일부가 임차인의 과실 없이 멸실 기타 사유로 인하여 사용, 수익할 수 없는 때에는 임차인은 그 부분의 비율에 의한 차임의 감액을 청구할 수 있다.
> ② 전항의 경우에 그 잔존부분으로 임차의 목적을 달성할 수 없는 때에는 임차인은 계약을 해지할 수 있다.
>
> **제628조 【차임증감청구권】** 임대물에 대한 공과부담의 증감 기타 경제사정의 변동으로 인하여 약정한 차임이 상당하지 아니하게 된 때에는 당사자는 장래에 대한 차임의 증감을 청구할 수 있다.
>
> **제653조 【일시사용을 위한 임대차의 특례】** 제628조, 제638조, 제640조, 제646조 내지 제648조, 제650조 및 전조의 규정은 일시사용하기 위한 임대차 또는 전대차인 것이 명백한 경우에는 적용하지 아니한다.

OX

임차물의 일부가 임차인의 과실 없이 멸실 기타의 사유로 사용 · 수익할 수 없게 된 경우, 임차인은 그 부분의 비율에 의한 차임의 감액을 청구할 수 있다. (○) 제17회

(3) 차임의 연체와 해지

> **제640조【차임연체와 해지】** 건물 기타 공작물의 임대차에는 임차인의 차임연체액이 2기의 차임액에 달하는 때에는 임대인은 계약을 해지할 수 있다.
>
> **제641조【동 전】** 건물 기타 공작물의 소유 또는 식목, 채염, 목축을 목적으로 한 토지 임대차의 경우에도 전조의 규정을 준용한다.
>
> **제642조【토지임대차의 해지와 지상건물 등에 대한 담보물권자에의 통지】** 전조의 경우에 그 지상에 있는 건물 기타 공작물이 담보물권의 목적이 된 때에는 제288조의 규정을 준용한다.

임대차계약을 해지하기 위하여 차임의 연체가 연속되어야 하는 것은 아니고 통산하여 2기분이면 족하며, 최고를 요하지 않는다.

(4) 임차물보관의무 및 목적물반환의무

① 임대차계약이 종료되면 임차인은 임차목적물을 반환하여야 하므로, 임차인은 계약의 종료로 목적물을 반환할 때까지 선량한 관리자의 주의로써 임차물을 보존하여야 한다.

② 임대차종료시 임차인은 임대인에게 임차물을 반환하여야 할 계약상의 의무를 부담한다.

관련판례

1. 임차인의 임차물반환채무가 이행불능이 된 경우 임차인이 그 이행불능으로 인한 손해배상책임을 면하려면 그 이행불능이 임차인의 귀책사유로 말미암은 것이 아님을 입증할 책임이 있으며, 임차건물이 화재로 소훼된 경우에 있어서 그 화재의 발생원인이 불명인 때에도 임차인이 그 책임을 면하려면 그 임차건물의 보존에 관하여 선량한 관리자의 주의의무를 다하였음을 입증하여야 한다(대판 2001.1.19, 2000다57351).
2. 임차인이 임대차계약 종료 이후에도 동시이행의 항변권을 행사하는 방법으로 목적물의 반환을 거부하기 위하여 임대차건물 부분을 계속 점유하기는 하였으나 이를 본래의 임대차계약상의 목적에 따라 사용·수익하지 아니하여 실질적인 이득을 얻은 바 없는 경우에는 그로 인하여 임대인에게 손해가 발생하였다고 하더라도 임차인의 부당이득반환의무는 성립되지 아니한다(대판 2008.4.10, 2007다76986).

8. 임대차의 종료

(1) 존속기간의 만료

(2) 해지의 통고

제635조 【기간의 약정 없는 임대차의 해지통고】 ① 임대차기간의 약정이 없는 때에는 당사자는 언제든지 계약해지의 통고를 할 수 있다.
② 상대방이 전항의 통고를 받은 날로부터 다음 각 호의 기간이 경과하면 해지의 효력이 생긴다.
1. 토지, 건물 기타 공작물에 대하여는 임대인이 해지를 통고한 경우에는 6월, 임차인이 해지를 통고한 경우에는 1월
2. 동산에 대하여는 5일

제636조 【기간의 약정 있는 임대차의 해지통고】 임대차기간의 약정이 있는 경우에도 당사자 일방 또는 쌍방이 그 기간 내에 해지할 권리를 보류한 때에는 전조의 규정을 준용한다.

제637조 【임차인의 파산과 해지통고】 ① 임차인이 파산선고를 받은 경우에는 임대차기간의 약정이 있는 때에도 임대인 또는 파산관재인은 제635조의 규정에 의하여 계약해지의 통고를 할 수 있다.
② 전항의 경우에 각 당사자는 상대방에 대하여 계약해지로 인하여 생긴 손해의 배상을 청구하지 못한다.

(3) 해 지

① 임대인이 임차인의 의사에 반하여 보존행위를 하는 경우(제625조)

② 임차물의 일부가 임차인의 과실에 기하지 않고 멸실하였는데 잔존부분만으로는 임차의 목적을 달성할 수 없는 경우(제627조)

③ 임차인이 임대인의 동의 없이 임차권을 제3자에게 양도하거나 전대한 경우(제629조)

④ 차임연체 기타 당사자 일방의 채무불이행으로 인하여 임대차계약의 목적을 달성할 수 없는 사정이 있는 경우

지상권, 전세권, 임차권의 비교

구 분	지상권	전세권	임대차	
			일 반	주 택
설 정	당사자의 약정, 법률의 규정 (상속 등), 지료요소 ×	당사자의 약정, 법률의 규정, 전세금의 지급	약정, 차임지급 ○	약정, 차임 ○
객 체	타인의 토지	타인의 부동산	물건	주택
존속 보장	최단기간 보장	최장기간(10) 건물: 최단기간(1)	없음	최단기간(2)
대항력의 문제	등기	등기	임대인의 반대의사 없으면 등기	인도 및 주민등록
양도 · 처분	자유	자유(설정행위로 금지 가능)	임대인의 동의	
갱 신	약정갱신(최단 존속기간 보장), 갱신청구 가능, 법정갱신 ×	약정갱신 가능 (10년 이내), 갱신청구권 ×, 법정갱신 ○(건물)	약정갱신 ○, 갱신청구권 ○, 법정갱신 ○	약정갱신 (최단기간 보장), 법정갱신 ○
물권적 청구권	반환, 방해배제, 방해예방	반환, 방해배제, 방해예방	제3자의 채권침해의 문제로서 대항요건을 갖추면 방해배제 ○	
비용 상환	규정 ×, 약정 가능	필요비 ×, 유익비 ○	필요비 ○, 유익비 ○(강행규정 ×)	
기타 사항	관습법상의 법정지상권, 분묘기지권, 구분지상권 (수목 ×)	전세금반환 청구권의 양도, 법정지상권, 전전세의 문제	부속물매수청구권과 비용상환청구권, 물권화경향의 문제, 동의 없는 양도 · 전대, 임차권 소멸	임대차등기명령, 주택의 의미, 대항력 취득요건

예 제

乙은 건물 소유를 목적으로 甲 소유 X토지를 10년간 월차임 2백만원에 임차한 후, X토지에 Y건물을 신축하여 자신의 명의로 보존등기를 마쳤다. 이에 관한 설명으로 옳지 않은 것은? 제25회

① 甲은 다른 약정이 없는 한 임대기간 중 X토지를 사용, 수익에 필요한 상태로 유지할 의무를 부담한다.
② X토지에 대한 임차권등기를 하지 않았다면 특별한 사정이 없는 한 乙은 X토지에 대한 임차권으로 제3자에게 대항하지 못한다.
③ 甲이 X토지의 보존을 위한 행위를 하는 경우, 乙은 특별한 사정이 없는 한 이를 거절하지 못한다.
④ 乙이 6백만원의 차임을 연체하고 있는 경우에 甲은 임대차계약을 해지할 수 있다.
⑤ 甲이 변제기를 경과한 후 최후 2년의 차임채권에 의하여 Y건물을 압류한 때에는 저당권과 동일한 효력이 있다.

해설

② 건물의 소유를 목적으로 하는 토지임대차는 이를 등기하지 아니한 경우에도 임차인이 지상건물을 등기한 때에는 제3자에 대하여 임대차의 효력이 생긴다(제622조 제1항).
① 임대인은 목적물을 임차인에게 인도하고 계약존속 중 그 사용, 수익에 필요한 상태를 유지하게 할 의무를 부담한다(제623조).
③ 임대인이 임대물의 보존에 필요한 행위를 하는 때에는 임차인은 이를 거절하지 못한다(제624조).
④ 건물 기타 공작물의 소유 또는 식목, 채염, 목축을 목적으로 한 토지임대차의 경우 임차인이 차임연체액이 2기의 차임액에 달하는 때에는 임대인은 계약을 해지할 수 있다(제641조).
⑤ 토지임대인이 변제기를 경과한 최후 2년의 차임채권에 의하여 그 지상에 있는 임차인 소유의 건물을 압류한 때에는 저당권과 동일한 효력이 있다(제649조).

정답 ②

3 도급(都給)

1. 의 의

> **제664조【도급의 의의】** 도급은 당사자 일방이 어느 일을 완성할 것을 약정하고 상대방이 그 일의 결과에 대하여 보수를 지급할 것을 약정함으로써 그 효력이 생긴다.

'도급'은 수급인(受給人)이 일정한 일을 완성할 것을 약정하고, 상대방(都給人)이 그 일의 결과에 대하여 보수를 지급할 것을 약정함으로써 성립하는 낙성・쌍무・불요식계약이다.

2. 성 립

(1) 의사의 합치

'도급계약'은 당사자의 약정으로 성립하는 낙성계약이며, 불요식계약이다. 다만, 건설산업기본법에서는 일정한 서면으로 명백히 할 것을 요하고 있으나(제22조 제2항) 도급계약을 요식행위로 규정하는 취지는 아니어서 서면으로 작성하지 않는 건설공사의 도급계약이 무효로 되는 것은 아니다.

(2) 동시이행관계

> **제665조【보수의 지급시기】** ① 보수는 그 완성된 목적물의 인도와 동시에 지급하여야 한다. 그러나 목적물의 인도를 요하지 아니하는 경우에는 그 일을 완성한 후 지체 없이 지급하여야 한다.
> ② 전항의 보수에 관하여는 제656조 제2항의 규정을 준용한다.

① 목적물의 인도를 요하는 도급계약은 목적물의 인도와 보수지급이 동시이행의 관계에 있다.

② 목적물의 인도를 요하지 아니하는 도급계약은 일의 완성의무과 보수지급은 동시이행의 관계가 아니다. 일의 완성이 선이행의무이다.

(3) 제작물공급계약

'제작물공급계약'이란 당사자 일방(제작자)이 상대방의 주문에 따라 오직 또는 주로 자기의 재료를 사용하여 제작한 물건을 공급하기로 하고, 상대방은 이에 대하여 보수를 지급하기로 하는 쌍무・유상계약이다.

관련판례

제작물공급계약은 그 제작의 측면에서는 도급의 성질이 있고 공급의 측면에서는 매매의 성질이 있어 이러한 계약은 대체로 매매와 도급의 성질을 함께 가지고 있는 것으로서, 그 적용법률은 계약에 의하여 제작 공급하여야 할 물건이 대체물인 경우에는 매매로 보아서 매매에 관한 규정이 적용된다고 할 것이나, 물건이 특정의 주문자의 수요를 만족시키기 위한 부대체물인 경우에는 당해 물건의 공급과 함께 그 제작이 계약의 주목적이 되어 도급의 성질을 띠는 것이다(대판 1996.6.28, 94다42976).

OX

목적물의 인도를 요하지 않는 경우, 보수(報酬)는 수급인이 일을 완성한 후 지체 없이 지급하여야 한다. (○) 제26회

OX

수급인의 완성물인도의무와 도급인의 보수지급의무는 원칙적으로 동시이행관계에 있다. (○) 제21회

PART 03

3. 수급인의 의무

(1) 일을 완성할 의무

① 수급인은 약정된 일을 완성하여야 할 의무를 진다. 도급은 일의 완성을 목표로 하므로 수급인은 원칙적으로 독립적 지위에 서지만, 도급인은 자기가 원하는 결과를 얻기 위하여 수급인에게 적당한 지시나 감독을 할 수 있다.

② 도급계약은 일의 완성이라는 결과를 목적으로 하는 것이므로, 반대특약이 없는 한 수급인 스스로 일을 완성하여야 하는 것은 아니며, 수급인이 제3자에게 일의 완성을 맡겨도 된다.

관련판례

공사도급계약에서 당사자 사이에 특약이 있거나 일의 성질상 수급인 자신이 하지 않으면 채무의 본지에 따른 이행이 될 수 없다는 등의 특별한 사정이 없는 한 반드시 수급인 자신이 직접 일을 완성하여야 하는 것은 아니고 이행보조자 또는 이행대행자를 사용하더라도 상관없다(대판 2002.4.12, 2001다82545).

③ 건물신축공사 도급계약은 일의 완성까지 오랜 시간이 소요되므로, 완공기한 이후 일의 완성에 대하여는 지체상금(손해배상액의 예정, 수급인이 계약기간 내에 계약상의 의무를 이행하지 않았을 때 도급인에게 지불하는 금액)약정을 하게 된다.

관련판례

1. 도급계약에서 일의 완성에 관한 주장·증명책임은 일의 결과에 대한 보수의 지급을 구하는 수급인에게 있다(대판 1994.11.22, 94다26684).
2. 수급인이 완공기한 내에 공사를 완성하지 못한 채 완공기한을 넘겨 도급계약이 해제된 경우 그 지체상금 발생의 시기는 완공기한 다음 날이고, 그 종기는 수급인이 공사를 중단하거나 기타 해제사유가 있어 도급인이 이를 해제할 수 있었을 때를 기준으로 하여 도급인이 다른 업자에게 의뢰하여 같은 건물을 완공할 수 있었던 시점이다(대판 2001.1.30, 2000다56112).

OX

일의 완성에 관한 증명책임은 보수의 지급을 구하는 수급인에게 있다. (○) 제20회

(2) 완성물 인도의무

① 완성된 물건의 인도와 보수의 지급은 원칙적으로 동시이행의 관계에 있다.

② '물건의 인도'는 완성된 목적물에 관한 단순한 점유의 이전만을 의미하는 것이 아니라 목적물을 검사한 후 그 목적물이 계약내용대로 완성되었음을 명시적 또는 묵시적으로 시인하는 것까지 포함한다.

③ 완성된 목적물의 소유권 귀속

관련판례

1. 수급인이 자기의 노력과 출재로 건축 중이거나 완성된 건물의 소유권은 도급인과 수급인 사이의 특약에 의하여 달리 정하거나 기타 특별한 사정이 없는 한, 도급인이 약정에 따른 건축공사비 등을 청산하여 소유권을 취득하기 이전에는 수급인의 소유에 속한다(대판 2011.8.25, 2009다67443).
2. 수급인이 자기의 노력과 재료를 들여 건물을 완성하더라도 도급인과 수급인 사이의 도급인 명의로 건축허가를 받아 소유권보존등기를 하기로 하는 등 완성된 건물의 소유권을 도급인에게 귀속시키기로 합의한 것으로 보일 경우에 그 건물의 소유권은 도급인에게 원시적으로 귀속된다(대판 1997.5.30, 97다8601).
3. 채무의 담보를 위하여 채무자가 자기 비용과 노력으로 신축하는 건물의 건축허가 명의를 채권자 명의로 하였다면 이는 완성될 건물을 담보로 제공하기로 하는 합의로서 법률행위에 의한 담보물권의 설정에 다름 아니므로, 완성된 건물의 소유권은 일단 이를 건축한 채무자가 원시적으로 취득한 후 채권자 명의로 소유권보존등기를 마침으로써 담보목적의 범위 내에서 채권자에게 그 소유권이 이전된다(대판 1997.5.30, 97다8601).

OX

수급인이 자기의 노력과 재료를 들여 건물을 완성한 경우에 특별한 사정이 없는 한 완성된 건물은 수급인의 소유에 속한다. (○) 제16회

OX

수급인이 자기의 노력과 재료를 들여 신축할 건물의 소유권을 도급인에게 귀속시키기로 합의하였다면 그 완성된 건물의 소유권은 도급인에게 원시적으로 귀속한다. (○) 제20회

(3) 수급인의 담보책임

제667조 【수급인의 담보책임】 ① 완성된 목적물 또는 완성 전의 성취된 부분에 하자가 있는 때에는 도급인은 수급인에 대하여 상당한 기간을 정하여 그 하자의 보수를 청구할 수 있다. 그러나 하자가 중요하지 아니한 경우에 그 보수에 과다한 비용을 요할 때에는 그러하지 아니하다.
② 도급인은 하자의 보수에 갈음하여 또는 보수와 함께 손해배상을 청구할 수 있다.
③ 전항의 경우에는 제536조의 규정을 준용한다.

제668조 【동전 - 도급인의 해제권】 도급인이 완성된 목적물의 하자로 인하여 계약의 목적을 달성할 수 없는 때에는 계약을 해제할 수 있다. 그러나 건물 기타 토지의 공작물에 대하여는 그러하지 아니하다.

제669조 【동전 - 하자가 도급인의 제공한 재료 또는 지시에 기인한 경우의 면책】 전2조의 규정은 목적물의 하자가 도급인이 제공한 재료의 성질 또는 도급인의 지시에 기인한 때에는 적용하지 아니한다. 그러나 수급인이 그 재료 또는 지시의 부적당함을 알고 도급인에게 고지하지 아니한 때에는 그러하지 아니하다.

제670조 【담보책임의 존속기간】 ① 전3조의 규정에 의한 하자의 보수, 손해배상의 청구 및 계약의 해제는 목적물의 인도를 받은 날로부터 1년 내에 하여야 한다.
② 목적물의 인도를 요하지 아니하는 경우에는 전항의 기간은 일의 종료한 날로부터 기산한다.

> **제671조 【수급인의 담보책임 – 토지 · 건물 등에 대한 특칙】** ① 토지, 건물 기타 공작물의 수급인은 목적물 또는 지반공사의 하자에 대하여 인도 후 5년간 담보의 책임이 있다. 그러나 목적물이 석조, 석회조, 연와조, 금속 기타 이와 유사한 재료로 조성된 것인 때에는 그 기간을 10년으로 한다.
> ② 전항의 하자로 인하여 목적물이 멸실 또는 훼손된 때에는 도급인은 그 멸실 또는 훼손된 날로부터 1년 내에 제667조의 권리를 행사하여야 한다.

① **담보책임의 성격**

㉠ 수급인의 귀책사유를 요하지 않는 무과실책임이라는 것이 통설과 판례의 태도이다.

㉡ 판례는 수급인의 하자담보책임은 무과실책임이므로, 매매에 관한 제580조 제1항 단서의 조항이 적용될 여지가 없다고 한다.

㉢ 다만, 무과실책임이므로 제396조의 과실상계규정이 준용될 수 없다 하더라도 담보책임이 민법의 지도이념인 공평의 원칙에 입각한 이상 하자 발생 및 그 확대에 가공한 도급인의 잘못을 참작할 수 있다(대판 2004.8.20, 2001다70337).

OX

하자보수에 관한 담보책임이 없음을 약정한 경우에는 수급인의 하자에 관하여 알고서 고지하지 아니한 사실에 대하여 담보책임이 없다. (×) 제26회

② **담보책임의 요건**

㉠ 완성된 목적물 또는 완성 전의 성취된 부분에 하자가 있을 것

㉡ 하자가 도급인의 재료 · 지시에 기인한 것이 아닐 것 또는 그 부적당함에 관해 수급인의 악의의 묵비가 있을 것

㉢ 면책특약이 없을 것: 담보책임의 면제특약은 유효하다. 그러나 수급인이 알고서 고지하지 않은 사실에 대해서는 면책되지 않는다.

③ **담보책임의 내용**

㉠ 하자보수청구권

ⓐ 완성된 목적물 또는 완성 전에 성취된 부분에 하자가 있으면 도급인은 수급인에 대하여 상당한 기간을 정하여 하자의 보수를 청구할 수 있다.

ⓑ 그러나 하자가 중요하지 않고 동시에 보수에 과다한 비용을 요할 경우에는 하자의 보수 대신 손해배상만을 청구할 수 있다.

ⓒ 도급인은 하자의 보수(補修)가 끝날 때까지 보수(報酬)의 지급을 거절할 수 있다.

ⓓ 지급을 거절할 수 있는 보수는 하자 및 손해에 상응하는 금액에 한정된다.

OX

도급인은 일의 완성 전에는 성취된 부분에 하자가 있더라도 수급인에게 하자보수를 청구할 수 없다. (×) 제18회

1. 도급계약에 있어서 완성된 목적물에 하자가 있는 때에는 도급인은 수급인에 대하여 하자의 보수를 청구할 수 있고, 그 하자의 보수에 갈음하여 또는 보수와 함께 손해배상을 청구할 수 있는바, 이들 청구권은 특별한 사정이 없는 한 수급인의 보수지급청구권과 동시이행의 관계에 있다고 할 것이다(대판 2001.6.15, 2001다21632).
2. 기성고에 따라 공사대금을 분할하여 지급하기로 약정한 경우라도 특별한 사정이 없는 한 하자보수의무와 동시이행관계에 있는 공사대금지급채무는 당해 하자가 발생한 부분의 기성공사대금에 한정되는 것은 아니라고 할 것이다. 왜냐하면, 이와 달리 본다면 도급인이 하자발생사실을 모른 채 하자가 발생한 부분에 해당하는 기성공사의 대금을 지급하고 난 후 뒤늦게 하자를 발견한 경우에는 동시이행의 항변권을 행사하지 못하게 되어 공평에 반하기 때문이다(대판 2001.9.18, 2001다9304).
3. 도급인의 하자보수청구권 및 또는 손해배상청구권과 수급인의 보수지급청구권은 동시이행의 관계에 있다. 다만, 도급인의 손해배상채권과 동시이행의 관계에 있는 수급인의 공사대금채권은 위 손해배상채권액과 동액의 채권에 한하고, 그 나머지 공사잔대금채권은 위 손해배상채권과 동시이행관계에 있다고 할 수 없다(대판 1996.6.11, 95다12798).
4. 도급계약에서 완성된 목적물에 하자가 있으면 도급인은 수급인에게 하자의 보수나 그에 갈음하는 손해배상을 청구할 수 있으나, 하자가 중요하지 아니하면서 동시에 보수에 과다한 비용을 요할 때에는 하자의 보수나 그에 갈음하는 손해배상을 청구할 수는 없고, 하자로 인하여 입은 손해의 배상만을 청구할 수 있다(대판 2015.4.23, 2011다63383).
5. 도급인이 인도받은 목적물에 하자가 있는 것만을 이유로, 하자의 보수나 하자의 보수에 갈음하는 손해배상을 청구하지 아니하고 막바로 보수의 지급을 거절할 수는 없다(대판 1991.12.10, 91다33056).

OX 수급인의 공사대금이 도급인의 손해배상채권액을 현저히 초과하더라도, 도급인은 공사대금 전액에 대하여 하자에 갈음한 손해배상채권에 기하여 동시이행항변권을 행사할 수 있다. (×) 제21회

OX 완성된 목적물의 하자가 중요하지 않고 그 보수에 과다한 비용을 요할 때에는 하자의 보수를 청구할 수 없다. (○) 제21회

PART 03

㉡ 손해배상청구권

보수에 갈음하여 또는 하자보수와 아울러 손해배상청구권을 행사할 수 있다.

관련판례

1. 하자로 인하여 입은 통상의 손해는 특별한 사정이 없는 한 도급인이 하자 없이 시공하였을 경우의 목적물의 교환가치와 하자가 있는 현재의 상태대로의 교환가치와의 차액이다(대판 1998.3.13, 97다54376).
2. 하자가 중요한 경우의 그 손해배상의 액수, 즉 하자보수비는 목적물의 완성시가 아니라 하자보수청구시 또는 손해배상청구시를 기준으로 산정함이 상당하다(대판 1998.3.13, 95다30345).

OX 하자가 중요한 경우, 하자보수에 갈음하는 손해배상의 액수는 목적물의 완성시를 기준으로 산정하여야 한다. (×) 제20회

ⓒ 계약해제권

ⓐ 원칙: 완성된 목적물의 하자로 인하여 계약의 목적을 달성할 수 없다면 도급인이 계약을 해제할 수 있다.

ⓑ 예외: 그러나 완성된 목적물이 건물 기타 공작물인 도급계약이라면 해제할 수 없고, 손해배상만을 청구할 수 있다.

OX

완성된 건물의 하자로 인하여 계약의 목적을 달성할 수 없는 경우, 도급인은 계약을 해제할 수 있다. (×) 제17회

관련판례

1. 공사도급계약에 있어서 수급인의 공사중단이나 공사지연으로 인하여 약정된 공사기한 내의 공사완공이 불가능하다는 것이 명백하여진 경우에는 도급인은 그 공사기한이 도래하기 전이라도 계약을 해제할 수 있지만, 그에 앞서 수급인에 대하여 위 공사기한으로부터 상당한 기간 내에 완공할 것을 최고하여야 하고, 다만 예외적으로 수급인이 미리 이행하지 아니할 의사를 표시한 때에는 위와 같은 최고 없이도 계약을 해제할 수 있다(대판 1996.10.25, 96다21393).
2. 건축공사도급계약의 수급인이 일을 완성하지 못한 상태에서 그의 채무불이행으로 말미암아 건축공사도급계약이 해제되었으나, 해제 당시 공사가 상당한 정도로 진척되어 이를 원상회복하는 것이 중대한 사회적 · 경제적 손실을 초래하게 되고, 완성된 부분이 도급인에게 이익이 되는 경우, 그 도급계약은 미완성부분에 대하여만 실효되고 수급인은 해제 당시의 상태 그대로 그 건물을 도급인에게 인도하고 도급인은 특별한 사정이 없는 한 인도받은 미완성건물에 대한 보수를 지급하여야 하는 권리 · 의무관계가 성립한다(대판 1994.11.4, 94다18585).
   해제의 소급효가 제한된 판례이다.
3. 집합건물의 소유 및 관리에 관한 법률 제9조 제1항이 적용되는 집합건물의 분양계약에 있어서는 민법 제668조 단서가 준용되지 않고 따라서 수분양자는 집합건물의 완공 후에도 분양목적물의 하자로 인하여 계약의 목적을 달성할 수 없는 때에는 분양계약을 해제할 수 있다(대판 2003.11.14, 2002다2485).

④ **담보책임 존속기간**(제척기간)

㉠ 원칙: 도급인이 목적물을 인도받은 날로부터, 일을 종료한 날로부터 1년 내에 행사하여야 한다.

㉡ 예 외

ⓐ 토지 · 건물 기타 공작물의 수급인은 목적물 또는 지반공사의 하자에 대하여 인도 후 5년간 담보의 책임이 있다. 그러나 목적물이 석조, 석회조, 연와조, 금속 기타 이와 유사한 재료로 조성된 것인 때에는 그 기간을 10년으로 한다.

ⓑ 그 하자로 인하여 목적물이 멸실 또는 훼손된 때에는 도급인은 그 멸실 또는 훼손된 날로부터 1년 내에 담보책임에 관한 권리를 행사하여야 한다.

OX

철근 콘크리트 공작물 신축의 수급인은 특약이 없는 한 그 공작물의 인도 후 5년이 경과하면 그 하자에 대하여 담보책임을 면한다. (×) 제19회

OX

석회조로 조성된 건물의 하자에 대하여 수급인은 인도 후 10년간 하자담보책임을 진다. (○) 제15회

㉢ 기간의 성격

관련판례

민법상 수급인의 하자담보책임에 관한 기간은 제척기간으로서 재판상 또는 재판 외의 권리행사기간이며 재판상 청구를 위한 출소기간이 아니다(대판 2004.1.27, 2001다24891).

⑤ **책임의 감면**

㉠ 목적물의 하자가 도급인이 제공한 재료의 성질 또는 지시에 기인한 경우에는 수급인은 담보책임을 지지 않는다. 그러나 수급인이 그 재료나 지시의 부적당함을 알고도 도급인에게 이를 고지하지 않았으면 담보책임을 부담한다.

㉡ 당사자 간에 담보책임 면제의 특약을 한 경우에도 수급인이 알고도 도급인에게 고지하지 않은 사실에 대하여는 담보책임을 부담한다.

OX

수급인의 담보책임을 면제하는 특약은 수급인이 알고 고지하지 아니한 사실에 대하여도 효력이 있다. (×) 제19회

4. 도급인의 의무

(1) 보수지급의무

① **보수의 종류**: 보수는 금전뿐만 아니라 물건의 급부나 사용 등 보수의 종류에는 제한이 없다.

② **보수의 지급시기**

특약이 있으면 특약에 의하고 특약이 없으면 관습에 의하며, 관습도 없으면 목적물을 인도받음과 동시에 하여야 한다. 그리고 목적물의 인도를 요하지 않는 경우에는 특약이나 관습이 없으면 그 일이 완성된 후 지체 없이 지급하여야 한다.

(2) 부동산수급인의 저당권설정청구권

제666조【수급인의 목적부동산에 대한 저당권설정청구권】 부동산공사의 수급인은 전조의 보수에 관한 채권을 담보하기 위하여 그 부동산을 목적으로 한 저당권의 설정을 청구할 수 있다.

① 보수청구권을 담보하기 위하여 수급인에게 인정되는 권리이다.

② 수급인의 저당권설정청구권은 형성권이 아니라 청구권에 속한다.

관련판례

1. 일의 완성 전에 도급계약이 해제된 경우에 해제 당시 완성된 부분이 상당하여 원상회복이 중대한 사회적 · 경제적 손실을 초래하게 되고 완성된 부분이 도급인에게 이익이 된다면 미완성부분에 대해서만 도급계약의 효력이 소멸하고 완성된 부분의 비율에 따라서 보수를 지급하여야 한다(대판 1994.11.4, 94다18584).
2. 지체상금에 관한 약정은 수급인이 일의 완성을 지체한 데 대한 손해배상액의 예정이므로, 법원은 민법 제398조 제2항의 규정에 따라 그것이 부당하게 과다하다고 인정하는 경우에는 이를 적당히 감액할 수 있다(대판 2012.10.11, 2010다34043).

(3) 보호의무

도급인은 수급인이 노무를 제공하는 과정에서 생명 · 신체 · 건강을 해치는 일이 없도록 물적 환경을 정비하고 필요한 조치를 강구할 보호의무를 부담하며, 이러한 보호의무는 실질적인 고용계약의 특수성을 고려하여 신의칙상 인정되는 부수적 의무이다(대판 1997.4.25, 96다53086).

5. 도급에서의 위험부담

(1) 급부불능의 경우

① 완성물의 인도가 문제되지 않는 경우에는 어떤 사정으로 인해 일을 완성할 수 없게 되는 것이 급부불능이고, 완성물의 인도가 필요한 경우에는 수급인이 이미 성취해 놓은 목적이 도급인에게 인도되기 전에 멸실 · 훼손되어 계약대로의 일을 다시 할 수 없게 되는 것이 급부불능이다.

② 전부 또는 일부 이루어진 목적물이 당사자 쌍방의 책임 없는 사유로 멸실한 경우, 수급인은 비용이나 보수를 청구할 수 없고(제537조), 보수의 일부로 이미 지급받은 것은 도급인에게 반환해야 한다. 수급인이 보관하던 도급인의 소유물이 멸실 · 훼손된 경우, 수급인은 그에 대한 배상책임을 지지 않는다.

③ 도급인에게 책임 있는 사유 또는 도급인의 수령지체 중에 급부불능으로 된 경우, 수급인은 보수청구권을 가진다(제538조). 그러나 일을 완성하기 전에 멸실한 때에는 나머지 부분을 완성하는 데 필요한 보수 · 비용은 도급인에게 상환하여야 한다.

④ 수급인의 책임 있는 사유로 급부불능이 된 경우는 수급인의 채무불이행으로 된다.

(2) 급부가능의 경우

① 목적물 멸실·훼손에도 불구하고 수급인이 다시 일을 완성할 수 있다면 수급인은 일의 완성의무를 여전히 부담한다.

② 목적물이 당사자 쌍방의 책임 없는 사유로 멸실한 경우, 수급인은 여전히 일을 완성할 의무를 부담하고 보수증액을 청구할 수 없다.

6. 도급의 종료

제673조 【완성 전의 도급인의 해제권】 수급인이 일을 완성하기 전에는 도급인은 손해를 배상하고 계약을 해제할 수 있다.

제674조 【도급인의 파산과 해제권】 ① 도급인이 파산선고를 받은 때에는 수급인 또는 파산관재인은 계약을 해제할 수 있다. 이 경우에는 수급인은 일의 완성된 부분에 대한 보수 및 보수에 포함되지 아니한 비용에 대하여 파산재단의 배당에 가입할 수 있다.
② 전항의 경우에는 각 당사자는 상대방에 대하여 계약해제로 인한 손해의 배상을 청구하지 못한다.

(1) 일반적인 종료사유

도급인 또는 수급인의 이행완료, 일의 완성 전의 이행불능으로 인한 완성의무의 소멸 등이 있다.

(2) 완성 전의 도급인의 해제권

① 도급인은 수급인이 일을 완성하기 전에는 손해를 배상하고 계약을 해제할 수 있다.

② 제673조 규정에 의하여 도급계약을 해제한 이상 특별한 사정이 없는 한 도급인은 수급인에 대한 손해배상에 있어서 과실상계나 손해배상예정액 감액을 주장할 수는 없다.

(3) 도급인의 파산과 해제권

도급인이 파산선고를 받은 때에는 수급인 또는 파산관재인은 계약을 해제할 수 있다. 이 경우 손해배상은 청구하지 못한다.

OX

도급인이 파산선고를 받은 경우, 수급인은 계약을 해제할 수 있지만 도급인을 상대로 계약해제로 인한 손해배상을 청구할 수 없다. (○) 제18회

PART 03

예제

도급에 관한 설명으로 옳지 않은 것은? (다툼이 있으면 판례에 따름) 제27회

① 공사도급계약의 경우, 특별한 사정이 없는 한 수급인은 제3자를 사용하여 일을 완성할 수 있다.
② 수급인이 완공기한 내에 공사를 완성하지 못한 채 완공기한을 넘겨 도급계약이 해제된 경우, 그 지체상금의 발생 시기는 완공기한 다음 날이다.
③ 도급인이 파산선고를 받은 때에는 파산관재인은 도급계약을 해제할 수 있다.
④ 보수 일부를 선급하기로 하는 특약이 있는 경우, 도급인이 선급금 지급을 지체한 기간 만큼은 수급인이 지급하여야 하는 지체상금의 발생기간에서 공제된다.
⑤ 하자확대손해로 인한 수급인의 손해배상채무와 도급인의 공사대금채무는 동시이행관계가 인정되지 않는다.

해설

⑤ 도급인이 수급인에 대하여 하자보수와 함께 청구할 수 있는 손해배상채권과 수급인의 공사대금채권은 서로 동시이행관계에 있는 점 등에 비추어 보면, 하자확대손해로 인한 수급인의 손해배상채무와 도급인의 공사대금채무도 동시이행관계에 있는 것으로 보아야 한다(대판 2005.11.10, 2004다37676).
① 공사도급계약에 있어서 당사자 사이에 특약이 있거나 일의 성질상 수급인 자신이 하지 않으면 채무의 본지에 따른 이행이 될 수 없다는 등의 특별한 사정이 없는 한 반드시 수급인 자신이 직접 일을 완성하여야 하는 것은 아니고, 이행보조자 또는 이행대행자를 사용하더라도 공사도급계약에서 정한 대로 공사를 이행하는 한 계약을 불이행하였다고 볼 수 없다(대판 2002.4.12, 2001다82545).
② 수급인이 완공기한 내에 공사를 완성하지 못한 채 완공기한을 넘겨 도급계약이 해제된 경우에 있어서 그 지체상금 발생의 시기는 완공기한 다음날이다(대판 2002.9.4, 2001다1386).
③ 도급인이 파산선고를 받은 때에는 수급인 또는 파산관재인은 계약을 해제할 수 있다(제674조 제1항 본문).
④ 수급인이 납품기한 내에 납품을 완료하지 못하면 지연된 일수에 비례하여 계약금액에 일정 비율을 적용하여 산정한 지체상금을 도급인에게 지급하기로 약정한 경우, 수급인이 책임질 수 없는 사유로 의무 이행이 지연되었다면 해당 기간만큼은 지체상금의 발생기간에서 공제되어야 한다. 그리고 도급계약의 보수 일부를 선급하기로 하는 특약이 있는 경우, 수급인은 그 제공이 있을 때까지 일의 착수를 거절할 수 있고 이로 말미암아 일의 완성이 지연되더라도 채무불이행책임을 지지 않으므로, 도급인이 수급인에 대하여 약정한 선급금의 지급을 지체하였다는 사정은 일의 완성이 지연된 데 대하여 수급인이 책임질 수 없는 사유에 해당한다. 따라서 도급인이 선급금 지급을 지체한 기간만큼은 수급인이 지급하여야 하는 지체상금의 발생기간에서 공제되어야 한다(대판 2016.12.15, 2014다14429).

정답 ⑤

4 위임(委任)

1. 위임의 의의

(1) 의 의

> **제680조【위임의 의의】** 위임은 당사자 일방이 상대방에 대하여 사무의 처리를 위탁하고 상대방이 이를 승낙함으로써 그 효력이 생긴다.

① 위임은 당사자 일방(위임인, 委任人)이 상대방(受任人)에 대하여 사무의 처리를 위탁하고 상대방이 이를 승낙함으로써 성립하는 편무 · 낙성 · 무상계약이다.

② 위임에 관한 규정은 부재자의 재산관리인, 피후견인의 재산을 관리하는 법정후견인, 子의 재산을 관리하는 친권자, 상속재산을 관리하는 상속인 또는 후견인 등 타인의 사무를 관리하는 경우에 준용된다.

③ 판례는 지입계약관계, 공사감리관계, 보증의뢰계약관계 등에서 위임관계를 인정하는 반면, 콘도미니엄시설의 이용관계, 인재소개업체에서는 위임관계를 부정하였다.

(2) 위임의 법적 성질

① 위임은 원칙적으로 무상(無償)계약이다. 그러나 특약으로 유상으로 할 수도 있다.

② 위임은 타인의 사무를 처리하는 활동 자체를 목적으로 하는 수단채무의 성격이 강한 데 비하여, 도급은 일의 완성을 목적으로 하는 결과채무의 성격이 강하다.

2. 위임의 성립

(1) 당사자들의 의사의 합치

(2) 일정한 사무처리의 위탁

① 위임은 사무처리의 위탁을 내용으로 한다. 사무에는 법률상 또는 사실상의 모든 행위가 포함되며, 법률행위 · 준법률행위 · 사실행위를 불문한다.

② 혼인 · 이혼 · 입양 등 본인이 직접 의사결정을 해야 하는 가족법상의 법률행위(신분행위)는 위임의 대상이 될 수 없다. 그러나 신분행위에 관한 신고 · 소송절차수행 등의 사무는 위임의 대상이 될 수 있다.

(3) 무상의 원칙

보수의 지급은 위임의 요건이 아니다. 수임인은 특별한 사정이 없는 한 위임인에 대하여 보수를 청구하지 못한다(제686조 제1항).

3. 수임인의 의무

(1) 위임사무처리의무

> **제681조 【수임인의 선관의무】** 수임인은 위임의 본지에 따라 선량한 관리자의 주의로써 위임사무를 처리하여야 한다.
>
> **제682조 【복임권의 제한】** ① 수임인은 위임인의 승낙이나 부득이한 사유 없이 제3자로 하여금 자기에 갈음하여 위임사무를 처리하게 하지 못한다.
> ② 수임인이 전항의 규정에 의하여 제3자에게 위임사무를 처리하게 한 경우에는 제121조, 제123조의 규정을 준용한다.

OX
위임이 무상인 경우, 수임인은 선량한 관리자의 주의의무로써 위임사무를 처리해야 한다. (○) 제21회

OX
복위임은 위임인이 승낙한 경우나 부득이한 경우에만 허용된다. (○) 제21회

OX
수임인이 위임인의 승낙을 얻어서 제3자에게 위임사무를 처리하게 한 경우, 위임인에 대하여 그 선임감독에 관한 책임이 없다. (×) 제22회

① **수임인의 선량한 관리자의 주의의무**
유상수임인이든 무상수임인이든 관계없이 선량한 관리자의 주의의무로서 위임사무를 처리하여야 한다.

② **복임권의 제한**

㉠ 수임인이 위임인의 승낙이나 부득이한 사유로 제3자에게 위임사무를 처리하게 한 경우에는 제121조, 제123조가 준용된다.

㉡ 따라서 수임인은 위임인에 대하여 복수임인의 선임·감독에 관한 책임을 지며, 수임인이 위임인의 지명에 의해 복수임인을 선임한 경우에는 그 부적임 또는 불성실함을 알고서 위임인에 대한 통지나 그 해임을 태만히 한 때가 아니면 책임을 지지 않는다(제121조).

㉢ 복수임인은 그 권한 내에서 위임인을 위해 위임사무를 처리하고, 위임인이나 제3자에 대해 수임인과 동일한 권리·의무를 가진다(제123조).

(2) 부수적 의무

① **보고의무**

> **제683조 【수임인의 보고의무】** 수임인은 위임인의 청구가 있는 때에는 위임사무의 처리상황을 보고하고 위임이 종료한 때에는 지체 없이 그 전말을 보고하여야 한다.

OX
수임인은 위임이 종료한 때에는 지체 없이 그 전말을 위임인에게 보고하여야 한다. (○) 제21회

② **취득물인도의무**(또는 취득권리이전의무)

> **제684조 【수임인의 취득물 등의 인도, 이전의무】** ① 수임인은 위임사무의 처리로 인하여 받은 금전 기타의 물건 및 그 수취한 과실을 위임인에게 인도하여야 한다.
> ② 수임인이 위임인을 위하여 자기의 명의로 취득한 권리는 위임인에게 이전하여야 한다.

③ **금전소비의 책임**

> **제685조 【수임인의 금전소비의 책임】** 수임인이 위임인에게 인도할 금전 또는 위임인의 이익을 위하여 사용할 금전을 자기를 위하여 소비한 때에는 소비한 날 이후의 이자를 지급하여야 하며 그 외의 손해가 있으면 배상하여야 한다.

PART 03

4. 위임인의 의무

(1) 보수지급의무

> **제686조 【수임인의 보수청구권】** ① 수임인은 특별한 약정이 없으면 위임인에 대하여 보수를 청구하지 못한다.
> ② 수임인이 보수를 받을 경우에는 위임사무를 완료한 후가 아니면 이를 청구하지 못한다. 그러나 기간으로 보수를 정한 때에는 그 기간이 경과한 후에 이를 청구할 수 있다.
> ③ 수임인이 위임사무를 처리하는 중에 수임인의 책임 없는 사유로 인하여 위임이 종료된 때에는 수임인은 이미 처리한 사무의 비율에 따른 보수를 청구할 수 있다.

OX

수임인은 특별한 사정이 없는 한 위임인에 대하여 보수를 청구할 수 있다. (×) 제19회

① 위임은 '무상'이 원칙이지만, 보수에 관한 특약이 있는 경우(유상위임인 경우)에는 위임인은 보수지급의무를 진다.

② 보수지급시기는 특약에 의하고, 특약이 없는 경우에 위임사무가 끝난 후에 지급하여야 하며, 기간을 정한 보수의 경우에는 기간이 경과한 후에 지급하여야 한다.

③ 수임인의 책임 없는 사유로 인하여 위임이 종료된 때에는 수임인은 자기가 처리한 사무의 비율에 따른 보수를 청구할 권리가 있다.

④ 수임인의 책임 있는 사유로 인하여 위임이 종료된 때에는(예 자발적 사임, 해임) 수임인은 자기가 처리한 사무의 비율에 따른 보수를 청구할 권리가 없다.

관련판례

변호사에게 계쟁사건의 처리를 위임함에 있어서 그 보수지급 및 수액에 관하여 명시적인 약정을 아니하였다 하여도, 무보수로 한다는 등 특별한 사정이 없는 한 응분의 보수를 지급할 묵시의 약정이 있는 것으로 봄이 상당하다(대판 1993.11.12, 93다36882).

(2) 비용선급의무

> **제687조【수임인의 비용선급청구권】** 위임사무의 처리에 비용을 요하는 때에는 위임인은 수임인의 청구에 의하여 이를 선급하여야 한다.

OX

수임인은 위임사무를 완료한 후가 아니면 위임사무처리비용을 청구할 수 없다. (×) 제20회

(3) 필요비상환의무 및 채무대변제, 담보제공의무 등

> **제688조【수임인의 비용상환청구권 등】** ① 수임인이 위임사무의 처리에 관하여 필요비를 지출한 때에는 위임인에 대하여 지출한 날 이후의 이자를 청구할 수 있다.
> ② 수임인이 위임사무의 처리에 필요한 채무를 부담한 때에는 위임인에게 자기에 갈음하여 이를 변제하게 할 수 있고 그 채무가 변제기에 있지 아니한 때에는 상당한 담보를 제공하게 할 수 있다.
> ③ 수임인이 위임사무의 처리를 위하여 과실 없이 손해를 받은 때에는 위임인에 대하여 그 배상을 청구할 수 있다.

5. 위임의 종료

(1) 위임종료의 원인

> **제689조【위임의 상호 해지의 자유】** ① 위임계약은 각 당사자가 언제든지 해지할 수 있다.
> ② 당사자 일방이 부득이한 사유 없이 상대방의 불리한 시기에 계약을 해지한 때에는 그 손해를 배상하여야 한다.
>
> **제690조【사망 · 파산 등과 위임의 종료】** 위임은 당사자 한쪽의 사망이나 파산으로 종료된다. 수임인이 성년후견개시의 심판을 받은 경우에도 이와 같다.

OX

위임계약은 각 당사자가 언제든지 해지할 수 있다. (○) 제21회

OX

위임계약에 따라 수임인이 사무처리를 시작하였다면 위임인은 원칙적으로 더 이상 위임계약을 해지하지 못한다. (×) 제17회

① **해 지**

㉠ 각 당사자는 언제든지 특별한 이유 없이 해지가 가능하다.

㉡ 다만, 상대방에게 불이익한 시기에 해지할 때에는 부득이한 경우를 제외하고는 상대방에게 손해를 배상하여야 한다.

OX

당사자 일방이 상대방의 불리한 시기에 위임계약을 해지하는 경우, 부득이한 사유가 있더라도 그 손해를 배상해야 한다. (×) 제21회

OX

당사자 일방이 부득이한 사유로 상대방의 불리한 시기에 위임계약을 해지한 때에는 그 손해를 배상하여야 한다. (×) 제19회

② **기타의 종료원인**

㉠ 위임인의 사망, 파산

㉡ 수임인의 사망, 파산, 성년후견개시

(2) 위임계약 종료의 특칙(종료 후의 법률관계)

제691조【위임종료시의 긴급처리】 위임종료의 경우에 급박한 사정이 있는 때에는 수임인, 그 상속인이나 법정대리인은 위임인, 그 상속인이나 법정대리인이 위임사무를 처리할 수 있을 때까지 그 사무의 처리를 계속하여야 한다. 이 경우에는 위임의 존속과 동일한 효력이 있다.

제692조【위임종료의 대항요건】 위임종료의 사유는 이를 상대방에게 통지하거나 상대방이 이를 안 때가 아니면 이로써 상대방에게 대항하지 못한다.

OX

위임종료의 경우에 특별한 사정이 없는 한 수임인은 위임인, 그 상속인이나 법정대리인이 위임사무를 처리할 수 있을 때까지 그 사무의 처리를 계속하여야 한다. (×) 제19회

예 제

민법상 위임에 관한 설명으로 옳은 것은? 제28회

① 위임인은 수임인에 대하여 보수를 지급하여야 함이 원칙이다.
② 위임사무의 처리에 비용을 요하는 때에는 위임인은 수임인의 청구에 의하여 이를 선급하여야 한다.
③ 수임인은 자기재산과 동일한 주의로 위임사무를 처리하여야 한다.
④ 위임인의 승낙이나 부득이한 사유가 없더라도 수임인은 제3자로 하여금 자기에 갈음하여 위임사무를 처리하게 할 수 있다.
⑤ 수임인은 위임인의 불리한 시기에 위임계약을 해지하지 못한다.

해설

② 위임사무의 처리에 비용을 요하는 때에는 위임인은 수임인의 청구에 의하여 이를 선급하여야 한다(제687조).
① 수임인은 특별한 약정이 없으면 위임인에 대하여 보수를 청구하지 못한다(제686조 제1항).
③ 수임인은 위임의 본지에 따라 선량한 관리자의 주의로써 위임사무를 처리하여야 한다(제681조).
④ 수임인은 위임인의 승낙이나 부득이한 사유 없이 제3자로 하여금 자기에 갈음하여 위임사무를 처리하게 하지 못한다(제682조 제1항).
⑤ 위임계약은 각 당사자가 언제든지 해지할 수 있다(제689조 제1항).

정답 ②

04 부당이득(不當利得)

1 부당이득 개념

(1) 의 의

'부당이득(不當利得)'이란 법률상 원인 없이 이득을 얻고 그로 인하여 타인(손실자)에게 손해를 가하는 것을 의미한다. 이러한 경우에 그 (부당)이득의 반환을 청구할 수 있는 법정채권관계를 부당이득제도라 한다.

OX

법률상 원인 없이 타인의 재산 또는 노무로 인하여 얻은 이익을 부당이득이라 한다. (○) 제17회

⑵ 부당이득제도의 존재 이유

민법상 부당이득제도는 재화(財貨)가 정당한 권리자에게 귀속되지 않은 경우, 그 부당성을 시정하기 위한 제도이다. 즉, 정당한 이유가 없는 재산적 이득에 대하여 공평의 원칙에서 시정 내지 균형을 꾀하는 것이 부당이득의 제도적 취지이다.

⑶ 부당이득의 법적 성질

① 부당이득은 '사건'에 속한다.
② 부당이득은 법정채권이다.

2 일반부당이득의 성립요건

> **제741조 【부당이득의 내용】** 법률상 원인 없이 타인의 재산 또는 노무로 인하여 이익을 얻고 이로 인하여 타인에게 손해를 가한 자는 그 이익을 반환하여야 한다.

1. 법률상 원인의 흠결(欠缺)

⑴ 부당이득이 성립하기 위해서는 수익자의 수익이 법률상 원인 없는 것이어야 한다.

⑵ 여기서 '법률상 원인'이란 반환의무자에 의한 일정한 이익의 취득을 법률상 정당화하는 사유 내지 이득을 보유할 권원을 의미한다.

⑶ '법률상 원인 없이'란 제3자에 대한 관계에서 형식적 · 법률적으로 반환의무자(수익자)에게 귀속하는 것으로 되는 이익을 반환청구자(손실자)에 대한 관계에서도 그대로 보유하는 것이 공평이나 정의의 이상에 반함을 의미한다(통설의 입장).

⑷ **판단기준**

① **이득이 손실자의 급부행위에 의하는 경우**

㉠ 법률상 원인: 출연행위의 원인, 즉 출연의 경제적 목적을 의미한다.
㉡ 법률상 원인 없이
ⓐ 처음부터 목적이 없는 경우 예 계약의 불성립, 무효, 취소, 해제 등

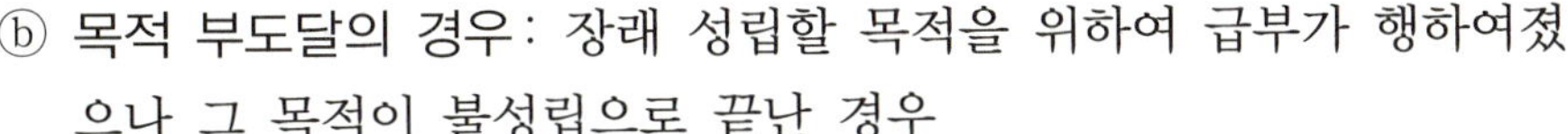

ⓑ 목적 부도달의 경우: 장래 성립할 목적을 위하여 급부가 행하여졌으나 그 목적이 불성립으로 끝난 경우

ⓒ 목적의 소멸의 경우

② **이득이 기타의 사유에 의한 경우**: 공평의 관념을 고려하여 개별적으로 분류한다.

㉠ 이득이 수익자의 사실행위에 의하는 경우

㉡ 이득이 수익자의 법률행위에 의하는 경우

㉢ 이득이 수익자의 집행행위에 의하는 경우

㉣ 이득이 손실자의 비의사적 행위에 의하는 경우

㉤ 이득이 제3자의 행위로 생기는 경우

㉥ 이득이 의사의 사실적 결과로 생기는 경우

㉦ 이득이 직접 법률의 규정에 의하여 생기는 경우

2. **이득**(타인의 재산 또는 노무에 의하여 이득을 얻었을 것)

(1) 부당이득이 성립하기 위해서는 수익자(반환의무자)가 타인의 재화 또는 노무로부터 이득을 얻었어야 한다.

① **타인의 재산**

타인의 재산이라 함은 현실적으로 이미 타인의 재산으로 귀속되어 있는 것만이 아니라 당연히 그 타인에게 귀속되어야 할 재산도 포함된다.

② **이 득**

이득에는 소유권과 같은 물권의 취득뿐만 아니라 채권의 취득도 포함한다. 또한 자기의 재산으로부터 지출하였어야 할 비용의 절약도 포함된다.

관련판례

이득은 실질적 이익을 가리키므로 법률상 원인 없이 건물을 점유하고 있더라도 이를 본래의 용도로 사용·수익할 수 없었다면 본래의 용도에 따른 실질적 이익을 얻은 것이라고 볼 수 없다(대판 1992.11.24, 92다25830).

(2) 수익의 방법에는 제한이 없다. 법률행위에 의하든 사실행위에 의하든 또는 손실자·수익자만의 행위에 의하든 양자의 행위에 의하든 상관없다. 첨부와 같이 사람의 행위에 기하지 않은 경우도 포함된다.

3. 손실(그러한 이득으로 인하여 타인에게 손해를 주었을 것)

(1) 부당이득이 성립하기 위하여 수익자의 이득에 의하여 손실자(반환청구자)가 손실을 입었어야 한다. 이득을 얻었지만 그로 인하여 손실을 입은 자가 없다면 부당이득이 성립하지 않는다.

(2) '손실'은 수익과 표리를 이루는 개념이고, 적극적으로 기존의 재산이 감소하는 경우(적극적 손실)와 증가해야 할 재산이 증가하지 않은 경우(소극적 손실)를 포함한다. 손실은 노무를 포함하여 청구권자의 재산에서 생기는 것이어야 한다. 여기서 말하는 손실은 그 사실이 없었더라면 재산이 증가하는 것이 통상 인정되는 경우에는 그것을 포함하는 넓은 개념이다.

관련판례

1. 배당절차에서 권리 없는 자가 배당을 받아갔다면 이를 법률상 원인 없이 부당이득을 한 것이라고 할 것이나 이로 인하여 손해를 입은 사람은 그 배당이 잘못되지 않았더라면 배당을 받을 수 있었던 사람이다. 이것은 다음 순위의 배당을 받을 수 있는 사람이 있는 경우에도 채무자에게 귀속된다고 할 수 없다(대판 2000.10.10, 99다53230).
2. 종전부터 자연발생적으로 또는 도로예정지로 편입되어 사실상 일반공중의 통행로로 사용되어 온 토지의 소유자가 그 독점적이고 배타적인 사용수익권을 포기한 경우에도, 일반공중의 통행을 방해하지 않는 범위 내에서는 토지소유자로서 그 토지를 처분하거나 사용·수익할 권능을 상실하지 않는다고 볼 것이므로, 그 토지를 불법점유하고 있는 제3자에 대하여 물권적 청구권을 행사하여 토지의 반환 내지 방해의 제거·예방을 청구할 수 있다고 할 것이나, 특별한 사정이 없는 한 토지소유자는 그 이후에도 토지를 독점적, 배타적으로 사용·수익할 수는 없고, 따라서 제3자가 그 토지를 불법점유하였다 하더라도 이로 인하여 토지소유자에게 어떠한 손실이 생긴다고 할 수 없어 그 점유로 인한 부당이득의 반환을 청구할 수 없다(대판 2001.4.13, 2001다8493).

4. 인과관계의 존재(이득과 손실 간에 인과관계가 있을 것)

(1) 부당이득이 성립하기 위하여 반환의무자의 이득이 반환청구자의 손실에 의하여 생겼어야 한다.

(2) 여기서 요구되는 인과관계는 직접적 인과관계일 필요는 없으며 그보다 넓게 사회관념상 양자 사이에 관련을 인정할 수 있으면 충분하다. 그리고 이득과 손실은 같은 것일 필요가 없으며, 그 평가액이 같을 필요도 없다. 다만, 손실액이 이득액보다 적으면 손실액의 한도에서만 반환의무가 발생한다(통설의 입장).

관련판례

1. 부동산에 대한 취득시효가 완성되면 점유자는 소유명의자에 대하여 취득시효완성을 원인으로 한 소유권이전등기절차의 이행을 청구할 수 있고, 소유명의자는 이에 응할 의무가 있으므로 점유자가 그 명의로 소유권이전등기를 경료하지 아니하여 아직 소유권을 취득하지 못하였다고 하더라도 소유명의자는 점유자에 대하여 점유로 인한 부당이득반환청구를 할 수 없다(대판 1993.5.25, 92다51280).
2. 토지를 사용함으로써 얻은 이득은 그 토지로 인한 과실과 동시할 것이므로, 선의의 점유자는 비록 법률상 원인 없이 타인의 토지를 점유사용하고 이로 말미암아 그에게 손해를 입혔다 하더라도 그 점유사용으로 인한 이득은 그 타인에게 반환할 의무는 없다(대판 1987.9.22, 86다카1996).
3. 일반적으로 부동산을 채권담보의 목적으로 양도한 경우 특별한 사정이 없는 한 목적부동산에 대한 사용 · 수익권은 채무자인 양도담보설정자에게 있는 것이므로 양도담보권자는 사용 · 수익할 수 있는 정당한 권한이 있는 채무자나 채무자로부터 그 사용 · 수익할 수 있는 권한을 승계한 자에 대하여는 사용 · 수익을 하지 못한 것을 이유로 임료 상당의 손해배상이나 부당이득반환청구는 할 수 없다(대판 1988.11.22, 87다카2555).
4. 임대차계약기간 만료 후 임대인의 보증금반환의무와 임차인의 목적물반환의무는 특단의 사정이 없는 한 동시이행의 관계에 있다 할 것이므로, 임대인이 자신의 보증금반환의무의 이행제공을 하지 아니하는 한 임차인의 점유는 불법점유가 아니어서 임차인은 이에 대한 손해배상의무가 없으며, 또한 임차인이 그 점유로 인하여 얻은 이익이 없다면 부당이득반환의무도 성립하지 않는다(대판 1992.5.12, 91다35823).
5. 유치권 또는 동시이행의 항변권에 기하여 물건을 사용하는 경우, 그 점유는 불법행위에 의한 손해배상의 대상은 아니지만, 차임상당액의 사용이득은 부당이득으로서 반환할 의무가 있다(대판 1962.8.30, 62다294).
6. 타인의 토지 위에 권한 없이 건물을 소유하고 있는 자는 그 자체로써 특별한 사정이 없는 한, 토지의 차임에 상당한 부당이득을 얻고 있다고 보아야 한다(대판 1998.5.8, 98다2389).
7. ① 계약상의 급부가 계약의 상대방뿐만 아니라 제3자의 이익으로 된 경우에 급부를 한 계약당사자가 계약 상대방에 대하여 계약상의 반대급부를 청구할 수 있는 이외에 그 제3자에 대하여 직접 부당이득반환청구를 할 수 있다고 보면, 자기 책임하에 체결된 계약에 따른 위험부담을 제3자에게 전가시키는 것이 되어 계약법의 기본원리에 반하는 결과를 초래할 뿐만 아니라, 채권자인 계약당사자가 채무자인 계약 상대방의 일반채권자에 비하여 우대받는 결과가 되어 일반채권자의 이익을 해치게 되고, 수익자인 제3자가 계약 상대방에 대하여 가지는 항변권 등을 침해하게 되어 부당하므로, 위와 같은 경우 계약상의 급부를 한 계약당사자는 이익의 귀속 주체인 제3자에 대하여 직접 부당이득반환을 청구할 수는 없다고 보아야 한다.
   ② 유효한 도급계약에 기하여 수급인이 도급인으로부터 제3자 소유 물건의 점유를 이전받아 이를 수리한 결과 그 물건의 가치가 증가한 경우, 도급인이 그 물건을 간접점유하면서 궁극적으로 자신의 계산으로 비용지출과정을 관리한 것이므로, 도급인만이 소유자에 대한 관계에 있어서 민법 제203조에 의한 비용상환청구권을 행사할 수 있는 비용지출자라고 할 것이고, 수급인은 그러한 비용지출자에 해당하지 않는다고 보아야 한다(대판 2002.8.23, 99다66564).

3 부당이득의 효과

(1) 이익의 반환

① 부당이득이 성립하면 수익자는 손실자에 대하여 부당하게 취득한 이익을 반환할 의무를 부담한다.

② '이익'이란 구체적 취득과정의 결과로 생긴 수익자의 전체재산의 증가를 이익으로 파악하여, 어떤 사실이 없었다면 존재하였을 재산의 총액보다 그 사실이 있은 후에 현실적으로 존재하는 재산의 총액이 증가하고 있는 경우, 그 차액이 반환되어야 할 이익이다(차액설, 다수설).

③ **부당이득반환청구권의 성질**

㉠ 부당이득반환청구권은 기한의 정함이 없는 채권이므로, 반환의무자는 이행청구를 받은 때로부터 지체책임을 진다.

㉡ 쌍무계약에 기한 급부의 반환청구에서 반환의무 사이에 동시이행관계가 인정되므로 변제 또는 그 제공이 있을 때까지 지체책임이 성립하지 않는다.

㉢ 부당이득반환청구권도 채권의 일종이므로, 소멸시효에 걸린다. 부당이득반환청구권은 발생과 동시에 행사할 수 있는 채권이므로 시효의 기산점은 청구권이 발생한 때로부터 시효가 진행한다.

㉣ 부당이득반환청구권의 시효기간은 보통 10년이지만, 상행위인 법률행위에 의하여 이루어진 급부의 원상회복을 내용으로 하는 부당이득반환청구권은 5년의 상사시효에 걸린다.

④ 현재의 부당이득뿐만 아니라 장래의 부당이득도 미리 청구할 수 있다.

(2) 부당이득의 반환내용

① **원칙**(원물반환)

> **제747조 【원물반환불능한 경우와 가액반환, 전득자의 책임】** ① 수익자가 그 받은 목적물을 반환할 수 없는 때에는 그 가액을 반환하여야 한다.
> ② 수익자가 그 이익을 반환할 수 없는 경우에는 수익자로부터 무상으로 그 이익의 목적물을 양수한 악의의 제3자는 전항의 규정에 의하여 반환할 책임이 있다.

㉠ 부당이득의 반환은 원칙적으로 원물반환이고, 원물반환이 불가능한 경우에는 예외적으로 가액반환을 하여야 한다.

㉡ 반환되어야 할 원물은 당초 취득한 대상으로부터 수익자에게 발생한 과실이나 사용수익도 포함된다.

㉢ '원물반환이 불가능한 경우'란 수익한 물건을 선의의 제3자에게 매각하여 원물의 반환을 하지 못하게 하는 경우, 수익자가 얻은 이득의 원물반환이 성질상 적합하지 않은 경우(노무), 수익자가 얻은 목적물을 제3자의 물건에 부합·혼화함으로써 제3자의 소유로 된 경우 등을 의미한다. 이런 경우에는 가액반환하여야 한다.

㉣ 악의의 전득자에 대한 특칙(제747조 제2항)

ⓐ 예를 들면, 수익자의 무자력, 소재불명, 현존이익의 소멸, 시효소멸 등의 이유로 이득을 반환할 수 없는 경우에 반환청구권의 실효성을 확보하기 위한 것이다.

ⓑ 악의의 무상전득자는 원물반환 또는 가액반환의 책임을 진다.

② 수익자의 반환범위

> **제748조【수익자의 반환범위】** ① 선의의 수익자는 그 받은 이익이 현존한 한도에서 전조의 책임이 있다.
> ② 악의의 수익자는 그 받은 이익에 이자를 붙여 반환하고 손해가 있으면 이를 배상하여야 한다.

㉠ 선의의 수익자의 반환범위

ⓐ 선의의 수익자란 자기가 얻은 이익이 법률상 원인 없음을 알지 못하는 수익자를 의미한다. 과실 유무는 문제되지 아니한다.

ⓑ 수익자가 선의인 경우에는 현존이익을 반환하면 된다. 현존이익이란 수익자가 받은 이익이 잔존하는 범위를 말한다.

ⓒ 원물이 훼손된 경우에도 그 상태대로 반환하면 좋다. 수익자의 귀책사유에 의해 훼손된 경우에도 마찬가지이다. 또 멸실·훼손에 의해 대상이나 기타 이익을 얻은 때에는 그것을 반환하여야 한다.

ⓓ 선의의 수익자에게는 과실수취권이 인정되므로, 과실은 반환하여야 할 의무가 없다.

㉡ 악의의 수익자의 반환범위

ⓐ 악의의 수익자란 자신의 이익보유가 법률상 원인 없는 것임을 인식하는 것을 말하고, 그 이익의 보유를 법률상 원인이 없는 것으로 되도록 하는 사정, 즉 부당이득반환의무의 발생요건에 해당하는 사실이 있음을 인식하는 것만으로는 부족하다.

ⓑ 악의의 수익자는 받은 이익 전부를 반환하여야 한다.

ⓒ 악의의 수익자는 이자를 붙여서 반환하여야 한다.

ⓓ 더 나아가 악의의 수익자는 손해배상책임을 진다.

OX

악의의 수익자는 그 받은 이익에 이자를 붙여 반환하고 손해가 있으면 이를 배상하여야 한다. (○) 제26회

관련판례

법률상 원인 없이 타인의 재산 또는 노무로 인하여 이익을 얻고 그로 인하여 타인에게 손해를 가한 경우, 그 취득한 것이 금전상의 이득인 때에는 그 금전은 이를 취득한 자가 소비하였는가의 여부를 불문하고 현존하는 것으로 추정된다(대판 1996.12.10, 96다32881).

③ **수익자의 악의 인정시기**

> **제749조【수익자의 악의 인정】** ① 수익자가 이익을 받은 후 법률상 원인 없음을 안 때에는 그때부터 악의의 수익자로서 이익반환의 책임이 있다.
> ② 선의의 수익자가 패소한 때에는 그 소를 제기한 때부터 악의의 수익자로 본다.

OX

수익자가 이익을 받은 후 법률상 원인 없음을 안 때에는 이익을 받은 때부터 악의의 수익자로서 이익반환의 책임이 있다. (×) 제26회

4 부당이득의 특칙

(1) 비채변제(非債辨濟)

> **제742조【비채변제】** 채무 없음을 알고 이를 변제한 때에는 그 반환을 청구하지 못한다.
>
> **제744조【도의관념에 적합한 비채변제】** 채무 없는 자가 착오로 인하여 변제한 경우에 그 변제가 도의관념에 적합한 때에는 그 반환을 청구하지 못한다.

OX

채무자가 채무없음을 알고 변제한 때에는 원칙적으로 그 반환을 청구하지 못한다. (○) 제26회

① **비채변제의 부당이득반환**

채무가 없음에도 불구하고 변제로서 급부를 했지만, 변제자가 변제 당시 채무의 부존재를 모르는 경우에는 부당이득으로 반환을 청구할 수 있다.

② **협의의 비채변제**

㉠ 악의의 비채변제: 채무 없음을 알고 변제한 때에는 반환을 청구하지 못한다.

㉡ 도의관념에 적합한 비채변제: 채무 없는 자가 착오로 인하여 변제를 한 경우, 그 변제가 도의관념에 적합한 때에는 그 반환을 청구하지 못한다.

관련판례

1. 민법 제742조 소정의 비채변제에 관한 규정은 변제자가 채무 없음을 알면서도 변제를 한 경우에 적용되는 것이어서 채무 없음을 알지 못한 경우에는 그 과실 유무를 불문하고 적용되지 아니하며, 변제자가 채무 없음을 알았다는 점에 대한 입증책임은 반환청구권을 부인하는 측에 있다고 할 것이다(대판 2012.11.15, 2010다68237).

2. 비채변제는 지급자가 채무 없음을 알면서도 임의로 지급한 경우에만 성립하고, 채무 없음을 알고 있었다 하더라도 변제를 강요당한 경우나 변제 거절로 인한 사실상의 손해를 피하기 위하여 부득이 변제하게 된 경우 등 그 변제가 자기의 자유로운 의사에 반하여 이루어진 것으로 볼 수 있는 사정이 있는 때에는 지급자가 그 반환청구권을 상실하지 않는다(대판 2006.7.28, 2004다54633).

(2) 기한 전의 변제

제743조 【기한 전의 변제】 변제기에 있지 아니한 채무를 변제한 때에는 그 반환을 청구하지 못한다. 그러나 채무자가 착오로 인하여 변제한 때에는 채권자는 이로 인하여 얻은 이익을 반환하여야 한다.

OX

채무자가 변제기에 있지 아니한 채무를 변제한 때에는 특별한 사정이 없는 한 그 반환을 청구하지 못한다. (○) 제26회

(3) 타인의 채무의 변제

제745조 【타인의 채무의 변제】 ① 채무자 아닌 자가 착오로 인하여 타인의 채무를 변제한 경우에 채권자가 선의로 증서를 훼멸하거나 담보를 포기하거나 시효로 인하여 그 채권을 잃은 때에는 변제자는 그 반환을 청구하지 못한다.
② 전항의 경우에 변제자는 채무자에 대하여 구상권을 행사할 수 있다.

① 타인의 채무를 알고 변제한 경우

제3자를 위한 유효한 변제가 된다. 다만, 채무자에 대해서는 변제자가 사무관리 또는 부당이득에 기한 반환청구권을 행사할 수 있다.

② 타인의 채무를 자기의 채무로 오신하고 변제한 경우

변제는 착오에 의한 것이므로 유효한 변제가 되지 못한다. 따라서 부당이득으로 변제자에게 반환하는 것이 원칙이다. 다만, 타인의 채무를 자기의 채무로 오신하고 변제한 경우 채권자가 선의로 증서를 훼멸하거나 담보를 포기하거나 시효로 인하여 그 채권을 잃은 때에는 변제자는 그 반환을 청구할 수 없고, 변제자는 채무자에 대하여 구상권을 행사할 수 있다.

(4) 불법원인급여

제746조 【불법원인급여】 불법의 원인으로 인하여 재산을 급여하거나 노무를 제공한 때에는 그 이익의 반환을 청구하지 못한다. 그러나 그 불법원인이 수익자에게만 있는 때에는 그러하지 아니하다.

① **서 설**

㉠ '불법원인급여'라 함은 불법원인에 기하여 행하여진 급부를 말한다. 예를 들면, 甲이 乙에게 도박빚을 지고 그것을 급부한 경우, 또는 甲이 乙에게 범죄행위의 보수로서 금전을 준 경우 등이 이에 해당한다.

㉡ 제103조는 공서양속에 반하여 이루어진 법률행위에 관해 그 실현을 부정하는 것이고, 제746조는 그 법률행위가 이행된 경우 그 사실상의 결과의 회복을 바라는 자에 대하여 법이 거기에 협조하지 않는 것이다. 따라서 제103조와 제746조는 표리일체가 되어 불법한 법률행위에 대응하는 것이다.

② **불법원인급여의 적용요건**

㉠ 급부가 있을 것

불법원인급여가 성립하기 위해서는 급부가 있을 것을 요한다. 여기서 급부란 급부자의 의사에 기한 것이 필요하고, 또 수령자에게 사실상 종국적인 이익을 주는 것이어야 한다.

㉡ 급부가 불법일 것

불법이란 제746조와 제103조에 대응하는 것이므로 선량한 풍속 기타 사회질서 위반행위를 말한다(통설). 이 불법 중에 강행법규 위반은 포함하지 않는다고 해석된다.

관련판례

제746조가 규정하는 불법원인이라 함은 그 원인된 행위가 선량한 풍속 기타 사회질서에 위반하는 경우를 말하는 것으로서, 설사 법률의 금지에 위반하는 경우라 할지라도 그것이 선량한 풍속 기타 사회질서에 위반하지 않는 경우에는 이에 해당하지 않는다(대판 2003.11.27, 2003다41722).

㉢ 불법원인이 수익자에게만 존재할 것

불법의 원인이란 그 급부에 의해 기도된 목적을 말한다. 불법원인이 수익자에게만 있고 급부자에게 불법성이 없는 경우에는 부당이득의 원칙으로 돌아가 반환청구권이 인정된다.

③ 불법원인급여의 효과

㉠ 원 칙

급부자는 그의 급부로 수익자가 얻은 이익의 반환을 청구하지 못한다. 그 이익이란 급부된 것이 물건이면 그 원물 또는 이에 갈음하는 이득이고, 물건 이외의 것이면 사실상의 이익이다. 그런데 불법원인에 의해 급부한 것에 관해 부당이득반환청구권이 아니라 다른 이유에 의해 청구된 경우에 제746조가 유추적용되는가가 문제된다.

ⓐ 물권적 청구권에의 유추적용

제746조는 단지 부당이득제도만을 제한하는 것이 아니라 제103조와 함께 사법의 기본이념으로서 결국 사회적 타당성이 없는 행위를 한 사람은 스스로 불법한 행위를 주장하여 복구를 그 형식 여하에 불구하고 청구할 수 없다는 이상을 표현한 것이므로, 급여한 사람은 그 원인행위가 법률상 무효라 하여 상대방에게 부당이득반환청구를 할 수 없음은 물론, 소유권에 기한 반환청구도 할 수 없고, 따라서 급여한 물건의 소유권은 상대방에게 귀속한다.

ⓑ 불법행위에 기한 손해배상청구권에의 유추적용

불법원인급여가 수익자의 불법행위에 의해 생긴 경우, 불법행위에 기한 손해배상청구권에도 제746조의 유추적용을 인정하여 청구를 부정한다.

㉡ 예 외

ⓐ 반환청구의 인정

제746조는 급부자가 불법한 경우, 복구를 허용하지 않는다는 취지이므로 불법원인이 급부자에게는 없고 수익자에게만 있는 경우에는 그 반환청구를 허용하고 있다.

ⓑ 제746조 단서의 확장

급부자·수익자 쌍방에 불법성이 있고, 수익자의 불법성이 급여자의 그것보다 현저히 크고 그에 비하면 급여자의 불법성은 미약한 경우에도 급여자의 반환청구가 허용되지 않는다고 하는 것은 공평에 반하고 신의성실의 원칙에도 어긋난다고 할 것이므로, 이러한 경우에는 제746조 본문의 적용이 배제되어 급여자의 반환청구는 허용된다.

OX

불법원인급여임을 이유로 부당이득반환청구가 부정되더라도 물권적 청구권을 근거로 그 급부의 반환을 청구할 수 있다. (×) 제17회

예 제

부당이득에 관한 설명으로 옳은 것은? (다툼이 있으면 판례에 따름) 제27회

① 불법도박채무에 대하여 양도담보의 명목으로 소유권이전등기를 해주는 것은 불법원인급여에 해당하지 않는다.
② 부당이득반환채무는 이행의 기한이 없는 채무로서 이행청구 후 상당한 기간이 경과하면 지체책임이 있다.
③ 수익자가 부당이득을 얻기 위하여 비용을 지출한 경우, 그 비용은 수익자가 반환하여야 할 이득의 범위에서 공제되지 않는다.
④ 채무없는 자가 착오로 인하여 변제한 경우에 그 변제가 도의관념에 적합한 때에도 그 반환을 청구할 수 있다.
⑤ 불법원인급여가 인정되어 부당이득반환청구가 불가능한 경우, 특별한 사정이 없는 한 그 불법의 원인에 가공한 상대방에게 불법행위에 의한 손해배상청구권도 행사할 수 없다.

해설

⑤ 불법의 원인으로 재산을 급여한 사람은 상대방 수령자가 그 '불법의 원인'에 가공하였다고 하더라도 상대방에게만 불법의 원인이 있거나 그의 불법성이 급여자의 불법성보다 현저히 크다고 평가되는 등으로 제반 사정에 비추어 급여자의 손해배상청구를 인정하지 아니하는 것이 오히려 사회상규에 명백히 반한다고 평가될 수 있는 특별한 사정이 없는 한 상대방의 불법행위를 이유로 그 재산의 급여로 말미암아 발생한 자신의 손해를 배상할 것을 주장할 수 없다(대판 2013.8.22, 2013다35412).
① 민법 제746조의 규정취의는 민법 제103조와 함께 사법의 기본이념으로 사회적 타당성이 없는 행위를 한 사람은 그 형식여하를 불문하고 스스로 한 불법행위의 무효를 주장하여 그 복구를 소구할 수 없다는 법의 이상을 표현한 것이고 부당이득반환청구만을 제한하는 규정이 아니므로 불법의 원인으로 급여를 한 사람이 그 원인행위가 무효라고 주장하고 그 결과 급여물의 소유권이 자기에게 있다는 주장으로 소유권에 기한 반환청구를 하는 것도 허용할 수 없는 것이니, 도박채무가 불법무효로 존재하지 않는다는 이유로 양도담보조로 이전해 준 소유권이전등기의 말소를 청구하는 것은 허용되지 않는다(대판 1989.9.29, 89다카5994).
② 부당이득반환의무는 일반적으로 기한의 정함이 없는 채무로서, 수익자는 이행청구를 받은 다음 날부터 이행지체로 인한 지연손해금을 배상할 책임이 있다(대판 2023.11.2, 2023다238029).
③ 일반적으로 수익자가 법률상 원인 없이 이득한 재산을 처분함으로 인하여 원물반환이 불가능한 경우에 있어서 반환하여야 할 가액은 특별한 사정이 없는 한 그 처분 당시의 대가이나, 이 경우에 수익자가 그 법률상 원인 없는 이득을 얻기 위하여 지출한 비용은 수익자가 반환하여야 할 이득의 범위에서 공제되어야 한다(대판 1995.5.12, 94다25551).
④ 채무 없는 자가 착오로 인하여 변제한 경우에 그 변제가 도의관념에 적합한 때에는 그 반환을 청구하지 못한다(제744조).

정답 ⑤

05 불법행위(不法行爲)

1 서 론

(1) 불법행위의 의의

'불법행위'란 고의 또는 과실에 의해 타인의 권리를 침해하고 그로 인해 손해를 발생시키는 행위를 말한다. 예를 들면, 甲이 자동차 운전을 잘못하여 乙을 다치게 한 경우, 甲회사가 조업 중에 매연으로 인하여 乙 등 지역주민의 건강을 해친 경우와 같이 甲의 행위는 불법행위로서 피해자 乙 등은 甲에 대해 손해배상을 청구할 수 있다.

(2) 불법행위의 기능

근대 민법은 사적자치의 존중과 활동의 자유를 보장하기 위해 불법행위에 엄격한 요건을 요하게 되었다. 즉, 불법행위는 고의·과실에 의해 타인에게 손해를 가하지 않으면 성립하지 않고(과실책임주의), 그 결과도 위법행위로 인하여 생긴 손해, 즉 손해와 원인행위 사이에 인과관계가 존재하여야만 배상하는 것만으로 하였다. 손해의 보상적 기능을 행하는 불법행위제도는 자기책임의 원칙·과실책임주의가 적용된다. 따라서 무과실행위 또는 타인의 행위의 결과에는 책임을 지지 아니한다.

2 일반불법행위의 성립

1. 성립요건 일반

甲이 자동차를 운전하던 중 乙과 충돌하여 乙이 부상을 당한 경우, 乙이 甲에게 손해배상을 청구하기 위해서는 乙은 甲에게 고의(甲이 乙을 부상을 입힐 의사를 가지고 운전한 것)·과실(부주의에 의해 乙을 부상시킨 것)이 있을 것, 위법행위(신체의 침해·인격권의 침해)가 있을 것, 손해(재산상·정신상의 손해)가 발생할 것, 손해와 甲의 가해행위 사이에 인과관계가 있을 것을 입증하여야 한다. 그러나 甲에게 책임능력이 없다면 가해자인 甲은 불법행위책임을 지지 않는다.

2. 고의 · 과실

(1) 자기책임의 원칙

제750조는 행위자에게 고의 또는 과실이 있으면 배상책임을 부담하지 않으면 안 된다고 규정하고 있다. 즉, 행위자는 자기의 과실 있는 행위에 대해서만 책임을 부담하고, 타인의 행위에 대한 책임을 부담하지 않는다. 이것을 자기책임의 원칙이라고 한다.

(2) 고의와 과실의 의의

① **고 의**

'고의'란 일정한 결과의 발생을 인식하면서 감히 그 행위를 행하는 심리상태를 말한다. 고의로 결과를 발생시킴에 있어 그것이 위법하다는 것을 인식할 필요는 없으며, 일정한 결과가 발생될 것이라는 것을 인식하였지만 이를 회피할 수 있다고 생각한 경우에는 인식 있는 과실이 된다.

② **과 실**

㉠ '과실'은 일정한 결과가 발생한다는 것을 알고 있어야 함에도 불구하고, 부주의로 그것을 알지 못하고서 어떤 행위를 하는 심리상태를 말한다.

㉡ 추상적 과실과 구체적 과실

추상적 과실은 보통인 · 표준인 · 평균인에게 요구되는 주의를 게을리 하는 것을 말하며, 구체적 과실은 개개인의 일상 평상시의 주의(자기재산과 동일한 주의 등)를 게을리 한 것을 말한다. 추상적 과실에서 요구되는 주의의무가 구체적 과실에서 요구되는 주의의무보다 높다.

불법행위에 있어서 과실은 가해자의 비난가능성을 문제 삼아 배상책임을 부과하는 점에서는 가해자의 판단능력을 전제로 하는 구체적 과실이 되어야 하는 것이 맞지만, 통설과 판례는 손해의 공평한 부담이라는 차원에서 추상적 과실을 의미한다고 한다. 따라서 불법행위에 있어서 문제가 되는 것은 언제나 추상적 과실뿐이며, 구체적 과실이 문제되는 일은 없다. 추상적 과실은 일반인 · 평균인에게 요구되는 주의의무의 위반이며 개개의 구체적 사정하에서 요구되어지는 것이므로, 행위자의 직업 · 환경 · 상황 등이 고려된다.

㉢ 경과실과 중과실

과실은 부주의의 정도에 따라서 경과실과 중과실로 나누어진다. 경과실은 통상 요구되는 정도의 과실이고, 중과실은 주의의무를 현저하게 태만한 과실을 말한다. 일반적으로 과실이라고 하면 경과실을 의미한다.

③ **고의와 과실의 관계**

민사책임은 과거의 해악의 결과를 제거한다는 데에 주목적이 있기 때문에 발생한 손해의 전보를 중요하게 보고, 행위자를 비난할 만한 점이 있으면 그로 말미암아 발생한 손해를 배상하게 할 뿐이어서 행위자의 고의·과실을 구별하지 않는다. 따라서 민법상 양자를 특히 구별할 실익은 없다.

④ **고의·과실의 입증책임**

㉠ 원칙: 고의·과실의 입증책임은 불법행위로 인해 손해를 입었다고 주장하는 자, 즉 피해자(원고)가 부담한다.

㉡ 입증책임의 전환: 다음과 같은 경우에는 가해자(피고)가 자기에게 고의·과실이 없었음을 입증하지 않으면 책임을 면하지 못하는 예외가 인정된다.

ⓐ 입법에 의한 전환

책임무능력자의 감독자의 책임, 사용자의 배상책임, 도급인의 책임, 공작물 등의 점유자의 책임, 동물 점유자의 책임 등의 경우에는 민법의 규정에 의해 고의·과실의 입증책임이 가해자에게 전환되어 있다. 따라서 가해자는 이를 입증하지 못하면 배상책임을 부담하여야 하지만, 주관적 사실의 입증은 매우 곤란한 문제로서 입증책임의 전환은 사실상 가해자의 책임을 무겁게 하는 것이 된다. 이와 같이 입증책임을 전환하는 것은 민법상 과실책임주의를 무과실책임주의로 전환시키는 것과 같은 효과를 가지게 되므로, 이를 중간책임이라고도 부른다.

ⓑ 과실의 추정(사실상의 전환)

과실의 추정이란 피해자 쪽에서 가해행위로 손해가 발생하였음을 입증한 때에는 가해자에게 과실이 있는 것으로 일응 추정하게 되어, 가해자 쪽에서 과실이 없었음을 증명할 수 있는 강한 증거를 제시하지 못하면 불법행위책임이 인정되는 경우를 말한다.

3. 책임능력

(1) 의 의

① 책임능력이란 자기의 행위가 위법한 것으로서 법률상 비난되는 것을 변식할 수 있는 능력을 말한다(통설). 즉, 자기의 행위가 어떠한 의미를 지니고 있는지 또 어떠한 결과가 발생할 것인가를 인식할 수 있는 능력을 말한다. 고의·과실은 행위에 대한 판단능력을 전제로 하는 것이므로, 책임능력 없이 행한 행위에 대하여는 비난가능성이 없다.

② 책임능력의 유무는 당해 행위에 관해 개별적·구체적으로 판단된다. 또한 책임능력의 유무는 각 경우에 있어서 연령·환경 기타 사정에서 판단된다.

(2) 미성년자의 책임능력

> **제753조【미성년자의 책임능력】** 미성년자가 타인에게 손해를 가한 경우에 그 행위의 책임을 변식할 지능이 없는 때에는 배상의 책임이 없다.

① **제753조의 의의**

불법행위 당시에 책임능력이 없는 미성년자는 책임무능력자로서 불법행위 책임을 지지 않는다. 이 경우에는 감독자가 책임을 부담한다.

② **미성년자의 책임변식능력**

책임변식능력이란 그의 행위가 도덕적으로 허용되지 않는 행위로서 비난을 받게 된다는 도덕적 책임을 인식하는 것이 아니고, 그 행위가 법률적으로 허용되지 않으며 만일에 그것을 감히 행한다면 법률상의 책임을 지게 된다는 것을 인식하는 지능을 의미한다. 미성년자의 책임변식능력은 연령을 기준으로 일률적으로 판단되는 것은 아니며, 판례는 13~14세의 경우 구체적 사안에 따라 책임능력 여부를 결정하고 있다.

(3) 심신상실자의 책임능력

OX

과실로 심신상실을 초래하고, 심신상실 중에 乙에게 손해를 가한 경우, 甲은 乙에게 손해를 배상할 책임이 있다. (○) 제19회

> **제754조【심신상실자의 책임능력】** 심신상실 중에 타인에게 손해를 가한 자는 배상의 책임이 없다. 그러나 고의 또는 과실로 인하여 심신상실을 초래한 때에는 그러하지 아니하다.

① **심신상실자의 면책**

심신상실이라고 하는 것은 판단능력이 없는 상태를 말한다. 이 심신상실은 불법행위시에 있으면 충분하며 계속적일 필요는 없다. 또 성년자·미성년자를 불문하며, 미성년자이더라도 심신상실의 상태에서 가해행위를 하면 역시 제754조는 적용된다.

② **원인에 있어서 자유로운 행위**

불법행위시에 병적 발작·약물 등에 의해 심신상실상태에 있던 경우에도 책임을 지지 않는다. 그러나 고의 또는 과실로 인하여 심신상실을 초래한 때에는 책임무능력자로서 면책되지 않는다.

(4) 책임무능력의 입증

책임무능력은 권리장해사유이므로 책임능력이 없을 때는 가해자가 입증해야 한다. 그러나 고의·과실에 의해 심신상실을 초래한 것에 대하여는 피해자가 입증해야 한다. 또 피해자가 제755조에서 감독의무자의 책임을 추급할 경우에 피해자는 직접 가해자가 책임무능력일 것을 입증해야 한다.

4. 위법성

(1) 의 의

제750조에서 고의 또는 과실로 인한 위법행위로 타인에게 손해를 가한 자는 그 손해를 배상할 책임이 있다고 규정하고 있다. 위법하다는 것은 실정법규와 사회질서에 위반된다는 것을 뜻하며 권리침해, 즉 타인의 권리 또는 법익의 침해는 위법성이 인정되는 대표적 경우이다.

(2) 위법성 유무의 구체적 판단

① 물권의 침해

원칙적으로 그 침해행위는 침해의 태양을 불문하고 위법성이 있다. 타인의 소유권을 빼앗고 그 이용을 방해하거나 또는 이를 훼손하여 그 가치를 감소하게 하는 것은 모두 불법행위가 된다. 점유권을 침해한 경우에도 불법행위가 된다. 또 담보물권을 침해한 경우에도 불법행위가 성립한다. 광업권·어업권과 같은 준물권도 민법의 준용을 받으며 이에 대한 침해도 당연히 불법행위가 성립한다.

② 채권의 침해

㉠ 채무자에 의한 침해

위법성이 인정되기는 하지만 원칙상 채무불이행의 문제이다. 다만, 임차인이 임차가옥을 실화로 소실하게 한 경우와 같이 사례에 따라서는 불법행위책임과의 경합의 문제가 생긴다. 이 경우 피해자가 양자 중 어느 책임을 추급하느냐는 피해자의 자유재량이다(청구권경합설).

㉡ 제3자에 의한 침해

채권은 상대권이지만 그 침해도 경우(채권의 목적물을 훼손시킨 경우)에 따라서는 위법성을 띠게 되어 불법행위가 된다.

③ 인격권의 침해

생명침해가 위법한 것은 명백하다. 신체·자유·명예의 침해도 위법하다. 초상·정조(위계에 의한 정교행위에 관해서는 이설 있음) 등에 관하여도 마찬가지이다. 법인에 대한 명예훼손책임도 인정된다.

(3) 위법성의 조각

① 정당방위

타인의 불법행위에 대하여 자기 또는 제3자의 이익을 방위하기 위하여 부득이 타인에게 가해행위를 하는 것을 정당방위라고 하고, 불법행위책임을 지지 않는다. 예를 들면, 강도로부터 가족을 보호하기 위해 그를 부상시켰거나, 강도를 피하기 위해 이웃집의 분재를 훼손한 경우이다.

② 긴급피난

급박한 위난을 피하기 위하여 부득이 타인에게 손해를 가한 것을 긴급피난이라고 하며, 불법행위책임을 지지 않는다, 예를 들면, 乙의 개가 甲을 물려고 하는 경우에 甲이 丙소유의 유리창을 부수고 도망한 경우이다.

③ 정당행위

㉠ 타인의 권리를 침해하는 것이 법령에 의해 허용되는 경우에는 위법성이 조각된다. 예를 들면, 현행범인의 체포, 친권자의 징계권 행사, 사무관리에 의한 타인의 권리영역에의 간섭 등이다.

㉡ 법령에 규정이 없어도 사회생활상 정당한 행위는 위법성이 조각된다. 예를 들면, 의사의 진료행위, 권투와 같은 운동경기에 의한 가해행위 등이다.

㉢ 피해자의 승낙의 경우와 마찬가지로 위법성조각의 한도는 공서양속이 기준이 된다.

④ 자력구제

자력구제란 권리자가 사법절차에 의하지 아니하고, 스스로 그 권리를 보존하기 위해 필요한 행위를 하는 것을 말한다. 정당방위・긴급피난은 현재의 침해에 대한 방위행위이나, 자력구제는 과거의 침해에 대한 회복을 의미한다. 우리 민법은 자력구제를 인정하는 일반규정은 없으며, 다만, 점유의 침탈에 관하여만 규정을 두고 있다. 그러므로 점유침탈 이외의 경우에 자력구제를 인정할 것인가가 문제된다. 이러한 경우에도 학설은 자력구제가 사회질서에 반하지 않는 한 인정하는 것이 타당하다고 한다. 예를 들면, 채무자가 몰래 해외로 도피하려고 하는 경우에 채권자가 이를 저지하는 경우이다.

⑤ 피해자의 승낙

피해자가 가해행위 이전에 자유로운 판단에 기한 승낙이 있었던 경우에는 원칙적으로 위법성이 조각된다. 왜냐하면 그 자의 권리가 스스로의 의사에 의해 처분된 경우 사적자치의 원칙에서 피해자를 보호해 줄 필요가 없기 때문이다.

5. 손해의 발생

(1) 손해의 현실성

불법행위는 발생한 손해의 배상을 제1의 목적으로 하므로 손해가 발생하지 않으면 불법행위는 성립하지 않는다. 그러므로 甲이 乙의 권리를 침해하였더라도 그로 말미암아 손해가 생겼다는 증명이 없으면 손해배상책임은 발생하지 않는다. 즉, 손해란 배상에 의해 전보되는 법적 불이익을 말한다.

관련판례

피해자인 원고는 발생한 손해가 현실적으로 존재한다는 것을 입증하여야 한다. 손해배상책임이 인정되나 당사자의 주장과 입증이 미흡한 경우 석명권을 행사하여야 하고, 경우에 따라서는 직권으로 손해액을 판단하여야 한다(대판 1987.12.22, 85다카2453).

(2) 손해의 종류

① **재산적 손해 · 비재산적 손해**

재산적 손해(재산적 법익에 대하여 발생한 손해) 외에 신체 · 생명 · 자유 등의 법익을 해치는 경우에 생기는 비재산적 손해가 포함된다.

② **적극적 손해 · 소극적 손해**

전자는 목적물의 멸실이나 치료비의 부담과 같이 기존의 이익을 감소시키는 손해이고, 후자는 장래에 얻을 수 있는 이익을 얻지 못한 손해, 즉 이익의 증가를 방해하는 손해이다.

③ **통상손해 · 특별손해**

통상손해는 불법행위로 인하여 보통 발생할 것이라고 인정되는 손해이며, 특별손해는 특별한 사정으로 인하여 채무자가 그 사정을 알았거나 알 수 있었을 손해를 말한다.

6. 인과관계의 존재

(1) 서 설

불법행위가 성립하기 위해서는 손해와 불법행위 사이에 인과관계가 존재하여야 한다. 즉, 불법행위가 없었더라면 손해가 발생하지 않았을 것이어야 한다. 이러한 인과관계에 대해 제393조를 유추하여 가해행위와 상당인과관계의 범위에 있는 손해의 배상에 한정하는 것이 다수설이다.

(2) 손해배상범위를 산정하는 기준

① 상당인과관계설

가해행위와 손해 사이에 상당인과관계가 인정되는 손해가 배상되어야 한다는 견해이다. 상당인과관계에 있는 손해란 '가해행위에 의해 발생한 손해 중 특유한 것을 제외하고, 당해 가해행위로부터 일반적으로 발생한 것이라고 인정되는 손해'라고 한다. 이 설에 의하면 제393조 제1항은 상당인과관계의 원칙을, 제2항은 그 기초가 될 특별사정의 범위를 정한 것이라고 한다. 따라서 어느 손해가 통상손해라면 곧바로 그 손해를 배상하고, 특별손해라면 그것이 생긴 사정에 의해 채무자에게 예견가능성이 있을 것을 조건으로서 배상하는 것이 된다.

② 인과관계에 있어 입증의 완화

인과관계는 피해자가 입증책임을 부담하게 되는데 과학기술의 복잡화와 사회의 전문화로 이를 입증하는 것이 곤란한 경우가 많다(예 공해소송 등). 이러한 경우 입증의 곤란성을 완화하기 위하여 여러 이론이 등장하고 있다. 원인과 결과 사이에 개연성만 있으면 법률상 원인관계가 있다는 개연성이론이 이러한 이론 중의 하나이다.

(3) 손해배상의 구체적 산정

① 학설과의 관계

상당인과관계설에 입각하여 제393조 제1항은 상당인과관계의 원칙을 선언한 것이며, 제2항은 고찰의 대상으로 삼는 사정의 범위를 규정한 것이라고 해석하는 것이 통설 · 판례이다.

② 통상손해

통상손해란 특별한 사정이 없는 한 그 종류의 불법행위가 있으면 사회 일반의 관념에 따라 통상 발생하는 것으로 생각되는 손해를 의미한다.

③ 특별손해

특별손해는 불법행위자가 알았거나 알 수 있었을 때에 한하여 배상책임을 진다. 이 예견가능성은 특별한 사정에 관한 것이고, 그 결과인 손해에 대한 예견가능성은 아니다.

3 특수불법행위의 성립

(1) 특수불법행위 일반

민법은 책임무능력자의 감독자의 책임, 사용자책임, 토지의 공작물의 책임 및 동물의 점유자·보관자의 책임을 규정하고 있다. 이러한 책임은 타인의 가해행위 또는 물건에 의한 가해에 대한 책임이고, 입증책임의 전환이나 일종의 무과실책임(중간책임) 등의 특별규정을 두어 피해자의 보호를 강화하고 있다. 공동불법행위는 공동행위자 각자에게 연대책임을 인정하고, 또 각자의 개별적 행위와 손해와의 인과관계의 증명을 필요로 하지 않는 점에서 특수한 불법행위가 된다.

(2) 책임무능력자의 감독자의 책임

① **의 의**

책임무능력자가 책임을 부담하지 않는 경우에 책임무능력자를 감독할 법정의무 있는 자(예 친권자·후견인 등) 또는 감독의무자에 갈음하여 무능력자를 감독하는 자(예 유치원의 보모·초등학교의 교원·정신병원의 의사 등)는 그 감독을 태만하지 않았다는 것을 입증하지 못하면 배상책임을 부담하는 것이 책임무능력자의 감독자의 책임이다.

② **책임의 성질**

㉠ 감독의무자·대리감독의무자는 타인의 행위에 관해 책임을 부담하는 것이고, 감독자에게 가해행위 자체에 관해 고의·과실이 있을 것을 요하지 않으므로 무과실책임을 부담하는 것이지만, 감독의무를 해태하지 않았던 것을 입증하여 책임을 면할 수가 있으므로, 절대적 무과실책임은 아니고 소위 중간책임이다. 다만, 판례는 감독을 해태하지 않았던 것을 거의 인정하지 않으므로 사실상 무과실책임이 적용되고 있다.

㉡ 감독의무자·대리감독의무자는 각각의 의무에 응해 책임을 부담한다. 양자의 책임은 서로 배척하는 것이 아니고 양자는 함께 성립하는 것도 있다. 즉, 부진정연대채무로 피해자는 전부를 배상받을 때까지 어느 한 쪽에 책임을 물을 수 있다.

(3) 사용자책임

제756조【사용자의 배상책임】 ① 타인을 사용하여 어느 사무에 종사하게 한 자는 피용자가 그 사무집행에 관하여 제3자에게 가한 손해를 배상할 책임이 있다. 그러나 사용자가 피용자의 선임 및 그 사무감독에 상당한 주의를 한 때 또는 상당한 주의를 하여도 손해가 있을 경우에는 그러하지 아니하다.
② 사용자에 갈음하여 그 사무를 감독하는 자도 전항의 책임이 있다.
③ 전2항의 경우에 사용자 또는 감독자는 피용자에 대하여 구상권을 행사할 수 있다.

OX
민법 제35조에 따른 법인의 불법행위책임이 인정되더라도 피해자는 법인에 대하여 사용자책임을 물을 수 있다. (×) 제20회

① 의 의

㉠ 타인을 사용하여 일정한 사무에 종사하게 한 자 또는 사용자를 대신하여 그 사무를 감독하는 자는 피용자가 그 사무집행에 관하여 타인에게 손해를 가한 경우, 피용자의 선임과 감독을 게을리 하지 않았다는 입증을 하지 못하면 그 손해를 배상할 책임을 지는데, 이를 사용자책임이라고 한다. 예를 들면, 택시기사가 자동차 운행 중 과실로 행인을 부상당하게 한 경우, 택시회사가 그 손해를 배상하여야 하는 경우가 이에 해당한다.

㉡ 사용자책임도 책임무능력자의 감독자의 책임처럼 타인의 행위에 대한 책임이고, 과실의 판단이 피용자가 아닌 선임・감독에 관한 것이며 입증책임이 사용자에게 있다는 점에서 중간책임이다. 하지만 학설과 판례는 면책규정을 좁게 해석하고 사용자책임의 요건을 넓게 해석함으로써 사실상의 무과실책임을 인정하고 있다.

㉢ 사용자책임의 성질에 관하여 사용자가 피용자를 대신하여 지는 대위책임인가 아니면 사용자 자신의 책임인가에 관하여 학설이 대립하고 있다. 판례의 경우, 사용자책임의 성질을 대위책임으로 인정하고 있다.

② 사용자책임의 요건

㉠ 어떤 사무에 종사시키기 위하여 타인을 사용할 것

ⓐ 사용자책임이 인정되기 위해서는 사용자와 피용자 사이에 사용관계가 존재하여야 한다. 사무는 영리적이거나 계속적이어야 하는 것은 아니며 통상의 일이라는 개념에 해당한다.

ⓑ 타인을 사용한다는 계약이 법률적으로 유효하게 존재하여야 하는 것은 아니다. 다만, 타인에 대한 지휘・감독관계의 여부는 사실상의 지휘・감독이 행하여졌는가가 아니라 객관적으로 그런 관계가 있었느냐에 의해 결정된다.

OX
도급인과 수급인 사이에 실질적인 지휘・감독관계가 인정되는 경우, 도급인은 사용자 책임을 질 수 있다. (○) 제20회

㉡ 사무집행에 관하여 손해를 가하였을 것: 사용자는 피용자의 사무집행에 관한 행위에 대하여만 책임을 진다.

관련판례

제756조에 규정된 사용자책임의 요건인 '사무집행에 관하여'라는 뜻은 피용자의 불법행위가 외형상 객관적으로 사용자의 사업활동 내지 사무집행행위 또는 그와 관련된 것이라고 보여질 때에는 행위자의 주관적 사정을 고려함이 없이 이를 사무집행에 관하여 한 행위로 본다(대판 1999.12.7, 98다42929).

ⓒ 제3자에게 손해를 가하였을 것: 제3자는 사용자와 가해행위를 한 피용자 이외의 자이다.

ⓔ 면책사유가 있음을 입증하지 못할 것
사용자책임에 대해 사용자는 사용자의 선임 및 그 사무감독에 상당한 주의를 한 때나 상당한 주의를 하여도 손해가 있을 경우에는 책임을 면하게 된다. 이러한 면책사유의 입증책임은 사용자가 부담한다. 그러나 이러한 면책주장이 받아들여진 판례는 없어 무과실책임으로 인정되는 추세이다.

ⓜ 피용자의 행위가 일반불법행위요건을 갖출 것
사용자가 배상책임을 부담하기 위해서는 피용자의 제3자에 대한 가해행위가 고의나 과실, 그리고 책임능력 등 불법행위의 일반요건을 갖추어야 한다.

③ **배상책임자와 구상권**

ⓐ 사용자책임을 지는 것은 사용자와 사용자를 대신하여 사무를 감독하는 대리감독자이다. 대리감독자란 객관적으로 볼 때 사용자를 갈음하여 현실적으로 구체적인 사업을 감독하는 지위에 있는 자를 뜻한다.

ⓑ 사용자 또는 대리감독자가 배상책임을 진다고 하여 피용자의 책임이 면책되는 것은 아니고 병존하여 존재하며 사용자책임과 피용자의 불법행위책임은 전혀 별개의 것이다. 다만, 피해자가 어느 한쪽으로부터 일부 또는 전부를 배상받은 경우, 그 범위 내에서 배상책임이 소멸하는 부진정연대채무이다.

OX

피용자와 제3자가 공동불법행위로 피해자에게 손해배상채무를 부담하는 경우, 사용자도 제3자와 연대하여 손해배상책임을 진다. (○) 제20회

(4) 도급인의 책임

> **제757조【도급인의 책임】** 도급인은 수급인이 그 일에 관하여 제3자에게 가한 손해를 배상할 책임이 없다. 그러나 도급 또는 지시에 관하여 도급인에게 중대한 과실이 있는 때에는 그러하지 아니하다.

① 도급은 특정인에게 일을 완성하도록 하는 것으로 수급인을 지휘·감독하지 아니하고 일의 완성물을 인수하는 데 그치므로, 도급인은 원칙상 수급인이 그 일에 관하여 제3자에게 가한 손해를 배상할 책임이 없다. 따라서 제757조는 주의적 규정에 지나지 아니한다. 그러나 도급 또는 지시에 관하여 도급인에게 중대한 과실이 있는 경우에는 배상책임을 진다.

② 민법상 중과실이 요건으로 되어 있는 것은 실화책임과 도급인의 불법행위책임에 한정되어 있다. 중과실이란 일반인에게 요구되는 주의의무에 현저히 위반하는 것으로 거의 고의에 가까운 정도의 주의를 결여하고, 공평의 관점에서 피해자를 구태여 보호할 필요가 없다고 인정되는 상태를 의미한다.

(5) 공작물 등의 점유자·소유자의 책임

OX

공작물의 설치 또는 보존의 하자로 인하여 타인이 손해를 입은 경우, 1차적으로 공작물의 소유자가 배상책임을 진다. (×) 제22회

> **제758조【공작물 등의 점유자, 소유자의 책임】** ① 공작물의 설치 또는 보존의 하자로 인하여 타인에게 손해를 가한 때에는 공작물점유자가 손해를 배상할 책임이 있다. 그러나 점유자가 손해의 방지에 필요한 주의를 해태하지 아니한 때에는 그 소유자가 손해를 배상할 책임이 있다.
> ② 전항의 규정은 수목의 재식 또는 보존에 하자 있는 경우에 준용한다.
> ③ 전2항의 경우에 점유자 또는 소유자는 그 손해의 원인에 대한 책임 있는 자에 대하여 구상권을 행사할 수 있다.

① 의 의

공작물의 설치 또는 보존의 하자나 수목의 식재 또는 보존의 하자로 인하여 타인에게 손해를 가한 때에는 제1차적으로는 공작물의 점유자가 그 손해를 배상할 책임을 지고, 점유자가 손해의 방지에 필요한 주의를 해태하지 아니한 때에는 제2차적으로 그 소유자가 책임을 지게 되는데, 이러한 책임을 공작물책임이라 한다. 예를 들면, 축대가 무너져 앞집의 건물이 부서진 경우 건물의 임차인은 점유자로서, 건물의 소유자는 공작물의 소유자로서 책임을 지게 되는 것이다.

② **배상책임자와 구상권**

㉠ 공작물책임은 점유자에게 책임을 지울 수 없는 경우에는 소유자에게 책임을 지우는 단계적 구조로 되어 있으며, 점유자의 책임은 입증책임이 전환된 중간책임이고 소유자의 책임은 무과실책임이다.

㉡ 소유자 또는 점유자로서 책임을 지고 피해자에게 배상을 한 자는 그 손해의 원인에 대하여 책임 있는 자가 있으면 그 자에게 구상권을 행사할 수 있다.

③ **일반불법행위책임과의 관계**

공작물의 설치·하자로 인하여 타인에게 손해가 발생한 경우에는 피해자가 공작물책임이 아닌 일반불법행위책임을 이유로 손해의 배상을 청구할 수 있는가가 문제된다. 판례는 제750조에 의한 배상책임을 배제하는 것은 아니라고 하여, 시공상의 고의·과실에 의한 경우에는 제750조에 의한 배상책임을 인정하고 있다.

OX

공작물의 점유자에게는 면책사유가 인정되지 않는다. (×) 제18회

OX

공작물에 대해 직접점유자와 간접점유자가 있는 경우, 원칙적으로 직접점유자가 1차적으로 책임을 진다. (○) 제18회

(6) 동물점유자의 책임

제759조【동물의 점유자의 책임】 ① 동물의 점유자는 그 동물이 타인에게 가한 손해를 배상할 책임이 있다. 그러나 동물의 종류와 성질에 따라 그 보관에 상당한 주의를 해태하지 아니한 때에는 그러하지 아니하다.
② 점유자에 갈음하여 동물을 보관한 자도 전항의 책임이 있다.

① **의 의**

동물이 타인에게 손해를 준 경우, 동물의 종류와 그 성질에 따라 보관에 상당한 주의를 게을리하지 않았음을 입증하지 못했을 때, 그 동물의 점유자 또는 보관자가 지는 책임을 동물점유자의 책임이라고 한다.

② **책임의 성질 및 근거**

동물점유자의 책임은 사용자책임 등과 같이 입증책임을 전환한 중간책임이며, 책임의 근거에 관하여는 위험책임설에 기인한다.

③ **배상책임자와 구상권**

㉠ 손해배상의 책임자는 동물의 점유자와 점유자에 갈음하여 동물을 보관하는 자, 즉 보관자이다. 동물의 보관자는 동물의 직접점유자를 의미하는 것으로 직접점유자는 독립한 점유자이므로, 제759조 제2항의 보관자 규정은 주의규정에 지나지 않는다고 한다. 간접점유자와 점유보조자는 점유자에 포함하지 않는다는 것이 다수설이다.

㉡ 제759조에 의하여 배상할 점유자와 보관자(예 점유보조자)가 따로 있는 경우, 구상권을 인정할 것인가에 대하여 이를 인정함이 일반적인 견해이다.

(7) 공동불법행위책임

> **OX**
> 甲, 乙, 丙이 공동불법행위로 丁에게 손해를 가한 때에는 연대하여 그 손해를 배상할 책임이 있다. (○) 제19회

> **제760조【공동불법행위자의 책임】** ① 수인이 공동의 불법행위로 타인에게 손해를 가한 때에는 연대하여 그 손해를 배상할 책임이 있다.
> ② 공동 아닌 수인의 행위 중 어느 자의 행위가 그 손해를 가한 것인지를 알 수 없는 때에도 전항과 같다.
> ③ 교사자나 방조자는 공동행위자로 본다.

① 의 의

수인이 공동으로 불법행위를 하여 타인에게 손해를 가한 경우, 수인이 지는 책임을 공동불법행위책임이라고 하다. 이에는 공동의 불법행위에 의하여 타인에게 손해를 가한 협의의 공동불법행위와 수인의 행위 중 어느 자의 행위가 그 손해를 가한 것인지 알 수 없는 경우의 가해자불명의 공동불법행위가 있으며, 교사·방조의 경우에도 공동불법행위로 본다.

② **공동불법행위의 유형과 요건**

㉠ 협의의 공동불법행위

복수의 사람이 서로 관련 공동하여 하나의 불법행위를 구성하는 경우를 말하며, 각 행위는 일반불법행위로서의 요건을 갖출 것과 관련 공동성을 갖출 것이 요구된다. 공동불법행위에 있어서 인과관계는 일반불법행위에 비해 상당히 넓게 인정된다. 이는 관련 공동성의 해석(객관적 공동설)에 따른 결과로, 판례는 공모를 했으나 일부만 실행행위를 한 경우, 실행행위를 하지 않은 자에게도 인과관계를 인정하고 있다. 또한 공모나 공동의 인식을 필요로 하는 것은 아니며, 행위가 객관적으로 관련 공동하고 있으면 공동행위로 인정된다. 객관적 공동설은 행위와 손해 사이의 인과관계를 확장함으로써 그 피해자를 두텁게 보호하기 위하여 공동불법행위성립책임의 확장을 도모하고 있다.

㉡ 가해자 불명의 공동불법행위

공동 아닌 수인의 행위가 행하여졌는데 그중 어느 자의 행위가 손해를 발생시켰는지 알 수 없는 경우에도 공동불법행위가 성립하는데 수인의 행위자 가운데 누군가가 위법행위를 했다는 점은 확실하나 누구의 행위에 의한 것인지 불명확한 경우에 인정된다.

㉢ 교사·방조의 공동불법행위

교사란 타인으로 하여금 불법행위의 의사결정을 하게 하는 것이고, 방조란 망을 보는 것과 같이 불법행위의 보조적 행위를 하는 것을 말한다. 교사자·방조자는 공동불법행위자가 된다. 다만, 교사·방조의 경우에

도 주관적 공동이 있는 경우에는 본 조항이 적용되지 아니하고, 협의의 공동불법행위책임을 부담하게 된다. 교사·방조의 방법에는 제한이 없다.

③ **공동불법행위의 효과**

㉠ 부진정연대책임의 부담: 공동불법행위자는 부진정연대채무를 부담하며 피해자는 모두에게 배상을 청구할 수 있고, 가해자는 피해자 1인에 갖는 상대적 사유를 가지고 피해자에게 대항할 수 없다.

㉡ 배상의 범위: 손해배상의 범위는 공동불법행위와 상당인과관계가 있는 모든 손해이며, 공동불법행위자 중 예견가능성을 갖지 못한 자는 손해배상책임을 부담하지 아니한다.

㉢ 구상권의 행사: 공동불법행위자 중 1인이 손해의 전부를 배상한 경우, 다른 자에게 책임의 비율에 따라 구상권을 행사할 수 있다. 통상 책임부담비율은 평등하다고 본다.

예 제

甲 소유의 X창고에 몰래 들어가 함께 놀던 책임능력 있는 17세 동갑인 乙, 丙, 丁이 공동으로 X에 부설된 기계를 고장 냈으며, 그에 따라 甲에게 300만원의 손해가 발생하였다. 이에 관한 설명으로 옳은 것은? (다툼이 있으면 판례에 따름) 제27회

① 乙, 丙, 丁이 甲에 대한 손해배상채무를 면하려면 스스로 고의나 과실이 없다는 것을 증명해야 한다.
② 과실비율이 50%인 乙이 甲에게 300만원을 배상한 경우, 乙은 丙과 丁에게 구상권을 행사할 수 없다.
③ 乙, 丙, 丁의 과실비율이 동일할 경우, 丙은 甲에게 100만원의 손해배상채무만을 부담한다.
④ 甲이 丁의 친권자 A의 丁에 대한 감독의무 위반과 甲의 손해 사이에 상당인과관계를 증명하면, 甲은 A에 대해 일반불법행위에 따른 손해배상책임을 물을 수 있다.
⑤ 甲의 부주의를 이용하여 乙, 丙, 丁이 고의로 기계를 고장 낸 경우, 甲의 부주의를 이유로 한 과실상계가 적용된다.

해설

④ 미성년자가 책임능력이 있어 스스로 불법행위책임을 지는 경우에도 그 손해가 미성년자의 감독의무자의 의무 위반과 상당인과관계가 있으면 감독의무자는 민법 제750조에 따라 일반불법행위자로서 손해배상책임이 있다. 이 경우 그러한 감독의무 위반사실과 손해 발생과의 상당인과관계는 이를 주장하는 자가 증명하여야 한다(대판 2022.4.14, 2020다240021).
① 불법행위에서 고의 또는 과실의 증명책임은 원칙적으로 피해자가 진다.
② 공동불법행위자 중 1인이 자기의 부담부분 이상을 변제하여 공동면책을 얻은 경우에 그는 다른 공동불법행위자에 대하여 그 부담부분의 비율에 따라 구상할 수 있다(제425조 참조).
③ 乙, 丙, 丁은 부진정연대채무관계에 있으므로 丙은 甲에게 300만원의 손해배상채무를 부담한다.
⑤ 피해자의 부주의를 이용하여 고의로 불법행위를 저지른 자가 바로 그 피해자의 부주의를 이유로 자신의 책임을 감하여 달라고 주장하는 것은 허용될 수 없다(대판 2000.9.29, 2000다13900).

정답 ④

PART 03

4 불법행위의 효과

(1) 손해배상청구권의 발생

불법행위가 성립하면 그 효과로서 손해배상청구권이 발생한다.

제750조【불법행위의 내용】 고의 또는 과실로 인한 위법행위로 타인에게 손해를 가한 자는 그 손해를 배상할 책임이 있다.

제751조【재산 이외의 손해의 배상】 ① 타인의 신체, 자유 또는 명예를 해하거나 기타 정신상 고통을 가한 자는 재산 이외의 손해에 대하여도 배상할 책임이 있다.
② 법원은 전항의 손해배상을 정기금채무로 지급할 것을 명할 수 있고 그 이행을 확보하기 위하여 상당한 담보의 제공을 명할 수 있다.

제752조【생명침해로 인한 위자료】 타인의 생명을 해한 자는 피해자의 직계존속, 직계비속 및 배우자에 대하여는 재산상의 손해 없는 경우에도 손해배상의 책임이 있다.

제763조【준용규정】 제393조, 제394조, 제396조, 제399조의 규정은 불법행위로 인한 손해배상에 준용한다.

OX
甲이 乙의 신체, 자유 또는 명예를 해친 경우, 재산 이외의 손해에 대하여도 배상할 책임이 있다. (○) 제19회

OX
甲이 과실로 乙을 사망에 이르게 한 경우, 甲은 재산상의 손해가 없는 乙의 직계존속, 직계비속 및 배우자에 대하여는 손해배상책임이 없다. (×) 제19회

(2) 손해배상의 방법

① **금전배상**(원칙)

법률에 다른 규정이나 당사자 간에 다른 의사표시가 없는 한 손해는 금전으로 배상하여야 한다. 즉, 불법행위로 인한 손해가 재산적 손해이든 정신적 손해이든 간에 민법은 원칙상 금전배상주의를 취하고 있다.

② **원상회복**(예외)

㉠ 명예훼손의 경우

명예란 사람의 품성・덕행・명성・신용 등 세상으로부터 받은 객관적 평가를 말한다. 명예훼손으로 인한 손해배상에 관하여는 민법은 특칙을 두고 있다. 즉, "타인의 명예를 훼손한 자에 대하여는 법원은 피해자의 청구에 의하여 손해배상에 갈음하거나 손해배상과 함께 명예회복에 적당한 처분을 명할 수 있다."라고 규정하고 있다(제764조).

관련판례

민법 제764조의 명예회복에 적당한 처분에 사죄광고를 포함시키는 것은 헌법에 위반된다(헌재 1991.4.1, 89헌마160).

OX
타인의 명예를 훼손한 자에 대하여 법원은 피해자의 청구에 의하여 명예회복에 적당한 처분으로 사죄광고를 명할 수 있다. (×) 제16회

㉡ 특약이 있는 경우

금전배상이 원칙이지만, 특약이 있는 때에는 예외가 인정된다. 따라서 원상회복의 방법을 특약하면 법률이 특별히 인정하고 있지 않는 경우라도 가해자는 원상회복의무를 부담하게 된다.

(3) 손해배상의 범위

손해배상의 범위는 불법행위와 상당인과관계에 있는 모든 손해이다. 손해는 현실적으로 발생되었어야 하지만 그 손해배상의 범위에 관해 당사자는 특약을 할 수 있으며, 이 경우 손해배상의 범위는 이에 한정된다.

(4) 불법행위에 의한 손해배상청구권

① 손해배상청구권자

㉠ 자연인 · 법인

불법행위에 의해 손해가 발생한 경우, 배상청구권자는 불법행위에 의해 손해를 본 피해자이다. 따라서 자연인뿐만 아니라 법인도 배상청구권을 가진다.

㉡ 태 아

태아는 손해배상의 청구권에 관하여는 이미 출생한 것으로 본다(제762조). 예를 들면, 부(父)가 교통사고에 의해 사망한 경우 재산적 손해 및 정신적 손해에 대해 고유의 배상청구권을 가진다. 다만, 태아로 있는 동안에도 그 권리를 행사할 수 있는가에 관하여, 해제조건설(다수설)은 이를 인정하나, 정지조건설(소수설 · 판례)은 이를 인정하지 않는다.

② 손해배상청구권의 성질

㉠ 양도성

불법행위로 인한 손해배상청구권은 원칙상 양도성을 가지며, 이에 따라 피해자의 채권자는 이를 압류할 수 있다. 다만, 국가배상법 등과 같이 법률의 규정에 의해 양도성이 부정되는 경우가 있다.

㉡ 상속성

불법행위로 인한 손해배상청구권도 상속됨이 원칙이다. 위자료청구권도 원칙적으로 금전급부를 목적으로 하는 것이므로 피해자의 의사 유무에 관계없이 당연히 상속된다. 즉, 위자료청구권은 피해자가 이를 포기하거나 면제했다는 특별한 사정이 없는 한 상속된다고 보며, 피해자가 즉사한 경우에도 다르지 않다.

㉢ 상계의 금지

고의의 불법행위자는 피해자의 손해배상청구권을 수동채권으로 하여 상계하는 것이 금지된다. 그러나 쌍방의 채무가 자동차의 충돌과 같은 동일한 사실로부터 생긴 것일 때에는 상계를 인정하는 것이 타당할 것이다.

③ **손해배상자의 대위**

채무불이행의 경우에 채권자의 이중이득을 막고 공평을 기하기 위해 배상자의 대위규정이 존재한다. 불법행위의 경우에도 손해배상제도의 취지에서 제399조가 준용된다. 예를 들면, 불법행위에 의하여 훼손되거나 소재불명으로 된 물건에 관하여 불법행위자가 전액배상을 한 경우에는 그 물건에 관한 권리는 배상자에게 이전한다.

④ **손해배상청구권의 소멸시효**

> **제766조【손해배상청구권의 소멸시효】** ① 불법행위로 인한 손해배상의 청구권은 피해자나 그 법정대리인이 그 손해 및 가해자를 안 날로부터 3년간 이를 행사하지 아니하면 시효로 인하여 소멸한다.
> ② 불법행위를 한 날로부터 10년을 경과한 때에도 전항과 같다.

㉠ 시효기간

불법행위에 의한 손해배상청구권은 피해자나 그 법정대리인이 그 손해 및 가해자를 안 날로부터 3년 동안 이를 행사하지 않으면 시효로 소멸한다. 또한 불법행위를 한 날로부터 10년이 지나면 역시 소멸한다. 제766조 제2항이 규정하고 있는 '불법행위를 한 날로부터 10년'의 기간도 판례는 소멸시효기간으로 해석한다.

㉡ 소멸시효의 기산점

ⓐ 불법행위의 경우에는 객관적으로 권리가 발생해도 피해자가 손해의 발생 또는 가해자를 모르는 수가 있다. 그러므로 3년의 시효기간에 관하여는 그 기산점을 피해자 또는 그 법정대리인이 손해 및 가해자를 안 때라는 특례를 두었다.

ⓑ 손해를 안다는 것은 손해의 발생뿐만 아니라 그 가해행위가 불법행위인 것까지도 안 것을 의미한다. 손해의 발생 및 가해행위가 불법행위임을 아는 것으로 족하고, 그 불법행위로 인하여 어떤 손해배상청구권이 발생하는지의 법률적 평가문제까지도 알 필요는 없다. 문제가 되는 것은 토지의 불법점유와 같은 계속적인 불법행위의 경우이다. 판례는 이 경우에 나날이 발생한 새로운 각 손해를 안 날로부터 각각의 별개로 소멸시효가 진행한다고 한다.

ⓒ 가해자를 안다는 것은 직접 불법행위를 한 자를 알게 되는 것을 말한다. 손해 및 가해자를 안 시기는 시효이익을 주장하는 자가 이를 입증하여야 한다.

ⓓ 10년의 시효기간의 기산점: 10년의 시효기간의 기산점은 불법행위를 한 날로부터이다. 즉, 피해자가 손해의 결과발생을 알았거나 예상할 수 있는 때로부터 진행한다.

관련판례

불법행위에 기한 손해배상채권에 있어서 민법 제766조 제2항에 의한 소멸시효의 기산점이 되는 '불법행위를 한 날'이란 가해행위로 인한 손해의 결과발생이 현실적인 것으로 되었다고 할 수 있을 때를 의미하고 그 소멸시효는 피해자가 손해의 결과발생을 알았거나 예상할 수 있는가 여부에 관계없이 가해행위로 인한 손해가 현실적인 것으로 되었다고 볼 수 있는 때로부터 진행한다(대판 1993.7.27, 93다357).

연구 집필위원

설신재

2026 제29회 시험대비 전면개정

박문각 주택관리사 기본서 1차 민 법

초판인쇄 | 2025. 9. 15. **초판발행** | 2025. 9. 20. **편저** | 설신재 외 박문각 주택관리연구소
발행인 | 박 용 **발행처** | (주)박문각출판 **등록** | 2015년 4월 29일 제2019-000137호
주소 | 06654 서울시 서초구 효령로 283 서경 B/D 4층 **팩스** | (02)584-2927
전화 | 교재 주문 (02)6466-7202, 동영상문의 (02)6466-7201

정가 44,000원

ISBN 979-11-7519-210-2 | ISBN 979-11-7519-207-2(1차세트)

박문각
주택관리사

박문각
주택관리사

합격까지 박문각 주택관리사

기본과 기준을 말하기 위해서는 시간이 필요하고
차이와 깊이를 전하기 위해선 결과가 필요합니다.
그렇기에 주택관리사 합격의 기준을 제시할 정통수험서는
1972년부터 공무원 및 전문자격 교육시장을 선도해 온
박문각 주택관리사 수험서뿐입니다.

2026

제29회 시험대비 전면개정

박문각
주택관리사

기본서 1차
민법 법령집

설신재 외 박문각 주택관리연구소 편저

수상내역
후면표기

합격까지 박문각
합격 노하우가 다르다!

2026

제29회 시험대비 전면개정

박문각 주택관리사

기본서 1차 민법 법령집

설신재 외 박문각 주택관리연구소 편저

합격까지 박문각
합격 노하우가 다르다!

부록 민 법

[시행 2025.1.31.] [법률 제20432호, 2024.9.20, 일부개정]

제1편 총 칙

제1장 통 칙

제1조【법 원】 민사에 관하여 법률에 규정이 없으면 관습법에 의하고 관습법이 없으면 조리에 의한다.

제2조【신의성실】 ① 권리의 행사와 의무의 이행은 신의에 좇아 성실히 하여야 한다.
② 권리는 남용하지 못한다.

제2장 인

제1절 능 력

제3조【권리능력의 존속기간】 사람은 생존한 동안 권리와 의무의 주체가 된다.

제4조【성 년】 사람은 19세로 성년에 이르게 된다.

제5조【미성년자의 능력】 ① 미성년자가 법률행위를 함에는 법정대리인의 동의를 얻어야 한다. 그러나 권리만을 얻거나 의무만을 면하는 행위는 그러하지 아니하다.
② 전항의 규정에 위반한 행위는 취소할 수 있다.

제6조【처분을 허락한 재산】 법정대리인이 범위를 정하여 처분을 허락한 재산은 미성년자가 임의로 처분할 수 있다.

제7조【동의와 허락의 취소】 법정대리인은 미성년자가 아직 법률행위를 하기 전에는 전2조의 동의와 허락을 취소할 수 있다.

제8조【영업의 허락】 ① 미성년자가 법정대리인으로부터 허락을 얻은 특정한 영업에 관하여는 성년자와 동일한 행위능력이 있다.
② 법정대리인은 전항의 허락을 취소 또는 제한할 수 있다. 그러나 선의의 제삼자에게 대항하지 못한다.

제9조【성년후견개시의 심판】 ① 가정법원은 질병, 장애, 노령, 그 밖의 사유로 인한 정신적 제약으로 사무를 처리할 능력이 지속적으로 결여된 사람에 대하여 본인, 배우자, 4촌 이내의 친족, 미성년후견인, 미성년후견감독인, 한정후견인, 한정후견감독인, 특정후견인, 특정후견감독인, 검사 또는 지방자치단체의 장의 청구에 의하여 성년후견개시의 심판을 한다.
② 가정법원은 성년후견개시의 심판을 할 때 본인의 의사를 고려하여야 한다.

제10조【피성년후견인의 행위와 취소】 ① 피성년후견인의 법률행위는 취소할 수 있다.
② 제1항에도 불구하고 가정법원은 취소할 수 없는 피성년후견인의 법률행위의 범위를 정할 수 있다.
③ 가정법원은 본인, 배우자, 4촌 이내의 친족, 성년후견인, 성년후견감독인, 검사 또는 지방자치단체의 장의 청구에 의하여 제2항의 범위를 변경할 수 있다.
④ 제1항에도 불구하고 일용품의 구입 등 일상생활에 필요하고 그 대가가 과도하지 아니한 법률행위는 성년후견인이 취소할 수 없다.

제11조【성년후견종료의 심판】 성년후견개시의 원인이 소멸된 경우에는 가정법원은 본인, 배우자, 4촌 이내의 친족, 성년후견인, 성년후견감독인, 검사 또는 지방자치단체의 장의 청구에 의하여 성년후견종료의 심판을 한다.

제12조【한정후견개시의 심판】 ① 가정법원은 질병, 장애, 노령, 그 밖의 사유로 인한 정신적 제약으로 사무를 처리할 능력이 부족한 사람에 대하여 본인, 배우자, 4촌 이내의 친족, 미성년후견인, 미성년후견감독인, 성년후견인, 성년후견감독인, 특정후견인, 특정후견감독인, 검사 또는 지방자치단체의 장의 청구에 의하여 한정후견개시의 심판을 한다.
② 한정후견개시의 경우에 제9조 제2항을 준용한다.

제13조【피한정후견인의 행위와 동의】 ① 가정법원은 피한정후견인이 한정후견인의 동의를 받아야 하는 행위의 범위를 정할 수 있다.
② 가정법원은 본인, 배우자, 4촌 이내의 친족, 한정후견인, 한정후견감독인, 검사 또는 지방자치단체의 장의 청구에 의하여 제1항에 따른 한정후견인의 동의를 받아야만 할 수 있는 행위의 범위를 변경할 수 있다.
③ 한정후견인의 동의를 필요로 하는 행위에 대하여 한정후견인이 피한정후견인의 이익이 침해될 염려가 있음에도 그 동의를 하지 아니하는 때에는 가정법원은 피한정후견인의 청구에 의하여 한정후견인의 동의를 갈음하는 허가를 할 수 있다.
④ 한정후견인의 동의가 필요한 법률행위를 피한정후견인이 한정후견인의 동의 없이 하였을 때에는 그 법률행위를 취소할 수 있다. 다만, 일용품의 구입 등 일상생활에 필요하고 그 대가가 과도하지 아니한 법률행위에 대하여는 그러하지 아니하다.

제14조【한정후견종료의 심판】 한정후견개시의 원인이 소멸된 경우에는 가정법원은 본인, 배우자, 4촌 이내의 친족, 한정후견인, 한정후견감독인, 검사 또는 지방자치단체의 장의 청구에 의하여 한정후견종료의 심판을 한다.

제14조의2【특정후견의 심판】 ① 가정법원은 질병, 장애, 노령, 그 밖의 사유로 인한 정신적 제약으로 일시적 후원 또는 특정한 사무에 관한 후원이 필요한 사람에 대하여 본인, 배우자, 4촌 이내의 친족, 미성년후견인, 미성년후견감독인, 검사 또는 지방자치단체의 장의 청구에 의하여 특정후견의 심판을 한다.
② 특정후견은 본인의 의사에 반하여 할 수 없다.
③ 특정후견의 심판을 하는 경우에는 특정후견의 기간 또는 사무의 범위를 정하여야 한다.

제14조의3【심판 사이의 관계】 ① 가정법원이 피한정후견인 또는 피특정후견인에 대하여 성년후견개시의 심판을 할 때에는 종전의 한정후견 또는 특정후견의 종료 심판을 한다.
② 가정법원이 피성년후견인 또는 피특정후견인에 대하여 한정후견개시의 심판을 할 때에는 종전의 성년후견 또는 특정후견의 종료 심판을 한다.

제15조【제한능력자의 상대방의 확답을 촉구할 권리】 ① 제한능력자의 상대방은 제한능력자가 능력자가 된 후에 그에게 1개월 이상의 기간을 정하여 그 취소할 수 있는 행위를 추인할 것인지 여부의 확답을 촉구할 수 있다. 능력자로 된 사람이 그 기간 내에 확답을 발송하지 아니하면 그 행위를 추인한 것으로 본다.
② 제한능력자가 아직 능력자가 되지 못한 경우에는 그의 법정대리인에게 제1항의 촉구를 할 수 있고, 법정대리인이 그 정하여진 기간 내에 확답을 발송하지 아니한 경우에는 그 행위를 추인한 것으로 본다.
③ 특별한 절차가 필요한 행위는 그 정하여진 기간 내에 그 절차를 밟은 확답을 발송하지 아니하면 취소한 것으로 본다.

제16조【제한능력자의 상대방의 철회권과 거절권】 ① 제한능력자가 맺은 계약은 추인이 있을 때까지 상대방이 그 의사표시를 철회할 수 있다. 다만, 상대방이 계약 당시에 제한능력자임을 알았을 경우에는 그러하지 아니하다.

② 제한능력자의 단독행위는 추인이 있을 때까지 상대방이 거절할 수 있다.
③ 제1항의 철회나 제2항의 거절의 의사표시는 제한능력자에게도 할 수 있다.

제 17 조 【제한능력자의 속임수】 ① 제한능력자가 속임수로써 자기를 능력자로 믿게 한 경우에는 그 행위를 취소할 수 없다.
② 미성년자나 피한정후견인이 속임수로써 법정대리인의 동의가 있는 것으로 믿게 한 경우에도 제1항과 같다.

제 2절 주 소

제 18 조 【주 소】 ① 생활의 근거되는 곳을 주소로 한다.
② 주소는 동시에 두 곳 이상 있을 수 있다.

제 19 조 【거 소】 주소를 알 수 없으면 거소를 주소로 본다.

제 20 조 【거 소】 국내에 주소 없는 자에 대하여는 국내에 있는 거소를 주소로 본다.

제 21 조 【가주소】 어느 행위에 있어서 가주소를 정한 때에는 그 행위에 관하여는 이를 주소로 본다.

제 3절 부재와 실종

제 22 조 【부재자의 재산의 관리】 ① 종래의 주소나 거소를 떠난 자가 재산관리인을 정하지 아니한 때에는 법원은 이해관계인이나 검사의 청구에 의하여 재산관리에 관하여 필요한 처분을 명하여야 한다. 본인의 부재 중 재산관리인의 권한이 소멸한 때에도 같다.
② 본인이 그 후에 재산관리인을 정한 때에는 법원은 본인, 재산관리인, 이해관계인 또는 검사의 청구에 의하여 전항의 명령을 취소하여야 한다.

제 23 조 【관리인의 개임】 부재자가 재산관리인을 정한 경우에 부재자의 생사가 분명하지 아니한 때에는 법원은 재산관리인, 이해관계인 또는 검사의 청구에 의하여 재산관리인을 개임할 수 있다.

제 24 조 【관리인의 직무】 ① 법원이 선임한 재산관리인은 관리할 재산목록을 작성하여야 한다.
② 법원은 그 선임한 재산관리인에 대하여 부재자의 재산을 보존하기 위하여 필요한 처분을 명할 수 있다.
③ 부재자의 생사가 분명하지 아니한 경우에 이해관계인이나 검사의 청구가 있는 때에는 법원은 부재자가 정한 재산관리인에게 전2항의 처분을 명할 수 있다.
④ 전3항의 경우에 그 비용은 부재자의 재산으로써 지급한다.

제 25 조 【관리인의 권한】 법원이 선임한 재산관리인이 제118조에 규정한 권한을 넘는 행위를 함에는 법원의 허가를 얻어야 한다. 부재자의 생사가 분명하지 아니한 경우에 부재자가 정한 재산관리인이 권한을 넘는 행위를 할 때에도 같다.

제 26 조 【관리인의 담보제공, 보수】 ① 법원은 그 선임한 재산관리인으로 하여금 재산의 관리 및 반환에 관하여 상당한 담보를 제공하게 할 수 있다.
② 법원은 그 선임한 재산관리인에 대하여 부재자의 재산으로 상당한 보수를 지급할 수 있다.
③ 전2항의 규정은 부재자의 생사가 분명하지 아니한 경우에 부재자가 정한 재산관리인에 준용한다.

제 27 조 【실종의 선고】 ① 부재자의 생사가 5년간 분명하지 아니한 때에는 법원은 이해관계인이나 검사의 청구에 의하여 실종선고를 하여야 한다.

② 전지에 임한 자, 침몰한 선박 중에 있던 자, 추락한 항공기 중에 있던 자 기타 사망의 원인이 될 위난을 당한 자의 생사가 전쟁종지후 또는 선박의 침몰, 항공기의 추락 기타 위난이 종료한 후 1년간 분명하지 아니한 때에도 제1항과 같다.

제 28 조 【실종선고의 효과】 실종선고를 받은 자는 전조의 기간이 만료한 때에 사망한 것으로 본다.

제 29 조 【실종선고의 취소】 ① 실종자의 생존한 사실 또는 전조의 규정과 상이한 때에 사망한 사실의 증명이 있으면 법원은 본인, 이해관계인 또는 검사의 청구에 의하여 실종선고를 취소하여야 한다. 그러나 실종선고 후 그 취소전에 선의로 한 행위의 효력에 영향을 미치지 아니한다.

② 실종선고의 취소가 있을 때에 실종의 선고를 직접원인으로 하여 재산을 취득한 자가 선의인 경우에는 그 받은 이익이 현존하는 한도에서 반환할 의무가 있고 악의인 경우에는 그 받은 이익에 이자를 붙여서 반환하고 손해가 있으면 이를 배상하여야 한다.

제 30 조 【동시사망】 2인 이상이 동일한 위난으로 사망한 경우에는 동시에 사망한 것으로 추정한다.

제 3 장 법 인

제 1 절 총 칙

제 31 조 【법인 성립의 준칙】 법인은 법률의 규정에 의함이 아니면 성립하지 못한다.

제 32 조 【비영리법인의 설립과 허가】 학술, 종교, 자선, 기예, 사교 기타 영리아닌 사업을 목적으로 하는 사단 또는 재단은 주무관청의 허가를 얻어 이를 법인으로 할 수 있다.

제 33 조 【법인 설립의 등기】 법인은 그 주된 사무소의 소재지에서 설립등기를 함으로써 성립한다.

제 34 조 【법인의 권리능력】 법인은 법률의 규정에 좇아 정관으로 정한 목적의 범위 내에서 권리와 의무의 주체가 된다.

제 35 조 【법인의 불법행위능력】 ① 법인은 이사 기타 대표자가 그 직무에 관하여 타인에게 가한 손해를 배상할 책임이 있다. 이사 기타 대표자는 이로 인하여 자기의 손해배상책임을 면하지 못한다.

② 법인의 목적범위 외의 행위로 인하여 타인에게 손해를 가한 때에는 그 사항의 의결에 찬성하거나 그 의결을 집행한 사원, 이사 및 기타 대표자가 연대하여 배상하여야 한다.

제 36 조 【법인의 주소】 법인의 주소는 그 주된 사무소의 소재지에 있는 것으로 한다.

제 37 조 【법인의 사무의 검사, 감독】 법인의 사무는 주무관청이 검사, 감독한다.

제 38 조 【법인의 설립허가의 취소】 법인이 목적 이외의 사업을 하거나 설립허가의 조건에 위반하거나 기타 공익을 해하는 행위를 한 때에는 주무관청은 그 허가를 취소할 수 있다.

제 39 조 【영리법인】 ① 영리를 목적으로 하는 사단은 상사회사 설립의 조건에 좇아 이를 법인으로 할 수 있다.

② 전항의 사단법인에는 모두 상사회사에 관한 규정을 준용한다.

제 2 절 설 립

제 40 조 【사단법인의 정관】 사단법인의 설립자는 다음 각 호의 사항을 기재한 정관을 작성하여 기명날인하여야 한다.

1. 목적
2. 명칭

3. 사무소의 소재지
4. 자산에 관한 규정
5. 이사의 임면에 관한 규정
6. 사원자격의 득실에 관한 규정
7. 존립시기나 해산이유를 정하는 때에는 그 시기 또는 사유

제 41 조【이사의 대표권에 대한 제한】 이사의 대표권에 대한 제한은 이를 정관에 기재하지 아니하면 그 효력이 없다.

제 42 조【사단법인의 정관의 변경】 ① 사단법인의 정관은 총사원 3분의 2 이상의 동의가 있는 때에 한하여 이를 변경할 수 있다. 그러나 정수에 관하여 정관에 다른 규정이 있는 때에는 그 규정에 의한다.
② 정관의 변경은 주무관청의 허가를 얻지 아니하면 그 효력이 없다.

제 43 조【재단법인의 정관】 재단법인의 설립자는 일정한 재산을 출연하고 제40조 제1호 내지 제5호의 사항을 기재한 정관을 작성하여 기명날인하여야 한다.

제 44 조【재단법인의 정관의 보충】 재단법인의 설립자가 그 명칭, 사무소소재지 또는 이사임면의 방법을 정하지 아니하고 사망한 때에는 이해관계인 또는 검사의 청구에 의하여 법원이 이를 정한다.

제 45 조【재단법인의 정관변경】 ① 재단법인의 정관은 그 변경방법을 정관에 정한 때에 한하여 변경할 수 있다.
② 재단법인의 목적달성 또는 그 재산의 보전을 위하여 적당한 때에는 전항의 규정에 불구하고 명칭 또는 사무소의 소재지를 변경할 수 있다.
③ 제42조 제2항의 규정은 전2항의 경우에 준용한다.

제 46 조【재단법인의 목적 기타의 변경】 재단법인의 목적을 달성할 수 없는 때에는 설립자나 이사는 주무관청의 허가를 얻어 설립의 취지를 참작하여 그 목적 기타 정관의 규정을 변경할 수 있다.

제 47 조【증여, 유증에 관한 규정의 준용】 ① 생전처분으로 재단법인을 설립하는 때에는 증여에 관한 규정을 준용한다.
② 유언으로 재단법인을 설립하는 때에는 유증에 관한 규정을 준용한다.

제 48 조【출연재산의 귀속시기】 ① 생전처분으로 재단법인을 설립하는 때에는 출연재산은 법인이 성립된 때로부터 법인의 재산이 된다.
② 유언으로 재단법인을 설립하는 때에는 출연재산은 유언의 효력이 발생한 때로부터 법인에 귀속한 것으로 본다.

제 49 조【법인의 등기사항】 ① 법인 설립의 허가가 있는 때에는 3주간 내에 주된 사무소소재지에서 설립등기를 하여야 한다.
② 전항의 등기사항은 다음과 같다.
1. 목적
2. 명칭
3. 사무소
4. 설립허가의 연월일
5. 존립시기나 해산이유를 정한 때에는 그 시기 또는 사유
6. 자산의 총액
7. 출자의 방법을 정한 때에는 그 방법
8. 이사의 성명, 주소
9. 이사의 대표권을 제한한 때에는 그 제한

제 50 조【분사무소설치의 등기】 법인이 분사무소를 설치한 경우에는 주사무소(主事務所)의 소재지에서 3주일 내에 분사무소 소재지와 설치 연월일을 등기하여야 한다.

제 51 조【사무소 이전의 등기】 ① 법인이 주사무소를 이전한 경우에는 종전 소재지 또는 새 소재지에서 3주일 내에 새 소재지와 이전 연월일을 등기하여야 한다.
② 법인이 분사무소를 이전한 경우에는 주사무소 소재지에서 3주일 내에 새 소재지와 이전 연월일을 등기하여야 한다.

제 52 조【변경등기】 제49조 제2항의 사항 중에 변경이 있는 때에는 3주간 내에 변경등기를 하여야 한다.

제 52 조의2【직무집행정지 등 가처분의 등기】 이사의 직무집행을 정지하거나 직무대행자를 선임하는 가처분을 하거나 그 가처분을 변경·취소하는 경우에는 주사무소가 있는 곳의 등기소에서 이를 등기하여야 한다.

제 53 조【등기기간의 기산】 전3조의 규정에 의하여 등기할 사항으로 관청의 허가를 요하는 것은 그 허가서가 도착한 날로부터 등기의 기간을 기산한다.

제 54 조【설립등기 이외의 등기의 효력과 등기사항의 공고】 ① 설립등기 이외의 본절의 등기사항은 그 등기후가 아니면 제삼자에게 대항하지 못한다.
② 등기한 사항은 법원이 지체 없이 공고하여야 한다.

제 55 조【재산목록과 사원명부】 ① 법인은 성립한 때 및 매년 3월 내에 재산목록을 작성하여 사무소에 비치하여야 한다. 사업연도를 정한 법인은 성립한 때 및 그 연도말에 이를 작성하여야 한다.
② 사단법인은 사원명부를 비치하고 사원의 변경이 있는 때에는 이를 기재하여야 한다.

제 56 조【사원권의 양도, 상속금지】 사단법인의 사원의 지위는 양도 또는 상속할 수 없다.

제 3 절 기 관

제 57 조【이 사】 법인은 이사를 두어야 한다.

제 58 조【이사의 사무집행】 ① 이사는 법인의 사무를 집행한다.
② 이사가 수인인 경우에는 정관에 다른 규정이 없으면 법인의 사무집행은 이사의 과반수로써 결정한다.

제 59 조【이사의 대표권】 ① 이사는 법인의 사무에 관하여 각자 법인을 대표한다. 그러나 정관에 규정한 취지에 위반할 수 없고 특히 사단법인은 총회의 의결에 의하여야 한다.
② 법인의 대표에 관하여는 대리에 관한 규정을 준용한다.

제 60 조【이사의 대표권에 대한 제한의 대항요건】 이사의 대표권에 대한 제한은 등기하지 아니하면 제삼자에게 대항하지 못한다.

제 60 조의 2【직무대행자의 권한】 ① 제52조의2의 직무대행자는 가처분명령에 다른 정함이 있는 경우 외에는 법인의 통상사무에 속하지 아니한 행위를 하지 못한다. 다만, 법원의 허가를 얻은 경우에는 그러하지 아니하다.
② 직무대행자가 제1항의 규정에 위반한 행위를 한 경우에도 법인은 선의의 제3자에 대하여 책임을 진다.

제 61 조【이사의 주의의무】 이사는 선량한 관리자의 주의로 그 직무를 행하여야 한다.

제 62 조【이사의 대리인 선임】 이사는 정관 또는 총회의 결의로 금지하지 아니한 사항에 한하여 타인으로 하여금 특정한 행위를 대리하게 할 수 있다.

제 63 조 【임시이사의 선임】 이사가 없거나 결원이 있는 경우에 이로 인하여 손해가 생길 염려 있는 때에는 법원은 이해관계인이나 검사의 청구에 의하여 임시이사를 선임하여야 한다.

제 64 조 【특별대리인의 선임】 법인과 이사의 이익이 상반하는 사항에 관하여는 이사는 대표권이 없다. 이 경우에는 전조의 규정에 의하여 특별대리인을 선임하여야 한다.

제 65 조 【이사의 임무해태】 이사가 그 임무를 해태한 때에는 그 이사는 법인에 대하여 연대하여 손해배상의 책임이 있다.

제 66 조 【감 사】 법인은 정관 또는 총회의 결의로 감사를 둘 수 있다.

제 67 조 【감사의 직무】 감사의 직무는 다음과 같다.

1. 법인의 재산상황을 감사하는 일
2. 이사의 업무집행의 상황을 감사하는 일
3. 재산상황 또는 업무집행에 관하여 부정, 불비한 것이 있음을 발견한 때에는 이를 총회 또는 주무관청에 보고하는 일
4. 전호의 보고를 하기 위하여 필요있는 때에는 총회를 소집하는 일

제 68 조 【총회의 권한】 사단법인의 사무는 정관으로 이사 또는 기타 임원에게 위임한 사항 외에는 총회의 결의에 의하여야 한다.

제 69 조 【통상총회】 사단법인의 이사는 매년 1회 이상 통상총회를 소집하여야 한다.

제 70 조 【임시총회】 ① 사단법인의 이사는 필요하다고 인정한 때에는 임시총회를 소집할 수 있다.

② 총사원의 5분의 1 이상으로부터 회의의 목적사항을 제시하여 청구한 때에는 이사는 임시총회를 소집하여야 한다. 이 정수는 정관으로 증감할 수 있다.

③ 전항의 청구있는 후 2주간 내에 이사가 총회소집의 절차를 밟지 아니한 때에는 청구한 사원은 법원의 허가를 얻어 이를 소집할 수 있다.

제 71 조 【총회의 소집】 총회의 소집은 1주간 전에 그 회의의 목적사항을 기재한 통지를 발하고 기타 정관에 정한 방법에 의하여야 한다.

제 72 조 【총회의 결의사항】 총회는 전조의 규정에 의하여 통지한 사항에 관하여서만 결의할 수 있다. 그러나 정관에 다른 규정이 있는 때에는 그 규정에 의한다.

제 73 조 【사원의 결의권】 ① 각 사원의 결의권은 평등으로 한다.

② 사원은 서면이나 대리인으로 결의권을 행사할 수 있다.

③ 전2항의 규정은 정관에 다른 규정이 있는 때에는 적용하지 아니한다.

제 74 조 【사원이 결의권 없는 경우】 사단법인과 어느 사원과의 관계사항을 의결하는 경우에는 그 사원은 결의권이 없다.

제 75 조 【총회의 결의방법】 ① 총회의 결의는 본법 또는 정관에 다른 규정이 없으면 사원 과반수의 출석과 출석사원의 결의권의 과반수로써 한다.

② 제 73조 제 2항의 경우에는 당해사원은 출석한 것으로 한다.

제 76 조 【총회의 의사록】 ① 총회의 의사에 관하여는 의사록을 작성하여야 한다.

② 의사록에는 의사의 경과, 요령 및 결과를 기재하고 의장 및 출석한 이사가 기명날인하여야 한다.

③ 이사는 의사록을 주된 사무소에 비치하여야 한다.

제4절 해 산

제77조【해산사유】 ① 법인은 존립기간의 만료, 법인의 목적의 달성 또는 달성의 불능 기타 정관에 정한 해산사유의 발생, 파산 또는 설립허가의 취소로 해산한다.
② 사단법인은 사원이 없게 되거나 총회의 결의로도 해산한다.

제78조【사단법인의 해산결의】 사단법인은 총사원 4분의 3 이상의 동의가 없으면 해산을 결의하지 못한다. 그러나 정관에 다른 규정이 있는 때에는 그 규정에 의한다.

제79조【파산신청】 법인이 채무를 완제하지 못하게 된 때에는 이사는 지체 없이 파산신청을 하여야 한다.

제80조【잔여재산의 귀속】 ① 해산한 법인의 재산은 정관으로 지정한 자에게 귀속한다.
② 정관으로 귀속권리자를 지정하지 아니하거나 이를 지정하는 방법을 정하지 아니한 때에는 이사 또는 청산인은 주무관청의 허가를 얻어 그 법인의 목적에 유사한 목적을 위하여 그 재산을 처분할 수 있다. 그러나 사단법인에 있어서는 총회의 결의가 있어야 한다.
③ 전2항의 규정에 의하여 처분되지 아니한 재산은 국고에 귀속한다.

제81조【청산법인】 해산한 법인은 청산의 목적범위 내에서만 권리가 있고 의무를 부담한다.

제82조【청산인】 법인이 해산한 때에는 파산의 경우를 제하고는 이사가 청산인이 된다. 그러나 정관 또는 총회의 결의로 달리 정한 바가 있으면 그에 의한다.

제83조【법원에 의한 청산인의 선임】 전조의 규정에 의하여 청산인이 될 자가 없거나 청산인의 결원으로 인하여 손해가 생길 염려가 있는 때에는 법원은 직권 또는 이해관계인이나 검사의 청구에 의하여 청산인을 선임할 수 있다.

제84조【법원에 의한 청산인의 해임】 중요한 사유가 있는 때에는 법원은 직권 또는 이해관계인이나 검사의 청구에 의하여 청산인을 해임할 수 있다.

제85조【해산등기】 ① 청산인은 법인이 파산으로 해산한 경우가 아니면 취임 후 3주일 내에 다음 각 호의 사항을 주사무소 소재지에서 등기하여야 한다.
1. 해산 사유와 해산 연월일
2. 청산인의 성명과 주소
3. 청산인의 대표권을 제한한 경우에는 그 제한
② 제1항의 등기에 관하여는 제52조를 준용한다.

제86조【해산신고】 ① 청산인은 파산의 경우를 제하고는 그 취임 후 3주간 내에 전조 제1항의 사항을 주무관청에 신고하여야 한다.
② 청산 중에 취임한 청산인은 그 성명 및 주소를 신고하면 된다.

제87조【청산인의 직무】 ① 청산인의 직무는 다음과 같다.
1. 현존사무의 종결
2. 채권의 추심 및 채무의 변제
3. 잔여재산의 인도
② 청산인은 전항의 직무를 행하기 위하여 필요한 모든 행위를 할 수 있다.

제88조【채권신고의 공고】 ① 청산인은 취임한 날로부터 2월 내에 3회 이상의 공고로 채권자에 대하여 일정한 기간 내에 그 채권을 신고할 것을 최고하여야 한다. 그 기간은 2월 이상이어야 한다.
② 전항의 공고에는 채권자가 기간 내에 신고하지 아니하면 청산으로부터 제외될 것을 표시하여야 한다.
③ 제1항의 공고는 법원의 등기사항의 공고와 동일한 방법으로 하여야 한다.

제 89 조【채권신고의 최고】 청산인은 알고 있는 채권자에게 대하여는 각각 그 채권신고를 최고하여야 한다. 알고 있는 채권자는 청산으로부터 제외하지 못한다.

제 90 조【채권신고기간 내의 변제금지】 청산인은 제88조 제1항의 채권신고기간 내에는 채권자에 대하여 변제하지 못한다. 그러나 법인은 채권자에 대한 지연손해배상의 의무를 면하지 못한다.

제 91 조【채권변제의 특례】 ① 청산 중의 법인은 변제기에 이르지 아니한 채권에 대하여도 변제할 수 있다.
② 전항의 경우에는 조건 있는 채권, 존속기간의 불확정한 채권 기타 가액의 불확정한 채권에 관하여는 법원이 선임한 감정인의 평가에 의하여 변제하여야 한다.

제 92 조【청산으로부터 제외된 채권】 청산으로부터 제외된 채권자는 법인의 채무를 완제한 후 귀속권리자에게 인도하지 아니한 재산에 대하여서만 변제를 청구할 수 있다.

제 93 조【청산 중의 파산】 ① 청산 중 법인의 재산이 그 채무를 완제하기에 부족한 것이 분명하게 된 때에는 청산인은 지체 없이 파산선고를 신청하고 이를 공고하여야 한다.
② 청산인은 파산관재인에게 그 사무를 인계함으로써 그 임무가 종료한다.
③ 제88조 제3항의 규정은 제1항의 공고에 준용한다.

제 94 조【청산종결의 등기와 신고】 청산이 종결한 때에는 청산인은 3주간 내에 이를 등기하고 주무관청에 신고하여야 한다.

제 95 조【해산, 청산의 검사, 감독】 법인의 해산 및 청산은 법원이 검사, 감독한다.

제 96 조【준용규정】 제58조 제2항, 제59조 내지 제62조, 제64조, 제65조 및 제70조의 규정은 청산인에 이를 준용한다.

제 5 절 벌 칙

제 97 조【벌 칙】 법인의 이사, 감사 또는 청산인은 다음 각 호의 경우에는 500만원 이하의 과태료에 처한다.
1. 본장에 규정한 등기를 해태한 때
2. 제55조의 규정에 위반하거나 재산목록 또는 사원명부에 부정기재를 한 때
3. 제37조, 제95조에 규정한 검사, 감독을 방해한 때
4. 주무관청 또는 총회에 대하여 사실 아닌 신고를 하거나 사실을 은폐한 때
5. 제76조와 제90조의 규정에 위반한 때
6. 제79조, 제93조의 규정에 위반하여 파산선고의 신청을 해태한 때
7. 제88조, 제93조에 정한 공고를 해태하거나 부정한 공고를 한 때

제 4 장 물 건

제 98 조【물건의 정의】 본법에서 물건이라 함은 유체물 및 전기 기타 관리할 수 있는 자연력을 말한다.

제 99 조【부동산, 동산】 ① 토지 및 그 정착물은 부동산이다.
② 부동산 이외의 물건은 동산이다.

제 100 조【주물, 종물】 ① 물건의 소유자가 그 물건의 상용에 공하기 위하여 자기소유인 다른 물건을 이에 부속하게 한 때에는 그 부속물은 종물이다.
② 종물은 주물의 처분에 따른다.

제 101 조【천연과실, 법정과실】 ① 물건의 용법에 의하여 수취하는 산출물은 천연과실이다.
② 물건의 사용대가로 받는 금전 기타의 물건은 법정과실로 한다.

제102조【과실의 취득】① 천연과실은 그 원물로부터 분리하는 때에 이를 수취할 권리자에게 속한다.
② 법정과실은 수취할 권리의 존속기간 일수의 비율로 취득한다.

제5장 법률행위

제1절 총 칙

제103조【반사회질서의 법률행위】선량한 풍속 기타 사회질서에 위반한 사항을 내용으로 하는 법률행위는 무효로 한다.

제104조【불공정한 법률행위】당사자의 궁박, 경솔 또는 무경험으로 인하여 현저하게 공정을 잃은 법률행위는 무효로 한다.

제105조【임의규정】법률행위의 당사자가 법령 중의 선량한 풍속 기타 사회질서에 관계없는 규정과 다른 의사를 표시한 때에는 그 의사에 의한다.

제106조【사실인 관습】법령 중의 선량한 풍속 기타 사회질서에 관계없는 규정과 다른 관습이 있는 경우에 당사자의 의사가 명확하지 아니한 때에는 그 관습에 의한다.

제2절 의사표시

제107조【진의 아닌 의사표시】① 의사표시는 표의자가 진의아님을 알고 한 것이라도 그 효력이 있다. 그러나 상대방이 표의자의 진의아님을 알았거나 이를 알 수 있었을 경우에는 무효로 한다.
② 전항의 의사표시의 무효는 선의의 제삼자에게 대항하지 못한다.

제108조【통정한 허위의 의사표시】① 상대방과 통정한 허위의 의사표시는 무효로 한다.
② 전항의 의사표시의 무효는 선의의 제삼자에게 대항하지 못한다.

제109조【착오로 인한 의사표시】① 의사표시는 법률행위의 내용의 중요부분에 착오가 있는 때에는 취소할 수 있다. 그러나 그 착오가 표의자의 중대한 과실로 인한 때에는 취소하지 못한다.
② 전항의 의사표시의 취소는 선의의 제삼자에게 대항하지 못한다.

제110조【사기, 강박에 의한 의사표시】① 사기나 강박에 의한 의사표시는 취소할 수 있다.
② 상대방 있는 의사표시에 관하여 제삼자가 사기나 강박을 행한 경우에는 상대방이 그 사실을 알았거나 알 수 있었을 경우에 한하여 그 의사표시를 취소할 수 있다.
③ 전2항의 의사표시의 취소는 선의의 제삼자에게 대항하지 못한다.

제111조【의사표시의 효력발생시기】① 상대방이 있는 의사표시는 상대방에게 도달한 때에 그 효력이 생긴다.
② 의사표시자가 그 통지를 발송한 후 사망하거나 제한능력자가 되어도 의사표시의 효력에 영향을 미치지 아니한다.

제112조【제한능력자에 대한 의사표시의 효력】의사표시의 상대방이 의사표시를 받은 때에 제한능력자인 경우에는 의사표시자는 그 의사표시로써 대항할 수 없다. 다만, 그 상대방의 법정대리인이 의사표시가 도달한 사실을 안 후에는 그러하지 아니하다.

제113조【의사표시의 공시송달】표의자가 과실없이 상대방을 알지 못하거나 상대방의 소재를 알지 못하는 경우에는 의사표시는 민사소송법 공시송달의 규정에 의하여 송달할 수 있다.

제3절 대 리

제114조【대리행위의 효력】 ① 대리인이 그 권한 내에서 본인을 위한 것임을 표시한 의사표시는 직접 본인에게 대하여 효력이 생긴다.
② 전항의 규정은 대리인에게 대한 제삼자의 의사표시에 준용한다.

제115조【본인을 위한 것임을 표시하지 아니한 행위】 대리인이 본인을 위한 것임을 표시하지 아니한 때에는 그 의사표시는 자기를 위한 것으로 본다. 그러나 상대방이 대리인으로서 한 것임을 알았거나 알 수 있었을 때에는 전조 제1항의 규정을 준용한다.

제116조【대리행위의 하자】 ① 의사표시의 효력이 의사의 흠결, 사기, 강박 또는 어느 사정을 알았거나 과실로 알지 못한 것으로 인하여 영향을 받을 경우에 그 사실의 유무는 대리인을 표준하여 결정한다.
② 특정한 법률행위를 위임한 경우에 대리인이 본인의 지시에 좇아 그 행위를 한 때에는 본인은 자기가 안 사정 또는 과실로 인하여 알지 못한 사정에 관하여 대리인의 부지를 주장하지 못한다.

제117조【대리인의 행위능력】 대리인은 행위능력자임을 요하지 아니한다.

제118조【대리권의 범위】 권한을 정하지 아니한 대리인은 다음 각 호의 행위만을 할 수 있다.
1. 보존행위
2. 대리의 목적인 물건이나 권리의 성질을 변하지 아니하는 범위에서 그 이용 또는 개량하는 행위

제119조【각자대리】 대리인이 수인인 때에는 각자가 본인을 대리한다. 그러나 법률 또는 수권행위에 다른 정한 바가 있는 때에는 그러하지 아니하다.

제120조【임의대리인의 복임권】 대리권이 법률행위에 의하여 부여된 경우에는 대리인은 본인의 승낙이 있거나 부득이한 사유있는 때가 아니면 복대리인을 선임하지 못한다.

제121조【임의대리인의 복대리인선임의 책임】
① 전조의 규정에 의하여 대리인이 복대리인을 선임한 때에는 본인에게 대하여 그 선임감독에 관한 책임이 있다.
② 대리인이 본인의 지명에 의하여 복대리인을 선임한 경우에는 그 부적임 또는 불성실함을 알고 본인에게 대한 통지나 그 해임을 태만한 때가 아니면 책임이 없다.

제122조【법정대리인의 복임권과 그 책임】 법정대리인은 그 책임으로 복대리인을 선임할 수 있다. 그러나 부득이한 사유로 인한 때에는 전조 제1항에 정한 책임만이 있다.

제123조【복대리인의 권한】 ① 복대리인은 그 권한 내에서 본인을 대리한다.
② 복대리인은 본인이나 제삼자에 대하여 대리인과 동일한 권리의무가 있다.

제124조【자기계약, 쌍방대리】 대리인은 본인의 허락이 없으면 본인을 위하여 자기와 법률행위를 하거나 동일한 법률행위에 관하여 당사자쌍방을 대리하지 못한다. 그러나 채무의 이행은 할 수 있다.

제125조【대리권수여의 표시에 의한 표현대리】 제삼자에 대하여 타인에게 대리권을 수여함을 표시한 자는 그 대리권의 범위 내에서 행한 그 타인과 그 제삼자간의 법률행위에 대하여 책임이 있다. 그러나 제삼자가 대리권 없음을 알았거나 알 수 있었을 때에는 그러하지 아니하다.

제126조【권한을 넘은 표현대리】 대리인이 그 권한 외의 법률행위를 한 경우에 제삼자가 그 권한이 있다고 믿을 만한 정당한 이유가 있는 때에는 본인은 그 행위에 대하여 책임이 있다.

제127조【대리권의 소멸사유】 대리권은 다음 각 호의 어느 하나에 해당하는 사유가 있으면 소멸된다.

1. 본인의 사망
2. 대리인의 사망, 성년후견의 개시 또는 파산

제128조【임의대리의 종료】 법률행위에 의하여 수여된 대리권은 전조의 경우 외에 그 원인된 법률관계의 종료에 의하여 소멸한다. 법률관계의 종료 전에 본인이 수권행위를 철회한 경우에도 같다.

제129조【대리권 소멸 후의 표현대리】 대리권의 소멸은 선의의 제삼자에게 대항하지 못한다. 그러나 제삼자가 과실로 인하여 그 사실을 알지 못한 때에는 그러하지 아니하다.

제130조【무권대리】 대리권 없는 자가 타인의 대리인으로 한 계약은 본인이 이를 추인하지 아니하면 본인에 대하여 효력이 없다.

제131조【상대방의 최고권】 대리권 없는 자가 타인의 대리인으로 계약을 한 경우에 상대방은 상당한 기간을 정하여 본인에게 그 추인여부의 확답을 최고할 수 있다. 본인이 그 기간 내에 확답을 발하지 아니한 때에는 추인을 거절한 것으로 본다.

제132조【추인, 거절의 상대방】 추인 또는 거절의 의사표시는 상대방에 대하여 하지 아니하면 그 상대방에 대항하지 못한다. 그러나 상대방이 그 사실을 안 때에는 그러하지 아니하다.

제133조【추인의 효력】 추인은 다른 의사표시가 없는 때에는 계약시에 소급하여 그 효력이 생긴다. 그러나 제삼자의 권리를 해하지 못한다.

제134조【상대방의 철회권】 대리권 없는 자가 한 계약은 본인의 추인이 있을 때까지 상대방은 본인이나 그 대리인에 대하여 이를 철회할 수 있다. 그러나 계약 당시에 상대방이 대리권 없음을 안 때에는 그러하지 아니하다.

제135조【상대방에 대한 무권대리인의 책임】
① 다른 자의 대리인으로서 계약을 맺은 자가 그 대리권을 증명하지 못하고 또 본인의 추인을 받지 못한 경우에는 그는 상대방의 선택에 따라 계약을 이행할 책임 또는 손해를 배상할 책임이 있다.
② 대리인으로서 계약을 맺은 자에게 대리권이 없다는 사실을 상대방이 알았거나 알 수 있었을 때 또는 대리인으로서 계약을 맺은 사람이 제한능력자일 때에는 제1항을 적용하지 아니한다.

제136조【단독행위와 무권대리】 단독행위에는 그 행위 당시에 상대방이 대리인이라 칭하는 자의 대리권 없는 행위에 동의하거나 그 대리권을 다투지 아니한 때에 한하여 전6조의 규정을 준용한다. 대리권 없는 자에 대하여 그 동의를 얻어 단독행위를 한 때에도 같다.

제4절 무효와 취소

제137조【법률행위의 일부무효】 법률행위의 일부분이 무효인 때에는 그 전부를 무효로 한다. 그러나 그 무효부분이 없더라도 법률행위를 하였을 것이라고 인정될 때에는 나머지 부분은 무효가 되지 아니한다.

제138조【무효행위의 전환】 무효인 법률행위가 다른 법률행위의 요건을 구비하고 당사자가 그 무효를 알았더라면 다른 법률행위를 하는 것을 의욕하였으리라고 인정될 때에는 다른 법률행위로서 효력을 가진다.

제139조【무효행위의 추인】 무효인 법률행위는 추인하여도 그 효력이 생기지 아니한다. 그러나 당사자가 그 무효임을 알고 추인한 때에는 새로운 법률행위로 본다.

제140조【법률행위의 취소권자】 취소할 수 있는 법률행위는 제한능력자, 착오로 인하거나 사기·강박에 의하여 의사표시를 한 자, 그의 대리인 또는 승계인만이 취소할 수 있다.

제141조【취소의 효과】 취소된 법률행위는 처음부터 무효인 것으로 본다. 다만, 제한능력자는 그 행위로 인하여 받은 이익이 현존하는 한도에서 상환(償還)할 책임이 있다.

제142조【취소의 상대방】 취소할 수 있는 법률행위의 상대방이 확정한 경우에는 그 취소는 그 상대방에 대한 의사표시로 하여야 한다.

제143조【추인의 방법, 효과】 ① 취소할 수 있는 법률행위는 제140조에 규정한 자가 추인할 수 있고 추인 후에는 취소하지 못한다.
② 전조의 규정은 전항의 경우에 준용한다.

제144조【추인의 요건】 ① 추인은 취소의 원인이 소멸된 후에 하여야만 효력이 있다.
② 제1항은 법정대리인 또는 후견인이 추인하는 경우에는 적용하지 아니한다.

제145조【법정추인】 취소할 수 있는 법률행위에 관하여 전조의 규정에 의하여 추인할 수 있는 후에 다음 각 호의 사유가 있으면 추인한 것으로 본다. 그러나 이의를 보류한 때에는 그러하지 아니하다.
1. 전부나 일부의 이행
2. 이행의 청구
3. 경개
4. 담보의 제공
5. 취소할 수 있는 행위로 취득한 권리의 전부나 일부의 양도
6. 강제집행

제146조【취소권의 소멸】 취소권은 추인할 수 있는 날로부터 3년 내에 법률행위를 한 날로부터 10년 내에 행사하여야 한다.

제5절 조건과 기한

제147조【조건성취의 효과】 ① 정지조건 있는 법률행위는 조건이 성취한 때로부터 그 효력이 생긴다.
② 해제조건 있는 법률행위는 조건이 성취한 때로부터 그 효력을 잃는다.
③ 당사자가 조건성취의 효력을 그 성취 전에 소급하게 할 의사를 표시한 때에는 그 의사에 의한다.

제148조【조건부권리의 침해금지】 조건 있는 법률행위의 당사자는 조건의 성부가 미정한 동안에 조건의 성취로 인하여 생길 상대방의 이익을 해하지 못한다.

제149조【조건부권리의 처분 등】 조건의 성취가 미정한 권리의무는 일반규정에 의하여 처분, 상속, 보존 또는 담보로 할 수 있다.

제150조【조건성취, 불성취에 대한 반신의행위】
① 조건의 성취로 인하여 불이익을 받을 당사자가 신의성실에 반하여 조건의 성취를 방해한 때에는 상대방은 그 조건이 성취한 것으로 주장할 수 있다.
② 조건의 성취로 인하여 이익을 받을 당사자가 신의성실에 반하여 조건을 성취시킨 때에는 상대방은 그 조건이 성취하지 아니한 것으로 주장할 수 있다.

제151조【불법조건, 기성조건】 ① 조건이 선량한 풍속 기타 사회질서에 위반한 것인 때에는 그 법률행위는 무효로 한다.
② 조건이 법률행위의 당시 이미 성취한 것인 경우에는 그 조건이 정지조건이면 조건 없는 법률행위로 하고 해제조건이면 그 법률행위는 무효로 한다.
③ 조건이 법률행위의 당시에 이미 성취할 수 없는 것인 경우에는 그 조건이 해제조건이면 조건 없는 법률행위로 하고 정지조건이면 그 법률행위는 무효로 한다.

제152조【기한도래의 효과】 ① 시기있는 법률행위는 기한이 도래한 때로부터 그 효력이 생긴다.
② 종기있는 법률행위는 기한이 도래한 때로부터 그 효력을 잃는다.

제153조【기한의 이익과 그 포기】 ① 기한은 채무자의 이익을 위한 것으로 추정한다.
② 기한의 이익은 이를 포기할 수 있다. 그러나 상대방의 이익을 해하지 못한다.

제154조【기한부권리와 준용규정】 제148조와 제149조의 규정은 기한있는 법률행위에 준용한다.

제6장 기 간

제155조【본장의 적용범위】 기간의 계산은 법령, 재판상의 처분 또는 법률행위에 다른 정한 바가 없으면 본장의 규정에 의한다.

제156조【기간의 기산점】 기간을 시, 분, 초로 정한 때에는 즉시로부터 기산한다.

제157조【기간의 기산점】 기간을 일, 주, 월 또는 연으로 정한 때에는 기간의 초일은 산입하지 아니한다. 그러나 그 기간이 오전 영시로부터 시작하는 때에는 그러하지 아니하다.

제158조【나이의 계산과 표시】 나이는 출생일을 산입하여 만(滿) 나이로 계산하고, 연수(年數)로 표시한다. 다만, 1세에 이르지 아니한 경우에는 월수(月數)로 표시할 수 있다.

제159조【기간의 만료점】 기간을 일, 주, 월 또는 연으로 정한 때에는 기간말일의 종료로 기간이 만료한다.

제160조【역에 의한 계산】 ① 기간을 주, 월 또는 연으로 정한 때에는 역에 의하여 계산한다.
② 주, 월 또는 연의 처음으로부터 기간을 기산하지 아니하는 때에는 최후의 주, 월 또는 연에서 그 기산일에 해당한 날의 전일로 기간이 만료한다.
③ 월 또는 연으로 정한 경우에 최종의 월에 해당일이 없는 때에는 그 월의 말일로 기간이 만료한다.

제161조【공휴일 등과 기간의 만료점】 기간의 말일이 토요일 또는 공휴일에 해당한 때에는 기간은 그 익일로 만료한다.

제7장 소멸시효

제162조【채권, 재산권의 소멸시효】 ① 채권은 10년간 행사하지 아니하면 소멸시효가 완성한다.
② 채권 및 소유권 이외의 재산권은 20년간 행사하지 아니하면 소멸시효가 완성한다.

제163조【3년의 단기소멸시효】 다음 각 호의 채권은 3년간 행사하지 아니하면 소멸시효가 완성한다.

1. 이자, 부양료, 급료, 사용료 기타 1년 이내의 기간으로 정한 금전 또는 물건의 지급을 목적으로 한 채권
2. 의사, 조산사, 간호사 및 약사의 치료, 근로 및 조제에 관한 채권
3. 도급받은 자, 기사 기타 공사의 설계 또는 감독에 종사하는 자의 공사에 관한 채권
4. 변호사, 변리사, 공증인, 공인회계사 및 법무사에 대한 직무상 보관한 서류의 반환을 청구하는 채권
5. 변호사, 변리사, 공증인, 공인회계사 및 법무사의 직무에 관한 채권
6. 생산자 및 상인이 판매한 생산물 및 상품의 대가
7. 수공업자 및 제조자의 업무에 관한 채권

제164조【1년의 단기소멸시효】 다음 각 호의 채권은 1년간 행사하지 아니하면 소멸시효가 완성한다.

1. 여관, 음식점, 대석, 오락장의 숙박료, 음식료, 대석료, 입장료, 소비물의 대가 및 체당금의 채권

2. 의복, 침구, 장구 기타 동산의 사용료의 채권
3. 노역인, 연예인의 임금 및 그에 공급한 물건의 대금채권
4. 학생 및 수업자의 교육, 의식 및 유숙에 관한 교주, 숙주, 교사의 채권

제165조【판결 등에 의하여 확정된 채권의 소멸시효】 ① 판결에 의하여 확정된 채권은 단기의 소멸시효에 해당한 것이라도 그 소멸시효는 10년으로 한다.
② 파산절차에 의하여 확정된 채권 및 재판상의 화해, 조정 기타 판결과 동일한 효력이 있는 것에 의하여 확정된 채권도 전항과 같다.
③ 전2항의 규정은 판결확정 당시에 변제기가 도래하지 아니한 채권에 적용하지 아니한다.

제166조【소멸시효의 기산점】 ① 소멸시효는 권리를 행사할 수 있는 때로부터 진행한다.
② 부작위를 목적으로 하는 채권의 소멸시효는 위반행위를 한 때로부터 진행한다.

제167조【소멸시효의 소급효】 소멸시효는 그 기산일에 소급하여 효력이 생긴다.

제168조【소멸시효의 중단사유】 소멸시효는 다음 각 호의 사유로 인하여 중단된다.
1. 청구
2. 압류 또는 가압류, 가처분
3. 승인

제169조【시효중단의 효력】 시효의 중단은 당사자 및 그 승계인간에만 효력이 있다.

제170조【재판상의 청구와 시효중단】 ① 재판상의 청구는 소송의 각하, 기각 또는 취하의 경우에는 시효중단의 효력이 없다.
② 전항의 경우에 6월 내에 재판상의 청구, 파산절차참가, 압류 또는 가압류, 가처분을 한 때에는 시효는 최초의 재판상 청구로 인하여 중단된 것으로 본다.

제171조【파산절차참가와 시효중단】 파산절차참가는 채권자가 이를 취소하거나 그 청구가 각하된 때에는 시효중단의 효력이 없다.

제172조【지급명령과 시효중단】 지급명령은 채권자가 법정기간 내에 가집행신청을 하지 아니함으로 인하여 그 효력을 잃은 때에는 시효중단의 효력이 없다.

제173조【화해를 위한 소환, 임의출석과 시효중단】 화해를 위한 소환은 상대방이 출석하지 아니하거나 화해가 성립되지 아니한 때에는 1월 내에 소를 제기하지 아니하면 시효중단의 효력이 없다. 임의출석의 경우에 화해가 성립되지 아니한 때에도 그러하다.

제174조【최고와 시효중단】 최고는 6월 내에 재판상의 청구, 파산절차참가, 화해를 위한 소환, 임의출석, 압류 또는 가압류, 가처분을 하지 아니하면 시효중단의 효력이 없다.

제175조【압류, 가압류, 가처분과 시효중단】 압류, 가압류 및 가처분은 권리자의 청구에 의하여 또는 법률의 규정에 따르지 아니함으로 인하여 취소된 때에는 시효중단의 효력이 없다.

제176조【압류, 가압류, 가처분과 시효중단】 압류, 가압류 및 가처분은 시효의 이익을 받은 자에 대하여 하지 아니한 때에는 이를 그에게 통지한 후가 아니면 시효중단의 효력이 없다.

제177조【승인과 시효중단】 시효중단의 효력있는 승인에는 상대방의 권리에 관한 처분의 능력이나 권한있음을 요하지 아니한다.

제178조【중단 후에 시효진행】 ① 시효가 중단된 때에는 중단까지에 경과한 시효기간은 이를 산입하지 아니하고 중단사유가 종료한 때로부터 새로이 진행한다.
② 재판상의 청구로 인하여 중단한 시효는 전항의 규정에 의하여 재판이 확정된 때로부터 새로이 진행한다.

제179조【제한능력자의 시효정지】 소멸시효의 기간만료 전 6개월 내에 제한능력자에게 법정대리인이 없는 경우에는 그가 능력자가 되거나 법정대리인이 취임한 때부터 6개월 내에는 시효가 완성되지 아니한다.

제180조【재산관리자에 대한 제한능력자의 권리, 부부 사이의 권리와 시효정지】 ① 재산을 관리하는 아버지, 어머니 또는 후견인에 대한 제한능력자의 권리는 그가 능력자가 되거나 후임 법정대리인이 취임한 때부터 6개월 내에는 소멸시효가 완성되지 아니한다.
② 부부 중 한쪽이 다른 쪽에 대하여 가지는 권리는 혼인관계가 종료된 때부터 6개월 내에는 소멸시효가 완성되지 아니한다.

제181조【상속재산에 관한 권리와 시효정지】 상속재산에 속한 권리나 상속재산에 대한 권리는 상속인의 확정, 관리인의 선임 또는 파산선고가 있는 때로부터 6월 내에는 소멸시효가 완성하지 아니한다.

제182조【천재 기타 사변과 시효정지】 천재 기타 사변으로 인하여 소멸시효를 중단할 수 없을 때에는 그 사유가 종료한 때로부터 1월 내에는 시효가 완성하지 아니한다.

제183조【종속된 권리에 대한 소멸시효의 효력】 주된 권리의 소멸시효가 완성한 때에는 종속된 권리에 그 효력이 미친다.

제184조【시효의 이익의 포기 기타】 ① 소멸시효의 이익은 미리 포기하지 못한다.
② 소멸시효는 법률행위에 의하여 이를 배제, 연장 또는 가중할 수 없으나 이를 단축 또는 경감할 수 있다.

제2편 물 권

제1장 총 칙

제185조【물권의 종류】 물권은 법률 또는 관습법에 의하는 외에는 임의로 창설하지 못한다.

제186조【부동산물권변동의 효력】 부동산에 관한 법률행위로 인한 물권의 득실변경은 등기하여야 그 효력이 생긴다.

제187조【등기를 요하지 아니하는 부동산물권취득】 상속, 공용징수, 판결, 경매 기타 법률의 규정에 의한 부동산에 관한 물권의 취득은 등기를 요하지 아니한다. 그러나 등기를 하지 아니하면 이를 처분하지 못한다.

제188조【동산물권양도의 효력, 간이인도】 ① 동산에 관한 물권의 양도는 그 동산을 인도하여야 효력이 생긴다.
② 양수인이 이미 그 동산을 점유한 때에는 당사자의 의사표시만으로 그 효력이 생긴다.

제189조【점유개정】 동산에 관한 물권을 양도하는 경우에 당사자의 계약으로 양도인이 그 동산의 점유를 계속하는 때에는 양수인이 인도받은 것으로 본다.

제190조【목적물반환청구권의 양도】 제삼자가 점유하고 있는 동산에 관한 물권을 양도하는 경우에는 양도인이 그 제삼자에 대한 반환청구권을 양수인에게 양도함으로써 동산을 인도한 것으로 본다.

제191조【혼동으로 인한 물권의 소멸】 ① 동일한 물건에 대한 소유권과 다른 물권이 동일한 사람에게 귀속한 때에는 다른 물권은 소멸한다. 그러나 그 물권이 제삼자의 권리의 목적이 된 때에는 소멸하지 아니한다.
② 전항의 규정은 소유권이외의 물권과 그를 목적으로 하는 다른 권리가 동일한 사람에게 귀속한 경우에 준용한다.

③ 점유권에 관하여는 전2항의 규정을 적용하지 아니한다.

제 2 장 점유권

제192조【점유권의 취득과 소멸】 ① 물건을 사실상 지배하는 자는 점유권이 있다.
② 점유자가 물건에 대한 사실상의 지배를 상실한 때에는 점유권이 소멸한다. 그러나 제204조의 규정에 의하여 점유를 회수한 때에는 그러하지 아니하다.

제193조【상속으로 인한 점유권의 이전】 점유권은 상속인에 이전한다.

제194조【간접점유】 지상권, 전세권, 질권, 사용대차, 임대차, 임치 기타의 관계로 타인으로 하여금 물건을 점유하게 한 자는 간접으로 점유권이 있다.

제195조【점유보조자】 가사상, 영업상 기타 유사한 관계에 의하여 타인의 지시를 받어 물건에 대한 사실상의 지배를 하는 때에는 그 타인만을 점유자로 한다.

제196조【점유권의 양도】 ① 점유권의 양도는 점유물의 인도로 그 효력이 생긴다.
② 전항의 점유권의 양도에는 제188조 제2항, 제189조, 제190조의 규정을 준용한다.

제197조【점유의 태양】 ① 점유자는 소유의 의사로 선의, 평온 및 공연하게 점유한 것으로 추정한다.
② 선의의 점유자라도 본권에 관한 소에 패소한 때에는 그 소가 제기된 때로부터 악의의 점유자로 본다.

제198조【점유계속의 추정】 전후양시에 점유한 사실이 있는 때에는 그 점유는 계속한 것으로 추정한다.

제199조【점유의 승계의 주장과 그 효과】 ① 점유자의 승계인은 자기의 점유만을 주장하거나 자기의 점유와 전점유자의 점유를 아울러 주장할 수 있다.
② 전점유자의 점유를 아울러 주장하는 경우에는 그 하자도 계승한다.

제200조【권리의 적법의 추정】 점유자가 점유물에 대하여 행사하는 권리는 적법하게 보유한 것으로 추정한다.

제201조【점유자와 과실】 ① 선의의 점유자는 점유물의 과실을 취득한다.
② 악의의 점유자는 수취한 과실을 반환하여야 하며 소비하였거나 과실로 인하여 훼손 또는 수취하지 못한 경우에는 그 과실의 대가를 보상하여야 한다.
③ 전항의 규정은 폭력 또는 은비에 의한 점유자에 준용한다.

제202조【점유자의 회복자에 대한 책임】 점유물이 점유자의 책임 있는 사유로 인하여 멸실 또는 훼손한 때에는 악의의 점유자는 그 손해의 전부를 배상하여야 하며 선의의 점유자는 이익이 현존하는 한도에서 배상하여야 한다. 소유의 의사가 없는 점유자는 선의인 경우에도 손해의 전부를 배상하여야 한다.

제203조【점유자의 상환청구권】 ① 점유자가 점유물을 반환할 때에는 회복자에 대하여 점유물을 보존하기 위하여 지출한 금액 기타 필요비의 상환을 청구할 수 있다. 그러나 점유자가 과실을 취득한 경우에는 통상의 필요비는 청구하지 못한다.
② 점유자가 점유물을 개량하기 위하여 지출한 금액 기타 유익비에 관하여는 그 가액의 증가가 현존한 경우에 한하여 회복자의 선택에 좇아 그 지출금액이나 증가액의 상환을 청구할 수 있다.
③ 전항의 경우에 법원은 회복자의 청구에 의하여 상당한 상환기간을 허여할 수 있다.

제 204 조【점유의 회수】 ① 점유자가 점유의 침탈을 당한 때에는 그 물건의 반환 및 손해의 배상을 청구할 수 있다.
② 전항의 청구권은 침탈자의 특별승계인에 대하여는 행사하지 못한다. 그러나 승계인이 악의인 때에는 그러하지 아니하다.
③ 제1항의 청구권은 침탈을 당한 날로부터 1년 내에 행사하여야 한다.

제 205 조【점유의 보유】 ① 점유자가 점유의 방해를 받은 때에는 그 방해의 제거 및 손해의 배상을 청구할 수 있다.
② 전항의 청구권은 방해가 종료한 날로부터 1년 내에 행사하여야 한다.
③ 공사로 인하여 점유의 방해를 받은 경우에는 공사착수 후 1년을 경과하거나 그 공사가 완성한 때에는 방해의 제거를 청구하지 못한다.

제 206 조【점유의 보전】 ① 점유자가 점유의 방해를 받을 염려가 있는 때에는 그 방해의 예방 또는 손해배상의 담보를 청구할 수 있다.
② 공사로 인하여 점유의 방해를 받을 염려가 있는 경우에는 전조 제 3항의 규정을 준용한다.

제 207 조【간접점유의 보호】 ① 전3조의 청구권은 제 194조의 규정에 의한 간접점유자도 이를 행사할 수 있다.
② 점유자가 점유의 침탈을 당한 경우에 간접점유자는 그 물건을 점유자에게 반환할 것을 청구할 수 있고 점유자가 그 물건의 반환을 받을 수 없거나 이를 원하지 아니하는 때에는 자기에게 반환할 것을 청구할 수 있다.

제 208 조【점유의 소와 본권의 소와의 관계】
① 점유권에 기인한 소와 본권에 기인한 소는 서로 영향을 미치지 아니한다.
② 점유권에 기인한 소는 본권에 관한 이유로 재판하지 못한다.

제 209 조【자력구제】 ① 점유자는 그 점유를 부정히 침탈 또는 방해하는 행위에 대하여 자력으로써 이를 방위할 수 있다.
② 점유물이 침탈되었을 경우에 부동산일 때에는 점유자는 침탈 후 직시 가해자를 배제하여 이를 탈환할 수 있고 동산일 때에는 점유자는 현장에서 또는 추적하여 가해자로부터 이를 탈환할 수 있다.

제 210 조【준점유】 본장의 규정은 재산권을 사실상 행사하는 경우에 준용한다.

제 3 장　소유권

제 1 절　소유권의 한계

제 211 조【소유권의 내용】 소유자는 법률의 범위 내에서 그 소유물을 사용, 수익, 처분할 권리가 있다.

제 212 조【토지소유권의 범위】 토지의 소유권은 정당한 이익있는 범위 내에서 토지의 상하에 미친다.

제 213 조【소유물반환청구권】 소유자는 그 소유에 속한 물건을 점유한 자에 대하여 반환을 청구할 수 있다. 그러나 점유자가 그 물건을 점유할 권리가 있는 때에는 반환을 거부할 수 있다.

제 214 조【소유물방해제거, 방해예방청구권】 소유자는 소유권을 방해하는 자에 대하여 방해의 제거를 청구할 수 있고 소유권을 방해할 염려있는 행위를 하는 자에 대하여 그 예방이나 손해배상의 담보를 청구할 수 있다.

제 215 조【건물의 구분소유】 ① 수인이 한 채의 건물을 구분하여 각각 그 일부분을 소유한 때에는 건물과 그 부속물중 공용하는 부분은 그의 공유로 추정한다.
② 공용부분의 보존에 관한 비용 기타의 부담은 각자의 소유부분의 가액에 비례하여 분담한다.

제 216 조【인지사용청구권】 ① 토지소유자는 경계나 그 근방에서 담 또는 건물을 축조하거나 수선하기 위하여 필요한 범위 내에서 이웃 토지의 사용을 청구할 수 있다. 그러나 이웃 사람의 승낙이 없으면 그 주거에 들어가지 못한다.
② 전항의 경우에 이웃 사람이 손해를 받은 때에는 보상을 청구할 수 있다.

제 217 조【매연 등에 의한 인지에 대한 방해금지】 ① 토지소유자는 매연, 열기체, 액체, 음향, 진동 기타 이에 유사한 것으로 이웃 토지의 사용을 방해하거나 이웃 거주자의 생활에 고통을 주지 아니하도록 적당한 조처를 할 의무가 있다.
② 이웃 거주자는 전항의 사태가 이웃 토지의 통상의 용도에 적당한 것인 때에는 이를 인용할 의무가 있다.

제 218 조【수도 등 시설권】 ① 토지소유자는 타인의 토지를 통과하지 아니하면 필요한 수도, 소수관, 까스관, 전선 등을 시설할 수 없거나 과다한 비용을 요하는 경우에는 타인의 토지를 통과하여 이를 시설할 수 있다. 그러나 이로 인한 손해가 가장 적은 장소와 방법을 선택하여 이를 시설할 것이며 타토지의 소유자의 요청에 의하여 손해를 보상하여야 한다.
② 전항에 의한 시설을 한 후 사정의 변경이 있는 때에는 타토지의 소유자는 그 시설의 변경을 청구할 수 있다. 시설변경의 비용은 토지소유자가 부담한다.

제 219 조【주위토지통행권】 ① 어느 토지와 공로 사이에 그 토지의 용도에 필요한 통로가 없는 경우에 그 토지소유자는 주위의 토지를 통행 또는 통로로 하지 아니하면 공로에 출입할 수 없거나 과다한 비용을 요하는 때에는 그 주위의 토지를 통행할 수 있고 필요한 경우에는 통로를 개설할 수 있다. 그러나 이로 인한 손해가 가장 적은 장소와 방법을 선택하여야 한다.
② 전항의 통행권자는 통행지소유자의 손해를 보상하여야 한다.

제 220 조【분할, 일부양도와 주위통행권】 ① 분할로 인하여 공로에 통하지 못하는 토지가 있는 때에는 그 토지소유자는 공로에 출입하기 위하여 다른 분할자의 토지를 통행할 수 있다. 이 경우에는 보상의 의무가 없다.
② 전항의 규정은 토지소유자가 그 토지의 일부를 양도한 경우에 준용한다.

제 221 조【자연유수의 승수의무와 권리】 ① 토지소유자는 이웃 토지로부터 자연히 흘러오는 물을 막지 못한다.
② 고지소유자는 이웃 저지에 자연히 흘러 내리는 이웃 저지에서 필요한 물을 자기의 정당한 사용범위를 넘어서 이를 막지 못한다.

제 222 조【소통공사권】 흐르는 물이 저지에서 폐색된 때에는 고지소유자는 자비로 소통에 필요한 공사를 할 수 있다.

제 223 조【저수, 배수, 인수를 위한 공작물에 대한 공사청구권】 토지소유자가 저수, 배수 또는 인수하기 위하여 공작물을 설치한 경우에 공작물의 파손 또는 폐색으로 타인의 토지에 손해를 가하거나 가할 염려가 있는 때에는 타인은 그 공작물의 보수, 폐색의 소통 또는 예방에 필요한 청구를 할 수 있다.

제 224 조【관습에 의한 비용부담】 전2조의 경우에 비용부담에 관한 관습이 있으면 그 관습에 의한다.

제 225 조【처마물에 대한 시설의무】 토지소유자는 처마물이 이웃에 직접 낙하하지 아니하도록 적당한 시설을 하여야 한다.

제 226 조【여수소통권】 ① 고지소유자는 침수지를 건조하기 위하여 또는 가용이나 농, 공업용의 여수를 소통하기 위하여 공로, 공류 또는 하수도에 달하기까지 저지에 물을 통과하게 할 수 있다.

② 전항의 경우에는 저지의 손해가 가장 적은 장소와 방법을 선택하여야 하며 손해를 보상하여야 한다.

제 227 조【유수용공작물의 사용권】 ① 토지소유자는 그 소유지의 물을 소통하기 위하여 이웃 토지소유자의 시설한 공작물을 사용할 수 있다.
② 전항의 공작물을 사용하는 자는 그 이익을 받는 비율로 공작물의 설치와 보존의 비용을 분담하여야 한다.

제 228 조【여수급여청구권】 토지소유자는 과다한 비용이나 노력을 요하지 아니하고는 가용이나 토지이용에 필요한 물을 얻기 곤란한 때에는 이웃 토지소유자에게 보상하고 여수의 급여를 청구할 수 있다.

제 229 조【수류의 변경】 ① 구거 기타 수류지의 소유자는 대안의 토지가 타인의 소유인 때에는 그 수로나 수류의 폭을 변경하지 못한다.
② 양안의 토지가 수류지소유자의 소유인 때에는 소유자는 수로와 수류의 폭을 변경할 수 있다. 그러나 하류는 자연의 수로와 일치하도록 하여야 한다.
③ 전2항의 규정은 다른 관습이 있으면 그 관습에 의한다.

제 230 조【언의 설치, 이용권】 ① 수류지의 소유자가 언을 설치할 필요가 있는 때에는 그 언을 대안에 접촉하게 할 수 있다. 그러나 이로 인한 손해를 보상하여야 한다.
② 대안의 소유자는 수류지의 일부가 자기소유인 때에는 그 언을 사용할 수 있다. 그러나 그 이익을 받는 비율로 언의 설치, 보존의 비용을 분담하여야 한다.

제 231 조【공유하천용수권】 ① 공유하천의 연안에서 농, 공업을 경영하는 자는 이에 이용하기 위하여 타인의 용수를 방해하지 아니하는 범위 내에서 필요한 인수를 할 수 있다.
② 전항의 인수를 하기 위하여 필요한 공작물을 설치할 수 있다.

제 232 조【하류 연안의 용수권보호】 전조의 인수나 공작물로 인하여 하류연안의 용수권을 방해하는 때에는 그 용수권자는 방해의 제거 및 손해의 배상을 청구할 수 있다.

제 233 조【용수권의 승계】 농, 공업의 경영에 이용하는 수로 기타 공작물의 소유자나 몽리자의 특별승계인은 그 용수에 관한 전소유자나 몽리자의 권리의무를 승계한다.

제 234 조【용수권에 관한 다른 관습】 전3조의 규정은 다른 관습이 있으면 그 관습에 의한다.

제 235 조【공용수의 용수권】 상린자는 그 공용에 속하는 원천이나 수도를 각 수요의 정도에 응하여 타인의 용수를 방해하지 아니하는 범위 내에서 각각 용수할 권리가 있다.

제 236 조【용수장해의 공사와 손해배상, 원상회복】 ① 필요한 용도나 수익이 있는 원천이나 수도가 타인의 건축 기타 공사로 인하여 단수, 감수 기타 용도에 장해가 생긴 때에는 용수권자는 손해배상을 청구할 수 있다.
② 전항의 공사로 인하여 음료수 기타 생활상 필요한 용수에 장해가 있을 때에는 원상회복을 청구할 수 있다.

제 237 조【경계표, 담의 설치권】 ① 인접하여 토지를 소유한 자는 공동비용으로 통상의 경계표나 담을 설치할 수 있다.
② 전항의 비용은 쌍방이 절반하여 부담한다. 그러나 측량비용은 토지의 면적에 비례하여 부담한다.
③ 전2항의 규정은 다른 관습이 있으면 그 관습에 의한다.

제 238 조【담의 특수시설권】 인지소유자는 자기의 비용으로 담의 재료를 통상보다 양호한 것으로 할 수 있으며 그 높이를 통상보다 높게 할 수 있고 또는 방화벽 기타 특수시설을 할 수 있다.

제 239 조【경계표 등의 공유추정】 경계에 설치된 경계표, 담, 구거 등은 상린자의 공유로 추정한다. 그러나 경계표, 담, 구거 등이 상린자일방의 단독비용으로 설치되었거나 담이 건물의 일부인 경우에는 그러하지 아니하다.

제 240 조【수지, 목근의 제거권】 ① 인접지의 수목가지가 경계를 넘은 때에는 그 소유자에 대하여 가지의 제거를 청구할 수 있다.
② 전항의 청구에 응하지 아니한 때에는 청구자가 그 가지를 제거할 수 있다.
③ 인접지의 수목뿌리가 경계를 넘은 때에는 임의로 제거할 수 있다.

제 241 조【토지의 심굴금지】 토지소유자는 인접지의 지반이 붕괴할 정도로 자기의 토지를 심굴하지 못한다. 그러나 충분한 방어공사를 한 때에는 그러하지 아니하다.

제 242 조【경계선부근의 건축】 ① 건물을 축조함에는 특별한 관습이 없으면 경계로부터 반미터 이상의 거리를 두어야 한다.
② 인접지소유자는 전항의 규정에 위반한 자에 대하여 건물의 변경이나 철거를 청구할 수 있다. 그러나 건축에 착수한 후 1년을 경과하거나 건물이 완성된 후에는 손해배상만을 청구할 수 있다.

제 243 조【차면시설의무】 경계로부터 2미터 이내의 거리에서 이웃 주택의 내부를 관망할 수 있는 창이나 마루를 설치하는 경우에는 적당한 차면시설을 하여야 한다.

제 244 조【지하시설 등에 대한 제한】 ① 우물을 파거나 용수, 하수 또는 오물 등을 저치할 지하시설을 하는 때에는 경계로부터 2미터 이상의 거리를 두어야 하며 저수지, 구거 또는 지하실공사에는 경계로부터 그 깊이의 반 이상의 거리를 두어야 한다.
② 전항의 공사를 함에는 토사가 붕괴하거나 하수 또는 오액이 이웃에 흐르지 아니하도록 적당한 조처를 하여야 한다.

제 2 절　소유권의 취득

제 245 조【점유로 인한 부동산소유권의 취득기간】 ① 20년간 소유의 의사로 평온, 공연하게 부동산을 점유하는 자는 등기함으로써 그 소유권을 취득한다.
② 부동산의 소유자로 등기한 자가 10년간 소유의 의사로 평온, 공연하게 선의이며 과실 없이 그 부동산을 점유한 때에는 소유권을 취득한다.

제 246 조【점유로 인한 동산소유권의 취득기간】 ① 10년간 소유의 의사로 평온, 공연하게 동산을 점유한 자는 그 소유권을 취득한다.
② 전항의 점유가 선의이며 과실 없이 개시된 경우에는 5년을 경과함으로써 그 소유권을 취득한다.

제 247 조【소유권 취득의 소급효, 중단사유】 ① 전2조의 규정에 의한 소유권 취득의 효력은 점유를 개시한 때에 소급한다.
② 소멸시효의 중단에 관한 규정은 전2조의 소유권 취득기간에 준용한다.

제 248 조【소유권 이외의 재산권의 취득시효】 전3조의 규정은 소유권 이외의 재산권의 취득에 준용한다.

제 249 조【선의취득】 평온, 공연하게 동산을 양수한 자가 선의이며 과실 없이 그 동산을 점유한 경우에는 양도인이 정당한 소유자가 아닌 때에도 즉시 그 동산의 소유권을 취득한다.

제 250 조【도품, 유실물에 대한 특례】 전조의 경우에 그 동산이 도품이나 유실물인 때에는 피해자 또는 유실자는 도난 또는 유실한 날로부터 2년 내에 그 물건의 반환을 청구할 수 있다. 그러나 도품이나 유실물이 금전인 때에는 그러하지 아니하다.

제 251 조【도품, 유실물에 대한 특례】 양수인이 도품 또는 유실물을 경매나 공개시장에서 또는 동종류의 물건을 판매하는 상인에게서 선의로 매수한 때에는 피해자 또는 유실자는 양수인이 지급한 대가를 변상하고 그 물건의 반환을 청구할 수 있다.

제 252 조【무주물의 귀속】 ① 무주의 동산을 소유의 의사로 점유한 자는 그 소유권을 취득한다.
② 무주의 부동산은 국유로 한다.
③ 야생하는 동물은 무주물로 하고 사양하는 야생동물도 다시 야생상태로 돌아가면 무주물로 한다.

제 253 조【유실물의 소유권 취득】 유실물은 법률에 정한 바에 의하여 공고한 후 6개월 내에 그 소유자가 권리를 주장하지 아니하면 습득자가 그 소유권을 취득한다.

제 254 조【매장물의 소유권 취득】 매장물은 법률에 정한 바에 의하여 공고한 후 1년 내에 그 소유자가 권리를 주장하지 아니하면 발견자가 그 소유권을 취득한다. 그러나 타인의 토지 기타 물건으로부터 발견한 매장물은 그 토지 기타 물건의 소유자와 발견자가 절반하여 취득한다.

제 255 조【「국가유산기본법」 제3조에 따른 국가유산의 국유】 ① 학술, 기예 또는 고고의 중요한 재료가 되는 물건에 대하여는 제252조 제1항 및 전2조의 규정에 의하지 아니하고 국유로 한다.
② 전항의 경우에 습득자, 발견자 및 매장물이 발견된 토지 기타 물건의 소유자는 국가에 대하여 적당한 보상을 청구할 수 있다.

제 256 조【부동산에의 부합】 부동산의 소유자는 그 부동산에 부합한 물건의 소유권을 취득한다. 그러나 타인의 권원에 의하여 부속된 것은 그러하지 아니하다.

제 257 조【동산 간의 부합】 동산과 동산이 부합하여 훼손하지 아니하면 분리할 수 없거나 그 분리에 과다한 비용을 요할 경우에는 그 합성물의 소유권은 주된 동산의 소유자에게 속한다. 부합한 동산의 주종을 구별할 수 없는 때에는 동산의 소유자는 부합 당시의 가액의 비율로 합성물을 공유한다.

제 258 조【혼 화】 전조의 규정은 동산과 동산이 혼화하여 식별할 수 없는 경우에 준용한다.

제 259 조【가 공】 ① 타인의 동산에 가공한 때에는 그 물건의 소유권은 원재료의 소유자에게 속한다. 그러나 가공으로 인한 가액의 증가가 원재료의 가액보다 현저히 다액인 때에는 가공자의 소유로 한다.
② 가공자가 재료의 일부를 제공하였을 때에는 그 가액은 전항의 증가액에 가산한다.

제 260 조【첨부의 효과】 ① 전4조의 규정에 의하여 동산의 소유권이 소멸한 때에는 그 동산을 목적으로 한 다른 권리도 소멸한다.
② 동산의 소유자가 합성물, 혼화물 또는 가공물의 단독소유자가 된 때에는 전항의 권리는 합성물, 혼화물 또는 가공물에 존속하고 그 공유자가 된 때에는 그 지분에 존속한다.

제 261 조【첨부로 인한 구상권】 전5조의 경우에 손해를 받은 자는 부당이득에 관한 규정에 의하여 보상을 청구할 수 있다.

제 3 절 공동소유

제 262 조【물건의 공유】 ① 물건이 지분에 의하여 수인의 소유로 된 때에는 공유로 한다.
② 공유자의 지분은 균등한 것으로 추정한다.

제 263 조【공유지분의 처분과 공유물의 사용, 수익】 공유자는 그 지분을 처분할 수 있고 공유물 전부를 지분의 비율로 사용, 수익할 수 있다.

제 264 조【공유물의 처분, 변경】 공유자는 다른 공유자의 동의 없이 공유물을 처분하거나 변경하지 못한다.

제 265 조【공유물의 관리, 보존】 공유물의 관리에 관한 사항은 공유자의 지분의 과반수로써 결정한다. 그러나 보존행위는 각자가 할 수 있다.

제 266 조【공유물의 부담】 ① 공유자는 그 지분의 비율로 공유물의 관리비용 기타 의무를 부담한다.
② 공유자가 1년 이상 전항의 의무이행을 지체한 때에는 다른 공유자는 상당한 가액으로 지분을 매수할 수 있다.

제 267 조【지분포기 등의 경우의 귀속】 공유자가 그 지분을 포기하거나 상속인 없이 사망한 때에는 그 지분은 다른 공유자에게 각 지분의 비율로 귀속한다.

제 268 조【공유물의 분할청구】 ① 공유자는 공유물의 분할을 청구할 수 있다. 그러나 5년 내의 기간으로 분할하지 아니할 것을 약정할 수 있다.
② 전항의 계약을 갱신한 때에는 그 기간은 갱신한 날로부터 5년을 넘지 못한다.
③ 전2항의 규정은 제215조, 제239조의 공유물에는 적용하지 아니한다.

제 269 조【분할의 방법】 ① 분할의 방법에 관하여 협의가 성립되지 아니한 때에는 공유자는 법원에 그 분할을 청구할 수 있다.
② 현물로 분할할 수 없거나 분할로 인하여 현저히 그 가액이 감손될 염려가 있는 때에는 법원은 물건의 경매를 명할 수 있다.

제 270 조【분할로 인한 담보책임】 공유자는 다른 공유자가 분할로 인하여 취득한 물건에 대하여 그 지분의 비율로 매도인과 동일한 담보책임이 있다.

제 271 조【물건의 합유】 ① 법률의 규정 또는 계약에 의하여 수인이 조합체로서 물건을 소유하는 때에는 합유로 한다. 합유자의 권리는 합유물 전부에 미친다.
② 합유에 관하여는 전항의 규정 또는 계약에 의하는 외에 다음 3조의 규정에 의한다.

제 272 조【합유물의 처분, 변경과 보존】 합유물을 처분 또는 변경함에는 합유자 전원의 동의가 있어야 한다. 그러나 보존행위는 각자가 할 수 있다.

제 273 조【합유지분의 처분과 합유물의 분할금지】 ① 합유자는 전원의 동의 없이 합유물에 대한 지분을 처분하지 못한다.
② 합유자는 합유물의 분할을 청구하지 못한다.

제 274 조【합유의 종료】 ① 합유는 조합체의 해산 또는 합유물의 양도로 인하여 종료한다.
② 전항의 경우에 합유물의 분할에 관하여는 공유물의 분할에 관한 규정을 준용한다.

제 275 조【물건의 총유】 ① 법인이 아닌 사단의 사원이 집합체로서 물건을 소유할 때에는 총유로 한다.
② 총유에 관하여는 사단의 정관 기타 계약에 의하는 외에 다음 2조의 규정에 의한다.

제 276 조【총유물의 관리, 처분과 사용, 수익】
① 총유물의 관리 및 처분은 사원총회의 결의에 의한다.
② 각 사원은 정관 기타의 규약에 좇아 총유물을 사용, 수익할 수 있다.

제 277 조【총유물에 관한 권리의무의 득상】 총유물에 관한 사원의 권리의무는 사원의 지위를 취득상실함으로써 취득상실된다.

제 278 조【준공동소유】 본절의 규정은 소유권 이외의 재산권에 준용한다. 그러나 다른 법률에 특별한 규정이 있으면 그에 의한다.

제 4 장 지상권

제 279 조【지상권의 내용】 지상권자는 타인의 토지에 건물 기타 공작물이나 수목을 소유하기 위하여 그 토지를 사용하는 권리가 있다.

제 280 조【존속기간을 약정한 지상권】 ① 계약으로 지상권의 존속기간을 정하는 경우에는 그 기간은 다음 연한보다 단축하지 못한다.

1. 석조, 석회조, 연와조 또는 이와 유사한 견고한 건물이나 수목의 소유를 목적으로 하는 때에는 30년
2. 전호 이외의 건물의 소유를 목적으로 하는 때에는 15년
3. 건물 이외의 공작물의 소유를 목적으로 하는 때에는 5년

② 전항의 기간보다 단축한 기간을 정한 때에는 전항의 기간까지 연장한다.

제 281 조【존속기간을 약정하지 아니한 지상권】 ① 계약으로 지상권의 존속기간을 정하지 아니한 때에는 그 기간은 전조의 최단존속기간으로 한다.
② 지상권설정 당시에 공작물의 종류와 구조를 정하지 아니한 때에는 지상권은 전조 제2호의 건물의 소유를 목적으로 한 것으로 본다.

제 282 조【지상권의 양도, 임대】 지상권자는 타인에게 그 권리를 양도하거나 그 권리의 존속기간 내에서 그 토지를 임대할 수 있다.

제 283 조【지상권자의 갱신청구권, 매수청구권】
① 지상권이 소멸한 경우에 건물 기타 공작물이나 수목이 현존한 때에는 지상권자는 계약의 갱신을 청구할 수 있다.
② 지상권설정자가 계약의 갱신을 원하지 아니하는 때에는 지상권자는 상당한 가액으로 전항의 공작물이나 수목의 매수를 청구할 수 있다.

제 284 조【갱신과 존속기간】 당사자가 계약을 갱신하는 경우에는 지상권의 존속기간은 갱신한 날로부터 제280조의 최단존속기간보다 단축하지 못한다. 그러나 당사자는 이보다 장기의 기간을 정할 수 있다.

제 285 조【수거의무, 매수청구권】 ① 지상권이 소멸한 때에는 지상권자는 건물 기타 공작물이나 수목을 수거하여 토지를 원상에 회복하여야 한다.
② 전항의 경우에 지상권설정자가 상당한 가액을 제공하여 그 공작물이나 수목의 매수를 청구한 때에는 지상권자는 정당한 이유 없이 이를 거절하지 못한다.

제 286 조【지료증감청구권】 지료가 토지에 관한 조세 기타 부담의 증감이나 지가의 변동으로 인하여 상당하지 아니하게 된 때에는 당사자는 그 증감을 청구할 수 있다.

제 287 조【지상권소멸청구권】 지상권자가 2년 이상의 지료를 지급하지 아니한 때에는 지상권설정자는 지상권의 소멸을 청구할 수 있다.

제 288 조【지상권소멸청구와 저당권자에 대한 통지】 지상권이 저당권의 목적인 때 또는 그 토지에 있는 건물, 수목이 저당권의 목적이 된 때에는 전조의 청구는 저당권자에게 통지한 후 상당한 기간이 경과함으로써 그 효력이 생긴다.

제 289 조【강행규정】 제280조 내지 제287조의 규정에 위반되는 계약으로 지상권자에게 불리한 것은 그 효력이 없다.

제 289 조의2【구분지상권】 ① 지하 또는 지상의 공간은 상하의 범위를 정하여 건물 기타 공작물을 소유하기 위한 지상권의 목적으로 할 수 있다. 이 경우 설정행위로써 지상권의 행사를 위하여 토지의 사용을 제한할 수 있다.
② 제1항의 규정에 의한 구분지상권은 제3자가 토지를 사용 · 수익할 권리를 가진 때에도 그 권리자 및 그 권리를 목적으로 하는 권리를 가진 자 전원의 승낙이 있으면 이를 설정할 수 있다. 이 경우 토지를 사용 · 수익할 권리를 가진 제3자는 그 지상권의 행사를 방해하여서는 아니 된다.

제 290 조【준용규정】 ① 제213조, 제214조, 제216조 내지 제244조의 규정은 지상권자간 또는 지상권자와 인지소유자간에 이를 준용한다.
② 제280조 내지 제289조 및 제1항의 규정은 제289조의2의 규정에 의한 구분지상권에 관하여 이를 준용한다.

제 5 장 지역권

제 291 조【지역권의 내용】 지역권자는 일정한 목적을 위하여 타인의 토지를 자기토지의 편익에 이용하는 권리가 있다.

제 292 조【부종성】 ① 지역권은 요역지소유권에 부종하여 이전하며 또는 요역지에 대한 소유권이외의 권리의 목적이 된다. 그러나 다른 약정이 있는 때에는 그 약정에 의한다.
② 지역권은 요역지와 분리하여 양도하거나 다른 권리의 목적으로 하지 못한다.

제 293 조【공유관계, 일부양도와 불가분성】 ① 토지공유자의 1인은 지분에 관하여 그 토지를 위한 지역권 또는 그 토지가 부담한 지역권을 소멸하게 하지 못한다.
② 토지의 분할이나 토지의 일부양도의 경우에는 지역권은 요역지의 각 부분을 위하여 또는 그 승역지의 각 부분에 존속한다. 그러나 지역권이 토지의 일부분에만 관한 것인 때에는 다른 부분에 대하여는 그러하지 아니하다.

제 294 조【지역권취득기간】 지역권은 계속되고 표현된 것에 한하여 제245조의 규정을 준용한다.

제 295 조【취득과 불가분성】 ① 공유자의 1인이 지역권을 취득한 때에는 다른 공유자도 이를 취득한다.
② 점유로 인한 지역권취득기간의 중단은 지역권을 행사하는 모든 공유자에 대한 사유가 아니면 그 효력이 없다.

제 296 조【소멸시효의 중단, 정지와 불가분성】 요역지가 수인의 공유인 경우에 그 1인에 의한 지역권 소멸시효의 중단 또는 정지는 다른 공유자를 위하여 효력이 있다.

제 297 조【용수지역권】 ① 용수승역지의 수량이 요역지 및 승역지의 수요에 부족한 때에는 그 수요정도에 의하여 먼저 가용에 공급하고 다른 용도에 공급하여야 한다. 그러나 설정행위에 다른 약정이 있는 때에는 그 약정에 의한다.
② 승역지에 수개의 용수지역권이 설정된 때에는 후순위의 지역권자는 선순위의 지역권자의 용수를 방해하지 못한다.

제 298 조【승역지소유자의 의무와 승계】 계약에 의하여 승역지소유자가 자기의 비용으로 지역권의 행사를 위하여 공작물의 설치 또는 수선의 의무를 부담한 때에는 승역지소유자의 특별승계인도 그 의무를 부담한다.

제 299 조【위기에 의한 부담면제】 승역지의 소유자는 지역권에 필요한 부분의 토지소유권을 지역권자에게 위기하여 전조의 부담을 면할 수 있다.

제 300 조【공작물의 공동사용】 ① 승역지의 소유자는 지역권의 행사를 방해하지 아니하는 범위 내에서 지역권자가 지역권의 행사를 위하여 승역지에 설치한 공작물을 사용할 수 있다.
② 전항의 경우에 승역지의 소유자는 수익정도의 비율로 공작물의 설치, 보존의 비용을 분담하여야 한다.

제 301 조【준용규정】 제214조의 규정은 지역권에 준용한다.

제 302 조【특수지역권】 어느 지역의 주민이 집합체의 관계로 각자가 타인의 토지에서 초목, 야생물 및 토사의 채취, 방목 기타의 수익을 하는 권리가 있는 경우에는 관습에 의하는 외에 본장의 규정을 준용한다.

제6장 전세권

제303조【전세권의 내용】 ① 전세권자는 전세금을 지급하고 타인의 부동산을 점유하여 그 부동산의 용도에 좇아 사용·수익하며, 그 부동산 전부에 대하여 후순위 권리자 기타 채권자보다 전세금의 우선변제를 받을 권리가 있다.
② 농경지는 전세권의 목적으로 하지 못한다.

제304조【건물의 전세권, 지상권, 임차권에 대한 효력】 ① 타인의 토지에 있는 건물에 전세권을 설정한 때에는 전세권의 효력은 그 건물의 소유를 목적으로 한 지상권 또는 임차권에 미친다.
② 전항의 경우에 전세권설정자는 전세권자의 동의 없이 지상권 또는 임차권을 소멸하게 하는 행위를 하지 못한다.

제305조【건물의 전세권과 법정지상권】 ① 대지와 건물이 동일한 소유자에 속한 경우에 건물에 전세권을 설정한 때에는 그 대지소유권의 특별승계인은 전세권설정자에 대하여 지상권을 설정한 것으로 본다. 그러나 지료는 당사자의 청구에 의하여 법원이 이를 정한다.
② 전항의 경우에 대지소유자는 타인에게 그 대지를 임대하거나 이를 목적으로 한 지상권 또는 전세권을 설정하지 못한다.

제306조【전세권의 양도, 임대 등】 전세권자는 전세권을 타인에게 양도 또는 담보로 제공할 수 있고 그 존속기간 내에서 그 목적물을 타인에게 전전세 또는 임대할 수 있다. 그러나 설정행위로 이를 금지한 때에는 그러하지 아니하다.

제307조【전세권양도의 효력】 전세권양수인은 전세권설정자에 대하여 전세권양도인과 동일한 권리의무가 있다.

제308조【전전세 등의 경우의 책임】 전세권의 목적물을 전전세 또는 임대한 경우에는 전세권자는 전전세 또는 임대하지 아니하였으면 면할 수 있는 불가항력으로 인한 손해에 대하여 그 책임을 부담한다.

제309조【전세권자의 유지, 수선의무】 전세권자는 목적물의 현상을 유지하고 그 통상의 관리에 속한 수선을 하여야 한다.

제310조【전세권자의 상환청구권】 ① 전세권자가 목적물을 개량하기 위하여 지출한 금액 기타 유익비에 관하여는 그 가액의 증가가 현존한 경우에 한하여 소유자의 선택에 좇아 그 지출액이나 증가액의 상환을 청구할 수 있다.
② 전항의 경우에 법원은 소유자의 청구에 의하여 상당한 상환기간을 허여할 수 있다.

제311조【전세권의 소멸청구】 ① 전세권자가 전세권설정계약 또는 그 목적물의 성질에 의하여 정하여진 용법으로 이를 사용, 수익하지 아니한 경우에는 전세권설정자는 전세권의 소멸을 청구할 수 있다.
② 전항의 경우에는 전세권설정자는 전세권자에 대하여 원상회복 또는 손해배상을 청구할 수 있다.

제312조【전세권의 존속기간】 ① 전세권의 존속기간은 10년을 넘지 못한다. 당사자의 약정기간이 10년을 넘는 때에는 이를 10년으로 단축한다.
② 건물에 대한 전세권의 존속기간을 1년 미만으로 정한 때에는 이를 1년으로 한다.
③ 전세권의 설정은 이를 갱신할 수 있다. 그 기간은 갱신한 날로부터 10년을 넘지 못한다.
④ 건물의 전세권설정자가 전세권의 존속기간 만료 전 6월부터 1월까지 사이에 전세권자에 대하여 갱신거절의 통지 또는 조건을 변경하지 아니하면 갱신하지 아니한다는 뜻의 통지를 하지 아니한 경우에는 그 기간이 만료된 때에 전전세권과 동일한 조건으로 다시 전세권을 설정한 것으로 본다. 이 경우 전세권의 존속기간은 그 정함이 없는 것으로 본다.

제 312 조의2【전세금 증감청구권】 전세금이 목적 부동산에 관한 조세·공과금 기타 부담의 증감이나 경제사정의 변동으로 인하여 상당하지 아니하게 된 때에는 당사자는 장래에 대하여 그 증감을 청구할 수 있다. 그러나 증액의 경우에는 대통령령이 정하는 기준에 따른 비율을 초과하지 못한다.

제 313 조【전세권의 소멸통고】 전세권의 존속기간을 약정하지 아니한 때에는 각 당사자는 언제든지 상대방에 대하여 전세권의 소멸을 통고할 수 있고 상대방이 이 통고를 받은 날로부터 6월이 경과하면 전세권은 소멸한다.

제 314 조【불가항력으로 인한 멸실】 ① 전세권의 목적물의 전부 또는 일부가 불가항력으로 인하여 멸실된 때에는 그 멸실된 부분의 전세권은 소멸한다.
② 전항의 일부멸실의 경우에 전세권자가 그 잔존부분으로 전세권의 목적을 달성할 수 없는 때에는 전세권설정자에 대하여 전세권전부의 소멸을 통고하고 전세금의 반환을 청구할 수 있다.

제 315 조【전세권자의 손해배상책임】 ① 전세권의 목적물의 전부 또는 일부가 전세권자에 책임 있는 사유로 인하여 멸실된 때에는 전세권자는 손해를 배상할 책임이 있다.
② 전항의 경우에 전세권설정자는 전세권이 소멸된 후 전세금으로써 손해의 배상에 충당하고 잉여가 있으면 반환하여야 하며 부족이 있으면 다시 청구할 수 있다.

제 316 조【원상회복의무, 매수청구권】 ① 전세권이 그 존속기간의 만료로 인하여 소멸한 때에는 전세권자는 그 목적물을 원상에 회복하여야 하며 그 목적물에 부속시킨 물건은 수거할 수 있다. 그러나 전세권설정자가 그 부속물건의 매수를 청구한 때에는 전세권자는 정당한 이유 없이 거절하지 못한다.
② 전항의 경우에 그 부속물건이 전세권설정자의 동의를 얻어 부속시킨 것인 때에는 전세권자는 전세권설정자에 대하여 그 부속물건의 매수를 청구할 수 있다. 그 부속물건이 전세권설정자로부터 매수한 것인 때에도 같다.

제 317 조【전세권의 소멸과 동시이행】 전세권이 소멸한 때에는 전세권설정자는 전세권자로부터 그 목적물의 인도 및 전세권설정등기의 말소등기에 필요한 서류의 교부를 받는 동시에 전세금을 반환하여야 한다.

제 318 조【전세권자의 경매청구권】 전세권설정자가 전세금의 반환을 지체한 때에는 전세권자는 민사집행법의 정한 바에 의하여 전세권의 목적물의 경매를 청구할 수 있다.

제 319 조【준용규정】 제213조, 제214조, 제216조 내지 제244조의 규정은 전세권자간 또는 전세권자와 인지소유자 및 지상권자간에 이를 준용한다.

제 7 장 유치권

제 320 조【유치권의 내용】 ① 타인의 물건 또는 유가증권을 점유한 자는 그 물건이나 유가증권에 관하여 생긴 채권이 변제기에 있는 경우에는 변제를 받을 때까지 그 물건 또는 유가증권을 유치할 권리가 있다.
② 전항의 규정은 그 점유가 불법행위로 인한 경우에 적용하지 아니한다.

제 321 조【유치권의 불가분성】 유치권자는 채권 전부의 변제를 받을 때까지 유치물 전부에 대하여 그 권리를 행사할 수 있다.

제 322 조【경매, 간이변제충당】 ① 유치권자는 채권의 변제를 받기 위하여 유치물을 경매할 수 있다.
② 정당한 이유있는 때에는 유치권자는 감정인의 평가에 의하여 유치물로 직접 변제에 충당

할 것을 법원에 청구할 수 있다. 이 경우에는 유치권자는 미리 채무자에게 통지하여야 한다.

제323조【과실수취권】 ① 유치권자는 유치물의 과실을 수취하여 다른 채권보다 먼저 그 채권의 변제에 충당할 수 있다. 그러나 과실이 금전이 아닌 때에는 경매하여야 한다.
② 과실은 먼저 채권의 이자에 충당하고 그 잉여가 있으면 원본에 충당한다.

제324조【유치권자의 선관의무】 ① 유치권자는 선량한 관리자의 주의로 유치물을 점유하여야 한다.
② 유치권자는 채무자의 승낙 없이 유치물의 사용, 대여 또는 담보제공을 하지 못한다. 그러나 유치물의 보존에 필요한 사용은 그러하지 아니하다.
③ 유치권자가 전2항의 규정에 위반한 때에는 채무자는 유치권의 소멸을 청구할 수 있다.

제325조【유치권자의 상환청구권】 ① 유치권자가 유치물에 관하여 필요비를 지출한 때에는 소유자에게 그 상환을 청구할 수 있다.
② 유치권자가 유치물에 관하여 유익비를 지출한 때에는 그 가액의 증가가 현존한 경우에 한하여 소유자의 선택에 좇아 그 지출한 금액이나 증가액의 상환을 청구할 수 있다. 그러나 법원은 소유자의 청구에 의하여 상당한 상환기간을 허여할 수 있다.

제326조【피담보채권의 소멸시효】 유치권의 행사는 채권의 소멸시효의 진행에 영향을 미치지 아니한다.

제327조【타담보제공과 유치권 소멸】 채무자는 상당한 담보를 제공하고 유치권의 소멸을 청구할 수 있다.

제328조【점유상실과 유치권 소멸】 유치권은 점유의 상실로 인하여 소멸한다.

제8장 질권

제1절 동산질권

제329조【동산질권의 내용】 동산질권자는 채권의 담보로 채무자 또는 제삼자가 제공한 동산을 점유하고 그 동산에 대하여 다른 채권자보다 자기채권의 우선변제를 받을 권리가 있다.

제330조【설정계약의 요물성】 질권의 설정은 질권자에게 목적물을 인도함으로써 그 효력이 생긴다.

제331조【질권의 목적물】 질권은 양도할 수 없는 물건을 목적으로 하지 못한다.

제332조【설정자에 의한 대리점유의 금지】 질권자는 설정자로 하여금 질물의 점유를 하게 하지 못한다.

제333조【동산질권의 순위】 수개의 채권을 담보하기 위하여 동일한 동산에 수개의 질권을 설정한 때에는 그 순위는 설정의 선후에 의한다.

제334조【피담보채권의 범위】 질권은 원본, 이자, 위약금, 질권실행의 비용, 질물보존의 비용 및 채무불이행 또는 질물의 하자로 인한 손해배상의 채권을 담보한다. 그러나 다른 약정이 있는 때에는 그 약정에 의한다.

제335조【유치적 효력】 질권자는 전조의 채권의 변제를 받을 때까지 질물을 유치할 수 있다. 그러나 자기보다 우선권이 있는 채권자에게 대항하지 못한다.

제336조【전질권】 질권자는 그 권리의 범위 내에서 자기의 책임으로 질물을 전질할 수 있다. 이 경우에는 전질을 하지 아니하였으면 면할 수 있는 불가항력으로 인한 손해에 대하여도 책임을 부담한다.

제337조【전질의 대항요건】 ① 전조의 경우에 질권자가 채무자에게 전질의 사실을 통지하거나 채무자가 이를 승낙함이 아니면 전질로써 채무자, 보증인, 질권설정자 및 그 승계인에게 대항하지 못한다.
② 채무자가 전항의 통지를 받거나 승낙을 한 때에는 전질권자의 동의 없이 질권자에게 채무를 변제하여도 이로써 전질권자에게 대항하지 못한다.

제338조【경매, 간이변제충당】 ① 질권자는 채권의 변제를 받기 위하여 질물을 경매할 수 있다.
② 정당한 이유있는 때에는 질권자는 감정인의 평가에 의하여 질물로 직접 변제에 충당할 것을 법원에 청구할 수 있다. 이 경우에는 질권자는 미리 채무자 및 질권설정자에게 통지하여야 한다.

제339조【유질계약의 금지】 질권설정자는 채무변제기 전의 계약으로 질권자에게 변제에 갈음하여 질물의 소유권을 취득하게 하거나 법률에 정한 방법에 의하지 아니하고 질물을 처분할 것을 약정하지 못한다.

제340조【질물 이외의 재산으로부터의 변제】
① 질권자는 질물에 의하여 변제를 받지 못한 부분의 채권에 한하여 채무자의 다른 재산으로부터 변제를 받을 수 있다.
② 전항의 규정은 질물보다 먼저 다른 재산에 관한 배당을 실시하는 경우에는 적용하지 아니한다. 그러나 다른 채권자는 질권자에게 그 배당금액의 공탁을 청구할 수 있다.

제341조【물상보증인의 구상권】 타인의 채무를 담보하기 위한 질권설정자가 그 채무를 변제하거나 질권의 실행으로 인하여 질물의 소유권을 잃은 때에는 보증채무에 관한 규정에 의하여 채무자에 대한 구상권이 있다.

제342조【물상대위】 질권은 질물의 멸실, 훼손 또는 공용징수로 인하여 질권설정자가 받을 금전 기타 물건에 대하여도 이를 행사할 수 있다. 이 경우에는 그 지급 또는 인도 전에 압류하여야 한다.

제343조【준용규정】 제249조 내지 제251조, 제321조 내지 제325조의 규정은 동산질권에 준용한다.

제344조【타법률에 의한 질권】 본절의 규정은 다른 법률의 규정에 의하여 설정된 질권에 준용한다.

제2절 권리질권

제345조【권리질권의 목적】 질권은 재산권을 그 목적으로 할 수 있다. 그러나 부동산의 사용, 수익을 목적으로 하는 권리는 그러하지 아니하다.

제346조【권리질권의 설정방법】 권리질권의 설정은 법률에 다른 규정이 없으면 그 권리의 양도에 관한 방법에 의하여야 한다.

제347조【설정계약의 요물성】 채권을 질권의 목적으로 하는 경우에 채권증서가 있는 때에는 질권의 설정은 그 증서를 질권자에게 교부함으로써 그 효력이 생긴다.

제348조【저당채권에 대한 질권과 부기등기】 저당권으로 담보한 채권을 질권의 목적으로 한 때에는 그 저당권등기에 질권의 부기등기를 하여야 그 효력이 저당권에 미친다.

제349조【지명채권에 대한 질권의 대항요건】
① 지명채권을 목적으로 한 질권의 설정은 설정자가 제450조의 규정에 의하여 제삼채무자에게 질권설정의 사실을 통지하거나 제삼채무자가 이를 승낙함이 아니면 이로써 제삼채무자 기타 제삼자에게 대항하지 못한다.
② 제451조의 규정은 전항의 경우에 준용한다.

제 350 조【지시채권에 대한 질권의 설정방법】 지시채권을 질권의 목적으로 한 질권의 설정은 증서에 배서하여 질권자에게 교부함으로써 그 효력이 생긴다.

제 351 조【무기명채권에 대한 질권의 설정방법】 무기명채권을 목적으로 한 질권의 설정은 증서를 질권자에게 교부함으로써 그 효력이 생긴다.

제 352 조【질권설정자의 권리처분제한】 질권설정자는 질권자의 동의 없이 질권의 목적된 권리를 소멸하게 하거나 질권자의 이익을 해하는 변경을 할 수 없다.

제 353 조【질권의 목적이 된 채권의 실행방법】
① 질권자는 질권의 목적이 된 채권을 직접 청구할 수 있다.
② 채권의 목적물이 금전인 때에는 질권자는 자기채권의 한도에서 직접 청구할 수 있다.
③ 전항의 채권의 변제기가 질권자의 채권의 변제기보다 먼저 도래한 때에는 질권자는 제삼채무자에 대하여 그 변제금액의 공탁을 청구할 수 있다. 이 경우에 질권은 그 공탁금에 존재한다.
④ 채권의 목적물이 금전 이외의 물건인 때에는 질권자는 그 변제를 받은 물건에 대하여 질권을 행사할 수 있다.

제 354 조【동 전】 질권자는 전조의 규정에 의하는 외에 민사집행법에 정한 집행방법에 의하여 질권을 실행할 수 있다.

제 355 조【준용규정】 권리질권에는 본절의 규정 외에 동산질권에 관한 규정을 준용한다.

제 9 장 저당권

제 356 조【저당권의 내용】 저당권자는 채무자 또는 제삼자가 점유를 이전하지 아니하고 채무의 담보로 제공한 부동산에 대하여 다른 채권자보다 자기채권의 우선변제를 받을 권리가 있다.

제 357 조【근저당】 ① 저당권은 그 담보할 채무의 최고액만을 정하고 채무의 확정을 장래에 보류하여 이를 설정할 수 있다. 이 경우에는 그 확정될 때까지의 채무의 소멸 또는 이전은 저당권에 영향을 미치지 아니한다.
② 전항의 경우에는 채무의 이자는 최고액 중에 산입한 것으로 본다.

제 358 조【저당권의 효력의 범위】 저당권의 효력은 저당부동산에 부합된 물건과 종물에 미친다. 그러나 법률에 특별한 규정 또는 설정행위에 다른 약정이 있으면 그러하지 아니하다.

제 359 조【과실에 대한 효력】 저당권의 효력은 저당부동산에 대한 압류가 있은 후에 저당권설정자가 그 부동산으로부터 수취한 과실 또는 수취할 수 있는 과실에 미친다. 그러나 저당권자가 그 부동산에 대한 소유권, 지상권 또는 전세권을 취득한 제삼자에 대하여는 압류한 사실을 통지한 후가 아니면 이로써 대항하지 못한다.

제 360 조【피담보채권의 범위】 저당권은 원본, 이자, 위약금, 채무불이행으로 인한 손해배상 및 저당권의 실행비용을 담보한다. 그러나 지연배상에 대하여는 원본의 이행기일을 경과한 후의 1년분에 한하여 저당권을 행사할 수 있다.

제 361 조【저당권의 처분제한】 저당권은 그 담보한 채권과 분리하여 타인에게 양도하거나 다른 채권의 담보로 하지 못한다.

제 362 조【저당물의 보충】 저당권설정자의 책임 있는 사유로 인하여 저당물의 가액이 현저히 감소된 때에는 저당권자는 저당권설정자에 대하여 그 원상회복 또는 상당한 담보제공을 청구할 수 있다.

제 363 조【저당권자의 경매청구권, 경매인】
① 저당권자는 그 채권의 변제를 받기 위하여 저당물의 경매를 청구할 수 있다.
② 저당물의 소유권을 취득한 제삼자도 경매인이 될 수 있다.

제 364 조 【제삼취득자의 변제】 저당부동산에 대하여 소유권, 지상권 또는 전세권을 취득한 제삼자는 저당권자에게 그 부동산으로 담보된 채권을 변제하고 저당권의 소멸을 청구할 수 있다.

제 365 조 【저당지상의 건물에 대한 경매청구권】 토지를 목적으로 저당권을 설정한 후 그 설정자가 그 토지에 건물을 축조한 때에는 저당권자는 토지와 함께 그 건물에 대하여도 경매를 청구할 수 있다. 그러나 그 건물의 경매대가에 대하여는 우선변제를 받을 권리가 없다.

제 366 조 【법정지상권】 저당물의 경매로 인하여 토지와 그 지상건물이 다른 소유자에 속한 경우에는 토지소유자는 건물소유자에 대하여 지상권을 설정한 것으로 본다. 그러나 지료는 당사자의 청구에 의하여 법원이 이를 정한다.

제 367 조 【제삼취득자의 비용상환청구권】 저당물의 제삼취득자가 그 부동산의 보존, 개량을 위하여 필요비 또는 유익비를 지출한 때에는 제203조 제1항, 제2항의 규정에 의하여 저당물의 경매대가에서 우선상환을 받을 수 있다.

제 368 조 【공동저당과 대가의 배당, 차순위자의 대위】 ① 동일한 채권의 담보로 수개의 부동산에 저당권을 설정한 경우에 그 부동산의 경매대가를 동시에 배당하는 때에는 각부동산의 경매대가에 비례하여 그 채권의 분담을 정한다.
② 전항의 저당부동산중 일부의 경매대가를 먼저 배당하는 경우에는 그 대가에서 그 채권 전부의 변제를 받을 수 있다. 이 경우에 그 경매한 부동산의 차순위 저당권자는 선순위 저당권자가 전항의 규정에 의하여 다른 부동산의 경매대가에서 변제를 받을 수 있는 금액의 한도에서 선순위자를 대위하여 저당권을 행사할 수 있다.

제 369 조 【부종성】 저당권으로 담보한 채권이 시효의 완성 기타 사유로 인하여 소멸한 때에는 저당권도 소멸한다.

제 370 조 【준용규정】 제214조, 제321조, 제333조, 제340조, 제341조 및 제342조의 규정은 저당권에 준용한다.

제 371 조 【지상권, 전세권을 목적으로 하는 저당권】 ① 본장의 규정은 지상권 또는 전세권을 저당권의 목적으로 한 경우에 준용한다.
② 지상권 또는 전세권을 목적으로 저당권을 설정한 자는 저당권자의 동의 없이 지상권 또는 전세권을 소멸하게 하는 행위를 하지 못한다.

제 372 조 【타법률에 의한 저당권】 본장의 규정은 다른 법률에 의하여 설정된 저당권에 준용한다.

제 3 편　채 권

제 1 장　총 칙

제 1 절　채권의 목적

제 373 조 【채권의 목적】 금전으로 가액을 산정할 수 없는 것이라도 채권의 목적으로 할 수 있다.

제 374 조 【특정물인도채무자의 선관의무】 특정물의 인도가 채권의 목적인 때에는 채무자는 그 물건을 인도하기까지 선량한 관리자의 주의로 보존하여야 한다.

제 375 조 【종류채권】 ① 채권의 목적을 종류로만 지정한 경우에 법률행위의 성질이나 당사자의 의사에 의하여 품질을 정할 수 없는 때에는 채무자는 중등품질의 물건으로 이행하여야 한다.
② 전항의 경우에 채무자가 이행에 필요한 행위를 완료하거나 채권자의 동의를 얻어 이행할 물건을 지정한 때에는 그때로부터 그 물건을 채권의 목적물로 한다.

제 376 조 【금전채권】 채권의 목적이 어느 종류의 통화로 지급할 것인 경우에 그 통화가 변제기에 강제통용력을 잃은 때에는 채무자는 다른 통화로 변제하여야 한다.

제 377 조 【외화채권】 ① 채권의 목적이 다른 나라 통화로 지급할 것인 경우에는 채무자는 자기가 선택한 그 나라의 각 종류의 통화로 변제할 수 있다.
② 채권의 목적이 어느 종류의 다른 나라 통화로 지급할 것인 경우에 그 통화가 변제기에 강제통용력을 잃은 때에는 그 나라의 다른 통화로 변제하여야 한다.

제 378 조 【동 전】 채권액이 다른 나라 통화로 지정된 때에는 채무자는 지급할 때에 있어서의 이행지의 환금시가에 의하여 우리나라 통화로 변제할 수 있다.

제 379 조 【법정이율】 이자있는 채권의 이율은 다른 법률의 규정이나 당사자의 약정이 없으면 연 5분으로 한다.

제 380 조 【선택채권】 채권의 목적이 수개의 행위 중에서 선택에 좇아 확정될 경우에 다른 법률의 규정이나 당사자의 약정이 없으면 선택권은 채무자에게 있다.

제 381 조 【선택권의 이전】 ① 선택권행사의 기간이 있는 경우에 선택권자가 그 기간 내에 선택권을 행사하지 아니하는 때에는 상대방은 상당한 기간을 정하여 그 선택을 최고할 수 있고 선택권자가 그 기간 내에 선택하지 아니하면 선택권은 상대방에게 있다.
② 선택권행사의 기간이 없는 경우에 채권의 기한이 도래한 후 상대방이 상당한 기간을 정하여 그 선택을 최고하여도 선택권자가 그 기간 내에 선택하지 아니할 때에도 전항과 같다.

제 382 조 【당사자의 선택권의 행사】 ① 채권자나 채무자가 선택하는 경우에는 그 선택은 상대방에 대한 의사표시로 한다.
② 전항의 의사표시는 상대방의 동의가 없으면 철회하지 못한다.

제 383 조 【제삼자의 선택권의 행사】 ① 제삼자가 선택하는 경우에는 그 선택은 채무자 및 채권자에 대한 의사표시로 한다.
② 전항의 의사표시는 채권자 및 채무자의 동의가 없으면 철회하지 못한다.

제 384 조 【제삼자의 선택권의 이전】 ① 선택할 제삼자가 선택할 수 없는 경우에는 선택권은 채무자에게 있다.
② 제삼자가 선택하지 아니하는 경우에는 채권자나 채무자는 상당한 기간을 정하여 그 선택을 최고할 수 있고 제삼자가 그 기간 내에 선택하지 아니하면 선택권은 채무자에게 있다.

제 385 조 【불능으로 인한 선택채권의 특정】 ① 채권의 목적으로 선택할 수개의 행위 중에 처음부터 불능한 것이나 또는 후에 이행불능하게 된 것이 있으면 채권의 목적은 잔존한 것에 존재한다.
② 선택권 없는 당사자의 과실로 인하여 이행불능이 된 때에는 전항의 규정을 적용하지 아니한다.

제 386 조 【선택의 소급효】 선택의 효력은 그 채권이 발생한 때에 소급한다. 그러나 제삼자의 권리를 해하지 못한다.

제 2 절 채권의 효력

제 387 조 【이행기와 이행지체】 ① 채무이행의 확정한 기한이 있는 경우에는 채무자는 기한이 도래한 때로부터 지체책임이 있다. 채무이행의 불확정한 기한이 있는 경우에는 채무자는 기한이 도래함을 안 때로부터 지체책임이 있다.
② 채무이행의 기한이 없는 경우에는 채무자는 이행청구를 받은 때로부터 지체책임이 있다.

제 388 조 【기한의 이익의 상실】 채무자는 다음 각 호의 경우에는 기한의 이익을 주장하지 못한다.

1. 채무자가 담보를 손상, 감소 또는 멸실하게 한 때
2. 채무자가 담보제공의 의무를 이행하지 아니한 때

제389조【강제이행】 ① 채무자가 임의로 채무를 이행하지 아니한 때에는 채권자는 그 강제이행을 법원에 청구할 수 있다. 그러나 채무의 성질이 강제이행을 하지 못할 것인 때에는 그러하지 아니하다.
② 전항의 채무가 법률행위를 목적으로 한 때에는 채무자의 의사표시에 갈음할 재판을 청구할 수 있고 채무자의 일신에 전속하지 아니한 작위를 목적으로 한 때에는 채무자의 비용으로 제삼자에게 이를 하게 할 것을 법원에 청구할 수 있다.
③ 그 채무가 부작위를 목적으로 한 경우에 채무자가 이에 위반한 때에는 채무자의 비용으로써 그 위반한 것을 제각하고 장래에 대한 적당한 처분을 법원에 청구할 수 있다.
④ 전3항의 규정은 손해배상의 청구에 영향을 미치지 아니한다.

제390조【채무불이행과 손해배상】 채무자가 채무의 내용에 좇은 이행을 하지 아니한 때에는 채권자는 손해배상을 청구할 수 있다. 그러나 채무자의 고의나 과실 없이 이행할 수 없게 된 때에는 그러하지 아니하다.

제391조【이행보조자의 고의, 과실】 채무자의 법정대리인이 채무자를 위하여 이행하거나 채무자가 타인을 사용하여 이행하는 경우에는 법정대리인 또는 피용자의 고의나 과실은 채무자의 고의나 과실로 본다.

제392조【이행지체 중의 손해배상】 채무자는 자기에게 과실이 없는 경우에도 그 이행지체 중에 생긴 손해를 배상하여야 한다. 그러나 채무자가 이행기에 이행하여도 손해를 면할 수 없는 경우에는 그러하지 아니하다.

제393조【손해배상의 범위】 ① 채무불이행으로 인한 손해배상은 통상의 손해를 그 한도로 한다.
② 특별한 사정으로 인한 손해는 채무자가 그 사정을 알았거나 알 수 있었을 때에 한하여 배상의 책임이 있다.

제394조【손해배상의 방법】 다른 의사표시가 없으면 손해는 금전으로 배상한다.

제395조【이행지체와 전보배상】 채무자가 채무의 이행을 지체한 경우에 채권자가 상당한 기간을 정하여 이행을 최고하여도 그 기간 내에 이행하지 아니하거나 지체후의 이행이 채권자에게 이익이 없는 때에는 채권자는 수령을 거절하고 이행에 갈음한 손해배상을 청구할 수 있다.

제396조【과실상계】 채무불이행에 관하여 채권자에게 과실이 있는 때에는 법원은 손해배상의 책임 및 그 금액을 정함에 이를 참작하여야 한다.

제397조【금전채무불이행에 대한 특칙】 ① 금전채무불이행의 손해배상액은 법정이율에 의한다. 그러나 법령의 제한에 위반하지 아니한 약정이율이 있으면 그 이율에 의한다.
② 전항의 손해배상에 관하여는 채권자는 손해의 증명을 요하지 아니하고 채무자는 과실 없음을 항변하지 못한다.

제398조【배상액의 예정】 ① 당사자는 채무불이행에 관한 손해배상액을 예정할 수 있다.
② 손해배상의 예정액이 부당히 과다한 경우에는 법원은 적당히 감액할 수 있다.
③ 손해배상액의 예정은 이행의 청구나 계약의 해제에 영향을 미치지 아니한다.
④ 위약금의 약정은 손해배상액의 예정으로 추정한다.
⑤ 당사자가 금전이 아닌 것으로써 손해의 배상에 충당할 것을 예정한 경우에도 전4항의 규정을 준용한다.

제 399 조【손해배상자의 대위】 채권자가 그 채권의 목적인 물건 또는 권리의 가액전부를 손해배상으로 받은 때에는 채무자는 그 물건 또는 권리에 관하여 당연히 채권자를 대위한다.

제 400 조【채권자지체】 채권자가 이행을 받을 수 없거나 받지 아니한 때에는 이행의 제공있는 때로부터 지체책임이 있다.

제 401 조【채권자지체와 채무자의 책임】 채권자지체 중에는 채무자는 고의 또는 중대한 과실이 없으면 불이행으로 인한 모든 책임이 없다.

제 402 조【동 전】 채권자지체 중에는 이자있는 채권이라도 채무자는 이자를 지급할 의무가 없다.

제 403 조【채권자지체와 채권자의 책임】 채권자지체로 인하여 그 목적물의 보관 또는 변제의 비용이 증가된 때에는 그 증가액은 채권자의 부담으로 한다.

제 404 조【채권자대위권】 ① 채권자는 자기의 채권을 보전하기 위하여 채무자의 권리를 행사할 수 있다. 그러나 일신에 전속한 권리는 그러하지 아니하다.
② 채권자는 그 채권의 기한이 도래하기 전에는 법원의 허가 없이 전항의 권리를 행사하지 못한다. 그러나 보전행위는 그러하지 아니하다.

제 405 조【채권자대위권행사의 통지】 ① 채권자가 전조 제1항의 규정에 의하여 보전행위 이외의 권리를 행사한 때에는 채무자에게 통지하여야 한다.
② 채무자가 전항의 통지를 받은 후에는 그 권리를 처분하여도 이로써 채권자에게 대항하지 못한다.

제 406 조【채권자취소권】 ① 채무자가 채권자를 해함을 알고 재산권을 목적으로 한 법률행위를 한 때에는 채권자는 그 취소 및 원상회복을 법원에 청구할 수 있다. 그러나 그 행위로 인하여 이익을 받은 자나 전득한 자가 그 행위 또는 전득 당시에 채권자를 해함을 알지 못한 경우에는 그러하지 아니하다.
② 전항의 소는 채권자가 취소원인을 안 날로부터 1년, 법률행위있은 날로부터 5년 내에 제기하여야 한다.

제 407 조【채권자취소의 효력】 전조의 규정에 의한 취소와 원상회복은 모든 채권자의 이익을 위하여 그 효력이 있다.

제 3 절 수인의 채권자 및 채무자

제 1 관 총 칙

제 408 조【분할채권관계】 채권자나 채무자가 수인인 경우에 특별한 의사표시가 없으면 각 채권자 또는 각 채무자는 균등한 비율로 권리가 있고 의무를 부담한다.

제 2 관 불가분채권과 불가분채무

제 409 조【불가분채권】 채권의 목적이 그 성질 또는 당사자의 의사표시에 의하여 불가분인 경우에 채권자가 수인인 때에는 각 채권자는 모든 채권자를 위하여 이행을 청구할 수 있고 채무자는 모든 채권자를 위하여 각 채권자에게 이행할 수 있다.

제 410 조【1인의 채권자에 생긴 사항의 효력】
① 전조의 규정에 의하여 모든 채권자에게 효력이 있는 사항을 제외하고는 불가분채권자중 1인의 행위나 1인에 관한 사항은 다른 채권자에게 효력이 없다.
② 불가분채권자 중의 1인과 채무자 간에 경개나 면제있는 경우에 채무전부의 이행을 받은 다른 채권자는 그 1인이 권리를 잃지 아니하였으면 그에게 분급할 이익을 채무자에게 상환하여야 한다.

제 411 조【불가분채무와 준용규정】 수인이 불가분채무를 부담한 경우에는 제413조 내지 제415조, 제422조, 제424조 내지 제427조 및 전조의 규정을 준용한다.

제 412 조【가분채권, 가분채무에의 변경】 불가분채권이나 불가분채무가 가분채권 또는 가분채무로 변경된 때에는 각 채권자는 자기부분만의 이행을 청구할 권리가 있고 각 채무자는 자기부담부분만을 이행할 의무가 있다.

제 3 관 연대채무

제 413 조【연대채무의 내용】 수인의 채무자가 채무전부를 각자 이행할 의무가 있고 채무자 1인의 이행으로 다른 채무자도 그 의무를 면하게 되는 때에는 그 채무는 연대채무로 한다.

제 414 조【각 연대채무자에 대한 이행청구】 채권자는 어느 연대채무자에 대하여 또는 동시나 순차로 모든 연대채무자에 대하여 채무의 전부나 일부의 이행을 청구할 수 있다.

제 415 조【채무자에 생긴 무효, 취소】 어느 연대채무자에 대한 법률행위의 무효나 취소의 원인은 다른 연대채무자의 채무에 영향을 미치지 아니한다.

제 416 조【이행청구의 절대적 효력】 어느 연대채무자에 대한 이행청구는 다른 연대채무자에게도 효력이 있다.

제 417 조【경개의 절대적 효력】 어느 연대채무자와 채권자간에 채무의 경개가 있는 때에는 채권은 모든 연대채무자의 이익을 위하여 소멸한다.

제 418 조【상계의 절대적 효력】 ① 어느 연대채무자가 채권자에 대하여 채권이 있는 경우에 그 채무자가 상계한 때에는 채권은 모든 연대채무자의 이익을 위하여 소멸한다.
② 상계할 채권이 있는 연대채무자가 상계하지 아니한 때에는 그 채무자의 부담부분에 한하여 다른 연대채무자가 상계할 수 있다.

제 419 조【면제의 절대적 효력】 어느 연대채무자에 대한 채무면제는 그 채무자의 부담부분에 한하여 다른 연대채무자의 이익을 위하여 효력이 있다.

제 420 조【혼동의 절대적 효력】 어느 연대채무자와 채권자간에 혼동이 있는 때에는 그 채무자의 부담부분에 한하여 다른 연대채무자도 의무를 면한다.

제 421 조【소멸시효의 절대적 효력】 어느 연대채무자에 대하여 소멸시효가 완성한 때에는 그 부담부분에 한하여 다른 연대채무자도 의무를 면한다.

제 422 조【채권자지체의 절대적 효력】 어느 연대채무자에 대한 채권자의 지체는 다른 연대채무자에게도 효력이 있다.

제 423 조【효력의 상대성의 원칙】 전7조의 사항 외에는 어느 연대채무자에 관한 사항은 다른 연대채무자에게 효력이 없다.

제 424 조【부담부분의 균등】 연대채무자의 부담부분은 균등한 것으로 추정한다.

제 425 조【출재채무자의 구상권】 ① 어느 연대채무자가 변제 기타 자기의 출재로 공동면책이 된 때에는 다른 연대채무자의 부담부분에 대하여 구상권을 행사할 수 있다.
② 전항의 구상권은 면책된 날 이후의 법정이자 및 피할 수 없는 비용 기타 손해배상을 포함한다.

제 426 조【구상요건으로서의 통지】 ① 어느 연대채무자가 다른 연대채무자에게 통지하지 아니하고 변제 기타 자기의 출재로 공동면책이 된 경우에 다른 연대채무자가 채권자에게 대항할 수 있는 사유가 있었을 때에는 그 부담부분에 한하여 이 사유로 면책행위를 한 연대채무

자에게 대항할 수 있고 그 대항사유가 상계인 때에는 상계로 소멸할 채권은 그 연대채무자에게 이전된다.

② 어느 연대채무자가 변제 기타 자기의 출재로 공동면책되었음을 다른 연대채무자에게 통지하지 아니한 경우에 다른 연대채무자가 선의로 채권자에게 변제 기타 유상의 면책행위를 한 때에는 그 연대채무자는 자기의 면책행위의 유효를 주장할 수 있다.

제 427 조【상환무자력자의 부담부분】 ① 연대채무자 중에 상환할 자력이 없는 자가 있는 때에는 그 채무자의 부담부분은 구상권자 및 다른 자력이 있는 채무자가 그 부담부분에 비례하여 분담한다. 그러나 구상권자에게 과실이 있는 때에는 다른 연대채무자에 대하여 분담을 청구하지 못한다.

② 전항의 경우에 상환할 자력이 없는 채무자의 부담부분을 분담할 다른 채무자가 채권자로부터 연대의 면제를 받은 때에는 그 채무자의 분담할 부분은 채권자의 부담으로 한다.

제 4 관 보증채무

제 428 조【보증채무의 내용】 ① 보증인은 주채무자가 이행하지 아니하는 채무를 이행할 의무가 있다.

② 보증은 장래의 채무에 대하여도 할 수 있다.

제 428 조의2【보증의 방식】 ① 보증은 그 의사가 보증인의 기명날인 또는 서명이 있는 서면으로 표시되어야 효력이 발생한다. 다만, 보증의 의사가 전자적 형태로 표시된 경우에는 효력이 없다.

② 보증채무를 보증인에게 불리하게 변경하는 경우에도 제1항과 같다.

③ 보증인이 보증채무를 이행한 경우에는 그 한도에서 제1항과 제2항에 따른 방식의 하자를 이유로 보증의 무효를 주장할 수 없다.

제 428 조의3【근보증】 ① 보증은 불확정한 다수의 채무에 대해서도 할 수 있다. 이 경우 보증하는 채무의 최고액을 서면으로 특정하여야 한다.

② 제1항의 경우 채무의 최고액을 제428조의2 제1항에 따른 서면으로 특정하지 아니한 보증계약은 효력이 없다.

제 429 조【보증채무의 범위】 ① 보증채무는 주채무의 이자, 위약금, 손해배상 기타 주채무에 종속한 채무를 포함한다.

② 보증인은 그 보증채무에 관한 위약금 기타 손해배상액을 예정할 수 있다.

제 430 조【목적, 형태상의 부종성】 보증인의 부담이 주채무의 목적이나 형태보다 중한 때에는 주채무의 한도로 감축한다.

제 431 조【보증인의 조건】 ① 채무자가 보증인을 세울 의무가 있는 경우에는 그 보증인은 행위능력 및 변제자력이 있는 자로 하여야 한다.

② 보증인이 변제자력이 없게 된 때에는 채권자는 보증인의 변경을 청구할 수 있다.

③ 채권자가 보증인을 지명한 경우에는 전2항의 규정을 적용하지 아니한다.

제 432 조【타담보의 제공】 채무자는 다른 상당한 담보를 제공함으로써 보증인을 세울 의무를 면할 수 있다.

제 433 조【보증인과 주채무자항변권】 ① 보증인은 주채무자의 항변으로 채권자에게 대항할 수 있다.

② 주채무자의 항변포기는 보증인에게 효력이 없다.

제 434 조【보증인과 주채무자상계권】 보증인은 주채무자의 채권에 의한 상계로 채권자에게 대항할 수 있다.

제 435 조【보증인과 주채무자의 취소권 등】 주채무자가 채권자에 대하여 취소권 또는 해제권이나 해지권이 있는 동안은 보증인은 채권자에 대하여 채무의 이행을 거절할 수 있다.

제 436 조 삭제

제 436 조의2【채권자의 정보제공의무와 통지의무 등】 ① 채권자는 보증계약을 체결할 때 보증계약의 체결 여부 또는 그 내용에 영향을 미칠 수 있는 주채무자의 채무 관련 신용정보를 보유하고 있거나 알고 있는 경우에는 보증인에게 그 정보를 알려야 한다. 보증계약을 갱신할 때에도 또한 같다.

② 채권자는 보증계약을 체결한 후에 다음 각 호의 어느 하나에 해당하는 사유가 있는 경우에는 지체 없이 보증인에게 그 사실을 알려야 한다.

1. 주채무자가 원본, 이자, 위약금, 손해배상 또는 그 밖에 주채무에 종속한 채무를 3개월 이상 이행하지 아니하는 경우
2. 주채무자가 이행기에 이행할 수 없음을 미리 안 경우
3. 주채무자의 채무 관련 신용정보에 중대한 변화가 생겼음을 알게 된 경우

③ 채권자는 보증인의 청구가 있으면 주채무의 내용 및 그 이행 여부를 알려야 한다.

④ 채권자가 제1항부터 제3항까지의 규정에 따른 의무를 위반하여 보증인에게 손해를 입힌 경우에는 법원은 그 내용과 정도 등을 고려하여 보증채무를 감경하거나 면제할 수 있다.

제 437 조【보증인의 최고, 검색의 항변】 채권자가 보증인에게 채무의 이행을 청구한 때에는 보증인은 주채무자의 변제자력이 있는 사실 및 그 집행이 용이할 것을 증명하여 먼저 주채무자에게 청구할 것과 그 재산에 대하여 집행할 것을 항변할 수 있다. 그러나 <u>보증인이 주채무자와 연대하여 채무를 부담한 때에는 그러하지 아니하다.</u>

제 438 조【최고, 검색의 해태의 효과】 전조의 규정에 의한 보증인의 항변에 불구하고 채권자의 해태로 인하여 채무자로부터 전부나 일부의 변제를 받지 못한 경우에는 채권자가 해태하지 아니하였으면 변제받았을 한도에서 보증인은 그 의무를 면한다.

제 439 조【공동보증의 분별의 이익】 수인의 보증인이 각자의 행위로 보증채무를 부담한 경우에도 제408조의 규정을 적용한다.

제 440 조【시효중단의 보증인에 대한 효력】 <u>주채무자에 대한 시효의 중단은 보증인에 대하여 그 효력이 있다.</u>

제 441 조【수탁보증인의 구상권】 ① 주채무자의 부탁으로 보증인이 된 자가 과실 없이 변제 기타의 출재로 주채무를 소멸하게 한 때에는 주채무자에 대하여 구상권이 있다.

② 제425조 제2항의 규정은 전항의 경우에 준용한다.

제 442 조【수탁보증인의 사전구상권】 ① <u>주채무자의 부탁으로 보증인이 된 자</u>는 다음 각 호의 경우에 주채무자에 대하여 <u>미리 구상권을 행사할 수 있다.</u>

1. <u>보증인이 과실 없이 채권자에게 변제할 재판을 받은 때</u>
2. <u>주채무자가 파산선고를 받은 경우에 채권자가 파산재단에 가입하지 아니한 때</u>
3. <u>채무의 이행기가 확정되지 아니하고 그 최장기도 확정할 수 없는 경우에 보증계약 후 5년을 경과한 때</u>
4. <u>채무의 이행기가 도래한 때</u>

② 전항 제4호의 경우에는 보증계약 후에 채권자가 주채무자에게 허여한 기한으로 보증인에게 대항하지 못한다.

제 443 조【주채무자의 면책청구】 전조의 규정에 의하여 주채무자가 보증인에게 배상하는 경우에 주채무자는 자기를 면책하게 하거나 자기에게 담보를 제공할 것을 보증인에게 청구할 수 있고 또는 배상할 금액을 공탁하거나 담보를 제공하거나 보증인을 면책하게 함으로써 그 배상의무를 면할 수 있다.

제 444 조【부탁 없는 보증인의 구상권】 ① 주채무자의 부탁 없이 보증인이 된 자가 변제 기타 자기의 출재로 주채무를 소멸하게 한 때에는 주채무자는 그 당시에 이익을 받은 한도에서 배상하여야 한다.
② 주채무자의 의사에 반하여 보증인이 된 자가 변제 기타 자기의 출재로 주채무를 소멸하게 한 때에는 주채무자는 현존이익의 한도에서 배상하여야 한다.
③ 전항의 경우에 주채무자가 구상한 날 이전에 상계원인이 있음을 주장한 때에는 그 상계로 소멸할 채권은 보증인에게 이전된다.

제 445 조【구상요건으로서의 통지】 ① 보증인이 주채무자에게 통지하지 아니하고 변제 기타 자기의 출재로 주채무를 소멸하게 한 경우에 주채무자가 채권자에게 대항할 수 있는 사유가 있었을 때에는 이 사유로 보증인에게 대항할 수 있고 그 대항사유가 상계인 때에는 상계로 소멸할 채권은 보증인에게 이전된다.
② 보증인이 변제 기타 자기의 출재로 면책되었음을 주채무자에게 통지하지 아니한 경우에 주채무자가 선의로 채권자에게 변제 기타 유상의 면책행위를 한 때에는 주채무자는 자기의 면책행위의 유효를 주장할 수 있다.

제 446 조【주채무자의 보증인에 대한 면책통지의무】 주채무자가 자기의 행위로 면책하였음을 그 부탁으로 보증인이 된 자에게 통지하지 아니한 경우에 보증인이 선의로 채권자에게 변제 기타 유상의 면책행위를 한 때에는 보증인은 자기의 면책행위의 유효를 주장할 수 있다.

제 447 조【연대, 불가분채무의 보증인의 구상권】 어느 연대채무자나 어느 불가분채무자를 위하여 보증인이 된 자는 다른 연대채무자나 다른 불가분채무자에 대하여 그 부담부분에 한하여 구상권이 있다.

제 448 조【공동보증인간의 구상권】 ① 수인의 보증인이 있는 경우에 어느 보증인이 자기의 부담부분을 넘은 변제를 한 때에는 제444조의 규정을 준용한다.
② 주채무가 불가분이거나 각 보증인이 상호연대로 또는 주채무자와 연대로 채무를 부담한 경우에 어느 보증인이 자기의 부담부분을 넘은 변제를 한 때에는 제425조 내지 제427조의 규정을 준용한다.

제 4 절 채권의 양도

제 449 조【채권의 양도성】 ① 채권은 양도할 수 있다. 그러나 채권의 성질이 양도를 허용하지 아니하는 때에는 그러하지 아니하다.
② 채권은 당사자가 반대의 의사를 표시한 경우에는 양도하지 못한다. 그러나 그 의사표시로써 선의의 제삼자에게 대항하지 못한다.

제 450 조【지명채권양도의 대항요건】 ① 지명채권의 양도는 양도인이 채무자에게 통지하거나 채무자가 승낙하지 아니하면 채무자 기타 제삼자에게 대항하지 못한다.
② 전항의 통지나 승낙은 확정일자 있는 증서에 의하지 아니하면 채무자 이외의 제삼자에게 대항하지 못한다.

제 451 조【승낙, 통지의 효과】 ① 채무자가 이의를 보류하지 아니하고 전조의 승낙을 한 때에는 양도인에게 대항할 수 있는 사유로써 양수인에게 대항하지 못한다. 그러나 채무자가 채무를 소멸하게 하기 위하여 양도인에게 급여한 것이 있으면 이를 회수할 수 있고 양도인에 대하여 부담한 채무가 있으면 그 성립되지 아니함을 주장할 수 있다.
② 양도인이 양도통지만을 한 때에는 채무자는 그 통지를 받은 때까지 양도인에 대하여 생긴 사유로써 양수인에게 대항할 수 있다.

제 452 조【양도통지와 금반언】 ① 양도인이 채무자에게 채권양도를 통지한 때에는 아직 양도하지 아니하였거나 그 양도가 무효인 경우에도 선의인 채무자는 양수인에게 대항할 수 있는 사유로 양도인에게 대항할 수 있다.
② 전항의 통지는 양수인의 동의가 없으면 철회하지 못한다.

제 5 절 채무의 인수

제 453 조【채권자와의 계약에 의한 채무인수】 ① 제삼자는 채권자와의 계약으로 채무를 인수하여 채무자의 채무를 면하게 할 수 있다. 그러나 채무의 성질이 인수를 허용하지 아니하는 때에는 그러하지 아니하다.
② 이해관계없는 제삼자는 채무자의 의사에 반하여 채무를 인수하지 못한다.

제 454 조【채무자와의 계약에 의한 채무인수】 ① 제삼자가 채무자와의 계약으로 채무를 인수한 경우에는 채권자의 승낙에 의하여 그 효력이 생긴다.
② 채권자의 승낙 또는 거절의 상대방은 채무자나 제삼자이다.

제 455 조【승낙 여부의 최고】 ① 전조의 경우에 제삼자나 채무자는 상당한 기간을 정하여 승낙 여부의 확답을 채권자에게 최고할 수 있다.
② <u>채권자가 그 기간 내에 확답을 발송하지 아니한 때에는 거절한 것으로 본다.</u>

제 456 조【채무인수의 철회, 변경】 제삼자와 채무자 간의 계약에 의한 채무인수는 채권자의 승낙이 있을 때까지 당사자는 이를 철회하거나 변경할 수 있다.

제 457 조【채무인수의 소급효】 채권자의 채무인수에 대한 승낙은 다른 의사표시가 없으면 <u>채무를 인수한 때에 소급하여 그 효력이 생긴다.</u> 그러나 제삼자의 권리를 침해하지 못한다.

제 458 조【전채무자의 항변사유】 인수인은 전채무자의 항변할 수 있는 사유로 채권자에게 대항할 수 있다.

제 459 조【채무인수와 보증, 담보의 소멸】 전채무자의 채무에 대한 보증이나 제삼자가 제공한 담보는 채무인수로 인하여 소멸한다. 그러나 보증인이나 제삼자가 채무인수에 동의한 경우에는 그러하지 아니하다.

제 6 절 채권의 소멸

제 1 관 변 제

제 460 조【변제제공의 방법】 변제는 채무내용에 좇은 현실제공으로 이를 하여야 한다. 그러나 <u>채권자가 미리 변제받기를 거절하거나 채무의 이행에 채권자의 행위를 요하는 경우에는 변제준비의 완료를 통지하고 그 수령을 최고하면 된다.</u>

제 461 조【변제제공의 효과】 변제의 제공은 그 때로부터 채무불이행의 책임을 면하게 한다.

제 462 조【특정물의 현상인도】 특정물의 인도가 채권의 목적인 때에는 채무자는 <u>이행기의 현상대로 그 물건을 인도하여야 한다.</u>

제 463 조【변제로서의 타인의 물건의 인도】 채무의 변제로 타인의 물건을 인도한 채무자는 다시 유효한 변제를 하지 아니하면 그 물건의 반환을 청구하지 못한다.

제 464 조【양도능력 없는 소유자의 물건인도】 양도할 능력 없는 소유자가 채무의 변제로 물건을 인도한 경우에는 그 변제가 취소된 때에도 다시 유효한 변제를 하지 아니하면 그 물건의 반환을 청구하지 못한다.

제 465 조【채권자의 선의소비, 양도와 구상권】 ① 전2조의 경우에 채권자가 변제로 받은 물건을 선의로 소비하거나 타인에게 양도한 때에는 그 변제는 효력이 있다.
② 전항의 경우에 채권자가 제삼자로부터 배상의 청구를 받은 때에는 채무자에 대하여 구상권을 행사할 수 있다.

제 466 조【대물변제】 채무자가 채권자의 승낙을 얻어 본래의 채무이행에 갈음하여 다른 급여를 한 때에는 변제와 같은 효력이 있다.

제 467 조【변제의 장소】 ① 채무의 성질 또는 당사자의 의사표시로 변제장소를 정하지 아니한 때에는 특정물의 인도는 채권 성립 당시에 그 물건이 있던 장소에서 하여야 한다.
② 전항의 경우에 특정물인도 이외의 채무변제는 채권자의 현주소에서 하여야 한다. 그러나 영업에 관한 채무의 변제는 채권자의 현영업소에서 하여야 한다.

제 468 조【변제기 전의 변제】 당사자의 특별한 의사표시가 없으면 변제기 전이라도 채무자는 변제할 수 있다. 그러나 상대방의 손해는 배상하여야 한다.

제 469 조【제삼자의 변제】 ① 채무의 변제는 제삼자도 할 수 있다. 그러나 채무의 성질 또는 당사자의 의사표시로 제삼자의 변제를 허용하지 아니하는 때에는 그러하지 아니하다.
② 이해관계없는 제삼자는 채무자의 의사에 반하여 변제하지 못한다.

제 470 조【채권의 준점유자에 대한 변제】 채권의 준점유자에 대한 변제는 변제자가 선의이며 과실 없는 때에 한하여 효력이 있다.

제 471 조【영수증소지자에 대한 변제】 영수증을 소지한 자에 대한 변제는 그 소지자가 변제를 받을 권한이 없는 경우에도 효력이 있다. 그러나 변제자가 그 권한 없음을 알았거나 알 수 있었을 경우에는 그러하지 아니하다.

제 472 조【권한 없는 자에 대한 변제】 전2조의 경우 외에 변제받을 권한 없는 자에 대한 변제는 채권자가 이익을 받은 한도에서 효력이 있다.

제 473 조【변제비용의 부담】 변제비용은 다른 의사표시가 없으면 채무자의 부담으로 한다. 그러나 채권자의 주소이전 기타의 행위로 인하여 변제비용이 증가된 때에는 그 증가액은 채권자의 부담으로 한다.

제 474 조【영수증청구권】 변제자는 변제를 받는 자에게 영수증을 청구할 수 있다.

제 475 조【채권증서반환청구권】 채권증서가 있는 경우에 변제자가 채무전부를 변제한 때에는 채권증서의 반환을 청구할 수 있다. 채권이 변제 이외의 사유로 전부 소멸한 때에도 같다.

제 476 조【지정변제충당】 ① 채무자가 동일한 채권자에 대하여 같은 종류를 목적으로 한 수개의 채무를 부담한 경우에 변제의 제공이 그 채무전부를 소멸하게 하지 못하는 때에는 변제자는 그 당시 어느 채무를 지정하여 그 변제에 충당할 수 있다.
② 변제자가 전항의 지정을 하지 아니할 때에는 변제받는 자는 그 당시 어느 채무를 지정하여 변제에 충당할 수 있다. 그러나 변제자가 그 충당에 대하여 즉시 이의를 한 때에는 그러하지 아니하다.
③ 전2항의 변제충당은 상대방에 대한 의사표시로써 한다.

제 477 조【법정변제충당】 당사자가 변제에 충당할 채무를 지정하지 아니한 때에는 다음 각 호의 규정에 의한다.

1. 채무중에 이행기가 도래한 것과 도래하지 아니한 것이 있으면 이행기가 도래한 채무의 변제에 충당한다.
2. 채무전부의 이행기가 도래하였거나 도래하지 아니한 때에는 채무자에게 변제이익이 많은 채무의 변제에 충당한다.

3. 채무자에게 변제이익이 같으면 이행기가 먼저 도래한 채무나 먼저 도래할 채무의 변제에 충당한다.
4. 전2호의 사항이 같은 때에는 그 채무액에 비례하여 각 채무의 변제에 충당한다.

제 478 조【부족변제의 충당】 1개의 채무에 수개의 급여를 요할 경우에 변제자가 그 채무전부를 소멸하게 하지 못한 급여를 한 때에는 전2조의 규정을 준용한다.

제 479 조【비용, 이자, 원본에 대한 변제충당의 순서】 ① 채무자가 1개 또는 수개의 채무의 비용 및 이자를 지급할 경우에 변제자가 그 전부를 소멸하게 하지 못한 급여를 한 때에는 비용, 이자, 원본의 순서로 변제에 충당하여야 한다.
② 전항의 경우에 제477조의 규정을 준용한다.

제 480 조【변제자의 임의대위】 ① 채무자를 위하여 변제한 자는 변제와 동시에 채권자의 승낙을 얻어 채권자를 대위할 수 있다.
② 전항의 경우에 제450조 내지 제452조의 규정을 준용한다.

제 481 조【변제자의 법정대위】 변제할 정당한 이익이 있는 자는 변제로 당연히 채권자를 대위한다.

제 482 조【변제자대위의 효과, 대위자 간의 관계】 ① 전2조의 규정에 의하여 채권자를 대위한 자는 자기의 권리에 의하여 구상할 수 있는 범위에서 채권 및 그 담보에 관한 권리를 행사할 수 있다.
② 전항의 권리행사는 다음 각 호의 규정에 의하여야 한다.
1. 보증인은 미리 전세권이나 저당권의 등기에 그 대위를 부기하지 아니하면 전세물이나 저당물에 권리를 취득한 제삼자에 대하여 채권자를 대위하지 못한다.
2. 제삼취득자는 보증인에 대하여 채권자를 대위하지 못한다.
3. 제삼취득자 중의 1인은 각 부동산의 가액에 비례하여 다른 제삼취득자에 대하여 채권자를 대위한다.
4. 자기의 재산을 타인의 채무의 담보로 제공한 자가 수인인 경우에는 전호의 규정을 준용한다.
5. 자기의 재산을 타인의 채무의 담보로 제공한 자와 보증인간에는 그 인원수에 비례하여 채권자를 대위한다. 그러나 자기의 재산을 타인의 채무의 담보로 제공한 자가 수인인 때에는 보증인의 부담부분을 제외하고 그 잔액에 대하여 각 재산의 가액에 비례하여 대위한다. 이 경우에 그 재산이 부동산인 때에는 제1호의 규정을 준용한다.

제 483 조【일부의 대위】 ① 채권의 일부에 대하여 대위변제가 있는 때에는 대위자는 그 변제한 가액에 비례하여 채권자와 함께 그 권리를 행사한다.
② 전항의 경우에 채무불이행을 원인으로 하는 계약의 해지 또는 해제는 채권자만이 할 수 있고 채권자는 대위자에게 그 변제한 가액과 이자를 상환하여야 한다.

제 484 조【대위변제와 채권증서, 담보물】
① 채권 전부의 대위변제를 받은 채권자는 그 채권에 관한 증서 및 점유한 담보물을 대위자에게 교부하여야 한다.
② 채권의 일부에 대한 대위변제가 있는 때에는 채권자는 채권증서에 그 대위를 기입하고 자기가 점유한 담보물의 보존에 관하여 대위자의 감독을 받아야 한다.

제 485 조【채권자의 담보상실, 감소행위와 법정대위자의 면책】 제481조의 규정에 의하여 대위할 자가 있는 경우에 채권자의 고의나 과실로 담보가 상실되거나 감소된 때에는 대위할 자는 그 상실 또는 감소로 인하여 상환을 받을 수 없는 한도에서 그 책임을 면한다.

제486조【변제 이외의 방법에 의한 채무소멸과 대위】 제삼자가 공탁 기타 자기의 출재로 채무자의 채무를 면하게 한 경우에도 전6조의 규정을 준용한다.

제2관 공 탁

제487조【변제공탁의 요건, 효과】 채권자가 변제를 받지 아니하거나 받을 수 없는 때에는 변제자는 채권자를 위하여 변제의 목적물을 공탁하여 그 채무를 면할 수 있다. 변제자가 과실없이 채권자를 알 수 없는 경우에도 같다.

제488조【공탁의 방법】 ① 공탁은 채무이행지의 공탁소에 하여야 한다.
② 공탁소에 관하여 법률에 특별한 규정이 없으면 법원은 변제자의 청구에 의하여 공탁소를 지정하고 공탁물보관자를 선임하여야 한다.
③ 공탁자는 지체 없이 채권자에게 공탁통지를 하여야 한다.

제489조【공탁물의 회수】 ① 채권자가 공탁을 승인하거나 공탁소에 대하여 공탁물을 받기를 통고하거나 공탁유효의 판결이 확정되기까지는 변제자는 공탁물을 회수할 수 있다. 이 경우에는 공탁하지 아니한 것으로 본다.
② 전항의 규정은 질권 또는 저당권이 공탁으로 인하여 소멸한 때에는 적용하지 아니한다.

제490조【자조매각금의 공탁】 변제의 목적물이 공탁에 적당하지 아니하거나 멸실 또는 훼손될 염려가 있거나 공탁에 과다한 비용을 요하는 경우에는 변제자는 법원의 허가를 얻어 그 물건을 경매하거나 시가로 방매하여 대금을 공탁할 수 있다.

제491조【공탁물수령과 상대의무이행】 채무자가 채권자의 상대의무이행과 동시에 변제할 경우에는 채권자는 그 의무이행을 하지 아니하면 공탁물을 수령하지 못한다.

제3관 상 계

제492조【상계의 요건】 ① 쌍방이 서로 같은 종류를 목적으로 한 채무를 부담한 경우에 그 쌍방의 채무의 이행기가 도래한 때에는 각 채무자는 대등액에 관하여 상계할 수 있다. 그러나 채무의 성질이 상계를 허용하지 아니할 때에는 그러하지 아니하다.
② 전항의 규정은 당사자가 다른 의사를 표시한 경우에는 적용하지 아니한다. 그러나 그 의사표시로써 선의의 제삼자에게 대항하지 못한다.

제493조【상계의 방법, 효과】 ① 상계는 상대방에 대한 의사표시로 한다. 이 의사표시에는 조건 또는 기한을 붙이지 못한다.
② 상계의 의사표시는 각 채무가 상계할 수 있는 때에 대등액에 관하여 소멸한 것으로 본다.

제494조【이행지를 달리하는 채무의 상계】 각 채무의 이행지가 다른 경우에도 상계할 수 있다. 그러나 상계하는 당사자는 상대방에게 상계로 인한 손해를 배상하여야 한다.

제495조【소멸시효완성된 채권에 의한 상계】 소멸시효가 완성된 채권이 그 완성 전에 상계할 수 있었던 것이면 그 채권자는 상계할 수 있다.

제496조【불법행위채권을 수동채권으로 하는 상계의 금지】 채무가 고의의 불법행위로 인한 것인 때에는 그 채무자는 상계로 채권자에게 대항하지 못한다.

제497조【압류금지채권을 수동채권으로 하는 상계의 금지】 채권이 압류하지 못할 것인 때에는 그 채무자는 상계로 채권자에게 대항하지 못한다.

제498조【지급금지채권을 수동채권으로 하는 상계의 금지】 지급을 금지하는 명령을 받은 제삼채무자는 그 후에 취득한 채권에 의한 상계로 그 명령을 신청한 채권자에게 대항하지 못한다.

제 499 조【준용규정】 제476조 내지 제479조의 규정은 상계에 준용한다.

제 4 관 경 개

제 500 조【경개의 요건, 효과】 당사자가 채무의 중요한 부분을 변경하는 계약을 한 때에는 구채무는 경개로 인하여 소멸한다.

제 501 조【채무자변경으로 인한 경개】 채무자의 변경으로 인한 경개는 채권자와 신채무자간의 계약으로 이를 할 수 있다. 그러나 구채무자의 의사에 반하여 이를 하지 못한다.

제 502 조【채권자변경으로 인한 경개】 채권자의 변경으로 인한 경개는 확정일자 있는 증서로 하지 아니하면 이로써 제삼자에게 대항하지 못한다.

제 503 조【채권자변경의 경개와 채무자승낙의 효과】 제451조 제1항의 규정은 채권자의 변경으로 인한 경개에 준용한다.

제 504 조【구채무불소멸의 경우】 경개로 인한 신채무가 원인의 불법 또는 당사자가 알지 못한 사유로 인하여 성립되지 아니하거나 취소된 때에는 구채무는 소멸되지 아니한다.

제 505 조【신채무에의 담보이전】 경개의 당사자는 구채무의 담보를 그 목적의 한도에서 신채무의 담보로 할 수 있다. 그러나 제삼자가 제공한 담보는 그 승낙을 얻어야 한다.

제 5 관 면 제

제 506 조【면제의 요건, 효과】 채권자가 채무자에게 채무를 면제하는 의사를 표시한 때에는 채권은 소멸한다. 그러나 면제로써 정당한 이익을 가진 제삼자에게 대항하지 못한다.

제 6 관 혼 동

제 507 조【혼동의 요건, 효과】 채권과 채무가 동일한 주체에 귀속한 때에는 채권은 소멸한다. 그러나 그 채권이 제삼자의 권리의 목적인 때에는 그러하지 아니하다.

제 7 절 지시채권

제 508 조【지시채권의 양도방식】 지시채권은 그 증서에 배서하여 양수인에게 교부하는 방식으로 양도할 수 있다.

제 509 조【환배서】 ① 지시채권은 그 채무자에 대하여도 배서하여 양도할 수 있다.
② 배서로 지시채권을 양수한 채무자는 다시 배서하여 이를 양도할 수 있다.

제 510 조【배서의 방식】 ① 배서는 증서 또는 그 보충지에 그 뜻을 기재하고 배서인이 서명 또는 기명날인함으로써 이를 한다.
② 배서는 피배서인을 지정하지 아니하고 할 수 있으며 또 배서인의 서명 또는 기명날인만으로 할 수 있다.

제 511 조【약식배서의 처리방식】 배서가 전조 제2항의 약식에 의한 때에는 소지인은 다음 각 호의 방식으로 처리할 수 있다.

1. 자기나 타인의 명칭을 피배서인으로 기재할 수 있다.
2. 약식으로 또는 타인을 피배서인으로 표시하여 다시 증서에 배서할 수 있다.
3. 피배서인을 기재하지 아니하고 배서 없이 증서를 제삼자에게 교부하여 양도할 수 있다.

제 512 조【소지인출급배서의 효력】 소지인출급의 배서는 약식배서와 같은 효력이 있다.

제 513 조【배서의 자격수여력】 ① 증서의 점유자가 배서의 연속으로 그 권리를 증명하는 때에는 적법한 소지인으로 본다. 최후의 배서가 약식인 경우에도 같다.
② 약식배서 다음에 다른 배서가 있으면 그 배서인은 약식배서로 증서를 취득한 것으로 본다.
③ 말소된 배서는 배서의 연속에 관하여 그 기재가 없는 것으로 본다.

제 514 조【동전 – 선의취득】 누구든지 증서의 적법한 소지인에 대하여 그 반환을 청구하지 못한다. 그러나 소지인이 취득한 때에 양도인이 권리없음을 알았거나 중대한 과실로 알지 못한 때에는 그러하지 아니하다.

제 515 조【이전배서와 인적항변】 지시채권의 채무자는 소지인의 전자에 대한 인적관계의 항변으로 소지인에게 대항하지 못한다. 그러나 소지인이 그 채무자를 해함을 알고 지시채권을 취득한 때에는 그러하지 아니하다.

제 516 조【변제의 장소】 증서에 변제장소를 정하지 아니한 때에는 채무자의 현영업소를 변제장소로 한다. 영업소가 없는 때에는 현주소를 변제장소로 한다.

제 517 조【증서의 제시와 이행지체】 증서에 변제기한이 있는 경우에도 그 기한이 도래한 후에 소지인이 증서를 제시하여 이행을 청구한 때로부터 채무자는 지체책임이 있다.

제 518 조【채무자의 조사권리의무】 채무자는 배서의 연속여부를 조사할 의무가 있으며 배서인의 서명 또는 날인의 진위나 소지인의 진위를 조사할 권리는 있으나 의무는 없다. 그러나 채무자가 변제하는 때에 소지인이 권리자 아님을 알았거나 중대한 과실로 알지 못한 때에는 그 변제는 무효로 한다.

제 519 조【변제와 증서교부】 채무자는 증서와 교환하여서만 변제할 의무가 있다.

제 520 조【영수의 기입청구권】 ① 채무자는 변제하는 때에 소지인에 대하여 증서에 영수를 증명하는 기재를 할 것을 청구할 수 있다.
② 일부변제의 경우에 채무자의 청구가 있으면 채권자는 증서에 그 뜻을 기재하여야 한다.

제 521 조【공시최고절차에 의한 증서의 실효】 멸실한 증서나 소지인의 점유를 이탈한 증서는 공시최고의 절차에 의하여 무효로 할 수 있다.

제 522 조【공시최고절차에 의한 공탁, 변제】 공시최고의 신청이 있는 때에는 채무자로 하여금 채무의 목적물을 공탁하게 할 수 있고 소지인이 상당한 담보를 제공하면 변제하게 할 수 있다.

제 8 절 무기명채권

제 523 조【무기명채권의 양도방식】 무기명채권은 양수인에게 그 증서를 교부함으로써 양도의 효력이 있다.

제 524 조【준용규정】 제514조 내지 제522조의 규정은 무기명채권에 준용한다.

제 525 조【지명소지인출급채권】 채권자를 지정하고 소지인에게도 변제할 것을 부기한 증서는 무기명채권과 같은 효력이 있다.

제 526 조【면책증서】 제516조, 제517조 및 제520조의 규정은 채무자가 증서소지인에게 변제하여 그 책임을 면할 목적으로 발행한 증서에 준용한다.

제 2 장 계 약

제 1 절 총 칙

제 1 관 계약의 성립

제 527 조【계약의 청약의 구속력】 계약의 청약은 이를 철회하지 못한다.

제 528 조【승낙기간을 정한 계약의 청약】 ① 승낙의 기간을 정한 계약의 청약은 청약자가 그 기간 내에 승낙의 통지를 받지 못한 때에는 그 효력을 잃는다.
② 승낙의 통지가 전항의 기간 후에 도달한 경우에 보통 그 기간 내에 도달할 수 있는 발송인 때에는 청약자는 지체 없이 상대방에게 그 연착의 통지를 하여야 한다. 그러나 그 도달 전에 지연의 통지를 발송한 때에는 그러하지 아니하다.
③ 청약자가 전항의 통지를 하지 아니한 때에는 승낙의 통지는 연착되지 아니한 것으로 본다.

제 529 조【승낙기간을 정하지 아니한 계약의 청약】 승낙의 기간을 정하지 아니한 계약의 청약은 청약자가 상당한 기간 내에 승낙의 통지를 받지 못한 때에는 그 효력을 잃는다.

제 530 조【연착된 승낙의 효력】 전2조의 경우에 연착된 승낙은 청약자가 이를 새 청약으로 볼 수 있다.

제 531 조【격지자 간의 계약 성립시기】 격지자 간의 계약은 승낙의 통지를 발송한 때에 성립한다.

제 532 조【의사실현에 의한 계약 성립】 청약자의 의사표시나 관습에 의하여 승낙의 통지가 필요하지 아니한 경우에는 계약은 승낙의 의사표시로 인정되는 사실이 있는 때에 성립한다.

제 533 조【교차청약】 당사자 간에 동일한 내용의 청약이 상호교차된 경우에는 양청약이 상대방에게 도달한 때에 계약이 성립한다.

제 534 조【변경을 가한 승낙】 승낙자가 청약에 대하여 조건을 붙이거나 변경을 가하여 승낙한 때에는 그 청약의 거절과 동시에 새로 청약한 것으로 본다.

제 535 조【계약체결상의 과실】 ① 목적이 불능한 계약을 체결할 때에 그 불능을 알았거나 알 수 있었을 자는 상대방이 그 계약의 유효를 믿었음으로 인하여 받은 손해를 배상하여야 한다. 그러나 그 배상액은 계약이 유효함으로 인하여 생길 이익액을 넘지 못한다.
② 전항의 규정은 상대방이 그 불능을 알았거나 알 수 있었을 경우에는 적용하지 아니한다.

제 2 관 계약의 효력

제 536 조【동시이행의 항변권】 ① 쌍무계약의 당사자 일방은 상대방이 그 채무이행을 제공할 때 까지 자기의 채무이행을 거절할 수 있다. 그러나 상대방의 채무가 변제기에 있지 아니하는 때에는 그러하지 아니하다.
② 당사자 일방이 상대방에게 먼저 이행하여야 할 경우에 상대방의 이행이 곤란할 현저한 사유가 있는 때에는 전항 본문과 같다.

제 537 조【채무자 위험부담주의】 쌍무계약의 당사자 일방의 채무가 당사자쌍방의 책임 없는 사유로 이행할 수 없게 된 때에는 채무자는 상대방의 이행을 청구하지 못한다.

제 538 조【채권자귀책사유로 인한 이행불능】 ① 쌍무계약의 당사자 일방의 채무가 채권자의 책임 있는 사유로 이행할 수 없게 된 때에는 채무자는 상대방의 이행을 청구할 수 있다. 채권자의 수령지체 중에 당사자쌍방의 책임 없는 사유로 이행할 수 없게 된 때에도 같다.
② 전항의 경우에 채무자는 자기의 채무를 면함으로써 이익을 얻은 때에는 이를 채권자에게 상환하여야 한다.

제 539 조【제삼자를 위한 계약】 ① 계약에 의하여 당사자 일방이 제삼자에게 이행할 것을 약정한 때에는 그 제삼자는 채무자에게 직접 그 이행을 청구할 수 있다.
② 전항의 경우에 제삼자의 권리는 그 제삼자가 채무자에 대하여 계약의 이익을 받을 의사를 표시한 때에 생긴다.

제 540 조【채무자의 제삼자에 대한 최고권】 전조의 경우에 채무자는 상당한 기간을 정하여 계약의 이익의 향수여부의 확답을 제삼자에게 최고할 수 있다. 채무자가 그 기간 내에 확답을 받지 못한 때에는 제삼자가 계약의 이익을 받을 것을 거절한 것으로 본다.

제 541 조【제삼자의 권리의 확정】 제539조의 규정에 의하여 제삼자의 권리가 생긴 후에는 당사자는 이를 변경 또는 소멸시키지 못한다.

제 542 조【채무자의 항변권】 채무자는 제539조의 계약에 기한 항변으로 그 계약의 이익을 받을 제삼자에게 대항할 수 있다.

제 3 관 계약의 해지, 해제

제 543 조【해지, 해제권】 ① 계약 또는 법률의 규정에 의하여 당사자의 일방이나 쌍방이 해지 또는 해제의 권리가 있는 때에는 그 해지 또는 해제는 상대방에 대한 의사표시로 한다.
② 전항의 의사표시는 철회하지 못한다.

제 544 조【이행지체와 해제】 당사자 일방이 그 채무를 이행하지 아니하는 때에는 상대방은 상당한 기간을 정하여 그 이행을 최고하고 그 기간 내에 이행하지 아니한 때에는 계약을 해제할 수 있다. 그러나 채무자가 미리 이행하지 아니할 의사를 표시한 경우에는 최고를 요하지 아니한다.

제 545 조【정기행위와 해제】 계약의 성질 또는 당사자의 의사표시에 의하여 일정한 시일 또는 일정한 기간 내에 이행하지 아니하면 계약의 목적을 달성할 수 없을 경우에 당사자 일방이 그 시기에 이행하지 아니한 때에는 상대방은 전조의 최고를 하지 아니하고 계약을 해제할 수 있다.

제 546 조【이행불능과 해제】 채무자의 책임 있는 사유로 이행이 불능하게 된 때에는 채권자는 계약을 해제할 수 있다.

제 547 조【해지, 해제권의 불가분성】 ① 당사자의 일방 또는 쌍방이 수인인 경우에는 계약의 해지나 해제는 그 전원으로부터 또는 전원에 대하여 하여야 한다.
② 전항의 경우에 해지나 해제의 권리가 당사자 1인에 대하여 소멸한 때에는 다른 당사자에 대하여도 소멸한다.

제 548 조【해제의 효과, 원상회복의무】 ① 당사자 일방이 계약을 해제한 때에는 각 당사자는 그 상대방에 대하여 원상회복의 의무가 있다. 그러나 제삼자의 권리를 해하지 못한다.
② 전항의 경우에 반환할 금전에는 그 받은 날로부터 이자를 가하여야 한다.

제 549 조【원상회복의무와 동시이행】 제536조의 규정은 전조의 경우에 준용한다.

제 550 조【해지의 효과】 당사자 일방이 계약을 해지한 때에는 계약은 장래에 대하여 그 효력을 잃는다.

제 551 조【해지, 해제와 손해배상】 계약의 해지 또는 해제는 손해배상의 청구에 영향을 미치지 아니한다.

제 552 조【해제권 행사 여부의 최고권】 ① 해제권의 행사의 기간을 정하지 아니한 때에는 상대방은 상당한 기간을 정하여 해제권 행사 여부의 확답을 해제권자에게 최고할 수 있다.

② 전항의 기간 내에 해제의 통지를 받지 못한 때에는 해제권은 소멸한다.

제553조【훼손 등으로 인한 해제권의 소멸】 해제권자의 고의나 과실로 인하여 계약의 목적물이 현저히 훼손되거나 이를 반환할 수 없게 된 때 또는 가공이나 개조로 인하여 다른 종류의 물건으로 변경된 때에는 해제권은 소멸한다.

제3절 매 매

제1관 총 칙

제563조【매매의 의의】 매매는 당사자 일방이 재산권을 상대방에게 이전할 것을 약정하고 상대방이 그 대금을 지급할 것을 약정함으로써 그 효력이 생긴다.

제564조【매매의 일방예약】 ① 매매의 일방예약은 상대방이 매매를 완결할 의사를 표시하는 때에 매매의 효력이 생긴다.
② 전항의 의사표시의 기간을 정하지 아니한 때에는 예약자는 상당한 기간을 정하여 매매완결여부의 확답을 상대방에게 최고할 수 있다.
③ 예약자가 전항의 기간 내에 확답을 받지 못한 때에는 예약은 그 효력을 잃는다.

제565조【해약금】 ① 매매의 당사자 일방이 계약 당시에 금전 기타 물건을 계약금, 보증금 등의 명목으로 상대방에게 교부한 때에는 당사자 간에 다른 약정이 없는 한 당사자의 일방이 이행에 착수할 때까지 교부자는 이를 포기하고 수령자는 그 배액을 상환하여 매매계약을 해제할 수 있다.
② 제551조의 규정은 전항의 경우에 이를 적용하지 아니한다.

제566조【매매계약의 비용의 부담】 매매계약에 관한 비용은 당사자 쌍방이 균분하여 부담한다.

제567조【유상계약에의 준용】 본절의 규정은 매매 이외의 유상계약에 준용한다. 그러나 그 계약의 성질이 이를 허용하지 아니하는 때에는 그러하지 아니하다.

제2관 매매의 효력

제568조【매매의 효력】 ① 매도인은 매수인에 대하여 매매의 목적이 된 권리를 이전하여야 하며 매수인은 매도인에게 그 대금을 지급하여야 한다.
② 전항의 쌍방의무는 특별한 약정이나 관습이 없으면 동시에 이행하여야 한다.

제569조【타인의 권리의 매매】 매매의 목적이 된 권리가 타인에게 속한 경우에는 매도인은 그 권리를 취득하여 매수인에게 이전하여야 한다.

제570조【동전 – 매도인의 담보책임】 전조의 경우에 매도인이 그 권리를 취득하여 매수인에게 이전할 수 없는 때에는 매수인은 계약을 해제할 수 있다. 그러나 매수인이 계약 당시 그 권리가 매도인에게 속하지 아니함을 안 때에는 손해배상을 청구하지 못한다.

제571조【동전 – 선의의 매도인의 담보책임】 ① 매도인이 계약 당시에 매매의 목적이 된 권리가 자기에게 속하지 아니함을 알지 못한 경우에 그 권리를 취득하여 매수인에게 이전할 수 없는 때에는 매도인은 손해를 배상하고 계약을 해제할 수 있다.
② 전항의 경우에 매수인이 계약 당시 그 권리가 매도인에게 속하지 아니함을 안 때에는 매도인은 매수인에 대하여 그 권리를 이전할 수 없음을 통지하고 계약을 해제할 수 있다.

제572조【권리의 일부가 타인에게 속한 경우와 매도인의 담보책임】 ① 매매의 목적이 된 권리의 일부가 타인에게 속함으로 인하여 매도인이 그 권리를 취득하여 매수인에게 이전할

수 없는 때에는 매수인은 그 부분의 비율로 대금의 감액을 청구할 수 있다.
② 전항의 경우에 잔존한 부분만이면 매수인이 이를 매수하지 아니하였을 때에는 선의의 매수인은 계약전부를 해제할 수 있다.
③ 선의의 매수인은 감액청구 또는 계약해제 외에 손해배상을 청구할 수 있다.

제 573 조【전조의 권리행사의 기간】 전조의 권리는 매수인이 선의인 경우에는 사실을 안 날로부터, 악의인 경우에는 계약한 날로부터 1년 내에 행사하여야 한다.

제 574 조【수량부족, 일부멸실의 경우와 매도인의 담보책임】 전2조의 규정은 수량을 지정한 매매의 목적물이 부족되는 경우와 매매목적물의 일부가 계약 당시에 이미 멸실된 경우에 매수인이 그 부족 또는 멸실을 알지 못한 때에 준용한다.

제 575 조【제한물권있는 경우와 매도인의 담보책임】 ① 매매의 목적물이 지상권, 지역권, 전세권, 질권 또는 유치권의 목적이 된 경우에 매수인이 이를 알지 못한 때에는 이로 인하여 계약의 목적을 달성할 수 없는 경우에 한하여 매수인은 계약을 해제할 수 있다. 기타의 경우에는 손해배상만을 청구할 수 있다.
② 전항의 규정은 매매의 목적이 된 부동산을 위하여 존재할 지역권이 없거나 그 부동산에 등기된 임대차계약이 있는 경우에 준용한다.
③ 전2항의 권리는 매수인이 그 사실을 안 날로부터 1년 내에 행사하여야 한다.

제 576 조【저당권, 전세권의 행사와 매도인의 담보책임】 ① 매매의 목적이 된 부동산에 설정된 저당권 또는 전세권의 행사로 인하여 매수인이 그 소유권을 취득할 수 없거나 취득한 소유권을 잃은 때에는 매수인은 계약을 해제할 수 있다.
② 전항의 경우에 매수인의 출재로 그 소유권을 보존한 때에는 매도인에 대하여 그 상환을 청구할 수 있다.
③ 전2항의 경우에 매수인이 손해를 받은 때에는 그 배상을 청구할 수 있다.

제 577 조【저당권의 목적이 된 지상권, 전세권의 매매와 매도인의 담보책임】 전조의 규정은 저당권의 목적이 된 지상권 또는 전세권이 매매의 목적이 된 경우에 준용한다.

제 578 조【경매와 매도인의 담보책임】 ① 경매의 경우에는 경락인은 전8조의 규정에 의하여 채무자에게 계약의 해제 또는 대금감액의 청구를 할 수 있다.
② 전항의 경우에 채무자가 자력이 없는 때에는 경락인은 대금의 배당을 받은 채권자에 대하여 그 대금전부나 일부의 반환을 청구할 수 있다.
③ 전2항의 경우에 채무자가 물건 또는 권리의 흠결을 알고 고지하지 아니하거나 채권자가 이를 알고 경매를 청구한 때에는 경락인은 그 흠결을 안 채무자나 채권자에 대하여 손해배상을 청구할 수 있다.

제 579 조【채권매매와 매도인의 담보책임】 ① 채권의 매도인이 채무자의 자력을 담보한 때에는 매매계약 당시의 자력을 담보한 것으로 추정한다.
② 변제기에 도달하지 아니한 채권의 매도인이 채무자의 자력을 담보한 때에는 변제기의 자력을 담보한 것으로 추정한다.

제 580 조【매도인의 하자담보책임】 ① 매매의 목적물에 하자가 있는 때에는 제575조 제1항의 규정을 준용한다. 그러나 매수인이 하자 있는 것을 알았거나 과실로 인하여 이를 알지 못한 때에는 그러하지 아니하다.
② 전항의 규정은 경매의 경우에 적용하지 아니한다.

제 581 조【종류매매와 매도인의 담보책임】 ① 매매의 목적물을 종류로 지정한 경우에도 그 후 특정된 목적물에 하자가 있는 때에는 전조의 규정을 준용한다.
② 전항의 경우에 매수인은 계약의 해제 또는 손해배상의 청구를 하지 아니하고 하자 없는 물건을 청구할 수 있다.

제 582 조【전2조의 권리행사기간】 전2조에 의한 권리는 매수인이 그 사실을 안 날로부터 6월내에 행사하여야 한다.

제 583 조【담보책임과 동시이행】 제536조의 규정은 제572조 내지 제575조, 제580조 및 제581조의 경우에 준용한다.

제 584 조【담보책임면제의 특약】 매도인은 전15조에 의한 담보책임을 면하는 특약을 한 경우에도 매도인이 알고 고지하지 아니한 사실 및 제삼자에게 권리를 설정 또는 양도한 행위에 대하여는 책임을 면하지 못한다.

제 585 조【동일기한의 추정】 매매의 당사자 일방에 대한 의무이행의 기한이 있는 때에는 상대방의 의무이행에 대하여도 동일한 기한이 있는 것으로 추정한다.

제 586 조【대금지급장소】 매매의 목적물의 인도와 동시에 대금을 지급할 경우에는 그 인도장소에서 이를 지급하여야 한다.

제 587 조【과실의 귀속, 대금의 이자】 매매계약있은 후에도 인도하지 아니한 목적물로부터 생긴 과실은 매도인에게 속한다. 매수인은 목적물의 인도를 받은 날로부터 대금의 이자를 지급하여야 한다. 그러나 대금의 지급에 대하여 기한이 있는 때에는 그러하지 아니하다.

제 588 조【권리주장자가 있는 경우와 대금지급거절권】 매매의 목적물에 대하여 권리를 주장하는 자가 있는 경우에 매수인이 매수한 권리의 전부나 일부를 잃을 염려가 있는 때에는 매수인은 그 위험의 한도에서 대금의 전부나 일부의 지급을 거절할 수 있다. 그러나 매도인이 상당한 담보를 제공한 때에는 그러하지 아니하다.

제 589 조【대금공탁청구권】 전조의 경우에 매도인은 매수인에 대하여 대금의 공탁을 청구할 수 있다.

제 3 관 환 매

제 590 조【환매의 의의】 ① 매도인이 매매계약과 동시에 환매할 권리를 보류한 때에는 그 영수한 대금 및 매수인이 부담한 매매비용을 반환하고 그 목적물을 환매할 수 있다.
② 전항의 환매대금에 관하여 특별한 약정이 있으면 그 약정에 의한다.
③ 전2항의 경우에 목적물의 과실과 대금의 이자는 특별한 약정이 없으면 이를 상계한 것으로 본다.

제 591 조【환매기간】 ① 환매기간은 부동산은 5년, 동산은 3년을 넘지 못한다. 약정기간이 이를 넘는 때에는 부동산은 5년, 동산은 3년으로 단축한다.
② 환매기간을 정한 때에는 다시 이를 연장하지 못한다.
③ 환매기간을 정하지 아니한 때에는 그 기간은 부동산은 5년, 동산은 3년으로 한다.

제 592 조【환매등기】 매매의 목적물이 부동산인 경우에 매매등기와 동시에 환매권의 보류를 등기한 때에는 제삼자에 대하여 그 효력이 있다.

제 593 조【환매권의 대위행사와 매수인의 권리】 매도인의 채권자가 매도인을 대위하여 환매하고자 하는 때에는 매수인은 법원이 선정한 감정인의 평가액에서 매도인이 반환할 금액을 공제한 잔액으로 매도인의 채무를 변제하고 잉여액이 있으면 이를 매도인에게 지급하여 환매권을 소멸시킬 수 있다.

제 594 조【환매의 실행】 ① 매도인은 기간 내에 대금과 매매비용을 매수인에게 제공하지 아니하면 환매할 권리를 잃는다.
② 매수인이나 전득자가 목적물에 대하여 비용을 지출한 때에는 매도인은 제203조의 규정에 의하여 이를 상환하여야 한다. 그러나 유익비에 대하여는 법원은 매도인의 청구에 의하여 상당한 상환기간을 허여할 수 있다.

제 595 조【공유지분의 환매】 공유자의 1인이 환매할 권리를 보류하고 그 지분을 매도한 후 그 목적물의 분할이나 경매가 있는 때에는 매도인은 매수인이 받은 또는 받을 부분이나 대금에 대하여 환매권을 행사할 수 있다. 그러나 매도인에게 통지하지 아니한 매수인은 그 분할이나 경매로써 매도인에게 대항하지 못한다.

제 7 절 임대차

제 618 조【임대차의 의의】 임대차는 당사자 일방이 상대방에게 목적물을 사용, 수익하게 할 것을 약정하고 상대방이 이에 대하여 차임을 지급할 것을 약정함으로써 그 효력이 생긴다.

제 619 조【처분능력, 권한 없는 자의 할 수 있는 단기임대차】 처분의 능력 또는 권한 없는 자가 임대차를 하는 경우에는 그 임대차는 다음 각 호의 기간을 넘지 못한다.

1. 식목, 채염 또는 석조, 석회조, 연와조 및 이와 유사한 건축을 목적으로 한 토지의 임대차는 10년
2. 기타 토지의 임대차는 5년
3. 건물 기타 공작물의 임대차는 3년
4. 동산의 임대차는 6월

제 620 조【단기임대차의 갱신】 전조의 기간은 갱신할 수 있다. 그러나 그 기간만료 전 토지에 대하여는 1년, 건물 기타 공작물에 대하여는 3월, 동산에 대하여는 1월 내에 갱신하여야 한다.

제 621 조【임대차의 등기】 ① 부동산임차인은 당사자 간에 반대약정이 없으면 임대인에 대하여 그 임대차등기절차에 협력할 것을 청구할 수 있다.
② 부동산임대차를 등기한 때에는 그때부터 제삼자에 대하여 효력이 생긴다.

제 622 조【건물등기 있는 차지권의 대항력】 ① 건물의 소유를 목적으로 한 토지임대차는 이를 등기하지 아니한 경우에도 임차인이 그 지상건물을 등기한 때에는 제삼자에 대하여 임대차의 효력이 생긴다.
② 건물이 임대차기간만료 전에 멸실 또는 후폐한 때에는 전항의 효력을 잃는다.

제 623 조【임대인의 의무】 임대인은 목적물을 임차인에게 인도하고 계약존속중 그 사용, 수익에 필요한 상태를 유지하게 할 의무를 부담한다.

제 624 조【임대인의 보존행위, 인용의무】 임대인이 임대물의 보존에 필요한 행위를 하는 때에는 임차인은 이를 거절하지 못한다.

제 625 조【임차인의 의사에 반하는 보존행위와 해지권】 임대인이 임차인의 의사에 반하여 보존행위를 하는 경우에 임차인이 이로 인하여 임차의 목적을 달성할 수 없는 때에는 계약을 해지할 수 있다.

제 626 조【임차인의 상환청구권】 ① 임차인이 임차물의 보존에 관한 필요비를 지출한 때에는 임대인에 대하여 그 상환을 청구할 수 있다.
② 임차인이 유익비를 지출한 경우에는 임대인은 임대차종료시에 그 가액의 증가가 현존한 때에 한하여 임차인의 지출한 금액이나 그 증가액을 상환하여야 한다. 이 경우에 법원은 임대인의 청구에 의하여 상당한 상환기간을 허여할 수 있다.

제627조【일부멸실 등과 감액청구, 해지권】 ① 임차물의 일부가 임차인의 과실 없이 멸실 기타 사유로 인하여 사용, 수익할 수 없는 때에는 임차인은 그 부분의 비율에 의한 차임의 감액을 청구할 수 있다.
② 전항의 경우에 그 잔존부분으로 임차의 목적을 달성할 수 없는 때에는 임차인은 계약을 해지할 수 있다.

제628조【차임증감청구권】 임대물에 대한 공과부담의 증감 기타 경제사정의 변동으로 인하여 약정한 차임이 상당하지 아니하게 된 때에는 당사자는 장래에 대한 차임의 증감을 청구할 수 있다.

제629조【임차권의 양도, 전대의 제한】 ① 임차인은 임대인의 동의 없이 그 권리를 양도하거나 임차물을 전대하지 못한다.
② 임차인이 전항의 규정에 위반한 때에는 임대인은 계약을 해지할 수 있다.

제630조【전대의 효과】 ① 임차인이 임대인의 동의를 얻어 임차물을 전대한 때에는 전차인은 직접 임대인에 대하여 의무를 부담한다. 이 경우에 전차인은 전대인에 대한 차임의 지급으로써 임대인에게 대항하지 못한다.
② 전항의 규정은 임대인의 임차인에 대한 권리행사에 영향을 미치지 아니한다.

제631조【전차인의 권리의 확정】 임차인이 임대인의 동의를 얻어 임차물을 전대한 경우에는 임대인과 임차인의 합의로 계약을 종료한 때에도 전차인의 권리는 소멸하지 아니한다.

제632조【임차건물의 소부분을 타인에게 사용케 하는 경우】 전3조의 규정은 건물의 임차인이 그 건물의 소부분을 타인에게 사용하게 하는 경우에 적용하지 아니한다.

제633조【차임지급의 시기】 차임은 동산, 건물이나 대지에 대하여는 매월말에, 기타 토지에 대하여는 매년말에 지급하여야 한다. 그러나 수확기있는 것에 대하여는 그 수확 후 지체없이 지급하여야 한다.

제634조【임차인의 통지의무】 임차물의 수리를 요하거나 임차물에 대하여 권리를 주장하는 자가 있는 때에는 임차인은 지체 없이 임대인에게 이를 통지하여야 한다. 그러나 임대인이 이미 이를 안 때에는 그러하지 아니하다.

제635조【기간의 약정 없는 임대차의 해지통고】 ① 임대차기간의 약정이 없는 때에는 당사자는 언제든지 계약해지의 통고를 할 수 있다.
② 상대방이 전항의 통고를 받은 날로부터 다음 각 호의 기간이 경과하면 해지의 효력이 생긴다.
1. 토지, 건물 기타 공작물에 대하여는 임대인이 해지를 통고한 경우에는 6월, 임차인이 해지를 통고한 경우에는 1월
2. 동산에 대하여는 5일

제636조【기간의 약정 있는 임대차의 해지통고】 임대차기간의 약정이 있는 경우에도 당사자일방 또는 쌍방이 그 기간 내에 해지할 권리를 보류한 때에는 전조의 규정을 준용한다.

제637조【임차인의 파산과 해지통고】 ① 임차인이 파산선고를 받은 경우에는 임대차기간의 약정이 있는 때에도 임대인 또는 파산관재인은 제635조의 규정에 의하여 계약해지의 통고를 할 수 있다.
② 전항의 경우에 각 당사자는 상대방에 대하여 계약해지로 인하여 생긴 손해의 배상을 청구하지 못한다.

제638조【해지통고의 전차인에 대한 통지】
① 임대차계약이 해지의 통고로 인하여 종료된 경우에 그 임대물이 적법하게 전대되었을 때에는 임대인은 전차인에 대하여 그 사유를 통지하지 아니하면 해지로써 전차인에게 대항하지 못한다.
② 전차인이 전항의 통지를 받은 때에는 제635조 제2항의 규정을 준용한다.

제 639 조【묵시의 갱신】 ① 임대차기간이 만료한 후 임차인이 임차물의 사용, 수익을 계속하는 경우에 임대인이 상당한 기간 내에 이의를 하지 아니한 때에는 전임대차와 동일한 조건으로 다시 임대차한 것으로 본다. 그러나 당사자는 제635조의 규정에 의하여 해지의 통고를 할 수 있다.
② 전항의 경우에 전임대차에 대하여 제삼자가 제공한 담보는 기간의 만료로 인하여 소멸한다.

제 640 조【차임연체와 해지】 건물 기타 공작물의 임대차에는 임차인의 차임연체액이 2기의 차임액에 달하는 때에는 임대인은 계약을 해지할 수 있다.

제 641 조【동 전】 건물 기타 공작물의 소유 또는 식목, 채염, 목축을 목적으로 한 토지임대차의 경우에도 전조의 규정을 준용한다.

제 642 조【토지임대차의 해지와 지상건물 등에 대한 담보물권자에의 통지】 전조의 경우에 그 지상에 있는 건물 기타 공작물이 담보물권의 목적이 된 때에는 제 288조의 규정을 준용한다.

제 643 조【임차인의 갱신청구권, 매수청구권】 건물 기타 공작물의 소유 또는 식목, 채염, 목축을 목적으로 한 토지임대차의 기간이 만료한 경우에 건물, 수목 기타 지상시설이 현존한 때에는 제283조의 규정을 준용한다.

제 644 조【전차인의 임대청구권, 매수청구권】 ① 건물 기타 공작물의 소유 또는 식목, 채염, 목축을 목적으로 한 토지임차인이 적법하게 그 토지를 전대한 경우에 임대차 및 전대차의 기간이 동시에 만료되고 건물, 수목 기타 지상시설이 현존한 때에는 전차인은 임대인에 대하여 전전대차와 동일한 조건으로 임대할 것을 청구할 수 있다.
② 전항의 경우에 임대인이 임대할 것을 원하지 아니하는 때에는 제283조 제2항의 규정을 준용한다.

제 645 조【지상권목적토지의 임차인의 임대청구권, 매수청구권】 전조의 규정은 지상권자가 그 토지를 임대한 경우에 준용한다.

제 646 조【임차인의 부속물매수청구권】 ① 건물 기타 공작물의 임차인이 그 사용의 편익을 위하여 임대인의 동의를 얻어 이에 부속한 물건이 있는 때에는 임대차의 종료시에 임대인에 대하여 그 부속물의 매수를 청구할 수 있다.
② 임대인으로부터 매수한 부속물에 대하여도 전항과 같다.

제 647 조【전차인의 부속물매수청구권】 ① 건물 기타 공작물의 임차인이 적법하게 전대한 경우에 전차인이 그 사용의 편익을 위하여 임대인의 동의를 얻어 이에 부속한 물건이 있는 때에는 전대차의 종료시에 임대인에 대하여 그 부속물의 매수를 청구할 수 있다.
② 임대인으로부터 매수하였거나 그 동의를 얻어 임차인으로부터 매수한 부속물에 대하여도 전항과 같다.

제 648 조【임차지의 부속물, 과실 등에 대한 법정질권】 토지임대인이 임대차에 관한 채권에 의하여 임차지에 부속 또는 그 사용의 편익에 공용한 임차인의 소유동산 및 그 토지의 과실을 압류한 때에는 질권과 동일한 효력이 있다.

제 649 조【임차지상의 건물에 대한 법정저당권】 토지임대인이 변제기를 경과한 최후 2년의 차임채권에 의하여 그 지상에 있는 임차인 소유의 건물을 압류한 때에는 저당권과 동일한 효력이 있다.

제 650 조【임차건물 등의 부속물에 대한 법정질권】 건물 기타 공작물의 임대인이 임대차에 관한 채권에 의하여 그 건물 기타 공작물에 부속한 임차인 소유의 동산을 압류한 때에는 질권과 동일한 효력이 있다.

제 651 조 삭제

제 652 조【강행규정】 제627조, 제628조, 제631조, 제635조, 제638조, 제640조, 제641조, 제643조 내지 제647조의 규정에 위반하는 약정으로 임차인이나 전차인에게 불리한 것은 그 효력이 없다.

제 653 조【일시사용을 위한 임대차의 특례】 제628조, 제638조, 제640조, 제646조 내지 제648조, 제650조 및 전조의 규정은 일시사용하기 위한 임대차 또는 전대차인 것이 명백한 경우에는 적용하지 아니한다.

제 654 조【준용규정】 제610조 제1항, 제615조 내지 제617조의 규정은 임대차에 이를 준용한다.

제 9 절 도 급

제 664 조【도급의 의의】 도급은 당사자 일방이 어느 일을 완성할 것을 약정하고 상대방이 그 일의 결과에 대하여 보수를 지급할 것을 약정함으로써 그 효력이 생긴다.

제 665 조【보수의 지급시기】 ① 보수는 그 완성된 목적물의 인도와 동시에 지급하여야 한다. 그러나 목적물의 인도를 요하지 아니하는 경우에는 그 일을 완성한 후 지체 없이 지급하여야 한다.

② 전항의 보수에 관하여는 제656조 제2항의 규정을 준용한다.

제 666 조【수급인의 목적부동산에 대한 저당권 설정청구권】 부동산공사의 수급인은 전조의 보수에 관한 채권을 담보하기 위하여 그 부동산을 목적으로 한 저당권의 설정을 청구할 수 있다.

제 667 조【수급인의 담보책임】 ① 완성된 목적물 또는 완성 전의 성취된 부분에 하자가 있는 때에는 도급인은 수급인에 대하여 상당한 기간을 정하여 그 하자의 보수를 청구할 수 있다. 그러나 하자가 중요하지 아니한 경우에 그 보수에 과다한 비용을 요할 때에는 그러하지 아니하다.

② 도급인은 하자의 보수에 갈음하여 또는 보수와 함께 손해배상을 청구할 수 있다.

③ 전항의 경우에는 제536조의 규정을 준용한다.

제 668 조【동전 – 도급인의 해제권】 도급인이 완성된 목적물의 하자로 인하여 계약의 목적을 달성할 수 없는 때에는 계약을 해제할 수 있다. 그러나 건물 기타 토지의 공작물에 대하여는 그러하지 아니하다.

제 669 조【동전 – 하자가 도급인의 제공한 재료 또는 지시에 기인한 경우의 면책】 전2조의 규정은 목적물의 하자가 도급인이 제공한 재료의 성질 또는 도급인의 지시에 기인한 때에는 적용하지 아니한다. 그러나 수급인이 그 재료 또는 지시의 부적당함을 알고 도급인에게 고지하지 아니한 때에는 그러하지 아니하다.

제 670 조【담보책임의 존속기간】 ① 전3조의 규정에 의한 하자의 보수, 손해배상의 청구 및 계약의 해제는 목적물의 인도를 받은 날로부터 1년 내에 하여야 한다.

② 목적물의 인도를 요하지 아니하는 경우에는 전항의 기간은 일의 종료한 날로부터 기산한다.

제 671 조【수급인의 담보책임 – 토지, 건물 등에 대한 특칙】 ① 토지, 건물 기타 공작물의 수급인은 목적물 또는 지반공사의 하자에 대하여 인도후 5년간 담보의 책임이 있다. 그러나 목적물이 석조, 석회조, 연와조, 금속 기타 이와 유사한 재료로 조성된 것인 때에는 그 기간을 10년으로 한다.

② 전항의 하자로 인하여 목적물이 멸실 또는 훼손된 때에는 도급인은 그 멸실 또는 훼손된 날로부터 1년 내에 제667조의 권리를 행사하여야 한다.

제672조【담보책임면제의 특약】 수급인은 제667조, 제668조의 담보책임이 없음을 약정한 경우에도 알고 고지하지 아니한 사실에 대하여는 그 책임을 면하지 못한다.

제673조【완성 전의 도급인의 해제권】 수급인이 일을 완성하기 전에는 도급인은 손해를 배상하고 계약을 해제할 수 있다.

제674조【도급인의 파산과 해제권】 ① 도급인이 파산선고를 받은 때에는 수급인 또는 파산관재인은 계약을 해제할 수 있다. 이 경우에는 수급인은 일의 완성된 부분에 대한 보수 및 보수에 포함되지 아니한 비용에 대하여 파산재단의 배당에 가입할 수 있다.
② 전항의 경우에는 각 당사자는 상대방에 대하여 계약해제로 인한 손해의 배상을 청구하지 못한다.

제11절 위 임

제680조【위임의 의의】 위임은 당사자 일방이 상대방에 대하여 사무의 처리를 위탁하고 상대방이 이를 승낙함으로써 그 효력이 생긴다.

제681조【수임인의 선관의무】 수임인은 위임의 본지에 따라 선량한 관리자의 주의로써 위임사무를 처리하여야 한다.

제682조【복임권의 제한】 ① 수임인은 위임인의 승낙이나 부득이한 사유 없이 제삼자로 하여금 자기에 갈음하여 위임사무를 처리하게 하지 못한다.
② 수임인이 전항의 규정에 의하여 제삼자에게 위임사무를 처리하게 한 경우에는 제121조, 제123조의 규정을 준용한다.

제683조【수임인의 보고의무】 수임인은 위임인의 청구가 있는 때에는 위임사무의 처리상황을 보고하고 위임이 종료한 때에는 지체 없이 그 전말을 보고하여야 한다.

제684조【수임인의 취득물 등의 인도, 이전의무】 ① 수임인은 위임사무의 처리로 인하여 받은 금전 기타의 물건 및 그 수취한 과실을 위임인에게 인도하여야 한다.
② 수임인이 위임인을 위하여 자기의 명의로 취득한 권리는 위임인에게 이전하여야 한다.

제685조【수임인의 금전소비의 책임】 수임인이 위임인에게 인도할 금전 또는 위임인의 이익을 위하여 사용할 금전을 자기를 위하여 소비한 때에는 소비한 날 이후의 이자를 지급하여야 하며 그 외의 손해가 있으면 배상하여야 한다.

제686조【수임인의 보수청구권】 ① 수임인은 특별한 약정이 없으면 위임인에 대하여 보수를 청구하지 못한다.
② 수임인이 보수를 받을 경우에는 위임사무를 완료한 후가 아니면 이를 청구하지 못한다. 그러나 기간으로 보수를 정한 때에는 그 기간이 경과한 후에 이를 청구할 수 있다.
③ 수임인이 위임사무를 처리하는 중에 수임인의 책임 없는 사유로 인하여 위임이 종료된 때에는 수임인은 이미 처리한 사무의 비율에 따른 보수를 청구할 수 있다.

제687조【수임인의 비용선급청구권】 위임사무의 처리에 비용을 요하는 때에는 위임인은 수임인의 청구에 의하여 이를 선급하여야 한다.

제688조【수임인의 비용상환청구권 등】 ① 수임인이 위임사무의 처리에 관하여 필요비를 지출한 때에는 위임인에 대하여 지출한 날 이후의 이자를 청구할 수 있다.
② 수임인이 위임사무의 처리에 필요한 채무를 부담한 때에는 위임인에게 자기에 갈음하여 이를 변제하게 할 수 있고 그 채무가 변제기에 있지 아니한 때에는 상당한 담보를 제공하게 할 수 있다.

③ 수임인이 위임사무의 처리를 위하여 과실 없이 손해를 받은 때에는 위임인에 대하여 그 배상을 청구할 수 있다.

제 689 조【위임의 상호해지의 자유】 ① 위임계약은 각 당사자가 언제든지 해지할 수 있다.
② 당사자 일방이 부득이한 사유 없이 상대방의 불리한 시기에 계약을 해지한 때에는 그 손해를 배상하여야 한다.

제 690 조【사망 · 파산 등과 위임의 종료】 위임은 당사자 한쪽의 사망이나 파산으로 종료된다. 수임인이 성년후견개시의 심판을 받은 경우에도 이와 같다.

제 691 조【위임종료시의 긴급처리】 위임종료의 경우에 급박한 사정이 있는 때에는 수임인, 그 상속인이나 법정대리인은 위임인, 그 상속인이나 법정대리인이 위임사무를 처리할 수 있을 때까지 그 사무의 처리를 계속하여야 한다. 이 경우에는 위임의 존속과 동일한 효력이 있다.

제 692 조【위임종료의 대항요건】 위임종료의 사유는 이를 상대방에게 통지하거나 상대방이 이를 안 때가 아니면 이로써 상대방에게 대항하지 못한다.

제 4 장 부당이득

제 741 조【부당이득의 내용】 법률상 원인 없이 타인의 재산 또는 노무로 인하여 이익을 얻고 이로 인하여 타인에게 손해를 가한 자는 그 이익을 반환하여야 한다.

제 742 조【비채변제】 채무 없음을 알고 이를 변제한 때에는 그 반환을 청구하지 못한다.

제 743 조【기한전의 변제】 변제기에 있지 아니한 채무를 변제한 때에는 그 반환을 청구하지 못한다. 그러나 채무자가 착오로 인하여 변제한 때에는 채권자는 이로 인하여 얻은 이익을 반환하여야 한다.

제 744 조【도의관념에 적합한 비채변제】 채무 없는 자가 착오로 인하여 변제한 경우에 그 변제가 도의관념에 적합한 때에는 그 반환을 청구하지 못한다.

제 745 조【타인의 채무의 변제】 ① 채무자 아닌 자가 착오로 인하여 타인의 채무를 변제한 경우에 채권자가 선의로 증서를 훼멸하거나 담보를 포기하거나 시효로 인하여 그 채권을 잃은 때에는 변제자는 그 반환을 청구하지 못한다.
② 전항의 경우에 변제자는 채무자에 대하여 구상권을 행사할 수 있다.

제 746 조【불법원인급여】 불법의 원인으로 인하여 재산을 급여하거나 노무를 제공한 때에는 그 이익의 반환을 청구하지 못한다. 그러나 그 불법원인이 수익자에게만 있는 때에는 그러하지 아니하다.

제 747 조【원물반환불능한 경우와 가액반환, 전득자의 책임】 ① 수익자가 그 받은 목적물을 반환할 수 없는 때에는 그 가액을 반환하여야 한다.
② 수익자가 그 이익을 반환할 수 없는 경우에는 수익자로부터 무상으로 그 이익의 목적물을 양수한 악의의 제삼자는 전항의 규정에 의하여 반환할 책임이 있다.

제 748 조【수익자의 반환범위】 ① 선의의 수익자는 그 받은 이익이 현존한 한도에서 전조의 책임이 있다.
② 악의의 수익자는 그 받은 이익에 이자를 붙여 반환하고 손해가 있으면 이를 배상하여야 한다.

제 749 조【수익자의 악의인정】 ① 수익자가 이익을 받은 후 법률상 원인 없음을 안 때에는 그 때부터 악의의 수익자로서 이익반환의 책임이 있다.
② 선의의 수익자가 패소한 때에는 그 소를 제기한 때부터 악의의 수익자로 본다.

제 5 장 불법행위

제 750 조【불법행위의 내용】 고의 또는 과실로 인한 위법행위로 타인에게 손해를 가한 자는 그 손해를 배상할 책임이 있다.

제 751 조【재산 이외의 손해의 배상】 ① 타인의 신체, 자유 또는 명예를 해하거나 기타 정신상 고통을 가한 자는 재산 이외의 손해에 대하여도 배상할 책임이 있다.
② 법원은 전항의 손해배상을 정기금채무로 지급할 것을 명할 수 있고 그 이행을 확보하기 위하여 상당한 담보의 제공을 명할 수 있다.

제 752 조【생명침해로 인한 위자료】 타인의 생명을 해한 자는 피해자의 직계존속, 직계비속 및 배우자에 대하여는 재산상의 손해 없는 경우에도 손해배상의 책임이 있다.

제 753 조【미성년자의 책임능력】 미성년자가 타인에게 손해를 가한 경우에 그 행위의 책임을 변식할 지능이 없는 때에는 배상의 책임이 없다.

제 754 조【심신상실자의 책임능력】 심신상실 중에 타인에게 손해를 가한 자는 배상의 책임이 없다. 그러나 고의 또는 과실로 인하여 심신상실을 초래한 때에는 그러하지 아니하다.

제 755 조【감독자의 책임】 ① 다른 자에게 손해를 가한 사람이 제753조 또는 제754조에 따라 책임이 없는 경우에는 그를 감독할 법정의무가 있는 자가 그 손해를 배상할 책임이 있다. 다만, 감독의무를 게을리하지 아니한 경우에는 그러하지 아니하다.
② 감독의무자를 갈음하여 제753조 또는 제754조에 따라 책임이 없는 사람을 감독하는 자도 제1항의 책임이 있다.

제 756 조【사용자의 배상책임】 ① 타인을 사용하여 어느 사무에 종사하게 한 자는 피용자가 그 사무집행에 관하여 제삼자에게 가한 손해를 배상할 책임이 있다. 그러나 사용자가 피용자의 선임 및 그 사무감독에 상당한 주의를 한 때 또는 상당한 주의를 하여도 손해가 있을 경우에는 그러하지 아니하다.
② 사용자에 갈음하여 그 사무를 감독하는 자도 전항의 책임이 있다.
③ 전2항의 경우에 사용자 또는 감독자는 피용자에 대하여 구상권을 행사할 수 있다.

제 757 조【도급인의 책임】 도급인은 수급인이 그 일에 관하여 제삼자에게 가한 손해를 배상할 책임이 없다. 그러나 도급 또는 지시에 관하여 도급인에게 중대한 과실이 있는 때에는 그러하지 아니하다.

제 758 조【공작물 등의 점유자, 소유자의 책임】 ① 공작물의 설치 또는 보존의 하자로 인하여 타인에게 손해를 가한 때에는 공작물점유자가 손해를 배상할 책임이 있다. 그러나 점유자가 손해의 방지에 필요한 주의를 해태하지 아니한 때에는 그 소유자가 손해를 배상할 책임이 있다.
② 전항의 규정은 수목의 재식 또는 보존에 하자 있는 경우에 준용한다.
③ 전2항의 경우 점유자 또는 소유자는 그 손해의 원인에 대한 책임 있는 자에 대하여 구상권을 행사할 수 있다.

제 759 조【동물의 점유자의 책임】 ① 동물의 점유자는 그 동물이 타인에게 가한 손해를 배상할 책임이 있다. 그러나 동물의 종류와 성질에 따라 그 보관에 상당한 주의를 해태하지 아니한 때에는 그러하지 아니하다.
② 점유자에 갈음하여 동물을 보관한 자도 전항의 책임이 있다.

제 760 조【공동불법행위자의 책임】 ① 수인이 공동의 불법행위로 타인에게 손해를 가한 때에는 연대하여 그 손해를 배상할 책임이 있다.
② 공동 아닌 수인의 행위 중 어느 자의 행위가 그 손해를 가한 것인지를 알 수 없는 때에도 전항과 같다.
③ 교사자나 방조자는 공동행위자로 본다.

제 761 조【정당방위, 긴급피난】 ① 타인의 불법행위에 대하여 자기 또는 제삼자의 이익을 방위하기 위하여 부득이 타인에게 손해를 가한 자는 배상할 책임이 없다. 그러나 피해자는 불법행위에 대하여 손해의 배상을 청구할 수 있다.
② 전항의 규정은 급박한 위난을 피하기 위하여 부득이 타인에게 손해를 가한 경우에 준용한다.

제 762 조【손해배상청구권에 있어서의 태아의 지위】 태아는 손해배상의 청구권에 관하여는 이미 출생한 것으로 본다.

제 763 조【준용규정】 제393조, 제394조, 제396조, 제399조의 규정은 불법행위로 인한 손해배상에 준용한다.

제 764 조【명예훼손의 경우의 특칙】 타인의 명예를 훼손한 자에 대하여는 법원은 피해자의 청구에 의하여 손해배상에 갈음하거나 손해배상과 함께 명예회복에 적당한 처분을 명할 수 있다.

제 765 조【배상액의 경감청구】 ① 본장의 규정에 의한 배상의무자는 그 손해가 고의 또는 중대한 과실에 의한 것이 아니고 그 배상으로 인하여 배상자의 생계에 중대한 영향을 미치게 될 경우에는 법원에 그 배상액의 경감을 청구할 수 있다.
② 법원은 전항의 청구가 있는 때에는 채권자 및 채무자의 경제상태와 손해의 원인 등을 참작하여 배상액을 경감할 수 있다.

제 766 조【손해배상청구권의 소멸시효】 ① 불법행위로 인한 손해배상의 청구권은 피해자나 그 법정대리인이 그 손해 및 가해자를 안 날로부터 3년간 이를 행사하지 아니하면 시효로 인하여 소멸한다.
② 불법행위를 한 날로부터 10년을 경과한 때에도 전항과 같다.
③ 미성년자가 성폭력, 성추행, 성희롱, 그 밖의 성적(性的) 침해를 당한 경우에 이로 인한 손해배상청구권의 소멸시효는 그가 성년이 될 때까지는 진행되지 아니한다.

제4편 친 족

제 801 조【약혼나이】 18세가 된 사람은 부모나 미성년후견인의 동의를 받아 약혼할 수 있다. 이 경우 제808조를 준용한다.

제 802 조【성년후견과 약혼】 피성년후견인은 부모나 성년후견인의 동의를 받아 약혼할 수 있다. 이 경우 제808조를 준용한다.

제 807 조【혼인적령】 18세가 된 사람은 혼인할 수 있다.

제 808 조【동의가 필요한 혼인】 ① 미성년자가 혼인을 하는 경우에는 부모의 동의를 받아야 하며, 부모 중 한쪽이 동의권을 행사할 수 없을 때에는 다른 한쪽의 동의를 받아야 하고, 부모가 모두 동의권을 행사할 수 없을 때에는 미성년후견인의 동의를 받아야 한다.
② 피성년후견인은 부모나 성년후견인의 동의를 받아 혼인할 수 있다.

제 815 조【혼인의 무효】 혼인은 다음 각 호의 어느 하나의 경우에는 무효로 한다.
1. 당사자간에 혼인의 합의가 없는 때
2. 혼인이 제809조 제1항의 규정을 위반한 때
3. 당사자간에 직계인척관계(直系姻戚關係)가 있거나 있었던 때
4. 당사자간에 양부모계의 직계혈족관계가 있었던 때

제 816 조【혼인취소의 사유】 혼인은 다음 각 호의 어느 하나의 경우에는 법원에 그 취소를 청구할 수 있다.
1. 혼인이 제807조 내지 제809조(제815조의 규정에 의하여 혼인의 무효사유에 해당하는 경우를 제외한다. 이하 제817조 및 제820조에서 같다) 또는 제810조의 규정에 위반한 때

2. 혼인당시 당사자 일방에 부부생활을 계속할 수 없는 악질 기타 중대사유있음을 알지 못한 때
3. 사기 또는 강박으로 인하여 혼인의 의사표시를 한 때

제826조의2【성년의제】 미성년자가 혼인을 한 때에는 성년자로 본다.

제827조【부부간의 가사대리권】 ① 부부는 일상의 가사에 관하여 서로 대리권이 있다.
② 전항의 대리권에 가한 제한은 선의의 제삼자에게 대항하지 못한다.

제835조【성년후견과 협의상 이혼】 피성년후견인의 협의상 이혼에 관하여는 제808조 제2항을 준용한다.

제840조【재판상 이혼원인】 부부의 일방은 다음 각 호의 사유가 있는 경우에는 가정법원에 이혼을 청구할 수 있다.
1. 배우자에 부정한 행위가 있었을 때
2. 배우자가 악의로 다른 일방을 유기한 때
3. 배우자 또는 그 직계존속으로부터 심히 부당한 대우를 받았을 때
4. 자기의 직계존속이 배우자로부터 심히 부당한 대우를 받았을 때
5. 배우자의 생사가 3년 이상 분명하지 아니한 때
6. 기타 혼인을 계속하기 어려운 중대한 사유가 있을 때

제841조【부정으로 인한 이혼청구권의 소멸】 전조 제1호의 사유는 다른 일방이 사전동의나 사후 용서를 한 때 또는 이를 안 날로부터 6월, 그 사유있은 날로부터 2년을 경과한 때에는 이혼을 청구하지 못한다.

제858조【포태 중인 자의 인지】 부는 포태 중에 있는 자에 대하여도 이를 인지할 수 있다.

제930조【후견인의 수와 자격】 ① 미성년후견인의 수(數)는 한 명으로 한다.
② 성년후견인은 피성년후견인의 신상과 재산에 관한 모든 사정을 고려하여 여러 명을 둘 수 있다.
③ 법인도 성년후견인이 될 수 있다.

제936조【성년후견인의 선임】 ① 제929조에 따른 성년후견인은 가정법원이 직권으로 선임한다.
② 가정법원은 성년후견인이 사망, 결격, 그 밖의 사유로 없게 된 경우에도 직권으로 또는 피성년후견인, 친족, 이해관계인, 검사, 지방자치단체의 장의 청구에 의하여 성년후견인을 선임한다.
③ 가정법원은 성년후견인이 선임된 경우에도 필요하다고 인정하면 직권으로 또는 제2항의 청구권자나 성년후견인의 청구에 의하여 추가로 성년후견인을 선임할 수 있다.
④ 가정법원이 성년후견인을 선임할 때에는 피성년후견인의 의사를 존중하여야 하며, 그 밖에 피성년후견인의 건강, 생활관계, 재산상황, 성년후견인이 될 사람의 직업과 경험, 피성년후견인과의 이해관계의 유무(법인이 성년후견인이 될 때에는 사업의 종류와 내용, 법인이나 그 대표자와 피성년후견인 사이의 이해관계의 유무를 말한다) 등의 사정도 고려하여야 한다.

제938조【후견인의 대리권 등】 ① 후견인은 피후견인의 법정대리인이 된다.
② 가정법원은 성년후견인이 제1항에 따라 가지는 법정대리권의 범위를 정할 수 있다.
③ 가정법원은 성년후견인이 피성년후견인의 신상에 관하여 결정할 수 있는 권한의 범위를 정할 수 있다.
④ 제2항 및 제3항에 따른 법정대리인의 권한의 범위가 적절하지 아니하게 된 경우에 가정법원은 본인, 배우자, 4촌 이내의 친족, 성년후견인, 성년후견감독인, 검사 또는 지방자치단체의 장의 청구에 의하여 그 범위를 변경할 수 있다.

제 950 조【후견감독인의 동의를 필요로 하는 행위】 ① 후견인이 피후견인을 대리하여 다음 각 호의 어느 하나에 해당하는 행위를 하거나 미성년자의 다음 각 호의 어느 하나에 해당하는 행위에 동의를 할 때는 후견감독인이 있으면 그의 동의를 받아야 한다.

1. 영업에 관한 행위
2. 금전을 빌리는 행위
3. 의무만을 부담하는 행위
4. 부동산 또는 중요한 재산에 관한 권리의 득실변경을 목적으로 하는 행위
5. 소송행위
6. 상속의 승인, 한정승인 또는 포기 및 상속재산의 분할에 관한 협의

② 후견감독인의 동의가 필요한 행위에 대하여 후견감독인이 피후견인의 이익이 침해될 우려가 있음에도 동의를 하지 아니하는 경우에는 가정법원은 후견인의 청구에 의하여 후견감독인의 동의를 갈음하는 허가를 할 수 있다.
③ 후견감독인의 동의가 필요한 법률행위를 후견인이 후견감독인의 동의 없이 하였을 때에는 피후견인 또는 후견감독인이 그 행위를 취소할 수 있다.

제 959 조의3【한정후견인의 선임】 ① 제959조의2에 따른 한정후견인은 가정법원이 직권으로 선임한다.
② 한정후견인에 대하여는 제930조 제2항·제3항, 제936조 제2항부터 제4항까지, 제937조, 제939조, 제940조 및 제949조의3을 준용한다.

제 959 조의4【한정후견인의 대리권 등】 ① 가정법원은 한정후견인에게 대리권을 수여하는 심판을 할 수 있다.
② 한정후견인의 대리권 등에 관하여는 제938조 제3항 및 제4항을 준용한다.

제 959 조의11【특정후견인의 대리권】 ① 피특정후견인의 후원을 위하여 필요하다고 인정하면 가정법원은 기간이나 범위를 정하여 특정후견인에게 대리권을 수여하는 심판을 할 수 있다.
② 제1항의 경우 가정법원은 특정후견인의 대리권 행사에 가정법원이나 특정후견감독인의 동의를 받도록 명할 수 있다.

제5편 상 속

제 998 조【상속개시의 장소】 상속은 피상속인의 주소지에서 개시한다.

제 1000 조【상속의 순위】 ① 상속에 있어서는 다음 순위로 상속인이 된다.

1. 피상속인의 직계비속
2. 피상속인의 직계존속
3. 피상속인의 형제자매
4. 피상속인의 4촌 이내의 방계혈족

② 전항의 경우에 동순위의 상속인이 수인인 때에는 최근친을 선순위로 하고 동친 등의 상속인이 수인인 때에는 공동상속인이 된다.
③ 태아는 상속순위에 관하여는 이미 출생한 것으로 본다.

제 1001 조【대습상속】 전조 제1항 제1호와 제3호의 규정에 의하여 상속인이 될 직계비속 또는 형제자매가 상속개시 전에 사망하거나 결격자가 된 경우에 그 직계비속이 있는 때에는 그 직계비속이 사망하거나 결격된 자의 순위에 갈음하여 상속인이 된다.

제 1003 조【배우자의 상속순위】 ① 피상속인의 배우자는 제1000조 제1항 제1호와 제2호의 규정에 의한 상속인이 있는 경우에는 그 상속인과 동순위로 공동상속인이 되고 그 상속인이 없는 때에는 단독상속인이 된다.
② 제1001조의 경우에 상속개시전에 사망 또는 결격된 자의 배우자는 동조의 규정에 의한 상속인과 동순위로 공동상속인이 되고 그 상속인이 없는 때에는 단독상속인이 된다.

제 1061 조【유언적령】 17세에 달하지 못한 자는 유언을 하지 못한다.

제 1062 조【제한능력자의 유언】 유언에 관하여는 제5조, 제10조 및 제13조를 적용하지 아니한다.

제 1063 조【피성년후견인의 유언능력】 ① 피성년후견인은 의사능력이 회복된 때에만 유언을 할 수 있다.
② 제1항의 경우에는 의사가 심신 회복의 상태를 유언서에 부기(附記)하고 서명날인하여야 한다.

제 1064 조【유언과 태아, 상속결격자】 제1000조 제3항, 제1004조의 규정은 수증자에 준용한다.

제 1118 조【준용규정】 제1001조, 제1008조, 제1010조의 규정은 유류분에 이를 준용한다.

연구 집필위원

설신재

2026 제29회 시험대비 전면개정

박문각 주택관리사 기본서 1차 민법 법령집

초판인쇄 | 2025. 9. 15. **초판발행** | 2025. 9. 20. **편저** | 설신재 외 박문각 주택관리연구소
발행인 | 박 용 **발행처** | (주)박문각출판 **등록** | 2015년 4월 29일 제2019-000137호
주소 | 06654 서울시 서초구 효령로 283 서경 B/D 4층 **팩스** | (02)584-2927
전화 | 교재 주문 (02)6466-7202, 동영상문의 (02)6466-7201

비매품

ISBN 979-11-7519-210-2 | ISBN 979-11-7519-207-2(1차세트)

박문각
주택관리사
기본서 1차
민법 법령집

2025 고객선호브랜드지수 1위
교육(교육서비스)부문

2024 고객선호브랜드지수 1위
교육(교육서비스)부문

2023 고객선호브랜드지수 1위
교육(교육서비스)부문

2022 한국 브랜드 만족지수 1위
교육(교육서비스)부문 1위

2021 조선일보 국가브랜드 대상
에듀테크 부문 수상

2021 대한민국 소비자 선호도 1위
교육부문 1위

2020 한국 산업의 1등
브랜드 대상 수상

2019 한국 우수브랜드
평가대상 수상

박문각 주택관리사
온라인강의 www.pmg.co.kr

박문각 북스파
박문각 공식 온라인 서점

www.pmg.co.kr

교재문의 02-6466-7202
동영상강의 문의 02-6466-7201

비매품

9 791175 192102 14320
ISBN 979-11-7519-210-2
ISBN 979-11-7519-207-2(1차 세트)

박문각그룹

박문각은 공무원, 공인중개사, 주택관리사, 임용, 경찰, 전문자격 등 취업과 관련된 직업교육은 물론 어학, 출판, 기업체교육 등 다양한 분야에서 수준 높은 교육 서비스를 제공하는 교육전문 그룹입니다.

공무원

9급·7급 공무원 / 임용
소방 / 경찰 / 경찰승진

미디어·출판

출판 / 고시신문
온·오프라인 서점

전문자격

공인중개사 / 주택관리사
법무사 / 노무사 / 감평사 / 행정사
손해평가사 / 전기기사

취업자격

NCS / 사회복지사 / 기술사
문화재기술사 / 한국사능력검정

교육 서비스

기업교육 서비스
대학제휴 서비스

Since 1972

박문각은 1972년부터 53년간
수험생들의 합격을 이끌어온
대한민국 유일의 교육기업입니다.